제6판 Sixth Edition

행정조사방법론

Research Methods for Public Administration

남궁 근 저

Keun Namkoong

法 文 社

제6판 서문

제6판에서는 연구방법의 최근 흐름을 반영하면서 독자들이 연구방법을 보다 쉽게 이해할 수 있도록 책의 내용을 전반적으로 재구성하고 보완하였다. 초판에서 의도하였던 "독자들이 경험적 연구의 수행 능력과 경험적 연구문헌의 해독능력을 기를 수 있도록 한다."는 목적에는 변함이 없다. 개정판을 거듭하면서 일관되게 연구방법의 최근 흐름을 반영하는 한편 사례, 그림, 도표, Box를 추가하여 시각적 이해를 돕고자 하였고, 각 장별로 복습과제를 제시하여 학습자들이 응용능력을 키울 수 있도록 하였다. 책 전반에 걸쳐 국내 학자들의 실증적인 연구논문을 연구사례로 소개하였다. 복습과제는 학사과정 학생들에 해당되는 문제뿐 아니라 학위논문을 작성하는 대학원 학생들에게만 해당되는 문제도 포함되어 있으므로 담당교수님의 지도를 토대로 학습자들이 자신의 수준에 맞게 활용하면 될 것이다.

제6판의 가장 큰 변화는 총 16장으로 구성된 내용을 14장으로 재편성한 것이다. 제5판의 제10장 개념과 측정, 제11장 측정의 타당성과 신뢰성을 제10장 개념과 측정도구로 통합하고, 제14장 자료분석방법에 제16장 2절 공분석구조분석을 통합하였다. 제3장에 연구과정에서 윤리적 고려사항, 제7장 실험적 연구의 조사설계에 이중차이분석(DID), 제8장 기술적 연구의 조사설계에 빅데이터 분석과 사회연결망 분석을 독립된 절로 소개하였다. 제12장 자료수집방법에서 요즘 쟁점이 되고 있는 '동일방법 바이어스'를 소개하였다. 한국행정연구원의 공직생활실태조사와 사회통합실태조사 자료를 제10장 측정도구의 타당성과 신뢰성 검증, 제13장 자료분석방법의 통계분석에 활용하였다. 통계분석에서 IBM SPSS와 함께 AMOS를 활용한 확인적 요인분석(제10장)과 매개효과 검증에서 PROCESS 매크로를 사용한 분석사례(제13장)도 추가하였다.

제6판을 내면서 도움을 주신 기관과 개인에게 감사드린다. 저자가 2019년

2월 서울과학기술대학교를 정년퇴직한 후, 한국지방행정연구원의 석좌연구위원으로 초빙되어 연구실을 사용할 수 있게 되어 개정작업을 진행하는데 큰 도움을 받았다. 저자를 석좌연구위원으로 초빙한 당시 윤태범 지방행정연구원장과 연구원 측에게 감사드린다. 서울과학기술대학교에서는 정년퇴임 이후에도 명예석좌교수로 일할 기회를 주었고 도서관에서 필요한 도서와 연구자료를 지원받았기에 대학측과 도서관의 조귀형, 전현기 사서에게 감사드린다. 2020년 한국행정학회에서는 원로교수의 과목별 실라버스 공유 차원에서 저자에게 “행정학 연구방법 교육의 내용과 과제”를 검토할 기회를 주었는데 개정판의 방향을 숙고하는데 큰 도움이 되었다. 이원희 학회장과 학회 측에 감사드린다. 서울과기대 김상묵 교수, 성욱준 교수, 우하린 박사, 정서화 박사, 박사과정 서라벌 군이 필요한 조언과 자료를 주신 데 대해 진심으로 감사드린다. 한편 초판부터 시작하여 기회가 될 때마다 조언을 아끼지 않고 격려해 주신 Pittsburgh 대학의 W. N. Dunn 교수, L. Comfort 교수, 고인이 된 친구 D. Miller 교수, 그리고 J. Keeler 전 행정대학원장에게도 감사드린다.

돌이켜 보면, 이 책을 수차례 개정하는 과정에서 여러 기관과 개인들의 도움을 받았다. 제2판은 저자가 LG연암재단의 해외연구교수로 선정되어 UC Berkeley 정부연구소에서 연구년을 보내면서 준비하여 1998년에 발간하였고, 제3판은 저자가 서울과학기술대학교 IT정책대학원장 재직 당시인 2003년 발간하였다. 제4판은 저자가 벨기에 루뱅대학(KU Leuven) 공공관리연구소에서 연구년을 보내면서 준비하여 2010년에 발간하였다. 제5판은 저자가 2016년 1학기 서울대학교 행정대학원에서 연구년을 보내면서 준비하여 2017년에 발간하였다.

제2판의 경우 지금은 고인이 된 Berkeley대 정부연구소장 Nelson Polsby 교수, 그리고 David Collier 교수와 Harold Wilensky 교수와 토론했던 기억이 새롭다. 제4판의 경우 당시 루뱅대학 공공관리연구소장 Geert Bouckaert 교수, 그리고 Annie Hondegem 교수의 도움을 잊을 수 없다. 국내에서는 제2판 출간시 저자가 재직하였던 경상대학교 강수택, 박재홍 교수가 질적 연구방법에 관한 원고를 읽고 귀중한 코멘트를 해 주셨고, 제4판 출간시에는 서울과기대 김상묵 교수가 AMOS 집필에 도움을 주었고, SPSS 패키지 사용절차에 관하여는 경상대 민병익 교수와 하상근 교수가 도와 주었다. 편집과 색인작성에도 여러 분이 도와주었는데 제2판에는 하상근 교수와 강혜정 조교, 제3판에는 박다진 석사, 박정미 조교, 윤범찬 군, 제4판에는 윤정수 박사가 수고하였다. 집안에서는 아내 정옥이 초판부터 독자의 입장에서 원고를 읽고 교정을 해 주었다. 초판 출간시 중학생과 초등학생이던 두 딸 선과 현은 각각 영화감독과 회사 중견관리자가 되었고, 각자 결혼하여 손주들도 키우게 되었다. 초판 발간 후 태어난 아들 휴는 어엿한 대학원생이 되었다. 제3판 발간시 큰 딸 선은 표지 디자인을 선물하였고, 작은 딸 현은 상당량의 자료를 타이핑해 주었다. 큰 사위인 조태상 Byul & Associates 대표는 제4판, 제5판에 이어 제6판 표지 디자인을 선물하였다. 법문사 편집부에서는 김제원 이사가 초판과 제2판 편집에 애써 주었고, 제3판부터 깔끔한 편집을 위해 수고해 주신 예상현 과장에게도 감사드린다.

2021년 1월

저자 남궁 근 씀

초판 머리말

본서의 목적은 행정학 및 정책학분야에 초점을 맞추어 경험적 조사연구의 설계원리와 분석방법을 제시하여 독자들이 경험적 연구의 수행능력과 경험적 연구문헌의 해독력을 기를 수 있도록 하는 것이다. 조사방법론을 공부하는 목적은 실제로 경험적 연구를 수행할 수 있는 능력을 습득하는 것이다. 경험적 연구를 수행할 수 있으려면 경험적 연구의 핵심적인 논리를 이해하고, 연구의 각 단계마다 적절한 분석기법을 선택하여 적용할 수 있어야 한다. 조사방법론을 공부하는 또 하나의 목적은 경험적 연구문헌의 해독력을 갖추는 것이다. 행정학도와 실무자들은 스스로 경험적 조사연구를 설계하고 수행할 수 있는 능력뿐 아니라, 경험적 연구문헌을 읽고 이해할 수 있는 능력, 즉 해독력을 갖추기 위해서는 그 연구에 사용된 기법과 그러한 기법을 사용하게 된 맥락을 이해하여야 한다. 이러한 지식을 갖출 때 다른 연구자들이 수행한 연구결과의 중요성과 의미를 제대로 평가할 수 있게 된다.

본서는 독자들이 경험적 연구의 수행능력과 경험적 연구문헌의 해독력을 갖추는 데 도움이 될 수 있도록 내용을 구성하고 사회과학 연구방법론의 일반적인 설계원리와 분석기법을 충실하게 따르는 한편, 주로 행정학 및 정책학 분야의 사례를 통하여 원리와 기법을 설명하려고 노력하였다.

본서의 제1장에서 과학적 연구의 의미와 논리, 제2장에서 과학적 연구의 목적과 유형을 살펴본 다음, 제3장에서 과학적 조사연구의 과정을 개관하는 틀을 제시하였다. 이어서 경험적 조사연구의 각 단계별로 제4장에서는 연구문제선정, 개념적 틀의 구성, 가설 설정, 제5장에서는 기존연구문헌의 검토, 제6~8장까지는 조사설계, 제9~10장에서는 개념 정의 및 측정, 제11장은 표본추출, 제12장은 자료수집, 제13장에서 15장까지는 자료분석방법, 제16장에서는 연구논문 및 보고서 작성 및 활용방법에 관하여 다루었다.

그러므로 본서는 행정학과, 그리고 정치학과와 사회복지학과 등 인접학과에서 대학원 및 학부의 조사방법론, 조사설계론, 또는 연구방법론의 교재로 사용될 수 있을 것이다. 또한 학부와 대학원에서 강의교재로 사용할 수 있도록 기초적인 내용과 전문적인 내용을 모두 포함하고 있으므로, 개설강좌의 수준에 따라 선택적으로 강의하는 것이 바람직하다고 생각된다. 학부학생과 공무원시험에서 조사방법론 과목의 수험생은 제3장 4절, 제5장 3절 및 4절, 제13장 4절, 제14장 3절, 그리고 제15장 등은 생략하여도 무방하다. 특히 제15장 공분산구조분석은 매우 전문적인 분석방법이므로 필요한 독자들만 따로 공부하면 될 것이다.

본서는 여러 은사님의 가르침, 그리고 연구방법론 분야의 기존 저서와 문헌에 크게 의존하여 쓰여졌음을 분명하게 밝힌다. 저자가 방법론 분야에 관심을 갖게 된 것은 서울대학교 행정대학원 재학시절 은사님이신 김해동, 강신택, 김광웅 교수님으로부터 가르침을 받은 것이 계기가 되었다. 행정고시를 준비할 때 은사님들의 저서와 강의 노트를 거의 암기하다시피 했던 것이 기억에 새로우며, 은사님들로부터 강의와 저서를 통하여 받은 가르침이 이 책의 밑바탕이 되었다.

그리고 University of Pittsburgh 유학시절 W.N.Dunn의 응용조사방법과 H.Correa의 다변량 통계분석으로 수강하고, H.Correa와 Louise K.Comfort의 연구조교로 일했던 경험이 본서를 구상하게 된 직접적인 계기가 되었다. 경험적 연구의 수행능력을 갖추려면 조사설계뿐만 아니라 분석기법을 선택하여 실제로 적용할 수 있어야 한다는 점을 절실하게 느끼고, 조사설계와 분석방법을 결합한 본서를 구상하게 되었다.

또한 90년부터 행정학 분야의 소장학자들을 중심으로 방법론의 지식과 기법을 공유하자는 취지의 워크샵을 시작하였는데, 일련의 워크샵에서 발표하고 토론한 내용과 초창기에 워크샵을 주도한 서울대 노화준, 외국어대 김명수, 국방대학원 나기산 교수님, 그리고 워크샵을 활성화하기 위해 함께 노력한 이화여대 송희준, 서울대 이달곤, 숭실대 이윤식, 서울시립대 박용치, 국민대 목진휴, 아주대 김준한, 건국대 이성복, 경성대 송근원, 목원대 김병섭, 경남대 송병주, 동국대 박병식 교수 등 여러 분들과의 대화 및 토론이 본서를 구성하는데 도움이 되었다.

이와 같이 많은 분들의 도움으로 본서를 쓸 수 있게 되었지만 저자의 역량

부족으로 처음에 구상했던 것과는 달리 미진한 점이 상당히 많다. 혹시나 여러 은사님과 선배교수의 기존저서에 오히려 누를 끼치지 않을까 우려되면서도, 미진한 부분은 다음 기회에 보완할 것을 다짐하며 책을 내기로 하였다. 앞으로 많은 분들의 충고와 비판이 있기를 기대하며 그 내용은 본서를 보완하는 데 반드시 고려할 것임을 약속드린다.

이 기회를 빌어 석사논문지도를 시작으로 늘 관심을 가지고 격려해 주시는 박동서 교수님, 대학 강단에 서게 도와주신 유훈 교수님, 그리고 김해동, 안해균, 조석준, 최종기 교수님의 가르침에 감사드리며, 항상 학문적 지도와 함께 인간적 정의를 베풀어 주시는 강신택, 오석홍 교수님을 비롯하여 김광웅, 노화준, 정정길, 김신복 교수님 등 여러 은사님들께 진심으로 감사를 드린다.

본서의 통계관련부분 초고를 읽고 나서 여러 가지 조언을 해 준 경상대 통계학과 서의훈, 울산대 김재홍 교수, 여러 가지 자료를 제공해 주고 격려를 아끼지 않은 최용부, 이시원 교수를 포함한 동료교수들, 필자와 함께 교정에 애써준 제자 하혜수, 오세홍, 하상근, 강호규 군과 정정숙 양에게도 감사드린다. 본서를 발행해 주신 법문사의 배효선 사장님과 편집부의 최복현 이사님, 예상보다 길어진 출판과정에서 수고를 많이 한 김제원 선생께 깊은 사의를 표한다. 마지막으로 집필과정에서 조교의 임무까지 성실하게 수행해 준 아내와 바쁜 아빠를 이해하고 격려해 준 두 딸 선과 현에게도 고마움을 표한다.

1994년 2월

남궁 근 씀

차 례

제 1 장 과학적 연구의 의미와 논리

제 2 장 과학적 연구의 목적과 유형

제 4 장 연구문제와 개념적 준거틀

제 5 장 문헌검토

제 6 장 인과관계의 추론

제 7 장 설명적 연구의 조사설계

제 8 장 기술적 연구의 조사설계

제 9 장 질적 연구의 조사설계

제10장 개념과 측정도구

제12장 자료수집방법

01 CHAPTER

과학적 연구의 의미와 논리
Meaning and Logic of Scientific Research

장머리에

연구란 일상생활에서나 학문활동에서 느끼는 의문점에 대한 해답을 얻는 과정, 즉 지식을 획득하는 과정을 말한다. 제1절에서는 연구의 의미를 살펴본 다음, 제2절에서 권위적 방법, 신비적 방법, 합리적-논리적 방법, 경험적 방법 등 여러 가지 지식획득의 방법을 살펴 본 후, 과학적 방법에 대하여 살펴보기로 한다. 제3절에서는 과학의 성격, 제4절에서는 과학의 기본가정을 살펴보고, 제5절에서는 과학적 연구과정에 적용되는 연역적 논리와 귀납적 논리를 살펴본다. 제6절에서는 행정조사방법을 개관하고 이 책의 주요내용을 소개했다.

제1절 연구의 의미

연구(research) 또는 탐구(inquiry)란 학문적인 것이든 실제적인 것이든 의문점이나 문제(problem)에 대한 해답을 얻는 과정 및 절차를 의미한다. 학술적 연구는 특정문제에 대해 의문을 갖는 데서 출발하여 그 문제에 대하여 잠정적인 해답을 제시한 후 그 해답의 진위를 검증하는 과정이다. 그러한 연구과정의 산물이 바로 연구보고서나 학술논문 등이다. 우리가 일상생활에서 느끼는 문제 또는 의문점이 많은 것처럼, 행정 및 정책현상을 연구하는 데에도 많은 의문이 있을 수 있다. 전자정부 사업추진 이후 대민서비스 수준은 어느 정도 향상되었는가? 지방자치가 실시된 후에 지역주민의 참여의식은 얼마나 높아졌는가? 두뇌한국(BK21)사업 참여교원의 연구성과는 얼마나 향상되었는가? 기후변화협약 체결은 온실가스배출에 어떠한 영향을 미쳤는가? 등 많은 문제를 생각할 수 있다. 이러한 질문에 대한 해답을 추구하는 과정이 바로 연구과정이다.

영어에서 연구(research)란 단어는 탐색(search)을 반복한다는 뜻으로, 다시 한번 정밀하게 살펴보고 확인한다는 의미를 가지고 있다. 우리가 일상생활에서 상식적으로 알고 있는 지식도 여러 각도에서 다시 확인해 보면 잘못된 것으로 밝혀지는 경우가 종종 있다. 마찬가지로 이미 알려진 학술적 연구결과도 새로운 상황에서는 적용이 어려운 경우가 많다. 대부분의 학술적 연구는 다른 사람에 의해서 이미 개발된 아이디어나 연구결과를 다시 한번 검토하는 데에서 시작된다고 볼 수 있다. 과거에 알려지지 않은 새로운 문제를 연구하는 경우도 있지만 이러한 경우는 매우 드물다. 어떤 경우이든 연구자가 무엇인가를 알고 싶어서 하나의 주제에 대하여 철저히 탐구한다면, 그 사람은 학술적 연구를 하고 있다고 볼 수 있다.

제 2 절 지식획득방법의 유형

일상생활에서나 학문세계에서 의문을 해결하는 방법, 즉 지식을 획득하는 방법에는 여러 가지가 있다. Charles Pierce는 의문을 해결하고 지식을 얻는 방법을 네 가지로 분류하였다. 즉 관습에 의한 방법(method of tenacity), 권위에 의한 방법(method of authority), 직관에 의한 방법(method of intuition), 과학적 방법(scientific method)이 그것이다.[1] 각각의 방법에서 의문에 대한

1) Pierce가 제시한 네 가지 방법에 관한 좀 더 구체적인 설명은 M. Cohen & E. Nagel, *An Introduction to Logic and Scientific Method*, NY: Harcourt,

해답의 근거가 다르다. 관습에 의한 방법에서는 그 근거가 선례, 관습, 또는 고정된 습성 등에 있다. 권위에 의한 방법에서는 그 근거가 전문가나 사회적 지위를 인정받은 권위 있는 사람이나 서적 등에 있다. 직관에 의한 방법은 선험적 방법(a priori method)이라고 부르기도 하는데, 이 방법에서 의문에 대한 해답은 명백한 사실 또는 자명한 진리에 비추어서 얻는다. 과학적 방법에서는 자명한(self-evident) 명제라 하더라도 검증되어야 한다고 보며 객관적인 관찰을 통하여 의문에 대한 해답을 얻는다. 이와 비슷하게 Wallace는 질문 또는 의문에 대하여 그 진위를 검증하는 방법을 권위적 방법, 신비적 방법, 논리적-합리적 방법, 그리고 과학적 방법의 네 가지로 분류하고 있다.[2] 이러한 지식획득의 방법들은 지식의 생산자(즉, 누가 그렇게 말했는가?), 지식 생산의 절차(즉, 어떻게 알게 되었는가?), 그리고 지식의 효과(지식이 어떠한 변화를 가져왔는가?)에 신뢰를 부여하는 방식이 각각 다르다.

여기에서는 지식획득의 방법을 권위적 방법, 신비적 방법, 논리적-합리적 방법, 경험적 방법으로 구분하여 살펴 본 후, 논리적-합리적 방법과 경험적 방법을 결합한 과학적 방법을 별도로 살펴보겠다.

1. 권위적 방법

권위적 방법이란 사회적·정치적으로 지식생산자의 자격을 인정받은 사람들의 권위에 의존하여 의문을 해결하고 지식을 얻는 방법이다. 이러한 사람들에는 부족사회의 예언자, 신권정치사회의 성직자, 봉건사회의 군주, 기술관료사회(technocratic society)에서 과학적 역할을 담당하는 학자나 정책분석가 등이 포함된다. 어떤 사회에서든지 여러 가지 현상에 관한 의문을 해결하기 위하여 각각 다른 권위에 의존하는 것을 볼 수 있다. 예를 들면, 천주교 신자에게 종교적인 문제에 관한 한 교황이 절대적 권위를 가지게 된다. 또 하나의

1934, pp. 193-196; 그리고 Fred N. Kerlinger, *Foundations of Behavioral Research*, 4th ed., NY: CBS College Publishing, 1999, chapter 1; 김해동, 「조사방법론: 이론과 기법」, 법문사, 1991, pp. 24-48을 참조할 것.

2) 이러한 네 가지 방법의 구분은 Montaque(1925)가 제시하였고, W. L. Wallace, *Logic of Science in Sociology*, Chicago, IL: Aldine-Atherton, 1971, chapter 1에 요약되어 있다.

예를 들면, 구 소련의 과학아카데미도 절대적인 권위를 행사하였는데, 1950년에 이 기관은 확률에 기초를 둔 통계이론이 비과학적이라고 선언한 적이 있다. 그 결정은 변증법적 유물론의 결정론(determinism)과 확률이론간의 모순을 해결하기 위하여 궁여지책으로 나온 것이다. 권위적인 방법에 의존할 때 일반인(지식추구자)들은 사회적 또는 정치적으로 권위를 인정받은 지식생산자에게 지식생산의 능력이 귀속된 것으로 생각한다. 일반인들이 지식을 요청하는 절차(기도, 탄원, 의식 등)는 권위를 가진 사람이 어떻게 응답할 것인가에는 영향을 미치지만, 일반인이 그 응답에 대하여 가지는 믿음에는 영향을 미치지 않는다. 그러나 어떤 지식생산자의 잘못에 관한 반론(refutations)이 누적되면 그 지식생산자의 권위는 정당성을 잃고, 권위의 주체가 바뀌게 된다.

이러한 권위적 방법은 전문가(experts)에게 의존하는 지식획득의 방법과는 구별되어야 한다. 전문가는 과학적 지식을 전달하는 역할을 담당하고 있으며, 그들의 의견은 과학적 지식에 근거를 두고 있다. 권위적 방법과 전문가에 의존하는 방법의 차이는 이와 같은 지식의 근거가 아니라 이를 받아들이는 방법이 다르다는 데 있다. 권위적 방법은 공인된 권위자가 선언한 것을 무조건 받아들이는 것이다. 그러나 전문가에게 의존할 때 전문가의 판단을 무조건 수용하여야 하는 것은 아니다. 전문가의 의견을 수용할 것인가 또는 거부할 것인가를 지식추구자가 자유롭게 결정할 수 있다면 이는 권위에 의한 방법과는 구분되어야 한다.[3)]

2. 신비적 방법

신비적 방법이란 예언가, 신령, 신, 영매(靈媒) 등 지식을 보유한 것으로 생각되는 초자연적인 권위에 의존하여 의문을 해결하는 것이다. 이 방법은 특정 권위에 의존한다는 점에서 권위적 방법과 유사하다. 그러나 권위적 방법이 근본적으로 지식생산자의 사회적 지위에 의존하는 데 반하여, 신비적 방법에서는 지식생산자의 초자연적인 능력, 그리고 지식소비자의 심리상태에 의존한다는 점에서 다르다. 예를 들면, 점성가가 예언을 행하는 과정에서 보여주는

---

3) Larry B. Christensen, *Experimental Methodology*, 4th ed., Boston, MA: Allyn & Bacon, 1988, p. 7.

의식은 일반인들이 그 점성가가 초자연적인 힘을 가진 것으로 믿게 하기 위한 것이다. 대개의 경우 신비적 방법은 의식적(儀式的)이고 의례적인 절차에 의존한다. 심리적 위축감, 무력감 및 흥분상태에서 지식소비자는 신비적 방법에 의해 생산된 지식을 더욱 쉽게 수용하게 된다. 그런데 이러한 방식에 의해 생산된 지식에 대한 신뢰는 그에 대한 반론(refutations)이 증가하면서, 그리고 사회의 전반적인 교육수준이 향상됨에 따라 감소하게 된다. 즉 권위적인 방법에서와 마찬가지로 권위의 원천에 대한 신뢰도가 떨어지면 그로부터 나온 지식에 대한 불만도 커지게 된다.

3. 논리적-합리적 방법

합리적 방법(rational method) 또는 합리주의(rationalism)는 여러 가지 형식의 논리(logic)와 규칙(rules)을 엄격하게 지킬 때 지식을 획득할 수 있다고 본다. 합리주의의 근본가정은 "① 인간의 지성(human mind)은 관찰할 수 있는 현상과는 독립적으로 세계를 이해할 수 있고, ② 지식의 형태는 우리가 경험하기 이전에 이미 존재한다."라는 것이다.[4] 합리적 방법에서는 원칙적으로 참(眞)이어야 하는 것은 무엇인가, 논리적으로 가능하고 허용될 수 있는 것이 무엇인가에 관심을 가진다.

합리적 방법에서는 논리적 규칙을 적용하여 제시된 정보를 토대로 수용할 만한 결론에 도달할 수 있도록 한다.[5] 다음과 같은 고전적인 삼단논법의 예를 살펴보자.

> 모든 까마귀는 검다. (대전제)
> 이것은 까마귀이다. (소전제)
> 그러므로, 이 까마귀는 검다. (결론)

여기에서 결론은 대전제와 소전제로부터 논리적으로 도출되었다. 그러나 논리를 통하여 결론을 도출하는 논리적 방법에는 한계가 있을 수 있다. 다음

4) David Nachmias & Chava Nachmias, *Research Methods in the Social Sciences*, 6th ed., NY: St. Martin's Press, 1999, p. 5.
5) Anthony M. Graziano & Michael L. Raulin, *Research Methods: A Process of Inquiry*, 7th ed., MA: Allyn & Bacon, 2009, pp. 8-9.

의 삼단논법을 생각해 보자.

> 모든 청소년은 컴퓨터 게임을 좋아한다. (대전제)
> 영수는 청소년이다. (소전제)
> 그러므로, 영수는 컴퓨터 게임을 좋아한다. (결론)

여기에서 논리는 분명하고, 영수가 컴퓨터 게임을 좋아한다면 결론도 올바르다. 그러면 무엇이 한계인가? 위의 논리전개에서 모든 청소년이 컴퓨터 게임을 좋아하지 않을 수도 있다. 또한 영수는 청소년이 아닐 수 있다. 이같이 수용할 수 있는 결론에 도달하려면 대전제와 소전제를 뒷받침할 수 있는 증거가 있어야 한다. 그러므로 정확한 결론은 논리적 과정뿐만 아니라 전제의 정확성에도 달려 있다.

Francis Bacon은 15세기 어느 수도원에서 수도자들 사이에서 벌어진 다음과 같은 논쟁에 대한 기록을 통하여 논리적-합리적 방법의 극단적인 예를 보여주고 있다.[6)]

> 수도자들은 말의 이(teeth)가 몇 개인가에 관해서 모든 서적과 기록을 총동원하여 10여 일간 격렬한 논쟁을 벌였다. 그러나 말의 입 안을 들여다보면 알 수 있다는 젊은 수사의 제안을 "기존의 서적에 그러한 방법이 언급되지 않았다"는 이유로 묵살하였다. 결국 그들은 역사적·신학적 증거가 부족하기 때문에 이 문제는 영원한 수수께끼로 남을 수밖에 없다고 결론을 내렸다.

이와 같은 사례는 논리적 방법에 극단적으로 집착할 때에 범할 수 있는 오류를 풍자적으로 보여주고 있다. 선험적 지식이 존재하고 그러한 지식이 인간의 경험과 독립적으로 존재한다는 고전적 합리주의의 관념은 현대 사회과학의 추상수학, 순수수학분야에서 가장 구체적으로 표현되고 있다. 순수수학은 경험적인 세계와는 독립적인, 보편적으로 타당한 확실한 명제들로 구성된다. 순수기하학의 명제들은 정의에 따라 절대적이고 참(眞)으로 간주되지만 현실과는 큰 관련이 없다. 후술하는 과학적 접근방법에서도 순수수학과 형식논리는 필요하지만, 사회과학 분야에서는 이러한 것들이 연구과제(subject-matter)를 해결하고 사회문제 해결에 도움이 될 때에만 그 가치가 인정된다.[7)] 과학적 방

6) Christensen, *op. cit.*, p. 8에서 재인용.
7) Kurt Lewin, *Field Theory in Social Science*, NY: Harper, 1951, p. 12; Nachmias & Nachmias, *op. cit.*에서 재인용.

법에서도 합리적·논리적 추론을 활용한다. 그러나 그 결과를 그대로 참된 지식으로 받아들이지는 않는다. 과학적 방법에서는 논리적 추론과정을 거쳐 얻어낸 결과를 가설(hypothesis)로 간주하며, 이러한 가설이 타당한지는 현실세계에 대한 관찰을 토대로 검증되어야 하는 것으로 본다.

4. 경험적 방법

경험적 방법(empirical method) 또는 경험주의(empiricism)는 인간의 감각을 통한 경험, 즉 관찰(observation)을 통하여 지식을 획득하는 방법을 말한다. 경험주의자들은 이성 또는 권위, 관습, 직관, 신비 등의 방법만을 통하여 충분한 지식을 얻을 수 없다고 본다. 경험주의자의 모토는 "내가 보지 않은 것은 믿지 않는다."라는 것이다. 탈레스, 히포크라테스, 코페르니쿠스, 갈릴레오, 그리고 다윈은 주로 자연현상에 관한 관찰에 기반을 두고 주요 결론을 내렸다. 이들은 신화, 종교, 권위 그리고 합리주의에 기반을 두고 널리 받아들여진 기존 관념들을 거부하였다.

그림 1-1 불가능한 물체: 특수한 형태의 시각자료

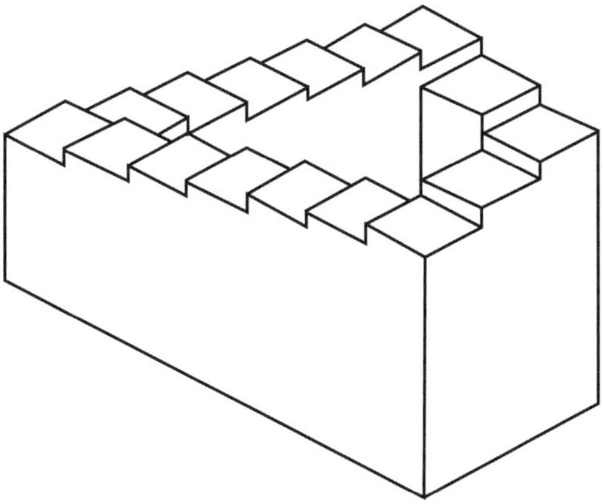

출처: Penrose & Penrose, Impossible Objects: A Special Type of Visual, *The British Journal of Psychology*, 49, 1958; Graziano & Raulin, *Research Methods*, 4th ed., p. 10에서 재인용.

그러나 일상적인 경험적 방법만을 사용할 경우, 관찰이 정확하지 않을 수 있다. 예를 들면, [그림 1-1]에서 어느 쪽이 제일 높은 곳인지 분명하게 본 것으로 생각했는데, 실제로는 처음 생각한 것과는 다른 것으로 판명될 경우가 있다.

관찰이 정확하지 않을 경우 잘못된 결론이나 위험한 결론에 도달할 수도 있다. 코로나 바이러스를 본 적이 없으므로 코로나 감염병에 걸리지 않는다거나 중력을 본적이 없으므로 물체가 아래로 떨어지지 않는다고 결론을 내릴 수 있을까? 과학에서 경험적 관찰은 현미경 등 보조도구를 활용한 관찰을 포함하며, 떨어지는 물체에 대한 중력의 영향과 같은 간접적인 관찰도 포함한다.

만약 과학자들이 사실을 수집하기만 한다면, 사실의 목록만을 가지고 있을 뿐이다. 그러한 사실들이 어떻게 결합되며, 어떠한 의미를 가지는지는 알지 못할 것이다. 사실이란 우리가 이론적 지식을 적용하여 조직화하고, 그로부터 의미를 이끌어내고, 예측하는 데 활용할 때 유용성이 커진다. 바꾸어 말하면, 경험주의는 합리적 사고와 결합할 필요가 있는데, 과학적 방법에서는 두 가지를 결합하여 활용한다.

5. 과학적 방법

과학적 방법은 논리적 절차를 거치는 한편 경험적 관찰을 통하여 지식을 획득한다.8) 합리주의와 경험주의의 요소를 결합한 과학적 방법의 일반적 절차는 본서 제3장에서 살펴보게 된다.9)

과학적 방법을 특징짓는 관찰 과정과 절차는 무엇인가? Wallace는 과학적 방법의 핵심으로 ① 관찰결과의 중시, 그리고 ② 관찰에 사용된 규칙과 절차의 객관성 등 두 가지를 지적하고 있다.10) 즉 관찰에 의하여 공적으로 인정될 수 있는 객관적인 사실에 지식의 근거를 두는 것이다. 과학적 방법은 의문의

8) Graziano & Raulin, *op. cit.*, 제1장 참조.

9) 과학적 방법을 절차의 관점에서 정의한 문헌으로는 F. J. Gravetter & L. B. Forzano, *Research Methods for the Behavioral Sciences,* 5th ed., 2016. pp. 15-20; G. J. Privitera, *Research Methods for the Behavioral Sciences,* Thousand Oaks, CA: Sage, 2014, pp. 3-12.

10) Wallace, *op. cit.,* chapter 1.

대상에 대한 객관적인 관찰결과를 중요시한다. 그러나 관찰과정에서 관찰자(지식생산자)의 편견, 가치관, 태도, 감정 등 개인적 특성을 신중하고 체계적으로 배제시켜야 한다는 입장을 취한다.

과학적 방법에서는 과정 또는 절차의 중요성이 강조된다. 관찰결과로부터 산출된 정보가 참(truth)인지의 여부가 문제될 때, 그것은 정보를 산출한 관찰과정의 객관성에 대한 판단에 따라 결정된다. 예를 들어, A라는 과학자가 그의 가설이 객관적인 사실에 의하여 타당하다고 주장하려면 자신의 관찰과 검증과정을 타인에게 공개할 수 있어야 한다. 공개적 검증에 참여한 B라는 과학자는 A의 가설을 확증된 것으로 보지 않고 다른 가설을 세울 수도 있다. A와 B의 가설은 다시 다른 과학자들의 공개적인 관찰을 토대로 그 진위가 평가된다. 그러므로 과학적 방법은 지식을 공적인 객관성에 준거하여 검토하고, 끊임없는 자기수정(self-correction)을 가능하게 하는 과정이라고 볼 수 있다. 이러한 관점에서 볼 때, 과학적 지식 또는 과학적 이론은 다음과 같은 특징을 가지고 있다. ① 재생가능성(reproducibility): 일정한 절차나 방법을 되풀이 했을 때 같은 결론에 도달하여야 함, ② 경험성(empiricism): 감각기관에 의하여 지각될 수 있어야 함, ③ 객관성(objectivity): 객관적인 도구를 사용할 것 등이다.[11)]

과학적 방법에는 관찰과정에서 개인적인 편견을 배제하고 과학공동체(scientific community)의 구성원이 관찰결과의 진위여부에 대하여 합의에

표 1-1 지식획득의 방법 요약

방법	핵심내용
권위적 방법	권위를 인정받는 사람의 주장을 받아들임
신비적 방법	초자연적인 능력을 가진 것으로 여겨지는 사람의 견해를 받아들임
합리적 방법	주어진 정보에 논리적 원칙을 적용하여 결론을 수용
경험적 방법	관찰을 통하여 지식을 얻음
과학적 방법	합리주의의 원칙과 경험주의의 방법을 결합하여, 합리주의를 사용하여 이론을 개발하고, 경험주의를 통하여 이론을 검증하는 절차를 거침.

11) Gravetter & Forzano, *op. cit.,* pp. 20-23; 김해동, 전게서, pp. 24-28.

도달할 수 있도록 해주는 규칙들이 존재한다. 그러한 절차에 관한 규칙들은 과학공동체 구성원들이 논쟁과 비판을 거쳐서 합의에 이른 것이다. 척도구성의 규칙, 가설검증의 규칙, 표본추출방법, 모수의 추정방법 등이 바로 그러한 규칙의 일부이다. 이러한 맥락에서 볼 때 과학적 지식과 비과학적 지식의 구분은 그 결과보다는 결과에 도달하기까지의 절차와 과정에 의해서 결정된다고 볼 수 있다. 관찰에 의존하는 것이나 절차에 의존하는 것은 궁극적으로 목적이 동일한데, 그것은 개인적인 편견을 배제하고 현실 세계에 대한 보편적인 지식을 획득하고자 하는 것이다.[12)]

이상에서 살펴본 의문의 해결방법 또는 지식획득의 방법들은 결코 상호배타적이 아니라는 사실을 유념해야 한다. 실제로 전형적인 연구결과에는 과학적인 관찰 및 방법, 권위적인 주석과 기록, 상상력과 통찰력, 그리고 논리적·합리적 연역과 귀납 등이 어느 정도씩 포함되어 있으며, 상대적으로 강조되거나 우위에 있는 방식에 따라 구분할 수 있을 뿐이다.

제 3 절 과학의 성격

과학적 방법은 의문을 해결하고 지식을 획득하는 여러 방법들 가운데 하나이다. 이 책에서는 주로 과학적 연구방법을 다루고 있는데, 보다 넓은 의미에서 과학과 비과학의 구분, 과학의 발전과정, 자연과학과 사회과학의 차이, 그리고 사이비과학의 특성을 이해하는 것도 중요하다.

1. 과학과 비과학의 구분

과학(science)이라는 용어는 '지식'을 의미하는 라틴어 scientia에서 나왔다. 과학의 목적은 지식을 생산하고, 우리를 둘러싼 세계를 이해하고 설명하는 것이다. 그러나 축적된 지식 그 자체만 가지고는 과학과 신화를 구분할 수 없

12) Wallace, *op. cit.*

다. 기본적으로 과학적 지식이란 과학공동체(scientific community)에서 수용되는 지식이다. 과학공동체는 상호관련된 두 가지 기준에 따라 어떤 지식을 수용할 것인지 또는 기각할 것인지 결정한다. 하나의 기준은 지식이 기초하고 있는 증거(evidence)에 관련되는데, 과학적 지식이 형성되고, 검증되고, 향상되는 과정(process)을 구성하는 탐구의 논리와 방법에 관한 것이다. 다른 하나의 기준은 지식의 형태 또는 논리적 구조에 관련된 것으로 과학의 산출물을 구성하는 법칙, 원리, 이론에 관한 것이다.[13)]

과학과 비과학을 구분하는 기준의 하나는 앞에서 이미 살펴본 문제해결과 지식획득의 과정 및 절차이다. 즉, 과학은 검증가능한 지식획득의 과정 및 절차를 의미하며, 그러한 과정을 거쳐서 생산된 지식을 과학적 지식이라고 보는 입장이다. 즉 과학이냐 아니냐는 주장하는 내용에 의해 결정되는 것이 아니고 결론을 이끌어 내는 과정이 보편적인 과학적 방법을 따랐느냐에 의하여 결정된다. 예를 들면, "지구는 둥글다."라는 결론은 그 자체만으로는 과학이냐 아니냐를 판단할 수 없다. 그것이 과학인지, 신학인지, 아니면 문학인지는 그러한 결론을 이끌어 내는 과정에 따라서 결정된다.[14)] 관찰과 실험 그리고 공리로부터의 연역에 의해 유도된 결론이면 과학이라 할 수 있지만, 신의 말씀에 의해 내려진 결론이면 종교이며, 인간의 상상력의 산물이면 문학이라고 구분하여야 한다. 앞에서 살펴 본 바와 같이 '과학적'이라고 일반적으로 받아들여지는 방법이 있고, 이런 방법에 의해 결론에 도달하는 일련의 과정 내지 결론 그 자체를 과학이라고 할 수 있다.

비과학(non-science)의 대표적인 학문분야로는 문학이나 종교학이 있다. 문학과 종교는 기본적으로 인간 내면의 문제를 다루므로 지극히 개인적이고 개별적인 경험에 관한 것을 다룬다. 따라서 결론을 이끌어 내는 과정을 객관화하는 것에는 한계가 있을 뿐만 아니라, 객관화할 필요가 없는 경우도 많다. 과학적 방법은 인간의 이성이 받아들일 수 있는 범위 내에서 합리적인 방법이므로, 과학적 방법에 의해 얻어진 결론이 늘 완전한 진리일 수는 없다. 과학적

---

13) Royce A. Singleton, Jr. & Bruce C. Straits, *Approaches to Social Research,* 5th ed., Oxford: Oxford University Press. 2009. pp. 17-18; W. Lawrence Neuman, *Social Research Methods: Qualitative and Quantitative Approaches.* 6th ed., MA: Allyn & Bacon, 2005. pp. 4-8.

14) 곽영직, 「알기쉬운 과학이야기」, 사민서각. 1990.

방법에 의해서 얻어진 결론은 다시 과학적 방법을 사용한 반증에 의해 사실이 아님이 증명될 가능성이 있으며, 역사를 통해서도 그런 일은 많이 일어났다.

과학과 비과학을 구분하는 또 하나의 기준은 과학적 절차를 거친 산출물인 지식의 특성이다. 과학적 지식은 이론이라는 관점에서 조직화된다. 과학적 절차를 거쳐 산출된 지식은 과학공동체에 의하여 수용되어 지식체계의 일부로 편입된다. 전체적으로 지식체계는 일정한 논리적 구조를 가지고 있으며, 상호 관련된 법칙, 원칙, 이론들의 체계이다. 지식체계는 과학의 발전과 더불어 수천년 동안 축적되어 온 것이다. 우리가 제4장에서 간단하게 살펴볼 여러 가지 이론들이 과학적 지식체계의 구성요소이다.

2. 과학의 발전

과학은 검증가능한 방법으로 얻어진 지식의 체계를 말한다. 그런데 과학이 항상 존재한 것은 아니다. 때로는 모든 사람들이 과학이전(pre-scientific) 또는 비과학적인 방법으로 새로운 지식을 창조하였다. 이는 앞에서 논의한 대안적 지식획득의 방법뿐 아니라 근대사회에서는 잘 받아들여지지 않는 방법들인 신탁, 신비주의, 마술, 점성술, 심령술 등의 방법도 이용하였다. 근대 과학은 수천년 동안 이루어진 문명의 발달에 뿌리를 두고 있다.[15] B.C. 600년 경 그리스 문명에서 과학의 '아버지'라고 불리는 탈레스, 그리고 히포크라테스, 아리스토텔레스, 소크라테스, 플라톤 등이 초기의 과학발전에 공헌한 주요 철학자들이다. 과학은 중세에도 지속되었으나 기독교 신학보다는 부차적이었다.

근대 과학은 유럽 역사에서 1600년대부터 1800년대에 대두한 '이성의 시대' 또는 '계몽주의 시대'에 시작된 사고의 전환으로부터 성장하였다. 계몽주의가 새로운 사고의 물결을 일으켰는데, 여기에 논리적인 추론, 물질세계에서 경험의 강조, 인간의 진보에 대한 믿음, 그리고 전통적인 종교적 권위에 대한 의문 등이 포함된다. 과학은 자연세계의 연구에서 시작되어 사회생활의 연구로 확산되었다. 근대 사회에서 과학의 중요성과 지식추구의 기반으로서 과학은 산업혁명으로 불리는 전사회적 전환과 관련된다. 자연과학, 그리고 사회학 및 정치학 등 사회과학의 발전은 우연히 이루어진 것이 아니다. 이는 선구적인

15) 과학의 대두에 관한 보다 자세한 내용은, Graziano & Raulin, *op. cit.*

연구자들의 노력과 투쟁의 산물이다. 이는 또한 전쟁, 공황, 정부정책 또는 일반대중의 의식전환 등과 같은 중요한 사회적 사건의 영향을 받기도 하였다. 19세기 말에는 과학이 대학에 확고하게 자리 잡았고, 20세기 후반부터 급격하게 발전하였다. 과학은 이제 자연현상 및 사회생활을 이해하는 주요 수단이며, 현대적 기술이 의존하는 기반이 되었다.

3. 자연과학과 사회과학

자연과학과 사회과학의 구분은 기본적으로 연구대상에 따른 것이다. 자연과학은 자연현상을 연구대상으로 하며, 사회과학은 인간과 사회의 문제들을 연구대상으로 한다. 인류학, 심리학, 정치학, 사회학, 행정학 등 사회과학은 사람들의 신념, 행태, 상호작용, 제도 등을 연구한다. 일반적으로 자연과학이 연구대상으로 하고 있는 자연의 현상은 사회과학의 연구대상인 인간과 사회현상에 비교하면 대단히 규칙적이고 질서정연하다. 반면 사회현상은 다양한 개성과 생활방식을 가진 개인들이 모인 사회에서 발생하는 현상으로 유동적이며, 관찰하기 어렵다.

연구대상의 특성에 따라 연구방법이 달라지므로 자연과학과 사회과학은 연구방법에서도 차이가 있다. 예를 들면, 인간의 태도, 원형질(protoplasm), 또는 은하계와 같은 과학의 연구대상에 따라 서베이, 현미경, 망원경과 같이 이들을 연구하는 기법과 수단이 달라진다. 좁은 의미에서 과학 또는 과학자라고 할 때, 자연과학이나 자연과학 연구자를 가리키는 것은 과학적 방법이 자연과학 분야에서부터 시작되었을 뿐 아니라 자연 과학이 좀 더 과학적 방법에 충실하기 때문이다. 자연과학에서 주로 활용되는 방법은 수학적 연역과 실험실 실험이며, 사회과학은 주로 준실험적 방법과 통계적인 방법에 의해 인간과 사회의 여러 가지 현상을 연구한다.

자연과학이 '경성과학'(hard sciences)이라면, 사회과학은 '연성과학'(soft sciences)이라고 부르기도 한다. 그 이유는 사회과학 분야의 연구결과가 엉성하거나 엄밀성이 부족하기 때문이 아니라 그 연구대상인 인간의 사회생활이 유동적이며, 관찰하기 어렵고, 실험실의 도구로는 정확하게 측정하기 쉽지 않기 때문이다. 그럼에도 불구하고 사회과학자들은 불규칙적이고 질서가 없어

보이는 사회현상에서도 나름대로 질서와 규칙성을 찾고자 노력한다.[16)]

이러한 입장에서 사회현상을 연구하고자 하는 접근방법이 실증적 접근방법이다. 이와는 대조적으로 사회과학의 연구대상인 인간과 사회의 특성이 자연과학의 연구대상과는 다르다는 점을 강조하는 해석적 접근방법에서는 사회현상에서 질서와 규칙성을 찾기가 어렵다고 보는 입장이다.

4. 과학과 사이비과학

사이비과학(似而非科學, pseudo-science) 또는 의사과학(擬似科學)은 그 주창자와 연구자가 과학적 방법을 사용하여 산출한 과학적 지식인 것처럼 주장하지만, 실제로는 연구방법 또는 연구결과가 과학 공동체에서 수용할 수 있는 기준을 충족하지 못한 것을 말한다. 사이비과학은 비과학적인 방법, 이론, 가정, 그리고 결론을 사용한다. 사이비과학의 특징은 그 내용이 애매하고, 과장되거나 검증불가능하며, 다른 전문가들이 검증하는 것을 허용하지 않는다는 것이다. 실제로 대중매체를 통하여 사이비과학이 많이 소개되고 있다. 즉, 과학적 방법으로 연구된 것으로 포장된 '기적의 약', '혁명적인 학습프로그램', '획기적 성능의 식품, 의약품, 화장품' 등이 수없이 소개되고 있다. 또한 정치인과 지역사회 지도자를 포함한 많은 사람들이 과학적 근거가 부족하거나 과장된 사이비과학에 기초하여 결정을 내리고 있다.

사이비과학도 설득력있는 것처럼 보이는데, 어떻게 이를 구분할 수 있는가? 사이비과학을 확인하기 위하여 세 가지 질문을 해 볼 수 있다.[17)] ① 주장을 뒷받침하는 증거는 무엇인가? ② 그 증거가 어떠한 형태로 제시되었고, 대중에게 소개되었는가? ③ 주장하는 과학자는 어느 기관에 소속되었는가?

첫째, 사이비과학의 증거는 거의 대부분 개인적 증언, TV광고의 가짜 의사의 소견, 치료사례 등 과학적으로 입증되지 않은 일화적 증거(anecdotal evidence)에 불과하다. 즉, 본격적인 검증이 이루어지지 않은 증거를 제시한다는 것이다. 둘째, 사이비과학은 동료평가를 통한 통제가 이루어지는 주류 학술지에 발표되는 것이 아니라, 대중잡지, 신문기사, 인터넷, TV, 라디오 방송

16) 이해영, 「사회과학연구방법론」, 학현사, 1999. pp. 12-15.
17) Graziano & Raulin, *op. cit.,* p. 12.

에서 소개된다. 학술논문은 엄격한 심사를 거쳐야만 학술지에 게재될 수 있다. 셋째, 사이비과학자는 정규 대학, 학술연구기관이나 산업체 연구기관에 소속되지 않은 프리랜서이거나, 그럴듯한 간판을 내건 사설 기관에 소속된다. 사이비과학자는 인증을 받지 못한 대학(소위 degree mill)에서 가짜 학위를 받았거나, 정규학위를 받은 경우에도 자신이 교육받은 학문분야와는 전혀 다른 엉뚱한 분야에서 활약하는 경우가 있다. 한편 사이비학자가 아닐 경우에도 때때로 나타나는 연구자의 자료조작이나 표절행위는 학문공동체의 신뢰를 크게 손상시키게 되므로 학계에서 비윤리적 행위로 규정하고 제재를 가하고 있다.[18]

우리가 연구방법을 공부하는 이유는 연구자로서 연구역량을 갖추는 것뿐 아니라, 과학과 사이비과학을 구분할 수 있는 과학적 해득력을 습득하여 현실세계의 결정에서도 올바른 결정을 내릴 수 있도록 하는 것이다.

제 4 절 과학의 기본가정

과학은 다음과 같은 몇 가지 기본가정에 기초하고 있다.[19] 과학의 기본가정은 과학도들의 신념체계를 구성하며 그들의 행동방향을 결정한다. 이러한 가정은 과학적 담론(discourse)을 진행시키는 데 필요한 선행조건이며 과학철학의 분야에서 인식론(epistemology)의 영역에 속하는 이슈들이다. 이러한

---

18) 김병섭, 「편견과 오류줄이기: 조사연구의 논리와 기법」, 법문사, 2008, pp. 23-25. 그리고 본서 제14장 제2절 참조.

19) 과학의 기본가정에 대하여 학자들마다 다르게 표현하고 있다. Frank-Nachmias, Nachmias & Dewaard는 "① 자연은 질서가 있다. ② 자연은 이해할 수 있다. ③ 지식이 무지보다 우월하다. ④ 모든 자연현상은 자연적인 원인(causes)이 있다. ⑤ 자명한 것은 없다. ⑥ 지식은 경험을 통하여 획득된다." 등 여섯 가지를 들고 있다. 장상호 교수는 "① 모든 사상의 원인은 자연 내에 있다. ② 인간은 자연계의 일부이다. ③ 자연은 질서가 있고 규칙적이다. ④ 자연은 제일성(uniformity)이 있다. ⑤ 자연은 영구적으로 존재한다. ⑥ 모든 객관적인 현상은 궁극적으로 해명될 수 있다. ⑦ 자명한 것은 없다. ⑧ 진리는 상대적이다. ⑨ 관찰이 지식의 원천이다. ⑩ 인간의 지각, 기억 및 추리가 진리획득의 매개체이다." 등 10가지를 지적하고 있다. Frank-Nachmias, Nachmias & Dewaard, *Research Methods in the Social Sciences*, 8th ed., NY: Worth Publishers, 2015, pp. 6-8; 장상호, 「행동과학의 연구논리」, 교육출판사, 1978, pp. 36-42.

가정을 검토함으로써 우리는 과학적 방법과 그 주장을 더욱 분명하게 이해할 수 있을 것이다.

1. 질서와 규칙성

과학의 기본가정은 현실세계에는 질서(order)와 규칙성(regularity)이 존재하고, 이를 우리가 인식할 수 있다는 것이다. 따라서 어떤 사건이라도 우연히 일어나는 것이 아니라 규칙성이 있는 것으로 본다. 급격하게 변화하는 환경에도 그 속에 어느 정도의 질서와 규칙성이 있고, 그러한 변화 자체도 유형화되어 있으므로 이해할 수 있다는 것이다.

이러한 맥락에서 실증주의적 관점의 사회과학자들은 사회현상의 질서와 규칙성을 탐구하여야 한다고 본다. 구체적으로 사회현상을 관찰하고 측정하여, 사회적 규칙성을 발견하고, 이를 토대로 사회현상에 관한 이론을 형성하여야 한다는 것이다.[20] 예를 들면, 경제학자들은 경기순환론에서 불황과 호황의 사이클이 규칙적으로 진행되고 있음을 밝혀낸 바 있다. 한편 선거와 행정과의 관계를 연구한 학자들에 의해 제시된 이론 중에 정치적 경기순환론(political business cycle)이 있다. 이 이론에 따르면 정부는 득표 또는 인기를 기준으로 정책들을 결정하며, 선거기간에 가장 유리한 경제 상태를 조성하려고 정책수단들을 조정한다는 것이다. 그러므로 집권당은 대통령 선거의 주기 또는 의원내각제의 경우 총선일자에 맞추어 장기적인 정책기조를 설정하고 이에 맞추어 국가행정을 운영하므로 이에 따라 경기가 규칙적으로 순환된다는 것이다.

2. 인과관계의 관점

과학의 또 다른 가정은 모든 사건에는 원인이 있다는 것이다. 이 가정은 과학적 방법이 종교, 마술, 혹은 심령주의와 결별한 이래 계속 고수되어온 신념이다. 즉 자연을 신과 같은 전지전능한 존재 또는 마력과 같은 초자연적인 힘, 또는 인간의 의지와는 독립적으로 존재하고 움직이는 것으로 보는 것이

---

20) Earl Babbie, *Survey Research Methods,* Belmont, CA: Wadworth, 1973, pp. 24-27.

다.[21] 따라서 자연과학자의 주요 임무는 자연적인 사건의 발생원인을 자연 안에서 찾는 것이다. 즉 자연적 사건을 설명하기 위하여 자연내에 존재하는 규칙성과 질서를 찾는 것이다. 이러한 규칙성을 찾게 되면 이를 인과관계(cause and effect relationship)의 증거로 활용할 수 있다.[22] 왜 비가 내리는가? 과거에는 농사철에 비가 내리는지 여부를 하느님의 뜻, 또는 집권자의 선정 또는 실정과 연결시켜 생각하였다. 그러므로 장기간 가뭄이 지속되면 그 해결방안으로 기우제를 지내거나 집권자가 근신함으로써 초자연적인 권위에 의존하여 가뭄을 해결하려 하였다. 그러나 오늘날에는 기상에 관한 경험적 법칙이 축적되고 기상관측장비가 비약적으로 발전되어 강우의 원인을 자연 내에서 찾을 수 있게 되었다. 일기에 대하여 1개월 이상의 장기예측이 가능해져 가뭄에 대비할 수 있을 뿐 아니라 긴급시에는 인공강우실험도 할 수 있게 되었다.

사회과학에서도 사회적 사건이 우연히 발생하는 것이 아니라 어떤 원인이 있어서 발생하는 것이라고 가정한다. 이러한 입장을 결정론적 관점(deterministic perspective)이라고 부른다.[23] 인간의 행태를 설명하는 데 있어서 이러한 관점은 우리가 일상적으로 생각하는 인간행동의 자유의지(free will)론과 대비된다. 결정론과 자유의지론의 논쟁은 철학자들 사이에 수천년 동안 지속되어 왔으며 앞으로도 지속될 것이다. 여기에서 이들 중 어느 것이 옳다고 단정하기는 어렵다. 그러나 독자들은 실증주의 관점의 경험적 조사연구가 인간행태에 관한 결정론적 모형에 입각하고 있다는 점을 분명하게 이해하여야 한다. 실증적 조사연구에서는 어떤 개인이나 집단이 왜 특정한 행태를 보이는가를 설명하기 위해서, 그러한 행태가 그에 작용하는 외부적인 힘과 요인에 의하여 결정된다고 생각한다. 즉 개인이나 집단이 특정한 행태를 보이는 경우, 이러한 행태가 나타날 여러 가지 조건이 갖추어져 있기 때문에 발생하는 것으로 보는 것이다. 예를 들어, 선거에서 어떤 유권자가 특정후보자에게 투표한다는 것은 그 유권자가 자유의지에 의하여 선택한 것이 아니라, 그 유권자의 연령, 지연, 교육수준, 사회적 계층, 정치이념 등 여러 요소가 작용하여 특정 후보자를 선택하도록 만든다는 것이다.

---

21) 장상호, 전게서, p. 36.
22) Nachmias & Nachmias, *op. cit.*
23) Babbie, *op. cit.*, p. 28; Earl Babbie, *The Practice of Social Research*, 9th ed., Belmont, CA: Wadsworth, 2001.

사회과학적 설명이 결정론적 모형에 기초하고 있다고 해서, 그것이 사건의 원인을 모두 설명할 수 있다는 것은 아니다. 사회과학적 설명은 확률론적 인과모형(probabilistic causal model)의 관점에서 이루어진다. 예를 들면, 부모의 키가 큰 사람은 부모의 키가 작은 사람보다 키가 클 확률이 높다고 설명할 수 있다. 그러나 이러한 설명이 전자는 모두 키가 크고, 후자는 모두 키가 작을 것이라는 것은 아니다. 확률적 형태의 결정론은 단정적이기보다는 개연성을 가지고 현상의 원인을 설명하려는 논리이다.[24)]

3. 현상의 이해가능성

과학에서는 인간이 궁극적으로 모든 현상을 이해하고 설명할 수 있다고 가정한다. 역사적으로 인간은 자연의 경이로움에 압도되어 신비주의나 불가지론에 빠지는 경우가 있었다. 그러나 과학적 방법에서는 자연 자체가 지적 추구에 한계를 준다는 생각을 거부하고, 인간의 노력으로 자연에 대한 신비의 베일을 벗기고 자연현상과 사회현상의 좀 더 많은 부분을 설명하고 이해할 수 있는 것으로 생각한다.

4. 자명한 지식의 부재

과학적 지식은 자명하지 않고, 진실이라고 주장하려면 이를 객관적으로 증명할 수 있어야 한다. 이는 상식, 전통, 관습, 권위, 신화 등에 기반을 두고 자명한 것으로 여겨지는 지식도 과학적으로 검증되어야 한다는 것으로 과학자에게 회의주의적인 태도를 요구한다. 그런데 이 회의주의적 태도는 다음과 같은 점에서 불가지론과는 구분된다. 불가지론은 자연에 대한 지식을 얻을 수 없다는 입장이고, 회의주의는 자연에 대한 지식을 얻을 수는 있지만 그 가운데에는 오답이 있을 수 있다는 입장이다. 그리고 그 정답과 오답에 대한 판정은 결국 체계적이고 경험적인 증거에 의해서 결정된다고 본다. 흔히 회의주의자라는 명칭 자체가 나쁜 인상을 주지만 과학의 발전은 이와 같은 회의주의적 태도에 기틀을 두고 있음이 역사를 통하여 실증되어 왔다.

---

24) 김광웅, 「사회과학연구방법론」, 박영사, 1989, pp. 12-13.

5. 진리의 상대성

진리가 상대적이라는 가정은 절대적이고 궁극적인 진리란 존재할 수 없음을 천명한 것이다. 상당히 안정성 있는 지식체계가 있을 수 있다. 그러나 그 지식은 어떤 제한된 배경, 방법, 도구, 자료 혹은 준거체계 속에서 입증된 것이기 때문에 완전무결하다고는 볼 수 없다. 따라서 여러 가지 지식체계 사이에 경합, 재평가, 재해석이 이루어질 수 있으며, 그러한 과정에서 새로운 지식체계가 탄생한다. 현재 인정받고 있는 명제는 불완전한 진리 가운데 가장 불완전성이 적은 것으로 간주되고 있는 것이다. 여기에서 강조되고 있는 개방성과 앞서 강조된 회의주의는 과학의 고유한 특징인 자기수정(self-correction)을 가능하게 하는 기초가 된다. 과학적 방법을 토대로 학문이 끊임없이 발전할 수 있었던 것은 바로 틀릴 수 있는 가능성을 인정했기 때문이다.

칼 포퍼(Karl Popper)는 이러한 측면에서 결정적인 공헌을 한 과학철학자이다. 포퍼는 반증가능성(falsifiability)이 과학과 비과학을 구별할 수 있는 기준이 되어야 한다고 보았다. 포퍼는 자유와 비판을 통한 점진적 개혁을 강조한 '열린 사회'를 주장한 학자로, 그의 반증주의 철학은 「과학적 발견의 논리」(*The Logic of Scientific Discovery*)를 통하여 전개되었다.[25] 즉 어떤 주장이 과학의 범주에 포함되기 위해서는 적어도 그 주장이 틀릴 수 있는 가능성을 내포하여야 한다는 것이다. 따라서 과학이 끊임없이 발전할 수 있었던 것은 그 주장과 이론이 옳았기 때문이라기보다는 그 주장이 틀릴 수 있는 가능성을 내포했기 때문이라는 것이다. 과학철학에서는 포퍼의 이론을 '소박한 반증주의'라고 부르며, 이를 더욱 발전시킨 Lakatos의 이론을 '세련된 반증주의'라 부른다. 그 핵심은 어느 경우에 기존이론을 폐기하고 새로운 이론을 인정할 것인가에 대한 견해 차이이다.[26] 그 차이의 일부를 소개하면 다음과 같다.

---

25) 이 책은 1934년 독일에서 출판되었는데 1959년 영어판이 나오면서 세계적으로 알려졌다. 포퍼가 주장한 학문 활동의 반증주의는 스스로에 대한 비판을 수용하는 사회만이 발전할 수 있다는 그의 '열린 사회'관과 같은 맥락에서 전개되었다. Karl Popper, *The Logic of Scientific Discovery,* NY: Basic Books, 1959.

26) Lakatos, I. Falsification and the Methodology of Scientific Research Programs, in I. Lakatos & A. Musgrave (eds.), *Criticism and the Growth of Knowledge,* London: Cambridge University Press, 1970 참조.

(1) 한 이론은 그와 모순되는 '관찰 진술'에 의해 반증된다(소박한 반증주의). 과학이론이 반증되는 경우는 새로운 이론이 더 많은 경험적 내용을 가지거나, 이전 이론의 성공을 설명하는 경우, 또는 새로운 이론에서 더 많이 경험적 내용의 일부를 확증하는 경우이다(세련된 반증주의). (2) 이론을 반박하는 사례가 나타나면 그 이론은 즉각적으로 폐기된다(소박한 반증주의). 변칙사례가 나타나 그 이론이 '반증'된다고 해도, 그 이론을 대신할 이론이 없다면 그 이론은 폐기되지 않는다(세련된 반증주의).

6. 지식의 원천으로서 경험과 관찰

경험과 관찰이 지식의 원천이라는 가정은, 객관적 현상에 대한 모든 이론적 추론의 타당성은 궁극적으로 관찰에 의하여 입증되어야 함을 강조하는 경험과학의 가장 기본적 가정이다. 오늘날 실증주의적 사회과학에서는 분석적 지식(analytical knowledge)과 종합적 지식(synthetic knowledge)이 있을 수 있음을 인정한다. 관찰을 강조하는 이 가정은 분석적 지식을 부정하는 것이 아니라 분석적 지식만으로는 현실의 세계, 사실의 세계를 이해하는 것이 어렵다는 점을 강조하고 있다. 이러한 경험주의적 가정은 소위 관념주의(idealism) 또는 합리주의(rationalism)와 대립된다. 관념주의는 지식을 인간의 특유한 능력, 예컨대 이성, 직관, 또는 관념의 산물로 보는 것이다. 경험주의적 가정은 인간이 타고난 이성에 의해서만 지식을 획득할 수 있다는 관념주의적 믿음에 대한 반작용이라고 볼 수 있다.

제 5 절 과학적 연구과정의 논리체계

인류가 문제 해결을 위한 지식을 얻기 위하여 과학적 방법을 사용한 것은 아리스토텔레스까지 소급될 정도로 긴 역사를 가지고 있다. 20세기 초반에 미국의 실용주의 철학자 J. Dewey는 일상생활에서 직면하는 문제의 해결방법으로 연역적 추리와 관찰과정의 기본요소를 구체화한 인식이론(theory of cognition)을 제시하였다. 이 이론은 과학자, 연구자 등 많은 사람들이 문제를 해결하는 데 크게 도움이 되었고, 오늘날 사용되는 과학적 방법의 기초가 되었다.27)

Dewey는 문제해결 과정을 문제의 진술, 가설의 설정, 연역적 추리, 관찰 및 검증단계를 거치는 것으로 보았다. 여기에서 사회과학적 조사연구와 관련시켜서 연역적 논리와 귀납적 논리를 살펴보기로 한다.

1. 연역적 논리와 귀납적 논리의 개관

연역적 논리는 일정한 이론적 전제에서 출발하여 가설화, 조작화, 관찰, 검증을 거치는 접근방법이다. 그 고전적인 사례로서 흔히 인용되는 유명한 3단논법에 다음과 같은 것이 있다. 즉 (1) 모든 사람은 죽는다. (2) 소크라테스는 사람이다. 그러므로 (3) 소크라테스는 죽는다. 이 3단 논법에서는 먼저 "모든 사람은 죽는다."라는 이론과 '소크라테스는 사람'이라는 조작적 정의를 제시한다. 이를 증명하기 위해서는 소크라테스가 죽었다는 사실을 경험적으로 검증하면 된다. 반면에 귀납적 논리에 의한다면 먼저 소크라테스의 죽음과 함께 다른 사람들의 죽음을 관찰하는 것에서 시작한다. 그 결과 관찰한 모든 사람이 죽었다는 사실을 알게 되고, 그리하여 모든 사람은 죽는다는 잠정적 결론(tentative conclusions)에 도달하게 된다. 연역적 논리에 의한 추론방법과 귀납적 논리에 의한 추론방법을 예를 들어서 비교 설명하기로 한다. 앞으로 살펴보게 될 사례는 학생이 시험공부를 하는 데 투입한 시간과 시험성적간의 관계를 규명하기 위하여 각각 연역적 논리와 귀납적 논리를 사용한 사례이다.28)

---

27) Dewey의 생각은 그의 저서 *How We Think*, Boston, MA: Heath, 1933, pp. 106-118에 나타나 있다. Gerhard Lang & George D. Heiss, *A Practical Guide to Research Methods*, 6th ed., Rowman & Littlefield, 1997; 그리고 F. N. Kerlinger, *op. cit.,* chapter 1을 참조.

28) 여기에서 소개하는 사례는 Allen Rubin & Earl Babbie, *Research Methods for Social Work*, 8th ed., Belmont, CA: Brooks/Cole, 2014에서 인용한 것임.

2. 연역적 논리에 의한 추론방법

연역적 방법은 문제를 논리적으로 검토하는 데에서 시작한다. 공부시간과 시험성적간의 관계를 논리적으로 살펴보면 시험성적이 좋다는 것은 수험생의 학습정보에 대한 기억력과 응용력이 우수하다는 사실을 반영하는 것이다. 이러한 능력은 학생이 시험을 치르기 전에 학습정보에 접할 수 있는 기회가 많아지면 더 커질 것이다. 이러한 논리에 따라 공부시간과 시험성적 사이에는 정(+)의 관계가 있을 것이라는 가설(hypothesis)을 세울 수 있다. 부(-)가 아니고 정의 관계를 가정하는 이유는 공부시간이 증가함에 따라서 성적이 좋아질 것이기 때문이다. 이러한 가설이 [그림 1-2]의 (a)에 나타나 있다.

연역적 논리의 다음 단계에서는 가설을 검증하기 위한 적절한 관찰이 이루어져야 한다. [그림 1-2] (b)의 점으로 표시된 부분은 수백 명 학생들이 실제 공부한 시간과 그들의 성적에 관하여 관찰한 자료를 나타낸다. 연역적 논리의 마지막 단계에서는 [그림 1-2] (c)에서와 같이 가설과 관찰결과를 비교하게 된다.

이 그림에서도 볼 수 있지만 현실 세계의 관찰결과가 가설에서 기대했던 것과 완벽하게 일치하는 경우는 드물다. 그러므로 연구자는 관찰자료가 가설을 확증(confirm)하는지의 여부를 판단하여야 한다.

그림 1-2 연역적 논리

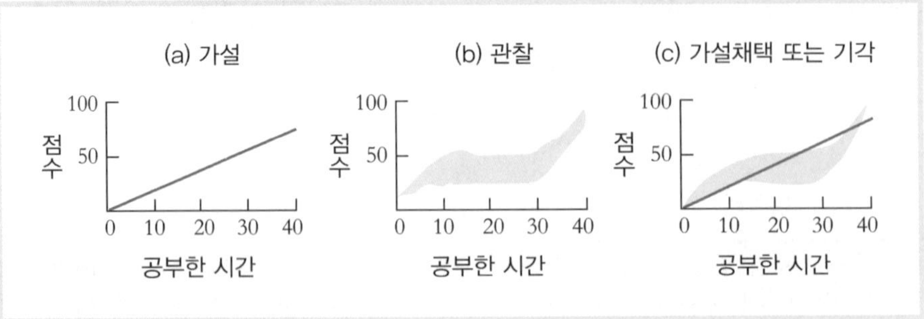

출처: Rubin & Babbie, *Research Methods for Social Work*, 2014, p. 68.

3. 귀납적 논리에 의한 추론방법

공부시간과 시험성적간의 관계에 대하여 귀납적인 추론과정을 거쳐서 결론을 내리는 과정을 살펴보기로 하자. 귀납적 방법은 [그림 1-3]에서와 같이 여러 사례의 관찰에서 시작된다.

즉 공부시간과 성적간의 관계가 어떠한 지에 관심을 가지고 관련 자료를 수집한다. 수집한 자료를 정리하여 그 관계를 가장 잘 표현할 수 있는 자료의 공통적인 유형, 즉 규칙성을 요약한다. [그림 1-3] (a)에서는 공부시간과 성적간의 관계가 선형관계(linear relation)가 아니라 비선형관계로 나타나고 있다. [그림 1-3] (b)에 나타난 유형에 따르면 1시간에서 15시간까지는 공부에 투입한 시간에 비례하여 성적이 향상된다. 그러나 15시간부터 25시간까지는 공부를 더할수록 성적이 약간 떨어지는 것으로 나타난다. 이어서 공부시간이 25시간이 넘은 학생들은 공부시간이 많을수록 성적이 향상된다. 귀납적 방법을 통하여 우리는 두 변수간의 관계에 대하여 잠정적 결론에 도달한다. 여기에서 잠정적이라는 것은 그 관계가 검증된 것이 아니고 단지 관찰에 의해 만들어진 유형이기 때문이다. 이같이 귀납법은 경험의 세계에서 관찰된 많은 사실 중에서 공통적인 유형(pattern)을 찾아내고, 이들 유형을 객관적으로 증명하기 위해서 보통 통계학적 분석방법을 적용한다.

그림 1-3 귀납적 논리

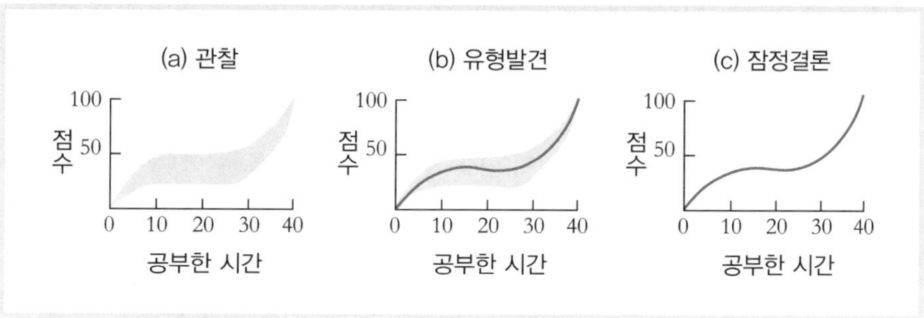

출처: Rubin & Babbie, *Research Methods for Social Work*, 2014, p. 68.

4. 연역법과 귀납법의 관계

실제의 연구과정에서는 연역법과 귀납법 중 어느 한 가지에만 의존하는 것이 아니고 연역, 귀납, 연역 등의 과정이 끊임없이 되풀이되면서 이론과 조사연구가 순환적으로 연결된다. Wallace는 이를 순환과정(circle)으로 간명하게 표현했는데, [그림 1-4]에 수정된 형태의 Wallace모형이 제시되었다.[29)]

Wallace의 모형에 의하면, 이론에서 가설이 만들어지고, 가설은 관찰을 가능하게 하며, 관찰을 통하여 일반화가 이루어지고, 일반화를 거쳐 이론이 수정된다. 수정된 이론에서 다시 수정된 가설, 관찰, 일반화의 순환과정이 되풀이된다. 그런데 이 모형에는 분명한 시발점과 종착점이 없으므로 연구자는 어느 단계에서 시작해도 무방하다.[30)] 이와 같이 과학적 연구의 과정은 끊임없이 돌아가는 수레바퀴와도 같다. [그림 1-4]에서 왼쪽 부분은 관찰로부터 시작하여 관찰의 결과를 이해함으로써 이론이 귀납적으로 구성되어가는 과정을 보여주고 있다. 오른쪽 부분은 이론과 가설에서 시작하여 관찰결과 얻어진 지식에 이를 어떻게 연역적으로 적용시켜 주는지를 보여준다.

한편 [그림 1-4]의 윗쪽 부분은 소위 수학 및 논리의 세계(mathematics and logics)인데 이러한 세계에서 이론화(theorizing)의 과정이 전개된다. 이론화과정의 각 단계를 어떻게 연결하는 것이 타당한가 하는 것은 귀납적 논리와 연역적 논리의 기준에 비추어 판단해야 할 문제이다.

아래쪽 부분은 사실의 세계인데 이는 연구자의 세심하고 정확한 관찰에 토대를 두고 있다. 사실의 세계에서 소위 조사방법(research method)을 적용하여 가설을 검증하게 되는데, 여기에서는 이론 그 자체를 검증할 수는 없고 관찰된 사실이 이론의 논리적 결과(즉 가설 또는 예측)와 부합되는지를 검증(verification)한다.[31)] 검증이란 이론에서 도출된 가설 또는 예측이 관찰을 통

29) Rubin & Babbie, *op. cit.,*; Wallace, *op. cit.,* pp. 21-30; 강신택, 「사회과학연구의 논리」, 박영사, 1981, pp. 16-17.

30) Wallace, *op. cit.* 연구자는 연구의 아이디어를 특정이론에 대한 관심 또는 그에 대한 의문에서 얻은 후 시작할 수 있는데 이러한 경우를 theory-driven research라고 부른다. 한편 연구자가 관찰된 사실, 또는 이를 정리한 자료(data)에서 아이디어를 얻어서 연구를 시작하는 경우를 data-driven research라고 부른다.

31) John G. Kemedy, *A Philosopher Looks at Science,* NY: Nostrand Co.,

그림 1-4 과학적 연구과정에서 연역과 귀납, 이론과 조사의 관계

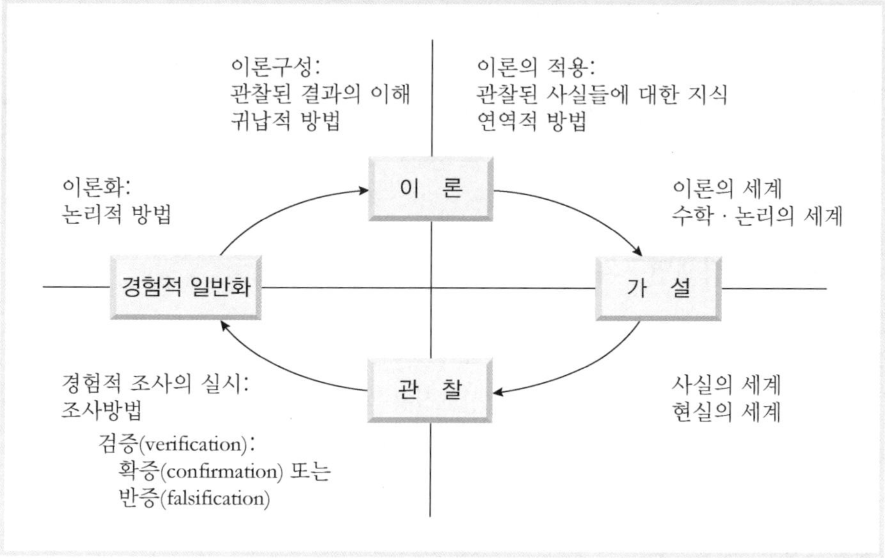

하여 수집된 자료와 부합되는지 밝히는 것이다. 검증의 결과에서 확증(confirmation)이란 관찰된 자료가 이론에서 도출된 가설 또는 예측과 부합하는 것을 말한다. 연구자들이 특정 이론에서 도출된 가설을 확증하는 경험적 연구사례가 늘어나면 그 이론이 진실이라는 확신이 강화될 수 있다. 한편 검증의 결과에서 반증(falsification)이란 수집된 자료와 그 가설이 부합되지 않는 것을 말한다. 반증된 연구사례, 즉 가설이 부정되는 연구결과가 도출된 경험적 연구사례가 많아지면 그 가설의 토대가 되는 이론에 대한 논박이 이루어져, 이론의 일부 명제가 수정되거나 이론이 거부될 수도 있다. 그러므로 경험적 연구결과를 토대로 이론이 반박되거나, 확장되고 수정될 수 있다.

이상에서 우리는 실제의 연구과정에서는 연역적 논리와 귀납적 논리가 반복하여 적용되며, 이러한 과정에서 이론과 조사연구가 관련되어 있다는 것을 알 수 있다. 즉, 이론에서 가설을 정립하고, 이러한 가설은 관찰을 가능하게 하며, 관찰을 통하여 일반화가 이루어지고 일반화를 거쳐 이론이 수정되는데,

1959; 강신택, 전게서, p. 16; 김광웅, 전게서, pp. 19-20. 가설검증의 구체적인 과정은 본서 제13장 참조.

이러한 과정은 분명한 시발점과 종착점이 없는 끊임없는 순환과정이다.

제6절 행정조사방법 개관

1. 행정 및 정책연구의 특징

행정학은 사회과학의 한 분과이며, 응용학문에 해당한다. 행정학의 연구대상인 행정현상은 인간, 구조, 환경의 상호작용을 통하여 나타난다.[32] 행정연구자는 연구주제 및 연구목적에 따라 행정인(또는 공공부문 종사자)과 주민 등 사람, 행정조직의 구조, 또는 자치단체 및 정부와 이를 둘러싼 환경과의 관계 등 행정현상을 결정하는 세 가지 요소들 가운데에서 일부를 선택하여 연구를 진행한다. 구체적인 정책사례도 행정연구자들의 주요 관심분야 가운데 하나이다.

조사방법(research methods)은 앞의 [그림 1-4]의 아랫부분 즉, 사실 또는 현실의 세계에 적용된다. 조사방법은 현실의 세계에서 관찰된 자료를 토대로 이론에서 도출된 가설을 검증하고, 관찰한 결과의 이해를 토대로 이론화에 기여한다. 가설검증의 결과로 기존 이론을 확증하거나 새로운 이론을 구성할 수 있으며, 기존 이론에 대한 반증을 토대로 이를 수정하거나 거부할 수도 있다. 행정연구에서 관심을 가지고 관찰해야 할 자료는 공직자와 주민 등 사람의 행태(behavior)와 행위(action)뿐 아니라 정치·행정구조와 제도, 정책사례에 관한 자료도 포함되므로 상당히 다양한 유형의 자료를 수집하여 분석하게 된다.

2. 사회과학 연구의 접근방법

사회과학 분야의 연구에서는 여러 가지 접근방법이 공존하며 경쟁하고 있다. 연구의 접근방법으로는 실증주의적 관점, 해석적 관점, 그리고 비판이론적

---

32) 행정의 3대 변수를 인간, 구조, 환경으로 구분하는 견해는 박동서, 「한국행정론」(제4전정판), 법문사, 1997, pp. 171-180 참조.

관점이 대표적이다. 이들 중 실증주의적 관점은 오랫동안 가장 광범위하게 활용되어 왔고, 연구대상의 차이에도 불구하고 가능한 한 사회현상의 연구에 자연과학의 연구방법을 적용하려는 입장이다. 실증주의적 접근방법의 대안으로 등장한 해석적 접근방법과 비판이론적 접근방법은 1960년대 이후 정립된 것이다. 해석적 접근방법은 사회과학의 연구대상인 인간과 사회가 자연현상과는 차별화된다는 전제하에 전개되었는데 최근에 강력한 소수의 위치를 차지하고 있다. 이들 연구의 접근방법은 세계를 보는 관점, 즉 사회적 현실을 관찰하고, 측정하고 이해하는 데 서로 다른 입장을 가지며, 이러한 입장의 차이를 반영하여 사회과학연구의 목적을 보는 관점도 다르다.

한국의 행정 현상의 연구에서는 실증주의적 접근방법을 적용한 연구가 주류를 형성하고 있는 가운데, 해석적 접근방법과 비판이론적 접근방법에 기반을 둔 질적 연구가 조금씩 증가하는 추세이다.

3. 질적 연구와 양적 연구

일반적으로 양적 연구는 실증주의적 관점을 토대로 하는 반면, 질적 연구는 해석적 관점과 비판이론적 관점에 근거를 두고 있다. 양적 연구와 질적 연구는 각각 다양한 연구방법들을 포함하고 있으므로 공통분모를 찾아서 모든 사람이 동의할 수 있는 정의를 내리기는 어렵다. 대체로 양적 연구는 사회현상을 연구하기 위해서 연구대상의 속성에 숫자(numerals)를 부여하여 자료를 수집하며, 그 자료를 분석하는데 기술통계와 추리통계라는 통계분석기법을 사용한다. 반면에 질적 연구에서는 자료가 숫자로 표현되는 것이 아니라 단어(words)의 형태로 수집되며, 자료는 주제와 범주(categories)로 구분되어 분석된다.

두 가지 방법은 연구 스타일과 자료수집 및 분석기법에서 차이가 있지만 기본적 논리는 본질적으로 유사한데, 이는 바로 경험적 자료를 토대로 특정의 현상에 대한 과학적 추론, 즉 기술적 추론과 인과적 추론을 추구하는 것이다.[33] 과학적 연구는 세계에 대한 경험적 정보를 토대로 기술적 또는 설명적

---

33) Gary King, Robert O. Keohane, & Sidney Verba, *Designing Social Inquiry: Scientific Inference in Qualitative Research,* Princeton, NJ:

추론을 할 수 있도록 설계된다. 특정의 현상을 주의 깊게 기술하는 것은 과학에서 빼놓을 수 없는 작업이지만 사실의 축적만으로는 충분하지 않다. 사실에 관한 자료는 질적 연구자와 양적 연구자들에 의하여 체계적으로 수집된다. 그러나 과학은 직접 관찰한 사실들을 사용하여 관찰하지 않은 다른 사실들을 학습할 수 있는 기술적 추론(descriptive inference)의 과정을 포함한다. 과학은 또한 관찰한 자료로부터 인과적 효과를 학습할 수 있는 인과적 추론(causal inference)의 과정을 포함할 수 있다. 어느 경우에나 과학적 연구의 핵심 가운데 하나는 수집된 특정의 관찰 자료의 범위를 넘어서는 추론을 목표로 한다는 것이다.

4. 연구과정과 이 책의 주요내용

이 책의 주요 내용은 다음 세 가지로 요약된다. 첫째, 과학의 성격과 기본 가정 및 논리체계, 사회과학 연구의 경쟁적 접근방법, 이론과 그 구조 등 사회과학 철학의 핵심 이슈를 살펴본다. 둘째, 연구 질문을 제기하고 이에 대한 해

표 1-2 연구과정의 단계와 이 책의 주요내용

연구과정의 단계	이 책의 주요내용
연구문제와 개념적 준거틀	연구문제, 이론, 개념적 준거틀, 가설(제3장) 기존문헌 검토(제5장)
조사설계	인과관계의 추론(제6장) 설명적 연구의 조사설계(제7장) 기술적 연구의 조사설계(8장) 질적 연구의 조사설계(9장)
연구대상 선정과 표본추출	연구대상 선정(제4장 제2~3절) 표본추출 및 표본설계(제11장)
개념화 및 조작화	개념과 측정도구(제10장)
자료수집	자료수집방법(제12장)
자료분석 및 해석	자료분석방법(제13장)
보고서 작성과 연구진실성	연구보고서작성과 연구진실성(제14장)

Princeton University Press, 1994, 제1장 참조.

답을 찾는 연구과정, 즉 연구 질문의 형성에서 관련 문헌 검토, 가설 또는 명제 설정, 개념적 준거틀 구축; 개념, 변수 및 이들의 관계 정의; 가설 또는 명제의 검증을 위한 조사설계, 자료수집, 분석 및 해석단계에 이르기까지 단계별로 사용되는 방법과 기법을 고찰한다. 마지막으로 행정연구자들이 이러한 방법과 기법을 어떻게 활용하여 행정 현상에 관한 연구질문에 답하는지 사례를 통하여 소개하는 것이다.

이 책에서는 제1장과 제2장, 그리고 제4장에서 사회과학의 철학에 관련된 주요 이슈들을 살펴본다. 제3장에서 연구과정의 각 단계를 개략적으로 살펴보고, 연구의 분석단위와 시간적 범위, 그리고 연구계획서 작성에 관하여 고찰한다. <표 1-2>에 제시된 바와 같이 제4장부터 제13장까지는 양적 연구와 질적 연구를 진행하는 과정에서 단계별로 필요한 지식, 방법과 기법을 소개하는데, 이를 간략하게 살펴보겠다.

1) 연구문제와 개념적 준거틀

연구문제를 선정함으로써 경험적 연구가 시작된다(제3장). 연구자는 관련된 이론들에 관한 검토를 토대로 하여 자신의 연구문제에 적합한 개념적 준거틀을 구성한다. 가설이란 제기된 문제에 대한 잠정적 해답인데, 하나의 개념적 준거틀에는 최소 둘 이상의 독립변수가 포함되므로, 일반적으로 복수의 가설이 제시된다. 해석적 관점을 토대로 하는 질적 연구방법을 사용할 경우에는 이론과 개념적 준거틀 및 가설이 설정되지 않은 상태에서 연구가 진행될 수 있다.

2) 연구대상의 선정

연구문제가 선정되면 누구를 대상으로 연구를 진행할 것인지 결정하여야 한다. 연구대상을 구성하는 분석단위와 시간적 범위가 결정되면 연구의 모집단이 규정된다(제4장 제2~3절). 관심을 가진 모집단의 모든 구성원들을 조사하는 것이 불가능한 경우가 많으므로 모집단 일부를 표본으로 추출하여 표본조사를 하는 경우가 많다. 제11장에서 표본추출과 표본설계를 살펴보겠다.

3) 조사설계의 선택

조사설계(research design)란 연구자가 연구문제에 대한 해답을 얻는 데 필요한 경험적 증거를 수집하기 위해 사용하는 조사연구의 계획을 말한다. 제6장에서는 인과관계의 추론과 관련된 쟁점을 살펴 본 후, 제7장에서는 인과적 관계를 검증하고자 하는 설명적 연구에서 사용하는 조사설계의 구체적 유형을 다룬다. 제8장에서는 기술적 연구를 위한 조사설계인 횡단적 설계, 내용분석, 빅데이터 분석, 사회연결망 분석, 미래예측설계를 다루고 있다. 한편 제12장 제2절에서 살펴보게 될 서베이 조사방법도 대표적인 기술적 조사설계로 여겨지고 있다. 제9장에서는 널리 알려진 질적 연구의 방법들을 살펴본 후, 양적 방법과 질적 방법을 혼합한 혼합설계방법(mixed methods)을 살펴보겠다.

4) 개념화 및 조작화

조사설계와 병행하여 연구자가 수행하여야 할 과제는 연구에서 사용되는 주요개념들의 의미를 분명하게 밝히고, 관찰을 통하여 그 개념들을 측정할 수 있도록 조작적으로 정의하는 것이다. 제10장에서 개념화와 조작화에 관한 문제를 구체적으로 살펴볼 것이다.

5) 자료수집

자료수집은 조사설계에 따라 경험적 자료를 수집하는 단계를 말한다. 양적 연구방법과 질적 연구방법에서 자료수집방법은 상당히 다르다. 양적 연구에서는 숫자로 정리될 수 있는 자료를 수집하여야 한다. 그러므로 양적 연구에서는 실험이나 기존통계자료 수집 또는 구조화된 설문지를 적용한 서베이 조사방법이 주된 자료수집방법으로 사용된다. 반면에 질적 연구방법에서는 참여관찰, 심층면접, 생활사 등과 관련된 각종 문서, 시청각 자료 등의 자료수집방법을 주로 사용한다. 제12장에서 여러 가지 자료수집방법과 그 선택기준을 살펴보겠다.

6) 자료분석

자료분석 단계에서는 수집된 자료를 분석하고 해석하여 경험적인 자료가 연구문제 및 가설과 부합되는지를 평가한다. 양적 연구의 경우 자료의 분석단계에서는 각종 통계적 기법이 사용되며 어떠한 기법이 사용될 것인가는 연구문제 및 가설, 조사설계에 따라서 미리 결정되는 것이 보통이다. 제13장에서는 기술적 조사자료의 분석방법과 가설검증을 위한 조사자료의 분석방법을 개괄적으로 다루고 있다. 질적 연구에서는 양적 연구와는 상당히 다른 자료분석 절차를 사용한다. 이 책 제9장 질적 연구의 조사설계에서 연구방법별로 사용되는 자료분석방법에 관하여 간략하게 소개하였다.

7) 자료해석 및 보고서 작성

경험적 연구의 최종단계인 보고서 작성단계는 연구결과를 정리하여 보고서나 학술논문의 형태로 기술하는 단계이다. 연구결과의 정리단계에서 분석결과를 해석(interpretation)하게 된다. 제14장에서는 연구보고서의 작성방법과 연구자가 지켜야 할 연구진실성을 다루었다.

5. 행정조사방법 학습의 목적

행정조사방법은 공공관리, 인사행정, 재무행정, 정책학 등의 과목과는 달리 실질적 내용을 다루는 것이 아니라, 과학적인 지식획득의 방법을 다룬다. 독자들이 행정조사방법을 학습하는 목적은 행정학의 분야에서 이루어진 경험적 연구의 과정과 결과를 이해할 수 있고, 더 나아가 행정 현상에 관한 경험적 연구를 수행할 수 있는 능력을 기르는 것이다.[34)]

첫째, 독자들은 경험적 연구의 소비자로서 경험적 연구문헌에 대한 해독능력을 길러야 한다. 실질적 내용을 다루는 행정학 분야의 이론들도 그간 축적된 경험적 연구가 바탕이 되므로 그 바탕인 경험적 연구문헌을 이해할 수 있어야 한다. 행정학 분야의 연구에는 복수의 접근방법이 공존한다. 연구방법에서도 양적 연구는 물론 질적 연구방법을 적용한 연구 문헌이 증가하는 추세이

34) N. A. Aguado, Teaching Research Methods: Learning by Doing, *Journal of Public Affairs Education,* 15, 2009, pp. 251-260; M. A. Earley, A Synthesis of the Literature on Research Methods Education, *Teaching in Higher Education,* 19:3, 2014, pp. 242-253; D. Kilburn, M. Nind & R. Wiles, Learning as Researchers and Teachers: The Development of Pedagogical Culture for Social Science Research Methods? *British Journal of Educational Studies,* 62:2, 2014, pp. 191-207.

다. 독자들은 서로 다른 접근방법의 기본가정에 관한 이해를 바탕으로 양적 연구방법은 물론 질적 연구방법을 적용한 연구 문헌을 모두 이해할 수 있어야 행정학 공동체의 일원으로 소통에 참여할 수 있다.

둘째, 독자들은 경험적 연구의 생산자로서 과학공동체에서 받아들일 수 있는 방식으로 연구를 진행하고, 연구결과를 정리할 수 있어야 한다. 과학과 사이비과학의 구분에서 살펴본 바와 같이 과학적 연구의 결과는 동료평가를 거쳐 학술논문으로 게재되거나 소정의 심사를 거쳐 학위논문으로 발표된다. 경험적 연구논문을 생산할 수 있으려면, 연구의 접근방법에 관한 이해를 토대로 연구를 수행하는 방법에 관한 구체적인 지침들을 학습하고 상당한 정도 훈련받아야 한다.

대체로 학사과정 독자들에게는 해독능력이 중요하며, 대학원의 석사 및 박사과정의 독자들에게는 경험적 연구의 수행능력을 기르는 것이 더욱 중요한 과제이다. 최근 과학 및 기술 학문분야에서는 학사과정 학생들에게도 '학부 연구경험'(undergraduate research experience)의 개념이 확고하게 자리 잡고 있는데,[35] 앞으로 행정학을 포함한 사회과학 분야에서도 학부에서의 연구경험이 중요해질 것으로 예상된다.

복습과제

01 여러 가지 지식획득의 방법을 간단하게 정의하고, 각 방법의 적용사례를 찾아보시오.

02 신문 또는 대중잡지에서 인과적 관계를 주장하는 기사를 찾아보시오. 그 기사에서 주장하는 인과적 연계가 과학적 증거를 토대로 하는지, 아니면 권위적 방법, 신비적 방법 또는 논리적 방법에 의존하는지 검토해 보시오.

---

35) Kilburn et al., *op. cit.*

03 합리적-논리적 방법과 경험적 방법의 한계를 각각 제시한 후, 두 방법이 어떻게 보완될 수 있는지 서술하시오.

04 왜 모든 과학적 지식은 잠정적이라고 여겨지는가?

05 검증불가능한 과학의 기본가정을 간단하게 서술하시오.

06 과학의 성격을 지식획득의 방법과 산출된 지식의 특성에 비추어 규정하시오.

07 어떤 토론에서 "사회과학은 진정한 의미에서 과학이 아니다."라는 주장이 제시되었다. 여기에 대하여 사회과학이 과학이라고 어떻게 변호하겠는가?

08 TV 또는 신문기사 및 광고, 서적에서 사이비과학에 해당하는 사례를 찾아보시오. 그 사례가 왜 사이비과학이라고 생각하는지 간단하게 서술하시오.

09 삼단논법의 타당성은 그 전제의 진위와는 어떠한 관계인가?

10 연역적 추론과 귀납적 추론을 간단하게 구분하시오.

11 귀납적 추론에서 잠정적 결론(tentative conclusions)에 그치는 이유는?

12 교육수준과 소득의 관계에 관하여 살펴보고자 보자. 이를 (1) 연역적 방법과 (2) 귀납적 방법을 통하여 어떻게 검토할지 생각하여 보시오.

13 과학적 연구과정의 순환적 성격에 관하여 서술하시오.

14 행정조사방법을 학습하는 목적은 무엇인가?

02 CHAPTER
과학적 연구의 목적과 유형
Purpose and Types of Scientific Research

장머리에

실증주의적 관점에 따르면 사회과학 연구의 목적은 사회현상에 관한 체계적 지식을 산출하고 축적하여 사회현상을 기술·설명하고 이를 토대로 미래상황을 예측하고 통제하는 것이다. 한편 이에 대한 대안적 입장에서 해석적 관점과 비판이론적 관점이 제시되었다. 제1절에서는 사회과학 연구의 접근방법을 실증주의적 관점, 해석적 관점, 비판이론적 관점으로 구분하여 살펴본 다음, 최근에 대두한 여성학적 관점과 포스트모던의 관점을 살펴보고자 한다. 제2절에서는 해석적 관점, 비판이론적 관점에서 사회과학연구의 목적을 살펴보겠다. 제3절에서는 세 가지 접근방법의 차이점과 공통점을 살펴보겠다. 제4절에서는 여러 가지 기준에 따른 사회과학 연구의 유형구분을 살펴보기로 한다.

제1절 사회과학 연구의 접근방법

1. 사회과학연구 접근방법의 의의

사회과학의 연구대상인 인간의 사회생활은 유동적이며 관찰도 쉽지 않다.

사회현상을 과학적으로 연구하고자 하는 사회과학이 대두한 이래 꽁트(Auguste Comte), 듀르케임(Emil Durkheim), 마르크스(Karl Marx), 밀(John Stuart Mill), 그리고 웨버(Max Weber)와 같은 고전적 사회이론가들을 포함한 연구자들 사이에 연구대상인 사회적 실재(social reality)의 본질은 무엇인지(존재론적 가정), 연구자가 사회적 실재를 어떻게 인식할 수 있는지(인식론적 가정), 연구에 필요한 자료를 수집하고 분석하는데 적합한 방법은 무엇인지(방법론적 가정)에 관한 논란이 계속되고 있다.

사회과학 연구의 서로 다른 접근방법(approach)은 사회현상의 연구에서 사회적 실재에 관한 존재론, 인식론, 방법론적 가정에 관한 견해 차이를 반영한다. 이 책에서는 연구의 접근방법을 연구의 패러다임(paradigm)과 상호교환적인 용어로 사용하겠다. 토마스 쿤이 제안한 패러다임이라는 용어는 특정 과학공동체의 구성원들이 공유하는 세계관, 신념체계 및 연구과정의 체계, 즉 개념적, 이론적, 방법론적, 도구적 체계를 지칭한다.[1] 일반적으로 패러다임이라는 용어는 일정 시점에서 특정 학문분야의 주도적인 이론체계를 의미하며, 새로운 패러다임이 등장하면 기존 패러다임을 대체한다. 자연과학과는 대조적으로 사회과학 분야에서는 하나의 주도적인 패러다임이 존재하기보다는 복수의 패러다임 또는 미니-패러다임이 공존하는 것으로 여겨진다. 한편 연구방법의 체계라는 관점에서 본다면 패러다임이란 연구과정에 적용되는 방법론 및 도구의 체계를 말하며 연구자들이 관찰과 추론을 정리하기 위해 사용하는 '준거의 틀'(frame of references)이다.[2]

덴진과 링컨은 연구의 패러다임을 연구의 기반이 되는 존재론적, 인식론적, 방법론적 전제를 포함하는 '그물망'(net)으로 정의한다.[3] 그러므로 연구의 패

1) Thomas Kuhn, *The Structure of Scientific Revolution,* Chicago, IL: The University of Chicago Press, 1970.

2) Earl Babbie, *The Practice of Social Research.* 11th ed. Belmont, CA: Thompson Wardworth. 2007, pp. 30-39; Monique Hennink, Inge Hutter, & Ajay Baily, *Qualitative Research Methods,* 2nd ed. Thousand Oaks, CA: Sage. 2020, pp.12-13; Sarah J. Tracy, *Qualitative Research Methods: Collecting Evidence, Crafting Analysis, Communicating Impact,* 2nd ed., John Wiley & Sons. 2020, pp. 49-61.

3) N. K. Denzin & Y. S. Lincoln, Introduction: The discipline and practice of qualitative research, in N. K. Denzin & Y.S. Lincoln (eds.), *The Landscape of Qualitative Research,* 3rd ed., Thousand Oaks, CA: Sage, 2008, pp.

러다임 또는 접근방법은 각각 고유의 존재론, 인식론, 방법론적 입장을 가진 것으로 본다. 존재론(ontology)이란 사회적 실재가 무엇인지, 즉 인간과 사회는 어떻게 존재하는지, 사회현상의 본질을 무엇인지에 관한 가정을 말한다. 사회과학 분야에는 복수의 존재론적 관점이 공존하고 있으며, 그 관점들은 각각 인간의 행위(action)와 행태(behavior), 객관과 주관, 사실이나 가치와 같은 실재가 어떻게 구성되어 있는지에 관한 가정이 서로 다르다.

인식론(epistemology)이란 연구자가 어떻게 사회적 실재를 파악할 수 있는지에 관한 가정을 말한다. 즉, 연구자와 연구대상과의 관계에 관한 이슈, 무엇이 조사가 이루어지는 사회적 실재에 관한 지식이나 증거로 간주되는지와 같은 이슈들을 탐구한다. 사회현상 연구자들 사이에 인식론적 가정에 관한 견해가 다를 수도 있다. 한편 방법론(methodology)은 방법에 관한 이론으로 연구자가 경험적 세계에 관한 지식을 어떻게 획득하는지, 즉 연구 자료를 어떻게 수집하고 분석하는지에 관한 것이다. 하나의 연구에 적용된 방법론은 그 연구의 기초가 되는 존재론적, 인식론적 가정을 내재하고 있다.

사회과학 연구에서는 서로 다른 여러 가지 접근방법 또는 패러다임이 공존하며 경쟁하고 있다. 여기에서는 세 가지 대표적인 접근방법으로 여겨지는 실증주의(positivism), 해석주의(interpretivism), 그리고 비판이론(critical theory)에 관하여 살펴보기로 하겠다.[4] 실증주의는 오랫동안 가장 광범위하게 활용되어 온 접근방법이며 실증주의의 대안으로 등장한 해석적 패러다임과 비판이론적 패러다임은 1960년대 이후 정립된 것이다. 이러한 연구의 접근방법 또는 패러다임은 세계를 보는 관점, 즉 사회적 현실을 관찰하고, 측정하고 이해하는 데 서로 다른 입장을 가지며, 이러한 입장의 차이를 반영하여 사회과학연구의 목적을 보는 관점도 다르다.

1-44. 한편 Tracy는 패러다임의 구성요소로 존재론, 인식론, 방법론에 더하여 가치론(axiology), 즉 연구 및 이론화의 영역과 연관된 가치라는 요소를 추가한다. Tracy, *op. cit.*

4) 세 가지 접근방법 또는 패러다임에 관한 상세한 논의는 Neuman, *op. cit.*; Babbie, *op. cit.* 참조.

2. 실증주의

실증주의(positivism)는 19세기 프랑스 사회학자 콩트(Auguste Comte)와 영국의 철학자 존 스튜어트 밀(J. S. Mill), 그리고 프랑스 사회학자 듀르케임(E. Durkheim)의 사상으로부터 시작되었다.[5] 초기의 실증주의에 뿌리를 두고 오늘날에는 후기실증주의, 논리적 실증주의, 행태주의와 같은 다양한 분파가 나타났다. 실증주의에서는 '과학'은 오직 하나의 논리를 가지고 있으며 사회과학과 자연과학은 가능한 한 동일한 방법을 사용해야 한다고 본다. 실증주의는 여전히 사회과학 연구의 주도적인 접근방법이며 주류 사회과학 또는 표준 사회과학이라고 부르기도 한다. 이 책에서는 사회과학연구에서 실증주의를 "연역적 논리와 개인의 행태에 관한 경험적 관찰을 결합하고자 하는 체계화된 연구방법"으로, 그 목적은 "인간 활동의 일반적인 패턴을 예측하는 데 사용할 수 있는 일련의 확률론적 인과법칙을 발견하고 확증하는 것"이라고 보기로 한다.[6]

3. 해석주의

실증주의적 접근에 대한 비판적 입장은 여러 갈래로 전개되고 있다. 이에 대한 대안으로 제시된 관점은 '해석주의'(interpretivism)와 '비판이론'(critical theory)의 두 가지로 구분된다.[7] 해석주의 또는 해석적 접근방법은 독일의 사회학자인 웨버(Max Weber)와 딜타이(Wilhelm Dilthey)로부터 프랑크푸르트 학파에 이르는 독일의 반실증주의적 전통과 아울러 Wittgenstein의 후기

---

5) Auguste Comte는 6권의 저서, *The Course of Positive Philosophy*(1830-1842)에서 오늘날 실증주의의 원리를 제시하였다. J. S. Mill은 *A System of Logic*(1843)에서 이러한 원칙들을 보완하고 수정하였다. 한편 E. Durkheim의 *Rules of the Sociological Method*(1895)는 실증주의 사회과학의 주요 교과서가 되었다.

6) Neuman, *op. cit.,* p. 66 참조.

7) 이와 같이 해석적 관점과 비판이론적 관점을 구분하는 견해는 Jay D. White, On the Growth of Knowledge in Public Administration, *Public Administration Review,* 46:1, 1986, pp. 15-18; 김경동·이온죽, 「사회조사연구방법」, 박영사, 1989, pp. 7-9; 김경동, 「현대의 사회학」(신정판), 박영사, 1997, pp. 588-640 참조.

저술로부터 출발하는 영미의 반실증주의적 접근을 포함한다.[8] 해석적 접근방법은 사회과학의 연구대상인 인간 및 사회세계가 자연과학의 연구대상인 자연현상 및 물리적 세계와는 다르다는 점을 강조한다. 실증주의 사회과학에서는 사회현상의 특수성이 과학적 연구의 목적인 기술과 설명을 추구하는데 큰 장애가 되지 않는다고 보는 반면 해석적 관점에서는 그 연구대상인 인간과 사회세계가 자연현상과는 본질적으로 차이가 있다고 본다. 해석적 접근방법은 사회적 세계가 의미를 담고 있는 세계라는 사실을 강조하며, 사회적 탐구에서 해석(interpretation)에 우선순위를 둔다. 해석적 접근방법은 현상학(phenomenology), 해석학(hermeneutics), 문화기술적 방법(ethnographies)과 같은 질적 연구방법을 적용하여 연구를 진행한다.

이 책에서는 해석적 접근방법을 "자연적 상황에서 사람들을 직접 관찰하여 사회적으로 의미 있는 행동을 체계적으로 분석하는 방법"으로 그 목적은 "사람들이 어떻게 자신의 사회세계를 창조하고 유지하는가에 대한 이해와 해석에 도달하고자 하는 것"으로 보기로 한다.

4. 비판이론

비판이론 또는 비판이론적 접근방법은 프랑크푸르트 학파의 전통을 이어받고 있는데, 관심의 초점은 인간의 해방을 위한 실천(praxis)을 강조하는 입장이다. 프랑크푸르트 학파의 핵심인물은 독일의 Horkheimer, Adorno, Marcuse, 그리고 Habermas 등이며 이들은 마르크스의 영향을 받아 신마르크스주의자로 분류되지만, 동시에 경제결정론적인 마르크스주의의 한계를 극복하려고 노력하였다. 비판이론이라는 개념은 Horkheimer의 논문 '전통이론과 비판이론'(traditional and critical theory)에서 유래되었다. 그는 사회과학에 대한 전통적 접근방법과 비판이론적 접근방법을 구분하였다. 비판의 의미는 기존의 사상, 행위, 그리고 사회적 조건들을 아무런 생각 없이 단순히 관습적으로 수용하는 데 만족하지 않는 지적·실천적 노력을 의미한다. 실천적 노력을 추구

8) 해석적 연구에 관한 문헌으로는 Clifford Geertz, *The Interpretation of Culture,* NY: Basic Books, 1973; E. D. Hirsh, *Validity and Interpretation,* New Haven: Yale University Press, 1967.; Alan Cribb, *Values and Comparative Politics,* Aldershot, England: Avebury, 1991, p. 4.

한다는 것은 인류가 의식적 주체로서 자신의 삶을 능동적으로 결정할 수 있고, 기존의 정치적, 사회적 조건들에 대한 자각과 이해를 추구한다는 것이다.[9] 비판이론적 접근방법의 변형으로는 변증법적 유물론, 계급분석, 구조주의 등이 있다. 여성학적 접근방법도 비판이론적 접근방법의 범주에 포함되는 것으로 볼 수 있다.

이 책에서는 비판이론적 접근방법을 "사회적 세계의 표면에 드러난 환상을 뛰어넘어 진정한 구조를 밝히고자 하는 비판적인 탐구 과정"으로 그 목적은 "사람들이 조건을 바꾸고 더 나은 세상을 만들 수 있도록 도와주는 것"이라고 보기로 한다.

5. 한국행정연구에서 접근방법의 적용

한국행정현상 연구에서는 실증주의적 접근방법을 적용한 연구가 주류를 형성하고 있는 가운데 해석적 접근방법과 여성학적 관점을 포함한 비판이론적 접근방법을 적용한 연구가 늘어나는 추세이다. 한국행정학회 창립 60주년을 맞이하여 출간된 「한국행정학 60년, 1956-2016: 제2권 접근방법과 패러다임」(2017)[10]의 '실증주의' 분야에 관한 논의에서 실증주의를 엄격히 해석하여 사회현상을 자연현상과 본질적으로 유사하다는 관점을 실증주의로 보고, 실증주의 연구방법을 적용한 연구를 고찰하였다.[11] 1980년대 중반을 기점으로 그 이전은 실증주의의 '도입기'이며, 그 이후는 '양적 성장기'라고 보았다. 1986년부터 2015년까지 30년간 「한국행정학보」에 게재된 일반논문 1,719편 가운데 실증적 연구논문은 828편으로 분류되었다. 2000년대에 실증주의 방법의 한계가 드러나고 이에 대한 비판이 거세지는 가운데에도 실증적 연구의 분야와 주제는 더욱 다양해지고 행정학에서 실증주의 연구는 끊임없이 확산되는 추세라고 분석되었다.

---

9) 이에 대한 간결한 설명은 김항규, 제4장 과학적 방법 활용의 타당성 평가기준에 관한 연구, pp. 121-122, 「한국의 관료론 방법과 실제」, 김해동 교수정년퇴임기념논문집, 서울대학교 행정대학원 기념논문집간행위원회, 1994 참조.

10) 이 책에서는 행정학의 접근방법을 '실증주의', '주관주의', '규범이론', '비교연구', '행정사', '행정문화'로 구분하고 연구경향을 고찰하였다.

11) 이 책에서 실증주의에 관한 내용은 김호정, 실증주의, 「한국행정학 60년, 1956-2016: 제2권 접근방법과 패러다임」, 법문사, 2017 참조.

한편 해석적 패러다임과 비판이론적 패러다임을 적용한 연구들을 다룬 '주관주의' 접근방법에 관한 분석에 따르면 2000년부터 2015년까지 한국연구재단 등재지(후보지 포함)에 발간된 논문 중 주관주의 접근방법을 선택한 행정학분야 논문 87편의 서지정보를 확인하였다.[12] 이들 논문 주제어의 공출현 네트워크 분석에 따르면 2006년 이후에 '해석학', '현상학', '비판이론'을 중심으로 '정책'과 사례연구가 연계되어 있다. 그럼에도 전체적인 연구경향은 해석적 접근방법과 비판이론적 접근방법을 적용한 주관주의 연구의 비중이 매우 낮은 것으로 나타났다. 그런데 2015년 이후에는 이러한 접근방법을 적용한 논문이 증가하는 추세를 보인다.

제 2 절 사회과학연구의 목적

사회과학 연구의 목적이 무엇인지에 관하여 '설명'을 강조하는 실증주의적 관점과 이에 대한 대안적 관점인 해석적 접근방법과 비판이론적 관점의 입장은 상당히 다르다. 이러한 갈등의 핵심은 한편으로는 사회과학분야의 연구목적을 가능한 한 자연과학과 동일시하려는 관점과, 연구주제의 독특성 및 인간을 대상으로 하는 사회과학의 특성과 제약점을 강조하는 관점의 차이로 요약된다. 주류 사회과학 내에서도 다양한 분파가 있지만, 연구의 궁극적 목적이 현상의 설명이라는 점을 강조한다. 여기에서는 실증주의적 관점, 해석적 관점 그리고 비판이론적 관점의 순서에 따라 사회과학 연구의 목적을 각각 살펴보겠다.

1. 실증주의적 관점: 기술과 설명

실증주의 접근방법에 따르면 사회과학 연구의 목적은 사회현상에 관하여 신뢰할 수 있는 체계적 지식을 산출하여 축적하고, 그러한 지식을 통하여 우

---

12) 이광석 · 권기석, 주관주의, 「한국행정학 60년, 1956-2016: 제2권 접근방법과 패러다임」, 법문사, 2017, 참조.

리가 관심을 가지고 있는 특정의 사회현상을 기술하고 설명하는 것이다. 사회과학 연구자들은 어떤 사건이 특정 시간과 장소에서 왜 일어나고 있는지 설명하고자 한다.[13] 이러한 설명의 기초는 객관적인 관찰을 통하여 수집한 자료가 토대가 된다. 사건을 설명하려면 먼저 이에 관한 정확한 탐색과 기술 또는 묘사가 선행되어야 한다. 현상에 관한 체계적인 기술을 토대로 그와 같은 현상이 발생하게 된 원인을 규명하여 이를 인과적 법칙에 따라 설명하려는 것이다.

기술과 설명을 토대로 앞으로 발생하게 될 현상을 예측(prediction)하고, 경우에 따라서는 바람직한 방향으로 나아갈 수 있도록 통제(control)할 수도 있을 것이다.[14] 특히 행정학 및 정책학과 같은 응용과학적 연구에서는 사건에 관한 설명과 예측을 토대로, 미래를 바람직한 상태로 변경할 수 있도록 통제하는 것도 부차적이지만 중요한 것으로 인식되고 있다.

1) 현상의 기술

기술(description)이란 관찰된 사실들을 일반적 수준에서 요약하여 기록함으로써 현상 그 자체의 속성을 있는 그대로 보여주는 것이다. 행정 및 정책현상에 관한 연구의 일차적인 목적은 관련된 현상을 정확하고 체계적으로 기술 또는 묘사하는 것이다. 현상을 기술한다는 것은 연구대상이 되는 사례들이 가지는 특성의 유사점(similarities) 또는 차이점(differences)을 정확하게 규명하는 것이다. 분석대상 사례들의 유사점 또는 동질성, 차이점 또는 이질성에 관한 관찰을 토대로 분류(classification)가 이루어진다.[15] 예를 들면, 각국의

---

13) Adam Przeworski & Henry Teune, *The Logic of Comparative Social Inquiry,* NY: Wiley, 1970, pp. 18-25.

14) Babbie는 기술과 설명의 전 단계로서 연구주제에 대한 탐색(exploration)이 필요하다고 보고, 사회과학 연구의 목적을 탐색, 기술, 설명으로 구분한다. Earl Babbie, *The Practice of Social Research,* 12th ed., Belmont, CA: Wadsworth 2009. 한편 사회현상에 대한 기술과 설명을 토대로 미래를 예측하고 현상을 이해할 수 있으므로 Nachmias와 Nachmias는 사회과학 연구의 목적을 설명, 예측, 이해라고 보고 있다. Nachmias & Nachmias, *op. cit.,* pp. 9-14. 한편 기술을 제외하고 설명과 예측을 과학의 주요기능으로 보기도 한다. Richard S. Rudner, *Philosophy of Social Science,* Englewood Cliffs, NJ: Prentice-Hall, 1966, p. 44.

15) 비교연구에서 분류(classification), 기술(description) 및 측정(measurement)에 관한 상세한 고찰은 Neil J. Smelser, *Comparative Methods in the Social Sciences,* Englewood Cliffs, NJ: Prentice-Hall, 1976, 제6장 참조.

공무원제도, 시험제도, 승진제도의 비교연구 또는 공무원의 사기나 직무만족도의 남녀간 비교연구 등 행정학 연구의 특정영역이나 보건의료정책, 정보통신정책 등 특정 정책분야를 연구하는 경우를 생각해 보자. 이러한 연구에서는 다양한 기준을 적용하여 분석단위들을 분류하고, 정확하게 기술 또는 묘사하는 과정에서 유사점과 차이점이 규명된다.

모든 연구에서 주제에 대한 충분한 탐색이 이루어진 후에 기술이 가능하고, 현상에 관한 정확한 기술을 토대로 그 원인과 결과에 관한 설명이 이루어질 수 있다. 그러므로 사회현상의 기술을 토대로 하여, 연구자는 현상에 대한 과학적 설명과 예측의 차원으로 발전시키고 변형시킬 수 있다. 통계적 관점에서 보면 기술을 통하여 관심의 초점이 되는 변수에 대한 측정이 이루어진다. 이러한 측정을 토대로 한 통계분석은 어떤 변수 값의 상태를 기술하는 경우와 둘 이상의 변수들 사이의 관계를 기술하는 것으로 나눌 수 있다.

2) 과학적 설명

일반적으로 설명이란 어떤 것에 관한 궁금증을 풀어주는 것으로, '왜'라는 물음에 대답하는 것이다. 기술이란 현상이 '무엇'(what)인가를 밝히는 것인데 비해 설명은 그러한 현상이 '왜'(why) 발생하는지를 밝히는 것이다. 즉 설명은 관심이 있는 현상에 대한 단순한 기술을 넘어서 그 현상이 일어나게 된 이유 또는 원인을 밝히고자 한다. 사회과학자들은 어떤 현상이 왜 발생하였는가에 관하여 설명할 필요가 있을 때, 주어진 상황에서 현상 발생의 원인이 되는 선행요인(antecedent factors)에 대한 체계적·경험적 분석을 토대로 설명한다.

설명을 통하여 특정 사건이 왜 특정 시간과 장소에서 발생하는지 알 수 있다. 전문용어로 표현한다면 과학적 설명이란 어떤 사건이나 사실에 관한 진술 또는 언명을 받아들일 수 있도록 논리적으로 타당한 객관적 근거를 제시하는 것이다. 그 근거는 전제가 되는 일반법칙과 선행요인에 관한 상황묘사이다.[16] 즉 구체적이고 특정한 사건을 '설명'한다는 것은, 그것이 발생할 수 있는 조건을 기술하고 이러한 조건을 포함하는 일반법칙을 제시하는 것이다. 이러한 과학적 설명의 형태는 설명에 사용되는 법칙의 유형에 따라 연역적 설명과 확률적 설명으로 구분된다.

---

16) 강신택, 「사회과학연구의 논리」(개정판), 박영사, 1995, p. 103.

(1) 설명의 구조

실증주의 또는 표준 사회과학에서 이상적인 설명방식으로 알려지고 있는 연역적 설명의 구조를 살펴보자. 연역적 설명(deductive explanation)이란 어떤 사건 또는 현상을 알기 위하여 확립된 이론과 법칙(laws)을 사용한다. 즉 우리가 알고자 하는 사건이나 현상은 법칙을 전제로 하여 논리적으로 도출될 수 있음을 보여주는 것이다. 이러한 설명의 논리적 형태를 법칙적 모형(nomological model) 또는 포괄법칙적 모형(covering-law model)이라고 부른다.[17] 이 모형에서 어떤 특정한 사건은 다음과 같이 논리적으로 연결된 세 부문으로 구성된 형식적 구조를 통하여 설명된다.

(a) 설명의 대상이 되는 사건(E)	(설명 대상, explanandum)
(b) 사건의 직접적인 역사적 맥락을 구성하는 선행조건(Ci) (c) 선행조건이 충족될 때는 언제 어디서나 (a)와 같은 유형의 사건이 발생함을 나타내는 법칙(Li)	(설명문 또는 설명의 전제 explanans or explanatory premises)

이러한 형식은 설명문 또는 설명의 전제가 되는 선행조건(Ci)과 법칙(Li)에 비추어 볼 때 설명 대상이 되는 사건이 일어난다는 것을 보여준다. 이같은 연역적-법칙적(deductive-nomological: D-N) 설명은 특수한 사실을 어떤 법칙 속에 포용함으로써 설명하는 것이다. 예를 들면, "조금 전까지 이 실험장치에 꼭 맞던 쇠막대가 왜 지금은 길어져서 잘 맞지 않는가?[E]"라는 질문에 대해 한 물리학자가 "당신이 밖에 나가 있는 동안 내가 그 막대를 가열했기 때문[Ci]"이라고 대답하였다고 하자. 여기에서 그 학자는 질문을 한 사람이 열

17) 'nomological'이라는 용어의 어원은 그리스어의 'nomos'로서 법칙(law)이라는 뜻을 가지고 있다. 이러한 설명의 법칙적 모형에 관한 것은 Carl G. Hempel, *Aspects of Scientific Explanation,* NY: The Free Press, 1965; Carl G. Hempel, *Philosophy of Natural Science,* Englewood-Cliff, NJ: Prentice-Hall, 1966; Richard S. Rudner, *Philosophy of Social Science,* Englewood Cliffs, NJ: Prentice-Hall, 1966; Keith Webb, *An Introduction to Problems in the Philosophy of Social Sciences,* LY: Pintos, 1995, chap. 8; 그리고 강신택, 전게서, 제4장 및 제6장 등 참조.

팽창 법칙을 알고 있다는 것을 전제로 하고 있다. 만일 열팽창 법칙을 모르고 있다면 그는 이 법칙을 이해시키기 위하여, "물체에 열을 가하면 언제나 그 물체는 팽창하게 된다[Li]."라고 부연 설명할 것이다.[18] 여기에서는 열팽창 법칙이라는 일반법칙이 그 설명의 핵심이다. 물론 모두가 그 법칙을 알고 있다면 물리학자는 그 법칙을 언급할 필요성을 느끼지 못할 것이다. 그러므로 설명이 필요한지 여부는 일반적인 지식을 얼마나 가지고 있느냐에 달려 있다.

또 다른 예를 들어보자. "올해에는 채소값이 왜 이렇게 오르는가?[E]"라는 질문에 "올해는 이상 고온으로 작황이 좋지 않아서[Ci]"라고 답변하였다면, 예년에 비하여 공급이 부족하다는 점을 지적한 것이다. 이는 물가에 관한 일반적인 수요와 공급법칙[Li]에 따라 설명하는 방식이다.[19] 일반법칙은 더욱 포괄적인 법칙이나 이론적 원리에 포용됨으로써 설명된다. 다시 말하여 사건은 일반법칙을 토대로 설명되며, 일반법칙은 보다 포괄적인 이론적 원리를 토대로 설명이 이루어진다.

이러한 설명방식을 지지하는 사람들은, 설명과 예측이 그 논리적 구조는 같고 다만 적용 면에서만 차이가 있다고 주장한다. 즉 (a)라는 사건은 (b)라는 조건과 (c)라는 일반법칙으로 설명된다는 설명방식은 (b)라는 조건이 충족되었고 (c)라는 일반법칙이 있으므로 (a)라는 사건이 발생할 것이라는 예측 방식으로 쉽게 전환될 수 있다. 예를 들면, 어떤 사람이 쇠막대를 가열하고 있다면, 열팽창의 법칙에 따라 막대가 팽창할 것으로 예측할 수 있고, 올해 채소의 작황이 좋지 않다면 수요-공급의 법칙에 따라 채소값이 오르리라고 예측할 수 있다.

(2) 연역적 설명과 확률적 설명

설명할 때 사용하는 법칙에는 보편적 법칙(universal law)과 통계적 법칙(statistical law)이 있다. 보편적 법칙은 "어떤 선행조건 A를 충족시키는 모

---

18) 열팽창 법칙을 가장 단순하게 표현하면, "모든 물체 X에 대하여 그 물체가 가열되면, 그 물체는 팽창할 것이다."라고 표현된다. Rudolf Carnap, *An Introduction to the Philosophy of Science*, NY: Basic Books, Inc., 1966. 윤용택 역, 「과학철학입문」, 서광사, 1993, 제1장 참조.

19) 공급의 법칙을 단순하게 표현하면, 어떤 재화 X에 대하여 공급량이 감소하면 그 가격이 올라간다는 것이며, 수요의 법칙은 어떤 재화에 대하여 수요량이 감소하면 그 가격은 하락한다는 것이다.

든 경우에 있어서 B와 같은 사건이 발생한다."라는 진술이다. 연역적 설명에서는 어떤 현상이 확립된 보편적 법칙으로부터 도출될 수 있다는 것을 보여줌으로써 그 현상을 설명한다. 연역적-법칙적 설명은 앞에서 예를 든 열팽창의 법칙 또는 수요-공급의 법칙과 같은 보편적 법칙을 사용할 수 있는 경우이다.[20] 다른 예를 든다면 물건을 하늘로 던졌을 때 다시 땅으로 떨어지는 현상을 중력의 법칙을 가지고 설명하는 경우를 생각할 수 있다. 이같이 보편적 법칙이란 시간과 장소의 제약을 거의 받지 않고 적용되는 포괄적 법칙을 말한다.

보편적 법칙이 확립되지 않았을 경우에는 통계적 법칙에 의한 설명으로 만족하여야 한다.[21] 통계적 법칙은 "A라는 조건하에서 B가 발생할 가능성은 얼마이다."라는 진술 또는 언명을 말한다. 이같이 특정 사건 또는 현상을 설명하기 위해서 과거의 관찰을 토대로 확률적 법칙에 의존하는 설명을 확률적 설명 또는 귀납적 설명이라 부른다. 예를 들어, 어느 해 정부지출이 급격하게 증가한 사건을 경제상황의 악화로 설명하면서 과거에 경제상황이 악화되었을 때 대체로 정부지출이 증가하였다는 관찰결과를 증거로 제시하는 것이다.

사회과학 분야에는 확립된 보편적 법칙이 거의 없으므로 설명은 대부분 통계적 법칙에 기반을 두고 이루어진다. 즉 사회과학에서는 연구대상인 사회현상의 특성상 보편적 법칙은 찾기 어렵고, 통계적 법칙에 의한 설명, 즉 확률적 설명만이 가능하다.[22] 경험적 일반론에 준거하여 이루어지는 사회과학 분야의 설명은 포괄적 법칙을 토대로 하는 자연과학에서의 설명과 비교하여 빈약할 수밖에 없다.[23] 통계적 설명은 일반적으로 한 개인이 주어진 상황에서 어떤 행동을 하였음을 설명하기 위하여, 특정 유형의 개인이 특정 유형의 상황에서

20) 실증주의적 입장에서는 이러한 보편적인 법칙이 관찰을 토대로 확립된다는 점에 유의하여야 한다. 과학은 개별적인 사실들을 관찰함으로써 시작된다. 개별적인 사실들 이외에 관찰할 수 있는 것은 아무것도 없다. 규칙을 발견하게 되는 것은 많은 관찰들을 서로 비교함으로써만 가능하다. 이러한 규칙들이 진술들로 표현될 때, 법칙이라고 부른다. 그러므로 법칙은 직접적으로 관찰되는 것은 아니다.

21) Carl G. Hempel, *Philosophy of Natural Science,* 1966, pp. 58-69 참조.

22) 연역적-포괄법칙적 설명과 귀납적·확률적 설명을 대비할 때, 사회현상의 연구에서는 후자가 가능하다는 것이다. Carl Hempel, *Aspects of Scientific Explanations and Other Essays in the Philosophy of Science,* pp. 230-489; Ernest Nagel, *The Structure of Science, Problems in the Logic of Scientific Explanation,* London: Routledge & Kegan Paul, 1979, pp. 21-46; 강신택, 전게서, pp. 111-116; 김웅진, 「비교정치연구의 논리」, 전예원, pp. 15-18 참조.

23) Webb, *op. cit.,* p. 133.

는 특정방식의 행동을 하기 쉽다는 확률적 진술의 형태를 취한다. 통계적 법칙에 의한 설명의 사례를 설명의 구조에 따라서 생각해 보자.24)

> 한 대단위 공장에서 일하는 24세의 노동자인 K씨는 왜 진보정당에 투표하였는가? [E]

K씨의 투표를 설명하려면 투표행위에 적합한 확률적 진술에 의존해야 하며, 그것이 여러 가지 증거에 의하여 충분히 입증되어야 한다. K씨가 가지고 있는 특성들을 그의 투표행태를 설명하기 위한 첫 번째 전제로 사용된다.

> K씨는 노동자이며, 큰 공장에서 일하고, 나이는 24세로서 젊다. [Ci]

두 번째 전제는 노동자들, 그리고 대단위 조직에서 일하는 사람들, 그리고 젊은 사람들의 행동을 묘사하는 진술들로 이루어진다.

> 노동자는 두 명당 한 명 꼴로 진보정당을 지지하고, 대단위 조직의 구성원들은 소규모 조직의 구성원들 보다 더 많이 진보정당에 투표하며, 젊은 세대는 늙은 세대보다 더 많이 진보 정당을 지지한다. [Li]

그러므로, K씨는 진보정당에 투표할 가능성이 크다.

이는 대단위 공장에서 일하는 24세의 노동자인 K씨가 진보정당에 투표를 할 확률이 1인 것과는 거리가 멀다는 점에서 불충분한 지식에 의한 설명이다. 이와 같이 대부분의 사회과학의 설명 또는 이론들은 설명되는 현상이 발생할 확률이 1.00에 접근하지 못한다는 의미에서 불완전하고 불충분하다. 추론자체가 확률적이므로 전제가 사실일 경우에도 확실한 결론이 나온다고 기대하기 힘들다. K씨의 투표행위에 관한 설명(또는 예측)이 더욱 정확해지려면 거주지역, 결혼 여부, 부친의 고향, 직업, 종교 등과 같은 요인들이 추가적으로 고려되어야 한다.

우리가 어떤 현상에 관한 보편적 법칙을 가지고 있다면 개별적 사건의 발생 시기와 장소를 예측할 수 있다. 그러나 통계적 법칙으로부터는 개별적인 사례에서 어떤 값의 확률분포만을 진술할 수 있다.25)

---

24) 이 사례는 Przeworski & Teune, *op. cit.,* pp. 18-25를 변형하였다.

25) 통계적 법칙을 가지고 단일사례를 예측할 수 있는가에 관하여는 논란이 있다. 통계법칙으로부터는 사건의 집단(class of events), 즉 일정 집단에 있어서 특정 속성

확률적 설명의 약점은 무엇보다도 과거의 관찰을 바탕으로 얻은 확률적 일반론을 가지고도 설명할 수 없는 현상의 부분이 있다는 점이다. 예를 들어, 지속적인 조사관찰 결과 소년범죄자의 80%가 불우한 가정에서 나왔다고 할 때 나머지 20%는 어떻게 설명할 것인가의 문제가 남게 된다.

보편적 법칙이든 통계적 법칙이든 양자를 사용하는 설명은 모두 어떤 사건 또는 현상을 일반법칙 속에 포용시켜 설명하는 형태를 취한다. 이러한 관점에서 법칙에 따른 설명이 가능하면, 우리가 설명하고자 하는 현상의 예측도 가능하다. 이와 같은 설명과 예측의 동일구조성은 주류 사회과학 패러다임을 구성하는 핵심적 특징의 하나이다. 즉 과학적 이해가 단순히 과거를 설명하는 것에 그치는 것이 아니라, 그 엄격성과 인식론적 우월성 때문에 미래의 지식과 행위에 관한 신뢰할 수 있는 지침이 된다는 것이다. 주류 사회과학의 강점은 과학적 설명을 예측에 사용할 수 있다는 점이다. 이러한 지식은 추상적 의미에서 인간을 무지에서 벗어나게 할 뿐 아니라 미래의 세계를 예측하고 바람직한 방향으로 통제할 수 있도록 한다.

3) 미래상태의 예측

사회과학에서 예측(prediction)이라는 용어는 관찰에 의해 입증될 수 있는 미래 사회적 행태의 특정한 측면에 관한 예상이나 기대의 진술이라고 정의된다. 예측이라는 용어는 두 가지 측면에서 사용되는데 하나는 이미 알려진 사실로부터 미지의 사건을 연역하는 것이고, 다른 하나는 사건의 발생순서에 기반을 두고 미래의 결과를 예상하는 것이다.[26] 이미 알려진 사실이나 법칙으로

의 분포만을 예측할 수 있으며, 특정 사례들에 있어서는 어떤 값에 관한 확률분포만을 진술한다. 예를 들어, 기상학자는 내일 비가 올 확률은 70%라고 발표한다. 기상학자는 날씨를 관찰했던 과거의 수많은 기록과 오늘과 같은 날씨에 관한 수많은 자료를 입수한다. 그리고 오늘의 날씨는 어떤 특정한 종류에 해당하고, 과거에 그러한 종류의 날씨였을 때, 다음날 비가 내렸던 상대적 빈도가 70%이었다는 것을 알게 된다. 그러므로 기상학자가 내일 비가 올 확률이 70%라는 진술은 생략된 진술로서, 이는 다음과 같이 풀어 쓸 수가 있다. "과거의 관찰에 따르자면, 오늘 우리가 관찰한 것과 같은 기상 상태일 때에는 70%의 빈도로 다음날 비가 왔다." 그러므로 이와 같이 생략된 진술은 어떤 단일사례에 적용하는 것처럼 보이지만, 그것은 단지 말하는 한 가지 방법일 뿐이며, 그 진술은 실제로는 무한 계열에서의 상대적 빈도를 나타내는 것이다. 이에 관한 논의는 Carnap, *op. cit.*, 제2장 참조.

26) Karl F. Schuessler, Prediction, in the *International Encyclopedia of the*

부터 미지의 사건을 연역하는 경우에 설명과 예측은 동일한 논리적 구조를 가진다. 즉 설명의 경우에는 설명하고자 하는 현상이나 사건이 이미 발생한 것이며, 과학자는 그러한 사건이나 현상이 발생한 원인을 규명하기 위하여 이론이나 법칙, 그리고 특정한 조건을 찾게 된다. 반면에 예측의 경우 과학자는 이론이나 법칙, 그리고 특정한 조건을 미리 알고 그에 따라 앞으로 발생할 사건이나 현상을 찾아 나선다. 이러한 맥락에서 과학철학자들은 과학적 설명과 예측이 그 논리적 구조는 같고 적용상으로만 차이가 있다고 본다.[27]

한편 사건의 발생순서에 기반을 둔 미래예측(forecasting)은 현상의 발생원인에 관한 충분한 이해나 설명없이도 가능하다. 다시 말하면 설명에서는 어떤 사건이 왜 발생하는지 보여주지만 미래예측(forecasting)에서는 어떤 사건이 미래의 일정시점에서 발생할 것이라고 추론한다. 예를 들면, 우리 국민의 소득수준이 과거 20년간 연평균 5%씩 성장했으므로 3년 후에는 현재 수준보다 약 15% 증가할 것이라고 추론할 수 있다. 이 점에서 설명과 미래예측의 구조는 다르다.

4) 현상의 통제

과학의 목적으로서의 통제(control)란 현상을 결정하는 조건을 조작(manipulation)하는 것이다. 이러한 맥락에서 통제는 어떤 현상의 원인 또는 선행조건에 관한 지식을 전제로 이루어진다. 인간의 행태를 포함하여 사회현상의 발생원인을 알면, 그 원인 또는 선행조건을 조작하여 현상을 바람직한 방향으로 통제할 수 있다.[28] 예를 들어, 좌절감이 클 때에 공격적인 행태가 발생한다는 사실을 알고 있다고 하자. 이 경우에 어떤 사람으로 하여금 좌절감을 느끼게 하거나 좌절감을 없앰으로써 그 사람의 공격적 행태를 통제할 수 있다. 사실상 학교, 감옥, 병원, 정부기관, 기업 등 대다수의 사회제도는 인간의 행태를 포함한 여러 사회현상을 원하는 방향으로 통제하기 위하여 설립된 것이다. 물

Social Sciences, Vol. 12, NY: Macmillan, p. 418. 전자를 prediction, 후자를 forecasting으로 부르는 것이 일반적인 용법이나 사용자에 따라 달리 쓰기도 한다. 본서에서는 prediction을 예측, forecasting을 미래예측으로 표기하도록 하겠다.

27) Rudner, *op. cit.*, p. 60; 강신택, 전게서, p. 116.

28) Larry B. Christensen, *Experimental Methodology,* 4th ed., Boston: Allyn & Bacon, 1988, pp. 24-25.

론 의도하지 않았거나 원하지 않았던 결과도 발생하지만, 이러한 결과들도 역시 통제의 대상이 될 수 있다.[29)]

행정이나 정책연구와 같은 응용과학적 연구의 중요한 목적 중 하나는 의도한 정책목적을 달성할 수 있도록 대상이 되는 사회현상에 대한 적절한 통제방안을 연구하는 것이다.

이상에서 실증주의적 관점에서 과학의 목적을 기술, 설명, 예측, 통제의 네 가지로 구분하여 살펴보았다. 이들 중 현상의 기술과 그 발생원인에 관한 설명이 과학의 기본적인 목적이다. 이러한 지식을 토대로 현상을 예측하고 통제할 수 있으므로 예측과 통제는 파생적 목적이다.

2. 해석적 접근방법: 이해와 해석

1) 이해와 해석의 의미

해석적 접근방법에서는 사회과학 연구의 궁극적 목적은 인간과 우리가 살고 있는 세계를 이해(understanding)하고 해석(interpretation)하는 것이라고 본다. 즉 사회과학의 목적은 인간 행태(behavior)의 인과관계를 논증하는 것이 아니라, 인간 행위(action)의 의미를 이해하고 해석하는 것이다. 해석적 관점에서는 인간의 행위를 인간의 신념, 소망, 목적과 분리할 수 없다고 본다. 그러므로 인간의 행위와 연결된 신념, 소망, 목적을 알게 되면 행위의 의미를 이해할 수 있게 된다는 것이다. Winch는 "사람의 행위와 그 행위에 내포된 생각과의 관계는 사실상 동일한 대상을 상이한 관점에서 본 것"이라고 본다.[30)] Winch는 영미학자들 중 주류 사회과학의 문제점을 비판적으로 다룬 대표적인 학자이다. 사람들의 신념체계와 생활양식을 배경으로 할 때 해석이 잘

---

29) Lousie H. Kidder, *Selltiz, Wrightsman & Cook's Research Methods in Social Relations,* 4th ed., Holt, Rinehart and Winston, Inc., 1981, p. 13.

30) Peter Winch, *The Idea of Social Science and Its Relation to Philosophy,* London: Routledge & Kegan Paul, 1958, p. 121. 한편 정책분석의 관점에서 실증주의와 그 대안적 관점에서 탈실증주의적 접근방법으로 제시된 합리적 이념접근방법(rational ideology approach), 설계과학(design science), 자연주의적 접근방법(naturalistic inquiry), 해석적 접근방법(interpretive approach), 가치비판적 접근방법(value-critical approach)을 간결하게 정리한 문헌으로는 송근원, 정책분석 및 평가에 대한 접근방법의 변천: 실증주의에 대한 대안의 탐색, 「한국정책분석평가학회보」, 1, 1991 참조.

이루어질 수 있으므로 해석적 관점에서는 행위가 이루어진 전체적인 배경이나 맥락이 강조된다. 따라서 사람들의 말과 행위는 전체적 관점에서 해석(holism of interpretation)이 이루어져야 한다.[31)]

해석은 여러 가지 배경과 맥락에서 이루어질 수 있으며, 연구자가 해석하는 배경과 연구대상이 된 행위자가 스스로 생각하는 행위의 배경이 다를 수도 있다. 그러므로 연구자의 해석을 뒷받침하는 증거가 필요할 뿐 아니라 다른 사람들의 행위를 해석하는 데에는 도덕적 책임도 중요하다.[32)]

White는 해석학적 해석의 절차에는 다음과 같은 네 가지 규준(canons)이 적용되어야 한다고 본다.[33)]

① 자율성의 규준(canon of autonomy): 사회적 행위자와 그들의 신념 및 행위는 그들 자신의 관점에서 이해되어야 한다. 연구자가 가지고 있는 의미를 행위자에게 강요해서는 안 되며, 해석의 대상이 되는 행위자의 관점에서 의미를 찾아야 한다는 것이다. 대부분의 경우 완전히 자율적인 이해가 가능하지는 않겠지만 텍스트나 사회적 상황을 당시의 관점에서 이해한다는 목표를 어느 정도까지는 달성하여야 한다.

② 결합성의 규준(canon of coherence): 행위자들의 상호작용은 반드시 그 맥락에서 이해되어야 한다. 연구자는 행위자들의 말과 행위를 그들이 처한 상황에 근접하여 이해하여야 한다. 즉 연구자는 행위자들과 같은 방식으로 그들의 조직문화를 이해하여야 한다. 이 역시 자율성의 규준과 마찬가지로 완벽하게 달성하기는 어렵다.

③ 사전이해의 규준(canon of pre-understanding): 해석자는 집단구성원들과 사전에 경험을 공유한 적이 있어야 한다. 공통의 경험을 통하여 집단구성원들을 사전에 어느 정도 이해할 수 있어야 한다는 것이다.

④ 타당성의 규준(canon of validity): 연구자에 의하여 도달한 해석은 행위자들의 의도에 부합되어야 한다. 행위자들의 말과 행위는 그들의 관점에서

31) David K. Henderson, *Interpretation and Explanation in the Human Sciences,* NY: State University of New York Press, 1993, pp. 14-34.

32) 구체적인 논의는 강신택, 전게서, pp. 214-216 참조.

33) Jay D. White, *Taking Language Seriously: The Narrative Foundations of Public Administrative Research,* Washington, DC: Georgetown University Press. 1999, pp. 143-145.

해석되어야 한다는 것이다.

행정학 분야에서 이러한 입장이 어떻게 적용되는지 살펴보자. 예를 들면, 특정 직무확충프로그램(job enrichment program)[34]이 왜 기대하였던 생산성 향상이라는 결과를 달성하는 데 실패하였는지 연구하고자 한다. 표준사회과학적 연구자는 직원들의 동기와 직무설계프로그램 사이의 가설을 설정한 후, 실험설계 또는 준실험설계를 사용하여 가설을 검증하고, 그 프로그램이 실패한 원인에 관한 결론에 도달할 것이다.

한편 그러한 상황에 대한 해석을 추구하는 연구자는 그 상황에 직접 참여하여 직원들에게 그 프로그램에 대하여 어떻게 생각하는지, 그것이 그들에게 어떠한 의미가 있는지, 그들이 무엇을 하고 있으며, 왜 하고 있는지를 질문할 것이다. 연구자는 왜 그 프로그램이 실패했는지 질문할 수도 있다. 연구의 목표는 그 프로그램의 의미를 발견하고, 그 프로그램이 이전의 규범, 가치, 규칙, 사회적 관행과 어느 정도 부합되는지, 그 프로그램이 직원들의 사회 상황에 관한 이전의 정의와 갈등관계에 있는 것은 아닌지, 그리고 새롭게 대두하는 규범, 가치, 규칙, 그리고 사회적 관행은 무엇인가를 발견하는 것이다. 이같이 해석적 이론은 직무확충프로그램의 목적뿐 아니라 그 상황에 관련된 행위자들을 위하여 사회적 상황에 대한 이해의 제고를 추구한다.

해석적 연구는 사람들이 그들의 상호작용을 규율하는 규범, 규칙 및 가치에 부여하는 의미에 관심을 가진다. 그 과정에서 다른 사람들에 관한 규범, 규칙 및 가치에 관한 사전 이해를 강요하지 않으려고 조심해야 하며, 연구대상의 관점에서 그들의 신념과 행위를 이해하려고 노력하여야 한다. 그 초점은 연구대상이 직접 이야기하는 그들의 신념과 행위뿐 아니라, 그 기저에 있는 사회적 관습에도 맞추어야 한다. 사회적 관습은 사회적 행위에 의미를 부여한다.

해석적 연구의 목표는 연구자와 행위자 사이의 상호이해와 행위자들 스스로의 자기이해를 증진시키는 것이다. 이는 면대면 대화, 서면, 또는 다른 수단을 통하여 이루어질 수 있다. 상호이해와 자기이해가 어떠한 방법으로 이루어지든지, 그 방법은 담론의 가능성을 가정한다.

행정학 분야에서도 일부 학자들을 중심으로 해석적 관점의 연구가 시도되

34) 직무확충(job enrichment)은 직무풍요화라고 번역하기도 한다. 오석홍, 「인사행정론」(신정판), 박영사, 1993, pp. 628-632 참조.

고 있다. 예를 들면, Bayard Carton과 Michael Harmon은 조직변화에 조직 행위자들이 공유한 의미를 해석하는 행위이론적 접근방법을 주장하였다. Harmon은 또한 알프레드 슈츠의 해석적 현상학에 토대를 두고 있는 행정학의 행위이론적 접근방법을 제시하고 있다.35) 강신택은 행정학 분야에서 행위이론을 중심으로 해석적 접근방법을 소개하였다.36)

2) 실증주의 사회과학에 대한 비판

해석적 관점에 서 있는 학자들은 연구목적과 연구방법을 가능한 한 자연과학과 동일시하려는 실증주의의 입장을 여러 가지 측면에서 비판하고 있다. 그 비판을 요약하면 다음과 같다.37)

(1) 연구대상의 문제

사회과학 연구의 대상인 인간의 행동은 자연과학의 대상과는 다르다. 인간은 의도를 가진 행위의 주체이다. 따라서 인간을 행위의 객체가 아니라 주체로 파악하여야 한다. 인간의 행위에는 여러 가지 목적과 의도가 포함되기 때문에 일반적인 인과법칙에 의하여 설명할 수 없다. 인간의 행위는 행위자에게 의미가 있는 행위, 또는 행위자들 사이에 상호주관적 의미가 있는 행위로 설명하거나 해석하여야 한다.38)

(2) 중립적 관찰의 문제

실증주의 모형의 근거가 되는 중립적 또는 순수한 관찰을 통한 자료수집이라는 이상은 실현되기 어렵다. 연구에서의 '관찰자'는 연구주제로부터 국외자가 될 수 없다. 즉 사회과학적 연구의 자료수집과정에는 연구수행집단의 의미체계와 준거틀이 개입된다. 사회현상을 연구하는 연구자는 수동적인 존재가 아니라 특정이익에 좌우되며, 일정한 준거틀을 가지고 있다.

---

35) Bayard Carton & Michael Harmon, Action Theory in Practice: Toward Theory Without Conspiracy, *PAR,* 41, 1981, pp. 535-541; Michael Harmon, *Action Theory for Public Administration,* NY: Longman, 1981.

36) 강신택, 「행정학의 논리」, 박영사, 2002, 제5장 해석학과 행정이론 참조.

37) Cribb, *op. cit.,* pp. 8-18.

38) D. C. Paris & J. F. Reynolds, *The Logic of Policy Inquiry,* NY: Longman, 1983, pp. 8-9; B. Jennings, "Interpretive Social Sciences and Policy Analysis," p. 9, in D. Callahan & B. Jennings (eds.), *Ethics, The Social Sciences, and Policy Analysis,* NY: Plenum Press, 1983, pp. 3-35.

(3) 행태와 의도의 분리문제

'행태'(behavior)를 관찰하여 지식을 얻을 수 있다는 아이디어에 회의적이다. 문화와 행위(actions), 그리고 이와 관련된 의도와 목적을 고려하지 않고 사회현실과 사회변화를 기술한다는 사고방식은 잘못되었다. 해석적 관점에서는 행위자의 의도와 목적이 사회적 현실의 구성요소이다. 만약 의회와 같은 기관, 선거와 같은 관습, 그리고 투표 또는 로비와 같은 행위를 연구한다면, 연구대상인 지역사회를 이해하지 않고 그 특성을 묘사하는 것은 불가능하다. 의회의 역할, 경계, 그리고 권력은 관련된 정치공동체의 관점에서 정의되고 해석되어야 한다. 이러한 정의와 해석은 궁극적으로는 사회의 성격과 정치의 기능에 관한 문화적 및 개인적 신념에 따라 달라진다. 같은 맥락에서 선거와 투표에서도 유권자의 의도와 신념이 매우 중요하며 밖으로 드러난 행태와 분리할 수 없다.

(4) 인과적 설명의 문제

실증주의 사회과학에서 주장하는 사회, 정치적 변화에 관한 인과적 설명을 제시한다는 목표는 (가) 달성하기 어렵거나 또는 (나) 의도적 행위를 식별하고 해석하는 비실증주의적 접근방법을 따를 수밖에 없다. (가) 행위의 의도를 이해하지 않고 정치와 정치적 변화를 묘사하려 한다면 그 현상을 설명하기 어렵다. 즉 특징을 묘사할 수도 없는 현상을 설명할 수는 없다는 것이다. (나) 행위의 의도와 그 문화적 맥락을 파악해야 할 필요성을 인정한다면 인과적 설명이라는 목적은 달성될 수도 있다. 그런데 행위를 가장 잘 설명할 수 있는 후보는 의도, 이성, 신념, 가치 등이며, 이들은 행위와 논리적으로 연결되어 있다. 그러므로 해석적 입장에서는 인과적 설명을 위하여 사회적 행태의 관찰할 수 있는 측면들 사이의 관계에 관한 법칙적인 진술을 사용하는 것을 거부한다. 예를 들면, 투표행태를 설명하기 위하여 연령, 학력, 거주지역, 부모의 고향 등의 변수를 원인으로 제시하는 것을 받아들이지 않는다.

(5) 예측가능성의 문제

해석적 관점을 취하고 있는 학자들은 실증주의적 관점에서 추구하고 있는 미래에 대한 예측은 그 가능성이 거의 없다고 본다. 미래를 예측할 수 있으려면 실증주의자들이 주장하는 일반법칙이 미래에도 적용될 수 있어야 한다. 그런데 사회세계는 실질적으로 개방되어 있으며, 끊임없이 변화하므로 일반법칙을 미래에 적용하기는 어렵다. Popper는 역사적 변화과정에서 선행조건의 반복가능성을 주장하는 것이 논리적으로 매우 어렵다는 점, 그리고 현실세계가 개방성을 가진다는 특징 때문에 일련의 초기조건을 분리하는 것이 매우 곤란하다고 주장한다. Popper는 이러한 상황에서는 '법칙'보다는 '추세'(trends)를 말하는 것이 더욱 적절하다고 본다. 그런데 Winch는 Popper의 주장을 받아들이면서도 역사적 추세의 개념과 결합되어 있는 '예측적' 능력을 부인하고 있다. 그러한 추세가 부분적으로는 참여자들의 의도와 결정의 산물이라는 것이다.[39] 참여자의 결정이 선행조건에 완전히 의존한다고 보기 어렵기 때문에, 사회적 영역에서는 자연과학에서와 같은 의미의 예측가능성을 주장할 수 없다고 본다.

(6) 사실적 담론과 평가적 담론의 분리문제

실증주의에서 주장하는 사실적 담론과 평가적 담론을 분리하는 것은 어렵다고 본다. 실증주의 패러다임에서는 사실의 문제와 가치의 문제를 엄격하게 분리하고 있다. 즉 사실의 문제는 경험적 과학의 영역을 구성하지만 가치의 문제는 여기에서 벗어난다는 것이다. 즉 사실의 문제는 중립적 관찰을 통하여 연구될 수 있지만, 가치의 문제는 사회현실에 관한 주관적 해석의 영역이라는 것이다. 그러나 해석적 입장에서는 이러한 구분 자체가 불가능하다고 비판하고 있다.

3) 실증주의 사회과학과 해석적 관점의 조화

이상에서 살펴본 대로 설명을 강조하는 실증주의 사회과학의 입장과 해석을 강조하는 해석적 관점은 방법론적으로 너무 다르기 때문에 조화되기 어려울 것으로 생각된다. 그러나 사회과학 연구자들이 반드시 설명과 해석 중 양자택일을 강요받는 것은 아니다. 두 가지 입장은 상호보완적이라는 견해가 대두되고 있다.[40]

두 가지 입장을 비판적으로 종합하려는 시도는 일찍이 Max Weber에 의하여 시도되었다. Weber는 자연과학과 사회과학이 그 인지하려는 대상이 동

---

39) P. Winch, *op. cit.*, p. 53.

40) 강신택, 전게서, p. 213. 그리고 Henderson, *op. cit.*

일하다고 보는 실증주의 사회과학의 입장을 거부한다. 그는 또한 인간행위가 자연현상을 지배하는 규칙성에 따르는 것이 아니므로 '문화'나 '정신'의 영역에서는 일반화가 불가능하다는 역사주의자의 주장도 받아들이지 않는다. 그는 사회학을 "사회적 행위(social action)의 과정과 결과에 대한 인과적 설명에 도달하기 위해 그 사회적 행위의 해석적 이해를 시도하는 과학"으로 정의하고 있다.[41] 여기에서 '행위'(action)는 "행위자인 개인이 그것에 주관적인 의미를 부여하는 모든 인간의 행태"를 포함하며, '사회적'(social)이란 "그 행위가 다른 사람의 행태를 고려한 것이고, 따라서 특정방향을 지향"한다는 것을 함축한다.[42] 의미있는 행위는 외부로부터 단순히 유도되거나, '의도적 목적'과는 무관한 '반응적 행태'와는 구분되지만 Weber는 그 사이에 분명한 선을 긋기 어렵다고 보았다.

Weber가 주장하는 사회(과)학의 정의에서 사회과학이 '인과적 설명'과 '해석적 이해'라는 목표를 동시에 추구하고 있음을 알 수 있다.[43] 그에 따르면 자연현상과 같이 반복적, 보편적으로 일어나는 현상은 외부로 드러난 현상만 분석하여도 인과관계를 밝혀낼 수 있다. 그러나 사회현상은 현상에 참여하는 사람들의 외부로 드러난 행동만으로 인과관계를 규명할 수 없고, 행동의 기저에 깔려 있는 동기를 이해하여야 한다고 본다. 이같이 사회현상에서 행위자인 인간의 주관적 의도를 강조하고 있으며, 주관적 의도는 해석적 이해를 통하여 잘 파악될 수 있다고 본다. 그러나 동기와 의도에 대한 해석적 이해가 타당한 지식이 되기 위해서는 반드시 인과적 분석을 위한 이론적 구조 속에 결합될 수 있어야 한다. 즉, 그는 사회과학에서 해석적 이해와 인과적 분석은 서로 대립되는 것이 아니라 긴밀한 관계에 있는 것으로 파악하였다. 실제로 행정학 연구에서도 공무원의 업무성과를 설명하기 위하여 '직무만족', '직무몰입', '공공봉사봉기,' '조직시민행동'과 같이 사람들의 동기와 주관적인 태도를 나타내

41) Max Weber, *The Methodology of the Social Sciences,* E. Shils & H. A. Finch trans. and eds., NY: The Free Press, 1966, p. 88.
42) Fred R. Dallmayr & Thomas A. McCarthy, Introduction: The Crisis of Understanding, in Fred R. Dallmayr & Thomas A. McCarthy, (eds.) *Understanding and Social Inquiry.* Nortre Dame: University of Nortre Dame Press, 1977, pp. 5-6.
43) Weber의 과학에 관한 견해에 관하여는 레이몽 아론, 「사회사상의 흐름」(*Main Currents in Sociological Thoughts*), 이종수 역, 홍성사, 1980 참조.

는 변수들이 사용되고 있다.

한편 Henderson은 인간을 대상으로 하는 과학에서 해석과 설명은 다른 한쪽의 지원을 받지 않는 한 부적절하고 불완전할 뿐이며, 상호보완적 해명(account)이 필요하다고 주장한다.[44] 정확하게 해석하려면 확실한 설명이 절대적으로 필요하므로 설명에 의한 해명은 적절한 해석을 위하여 필요한 조건이다. 한편 사회과학에서의 전형적 설명은 의도가 담긴 용어(intentional terms)로 기술되기 때문에 그것은 해석의 의미를 포함하고 있다. 그러므로 사회과학에서 설명과 해석에 의한 해명은 같은 동전의 양면을 기술하는 것이라는 것이다. 같은 맥락에서 Elster는 사회과학 분야에 적합한 패러다임은 "의도적-인과적 설명의 결합, 즉 개별적 행위에 대한 의도를 이해하고 그들의 상호작용에 관하여 인과적으로 설명하는 것"이라고 주장한다.[45]

Webb은 그 관계를 다음과 같이 지적하고 있다.[46] 보편적 설명, 즉 일반화될 수 있는 설명을 위해서 개인적 경험이 전제되어야 할 필요는 없으며, 다른 사람의 경험을 관찰하는 경우도 있고, 양자 모두를 포함할 수도 있다. 사람은 특정 상황에서 특정 방향으로 행동하는 경향이 있으므로 그들의 의도와 판단에 관하여 일반화할 수 있다. 일반화를 통하여 개인의 의도를 이해할 수 있지만, 개인은 여전히 자신의 행동을 선택할 수 있다. 일반론은 사람들이 행동하는 방법에 관한 기술에 불과하며, 처방이나 결정론적 진술은 아니다. 그러므로 인간이 그러한 방식으로 행동해야 할 의무는 없다. 중요한 것은 인간의 이성을 이해하고 이에 따라 인간행위를 설명하는 것은 일반화를 통하여 이루어진다는 것이다.

3. 비판이론적 접근방법: 비판과 실천

비판이론에서 실천을 이해하기 위해서는 Habermas가 제시하는 인간의 인식적 관심(cognitive interest)의 종류와 이를 충족시키는 지식 또는 과학

---

44) 이하 Henderson, *op. cit.*, 제1장 참조.

45) J. Elster, Marxism, Functionalism, and Game Theory: The Case for Methodological Individualism, *Theory and Society,* 11:4, 1982, p. 463. 여기에서는 Webb, *op. cit.,* pp. 11-12에서 재인용.

46) Webb, *op. cit.,* p. 136.

의 분류를 살펴보아야 한다. 하버마스는 주류사회과학의 관점과 해석적 관점을 모두 수용하여 이를 변증법적으로 종합하고 있으며, 동시에 정치이론과 사회이론이 비판적이어야 한다고 주장함으로써 양자의 종합에 그치지 않고 이를 극복하려 하였다.

하버마스의 인식에 대한 이해에서 관심(interest)이라는 개념이 중요하다. 그가 논하는 관심이라는 개념은 인식적 관심(cognitive interest), 또는 지식구성적 관심(knowledge-constitutive interest)을 말한다. 그는 인간이 갖는 인식적 관심의 유형을 세 가지, 즉 기술적(technical), 실천적(practical) 및 해방적(emancipatory) 관심으로 구분한다. 그는 이러한 세 가지 관심에 대응하여 세 가지 유형의 과학이나 학문분야가 성립된다고 본다. 경험적·분석적 과학의 접근은 '기술적' 관심에, 역사적·해석적 과학은 '실천적' 관심에, 그리고 비판지향적 과학은 '해방적' 관심에 대응하여 성립된 학문이다. 이들 각각의 인식적 관심들은 또한 일(work), 상호작용(interaction), 그리고 권력(power)이라는 인간사회의 실존적 차원에 각각 기초하고 있다. 그러므로 일은 경험적·분석적 과학을 인도하는 기술적 관심에, 상호작용은 역사적·해석적 학문을 유도하는 실천적 관심에, 그리고 권력은 비판적 학문, 즉 비판사회학을 유도하는 해방적 관심에 상응하고 있다. 이러한 견해가 <표 2-1>에 요약되어 있다. <표 2-1>에 요약된 바와 같이 일과 관련된 기술적 관심을 구체화시키는 것이 경험적-분석적 과학의 접근이고, 사회적 상호작용에 대한 실천적 관심은 역사적-해석적 과학의 분야이며, 권력에 바탕을 둔 인간의 해방적 관심을 다루는 것이 바로 비판적으로 지향된 과학의 과제이다.

여기에서 실천(praxis)이란 자아성찰과 자아이해의 비판적 과정을 시작하게 하는 계몽과정이며, 결코 정치적 실천을 정당화하는 것을 뜻하지는 않는다. 이러한 과정에서 활용되는 구체적 방법이 곧 담론적(discursive) 방법이다.

표 2-1 하버마스의 세 가지 인식적 관심

인간사회의 실존적 차원	인식적 관심분야	대응학문분야
일(work)	기술적(technical)	경험적 분석적 과학
상호작용(interaction)	실천적(practical)	역사적 해석적 과학
권력(power)	해방적(emancipatory)	비판지향적 과학

따라서 비판적 연구에서는 담론적 분석과 담론적 실천을 동시에 추구한다.

행정학자들도 비판적 연구의 필요성을 인식하고 있다. 예를 들면, 덴하르트는 공공조직에서의 지식획득, 결정 및 행위의 방식에 관한 실증주의적, 해석적, 비판적 접근방법을 가장 종합적으로 제시하고 있다. 한편 Argyris와 Schön은 자기성찰적 실무자와 조직학습의 이해를 돕기 위해서 비판이론의 관점에서 연구한 결과를 제시하고 있다.47)

제3절 사회과학 연구의 접근방법 비교

1. 세 가지 접근방법의 차이점

사회과학연구의 세 가지 접근방법, 즉 실증주의, 해석주의, 그리고 비판이론의 특징은 이들 접근방법의 가정을 비교함으로써 더욱 뚜렷하게 확인할 수 있다. 여기에서는 여덟 가지 질문으로 나누어 그에 대한 답변을 비교하기로 하겠다.48)

① 사회연구의 목적은 무엇인가?
② 사회적 실재(social reality)의 근본 성격은 무엇인가?
③ 인간의 기본적 성격은 무엇인가?
④ 과학과 상식의 관계는 무엇인가?
⑤ 이론을 구성하는 요소는 무엇인가?
⑥ 이론과 설명의 진위를 판단하는 기준은 무엇인가?
⑦ 좋은 증거 또는 사실적 정보는 무엇이가?

---

47) Robert B. Denhardt, *Theories of Public Bureaucracy, Monterey,* CA: Brooks-Cole, 1984; Chris Argyris & Donald Schön, *Organizational Learning,* Reading, MA: Addison-Wesley, 1978; Donald Schön, *Reflexive Practitioner,* NY: Basic Books, 1983. 행정학 분야에서 비판이론의 관점에서 행정이론을 요약한 문헌으로는 강신택, 「행정학의 논리」, 제6장 비판이론과 행정이론을 참고할 것.

48) 이하의 논의는 W. L. Neuman, *Social Research Methods: Qualitative and Quantitative Approaches,* 4th ed., Boston, MA: Allyn and Bacon, 2000의 제4장 Meanings of Methodology를 중심으로 한 것이다.

⑧ 과학적 연구에서 사회·정치적 가치는 역할은 무엇인가?

실증주의적 접근방법과 해석적 접근방법에 관하여는 이미 살펴보았기 때문에 이들 질문에 대하여 비판적 접근방법의 관점을 보다 자세하게 취급하도록 하겠다.

1) 사회연구의 목적

(1) 실증주의 관점

실증주의 관점에서 연구의 궁극적 목적은 과학적인 설명, 즉 인간 행위의 보편적 법칙 또는 통계적 법칙을 발견하고 기술하는 것이라고 본다. 또 다른 중요한 이유는 법칙을 적용하여 사건을 예측하고 통제하도록 하는 것이다. 후자를 과학의 '수단적 정향'(instrumental orientation)이라고 부른다.

(2) 해석적 관점

해석적 연구자들에게 사회연구의 목적은 사회생활을 잘 이해하고 사람들이 자연적 상황에서 어떻게 의미를 부여하는지 발견하는 것이다. 해석적 관점은 연구대상이 되는 사람들에게 무엇이 의미있고 적절한 것인지, 개인이 어떻게 일상생활을 경험하는지 알고자 한다.

(3) 비판이론적 관점

비판이론적 관점에서는 사회적 관계를 비판하고 변화시키기 위하여 연구를 수행한다. 그들은 사회적 약자에게 힘을 실어주고, 사회적 관계의 기초가 되는 원천을 밝히고자 한다. 비판적 연구의 목적은 세상을 변화시키는 것이다. 즉 "사회적 질서의 변화를 일으키는 촉매제가 될 수 있게 사회적 질서를 설명"하는 것이다.[49] 비판적 사회연구자는 행위지향적이며 사물이 존재하는 방식에 만족하지 않고 적극적인 개선을 추구한다.

---

49) Brian Fay, *Critical Social Science: Liberation and its Limit,* Ithaca, NY: Cornell University Press, 1987.

2) 사회적 실재의 성격

(1) 실증주의 관점

현대적 실증주의자들은 사회적 실재(social reality)가 외부 어딘가(out there)에 실제로 존재한다고 주장한다. 인간의 인식과 지능이 완벽하지는 않고 실재를 분명하게 정의하기 어려울지 몰라도 그것이 실제로 존재한다는 것이다. 사회적 실재는 유형화되어 있고 질서가 있다. 이러한 전제가 없다면, 즉 세상이 혼돈스럽고 규칙성이 없다면, 논리와 예측은 불가능할 것이다.

(2) 해석적 관점

해석적 관점은 사회적 실재가 외부 어딘가에 존재하는 것은 아니라고 본다. 해석적 관점에서는 사회적 실재란 일상적인 사회적 상호작용을 통하여 해석을 창출하는 사람들이 구성하는 것으로 본다. 즉, 사회적 세계는 대다수 사람들이 그것일 것이라고 인식하는 것이다.

(3) 비판이론적 관점

비판이론적 관점은 사회적 실재가 복수의 층으로 구성되어 있다고 주장한다. 즉시 관찰될 수 있는 표면상의 실재 뒤에 심층 구조나 관찰될 수 없는 메커니즘이 놓여있다는 것이다. 표면적인 사회적 실재의 사건이나 관계는 표면적인 인과적 관찰의 근저에 있는 심층구조에 기초를 두고 있다. 연구자들이 노력하면 그러한 구조를 밝혀내거나 드러낼 수 있다고 본다.

비판이론적 관점도 실증주의와 같이 실재론적 입장, 즉 사회적 실재가 존재한다는 입장에 동조한다. 그러나 사회적 실재가 사회적, 정치적, 문화적, 그리고 유사한 요인들에 의해 끊임없이 변화되는 것으로 보는 '역사적 실재론'(historical realism)이라는 점에서 실증주의와는 구분된다. 비판이론적 관점은 사회적 실재가 항상 변화하고 그 변화의 원인은 사회적 관계나 조직의 모순, 갈등, 긴장이 원인이라고 본다. 즉 변화와 갈등, 특히 사회적 관계가 조직화되는 방식에 내재하는 모순이나 갈등 등에 초점을 맞춘다.

해석적 관점과 비판이론적 관점은 모두 사회적 실재가 변화하고 있으며 사회적으로 창조된 의미에 따라 달라진다고 보는 점에서는 일치한다. 그러나 비판이론적 관점은 해석적 관점이 미시적 수준에서의 사람들 사이의 상호작용을 강조하고, 복수의 의미 시스템을 모두 수용하는 점에는 동의하지 않는다. 비판이론적 관점은 주관적인 의미가 중요하지만, 사회적 관계를 형성하는 실질적이고 객관적인 관계도 역시 존재한다고 주장한다. 비판이론적 관점은 사회적 상황에 의문을 갖고 그 관계를 더 크고, 거시적 수준의 역사적 맥락에서 찾고자 한다.

3) 인간의 본질

(1) 실증주의 관점

실증주의 관점에서는 사람을 이기적이고, 이성적인 개인이라고 가정한다. 사람들은 외부적 원인에 따라 움직이는데, 동일한 원인이 작용하면 모든 사람에게 똑같은 결과가 나타난다고 본다. 사람들을 외부적인 실재 상태에서 보이는 행태를 관찰하여 연구하며, 이것이 내적이고 주관적인 실재에서 발생하는 것보다 더욱 중요하다고 본다. 때때로 이를 '기계적 모형의 인간관'(mechanical model of man) 또는 행태주의적 접근방법으로 부른다. 물체에 대하여 물리적 힘이 작용하는 것과 같이 사람들은 외부적인 힘에 반응한다는 것이다. Durkheim은 "사회적 현상은 '사물'(thing)이고 사물로서 연구되어야 한다." 라고 진술했다.[50] 외부적 실재를 강조하는 것은 연구자가 보이지 않는 개인행동의 내적인 동기를 점검할 필요는 없다는 것을 의미한다. 인간의 행태는 원인과 결과를 묘사하는 인과법칙을 통하여 설명될 수 있다. 실증주의자들은 사회과학에서도 자연법칙과 유사한 방식으로 작용하는 법칙을 찾아내려 한다.

(2) 해석적 관점

해석적 관점에서는 사람들이 사회적 상호작용을 통하여 그들의 행위에 의미를 부여한다고 본다. 사람들은 그러한 의미를 활용하여 사회적 세계를 해석하고, 그들 삶에서 의미를 찾는다. 인간의 행위는 유형화될 수 있고 규칙적일 수는 있지만, 어떤 법칙에 따라 움직이는 것은 아니다. 해석적 관점에서는 "사람들은 무엇이 진실하다고 믿는가? 무엇을 적절한 것이라고 생각하는가? 그들이 하고 있는 것을 어떻게 정의하는가?"라는 것이 중요한 질문이다.

---

50) Emile Durkheim, *Rules of the Sociological Method,* 1938. 여기에서는 Neuman, *op. cit.,* p. 67에서 재인용.

(3) 비판이론적 관점

비판이론적 관점에서는 사람들이 상당한 잠재력을 소유하고 있고, 창조적이고 변화가능하며 환경에 적응한다고 본다. 이러한 잠재력에도 불구하고 사람들은 다른 사람들에 의하여 오도될 수 있고, 착취될 수도 있다. 사람들의 잠재력은 그들이 환상을 쫓아내고 사회를 변화시키기 위해서 결집한다면 실현될 수 있다. 예를 들면, 오랫동안 여성들은 남성에 비하여 열등하고, 여성은 전문가의 직책을 맡을 수 없다는 신화를 믿어왔다. 그러나 오늘날에는 소수만이 그러한 믿음을 가지고 있다. 이러한 극적인 변화는 법률, 관습, 공식적인 정책뿐 아니라 대다수 사람들의 일상적인 믿음 속에 존재하는 신화를 타파하기 위한 새로운 의식과 조직화된 정치적 행위의 결과로 나타난 것이다.

4) 이론과 상식의 관계

(1) 실증주의 관점

실증주의 관점은 과학과 비과학 사이에는 분명한 경계가 있다고 본다. 진실을 추구하는 많은 방법들 가운데, 과학은 '최선'의 방법이다. 과학적인 방법이 가장 좋으며 궁극적으로는 지식을 획득하는 열등한 방법들(예컨대, 마술, 종교, 점성술, 개인적 경험, 전통)을 대체하게 될 것이다. 과학은 상식에서 몇 가지 아이디어를 빌려오지만 엉성하고 논리적으로 일관성이 없으며 비체계적이고 편견으로 이루어진 부분들을 대체한다. 특별한 규범, 과학적 태도, 그리고 방법을 가지고 있는 과학 공동체는 규칙적으로 '진실'(truth)을 생산하는 반면, 상식은 그렇지 않다. 실증주의 학자는 일상적인 상식에서 발견되는 개념보다 세련되고 심사숙고된, 그리고 논리적으로 일관성 있는 개념을 사용하고자 한다. Durkheim은 연구자들에게 "과학 밖에서 형성된 개념의 사용을 스스로 단호하게 거부하라."고 경고한 바 있다.

(2) 해석적 관점

해석적 관점에서는 보통사람들이 상식을 일상생활의 지침으로 사용하므로 연구자는 먼저 상식을 이해해야 한다고 주장한다. 사람들은 항상 상식을 사용한다. 상식은 세상에서 사건을 설명하고 조직하기 위하여 사람들이 매일 사용하는 이론들이 축적된 결과이기도 하다. 해석적 관점에서는 상식과 실증주의의 법칙 모두를 세계를 해석하기 위한 대안적인 방식으로 본다. 상식뿐만 아니라 과학적 법칙도 모든 해답을 가지고 있는 것은 아니므로, 어느 것이 우월하고 어느 것이 열등하다고 말할 수는 없다는 것이다. 해석적 관점은 상식이 사람들을 이해하는데 있어서 중대한 정보원천이라고 본다. 사람들은 상식이 절대적인 확실성을 가진 진실이라고 믿지는 않지만, 무엇인가 성취하기 위해서는 그것이 진실이라고 가정해야 한다.

(3) 비판이론적 관점

비판이론적 관점에서는 상식을 허위의식(false consciousness)으로 본다. 상식과 주관적 개념이 인간행위를 형성하기 때문에 연구해야 하지만 상식은 신화와 환상으로 이루어져 있다는 것이다. 연구자들은 먼저 상식에서 신비성을 제거하고 표면적 모습의 베일을 벗겨야 한다. 심층적 수준의 실재를 밝혀내는 것은 어렵지만, 표면적 실재가 이념, 신화, 왜곡, 그릇된 모습으로 나타나기 때문에 그것은 반드시 필요한 것이다. "상식은 사회 현상을 그대로 받아들이는 경향이 있으며 존재하는 것을 존재해야 하는 것으로 가정한다. 상식에 무비판적으로 기초하는 사회과학은 …… 이러한 오류를 반복하는 것이다."[51)]

5) 이론의 형태

(1) 실증주의 관점

실증주의의 과학적 설명은 일반법칙의 체계에 기초하고 있다. "Y와 X는 인과법칙이 적용되는 사례이므로 Y는 X에 의해서 발생된다."는 설명방식을 취한다. 실증주의는 인과법칙이 엄격하고 논리적인 이유에 따라 작용한다고 가정한다. 연구자는 어떤 사실을 연역적 논리를 통해 인과법칙과 연결시킨다.

(2) 해석적 관점

해석적 관점에서 볼 때 이론은 '이야기'를 말한다. 해석적 관점의 이론은 사람들이 어떻게 그들의 일상 삶을 살고 있는지 기술하고 해석한다. 해석론적 연구보고서는 수학공식이라기 보다는 전기나 소설같이 읽혀질 수 있다. 해석적 이론은 독자에게 다른 사람들의 사회적 실재에 대한 느낌을 전달한다. 이

---

51) Andrew Sayer, *Method in Social Science: A Realist Approach,* 2nd ed., NY: Routledge. 1992, p. 43.

론은 사람들이 일상생활에서 사용하는 삶의 규칙, 해석적 스키마, 가치, 의미 등을 밖으로 드러내어 그러한 느낌을 전달한다. 그러므로 해석적 이론은 사회적 세계를 개관하는 지도나 지역적 관습과 비공식적 규범을 묘사하는 여행자 안내책자와 유사하다고 할 수 있다.

(3) 비판이론적 관점

비판이론적 관점은 실증주의 관점과 해석적 관점의 중간지대에 있다. 실증주의 관점은 인간의 행동이 인간이 전혀 통제할 수 없는 인과법칙에 의해서 결정된다는 결정론적 개념에 기초하고, 해석적 관점은 사람들이 사회적 의미를 창출할 상당한 정도의 자유의지를 갖고 있다는 자유의지론을 가정한다. 비판이론적 관점은 부분적으로는 결정론적이고 부분적으로는 자유의지론을 받아들인다. 비판이론적 관점은 사람들이 자신이 속한 역사적 상황, 문화적 맥락, 물질적 조건의 제약을 받는다고 본다. 사람들이 살고 있는 세상은 그들의 선택권을 제한하고 그들의 믿음과 행위를 형성시킨다. 그러나 사람들은 사회적 구조, 관계와 법칙 등의 불가피한 상황에 반드시 제약받지는 않는다. 비판이론적 관점에서의 이론은 환상의 신비성을 제거하고 기본구조가 되는 상황을 묘사하고, 변화가 어떻게 달성될 수 있는지 설명하고 가능한 미래의 비전을 제시한다. 비판이론적 관점의 이론은 관찰 가능한 실재를 설명하는 보이지 않는 메커니즘을 묘사하는 것을 넘어서, 상황을 비평하고 변화 계획을 제시하기도 한다.

6) 좋은 이론과 설명의 기준

(1) 실증주의 관점

실증주의에서 이론은 논리적 모순이 없고, 관찰된 사실과 일관성이 있어야 한다는 조건을 충족시켜야 한다. 더 나아가 복제(replication)연구를 할 수 있어야 한다. 어느 연구자라 할지라도 타인의 연구 결과물을 재생산하거나 복제할 수 있어야 한다. 이러한 장치가 지식을 창출하는 총체적 시스템을 점검한다. 이 과정에서 대립하는 이론들 간의 공개적인 경쟁이 존재하고, 불편부당한 규칙을 사용하며, 중립적 사실을 정확하게 관찰하고, 논리를 엄격하게 적용한다. 시간이 경과하면 다른 연구자들이 이론에 대하여 독립적으로 검증을 수행하고 연구결과를 추가시키므로 과학적인 지식이 축적된다.

(2) 해석적 관점

해석적 관점에서는 연구대상들이 의미가 있다고 생각하고, 연구대상을 깊이 이해할 수 있을 때 그 이론은 옳다고 여겨진다. 해석적 설명은 행위자의 관점을 기록하고 이를 독자들이 이해할 수 있는 형태로 표현한다. 해석적 관점에서는 다른 사람의 의미시스템에 관한 묘사를 2차적인 설명(secondary account)으로 본다. 외부적인 관점에서 설명하는 것이 연구대상인 사람들의 1차적 설명과 동일할 수는 없다. 하지만 그것이 연구대상인 사람들의 1차적 설명에 가까울수록 더 훌륭한 설명이 된다.

(3) 비판이론적 관점

비판이론적 관점은 나쁜 이론과 훌륭한 이론을 구분하기 위하여 실천(praxis)이라는 개념을 사용한다. 비판이론적 관점은 사람들이 그들의 세계를 이해하고 변화시키는 데 도움이 될 수 있는 지식을 제공하고자 한다. 연구자는 현재 상황을 정확하게 묘사하고, 그러한 지식을 사회관계를 변화시키는 데 적용함으로써 비판적 이론을 검증한다. 훌륭한 비판적 이론은 사람들이 자신들의 역사적 역할을 이해하게끔 도와주고, 상황을 개선하기 위하여 사용될 수 있는 것이다. 비판적 이론은 그것이 설명하려고 추구하는 세상과 상호작용하기 때문에 수정이 불가피하다. 이론을 검증한다는 것은 이론을 수정하고 적용하는 활력적이고 지속적인 과정이다. 이론을 실제에 적용하고, 그러한 적용의 결과를 토대로 이론을 재구성하는 과정은 반복된다.

7) 사실과 증거의 기초

(1) 실증주의 관점

실증주의는 관찰할 수 있는 사실이 이념, 가치 또는 이론과 근본적으로 구별된다고 가정하는 이원론을 주장한다. 경험적 사실은 개인적인 이념이나 생각과는 따로 존재한다. 실증주의는 경험적 관찰결과를 중시하면서, 또한 경험적 세계에 대한 관찰결과가 공유되어야 한다고 본다. 단 한 사람의 관찰과 추론만으로는 사실에 관한 지식이 형성될 수 없다. 다른 사람들도 그 사실을 알고 그에 동의할 수 있어야 한다. 이것을 '상호주관성', '객관적 주관성', 또는

'사실에 관해 공유된 주관적 인정'이라고 부른다. 다시 말하면 연구자들이 주관을 달리할지라도 같은 방법을 사용하여 관찰할 때 같은 결론에 도달할 수 있어야 한다는 것이다. 많은 실증주의자들은 Karl Popper가 '과학적 발견의 논리'에서 주장한 반증주의 원칙을 받아들이는데, Popper는 "지식주장은 결코 완벽하게 증명되거나 전적으로 정당화될 수는 없다."고 주장하였다. 관찰결과 훌륭한 증거는 기존의 인과법칙을 입증하는 사실을 추가하는 것뿐만 아니라 그 인과법칙과 모순되는 증거도 포함된다.

(2) 해석적 관점

해석적 관점에서의 사회적 행위에 관한 증거는 그것이 발생한 사회적 맥락과 사회적 행위자가 부여한 의미로부터 분리될 수 없다. 그러므로 훌륭한 증거는 정확하고 관찰 가능한 것으로 이론이나 가치와는 독립적이라는 실증주의적 관점과 대조된다. Weber는 "연구자가 공감하는 참여(sympathetic participation)를 통하여 사회적 행위가 발생하는 정서적인 맥락을 충분하게 이해할 수 있을 때 감정이입이 가능하고 정확한 증거를 얻을 수 있다."고 주장한다.52) 해석적 관점에서는 사실이 불편부당하고, 객관적이며, 중립적인 것이 아니라고 본다. 사실이란 사회적 상황에서 사람들의 해석에 의존하는 구체적 맥락과 관련된 행위이다. 대부분의 행위나 진술은 복수의 의미를 가질 수 있고, 다양한 방식으로 해석될 수가 있다고 본다.

(3) 비판이론적 관점

비판이론적 관점은 객관성을 강조하는 실증주의 관점과 주관성을 강조하는 해석적 관점의 틈을 메우려고 시도한다. 즉 물리적 상태에 관한 사실은 주관적 인식과는 독립적으로 존재하지만, 사실이 이론으로부터 독립적인 것은 아니라고 본다. 사실은 의미, 이론, 가치의 프레임워크 내에서 해석되어야 한다는 것이다. 이론은 연구자가 사실을 어떻게 해석해야 할지 또는 어디에서 찾아야 하는지를 말해 주는 일종의 지도이다. 모든 이론이 사실을 발견하고 이해하는데 똑같이 중요한 것은 아니다. 이론은 세계가 어떻게 되어야 하는지에 관한 신념과 가정, 그리고 일련의 도덕적-정치적 가치에 기초하여 정립된다.

---

52) M. Weber, *Economy and Society,* Vol. I, edited by G. Roth & C. Wittich, Berkeley: University of California Press, 1978, p. 5. 여기에서는 Neuman, *op. cit.,* p. 74에서 인용.

그러므로 사실을 해석하기 위해서 연구자는 역사를 이해하고, 일련의 가치를 채택하고, 기초가 되는 구조를 어디에서 찾아야 할지 알아야 한다. 서로 다른 입장의 비판이론적 관점은 서로 다른 일련의 가치를 제시한다. 예를 들면, 마르크스주의와 여성학적 관점은 똑같이 비판이론적 관점으로 분류할 수 있지만, 옳다고 주장하는 가치는 매우 다르다.

8) 연구에서 가치의 역할

(1) 실증주의 관점

실증주의자는 객관적이고 가치중립적인 과학(value-free science)을 주장한다. 실증주의에서는 과학을 개인적, 정치적, 종교적 가치로부터 자유로운, 특별하고도 독특한 사회의 일부분으로 본다. 과학공동체의 규범과 운영방식은 과학의 객관성을 유지하게 해준다. 과학자들은 독특한 전문적 규범과 가치를 습득하게 되며, 연구자가 과학적 공동체의 구성원이 되면 그 규범을 받아들이고 내면화한다. 과학공동체는 가치 바이어스로부터 자신을 방어하기 위한 정교한 '견제와 균형의 시스템'을 가지고 있다.

(2) 해석적 관점

해석적 관점에서는 연구자가 연구대상의 가치나 사회정치적 입장을 이해하고 공유해야 할 필요가 있다고 본다. 해석적 관점은 연구자의 의미와 가치가 항상 개입되기 때문에 가치중립적일 수는 없다는 입장이다. 해석적 관점에서는 연구자들이 가치를 분명하게 드러낼 것을 강조하지만 어떤 가치가 더 좋은지 나쁜지 가정하지는 않는다. 해석적 관점에서 연구자의 적절한 역할은 연구대상인 집단에 '열정적인 참여자'(passionate participant)가 되는 것이다.[53]

(3) 비판이론적 관점

비판이론적 관점에서는 사회연구란 연구자가 특정한 가치입장을 취하도록 요구하는 도덕적-정치적 활동으로 본다. 모든 사회연구는 반드시 가치나 도덕적 관점을 가지고 시작한다는 것이다. 비판론적 관점은 실증주의의 가치중립

---

53) E. Guba & Y. S. Lincoln, Competing Paradigms in Qualitative Research, in *Handbook of Qualitative Research,* edited by N. Denzin & Y. Lincoln, Thousand Oaks, CA: Sage, 1994, p. 115.

표 2-2 과학적 연구의 세 가지 접근방법의 차이점

실증주의적 접근방법	해석적 접근방법	비판이론적 접근방법
1. 연구목적		
자연법칙을 찾아내 사건을 예측하고 통제할 수 있도록 함	의미있는 사회적 행위를 이해하고 기술함	근본적 사회변화를 유도하려고 신화를 깨트리고 보통사람에게 권한 부여
2. 사회적 실재의 성격		
안정적인 기존의 패턴 또는 질서가 존재하여 발견이 가능함	인간의 상호작용에 의하여 만들어지는 상황이므로 정의가 유동적임	보이지 않는 기저구조에 의하여 만들어지고 통제되는 갈등
3. 인간의 본질		
이기적이고 합리적인 인간으로 외부적인 힘에 의하여 모양이 결정됨	사회적 인간으로 의미를 창조하며 자신의 속한 세계의 의미를 끊임없이 만들어감	독창적이며 적응적인 인간이지만 잠재력을 실현하지 못하고, 환상에 빠져 착취당하고 있음
4. 이론과 상식의 관계		
과학과 분명한 차이가 있으며 타당성이 부족함	보통사람이 사용하는 강력한 일상생활의 이론임	권력과 객관적 조건을 숨기는 잘못된 믿음
5. 이론의 형태		
서로 연결된 정의, 공리, 그리고 법칙들의 논리적, 연역적 시스템	집단의 의미체계가 어떻게 생성되고 유지되는지를 묘사한 것	진정한 상황을 드러내 보통사람들이 개선된 세계를 보도록 비평
6. 진정한 이론과 설명		
법칙에 논리적으로 연결되어 있고, 사실에 기반을 두어야 함	연구대상인 사람들이 공감하고 옳다고 느껴야 함	보통사람들이 세계를 변화시키는 데 필요한 도구를 제공하여야 함
7. 사실과 증거의 기초		
다른 사람이 반복할 수 있도록 관찰에 기반을 둠	유동적 사회적 상호작용의 맥락에서 찾아야 함	환상을 벗기는 이론에 기초하여야 함
8. 연구에서 가치의 역할		
과학은 가치로부터 자유롭고, 주제 선택시 외에는 개입되어서는 안됨	가치는 사회생활의 필수요소, 어느 집단의 가치도 틀리지 않고 다를 뿐임	모든 과학은 특정 가치명제와 결부, 일부는 옳고 일부는 그름

출처: Neuman, *Social Research Methods*, 2000. p. 85의 Table 4.1.

성을 신화라고 거부한다. 또한 해석적 관점의 상대주의(모든 것이 상대적이고 절대적인 것은 없다는 개념)를 공격한다. 예를 들어서, 해석적 관점은 인종차별주의 관점을 잘못된 것이라고 주장하지 않는데, 그 이유는 어떤 관점이든지 그것을 믿는 사람들에게는 진실하다고 보기 때문이다. 그러나 비판론적 관점은 하나의 또는 극소수의 관점만이 옳고, 다른 관점들은 명백히 잘못되었거나 오도된 것으로 본다.

비판론적 관점은 해석적 관점과 실증주의적 관점 모두를 거부하는데, 연구대상을 위하여 특별한 행동을 취하지 않기 때문이다. 비판이론적 관점은 지식이 힘이라고 주장한다. 사회과학 지식은 사람들을 통제하기 위하여 사용될 수 있다. 연구자가 무엇을 연구하고, 어떻게 연구하며, 그 연구결과로 무엇이 발생할 것인지를 밝히는 것은 가치판단과 도덕에 영향을 미치는데, 그 이유는 연구결과 축적된 지식이 사람들의 삶에 가시적인 영향을 미치기 때문이다. 비판론적 관점에서 연구자의 적절한 역할은 '변화시킬 힘이 있는 지식인'(transformative intellectual)이 되는 것이다.[54]

이상에서 살펴본 이러한 여덟 가지 질문에 대한 세 가지 접근방법의 차이가 <표 2-2>에 요약되어 있다.

2. 세 가지 접근방법의 공통점

연구방법으로서 세 접근방법은 다음과 같은 점에서 공통점이 있다.[55]

① 경험적이다. 각 접근방법은 사람들의 모습, 음성, 행태, 상황, 토론, 그리고 행위 등 관찰가능한 실재에 기반을 두고 있다. 어느 경우이거나 연구는 상상력만을 토대로 그럴듯하게 만들어낼 수는 없다.

② 체계적이다. 각 접근방법은 세심하고 신중한 노력의 필요성을 강조한다. 모두가 겉만 그럴듯하고 성실하지 않은 생각과 관찰을 거부한다.

③ 이론적이다. 이론의 성격은 다르지만, 모두가 아이디어를 사용하고, 패턴을 관찰할 것을 강조한다. 어떠한 접근방법도 사회적 생활을 혼돈과 무질서

54) Guba & Lincoln, *op. cit.,* p. 115.
55) Neuman, *op. cit.,* p. 86.

라고 보지 않으며, 설명과 이해가 가능하다고 주장한다.

④ 공개적이다. 모두가 연구자의 작업을 공개하고 연구결과를 공유해야 한다고 본다. 연구과정을 감추고 비밀로 하는 것을 반대한다.

⑤ 자기반성적(self-reflective)이다. 각 접근방법은 연구자가 자신이 무엇을 하고 있는지를 생각하여야 한다고 본다. 맹목적으로 생각없이 연구를 진행해서는 안 된다. 연구는 자각과 진지한 심사숙고의 과정을 포함하여야 한다.

⑥ 개방적인 과정이다. 모두 연구를 계속 진화하고, 변화하며 새로운 질문을 제기하고, 발전해 가는 것으로 본다. 어떤 접근방법도 연구를 정적이고, 고정되며, 폐쇄된 것으로 보지 않는다. 현재의 지식과 연구과정은 바위에 새겨진 것처럼 고정된 것은 아니다. 연구는 새로운 사고방식과 일처리 방식에 따라 지속적으로 변화하며 개방되어 있다.

즉 모든 접근방법에서 사회과학은 자기반성적이고 개방적인 공개적 과정을 통하여 체계적으로 수집된 자료와 경험에 기반을 둔 이론적 지식을 생성하기 위하여 노력한다고 본다.

3. 여성학적 관점과 포스트모던 관점

위에서 살펴본 세 가지 주요 접근방법 이외에도 여성학적 관점과 포스트모던 관점에 대한 논의가 활발히 진행되고 있다. 두 접근방법 모두 실증주의를 비판하고 해석적, 비판이론적 관점에 기초를 두고 있으며, 1980년대 후반부터 널리 알려지기 시작하였다.[56]

1) 여성학적 관점

여성학적인 관점은 페미니스트 여성연구자들이 주도하고 있다. 우리나라의 행정학 분야에서도 최근 여성학적인 관점에서의 연구결과가 상당히 발표되고 있다.[57] 여성학적 관점은 여성들에게 발언권을 부여하고, 사회과학의 발전과

56) Neuman, *op. cit.,* pp. 82-84.

57) 예를 들면, 한인숙, 포스트모더니즘, 복지정책, 그리고 여성, 2000년 한국행정학회 추계학술대회 발표논문; 임미영·한인숙, 한국 국민연금의 성불평등구조, 「한국행정학보」, 36:4, 2002; 원숙연, 젠더-정책레짐(gender-policy regimes): 의미와 쟁점," 2002년 한국행정학회 동계학술대회 발표논문. 그리고 박재창(편), 「정부와 여

정에서 지배적인 위치를 차지한 남성 중심적 관점을 수정하려고 노력한다. 여성학적 연구는 여성의 주관적 경험이 이제까지의 해석적 시각과는 다르다는 자각을 기초로 한다.[58] 여성학적 연구자들은 실증주의 관점이 남성의 관점과 부합하는 것으로 본다. 즉, 그 관점은 객관적이고 논리적이며, 과업중심적이고 수단적이다. 이는 남성의 강점인 개인간 경쟁, 환경에 대한 통제와 지배, 세상에 작용하는 확고한 사실과 힘 등을 반영하고 있다는 것이다. 이와 대조적으로 여성은 사회생활의 주관적, 감정이입적, 과정중심적 측면에 강한 경향이 있다.

여성학적 연구자들은 전통적 연구에서는 남성연구자가 지배적이었기 때문에 남녀차별적인 결과를 가져왔다고 주장한다. 전통적 연구에서는 남성의 경험을 모든 사람에게 적용하여 과잉일반화 되었고, 기본적인 사회적 구분(social division)으로서의 성을 무시하며, 남성문제에 초점을 맞추고, 남성을 준거기준으로 하는 전통적 성 역할을 가정하고 있다. 예를 들어, 전통적 연구자는 성인 남성이 안정적인 직업을 갖지 못할 때 한 가계가 실업상태에 놓여 있다고 말한다. 그러나 같은 가계의 여성이 안정적 직업을 찾을 수 없을 때에는 동일한 문제라고 간주하지 않는다. 또한 전통적 연구자들이 '미혼모'의 개념은 널리 사용하지만 '미혼부'라는 개념은 사용하지 않는다.

여성학적 접근방법에서는 연구자의 성별이 연구결과에 영향을 미친다고 생각한다. 연구자의 성별에 따라 현실을 경험하는 방법이 달라지며, 그 사실이 조사에 영향을 미치게 된다. 연구자의 성별에 따른 영향 외에도 기초이론의 가정들, 그리고 그 이론을 형성하는 과학 공동체가 가지고 있는 성 역할을 구분하는 문화적 맥락을 배제할 수 없다. 여성학적 연구자들은 객관적이고 중립적인 입장을 취하지 않는다. 또한 여성학적 관점은 행위지향적이며, 페미니스트의 가치를 전파하고자 한다. 그들은 자신들이 연구대상이 되는 사람들과 함께 연구하고, 상호 연관시키고자 한다. 예를 들어, 여성학적 연구자들은 그들 자신의 감정과 경험을 공유하면서 상대방의 경험을 이해하고자 한다. 연구자

성참여」, 2000, 법문사 참조. 한편 2001년 여성부가 신설되면서 공무원채용목표제, 정책의 성별영향 분석·평가 등 양성평등정책을 의욕적으로 추진하고 있는 현실도 여성학적 관점의 확산에 공헌했다고 볼 수 있다.

58) 이 관점은 여성들이 남성과 다르게 배우고 자신을 다른 방식으로 표현하게 된다고 주장하는 'Women's Ways of Knowing'과 같은 연구들의 영향을 받고 있다. M. F. Belenky et. al., *Women's Way of Knowing: The Development of Self, Voice and Mind,* NY: Basic Books, 1986.

와 연구대상간의 개인적 관계는 시간이 흐르면서 성숙해 간다.

2) 포스트모던 연구관점

포스트모던 연구관점은 인문학에서 비롯되었는데, 실존주의, 허무주의, 무정부주의 철학과 하이데거, 니체, 사르트르, 비트겐슈타인의 사상에서 그 뿌리를 찾을 수 있다. 포스트모더니즘은 모더니즘을 거부하는데, 모더니즘은 계몽주의 시대에 형성된 기초적 가정, 신념, 가치들을 말한다. 모더니즘은 진보를 믿으며 미래에 낙관적이고, 기술과 과학에 대한 확신을 갖고 있다. 모더니즘은 대부분의 사람들이 동의할 수 있는 미, 진리, 도덕의 기준이 있다고 주장한다. 포스트모던 연구에서는 예술, 인문학, 사회과학이 서로 분리되지 않는다고 생각한다. 포스트모던 연구는 사회적 세계의 신비성을 벗긴다는 비판적 사회과학의 목표를 공유하고 있다. 포스트 모던의 관점에서는 내부에 숨겨진 구조를 드러내기 위하여 표면적 외형을 해체(deconstruction)하여야 한다고 본다. 포스트모던 연구관점은 극단적인 형태의 해석적 관점과 매우 유사하여 추상적인 설명을 불신하고, 연구가 기술(description) 이상이 될 수 없으며 모든 기술은 똑같이 타당성을 가지고 있다고 주장한다.

포스트모던 관점은 해석적 관점과 비판이론적 관점을 뛰어넘어 사회과학을 급진적으로 변형하거나 분해하려 한다. 포스트모던 연구자들은 체계적인 경험적 관찰을 불신하고, 지식이 시간의 경과에 따라 일반화되고 누적된다는 주장을 믿지 않는다. 그들은 지식이 다양한 형태를 취할 수 있으며 특정집단이나 특정지역에는 그들 나름대로의 지식이 존재한다고 본다.

포스트모던 연구자들은 중립적인 방식으로 연구결과를 발표하는 데 반대한다. 연구자들이나 보고서 작성자들은 그것을 읽는 독자들에게 자신을 숨겨서는 안 된다는 것이다. 포스트모던 연구관점은 엘리트주의에 반대하고, 예측이나 정책 결정을 위해 과학적 지식을 활용하는 것을 거부한다. 포스트모던 연구자들은 사람들에 대한 관료제적 형태의 통제, 그리고 권력관계를 강화하기 위하여 실증주의 과학을 사용하는 입장에 반대한다.

행정학 분야에서도 포스트모던 관점에서 행정이론의 모색과 연구가 이루어지고 있다.[59] 포스트모더니티 행정이론의 핵심 개념은 상상(imagination), 해

---

59) 예를 들면, 원숙연, 포스트모더니즘 조직연구: 인식론적 정향과 대안으로서 가능성,

체 또는 탈구성(deconstruction), 영역해체(deterritorialization: 탈영역화, 학문영역간 경계파괴), 타자성(alterity), 담론(discourse) 등이다.[60]

이상에서 살펴 본 여성학적 관점과 포스트모던 관점의 주요특징을 요약하면 <표 2-3>과 같다.

표 2-3 여성학적 관점과 포스트모던 연구관점의 주요특징

여성학적 관점	포스트모던 연구관점
−페미니스트적 가치와 관점 지지 −가정, 관념, 연구문제에서 남녀 차별성 거부 −연구자와 피연구자간 감정이입적 관계형성 −사회생활에서의 성과 권력의 관계에 민감 −조사과정에 연구자의 개인적 감정과 경험을 통합시킴 −연구기법의 선택과 학문적 분야간 협력에 유연함 −인간의 경험에서 감정적, 상호의존적 차원을 인식함 −개인적, 사회적 변화를 촉진하기 위한 행위중심의 연구	−사회이론을 포함한 모든 이데올로기와 조직화된 신념체계의 거부 −직관, 상상력, 개인적 경험, 감정에 의존 −무의미함, 비관론, 세계는 결코 개선되지 않을 것이라는 믿음 −정신세계와 외부세계 간의 구분이 없는 극단적 주관성 −어느 것도 우월성이 없고, 무한한 해석이 존재하는 강한 상대주의 −지속적으로 변화하는 다양성, 혼돈, 복잡성의 신봉 −이곳과 현재시점만이 관련성이 있으므로 다른 지역과 과거시점에 대한 연구거부 −삶의 지나친 복잡성과 빠른 변화로 인과적 연구가 불가능하다는 신념 −연구를 통하여 사회적 세계에서 발생한 것을 진실로 대변하는 것은 불가능

출처: Neuman, *Social Research Methods*, 2000. pp. 83-84의 Table 4.2 및 4.3.

「한국행정학보」, 36:4, 2002, pp. 1-18.

60) 강신택, 「행정학의 논리」, 박영사, 2002, pp. 179-287, 강신택 역, 「행정학의 언어」, 박영사, 1999, pp. 293-504. (원저 David John Farmer, *The Language of Public Administration: Bureaucracy, Modernity and Postmodernity*, Univ. of Alabama Press, 1995).

제 4 절 과학적 조사연구의 유형

과학적 조사연구는 여러 가지 기준에 따라 분류될 수 있다. 여기에서는 먼저 연구방법에 따른 분류인 양적 연구와 질적 연구에 관하여 살펴보기로 한다. 이어서 연구의 성격과 연구자의 동기에 따른 분류인 순수연구, 응용연구, 평가연구를 살펴보고, 연구의 주목적에 따른 분류인 탐색적 연구, 기술적 연구, 그리고 설명적 연구에 관하여 살펴보겠다.

1. 연구방법에 따른 분류: 양적 연구와 질적 연구

1) 양적 연구와 질적 연구의 개념

일반적으로 양적 연구는 실증주의적 관점을 토대로 하는 반면, 질적 연구는 해석적 관점에 근거를 두고 있다. 양적 연구와 질적 연구는 각각 다양한 연구방법들을 포함하고 있으므로 공통분모를 찾아서 모든 사람이 동의할 수 있는 정의를 내리기는 어렵다.

대체로 양적 연구는 사회현상을 연구하기 위해서 연구대상의 속성에 숫자(numerals)를 부여하여 자료를 수집하며, 그 자료를 분석하는데 기술통계와 추리통계라는 통계분석기법을 사용한다. 반면에 질적 연구에서는 자료가 숫자로 표현되는 것이 아니라 단어(words)의 형태로 수집되며, 자료는 주제와 범주(categories)로 구분되어 분석된다.

두 가지 방법은 연구 스타일과 자료수집 및 분석기법에서 차이가 있지만 그 기본적 논리는 본질적으로 같은데, 이는 바로 경험적 자료를 토대로 특정의 현상에 대한 과학적 추론, 즉 기술적 추론과 인과적 추론을 추구하는 것이다.[61] 양적 연구와 질적 연구 방법의 차이점을 살펴본 다음, 공통목적인 과학

61) Gray King, Robert O. Keohane & Sidney Verba, *Designing Social Inquiry: Scientific Inference in Qualitative Research*, Princeton: Princeton University Press, 1994. 이들은 질적 연구와 양적 연구가 전통적으로 다른 두 가지의 연구스

적 추론에 관하여 살펴보기로 한다.

2) 양적 연구와 질적 연구의 차이점

양적 연구와 질적 연구의 차이를 부각시키기 위해서 학자들은 이들을 몇 가지 차원으로 구분하여 대비하고 있다.[62] 이러한 대비는 이상형으로서 두 방법을 비교하는 것으로 하나의 교시적 도구로 사용된다. <표 2-4>에는 두 연구방법의 차이가 존재론적, 인식론적, 가치론적, 수사학적, 방법론적 가정의 차원으로 구분하여 제시되었다.

(1) 존재론적 가정

먼저 실재(reality)는 무엇인가라는 질문으로 요약되는 존재론적(ontological) 가정에서 양적 방법에서는 실재는 연구자와는 별도로 객관적으로 존재하는 것으로 본다. 즉 질문서나 다른 측정도구를 사용하여 객관적으로 측정할 수 있는 대상으로 보는 것이다.

반면에 질적 방법에서는 실재는 주관적이며 연구참여자에 의하여 구성되는 것으로 본다. 예컨대, 연구자, 연구대상이 되는 개인, 그리고 연구를 해석하는 독자층은 각각 나름대로 실재를 인식한다. 따라서 하나의 주어진 상황에 대하여 다양하게 인식되는 실재가 존재할 수 있다. 그러므로 연구자는 이러한 복수의 실재를 충실하게 보고하여야 하며, 연구자 자신보다는 정보제공자의 목소리와 해석에 의존할 필요가 있다.

타일이지만 추론의 논리는 하나(two styles of research, one logic of inference)라는 점을 강조한다. 이들은 과학적 연구를 현실세계에 관한 경험적 정보에 기반을 두고 기술적 추론과 설명적 추론을 제공하기 위해서 설계된 것으로 본다.

62) 예를 들면, W. A. Firestone, Meaning in Method: The Rhetoric of Quantitative and Qualitative Research, *Educational Researcher,* 16:7, 1987, pp. 16-21; E. G. Guba & Y. Lincoln, Do Inquiry Paradigms Imply Inquiry Methodologies? in D. M. Fetterman (ed.), *Qualitative Approaches to Evaluation in Education,* NY: Praeger, pp. 89-115; G. McCracken, *The Long Interview,* Newbury Park, CA: Sage, 1988; J. W. Creswell, *Research Design: Qualitative & Quantitative Approaches,* 2nd ed., Thousand Oaks: Sage, 2003 참조. 한편 본서 9장 사례지향적 연구와 변수지향적 연구의 특징에 관한 부문 참조.

표 2-4 양적 연구와 질적 연구의 가정의 차이

가정	양적 방법	질적 방법
1. 존재론적 가정: 실재의 본질은?		
	실재는 연구자와는 분리된 객관적이고 단일의 현상임	실재는 주관적이며 연구 참여자에 의하여 다양하게 인식됨
2. 인식론적 가정: 연구자와 연구대상과의 관계는?		
	연구자는 연구가 이루어지는 대상과는 독립적임	연구자는 연구대상과 상호작용을 함
3. 가치론적 가정: 연구과정에서 가치의 역할은?		
	가치중립적이며 편견 배제	가치개입적이며 편견 개입
4. 수사학적 가정: 연구에 사용하는 언어는?		
	공식적 일단의 정의에 기초 비개인적 목소리 일반적으로 합의된 양적 언어사용	비공식적 결정을 계속 바꾸어 나감 개인적 목소리 합의된 질적 언어의 사용
5. 방법론적 가정: 연구의 과정은?		
	연역적 과정 원인과 결과 정적 설계: 범주는 연구이전 설정 맥락으로부터 자유로움 예측, 설명, 이해가 가능한 일반화 타당성과 신뢰성을 통한 정확성과 신뢰 추구	귀납적 과정 요인들의 상호 동시적 결정 지속적 설계: 연구과정에서 범주확인 맥락의 제약을 받음 이해를 위한 패턴 및 이론의 개발 검증을 통한 정확성과 신뢰 추구

출처: W. A. Firestone, Meaning in Method: The Rhetoric of Quantitative and Qualitative Research, 1987, pp. 16-21; E. G. Guba & Y. Lincoln, Do Inquiry Paradigms Imply Inquiry Methodologies? 1988, pp. 89-115; G. McCracken, *The Long Interview,* 1988; J. W. Creswell, *Research Design: Qualitative & Quantitative Approaches,* 2nd ed., 2003을 토대로 재구성.

(2) 인식론적 가정

연구자와 연구대상과의 관계에 관한 인식론적(epistemological) 가정에서도 두 가지 방법은 차이가 있다. 양적 방법에서는 연구자가 연구가 이루어지는 대상과는 독립적이며 일정한 거리를 유지하여야 한다고 본다. 그러므로 대표적인 양적 방법인 실험설계와 서베이에서 연구자는 바이어스를 통제하여야 하며, 대표성 있는 표본을 선택하여야 하고, 상황을 평가하는 데 있어서 객관적이어야 한다.

질적 방법은 이와는 다른 입장을 취하고 있다. 대표적인 양적 방법인 실험설계에서는 통제된 상황하에서 한정된 변수들을 사용하려고 하는 반면, 질적 방법에서는 있는 그대로 자연적인 상황에서 자연발생적인 원인들을 중심으로 현상을 이해하려고 한다.[63] 연구자는 연구대상이 되는 사람들과 상호작용을 가지는데, 이러한 상호작용은 관찰대상인 정보제공자와 장기간 같이 지내거나, 또는 실질적 협력관계가 될 수도 있다. 간단히 말하면 연구자는 자신과 연구대상과의 거리를 좁히려고 노력한다.

(3) 가치론적 가정

연구에서 가치의 역할에 관한 가치론적 가정의 차이는 인식론적 가정의 연장선에서 볼 수 있다.[64] 양적 연구에서 연구자의 가치는 개입되어서는 안 되는 것으로 인식된다. 그러므로 연구보고서의 작성에서 연구를 위해서 수집한 증거와 밀접하게 관련된 사실을 비개인적 언어로 보고하면서 가치에 관한 진술을 전적으로 생략한다.

질적 연구자는 연구의 가치개입적(value-laden) 성격을 인정하고 자신의 가치와 바이어스, 그리고 현지에서 수집된 정보의 성격과 관련된 가치를 적극적으로 보고한다. 연구에 사용하는 언어는 개인적인 것이다.

(4) 수사학적 가정

또 다른 구분기준은 수사학적(rhetorical) 가정, 즉 연구에 사용하는 언어에 관한 것이다. 양적 연구에서 연구결과를 기술할 때 언어가 공식적이어야 할 뿐 아니라 상관관계, 비교, 집단내 등과 같이 공인된 용어를 사용하여야 한다. 개념과 변수는 공인된 정의로부터 분명하게 규정되어야 한다.

질적 연구의 패러다임을 강조하기 위해 전통적인 연구에서 사용되는 용어와는 다른 용어가 구성되는데, 예를 들면, 이해, 발견, 의미 등과 같은 용어가 질적 용어의 어휘를 구성하고 있다. 더 나아가서 질적 연구에서 사용하는 언

---

63) Lincoln & Guba, *op. cit.*; M. Q. Patton, *Qualitative Evaluation Methods*, Beverly Hills: Sage, 1980.

64) 가치론(axiology)이란 윤리학, 가치관, 미학에 관한 연구를 뜻한다.

어는 개인화되고, 비공식적이며, 연구가 진행되면서 지속적으로 전개되는 정의에 기초하고 있다.

(5) 방법론적 가정

이와 같이 현실, 연구자와 연구대상과의 관계, 가치의 역할, 그리고 수사학적 가정의 차이가 연구의 전 과정에 관한 방법론의 차이로 연결된다. 양적 방법론에서는 이론과 가설이 원인 결과의 순서에 따라 검증되는 연역적 형태의 논리로 접근한다. 개념, 변수, 그리고 가설은 연구가 시작되기 이전에 설정되며 연구가 이루어지는 전 기간에 걸쳐 비교적 고정된다(정적 설계). 연구자는 사전에 설정된 가설의 범위를 넘지 않아야 하며 따라서 연구는 맥락과는 독립적이다. 연구의 의도는 이론에 기여하고 특정 현상의 예측, 설명, 그리고 이해를 촉진하는 일반론을 개발하는 것이다. 연구에서 사용된 정보와 측정도구가 타당하고 신뢰할 수 있으면 이러한 일반론은 강화된다.

반면에 질적 방법론에서는 귀납적 논리가 지배한다. 질적 연구는 구체적인 관찰과 더불어 시작되며 연구대상인 사례들에서 나타나는 일반적인 패턴을 발전시켜 나아간다. 범주는 연구자에 의하여 선험적으로 설정되는 것이 아니고 연구 진행과정에서 정보제공자로부터 드러난다. 이와 같은 범주의 구성은 특정 현상의 설명을 도와주는 패턴 또는 이론을 도출할 수 있도록 하는 풍부한 '맥락 제약적'(context-bound) 정보를 제공한다. 정보의 정확성에 관한 질문이 연구에서 표면화되지는 않는다. 만약 정확성의 문제가 제기되면 연구자는 정보를 검증하기 위해서 정보제공자와 더 많은 이야기를 나누거나 또는 여러 가지 원천으로부터 나온 정보를 종합(triangulating)하는 등의 방법을 취한다.

3) 질적 방법과 양적 방법의 공통적 목적: 과학적 추론

양적 연구와 질적 연구는 그 기본가정이 다르고, 자료수집 및 분석방법에서도 차이가 크다. 그러나 양적 연구와 질적 연구는 같은 과학적 추론의 논리에서 출발하고 있다. 양적 연구와 질적 연구는 모두 체계적이며 과학적이 될 수 있다. 예를 들면, 질적 연구의 한 방법인 역사적 연구에서도 타당한 인과적 추론의 과정을 통하여 대안적 설명이론을 평가하려 한다는 점에서 분석적이 될 수 있다. 그러므로 양적 연구가 보다 과학적이고, 질적 연구는 덜 과학적이라는 논리는 성립될 수 없다. 두 가지 연구방법은 모두 과학적 방법으로서 그

목적은 추론에 있다.[65)]

과학적 연구란 세계에 대한 경험적 정보를 토대로 기술적 또는 설명적 추론을 할 수 있도록 설계된다. 특정의 현상을 주의 깊게 기술하는 것은 과학에서 빼 놓을 수 없는 작업이지만 사실의 축적만으로는 충분하지 않다. 사실은 질적 연구자와 양적 연구자들에 의하여 체계적으로 수집된다. 그러나 과학은 직접 관찰한 사실들을 사용하여 관찰하지 않은 다른 사실들을 학습할 수 있는 기술적 추론(descriptive inference)의 과정을 포함한다. 또한 과학은 관찰한 자료로부터 인과적 효과를 학습할 수 있는 인과적 추론(causal inference)의 과정을 포함할 수 있다. 물론 1980년대 이후 우리나라 유권자의 투표행태 또는 1989년 이후 동구에서의 사회운동 등과 같이 추론의 영역은 시간과 공간의 제약을 받을 수 있다. 어느 경우에나 과학적 연구의 핵심 가운데 하나는 수집된 특정의 관찰 자료의 범위를 넘어서는 추론을 목표로 한다는 것이다.

4) 한국행정연구에서 질적 연구와 양적 연구

한국 행정현상의 연구에서는 양적인 연구와 더불어 질적인 연구도 활발하게 이루어지고 있다. 「한국행정학보」에 1986년부터 2015년까지 30년간 게재한 실증주의 적용논문 828편에 대하여 연구방법을 서술적 방법, 양적 방법, 질적 방법으로 구분한 결과 서술적 방법 33.4%, 양적 방법 48.4%, 질적 방법 18.4%로 구성되었다.[66)] 서술적 방법이란 서술형식을 논문이며, 양적 방법은 설문조사, 통계자료, 수리모형을 사용한 논문이다. 한편 질적방법은 내용분석과 사례연구 등을 포함한다. 시대별로 질적 방법 적용논문이 증가추세를 보이며 2006~2015년에는 21.1%를 차지하였다.[67)] 공직자를 연구대상으로 하는 질적 연구가 증가하고 있으며, 정책에 관한 사례 연구에서는 질적인 연구가 압도적으로 많은 편이다. 1967년부터 2015년까지 「한국행정학보」에 게재된 정책연구논문 597편 가운데 62.8%인 375편이 질적 연구, 즉 문제에 대한 시론적 접근, 사례비교연구를 통한 대안제시 논문이며, 데이터를 기반으로 통계기법 등을 사용한 양적연구는 37.2%로 상대적으로 비중이 낮았다.[68)]

---

65) 이하 King, Keohane & Verba, *op. cit.,* chapter 1 참조.
66) 김호정, 앞의 논문.
67) 김호정, 앞의 논문, p. 29, <표 1> 참조.
68) 오철호, 공공정책론, 한국행정학회 편, 앞의 책, p. 242, <표 16> 참조.

2. 연구의 성격에 따른 분류: 순수연구, 응용연구, 평가연구

순수연구(pure research)는 이론을 구성하거나 경험적 자료를 토대로 그 이론을 검증하고자 하는 연구를 지칭한다. 응용연구(applied research)는 실제적인 문제해결을 목적으로 수행하는 연구를 말한다. 한편 평가연구(evaluative research)는 응용연구의 특수한 형태로서 현재 진행중인 행동 프로그램이 의

표 2-5 순수연구, 응용연구, 평가연구의 특징

구분	순수연구	응용연구	평가연구
	기초연구	정책분석 · 행동연구	사정 · 정책평가연구
1. 연구 성격			
	사회현상에 관한 새로운 지식 추구, 현상을 설명하는 일반원칙 확립	사회문제를 이해하고, 정책결정자의 문제해결 행위에 필요한 지침 제공	사회문제 해결을 위한 정책개입 및 처리결과를 사정 · 평가
2. 연구 목표			
	변수간 관계발견을 포함한 새로운 지식산출 및 다양한 조건에서 결과 예측 능력배양	사회문제 제거 또는 완화를 원하는 정책결정자가 즉각 이용할 수 있는 필요지식 제공	사회문제의 해결에 응용된 정책개입 및 처리로부터 발생한 결과에 대한 정확한 평가 제공
3. 주도적 이론			
	가설검증의 지침이 될 수 있는 이론의 선택	사회체계 동태를 탐색할 수 있는 이론, 지침, 또는 직관적 예감 선택	평가중인 정책프로그램에 적합한 이론 선택
4. 적합한 기법			
	이론형성, 가설검증, 표본추출, 자료수집기법, 자료의 통계처리, 가설의 수용 또는 기각	개별적 행위에 대한 접근, 행위자의 느낌과 생각 탐구, 행위자, 타인 및 상황적 요소에 대한 평가 도출	문제에 적합한 모든 전통적 기법 사용

출처: Delbert C. Miller, *Handbook of Research Design and Social Measurement*, 5th ed., 1991, pp. 3-4를 토대로 수정.

도한 효과를 가져왔는지를 평가하는 연구를 말한다.[69] 정책학 분야 내에서는 응용연구를 정책분석 연구, 평가연구는 정책평가연구라고 부른다.

이러한 세 가지 유형의 연구는 (1) 연구의 성격, (2) 연구의 목적, (3) 주도적 이론, 그리고 (4) 적합한 기법이라는 면에서 다른 특징을 가지고 있는데, <표 2-5>에 그 특징이 요약되어 있다.

1) 연구의 성격

연구의 성격에서 순수연구 또는 기초연구에서는 사회현상에 관한 새로운 지식을 추구하며 현상을 설명할 수 있는 일반원칙을 확립하고자 한다. 응용연구에서는 사회문제를 이해하고, 정책결정자가 사회문제를 해결하기 위한 행위를 선택하는 데 필요한 지침을 제공하고자 한다. 한편 평가연구는 사회문제를 해결하기 위한 정책개입 또는 처리 결과를 사정·평가하고자 한다.

2) 연구의 목적

연구의 목적에서도 세 가지 유형의 연구는 뚜렷한 차이를 나타내고 있다. 순수연구에서는 변수간 관계의 발견을 포함한 새로운 지식을 산출하고 다양한 조건 하에서 결과를 예측할 수 있는 능력을 기르고자 한다. 응용연구에서는 사회문제의 제거 또는 완화를 원하는 정책결정자가 즉각 이용할 수 있는 지식을 제공하는 것이 주목적이다. 한편 평가연구에서는 사회문제를 해결하기 위한 정책개입 또는 처리로부터 발생한 결과에 대하여 정확한 평가를 수행하는 것이 주된 목적이다.

3) 주도적 이론

각 유형의 연구수행에서 지침이 되는 주도적 이론은 다음과 같은 차이가 있다. 순수연구에서는 가설검증의 지침이 되는 이론을 선택하려는 경향이 있다. 응용연구에서는 사회체계의 동태를 탐색할 수 있는 이론, 지침, 또는 직관적 예감을 선택하여 사용한다. 한편 평가연구에서는 현재 평가중인 프로그램에 적합한 이론을 선택하고, 연구결과를 새로운 이론 또는 기존이론에 연결할

69) Delbert C. Miller, *Handbook of Research Design and Social Measurement,* 5th ed., Sage, 1991, pp. 3-4.

수 있는 방법을 모색하려고 노력한다.

4) 적합한 기법

연구수행에 적합한 기법에서도 차이가 있다. 순수연구에서는 이론형성, 가설검증, 표본추출, 자료수집기법, 자료의 통계처리, 가설의 수용 또는 기각에 필요한 규칙이 주요한 기법을 구성한다. 응용연구에서는 개별적 행위에 대하여 접근하려고 노력하며, 또한 당시 행위자가 어떻게 느끼고 생각하는지를 탐구한다. 또한 행위자 자신, 타인, 그리고 상황적 요소에 대한 평가를 도출하려고 노력하고, 중요한 설명(crucial explanation)은 검증되어야 할 가설로 간주한다. 한편 평가연구에서는 문제에 적합한 모든 전통적 기법을 사용하게 된다.

이상에서 순수연구, 응용연구, 평가연구의 특징을 살펴보았다. 그런데 응용연구와 평가연구를 수행하는 경우에도 가장 기본이 되는 것은 순수연구 또는 기초연구의 절차 및 기법이라는 점에 유념하여야 한다. 즉 기초연구의 토대 위에서 응용연구와 평가연구가 이루어지는 것이다.

3. 연구의 목적에 따른 분류: 탐색, 기술, 설명

가장 일반적인 분류방법의 하나는 조사연구의 주목적이 무엇인가에 따라 분류하는 것이다. 실증주의적 관점에서 사회과학 연구의 기본적인 목적은 사회현상을 기술·설명하는 것이므로, 기술적 조사연구와 설명적 조사연구로 구분할 수 있다. 한편 연구자가 연구대상이 되는 특정 사회현상에 관하여 충분한 사전지식을 가지고 있지 못한 경우에는 연구주제에 대한 탐색(exploration)이 필요하게 된다. 그러므로 이 경우를 별도로 분류하면 과학적 연구의 유형은 그 목적에 따라서 탐색적(exploratory)·기술적(descriptive)·설명적(explanatory) 연구로 구분할 수 있다.[70)]

---

70) 이와 같은 과학적 조사연구를 세 유형으로 구분한 것은 Jahoda, Deuctsch 그리고 Cook의 *Research Methods in Social Relations,* Dryden, 1951이다. 원래 그들이 사용한 용어는 탐색적-형성적(exploratory-formative), 기술적-진단적(descriptive-diagnostic), 실험적-인과적(experimental-causal)이라는 용어이다. 이러한 유형구분은 그 책의 제3판(Selltiz, Wrightsman, & Cook, 1976)에서도 채택하고 있다.

연구자의 연구대상에 관한 사전지식의 정도에 따라 연구의 유형이 달라지고, 따라서 연구자가 제기할 수 있는 질문의 형태와 연구자가 연구를 통하여 얻고자 하는 정보의 수준도 달라진다.[71] 또한 연구문제를 해결하는 데 필요한 정보의 수준에 따라서 자료수집 및 분석기법을 포함한 조사설계(research design)의 유형도 달라진다. 기술적 조사연구와 설명적 조사연구의 특징에 관하여는 제7장, 제8장 및 제9장에서 구체적으로 논의가 이루어지므로, 여기에서는 탐색적 조사연구를 중심으로 살펴본 후, 기술적 조사연구와 설명적 조사연구는 간략하게 소개하기로 한다.

1) 탐색적 조사연구

(1) 탐색적 조사연구의 의미

탐색적 조사연구는 조사의 주목적이 좀더 정확한 조사를 위한 연구문제를 형성하거나 가설을 개발하는 것으로 '형성적 조사'(formative study)라고 부르기도 한다.[72] 탐색적 조사방법은 여러 가지 용도로 사용된다. 예를 들면, 다음에 실시할 체계적인 연구의 대상이나 환경에 친숙해지기 위해서, 개념을 보다 분명하게 하기 위해서, 다음 연구의 우선순위를 정하기 위해서, 실제 현실상황에서 연구를 수행할 수 있는지에 관한 정보수집을 위해서, 또는 미래의 자료측정기법 개발 및 자료소재 파악을 위해서 사용되고 있다.

탐색적 조사연구에서는 연구자의 연구대상에 관한 지식이 아주 빈약하기 때문에 어떤 자료를 수집해야 할지 구체적으로 정하기 어렵다. 따라서 연구자는 탐색적 조사연구를 통하여 연구해야 할 속성을 개념화(conceptualization)하고, 이들 개념을 조작적으로 정의하여 자료수집을 위한 변수로 전환시키고, 독립변수와 종속변수를 구분하고, 이들 변수를 서열화하고 측정할 수 있는 개략적 척도를 작성하게 된다. 이러한 정보를 다음에 실시할 본격적인 조사연구에 중요한 사전지식으로 활용하는 것이다. 연구자가 후술하는 기술적 조사 또는 설명적 조사를 수행하기에 충분한 사전지식을 갖추고 있는 경우에는 탐색

---

71) Robert R. Mayer & Earnest Greenwood, *The Design of Social Policy Research,* NJ: Prentice-Hall, 1980, pp. 50-52.

72) Claire Selltiz et al., *Research Methods in Social Relation,* 3rd ed., 1976, p. 91.

적 조사가 불필요하다. 따라서 탐색적 조사를 본조사와 대비시켜서 설명하기도 한다. 탐색적 조사와 대비하여 본 조사는 연구자가 조사분야와 조사내용에 대한 지식이 많고, 측정대상이 분명히 규정되어 있고, 자료수집방법 및 절차가 치밀하게 계획되어야 한다.[73)]

때때로 탐색적 연구의 중요성을 과소평가하고 설명적 연구만을 '과학적인 것'으로 간주하는 경향이 있다. 그러나 설명적인 연구결과가 이론적으로나 사회적으로 가치가 있으려면, 설명적 연구에서 다루고 있는 연구문제의 여러 가지 차원에 관한 사전탐색이 충분하게 이루어져야 한다. 사전탐색이 충분히 이루어지지 않은 경우에는 연구결과의 현실적합성(relevance)이 문제가 된다.

탐색적 방법을 활용하기에 적당한 연구문제의 사례는 다음과 같다.

주택전세자금 융자 프로그램의 효과는 무엇인가?

이 연구문제에서 연구자는 주택전세자금 융자 프로그램의 효과에 관심을 가지고 있지만, 그 효과의 차원과 측정기준에 대한 개념적 정의와 조작적 정의를 할 수 있을 정도까지의 사전지식을 가지고 있지 못하다. 따라서 그 연구의 주요목적은 효과의 차원을 구분하고 이에 대한 개념적 정의를 내리고, 각 차원에 대한 조작적 정의를 통하여 후속연구에서 체계적인 자료수집이 이루어질 수 있도록 정보를 수집하는 것이 될 것이다.

(2) 탐색적 조사방법의 특징

탐색적 조사방법 중 대표적인 것으로는 ① 유관분야의 관련문헌 조사, ② 연구문제에 정통한 경험자를 대상으로 한 조사, ③ 통찰력을 얻을 수 있는 소수사례의 분석 등이 있다.[74)]

탐색적 조사방법에서는 사례에 대하여 관찰을 하게 되는 경우에도 다수의 관찰사례가 필요하지는 않다. 심층적인 관찰만 이루어진다면 의도적으로 선택한 소수의 사례로도 충분하다. 그러한 사례는 현장(field setting)에서 집중적·종합적으로 관찰되는데 자료수집방법이 체계화되거나 세련되지 않은 경우가 많다. 수집된 자료는 질적으로 분석되어 관찰된 현상의 특징으로서의 일정

---

73) 김해동, 「조사방법론: 이론과 기법」, 법문사, 1991, p. 81.
74) 자세한 내용은 Selltiz et al., *op. cit.,* pp. 92-101; 김해동, 상게서, pp. 82-85 참조.

한 속성의 존재에 관한 추론을 내릴 수 있는 근거가 된다. 이들은 분류체계의 범주 또는 측정의 척도로 구성될 수 있는 값들로 표현된다. 그러나 관찰된 사례가 대표성이 없기 때문에 모집단 속성의 크기와 분포에 관한 추론은 불가능하다.

2) 기술적 조사연구

기술적 조사연구의 주목적은 현상을 정확하게 기술(description)하는 것이다. 기술적 연구의 목적을 구체적으로 살펴보면 상당히 다양한데, 이에는 현상에 대한 상세하고 정확한 그림 제공, 과거의 자료와 모순되는 새로운 자료 확인, 특정 현상에 관한 일련의 범주 개발 또는 유형 분류, 상황이 진행되는 단계의 순서 확인, 인과적 과정 또는 메커니즘의 정확한 기록, 상황의 배경 또는 맥락의 보고 등을 포함한다. 이러한 기술적 조사연구는 특정 개인, 상황, 집단의 특성에 관하여 정확하게 묘사하는 연구(이러한 특징의 성격에 관하여 구체적인 초기가설이 있는 경우도 있고, 없는 경우도 있다)와 어떤 사건의 발생빈도 또는 사건의 발생빈도와 다른 사건과의 연관정도를 파악하는 연구가 포함된다(보통 구체적인 초기가설과 함께 이루어진다).

기술적 연구에서 가장 중요하게 고려해야 할 사항은 정확성(accuracy)이다. 따라서 오류를 극소화하고 수집된 증거의 신뢰성(reliability)을 극대화할 수 있는 조사설계가 필요하다.[75] 예를 들면, 빈민가구의 소득, 직업, 위생상태, 주거상태, 가족구조 등에 관한 실태조사가 기술적 조사연구에 속한다. 대체로 정책대안 마련을 위한 정책분석적 연구에서는 정확한 실태를 파악하는 것이 전제가 되어야 하므로 기술적 조사연구는 행정학 및 정책학 연구에서 매우 중요한 비중을 차지하고 있다.

기술적 조사에서 연구자는 관찰해야 할 변수가 무엇인지, 독립변수와 종속변수가 무엇인지를 알고 있어야 한다. 또한 수집하여야 할 자료가 어떤 것인지도 정확하게 규정할 수 있어야 한다. 따라서 이 단계에서는 현상에 대한 정확한 양적인 기술이 가능한 조사설계가 필요하다. 양적인 기술에는 현상에서 나타나는 모집단에 관한 주요변수의 크기와 분포, 그리고 변수들간의 관계의 정도와 방향 등이 포함된다. 이러한 것들은 도수분포, 중앙경향값 및 산포도,

75) Selltiz et al., *op. cit.,* p. 90.

그리고 연관도 및 공동변화 등 계량적 형태로 기술된다.[76]

기술적 조사방법을 사용하는 것이 적절한 연구문제에는 다음과 같은 것들이 있다.

> 주택구입자금을 융자받은 세대 중에서 평균수준 이상의 주택에 거주하는 세대는 어느 정도인가?
> 직업훈련이수자 중에서 연령집단 및 교육수준별로 고용비율은 얼마인가?

이러한 유형의 질문에서는 연구자가 그 속성에 관한 계량적 분석을 할 수 있을 만큼 충분한 사전지식을 가지고 있다는 것을 알 수 있다. 예를 들면, 첫 번째의 질문은 연구자가 이미 얼마나 많은 가구가 그리고 어떤 가구가 주택구입자금을 융자받고 있는지를 알고 있다는 점, 그리고 연구자가 평균적인 주택의 개념에 관한 조작적 정의, 그리고 표준 이상과 표준 이하를 구분하는 척도를 이미 개발했다는 점을 암시한다. 이러한 기본적인 정보가 없는 경우에 분석가는 그러한 정보를 획득하기 위한 탐색적 연구에 착수하여야 한다.

3) 설명적 조사연구

설명적 조사연구는 기술적 조사연구 결과의 축적을 토대로 어떠한 사실과 사실과의 관계를 파악하여 인과관계를 규명하거나, 이러한 규명결과를 토대로 미래를 예측하는 조사를 의미한다.[77] 구체적으로 살펴보면 이론의 예측 또는 원칙을 검증하는 연구, 이론의 설명을 정교화하고 풍부하게 하는 연구, 이론을 새로운 이슈와 토픽에 확장하는 연구, 설명 또는 예측을 입증하거나 반박하는 연구, 이슈 또는 토픽을 일반이론과 연계하는 연구, 몇 가지 대립적 설명들 중 최선의 설명을 선택하는 연구 등이 포함된다.

이러한 유형의 연구에서는 연구자가 연구대상에 관한 주요변수들의 크기, 분포, 상호관계를 사전에 알고 있는 경우가 많다. 이 단계에서 수행되는 조사연구의 목적은 이러한 일반적 사실을 설명하는 것, 다시 말하면 어떻게, 그리고 왜 그 사실이 발생하는가를 설명하는 것이다. 이러한 설명이 이루어지기 위해서 연구자는 ① 두 변수가 관련성이 크고(공동변화), ② 한 변수가 다른

---

76) Mayer & Greenwood, *op. cit.,* p. 53.
77) Mayer & Greenwood, *op. cit.,* pp. 55-56.

변수보다 시간적으로 앞서며(시간적 선행성), 그리고 ③ 제3의 변수가 그 관계에 영향을 미치지 않는다는 점을 밝힐 수 있어야 한다.78)

인과적 가설을 검증하기 위한 연구에서는 오류를 줄이고 신뢰성을 증진시킬 수 있을 뿐 아니라 인과성(causality)에 관한 추론을 가능하게 하는 절차가 필요하다. 실험설계가 그러한 요건을 충족시키는 데 적합하지만 인과적 관계에 관한 가설검증을 위한 조사가 모두 실험의 형태를 갖추고 있는 것은 아니다.

설명적인 방법을 사용하는 것이 적합한 연구문제는 다음과 같다.

> 농촌주택개량사업을 통하여 농가주택의 질은 향상되었는가?
> 실업률이 낮을 경우에도 직업훈련프로그램은 실업자의 취업을 증가시켰는가?
> 평균수명이 증가한 것이 의료보험제도의 도입에 기인한 것인가? 아니면 소득수준의 향상 때문인가?

이러한 세 가지 연구문제에서 질문이 독립변수인 정책개입과 종속변수인 정책목표간에 인과적 관계의 가능성에 관하여 제기되었음에 주목할 필요가 있다. 이러한 질문에 답하기 위해서는 기술적 조사방법이 부적합하다는 것을 알 수 있다. 기술적인 조사방법을 사용한 연구에서는 모집단 변수들의 규모, 분포, 상호관계(interrelations)에 관한 결론을 이끌어낼 수는 있지만 상관관계만을 가지고는 이러한 상호관계의 인과적 성격에 관한 결론을 내릴 수가 없다. 그러므로 인과적 관계를 파악하기 위한 연구에서는 설명적 조사방법을 사용하여야만 한다.

이상에서 살펴본 탐색적 조사, 기술적 조사, 설명적 조사의 목적을 <표 2-6>에 요약하여 제시하였다.

---

78) 인과관계추론의 조건에 대한 더욱 상세한 설명은 제6장을 참고할 것.

표 2-6 탐색적, 기술적, 설명적 연구의 목적

탐색적 연구	기술적 연구	설명적 연구
-기초적 사실, 배경 및 관심사에 친숙하여 짐 -앞으로 연구수행을 위한 연구문제의 형성 -새로운 아이디어와 가설의 설정 -연구의 실행가능성 검토 -미래의 자료측정기법 개발 및 소재 파악	-상세하고 정확한 그림 제공 -과거 자료와 모순되는 새로운 자료를 찾음 -범주개발 또는 유형분류 -진행단계의 순서를 밝힘 -인과적 과정 및 메카니즘 기록 -상황의 배경 또는 맥락 보고 -변수간 상관관계의 확인	-이론적 예측 또는 원칙의 검증 -이론의 설명 정교화 -새로운 이슈와 토픽에 이론 확장 -설명 또는 예측을 입증하거나 반박 -이슈 또는 토픽을 일반이론과 연계 -몇 가지 대립적 설명들 중 최선의 설명 선택

복습과제

01 실증주의 사회과학에서 제시하는 이상적인 설명의 구조를 구체적인 사례를 적용하여 제시하시오.

02 연역적 설명(또는 법칙적 설명)과 확률적 설명(통계적 설명)의 유사점과 차이점은?

03 과학적 설명과 예측은 어떠한 점에서 유사한가?

04 이론에 기반을 둔 예측(prediction)과 발생순서에 기반을 둔 미래예측(forecasting)의 차이점은?

05 과학의 목적으로서 통제(control)의 전제는 무엇인가?

06 해석적 관점에서 인간의 행위와 그 맥락을 강조하는 이유는?

07 White가 해석적 절차에서 지켜야 할 기준으로 제시한 네 가지 규준은?

08 해석적 관점의 학자들은 주류 사회과학을 어떠한 이유 때문에 비판하는가?

09 주류 사회과학과 해석적 관점은 조화될 수 있는가?

10 비판이론적 관점에서 제기한 실천(praxis)의 의미는?

11 실증주의적 접근방법, 해석적 접근방법, 비판이론적 접근방법(이하 세 가지 접근방법)에서 각각 사회과학 연구의 목적을 무엇이라고 보는가?

12 세 가지 접근방법에서 사회적 실재(social reality)를 어떻게 정의하는가?

13 세 가지 접근방법에서 인간의 성격을 어떻게 보는가?

14 세 가지 접근방법에서 과학과 상식은 어떻게 다르다고 생각하는가?

15 세 가지 접근방법에서 사회이론을 구성하는 것은 무엇인가?

16 세 가지 접근방법에서 사회이론을 어떻게 검증하는가?

17 세 가지 접근방법에서 가치중립성은 가능하다고 보는가?

18 실증주의에 대한 비판에서 해석적 접근방법과 비판적 접근방법이 동의하는 부분과 견해를 달리하는 부분을 간단하게 제시하시오.

19 여성학적 관점의 특징은?

20 포스트 모던 연구관점의 특징은?

21 양적 방법과 질적 방법의 주요 차이점을 요약하시오.

22 양적 방법과 질적 방법이 공동으로 추구하는 목적은?

23 순수연구, 응용연구, 평가연구의 주요 차이점은?

24 탐색적 연구의 특징을 사례와 함께 제시하시오.

25 기술적 연구와 설명적 연구는 탐색적 연구가 전제가 되어야 하는데 그 이유는?

03 CHAPTER

과학적 연구의 절차와 계획

Research Procedures and Proposal Writing

장머리에

본 장에서는 본서 전반에 걸쳐서 다루고 있는 과학적 조사연구의 절차 또는 단계를 개략적으로 살펴보기로 한다. 과학적 연구의 절차에 대한 이해를 토대로 연구설계(research design) 또는 연구계획서(research proposal)를 작성하게 된다. 경험적 조사연구의 수행과정에 관한 이해를 토대로 작성한 연구계획서는 앞으로 수행될 연구의 질과 성패를 좌우하는 중요한 요인이다. 제1절에서는 과학적 연구에서 따라야 할 일반적인 절차를 알아본다. 제2절에서는 연구의 분석단위 유형과 분석단위 선택에 관련된 오류를 고찰한 다음, 제3절에서는 연구의 시간적 범위를 살펴본다. 제4절에서는 연구과정에서 지켜야 할 윤리적 고려사항을 알아본다. 마지막으로 제5절에서는 연구계획서의 작성방법을 살펴본다.

제1절 과학적 연구의 일반적 절차

경험적 조사연구에서 거쳐야 할 절차는 다양한데 이를 도식적으로 표현한 것이 [그림 3-1]이다. 물론 실제로 연구를 진행할 때, 반드시 [그림 3-1]에 제시된 순서에 따라야 한다거나, 그 과정의 모든 단계를 빠짐없이 거쳐야 한다

그림 3-1 과학적 조사연구의 과정과 본서의 구성

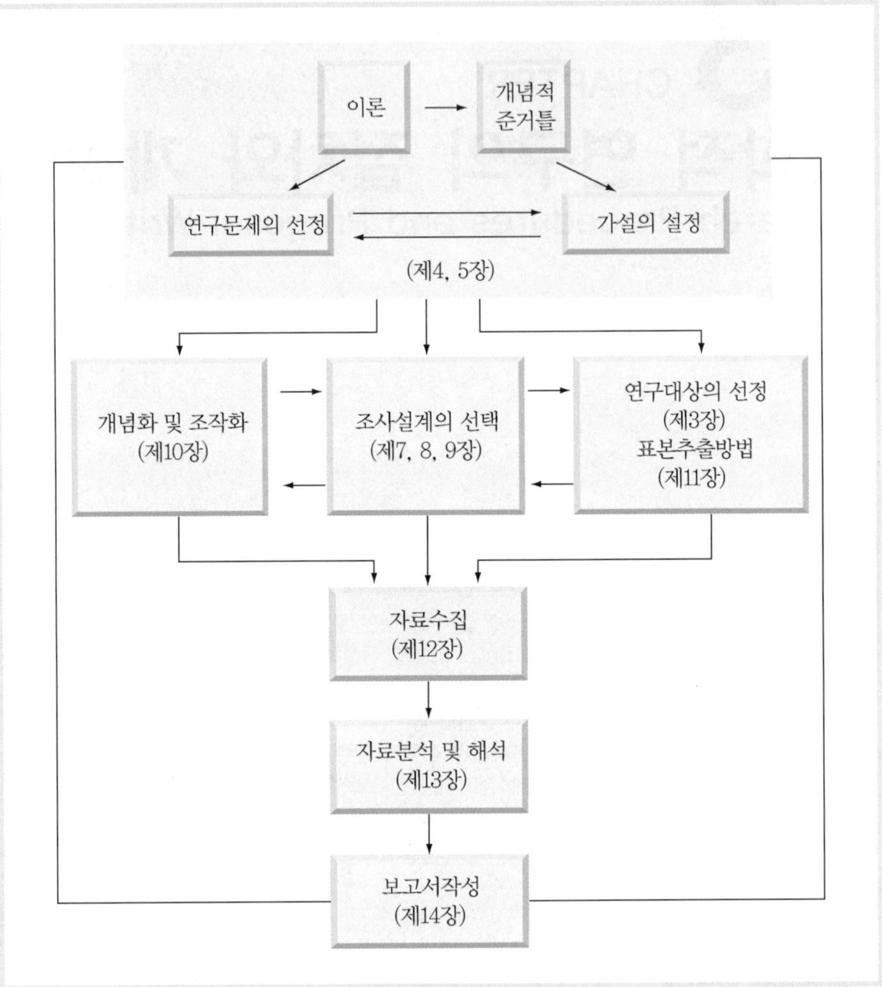

*( ) 안에 표시된 장은 본서의 구성내용을 말함. 본서의 구성에서는 연구문제의 선정, 이론, 개념적 분석틀 및 가설 설정(4, 5장)에 이어서 조사설계의 선택(7, 8, 9장), 개념화 및 조작화(10장), 표본추출방법(11장)의 순서로 기술하였다. 독자들은 이러한 세 부분을 동시에 이해하는 것이 바람직하며, 독자에 따라서는 순서를 달리하여 개념화 및 조작화를 먼저 공부하여도 무방하다. 다음 단계에서는 자료수집(12장), 자료분석 및 해석(13장), 보고서 작성 및 활용(14장)을 다루고 있다.

는 의미는 아니며 연구과정을 하나의 전체(as a whole)로서 살펴보아야 한다는 뜻이다. 과학적 조사연구과정의 각 단계에 대한 구체적인 설명에 앞서 [그림 3-1]로 조사연구의 과정을 전체적으로 살펴보기로 한다.

1. 연구문제의 선정과 개념적 준거틀 구성

연구문제를 선정함으로써 경험적 연구가 시작된다. 연구자는 자신의 연구에서 다루고자 하는 연구주제, 연구목적, 그 연구의 실제적 및 이론적 중요성을 분명하게 부각시켜야 한다. 연구자의 관심, 아이디어, 이론 등 다양한 원천에서 연구문제가 제기될 수 있다. 예를 들면, 연구자는 "어떻게 하면 조직 구성원들의 참여의식을 높일 수 있겠는가?"라는 평소의 관심에서 문제를 제기할 수 있다. 구체적인 아이디어에서 연구를 시작할 수도 있다. 예를 들면, 자신이 근무하는 직장에서 여성보다 남성의 승진이 빠르고, 따라서 행정관행에서 성차별이 있다는 아이디어에서 출발할 수도 있는 것이다. 또한 여러 변수들간의 복잡한 관계를 나타내는 이론에서 아이디어를 얻어 연구를 시작할 수도 있다.

연구의 동기가 무엇이든지 연구자는 연구를 통하여 달성하고자 하는 목적을 분명하게 밝혀야 한다. 경험적 연구의 목적은 접근방법에 따라 크게 달라진다. 실증주의 관점에서 연구의 목적은 관심을 가지고 있는 현상을 과학적으로 기술하고 설명하는 것이다. 한편 해석적 접근방법에 따르면 연구의 목적은 연구대상이 되는 사람들에게 무엇이 의미 있고 적절한 것인지 이해하고 해석하는 것이다. 비판적 관점에서는 사회적 관계의 기초가 되는 원천을 밝히고, 현실을 개선할 수 있는 대안을 적극적으로 제시하고자 한다. 이러한 세 가지 관점 가운데 어떠한 관점에서 연구를 시작하게 될지 그 방향을 설정하여야 한다. 어떠한 관점에 따라 연구를 진행하느냐에 따라 연구절차가 상당히 달라질 수 있다.

실증주의적 접근방법에 따라 연구를 진행할 경우에는 연구문제가 선정되면 이를 구체화하여 연구의 개념적 준거틀을 작성하고, 구체적인 가설을 정립하여야 한다. 연구자는 관련된 이론들에 관한 검토를 토대로 하여 자신의 연구문제에 적합한 개념적 준거틀을 구성한다. 개념적 준거틀이란 연구문제에 포함된 개념 또는 변수를 구성요소로 하고, 이들 구성요소들간의 관계를 연결한 하나의 시스템이다.

가설이란 제기된 문제에 대한 잠정적 해답으로 "문제의 해답은 이러한 것이다"라는 차원에서 내린 잠정적인 결론을 의미한다. 인과관계를 규명하고자 하는 설명적 조사연구에서 가설은 독립변수가 종속변수에 미치는 영향에 관한 잠정적 해답이다. 하나의 개념적 준거틀에는 최소 둘 이상의 변수가 포함되므로, 일반적으로 복수의 가설이 제시된다. 가설은 현실세계에서 수집된 자료를 토대로 검증을 거쳐야 된다. 현상을 정확하게 파악하는 것이 주목적인 기술적 조사연구에서는 변수와 변수 사이의 연관관계를 나타내는 가설이 설정될 수 있으며, 가설없이 진행되는 경우도 있다. 탐색적 조사연구는 구체적인 가설이 없는 가운데 진행되는 것이 보통이다. 제4장에서 연구문제의 선정, 이론, 개념적 준거틀, 그리고 가설정립에 관하여 구체적으로 살펴보기로 한다.

해석적 관점을 토대로 하는 질적 연구방법을 사용할 경우에는 이론과 개념적 준거틀 및 가설이 설정되지 않은 상태에서 연구자료를 수집하는 경우가 많으므로 유의하여야 한다.

연구문제 및 가설이 정립된 다음에는 세 가지 중요한 단계를 거치게 된다. 이들은 연구대상의 선정, 개념화(conceptualization) 및 조작화, 조사설계의 선택이다. 실제 연구에 있어서 이들 세 단계는 사실상 동시에 진행되어야 하는데 논의의 편의상 연구대상의 선정, 조사설계의 선택, 개념화 및 조작화의 순으로 설명하기로 한다.

2. 연구대상의 선정

연구문제가 선정되면 누구를 대상으로 연구를 진행할 것인지 결정하여야 한다. 연구대상의 선정단계에서 유념하여야 할 사항은 연구의 분석단위(unit of analysis)와 시간적 범위(time frame)에 관한 것이다. 분석단위와 시간적 범위를 설정하는 문제는 다음 절에서 별도로 살펴보기로 한다. 연구대상을 구성하는 분석단위와 시간적 범위가 결정되면 연구의 모집단이 규정된다. 모집단은 연구자가 연구의 결과 얻게 될 결론을 일반화시키고자 하는 집단을 말한다.

모집단이 규정된 경우에도 우리가 관심을 가진 모집단의 모든 구성원들에 대하여 조사하는 것이 불가능한 경우가 많다. 따라서 대부분의 경우에 모집단의 일부를 표본으로 추출하여 표본조사를 하게 된다. 표본조사를 위해서는 표본추출의 단위, 표본의 종류, 그리고 그 규모를 밝히고, 가설검증조사의 경우에는 모집단에 대한 가설의 검증방법을 고려하여야 한다. 표본추출에 관해서는 제11장, 가설검증방법에 관해서는 제13장에서 살펴보게 된다.

3. 조사설계의 선택

조사설계(research design)란 연구자가 연구문제에 대한 해답을 얻는 데 필요한 경험적 증거를 수집하기 위해 사용하는 조사연구의 계획을 말한다. 조사설계의 기본목적은 가장 경제적인 방법으로 연구문제에 대한 정확한 답을 얻는 것이다. 조사설계 단계에서는 앞으로 수행할 경험적 조사연구의 전반적 틀, 즉 연구대상과 표본추출방법, 주요변수의 개념화와 조작화, 자료수집 및 분석방법 등에 관한 계획이 수립된다. 조사연구의 설계 및 기획단계는 건축설계와 마찬가지로 연구의 기본 '아이디어'에서 시작하여 그것을 구체적인 연구과정에 적용·실시하는 절차에 이르기까지 연구의 전반적인 윤곽을 보여주는 하나의 지침을 마련하는 과정이다.

조사설계는 연구방법, 즉 양적 연구인지, 아니면 질적 연구인지에 따라 크게 달라진다. 양적 연구는 연구대상의 속성에 숫자(numerals)를 부여하여 자료를 수집하며, 그 자료를 분석하는데 통계분석기법을 사용하는 반면에 질적 연구에서는 자료가 단어(words)의 형태로 수집되며, 자료는 주제와 범주(categories)로 구분되어 분석된다. 그에 따라 조사설계가 상당히 달라지는 것이다.

양적인 연구의 경우에도 탐색, 기술, 설명 등 연구의 주목적이 무엇인가에 따라 조사설계가 달라진다. 설명(explanation)을 주목적으로 하는 연구에서는 반드시 독립변수와 종속변수 사이의 인과관계를 검증하여야 한다. 인과적 가설을 검증하고자 하는 연구의 조사설계에서는 가설에 포함된 변수간의 관계를 정확하게 분석하기 위하여 가설에 포함된 독립변수가 아닌 외재적 변수가 종속변수에 미칠 수 있는 영향을 효과적으로 통제할 수 있어야 한다. 그러므로 이러한 연구에서는 외재적 변수가 미치는 영향을 통제하는 것이 조사설계의 주목적의 하나이다. 외재적 변수의 영향을 통제하지 못하면 조사설계의 타당성 또는 인과적 추론의 타당성이 문제가 된다. 인과적 가설검증을 위한 연구에서 실험집단과 통제집단을 연구자의 의도에 따라 분리할 수 있는 (진)실험설계를 채택할 수 있으면, 외재적 변수의 영향을 대부분 통제할 수 있다. 그러나 사람을 연구대상으로 하는 행정 및 정책현상을 포함한 사회현상에 관한 연구에서 (진)실험설계를 채택하는 것은 현실적으로 불가능하다. 그러므로 진실험설계에 가까운 준실험설계나 통계적 통제를 위주로 하는 비실험설계를 채택하여야 하는 경우가 많다. 이 책 제6장에서는 인과관계의 추론과 관련된 쟁점을 살펴 본 후, 제7장에서는 인과적 관계를 검증하고자 하는 설명적 연구에서 사용하는 조사설계의 구체적 유형을 살펴보겠다.

기술(description)을 주목적으로 하는 연구는 현상을 정확하게 파악하고자 하는 연구이다. 그 시제는 과거·현재·미래이건 문제가 되지 않으므로 현재뿐 아니라 과거 및 미래의 일정시점에서 상황에 관한 정확한 기술을 위한 연구가 모두 포함된다. 기술적 연구의 설계에서 가장 중요하게 고려해야 할 사항은 수집한 자료의 정확성(accuracy)이다. 그러므로 조사설계에서 오류를 극소화하고 수집된 자료의 신뢰성(reliability)을 극대화할 수 있어야 한다. 이 책 제8장에서는 기술적 연구를 위한 조사설계인 횡단적 설계, 내용분석, 빅데이터 분석, 사회연결망 분석, 미래예측설계를 다루고 있다. 한편 제12장 제2절에서 살펴보게 될 서베이 조사방법도 대표적인 기술적 조사설계로 여겨지고 있다.

양적 연구와는 대조적으로 질적 연구에서는 연구자가 연구문제와 관련하여 수집한 단어 등 질적 자료를 활용하여 사건과 현상을 이해하고, 해석하며, 비판적으로 분석하고자 한다. 제9장에서는 널리 알려진 질적 연구의 방법들 가운데, 문화기술적 방법, 근거이론, 사례연구, 행위연구, 현상학적 연구의 조사설계를 살펴보겠다. 이어서 혼합설계방법을 고찰하겠다. 최근 하나의 연구를 수행하는 과정에서 양적 방법과 질적 방법을 혼합하려는 시도가 이루어지고 있으며, 이를 혼합설계방법(mixed methods)이라고 부른다.

4. 개념화 및 조작화

조사설계와 병행하여 연구자가 수행하여야 할 과제는 연구에서 사용되는 주요개념들의 의미를 분명하게 밝히고, 관찰을 통하여 그 개념들을 측정할 수 있도록 조작적으로 정의하는 것이다. 개념은 용어를 통하여 나타내므로 이 단계는 용어의 정의단계라고 부르기도 한다. 개념의 의미를 밝히는 단계를 개념화(conceptualization), 또는 구성요소적 정의(constitutive definition)라고 부르며, 이를 현실세계에 적용하여 측정할 수 있는 변수로 전환하는 작업을 조작화(operationalization), 또는 조작적 정의(operational definition)라고 부른다. 실제로 경험적 자료를 수집하게 되면 연구에 사용되는 측정도구의 타당성과 신뢰성의 문제를 반드시 검토해야 하는데, 이것이 바로 이 단계와 관련된 문제이다.

본서 제10장에서 개념화와 조작화에 관한 문제를 구체적으로 살펴보게 된다.

5. 자료수집

자료수집은 조사설계에 따라 경험적 자료를 수집하는 단계를 말한다. 연구자가 필요한 자료는 성격에 따라서 1차 자료와 2차 자료로 나누어진다. 1차 자료란 연구자가 현재의 연구목적을 위하여 직접 수집한 자료를 말하며 2차 자료는 1차 자료를 제외한 모든 자료를 포함한다. 2차 자료에는 정부기관이나 조사기관에서 발간한 간행물, 기업에서 수집한 자료, 학술지에 발표된 논문 및 다른 조사를 목적으로 수집된 자료로서 연구자의 연구목적에 도움이 될 수 있는 모든 자료가 포함된다.

연구자는 1차 자료를 수집할 것인가, 아니면 2차 자료에 의존할 것인가를 결정해야 한다. 1차 자료를 수집한다면 자료수집방법을 결정하여야 한다. 1차 자료 수집방법에는 질문서법, 면접법, 관찰법 등의 방법이 있다. 수집방법이 결정되면 이에 따라 자료수집이 이루어진다. 수집된 자료는 분석에 앞서 용이하게 분석될 수 있도록 정리되어야 한다. 자료의 정리는 보통 편집, 분류 및 코딩처리 등을 뜻한다.

양적 연구방법과 질적 연구방법에서 자료수집방법은 상당히 다르다. 양적 연구에서는 숫자로 정리될 수 있는 자료를 수집하여야 한다. 그러므로 양적 연구에서는 실험이나 기존통계자료 수집 또는 구조화된 설문지를 적용한 서베이 조사방법이 주된 자료수집방법으로 사용된다. 반면에 질적 연구방법에서는 참여관찰, 심층면접, 생활사 등과 관련된 각종 문서, 시청각 자료(사진, 비디오테이프, 예술품, 컴퓨터 소프트웨어, 필름) 등의 자료수집방법을 주로 사용한다.

본서 제12장에서 여러 가지 자료수집방법과 그 선택기준에 관하여 살펴보게 된다.

6. 자료분석

자료분석 단계에서는 수집된 자료를 분석하고 해석하여 경험적인 자료가 연구문제 및 가설과 부합되는지를 평가한다. 양적 연구의 경우 자료의 분석단계에서는 각종 통계적 기법이 사용되며 어떠한 기법이 사용될 것인가는 연구문제 및 가설, 조사설계에 따라서 미리 결정되는 것이 보통이다. 요즈음에는 경험적 자료의 분석단계에서 컴퓨터 패키지 프로그램을 활용하는 것이 보편화되고 있다. 제13장에서는 기술적 조사자료의 분석방법과 가설검증을 위한 조사자료의 분석방법을 개괄적으로 다루고 있다.

한편 질적 연구에서는 양적 연구와는 상당히 다른 자료분석 절차를 사용한다. 질적 연구에서 자료분석은 일반적으로 세 단계를 거치는데, 첫째, 텍스트나 이미지 등 자료를 준비하고 조직화하고, 둘째, 코딩과정을 통하여 자료를 주제로 분류하거나 코드들을 압축하며, 셋째, 자료를 수치, 도표, 또는 논의의 형태로 표현하는 것이다.[1] 이 책 제9장 질적 연구의 조사설계에서 각 연구방법별로 자료분석에 관한 것도 간략하게 소개하겠다.

7. 자료해석 및 보고서 작성

경험적 연구의 최종단계인 보고서 작성단계는 연구결과를 정리하여 보고서나 학술논문의 형태로 기술하는 단계이다. 연구결과의 정리단계에서 분석결과를 해석(interpretation)하게 된다. 가설검증조사에서는 연구문제에 대한 잠정적인 해답의 진위를 실제의 경험적 근거에 비추어 판단하게 된다. 한편 연구결과는 보고서나 학술지의 양식과 체제에 따라서 문서로 작성되어 발표된다. 제14장에서는 연구보고서의 작성방법과 연구자가 지켜야 할 연구진실성을 다루고 있다.

---

1) John W. Creswell. *Qualitative Inquiry and Research Design: Choosing among Five Approaches,* 2nd ed., Thousands Oaks: Sage, 2007, p. 148.

제2절 연구의 분석단위

연구의 분석단위란 연구자가 그 속성 또는 특징에 관한 자료를 수집하고, 기술·설명하고자 하는 사람이나 사물을 말한다. 예를 들면, 행정학개론을 수강한 학생들의 나이와 성을 조사해 본 결과, 수강생의 53%는 남학생이고 47%는 여학생이며, 그 평균연령은 19.6세라고 하자. 이 때 분석단위는 행정학개론 과목을 수강한 개인이다. 그러나 이 조사에서 궁극적으로 기술하고자 하는 대상은 행정학개론을 수강하는 학급 전체의 특징이 된다. 그러므로 분석단위란 그 단위의 속성을 집계하여 보다 큰 집단을 기술하거나 어떤 추상적인 현상을 설명하기 위하여 자료를 수집하는 단위를 말한다.

분석단위에 관한 의미상 혼란을 극복하기 위해서는 자료수집 및 분석을 위한 단위와 설명을 위한 단위를 구분하는 것이 바람직하다. 실제로 이러한 구분을 위한 노력은 오래 전부터 시도되었다.2)

여기에서는 연구의 분석단위를 자료수집 및 자료분석의 단위를 의미하는 것으로 보고, 설명을 위한 단위인 설명단위와는 구분되는 것으로 보기로 한다. 즉 분석단위는 연구자가 그 속성 또는 특징에 관한 자료를 수집하고 분석하고자 하는 사람이나 사물을 말한다. 설명단위란 자료의 분석단위에 관하여 수집

---

2) Przeworski와 Teune는 '관찰수준(observation level)'과 '분석수준(analysis level)'을 구분하고자 하였다. 그들의 논의에서 관찰수준이란 자료수집의 단위를 의미하며, 분석수준이란 설명이 이루어지는 여러 가지 수준들(예를 들면, 개인, 제도, 국가, 사회 등)이다. 한편 이들과 유사한 맥락에서 Ragin은 '관찰단위'와 '설명단위'를 구분할 것을 주장하고 있다. '관찰단위'는 자료수집과 자료분석에 사용되는 단위를 의미하며, '설명단위'는 발견된 유형을 설명하는 데 사용되는 단위이다. 한편 강신택 교수는 '대상단위'(object unit)와 '주제단위'(subject unit)를 구분한다. 대상단위는 그 행동을 설명하고자 하는 단위이고, 주제단위는 대상단위의 행동을 설명하기 위하여 그 행동을 관찰하는 단위이다. 강신택 교수는 실제로 관찰되는 것은 '주제단위'의 행동이라고 보고 있다. Adam Przeworski & Henry Teune, *The Logic of Comparative Social Inquiry,* NY: Wiley; Charles C. Ragin, *The Comparative Method,* 1987, p. 9; 강신택, 「사회과학연구의 논리」(개정판), 박영사, 1995, pp. 147-150 참조.

된 자료의 분석에서 발견된 일정한 유형을 적용하여 설명이 이루어지는 단위를 말한다.

따라서 이러한 분석단위는 다음에 설명하게 될 연구 모집단(population)의 규정 및 표본추출과 관련시켜서 이해하여야 한다. 행정 및 정책조사연구에서의 분석단위로는 개인, 집단, 프로그램, 조직 또는 제도, 대단위 지역사회(지방정부, 국가 포함), 사회적 생성물(social artifacts) 등이 있다.[3] 그러므로 특정연구의 분석단위는 연구문제의 성격에 따라 적절한 것을 선택하여야 한다.

1. 분석단위의 분류

1) 개 인

사회과학 조사연구에서 가장 전형적인 분석단위는 개인이다. 개개인의 특성에 관한 자료를 집계(aggregation)하여 사회집단과 사회적 상호작용을 기술하고 설명할 때 분석단위는 개인인 것이다. 사회과학 조사연구에서는 연구결과의 일반화 범위가 넓을수록 가치있는 것으로 간주된다는 점에서 모든 유형의 사람을 포괄할 수 있는 분석단위를 선택하는 것이 바람직하다. 그러나 실제 연구에서는 분식단위에 포함되는 개인의 범위가 제약되는 경우가 많다. 예를 들면, 일반적으로 분석단위가 어떤 나라의 국민에 한정되는 경우가 많고, 더 나아가서 학생, 지역주민, 노동자, 공무원, 투표자, 부모, 교수진 등으로 좁게 한정되기도 한다.

2) 집 단

사회집단도 연구의 분석단위가 될 수 있다. 예를 들면, 가족은 분석단위로 사용되는 집단의 전형적인 사례이다. 가정의 연수입, 자동차나 비디오 보유여부 등을 조사할 수 있다. 이러한 조사를 토대로 가정의 평균수입, 자동차 및 비디오 보유율을 계산할 수 있다. 그런데 집단을 분석단위로 할 경우에는 집단내의 개인을 분석단위로 하는 것과 다르다는 점을 이해하여야 한다. 예를

---

3) Therese, L. Baker, *Doing Social Research,* McGraw-Hill, 1988, pp. 97-100; Allen Rubin & Earl Babbie, *Research Methods for Social Work,* Belmont, CA: Wadsworth, 1989, pp. 88-93.

들면, 만약 개인으로서 깡패들의 특성을 파악하기 위하여 범죄집단의 구성원을 조사할 경우에는 개인이 분석단위가 되어야 한다. 그러나 범죄집단 자체의 특성에 관심이 있다면, 즉 큰 범죄집단과 작은 범죄집단, 상가지역의 범죄집단과 주거지역의 범죄집단 등의 차이점을 알기 위하여 범죄집단을 연구한다면 분석단위는 사회적 집단으로서의 범죄집단이 될 것이다.

3) 프로그램

정책평가연구에서는 프로그램이 분석단위가 되는 경우가 많다. 이 경우에도 프로그램의 수혜자인 개인이 분석단위가 되는 경우와 프로그램 자체가 분석단위가 되는 경우를 분명하게 구분하여야 할 것이다.

4) 조직 또는 제도

공식조직 또는 제도가 분석단위가 되는 경우가 있다. 예를 들면, 회사, 학교 등이 연구의 분석단위가 된다. 여기에서도 자원, 재정, 조직구조 등 조직 또는 제도 자체의 특성에 관한 자료가 분석되는지, 아니면 이들을 구성하는 개인에 관한 자료가 집계되어 분석되는지에 따라서 분석단위가 구분되어야 한다.

5) 지역사회, 지방정부, 국가

행정학 및 정책학의 연구에서는 개인으로서의 공무원을 분석단위로 연구하는 것과는 별도로 지방정부나 국가 등을 분석단위로 선정하는 경우가 있다. 공공정책의 결정요인을 분석한 연구가 많이 발표되고 있는데[4] 이들 연구에서의 분석단위는 지방정부나 국가 등이다.

6) 사회적 생성물

사회과학 연구에서 활용되는 분석단위에는 개인 또는 집합체로서 인간이 아닌 사회적 생성물(social artifacts)인 경우도 많다. 사회적 생성물에는 서적, 시, 그림, 노래, 자동차, 주택 등 문화항목이라고 불리는 여러 형태의 사회

---

4) 노화준 · 남궁근 공편, 「공공정책의 결정요인 분석」, 법문사, 1993에 수록된 논문을 참고할 것.

그림 3-2 분석단위 예시

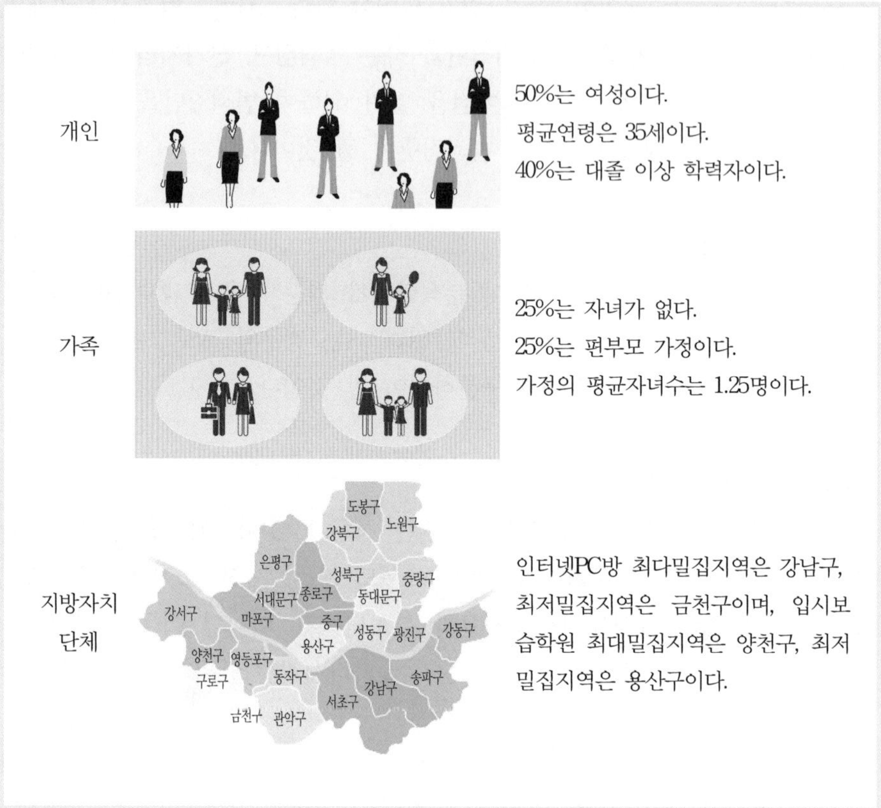

적 대상이 포함된다.[5] 내용분석에서는 이러한 사회적 생성물이 분석단위로 사용된다.

이러한 문화항목과는 다른 종류의 사회적 생성물로서 사회과학적 조사연구의 분석단위로 사용되는 것이 사회적 상호작용(social interactions)이다.[6] 예를 들어, 결혼을 생각해 보자. 결혼에는 종교가 같은 사람끼리 결혼하는 경우와 다른 사람끼리 결혼하는 경우가 있다. 또한 예식장에서 세속적 의식으로 치러지는 결혼과 교회, 성당, 사찰 등에서 종교적 의식으로 치러지는 결혼이 구분된다. 이 밖에도 이혼으로 결말이 나는 결혼과 그렇지 않은 결혼을 구분

---

5) Babbie, *The Practice of Social Research,* 12th ed., 2009, pp. 76-77.
6) Rubin & Babbie, *op. cit.,* p. 91.

할 수 있다. 결혼의 특성은 결혼당사자 중의 하나 또는 양자를 통하여 살펴볼 수도 있다. 어떤 연구자가 서로 다른 종교를 가진 배우자끼리의 결혼은 같은 종교를 가진 배우자간의 결혼에 비하여 세속적인 의식으로 거행되는 경향이 크다는 점을 관찰하여 발표하였다고 하자. 이 경우 분석단위는 무엇인가? 이 경우 분석단위는 결혼의 당사자(개인)가 아니라 결혼이라는 사회적 상호작용인 것이다.

사회과학적 연구에서 분석단위로 사용되는 사회적 상호작용의 다른 사례로는 교우선택(friendship choice), 소송사례, 교통사고, 국회 청문회 등 여러 가지가 있을 수 있다.

7) 분석단위의 선택

경험적 연구에서 가장 많이 사용되는 분석단위는 개인이다. 그러나 다른 유형의 분석단위를 사용하여 연구하는 것이 보다 적절한 경우도 있다. 경험적인 연구문헌을 검토하는 경우에는 그 연구에 사용된 분석단위를 정확하게 파악하여야 내용을 이해할 수 있다. 새로운 연구를 수행하고자 하는 경우에는 연구문제에 비추어 적절한 분석단위를 선택하여야 한다. 분석단위를 잘못 선정하면 연구가 전혀 엉뚱한 방향으로 진행될 수도 있다. 예를 들어, 결혼과 결혼당사자, 범죄와 범죄자, 행정기관과 행정기관 대표자는 서로 다른 분석단위인 것이다. 이러한 점에 유의하지 않으면 분석단위를 잘못 선정하는 경우도 있다. 분석단위 선택에서 오류를 피하는 한 가지 방법은 기존의 연구문헌을 검토하면서 사용된 분석단위가 무엇인지를 파악하고 그 적정성 여부를 따져보는 개념적 훈련을 반복하는 것이다.

2. 분석단위 선정과 해석의 오류

분석단위를 잘못 선택할 경우에는 연구를 수행하는 과정에서 많은 곤란을 겪을 뿐 아니라 연구결과를 해석하는 데 있어서도 논리적인 오류를 범할 수 있다. 그 대표적인 보기가 생태적 오류(ecological fallacy)와 환원주의(reductionism)이다.

1) 생태적 오류

생태적 오류란 어떤 분석단위(주로 집단을 포함한 집합적 단위)를 채택하여 연구한 결과 얻은 결론을 다른 수준의 분석단위(주로 개인 등 하위단위)에 적용시키는 오류를 말한다 William Robinson은 생태적 오류의 결과를 다음과 같이 적절하게 지적하고 있다.[7)]

> Robinson은 문자해득률과 출생지 사이의 관계에 초점을 맞추어 1930년대 미국의 여러 지역을 비교하였다. 그는 해외출생자의 거주비율이 높은 지역이 낮은 지역에 비하여 문자해득률이 높다는 사실을 발견하였다. 그러나 그가 후속연구에서 거주지역을 고려하지 않고 개인적인 수준에서 같은 관계를 분석했을 때에 정반대의 결과가 나타났다. 즉, 미국내 출생자의 문자해득률이 해외출생자의 문자해득률보다 높았던 것이다.

이같이 정반대의 결과가 어떻게 발생하게 되었는가? 그 이유는 미국에는 공공교육의 질이 지역에 따라 현격하게 차이가 있는데 이민자들이 주로 교육의 질이 높은 지역으로 이주하는 경향이 컸기 때문에 지역사회수준에서는 그러한 연구결과가 나타났던 것이다. 이같은 생태적 오류의 예는 분석단위가 집합적인 경우에 범하기 쉽다. 다른 예를 들어보자. 강남의 A라는 고등학교에는 강북의 B라는 고등학교보다 부모의 사회·경제적 지위가 높은 학생이 많다고 하자. 그런데 A학교에서 학교공부에 적응하지 못하는 학생의 비율이 B학교보다 높은 경우에, 부모의 사회·경제적 지위가 높을수록 그 자녀가 학교에 적응하기 어렵다는 결론을 내릴 수 있을까? 학교, 가족, 개인이라는 분석의 단위와 그들의 행위의 특성을 잘 가려서 해석해야 한다. 이 경우에 A학교에서는 경쟁이 치열하기 때문에 B학교보다 적응하지 못하는 학생의 비율이 높았고, A학교에서 학부모의 사회·경제적 지위가 낮을수록 부적응하는 학생이 많았다면, 앞의 해석은 생태적 오류를 범한 것이 된다.

2) 환원주의적 오류

환원주의적 오류(reductionism)는 두 가지 의미를 가지고 있는데, 첫번째

---

7) William S. Robinson, Ecological Correlations and the Behavior of Individuals, *American Sociological Reveiw,* 15, 1950, pp. 351-357; Nachmias & Nachmias, *Research Methods in the Social Sciences*, 6th ed., 1999, p. 57에서 재인용.

는 분석단위의 선정 및 해석과 관련된 오류이며, 두 번째의 오류는 변수선정과 관련된 오류이다.

첫 번째 의미의 환원주의적 오류는 개인을 분석단위로 한 연구결과를 토대로 집단, 사회, 또는 국가의 특성을 추론할 때에 발생한다. 이러한 의미의 환원주의적 오류는 생태적 오류와 반대되는 현상으로 이를 개체주의적 오류(individualistic fallacy)라고 부르기도 한다. 예를 들면, 민주주의적 가치에 동의하는 사람(분석단위가 개인)의 비율을 정치체제의 민주화의 정도를 나타내는 지표로 사용할 때 환원주의적 오류를 범하게 된다. 어떤 정치체제가 고도로 권위적일 경우에도 그 구성원들의 대다수가 민주적인 가치를 보유할 수 있다. 더 나아가서 '민주적'이라는 용어의 개념이 두 분석단위에서 다른 뜻을 가지고 있는 것이다. 개인적인 수준에서 이 용어는 가치나 태도에 관한 것이고, 정치체제 수준에서 이 용어는 구조와 행태에 관한 것이다. 그러므로 정치체제의 구조와 행태를 그 구성원에 관한 지식을 토대로 설명하거나 예측할 수는 없다. 즉 이 오류는 개체수준의 연구결과를 집단수준의 연구결과로 환원시킬 때에 발생하는 오류를 말한다.[8)]

두 번째 의미인 변수선정과 관련된 환원주의적 오류는 넓은 범위의 인간의 사회적 행위를 이해하는 데 필요한 변수 또는 개념의 종류를 지나치게 한정시키거나 한 가지로 환원시키려는 경향을 말한다. 예를 들면, 경제학자들이 모든 사회현상을 경제적 변수만을 가지고 설명할 수 있다고 보거나, 심리학자들이 심리적 요인으로 한정하여 설명하려 하기 때문에 발생할 수 있는 단원적 인과론의 오류가 이에 해당한다. 복잡한 요인들의 작용으로 일어나는 사회현상을 설명하는 데 있어서 이러한 환원주의적 오류에 빠지지 않기 위해서는 종합학문적인 연구팀을 구성하는 등의 조치가 필요하다.

[그림 3-3]에 생태적 오류와 환원주의적 오류를 그림 형태로 나타내었다.

---

8) 이와는 반대의 견해가 방법론적 개체주의의 입장이다. 이러한 입장에서는 개인 또는 개체수준(individual level)의 이론으로부터 점차 집단수준의 이론을 구성해 나갈 수 있고, 그러므로 개체수준의 이론이 인간의 모든 개인적 및 사회적 행동뿐만 아니라, 인간집단과 사회현상을 설명하고 예측할 수 있다는 입장이다. 좀 더 상세한 논의는 강신택, 전게서, pp. 216-219 참조.

그림 3-3 생태적 오류와 환원주의적 오류

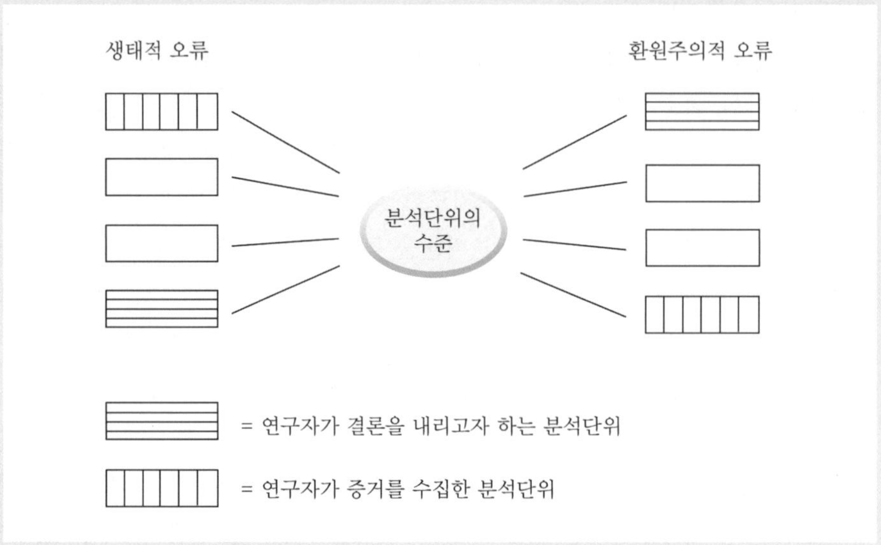

출처: Neuman, *Social Research Methods*, 4th ed., p. 140, Figure 6-4.

제3절 연구의 시간적 범위

연구자는 분석단위의 선택과 더불어 연구의 시간적 범위(time frame)를 설정하여야 한다.[9] 즉 일정시점에서의 분석단위의 특징을 파악할 것인가, 또는 두 번 이상의 시점에서 분석단위에 대한 자료를 수집할 것인가를 결정하여야 한다. 연구는 이러한 시간적 범위에 따라서 횡단적 연구(cross-sectional study)와 종단적 연구(longitudinal study)로 구분된다.

9) 경험적 조사연구를 수행하는 데 있어서 시간은 여러 가지로 중요한 역할을 수행한다. 즉 조사연구를 수행하는 데 소요되는 시간, 인과적 연구일 경우에는 인과관계의 추론에서 시간적 선후관계의 문제 등이 그것이다.

1. 횡단적 연구

횡단적 연구란 일정시점에서 다수의 분석단위에 대한 자료를 수집하는 연구를 의미한다. 즉 일정 시점에서 관찰이 이루어지는데 마치 X선 촬영을 통하여 특정 시점에서의 건강상태를 진단하는 것과 같다. 촬영결과 얻은 자료를 통하여 미래 시점에서 나타날지도 모르는 상황을 예측하는 데 도움이 되는 신호를 찾아낼 수 있다. 횡단적 연구는 보통 탐색과 기술을 목표로 하는 연구에 활용된다. 이에 대한 좀 더 구체적인 내용을 제8장 제2절에서 살펴보게 된다. 그러나 경우에 따라서는 현재 상황과 그 배경정보 및 회고적 자료, 또는 현재 상황과 미래에 대한 기대를 연결시킬 수 있으므로 설명을 목적으로 하는 연구에도 활용될 수 있다(제7장 통계적 통제 참조).

2. 종단적 연구

종단적 연구(longitudinal study)란 둘 이상의 시점에서 다수의 분석단위를 연구하는 것이다. 여기에서는 적어도 다음과 같은 세 가지의 변형이 있다. 한편 사례연구는 다수의 분석단위가 아니라 소수의 분석단위를 심층적으로 연구하며 그 과정에서 두 번 이상의 시점에서 관찰이 이루어질 수 있으나, 종단적 연구방법에는 포함시키지 않는 것이 일반적이다.

1) 경향연구 또는 시계열연구

경향연구(trend study) 또는 시계열 연구(time-series study)란 복수의 연구대상을 둘 이상의 시점에서 관찰한 다음 그 결과를 비교하는 연구를 말한다. 올해의 의약품 사용실태에 관한 전국적 조사결과를 5년 또는 10년 전의 조사결과와 비교할 수 있다. 인구센서스, 물가동향조사 등 이러한 예는 상당히 많다. 대학에서 매년 신입생을 대상으로 장래의 진로희망에 대한 조사를 실시한다고 하자. 과거 20년간의 신입생 진로희망 조사결과를 비교검토하면 사회에서 선호하는 직업의 변화경향을 파악할 수 있을 것이다. 여기에서 지적하여야 할 것은 올해 실시한 조사의 대상과 5년 또는 10년 전에 실시한 조사대상은 모집단과 표본이 다르다는 점이다. 그럼에도 불구하고 둘 이상의 시점에서 수집된 자료는 변화경향에 대한 강력한 증거가 될 수 있다.

2) 동시경험집단 또는 코호트 연구

동시경험집단 또는 코호트(cohort)란 1980년 출생자, 학교 동기생 등 특정 경험을 같이하는 집단을 말한다. 일반적으로 그러한 집단을 세대(generation)라 부르기도 한다. 우리나라에서 1945년 출생자를 해방둥이라고 부른다. 한편 4·19세대, 6·3세대, 민청학련세대, 386세대 등 수많은 세대들이 있다. 해방둥이가 특정연도에 출생한 사람들을 지칭하는 데 반하여, 4·19세대, 민청학련세대, 386세대 등은 특정의 경험을 공유한 집단을 말하는 것이다.[10] 동기생 또는 동시경험집단(cohort) 연구는 이러한 집단이 갖는 특성에 대하여 두 번 이상의 다른 시기에 조사한 내용을 비교 연구하는 접근방법이다. 예를 들어, 4·19세대의 생활 또는 의식의 변화를 10년 단위로 연구했다고 하자. 이 경우 1960년대에는 연령으로 볼 때 20대가 조사대상이며, 1970년대는 30대, 1980년대는 40대, 1990년대에는 50대이며, 오늘날에는 80대가 그 조사대상이 될 것이다. 이같이 동기생 또는 동시경험집단 연구에서는 시간이 지남에 따라 조사대상 집단의 연령이 날라지며, 동일연령 집단의 변화를 살펴 볼 수 있는 조사방법이다.

3) 패널연구

패널연구(panel study) 또는 동일집단 반복연구는 경향연구나 동시경험집단의 연구와 유사하지만 그 중에서도 한번 조사된 사람들을 여러 차례 조사하는 특수 반복연구라는 점에서 다르다. 변화를 측정할 수 있는 가장 좋은 방법은 동일한 사람을 두 번 이상 조사하는 것이다. 일정 시점에서 조사한 표본에 대하여 다른 시점에서 이전 시점의 조사에서와 동일한 질문을 했다고 하자. 두 시점에서의 응답을 비교하면 연구대상의 특성 또는 태도가 얼마나 변화했는지, 아니면 지속되고 있는지 알 수 있다. 이 경우 그러한 변화 또는 지속의

---

10) 4·19세대는 1960년 4·19 혁명에 참여했던 세대를 말한다. 한편 민청학련세대는 1970년대 중반 유신체제에 항거했던 세대이다. 한편 386세대는 1990년대에 30대 연령층, 80년대 대학입학, 60년대 출생자들을 의미하는 용어로 사용되었다. 이제 그들의 나이는 60대가 되었으나 여전히 386세대로 불린다.

패턴을 연구대상의 다른 속성과 연결시켜서 파악할 수 있다.

패널연구가 다른 유형의 연구와 비교하여 갖는 장점은 다음과 같다.

첫째, 시간의 흐름에 따라 연구대상의 특성이 왜, 어떻게 변화했는지 학술적으로 파악할 수 있다. 예를 들면, 패널자료는 연구대상인 개인에 관한 과거의 인구학적 배경, 교육·문화적 배경, 건강, 기대심리, 경제적 배경 등에 관한 정보와 현재의 상태 및 태도에 관한 정보를 종합적으로 제공하므로, 비교적 정확한 인과적 분석이 가능하다.

둘째, 패널자료는 정책분석 및 평가에 유용한 정보로 활용할 수 있다. 패널자료는 정적(static)인 성격의 횡단적 자료의 단점을 보완하면서 개인, 가구, 기업체 등 분석단위의 장기간에 걸친 동적인 차원의 변화와 상태간 이동과정을 보여줌으로써 횡단적 자료만 가지고는 불가능한 심도 있는 정책연구 및 정책평가를 가능하게 한다. 예를 들어, 학교를 졸업한 청소년들의 노동시장 진입 및 이동과정이나 실업자들의 재취업과정 및 장기실업의 다이나믹스, 실업급여의 재취업효과, 개인의 의식구조와 노사관계의 변화, 육아장려금과 주부의 경제활동변화 등과 같은 연구들은 패널자료의 분석을 통하여서만 가능한 노동시장에 관련된 정책연구과제들이다.

한편 패널연구는 몇 가지 단점도 피할 수 없다. 첫째, 수천명이 넘는 비교적 대규모의 연구대상을 회차(wave)를 달리하여 여러 차례 추적조사하려면 엄청난 시간과 비용이 소요된다. 그러므로 개인연구자들이 패널조사를 실시하는 경우는 거의 없으며 일반적으로 정부 또는 연구기관들이 조사를 주관한다.

둘째, 패널표본의 탈락(panel attrition)이 불가피하므로 표본의 대표성이 문제될 수 있다. 표본의 탈락이란 첫번째 회차의 서베이 대상이 다양한 이유로 다음 회차에는 참여하지 못하는 것을 말한다. 일부 응답자는 다른 지역으로 이주할 수 있고, 사망할 수도 있으며, 조사에 관심이 없어 응답을 거부할 수도 있다. 패널상실의 위험성은 중도탈락한 패널 때문에 표본의 대표성이 유지될 수 없게 되면, 조사결과가 왜곡될 수 있다는 것이다. 이는 제6장에서 인과적 추론의 내적타당성의 위협요인의 하나로 살펴 볼 상실요인(mortality)과 유사하다. 패널연구에서 불가피한 패널탈락의 문제를 해결하기 위하여 순환패널 서베이(rotating panel survey)로 보완할 수 있다. 순환패널 서베이에서는 표본구성요소의 패널조사기간에 제한을 두고, 일정기간 경과후에는 새로운 구

Box 3-1 연구의 시간차원과 연령집단 비교[11]

횡단적 연구와 종단적 연구를 예를 들어, 비교하기로 하자.

첫째, 횡단적 연구의 예를 들면, 2000년도 시점에서 한국사람 가운데 표본을 선정하여 상이한 연령집단을 비교하는 것이다.

둘째, 경향연구의 사례는 동일한 조사도구를 활용하여 2010년에 표본을 새롭게 선정하여 조사한 다음, 그 자료를 2000년 자료와 비교하는 것이다.

셋째, 코호트 연구는 2010년에 51세에서 60세인 사람을 2000년에 41세에서 50세인 표본(41-50 연령 코호트)과 비교하는 것이다. 2000년 51-60 연령집단과 2010년 61-70 연령집단을 비교할 수도 있다.

넷째, 패널연구는 2000년 연구에서 선정된 표본을 대상으로 2010년에도 동일한 조사도구를 사용하여 다시 조사하는 것이다. 그러므로 2010년에는 표본수가 상당히 줄어들게 될 것이다. 2000년 31-40세인 사람들이 2010년에는 41-50세가 되므로, 2010년 조사에서는 31-40세인 연령집단이 포함되지 않는다. 한편 2000년에 표본으로 선정된 사람들 가운데 일부가 2010년에는 생존하지 않을 수도 있다.

횡단적 연구

2000
↕ 31-40
↕ 41-50
↕ 51-60
↕ 61-70
↕ 71-80

코호트 연구

2000		2010
31-40	↖	31-40
41-50	↖↘	41-50
51-60	↖↘	51-60
61-70	↖↘	61-70
71-80	↘	71-80

경향 연구

2000		2010
31-40	↔	31-40
41-50	↔	41-50
51-60	↔	51-60
61-70	↔	61-70
71-80	↔	71-80

패널 연구

2000		2010
31-40*	↖	31-40
41-50*	↖↘	41-50*
51-60*	↖↘	51-60*
61-70*	↖↘	61-70*
71-80*	↖↘	71-80*
	↘	+81*

↔ 비교가 이루어진다는 의미

* 동일한 개인을 의미

출처: Earl Babbie, *The Practice of Social Research*, 9th ed., 2001, p. 105에서 재구성.

11) Rubin & Babbie, *op. cit.*, p. 130을 바탕으로 수정한 것임.

성요소로 교체한다.

셋째, 패널조사가 여러 차례 계속되면 응답자가 초기 단계에서 응답한 내용이 추후 조사에 영향을 미칠 수 있다는 것이다. 예를 들면, 처음 조사에서 유행하던 폭력영화의 영향을 받아 폭력집단에 대한 매우 호의적인 응답을 했던 패널구성원이 이후 태도가 바뀌었음에도 불구하고 차후 회차의 조사에서도 이전 응답과의 일관성을 유지하려고 계속 호의적인 응답을 할 수도 있다. 이는 제7장에서 살펴볼 내적타당성의 위협요인의 하나인 검사요인(testing)과 유사하다.

선진국에서는 정책연구의 필요성을 충족시키고 기초연구의 활성화를 위해 우리보다 앞서 패널조사를 시작하여 오랜 기간 성공적으로 수행해 오고 있다. 우리나라에서도 최근 민간연구기관이나 국책연구기관에서 상당한 비용을 투입하여 패널자료를 수집하여 연구자에게 제공하고 있다.

3. 분석단위가 지방정부나 국가인 경우

분석단위가 지방정부나 국가와 같이 집합적 수준인 경우에도 횡단적 연구와 종단적 연구의 구분이 적용된다. 시계열연구는 한 사례(즉 지방정부나 국가)에 대하여 여러 해 동안의 시계열자료를 분석한다. 횡단적 연구는 지역간, 국가간, 문화간 비교연구라고 부르기도 하며 일정시점에서 여러 지역, 국가 또는 문화권의 자료를 비교분석한다. 한편 여러 지역, 국가 또는 문화권에 대한 자료를 여러 시점에서 수집하여 분석하는 연구를 통합시계열설계(pooled cross-section and time-series)라고 부르는데 이는 일종의 패널연구라고 볼 수 있다.[12]

횡단적 분석은 동일시점에서 공간적으로 상이한 집단에서 나타나는 변이를 포착하여, 그 원인을 설명하려고 시도한다. 미국의 경우에 완전한 지방자치가 실시되어 주정부나 지방정부가 자율적으로 정책을 결정하고 집행할 수 있어서 지방정부마다 정책산출의 수준이 다르고, 또한 각 지방정부마다 정치체제의 성격이나 사회·경제적 환경이 다르다는 점이 공공정책의 결정요인에 관한 횡

12) 좀 더 자세한 내용은 남궁근, 공공정책결정요인 분석에서의 방법론상의 쟁점, pp. 52-54; 노화준·남궁근 공편, 전게서 참조.

단적 분석을 촉진시키는 요인으로 작용해 왔다.[13] 우리나라에서도 지방자치가 부활된 후 일정한 시간이 흐른다면 지방자치단체를 분석단위로 다양한 정책분야에서 의미있는 결정요인 분석이 이루어질 수 있을 것으로 기대된다. 그런데 횡단적 설계는 일정시점의 자료만을 분석대상으로 하기 때문에 시간의 흐름에 따른 변화추이를 파악하기가 어렵다는 약점을 가지고 있다.

시계열설계 또는 종단적인 설계는 시간의 흐름에 따른 동태적인 변화과정을 연구할 수 있다는 장점을 가진다. 물론 동태적인 변화과정을 파악하기 위해서는 시차변수를 도입하고 자기상관오차를 적절히 통제할 수 있는 정교한 통계적 기법을 활용하는 것이 바람직하다. 한편 다중회귀분석을 포함한 다변량 통계분석을 사용하기 위해서는 최소한 30개의 표본이 필요한데, 시계열설계를 채택하는 경우 이같은 표본수를 확보하는 것이 종종 문제가 되기도 한다. 그리고 동태적 분석에 필수적인 시차변수(lagged variables)를 포함시키는 경우에 그만큼 표본수를 상실하게 된다. 한편 종단적 연구의 단점으로는 기본적으로 하나의 분석단위인 '국가 또는 지방정부'에 대한 사례연구의 성격을 지니고 있기 때문에 연구결과의 일반화가 어렵다는 점이 있다.

통합시계열설계는 시계열자료와 횡단적 자료를 결합시킴으로써 양 모형이 갖는 장점을 취할 수 있다. 한편 횡단적 설계나 시계열설계로는 충분한 표본을 확보하기 어려운 경우에 이를 해결하는 방법으로 활용되기도 한다. 통합시계열설계의 장점을 살리기 위해서는 통합시계열자료의 분석에서 나타날 수 있는 오차항의 이분산성(hetero-scedasticity), 교차상관(cross-sectional correlaion), 자기상관(auto-correlation) 등의 문제를 방법론적으로 해결할 수 있어야 한다. 또한 시계열설계와 같은 동태적인 분석방법의 이점을 살리기 위해서는 시차변수의 도입이나 패널회귀모형의 사용 등과 같은 적극적인 방법을 사용하여야 한다. 공공정책의 결정요인 연구와 같이 분석단위가 지방정부 또는 국가인 경우에는 여러 가지 이유에서 통합시계열설계의 중요성이 커지고 있다.

---

13) 유훈, 「정책학원론」(증보판), 법문사, 1992, pp. 112-118.

제 4 절 연구과정에서 윤리적 고려사항

1. 연구윤리의 중요성

일반적으로 윤리는 주어진 환경에서 이루어지는 행위의 옳고 그름을 구분해 주는 기준이나 원칙과 관련된다. 연구윤리는 연구자가 연구계획서의 작성단계에서 시작하여 연구과정을 거쳐, 연구보고서의 작성 및 출판에 이르기까지 연구의 전 과정에서 지켜야 할 원칙과 기준을 말한다.

우리 사회에서는 학문공동체 내부가 아니라 외부, 즉 언론을 통하여 연구윤리 문제가 제기되었다. 연구윤리 문제는 소위 '줄기세포 논문 조작사건' 등 연구부정행위에 관한 사건들, 그리고 학계 출신 고위공직자에 대한 인사검증 과정에서 논문 표절 또는 이중게재 등의 논란을 계기로 정책의제로 대두되었다.

이를 계기로 학계에서는 지금까지의 바람직하지 못한 연구윤리 관행을 반성하고 연구윤리를 글로벌 표준(global standard)에 맞게 강화하여야 한다는 공감대가 형성되면서, 연구자의 연구윤리 의식의 제고와 함께 연구윤리 기준 설정을 위한 학문공동체의 자율적인 노력도 활발하게 전개되고 있다.[14)]

연구자가 연구과정에서 지켜야 할 윤리적 책임은 두 가지 범주, 즉 (1) 연구대상인 사람과 동물의 복지와 존엄성을 지켜야 할 책임, (2) 연구과정과 연구결과를 정확하고 정직하게 보고하여야 할 책임으로 구분된다.[15)]

첫 번째 범주인 피험자로 연구에 참여하는 사람 또는 동물의 권리・복지・안전을 지켜야 하는 윤리적 책임의 과제는 오랜 기간 시행착오를 거쳐 정착단계에 이르고 있다. 인간연구대상의 보호(human subject protection)의 중요성은 2차 대전 당시 전쟁포로를 대상으로 하는 생체실험, 고문 등 끔찍한 사

14) 이인재, 자기표절의 쟁점, 「윤리연구」, 73, 2009, p. 2.

15) Gravetter & Forzano, *Research Methods for the Behavioral Sciences,* 5th ed., 2016, pp. 102-127; Frankfort-Nachmias, Nachmias & DeWaard, *Research Methods in the Social Sciences,* 8th ed., 2015, pp. 63-76.

건들이 밝혀지고, 미국 남부 터스키지(Tuskegee) 지역에서 1932년부터 무려 40년간 가난한 흑인을 대상으로 매독 생체 실험을 진행한 사실이 폭로되면서 중시되기 시작하였다.[16] 미국, 독일, 영국 등 대부분의 선진국에서 인간을 대상으로 하는 모든 연구에서 연구에 참여하는 피험자의 권리·안전·복지가 보호되어야 한다는 점을 명문화하였다. 미국은 '국가 연구에 관한 법률'(National Research Act of 1974)[17] 제정을 통해 생의학 및 심리학 관련 분야에서 임상실험연구 또는 배아복제연구 등 사람을 직접 연구대상으로 연구를 진행할 경우에는 기관연구윤리심의위원회(Institutional Review Board, IRB)의 사전심의를 받도록 규정하였다. 한편 인문사회과학분야에서도 연구자 공동체 사이에서 자율적인 피험자 보호 움직임이 활성화되고 있다. 즉, 연구대상자의 인권 보호, 연구대상자의 동의 확보, 연구대상자의 프라이버시 보호, 정보원 비밀 보호 등이 필요하다는 것이다.[18]

두 번째 범주의 연구윤리는 연구진실성(research integrity)과 연구부정행위(research misconduct) 방지에 관한 내용이며, 이에 관하여는 제14장에서 구체적으로 살펴보기로 하겠다.

2. 우리나라의 생명연구윤리 관련 법령

우리나라는 2004년 1월 29일 제정된 「생명윤리 및 안전에 관한 법률」(이하 생명윤리법)에 따라 배아 및 유전자를 이용한 연구에 한정하여 생명윤리 및 안전기준을 적용해왔으나, 2013년 2월 전면 개정을 통해 인간 및 인체유래물에 관한 연구에 대해서도 법령을 확대하여 적용하게 되었다. 동법 개정안의

16) Neuman, *Social Research Methods,* 4th ed., 2000, p. 92; Rubin & Babbie, *op. cit.,* pp. 95-96; Singleton, Jr & Straits, *Approaches to Social Research,* 5th ed., Oxford Press, 2009, 제3장 Research Ethics 참조.

17) 정식 법명은 "An Act to amend the Public Health Service Act to establish a program of National Research Service Awards to assure the continued excellence of biomedical and behavioral research and to provide for the protection of human subjects involved in biomedical and behavioral research and for other purposes"이다.

18) 연구진실성(research integrity) 또는 연구정직성과 정보원 비밀보호 문제는 행정학계에서도 논의된 바 있다. 최희경, 연구정직성과 정보원 비밀보호의 양립방안 모색, 「한국행정학보」, 40:3, 2006, pp. 1-25.

주요 내용은 다음과 같은 세 가지로 정리할 수 있다.[19]

첫째, 법의 적용 범위를 인간 및 인체유래물에 관한 연구로 확대하였다. 이에 따라 목적, 정의 규정 및 기본원칙 규정 등을 보완하고, 생명윤리정책에 관한 전문적인 조사 등을 위하여 생명윤리정책연구센터를 지정 및 설치하도록 했다(동법 제1조부터 제6조까지).

둘째, 기관생명윤리위원회의 설치 의무와 운영에 관한 내용이다. 개정안에서는 인간대상연구 또는 인체유래물연구를 하는 기관의 경우 기관생명윤리위원회를 의무적으로 설치하도록 하고, 기관생명윤리위원회의 운영 및 지원을 강화하도록 했다. 구체적으로 기관생명윤리위원회를 하나의 성(性)으로만 구성할 수 없도록 하며, 연구자가 공동으로 이용할 수 있는 공용생명윤리위원회를 지정하도록 함으로써 연구윤리 확립을 위한 체계적인 지원이 가능하도록 하였다(동법 제10조부터 제14조까지).

셋째, 인간대상연구를 수행하려는 연구자는 연구 시작 전 연구계획서를 작성하고 이를 기관생명윤리위원회의 심사를 받도록 하고, 연구대상자로부터 서면동의를 받도록 하며, 연구대상자에 대한 안전대책을 마련하고, 인간대상연구와 관련한 사항을 기록 및 보관할 것을 명령하였다(동법 제15조부터 제19조까지). 이는 동법의 적용이 임상실험을 수행하던 병원이나 대학뿐 아니라 일반 연구기관, 사회행동과학 연구에까지 확대 적용된 것일 뿐 아니라 연구절차에 대한 구체적인 내용을 지정한 것이다.

3. 인간대상연구와 기관생명윤리위원회 심의

1) 인간대상연구의 정의

생명윤리법 개정에 따라 사회과학 분야의 연구자도 연구자료 수집과 처리, 연구결과 보고 등 연구과정 전반에 걸쳐 동법의 적용을 받게 되었다. 연구자가 인간대상연구를 수행하고자 하는 경우 기관생명윤리위원회의 심의를 받아야 한다. 생명윤리법 제2조 제1호 및 시행규칙 제2조에 따라 다음 어느 하나에 해당하는 연구를 수행한다면, 인간대상연구에 해당한다.[20]

---

19) 우리나라의 생명윤리법 개정과 인간대상연구의 심의에 관한 자료를 수집해 준 우하린 박사에게 감사한다.

① 사람을 대상으로 물리적으로 개입하는 연구: 연구대상자를 침습적 행위 등 물리적 개입을 통해 연구대상자를 직접 조작을 하거나, 연구대상자의 환경을 조작하여 얻은 자료(data)를 이용하는 연구
② 의사소통, 대인접촉 등의 상호작용을 통하여 수행하는 연구: 연구대상자 대면을 통한 설문조사나, 행동관찰 등 의사소통이나 대인접촉 등의 상호작용을 통해 얻은 자료(data)를 이용하는 연구
③ 개인을 식별할 수 있는 정보를 이용하는 연구: 연구대상자를 직접 또는 간접적으로 식별할 수 있는 정보를 포함하고 있는 정보(information)를 이용하는 연구

즉, 인간대상연구란 연구대상자를 직접 접촉하거나 직접 조작하는 경우, 연구대상자를 직·간접적으로 식별할 수 있는 정보를 이용하는 연구를 말한다. 예를 들어, 대면 접촉이나 의사소통을 통한 설문조사, 인터뷰, 초점집단면접(FGI), 전화조사, 참여관찰, 오디오 및 비디오 기록 등을 활용한 경우는 심의대상에 해당한다. 온라인 설문조사의 경우 다양한 의사소통을 통한 상호작용을 통하여 수행되어 대상자에 관한 개인정보를 얻거나, 대상자 개인을 식별할 수 있는 정보를 이용하는 연구는 심의의 대상이 된다. 그러나 출구조사, 여론조사, 시장조사, 제품만족도 조사 등과 같은 단순 의견 수합을 목적으로 하는 설문조사는 심의대상에 해당하지 않는다.

2) 기관생명윤리위원회 심의절차

(1) 심의신청

연구자는 수행하고자 하는 연구가 인간대상연구인 경우 기관생명윤리위원회(이하 기관위원회)의 심의대상인지 혹은 심의면제 대상에 해당하는지를 먼저 알아야 한다. 만약 기관위원회 심의 대상인 경우, 연구자는 소속되어 있는 기관에 설치된 기관위원회에서 심의를 받아야 하며, 만약 소속 기간에 기관위원회

---

20) 출처: http://www.irb.or.kr/UserMenu01/Summary.aspx, 2020년 12월 13일 접근. 한편 동법 시행규칙 제2조 제2항에 따라 다음 중 어느 하나에 해당하는 경우에는 생명윤리법상에 인간대상연구에 포함되지 않는다. 1) 국가나 지방자치단체가 공공복리나 서비스 프로그램을 검토·평가하기 위해 직접 또는 위탁하여 수행하는 연구, 2) 「초·중등교육법」 제2조 및 「고등교육법」 제2조에 따른 학교와 보건복지부장관이 정하여 고시하는 교육기관에서 통상적인 교육실무와 관련하여 하는 연구 즉, 1과 2 모두에 해당하는 연구는 이 법의 적용을 받지 않는다. 단, 1)은 국가나 지방자치단체에, 2)는 해당 교육기관의 장에 의한 공식적인 판단이 필요하다.

가 설치되어 있지 않거나 기관에 속하지 않은 연구자의 경우는 모든 연구자가 공동으로 이용할 수 있는 공용기관생명윤리위원회에 심의를 신청해야 한다.

(2) 심의신청 제출서류

연구자가 기관위원회의 심의를 받기 위하여 제출하여야 할 서류는 다음과 같다.21) 다만, 서류는 개별 연구 유형에 따라 달라질 수 있다. 또한 구체적인 절차 및 서류제출 목록 등에 관한 자세한 사항은 해당 기관의 표준운영지침에 따라야 한다.

① 심의 신청서 또는 의뢰서
② 연구계획서 요약본
③ 연구계획서
④ 설명문 및 동의서 또는 동의면제 신청서 및 사유서
⑤ 연구대상자 모집 관련 문서(광고 등)
⑥ 연구를 위해 연구대상자로부터 얻어지는 정보(예컨대, 증례기록서, 실험일지, 연구노트, 기록카드 및 설문지 등)
⑦ 연구자의 이력 및 경력에 관한 문서
⑧ 연구자의 생명윤리준수서약서 및 이해상충공개서
⑨ 연구비 집행 계획서
⑩ 연구자의 연구윤리 관련 교육이수를 확인할 수 있는 문서
⑪ 그 밖에 연구대상자에게 제공되는 자료나 해당 연구과제의 심의를 위해 기관위원회 또는 공용위원회로부터 요청되는 사항에 관한 문서

(3) 제출서류 중 연구계획서 작성방법

기관위원회에 따르면 인간대상연구의 경우 상세한 연구계획서를 작성하여 제출하여야 한다. 연구의 유형에 따라 다양할 수 있으나, 일반적으로 연구계획서에 포함되어야 하는 내용들은 다음과 같다.22)

① 연구배경: 선행연구 등 연구 배경과 연구의 정당성을 분명하게 기술한다. 또한, 연구에서 제기된 윤리적 문제나 고려사항에 대한 연구자의 관점, 그리고 가능하다면, 그 문제나 고려사항을 어떻게 다룰지에 대한 제안, 연구

21) 출처: 심의신청을 위한 제출서류, http://www.irb.or.kr/UserMenu01/RequestDocument.aspx, 2020년 12월 13일 접근.
22) 출처: http://www.irb.or.kr/UserMenu01/PlanWrite.aspx, 2020년 12월 13일 접근.

의 안전하고 적절한 수행을 위한 기능의 적절성에 대한 정보, 연구가 수행되는 장소에 대한 간단한 기술 및 해당 나라나 지역에 대한 관련된 인구통계학적 정보 및 역학 정보 등을 기술할 수 있다.

② 연구목적: 연구의 목적을 구체적으로 기술한다. 연구로 인해 의도하는 가설이 있다면 설명하고 그 가설을 입증하기 위한 설명을 구체적으로 작성한다.

③ 연구 실시기관명 및 주소: 실제 연구가 수행되는 기관의 기관명 및 주소를 상세하게 기록한다.

④ 연구 지원기관: 연구비 또는 물품 등 경제적 이익 제공하거나, 인력 등을지원받은 경우 그 기관에 대한 정보를 기록한다.

⑤ 연구책임자, 공동연구자, 담당자의 성명과 직명: 본 연구에 실제 참여하는 연구진에 대한 정보와 그 각각의 연구 인력의 주요 경력 등의 정보를 통해 연구 수행 능력에 대한 연구진의 정보를 제공한다.

⑥ 연구기간: 예상되는 연구의 소요 기간(승인일로부터~00년 00월 00일 또는 00년 00개월)을 기록한다.

⑦ 연구대상자: 잠재적인 연구대상자의 선정 또는 제외기준에 대한 범위 및 나이, 성별, 사회적 또는 경제적 요인의 기초 하에 모든 군의 제외에 대한 정당성 또는 기타 이유에 대한 정당성을 기술한다. 한편 연구대상자를 직접 모집하는 경우에는 잠재적 연구대상자의 선정기준과 제외기준을 반드시 기술해야 한다. 또한 연구계획에 대한 구체적인 기술과 대조군이 있는 연구의 경우, 각 군에 대한 배정방법(무작위, 이중눈가림 등) 및 필요성 등에 대하여 구체적으로 기록한다. 동의를 하기에 제한적인 능력을 가진 사람들이나 취약한 사람들을 연구 피험자로 포함시키는 경우의 정당성과 이러한 연구대상자에 대한 위험과 불편함을 최소화하기 위한 특정 수단에 대한 기술한다.

⑧ 예상 연구대상자 수와 산출 근거: 연구대상자를 직접 모집하는 최소 위험을 초과하는 연구의 경우, 연구에 필요한 연구대상자 수를 선행연구, 통계학적 평가방법에 근거하여 제시하여야 한다. 예상 연구대상자 수는 절대적이 아니며, 계획된 연구에서 필요한 결과를 얻을 수 있는 최소한 이상의 연구대상자 수여야 한다.

⑨ 연구대상자 모집: 연구대상자의 모집 과정(예, 광고), 모집하는 동안 개인의 사생활 보호와 비밀 유지를 위하여 취해야 할 단계 등을 기술한다(해당하는 경우).

⑩ 연구대상자 동의: 연구대상자의 서면 동의를 얻기 위하여 제안된 방법 및 예상 연구대상자들에게 정보를 전달하기 위해 계획된 절차를 기록한다. 서면동의 면제를 요하는 경우, 동의면제사유를 반드시 기록하고 별도의 서면동의 면제신청서를 작성하여 제출한다.

⑪ 연구방법: 연구로 인해 연구대상자에게 행해지는 모든 시술 또는 처치, 행위 등에 관한 구체적인 사항(연구를 위해 연구대상자가 해야 할 일과 소요

시간 등)을 설명한다. 연구의 계획과 절차, 그리고 연구에서 지속되는 연구대상자의 자발성에 영향을 끼칠 수 있으며 해당 연구로부터 또는 같은 주제를 가진 다른 연구로부터 생겨날 수 있는 정보(예를 들어, 손상 또는 이익)를 전달할 책임이 있는 사람들 등에 대해 구체적으로 기술한다.

⑫ 관찰 항목: 연구를 통해 얻고자 하는 정보 또는 자료의 내용을 구체적으로 나열하고 기술한다.

⑬ 효과 평가 기준 및 방법: 연구의 효과성을 평가하는 기준 및 방법을 기술한다.

⑭ 안전성 평가 기준 및 평가 방법: 연구의 안전성을 평가하는 기준 및 방법을 기술한다.

⑮ 자료분석과 통계적 방법: 연구를 통해 수집된 자료 또는 정보를 이용하는 방법(통계적 방법 포함)을 기술한다.

⑯ 예측 부작용 및 주의사항과 조치: 본 연구에서 나타날 것으로 예상되는 이상반응과 중대한 이상반응을 기술한다. 중대한 이상반응의 정의와 발견될 경우, 그 보고 절차 등을 구체적으로 기술한다. 그에 따라 연구대상자를 연구에서 제외시킬 수 있거나, (다기관 연구에서) 특정 기관의 참여를 중지 또는 연구 종결을 하도록 할 수 있는 규정 등이 규정될 수 있다. 임부를 대상으로 하는 연구의 경우, 여성과 아기의 건강에 대한 장·단기적 영향 등에 관하여 임신의 결과를 모니터링하는 등의 계획 등이 추가될 수 있다. 연구의 목적을 위해 적용되는 의약품 또는 기타 시술의 지속적인 안전성을 모니터링하는 계획과 적절한 경우에 이런 목적의 독립적인 자료 모니터링(자료 및 안전성 모니터링) 위원회의 지정 등을 기술할 수 있다.

⑰ 중지 및 탈락기준: 연구자에 의해서 연구대상자의 연구 참여가 제한되는 경우를 구체적으로 기술한다.

⑱ 연구대상자의 이익 및 위험: 연구참여로 인해 연구대상자에게 기대되는 이익 또는 위험을 기술한다.

⑲ 연구대상자 안전대책 및 개인정보 보호대책: 연구대상자를 안전하게 보호하기 위한 대책을 마련하고, 연구와 관련된 손상이 발생하였을 경우 보상/배상이나 치료방법 등을 구체적으로 기술한다. 연구로 인한 연구대상자의 신체적 손상이 최소한의 위험 이상을 수반하는 연구에 대하여 치료비 등 상해에 대한 치료를 제공하고, 연구와 관련한 장애나 사망에 대한 보상을 제공하는 보험 보증 등의 계획을 구체적으로 기술한다. 연구대상자의 개인정보를 수집하는 경우, 수집하는 개인정보의 항목 및 내용, 그 정보의 보관과 폐기 방법 등에 관한 사항을 기술한다.

⑳ 참고문헌: 연구계획을 위해 참고한 문헌을 모두 기록한다.

(4) 심 의

기관위원회의 심의는 연구자가 제출한 연구계획서를 바탕으로 이루어진다. 기관위원회는 연구자가 제출한 연구계획서의 윤리적·과학적 타당성, 연구대상자의 참여 기간, 절차 및 방법, 연구대상자에게 예상되는 위험이나 이득, 개인정보 보호 대책, 연구대상자로부터 적법한 절차에 따라 연구참여 동의를 받았는지 여부 등을 심사한다(동법 제16조).

이외에도 연구자는 연구계획서뿐 아니라 연구대상자로부터 획득하여 연구에 활용하고자 하는 정보의 목록도 함께 제출해 심의를 받아야 한다. 기관위원회의 심의 결과, 승인을 받은 연구는 최종 승인된 연구계획서에 따라 연구를 수행해야 한다. 기관위원회의 심의 절차를 도식화하면 아래 [그림 3-4]와 같다.

그림 3-4 기관생명윤리위원회 심의 절차

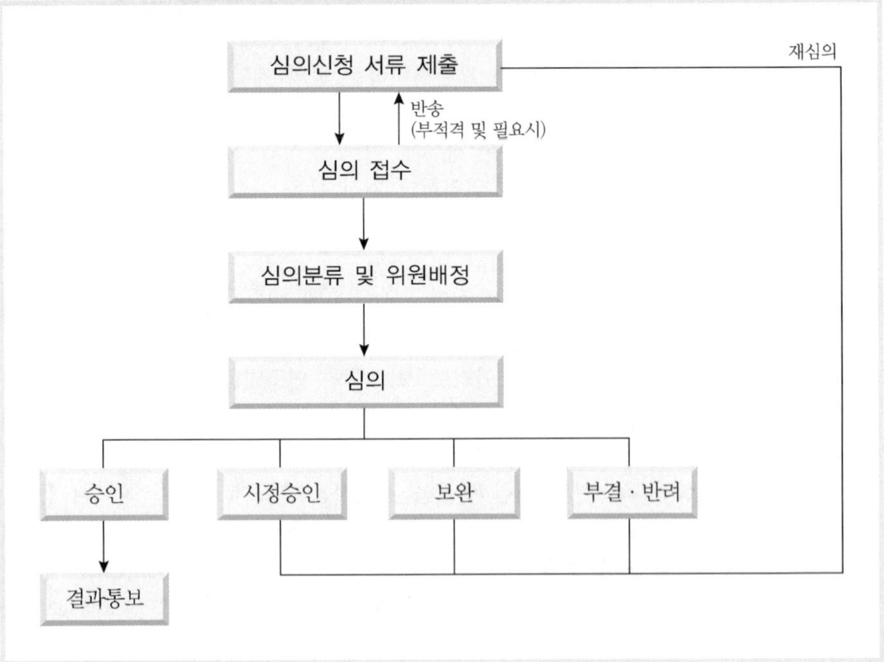

(5) 연구윤리 교육

기관생명윤리위원회(www.irb.or.kr)와 연구윤리정보센터(www.cre.or.kr)는 연구윤리의 주요 내용인 연구부정행위, 사회적 책임, 연구데이터, 연구공동체, 출판윤리, 생명윤리 등에 관한 정보를 제공하고 있다. 국가과학기술인력개발원(www.kird.re.kr)은 연구책임자, 공동연구원, 대학원생, 학부생, 외국인 연구자 등을 대상으로 연구윤리 온라인 교육을 제공하고 있다.

제5절 연구계획서의 작성

1. 연구계획서의 의미

연구설계(study design 또는 research design) 과정의 산출물이 연구계획서로 나타난다. 연구계획서는 그것이 어떠한 방식으로 얼마만큼 잘 짜여 있느냐에 따라 그 연구의 성패가 좌우된다고 할 수 있을 정도로 중요한 요소이다. 연구계획서를 작성하여 제출하는 것이 의무화되기도 한다. 학위논문을 작성하기에 앞서 논문계획서를 제출하여야 한다. 외부 연구비 지원기관, 즉 한국연구재단, 한국의회발전연구회, 아산사회복지재단, LG연암문화재단 등으로부터 연구비를 지원받기 위해서는 연구계획서(research proposal)를 제출하여 심사를 받는다.[23] 외부기관의 연구비 지원 여부는 바로 연구계획서의 질에 달려 있다. 앞에서 살펴본 바와 같이 인간대상연구를 계획하는 경우에는 사전에 연구계획서를 작성하여 기관생명윤리위원회의 승인을 받은 후, 최종 승인된 연구계획서에 따라 연구를 수행해야 한다.

---

23) 한국연구재단은 전 학문분야를 아우르는 국가기초연구지원 시스템의 효율화 및 선진화를 목적으로 교육과학기술부 산하 한국과학재단, 한국학술진흥재단, 국제과학기술협력재단이 통합되어 2009년 6월 출범하였다. 아산사회복지재단은 광의의 사회복지에 관한 우수저술에 관하여 지원한다.

2. 연구계획서의 구성요소

연구계획서에는 경험적 연구의 첫 단계에서 마지막까지 전 과정에 관한 계획이 포함되어야 한다. 따라서 연구프로젝트를 실제로 수행할 경우 밟아야 할 절차 또는 단계에 관한 계획이 포함된다. 연구계획서를 완성하기 위해서는 예비적으로 간단한 연구계획서를 작성한 다음 이를 여러 차례에 걸쳐 수정·보완하여 최종적인 연구계획서(research proposal)를 완성한다.

1) 양적 연구의 연구계획서

양적 연구에서는 통계적 설명과 일반화 가능성을 중요하게 생각한다. 양적 연구는 객관성, 통제, 측정의 정확성에 초점을 맞추고 있다. 방법론적으로 이러한 접근방법은 특정 이론과 가설을 지지하는 증거를 추가하거나 반박하기 위하여 연역적 설계에 의존한다. 양적 연구는 일반적으로 인과관계, 연관성 및 상관관계를 탐구하는 연구이다.[24]

양적 연구의 경험적인 조사연구 계획서에 전형적으로 포함되는 사항과 대체적인 분량은 <표 3-1>과 같다. 예비연구계획서는 연구계획서의 초안으로서 연구계획에 포함될 중요한 사항을 간략하게 기술하면 된다. 따라서 총 분량은 타이프 용지로 5~10페이지 정도면 충분하다.

(1) 연구문제와 중요성

연구문제는 분명하고 정확하게 제시하여야 한다. 탐구주제인 현상에 관련된 변수들 및 변수들 사이의 관계를 분명하게 진술한다. 연구문제의 중요성은 학문적·이론적 기준과 실천적·정책적 기준에서 그 문제가 왜 중요한지 서술하여야 한다. 연구문제의 서술방법과 분량은 예비계획서와 최종계획서에서 큰 차이가 없다.

(2) 문헌검토

최종연구계획서에서는 연구문제와 관련된 기존문헌을 빠짐없이 검토(review)한 다음 그 결과를 체계적으로 제시하여야 한다. 기존문헌 검토의 요

24) Patricia Leavy, *Research Design,* NY: The Guilford Press, 2017, p. 87.

표 3-1 양적 연구의 연구계획서 구성요소

구성요소	주요내용(페이지)	
	예비계획서	최종계획서
서론	1/2~1	1~2
연구문제	연구문제 및 중요성 서술 1/2~1	좌동 1~2
기존문헌 검토	주요문헌의 검토 1~2	모든 문헌의 검토 3~5
이론과 개념적 준거틀	이론과 개념적 준거틀 또는 연구모형의 주요특징을 요약하여 설명함 1~2	개별변수를 설명하고 이론, 개념적 준거틀 또는 연구모형을 도표 또는 통계적 형태로 제시 3~5
가설	가설내용을 서술형으로 제시 (예, H_1: 수입이 높을수록 의사결정에 참여도가 높다) 1/2~1	가설내용을 서술형 및 통계형 형태로 제시 (예, H_1: $r_{xy}>0$, $p<.01$) 1~2
연구접근방법/ 조사설계	접근방법 및 조사설계의 일반적 서술(예, 단절시계열설계) 1/2~1	접근방법 및 조사설계 상세진술 (통제방법 및 대립가설 제시) 2~3
표본추출	표본추출방법의 간단한 진술 (예, 다단계층화추출) 1/4~1/2	상세한 진술 (예, 표본수 추정방법 제시) 1~2
자료수집방법	간략한 진술 (예, 면접조사표) 1/2~1	상세히 진술 (예, 30문항 면접조사표, 사전검사를 통한 문항조정) 2~3
자료분석방법	간단한 진술 (예, 다중회귀분석) 1/2~1	상세히 설명(예, 회귀방정식 구체화, SPSS 등 프로그램 제시) 2~3
요약	1/4~1/2	1~2
합계	5~10	17~27
참고문헌	유동적	유동적
부록	없음	연구일정 및 소요예산 2~3

출처: W. N. Dunn, Criteria for Self-Evaluation of Preliminary and Full Proposals, June, 1985, Mimeo, 1985를 기초로 재구성.

령은 제5장에서 구체적으로 살펴보기로 한다. 기존문헌 검토를 토대로 개념적 준거틀 또는 연구모형을 작성한다.

(3) 이론과 개념적 준거틀

양적 연구에서 준거로 하는 구체적인 이론은 연구주제에 관한 학문분야 내의 기존연구문헌 검토를 통하여 찾을 수 있다. 기존 이론들을 토대로 개념적 준거틀 또는 연구모형을 구성한다. 개념적 준거틀에 포함된 변수들에 대한 설명과 아울러 변수들 사이의 관계에 관한 연구모형을 경로모형 형태의 도표나 수학적 함수형태로 개괄적으로 제시한다.

(4) 가 설

연구에서 검증하고자 하는 가설을 제시하는데, 설명적 연구에서는 개념적 준거틀을 구성하는 변수들간의 관계에 관한 일련의 가설들이 설정된다. 최종 계획서에서 가설은 서술형으로 기술되어야 할 뿐 아니라 동시에 통계적인 검증이 가능하도록 수식으로도 표현되어야 한다.

(5) 연구의 접근방법/조사설계

연구의 접근방법 또는 조사설계에 관하여 기술한다. 설명적 조사연구에서는 가설에 포함된 변수들 사이의 관계를 정확하게 검증하기 위해서, 외재적 변수의 영향을 효과적으로 통제할 수 있는 방법을 제시하여야 한다. 외재적 변수의 영향을 효과적으로 통제할 수 있는 실험설계를 채택하기 어려운 경우에는 가설에 포함된 변수간의 관계에 영향을 미칠 것으로 생각되는 외재적 변수, 즉 제3의 변수 또는 대립가설(rival hypothesis)을 찾아서 연구에 포함시킴으로써 통계적 통제(statistical control)가 이루어질 수 있도록 한다(제7장 참조).

(6) 연구절차

이어서 연구에서 실제 사용하게 될 표본추출, 자료수집 및 분석방법 등 연구절차를 비교적 상세하게 제시한다.

(7) 참고문헌

연구에서 인용한 참고문헌을 나열한다. 연구계획서의 본문 내에 인용된 참고문헌만 이 목록에 포함하며, 단순히 참조한 참고문헌은 제외한다.

(8) 부 록

부록의 초점과 분량은 연구에 따라, 계획서를 누구에서 보여주느냐에 따라 달라진다. 외부연구기관에 연구비를 신청할 경우 연구기관에서 요구하는 양식에 따라 연구계획서에 연구기관의 연구시설, 연구업적, 자격요건, 소요예산, 기간별 연구계획, 그리고 연구결과의 활용계획이 포함된다.

2) 질적 연구의 연구계획서

질적 연구는 사람들의 주관적인 경험 및 의미의 생성 과정을 중요하게 생각한다. 이러한 접근방법을 통해 사람들이 자신의 활동, 상황, 환경, 사람, 그리고 사물 등이 자신의 삶에 부여하는 의미를 풀어내면서 연구주제에 관하여 확고한 이해에 도달할 수 있도록 한다. 방법론적으로 이러한 접근법은 의미를 생성하고 풍부하고 기술적인 자료를 생산하는 귀납적 설계에 의존한다.[25] 질적 연구는 일반적으로 해석적 접근방법 또는 비판이론적 접근방법을 적용하여 진행하는데 연구계획서 작성에 공통으로 적용되는 구조는 대체로 다음과 같은 요소로 구성된다.[26] 그런데 질적 연구는 매우 다양한 이론적 관점과 연구방법을 포함하고 있으므로 구체적인 내용은 연구의 접근방법에 따라 상당히 달라질 수 있다.

(1) 연구문제와 중요성

양적 연구와 마찬가지로 연구문제와 중요성을 분명하고 정확하게 제시한다.

(2) 문헌검토

기존문헌 검토결과의 기술도 양적 연구와 유사하다. 질적 연구에서는 연구자들이 자신이 다루고자 하는 주제에 대해 독자들이 알아야 할 것이 무엇인지 염두에 두고 문헌검토 내용을 기술한다.

---

25) Leavy, *op. cit.,* p. 124.

26) 이하 Leavy, *op. cit.,* chapter 5 그리고 John W. Creswell & Cheryl N. Poth, *Qualitative Inquiry & Research Design: Choosing Among Five Approaches,* 4th ed., Thousand Oaks, CA: Sage, 2018, pp. 59-60; Harry F. Wolcott, 2001, *Writing up Qualitative Research,* 2nd ed., Thousand Oaks, CA: Sage, 2001, pp. 16-21 참조.

(3) 철학적 가정 및 이론적 준거틀

질적 연구는 대체로 해석적 접근방법 또는 비판이론적 접근방법과 같은 패러다임을 토대로 이루어진다. 해석주의 또는 비판이론의 패러다임 아래 다양한 학파(school of thought) 또는 이론적 준거틀(theoretical framework)이 존재한다. 예를 들면, 해석적 관점의 범주 내에 상징적 상호작용이론(symbolic interactionism), 현상학(phenomenology) 등의 학파가 있으며, 비판이론의 범주에는 여성학적 관점, 포스트 모던 관점, 후기구조주의(post-structuralsim) 관점과 같은 이론들이 포함된다.[27] 질적 연구의 연구계획서에는 그 연구의 지침이 되는 패러다임과 이론적 관점을 분명하게 기술하여야 한다.

(4) 연구절차

연구절차에 관한 기술은 사용될 질적 연구방법, 연구자의 역할, 자료수집절차, 연구결과의 검증전략, 서술 구조의 제안, 그리고 예상되는 윤리적 문제 등을 포함한다.[28] 연구절차의 기술방식은 채택된 연구의 관점에 따라 전반적으로 달라질 수 있다. 예를 들어, 변혁적 관점의 비판이론적 연구에서는 검증절차보다는 자료수집에서 협력적 형태와 신뢰가 강조된다. 다음과 같은 질문들이 연구절차를 기술하는 데 도움이 된다. 연구의 배경은 무엇이고, 연구할 사람들은 누구인가? 자료수집에 어떤 방법을 사용할 계획인가? 자료를 어떻게 분석할 것인가? 연구결과를 어떻게 검증할 것인가? 연구에서 어떤 윤리적 문제를 제기할 것인가?

(5) 예상되는 연구 시사점 요약

예상결과에 대한 기술은 채택한 연구관점에 따라 달라질 수 있다. 예를 들어, 구성주의적 또는 해석주의적 관점을 채택한 연구에서는 예상되는 영향을 기술할 수 있다. 변혁적 관점을 채택한 연구는 연구가 수행되었을 경우 예상되는 변화를 언급하거나 그 변화의 필요성을 주장할 수 있다.

---

27) George Herbert Mead와 Herbert Blumer 등이 개척한 상징적 상호작용이론은 사람들이 상호작용, 사람, 대상에 부여하는 의미는 타고난 것이 아니라 언어와 몸짓 등 같은 사회적 상호작용을 통하여 개발된다고 믿는다. 후기구조주의이론의 선구자인 Jacques Derrida는 비판적 해체(critical deconstruction) 전략을 통하여 지배적인 이데올로기에 도전하는 데 관심을 가졌다. Leavy, *op. cit.,* pp. 129-132.

28) Creswell & Poth, *op. cit.*

(6) 참고문헌

양적 연구의 계획서와 마찬가지로 계획서에서 인용한 참고문헌을 나열한다.

(7) 부 록

양적 연구의 계획서와 유사한 내용이 포함된다.

3. 연구계획서의 활용

연구계획서는 선택된 연구문제의 해답을 얻기 위하여 작성하는 것이며, 그 계획에 따라 문제해결에 필요한 증거를 수집하게 된다. 그러므로 훌륭한 연구계획서는 주어진 문제의 해답을 도출하는 데 필요한 객관적인 증거를 수집할 수 있는 연구의 절차와 방법을 기술한 계획서를 말한다.

훌륭한 연구계획서를 판단하는 기준은 다음과 같은 간명한 질문으로 요약된다.[29] "연구계획서가 연구문제에 대한 해답을 얻을 수 있도록 작성되었는가? 또는 연구계획서에 따르면 가설을 적절하게 검증할 수 있는가?" 실증주의적 관점의 연구에서는 극단적으로 표현하면 연구자의 임무는 좋은 연구계획서를 작성하는 단계에서 마무리된다고 볼 수 있다. 연구계획서가 분명하고 완벽하게 작성되었다면, 그 연구는 연구자가 누구이든지 기계적으로 수행되고 결론을 찾을 수 있기 때문이다. 반면에 질적 연구에서는 연구과정에서 연구자 자신의 역할이 매우 중요하므로 연구계획서 작성자와 실제 연구수행자를 분리하기 어렵다.

문서로 작성된 연구계획서는 다음과 같이 활용될 수 있다.[30]

첫째, 연구계획서를 작성하는 과정에서 연구자로 하여금 설계의 많은 결함, 부적절성, 비일관성, 그리고 빠진 사항을 발견하게 한다.

둘째, 연구계획서는 연구를 수행하는 과정에서 잊기 쉬운 사항들을 순서대로 기억하게 하는 역할을 한다.

셋째, 연구계획서는 많은 전문가의 조언과 비평을 받을 수 있는 참고자료가 된다.

---

29) F. R. Kerlinger, *Foundations of Behavioral Research,* 4th ed., 1999, chapter 7.

30) 장상호, 「행동과학의 연구논리」, 교육출판사, 1978, pp. 169-170.

연구계획서를 작성한 다음 연구자는 그 계획서를 토대로 관련분야 전문가의 도움을 받는 것이 바람직하다. 예를 들어, 연구주제의 내용을 잘 알고 평가할 수 있는 전문가와 자료수집 및 분석기법을 잘 알고 있는 전문가들로부터 조언을 받게 되면, 노력과 경비를 줄이고 좋은 연구결과를 얻을 수 있는 방법을 찾을 수 있다.

복습과제

01 왜 연구문제가 선정된 이후에만 경험적 연구가 가능한지 간략하게 제시하시오.

02 제2장의 내용을 복습한 후, 연구의 관점(실증주의적 관점, 해석적 관점, 비판적 관점)과 연구목적(탐색, 기술, 설명)에 따라 연구절차가 어떻게 달라질 수 있는지 간단하게 서술하시오.

03 다음 진술에서 사용된 분석단위(unit of analysis)는 무엇인가?

① 미국보다 유럽국가들의 자살율이 낮다.

② S대학은 어느 다른 대학보다 여학생의 비율이 낮다.

③ 양친이 있는 가정에서의 어린이들보다 결손가정에서의 아이들이 비행적 행위를 저지를 가능성이 더 높다.

④ 대학생들 사이에서 높은 자기존중은 긍정적인 가족·친구 관계와 관련된다.

⑤ 어떤 연구자가 20세기 초에 발간된 100편의 소설을 분석하여 한국의 문화와 인물을 연구하고자 하였다. 각각의 소설에 대해 몇 가지 질문을 했는데, 예를 들면, 주인공의 사회적 계급은 무엇인가? 성인사이의 이성적 사랑은 플롯에 있어 중요한가? 금전은 소설에 중요한가? 등이다.

⑥ 정부기관, 공공기관, 그리고 민간기업체 종사자들의 공공봉사동기(public service motivation)를 조사한 결과 통계적으로 의미있는 차이가 있었다.

⑦ 최근의 조직이론은 생산조직과 서비스 조직에 공통적으로 적용되는

것으로 밝혀졌다.

⑧ 남성들이 여성들보다 스포츠를 좋아한다.

⑨ 지방자치의 실시 이후 자치단체의 재정지출 패턴에 변화가 있었다.

⑩ 도시화, 경제성장이 정치적 민주화에 영향을 미치는 것으로 나타났다.

⑪ 범죄에 대하여 젊은 사람들보다 나이 많은 사람들이 두려움을 더 많이 느낀다.

⑫ 도시의 항공여객수가 많을수록, 경제성장이 잘 이루어진다.

⑬ 공장의 여성근로자 비율이 높을수록 종업원 평균임금은 적다.

⑭ 약혼기간이 길수록, 결혼의 지속시간이 증가한다.

⑮ 프로야구팀의 유료관중 숫자로 측정한 팬의 지지도는 그 팀 연고지의 운동선수 비율과는 관계가 없다.

04 한국행정학보, 한국정책학회보 등 학술논문집에 게재된 경험적 논문들 가운데 3개 이상의 다른 분석단위에서 자료를 수집한 논문을 확인해 보라. 각 논문에서 분석단위를 확인할 수 있는 문장을 인용하시오.

05 학교에 관한 데이터를 검토한 연구자는 학교를 다니는 학생들의 부모 평균소득이 높을수록 학교의 모든 학생들에 대한 성취 테스트 평균점수가 높아진다는 것을 발견했다.

① 이러한 데이터의 분석단위는 무엇인가?

② 연구자는 이러한 데이터로부터 학생 부모의 평균소득이 높을수록 학생의 성취도 테스트 점수가 높아진다고 결론지을 수 있는가? 그 이유는 무엇인가?

06 생태적 오류의 함정에 빠질 수 있는 가상의 연구사례를 생각해 보시오. 이러한 함정에서 벗어나려면 연구계획을 어떻게 수정하여야 하는가?

07 환원주의적 오류의 함정에 빠질 수 있는 가상의 연구사례를 생각해 보시오. 이러한 함정에서 벗어나려면 연구계획을 어떻게 수정하여야 하는가?

08 서베이 조사를 가정할 경우, 횡단적 연구, 경향연구, 코호트 연구, 패널연구에서 조사대상은 어떻게 달라지는가?

09 패널조사자료를 정기적으로 발표하는 한국노동연구원, 한국보건사회연구

원, 한국장애인고용촉진공단, 한국고용정보원, 한국여성정책연구원, 여성부, 국민연금공단, 한국직업능력개발원, 한국조세연구원 등 국책연구기관이나 정부부처 가운데 하나를 선택한 후 홈페이지를 방문하여 자신이 관심을 가진 주제의 패널조사의 조사문항을 확인하고, 관련 연구논문이나 연구보고서를 찾아보시오.

10 자신이 소속된 대학이나 기관의 기관생명윤리위원회의 심의절차에 관하여 알아보시오.

11 양적 연구와 질적 연구 가운데 하나를 선택하여 예비연구계획서와 연구계획서를 작성해 보시오.

04 CHAPTER
연구문제와 개념적 준거틀
Research Problem and Conceptual Framework

장머리에

본장에서는 연구문제, 이론, 개념적 준거틀 및 가설에 관하여 살펴보기로 한다. 경험적 조사연구는 연구문제(research problem)를 설정하는 데에서 시작되며 연구결과의 질은 처음에 제기한 질문, 즉 연구문제를 어떻게 정하느냐에 따라 달라지게 된다. 제1절에서는 연구문제의 의미, 연구문제의 원천, 평가기준과 형성과정을 살펴보기로 한다. 제2절에서는 이론의 개념, 분류 및 평가기준을 고찰한다. 제3절에서는 연구의 개념적 준거틀의 의미와 구조, 그리고 표현방법에 관하여 살펴보기로 한다. 제4절에서는 가설에 대하여 살펴보는데, 그 의미와 유형, 그리고 기능에 대하여 고찰하기로 한다.

제1절 연구문제

1. 연구문제의 의미와 유형

1) 연구문제의 의미

조사연구는 그 연구에서 탐구하고자 하는 연구문제(research problem)를 설정하는 데에서 시작된다. 어떤 연구결과의 질(quality)은 처음에 제기한 질문, 즉 연구문제에 좌우된다고 할 수 있다. 왜냐하면 훌륭하고 합당한 대답이란 질문이 제대로 제기되었을 때에만 얻을 수 있기 때문이다.[1] 연구자가 문제를 제기한다는 것은 연구자가 그에 대한 해답 또는 해결책을 분명하게 알고 있지 않다는 것을 의미한다. 문제에 대한 해답을 기존의 지식체계 속에서 찾을 수 있고, 그것이 옳다고 받아들일 수 있는 경우라면 연구자는 문제를 제기하여 새로운 연구에 착수할 필요가 없다.

한편, 연구자가 연구주제에 대하여 기초지식이 전혀 없으면 문제 자체를 제기할 수도 없다. 따라서 연구문제는 연구자가 연구주제에 관하여 어느 정도 기초지식을 가지고 있을 때에만 제기할 수 있다. 그런데 연구주제에 관한 연구자의 기초지식 수준이 다를 수 있으며, 이러한 기초지식의 수준에 따라서 수행될 연구의 형태가 탐색적 · 기술적 · 설명적 조사연구로 구분된다.[2]

연구문제는 의문문 형식으로 분명하고 명확하게 진술되어야 한다. 즉 "문제는 …이다."라고 하거나, "이 연구의 목적은 …이다."라고 하지 말고 직접적으로 질문을 제기하는 것이다. 예를 들면, "변수 A의 크기는 어느 정도인가?" "변수 A와 변수 B는 관련이 있는가?" "A는 C와 D의 조건하에서 B와 어떤 관계가 있는가?"라고 질문하는 것이다. 제기된 문제는 경험적인 검증을 거쳐야 하기 때문에 연구자는 관심 있는 주제(topic)를 경험적인 연구가 가능한 일련의 질문(research question)의 형태로 전환시킬 수 있어야 한다. Kerlinger는 연구문제를 "둘 또는 그 이상의 변수간의 관계에 대한 의문형의 문장"[3]이라고 정의하고, 연구문제가 변수들간의 관계로 표현되어야 한다고 주장하고 있다. 그러나 앞서 지적한 것처럼 행정 및 정책현상에 관한 연구에는 변수간의 관계보다는 현상의 정확한 파악을 주목적(즉 단일변수의 기술)으로 하는 연구도 많으므로 이러한 기준이 적용되지 않을 수도 있다.

---

1) 김경동 · 이온죽, 「사회조사연구방법」, 박영사, 1989, p. 80.
2) 제2장 과학적 조사연구의 유형 참조.
3) F. N. Kerlinger & Howard B. Lee, *Foundations of Behavioral Research*, 4th ed., NY: Harcourt College Publishers, 1999.

2) 연구질문의 유형

(1) 규범적 질문과 경험적 질문

연구자가 제기한 문제는 경험적인 검증을 거쳐야 한다. 그러므로 과학적 조사연구를 위한 주제를 선택한 후 이를 경험적 질문 또는 진술로 전환하는 것이 매우 중요하다. 경험적 질문 또는 진술이란 사실 또는 거짓이라는 것이 감각적 경험에 의해 확인되거나 증명될 수 있는 것을 뜻한다.[4] 단순한 기술적 진술(예: "홍길동 의원은 2020년 총선에서 재선될 것인가?")이건 복잡한 관계(예: "대통령의 인기를 통제한 후에도 국민들의 평균 실질소득이 증가할수록 선거에서 여당의 의석수는 많아진다.")이건 관찰을 통하여 수집한 자료를 분석하여 증명될 수 있다면 경험적이다. 그 형태가 질문이건 진술이건, 시제가 과거·현재·미래이건 문제되지 않는다.

규범적 질문은 이와 다르다. 이들은 판단적 가치 즉, 좋고 나쁨, 바람직함과 그렇지 않음, 또는 아름다움과 추함 등의 질문을 다룬다. 예를 들면, "박정희는 좋은 대통령이었나?", "세금은 인상되어야 하는가?", "민주주의가 최고의 정부형태인가?" 등이 규범적 질문이다. 과학철학의 체계에 따르면, 이러한 규범적 질문에 대하여는 객관적 답변이 불가능하므로 경험적 질문과는 근본적인 차이가 있다. 규범적 질문에 대한 답변은 답변자 개인의 가치 판단에 따라 달라진다. 비록 "살인자는 나쁘다."와 같이 모든 사람이 실질적으로 공감하는 규범적 명제라도, 여전히 규범적인 것일 뿐 경험적 검증은 불가능하다. 규범적 질문과 경험적 질문의 사례를 살펴보기로 하자.

① "국민의 60%가 대통령이 직무를 잘 수행한다고 생각한다." 이 문장에서 대통령에 대한 평가는 명백히 규범적이지만, 사람들이 어떠한 가치판단을 하는지 설문조사를 통해 경험적으로 검증될 수 있는 진술이므로 경험적이다.
② "대부분의 여성들은 호주제를 선호한다." 이 문장은 잘못된 진술이다. 그러나 이것은 관찰을 통해 검증될 수 있으므로 경험적 진술이다.
③ "환경을 보호하는 정책과 경제 성장을 극대화하는 정책 중 어느 것을 채택하는 것이 더 중요한가?" 어떠한 정책목표가 더 합당한가를 판단하고자 상황에서 '중요한'이라는 용어는 가치판단을 위해 사용되었으므로 규범적 질문이다.

4) Alan D. Monroe, *Essentials of Political Research,* Boulder, CO: Westview Press, 2000, pp. 3-5.

④ "부패정도가 덜하기 때문에 지방정부 선거에서 정당공천을 폐지하고 무소속선거를 하는 것이 더 좋다." 무소속 체제에서 부패정도가 적은지 여부는 경험적인 질문이지만 "그러므로 무소속이 더 좋다."는 판단은 규범적이다. 정당공천 문제는 부패정도라는 기준 이외에도 정당정치 발전 등 다른 기준에도 비추어 판단해야 한다.

(2) 기술적 질문과 관계형 질문

연구문제는 수없이 많지만 질문에서 요구되는 정보의 유형에 따라 경험적 질문을 기술적 질문과 관계형 질문으로 구분할 수 있다.[5]

(가) 기술적 질문

기술적 질문은 현재 상황, 과정 또는 프로그램을 기술하거나 지역주민, 고객, 직원들에 관한 정보를 수집하는 질문들이다. 행정 또는 정책연구에서는 이러한 질문들이 서비스를 제공해야 할 집단을 확인하고, 고객을 더욱 잘 이해하며, 업무수행과정에서의 애로사항을 확인하기 위해 제기될 수 있다. 기술적 질문들의 예를 들면, 다음과 같다.

얼마나 많은 사람들이 서비스를 받는가? 참여자의 특성은 무엇인가? 그 프로그램은 어떻게 운영되는가? 참여자들은 프로그램에 얼마나 만족하는가? 서비스를 제공받기 원하는 시간대는 무엇인가? 어떠한 컴퓨터 교육 클래스가 필요한가?

(나) 관계형 질문

관계형 질문은 변수들 간의 관계의 정도를 측정하는 데 관심을 갖는다. 변수간의 관계는 인과관계와 상관관계로 구분된다. 인과관계에 관한 질문은 독립변수가 종속변수에 미치는 인과적 영향을 측정하고자 하는 질문이다. 예를 들면, "빈곤이 유아사망률에 미치는 영향은 무엇인가?"라는 질문은 인과관계에 관한 질문이다. 여기에서의 가정은 독립변수인 빈곤이 종속변수인 유아사망률에 영향을 미친다는 것이다. 그러므로 "빈곤자의 비율이 높은 지역은 낮은 지역보다 유아사망률이 높을 것이다."라는 가설을 유도할 수 있다. 그런데 변수들 사이에 상관관계는 있지만 인과관계는 아닐 경우도 있다. 관계형 질문들의 예를 들면, 다음과 같다.

---

5) Gail Johnson, *Research Methods for Public Administrators,* Westport, CT: Quorum Books, 2002, pp. 27-34.

직원들의 동기유발 요인은 무엇인가? 성(gender)과 임금은 관계가 있는가? 교육수준이 높은 직원이 이직률이 낮은가? 태아진료와 유아사망률은 관계가 있는가? 고객만족도에 영향을 미치는 요인은 무엇인가? 공공기관의 혁신과 관련된 요인은 무엇인가? 학교에서 잘 지내는 아동과 그렇지 않은 아동의 차이를 설명하는 요인은 무엇인가?

영향에 관한 질문(impact questions)은 인과형 질문의 변형인데, 프로그램의 성과평가가 초점인 연구, 그리고 결과를 측정하고자 하는 연구에서 전형적으로 나타난다. 일반적으로 처리라고 부르는 프로그램은 항상 독립변수가 되며, 바람직한 변화 즉 목표달성도는 종속변수이다. 일반적으로 영향에 관한 질문은 "그 프로그램이 원하는 결과를 가져왔는가?"라는 형태를 취한다.

2. 연구문제의 원천

연구자에게 있어서 "무엇을 연구할 것인가?"를 정하는 것은 매우 어렵고도 중요한 과제이다. 특히 학위논문을 작성해야 할 학생들에게는 연구의 주제를 어떻게 정할 것인가는 매우 중요한 과제이다. 일반적으로 연구자들은 평소의 학문적·실천적 관심분야에서 연구문제를 추출하는데, 그 아이디어를 다음과 같은 몇 가지 원천에서 찾을 수 있다.[6]

1) 기존지식체계

연구문제의 아이디어는 연구자가 알고 있는 분야의 기존지식체계에서 얻는 경우가 많다. 유능한 연구자가 되기 위해서는 그가 속하는 학문공동체(scientific community)의 구성원들이 관심을 표명하고 중요시하는 것이 무엇이며, 공동체 구성원들 중에서 주요 연구자는 누구이고, 그리고 그 세계에서의 질서와 관습이 무엇인지를 알고 있어야 한다.[7] 어떤 분야에 관심을 가지고 계속 공부하다 보면 그 분야에서 연구주제를 찾을 수 있게 된다([그림 4-1] 참조). 새로

---

6) 김해동, 「조사방법론」, 법문사, 1989, pp. 110-116.

7) 이러한 것을 과학적 사회화(scientific socialization)라고 한다. 김해동, 상게서, p. 111. 사회학자들은 학자들로 구성된 공동체를 보이지 않는 공동체(invisible community)라고 부르며 그 구성원과 공동체의 특성을 파악하기 위하여 문헌인용분석(citation analysis) 등의 방법이 활용되기도 한다.

그림 4-1 기존지식체계로부터 시작하는 연구

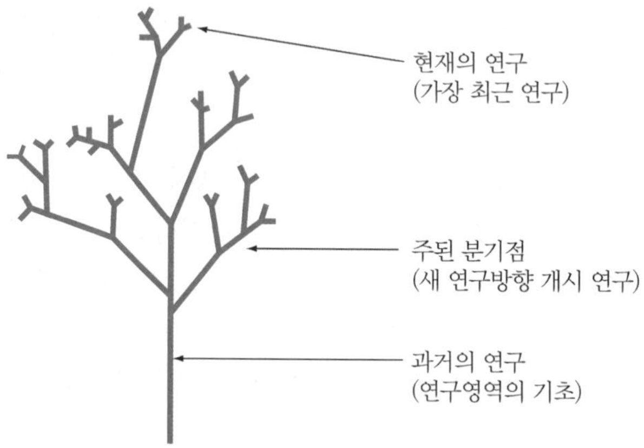

출처: Gravetter & Forzano, *Research Methods for the Behavioral Sciences*, 5th ed., p. 47, Figure 2.1.

운 연구문제는 항상 기존 지식체계를 기초로 하고 있다.[8] 구체적으로 ① 기존의 지식체계에서 미진한 부분, 즉 기존지식에 부족한 부분이 있다는 것을 발견하거나, ② 기존의 연구결과들이 상호모순되거나, ③ 기존 지식체계로는 어떤 새로운 사실을 설명할 수 없을 경우에 이에 대한 연구를 시작할 수 있다.

예를 들어, 행정정보체계에 관심을 가지고 공부하면서 컴퓨터가 행정에 도입됨으로써 조직구조에 많은 변화가 일어날 것이라는 점을 알게 되었다고 하자. 그러면 우리나라의 행정업무 수행과정에서 컴퓨터 사용이 증가할 때에 행정의 분권화가 이루어질 것인지 아니면 집권화될 것인지에 대하여 의문을 갖고 연구를 시작할 수 있다. 이 경우는 기존지식체계에서 미진한 부분에 관하여 연구가 이루어지는 것이 된다. 이럴 때에 새로운 현실과 기존 지식체계 사이의 공백(gap)을 메우기 위해서 연구를 시작하였다고 할 수 있다.

한편, 어떤 분야에 관심을 가지고 공부하다가 동일한 문제를 해결하기 위하여 수행된 여러 연구결과들이 서로 상충되는 것을 발견하였다면 이를 기초

8) Frederick K. Gravetter & Lori-Ann B. Forzano, *Research Methods for the Behavioral Sciences*, 5th ed., Stamford, CT: Cengage Learning, 2016, p. 47.

로 연구문제를 도출할 수 있다.[9] 이 경우에는 상충되는 연구결과가 나타나게 된 이유를 분석해 필요가 있다. 이러한 상충되는 결과는 조사설계, 개념정의, 조작화, 그리고 자료수집 및 분석과정 등 조사의 전 과정에서 어느 하나라도 잘못되면 나타날 수 있다.

2) 사회적 요청

사회적 요청이란 정부나 각종 연구재단에서 특정의 연구문제에 대한 경험적 조사연구를 요청하는 경우를 말한다. 대체로 당면한 정치·경제·사회적 문제의 해결방안을 모색하기 위한 정책과제인 경우가 많다. 이럴 때 연구주제는 연구자가 정하는 것이 아니라 연구를 요청한 기관에서 제시하게 된다. 그러나 이렇게 사회적 요청에 의하여 연구가 시작하는 경우에도 문제가 분명하게 정의되어 있는 일은 드물기 때문에, 연구주제를 경험적 연구가 가능한 연구문제로 전환시키는 과정을 거쳐야 한다.

3) 개인적 경험

연구자들이 관심을 가진 분야의 기존지식체계 내에서 연구주제를 정하는 경우가 많다는 것은 이미 지적하였다. 그러나 학문세계에서의 지식체계뿐 아니라 일상생활이나 직장생활에서 겪은 개인적 경험을 토대로 연구주제를 선정할 수도 있다. 예를 들면, 자신이 근무하는 직장에서 여성보다 남성의 승진이 빠르다는 것을 관찰했다면, 성차별 행태가 나타나고 있는지에 관심을 가지고 연구주제를 정할 수도 있다.

3. 연구문제의 평가기준

선택된 연구문제는 그 문제가 해결되었을 경우에 그 결과의 중요성이나 기여도가 얼마나 되는지를 따져보아야 한다. 연구문제의 중요성을 평가하는 기준은 크게 학문적 기준과 실천적 기준으로 나누어진다.[10]

---

9) 채서일, 「사회과학조사방법론」, 법문사, 1990, p. 66.
10) 김경동·이온죽, 전게서, pp. 89-90; 김해동, 전게서, pp. 96-110.

1) 학문적 기준

연구문제가 학문적으로 의미가 있는지, 즉 학문발전에 공헌할 수 있는지를 판단하는 기준을 말한다. 즉, 관련분야의 지식축적에 어느 정도 기여할 수 있느냐에 관련된 것으로, 구체적으로는 다음과 같은 세 가지 기준에서 판단한다.

첫째는 '독창성'으로, 이는 연구문제가 그 학문분야의 축적된 지식체계에 비추어 얼마만큼의 독창성을 가진 것인가 하는 기준이다. 기존의 지식체계에 대하여 새로운 쟁점, 새로운 관점, 새로운 접근방법을 제시하는 연구가 그만큼 값진 것이다.

둘째는 '이론적 의의'인데, 이는 연구문제가 이론적으로 의미가 있어야 한다는 것이다. 연구문제의 해결을 통하여 관련된 사회현상을 이해, 설명하고 미래예측을 위한 지식을 축적할 수 있을 때 그 연구는 이론적으로 의미가 크다.

셋째는 '경험적 검증가능성'인데, 이는 방법론적 차원의 기준으로, 어떤 연구문제가 경험적 조사연구에서 다루어질 만한 것인지를 판단하는 기준이다. 모든 문제가 경험적으로 검증될 수는 없다. 어떤 문제를 경험적 조사연구가 가능한 연구문제의 형태로 전환하는 방법도 또한 중요하므로, 이에 관하여 다음 절에서 살펴보기로 하겠다.

2) 실천적 기준

사회과학분야의 많은 연구문제는 일상적인 사회생활 속에서 발생하는 여러 가지 쟁점에 대처하고 이를 해결하고자 하는 노력에서 출발하였다. 실천적인 기준에서 연구문제를 평가하는 경우에는 연구결과가 현실세계에서 발생하는 실제문제의 해결에 얼마나 도움이 되는가 하는 것을 평가한다. 사회과학분야의 모든 문제가 이러한 실천적 적합성을 가져야 한다고 말하기는 어렵지만, 응용학문인 행정학이나 정책학에서는 연구문제의 실천적 적합성이 기초학문에서보다 더욱 강조된다.

4. 연구문제의 형성과정

연구자가 연구주제를 선정했을 경우에도 이를 토대로 처음부터 연구문제를 명확하게 정의하기는 어렵다. 예를 들어, 어떤 연구자가 행정공무원의 사기에 관심을 가지고 이를 연구하기로 주제를 정하였다고 하자. 이 경우에 공무원의 사기에 관하여 무엇을 연구해야 할지 막연하다. 그러한 주제를 좀 더 체계적으로 탐색하는 가장 좋은 방법은 그 주제를 조사가능한 여러 개의 질문으로 구성하여 범위를 좁혀나가는 것이다. 그 과정에서 연구문제를 어떻게 규정하느냐에 따라 수집하여야 할 자료와 그 수집방법이 달라질 수 있다. 예를 들어, 지방의회가 교통관련 부서에 "도심의 대규모 소매상가와 교외지역을 연결한 도로건설 프로젝트"에 관하여 자료를 보내달라고 요청했다고 하자. 이러한 요구는 상당히 애매하므로 몇 가지 구체적인 질문으로 전환할 수 있는데, 어떠한 질문을 선택하느냐에 따라 필요한 자료와 그 수집방법은 크게 달라진다.

- "도로의 질은 어느 정도인가?"라는 질문으로 전환하면, 전문엔지니어를 동원하여 도로상에 파손된 웅덩이의 수와 규모를 세야 할 것이다.
- "도로의 사용빈도는 어느 정도인가?"라는 질문으로 전환하면, 통과하는 차량의 숫자를 세야 할 것이다.
- "시민들이 도로에 얼마나 만족하는가?"라는 질문으로 전환하면, 시민들로부터 만족 정도에 관하여 직접 자료를 수집하여야 할 것이다.
- "도로 때문에 도심의 대규모 소매상가의 매출이 증가했는가?"라는 질문으로 전환하면, 소매상가의 매출기록을 검토하고 상가 소유주를 상대로 자료를 수집하여야 할 것이다.

이와 같이 연구주제에서 구체적인 연구문제를 구성할 수 있어야 비로소 경험적 연구를 시작할 수 있다. 아이디어가 질문으로 전환되고, 다시 그 질문을 조사가능한 문제가 되도록 다듬어지는 과정에서 수많은 시행착오를 거치게 된다. 이러한 과정에서 일반적으로 연구자들이 거쳐야 하는 단계들은 다음과 같다.[11]

1) 연구과제의 목표규정

우선 연구자는 연구과제의 수행을 통하여 얻고자 하는 것이 무엇인가를 분명히 정의하여야 한다. 제2장에서 살펴본 바와 같이 연구의 목표는 실증주의적 관점, 해석적 관점, 비판적 관점 등 관점에 따라 달라질 수 있다. 그런데 실증주의적 관점에 따르면 모든 연구과제는 탐색, 기술, 설명의 세 가지 일반

11) T. L. Baker, *Doing Social Research*, McGraw-Hill, 1988, pp. 94-96.

적인 목적 중의 하나를 추구한다.

연구자는 연구과제를 수행하면서 탐색, 기술, 설명 중에서 어느 쪽에 중점을 두어야 할지를 분명히 결정하여야 한다. 그러기 위해서는 연구자 스스로가 연구과제를 수행한 후에 발표하고자 하는 것이 무엇인지를 생각해 보아야 한다. 어떤 일이 일어난 원인에 대하여 말하고 싶은가(설명)? 연구하고자 하는 현상을 정확하게 보여주고 싶은가(기술)? 어떤 새로운 아이디어를 제시하고 싶은가(탐색)? 연구자는 이들 중 한 가지를 분명히 결정하여야 한다.

2) 연구주제를 일련의 질문으로 진술

연구주제에 관계되는 의문점을 모두 적어본다. 관심사항을 의문문의 형태로 표현하여 보면 그에 대한 해답을 생각해 보게 되므로 연구문제를 구성하는데 도움이 된다. 일단 질문이 정해지면 그 각각에 대한 해답을 적어본다. 질문을 제기하고 그 질문에 답하는 일은 연구과제의 출발점인 동시에 끝이다. 그 중간단계에서 '방법'(method)이 적용되는 것이다. 즉 각각의 질문에 대하여 그 질문에 답하기 위한 데이터 수집 및 분석단계가 방법을 적용하는 단계이다.

이제 각각의 질문들에 대하여 살펴보자. 여러 가지 질문 중에서 기대하는 연구결과를 가장 잘 나타내 주는 질문은 어느 것인가? 그 연구주제와 관련하여 제기될 수 있는 또 다른 질문이 있는가? 만약 있다면 그 질문은 처음의 질문과 결합하여 연구의 관점을 강화시켜 줄 수 있는가? 이러한 과정을 통하여 일련의 질문을 검토하고 재검토한 다음 가장 적절한 질문을 선택한다.

3) 각각의 해답을 토대로 가설 설정

다음 단계는 각각의 문제에 대한 해답을 토대로 가설을 설정하는 단계이다. 이 가설들은 예상되는 연구결과를 진술함으로써 그 연구문제에 대한 잠정적인 해답을 제시한다. 가설에 관하여는 제4절에서 살펴보기로 한다.

5. 규범적 질문의 경험적 질문으로의 전환

과학적 연구가 규범적 질문에는 답변할 수 없다면, 사회현상과 행정현상 중 가장 흥미있고 중요한 주제들은 과학적 연구에서 배제된다고 생각하기 쉽다. 사실 과학적 연구에서도 규범적 현상을 다룰 수 있지만 이는 경험적 질문으로 전환시킬 때에만 가능하다. 그러므로 연구자가 관심을 가지고 있는 규범적 질문을 선택한 후, 여기에서 경험적 질문으로 전환하여 문제를 재구성해야 한다. 규범적 질문을 경험적 질문으로 재구성하는 방법에는 두 가지가 있는데 그 하나는 기술적 질문으로 전환하는 방법이고, 다른 하나는 관계형 질문으로 전환하는 방법이다.12)

기술적 질문으로 전환하는 방법은 어떤 규범적 판단을 사람들이 내리는 판단에 관한 질문으로 전환하는 것이다. 예를 들어, "대통령이 직무수행을 잘하느냐 그렇지 않느냐"라는 질문은 규범적인 것이지만 일반 국민이 대통령의 직무수행이 제대로 되었다고 생각하는지 여부에 대한 질문은 경험적이다. 이렇게 재구성한 질문을 일반 국민, 정치학자, 공무원 등을 대상으로 조사할 수 있다. 이같이 기술적 질문으로 전환하는 것은 대통령 지지율과 같은 사항에 대해서는 상당히 유용하겠지만, 많은 경우 그 결과가 사소한 것일 수도 있다.

규범적 질문을 경험적 질문으로 재구성하는 또 다른 방법은 규범적 판단의 가정을 토대로 관계형의 경험적 질문으로 전환하는 것이다. 대부분의 규범적 판단은 부분적으로는 경험적인 사실에 대한 믿음에 근거를 둔다. 예를 들어, 많은 사람들은 민주주의가 더 안정적이고, 전쟁을 덜 초래하고, 더 높은 경제성장을 이룩하기 때문에, 독재보다는 민주주의가 더 나은 정부의 형태라 믿는다. 그러나 이러한 가정들이 옳은가? 과학적 조사를 통하여 이러한 관계에 대한 믿음이 사실인지 검증할 수 있을 것이다. 한편 대다수의 공공정책과 제도의 도입을 원하는 규범적 주장은 그러한 정책 또는 제도도입의 효과에 관한 일정한 가정을 근거로 한다. 예를 들면, 세금감축을 옹호하는 사람들은 그렇게 하는 것이 투자를 촉진시키고, 일자리를 창출하며, 궁극적으로 세입을 증가시키게 될 것이라고 가정한다. 세금감면정책이 그러한 효과가 있는지 없는지에 관한 것은 경제학자들이 관심을 갖는 경험적인 질문이다. 규범적 질문을 경험적 질문으로 전환한 사례가 <표 4-1>에 제시되어 있다.

---

12) Monroe, *op. cit.*

표 4-1 규범적 질문을 경험적 질문으로 전환한 사례

규범적 질문	기술적 질문으로 전환	관계형 질문으로 전환
국회의원들의 임기제한을 채택해야 하는가?	대부분의 정치학자들이 임기제한을 찬성하는가?	임기제한은 의회의 결정에 있어서 이익집단의 영향을 증가시키는가?
마약의 합법화는 바람직한 것인가?	대부분의 국민이 마약의 합법화에 찬성하는가?	마약의 합법화는 다른 범죄의 발생을 감소시키는가? 마약의 합법화는 중독의 빈도를 얼마나 증가시키는가?
의회 의원의 선거운동 비용지출에 대한 규제가 강화되어야 하는가?	의회의 현직의원들이 정치신인들보다 선거운동 비용지출에 대한 규제에 더 찬성하는가?	선거비용 지출규제를 강화하면 현직의 재선률이 높아지는가?
대학교육을 위한 재정지출이 확대되어야 하는가?	유권자들은 대학교육을 위한 재정지출에 찬성하는가?	대학교육에 대한 재정지출과 대학교육의 질은 어떤 관계가 있는가?

출처: Monroe, *Social Essentials of Political Research*, p. 7, Box 1.2를 토대로 재구성.

6. 경험적 연구문제의 사례

다음은 국내외의 학술문헌에서 발췌한 몇 가지의 연구문제를 나열해 본 것이다. 여기에 나열한 질문은 실증주의적 관점에서 이루어진 것으로 주로 인과관계에 관한 질문이라는 점에 유의하기 바란다.

① 조직분위기는 행정의 성과에 어떠한 영향을 미치는가?[13)]

② 커뮤니케이션, 도시화, 교육, 농업은 국가의 정치발전에 어떤 영향을 미치는가?[14)]

③ 가정환경, 학교시설, 학생의 태도가 초등학교 학생의 언어성취도에 미치는

13) N. Frederickson, O. Jenson & A. Beaton, *Organizational Climates and Administrative Performance,* Princeton, NJ: Educational Testing Service, 1968.

14) P. Cutright, National Political Development: Measurement and Analysis, *American Sociological Review,* 27, 1963, pp. 229-245.

상대적 기여도는?[15)]

④ 자기존중(self-esteem), 교육정도, 그리고 가정환경은 직업적 성취도에 어떤 영향을 미치는가?[16)]

⑤ 미국 공무원의 등급(rank)은 사회계층, 인종, 성(sex)과 어떤 관련이 있는가?[17)]

⑥ 시관리자(city manager)의 관리적 가치관, 근무기간 및 시의회(council)와의 관계가 시관리자의 지역문제에 대한 인지에 어떠한 영향을 미치는가?[18)]

⑦ 지방자치의 실시는 지방정부의 복지정책 정향에 어떠한 변화를 가져왔는가?[19)]

⑧ 지방자치의 실시로 인하여 일반적으로 예상되었던 재정수요에 커다란 변화가 초래되었는가?[20)]

⑨ 사회경제적 발전, 정치체제의 성격, 국가간 관계(transnational relations)는 국가 공공보건의료정책과 보건의료비 지출에 어느 정도 영향을 미쳤는가?[21)]

⑩ 세대라는 요인은 한국유권자의 투표행태를 설명하는 데 실제적으로 유용한가?, 만약 유용하다면 다른 요인(지역주의, 도시화, 계급, 성, 교육수준 등)과 비교하여 얼마나 강한 영향력을 행사하는가?[22)]

이상에서 몇 가지의 연구문제를 살펴보았는데, 하나의 연구문헌에서 꼭 하

---

15) J. Coleman, E. Campbell, C. Hobson, J. Partland, A. Mood, F. Weinfeld, & R. York, *Equality of Educational Opportunity,* Washington, D.C.: U.S. Office of Education, 1966.

16) J. Bachman & P. O'Malley, Self-Esteem in Young Man: A Longitudinal Analysis of the Impact of Educational and Occupational Attainment, *Journal of Personality and Social Psychology,* 35, 1977, pp. 365-380.

17) K. Meier, Representative Bureaucracy: An Empirical Analysis, *American Political Science Review,* 69, 1975, pp. 526-542.

18) Victor S. Desantis, James J. Glass & Chaldean Newell, City Manager, Job Satisfaction, and Community Problem Perceptions, *Public Administration Review,* 52:5, 1992, pp. 447-453.

19) 이승종·김흥식, 지방자치와 지방정부의 정책정향: 복지 서비스기능을 중심으로, 「한국행정학보」, 26:2, 1992, p. 574.

20) 이영희, 지방자치제와 재정수요의 영향평가 및 예측, 「한국행정학보」, 26:2, 1992, p. 612.

21) Keun Namkoong, A Cross-National Study on Public Health Program and Policy Development: Comparative Analysis of Alternative Perspectives, 1989, 미국 Pittsburgh대학교 박사학위논문, p. 2.

22) 정진민, 한국선거에서의 세대요인, 「한국정치학회보」, 26:1, 1992, p. 146.

나의 연구문제만을 다루는 것은 아니기 때문에, 여기에 인용된 연구문제는 각 문헌에서 제시한 문제의 일부라는 점에 유념하기 바란다. 모든 경험적 연구문헌에서 연구문제를 위와 같은 의문문의 형태로 제시하는 것은 아니다. 오히려, 본 연구의 초점은 …, 본 연구의 목적은 …, 또는 본 연구에서 다루고자 하는 주요문제는 … 등 서술문의 형식으로 문제를 제시하는 경우가 많다. 특히 학술지에 게재되는 논문에서는 지면이 아주 제약되어 있기 때문에 연구목적을 기술하면서 연구문제를 기술하는 경우가 많다. 그러나 앞서 살펴본 것과 같이 연구문제는 의문문의 형식으로 제시하는 것이 보다 분명한 형태이다.

제2절 이 론

1. 연구문제와 이론의 중요성

연구문제가 선정되면 자료수집 이전에 연구문제와 관련된 이론들을 검토하여야 한다. 초보 연구자는 이론이 연구와 관계가 없는 것으로 생각하고 곧바로 자료수집을 진행하고자 한다. 그러나 연구자가 이론을 고려하지 않거나 이를 분명하게 드러내지 않고 연구를 진행할 경우 쓸모없는 자료를 수집하게 되어 시간을 낭비할 수 있다. 즉, 애매하거나 잘못된 논리, 부정확한 개념을 사용할 수 있으며, 자신의 연구목적을 뚜렷하게 제시하는 데 어려움을 겪게 된다. 또한 경험적 연구를 설계하고 이를 진행하고자 할 때 방향을 잃어버릴 수 있다.

그 이유는 간단하다. 이론은 그 주제에 관하여 어떻게 바라보고 생각해야 하는지 밑그림이 되기 때문이다.[23] 이론은 개념들을 제공하고, 기본적인 가정을 제시하며, 중요한 질문에 초점을 맞출 수 있도록 하고, 데이터로부터 의미를 찾을 수 있는 방법을 포함하고 있다. 연구자가 수행하고자 하는 연구문제는 이론을 통하여 다른 연구자들이 기여한 방대한 지식체계에 연결될 수 있다.

---

23) W. L. Neuman, *Social Research Methods: Qualitative and Quantitative Approaches*, 6th ed., Boston: Allyn and Bacon, 2005.

비유하자면 이론은 연구자가 하나의 나무가 아닌 숲을 볼 수 있도록 해주는 것이다. 연구자는 이론을 통하여 연구문제와 데이터의 상호연계와 넓은 의미에서의 중요성을 인식할 수 있다.

이론의 중요성은 연구의 유형에 따라 달라진다. 이론은 응용연구와 기술적 연구보다는 기초연구와 설명적 연구에서 중요성이 더욱 크다. 응용연구와 기술적 연구에서는 이론의 역할이 간접적일 수도 있다. 기술적 연구에서는 연구자가 개념을 분명하게 정의하고, 가설을 간접적으로 검증하기 위하여 이론을 활용할 수 있다. 그러므로 연구자는 설명적 연구는 물론 기술적 연구를 수행하고자 하는 경우에도 연구문제와 관련된 이론들을 적극적으로 검토하여야 한다.

2. 이론의 개념과 구조

1) 이론의 개념

제1장에서 살펴본 바와 같이 이론은 과학적 지식획득의 절차를 거친 산출물이며 과학공동체에 의하여 수용되어 과학의 발전과 더불어 축적되어온 지식체계의 일부로 편입된 것이다. 전체적으로 지식체계는 일정한 논리적 구조를 가지고 있으며, 상호 관련된 법칙, 원칙, 이론들의 체계이다. 사회과학분야의 연구자들도 현상을 설명하고 예측하는 데 사용할 수 있는 이론을 형성하고, 이러한 이론을 경험적 현상에 적용하여 검증하는 데 관심을 갖는다. 그러므로 이론은 현상의 설명과 예측의 전제로 쓰일 뿐 아니라 경험적 조사연구를 수행하는 데 있어서 지침을 제공할 수 있다.

그러면 이론이란 무엇을 지칭하는 것인가? Kerlinger는 "이론이란 현상을 설명하고 예측할 목적으로 변수들간의 관계를 구체적으로 밝힘으로써 현상에 대한 체계적 견해를 제공하는 일단의 상호관련된 개념, 정의, 명제들이다."라고 정의한다.[24] 여기에는 세 가지의 요소가 포함된다. 첫째, 이론은 정의된 개념(또는 변수)들로 구성되는 일단의 명제(진술)이다. 둘째, 이론은 개념(또는 변수)들간의 상호관계로 표현되며, 그렇게 함으로써 변수들에 의하여 기술되는 현상에 관한 체계적 견해를 제공한다는 것이다. 셋째, 이론은 하나의 변수

24) Fred N. Kerlinger, *Foundations of Behavioral Research,* 3rd ed., NY: Holt, Rinehart and Winston, 1986, pp. 8-9.

가 어떤 변수와 관련되어 있고, 어떻게 관련되었는지를 구체화함으로써 현상을 설명하고, 나아가서 특정의 변수들로부터 다른 변수를 예측할 수 있도록 한다는 것이다.

Rudner에 따르면 "하나의 이론이란 체계적으로 관련된 일련의 진술로서, 경험적으로 검증가능한 것이며, 여기에는 법칙과 비슷한 일반론"을 포함하고 있다고 본다.[25] 이러한 정의에 비추어 보면 이론은 몇 가지의 법칙(보편적 또는 통계적 법칙) 또는 경험적 일반론을 토대로 구성된다. Teune와 Przeworski는 이론이란 "과학적 설명에 있어서 전제로 쓰이는 일반적 진술들로 구성되는데, 비교적 완전한 설명을 제공하기 위해서는 보통 하나 이상의 일반적 진술이 필요하며, 이들은 서로 연결되어야 한다."[26]고 지적하고 있다. 그리고 Merton은 이론이란 "경험적 규칙성을 도출할 수 있는 논리적으로 연결된 일련의 명제"를 말한다고 본다.[27]

2) 이론의 논리적 구조

이러한 학자들의 견해를 종합한다면 이론이란 상호관련된 개념(변수)들의 연결관계 또는 규칙성을 나타내는 명제(진술)들로 구성된다. 이론의 논리적 구조는 다음과 같다.

첫째, 개념(변수)은 이론의 기초가 되는 구성요소(building block)이다. 그런데 개념이 따로 따로 사용되는 경우는 드물고, 상호관련된 개념들 또는 개념 클러스터가 사용된다. 예를 들면, 연구자가 도시쇠퇴라는 개념을 논의하고자 할 경우, 도시팽창, 경제성장, 도시화, 교외지역, 도심지역, 재개발, 대중교통 등과 같이 연관된 개념들이 사용된다.

둘째, 하나의 명제(proposition)는 두 개 이상의 개념(변수)들의 관계를 구체화하는 진술이다.[28] 예를 들면, "경제적 궁핍이 심할수록 폭동이 발생할 가

---

25) Richard S. Rudner, *Philosophy of Social Science,* Englewood Cliffs, NJ: Prentice-Hall, Inc., 1966, p. 10. 이에 대한 구체적 논의는 강신택, 전게서, 제3장 참조.

26) Przeworski & Teune, *Logic of Comparative Social Inquiry,* NY: Wiley, 1970, p. 20.

27) Robert K. Merton, *Social Theory and Social Structure,* 1968 enlarged ed., NY: Free Press, 1968, p. 35.

28) Jonathan H. Turner, In defence of positivism, *Sociological Theory,* 3:2,

그림 4-2 연역적 이론형성과 귀납적 이론형성

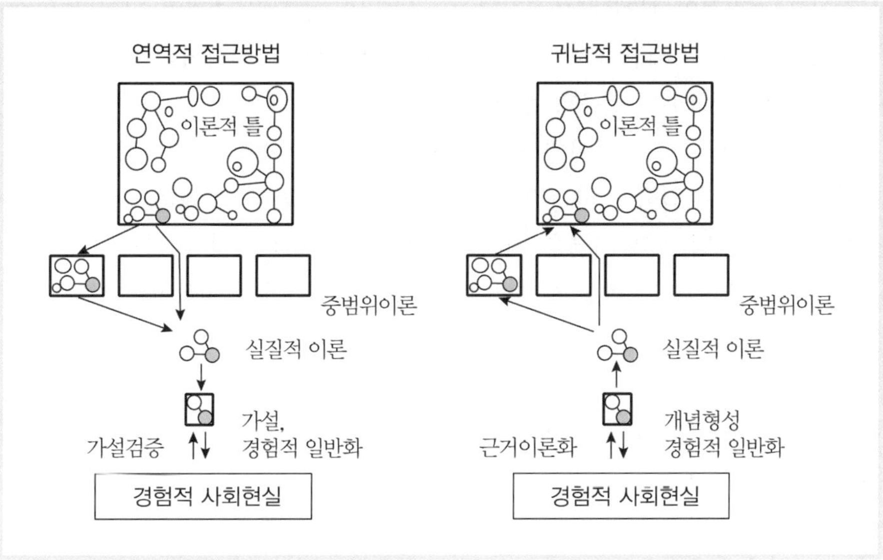

출처: Neuman, *Social Research Methods*, 4th ed., p. 50, Figure 3-1.

능성이 높다"라는 명제는 경제적 궁핍과 폭동의 관계와 그 방향을 알려준다. 연구자가 이러한 명제를 연구대상에 적용하여 경험적으로 검증하고자 할 경우 이는 다음에 살펴보게 될 가설이 된다. 하나의 가설을 여러 차례 검증하여 모두 확증될 경우, 과학공동체에서 그 명제가 진실이라는 확신이 강화되게 된다.

셋째, 상호의존된 둘 이상의 명제들이 하나의 이론을 구성한다. 예를 들어, "재난이 발생하면 경제적 궁핍이 심화된다."는 명제는 "경제적 궁핍이 심할수록 폭동이 발생할 가능성이 높다."는 명제와 함께 재해발생과 폭동의 관계에 관한 이론을 구성할 수 있다. 이러한 이론은 이론을 구성하는 개념 또는 명제를 통하여 다른 이론들과 연계되어 있으며, 전체적으로 이론들로 구성된 지식체계를 구성하게 된다([그림 4-2] 윗부분 참조).

3. 연역적 이론형성과 귀납적 이론형성

연구자들이 이론을 형성하고 검증하는 방법은 연역적 방법과 귀납적 방법

1985. p. 25. 그리고 김렬, 「연구조사방법론」, 박영사, 2007, pp. 24-26.

의 두 가지로 구분된다(제1장 5절 참조). 연역적 방법에서는 개념들 간의 추상적이고 논리적인 관계에서 시작하여, 구체적인 경험적 증거로 나아간다. 예를 들면, 연구자는 세상이 어떻게 돌아가는지에 관한 아이디어를 가지고, 이를 구체적 자료에 비추어 검증할 수 있다. 앞에서 예를 든 재해발생과 경제적 궁핍의 관계에 관한 아이디어에서 출발할 수 있다. 이러한 아이디어와 이론은 어떠한 자료를 수집해야 하는지 파악할 수 있도록 한다. 자료를 수집하여 분석한 다음, 연구결과가 이론을 지지하는지에 관하여 학습하게 된다.

귀납적 방법에서는 현실 세계에 관한 상세한 관찰에서 시작하여 보다 추상적인 일반화와 아이디어로 나아간다. 연구를 시작할 때에는 연구주제와 몇 가지의 애매한 개념만을 가지고 있을 수 있다. 관찰을 진행하면서 개념을 명백하게 하고, 경험적 일반론을 개발하고, 예비적인 관계를 확인할 수 있다. 연구자는 근거자료에서부터 출발하여 이론을 형성한다. 예를 들면, Fitchen이라는 학자는 농촌의 위기에 관한 연구에서 귀납적 추론을 활용하였다.29) 그녀는 농장의 위기에 관한 몇 가지 일반적 아이디어에서 연구를 시작하였다. 그녀가 인터뷰를 계속하고 관찰을 계속함에 따라 연구의 초점을 농장의 이슈로부터 보다 넓은 농촌공동체의 이슈로 확장하였다. 그녀는 개념을 분명하게 하고 경험적 일반론을 형성하였다. 궁극적으로 그녀는 사람들이 어떻게 농촌공동체로서 자기정체성을 따르는지에 관한 이론을 개발하였다. 이같이 귀납적 방법에 의하여 형성된 이론적 일반화를 근거이론이라 부르기도 한다([그림 4-2] 참조).

이론이 사회현상을 설명하고 예측하는 데 있어서 전제로 사용된다는 점은 제2장 제1절에서 이미 살펴 본 바 있다. 이론은 또한 구체적인 가설을 도출할 수 있는 근거로써 경험적 연구의 지침이 되는 것이다. 예를 들면, 우리나라의 공직사회에서 리더십의 효과성에 관한 경험적 연구를 수행하고자 할 경우 리더십에 관한 기존의 이론, 즉 민주적 리더십, 권위적 리더십, 상황적응적 리더십 등 여러 가지 이론을 토대로 경험적 연구의 개념적 준거틀을 구성할 수 있다. 경험적 연구에서는 이러한 이론과 개념적 준거틀을 토대로 설정한 가설을 검증하게 된다. 가설검증의 과정을 거쳐서 주로 서구에서 개발되고 검증된 리

29) Janet M. Fitchen, *Endangered Spaces, Enduring Places: Change, identity and survival in rural America.* Boulder, CO: Westview, 1991. 여기에서는 Neuman, *op. cit.*, p. 49에서 재인용.

더십 이론이 우리나라에서도 적용될 수 있는지를 확인할 수 있으며 또한 우리나라에 적합한 새로운 리더십 이론을 개발하고 형성할 수 있다. 그러므로 과학적 연구의 절차와 방법은 기존이론의 타당성을 검증하고 새로운 이론을 개발하고 형성하는 절차인 것이다.30)

4. 이론과 관련개념

근래에 접어들면서 이론, 모형, 또는 패러다임 등의 용어를 상호교환적으로 사용하는 경향이 나타나고 있으나, 이들 용어의 원래 의미는 서로 구분된다.

1) 모 형

모형은 현실세계의 본질적 특징을 부각시키면서 현실세계를 질서있게 정돈하고 단순화한 것이다. 예를 들어, 엔지니어는 항공기, 자동차, 선박 등과 같은 기계 또는 대형건축물, 교량, 다목적 댐, 공설운동장 등 구조물의 특징을 살리면서 소형화시킨 실물모형을 제작할 수 있다. 그러나 행정학을 포함한 사회과학분야의 연구에서 실물모형이 사용되는 경우는 매우 드물며, 복잡한 현실의 특징적 국면을 포착하여 이를 단순화한 개념적 모형(conceptual model)을 사용하는 경우가 많다. 의사결정(또는 정책결정)의 과정에 관한 모형을 생각해보자. 현실세계에서 이루어지는 의사(정책)결정의 과정은 매우 복잡하다. 이러한 의사결정과정 또는 절차를 단순화시켜서 그 특징을 부각시키기 위해서 제시된 모형으로는 합리모형, 점증모형, 만족모형, 조직과정모형, 쓰레기통모형, 관료정치모형 등 여러 가지 모형이 있으며, 이러한 모형은 행정학 및 정책학 교과서에 비교적 상세하게 기술되고 있다.

2) 패러다임

제2장에서 토마스 쿤이 제안한 패러다임이라는 용어가 특정 과학공동체의 구성원들이 공유하는 주도적인 이론체계이자 연구과정의 체계를 지칭한다는 점을 살펴 본 바 있다.31) 행정학 공동체 구성원들이 공유하는 주도적인 이론

30) Robert Dubin, *Theory Building,* revised ed., NY: The Free Press, 1978, chapter 3 참조.

체계로서 패러다임에 관한 논의도 전개되어 왔다. 예를 들면, Henry는 행정학 분야에서 학자들이 관심을 가졌던 패러다임을 시대별로 구분하여 패러다임 1(1900~1926): 정치행정 이원론(The Politics-Administration Dichotomy), 패러다임 2(1927~1937): 행정의 원리(The Principles of Administration), 패러다임 3(1950~1970): 정치학으로서 행정학(Public Administration as Political Science), 패러다임 4(1956~1970): 관리로서의 행정학(Public Administration as Manage-ment), 패러다임 5(1970~?): 행정학으로서 행정학(Public Administration as Public Administration)으로 구분하고 있다.[32] 패러다임이라는 용어를 사용하지는 않았지만 박동서는 행정학의 주도적 연구경향을 정치행정이원론(기술적 행정학), 정치행정일원론(기능적 행정학), 새 이원론(행정행태론), 새 일원론(발전론)으로 구분한 바 있다.[33] 그런데 사회과학 분야의 다른 분과학문과 마찬가지로 오늘날 행정학 분야에서도 주도적인 패러다임이 존재한다고 보기 어렵고, 공공관리론(public management theory), 신공공관리론(new public management theory), 뉴거버넌스론(new governance theory), 신공공서비스론(new public service theory), 공공가치론(public values theory)과 같은 미니-패러다임들이 공존하는 것으로 볼 수 있다.[34] 이러한 패러다임 또는 미니-패러다임은 특정 시대에 해당 학문분야 구성원들이 공유하는 신념체계로서 이론개발의 지침이 되기는 하지만, 직접적으로 경험적 연구의 지침이 될 수는 없다.

3) 이데올로기

이데올로기는 특정 집단이 공유하고 있는 폐쇄적인 신념 및 가치체계를 말한다. 이론과 이데올로기는 공통적으로 세상에서 일어나는 사건, 예를 들면,

---

31) Thomas Kuhn, *The Structure of Scientific Revolution,* chicago, IL: The University of Chicago Press, 1970.

32) Nicholas Henry, *Public Administration & Public Affairs,* 5th ed., Englewood Cliffs, NJ: Prentice-Hall, 1992, 제2장 참조.

33) 박동서, 「한국행정론」(제4전정판), 법문사, 1997, 제4장 참조.

34) 한국행정학회가 창립 60주년 기념으로 간행한 책자인 「한국행정학 60년, 1956-2016: 제2권 접근방법과 패러다임」, 법문사, 2017에서는 한국행정학의 패러다임을 관리론, 체계이론, 공공정책론, 공공선택론, 국가론, 제도주의, 사회자본과 거버넌스로 보고 있다.

범죄가 왜 발생하는지, 어떤 사람은 왜 가난한지, 이혼율이 왜 특정지역에서 높은지 등을 설명하고자 한다. 그러나 이론과 이데올로기는 다음과 같이 몇 가지 점에서 차이가 있다.[35)]

첫째, 이데올로기는 절대적인 확신을 가지고 설명하고자 하는데 비하여 이론은 조건부 설명을 제시한다. 이데올로기는 무엇이 옳은지, 도덕적인지, 좋은지 등 규범적인 범주에 해당되는 고정되고 강력한 가정에 기초하고 있다. 이데올로기는 특정의 신념 또는 사회적 상황에 뿌리를 두고 있으며 일부집단의 이익을 보호하고자 한다.

둘째, 이데올로기는 변화가 거의 없는 폐쇄적 신념 및 가치체계를 가지고 있는데 비하여 이론은 개방적이다. 이데올로기는 모순되는 증거를 용납하지 않으며 반증을 거부한다. 이데올로기는 이미 모든 해답을 다 가지고 있기 때문에 발전가능성이 거의 없다.

셋째, 이데올로기는 경험적 증거를 선별적으로 제시하고 해석한다. 이데올로기는 개인적인 경험 또는 확신, 선별적 관찰을 토대로 과잉일반화하는 경향이 있다. 이데올로기의 열성적인 신봉자는 아예 증거를 거부하거나 인정하기를 거절한다.

넷째, 연구자가 이데올로기는 검증할 수 없으며 따라서 참인지 거짓인지 밝힐 수 없다. 반면에 이론은 검증을 통하여 증거가 강화될 수 있고, 또 반박될 수 있다. 이러한 개방적 과정을 통하여 이론은 더 높은 수준으로 발전될 수 있다.

5. 이론의 분류

1) 적용범위에 따른 분류

이론은 그 적용범위에 따라 소범위이론, 중범위이론, 일반이론으로 구분된다.

(1) 소범위이론

소범위이론(narrow-range theory)은 좁은 범위의 현상에만 적용되는 이론을 말하며, 저수준이론(lower-level theory)이라 부르기도 한다. 여기에는

35) Neuman, *op. cit.,* pp. 40-41.

일상적인 연구에서 사용하는 연구가설 또는 작업가설(working hypothesis)도 포함된다. 예를 들면, 국회에서 의원들의 투표행태와 소속정당간의 관계에 관한 명제나 가설, 또는 국제기구에서 투표행태와 블록동맹에 관한 명제와 가설을 들 수 있다. 이러한 소범위이론은 다른 이론들과 결합하여 국회의원의 투표행태, 국제기구에서의 투표행태와 같은 중범위이론으로 발전할 수 있다.

(2) 중범위이론

중범위이론(middle range theory)은 적용범위면에서 소범위이론과 일반이론의 중간단계의 이론으로서 사회현상의 한정된 측면에만 적용된다. Merton은 오늘날 사회과학자들은 일반이론보다는 한정된 개념적 범위에 적용할 수 있는 중범위이론의 개발에 주력하여야 한다고 지적하고 있다.[36] Merton은 Talcott Parsons의 사회체계이론과 같은 일반이론을 추구하는 것에 비판적이었는데, 그 이유는 그러한 이론이 너무 추상적이어서 경험적으로 검증할 수 없다고 믿었기 때문이다. 그는 관찰된 자료를 토대로 검증될 수 있을 뿐 아니라 체계적 이론개발이 가능할 정도로 추상적인 중범위이론을 개발하여야 한다고 보았다. Merton은 사회학분야에서 중범위이론으로서 준거집단이론, 사회적 이동성이론, 역할갈등이론, 사회적 규범의 형성이론 등을 들고 있다. 행정학의 분야에서 예를 들면, 사기에 관한 여러 가지 이론, 즉, McGregor의 X이론과 Y이론, Vroom과 Lawler 및 Porter의 기대이론, Maslow의 욕구계층론, Herzberg의 동기-위생 이원론 등이 중범위이론에 해당된다.

Merton에 따르면 중범위이론은 다음과 같은 특징을 가지고 있다.[37]

① 중범위이론은 구체적 가설을 논리적으로 도출하고 경험적 조사에 의하여 확증할 수 있는 제한된 수의 가정들로 이루어진다.
② 이러한 이론들은 분리된 채로 존재하는 것이 아니라 더욱 넓은 범위의 이론 연결망(theory network)으로 연결되는데 이러한 예는 욕구수준의 이론, 준거집단이론, 기회구조이론 등에서 찾을 수 있다.
③ 이러한 이론은 사회적 행태와 사회구조의 상이한 영역을 다룰 수 있다. 따라서 중범위이론은 단순한 진술이나 경험적 일반론을 초월한다. 예를 들면, 사회갈등이론은 종족 및 인종갈등, 계급갈등, 그리고 국제적 갈등에

---

36) Robert K. Metron, *Social Theory and Social Structure,* 1968 enlarged ed., NY: Free Press, 1968.
37) Merton, *op. cit.,* p. 68.

적용된다.

④ 이러한 유형의 이론은 소집단연구에서 찾아볼 수 있는 미시적 사회문제와 사회적 이동성 및 공식조직, 그리고 사회제도들의 상호의존성에 관한 비교연구에서 찾아 볼 수 있는 거시적 사회문제의 구분을 넘어서 적용된다.

⑤ 마르크스의 역사적 유물론, 파슨스의 사회체계론, 그리고 소로킨의 통합사회학과 같은 전체 사회체계 이론은 물리학에서 '통합이론'(unified theory)의 탐색에서 이상적으로 생각하는 것과 같이 엄격하고 정연하게 조직된 체계라기보다는 일반적인 이론적 정향을 대변하는 것이다.

⑥ 그러므로 많은 수의 중범위이론들은 다양한 사회학적 사고의 체계와 조화될 수 있다.

⑦ 중범위이론은 뒤르케임과 웨버 등 전형적 고전이론을 형성한 학자들이 쌓아온 업적들의 연속선상에 있다.

⑧ 중범위이론의 정향은 동시대의 모든 급박한 문제들에 대하여 이론적 해결방안을 제공해야 한다고 가정하지 않는다. 대신에 이러한 문제들이 가용지식에 비추어 명료화될 수 있도록 다루고자 한다.

(3) 일반이론

일반이론(general theory) 또는 거대이론(grand theory)은 적용범위의 측면에서 가장 광범위한 것으로 하나의 학문분야 또는 전체 학문분야의 지식을 통합하기 위하여 제시된 이론을 말한다. 예를 들면, 마르크스의 역사적 유물론, 파슨스의 사회체계론, 이스톤의 정치체계론은 일반이론을 추구하려고 시도한 사례에 해당된다. 이러한 이론은 사회적 행태, 조직, 그리고 사회변화에 관한 모든 관찰된 현상을 설명하려고 시도한다. Merton은 사회학 등 사회과학분야에서 학문발달의 초기단계에서는 학자들이 일반이론을 추구하여야 한다는 압력을 받게 되는데, 그 이유로서 자연과학 분야와 견주어 학문 정체성을 확립하여야 한다는 압박감, 그리고 사회과학도 하나의 과학으로서 모든 사회문제 해결방안을 제시할 수 있어야 한다는 정책결정자와 국민들로부터의 과도한 기대를 들고 있다.[38]

그러나 이러한 일반이론 또는 거대이론은 추상성의 정도가 너무 높기 때문에 경험적 연구의 지침이 되기는 어렵다.

---

38) Merton, *op. cit.*

2) 분석수준에 따른 분류

이론은 분석수준에 따라 거시수준의 이론, 중위수준의 이론, 그리고 미시수준의 이론으로 구분된다.

(1) 거시수준의 이론

거시수준(macro-level)의 이론은 국가, 사회 등 거시수준에서 작용하는 과정에 관한 이론이다. 예컨대 특정 분야의 정책이 복지국가의 성장, 자본주의 경제에서 국가의 역할, 또는 사회에서 권력의 배분과 같은 거시사회적 현상의 결과로 대두된다고 보는 입장을 들 수 있다. 이러한 유형의 이론에서는 국가, 경제, 사회계급 등 집계화 및 추상화의 단계가 높은 근본구조를 탐색하려는 연구에서 전형적으로 사용된다.[39] 그러나 이러한 이론은 집계화 및 추상화의 수준이 너무 높기 때문에 구체적인 특정영역 또는 분야에 관한 경험적 연구에서는 적용가능성이 제약된다.

(2) 중위수준의 이론

중위수준(meso-level)의 이론은 정부기관, 이익집단 등 집단의 수준에서 작용하는 과정에 관한 이론이다. 예컨대, 특정분야의 정책을 그 결정에 관련된 정부기관의 특성이나 관련집단들의 상호작용 등 중간단계에서 개입하는 단위들의 영향을 받는 것으로 보는 것이다.

(3) 미시수준의 이론

미시수준(micro-level)의 이론은 개개인의 행동에 초점을 맞추고 있는 이론이다. 행정 및 정책의 연구에서는 합리적 선택이론가들이 취하고 있는 입장인데, 이들은 공무원, 정치인, 소비행위자 등 개인의 선호와 이해관계를 분석하여 현상을 설명하려고 시도한다.

6. 이론평가의 기준

과학이 발달하는 어느 단계에서나 동일한 종류의 사건들을 설명해 주는 여

39) Louis M. Imbeau, Introduction: The Comparative Observation of Government Activity, pp. 1-12. in L. M. Imbeau & R. D. Nckinlay(eds.), *Comparing Government Activity,* 1996, p. 5.

러 가지 이론들은 하나 이상 존재할 수 있다. 따라서 특정현상을 설명하는데 이러한 이론들은 서로 경쟁관계에 있을 수 있다. 그러므로 이러한 이론들을 평가할 수 있는 기준이 있어야 한다. 이러한 기준으로 Teune과 Przeworski는 정확성(accuracy), 일반성(generality), 간명성(parsimony) 및 인과성(causality) 등 네 가지 기준을 제시한다.[40]

1) 정확성

이론의 정확성(accuracy)이란 가능한 한 많은 변이(variation)를 설명하고 예측할 수 있어야 한다는 것이다. 이 기준은 어떤 이론에서 독립변수들에 의하여 설명되는 분산의 양으로 표현될 수 있다. 즉 독립변수에 의하여 설명되는 분산이 클수록 예측 오차가 그만큼 감소한다는 의미에서 정확성이 높다. 예를 들어, 어떤 사회에서는 이혼의 99.8%를 배우자의 교육수준과 종교가 결정한다고 하자. 한편 또 다른 사회에서는 이혼의 99.9%가 설명되지만 그것을 설명하는 요인은 사뭇 달라서 부부 상호간의 인식, 혼전 성경험의 범위, 그리고 결혼생활 중의 성적 만족도라고 하자. 그러면 이 두 이론은 최소한 모두 정확한 것이다. 그것들은 각 사회에서 이혼을 거의 완벽하게 설명한다. 그러나 이들 이론은 다음에 설명할 일반성, 간명성 및 인과성과 같은 이론들에 부과되는 다른 요구들을 충족시키지 못할 가능성이 크다.

---

40) 한편 McCool은 그 기준으로 타당성(Validity), 경제성(Economy), 검증가능성(Testability), 조직화/이해(Organization/Understanding), 휴리스틱(Heuristic), 인과적 설명(Causal Explanation), 예측력(Predictive), 적실성/유용성(Relevance/Usefulness), 적용범위(Powerful), 신뢰성(Reliability), 객관성(Objectivity), 진실성(Honest theory) 등 11가지를 들고 있다. 이러한 기준은 자연과학과 사회과학 분야의 이론에 모두 적용되지만 사회과학 분야의 이론이 이러한 기준을 모두 충족시키기 어렵다. 그리고 11가지 기준들이 때로는 상충될 수 있기 때문에 그들 사이에 우선순위를 설정하기는 어렵다. 타당성과 신뢰성과 같은 기준은 이론을 구성하는 개념의 평가기준으로 보아야 할 것이고, 설명과 예측은 중복되는 등 많은 수의 기준을 나열하였을 뿐 경제성과 간명성이 떨어진다. 그러므로 여기에서는 Teune과 Przeworski가 제시한 네 가지 기준을 중심으로 살펴보기로 한다. David C. McCool, *Public Policy Theories, Models, and Concepts: An Anthology,* Englewood Cliffs, NJ: Prentice-Hall, 1995.

2) 일반성

이론의 일반성(generality)이란 적용되는 사회현상의 범위를 가리킨다. 이론의 일반성이 클수록 그 이론에 의하여 설명될 수 있는 현상의 범위는 커진다. 그런데 이론의 정확성이 극대화될 경우, 그 일반성과 간명성은 낮아질 수 있다. 앞에서 예를 든 이혼을 설명하는 이론들을 보면, 각 사회체계마다 이혼의 분산을 99.8% 이상 설명할 수 있지만 두 체계 모두에 관하여는 조금도 예측할 수 없는 경우가 있다. 이같은 설명은 일반성이 낮다.

3) 간명성

간명성(parsimony)이란 주어진 사건들을 설명하는 데 사용되는 독립변수의 숫자에 관한 것으로, 숫자가 적으면 적을수록 간명한 이론이 된다. 어떤 상황에서는 간명성은 떨어지더라도 특정 사회체계에서의 정확성이 더욱 중요한 기준으로 인정될 경우가 있다. 예를 들면, 한국에서의 선거결과를 예측하려고 한다면, 미국의 선거결과를 예측하는 요인들과 같은 것에는 관심이 없게 될 것이다.

그러나 연구의 목표가 왜 사람들이 정당에 귀속하느냐에 대한 이해를 제공하는 데 있다면, 일반성과 간명성이 특정 체계에 관한 정확성보다 중요하게 된다. 반면에 만일 어떤 이론의 역할이 사회생활을 위한 즉각적인 지침을 마련하는 것이라면, 그 경우에는 특정 사회체계에서의 정확성이 가장 중요한 기준이 된다.

4) 인과성

이론을 평가하는 네 번째 기준은 인과성에 관한 것이다. 현상을 설명하는 원인변수 이외에 새로운 변수들이 첨가되어도 설명유형(explanatory pattern)에 변화가 일어나지 않을 경우 인과적이라고 간주된다. 인과적 추론의 조건과 그 저해요인 또는 위협요인에 관한 것은 본서 제6장에서 상세하게 논의하고 있다.

제3절 연구의 개념적 준거틀

1. 개념적 준거틀의 의미

하나의 연구주제와 관련된 여러 개의 연구문제를 제기할 수 있다. 연구자가 자신의 연구문제와 관련된 이론들을 검토하여야 한다는 점은 이미 살펴보았다. 연구자는 이러한 이론들 가운데 연구문제와 직접 관련된 명제들을 선정하여 연구문제에 적합한 개념적 준거틀(conceptual framework)을 구성하여야 한다. 개념적 준거틀은 이론적 준거틀(theoretical framework)이라고 부르기도 한다. 연구의 개념적 준거틀이란 연구문제들에 포함된 개념(또는 변수)들을 구성요소로 하고 이들 구성요소들의 관계를 연결하여 구성한 하나의 시스템을 말한다.[41] 이러한 준거틀은 도표나 등식 또는 다른 추상적인 형태로 표현된다. 개념적 준거틀은 구성요소와 그들간의 관계로 구성된다. 다른 요소와 연결되지 않는 한, 하나의 구성요소만 가지고는 개념적 준거틀을 구성할 수 없다. 그러므로 다른 구성요소와 관련이 없는 구성요소나 연관성이 약한 구성요소는 제외시키는 것이 바람직하다. 준거틀은 연구목적에 비추어 부적절한 요소들은 제거시키고 중요한 변수만을 선택하여 구성하므로 연구주제와 관련된 현실을 단순화시킨 것이 된다.

41) 여기에서 개념적 준거틀은 영어의 conceptual framework를 지칭하는 말이다. 개념적 준거틀을 이론적 준거틀(theoretical framework) 또는 개념적 모형(conceptual model)이라고 부르기도 한다. 엄격한 의미에서는 이러한 용어의 구분이 가능하지만, 여기에서는 이들을 상호교환적인 의미로 사용하기로 한다. Mayer & Greenwood, *The Design of Social Policy Research,* 1980, chapter 7; Elizabethan O'Sullivan & Gray R. Rassel, *Research Methods for Public Administrators,* 4th ed., Addison-Weseley, 2002, chapter 1 참조.

2. 개념적 준거틀의 구성과정

개념적 준거틀의 구조(structure)는 이론의 구조와 거의 유사하다. 즉, 구성요소인 개념(concept) 또는 변수(variables)와 그 관계로 구성되는 것이다. 그러면 그 차이는 무엇인가? 이론은 이미 여러 차례 검증을 거쳐 기존의 지식체계에 편입된 반면, 개념적 준거틀은 연구자가 주도적으로 구성한 후, 이를 자신의 연구에서 경험적 자료를 토대로 검증하고자 하는 것이다. 그러면 연구자가 연구주제에 관련된 여러 가지 변수 중에서 개념적 준거틀에 어떠한 변수를 식별하여 포함시켜야 하며 이들 변수간의 관련성은 어떻게 설정하여야 하는지 차례로 살펴보기로 하자.

1) 구성요소(개념 및 변수)의 식별

개념적 준거틀에 포함될 구성요소(개념 또는 변수)는 연구주제를 이해하고 설명하는 것과 관련성이 있는 요소들이어야 한다. 구성요소로서의 개념은 추상성이 높은 데 비하여, 변수는 개념을 구체화하여 측정가능한 형태로 정의한 것이다(개념과 변수의 구체적인 의미는 제9장에서 살펴보기로 하고, 당분간 이들 용어를 상호교환적으로 사용하기로 한다). Mayer와 Greenwood는 개념적 준거틀에 포함될 변수를 식별하는 방법으로 연구문제를 중심으로 '인과적 모델링'의 방법을 사용할 것을 권하고 있다.[42] 즉 연구문제의 해결방안을 탐색하는 데 있어서 인과분석, 또는 목표-수단분석을 적용하는 것이다. 예를 들어, 의료보험제도에 있어서 비용지출의 급격한 증가가 정책문제로 대두되어, 그 억제방안을 탐색하는 연구를 생각해 보자. 이 경우에 의료비용 억제라는 정책목표를 종속변수로 설정하고, 그러한 목표를 달성할 수 있는 대안을 탐색한다. 예를 들어, 수혜자 수 축소, 수혜서비스 종류 축소, 서비스 단위당 비용의 삭감 등의 대안을 생각하였다면 이들을 독립변수로 보고 개념적 준거틀에 포함시킨다.

O'Sullivan과 Rassel은 개념적 준거틀의 구성요소를 식별하는 방법으로 연구자의 아이디어, 동료와의 토론, 기존이론의 재검토, 그리고 기존 자료세트의 검색 등의 방법을 제시하고 있다.[43]

---

42) Mayer & Greenwood, *op. cit.,* pp. 124-125.

(1) 연구자의 아이디어

연구자의 아이디어란 연구자가 연구주제에 대하여 가지고 있는 지식, 신념, 인상 등을 의미한다. 연구자가 연구주제에 대하여 사전 지식이나 통찰력이 전혀 없이 연구를 시작하는 경우는 드물다. 대부분의 경우에 연구자는 연구문제를 해결하는 데 활용할 수 있는 풍부한 정보를 가지고 있다. 연구자는 자신이 가지고 있는 정보의 중요성을 과소평가하지 말고 이를 토대로 개념적 준거틀의 구성요소를 식별하기 위해서 노력하여야 한다. 이러한 과정에서 연구자의 아이디어가 좀 더 구체화될 수도 있다.

(2) 동료연구자와 토론

동료연구자와 토론이란 연구문제와 가능한 해답에 관하여 동료연구자들과의 상호작용을 거치는 것을 뜻한다. 연구의 개념적 준거틀을 구성하는 과정에서 전문가들이나 동료연구자들이 어떠한 방법으로 개념적 준거틀을 구성하였는가를 알게 되면 자신의 개념적 준거틀을 구성하는 데 큰 도움이 된다.

(3) 기존이론의 재검토

연구는 반복적인 과정이며 연구자는 다른 연구자의 연구업적을 토대로 새로운 연구를 시작하게 된다. 그러므로 연구주제를 선정한 후에 관련 분야에서 다른 연구자가 이루어 놓은 연구결과와 기존이론들을 참고하게 되면 연구의 개념적 준거틀을 구성하는 데 큰 도움이 된다. 앞에서 이미 연구문제와 관련된 기존의 이론을 검토해야 하는 이유를 살펴보았다. 기존문헌의 검색방법에 관하여는 제5장에서 구체적으로 살펴보게 된다.

(4) 기존자료 세트의 검색

연구자가 연구문제와 관련된 자료세트를 구할 수 있는 경우 그 자료세트를 검색해 본 다음, 이에 대하여 예비적으로 분석해 본 이후에 분석틀에 관한 아이디어를 구하거나 기존의 아이디어를 수정·보완할 수 있게 된다.

2) 개념(변수)간의 관계설정

개념적 준거틀에 포함시킬 개념(변수)의 목록을 정한 다음에는 이들 변수간의 관계를 설정하여야 한다. 개념(변수)간의 관계를 검토하기 위해서는 변수

---

43) O'Sullivan & Rassel, *op. cit.*, pp. 5-8.

간 관계의 성격을 규명하여야 한다. 고려하여야 할 변수를 두 변수로 한정시킬 경우, 그 관계의 성격은 다음과 같은 세 가지로 구분된다.44)

첫째는 대칭적 관계(symmetrical relationship)인데, 이는 두 변수간의 관계에서 어떤 변수도 다른 변수의 원인이 아닌 경우이다. 보통 두 변수간에 상관관계 또는 공동변화만 확인할 수 있고 인과관계의 방향은 알 수 없을 때, 이들은 대칭적 관계가 있다고 말한다. 변수 X와 Y 사이의 이러한 대칭적 관계를 기호로 표현하면 X↔Y와 같이 양방향의 화살표로 표현한다.

둘째는 비대칭적 관계(asymmetrical relationship)인데, 한 변수가 다른 변수에 영향을 미치는 관계를 말한다. 이러한 관계에서는 한 변수(독립변수)가 다른 변수(종속변수)의 원인이 된다. 즉 독립변수의 변화가 종속변수의 변화를 유발하는 관계인데 이러한 비대칭적 관계에 관한 인과분석이 과학적인 설명과 예측, 그리고 통제의 기초가 된다. 변수 X와 Y 사이의 비대칭적 관계를 기호로 표현하면 X→Y와 같이 한쪽 방향의 화살표로 표현된다.

변수간 관계는 긍정적 관계(+)일 수도 있고 부정적인 관계(−)일 수도 있다. 긍정적인 관계에서는 원인변수의 값이 커지면, 결과변수의 값도 증가한다. 예를 들면, 사람이 교육을 많이 받을수록 그 소득이 높아진다고 보는 것이다. 부정적인 관계에서는 원인변수의 값이 증가하면, 결과변수의 값은 감소한다. 예를 들면, 운동시간이 많을수록, 병원을 방문하는 횟수가 적다고 보는 것이다.

셋째는 상호인과적 관계(reciprocal relationship)인데, 이러한 관계는 두 변수가 서로 영향을 미치는 관계를 말한다. 예를 들면, 두 변수 X와 Y의 관계에서 X의 변화가 Y의 변화를 초래하였는데, Y의 변화는 다시 X의 변화를 초래하고, 이어서 X의 변화는 다시 Y의 변화를 초래하는 등 상호영향을 주고 받는 관계를 말한다. 이 경우에는 두 변수가 서로 다른 변수의 원인이 되므로 상호인과적 관계라고 부르며, 기호로 표현하면 X⇄Y와 같이 다른 방향의 화살표 두 개를 그려서 표현한다.

3) 변수의 위치에 따른 변수의 유형 결정

앞 단계에서 개념적 준거틀에 포함시키는 것이 적절하다고 판단되는 변수

44) Morris Rosenberg, *The Logic of Survey Analysis,* NY: Basic Books, Inc., 1968, chapter 1.

들의 목록이 선정되고, 이러한 변수간 관계의 성격이 고려된 다음에는 개념적 준거틀 내에서 각 변수가 차지하는 위치가 설정되고 변수의 유형이 결정되어야 한다.[45] 각 변수의 위치를 설정하는 데에는 변수들 간의 인과적 선후관계를 고려하는 것이 중요하다. 앞에서 두 변수간의 인과적 관계를 살펴보면서 독립변수와 종속변수의 개념을 도입하였다. 그러나 인과적 연쇄관계(causal chain)가 상당히 긴 경우에는 독립변수와 종속변수라는 개념만 가지고는 개념적 준거틀 내에서 변수의 위치를 설정하는 것이 어렵다. Rosenberg는 독립변수(X)와 종속변수(Y)와의 관계에 개입하여 그 관계에 영향을 미칠 수 있는 제3의 변수를 외재적 변수(extraneous variable), 매개변수(intervening variable), 선행변수(antecedent variable), 구성변수(component variable), 억제변수(suppressor variable), 왜곡변수(distorter variable) 등 여섯 가지로 나누어서 설명하고 있다.[46] 그 밖에도 조절변수(moderating variable)와 통제변수(control variable)도 개념적 준거틀을 구성하는 데 중요한 변수이다.

이들 중에서 개념적 틀을 구성하는 변수의 기본인 독립변수와 종속변수를 살펴본 다음, 매개변수와 조절변수에 관하여 살펴보겠다. 이어서 외재적 변수와 통제변수, 선행변수, 구성변수, 억제변수, 왜곡변수의 순서로 살펴보기로 한다.

(1) 독립변수

인과적 연구에서 독립변수란 종속변수의 변화를 초래하는 원인으로 추정된 변수이다. 실험적 조사설계의 독립변수는 연구자에 의해서 조작되는 실험변수를 말한다. 예를 들어, 어떤 학자가 여러 가지 교수법의 효과를 실험을 통하여 연구한다고 하면, 교수법이 독립변수이다. 여기에서 실험변수의 조작이란 연구자가 여러 가지의 교수법을 자신이 실험하고자 하는 방법으로 적용할 수 있다는 것을 뜻한다. 비실험적 조사연구의 독립변수는 논리상 종속변수에 영향을 미쳤으리라고 추정되는 변수이다. 설명의 관점에서 본다면 독립변수는 종속변수의 변화를 설명하는 설명변수(explanatory variable)이다. 한편 예측이라는 관점에서 본다면, 독립변수는 예측을 하게 하는 예측변수(predictor variable)이다.

---

45) Mayer & Greenwood, *op. cit.,* p. 143.

46) Rosenberg, *op. cit.,* Chapters 2, 3, 4 참조.

(2) 종속변수

종속변수는 독립변수가 변화하면 그 영향을 받은 결과로 변화하는 변수를 말한다. 설명의 관점에서 본다면 종속변수는 설명되는 변수(explained variable)이고, 예측이라는 관점에서 본다면, 종속변수는 예측되는 변수(predicted variable)이다.

일반적으로 독립변수는 X, 종속변수는 Y로 표기하며 그 관계는 다음과 같이 표현된다.

독립변수(X) → 종속변수(Y)

한편 독립변수의 수가 많아지면 X_1, X_2, 종속변수의 경우에는 Y_1과 Y_2 등 아래첨자를 사용하여 변수를 구분한다.

(3) 매개변수

독립변수와 종속변수의 사이에서 독립변수의 결과인 동시에 종속변수의 원인이 되는 변수를 매개변수(intervening variable, mediator)라고 부른다. 매개변수는 다음과 같이 표현된다.

독립변수(X) → 매개변수(I) → 종속변수(Y)

매개변수(I)는 독립변수(X)가 종속변수(Y)에 영향을 미치는 통로가 되는 메커니즘으로 생각할 수 있다.[47] 매개변수(I)는 독립변수(X)가 종속변수(Y)에 영향을 미치는지뿐만 아니라 독립변수가 어떻게(*how*) 종속변수(Y)에 영향을 미치는지 파악하는 것이다. 독립변수(X)가 매개변수(I)의 원인이 되고, 매개변수(I)가 다시 종속변수(Y)의 원인이 되는 상황을 생각할 수 있다. 독립변수(X)가 매개변수(I)를 통하여 종속변수(Y)에 영향을 미칠 경우 그 매개효과를 간접효과(indirect effect)라고 부르며 이와는 별도로 직접 영향을 미칠 경우 이를 직접효과(direct effect)라고 부른다.

복잡한 사회현실을 살펴보면 어떤 변수는 그에 선행하는 다른 변수의 결과이며, 동시에 다음에 나타나는 변수의 원인이 된다. 따라서 사회현상에서의 인

---

47) Andrew F. Hayes, *Introduction to Mediation, Moderation, and Conditional Process Analysis: A Regression-Based Approach,* 2nd ed., NY: The Guilford Press, 2018, pp. 5-6.

과적 관계는 끊임없는 인과적 고리로 이어져 있다고 볼 수 있다. 그러므로 독립변수와 종속변수의 사이에는 여러 가지 매개변수가 들어갈 수 있다. 예를 들면, 부모는 그들의 사회경제적 지위를 자녀에게 그대로 전달하기도 하지만(직접효과), 다른 한편으로는 교육을 통하여 간접적으로 전달한다(간접효과). 이 경우 자녀의 교육은 매개변수이다. 매개변수의 영향은 경로분석(path analysis)을 통하여 파악된다.

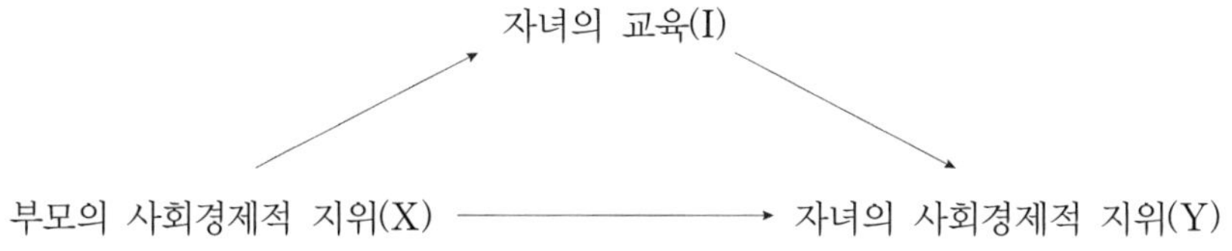

정책연구에서는 정책 또는 프로그램이 독립변수가 되고 정책목적이 종속변수가 된다. 그런데 Weiss는 정책의 집행과정에서 발생할 수 있는 매개변수를 두 종류로 구분하여 집행변수(implementation variables)와 교량변수(bridging variables)로 구분하고 있다.[48] 집행변수는 정책 또는 프로그램의 내용을 실행에 옮기는 데 채택된 구체적인 행정적 전략을 말한다. 한편 교량변수는 정책목적의 달성에 앞서 나타나야 할 일종의 중간결과를 말한다. 예를 들어, 직업훈련프로그램(독립변수)이 그러한 훈련을 받은 자의 취업을 목표(종속변수)로 한다고 할 때, 피훈련자가 취업하기 위해서는 반드시 일정한 수준의 기술을 습득하여야 한다. 여기에서 일정 수준의 기술습득을 교량변수라고 할 수 있다. 한편 그러한 훈련내용의 집행과정이 집행변수이다. 집행변수는 정책결정자가 통제할 수 있는 데 비하여 교량변수는 정책결정자가 통제할 수 없다.[49]

(4) 조절변수

조절변수(moderator, moderating variable)란 다른 두 변수의 관계를 조절하거나 영향을 미쳐, 상호작용 효과(interaction effect)를 나타나게 하는

48) Carol H. Weiss, *Evaluation Research*, Englewood Cliffs, NJ: Prentice-Hall, Inc., 1972, pp. 45-51; Mayer & Greenwood, *op. cit.*, p. 125.
49) Mayer & Greenwood, *op. cit.*, p. 126.

변수를 말한다. 다시 말하면 독립변수와 종속변수간의 관계가 제3의 변수가 취하는 값에 따라 달라질 때 제3의 변수를 조절변수라고 한다.50)

독립변수(X) ──────→ 종속변수(Y)

↑

조절변수(M)

조절변수는 독립변수의 종속변수에 대한 영향이 언제(*when*) 나타나는지 또는 나타나지 않는지 파악할 수 있도록 한다. 즉 독립변수의 영향이 어떤 상황에서 또는 어떤 유형의 사람들에게 나타나는지 알 수 있도록 한다.51) 예를 들면, 비만치료센터에서 두 가지 다이어트 요법 A, B와 한 가지 운동 프로그램으로 치료를 한다고 하자. 고객이 다이어트만 했을 경우 A와 B요법의 체중감소효과는 거의 같았다. 그런데 운동 프로그램과 결합했을 경우 다이어트 A보다 다이어트 B가 체중 감소효과가 훨씬 크다고 하자. 이 경우 운동 프로그램은 다이어트 프로그램의 효과를 조절하는 것이다. 한편 고객의 연령 또는 성별에 따라 다이어트 요법의 효과가 차별적으로 나타날 경우, 연령 또는 성별이 조절변수가 된다.

조절변수의 역할은 기존연구에서 연구결과가 상충될 때, 그 이유가 될 수도 있다. 예를 들어, 공연장에서 관중이 많을 때와 적을 때를 비교하여 공연의 성과를 연구한 논문들을 찾아보았다고 하자. 일반적으로 대다수의 연구에서 사회적 촉진효과(social facilitation effect), 즉 관중이 많을 경우 성과가 약간 좋아지는 효과가 나타났다. 그런데 보다 면밀하게 관찰한 결과 일부 연구에서는 사회적 촉진효과가 매우 큰 것으로 나타난 반면, 또 다른 연구들에서는 정반대로 사회적 억제효과(social inhibition effect), 즉 관중이 많을 경우 성과가 나빠지는 효과가 나타났다.

왜 그런가? 검토결과 공연의 내용이 관중들이 쉽게 이해할 수 있을 정도로 쉬운 경우에는 사회적 촉진효과가 매우 강력하게 나타났고, 공연의 내용이 매우 난해할 경우에는 사회적 억제효과가 있었다는 것이 밝혀졌다. 이 경우 공연의 난이도가 조절변수라는 것이 밝혀진 것이다. 즉 관중의 크기가 공연의 성과

---

50) Mark Mitchell & Janina Jolley, *Research Design Explained,* 6th ed., Wadsworth, 2007, p. 51 및 pp. 61-63.

51) Hayes, *op. cit.* pp. 8-9.

그림 4-3 조절변수가 영향을 미친 사례

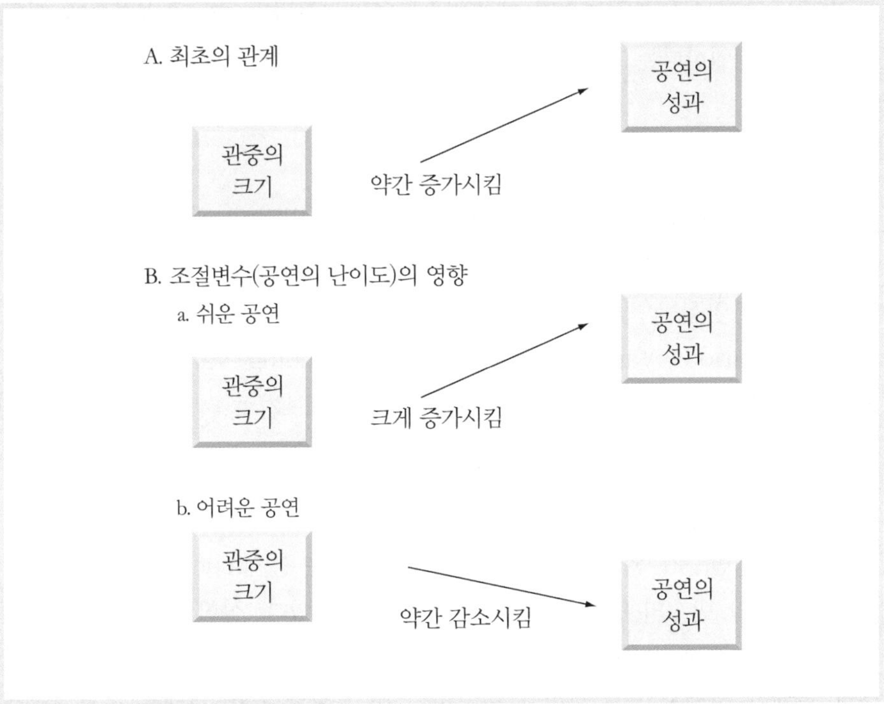

에 미치는 영향은 공연의 난이도에 따라 달라진다는 것이다.

[그림 4-3]에 그러한 관계를 나타냈다. [그림 4-3] A와 같이 공연의 난이도를 고려하지 않을 경우, 일반적으로 관중수가 많을수록 공연의 성과가 조금씩 높아지는 것으로 나타났다. 그런데 공연의 난이도에 따라, 분류하여 관중의 크기와 공연의 성과를 보다 면밀하게 관찰한 결과, 쉬운 공연의 경우에는 [그림 4-3] B.a와 같이 강력한 사회적 촉진효과가 나타난 반면, 어려운 공연의 경우에는 [그림 4-3] B.b와 같이 약한 사회적 억제효과가 나타났다. 이 경우, 공연의 난이도라는 조절변수가 독립변수인 관중의 크기와 종속변수인 공연의 성과 사이의 관계를 강화시키거나 약화시킨 것이다.

통계분석에서는 조절변수의 효과를 '조절효과'(moderating effect)라고 부르는데, 독립변수의 영향을 의미하는 '주효과'(main effect)와 구분하여 독립변수와 조절변수의 '상호작용효과'(interaction effect)라고 부르며, 이를 '조건적 효과'(conditioning effect), '부수적 효과'(contingency effect), 또는 '결합효과'(joint effect)라고 부르기도 한다(본서 제7장 진실험의 유형 중 요인설계 참조). 그러므로 조절변수와 매개변수는 모두 독립변수가 종속변수에 미치는 영향에 개입한다는 점에서는 유사하지만 그 경로가 다르다는 점에 유의하여야 한다.

(5) 외재적 변수

외재적 변수(또는 허위변수)는 독립변수와 종속변수의 관계가 표면적으로는 인과적 관계에 있는 것처럼 보이는 경우에도 실제로는 두 변수가 우연히 어떤 변수와 연결됨으로써 관계가 있는 것처럼 보이게 하는 제3의 변수, 즉 허위변수(spurious variable)와 혼란변수(confounding variable)를 말한다. 이에 관하여는 제6장 및 7장에서 구체적으로 살펴보기로 하겠다.

(6) 통제변수(control variable)

종속변수에 영향을 미칠 것으로 생각되지만 독립변수 또는 실험변수로 고려하지 않은 변수가 외재적 변수이며, 이들 변수는 통제(control)가 이루어져야 독립(실험) 변수의 영향을 정확하게 파악할 수 있다. 실험의 경우 실험집단과 대비되는 통제집단(control group)을 도입하면 대부분의 외재적 변수에 대한 통제가 이루어진다. 그러나 비실험적 연구(통계적 연구)에서는 통제변수의 효과를 통계적으로 제거하여 원래 의도했던 독립변수와 종속변수의 관계를 파악하여야 한다. 예를 들면, 남성근로자와 여성근로자의 평균소득을 비교하려면 교육수준을 통제하여야 할 필요가 있다. 그렇게 하면 남성과 여성의 교육수준의 차이와 무관한 평균소득의 차이를 파악할 수 있다. 이러한 방식으로 동일한 교육수준에 있는 남성근로자와 여성근로자의 임금차이를 정확하게 파악할 수 있다.

(7) 선행변수

선행변수는 인과관계에서 독립변수에 앞서면서 독립변수에 대해 유효한 영향력을 행사하는 변수를 의미한다. 선행변수가 의미를 갖기 위해서는 첫째로 선행변수, 독립변수, 종속변수가 상호관련이 있어야 하고, 둘째로 선행변수를 통제할 때에 독립변수와 종속변수간의 관계가 사라져서는 안 되며, 셋째로 독립변수를 통제할 때에 선행변수와 종속변수와의 관계는 사라져야 한다. 결국 독립변수와 종속변수의 인과적 고리 속에서 선행변수의 위치를 요약해 보면 다음과 같다.

선행변수(A) → 독립변수(X) → 종속변수(Y)

(8) 구성변수

연구과정에서 다루는 변수는 포괄적 개념을 다루기도 하고 이에 속하는 하위개념을 다루기도 한다. 하나의 포괄적 개념은 다수의 하위개념들로 구성되는데, 구성변수는 포괄적 개념의 하위개념을 말한다. 예를 들면, 사회계층(social class)은 포괄적 개념이며, 교육수준, 수입, 직업, 가족적 배경 등은 이를 구성하는 하위개념이다.[52] 포괄적 개념의 구성변수를 식별하는 과정을 학자에 따라서는 개념분석, 개념구체화, 개념명료화 과정이라고 부르는데, 그 과정은 포괄적 개념을 하위개념으로 분할하는 단계와 하위개념의 측정지표를 구체화는 단계로 구분된다.[53] 이러한 과정은 본질적으로 본서 제10장에서 살펴보게 될 개념적 정의와 조작적 정의라는 절차와 유사하다.

(9) 억제변수

억제변수는 두 변수 X, Y가 서로 관계가 있는데도 관계가 없는 것으로 나타나게 하는 제3의 변수를 말한다. 이러한 억제변수는 독립변수와 종속변수간의 사실적인 관계를 약화시키거나 아예 소멸시켜 버리게 된다. 예를 들어, 권위주의적 태도와 계급적 지위는 관계가 없는 것으로 나타났으나, 교육수준을 통제해 보니까 계급이 높을수록 강한 권위주의적 태도를 나타냈다고 하자. 이것은 교육수준이라는 변수가 작용하여 본래의 권위주의적 태도와 계급적 지위와의 관계를 약화 내지 은폐시킨 것으로 볼 수 있으며, 이때 교육수준은 억제변수가 된다.[54]

---

52) Rosenberg, *op. cit.,* pp. 41-42.

53) 이러한 과정을 Merton은 개념분석(concept analysis), Lazasfeld는 개념 구체화(concept specification), 그리고 Mayer와 Greenwood는 개념명료화(conceptual clarification) 과정이라고 부르고 있다. Robert K. Merton, *Social Theory and Social Structure*(rev. ed.), NY: Free Press, 1957, p. 86; P. F. Lazarsfeld, Evidence and Inference in Social Research, *Daedalus* 7, 1958, pp. 99-130; Mayer & Greenwood, *op. cit.,* pp. 131-137에서 재인용.

54) Rosenberg, *op. cit.,* pp. 86-88.

(10) 왜곡변수

왜곡변수는 두 변수 X, Y의 사실상의 관계를 정반대의 관계로 나타나게 하는 제3의 변수를 의미한다. 뒤르케임 이전에 자살을 연구한 학자들은 기혼자들의 자살률이 미혼자의 자살률보다 높다는 통계를 제시하였다. 그러나 뒤르케임은 연령이라는 변수를 도입하여 실제 결혼과 자살과의 관계가 그 반대의 관계에 있음을 밝혀냈다. 즉 같은 연령층이라면 미혼자의 자살률이 기혼자의 자살률보다 높다는 것이다. 이때 연령은 결혼과 자살과의 실제 관계가 표면적으로 나타난 관계와는 정반대임을 밝혀주는 왜곡변수가 된다. 이러한 결과는 [Box 4-1]의 사례와 같이 소위 심슨의 역설(Simpson's Paradox)로 알려진 경우에도 나타난다.

Box 4-1 심슨의 역설(Simpson's Paradox) 사례

기업체 신입사원과 중등학교 신임교원을 대상으로 학력(학사, 석사, 박사 등 학위)과 초임봉급 사이의 관계를 조사하였다. 놀랍게도 학력이 낮을수록 초임이 높다는 것을 발견하였다. 그런데 기업체와 학교를 별도로 조사해 보니 각 집단에서 높은 학위를 가지고 있을수록 초봉이 높았다.

왜 전체적으로는 학력이 낮을수록 초임봉급의 높은 것으로 나타나게 되었는가? 이는 교직자와 기업체 직원의 평균초봉이 다르기 때문에 나타날 수 있는 현상이며 직종이라는 제3변수의 영향이라고 볼 수 있다. 교직자의 초봉수준은 기업체 신입사원들의 초봉보다 낮은 것이 보통이다. 그런데 신임교원 중 석사학위 이상 소지자가 많은 편이고, 기업체 신입사원 중 석사학위 이상 소지자의 수는 매우 적은 편이라고 하자. 이 경우 각 직업별로는 높은 학위를 갖고 있는 사람이 더 많은 봉급을 받지만 전체적으로는 이들의 평균 초임은 낮은 것으로 나타날 수 있다. 이러한 현상은 초봉과 학위와의 관계에 제3의 변수인 직업의 형태가 영향을 미치기 때문에 왜곡되는 것으로 심슨의 역설이라 불린다.

4) 개념적 준거틀의 구성

이상에서 살펴본 바와 같이 연구주제와 관련된 주요한 개념(변수)들이 선정되고, 이들간 관계의 성격과 각 변수의 위치가 설정되면 개념적 준거틀을 구성할 수 있다. 인과관계를 가정하는 개념적 준거틀을 구성하려면 최소한 하나의 원인과 하나의 결과가 필요하다. 이러한 개념적 준거틀은 한 번에 구성되는 것이 아니라 몇 차례의 수정과 보완을 거쳐서 구성된다.

3. 개념적 준거틀의 표현방법

이와 같이 구성된 개념적 준거틀은 도표(diagram 또는 schema) 형태나, 문자나 수식 등 기호를 사용하여 표현되기도 한다.

1) 도표형태의 표현

(1) 도표형태 개념적 준거틀 예시

도표형태로 표현된 개념적 준거틀의 여러 가지 유형이 [그림 4-4]에 제시되었다. 관례에 따라 원인은 X, 결과는 Y로 표현한다. 화살표는 독립변수에서 종속변수로 인과관계의 방향을 나타낸다.

가장 단순한 형태의 도표는 [그림 4-4] (a)와 같은 두 변수간의 관계이다. 예를 들면, 공공서비스를 제공하는 공무원의 공공봉사동기(X_1)가 높으면 업무성과(Y)가 높다는 것을 나타낸다.

그림 (b)는 세 변수 사이의 보다 복잡한 인과관계를 나타낸다. 예를 들면,

그림 4-4 인과관계의 도표

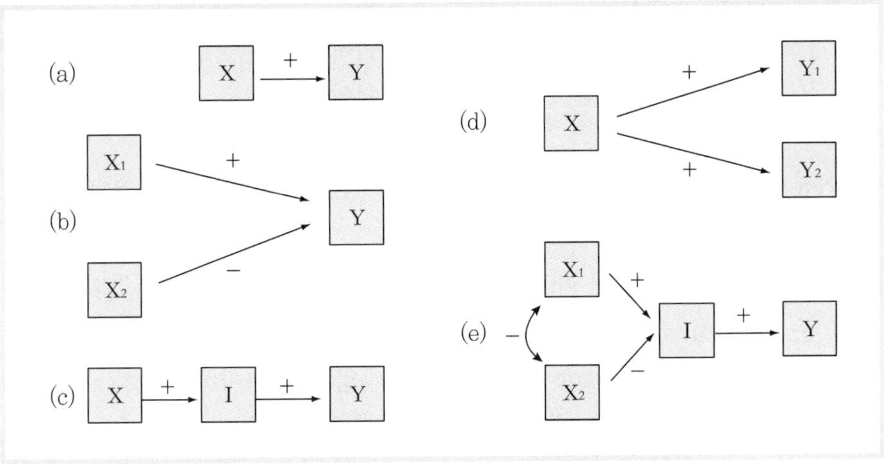

출처: Neuman, *Social Research Methods*, 4th ed., p. 56, Figune 3.3.

공무원이 상사와 대화하는 시간(X_1)이 많으면 직무만족(Y)이 커지고, 동료들과 싸우는 시간 (X_2)이 많으면 직무만족(Y)이 낮아진다는 것을 나타낸다.

그림 (c)와 (d)는 세 변수 사이의 관계에 관한 준거틀이지만 인과적인 패턴은 각각 다르다. 그림 (c)에서는 단순한 인과적 연쇄관계를 보여준다. 변수 X가 I에 영향을 미치고, 다시 I는 Y에 영향을 미치는 것으로 가정되었다. 예를 들면, X는 정치에 관한 지식, I는 정치집회 참석, Y는 투표참여를 나타내는 것으로 보자. 개념적 준거틀 (c)는 유권자의 정치에 관한 지식(독립변수, X)이 많을수록, 정치집회 참석(매개변수, I) 빈도가 높을 것이고, 이는 다시 투표 참여(종속변수, Y)가 많을 것으로 가정한다는 것이다.

그림 (d)의 개념적 준거틀에서는 X가 Y_1과 Y_2에 영향을 미치지만 Y_1과 Y_2는 독립적이라는 것을 나타낸다. 즉 유권자의 정치에 관한 지식(독립변수, X)이 많을수록, 정치집회 참석(종속변수1, Y_1)빈도가 높을 것이고, 투표참여(종속변수2, Y_2)도 많겠지만, 정치집회 참석과 투표참여는 별개의 결과라는 것이다.

그림 (e)는 네 변수 사이의 관계에 관한 준거틀이다. 여기에서 두 원인변수인 X_1과 X_2는 연관이 있지만, 어느 변수도 다른 변수의 원인은 아니다. 예를 들어, 보자. 성적에 대한 불안(X_1)이 클수록 공부시간(I)이 많아진다. 동시에 소개팅 참석횟수(X_2)가 많아지면 공부시간(I)은 줄어든다. 한편 성적에 대한 불안(X_1)과 소개팅 참석(X_2)은 연관이 있다. 소개팅에 많이 참석하면 성적에 대한 불안이 억제되므로 그 관계는 부정적(−)이다. 여기에서 성적에 대한 불안과 소개팅 참석의 관계는 연관관계일 뿐이며, 인과관계는 아니다. 한편 공부시간(I)이 많아지면 학점(Y)이 높아지는 원인이 되므로 그 관계는 인과적이다.

위에서 살펴 본 바와 같이 변수간 관계를 도표로 표현하면 복잡한 개념적 준거틀을 압축된 그림으로 보여줄 수 있다.

실제 연구에서 사용된 개념적 준거틀이 [그림 4-5]에 제시되었다. 이 개념적 준거틀에서 직무만족(job satisfaction)을 설명하기 위하여 선정된 개념은 성취동기(achievement motivation), 과업관련 자아존중(task-specific self-esteem), 언어지능(verbal intelligence), 업무성과(performance) 등 네 가지로서 총 다섯 가지의 개념(변수)으로 준거틀이 구성되고 있다. 이러한 준

그림 4-5 도표형태로 표현한 개념적 준거틀

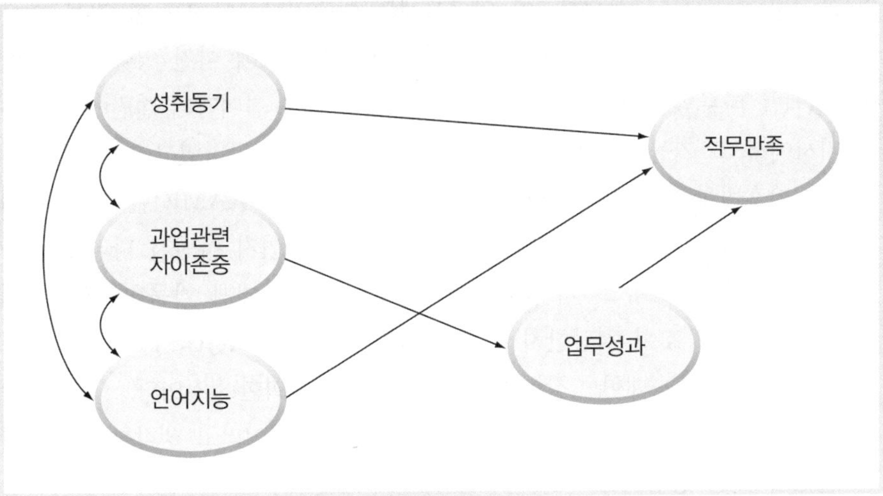

출처: Karl G. Jöreskog & Dag Sörbom, *LISREL User's Reference*, 1989, p. 184를 기초로 재구성.

거틀을 구성하는 개념은 모두 추상성이 매우 높은 포괄적 개념에 해당되는 것으로 각각의 개념에 대하여 개념분석을 통하여 하위개념을 확인하고 그 측정지표를 구체화하여야 한다.55)

[그림 4-5]에서 종속변수는 직무만족이며 이에 영향을 미치는 것으로 가정된 독립변수는 성취동기, 과업관련 자기존중, 언어지능 등 세 가지이다. 그림에서 화살표의 방향을 보면 알 수 있는 것처럼 독립변수와 종속변수의 관계는 비대칭적 관계이다. 한편 세 가지 독립변수들간의 관계는 대칭적인 관계로서 양방향의 화살표로 연결되고 있음을 알 수 있다.

한편 [그림 4-5]에서 업무성과는 독립변수인 과업관련 자기존중과 종속변수인 직무만족을 연결하는 매개변수라고 볼 수 있다.

(2) 조절변수가 포함된 개념적 준거틀 예시

최근에 개념적 준거틀에 매개변수와 조절변수를 포함하는 경우가 많아지고

55) [그림 4-5]의 개념적 준거틀은 추상성이 높은 개념간의 관계를 분석할 수 있는 공분산구조모형의 틀이며, 각 개념은 다시 몇 개의 하위개념으로 구성되며, 이들 하위개념들에 대하여 복수의 설문문항을 적용하여 수집한 자료를 분석하여 준거틀에서 설정된 관계를 분석하게 된다.

있다. [그림 4-6]의 개념적 준거틀은 독립변수(X), 종속변수(Y), 매개변수(M)와 조절변수(W)로 구성된다. 이 연구사례는 아프리카에서 심각한 가뭄 때문에 굶주림을 겪었다는 뉴스 기사가 독자들의 기부의사에 미친 영향을 분석한 연구결과를 다루었다.[56] 이 연구사례에서 211명 연구 참여자의 절반에게는 뉴스 기사에서 그 가뭄의 원인이 기후변화 때문이라고 언급하였고, 나머지 절반에게는 기후변화에 관한 언급이 없었다. 독립변수 X(FRAME)는 그 가뭄이 기후변화로 인한 재해라는 뉴스 기사를 읽은 참여자인지 아닌지 나타내는 양분범주의 변수이다. 뉴스 기사를 읽은 후에 참여자들에게 가뭄희생자들에게 원조를 제공하는 것이 정당한지 질문하였다. 매개변수 M(JUSTIFY)은 원조 제공의 정당성에 대한 참여자의 답변을 정량화한 것이다. 조절변수 W(SKEPTIC)는 참여자들에게 기후변화가 실제 현상이라고 생각하는지에 관한 질문에 대한 응답으로 기후변화에 대한 의구심의 정도를 말한다. 한편 종속변수 Y(DONATE)는 참여자들이 가뭄피해자에게 기부의사가 있는지 9점 척도로 측정한 변수이다.

그림 4-6 조절변수가 포함된 개념적 준거틀

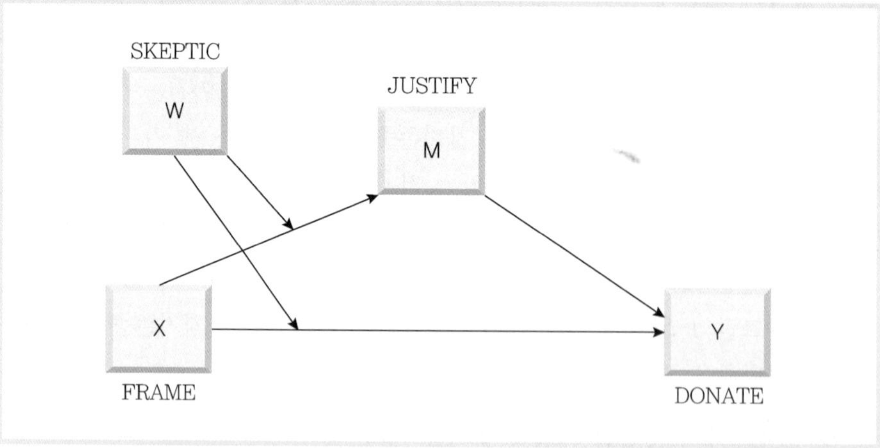

출처: Hayes, *Introduction to Mediation, Moderation and Conditional Analysis,* 2nd ed., The Guilford Press, 2018, p. 441, Figure 12.4.

56) 이 사례는 D. A. Chapman & B. Lickel, Climate Change and disasters: How framing affects justifications for giving or withholding aid to disaster victims, *Social Psychological and Personality Science,* 7, 2016, pp. 13-20. 의 자료를 Hayes가 재인용한 것이다. Hayes, *op. cit.*

[그림 4-6]에서는 조절변수인 W는 독립변수(X)가 종속변수(Y)에 미치는 영향을 조절함과 동시에 매개변수(M)에 미치는 영향을 조절하는 것으로 그려졌다. 그러므로 X의 직접효과와 매개효과는 조절변수에 따라 다르게 나타나는 것으로 보았다.

[그림 4-6]과 같이 독립변수가 종속변수에 미치는 영향이 어떠한 경로(by which pathway)로, 또는 어떠한 상황에서(under which circumstances)에서 나타나는지에 관한 해답을 얻기 위하여 독립변수와 종속변수 뿐 아니라, 그 과정에 복수의 매개변수와 조절변수가 포함된 개념적 준거틀을 활용하는 연구가 늘어나고 있다. 매개효과와 조절효과를 분석하는 데 적합한 분석기법도 발달하고 있다.[57]

2) 기호를 사용한 표현

개념적 준거틀을 기호를 사용하여 등식으로 표현한 예를 살펴보기로 하자.[58]

$$HP = f(P,\ E) \qquad (4.1)$$

$$HC = g(E,\ HP) \qquad (4.2)$$

HP는 보건의료정책을 나타내는 변수의 벡터
HC는 국민의 건강수준을 측정하는 변수의 벡터
P는 정치체제의 특징을 나타내는 변수의 벡터
E는 사회경제적 상황을 나타내는 변수의 벡터
f와 g는 함수관계를 의미하는 기호

등식 (4.1)은 보건의료정책(HP)이 종속변수이며, 이는 독립변수인 정치체제의 특징(P)과 사회경제적 상황(E)의 함수라는 의미이다. 한편 등식 (4.2)에서 종속변수는 국민의 건강수준(HC)이며, 독립변수는 보건의료정책(HP)과 사회경제적 상황(E)이다. 따라서 등식 (4.1)과 (4.2)로 표현된 개념적 준거틀

57) 예를 들면, Andrew F. Hayes는 SPSS와 SAS 프로그램으로 매개효과와 조절효과를 쉽게 분석할 수 있는 PROCESS 매뉴얼을 개발하였다. Hayes는 매개효과와 조절효과를 포함하는 복잡한 개념모형을 통계적으로 쉽게 분석할 수 있도록 80개에 이르는 통계적 추정모형을 제공하여 연구자들이 분석에 이용할 수 있도록 하였다. Hayes, *op. cit.* 참조.

58) H. Correa & K. Namkoong, Determinants and Effects of Health Policy, *Journal of Policy Modeling,* 1992, 14:1, pp. 41-63.

의 구성요소는 정치체제의 특성(P), 사회경제적 상황(E), 보건의료정책(HP), 국민의 건강수준(HC) 등 네 개이다. 이러한 구성요소는 포괄적 개념으로 각각 여러 개의 하위변수로 측정된다는 것을 알 수 있다. 한편 등식 (4.1)에서 종속변수인 보건의료정책(HP)은 식 (4.2)에서는 국민의 건강수준(HC)을 설명하는 독립변수로 설정되어 있으므로 전체적인 개념적 준거틀에서는 일종의 매개변수로 작용한다고 할 수 있다.

이상에서 우리는 개념적 준거틀을 도표형태로 표현하는 경우와 기호형태로 표현한 경우를 나누어 살펴보았는데, [그림 4-3]에서의 도표형태의 개념적 준거틀을 기호로 표현할 수도 있고, 등식 (4.1)과 (4.2)에서의 기호형태의 준거틀을 도표형태로 표현할 수도 있다.

4. 개념적 준거틀의 기능

개념적 준거틀은 연구자가 자신의 생각을 조직화할 수 있는 도구이며, 연구자의 생각을 다른 사람들에게 전달하는 효과적인 수단이기도 하다. Mayer와 Greenwood는 개념적 준거틀이 다음과 같은 네 가지 기능을 수행한다고 지적하고 있다.[59)]

첫째, 조사연구에서 연구자가 고려하여야 할 변수와 이들간의 관계를 확인할 수 있게 해 준다. 개념적 준거틀의 구성요소가 규정된 이후에야 변수를 정의하여 자료를 수집할 수 있게 된다. 또한 개념적 준거틀에서는 변수들간에 존재하는 가능한 관계를 나타내고 있다. 개념적 준거틀에서 설정된 변수들간의 관계를 밝히는 것이 연구의 주요목적이 된다. 이와 같이 개념적 준거틀에서 중요한 변수와 이들간의 관계를 구체화하지 않을 경우에 어떠한 자료를 수집하고, 수집한 자료 중에서 무엇을 분석할지를 알 수 없게 된다.

둘째, 개념적 준거틀은 앞으로 수행하여야 할 연구범위를 한정하는 기능을 가지고 있다. 그러므로 자료수집 및 분석에서 제외될 변수가 무엇인지를 분명하게 알 수 있게 된다. 이상적으로는 연구의 개념적 준거틀에서 연구문제를 구성하는 여러 가지 측면을 모두 포함시켜야 한다. 그러나 현실적으로 하나의 연구에 무한히 많은 변수를 포함시킬 수는 없다. 그러므로 연구자는 연구문제

59) Mayer & Greenwood, *op. cit.*, pp. 122-123.

를 구성하거나, 연구문제와 관련성이 있는 변수 중에서 비교적 중요성이 큰 변수만을 포함시킨다. 그러므로 개념적 준거틀은 앞으로 수행될 경험적 조사연구의 범위를 분명하게 제시하기 때문에 필요하지 않은 자료의 수집과 분석을 예방할 수 있게 된다.

셋째, 개념적 준거틀은 경험적 조사연구결과에 의미를 부여하는 구조가 된다. 즉 조사연구에서 수집되어 분석된 자료는 해석이 되어야 한다. 분석된 자료를 해석할 때에 연구자는 개념적 준거틀에 비추어 해석하게 된다. 다시 말하면 개념적 준거틀은 개념들이 어떻게 관련되어 있는지를 해석하는 데 있어서 준거기준이 된다. 그러므로 개념적 준거틀은 단순히 맹목적인 경험주의의 수준을 뛰어넘어 연구결과를 해석할 수 있는 기준이 된다. 이러한 맥락에서 개념적 준거틀은 연구자가 조사결과의 일반화(generalizability) 범위를 설정할 수 있게 해 준다. 개념적 준거틀은 중요한 변수만을 포함하고 있기 때문에, 그 연구에서 도출된 결론을 다른 상황, 즉 연구에 포함되지 않은 변수가 중요한 요인이 되는 상황에 적용할 수는 없다. 그러므로 개념적 준거틀은 조사연구의 결과가 일반화될 수 있는 개념적 범위를 설정해 준다.

마지막으로, 개념적 준거틀은 조사연구자가 조사의 목표나 다음 절에서 살펴볼 가설을 연역해 낼 수 있는 전제(premises)가 된다. 개념적 준거틀에서 제공되는 연역적 기초가 없으면 가설을 설정하기가 어렵다. 그러므로 개념적 준거틀은 다음에 살펴볼 가설의 설정과 연결된다.

제4절 가 설

1. 가설의 의미

제1절에서 연구문제의 선정에 하여 살펴보았다. 연구문제를 해결하기 위해서는 현실세계에서 수집된 자료를 토대로 검증을 거쳐야 한다. 실증적 검증을 거치기 위해서는 문제에 대한 해답 또는 결론을 잠정적으로 설정한 다음에 그러한 결론의 진위를 가리는 절차를 거친다. 즉 연구자는 연구문제에 대하여

해답이라고 생각되는 것을 제시하고 경험적으로 그 진위를 확인하는 절차를 거치는 것이다. 이때 연구자가 잠정적으로 해답이라고 간주한 것이 바로 가설(hypothesis)이다.[60] 이러한 맥락에서 Nachmias와 Nachmias는 가설을 '연구문제에 대한 잠정적 해답'으로, Christensen은 '연구문제에 대한 최선의 예측(best prediction) 또는 잠정적 해답'으로 정의하고 있다.[61]

연구문제는 의문문의 형태로 표현되는 데 반하여 가설은 서술문의 형식을 갖는다.[62] 즉 연구문제가 "변수 A와 변수 B는 관련이 있는가?"의 형식이라면, 가설은 "변수 A와 변수 B는 관련이 있다." 또는 "A가 높을수록 B도 높다."라는 형태가 된다.

앞에서 개념적 준거틀을 연구문제들에 포함된 개념(또는 변수)들을 구성요소로 하고 이들 구성요소들의 관계를 연결하여 구성한 하나의 시스템이라고 보았다. 개념적 준거틀은 변수와 변수의 관계에 관한 진술들을 포함하고 있다. 개념적 준거틀에 포함된 변수와 변수의 관계에 관한 진술들이 바로 가설로 전환될 수 있는 것이다.

좋은 가설이 구비하여야 할 조건은 다음과 같다.[63] 첫째, 간단명료하게 표현되어야 한다. 둘째, 최소한 두 변수가 확인되어야 한다. 셋째, 가설에 포함된 변수의 계량화가 가능해야 한다. 넷째, 하나의 변수와 다른 변수 사이의 기대된(또는 예측되는) 관계를 진술하여야 한다. 다섯째, 상관관계 또는 인과관계인지 관계의 성격이 진술되어야 한다. 상관관계를 나타내는 가설의 예를 들면, "부모가 어렸을 때 경험한 체벌(physical punishment)의 양이 현재 부모가 자녀에게 사용하는 체벌의 양과 관계가 있다."는 것이다. 여섯째, 관계의 방향이 긍정적(+) 또는 부정적(−) 방향인지 진술되어야 한다. 일곱째, 추정된 관계는 실제자료를 통하여 그 진위가 입증될 수 있어야 한다. 여덟째, 검증결과를 광범위하게 이용할 수 있어야 한다.

가설은 검증되어야 한다. 연구문제에 대한 잠정적인 결론인 가설이 실증적

---

60) 김해동, 전게서, p. 119; 김광웅, 「사회과학연구방법론」, 박영사, 1989, p. 88.
61) Nachmias & Nachmias, *Research Methods in the Social Sciences,* 1987, p. 85; L. B. Christensen, *Experimental Methodology,* 1988, p. 97.
62) Kerlinger, *op. cit.,* pp. 48-49.
63) Graziano & Raulin, *op. cit.* p. 180; 채서일, 전게서, pp. 72-76; 이해영, 「사회과학연구방법론」, 학현사, 1999, pp. 114-116.

인 검증과정을 거쳐서 진실이라고 받아들여지면, 그 가설은 연구문제에 대한 검증된 해답, 즉 결론이 된다. 반대로 만약 가설이 진실이 아니라고 판단되면 더 이상 해답으로 간주할 수 없다. 가설의 검증에 관하여는 본서 제13장에서 살펴보기로 한다.

2. 가설의 종류

가설은 여러 가지 기준에 따라서 분류할 수 있으며 분류체계에 따라서 다양한 형태의 가설이 있다.[64] 여기에서는 연구의 주목적, 통계적 검증단계, 변수의 수에 따라서 구분해 보기로 한다.

1) 연구의 주목적에 따른 분류: 기술적 가설과 설명적 가설

(1) 기술적 가설

이것은 현상의 정확한 기술, 즉 사실을 밝히기 위한 것(fact-finding)에 관한 가설을 말한다. 어떤 변수의 성질이나 크기, 정도 및 그 위치나 분포에 관한 가설이 여기에 포함된다.

(2) 설명적 가설

이것은 기본적으로 왜(why)에 대한 대답, 즉 인과관계를 규명하기 위한 가설을 말한다. 설명적 연구에서는 어떤 결과를 여러 가지 원인으로 설명할 수 있으므로 하나의 연구문제에서 여러 개의 가설을 세울 수가 있다. 이 경우에는 연구문제가 변수들간의 관계에 관한 것이므로, 가설도 그 관계에 대한 것이다. 그러므로 가설은 두 변수간에서 실제로 일어날 수 있는 관계를 나타내는 문장의 형식을 갖게 된다. 즉 "만약 …하면 …할 것이다." 또는 "… 할수록 …하다."로 표현된다. 이것은 "if A, then B"의 형태, 즉 "만약 선행조건이 진실이라면 결과조건도 진실이다."라는 구조를 가진다. 행정학 분야의 연구에서는 일반적으로 '…의 결정요인' 또는 '…의 영향요인' 등의 연구에서 이러한

---

64) 일반적으로 가설의 유형을 ① 어떤 대상이 일정한 특징을 지니고 있다는 것을 지적하는 가설, ② 어떤 현상에서 경험적 균일성(empirical uniformities)의 존재를 서술하는 가설, ③ 복합적인 이념형을 취급하는 가설, ④ 인과관계를 검토하는 가설로 구분하기도 한다. 이만갑, 「사회조사방법론」, 진명출판사, 1972, pp. 48-49.

가설이 사용된다.

2) 통계적 검증단계에서의 분류: 연구가설과 영가설

경험적 연구의 진행과정에서 가설을 검증하기 위하여 연구가설(research hypothesis)과 영가설(null hypothesis)을 구분한다.

(1) 연구가설

사회현상에 관한 연구자의 이론으로부터 도출된 가설, 즉 연구문제에 대한 잠정적인 해답으로 연구자가 제시한 가설을 연구가설 또는 작업가설(working hypothesis)이라 한다. 즉 연구자가 연구문제의 해답이 입증될 때까지 제시한 잠정적인 해답을 말한다.

(2) 영가설

영가설은 귀무가설이라고 부르기도 하는데, 연구가설과 논리적으로 반대의 입장을 취하는 진술이다. 영가설은 수집된 자료에서 나타난 차이나 관계가 진정한 것이 아니라 우연의 법칙(laws of chance)으로 생긴 것으로 진술한다. 이러한 영가설이 필요한 이유는 가설검증을 위한 경험적 자료의 수집과정에서 모집단에 대한 전수조사가 아니라 표본조사에 의존할 때 표본추출오차(sampling error)가 발생할 수 있기 때문이다. 이러한 연구가설과 영가설의 관계는 제14장 제3절 가설검증의 과정에서 구체적으로 살펴보기로 한다.

3) 변수의 수에 따른 분류: 1변수, 2변수, 다변수 가설

(1) 1변수 및 2변수 가설

가설에는 변수가 포함되는데 하나의 가설에 1개, 2개 또는 여러 개의 변수가 포함될 수 있다. 가설에 포함된 변수의 수에 따라서 1변수 가설, 2변수 가설, 그리고 다변수 가설로 구분할 수 있다. 1변수 가설은 보통 y라는 한 변수의 상태에 관하여 기술하는 내용이 된다. 한편 2변수 가설을 단순가설(simple hypothesis)이라고 하고 셋 이상의 변수를 갖는 가설을 복합가설(complex hypothesis)이라고 부르기도 한다.[65]

---

65) 박용치, 「현대사회과학방법론」, 고려원, 1989. p. 241; James A. Black & Dean J. Champion, *Methods and Issues in Social Research,* NY: John Wiley &

(2) 다변수가설

최근의 경험적 연구에는 다변수가설, 즉 복합가설이 많이 나타나고 있다. 다변수가설은 "p이면 q이다."보다는 "p_1, p_2, … p_k이면 q이다." 또는 "p_1이면 r, s, t의 조건하에서 q이다."라는 형태를 취한다.[66]

예를 들면, "욕구좌절은 공격성을 유발한다."는 욕구좌절과 공격성이라는 두 변수간의 관계에 대한 가설이다. 그런데 "지식수준과 사회·경제적 지위가 높은 남성이 욕구좌절을 당했을 때 공격성이 높아진다."라는 가설의 경우에는 x쪽의 변수가 지식수준, 사회·경제적 지위, 성, 욕구좌절이고 y쪽의 변수가 공격성으로서 모두 5개의 변수간의 관계를 나타내고 있다.

독립변수가 다수인 다변수가설의 경우 각각의 독립변수와 종속변수의 관계에 관한 세부가설을 설정하여 따로 검증한다. 한편 매개변수와 조절변수가 포함된 경우 이에 관한 가설을 설정하여야 한다. 예를 들어, "매개변수인 원조의 정당성 인식(M, JUSTIFY)이 참여자들의 가뭄의 원인에 대한 인식(X, FRAME)이 기부의사(Y, DONATE)에 미치는 영향을 매개할 것이다." 라는 가설은 "참여자들이 가뭄에 대한 인식(X)이 원조의 정당성 인식(M)에 영향을 미칠 것이다. 그리고 원조의 정당성 인식(M)이 기부의사(Y)에 영향을 미칠 것이다."라는 두 가지의 세부가설을 결합한 것이다. 한편 조절변수인 "기후변화에 대한 의구심(W, SKEPTIC)이 가뭄의 원인에 대한 인식(X, FRAME)이 기부의사(Y, DONATE)에 미치는 영향을 조절할 것이다."라는 가설은 "가뭄의 원인에 대한 인식(X, FRAME)이 기부의사(Y, DONATE)에 미치는 영향은 기후변화에 대한 의구심의 정도에 따라 달라질 것이다."라고 기술할 수도 있다.

오늘날 사회과학자들이 설명하려고 하는 대부분의 사회현상은 단순하게 결정되지 않고 복합적으로 결정된다. 앞서 예를 든 공격성도 여러 가지 영향이 복합적으로 작용한 결과이다. 앞으로 다변수가설을 사용하는 경우가 점점 많아질 것으로 생각되며, 본서의 후반부에서 다루게 될 다변량분석(multivariate analysis)의 기법도 이에 상응해서 점점 세련되어 가며 활용도도 높아지고 있다.

Sons, 1976, pp. 135-138.

66) Kerlinger, *op. cit.,* pp. 22-23. "p_1이면 r, s, t의 조건하에서 q이다."라는 형태의 가설은 위계적 회귀분석(hierarchical regression analysis) 방법을 적용하여 검증한다.

3. 가설의 기능

가설은 연구문제에 대한 잠정적인 해답이며, 검증을 통하여 그 진위가 결정된다고 지적하였다. 즉 연구문제에 대한 해답은 가설검증을 통하여 제시된다.[67] 본서 제1장 4절에서 살펴보았듯이([그림 1-3] 참조) 가설은 이론적 세계와 경험적 조사연구의 세계를 연결하는 통로이기도 하다. Black과 Champion은 이론과 관련하여 가설의 주요기능을 이론의 검증, 이론의 제시, 현상의 기술 등 세 가지로 지적하고 있으며, 기타 부차적인 기능으로 현실의 개선을 열거하고 있다.[68]

1) 이론의 검증

사회과학자가 사회현상을 설명하기 위하여 이론을 개발하지만, 이러한 이론 자체를 직접 검증할 수는 없다. 그 대신에 연구자는 이론에서 도출한 가설을 검증하게 된다. 만약 연구자가 진술한 가설과 경험적인 관찰결과가 일치하게 되면, 그 연구자의 이론은 부분적으로 지지된다고 말한다. 어떤 이론이 일련의 사건을 설명하는 도구로서의 예측적 가치(predictive value)와 적절성(adequacy)을 증명하기 위해서는 그 이론에서 도출된 여러 가지 가설들을 검증해 보아야 한다. 그러므로 가설의 가장 중요한 기능은 이론을 검증할 수 있도록 하는 것이다. 이러한 의미에서 가설을 '이론을 검증가능한 형태로 진술한 문장'(a statement of theory in testable form)으로 정의할 수 있다. 하나의 이론에서 여러 가지의 검증가능한 진술, 즉 가설들을 도출하여 검증할 수 있다.

2) 이론의 제시

귀납적 이론구성의 방법에서 살펴 본 바와 같이 어떤 가설은 특정 이론과 관련없이 제시되기도 하는데, 이 경우에는 가설을 검증한 결과를 토대로 이론이 구성되기도 한다. 그러므로 가설의 또 다른 기능은 현상을 설명할 수 있는 이론을 제시하는 것이다. 실제 연구에서는 이론으로부터 가설로 진행되는 경

---

67) 가설검증의 과정에 대하여는 본서 제14장 2절 참조.

68) Black & Champion, *op. cit.,* pp. 135-138.

우가 많지만, 그 반대의 경우, 즉 가설을 토대로 이론이 구성되는 경우도 있다. 사회현상을 관찰하면서 연구자는 어떤 현상이 왜 발생하는가를 생각하여, 그러한 현상과 관련된 여러 가지 사실에 관한 가설들을 설정할 수 있다. 그러한 가설들 중에서 현상을 설명할 수 있는 잠재력이 큰 가설을 선택하여, 이를 토대로 현상과 설명을 연결시키는 명제(propositions), 가정(assumptions), 정의(definitions)의 논리체계를 구성할 수 있다. 바꾸어 말하면 그 연구자는 이론을 고안한 것이다. 이러한 방법, 즉 가설로부터 역으로 이론을 구성하는 방법이 빈약한 방법론은 아니다. 어떤 경우이든 연구자가 가설로부터 구성한 이론의 적절성을 평가하기 위해서는 경험적인 검증이 이루어져야 하며, 그 이론의 예측적 가치는 그 때에 평가된다.

3) 사회현상의 기술

가설은 또한 사회현상을 기술하는 기능을 수행한다. 가설이 경험적으로 검증될 때마다, 가설에 관련된 현상에 관한 정보를 얻게 된다. 가설이 채택되면, 그 현상에 관한 정보를 추가하게 된다. 가설이 기각된 경우에도 이전에는 알지 못했던 사실을 알 수 있게 된다. 가설검증의 결과로 축적된 정보를 토대로 현상의 발생 원인에 대하여 연구자가 가지고 있는 지식이 추가된다.

4) 부차적인 기능: 현실의 개선

가설은 위와 같은 세 가지 주요기능을 수행하지만, 그 외에도 여러 가지 부차적 기능(secondary function)을 수행하게 된다. 이러한 부차적 기능은 가설검증 결과 얻은 지식을 현실개선을 위하여 사용하는 것과 관련된다.[69] 가설검증 결과 얻은 지식으로, 사회정책을 수립하는 등 여러 가지 사회문제의 해결방법을 찾아서 집행할 수 있게 된다. 가설검증의 결과 잘못된 인간의 행태에 관한 특정한 '상식적' 관념을 정할 수 있게 된다. 모든 가설은 자연현상 및 사회현상에 대한 우리의 지식과 관련이 있으며, 가설검증의 결과 얻은 지식은 현실의 개선에 사용될 수 있다.

이상에서 가설의 주요기능으로 이론의 검증, 이론의 제시, 현상의 기술, 그리고 부차적인 기능으로 가설검증 결과 얻은 지식을 현실의 개선에 사용할 수

69) 박용치, 전게서, p. 242.

있다는 점을 살펴보았다.

4. 연구가설의 사례

다음은 국내외의 경험적 연구문헌에서 발췌한 몇 가지의 연구가설을 나열해 본 것이다. 다변수 가설의 경우, 두 변수간의 관계에 초점을 맞추어 세부가설을 설정하여야 한다.

① 집단의 응집력이 클수록 그것이 구성원에게 미치는 영향은 커진다.70)
② 경제체제에 대한 국가의 통제가 강할수록 민주화의 수준은 낮아진다.71)
③ 공무원들의 근무조건에 대한 불만족의 정도가 높을수록, 공무원 단체활동의 허용대상과 범위의 확대에 찬성률이 높을수록, 공무원단체에 가입의사가 높을수록 공무원 단체활동을 긍정적으로 생각할 것이다.72)
④ 정당에 대한 태도와 소외감은 매우 밀접한 관계를 가지고 있다.73)
⑤ 여자보다는 남자가, 20대보다는 30대 이후의 연령층이, 학력이 높을수록, 가구소득이 높을수록, 육체노동자보다는 정신노동과 관련이 많은 직업종사자일수록, 농촌보다는 도시거주의 유권자가 선거에 대한 관심도와 인지도가 높을 것이다.74)
⑥ 정치적 효능감이 높을수록 규범적 측면에서의 의회신뢰도는 높은 반면에, 기능적 측면에서의 의회신뢰도는 낮을 것이다.75)
⑦ 의료보험 수혜자의 소득, 재산 등 재정적 능력, 수혜자의 의료체계 및 의료서비스에 대한 태도 등을 포함하는 문화적·심리적 요인, 수혜자의 교통편의, 의료시설에서의 대기시간 등 의료서비스 이용가능성과 관련된 요인이 수혜자의 의료서비스 이용행태에 영향을 미칠 것이다.76)

---

70) S. Schachter, N. Ellerston, D. McBride & D. Gregory, An Experimental Study of Cohesiveness and Productivity, *Human Relations,* 4, 1951, pp. 229-238.

71) K. Bollen, Political Democracy and the Timing of Development, *American Sociological Review,* 44, 1979, pp. 572-587.

72) 백종섭, 공무원 단체활동의 영향요인에 관한 연구: 공무원의 의식을 중심으로, 「한국행정학보」, 26:2, 1992, p. 393.

73) 권인석, 심리적 변수에 의한 정당선호의 예측, 「한국정치학회보」, 25:2, 1991, pp. 299-300.

74) 박찬욱, 유권자의 선거관심도, 후보인지능력과 투표참여의사: 제14대총선전 조사결과를 중심으로, 「한국정치학회보」, 26:3, 1992. p. 156.

75) 남궁근 외, 의회신뢰의 차원 및 영향요인에 관한 연구, 「한국정치학회보」, 25:2, 1991, pp. 198-199.

⑧ 교육프로그램에 대한 이해당사자의 참여과정은 성과모니터링 시스템의 질을 향상시킬 것이다.77)

⑨ 직무만족도는 조직몰입도와 긍정적인 관계에 있다.78)

모든 경험적 연구문헌에서 연구가설을 위와 같이 분명하게 제시하는 것은 아니다. 그러나 연구자는 연구가설을 될 수 있으면 분명하게 제시하는 것이 바람직하다. 경험적 연구논문을 작성하려는 사람은 위의 사례에서 연구자들이 가설에 포함된 변수를 어떠한 방법으로 조작화하였으며, 어떠한 방법으로 검증하였는지를 살펴보는 것이 도움이 될 것이다.

복습과제

01 다음은 규범적인 진술이다. 경험적 방법을 사용할 수 있도록 재구성하여라.

① 한국은 가난한 국가들에게 주는 해외원조의 양을 증가시켜야 하는가?

② 국회와 대통령이 동일정당에 의해 통제된다면 좀더 잘 살게 될까?

③ 열악한 교육은 국가가 대처해야 할 가장 큰 문제이기 때문에, 학교에 대한 지출은 증가되어야만 한다.

④ 오늘날 선거에서 네거티브 캠페인은 잘못된 것이다.

⑤ 이 나라에 중산층을 대표하기 위한 새로운 정당을 필요로 하는가?

02 다음의 변수들을 사용하여 5개 이상의 연구문제(research problem)와 가설(hypothesis)을 각각 설정하라.

좌절, 학문적 성취, 지능, 언어구사력, 사회계급(사회경제적 지위), 성, 억압, 교수법(teaching methods), 보수주의, 교육, 소득, 권위, 성취, 집단

---

76) 남궁근, 의료보험제도의 분배적 효과에 관한 경험적 연구, 「한국정책분석평가학회보」, 1:1, 1991.

77) Gary T. Henry & Kent C. Dickey, Implementing Performance Monitoring: A Research and Development Approach, *Public Administration Review,* 53:3, 1993, pp. 203-212.

78) 최창현, 조직구조, 권위주의에 대한 태도, 직무만족도와 조직몰입도의 관계에 대한 경로분석적 연구, 「한국행정학보」, 25:2, 1991, pp. 515-531.

응집성, 복종, 사회적 위신, 공공봉사동기(public service motivation), 직무만족, 업무성과

03 연구문제를 해결하는 과정에서 이론은 왜 중요한가?

04 이론의 논리적 구조를 간단하게 서술하시오.

05 연역적 이론형성과 귀납적 이론형성의 차이는?

06 이론과 이데올로기는 어떻게 다른가?

07 중범위이론은 어떠한 특징을 가지는가?

08 거시수준, 중위수준, 미시수준의 이론의 차이점은?

09 이론평가의 기준으로 간명성(parsimony)이 중요한 경우는?

10 개념적 준거틀을 구성하는데 반드시 필요한 요소는?

11 변수와 변수 간에 비대칭적관계란?

12 매개변수의 개념과 사례를 제시해 보시오.

13 조절변수의 개념과 사례를 제시해 보시오.

14 매개변수와 조절변수는 어떠한 차이가 있는가?

15 매개변수와 선행변수의 차이는 무엇인가?

16 왜곡변수 또는 심슨의 역설(Simpson's Paradox)이 나타나는 사례를 찾아보시오.

17 개념적 분석틀의 구성에서 통제변수가 필요한 이유는 무엇인가?

18 본문 [그림 4-4]에 제시된 다섯 가지 유형의 인과관계의 사례를 하나씩 제시하시오.

19 위의 사례에 대한 답변에서 독립변수와 종속변수는?

20 제3장 복습과제 3번으로 되돌아가서 독립변수와 종속변수를 확인하고 관계의 방향을 지적하라.

21 한국행정학보, 한국정책학회보 등 학술논문집에 게재된 3편 이상의 경험적 논문을 찾아본 후, 각 논문에서 연구문제, 개념적 준거틀, 가설, 독립변수, 종속변수를 확인하시오.

05 CHAPTER
문헌검토
Literature Review

장머리에

본장에서는 문헌검토, 즉 기존문헌 또는 선행연구 검토에 관하여 살펴보기로 한다. 연구주제와 직접 관련된 기존의 연구문헌을 철저하게 조사하여 검토하면 자신의 연구문제를 해결하는 데 많은 도움이 된다. 제1절에서는 문헌검토의 의의와 유형을 살펴본다. 제2절에서는 문헌검토의 절차와 논문 작성시 문헌검토 결과를 어떻게 기술하여야 하는지를 알아보기로 한다. 제3절에서는 메타분석의 특징과 장단점을 살펴본다.

제1절 문헌검토의 의의와 유형

1. 문헌검토의 의의

과학은 누적적인 활동이며 기존 연구에 새로운 발견이 추가되는 것이다(제1장 참조). 기존연구 또는 기존문헌은 유사한 연구문제 또는 방법에 관한 연구의 집합으로 정의된다.[1] 과학적 방법의 특징 가운데 하나가 특정 연구결과

1) Janet Buttolph Johnson & H. T. Reynolds with Jason D. Mycoff, *Political*

를 다른 연구자가 검증할 수 있다는 것이었다. 어떠한 연구를 하더라도 자기가 그 분야를 연구하는 최초의 연구자일 경우는 드물다. 그 분야에서 활동한 다른 연구자들의 연구결과를 체계적으로 검토하면, 자신의 연구문제 해결에 많은 도움을 받을 수 있다. 그러므로 연구주제가 결정되면, 그 주제와 직접 관련된 기존의 연구문헌을 철저하게 탐색하여 검토한 다음, 그러한 연구결과의 연장선상에서 연구를 진행시켜야 한다. 그러나 이것이 기존연구에서 크게 벗어난 새로운 연구나 기존 연구를 반복(duplication)해서는 안 된다는 말은 아니다.[2] 기존의 연구문헌을 검토한 결과 연구에 사용된 방법론의 취약점이 너무 크기 때문에 그 연구결과의 타당성이 의심스러운 경우, 그 문제를 다시 연구할 수도 있다. 이 경우에는 같은 연구문제를 좀 더 세련된 방법론을 적용하여 연구하게 된다. 한편 현재까지 진행된 연구결과를 검토한 결과, 기존의 연구방향을 크게 바꿀 필요가 있다고 판단되면 똑같은 연구주제에 대하여 다른 각도에서 연구할 수도 있다.

기존문헌검토와 관련하여 문헌검토(literature review), 체계적 검토(systematic review), 연구종합(research synthesis), 그리고 메타분석 등 다양한 용어가 사용된다. 문헌검토는 가장 광범위하고 포괄적인 의미로 사용된다. 일반적인 문헌검토는 하나의 연구주제와 관련된 기존문헌의 검토와 해석을 의미하며, 그 결과는 독립적인 연구성과로 활용되는 경우와 새로운 연구를 시작하면서 그 일부로 활용되는 경우가 있다.

문헌검토를 일정한 절차에 따라 시도하는 체계적 검토와 연구종합은 상호교환적으로 사용된다. 즉, 체계적 검토 또는 연구종합은 특정 문제에 관련된 연구문헌을 철저하게 찾아내서 각 단계별로 조직화되고, 투명하며, 복제가능한 절차를 사용하여 종합하고자 하는 문헌검토이다. 즉, 경험적 연구에 초점을 맞추어 관련되거나 동일한 가설을 다루는 다수의 연구결과들을 종합하여 관심주제에 관한 지식의 상태를 파악하고, 그러한 연구에서 해결되지 않은 주요이슈들을 확인하고자 하는 것이다.

한편 메타분석은 여러 연구결과를 종합하여 일반적인 결론을 얻기 위해서

Science Research Methods, 6th ed., Washington, DC: CQ Press, 2008, p. 182.

2) A. Rubin & E. Babbie, *Research Methods for Social Work*, Belmont, CA: Wadsworth, 1989, pp. 83-84.

많은 수의 개별적인 연구결과를 대상으로 통계적인 분석을 실시하는 연구를 말한다.

2. 문헌검토의 목적

관련 연구문헌을 검토하는 가장 근본적인 목적은 연구자가 연구문제와 관련된 영역에서 현재까지 수행된 연구상태를 파악하여 이를 자신의 연구문제 해결을 위한 종합적 준거기준으로 사용하기 위한 것이다.

Lang & Heiss는 문헌검토의 유용성으로 다음 다섯 가지를 들고 있다.[3] 즉 문헌검토를 통하여 (1) 연구문제를 구체적으로 한정시킬 수 있고, (2) 연구문제의 해결을 위한 새로운 접근방법을 알 수 있으며, (3) 조사설계에 있어서의 잘못을 피할 수 있고, (4) 연구수행에 관한 새로운 아이디어를 찾을 수 있으며, (5) 새로운 자료원에 접할 수 있다는 것이다.[4] 연구자의 초기 연구주제는 매우 광범위하고 일반적인 경우가 많다. 그러므로 연구주제와 관련된 문헌검토를 통하여 연구주제를 계속 좁혀 나가면서 의미있는 연구문제로 한정시킬 수 있다. 문헌검토의 과정에서 연구문제 해결에 도움이 되는 다양한 접근방법, 조사설계, 아이디어, 자료원에 접근할 수 있다.

3. 문헌검토의 시기

기존문헌 또는 선행연구의 검토는 연구의 전과정에 걸쳐 수행되어야 하는 가장 중요한 과제이다. 연구과제를 수행할 때에는 연구문제의 형성단계에서부터 연구가 끝날 때까지 추가적인 문헌검토를 필요로 하는 새로운 이슈가 끊임없이 나타난다. 그러므로 기존문헌의 탐색이 연구의 전과정에 걸쳐 필요하지만, 다음에 지적하는 이유 때문에 연구를 시작하면서 가능한 가장 빠른 시일내에 철저한 문헌검토를 하는 것이 중요하다.

초보자들은 자신의 연구문제를 구체화하고 연구설계를 시작할 때까지 문헌

---

3) G. Lang & G. D. Heiss, *A Practical Guide to Research Methods*, Lanham, MD: University Press of America, 1984, p. 19.

4) Richard J. Light & David B. Pillemer, *Summing Up: The Science of Reviewing Research*, Harvard University Press, 1984.

검토를 미루는 잘못을 범하기 쉽다. 문헌검토가 늦어지면 다른 연구자들의 실수나 경험을 통하여 배울 기회를 놓치게 된다. 문헌검토가 불충분할 때에는 자신의 연구문제에 대한 해답이 이미 나와 있는지 알 수 없고, 비슷한 연구과제를 수행하는 과정에서 다른 연구자가 겪었던 개념상의 문제나 실질적인 장애요인을 파악하기 어렵고, 또한 그러한 장애요인의 극복방법도 알 수 없다.[5)]

기존 문헌을 일찍 검토해야 하는 또 하나의 이유는 선행 연구가 연구문제의 가장 중요한 자료원이라는 점이다. 자신의 연구문제가 부적절한지 또는 시대에 뒤떨어진 주제인지 아닌지를 알 수 있는 최선의 방법은 그 분야에서 이미 연구된 것이 무엇인지를 파악하고, 기존 연구문헌에서 제시하고 있는 앞으로의 연구방향을 파악하는 것이다. 또한 기존문헌 검토를 통하여 그 분야에서 그 동안 축적된 연구업적에 자신의 연구가 어느 정도 기여할 수 있는지 알 수도 있다.

문헌조사와 검토를 일찍 시작하면 연구진행과정에서 발생할 가능성이 큰 여러 가지 문제점을 피할 수 있으며, 결과적으로 연구를 충실하게 진행시킬 수 있다. 예를 들면, 문헌검토를 통하여 타당성이 높은 측정도구를 찾아낼 수 있다면 스스로 측정도구를 개발하고 테스트하기 위하여 많은 시간을 투자하지 않고 자신의 연구목적에 적합한 기존의 측정도구를 사용할 수 있다. 문헌검토를 통하여 연구의 초기단계에서 문제 또는 변수에 관하여 자신이 미처 생각하지 못했던 다른 개념정의(alternative conceptions)를 발견할 수도 있다.

4. 일반적 문헌검토의 주요쟁점

일반적으로 가장 넓은 의미에서 문헌검토에는 <표 5-1>에 제시된 쟁점별로 다양한 범주의 활동이 포함된다.[6)] 문헌검토의 주요쟁점에는 문헌검토의 초점, 목표, 관점, 범위, 조직화 방법 및 예상독자층 등이 포함된다. 쟁점별로 다양한 범주의 활동이 구분될 수 있는데, 문헌검토를 수행하는 연구자는 이러한 활동 가운데 자신의 필요에 따라 적합한 것을 선택하여 수행한다.

---

5) Rubin & Babbie, *op. cit.,* p. 83.

6) 이 부분은 Harris M. Cooper, *Research Synthesis and Meta-Analysis: A Step-by-Step Approach*, 4th ed., Sage, 2010, pp. 4-5.

표 5-1 문헌검토의 쟁점별 범주

쟁 점	범 주
초점	• 연구결과 • 연구방법 • 이론 • 실제 및 응용
목적	• 통합 • 비판 • 주요이슈의 확인
관점	• 중립적 대변 • 입장의 표명
범위	• 모든 연구문헌을 포괄적으로 검토 • 선별적 문헌만 포괄하여 검토 • 대표적 문헌만 검토 • 중심적 또는 핵심적 문헌만 검토
조직화	• 역사적 • 개념적 • 방법론적
독자층	• 전문화된 학자집단 • 학자 일반 • 실무자와 정책결정자 • 일반 대중

출처: Harris M. Cooper, *Research Synthesis and Meta-Analysis: A Step-by-Step Approach*, 4th ed., Sage, 2010, p. 5에서 수정.

① 문헌검토의 초점: 그 초점은 기존 연구문헌의 연구결과, 연구방법, 이론, 실제 및 응용 가운데 일부 또는 전부가 될 수 있다.

② 문헌검토의 주목적: 기존연구결과를 통합적인 관점에서 종합하는 것일 수도 있고, 아니면 비판이 주목적일 수도 있으며, 단순히 기존연구의 주요이슈를 확인하기 위한 것일 수도 있다.

③ 문헌검토의 관점: 중립적인 관점에서 기존 연구문헌들을 대변하고자 할 수 있고, 아니면 자신의 입장을 표명하기 위한 것일 수도 있다.

④ 문헌검토의 범위: 모든 문헌을 포괄적으로 검토하고자 할 수 있으며, 선별적 문헌만을 포괄할 수도 있고, 대표적 문헌만을 검토할 수 있으며, 중심적 또는 핵심적 문헌만을 검토할 수 있다.

⑤ 문헌검토 결과의 조직화 방법: 기존 연구문헌을 시대 순으로 나열하는 역사적 방법, 주요개념을 중심으로 분류하여 제시하는 방법, 그리고 기존연구에서 사용된 방법론을 중심으로 조직화하여 제시하는 방법이 있다. 실제로는 대체로 이러한 방법을 혼합하여 사용한다.

⑥ 예상 독자층: 문헌검토결과를 활용하게 될 독자층을 예상하여 검토결과를 정리한다. 전문화된 학자집단, 학자 일반, 실무자와 정책결정자, 또는 일반

대중 가운데 어느 집단이 예상독자층인지에 따라 사용되는 용어나 분량 등이 달라질 것이다.

연구자는 연구과제를 수행하는 과정에서 <표 5-1>에 제시된 문헌검토의 초점, 목적, 관점, 범위, 조직화 방법 및 예상독자층의 범주들 가운데 적절한 범주를 선택하여야 한다. 문헌검토를 철저하게 수행하려면 상당한 시간과 노력이 투입되어야 하므로 연구자는 문헌검토에 투입할 수 있는 시간과 노력의 정도를 고려하여 사전에 문헌검토 전략을 수립한 후 문헌검토를 시작하여야 한다.

5. 기존문헌의 체계적 검토

체계적 검토(systematic review) 또는 연구종합(research synthesis)은 특정 연구문제 또는 연구가설과 관련된 연구문헌을 철저하게 찾아내서 각 단계별로 조직화되고, 투명하며, 복제가능한 절차를 사용하여 종합하는 것을 목적으로 한다. 과학적 원칙에 바탕을 둔 체계적 검토가 필요하다는 주장은 전통적인 문헌검토 방식이 적합하지 않다는 반성에서 제기되었다. 체계적 검토가 잘 이루어지려면 오류와 바이어스를 최소화시킬 수 있도록 여러 가지 측면에서 신중하게 진행하여야 한다. 체계적 검토 또는 연구종합에서는 그러한 고려가 특별히 중요한데, 그 이유는 원래 연구과정에서뿐 아니라, 출판, 전달, 그리고 검토과정에서 바이어스가 개입할 수 있으며, 그러한 바이어스가 축적될 수도 있기 때문이다. 바아어스는 효과를 과장하거나 과소평가할 수 있고, 잘못된 결론에 도달하게 할 수 있다.

체계적 검토에서도 일반적인 연구에서와 같이 그 주요목적, 개념과 방법을 사전에 구체화한 절차를 따라야 한다. 각 단계별로 어떠한 결정을 내렸는지 조심스럽게 기록하여 독자들이 검토자의 방법을 따라 할 수 있도록 하여야 한다. 체계적 검토는 1980년대 중반 Light & Pillemer가 사회정책에 관한 연구문헌을 종합하는 일반적이고, 과학적인 방법으로 소개한 이후 비약적으로 발전하였다.

6. 메타분석

새로운 연구과제를 수행하는 경우의 기존문헌 검토는 메타분석(meta-analysis)과는 구분되어야 한다. 메타분석이란 동일한 연구문제에 관하여 방대하게 축적된 경험적인 연구논문들을 기반으로 하여 그 논문들을 대상으로 분석하는 연구를 말한다. Glass는 1차 연구(primary research), 2차 연구(secondary research), 메타분석을 다음과 같이 구분한다.[7] 1차 연구는 조사연구에서 원자료를 분석하는 연구를 말한다. 2차 연구는 원래의 연구문제에 해답을 제공할 목적으로 좀더 우수한 통계적 기법을 사용하여 1차 연구의 데이터를 재분석(re-analysis)하거나, 옛 자료를 가지고 새로운 연구문제의 해답을 찾고자 하는 것을 말한다. 한편, 메타분석은 여러 개의 분석결과들을 분석하는 것(analysis of analyses)을 말한다. 즉, 여러 연구결과를 종합하여 일반적인 결론을 얻기 위해서 많은 수의 개별적인 연구결과를 대상으로 통계적인 분석을 실시하는 연구를 말한다. 동일 분야, 또는 동일 주제에 관한 경험적 연구문헌의 양이 증가함에 따라 메타분석의 필요성이 크게 증가하였다.

메타분석은 1980년대 중반 메타분석을 위한 통계적 방법을 개발하면서 널리 보급되기 시작하였다.[8] 미국에서는 1990년대 이후 메타분석적 연구의 숫자가 크게 증가하였는데, 이들 가운데 상당수가 보건의료분야에서 나오고 있다. 보건의료학, 사회과학, 행태과학 분야에서 최근 메타분석에 관한 관심이 커진 것은 '증거에 기반을 둔 의사결정'(evidence-based decision making)의 요청과 밀접하게 관련된다.[9] 구체적으로 이러한 요청은 보건의료분야의 '증거에 기반을 둔 실천'(evidence-based practices)과 공공정책분야의 '증거에 기반을 둔 정책결정'(evidence-based policy making) 운동으로 나타났

---

7) G. V. Glass, Primary, Secondary, and Meta-Analysis of Research, *Educational Researcher*, 5:10, 1976, pp. 3-8.

8) 1980년대 중반 대표적인 통계분석 문헌으로는 L. V., Hedges & I. Olkin, *Statistical Methods for Meta-Analysis*, Orlando: Academic Press, 1985.

9) Julia H. Littell, Jacqueline Corcoran, & Vijayan Pillai, *Systematic Reviews and Meta-Analysis*, Oxford University Press, 2008, p. 1; Harris M. Cooper, *Research Synthesis and Meta-Analysis: A Step-by-Step Approach*, 4th ed., Sage, 2010, p. 2 참조.

다. '증거에 기반을 둔 실천'은 이용가능한 최고의 연구지식, 임상적 전문성과 소비자 가치를 통합하여 환자와 고객에게 서비스를 제공해야 한다는 것이다. 증거에 기반을 둔 실천 운동은 소비자와 고객, 보험회사 및 정부기관 등 제3의 지불자에 대한 책무성을 강조하고, 전문직업분야의 지식기반을 확장하고자 하는 욕구를 반영한다. 의료분야에서는 Cochrane collaboration이라는 연구자의 국제컨소시엄(www.cochrane.org)이 존재하여 공공보건정책에서 시작하여 수술절차에 이르기까지 모든 분야에서 축적된 증거를 검토한 메타분석 논문들이 발표되고 있다.

한편 공공정책분야에서 '증거에 기반을 둔 정책결정'의 요청은 1980년대 이후 정책결정에서 이데올로기나 종교 등의 영향이 지나치게 강하다는 비판에서 대두되었다. 그러므로 정부의 정책결정이 환경영향평가, 규제영향평가 등 프로그램의 효과성에 관한 각종의 과학적인 평가연구에 기반을 두고 이루어져야 한다는 것이다. 이 분야에서도 비영리 단체인 '증거에 기반을 둔 정책을 위한 연합'(coalition for evidence-based policy, coalition4evidence.org)이 결성되어 출판 등 다양한 활동을 전개하고 있다.

'증거에 기반을 둔 의사결정'이 이루어지려면, 실무자나 정책분석가들은 해당 분야의 연구에 계속 관심을 가지면서 관련된 최신연구를 찾아내고, 그 신뢰성을 평가하여야 하며, 신뢰할 수 있는 연구결과를 기존연구결과와 통합하여야 한다. 그런데 연구결과와 다른 정보가 빠른 속도로 축적되면서 이러한 통합작업을 수행한다는 것이 매우 어려운 과제가 되었다. 즉, 상이한 연구설계, 상이한 유형의 연구대상, 상이한 측정도구를 사용한 경험적 증거들을 종합하기 위해서는 정교한 방법이 필요하게 되었다. 이에 따라 메타분석에 적합한 방법론이 크게 발전하게 된 것이다.[10)]

10) 예를 들면, M. Borenstein, L. V. Hedges, J. P. T. Higgins & H. R. Rothstein, *Introduction to Meta-Analysis*, John Wiley & Sons, 2009.; H. Cooper, L. Hedges & J. C. Valentine (eds.), *The Handbook of Research Synthesis and Meta-Analysis*, 2nd ed., Russel Sage Foundations, 2009.; J. E. Hunter & F. L. Schmidt, *Methods of Meta-Analysis: Correcting Error and Bias in Research Findings,* 2nd ed., Sage, 2004.; M. W. Lipsey & D. B. Wilson, *Practical Meta-Analysis,* Sage, 2001.; Cooper, *op. cit.*; Littell, Corcoran, & Pillai, *op. cit.* 등의 문헌 참조.

제2절 문헌검토의 절차와 기술

1. 문헌검토의 절차

연구의 진행과정에서 문헌검토는 일반적으로 다음과 같은 절차를 거쳐 이루어진다.

① 연구문제의 정의: 먼저 연구자가 검토하고자 하는 연구문제를 정의하여야 한다. 연구문제 형성과정과 연구문제의 사례에 관하여는 이미 살펴 본 바 있다. 연구문제가 정의되어야 연구문제에 포함된 주요 개념들을 주제어(key word)로 활용하여 관련문헌을 탐색할 수 있다. 일반적으로 문헌검토의 초기 단계에서 광범위한 주제에서 검색을 시작하여 구체적인 개념의 조합을 활용하여 탐색범위를 점차 좁혀갈 수 있다.

② 문헌검토 대상선택: 문헌에는 단행본, 학술논문, 학회발표논문, 학위논문 등 학술적 목적으로 간행된 문헌뿐 아니라 정부간행물, 신문기사, 역사적 기록물 등 비학술적 간행물도 포함된다. 이들 가운데 어떠한 문헌들을 검토대상에 포함시킬 것인지 선택하여야 한다.

③ 문헌검색: 여러 가지 검색통로를 활용하여 문헌을 검색하는데, 어떠한 검색방법의 조합을 선택하는 것이 바람직한지 생각해 두는 것이 좋다.

④ 개별문헌의 검토 및 평가: 문헌검색을 통하여 검색한 문헌을 하나씩 검토하여 평가한다.

⑤ 종합 및 해석: 개별문헌의 검토 및 평가결과를 종합하여 해석하고, 이를 토대로 '문헌검토' 또는 '선행연구 검토' 부분을 작성한다.

아래에서는 이미 살펴본 연구문제의 정의 단계를 제외하고 각 단계별로 고려하여야 할 사항들을 살펴보기로 하겠다.

2. 문헌검토 대상의 선택

문헌검토자는 먼저 자신의 연구문제와 관련된 문헌검토의 대상을 선택하여야 한다. 문헌검토는 학술적인 연구문헌을 대상으로 하여야 하며, 대중적인 잡지에 게재된 글은 일반적으로 제외시킨다. 문헌검토에 포함시켜야할 연구문헌의 유형은 연구보고서, 학회발표논문, 학술지게재논문, 학위논문으로 구분할 수 있다. 연구보고서는 특정 연구주제에 관한 연구결과를 단행본의 형태로 발간한 것으로 주로 한국행정연구원, 지방행정연구원과 같은 정부출연 연구기관, 한국행정학회와 같은 학술단체에서 발간하는데, 정부부처 등 발주기관에서 발간하기도 한다. 학회발표논문은 한국행정학회와 같은 학술단체에서 주최하는 학술세미나와 학술대회에서 발표된 논문을 말한다. 학술지 게재논문은 일반적으로 복수 심사자의 엄격한 심사를 통과한 이후 학술지에 게재된다. 학위논문은 지도교수와 심사위원회의 심사를 거친 석사학위 또는 박사학위논문으로 학위수여대학에서 출간한다.

문헌검토자는 문헌검토에 포함시켜야 할 연구문헌의 유형과 범위를 설정하여야 한다. Cooper는 문헌검토의 대상모집단(target population)이라는 개념을 도입할 것을 주장하였다.[11] 체계적 문헌검토에서는 특정 연구주제와 관련된 가설을 검증하거나 문제를 다룬 모든 연구문헌(연구보고서, 학회발표논문, 학술지게재논문)을 모집단에 포함시켜야 한다고 본다. 그러나 실제로 연구자가 모집단의 모든 구성요소에 접근하는 것은 가능하지 않은 경우가 많다. 그럼에도 불구하고 체계적 문헌검토가 이루어지려면 가능한 방법을 동원하여 모집단을 대표할 수 있는 구성요소가 포함될 수 있도록 노력하여야 한다.

3. 문헌검색

문헌검토자가 기존문헌을 검색하는 통로는 직접 검색하는 방법과 2차적인 통로를 활용하는 방법으로 구분된다.[12] 어느 경우에나 주제어 검색방법을 통

11) Cooper, *op. cit.*
12) 이하 Cooper, *op. cit.,* 제3장 참조.

하여 원하는 문헌정보를 찾을 수 있다. 일반적으로 저자명, 서명, 주제어 가운데 찾고자 하는 정보의 일부분을 입력하여 관련문헌을 검색할 수 있다. 특히 적절한 주제어 및 복수 주제어의 조합을 활용하는 것이 바람직하다.

1) 직접검색

문헌검토자가 연구문헌 발간처를 직접 검색하는 방법이다. 공공행정 및 정책분야에서 연구문헌의 유형별로 유용한 출처를 살펴보기로 하겠다.

① 연구보고서: 보고서를 발간하는 연구기관 또는 학회의 홈페이지를 방문하면 해당주제에 관한 연구보고서가 발간되었는지 확인할 수 있다.

② 학회발표논문(conference paper): 학술세미나 또는 학술대회 등 학회발표논문은 느슨하지만 일정한 자격을 갖출 경우에만 발표가 허용된다. 문헌검토자는 관련 주제를 다루는 학회의 홈페이지를 찾아서 학술세미나 발표논문을 직접 검색할 수 있다. 예를 들면, 한국행정학회의 경우 학회 홈페이지에서 기존 학회발표논문에 관한 데이터베이스를 구축하고 있으므로 관련문헌을 찾을 수 있다.[13]

③ 학술지논문(scholarly journal paper): 학술논문은 엄격한 심사를 거친 후에야 게재될 수 있으므로, 연구방법과 연구내용을 가장 신뢰할 수 있다.[14] 학술지에 투고된 논문은 미리 정한 심사기준에 따라 복수 심사자의 게재가 판정을 받아야 한다. 그런데 엄격한 심사과정을 통과한 학술지논문에는 출간바

---

13) 한국행정학회의 학술대회 발표논문 및 한국행정학회보 수록논문은 한국행정학회 홈페이지(www.kapa21.or.kr)의 자료실에서 검색할 수 있다.

14) 행정학 분야의 대표적인 국내외 학술지로는 다음과 같은 것들이 있다. 행정학 · 정책학 분야 국내학술지(한국연구재단 등재지 기준, 등재후보지 일부포함): 한국행정학보, 한국정책학회보, 한국행정연구, 행정논총, 정부학연구, 한국사회와 행정연구, 한국행정논집, 한국정책과학학회보, 정책분석평가학회보, 지방행정연구, 한국지방자치학회보, 한국인사행정학회보 등. 외국 저명 행정학 · 정책학 저널(SSCI 저널기준): *Public Administration Review, Journal of Public Administration Research and Theory, American Review of Public Administration, Administration & Society, Journal of Policy Analysis and Management, Policy Studies Journal, Review of Policy Research, Policy Science, State Politics & Policy Quarterly, Administrative Science Quarterly, Organization Science, Academy of Management Review, Academy of Management Journal, Review of Public Personnel Administration, Public Personnel Management, Public Budgeting and Finance, Urban Affairs Review* 등.

이어스(publication bias)가 있는 것으로 알려져 있다. 즉, 통계적으로 유의성이 있는 연구결과가 게재될 가능성이 높은 반면, 통계적 유의성이 없는 경우, 즉 영가설이 채택된 경우는 게재판정을 받기가 어렵다는 것이다. 한편 질적 연구방법을 활용한 연구나 이론을 위주로 다룬 연구의 경우에는 게재판정을 받기가 더욱 어렵다는 비판이 제기되고 있다. 그러므로 체계적 검토에서 출간된 학술논문만을 유일한 원천으로 하지 않아야 한다. 최근에는 인쇄본과 함께 전자적 형태로 제공되는 전자저널(e-journal)이 등장하고 있다. 전자저널은 투고 이후 채택되어 출간되는 기간이 비교적 짧다.

2) 2차 통로 검색

2차 통로(secondary channel)는 검색자가 이용할 수 있도록 학술지, 정부기관, 그리고 연구자로부터 직접 1차 연구에 관한 자료를 수집하여 구축한 데이터베이스를 활용하는 방법을 말한다. 2차 통로는 문헌검토자에게 하나의 주제와 관련된 연구문헌 목록을 제공하겠다는 분명한 목적을 가지고 제3자가 구성한 것이다. 여기에는 인터넷, 참고문헌 데이터베이스, 인용문헌색인(citation index) 등이 포함된다.

(1) 인터넷

인터넷을 통한 정보전달 능력의 확장이 현대사회를 혁명적으로 변화시켰다. 인터넷은 학술정보의 교환에서도 매우 큰 역할을 담당한다. 인터넷을 사용하는 문헌검토자는 그들의 문제를 다루고 있는 정보를 포함하고 있는 웹사이트를 활용할 수 있어야 한다.[15] 그러나 구체적 연구주제에 관한 과학적 연구문헌을 검색하는 데 인터넷을 활용하는 것은 시간소모적이며 현명한 방법은 아니다. 인터넷은 학술정보 외에도 많은 정보를 포함하고 있기 때문이다.[16] 즉 학술적인 심사를 받지 않는 일반 잡지, 그리고 신문 등 대중매체에 게재된 문헌들도 구분없이 소개되어 있으며, 때로는 사이비과학에 해당하는 내용이 포함될 수 있다.

---

15) 문헌검토자는 검색엔진에서 하나의 키워드나 문장, 또는 복수의 키워드나 문장을 사용하여 검색한다. 예를 들어, ‘public service motivation’, ‘job satisfaction’ 등의 keyword를 사용하여 google.com, yahoo.com 등에서 검색할 수 있다.

16) 그러므로 http://scholar.google.com과 같이 학술정보만을 포함하고 있는 전문화된 검색엔진을 찾는 것이 바람직하다.

(2) 참고문헌 데이터베이스

국내외에 다수의 참고문헌 데이터베이스가 구축되어 있으며, 무료 또는 유료로 이용할 수 있다. 국내출판물의 경우에는 국회도서관과 국립중앙도서관의 문헌정보 데이터베이스가 이미 구축되어 있으므로 기존문헌의 탐색에 많은 도움이 된다. 한국연구재단의 한국학술지인용색인(Korea Citation Index)에서 등재(후보)학술지 게재논문을 검색할 수 있다.[17] 예를 들어, 국회도서관 데이터베이스에 접속하여 '직무만족'이라는 키워드로 검색한 후, 검색된 문헌의 서지사항을 확인한 후 필요한 문헌의 전문을 구할 수 있다.

국내외 참고문헌 데이터베이스는 각각 포함하는 저널의 범위가 다르다. 그러므로 해당분야의 저널을 비교적 많이 포함하고 있는 데이터베이스를 선택하여야 한다. 또한 데이터베이스에 포함된 저널의 경우에도 원문을 제공하는 기간에는 제약이 있다. 일반적으로 1990년대 이전의 논문은 서지사항만 확인이 가능하고, 1990년대 이후의 논문은 PDF 또는 텍스트 형태의 전문(full-text)을 다운받아 활용할 수 있도록 되어 있다. 국내외 데이터베이스 가운데 많이 활용되는 것으로 국내 대학도서관을 통하여 접근이 가능한 데이터베이스에는 다음과 같은 것들이 있다.

① 한국학술정보(KISS): 학문 전분야 국내 학회에서 발간한 학회보논문과 단행본에 관한 정보를 제공한다. 최근 논문의 경우 거의 대부분 PDF 파일 원문을 볼 수 있다.

② DBPIA(누리미디어): 법학·행정학 등 국내간행물에 관한 정보를 제공한다. 최근 논문의 경우 거의 대부분 PDF 파일 원문을 볼 수 있다.

③ ProQuest ARL(ProQuest Academic Research Library): 학문 전분야에서 원문을 제공한다.

④ PQDT(ProQuest Digital Dissertation and Theses): 북미, 유럽 및 아시아의 세계 1,500 여개 대학의 석박사 학위 논문서지정보 및 초록제공 DB이다.

⑤ JSTOR(Journal Storage): Art &Science, Business, Mathmatics 원문을 제공한다.

---

17) 국내학술논문과 서적에 관하여는 국회도서관 www.nanet.go.kr, 국립중앙도서관 www.nl.go.kr, 한국학술지인용색인 www.kci.go.kr 홈페이지에서 검색할 수 있다.

⑥ EBSCOhost ASP(Academic Search Premier): 인문사회과학, 예술, 자연 및 응용과학, 의학 등 전학문분야 전문수록 DB이다.

한편 일반적으로 국내도서관을 통하여 접속하는 것이 쉽지는 않지만 행정학 분야에서 유용하게 활용될 수 있는 데이터베이스로는 EBSCO Public Administration Abstracts, 그리고 PAIS가 있다.

① Public Administration Abstracts(EBSCO): 행정학 분야 문헌의 종합적인 원천이다. 포함된 주제는 행정이론, 행정과 경제·법률·정치, 그리고 사회와의 관계, 행정구조 및 절차, 공공정책, 공공서비스, 인사행정, 사회서비스 등이다.

② PAIS(Public Affairs Information Service International): 이 데이터베이스는 정치, 사회, 공공정책분야의 쟁점 위주로 전 세계의 공공문제와 세계적인 이슈를 다루는 정기간행물, 단행본, 정부출판물을 포함한다.

참고문헌 DB가 훌륭한 원천이기는 하지만, 여전히 한계도 가지고 있다. 첫째, 연구가 종료되는 시점과 참고문헌 데이터베이스에 수록되는 시점 사이에 시차가 있다. 연구가 종료된 후 학술지에 투고한 후 심사절차를 거쳐 학술지에 게재된 이후에야 참고문헌 데이터베이스에 올라가게 된다. 그러므로 데이터베이스에는 최근에 완료된 연구결과를 찾기 어려운 경우가 있다. 둘째, 데이터베이스마다 제공하는 학문분야와 학술지의 종류가 다르기 때문에 문헌검토자가 자신의 연구주제와 관련된 복수의 데이터 베이스를 활용하지 않으면 중요한 문헌을 빠트릴 수 있다. 셋째, 데이터베이스가 출간된 학술지논문만 포함하고 있을 경우 출간바이어스의 영향을 받을 수 있다. 그러므로 출간된 논문 이외에도 학위논문이나 학술대회발표논문 등 정식으로 출간되지 않은 논문이 포함되는 데이터베이스도 활용할 필요가 있다.

(3) 인용문헌색인

인용문헌색인은 일찍 발표된 논문이 다른 연구자에 의해 얼마나 인용되는지에 관한 정보를 제공한다. 그러므로 일찍 발표된 논문이 최근 발표된 논문에서 인용되는 용어가 되는 것이다. 자연과학분야의 SCI(Science Citation

Index), 사회과학분야의 SSCI(Social Science Citation Index), 그리고 예술 및 인문분야의 AHCI(Arts & Humanities Citation Index)가 대표적이다.[18] 원래 인용문헌색인은 하나의 논문이 발표된 이래 해당분야의 지식이 어떻게 축적되고 성장해 왔는지를 추적하기 위한 것이다. SSCI를 통해 연구자와 교수 및 학생들이 연구자료, 연구경향, 학술지와 연구자를 분석하고, 연구결과를 공유할 수 있는 문헌정보와 인용정보에 쉽게 접근할 수 있다. 국내학술지 게재논문은 한국학술지인용색인(KCI)에서 검색할 수 있다.

요즘에는 학술지에 게재된 논문들의 평균 인용빈도를 토대로 학술지의 피인용지수(Impact Factor)값이 계산되며, 그 값이 해당 학술지의 영향력의 정도를 나타내는 것으로 여겨진다.[19] 최근 교수업적 평가에서 SCI 또는 SSCI 논문에 가중치가 부여되는 것은 물론, 학술지의 피인용지수(Impact Factor) 또한 가중치가 주어지므로 그에 따른 경쟁도 심화되는 현상이 나타나고 있다.

그러나 문헌색인에는 학술지 논문과 전문서적만이 포함되므로 앞에서 살펴본 출간바이어스가 나타날 수 있다. 또한 연구가 종료되는 시점과 참고문헌 데이터베이스에 수록되는 시점 사이에 시차도 존재한다.

---

18) 과학인용문헌색인(Science Citation Index, SCI®)은 미국의 ISI에서 1960년에 만든 인용문헌색인이다. 지금은 Thomson Scientific이 소유하고 있다. 온라인 버전인 SCI 확장판(Science Citation Index Expanded, SCIE)이 있으며, 2009년 기준 3,768개의 SCI 저널과 8,060개의 SCIE 저널을 싣고 있다. 사회과학인용문헌색인(Social Sciences Citation Index®)도 Thomson Scientific이 소유하고 있으며, 50여개 학문분과에서 2,474종의 사회과학분야 저널이 포함되고 있다.

19) 피인용지수 혹은 임팩트 팩터(impact factor, IF)는 자연과학·사회과학 분야의 학술지를 대상으로, 그 잡지의 영향도를 측정하는 지표다. Eugene Garfield가 1955년에 고안한 것으로, 현재는 매년 Thomson Scientific의 인용 문헌 데이터베이스 Web of Science에 수록되는 데이터를 바탕으로 산출하고 있다. 대상이 되는 잡지는 자연과학 5,900지, 사회과학 1,700지다. 그 수치는 Journal Citation Reports (JCR)의 데이터의 하나로서 수록된다. 연구자나 연구 기관 및 잡지를 평가할 목적에서 사용되기도 하지만 어디까지나 임팩트 팩터는 Web of Science에 수록된 특정의 저널의 '평균적인 논문'의 피인용 회수에 지나지 않는다.
출처: http://ko.wikipedia.org/wiki/%ED%94%BC%EC%9D%B8%EC%9A%A9%EC%A7%80%EC%88%98 2010년 2월 14일 접근.

4. 개별문헌의 검토와 평가

탐색된 각각의 연구문헌은 객관적인 기준에 따라서 검토되어야 한다. 조사통계분석을 공부하는 목적 중의 하나가 이미 이루어진 경험적 연구문헌을 해득할 수 있는 능력(research literacy)을 갖추는 것이기도 하다. 이러한 해득능력에는 어떤 연구문헌을 보고 그 연구결과가 무엇인지를 이해할 수 있는 능력 이외에, 그 연구가 제대로 진행되었는지를 평가할 수 있는 능력도 포함된다.

참고문헌 검색결과 연구문제와 관련된 보고서, 학회발표논문, 학술지 논문 등 다양한 유형의 문헌을 찾을 수 있을 것이다. 이들 문헌들에 대한 예비적 검토를 통하여 본격적인 검토 대상 논문을 선택한다. 예비적 검토에서는 다음과 같은 사항을 점검한다.

첫째, 저자의 자격(credentials)을 검토한다. 저자가 해당분야의 전문가인가? 믿을만한 기관에 소속되어 있는가? 둘째, 만약 연구보고서와 같은 단행본이라면 출판기관은 신뢰할 수 있는가? 셋째, 만약 논문이라면 동료심사를 거친 학술논문지에 게재된 논문인가?

이러한 예비적 검토를 거쳐 선별한 문헌에 대하여는 비판적인 관점에서 본격적인 검토가 이루어져야 한다. 회의주의가 과학의 주요 규범의 하나라는 점을 상기할 필요가 있다. 권위있는 학술지에 게재되었기 때문에 완벽할 것으로 생각해서는 안 된다. 본격적인 내용검토에서 기존의 연구가 제대로 수행되었는지를 파악하기 위해서는 「연구논문 평가를 위한 체크리스트」를 이용하는 것도 바람직하다. 검토한 연구문헌이 아주 훌륭하면 대다수의 체크리스트의 항목에 "그렇다"라고 대답할 수 있을 것이고, 만약 대부분의 항목에 "아니오"라고 대답할 수밖에 없으면, 그 연구문헌의 가치가 의심스러운 경우에 해당된다.

계량적 방법론을 적용한 경험적 연구논문의 경우에 체크리스트에 포함될 항목은 크게 (1) 개념적인 틀(framework)에 관련된 항목, (2) 방법(method)에 관련된 항목, (3) 결과-결론(results-conclusion)에 관련된 항목으로 구분할 수 있다.[20] 구체적인 평가항목에는 다음과 같은 것들이 포함되어야 한다.

---

20) 이 부분은 J. Katzer, K. H. Cook, & W. W. Crouch, *Evaluating Information: A Guide for Users of Social Science Research,* Reading, MA: Addison-

1) 개념적인 틀에 관한 항목

① 문제의 진술(Problem Statement)
문제가 해답을 구할 수 있도록 진술되었는가?
문제진술이 개방형이며 편견은 없는가?
문제진술에 중립적인 용어를 사용하였는가?

② 개념정의(Definitions)
개념이 구체적으로 정의되었는가?
개념정의가 연구의 전통에 기반을 두고 있는가?
개념정의가 동의어 반복적인 것은 아닌가?

③ 문헌검토(Literature Review)
문헌 검토에 포함된 논문은 무엇인가?
자료수집 이전에 문헌을 철저하게 검토하였는가?

2) 방법에 관한 평가항목

① 관찰(Observation)
관찰에서 빠진 중요한 부분은 없는가?
관찰단계에서의 왜곡 가능성은 적절하게 통제되었는가?
관찰은 어떠한 맥락에서 이루어졌는가?

② 측정(Measurement)
측정에 사용된 조작적 정의는 적절한가?
연구자가 측정도구가 허용하는 것 이상으로 섬세한 측정을 시도하지는 않았는가?
측정의 신뢰도는 제시되었는가?

③ 통제(Control)
연구설계에서 제3변수 또는 대립적 가설에 의한 설명가능성이 배제되었는가?
비교가 가능하도록 조사가 이루어졌는가?

④ 일반화(Generality)
연구자는 어느 정도까지의 일반화를 원하는가?
연구기간 동안 연구대상의 대표성은 유지되었는가?

3) 결과-결론에 관한 질문

① 요약의 공정성(Fair Summaries)
요약은 공정하게 이루어졌는가?

② 해석(Interpretations)

Wesley, 1978, pp. 158-164를 주로 참고하였음.

중요한 부분이 해석에서 빠지지는 않았는가?
모든 해석은 적절하게 이루어졌는가?
연구자는 제기한 문제에 해답을 제시했는가?
연구결과의 해석은 인용한 연구문헌의 내용과 일관성이 있는가?

③ 설명(Explanations)
연구문제에 대한 지식에 비추어 볼 때 연구자의 설명은 수긍할 만한가?

④ 추론(Inferences)
통계적 추론에 오류는 없는가?
만약 신뢰수준이 제시되었다면, 그 신뢰수준은 받아들일 만한가?
연구 결론의 중요성은 어느 정도인가?

이러한 일반적인 평가기준을 토대로 논문에서 사용한 자료수집방법과 조사설계의 성격에 따라 필요한 부분을 강조하여 적용할 수 있다.21) 한편 해석적 관점 또는 비판적 관점에서 질적 자료를 활용한 연구에 대하여는 상당히 다른 평가기준을 적용하여야 할 것이다.

각각의 논문을 읽고 이러한 체크리스트를 사용하여 질문항목들에 따라서 연구문헌을 평가한다. 자신의 평가를 요약(summary)하는 것도 유용한 방법이다. 보통 연구논문의 초록(abstract)에는 연구의 주제, 연구방법론, 그리고 연구결과(findings)와 결론이 포함되어 있다. 평가자의 요약에도 이와 같은 정보들이 포함되어야 하는데 이는 평가자 자신의 의견이어야 한다. 평가자의 요약을 독자의 초록(reader's abstract)이라고 부르기도 한다. 이와 같이 체크리스트를 사용하여 평가하게 되면 연구결과를 단순하게 요약하는 것이 아니고 비판적인 검토결과를 제시할 수 있다.

5. 문헌검토 결과의 기술

1) 전통적 문헌검토 결과 기술의 문제점

문헌검토에 관한 장(chapter)은 학위논문을 포함하여 새로운 연구논문을 작성할 때 반드시 필요하다. 많은 논문에서 문헌검토 결과를 체계적으로 기술

---

21) Ellen R. Girden, *Evaluation Research Articles: From Start to Finish*, 2nd ed., Thousands Oak, CA: Sage, 2001에는 조사설계별로 문헌검토의 방법과 사례를 제시하고 있다.

하지 못하고 있다. 즉, 기존연구들을 단순히 연대순으로 나열하고, 개별 문헌의 장점과 단점을 선택적으로 서술하는 방식을 취하는 경우가 많다. 비판자들은 전통적 방법과 그에 따른 결론이 정확하지 않다고 주장한다. 즉 기존연구 검토결과를 토대로 특정 결론을 도출하는데, 어떠한 기준을 사용했는지 알 수 없다는 것이다.

Wolf는 논문작성시 기존문헌의 검토결과를 기술하는 전통적인 방법의 문제점을 다음과 같이 지적한다.[22] ① 검토자가 기존문헌을 선정할 때 연구문헌의 질에 대한 주관적 판단에 따라 자의적으로 선정하는 경향이 있다. ② 검토자의 주관에 따라 일련의 연구결과 중 특정연구에 가중치를 부여하는 경향이 있다. ③ 연구결과를 잘못 해석하는 경향이 있다. ④ 여러 연구에서 연구결과가 서로 다르게 나온 경우, 그 이유가 연구의 특징이 다르기 때문인 경우가 많은데 이를 살펴보지 않는 경향이 있다. 이러한 맥락에서 Light & Pillemer는 과학적 연구를 수행하는 과정에서 기존문헌의 검토가 비과학적・피상적인 방법으로 수행된다는 것은 하나의 아이러니라고 지적한다.[23]

2) 문헌검토 결과의 기술방법

(1) 체계적 검토의 필요성

과학을 지식과 정보의 축적과정이라고 본다면 유사한 연구문제를 다룬 연구문헌들을 검토한 다음, 그 결과를 체계적으로 종합하여 문헌검토 부분을 기술하여야 한다. Glass 등은 그 필요성을 다음과 같이 지적한다.[24] "앞으로는 문헌검토가 이제까지 해 왔던 것처럼 단순히 연대순으로 문헌을 인용하는 데 그치지 않고 이보다 훨씬 더 기술적이고 통계적으로 수행되어야 한다. … 하나의 연구에서 통계적인 분석 없이는 백여 개의 사례에 관한 자료를 이해하기 어려운 것처럼, 여러 개의 연구에서 나온 연구결과들도 통계분석을 필요로 하는 하나의 자료세트(data set)로 간주하여야 한다." 즉 연구문제를 해결하기 위하여 수행되는 경험적인 연구에서와 마찬가지로 문헌검토도 과학적인 방법

22) F. M. Wolf, *Meta-Analysis: Quantitative Methods for Research Synthesis*, Sage University Paper Series, Beverly Hills, CA: Sage, 1986, p. 10.
23) Light & Pillemer, *op. cit.*, pp. 3-6.
24) G. V. Glass, B. McGaw & M. L. Smith, *Meta-analysis of Social Research*, Beverly Hills, CA: Sage, 1981, p. 12.

으로 실시되어야 한다는 것이다.

(2) 체계적 기술방법

문헌검토 결과를 의미있게 기술하기 위해서는 개별 문헌을 비판적으로 검토(critical review)한 후, 그 결과를 토대로 작성한다.[25] 핵심적인 사항은 개별 논문 또는 저자 중심으로 기술하는 것이 아니라 공통의 개념, 아이디어, 그리고 방법을 중심으로 논의하는 것이다.[26] 연구자가 진행하고자 하는 연구프로젝트의 지식기반이 무엇인지, 그리고 자신의 연구프로젝트가 그러한 지식기반에 무엇을 확장하거나 추가하는지 분명하게 알 수 있도록 해야 한다.

'문헌검토' 부분을 기술할 때, 도입부, 본론, 요약의 순서를 따르는데 각 범주에 들어가야 할 내용은 대체로 다음과 같다.

① 도입부: 문헌검토의 주제, 문헌의 원천, 주요쟁점, 관련 이론(또는 개념들) 등과 함께 문헌검토 기술의 목적([Box 5-1] 참조)을 개괄적으로 제시한다. 특히 본인의 연구문제, 가설, 그리고 연구절차와 관련하여 기존연구문헌 검토의 범위를 어떻게 설정하였는지 밝히는 것이 좋다.

② 본론: 관련 문헌을 연대별, 주제별, 방법론 및 방법에 따라 범주화하여 제시한다.

(i) 연대별 특징을 파악할 수 있도록 단순한 나열에 그치지 말고 연대별로 나타나는 경향에 주목하여 기존문헌을 범주화한다. 예를 들면, 전자정부에 관하여 연구한 관련문헌을 초기, 성장기, 성숙기 등으로 구분할 수 있고 시기별 특징을 찾아내어 기술한다. 그 분야에서 기초가 되는 중요한 연구가 있을 경우, 그에 관련된 후속 연구동향을 기술한다.

(ii) 주제와 개념별로 기존연구에서 강조해 온 이슈들을 범주화한다. 예를 들면, 빈곤문제를 다룬 기존문헌을 검토할 경우, 교육, 소득, 고용 등 빈곤의 원인을 다른 각도에서 검토한 문헌들을 범주별로 분류하여 기술할 수 있다. 여기에서 주요 용어와 개념이 정의되거나 사용된 여러 가지 방식을 확인한다. 기존문헌에서 상충되는 연구결론이 도출된 경우에는 그 이유가 무엇인지 파악하기 위하여 각 문헌의 특성을 보다 면밀하게 검토한다.

(iii) 연구자가 사용한 방법론 및 방법에 초점을 맞추어 범주화한다. 넓은

---

25) Lang & Heiss, *op. cit.,* pp. 24-26.

26) Johnson, Reynold with Mycoff, *op. cit.,* pp. 200-202.

의미에서 양적인 접근방법과 질적인 접근방법을 사용한 연구로 범주화할 수 있다. 하위범주를 보다 구체적으로 설정하여 실험설계, 준실험설계, 통계적 통제 등 조사설계방법에 따라 범주화할 수도 있다. 범주화의 과정에서 기존 연구자들이 유사한 기법을 사용한 경우에는 그들의 연구결과를 통합시키려고 노력하여야 한다. 먼저 이들 연구문헌의 공통적인 요소들을 제시하고, 필요하다면 이들을 개별적으로 취급하는 것이 바람직하다.

③ 요약: 검토한 모든 연구문헌의 내용 및 방법에 관하여 소결론을 내리고, 그러한 결론이 자신의 연구과제에 어떻게 관련되는지 간략하게 요약한다. 기존문헌에서 기여한 점과 현재의 상황을 간명하게 제시하는 한편 방법론의 취약점, 기존연구에서 다루지 못한 부분, 상충되는 내용, 또는 추가 연구가 필요한 영역을 확인하여 자신의 연구프로젝트를 정당화하는데 활용한다. 즉, 이전 연구에서의 공백, 오류, 실패를 식별하여 자신의 연구 프로젝트를 정당화시킬 수 있다.

[Box 5-1]에 연구자가 '문헌검토' 부분을 기술하는 네 가지 목적이 제시되었다. 논문의 성격에 따라 중요시되는 목적이 달라질 수 있으므로, 연구자는 자신이 논문의 성격에 부합되는 목적을 강조하여 기술하는 것이 바람직하다.

Box 5-1 문헌검토 기술의 목적

연구논문 또는 보고서에서 '문헌검토' 부분을 기술하는 목적은 다음과 같다.

1. 지식체계와 친밀성 입증 및 신뢰성 확보

문헌검토에서 연구자가 독자들에게 해당 분야의 연구를 잘 알고 있으며, 주요 이슈에 정통하다는 것을 보여줄 수 있다. 좋은 문헌검토는 연구자의 전문가로서의 자신감과 능력을 향상시킨다.

2. 기존연구와 연구 프로젝트의 관계 명시

문헌검토에서 하나의 연구 질문에 관한 연구 방향을 개략적으로 기술하고 지식의 발전과정을 보여줄 수 있다. 좋은 문헌검토는 특정의 맥락에 연구자의 프로젝트를 자리잡게 하고 이를 기존지식체계와 연결함으로써 연구의 적실성을 증명할 수 있다. 이는 연구의 배경 또는 맥락에 관한 검토에 해당되며 독자들에게 자신의 연구가 해당 분야의 큰 그림에 어떻게 연결되며, 선행연구에서 해결되지 않은 문제를 다룬다는 점을 강조할 수 있다.

3. 연구결과의 종합 및 요약

문헌검토에서 서로 다른 연구결과들을 한곳에 모아서 종합할 수 있다. 좋은 문헌검토는 기존연구에서 연구자들이 동의한 영역, 동의하지 않는 영역, 그리고 주요 질문이 남아있는 영역을 알려준다. 검토 시점까지 밝혀진 내용을 집약하고 향후 연구 방향을 시사한다. 이는 선행연구의 이론적 검토에 적용되며 서로 다른 이론들이 어떻게 현상을 설명하는지 평가하고자 한다. 이론적 검토는 더 나아가서 이론들에 대하여 가정의 견실성, 논리적 일관성, 설명의 범위를 비교할 수 있다. 연구자는 여러 이론을 통합하거나 새로운 이슈에 적용할 수 있다.

4. 다른 연구자들로부터 학습 및 새로운 아이디어 촉진

문헌검토는 연구자가 다른 연구자들의 노력으로부터 도움을 받을 수 있도록 한다. 좋은 문헌검토는 기존연구에서 다루지 않은 부분을 식별하고 복제연구를 시도할 수 있는 가설을 제시한다. 연구자가 가설에 더 집중하고 새로운 통찰력을 얻을 수 있도록 복사할 가치가 있는 절차, 기술 및 조사설계를 파악할 수 있다.

출처: W. L. Neuman. *Social Research Methods,* 4th ed., 2000, p. 445-447 및 [Box 16-1]을 기초로 재구성.

제3절 메타분석

1. 메타분석의 특징과 필요성

1) 메타분석의 특징

제1절에서 살펴 본 바와 같이 메타분석이란 분석들의 분석(analysis of analyses)의 의미로 사용되는데, 이것은 개별 연구결과들을 종합할 목적으로 다수의 개별적 연구결과들을 통계적 방법을 사용하여 분석하는 것을 말한다. Glass는 메타분석의 특징을 다음 세 가지로 요약하였다.[27]

첫째, 메타분석은 계량적이다. 자료의 단순한 나열이 아니라 다른 방법으로는 파악하기 어려운 수많은 연구 결과들을 요약하여 분류하고 이들을 종합하

27) Glass et al., *op. cit.*

기 위해서 계량분석 방법을 사용한다. 그러므로 메타분석은 원시자료를 그대로 사용하지 않고 요약통계를 사용한다.

둘째, 효과의 크기(effect size)를 계산하기 위해 서로 상이한 연구들을 종합한다. 연구결과들을 통합함에 있어 어떤 종류의 연구결과를 대다수의 연구결과와 차이가 있다는 이유로 분석대상에서 제외하지 않는다. 상이한 연구결과라도 전체적인 결론을 도출해 내기 위해 분석대상이 되므로 메타분석을 수행하는 연구자의 주관적 판단에 의해서 연구에 포함시켜야 할 연구와 포함시키지 말아야 할 연구들을 사전에 결정하지 않는다.

셋째, 메타분석을 통하여 일반적인 결론을 도출한다. 어느 한 분야에서 일정수의 연구결과들이 일관성 있는 효과를 나타낸다면 효과의 크기가 각기 다른 경우에도 개별적인 연구들 사이에 존재하는 차이가 무시될 수 있다는 전제하에서 그 연구결과를 일반화할 수 있다는 것이다. 그러므로 메타분석이란 일반화(generalization)와 간명성(parsimony)이라는 두 조건을 동시에 충족시키려는 노력으로 볼 수 있다.

메타분석이라는 용어는 학문분야에 따라 각기 다른 용어로 표현되는데, 일반적으로 사회과학에서는 메타분석(meta-analysis), 계량적 연구종합(quantitative research synthesis)이란 표현을 사용하고 있고, 물리학분야에서는 연구종합(research synthesis), 연구검토(research review) 등의 용어로 표현되는 경향이 있다.[28)]

2) 메타분석의 필요성

사회과학분야에서 메타분석은 아직까지 국내에는 보편화되지 않은 상태이다.[29)] 그러나 메타분석방법은 다음과 같은 필요성 때문에 앞으로 많이 활용될 것으로 보인다.[30)]

첫째, 단일주제에 관해 두 개의 상반된 결론이나 논쟁이 도출된 경우 이를 해결하기 위해 보다 신뢰할 수 있고 타당성 있는 결론을 내려야 할 필요가 있

28) 오성삼, 「메타분석의 이론과 실제」, 건국대학교 출판부, 2002, p. 15.

29) 예를 들면, 이석원, 미국 공적부조개혁의 성공적 수단: 메타회귀분석접근, 「한국행정학회보」, 36:4, 2002, pp. 205-225. 메타분석방법에 대한 소개서로는 이지훈, 「사회과학의 메타분석방법론」, 충북대 출판부, 1993. 그리고 오성삼, 전게서 참조.

30) 오성삼, 전게서, pp. 20-22.

을 때 이 방법을 효과적으로 사용할 수 있다. 둘째, 현장으로부터의 원시자료를 수집할 만한 시간적 여유가 없거나, 경비와 노력의 절감이 요구되는 상황에서 신속하게 문제를 해결해야 할 필요가 있을 때 메타분석 방법이 효과적이라 할 수 있다. 셋째, 각종 학술정보의 범람 속에서 체계적으로 압축된 지식 또는 정보들을 필요로 할 경우 메타분석기법은 매우 유용한 방법이라 할 수 있다.

2. 효과의 크기

메타분석의 핵심은 기존의 연구결과에서 효과의 크기를 계산하는 방법이다. 효과의 크기라는 개념은 각기 다른 통계적 방법을 사용한 연구결과들을 수량적으로 통합하고자 할 때 다양한 연구결과를 의미있게 비교할 수 있도록 하나의 공통척도로 나타내고자 하는 것이다. Glass와 그의 동료들에 의해 제안된 효과의 크기는 실험집단의 평균값에서 비교집단의 평균값을 뺀 값을 비교집단(혹은 두 집단)의 표준편차 값으로 나눈 값을 의미한다. 이를 공식으로 표시하면 ES=(Xe−Xc)/Sc이다. 여기서 Xe는 실험집단의 평균값을, Xc는 비교집단의 평균값, 그리고 Sc는 비교집단의 표준편차를 의미한다. 이처럼 효과의 크기(ES)는 메타분석을 가능하게 해주는 단위라고 할 수 있는데 분석대상이 되는 다양한 형태의 선행연구 결과들을 통합 혹은 비교가 가능하도록 공통의 단위로 변환시켜 놓은 것이라 할 수 있다. 효과의 크기를 표현하는 방식은 각각의 연구 상황에 따라 여러 가지가 존재하며, 효과의 크기를 계산하는 방식 또한 다양하다.[31] 효과의 크기를 계산할 때, 각 연구에서 나타난 효과크기의 가중평균을 계산한다. 가중평균을 계산할 때, 일반적으로 정확한 연구결과에 더 큰 가중치를 부여한다. 그러나 가중치를 배정하는 규칙은 진정한 효과의 분포에 관한 연구자의 가정에 의존한다.[32]

31) 그 자세한 내용은 오성삼, 전게서 제3장 참조. 한편 최근의 효과크기 계산방법에 관한 논의는 이석원, 전게논문 참조.

32) Borenstein, Hedges, Higgins & Rothstein, *op. cit.,* p. 6.

3. 메타분석의 장점과 단점

1) 장 점

메타분석은 통계적 방법으로 가설을 검증할 수 있으므로 보다 강력한 결론에 도달할 수 있다는 장점을 지닌다. 연구결과들이 일관성이 없을 때 앞에서 살펴본 조절변수의 확인을 통하여 보다 더 체계적이며 정확한 결론을 내릴 수 있다. 효과를 실증적으로 검증할 수 있기 때문에 메타분석은 전통적인 문헌연구보다 더 객관적이라 할 수 있다. Pillemer & Light는 여러 연구 결과를 종합함으로써 얻게 되는 이점을 다음과 같이 지적하고 있다.33)

첫째, 개별 연구의 표본을 종합하여 좀더 큰 표본을 가지고 가설을 검증하므로 통계적 검증의 오류가능성이 작아진다. 동일한 조건하에서는 표본의 크기가 크면 클수록 가설검증에서 오류를 범할 가능성이 작아지기 때문이다. 둘째, 효과의 크기를 좀 더 정확하게 추정할 수 있다. 즉, 개별 연구결과들을 종합하여 효과의 크기의 평균치를 계산함으로써 단일 연구결과에서 계산하는 효과의 크기보다는 그 결과를 더욱 신뢰할 수 있다. 셋째, 관심 있는 두 변수 사이에 존재하는 관계의 양상을 잘 파악할 수 있다. 다양한 연구 결과를 종합하게 되므로 단일 연구 결과에 비하여 각 변수가 취할 수 있는 값의 범위를 좀 더 넓게 볼 수 있다. 넷째, 상충하는 연구결과가 있을 때 그 원인이 어디에 있는지 살펴볼 수 있는 기회가 있다. 상반되는 연구결과가 나타날 경우 체계적으로 각 연구 결과를 분석해 봄으로써 모순되는 결과가 나오게 된 까닭이 무엇인지를 알 수 있다는 것이다.

2) 단 점

계량적 분석방법의 하나로 널리 인정되어 사용되고 있는 메타분석 방법 또한 그 한계가 있다.34)

많은 통계학자들은 메타분석이 지나치게 결과에 초점을 맞추고 있고 매개

---

33) Pillemer & Light, *op. cit.*

34) 이하 오성삼, 전게서, pp. 18-19. McNabb, D. E. *Research Methods in Public Administration and Nonprofit Management,* NY: ME Sharp, 2002, pp. 401-402.

변수의 효과나 다른 변수의 상호작용효과를 무시함으로써 하나의 연구결과를 지나치게 단순화시킨다고 비난해 왔다. 상호작용이 존재하는지 실증적으로 규명하기 위하여 메타분석에서도 연구의 특성을 코딩하고 있으나, 실제로 대부분의 메타분석이 상호작용 효과를 거의 무시하고 있다는 비판을 받고 있다. 메타분석에 관한 일반적인 비판을 소개하면 다음과 같다.

첫째, 마치 사과와 오렌지를 한데 섞는 것과 같이 메타분석에서는 서로 비교할 수 없는 다른 성질의 연구 결과들을 종합하려는 데에 문제가 있다고 비판한다. 그러나 메타분석법을 옹호하는 사람들은 서로 다른 연구이기 때문에 오히려 종합의 필요성이 있는 것이지 같은 연구라면 구태여 종합할 필요가 없다고 반박한다. 그런데 연구의 성격이나 방법이 현격하게 다른 연구결과들을 한데 섞어서 종합하는 것은 무리이므로, 극단적인 자료는 제외시키는 것이 바람직하다.

둘째, 소위 '우수한' 연구와 '열등한' 연구결과를 구별하지 않고 그대로 종합하는 데에 메타분석의 문제가 있다고 비판한다. 여기서 말하는 '우수한' 또는 '열등한' 연구란 해당 연구의 조사설계, 표본추출, 측정도구의 타당도와 신뢰도, 분석방법의 적절성 등 몇 가지 준거기준에 비추어 구별하는 것이다. 이러한 비판에 대하여 메타분석의 지지자들은 별로 만족할 만한 답변을 제시하지 못하고 있다. 개별 연구의 수준에 따라 적절한 비중을 두고 종합하는 것이 좀더 합리적이라 판단된다.

셋째, 종합대상이 되는 연구결과를 수집할 때 보통 출판된 연구만을 표본추출대상으로 하기 때문에 연구물 표본추출의 대표성이 문제된다고 비판한다.

4. 전 망

위에서 살펴본 비판의 타당성도 인정되고 있지만 이 방법의 장점이 단점을 훨씬 능가하기 때문에 앞으로 메타분석연구는 증가할 것으로 보인다.[35] 앞에서 이미 살펴본 바와 같이 메타분석은 '증거에 기반을 둔 의사결정'의 요청과 밀접한 관계가 있으므로 그에 적합한 메타분석 방법론도 계속 발전하고 있다.

---

35) Mark W. Lipsey & David W. Wilson, *Practical Meta-Analysis,* Thousand Oaks, CA: Sage, 2001.

복습과제

01 기존문헌의 체계적 검토 또는 메타분석은 증거에 기반을 둔 의사결정(evidence-based decision making)과 어떠한 관련이 있는지 간략하게 서술하시오.

02 학술지 논문에서 왜 출간바이어스가 나타날 수 있는가?

03 메타분석에서 효과의 크기란 무엇이며, 왜 효과의 크기를 중요시하는가?

04 한국행정연구원(https://www.kipa.re.kr), 한국지방행정연구원(https://www.krila.re.kr) 등 국책연구기관의 홈페이지를 방문하여 자신의 연구주제에 관련된 국내 연구보고서를 검색하시오.

05 국내외 검색엔진에서 키워드 검색을 통하여 자신의 연구주제와 관련된 문헌을 검색한 후, 학술연구결과가 얼마나 나타나는지 확인하시오.

06 국회도서관 데이터 베이스, KISS, DBPIA 등에 접속하여 자신의 연구주제와 관련된 ① 국내석사논문, ② 국내박사논문, ③ 국내 학술지 논문을 찾아보시오.

07 한국연구재단의 한국학술지인용색인(KCI, www.kci.go.kr) 또는 대학도서관에 접속하여 ProQuest ARL (ProQuest Academic Research Library), JSTOR (Journal Storage), EBSCOhost ASP(Academic Search Premier) 등 참고문헌 데이터베이스를 찾은 다음, 자신의 연구주제에 관련된 모든 문헌을 검색하시오. 이어서 동료심사가 이루어지는 학술논문(peer-reviewed journal) 및 원문(full-text)이 제공되는 문헌에 한정하여 검색한 후, 검색결과에 어떠한 차이가 있었는지 간략하게 서술하시오.

08 대학도서관에 접속하여 PQDT(ProQuest Digital Dissertation and Theses)데이터 베이스에서 자신의 연구주제에 관련된 학위논문을 검색

하시오. 시간적 범위를 한정하여 검색하여 보고 그 주제에 관한 학위논문이 최근에도 계속 나오고 있는지 확인하시오.

09 위에서 검색한 연구문헌에 대하여 개별문헌 검토기준에서 제시한 체크리스트를 활용하여 비판적으로 검토한 다음 독자의 초록(reader's abstract)을 만들어 보시오. 단, ① 국내석사논문, ② 국내박사논문, ③ 국내학술지 논문, ④ 외국박사논문, ⑤ 외국 학술지 논문이 최소한 한편씩 포함될 수 있도록 할 것.

10 문헌검토 결과를 기술하는 데 유의하여야 할 점을 간략하게 제시하시오.

11 위 9번에서 검토한 연구문헌들에서 상이한 결론에 도달했을 경우, 연구특성과 관련시켜서 그 이유를 찾아보시오.

12 자신의 연구주제와 관련된 문헌검토를 제2절에서 제시한 절차에 따라 실시하고, 그 결과를 기술하시오.

06 CHAPTER
인과관계의 추론
Causal Inference

장머리에

원인과 결과의 관계에 대한 정확하고 타당한 추론은 설명적 조사연구의 핵심적 과제이다. 본 장에서 살펴볼 인과관계의 추론은 다음 장에서 살펴볼 설명적 조사설계의 기초에 해당된다. 제1절에서는 원인과 결과, 그리고 인과관계의 개념을 살펴본 다음, 제2절에서는 경험적 조사연구에서 인과관계의 추론을 위한 조건에 관하여 살펴보게 된다. 제3절에서는 경험적 조사연구의 설계에서 갖추어야 할 타당성의 유형을 살펴본 다음, 각 유형별로 인과적 추론의 타당성을 위협하는 요인과 그 통제방안들을 살펴보기로 한다.

제1절 원인의 개념

1. 원인, 결과, 인과관계의 개념

어떤 질문이 "왜(why)…"라는 형태로 제기되는 경우에 그에 대한 대답은 보통 "그 이유(because)는…"라는 형태의 문장으로 표현된다. 예를 들면, "올해 채소값은 왜 올랐는가?"라는 질문에 대한 답을 생각해 보자. 그 이유는 "올해 여름에 장마와 이상저온이 계속되어 채소 생산량이 평년보다 감소했기 때문에," 또는 "채소 소비량이 증가했기 때문에" 등으로 대답할 수 있다.

이와 같이 왜 어떤 현상이 발생했는지를 설명하기 위해서는 그 원인(causes)을 찾아서 제시하여야 한다. 이때 원인이란 어떤 현상을 일으키거나 변화시키는 요인[1] 또는 어떤 현상이 일어나기 위해 반드시 존재해야 하는 선행요인(uniform antecedent)[2]을 의미하는 것으로 정의된다. 과학적 설명에서의 핵심적인 과제는 인과관계, 즉 원인과 결과 사이의 관계를 밝혀서 그 결과로 발생하는 현상을 설명하는 것이다. 인과적 관점에서의 설명은 특정사건이나 또는 특정사건들의 집합인 일반적인 현상에 대하여 이루어질 수 있다. 앞서 예를 든 것과 같이 "올해 채소 값이 왜 올랐는가?"에 대한 대답은 특정사건의 발생원인에 관한 설명이고, "일반적으로 상품가격은 왜 상승하는가?"에 대하여는 그 상품의 공급감소, 수요증가, 또는 양자의 결합 등으로 설명할 수 있다.

2. 행정 및 정책연구에서의 원인

행정 및 정책현상의 연구에서 중요한 것은 대다수 연구자나 실무자들이 인과적 사고를 해야 한다는 점이다. 인과적 사고란 직무만족, 역할갈등, 교통사고율 등의 행정 및 정책문제를 설명하기 위해서는 무엇이 이들 변수에 변화를 가져오는 원인인가를 생각하는 것이다. 그러한 생각을 함으로써 행정 및 정책문제를 해결하는 데 필요한 수단을 탐색할 수 있게 된다. 특정현상의 원인 중에는 조작할 수 있는 원인(manipulable causes)과 조작할 수 없는 원인이 있다. Collingwood, Gasking, Suppe 등 인과관계의 행동이론가(activity theorists)에 의하면, 경험적으로 밝혀진 인과관계에 관한 지식들 가운데 조작가능한 원인에 대한 지식만이 인간생활의 질을 향상시키는 데 기여할 수 있다

1) Thomas D. Cook & Donald T. Campbell, *Quasi-Experimentation*, Boston, MA: Houghton Mifflin, Company, 1979, chapter 1; 이지훈 외 역, 「사회과학연구의 기초」, 대영문화사, 1988, p. 13.
2) J. S. Mill의 정의이다. Herbert A. Simon, Causation, in *International Encyclopedia of the Social Sciences*, Vol. 2, 1968, p. 350.

고 본다. 예를 들면, 암을 치료하기 위해 어떻게 식사를 조절하고, 환경을 어떻게 바꾸어야 하는가에 관한 지식은 현실적으로 유용하게 쓰일 수 있지만, 암의 원인에 대한 새로운 지식이 실제로 암의 치료에 적용될 수 없는 성질의 것이라면 그러한 지식은 현실적합성이 크게 떨어진다.

이러한 논리는 정책결정에서의 정책목표와 수단간의 관계에도 적용된다. 정책문제를 해결하기 위한 수단을 탐색하는 데 있어서 정책결정자는 그러한 문제를 일으킨 원인이 무엇인가라는 인과적 관점에서 생각하게 된다. 그런데 정책문제를 일으킨 원인 중에서 정책결정자(정부)가 통제할 수 있는 원인만이 정책수단으로 활용될 수 있다.

이러한 맥락에서 MacRae는 정책분야별로 정책목적 달성에 기여할 수 있는 정책수단(기여변수)을 체계적으로 선정하여 정책지표를 구성하고, 이에 대한 시계열적인 통계자료를 수집하여 정책과정에 활용할 것을 주장하고 있다.[3] 또한 정부에서 활용할 수 있는 정책수단 또는 정책도구들을 사전에 점검하여 이에 대한 목록(repertory)을 작성하여 미래에 대비하여야 한다는 주장도 대두되었다.

3. 사회적 인과관계의 복잡성과 다원적 원인론

일반적으로 어떤 사회적 사건이 단 한 가지의 원인 때문에 발생하는 경우는 드물다.[4] 교통사고가 났을 때 그 원인으로는 운전부주의, 차량정비불량, 좋지 않은 도로상태, 교통신호체제의 문제 등 여러 가지 원인을 생각할 수 있다. 일반적으로 이러한 요소가 모두 교통사고를 설명하는 원인이 될 수 있으며, 그 밖에 알려지지 않은 많은 요소도 있을 수 있다.

이와 같이 사회현상의 원인은 복합적인 경우가 많으며, 그러한 복합적인 원인을 가진 사회현상을 설명하기 위하여는 인간행태에 관한 복잡한 이론을 개발할 필요가 있다. 한 가지 현상(종속변수)을 설명하는 원인적 요소(독립변수)들이 여러 가지일 경우에, 이들 독립변수들이 종속변수에 미치는 영향은

---

3) Duncan MacRae, Jr., *Policy Indicators,* Chapel-Hill, NC: The University of North Carolina Press, 1985, pp. 29-33.

4) 제4장 제4절 다변수가설에 관한 부분 참조.

부가모형(additive model)이나 상호작용모형(interaction model)에 의해 설명될 수 있다.5) 부가모형에서는 여러 독립변수의 영향이 독립적이며, 이들 변수의 종속변수에 대한 전체적인 영향은 개별 독립변수의 영향을 누적하여 계산된다. 간단한 부가모형의 예로 다음과 같은 관계를 생각해 보자. 실직 등 지위상실이 개인의 자살행위를 반쯤 설명할 수 있고, 개인적인 욕구불만이 나머지 반을 설명할 수 있다고 하자. 만약 지위상실과 개인적 욕구불만이 서로 독립적이라고 가정한다면, 각각의 효과를 합쳐서 자살의 원인을 설명할 수 있다. 물론 이러한 두 요인에 부가하여 다른 요인, 예컨대 배우자 관계의 변화 등을 추가한 부가모형을 구성할 수도 있다.

그런데 사회적 행태에 관한 이론들은 그 성격상 단순한 부가모형보다는 오히려 독립변수들간에 상호작용(interaction)을 가정하는 경우가 많다. 이러한 상호작용모형은 부가모형보다 원칙상 검증하기가 더 복잡하고 어렵다. 상호작용모형의 예로서는 지위상실의 정도와 개인적 욕구불만이 결합되어 자살의 원인이 되는 것을 생각할 수 있다. 즉 경미한 지위의 상실이 심한 욕구불만과 결합하여 자살에 이르게 하는데, 지위의 상실이나 욕구불만 등 개별적인 변수의 영향보다도 이들 변수가 결합하여 더욱 강력한 영향력을 행사하는 것이다.

제 2 절 인과적 추론의 조건

인과관계 추론의 조건, 즉 원인이 되는 현상 또는 사건과 그 결과 사이에 구체적으로 어떠한 조건이 갖추어졌을 때 인과관계가 존재한다고 판단할 수 있느냐에 관하여 살펴보기로 한다. 원인, 결과, 그리고 그 관계의 성격은 무엇이고 이를 어떻게 인식할 것인가에 관하여는 David Hume 이래 과학철학자들 사이에 끊임없는 논란이 계속되고 있다.6) 그러나 오늘날까지 과학자들 사

5) 상호작용효과는 다음 장 요인설계(factorial design)를 참고할 것.

6) 이와 같은 인과관계에 관한 관념의 변천에 관한 적절한 요약으로는 Simon, *Ibid.*; Cook & Campbell, *op. cit.*, pp. 9-30; 노화준, 「정책평가론」, 법문사, 1991, pp. 192-200 참조.

이에 널리 받아들여지고 있는 인과관계 추론의 조건은 J. S. Mill이 제시한 다음과 같은 세 가지의 원칙이다.

첫째, 원인은 결과보다 시간적으로 앞서야 한다. 둘째, 원인과 결과는 공동으로 변화하여야 한다. 셋째, 결과는 원인변수에 의해서만 설명되어져야 하며 다른 변수에 의한 설명가능성은 배제되어야 한다. 첫째 원칙은 원인이 되는 사건이나 현상은 결과보다도 시간적으로 먼저 발생해야 한다는 것으로 '시간적 선행성의 원칙'이라고도 부른다. 두번째는 원인이 되는 현상이 변화하면 결과적인 현상도 항상 같이 변화해야 한다는 '상시연결성의 원칙' 또는 '공동변화의 원칙'이다. 마지막 원칙은 '경쟁가설의 배제원칙'이라고 부르는데, 결과변수의 변화가 추정된 원인이 아닌 제3의 변수 또는 외재적 변수에 의해 설명될 가능성이 없어야 한다는 것이다. 인과관계추론의 세 가지 조건에 대하여 구체적으로 살펴보기로 하자.

1. 시간적 선후관계

원인을 규명하려면 결과나 종속변수를 산출하는 원인이 되는 요소인 독립변수가 먼저 발생하든지 먼저 변화하여야 한다. 이러한 시간적 선후관계의 가정은 장래의 사건이 과거나 현재의 사건을 결정할 수 없다는 상식적인 생각에 기초하고 있다. 변수들의 시간적 선후관계를 쉽게 결정할 수 있는 경우도 많다. 폐암환자가 흡연습관을 갖게 되는 것보다는 폐암에 걸리기 전에 흡연을 시작하는 비율이 압도적으로 높다든지, 부모의 지위가 자녀의 교육수준에 영향을 미치는 것, 정치에 관한 관심이 정치참여에 우선하며, 심리적 좌절이 자살에 선행한다는 것 등이다.

그러나 시간적 선후를 결정하는 것이 어려운 경우도 많이 있다.[7] 과연 우리는 먼저 광고를 보고 난 다음에 상품을 구매하는가? 아니면 먼저 상품을 구입한 후에 광고를 찾아보는가? 높은 사회경제적 지위에 있는 사람이 그들 지위 때문에 지역사회의 조직에 참여하는가? 아니면 광범위한 지역사회의 활동에 참여함으로써 그와 같은 높은 지위를 얻게 되었는가? 또는 업적이 동기를

7) 변수간의 시간적 선후관계를 설정하는 기준으로는 상황적 논리, 관찰, 이론, 그리고 자료분석 등을 들 수 있다. 이지훈 외 역, 전게서, pp. 18-19.

유발하는가? 아니면 동기수준의 변화가 업적에 있어서의 변화를 초래하는가? 도시화가 민주화에 선행하는가? 아니면 반대로 정치적 민주화가 도시화를 가져오는가? 등은 변수간의 선후관계를 결정하기가 어려운 경우에 해당된다.

2. 공동변화와 연관성

공동변화(covariation) 또는 연관성(association)은 인과적 관계를 주장하기 위하여 필요한 조건의 하나이다. 둘 또는 그 이상의 변수가 상호 관련되어 있지 않다면 한 변수가 다른 변수의 원인이 될 수 없다는 것이다. 예를 들면, 어린아이에게서 어머니의 애정을 박탈하면 비행을 저지른다거나, 지능이 낮으면 범죄를 저지른다는 생각을 논의해 보자. 그런데 이러한 두 가지 사례에서 변수들 사이에 연관성이 없으면 인과적 관계를 주장할 수 없다. 즉 어머니의 애정을 충분히 받은 아이와 애정이 결핍된 아이가 똑같이 비행을 저지른다면, 어머니의 애정결핍이 비행의 원인이라고 할 수 없는 것이다. 이와 유사하게 지능이 낮은 사람과 높은 사람이 똑같이 범죄를 저지른다면 지능은 범죄의 원인이 될 수 없다.

인과관계를 주장하기 위해서는 연관관계의 강도(magnitude)와 일관성(consistency)이라는 두 가지 특징을 파악하여야 한다.

1) 연관관계의 강도

연관관계의 강도는 연관성의 크기를 의미한다. 두 변수사이에 연관성이 크다는 것이 인과관계를 주장하는 데 충분한 조건이 될 수는 없지만 그 정도가 커지면 인과관계의 가능성은 높아진다. 예컨대 흡연자들이 비흡연자들보다 폐암에 걸릴 확률이 2배 높은 것보다는 20배가 높을 때, 흡연과 폐암간의 인과관계의 가능성이 높아진다. 물론 연관성의 정도가 크다는 것만으로는 인과적 설명의 충분조건이 될 수 없다. 다음에 살펴보겠지만, 화재현장에 출동한 소방차와 소방관의 수가 많을수록 화재의 피해가 크다는 경험적 증거, 즉 소방차의 수와 화재피해 사이의 연관성의 정도가 크다는 증거가 있다고 해서 동원된 소방차의 수가 많을수록 피해가 커진다는 인과관계가 성립한다고는 볼 수 없다.

2) 연관관계의 일관성

인과적 설명의 가능성을 크게 하는 연관성의 두 번째 특징은 일관성이다. 서로 다른 상황에서 이루어진 여러 연구에서 두 변수간의 연관관계에 일관성이 있다면 그들 관계가 인과적 관계일 가능성은 증가한다. 예컨대, 흡연과 폐암 사이에 연관성이 있다는 증거가 여러 상황에서 일관성 있게 나오는 경우에 인과적 관계의 가능성은 높아진다.[8]

흡연과 폐암 사이의 연관관계가 ① 과거의 병원기록을 검토하는 등의 소급적 연구는 물론, 사람들의 흡연습관을 연구하는 전망적 연구, ② 여러 국가, 국내의 여러 지역, 도시와 농촌 등 서로 다른 지역간 연구, ③ 사람에 대한 연구뿐 아니라 쥐 등 동물실험 연구, ④ 상이한 종족 및 인종에 대한 연구, ⑤ 남성과 여성에 대한 연구, 그리고 ⑥ 상이한 시점에서의 연구 등에서 일관성 있게 나타났다면 이들의 관계가 인과적 관계일 가능성이 높다.

3. 비허위적 관계

1) 비허위적 관계의 의미

비허위적 관계(non-spurious relation)란 제3의 변수에 의해 설명할 수 없는 두 변수간의 연관성을 말한다. 다시 말하면 다른 변수의 영향이나 효과가 모두 제거되어도 추정된 원인(독립변수)과 결과(종속변수)의 관계가 유지된다면 그 관계는 비허위적 관계라 할 수 있다. 예컨대, 흡연과 폐암의 관계, 즉 흡연자가 비흡연자보다 폐암에 걸리는 비율이 높다는 관계가 남성과 여성, 농촌과 도시주민, 고소득층과 저소득층 등에서 차이가 없다면 그 관계는 비허위적인 관계이다. 모든 관련변수의 효과가 제거되었다면 그 관계를 보다 자신있게 인과적인 것으로 해석할 수 있다.

소방정책을 연구한 연구자의 관찰 결과, 출동한 소방차 및 소방관의 수와 화재로 인한 피해액 사이의 공동변화가 관찰되었다.[9] 즉 화재현장에 출동한 소방차와 소방관의 수가 많을수록 화재로 인한 피해액수가 훨씬 큰 것을 알

---

8) 이지훈 외 역, 전게서, pp. 16-17.
9) 이 사례는 Nachmias & Nachmias, *Research Methods in the Social Science,* 3rd ed., NY: St. Martin's Press, 1987, pp. 60-61 참조.

그림 6-1 소방관의 수와 화재피해액간의 허위관계

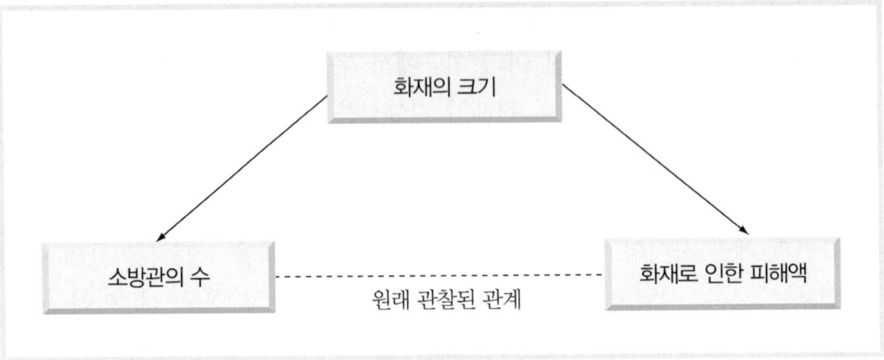

수 있었다. 그렇다고 해서 소방차 및 소방관의 수가 화재피해의 원인이 아닌 것은 분명하다.

화재의 규모가 큰 경우에 더 많은 소방차 및 소방관이 필요하고, 또한 화재의 규모가 큰 경우에 피해액도 많아지게 되는 것이다. 그러므로 원래 관찰되었던 화재현장에서의 소방관의 수와 화재 피해액 사이의 관계는 허위관계이며 제3의 변수인 화재의 규모가 화재 피해액의 크기를 설명하는 것이다.[10] ([그림 6-1] 참조).

다른 예를 들어보자. 어린아이들의 신발크기와 수학실력의 관계를 살펴보았더니 상관관계가 높았다. 즉 신발크기가 큰 학생일수록 수학점수가 좋았다. 그런데 더욱 세심하게 관찰해 보니 나이가 많은 학생일수록, 사이즈가 큰 신발을 골랐고, 또한 수학점수도 좋았다. 이 경우 나이라는 변수가 신발크기와 수학점수간의 관계를 허위로 만드는 허위변수이다.

2) 허위변수와 혼란변수

변수 X와 Y의 관찰된 관계가 허위관계인지 여부를 판단하기 위해서는 이들 변수간의 관계를 설명하는 제3변수가 존재하는지 여부를 확인하여야 한다. 그런

10) 연구자가 화재의 규모가 화재피해에 영향을 미치는 것을 알았다면 이를 소방관의 수와 화재피해액간의 관계에 대한 연구에 포함시켜야 하며 이를 통제변수(control variable)라고 부른다. 만약 화재의 심각성(화재의 강도, 지속시간, 발생한 열의 양 등)을 통제할 수 있다면, 화재가 심각하지 않을 때 많은 소방차가 진화에 동원될 필요도 없고 피해의 정도도 적어진다는 사실을 알 수 있을 것이다.

데 두 관찰된 변수간의 관계에 영향을 미치는 제3변수에는 허위변수(spurious variable)와 혼란변수(confounding variable)가 있다.11) 허위변수는 X와 Y 두 변수 모두에 영향을 미치며, 이들간의 공동변화를 모두 설명하는 변수를 말한다. 혼란변수는 X와 Y 두 변수 모두에 영향을 미치지만, 이들 사이의 공동변화를 모두 설명하지는 못하는 변수를 말한다. 연구자가 허위변수와 혼란변수의 영향을 제거하지 못하는 경우에 그 연구자가 내리는 인과적 추론은 타당성이 낮을 가능성이 크다. [그림 6-2](a)에서 Z로 표현된 것처럼 연구자가 밝혀내지 못한 허위변수가 존재한다면, 연구자는 X가 Y에 전혀 영향을 미치지 않았음에도 불구하고, X는 Y에 직접 영향을 미치고 있다고 잘못된 결론을 내리게 된다. 만약, [그림 6-2](b)에서 Z로 표현된 것처럼 연구자가 발견하지 못한 혼란변수가 존재하는 경우에 연구자는 변수 X가 Y에 미치는 영향을 과대평가하거나 과소평가하게 되어 정확한 인과적 추론이 위협받게 된다. X가 Y에 영향을 미치는지를 정확하게 판단하려면, 연구자는 X와 Y의 관계를 허위적 관계로 만들 수 있는 요인이 없다는 것을 확신할 수 있어야 한다.

예를 들어, 직업훈련프로그램이 참여자의 소득에 미치는 영향에 관한 연구를 생각해 보자. 연구자가 이미 직업훈련프로그램 참여자의 평균소득이 비참

그림 6-2 허위변수와 혼란변수

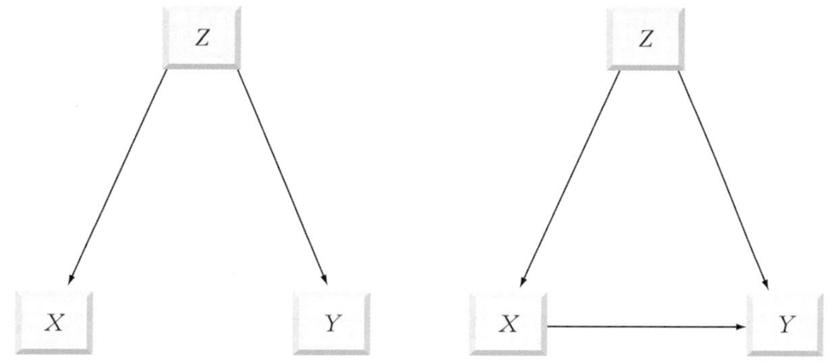

(a) 허위변수 (b) 혼란변수

11) Laura Irwin Langbein, *Discovering Whether Programs Work,* Glenview, IL: Scott, Foresman and Company, 1980, pp. 33-35.

여자의 평균소득보다 증가하였다는 사실을 확인하였고, 또한 그러한 소득의 증가가 직업훈련프로그램 참가 이전이 아니라 이후에 이루어졌다는 사실도 확인하였다고 하자. 이와 같이 타당한 인과관계 추론을 위한 두 가지 조건, 즉 공동변화와 시간적 선행성의 조건이 충족되었다고 하더라도, 제3변수가 프로그램 참여(X)와 소득(Y)의 양자 모두에 영향을 미칠 수 있는 가능성은 여전히 남아 있다. 예를 들어, 직업훈련 프로그램에 참여하기로 결정한 사람은 참여하지 않은 사람보다 성취동기가 더 높으며, 이와 같이 성취동기가 높은 사람일수록 소득수준이 높아질 수도 있다. 이 경우에는 성취동기의 수준이 프로그램 참여와 소득간의 타당한 인과적 추론을 확보하기 위하여 제거되어야만 하는 허위변수가 되는 것이다.

[그림 6-3] 1)에서는 이상에서 살펴본 프로그램 참여(X), 소득(Y),성취동기(Z)의 관계를 나타내고 있다. 실제로는 (a)와 같이 성취동기(Z)가 프로그램 참여(X)와 소득(Y)간의 공동변화를 모두 설명하기 때문에 두 변수간의 관계가 허위관계임에도 불구하고, 연구자는 (b)에서와 같이 프로그램 참여(X)가 소득(Y)을 향상시키는 효과가 있는 것으로 잘못된 결론을 내릴 수 있다. 즉 실제로는 성취동기(Z) 수준이 프로그램 참여(X)와 소득(Y)의 변화를 가져온 원인이며, X와 Y 사이의 공동변화는 전적으로 변수 X와 Y가 각각 성취동기에 의존하기 때문에 나타난 것이므로 X와 Y의 관계는 허위관계이며 Z는 허위변수인 것이다. 이 경우에 프로그램 참여자와 비참여자간의 성취동기를 같은 수준으로 통제하면 프로그램 참여가 소득증가에 미치는 효과는 사라지게 될 것이다.

만일 성취동기(Z)가 혼란변수인 경우를 생각해 보자. 이 경우에도 Z가 X와 Y 사이의 공동변화를 일부 설명하겠지만, [그림 6-3] 2)(a)의 경우에서와 같이 X(프로그램 참여)가 Y(소득)에 직접 영향을 미친 것을 나타내는 화살표가 있게 된다. 즉, 프로그램 참여자와 비참여자의 성취동기(Z)를 동일한 수준으로 만드는 경우에도, 프로그램 참여가 소득의 증가에 미치는 영향은 사라지지 않는다. 그러나 혼란변수인 성취동기의 효과가 개입된 경우와 비교할 때에, 영향의 크기는 그만큼 작아지게 된다. 이와 같은 사례에서 만약 성취동기가 혼란변수라는 것이 밝혀지지 않았다면, [그림 6-3] 2)(b)의 경우와 같이 프로그램 참여가 소득에 미치는 영향은 사실보다 과대평가되게 된다.

그림 6-3 성취동기가 허위변수와 혼란변수인 경우 프로그램참여와 소득의 관계

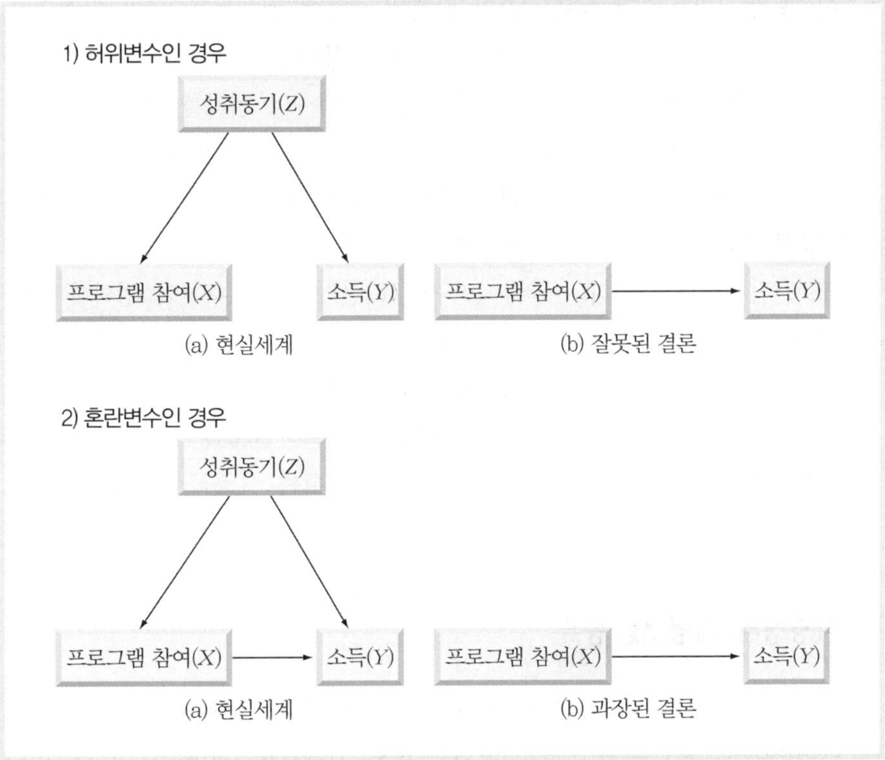

이와 같이 추정된 원인과 결과에 영향을 미치는 제3의 변수를 통제할 수 있느냐 하는 것이, 어떤 관계가 허위관계인지의 여부를 결정하는 데 있어서 기본이 된다. 다음 장에서 살펴보게 된 실험설계에서 연구대상의 무작위 배정(random assignment)은 이런 맥락에서 이해되어야 한다.

제 3 절 조사설계의 타당성과 위협요인

설명적 조사연구의 핵심적 과제는 추정된 원인변수(X)와 결과변수(Y) 사이에 인과관계가 실제로 존재하는지 여부를 추론하는 것이다. 어떤 정책수단

이 정책목적의 달성에 기여했는지 확인하기 위한 정책평가연구를 생각해 보자. 이 때 연구자는 “정책수단(X)의 집행을 통하여 정책목표(Y)가 달성된다. 즉, 정책수단이나 프로그램을 집행함으로써 대상집단과 정책환경적 상황 및 조건에 의도했던 변화가 발생한다.”라는 정책결정자의 논리를 검증되지 않은 하나의 가설로 간주하게 된다. 이와 같은 가설의 진위를 검증하기 위해서는 설명적 조사방법에 따른 실증적인 연구가 필요하다.[12] 설명적 조사연구의 핵심은 정책수단(X)과 정책목표(Y) 사이에 인과관계가 존재하는지의 여부를 경험적으로 검증하는 것이다. 이러한 연구에서 인과관계의 추론이 정확하게 이루어지면 그 조사연구는 타당성이 높다고 할 수 있다.

설명적 조사연구에서 타당성 문제를 정확하게 이해하려면 앞서 살펴본 인과관계 추론의 조건과 다음 장에서 살펴보게 될 조사설계의 개념 및 유형 등에 관한 정확한 이해가 병행되어야 한다. 여기에서는 설명적 조사연구에서의 타당성의 개념, 종류, 그리고 그 위협요인에 관하여 살펴보고자 한다.

1. 타당성의 개념 및 종류

설명적 조사설계의 주요관심사는 연구절차와 결론의 타당성(validity)이다. 타당성이란 기본적으로 방법론의 건전성 또는 적합성을 의미한다.[13] 즉, 타당한 조사설계는 그 설계를 통하여 검증하고자 하는 것을 검증할 수 있으며, 타당한 측정도구는 그 도구를 적용하여 측정하고자 하는 것을 측정할 수 있다. 좁은 의미로 타당성은 측정의 타당성을 의미한다. 그런데 넓은 의미에서 설명적 조사연구의 타당성은 “경험적 조사연구를 통하여 인과관계를 얼마나 진실(truth)에 가깝게 추론하느냐”의 정도를 나타내는 개념이라고 할 수 있다.[14] 즉 경험적 연구를 통하여 추정된 원인변수(정책평가연구에서는 정책수단 또는 프로그램)와 추정된 결과변수(의도했던 상황 및 조건의 변화)간의 인과관계에

---

12) 따라서 정책평가연구는 본질적으로 과학적 조사의 유형 중에서 기술적 연구(descriptive study)라기보다는 인과적 연구(causal study)에 해당하는 것이며, 정책평가의 타당성의 문제도 인과적 가설검증의 타당성이라는 맥락에서 검토되어야 한다.

13) Anthony M. Graziano & Michael L. Raulin, *Research Methods: A Process of Inquiry*, 7th ed., MA: Allyn & Bacon, 2009.

14) Cook & Campbell, *op. cit.,* p. 37.

대하여 얼마나 정확한 정보를 창출하였는가를 말한다. 검증하고자 하는 인과관계를 진실에 가깝게 추론해 낸 경우에 그 조사연구의 타당성은 높고, 그 반대의 경우에 타당성은 낮다. 그러므로 설명적 조사연구의 타당성은 조사연구의 어느 한 과정, 예컨대 측정의 타당성만을 지칭하는 것이 아니라, 모든 단계에 걸쳐 문제가 된다. 조사설계 단계에서부터, 자료의 수집, 분석, 해석 및 연구결과의 일반화 등 연구의 전과정에 걸쳐 인과적 추론을 왜곡하는 요인이 배제되었을 때 연구의 타당성은 높아진다.

일반적으로 설명적 조사연구의 타당성은 그 종류를 크게 내적 타당성(internal validity)과 외적 타당성(external validity)으로 구분한다. 내적 타당성이란 조사연구의 설계 및 분석과정에서 추정된 원인과 결과의 관계에 대한 인과적 추론이 어느 정도 정확했는지에 관한 것이고, 외적 타당성은 그 조사연구의 결론을 다른 형태의 측정수단을 사용했을 때, 또는 다른 모집단, 상황 및 시점에 어느 정도까지 일반화시킬 수 있는지 범위에 관한 것이다. Cook & Campbell은 1979년의 저서에서 내적 타당성을 세분하여 통계적 결론의 타당성을 추가하고, 외적 타당성을 세분하여 구성개념의 타당성(construct validity)을 추가하였다. 통계적 결론의 타당성은 표본자료의 통계적 검증에서 도출한 결론이 얼마나 정확한지 그 정도를 의미한다. 한편 구성개념 타당성은 연구에 사용된 측정도구(또는 측정수단)가 이론적 구성개념과 일치하는 정도를 말한다.

<표 6-1>에 네 가지 유형의 타당성과 그 의미가 간략하게 소개되었다. 이하에서는 Cook & Campbell이 분류한 순서에 따라서 통계적 결론의 타당성, 내적 타당성, 구성개념의 타당성, 그리고 외적 타당성에 관하여 살펴보기

표 6-1 타당성의 유형

유 형	의 미
통계적 결론의 타당성	표본자료의 통계적 검증에서 도출한 결론의 정확성
내적 타당성	종속(결과)변수와 독립변수의 인과관계에 관한 추론의 정확성
구성개념 타당성	측정도구(또는 측정수단)와 이론적 구성개념의 일치 정도
외적 타당성	특정 상황, 시기 및 집단에서 얻은 연구결과의 일반화 범위

로 하겠다.

2. 통계적 결론의 타당성

통계적 결론의 타당성은 추정된 원인(정책이나 프로그램)과 추정된 결과(정책환경적 상황 및 조건의 변화) 사이에 관련이 있는지에 관한 통계적인 의사결정의 타당성을 말한다. 통계학에서 말하는 제1종 오류(Type I Error)와 제2종 오류(Type II Error)를 범하게 되면 통계적 결론의 타당성은 낮아진다.[15]

Cook & Campbell이 내적 타당성을 논의하기 전에 통계적 결론의 타당성을 먼저 언급한 것은, 정책과 상황변화간의 통계적 관계의 존재가 내적 타당성의 전제조건이 되기 때문이다. 일단 추정된 원인(정책이나 프로그램)과 추정된 결과(상황 및 조건의 변화) 사이에 관련이 있다는 전제하에서 그와 같은 결과(상황 및 조건의 변화)가 과연 추정된 원인(정책이나 프로그램의 집행)에 기인한 것인지 아니면 다른 원인에 기인한 것인지 판단하는 것이 내적 타당성의 초점이기 때문이다.

3. 내적 타당성의 의미와 위협요인

1) 내적 타당성의 의미

설명적 조사연구에서 내적 타당성이란 추정된 원인(정책 또는 프로그램)과 그 결과 사이에 존재하는 인과적 추론의 정확성을 의미하는 개념이다. Cook & Campbell이 말하는 통계적 결론의 타당성이 일단 확보되었다고 전제할 때, 그 결과가 과연 추정된 원인에 기인한 것인가 아니면 다른 원인에 기인한 것인가를 판단하여야 한다. 따라서 추정된 원인과 결과 사이에 존재하는 인과관계의 추론이 정확한 것인지가 내적 타당성의 초점이다.

---

15) 제1종 오류와 제2종 오류에 관하여는 본서 제13장의 가설검증통계에 관한 부분을 참고할 것.

2) 내적 타당성의 위협요인

인과적 추론의 정확성을 확보하려면 추정된 원인 이외의 것으로 결과에 영향을 미친다고 생각할 수 있는 제3변수(또는 경쟁가설)의 영향을 분리하거나 배제할 수 있도록 연구를 설계하여야 한다. 즉 내적 타당성은 인과적 추론의 세 조건, 즉 시간적 선행성, 상시연결성, 경쟁가설의 배제원칙 중에서 세 번째 원칙, 즉 경쟁가설의 배제원칙과 관련된다. 즉 앞의 두 조건 중 상시연결성을 충족했는지에 대한 것이 통계적 결론의 타당성과 관련되고, 세 번째 조건을 충족시켰는지가 내적 타당성의 핵심이 된다.

제3변수(또는 경쟁가설)를 통계학적인 용어로 표현하면 허위변수(spurious variable) 또는 혼란변수(confounding variable)이다. 여기에서 허위변수란 원인 및 결과의 두 변수가 전혀 관계가 없는데도 이들 두 변수사이에 어떤 상관관계가 있는 것같이 나타나도록 영향을 미치는 변수를 말한다. 한편 혼란변수란 이들 두 변수가 관계가 있기는 있으나, 두 변수 사이의 상관관계가 크거나 작은 것처럼 보이게 하여 관계를 왜곡시키는 변수를 말한다.[16]

설명적 조사연구의 설계에서 이러한 제3의 요인들의 영향을 배제할 수 있다면 인과관계의 정확한 추정이 가능해진다. 그러므로 내적 타당성은 조사설계의 타당성이라고 불리기도 한다. 조사설계를 진실험적 설계(true-experimental design), 준실험적 설계(quasi-experimental design), 그리고 비실험설계(non-experimental design)로 구분할 때, 내적 타당성의 저해요인은 특히 준실험설계나 비실험설계를 사용할 때 다양하게 나타난다. Campbell & Stanley는 추정된 원인(정책 또는 프로그램) 이외에 결과(상황이나 조건의 변화)를 설명할 수 있는 제3의 변수 또는 경쟁가설을 '내적 타당성의 저해요인 또는 위협요인'(threats to internal validity)이라고 불렀다.[17] 이 요인들은 독립적으로 작용할 수도 있고, 둘 이상이 상호작용하여 나타나기도 하는데, 다음과 같이 분류할 수 있다.[18]

---

16) Edward A. Suchman, *Evaluation Research*, NY: Russel Sage Foundation, 1967, pp. 122-123; 그리고 노화준, 「정책평가론」(전정판), 법문사, 1988, pp. 209-210 참조.

17) 여기에 대한 좀더 상세한 논의는 노화준, 상게서, pp. 201-208; 그리고 Langbein, *op. cit.,* pp. 33-38 참조.

18) 여기에서 내적 타당성을 위협하는 요인들의 분류방식은 Posavac과 Carey의 방식에 따랐다. 좀더 상세한 사항에 관하여는 Emil J. Posavac & Raymond G.

(1) 추정된 원인 이외의 요인에 기인한 대상집단의 특성변화

조사기간 중에 대상집단의 특성에 실제로 변화가 발생했는데 그와 같은 변화가 추정된 원인(정책 또는 프로그램 집행) 때문이 아닌 다른 요인 때문에 발생했다고 볼 수 있는 경우로서, 여기에는 성숙요인(maturation)과 역사요인(history) 등이 있다.

① 성숙요인

성숙요인(maturation)은 순전히 시간의 경과 때문에 발생하는 조사대상집단의 특성변화를 말한다. 조사대상집단의 심리적·생리적·인구통계학적·경제적인 특성은 단순히 시간이 지남에 따라 변화할 수도 있기 때문에 만약 조사연구에서 시간의 경과만으로도 변화가 있을 것으로 기대되는 결과변수를 사용할 때, 성숙요인이 사전검사(pre-test: 프로그램 집행 전)와 사후검사(post-test: 집행 후)에서 대상집단의 특성의 차이를 설명할 수 있는 유력한 경쟁가설이 될 수 있다.

어린이는 단순히 성장하기 때문에 보다 복잡한 과업을 잘 수행할 수 있게 된다. 성인과 노인의 발달과정에서도 예측가능한 일반적인 유형을 찾을 수 있다. 예를 들어, 취학전 아동의 독서력을 증진시키기 위한 교육프로그램의 효과를 추정하기 위해서, 그 프로그램을 실시하기 전 대상아동의 독서력을 측정한 다음(사전측정), 교육프로그램 실시 후에 대상아동의 독서력을 다시 측정하여(사후측정), 사전측정값과 사후측정값의 차이를 교육프로그램의 효과라고 추정한다고 하자. 이 경우에 사후측정값이 사전측정값보다 훨씬 높다고 하더라도, 교육프로그램 실시여부와는 무관하게 그 기간 동안 어린이의 독서능력은 자연적으로 향상되기 때문에, 그 차이가 전부 교육프로그램의 효과라고 보기는 어렵다.

또 다른 예를 들어, 보기로 한다.[19] 양로원에 수용된 노인들이 사회복지 전문요원의 서비스를 몇 년 동안 받았는데도 불구하고, 받기 전보다 건강상태가 더욱 악화되었다. 이 경우 사회복지 전문요원의 서비스가 양로원에 수용된 노인들의 건강에 부정적인 영향을 미쳤다고 결론을 내렸다면 타당한 결론인

Carey, *Program Evaluation: Methods and Case Studies*, Englewood Cliffs, NJ: Prentice-Hall, Inc., 1985, pp. 183-190 참조.

19) Rubin & Babbie, *Research Methods for Social Work,* 4th ed., p. 297.

그림 6-4 성숙요인의 사례

출처: Michell & Jolley, *Research Design Explained*, 6th ed., p. 267.

가? 이 경우에도 성숙요인이 그 결론에 대한 유력한 타당성의 위협요인으로 등장한다. 즉 노인들은 나이를 먹어감에 따라서 자연적으로 건강이 악화되기 때문이다.

[그림 6-4]는 성숙요인의 영향을 그림으로 표현하였는데 '미운 오리새끼'가 일정한 기간이 경과한 후 백조로 성장한 모습을 볼 수 있다. 그림에 나타난 바와 같이 어린 새끼는 특별한 조치를 취하지 않아도 시간이 지나면 자연적으로 성장하는 것이다.

이러한 성숙요인의 효과가 내적 타당성을 위협하는 것으로 의심이 가는 경우에도, 성숙효과가 관찰된 변화의 전부를 설명한다고 보기 어려울 경우가 많다. 따라서 연구자는 관찰된 변화 중에서 얼마만큼이 성숙효과에 의한 것이고, 얼마만큼이 독립변수(프로그램 집행)에 의한 것인지를 분리시킬 수 있어야 한다.

그런데 '단일집단 사전-사후측정설계'(single group pretest-posttest design)를 가지고는 이러한 효과를 분리할 수 없다. 성숙요인의 효과는 실험집단과 이에 비교되는 통제집단을 두고, 두 집단에 조사(실험)대상을 무작위 배정하게 되면 통제될 수 있다. 왜냐하면 성숙요인의 효과는 두 집단에서 똑같이 나타나기 때문에, 실험집단의 사후측정값과 통제집단의 사후측정값의 차이로 독립변수의 효과를 추정하면, 이러한 성숙요인의 효과는 상쇄되어 계산에 포함되지 않기 때문이다.

② 역사요인

역사요인(history)이란 조사기간(정책 또는 프로그램의 집행기간) 중에 연구자의 의도와는 관계없이 일어난 사건으로 결과변수에 영향을 미칠 수 있는 사건을 의미한다. 조사기간 중에 정치, 경제, 사회 및 자연환경에 변화를 가져오는 사건이 발생할 경우에 그 영향 때문에 조사대상집단의 특성이 변할 수 있다. 예를 들면, 특별 직업훈련 실시기간 중에 코로나 감염대유행으로 인한 경기후퇴나 경기회복 등 국민경제적 상황이 변화하는 경우에 이와 같은 사건이 피훈련자의 취업에 영향을 미치게 된다. 조사기간(사전검사와 사후검사 사이의 기간)이 길면 역사적 사건이 잠재적인 경쟁적 설명요인이 될 확률이 높아진다. 여기에서 역사(history)란 역사교과서에 나오거나 언론에 대서특필될 만한 주요한 역사적 사건만을 의미하는 것은 아니다. 단순히 조사대상기간 중에 발생하는 외재적인 사건(extraneous event)을 의미한다. 예를 들어, 어떤 사회적 서비스가 양로원 거주노인들의 사기를 얼마나 높였는지 측정하기 위하여 단일집단 사전-사후 측정설계를 채택하였다고 하자. 그런데 사회적 서비스를 제공하는 기간 중 서비스 제공과는 독립적으로 양로원의 시설개선이 이루어졌다고 하자. 이 경우 시설개선이라는 역사요인이 독립변수(사회적 서비스)가 종속변수(사기)에 미친 효과의 정확한 측정을 어렵게 하는 내적 타당성의 위협요인이 된다.

역사요인의 효과는 실험집단과 함께 비교집단이 있어서, 서비스 제공 후에 두 집단에 대한 측정값의 차이를 비교할 수 있는 경우에 통제될 수 있다. 역사적 사건의 효과는 성숙요인의 효과와 마찬가지로 실험집단이나 비교집단에 똑같이 나타나므로, 그 효과가 상쇄되기 때문이다. 그러나 무작위로 배정된 실험집단과 통제집단에서도 역사요인의 효과가 다르게 나타날 수도 있다. Cook & Campbell은 두 집단 중에서 한 집단에만 특별하게 영향을 미치는 역사요인을 국지적 역사요인(local history)이라는 명칭으로 부른다.[20]

이러한 국지적 역사요인의 예를 들면, 프로그램 집행기간 중에 집행요원들 사이에 개인적인 불화가 있어서 프로그램이 제대로 집행되지 못했다든지, 프로그램 대상집단 중에 특별히 영향력이 있는 사람이 있었기 때문에 그 영향이 컸다든지, 특정지역에 국한된 재난이 발생했다든지 등을 들 수 있다. 이러한

20) Cook & Campbell, *op. cit.,* p. 53.

국지적 역사요인은 조사설계만으로 통제하기가 어렵다. 따라서 연구자는 연구기간 중에 발생하는 사회적 변화나 프로그램 집행조직의 변화를 주의깊게 살펴보아야 한다.

(2) 표본의 무작위 배정 및 대표성에 관련된 요인

조사연구에 포함된 표본집단의 대표성에 관련된 내적 타당성의 위협요인으로는 선발요인, 상실요인, 그리고 회귀요인의 세 가지를 들 수 있다.

① 선발요인

선발요인(selection)은 실험집단과 비교되는 비교집단이 있는 준실험설계에서 문제가 되는데, 정책이나 프로그램 집행 후에 실험집단과 비교집단간의 결과변수에 대한 측정값의 차이가 정책집행의 효과라기보다는 단순히 두 집단 구성원들이 다르기 때문에 나타나는 경우를 말한다. 특히 실험집단이 자원자들로 구성될 때에 선발요인이 유력한 경쟁가설로 등장할 수 있다.

앞의 [그림 6-3]에서 직업훈련프로그램에 참여한 집단이 참여하지 않은 집단보다 사후측정에서 소득이 높았으나, 실제로는 프로그램에 참여한 집단이 이전부터 성취동기가 높았기 때문에 프로그램의 효과와는 무관하게 그들의 소득이 증가했다는 점을 허위변수의 예로 살펴본 바 있다. 이 경우 참여집단과 비참여집단에서 성취동기의 차이를 나타나게 만든 것이 바로 선발요인이다. 이와 같이 선발요인은 조사대상자로 하여금 프로그램 참여여부를 스스로 결정하게 한 경우에 결과적으로 나타나는 집단간의 차이를 말하므로 이를 자기선발요인(self-selection)이라고 부르기도 한다.

선발요인의 효과는 프로그램 집행 이후에 실험집단과 비교집단에서 결과변수 값을 측정하여 비교하는 정태적 집단비교설계에서 특히 강력한 내적 타당성의 저해요인으로 나타난다. 그러나 사전측정을 포함하는 조사설계에서는 자기선발요인의 효과를 어느 정도 통제할 수 있다.

② 상실요인

상실요인(mortality)은 정책집행기간 중에 관찰대상집단의 일부가 탈락 또는 상실됨으로써 남아 있는 대상이 처음의 관찰대상집단과 다른 특성을 가지게 되는 현상을 말한다. 조사대상자에게 어떤 프로그램에 참여할 것인지 스스로 결정하게 할 경우 선발요인의 효과가 나타날 수 있으며, 같은 맥락에서 참여한 이후에도 중도포기(drop-out) 여부를 스스로 결정하게 할 경우에 상실요인의 효과가 나타날 수 있다. Campbell & Stanley는 이유를 불문하고 관찰대상자가 프로그램 집행도중에 포기하여 나가는 것을 상실(mortality)이라고 부른다. 예를 들어, 학생들이 어떤 과목에 흥미가 없거나 너무 어렵다고 생각하면 중도에 포기한다. 환자가 의사의 치료를 받다가 실제로 사망하게 되면 치료프로그램에서 탈락하게 된다. 이 경우에 일부 관찰대상집단의 상실이 정책집행 전후의 사전검사와 사후검사에서 결과변수에 대한 측정값의 차이를 설명하는 유력한 경쟁가설로 등장하게 된다.

일반적으로 프로그램의 성과는 프로그램이 종료한 이후에 참여자의 성취수준을 측정하여 평가하게 된다. 일반적으로 끝까지 프로그램에 남아 있는 사람들은 중도탈락한 사람보다 성취수준이 높은 편이다. 사전측정이 이루어지지 않은 경우, 연구자는 중도에 얼마나 많은 사람들이 탈락하였는지, 그리고 어떠한 성향의 사람들이 탈락하였는지 알 수 없다. 다음과 같은 가상적인 예를 살펴보자. 2개월 과정의 금연교실 운영자가 수료자 가운데 90%는 금연에 성공하였으므로, 자신의 프로그램은 90%의 성공률을 보인다고 자랑하였다고 하자. 자세히 알아본 결과 처음 금연교실에 등록한 사람 중 불과 10%만이 금연교실을 수료하였다. 여기에서 처음 시작한 100명 중에서 9명이 성공한 것과 90%의 성공률과는 큰 차이가 있는 평가라는 것을 알 수 있다.

선발요인과 마찬가지로 상실요인의 효과는 사전측정을 포함하는 조사설계에서는 상당히 통제할 수 있다. 연구자가 사전측정을 통하여 누가 중도탈락했는지, 그리고 이들이 잔류자들과 어떻게 비교되는지를 알 수 있기 때문이다. 그러므로 사전측정을 포함시키면 연구자는 프로그램 종료 후의 성과측정에서 좋은 결과가 나왔다고 하더라도 그것이 상실요인의 효과인지의 여부를 파악할 수 있다.

③ **회귀요인**

회귀요인(regression)은 극단적인 측정값(최고값 또는 최저값)을 갖는 사례들을 재측정할 때, 평균값으로 회귀하여 처음과 같은 극단적 측정값을 나타낼 확률이 줄어드는 현상을 말하며, 통계적 회귀요인이라 부르기도 한다. 관찰대상으로 선정된 집단이 측정하고자 하는 결과변수의 수준이 아주 낮거나 아주 높다면, 정책이나 프로그램이 집행된 후에 그 영향을 정확하게 측정할 수 없는 경우가 발생하게 된다. 왜냐하면 정책이나 프로그램의 집행후의 결과가 집행전에 비하여 차이가 있다고 하더라도 그것이 순수한 정책의 효과인지 아니면 관찰대상들의 자연적인 회귀경향 때문인지 판별이 불가능하기 때문이다. 따라서 회귀효과를 야기시키는 대상집단을 선정하면 내적 타당성이 위협을 받게 된다.

통계적 회귀요인의 효과는 어느 정도 통계적인 사고방식을 필요로 하기 때문에 이해하기가 쉽지 않다. 다음과 같은 사례를 주의깊게 살펴보게 되면, 평균으로의 회귀가 무엇인지, 그리고 이러한 효과가 왜 탐지되기 어려운지를 이해하게 될 것이다. 심리학자인 Kahneman & Tversky는 사람들이 어떻게 회귀효과(regression effects) 때문에 오도(mislead)되는가를 예시하는 비행기 조종사 훈련의 관행에 대하여 발표한 바 있다.[21)]

피훈련자가 특별히 우수한 착륙을 했을 때, 훈련관은 피훈련자에게 칭찬을 하지 않는다고 한다. 그 이유는 칭찬을 하게 되면 피훈련자가 다음 번 착륙시에 더 못하게 되기 때문이라는 것이다. 한편, 피훈련자가 특별히 형편없는 착륙을 했을 때에, 훈련관은 다음 번 착륙시에는 좀더 잘하라는 의미에서 피훈련자를 호되게 질책을 한다고 한다. 경험적인 관찰결과를 토대로 할 때에, 이러한 훈련방법의 효과는 뚜렷하게 나타나는 것처럼 보인다. 예외적으로 우수한 착륙을 칭찬했을 때에는 다음 번의 착륙은 그보다 못한 것이 되고, 예외적으로 형편없는 착륙을 했을 때에 질책한 다음 번에는 그보다 나은 착륙이 이루어지는 경우가 많다. 그러나 실제로는 이러한 칭찬과 질책이 다음번 착륙시에 성과와는 관계가 없다는 것을 살펴보기로 하자.

비행기 조종과 같은 복잡한 기술을 연마하는 경우에, 초기단계에는 성과수준에 기복이 매우 심하다. 좋은 성과를 올리려면 최소한 필요한 정도의 기술을 습득해야 하며 행운 또는 기회가 따라야 한다. 초보훈련자는 착륙시에 필요한 계기조작방법을 숙지하고는 있지만, 그 정확한 시점을 감지하기는 어렵다. 따라서 때로는 너무 빨리 조정하고, 때로는 너무 늦게 조정하는 등 실수를 하는 일이 잦다. 그런데 이러한 실수는 주로 우연히 이루어지기 때문에, 착륙시 두 번 연속해서 정확한 시점에 모든 계기조작을 정확하게 할 수 있는 확률은 아주 적다. 이와 유사하게 두 번 연속해서 정확한 시점을 아주 잘못 추정할 확률도 아주 낮다. 그러므로 피훈련자가 두 번 연속하여 훌륭하게 착륙할

21) Posavac & Carey, *op. cit.,* p. 186.

확률은 아주 적은 것이다. 바꾸어 말하면, 훈련관이 칭찬을 했는지 안 했는지와는 관계없이(즉, 훈련방법과는 무관하게), 어느 관찰자(훈련관)라도 초심자인 피훈련자에게 두 번 연속해서 훌륭하게 착륙하는 것을 기대해서는 곤란하다.

평균으로의 회귀란 한 번의 측정에서 성과수준이 극단적일 경우에는 다음 번 측에서는 덜 극단적인 성과가 나타날 것이라는 것이다. 이러한 원칙은 비행술의 훈련뿐 아니라 조사대상자의 감정조정문제에 이르기까지 적용된다. 예를 들어, 양로원 수용자에 대하여 좌절감의 정도가 얼마나 큰지에 대하여 예비검사를 실시한 후에, 좌절감의 정도가 가장 큰 사람들만을 대상으로 그들의 좌절감을 완화시키기 위한 상담서비스를 제공하였다고 하자.[22)]

진료라는 관점에서는 가장 필요한 집단에게 서비스를 제공하는 것은 하등 이상할 것이 없는 적절한 것으로 생각된다. 그러나 그 집단에 상담서비스를 제공하지 않은 채 좌절감의 정도를 재측정하였을 때 나타날 수 있는 결과에 대하여 생각해 보자. 어떤 테스트를 반복하여 실시한 경우 개개인의 테스트 성적은 테스트 때마다 조금씩은 변동이 있기 마련이다. 그 이유는 개개인의 진짜 점수가 달라져서가 아니라 측정도구의 신뢰성이 완벽하지 않기 때문에 나타나는 무작위적인 검사요인 때문이다. 예를 들어, 상담서비스를 받게 된 사람의 일부는 검사 당일에 컨디션이 아주 나빴기 때문에 비정상적으로 낮은 점수를 받았으며, 정상적인 경우에는 좋은 점수를 받았을지도 모른다. 전날 잠을 제대로 못 잤거나 갑자기 이가 아파서 기분이 몹시 좋지 않았거나, 친한 친구나 친척이 멀리 떠나버려서 컨디션이 아주 나빴을 경우도 있다.

이와 같이 사전검사의 성적을 토대로 문제성이 큰 사람에게만 새로운 사회서비스를 제공할 때, 서비스 수혜자들 중에서 비정상적으로 낮은 성적을 기록했던 사람의 비율이 비수혜자들 중에서 비정상적으로 낮은 성적을 기록한 사람의 비율보다 많게 된다. 반대로 사전검사 성적이 좋았기 때문에 서비스 제공을 받지 않게 된 사람들 중에서 비정상적으로 좋은 성적을 기록한 사람들(즉, 사전검사 당일 컨디션이 매우 좋았던 사람들)의 비율이 높을 것이다. 결과적으로, 사회 서비스를 제공하지 않더라도, 서비스 수혜자 집단은 비수혜자 집단에 비하여 시간이 지남에 따라서 그 좌절감의 정도가 완화되게 되어 있는 것이다. 그러므로 수혜대상이 극단적인 위치에 처해 있기 때문에 발생할 수

---

22) Rubin & Babbie, *op. cit.,* pp. 298-299.

있는 변화를 잘못하여 독립변수의 효과로 귀속시킬 수 있다.

이러한 통계적 회귀요인은 단일집단 사전-사후측정설계에서 때때로 내적 타당성의 위협요인으로 작용한다. 그러나 이러한 경우에도 어떤 집단을 대표할 수 있는 구성원이 선정되어 프로그램 집행 전과 후에 테스트를 받은 경우에는 회귀요인은 작용하지 않는다. 예를 들어, 어떤 학교의 모든 학생들이 독서능력 향상을 위한 특수교과과정을 이수했다면 회귀요인이 내적 타당성의 저해요인으로 작용하지는 않는다. 그러나 사전측정에서 성적이 나쁜 학생들만이 뽑혀서 훈련을 받은 경우에는 회귀요인이 사전-사후측정값의 차이를 해석하는 데 있어서 내적 타당성의 저해요인으로 작용한다. 이와 같은 논리로 가장 도움을 필요로 하는 집단을 대상으로 하는 치료적인 사회 서비스 프로그램(remedial program)에서 회귀요인이 유력한 경쟁가설로 대두된다.

한편 Cook & Campbell은 실험집단과 비교집단을 동질적으로 구성하지 않았을 경우, 두 집단에서 회귀요인의 효과가 다르게 나타나기 때문에 일어날 수 있는 내적 타당성의 위협요인을 차별적-통계적 회귀요인의 효과(divergent statistical regression effects)라고 부른다.

(3) 관찰 및 측정방법에 관련된 요인

관찰 및 측정방법과 관련된 내적 타당성의 위협요인으로는 검사요인과 측정수단요인이 있다.

① 검사요인

검사요인(testing)은 조사요인이라고도 부르는데, 정책 및 프로그램의 실시전과 실시후에 유사한 검사를 반복하는 경우에 프로그램 참여자들이 시험에 친숙도가 높아져서 측정값에 영향을 미치는 현상을 말한다. 예를 들면, 인지적 기술을 향상시키는 훈련프로그램에서 만일 동일한 시험문제가 프로그램 집행 전과 후에 사용되었다고 한다면, 개인들이 이 문제들을 기억하거나 혹은 프로그램 집행후의 시험에 앞서 이 문제들을 토의함으로써 테스트 점수가 높아지게 될 수 있다. 이 경우에 검사요인이 프로그램의 실시전과 실시후의 측정값의 변화를 설명하는 유력한 경쟁적 가설이 된다. 검사요인의 효과를 통제하려면 연구자가 사전검사의 효과가 문제가 되는지 신중하게 검토하여야 한다. 만약 사전검사의 효과가 문제가 될 경우, 사전검사를 포함하지 않는 조사설계를 선택하거나, 솔로몬 4집단 설계와 같이 사전검사를 포함하지 않는 집단이 포함된 설계방법을 선택하여야 한다. 연구상황에서 검사요인이 나타날 경우 그 연구결과를 일반화할 수 있는 상황 또는 맥락이 제약되므로, 이를 외적 타당성의 저해요인의 하나로 보기도 한다.

② 측정수단요인

측정수단요인(instrumentation)은 정책 또는 프로그램 집행전과 집행후에 측정자의 측정기준이 달라지거나, 측정수단이 변경함에 따라서 정책효과가 왜곡되는 현상을 말한다. 예를 들면, 주관식 시험문제의 채점에 있어서 측정자의 채점기준이 달라질 수 있고, 측정수단이 직접 면접에서 간접적인 관찰로 바뀌어 질 수 있다. 이와 같은 경우에 측정수단요인이 정책집행전과 집행후의 측정값의 변화를 설명하는 유력한 경쟁가설이 되는 것이다.

측정수단요인을 통제하려면 측정도구를 표준화하여 사전측정과 사후측정 시 측정도구의 동등성을 확보하여야 한다.

(4) 단일위협요인들의 상호작용

앞에서 내적 타당성을 위협할 수 있는 일곱 가지의 경쟁적 요인을 열거하였다. 이들 경쟁적 요인들은 독립적으로 작용하기도 하지만 대개의 경우에 두 가지 이상의 위협요소가 상호작용하여 내적 타당성에 위협요인으로 작용할 수도 있다. 예를 들면, 자녀에게 특수교육기회를 주기를 원하는 부모 때문에 특수교육프로그램에 참여하게 된 아동은, 자녀에게 그러한 기회를 주는 것을 원하지 않았던 부모의 자녀보다 성숙의 속도가 더 빠를 수 있다. 이와 같이 특수교육프로그램에 참여여부를 결정할 때에 선발요인이 작용하고, 이와 더불어 참여집단과 비참여집단의 성숙의 속도가 다르기 때문에 나타나는 효과, 즉 상이한 성숙도 때문에 나타나는 효과를 선발요인과 성숙요인의 상호작용 효과라고 부른다.

실험집단과 비교집단을 구성할 때 무작위 배정이 이루어지지 않는 경우에 나타날 수 있는 선발요인은 다른 내적 타당성의 저해요인과 결합하여 여러 가지 상호작용효과를 나타나게 할 수 있다. 앞서 살펴본 성숙요인과의 상호작용효과를 차별적 성숙요인(divergent maturation)이라고 부른다. 선발요인과 역사적 요인의 결합, 즉 역사적 요인이 실험집단과 비교집단에서 다르게 나타나는 상호작용효과를 국지적 역사요인(local history)이라고 부른다. 한편 선발요인과 상실요인과의 결합, 즉 상실요인의 효과가 실험집단과 비교집단에서 다르게 나타나는 상호작용효과를 차별적 상실요인(divergent mortality)이라고 부른다. 한편 선발요인과 검사요인의 결합, 즉 검사요인이 실험집단과 비교집단에서 달리 나타나기 때문에 나타는 상호작용효과는 차별적 검사요인(divergent test)이라고 부른다. 마지막으로 통제집단과 비교집단에서 통계적 회귀요인의 효과가 다르기 때문에 나타나는 상호작용효과를 차별적 회귀요인(divergent regression)이라고 부른다.

3) 내적 타당성 위협요인과 통제방안 요약

이상에서 살펴 본 일곱 가지 내적 타당성의 위협요인의 의미와 그 통제방안이 <표 6-2>에 요약되어 있다. 내적 타당성의 위협요인은 조사 또는 실험결과 연구대상에서 변화가 있는 것으로 나타났지만, 실제로는 그 변화가 추정된 원인변수나 실험변수가 아닌 다른 요인 때문에 나타났을 경우, 실제로 원인이 되었던 요인을 말한다. 그러한 위협요인은 성숙요인 및 역사요인 등 다른 요인, 선발요인, 상실요인, 회귀요인 등 표본의 대표성 관련요인, 검사요인, 측정수단 요인 등 관찰 및 측정방법 관련요인으로 구분된다. 이러한 개별적 요인들이 상호작용을 통하여 더욱 커다란 내적 타당성의 위협요인으로 작용할 가능성도 있다. 각 요인별로 적절한 통제방안이 있으므로 연구자는 이에 각별히 유의하여야 한다.

표 6-2 내적 타당성의 위협요인과 통제방안 요약

유 형	의 미	통제방안
A. 추정된 원인이 아닌 다른 요인에 의한 변화		
성숙요인 (maturation)	시간의 경과에 따른 대상집단의 특성변화	· 통제집단 구성 · 실험(조사)기간의 제한 · 빠른 성숙을 보이는 표본 회피
역사요인 (history)	실험기간 중 일어난 사건에 의한 대상집단의 특성변화	· 통제집단 구성 · 실험(조사)기간의 제한
B. 표본의 대표성 관련요인		
선발요인 (selection)	실험집단과 통제집단이 다르기 때문에 나타나는 차이	· 무작위 배정 · 사전측정

상실요인 (mortality)	실험기간 중 실험대상의 중도포기 또는 탈락 때문에 나타나는 차이	· 무작위 배정 · 사전측정
회귀요인 (regression)	실험대상이 극단적인 값을 갖기 때문에 재측정시 평균으로 회귀하려는 경향 때문에 나타나는 차이	· 극단적인 측정값을 갖는 집단 회피 · 신뢰성 있는 측정도구 사용
C. 관찰 및 측정방법 관련요인		
검사요인 (testing)	사전검사에 대한 친숙도가 사후측정에 미치는 영향에 따른 차이	· 사전검사를 하지 않는 통제집단과 실험집단 활용 (예: 솔로몬 4집단 설계) · 사전검사의 위장 · 눈에 띠지 않는 관찰방법
측정수단요인 (instrumentation)	측정기준과 측정수단이 변화함에 따라 나타나는 차이	· 표준화된 측정도구 사용

4. 구성개념의 타당성과 위협요인

1) 구성개념 타당성의 의미

구성개념의 타당성(construct validity)[23]이란 연구에 사용된 이론적 구성개념과 이를 측정하는 측정도구(또는 측정수단)가 얼마나 일치되는지의 정도를 나타내는 개념이다.[24] 실험 또는 정책평가연구에서는 원인변수인 프로그램 또는 정책처리를 나타내는 구성개념과 결과변수로서 정책 대상집단의 속성이

---

23) construct를 개념으로 번역하여 개념타당성이라고 부르기도 한다.

24) Cook & Campbell에 따르면 구성개념의 타당성은 넓은 의미에서는 외적 타당성의 일부로 취급하고 있다. 이러한 관례에 따라 상당수의 학자들이 이곳에서 논의하는 문제를 외적 타당성의 저해 요인의 일부로 설명하기도 한다. 예를 들면, D. R. Monette, T.J. Sullivan, & C. L. DeJong, *Applied Social Research: Tool for the Human Services,* 4th ed., Harcourt Brace, 1998, pp. 275-279 참조. 한편 구성개념의 타당성을 내적타당성의 문제로 보는 견해도 있다. 예를 들면, W. L. Neuman, *Social Research Methods: Qualitative and Quantitative Approaches,* 4th ed., MA: Allyn & Bacon, 2000, pp. 236-239 참조. 그런데 구성개념 타당성이 외적 타당성과 연관시켜서 제기되는 이유는 실험 또는 평가연구에서 사용되고 있는 측정도구들이 원래 의도하였던 구성개념을 측정결과에 반영하지 못할 경우, 연구결과를 일반화시킬 수 있는 상황과 범위가 제약을 받기 때문이다.

나 정책 환경의 상황 및 조건을 나타내는 구성개념들을 사용한다. 이들을 조작적으로 정의하여 구체적인 측정지표 또는 설문항목으로 개발하여 자료수집에 사용한다. 여기에서 문제가 되는 것은 자료수집의 결과가 원래 의도하였던 구성개념을 정확하게 반영한 것인가라는 것이다. 구성개념 타당성은 측정이론에서 매우 중요한 과제로 다루고 있는데, 실험 또는 정책평가연구뿐 아니라 기술적 조사연구에서도 마찬가지로 중요시된다. 이 책의 제11장에서는 측정의 일반이론의 관점에서 구성개념의 타당성 문제를 다루고 있다.

2) 실험변수의 구성개념 타당성과 위협요인

실험 상황에서 조작적으로 정의된 실험(독립)변수가 원래 의도하였던 원인변수만을 반영하였을 경우 구성개념의 타당성이 높다고 할 수 있다. 그런데 실험기간 내에 발생한 사건 때문에 원인변수의 측정결과가 정확한 것인지 의문이 발생할 경우, 원인변수의 구성개념 타당성이 낮아진다. 인위적으로 진행되는 실험과정에서 실험집단 또는 통제집단의 행동과 성과가 실험변수가 아닌 다른 사건의 영향을 받았을 경우, 이들이 오염(contamination)되었다고 말하는데, 이같은 사건이 발생하면 구성개념 타당성이 낮아진다. 실험집단이 오염된 경우와 통제집단이 오염된 경우를 구분하여 살펴보기로 하겠다.[25)]

(1) 실험집단이 오염된 경우

실험자는 실험상황에서 일정한 신호들(cues)을 의식 또는 무의식적으로 실험대상에게 제공하게 되고, 실험대상자들도 실험에 임하여 실험자들의 신호에 적절한 반응을 나타내고자 하는 동기를 가진 사람들이기 때문에 실험집단이 오염될 수 있다.

① 실험자 기대효과와 통제방안

가) 실험자 기대효과의 개념

대부분의 실험자는 실험의 결과에 대하여 일정한 기대를 가지고 있다. 이러한 실험자의 기대(experimenter's expectations)는 연구자나 연구대상 모두 의식하지 않은 가운데에도 연구대상에게 전달될 수 있다.[26)] 실험자들이 기

---

25) 실험변수의 구성개념타당성에 관하여는 다음 문헌을 참고할 것. D. Dooley, *Social Research Methods,* 4th ed., NJ: Prentice-Hall, 2001, pp. 186-196; Graziano & Raulin, *op. cit.,* pp. 194-196; Neuman, *op. cit.,* pp. 236-239.

대하리라고 느끼는 바에 따라서 연구대상이 반응을 나타내는 현상을 실험자 기대효과라고 부른다. 실험자 스스로가 훌륭한 실험에 대한 기대를 가짐으로서 그러한 기대가 연구대상에게도 영향을 미친다는 것이다. 실험자 기대효과는 자기충족적 예언(self-fullfilling propershy), 또는 피그말리온 효과라고 부르며, Rosenthal과 동료들의 연구에서 처음으로 제시되었다.[27]

연구자는 자신의 가설에 애착을 가지고 있으며, 연구결과에 따라 그 가설이 수용되는지 아니면 기각되는지에 관심을 가진다. 학문세계에서는 연구자가 예측하는 결과를 얻을 때 연구결과를 논문으로 발표할 가능성이 더욱 커진다. 그러므로 연구자는 연구가설이 채택될 수 있도록 의도적인 자료조작을 할 수도 있는데, 이는 윤리적 지침에 의하여 엄격하게 금지되고 있다. 실험자 기대효과는 연구자의 고의성이 없는 경우에도 연구자의 기대가 연구결과에 영향을 미칠 수 있다는 것이다. 가장 널리 알려진 사례가 Rosenthal & Jacobson의 *Pygmalion in the Classroom*이다.[28] 그 연구에서 연구자는 교사들에게 심리검사를 토대로 특정 아이들이 늦된 아이(late bloomer)가 될 것이라고 말해주었다. 연구자들이 교사들을 현혹시키기 위하여 일부러 이같은 거짓 주장을 한 것이다. 초창기에는 이들 늦된 아이들이 다른 아이들과 큰 차이가 없었지만, 일정기간이 경과된 후에는 다른 아이들보다 지능발달의 속도가 매우 빨라졌다. Rosenthal & Jacobson은 교사의 믿음이 그들로 하여금 다른 아이들과는 다른 행동을 하게 만들었다고 보았다. 교사들이 늦된 아이들에게 더욱 큰 관심을 보였고, 늦된 아이로 분류되지 않은 아이들에게는 상대적으로 더 낮은 성취기준을 설정해 주었을 수 있다. 이 피그말리온 연구에 대한 비판도 있었지만, 이러한 자기충족적 예언 효과를 지지하는 후속연구결과도 발표된 바 있다.

이러한 효과는 의사-환자의 관계에서도 나타난 것으로 알려졌다. 의사는 환자에게 효능이 있는 것으로 알려진 치료를 하게 될 경우, 은연중에 확신이 스며나오게 되는데, 환자는 이를 받아들여서 병세가 나아지리라고 기대한다. 환자의 희망적인 마음가짐은 실제로 환자의 상태가 개선될 가능성을 높이게

---

26) R. Rosenthal, *Experimenter Effects in Behavioral Research*, NY: Irvington, 1976.

27) *Ibid.*

28) R. Rosenthal & L. Jacobson, *Pygmalion in the Classroom*, 1968, NY: Holt, Rinehart & Winston.

된다. 그러나 의사가 환자에게 가짜약(placebo)을 투여할 경우 효과를 의문시하는 태도는 취하게 되는데, 환자는 의사의 기대가 무엇인지를 무의식 중에 감지하여 사실을 알게 된다는 것이다. 실험 중에 있는 연구대상도 이와 유사한 과정을 겪게 된다. 연구대상은 실험자가 무의식적으로 제시하는 단서에 반응하여 연구자가 원하는 방향으로 행동할 수 있다는 것이다.

나) 실험자 기대효과의 통제방안

종속변수의 변화가 독립변수의 효과라기보다 실험자의 기대에 의하여 혼란이 일어날 경우, 구성개념 타당성은 낮아진다. 실험자들이 자신들의 예언을 충족하는 방향으로 연구대상의 행태에 영향을 미치는 것을 방지하는 방법으로는 다음과 같은 네 가지를 고려할 수 있다.

① 연구가설을 실험자에게 알려주지 않는 방법(naive experimenter method): 연구를 수행하는 실험자에게 연구가설을 알려주지 않는 방법이다. 이 방법에서는 실험과 측정을 담당하는 사람들에게 연구와 관련된 문헌과 가설을 알려 주지 않는다. 그런데 이 방법을 사용할 경우에도 첫 번째 연구대상이 보여준 실험에 대한 반응결과를 보고 실험자가 어떠한 기대를 가지게 되고, 이러한 실험자의 기대가 맞았든지, 틀렸든지 연구대상을 오염시킬 수 있다.

② 실험자에게 연구가설과 연구대상을 알려 주지 않는 방법(experimenter blind method): 실험자가 연구가설뿐 아니라 연구대상이 실험집단인지 통제집단인지를 모르게 하는 방법이다. 실험자가 연구대상이 실험처치를 받게 될지 모르게 하는 방법은 약품의 효과를 연구하는 데 흔히 사용되는데, 겉보기에는 똑같은 진짜 약과 가짜약(placebo)을 만들어 제공하는 것이다. 사회실험의 경우에는 이러한 방법을 사용할 수 없는 경우가 많다.

③ 실험자를 표준화하는 방법(experimenter standardization): 모든 연구대상에 대하여 모든 실험자들의 언어와 행태를 엄격하게 정해진 대본에 따르도록 하는 방법이다. 제3의 관찰자가 실험자들이 대본에 따랐는지를 모니터할 수 있다. 그런데 표준화가 아무리 완벽하다고 하여도 목소리 톤의 미묘한 뉘앙스 차이나 비언어적 표현이 실험자의 기대를 전달할 수 있다.

④ 실험자를 두지 않는 방법(canned experimenter): 오디오 테이프, 비디오 테이프 또는 유인물로 실험자가 처리하여야 할 지시사항을 대체하는 것이다. 이러한 절차는 오직 고도로 통제된 실험실 환경에서만 이루어질 수 있다.

② 실험대상의 반응효과와 통제방안

가) 실험대상의 반응효과의 개념

실험집단에 포함된 연구대상이 연구자에 의하여 지속적으로 관찰되고 있다는 생각 때문에 평상시와는 다르게 행태를 보이는 경우가 있다. 실험적 상황에서 연구대상은 실험자에게 매우 협력적이고 반응적인 경향이 있다는 것이다. 실험에서 이러한 상황을 요구특성(demand characteristics)이라고 부른다. 연구대상이 호기심과 단서에 대하여 반응하려는 동기에 관하여 여러 가지 연구사례가 알려졌다. 사회과학 분야에서 가장 유명한 연구는 소위 호돈 연구(Hawthorn Study)로 미국 시카고 Western Electric Company의 Hawthorn 공장에서 진행되었다. 이 연구는 여러 가지 다른 상황에서 각기 다른 집단에게, 다른 과업을 부여하였고, 복수의 실험처리를 부여한 일련의 준실험으로 구성되었다. 이 연구의 조명실험에서 근로자들은 밝기가 증가되었건 감소되었건 간에 생산성은 지속적으로 증가하였다는 증거가 나타났다. 통제집단과 비교하였을 때 밝은 작업환경에서 일한 사람들의 생산성이 향상되었고, 어두운 작업환경에서 일한 사람들도 생산성이 향상되었다면 실험집단에서 생산성의 증가를 어떻게 설명할 수 있을 것인가?

호돈 연구자인 Roethlisberger는 연구대상이 사람인 경우 연구되고 있다는 사실을 알아차릴 수 있고, 연구되고 있다는 감정과 태도를 가질 수 있다고 보았다. 이러한 반응은 연구결과에 영향을 미칠 수 있다는 것이다. 여기에서 연구대상이 그 경험을 어떻게 해석하는지가 결정적으로 중요하다. 호돈 연구자들은 작업자들이 의도된 원인변수인 조명과는 관계없이 고위층 방문자들에게 관찰을 당한다는 것 때문에 열심히 일한 효과가 나타났다고 주장하였다. 정상적인 작업환경에 있는 작업자는 어떠한 실험이 진행되고 있으며, 연구자에 의하여 생산성이 측정되고 있다는 사실을 느끼지 못하기 때문에 정상 상태로 작업을 할 수 있었을지 모르지만, 실험집단에 소속한 작업자는 작업환경이 달라지고 연구자에 의하여 생산성이 측정되고 있다는 사실을 쉽게 발견할 수 있었을 것이고, 따라서 평상시와는 다르게 더욱 열심히 일을 하였을 가능성이 있다고 본 것이다.

이러한 효과를 호돈 효과(Hawthorn Effects)라고 부르기도 한다.[29] 호돈

---

29) 그런데 추후에 호돈 데이터를 면밀하게 재분석한 결과 생산성의 변화는 인사관리의

효과는 '착한 연구대상'(good subject)의 문제로 불리고 있는데, 실험의 연구대상은 연구자가 원하는 것이 전달되면 연구자의 가설을 확증하는 단계에 이르기까지 무엇이든 하고자 한다는 것이다.[30]

평가불안(evaluation apprehension)은 연구대상이 연구자에 의하여 관찰되고 있다는 생각 때문에 나타나는 행태 중 또 하나의 특성인데, 이는 조사된다는 사실로부터 발생하는 걱정(anxiety)을 말한다. 실험실 상황이란 그 자체가 연구대상으로 하여금 실험자나 실험 절차에 주목하게끔 유도하는 성격을 띤다. 특히 그 중에서도 연구대상이 실험 내지 평가를 받는다는 사실 자체에 대해 갖는 불안과 우려를 지적할 수 있다. 이 주제에 대한 연구보고에 의하면, 그와 같은 불안의 정도가 높은 연구대상일수록 실험자의 단서에 민감하게 반응함으로써 바이어스를 일으킨다.[31] 이와 관련하여 또 문제가 되는 연구대상의 태도는 의구심(suspicion)이다. 실험에 참여는 하지만 무언가 석연찮은 의심을 품게 되면, 실험자의 행동을 단서로 잡아 민감한 반응을 보이려는 동기를 가질 수 있다는 것이다.

나) 실험대상 반응효과의 통제방안

실험대상의 반응효과를 요약하면, 연구대상이 연구자에 의하여 특별한 처리를 받고 있고, 지속적으로 측정되고 있다는 사실 자체를 인식하여 평시와는 다르게 행동함으로써 연구결과에 미치는 효과이다. 이러한 반응효과를 통제하기 위하여 다음과 같은 방법이 사용된다.

① 가짜약 처리통제집단(placebo control group) 사용: 실험대상의 반응효과는 새로운 약품을 개발하는 의약 연구에서 자주 나타난다. 이를 방지하기 위하여는 반드시 통제집단을 만들어 실험집단과 비교해야 한다. 가짜약 처리통제집단이란 통제집단 구성원에게 가짜약을 처리하는 것이다. 실험집단에는 새로운 약을 투여하는 반면, 통제집단에는 아무 효과가 없는 가짜약을 투여한

변화, 그리고 대공황과 같은 대외적 사건과 연관이 있다는 것이 밝혀졌다. 즉 작업집단 구성원들 사이의 참여의식, 인간관계 등이 생산성에 영향을 미친다는 사실이 밝혀진 것이다.

30) Martin T. Orne, On the social psychology of psychological experiment: with particular reference to demand characteristics and their impli-cations, *American Psychologist*, 1962, 17:11, pp. 776-783. 여기에서는 Dooley, *op. cit.*에서 재인용.

31) 김경동·이온죽, 「사회조사연구방법」, 박영사, pp. 292-293.

다. 그런데 혈압이 떨어지는 약의 효능을 살펴보기 위하여 통제집단에 가짜약을 투여하더라도 환자가 실험에 참여하고 있다는 사실을 알고 있을 경우 실제로 혈압이 떨어지는 현상이 나타날 수 있다. 이러한 현상을 의약연구에서는 가짜약 효과(placebo effect)라고 한다. 이러한 방법은 연구대상이 실험에 참가한다는 사실은 알고 있지만, 자신에 실험집단에 속하는지 통제집단에 속하는지는 모르도록 하기 때문에 눈가림통제(blind control)라고 부른다. 더 나아가 연구대상뿐 아니라 실험자들도 연구대상이 어느 집단에 속하는지를 모르

그림 6-5 눈가림통제와 이중눈가림통제

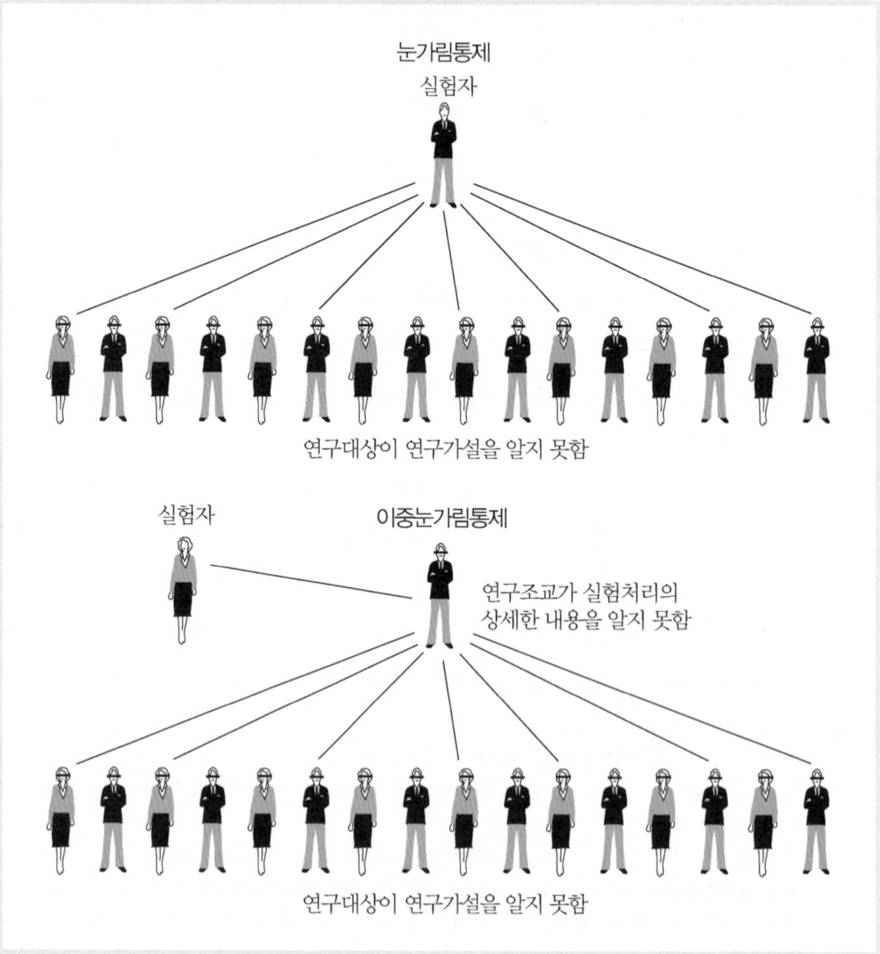

출처: Neuman, *Social Research Methods*, 4th ed., p. 239, Figure 9-3에서 수정.

는 상황을 이중눈가림통제(double blind-control)라고 부른다([그림 6-5] 참조). 이 방법은 실험자의 기대효과와 실험대상의 반응효과를 동시에 줄이는 방법이다. 이론적으로는 매우 단순하지만 이중눈가림절차를 실제로 진행하는 것은 쉽지 않다.

② 연구대상이 연구 자체를 알지 못하게 하는 방법: 이 방법은 자연적인 상황에서 연구가 이루어지도록 하여 연구대상으로 하여금 자신이 연구대상인 것을 알지 못하도록 하는 것이다. 만약 자신이 연구대상이라는 사실을 모를 경우 착한 연구대상의 문제 또는 호돈 효과나 평가불안을 걱정할 이유가 없다. 그러나 윤리적인 이유때문에 이 방법을 사용하는 데에는 한계가 있다.

③ 연구대상에게 관찰시점과 방법을 알려주지 않는 방법: 이 방법은 연구대상이 연구에 참여하고 있다는 점은 알고 있지만 관찰시점과 방법은 알려주지 않는 방법이다. 그러나 연구대상의 눈에 띄지 않는 관찰방법을 사용하는 것은 자발적인 행태를 연구할 경우에만 가능하다.

④ 연구대상을 속이는 방법: 실험자가 연구대상에게 연구의 성격에 대하여 속임수를 쓰는 방법이다. 연구대상에게 연구자의 가설을 알려주는 것이 연구대상의 행태에 바이어스를 일으킬 수 있다. 그러므로 연구자가 연구대상이 그 연구목적을 추측하는 것을 방지하기 위하여 연구대상들에게 엉뚱한 연구목적을 알려주는 방법이다. 실제로는 연구대상들에게 연구자의 연구목적에 대하여 거짓의 논리적 근거를 제시하여 연구대상의 반응효과를 줄이고자 하는 방법이다. 그런데 이러한 속임수 방법은 연구대상에게 연구목적을 알려주고 동의를 받아야 한다는 연구대상의 권리를 위반한 것이므로, 연구가 종료된 이후에는 연구대상에게 반드시 연구의 진정한 목적을 알려 주어야 한다.

(2) 통제집단이 오염된 경우

통제집단의 오염이란 특별한 실험처리를 받지 못하는 통제집단의 참여자가 평시와는 다르게 행동하거나 고의로 실험집단보다 더 좋은 결과가 나타나도록 노력하는 경우를 말한다. 이를 존 헨리 효과라고 부르기도 하는데, 미국의 민요에 나오는 존 헨리(John Henry)는 증기의 힘으로 움직이는 기계보다 자신이 더 우수하다는 것을 보이기 위해 무리하게 일하다 죽은 전설적인 흑인노동자이다.[32] 통제집단이 오염될 경우 실험변수 처리의 효과를 정확하게 평가할 수 없는데, 보상적 오염(compensatory contamination)의 경우는 효과를 낮은 것으로 평가하게 되고, 과장적 오염(exaggerating contamination)의 경우에는 과다하게 평가하게 된다.

보상적 오염이란 통제집단의 구성원이 실험집단에게 투여되는 실험처리 또는 이와 유사한 것을 획득하려고 노력하는 경우를 말한다. 이 경우에는 실험처리의 효과가 없는 것으로 나타난 관찰결과는 통제집단의 보상적 오염 때문일 수 있다. 한편 과장적 오염은 통제집단의 구성원이 실험집단에 속하지 않았다는 것을 알고서 자포자기에 빠지거나, 통제집단과 경쟁을 하려 하지 않는 경우를 말한다. 실험처리의 효과가 있는 것으로 나타난 관찰결과는 통제집단

표 6-3 실험 구성개념 타당성의 위협요인과 통제방안 요약

유 형	의 미	가능한 통제방안
A. 실험집단의 오염		
1. 실험자의 기대	·관찰된 효과는 실험자가 연구대상의 행태에 미친 영향 ·자기충족적 예언, 피그말리온 효과	·눈가림배정, 표준화 등 방법으로 실험자를 통제함 ·연구대상이 가설을 인식하고 있는지 체크함
2. 실험대상의 반응	·관찰된 효과는 연구대상이 연구의 의미에 대한 단서의 해석에 반응하려는 동기 때문에 나타남 ·호돈 효과, 착한 연구대상의 문제	·가짜약 통제집단 활용 ·연구대상 눈가림배정 ·자연적 상황에서 눈에 띄지 않는 관찰 ·속임수 연구목적 알림 ·연구대상의 가설 인식여부 확인
B. 통제집단의 오염(존 헨리효과)		
1. 보상적 오염	·효과가 없는 것으로 나타난 관찰결과는 통제집단이 실험 처리 또는 이와 동등한 것을 취득하였기 때문임	·연구대상의 눈가림배정 ·통제집단의 엄격한 관리 ·만족할 만한 가짜약 처리 ·통제집단 행태의 면밀한 관찰
2. 과장적 오염	·효과가 있는 것으로 나타난 관찰결과는 실험처리를 받지 못한 것을 의식하여 통제집단이 특이한 행태를 보이기 때문임	·연구대상의 눈가림배정 ·배정절차의 설명과 추후 실험처리 약속 ·통제집단의 사기저하를 막기 위한 반응의 모니터링

32) 이군희, 「사회과학연구방법론」, 법문사, 2001, p. 236.

의 과장적 오염 때문일 수 있다.

통제집단의 오염을 방지하기 위한 대책은 실험집단의 오염, 특히 실험집단의 반응효과를 막는 방법과 비슷하다. 즉 연구자는 통제집단의 참여자와 실험집단의 참여자를 수시로 점검하여 실험집단의 참여자가 특별한 처리를 받고 있다는 태도를 가지고 있는지 확인해 볼 필요가 있다. 여러 가지 방법을 사용할 수 있지만 연구대상이 자신이 통제집단에 속하고 있는지 실험집단에 속하고 있는지 알지 못하게 하는 눈가림배정(blind assignment)이 가장 바람직한 방법이다.

<표 6-3>에 실험 구성개념 타당성의 위협요인과 통제방안을 요약하여 제시하였다.

5. 외적 타당성과 위협요인

1) 외적 타당성의 의미

외적 타당성이란 연구의 결과로 밝혀진 독립변수의 효과에 대한 결론을 일반화시킬 수 있는 범위를 의미한다. 다시 말하면, 외적 타당성은 특정 변수에 관하여 특정 집단을 대상으로, 특정 시기에, 특정 상황에서 연구한 결과를 다른 대상집단, 다른 시기, 다른 환경 또는 상황에 일반화시킬 수 있는 범위에 관한 것이다.[33] 내적 타당성은 특정 연구내에서 인과적 추론이 얼마나 진실한가에 관한 것인 데 반하여, 외적 타당성은 그러한 인과적 추론의 진실이 다른 상황 또는 다른 모집단에도 적용될 수 있느냐에 관한 것이다.

기본쟁점은 실험으로부터 알게 된 연구결과가 자연적인 상황에서도 그대로 적용될 수 있는지에 관한 것인데, 이는 실험의 상황과 일상생활에서 접하게 되는 상황이 유사한지 아니면 다른지에 관한 것이다. 진실험은 내적 타당성이 매우 높은 설계이지만, 그 결과는 그 실험의 대상과 상황에만 적용될 뿐 외적 타당성이 낮을 수도 있다. 연구방법으로 실험을 채택할 경우 자연적 상황에서는 발생하지 않을 수도 있는 상황을 연구자가 인위적으로 발생하게 하므로, 연구대상이 되는 표본의 모집단에 대한 대표성의 문제 이외에도 몇 가지 외적 타당성의 문제가 제기될 수 있다. 여기에서는 외적 타당성의 세 가지 유형과

---

33) Cook & Campbell, *op. cit.*

그 감소방안을 살펴보기로 한다.

첫째, 일반화가 가능한 상황이나 환경에 관한 문제가 제기된다. 예를 들면, 실험 또는 시범적인 프로그램의 운영에서 나타난 효과를 토대로, 실제의 상황이나 환경하에서 그 프로그램이 운영될 때에 시범 프로그램에서와 같은 효과가 나타날 수 있느냐 하는 것이다.

둘째, 일반화가 가능한 대상집단의 범위에 관한 문제가 제기된다. 이는 특정한 모집단으로부터 추출한 표본을 대상으로 실시한 연구의 결과를 다른 모집단, 예를 들면, 다른 연령집단, 다른 사회계급, 다른 문화집단 등에 대하여 일반화할 수 있느냐 하는 것이다.

셋째, 일반화가 가능한 시기에 관한 문제가 제기된다. 이는 특정한 시기에 집행된 독립변수의 효과에 대한 결론을 토대로 유사한 정책이나 프로그램을 다른 시기에 실시하여도 유사한 결과에 도달할 수 있느냐에 관한 것으로, 정책효과에 대한 시대적 배경의 영향과 관련한 문제라 하겠다.

2) 일반화가 가능한 상황 또는 맥락과 위협요인

실험의 상황(setting)이란 좁은 의미에서 본다면 연구에서 실험적 처리의 배열을 말하며, 넓은 의미에서는 실험이 이루어진 물리적, 사회적 맥락을 포함한다.

(1) 실험상황

실험상황(experimental setting)이란 사전검사와 복수의 실험처리를 포함하여 연구대상이 실험 때문에 겪게 되는 모든 경험을 말한다. 즉 관찰된 X의 효과는 실험상황의 배열의 요소와 결합되어 나타날 수 있다는 것으로 특히 사전검사의 효과와 복수 실험처리의 효과가 문제시되고 있다.

① 사전검사에 대한 반응의 효과

사전검사를 포함하는 모든 조사설계에서는 사전검사가 독립변수에 대한 연구대상의 반응에 영향을 미칠 수 있다. 예를 들면, 지필고사(paper and pencil test)로 치르는 사전검사의 문항은 그러한 검사에 노출되지 않았을 경우와 비교할 때 조사대상으로 하여금 독립변수에 더욱 민감하게 반응하도록 한다. 검사 또는 측정이 응답자의 행동이나 태도에 미치는 영향은 이미 내적 타당성의 저해요인으로 지적한 바 있다. 외적 타당성의 문제는 사전측정을 받아본 연구대상에 대하여 실험변수를 처리하여 얻은 효과에 관한 결론을, 그러한 사전측정 또는 검사를 받아본 적이 없는 모집단에 일반화할 때 나타날 수도 있는 문제점을 말하는 것이다. 우리가 연구결과를 일반화하고자 하는 모집단은 사전검사를 받지 않은 사람들로 이루어진다. 그러므로 연구대상이 사전검사의 영향을 받았을 경우, 연구결과는 사점검사를 받지 않은 모집단에 대하여 정확하게 일반화하기 어려울 수도 있다.

그런데 사전검사에 대한 반응의 효과가 일반화에 대한 위협이 되는지의 여부는 실험에 포함된 변수와 사용된 측정과정의 성격에 따라 다르다. 지필고사는 반응적 효과가 매우 큰 반면, 눈에 띄지 않는 관찰(unobtrusive observation)은 반응적 효과가 거의 없다. 그러므로 연구자가 실험설계를 계획할 경우, 사전검사에 대한 반응의 효과가 문제가 될 수 있는지를 신중하게 검토하여야 한다. 만약 반응의 효과가 문제가 된다면, 사전검사를 포함하지 않는 조사설계를 선택하거나(예: 통제시계열 설계), 또는 솔로몬의 4집단설계와 같이 사전검사를 실시하지 않는 집단이 포함되는 설계방법을 선택하여야 한다. 후자의 경우에는 사전검사 효과의 크기를 측정하여 분리할 수 있다.

② 복수 독립변수 또는 실험처리의 개입

여기에서 처리라는 말은 실험에서 독립변수 또는 실험변수의 작용을 말한다. 그런데 한 가지 독립변수를 한 번만 개입시킨 상황에서 얻은 결론에 비하여, 그 한 가지를 반복하여 여러 번 개입시키거나, 아니면 여러 개의 독립변수를 조합하여 개입(multiple treatment interference)시키는 경우는 그 효과를 일반화하기 어렵다는 것이다. 하나 이상의 독립변수가 있는 실험의 경우에는 특정한 결합의 실험처리 또는 실험처리의 순서가 종속변수의 변화를 가져올 수 있다. 실험이 아닌 상황에서는 실험처리의 결합 또는 실험처리의 순서가 달라질 경우 실험의 결과를 일반화하기 어려울 수 있다. 예를 들면, 하나의 실험에서 연구대상이 두 가지 독립변수를 순서대로 경험하도록 하였다고 하자. 그리고 그 실험에서 두 번째 변수가 아주 흥미있는 결과를 가져왔다고 하자. 그러면 그 실험결과에 따라 두 번째 변수가 효과를 가져왔다고 안전하게 일반화될 수 있을 것인가? 그 대답은 그렇지 않을 수도 있다는 것이다. 모집단에서도 첫 번째 변수를 경험하도록 했을 경우에만 두 번째 변수의 효과가 있는 것으로 가정할 수 있다. 즉 첫 번째 변수와 두 번째 변수의 상호작용이 효과가 있을 수가 있다는 것이다.

이러한 효과를 파악할 수 있으려면 다음 장에서 살펴보게 될 요인설계(factorial design) 방법과 같은 복잡한 연구설계를 채택하여 연구가 진행되어야 한다.

(2) 실험의 맥락

실험 처리의 효과는 실험이 이루어진 맥락(context)과도 관계된다. 연구는 실험실이라든지, 길거리, 공장, 학교, 가정 등과 같은 특정 장소에서 이루어진다. 연구대상은 이러한 맥락하에서 실험처리에 반응하게 된다. 예를 들면, 가족 사이의 대화를 녹음할 때 집에서 녹음하느냐 아니면 대학실험실에서 녹음하느냐에 따라 다른 결과를 얻을 수 있다. 그러므로 연구자는 연구결과가 연구가 이루어진 맥락의 범위를 넘어설 때에도 적용될 수 있을지 의문을 가질 수 있다. 특히 고도로 통제된 실험실 연구에서의 연구대상의 반응은 자연적인 상황에서의 반응과 달라질 수 있다. 그러므로 실험실에서 이루어진 연구는 외적 타당성의 면에서 특히 문제가 있을 수 있다. 만약 실험실의 조건이 '현실' 세계를 나타내는 데 실패할 경우, 실험실 연구는 일생생활에 일반화되기 어려울 수 있다.

이러한 이유 때문에 실험실 연구에 대한 비판자들은 사회현상에 대한 연구가 생태적 타당성(ecological validity)을 가져야 한다고 주장한다. 생태적 타당성이 높은 연구는 자연적 또는 실제 사회적 환경을 대표하는 연구 상황에서 이루어진다. 이와 밀접하게 관련된 개념이 세속적 사실주의(mundane realism)인데, 이 용어는 연구 상황이 자연적 상황과 유사하다는 것을 말한다. 세속적 사실주의의 상황에서 이루어진 연구는 생태적 타당성과 외적 타당성이 높다. 그러나 생태적 타당성을 높이려 할 경우 정교한 통제가 요구되는 미묘한 인과적 메카니즘을 측정하는 데 실패할 수도 있다. 그러므로 연구자는 연구대상이 충실하게 실험절차에 따르도록 하여야 할지 아니면 자연적 상황을 만들어야 할지 선택하여야 한다.

(3) 통제방안

외적 타당성이 취약하다는 것은 한 연구의 결과를 다른 경우에 적용하기 어렵다는 것을 의미한다. 일반적으로 그러한 일반화의 오류는 그 연구결과가 적용되는 상황, 모집단 그리고 시기를 분명하게 밝힘으로써 방지할 수 있다. 완벽한 외적 타당성을 확보하려면 그 연구를 다른 모집단, 장소, 그리고 시기에도 반복(replication)하여 실시하여야 한다. 현실적으로 어떠한 연구팀도 그러한 반복연구를 수행하기가 불가능하다. 학문연구의 진보는 학자들의 협동적인 노력에 의하여 누적적으로 이루어지게 되므로, 다른 연구자들이 다른 상황에서 연구한 결과를 추적하는 것이 바람직할 것이다.

3) 표본의 대표성과 일반화가 가능한 모집단의 범위

이는 특정한 표본을 대상으로 실시한 연구의 결과를 모집단에 어느 정도 일반화시킬 수 있느냐의 문제이다. 실험이 아닌 조사연구에서도 연구대상이 되는 표본이 모집단을 대표할 수 있는가의 문제는 일반화의 이슈에서 가장 중요한 문제로 다루어진다. 실제로 이미 알고 있는 모집단을 진정으로 대표하는 표본을 대상으로 실험을 진행하는 것은 매우 어렵다. 특히 실험대상 집단이 자원자로 구성되거나, 연구자가 쉽게 접근할 수 있는 사람들일 경우에는 표본의 대표성이 큰 문제가 된다.

일반적으로 연구자들은 자신이 연구할 결과의 적용범위를 구체적인 여러 집단, 그리고 다양한 시기 및 상황에 일반화시키려고 한다. 일반적으로 과학적 연구의 결과가 갖는 가치는 그것이 보다 일반화된 상황에 적용될 수 있을 때에 더욱 크다.[34)]

그러므로 연구자가 한정된 범위의 사회적 행태를 연구했거나 모집단의 일부만을 대상으로 연구한 경우에도, 그 연구결과의 설명력(explanatory power)을 다른 형태의 사회적 행태나 모집단의 다른 부분에까지 일반화시키려고 노력한다. Cook & Campbell은 표본의 대표성을 강화하는 방법을 다음과 같이 세 가지로 나누어 설명하고 있다.[35)]

첫째, 대표성을 높이기 위하여 무작위추출방법(random sampling for representativeness model)을 활용하여 대상집단을 추출하는 것이다. 즉, 연구결과를 일반화시키고자 하는 대상 모집단을 규정한 다음에, 무작위표본추출방법에 의하여 조사대상집단을 선정하여야 한다는 것이다. 무작위표본추출의

---

34) Earl Babbie, *Survey Research Methods,* 1973, pp. 28-29.
35) Cook & Campbell, *op. cit.,* 1979, pp. 74-80.

방법에 관해서는 본서 제11장에서 설명하고 있다. 무작위로 표본을 추출하여 조사할 경우에는 그러한 조사결과를 모집단에 일반화할 수 있게 된다. 한편 이와 같은 무작위표본추출의 절차는 조사대상집단을 무작위 배정의 원칙을 적용하여 다시 실험집단과 통제집단에 배정하는 것과는 다른 단계의 문제이다. 이러한 문제는 다음 장의 실험설계의 방법에서 다시 살펴보기로 한다.

둘째, 표본추출에서 계획적으로 이질적인 요소를 포함시키는 방법(deliberate sampling for heterogeneity model)이다. 이 방법은 연구를 일반화시키고자 하는 집단, 상황, 그리고 시기를 규정한 다음, 여기에 포함되는 여러 가지 이질적인 사례들이 포함될 수 있도록 표본을 설계하는 방법이다. 예를 들어, 교육프로그램의 성과를 평가하는 경우에 평가결과의 외적 타당성을 높이기 위해서 연구대상에 성장배경, 성취수준, 적성이 서로 다른 남녀 학생들을 폭넓게 포함시킬 수 있도록 표본을 추출하는 방법이다. 농촌, 소도시, 대도시 등 여러 지역의 학생들을 골고루 표본에 포함시키면 서로 다른 환경에 처한 학생들에게 교육프로그램의 효과를 일반화시킬 수 있다. Cook & Campbell은 이러한 표본추출방법이 무작위추출방법이 아니고 할당표본추출(quota sampling)이기 때문에 이론적으로 보면 모집단에 일반화시키기 어려우나, 실제로 일반화하는 데에는 무리가 없다고 본다. 따라서 이 방법이 외적 타당성을 높이기 위한 방법 중에서 가장 실현가능성이 높은 방법이라고 지적하고 있다.

셋째, 대표적 사례(impressive modal instance model)만을 표본으로 선정하여 조사하는 방법이다. 이 방법은 연구자가 연구결과를 적용시키고자 하는 집단·상황 및 시기의 유형을 미리 세밀하게 규정한 다음, 그와 같은 집단·상황 및 시기의 계층(class) 중에서는 최소한 하나의 사례가 포함될 수 있도록 표본을 선정하는 방법이다. 이때 선정된 사례는 각 계층을 가장 잘 대표할 수 있는 특성(class mode)을 갖추고 있어야 한다. 예를 들면, 어떤 지역에 새로운 교육프로그램을 실시하기 전에 그 효과를 사전평가하고자 할 때, 그 지역의 여러 학교 중에서 학생수의 크기, 학생의 평균성적, 부모의 소득수준 등 여러 면에서 그 지역을 대표할 수 있는 학교들을 선정하여 연구대상으로 활용하는 것이다.

이상에서 세 가지 표본대표성의 강화방법을 살펴보았다. 대상 모집단이 규정된 경우에 연구결과의 일반화를 위해서는 무작위표본추출방법이 가장 강력

표 6-4 외적 타당성의 위협요인과 통제방안

유 형	의 미	통제방안
A. 일반화가 가능한 상황과 맥락		
1. 실험상황	관찰된 X의 효과는 실험상황 배열의 요소와 결합된 것임	· 복수의 집단을 실험에 포함시켜 확인
2. 맥락	관찰된 X의 효과는 사회적, 물리적 환경 요소와 결합된 것임	· 다른 유형의 상황에 대한 반복연구를 통하여 확인 · 상황의 사실성(realism) 제고
B. 일반화가 가능한 모집단 범위		
	관찰된 X의 효과는 특정 연구대상 표본의 특성과 결합된 것임	· 표본의 대표성제고, 다른 모집단의 표본에 대한 반복연구를 통하여 확인
C. 일반화가 가능한 시기		
	관찰된 X의 효과는 특정사건 또는 특정 시기와 결합된 것임	· 다른 시기에 반복연구를 통하여 확인

한 방법이고, 대표적 사례를 연구하는 방법이 가장 취약한 방법이며, 이질적인 집단을 계획적으로 추출하는 방법은 그 중간에 해당된다. 그러나 대표적인 사례를 연구하는 방법은 대상모집단이 규정되지 않은 경우에, 그리고 일반화가 연구의 주관심사가 아닌 경우에 사용될 수 있다는 장점이 있다.

4) 일반화가 가능한 시기

일반화가 가능한 시기에 관한 문제도 제기될 수 있다. 이는 특정한 시기에 집행된 독립변수인의 효과에 대한 결론을 토대로 유사한 정책이나 프로그램을 다른 시기에 실시하여도 유사한 결과에 도달할 수 있느냐에 관한 것으로, 정책효과에 대한 시대적 배경의 영향과 관련한 정도의 문제라 하겠다. 연구자가 연구결과를 여러 시기에 걸쳐 일반화하고자 한다면 똑같은 연구를 서로 다른 시기에 반복하는 것이 좋다. 또는 장기간 시계열연구를 수행할 경우 여러 시점에 걸친 연구가 가능하다. 그런데 학문연구의 진보는 학자들의 협동적인 노력에 의하여 누적적으로 이루어지게 되므로, 보다 근본적으로는 다른 연구자들이 다른 시기에 연구한 결과를 종합하는 것이 바람직할 것이다.

<표 6-4>에 외적 타당성의 위협요인과 통제방안을 요약하여 제시하였다.

6. 타당성의 유형 요약

이상에서 설명적 조사연구에서 타당성의 유형과 그 위협요인을 살펴보았다. 전통적으로 조사설계 타당성 논의에서 주요 관심사는 인과적 추론의 정확성을 의미하는 내적 타당성, 그리고 연구결과의 일반화 가능성을 의미하는 외적 타당성이다. 한편 Cook & Campbell은 내적 타당성의 하위범주로 볼 수 있는 통계적 결론의 타당성을 별도로 분리시켰고, 외적 타당성의 하위범주로 간주되었던 구성개념 타당성을 별도로 구분하였다. [그림 6-6]에 네 가지 유형의 타당성이 그래프 형태로 요약되었다.

구성개념 타당성이란 일반적으로 조작적 정의를 통하여 구성된 측정도구 또는 측정수단이 연구에 사용된 이론적 구성개념과 얼마나 일치하는지를 나타

그림 6-6 타당성의 유형 요약

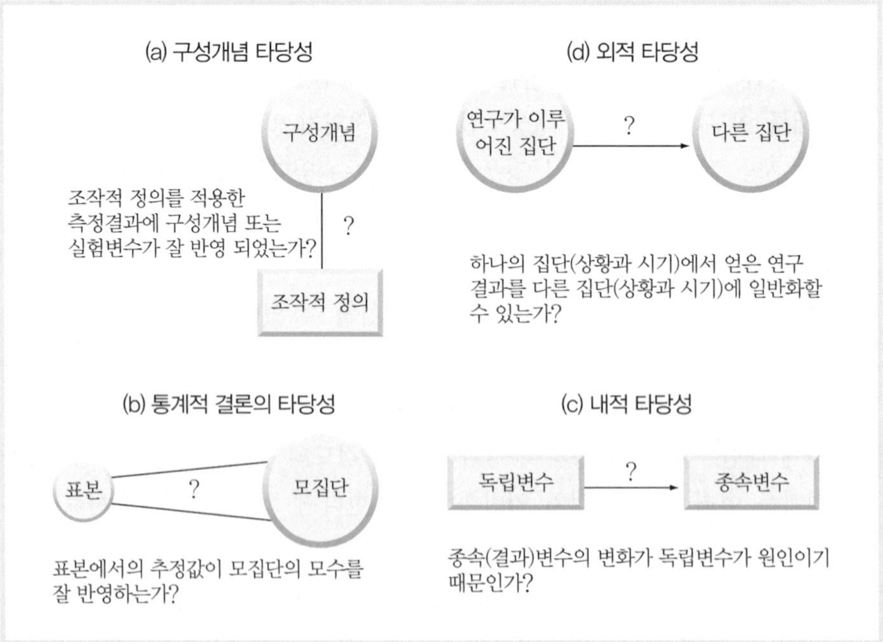

출처: D. Dooley, *Social Research Methods,* 4th ed., 2001, p. 268, Figure 14-2.

낸다. 한편 실험상황에서는 조작적으로 정의된 실험(독립)변수가 원래 의도된 인변수를 얼마나 잘 반영했는지를 나타낸다. 그런데 실험과정에서 실험집단 또는 통제집단이 오염된 경우에는 구성개념 타당성이 낮아진다.

통계적 결론의 타당성이란 통계적 의사결정의 타당성을 의미하며 표본에서의 추정값이 모집단의 모수를 얼마나 반영하는가를 의미한다. 즉, 표본에서의 추정된 원인과 추정된 결과에 관한 의사결정이 모집단에서의 원인과 결과의 관계에 적용될 수 있는지에 관한 것이다.

내적 타당성이란 종속(결과)변수의 변화가 독립변수가 원인이 되어 발생한 것인가에 관한 것이다. 종속(결과)변수의 변화가 발생한 경우에도 그 변화가 추정한 독립변수가 아닌 제3의 변수가 미친 영향 때문에 발생했다면 내적 타당성은 낮아진다. 본문에서 여러 가지 유형의 내적 타당성의 위협요인과 통제방안을 살펴본 바 있다.

외적 타당성이란 특정 상황, 시기 및 집단에서 얻은 연구결과를 다른 상황, 시기 및 집단에 일반화시킬 수 있는 범위에 관한 것이다. 실험적 연구에서는 실험상황과 실험의 맥락에서 얻은 연구결과를 일반적 상황에 적용할 수 있을지가 문제될 수 있다. 특정한 표본을 대상으로 연구한 경우에는 표본의 대표성이 일반화의 범위를 제약할 수 있다.

복습과제

01 행정 및 정책연구에서 인과적 사고가 중요한 이유가 무엇인지 사례를 제시하시오.

02 사회현상은 하나의 이유 때문에 발생하는 것으로 보아야 하는가, 아니면 여러 가지 원인이 작용하는 것으로 보아야 하는가?

03 인과관계가 존재한다고 판단하기 위한 세 가지 조건은 무엇인가?

04 비허위적 관계(non-spurious relation)가 존재하려면 어떠한 조건이 충

족되어야 하는가?

05 허위변수와 혼란변수의 차이점을 예를 들어, 서술하시오.

06 일반적으로 타당성의 유형은 어떻게 구분하는가?

07 내적 타당성의 위협요인과 통제방안을 간단하게 서술하시오.

08 어떠한 경우에 선발요인(selection)의 효과가 나타나기 쉬운가? 이를 어떻게 통제할 수 있는가?

09 회귀요인의 효과가 나타날 가능성이 상대적으로 큰 사례 또는 표본은 무엇인가? 가능한 통제방안은 무엇인가?

10 실험집단이 오염되어 실험변수 구성개념의 타당성이 저해될 수 있는 사례를 제시하고 가능한 통제방안을 들어보시오.

11 통제집단이 오염되어 실험변수 구성개념의 타당성이 저해될 수 있는 사례를 제시하고 가능한 통제방안을 들어보시오.

12 외적 타당성의 개념과 위협요인, 그리고 통제방안에 관하여 서술하시오.

13 제5장 복습문제 9번에서 검색한 문헌 가운데 한 편을 선택하여 내적 타당성과 외적 타당성의 저해요인을 찾아보시오.

07 CHAPTER
설명적 연구의 조사설계
Research Designs for Explanation

장머리에

본장에서는 설명을 위한 조사설계의 논리와 유형을 살펴보게 된다. 설명적 조사설계는 앞장에서 살펴본 인과관계 추론의 조건에 따라 원인과 결과의 관계를 입증할 수 있도록 설계되어야 한다. 제1절에서는 인과적 설명을 위한 조사설계의 기본원리를 살펴본다. 인과적 설명을 위한 조사설계의 유형을 진실험설계, 준실험설계 그리고 비실험설계로 구분된다. 제2절에서는 진실험설계, 제3절에서는 준실험설계, 제4절에서는 비실험설계를 살펴본다.

제1절 설명적 조사설계의 기본원리

1. 인과적 설명을 위한 조사설계의 원리

어떤 것이 사실임을 아는 것(knowing)과 그것이 사실임을 증명하는 것(proving) 사이에는 커다란 차이가 있다. 옳다는 사실을 알고 있더라도 그것을 증명하기는 대단히 어려운 일이다. 증명을 하기 위해서는 설명과 입증의 법칙에 의하여 공개적인 증거를 제시하여 관련분야의 연구자들이 동의할 수 있도록 하여야 한다.[1]

1) 이지훈 외 역, 「사회과학연구의 논리」, 1988, p. 56.

조사설계(research design)란 일단의 논리적 절차로, 그 절차에 따르면 연구자는 옳고 그른 정도를 결정하는 증거를 얻을 수 있다. 그러므로 인과관계를 설명하는 것을 주목적으로 하는 조사의 설계에서 추정된 원인(X)과 결과(Y)간에 인과성이 존재한다는 것을 입증하기 위해서는 세 가지 작업이 이루어져야 한다. 즉, ① 변수 X와 Y가 공동변화(covariation)한다는 사실을 입증하고, ② 현상 발생의 시간적 선후관계를 분명하게 밝혀야 하고, ③ 허위관계(spurious relation)의 가능성을 배제시킬 수 있어야 한다. 세 가지 조건을 모두 충족시켜야 변수 X와 Y 사이에 인과관계가 존재한다고 주장할 수 있으며, 이들 조건 중에서 하나라도 충족되지 못하는 경우에는 인과관계를 입증한 것으로 주장하기가 어렵다.

이러한 조건을 모두 충족하고 있는 전형적인 설계를 실험설계(experimental design)라고 한다. 실험설계는 보통 실험실에서 이루어지지만 정책평가연구에서는 자연적인 상태, 즉 사회상황에서의 실험(social experiment) 또는 현지

그림 7-1 고전적 실험설계의 원리

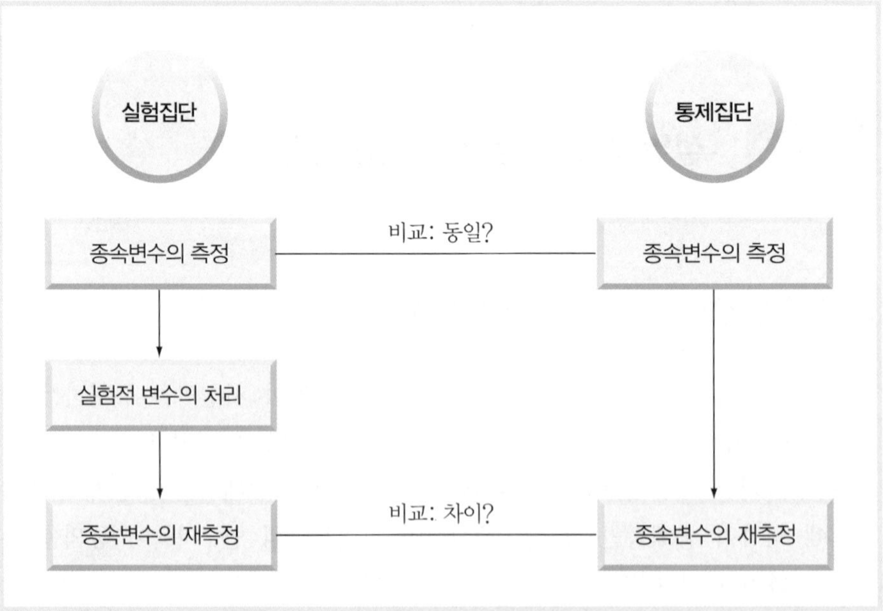

출처: Allen Rubin & Earl Babbie, *Research Methods for Social Work,* 8th ed., Belmont, CA: Brooks/Cole, 2014, p. 281. Figure 10-2.

실험(field experiment)도 실시되고 있다.

실험설계의 핵심적인 구성요소는 ① 연구대상을 실험집단과 통제집단에 무작위적으로 배정하고, ② 실험집단에는 독립변수(행정에서는 프로그램이나 개입방법: intervention method)를 도입하는 반면에 통제집단에는 도입하지 않고, ③ 실험집단과 통제집단의 종속변수 값의 변화정도를 비교하는 것이다. 이와 같은 실험설계의 원리가 [그림 7-1]에 나타나 있다.

이 그림에서 실험설계의 주요 구성요소는 실험집단과 통제집단의 비교(comparison), 실험변수(독립변수)의 조작(manipulation), 그리고 제3변수의 통제(control)임을 알 수 있다. 즉 비교는 공동변화(co-variation)를 증명할 수 있게 해주고, 조작은 사건들 간의 시간적 선후관계를 입증할 수 있게 해주고, 마지막으로 통제는 관찰된 관계가 허위관계인지의 여부를 결정할 수 있게 해준다. 이들 하나 하나에 대하여 구체적으로 살펴보기로 하자.

2. 실험설계의 구성요소

1) 비교(comparison): 공동변화의 입증

비교는 두 변수 사이에 공동변화 또는 상관관계가 존재하는지를 입증하기 위하여 필요한 작업이다. 예를 들어, 흡연과 폐암발생 사이의 상관관계, 즉 흡연이 폐암에 걸릴 가능성과 연관되었다는 점을 입증하고 싶다고 하자. 이를 위해서, 흡연자집단과 비흡연자 집단의 폐암환자의 비율을 비교하거나, 또는 흡연자 집단에서 그들이 흡연을 시작하기 전과 후로 나누어 폐암환자의 비율을 비교해 볼 수 있다. 또 다른 사례로 X라는 교수법과 학생의 성취도 사이에 관계가 있는지 검토하는 경우를 생각해 보자. 교수법과 성취수준간의 공동변화(covariance) 여부를 측정하려면 교수법 X로 교육받은 집단과 받지 않은 집단, 또는 특정집단에 대하여 교수법 X로 교육받기 전과 후의 성취도를 비교하여야 할 것이다. 전자의 경우에는 실험집단과 통제집단 사이의 비교가 되는 것이고, 후자의 경우에는 단일집단에 대하여 시간적 간격을 가지고 교육 전후의 성취도를 비교하는 것이다.

2) 실험변수의 조작(manipulation): 시간적 선행성의 입증

인과성의 관념 속에는 만약 X가 Y의 원인이라면, X의 변화를 유도할 때 Y의 변화가 뒤따른다는 뜻을 함축하고 있다. 양자간의 관계는 비대칭적(asymmetrical)인 것으로 가정한다. 비대칭적인 관계란 한 변수가 영향력을 행사하는 변수(determining force)이고 다른 변수는 그 영향을 받아 반응하는 관계를 말한다.[2)]

이러한 관계가 입증되기 위해서는, 유도된 X의 변화가 Y의 변화에 선행되어야 한다. 만약 교수법 X가 학생의 성취수준에 영향을 미친다면, 성취도의 향상은 그 교수법으로 교육을 받은 후에 이루어진 것이어야 한다. 이러한 관계는 교수법의 도입에 어떤 형태이든지 통제를 가하여 연구자가 교수법의 도입 이전과 이후를 측정할 수 있을 때 파악될 수 있다. 실험적 상황, 특히 실험실 실험에서는, 연구자가 자기의 의사에 따라 실험적 처리를 조작할 수 있다. 즉 연구자가 인위적으로 실험대상에게 실험변수(원인변수 또는 독립변수)의 종류 및 강도를 조절하여 적용함으로써 실험변수의 변화가 결과변수(종속변수)에 미치는 영향을 관찰한다. 그러나 자연적 상황에서는 이러한 조작이 항상 가능한 것은 아니다. 어느 경우이건, 인과관계를 증명하기 위해서는 사건들의 시간적 선후관계를 입증하는 데 필요한 주요 증거, 즉 독립변수가 종속변수에 선행한다는 증거를 얻을 수 있어야 한다.

3) 무작위 배정: 외재적 변수의 통제와 경쟁가설의 제거

외재적 변수(extraneous variables)는 연구에서 추정된 원인변수(실험변수)와 결과변수가 아닌 변수로서 결과변수에 영향을 미칠 수 있는 요소들을 말한다. 외재적 변수가 결과변수에 미치는 영향을 제거하지 못하면 실험변수와 결과변수간의 인과관계를 정확하게 파악하기 어렵다. 실험설계의 세 번째 구성요소는 추정된 원인변수와 결과변수 사이에 관찰된 공동변화를 제3의 변수가 설명할 수 있는 가능성을 통제할 수 있어야 한다는 것이다. Campbell & Stanley는 이를 내적 타당성(internal validity)의 문제로 파악하고 있다.

제3 변수에 의한 설명의 가능성을 배제하고 내적 타당성을 확보하기 위한

---

2) 그러나 feedback principle에 의한 상호인과적 관계에 있을 경우에는 사정이 달라진다. 제4장 제2절 변수간의 관계 참조.

통제의 절차(procedures of control)는 기본적으로 실험집단과 통제집단 구성원들의 동질성을 확보하는 것이다. 실험집단과 통제집단의 동등성 또는 동질성이란 실험집단과 통제집단이 실험변수의 처리를 받았는지 또는 받지 않았는지(예를 들면, 실험변수가 직업훈련 프로그램이라면, 훈련을 받았는가, 받지 않았는가)를 제외하고는 모든 면에서 동일하여야 한다는 것이다. 두 집단의 동등성은 구체적으로 다음과 같은 세 가지 조건을 충족시켜야 한다.[3)]

① 동일한 구성: 실험집단과 통제집단은 유사한 대상이나 단위들로 구성되어야 한다. 즉, 선발요인과 통계적 회귀요인이 통제될 수 있어야 한다.
② 동일한 경험: 실험집단과 통제집단은 관찰기간 동안에 시간과 관련하여 동일한 경험, 즉 동일한 성숙, 역사적 사건을 경험하여야 한다. 따라서, 성숙요인과 역사요인이 통제될 수 있어야 한다.
③ 동일한 성향: 실험집단과 통제집단은 프로그램에 대한 태도가 동일하여야 한다. 즉 중도탈락 비율 등의 경향이 양집단에 동일하여 상실요인이 통제될 수 있어야 한다.

이와 같이 동등성을 확보해야만 실험변수의 처리 이전에 실험집단과 통제집단에서 종속변수 값을 측정했을 때, 그 값이 동일하게 나타나고, 실험적 처리 후에 종속변수값을 재측정했을 때 나타나는 차이가 실험적 처리가 아닌 다른 변수에 의해서 설명될 가능성이 배제된다. 통계적인 논리에서 보면 실험집단과 통제집단을 동질적으로 구성하는 것은 허위변수와 혼란변수의 영향을 배제하기 위한 것이다. 동등성을 확보하기 위한 통제의 절차는 무작위 배정(random assignment)과 짝짓기(matching)로 구분된다.[4)]

(1) 무작위 배정

무작위 배정은 실험집단과 통제집단을 서로 동질적으로 구성하기 위한 대표적인 방법이다. 무작위적으로 대상들을 두 집단에 배정한다는 것은 어떤 한 대상이 실험집단이나 통제집단에 배정될 기회가 동일한 조건에서 이들 두 집단 가운데 어느 하나에 배정한다는 것을 의미한다. 예컨대 주사위를 던져서 짝수가 나오면 실험집단에, 홀수가 나오면 통제집단에 대상을 배정하는 것이

---

3) 노화준, 「정책평가론」(제2전정판), 법문사, 1991, p. 231.
4) David Nachmias & Chava Nachmias, *Research Methods in the Social Sciences,* 3rd ed., NY: St. Martin's Press, 1987, pp. 115-117.

무작위 배정이다. 주사위를 던져서 짝수 및 홀수가 나올 확률은 동일하기 때문에, 어떤 한 대상이 실험집단이나 통제집단에 배정될 확률은 동등한 것이 된다. 이러한 방법으로 두 집단을 구성하게 되면 이들 두 집단은 실험변수 이외의 조건들이 완전히 동등하게 될 것이다. 연구자가 이들 두 집단 가운데 무작위적으로 어느 한 집단을 실험집단으로 선택하고 나머지 하나를 통제집단으로 선택한다면 이들 실험집단과 통제집단은 동질적인 집단이 되고, 따라서 허위변수와 혼란변수의 영향은 통제될 것이다.5)

[그림 7-2]에 무작위 배정과정이 예시되었다. 첫 번째 단계에서 연구대상을 구성하는 사례(개인, 조직 등 분석단위)들을 선정한다. 두 번째 단계에서

그림 7-2 무작위 배정의 방법 예시

출처: Neuman, *Social Research Methods*, 4th ed., p. 227, Figure 9.2를 수정.

---

5) 무작위 배정을 통하여 허위변수와 혼란변수가 배제되는 과정에 대한 구체적인 설명으로는 노화준, 「정책평가론」, 법문사, 1990, pp. 229-231을 참조할 것.

동전던지기와 같이 이들을 무작위로 배정할 수 있는 방법을 고안한다. 세 번째 단계에서 동전의 '앞면'이 나온 사례들을 모두 하나의 집단에, '뒷면'이 나온 사례를 다른 집단에 배정한다.

무작위 배정(random assignment 또는 randomization)은 무작위 표본추출(random sampling)과는 엄격하게 구분되어야 한다. 무작위적으로 배정되는 연구대상은 모집단에서 무작위로 추출될 수도 있고 그렇지 않을 수도 있다. 무작위 표본추출은 모집단을 대표할 수 있도록 연구대상을 추출함으로써 연구결과의 외적 타당성(external validity)을 확보하기 위한 방법이다. 반면에 무작위 배정은 실험집단과 통제집단의 동등성을 확보함으로써 내적 타당성

그림 7-3 무작위 배정과 무작위 표본추출

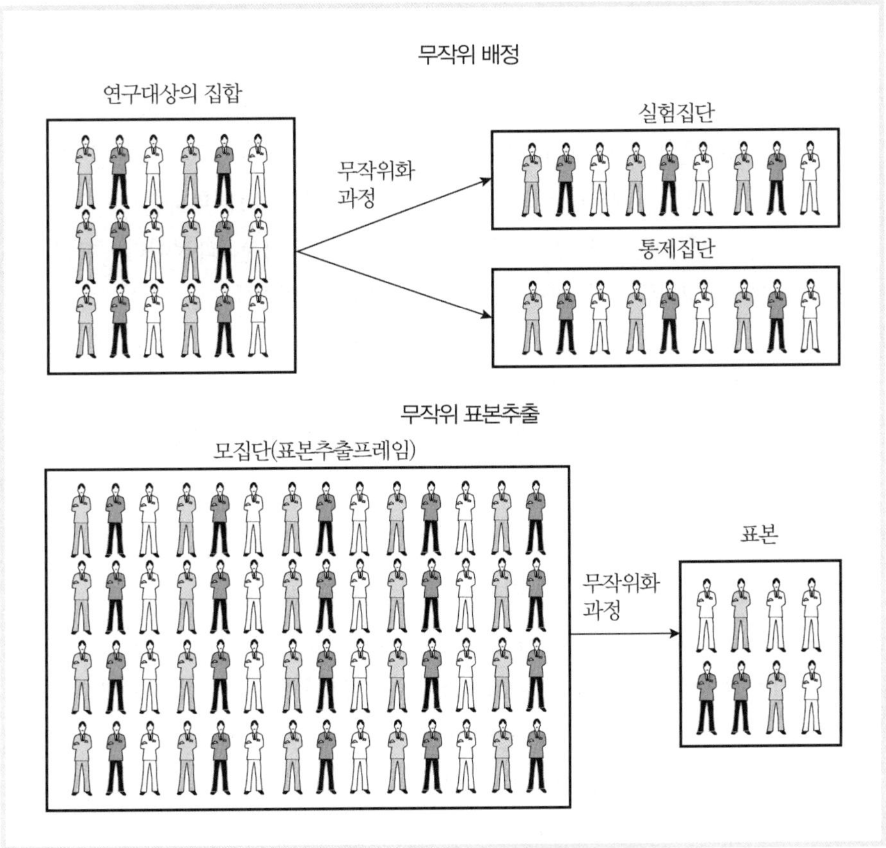

출처: Neuman, *Social Research Methods*, 4th ed., p. 226, Figure 9.1 수정.

그림 7-4 무작위 표본추출과 무작위 배정의 결합

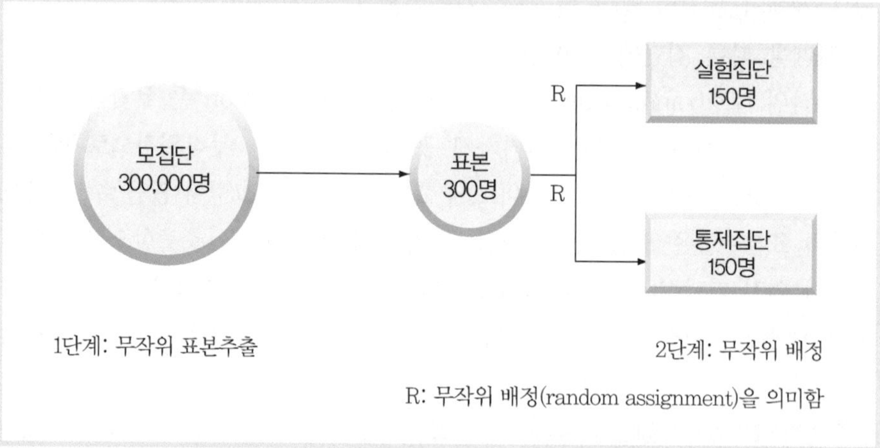

(internal validity)을 확보하기 위한 방법이다.

[그림 7-3]에 무작위 배정과 무작위 표본추출 절차의 차이점이 예시되었다. 무작위 배정은 연구대상의 집합을 무작위적 과정을 통하여 동등한 성격을 가지는 두 집단으로 분류하는 과정이다. 한편 무작위 표본추출은 보다 큰 규모의 모집단에서 소규모의 부분집합인 표본을 선정하는 과정이다. 연구자는 무작위 표본추출과 무작위 배정을 함께 사용할 수 있다([그림 7-4] 참조). 이 경우에는 먼저 무작위 표본추출을 거쳐서 연구대상을 확정한 이후(예를 들면, 300,000명 가운데 300명 표본추출), 이들 연구대상에 대하여 무작위 배정을 통하여 실험집단과 통제집단으로 나눌 수 있다(예를 들면, 300명을 실험집단 150명, 통제집단 150명으로 배정).

(2) 짝짓기

짝짓기 또는 매칭이란 실험집단과 통제집단을 구성하는 데 있어서 연구의 가설에 관련이 있는 변수들을 중심으로 유사한 것끼리 둘씩 짝을 지은 다음, 하나는 실험집단에, 다른 하나는 통제집단에 배정하는 방법이다. 짝짓기를 통하여 제3의 요인에 관하여 실험집단과 통제집단을 동등화시킬 수 있게 된다. 실험집단과 통제집단을 짝짓는 방법에는 두 가지가 있는데 하나는 1 대 1 짝짓기 또는 정밀한 짝짓기(precision matching)이며, 다른 하나는 빈도분포(frequency distribution)에 의한 짝짓기이다.

이러한 짝짓기 과정은 앞으로 제11장에서 살펴보게 될 할당표본추출(quota sampling) 방법과 유사한 과정을 거친다. 짝짓기는 무작위 배정과 결합하여 사용될 수도 있고, 무작위 배정과는 무관하게 이루어질 수도 있다. 그러나 무작위 배정과 결합되지 않으면 모든 바이어스를 통제할 수 없다는 점에 유념하여야 한다.[6)]

① **정밀한 짝짓기**

정밀한 짝짓기는 1 대 1 짝짓기 방법이라고도 하는데 실험집단에 속하는 각 사례마다, 그 사례와 동일한 특성(identical characteristics)을 갖는 다른 사례를 선정하여 통제집단에 배정하는 방법이다. 예를 들면, 연령의 효과를 통제하기 위하여는 실험집단의 특정 연령범주에 속하는 사례마다 통제집단에 같은 연령범주에 속하는 사례가 있어야 된다. 모든 외재적 변수들에 대하여 짝짓기를 했다면, 연구자는 실험집단과 통제집단 사이의 어떤 차이의 원인이 짝짓기가 이루어진 변수가 아니라고 결론을 내릴 수 있다.

이 방법의 가장 큰 단점은 다수의 요인에 대하여 짝짓기하기가 어렵다는 점이다. 예를 들면, 연구자가 연령, 성, 직급 그리고 교육수준을 통제하려고 할 경우에 연구자는 실험집단에 속한 각 사례의 연령, 성, 직급 그리고 교육수준의 특성을 가진 사례를 찾아서 통제집단에 포함시켜야 한다. 실험집단에 대학교육을 받은 30세의 여자사무관이 포함된 경우에 똑같은 특성을 가진 공무원을 통제집단에 포함시켜야 한다. 따라서 통제하여야 할 변수가 많을 경우에는 대응되는 짝을 찾기가 매우 어려워진다. 실제로 정밀 짝짓기를 시도할 때에 적절한 짝(match)을 구하기 어려워서 실험집단에서 90% 정도나 되는 사례를 상실한 경우도 있었다.[7)]

② **빈도분포에 의한 짝짓기**

보다 능률적인 짝짓기 방법이 빈도분포에 의한 통제방법이다. 이 방법은 관련변수들의 조합(combination)이 아니라 각각의 관련변수에 대하여 실험집단과 통제집단을 유사하게 만드는 방법이다. 1대 1 짝짓기 대신에, 두 집단은 중요한 변수들에 대하여 짝짓기가 이루어진다. 예를 들면, 연령을 짝짓기하는

---

6) Allen Rubin & Earl Babbie, *Research Methods for Social Work,* 4th ed., 2001, pp. 305-306.

7) Nachmias & Nachmias, *op. cit.,* p. 116.

경우에, 두 집단의 평균연령이 동등해지도록 하는 것이다. 만약 성을 통제하는 경우, 남성과 여성의 비율이 두 집단에서 동등하여야 한다. 따라서 두 집단은 각각의 외재적 변수에 대하여 개별적으로 동등화되는 것이다. 약간 정확성이 떨어지기는 하지만 정밀한 짝짓기와 비교할 때 빈도분포에 의한 짝짓기는 실행이 훨씬 용이할 뿐 아니라 연구자가 많은 수의 사례를 상실하지 않고도 여러 가지 요인에 대하여 통제할 수 있다.

그러나 무작위 배정과 결합되지 않은 경우에 짝짓기 방법의 문제점은 사전에 알고 있는 제한된 수의 외재적 변수만을 통제한다는 데 있다. 이들 변수들의 통제가 가능하다고 하더라도, 통제가 되지 않은 다른 변수가 남아있는지에 관하여는 항상 의문의 여지가 있다. 연구자는 원래부터 독립변수-종속변수 관계를 설명하는 데 있어서 통제되어야 할 적절한 요인이 무엇인지 사전에 전부 알 수 없다. 따라서 연구자는 관련된 모든 요인을 고려하였는지 확신하기 어렵다. 그러므로 연구자가 의식하지 못했기 때문에 통제가 이루어지지 않은 어떤 요인 때문에 연구자가 잘못된 인과적 해석을 할 수도 있는 것이다.

3. J. S. Mill의 실험설계 기본논리

원인-결과의 관계를 규명할 수 있는 설명적 조사설계의 기본논리는 일찍이 J. S. Mill에 의하여 제시되었다. J. S. Mill은 비교를 통하여 원인-결과의 관계를 입증하기 위한 설계의 기본적 논리와 다섯 가지 규준(canon)을 제시하였는데 이는 오늘날까지도 모든 설명적 조사설계에서 따라야 할 논리의 출발점이 되고 있다.[8)]

Mill은 어떤 현상에 선행하거나 뒤이어 발생하는 상황들 가운데 불변의 법칙에 의하여 그 현상과 연관된 것들을 골라내는 가장 간명하면서도 분명한 방법으로 일치법(method of agreement)과 차이법(method of difference)을 들고 있다. 다섯 가지의 기본논리는 일치법과 차이법을 포함하여 이를 응용한 간접적 차이법(indirect method of difference), 잔여법(method of residue),

---

8) John Stuart Mill, *System of Logic Ratiocinative and Inductive: Being a Connected View of the Principles of Evidence and the Methods of Scientific Investigation,* 8th ed., London: Longmans, Green and Co., 1834-1911, pp. 253-284.

그리고 공동변화법(method of concomitant variations)이다.

1) 일치법

일치법의 논리에 따르면 관찰하는 모든 현상에서 항상 한 가지 요소 또는 조건이 발견된다면 그 현상과 요소는 인과적으로 연결되었다는 것이다. 예를 들어, A를 원인 또는 동인(agent)이라 하고 그 결과를 찾는 것이 연구의 목적이라고 하자. 만약 A를 제외하고는 공통 요소가 없지만 동일한 결과가 나타나는 서로 다른 사례들을 찾을 수 있다면 그러한 결과의 원인은 A라는 것이다. Mill은 선행조건(antecedents), 원인, 또는 동인을 알파벳 대문자로, 그 결과를 알파벳 소문자로 표기하여 이들간의 관계를 예시하고 있다.[9]

[그림 7-5]에서 상황 X는 A, B, C라는 선행조건, 상황 Y는 A, D, E라는 선행조건을 갖추고 있는데 상황 X에서는 a, b, c라는 결과가 발생하고 상황 Y에서는 a, d, e라는 결과가 발생하였다. 이 때 두 상황 모두 A라는 선행조건을 공유하고 있고, a라는 결과가 공통적으로 발생하였기 때문에 선행조건 A가 a라는 결과를 발생시킨 원인이라고 결론을 내릴 수 있다는 것이다. 이러한 일치법에 따른 Mill의 제1규준(first canon)은 다음과 같다.[10]

그림 7-5 일치법의 논리

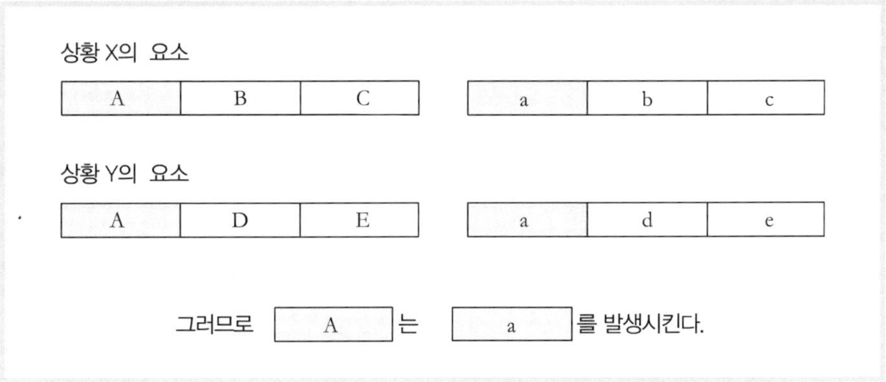

9) *Ibid,* pp. 254-256.
10) *Ibid,* p. 155.

제1규준: 특정 현상이 발생하는 둘 이상의 사례에서 단 하나의 공통요소만을 가지고 있다면 그 요소는 그러한 특정 현상의 원인(또는 결과)이다.

예를 들어, TV 프로그램에서 야구경기를 볼 때 저 선수는 왜 실력이 뛰어날까? 라는 의문을 가졌다고 하자. 일치법의 논리에 따르면 이러한 의문을 풀기 위해서는 실력이 뛰어난 다른 선수들을 비교하여야 한다. 그런데 각 선수들의 조건들을 비교한 결과 다른 모든 조건, 즉 신장, 몸무게, 성별, 나이, 출신학교 등은 다르지만 평소에 충분한 연습을 한다는 조건을 공유하고 있다면 뛰어난 실력의 원인은 충분한 연습이라고 결론을 내린다는 것이다. 여러 가지 경우들을 비교하여 일치점을 찾아내려 하기 때문에 일치법이라고 부른다. 이러한 논리는 상식적으로 생각하는 추리의 한 유형을 나타내고 있다.

2) 차이법

일치법과는 대조적으로 차이법은 어떤 현상이 발생하는 사례와 그렇지 않은 사례, 즉 서로 상이한 결과가 나타나는 사례들을 비교한다.[11] 예를 들어, A라는 원인이 초래한 결과를 찾으려면 A라는 조건을 갖추고 있는 사례와 A라는 조건을 갖추고 있지 않지만 다른 모든 조건에서는 유사한 사례를 찾아서

그림 7-6 차이법의 논리

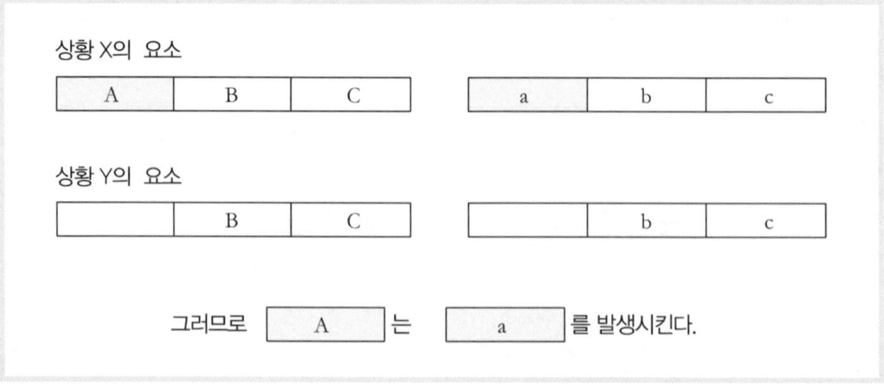

11) *Ibid,* pp. 255-256.

비교하여야 한다. [그림 7-6]에 예시된 바와 같이 상황 X는 A, B, C라는 조건을 갖추고 있고 상황 Y는 A를 제외한 B, C라는 조건을 갖추고 있다고 하자. [그림 7-6]에서와 같이 A, B, C의 결과는 a, b, c이고, B, C의 결과는 b, c라고 한다면 A의 결과가 a라는 사실은 분명해 진다. 이러한 차이법을 지배하는 원리, 즉 Mill의 제2규준(second canon)은 다음과 같다.[12)]

> 제2규준: 만약 특정현상이 발생한 사례와 발생하지 않는 사례가 있었을 때, 두 사례간에 단 하나의 요소를 제외한 모든 요소를 공통적으로 가지고 있다면 그 요소는 특정 현상의 원인(또는 결과)이다.

일치법과 차이법은 현상의 원인을 찾기 위하여 둘 다 소거법(methods of elimination)을 사용하지만 차이법이 더욱 분명하고 확증적이다. 즉 ABC, ADE, AFG의 상황에서 모두 a라는 결과가 발생한다고 할 때 a는 A의 결과라고 생각되지만, 그것이 확실한 것인지 파악하기 위해서는 원인의 유무와 결과의 유무가 정말 일치하는지를 확인할 수 있어야 한다. 즉 일치법만으로는 불확실하다는 것이며, 이러한 방법은 차이법 적용을 위한 사전단계의 성격을 가지고 있다. 그러므로 Mill은 차이법만이 직접경험을 통하여 확실한 원인을 찾을 수 있는 방법이라고 본다.[13)] 이러한 차이법은 다음 절에서 살펴보게 될 고전적 실험설계의 원리를 나타내고 있다.

3) 간접적 차이법

간접적 차이법은 차이법을 직접 적용할 수 없거나 그 사전단계로서의 일치법을 적용할 수밖에 없는 경우에 사용된다.[14)] 만약 a라는 결과가 나타나는 여러 가지 사례를 비교한 후 그들이 모두 A라는 조건을 공통적으로 가지고 있는 반면 다른 공통 요소가 없다면 일치법으로써 A와 a의 연계를 증명할 수 있다. 한편 a라는 결과가 나타나지 않는 많은 사례들을 비교한 결과 이들이 공통적으로 A라는 요소를 가지고 있지 않았다고 하자. 이러한 사실에 대해 일

---

12) *Ibid,* p. 255.
13) *Ibid,* p. 258.
14) 간접적 차이법은 *Ibid,* pp. 258-259.

그림 7-7 간접적 차이법의 논리

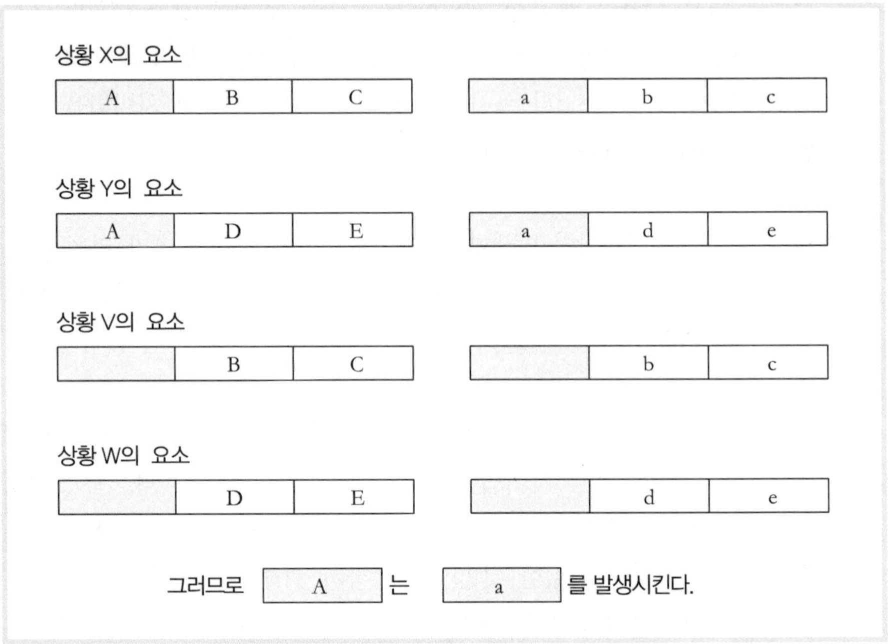

치법을 적용하면 A의 결핍과 a의 결핍 사이에 연계가 있다는 것이 증명된다. A와 a의 관계에서 일치법을 적용한 두 가지를 결합하면 ABC, abc, BC, bc라는 차이법에서 필요로 하는 긍정적 사례와 부정적 사례를 모두 갖추게 되는 것이다.

이러한 간접적 차이법의 논리가 [그림 7-7]에 제시되어 있다. 이 방법은 일치법을 대폭 확장한 것이며 설득력에 있어서 직접적 차이법에 의한 증명과 동등한 것은 아니다. 이러한 간접적 차이법을 지배하는 Mill의 제3규준(third canon)은 다음과 같다.

> 제3규준: 만약 특정 현상이 발생하는 둘 이상의 사례에서 하나의 공통 요소만을 가지고 있고, 그 현상이 발생하지 않는 둘 이상의 사례에서 그러한 공통요소가 없다는 점외에 공통사항이 없다면 그 요소는 그 현상의 원인(또는 결과)이다.

4) 잔여법

잔여법의 원칙은 특정현상에서 귀납적 방법의 적용으로 이미 밝혀진 부분을 모두 제거한 후 남는 부문이 있다면 이는 그간 간과되었거나 그 결과가 아직까지 알려지지 않은 선행요인의 결과라는 것이다.[15] 예를 들어, 선행조건 ABC가 갖추어진 상황에서 abc라는 결과가 발생하였다고 하자. 그런데 이미 차이법 등 다른 방법을 적용한 과거의 경험적 관찰에서 a의 원인은 A, b의 원인은 B라는 사실이 밝혀졌다고 하자. 이 경우 전체 현상에서 이미 밝혀진 효과를 제외한 나머지 부분 c는 C의 결과임을 알 수 있다는 것이다. 잔여법의 논리는 [그림 7-8]에 제시되어 있다. 잔여법의 기초가 되는 Mill의 제4규준(fourth canon)은 다음과 같다.

제4규준: 어떤 현상에서 귀납적 방법의 적용으로 인과관계가 이미 밝혀진 부분을 제외할 때, 그 현상에서의 나머지 부분은 나머지 선행요인의 결과이다.

그림 7-8 잔여법의 논리

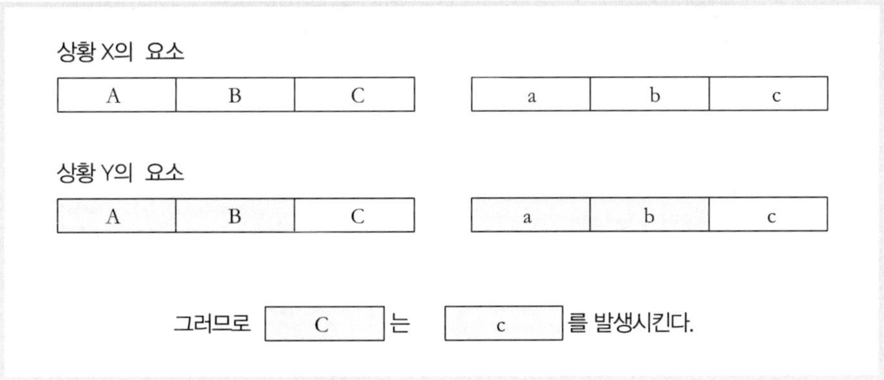

5) 공동변화법

이상에서 살펴본 방법들은 원인과 결과의 관계를 밝히기 위한 특정 요소들이 나타난 사례와 나타나지 않는 사례를 비교할 수 있을 경우에 적용할 수 있

15) 잔여법은 *Ibid*, pp. 261-262.

다. 그러나 특정 요소들을 완전히 제거할 수 없는 상황이 존재할 수 있다. 예를 들면, 지구의 중력이 미치는 효과를 검토한다고 할 때 지구를 완전히 없앨 수는 없다. 정부의 조세수입의 효과를 분석한다고 할 경우에도 정부가 세금을 전혀 징수하지 않는 상태를 만들 수는 없다. 이같이 특정 요소들을 완전히 제거할 수 없을 경우에도 이들의 상태를 어느 정도 변경시키는 것은 가능하다. 여기에서 상태의 변경이란 완전한 제거가 아니라 조금씩 변화시킨다는 것이다.[16]

만약 선행조건 A를 변화시킬 때에는 항상 그 결과로 a의 변화가 나타나고, 다른 결과인 bc에는 전혀 변화가 없거나 또는 역으로 a의 변화가 발생할 때마다 그에 앞서 선행요인 A의 변화가 있었으며 그 밖의 다른 선행요인에는 전혀 변화가 없었다고 하자. 이 때 a의 변화는 A의 변화에 의하여 비롯되었다거나 또는 최소한 이들이 인과관계의 과정에 연결되어 있다고 결론을 내릴 수 있다. 이러한 공동변화법의 논리는 앞의 [그림 7-9]와 같다. 이러한 공동변화의 방법을 지배하는 Mill의 제5규준(fifth canon)은 다음과 같다.

제5규준: 어떤 현상이 변화할 때마다 다른 현상에 특정한 방법으로 변화가 발생한다면 그 현상은 다른 현상의 원인 또는 결과이거나, 일정한 인과관계의 과정으로 연결되어 있다.

그림 7-9 공동변화법의 논리

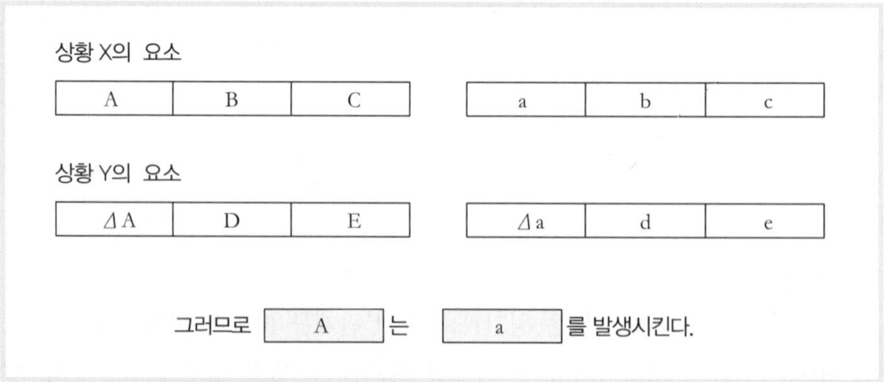

16) 공동변화법에 관한 것은 *Ibid*, p. 261.

이상에서 Mill이 제시한 비교연구의 다섯 가지 방법과 다섯 가지 규준을 살펴보았다. 다섯 가지 방법 중에서 가장 기본적인 것은 일치법, 차이법, 그리고 공동변화법이다. 간접적 차이법은 일치법을 두 번 적용한 것이며 잔여법은 차이법의 변형이기 때문이다. 일치법과 차이법은 실험설계의 기본논리를 제공하고 있는 반면에 공동변화법은 상관관계에 기반을 둔 통계적 방법의 기본논리를 제공한다.

제 2 절 진실험설계

인과적 설명을 목적으로 하는 조사연구는 독립변수와 종속변수간의 인과관계를 입증할 수 있도록 설계되어야 한다. 즉 "독립변수(independent variable) 또는 실험처리(experimental treatment)가 종속변수의 변화를 가져온다."는 연구가설의 진위를 검증할 수 있어야 한다는 것이다. 이러한 연구가설에 논리적으로 반대의 입장을 취하는 영가설(null hypothesis)은 관찰된 독립변수의 효과는 우연의 법칙에 의하여 발생한 것이며 실제로는 "독립변수 또는 실험변수는 효과가 없다"라고 진술한다는 점은 제4장에서 이미 살펴본 바 있다.

인과적 설명을 위한 조사설계는 실험설계의 세 가지 구성요소, 즉 ① 공동변화의 입증을 위한 비교(comparison), ② 시간적 선행성의 입증을 위한 실험변수의 조작(manipulation), ③ 경쟁적 가설에 의한 설명가능성을 배제하기 위한 통제(control)가 이루어질 수 있도록 설계되어야 한다.

인과적 설명을 위한 조사설계는 세 가지 조건을 어느 정도 갖추었느냐에 따라 진실험설계(true experimental design), 준실험설계(quasi-experimental design), 그리고 비실험설계(non-experimental design)로 구분된다.

구체적인 조사설계의 특징을 살펴보기 위하여 몇 가지 기호가 사용되는데 이러한 기호의 의미는 <표 7-1>과 같다. 이러한 기호에 익숙하여야 다음에 설명하게 될 구체적인 설계의 특징을 이해하는 데 도움이 될 것이다.

진실험설계는 세 가지 조건, 즉 실험집단과 통제집단의 비교, 실험변수의 조작, 경쟁적 가설의 통제라는 조건을 비교적 충실하게 갖추고 있는 설계를 말한다. 진실험설계에도 여러 가지 변형이 있으나 대표적인 세 가지 설계를 소개한 후, 그 변형으로서 몇 가지 복잡한 설계를 소개하기로 하겠다.

표 7-1 설명적 조사설계의 특징을 나타내기 위한 기호의 의미

기호 및 용어	의 미
EG: 실험집단 (Experimental Group)	실험적 처리가 이루어지는 집단
CG: 통제집단 (Control Group)	무작위 배정을 통하여 실험적 처리가 이루어지지 않고 실험집단과 비교되는 집단
NG: 비동질적 통제집단 또는 비교집단 (Non-equivalent Control Group, or Comparison Group)	무작위 배정이 이루어지지 않아 실험집단과 동질적이 아닌 집단으로서 실험집단과 비교되는 집단
R: 무작위 배정 (Random Assignment)	실험집단과 통제집단에 연구대상이 무작위적으로 배정되었다는 의미
M: 짝짓기 (Matching)	실험집단과 통제집단에 연구대상이 짝짓기방법에 의해 배정되었다는 의미
X: 실험처리 (Treatment)	실험적으로 조작되는 처리를 나타내는 변수, 처리의 종류가 많은 경우에는 아래첨자를 써서 구분(예를 들면, X_1, X_2, X_3으로 표현) 하나의 처리변수의 수준이 몇 가지로 구분될 경우, 소문자의 첨자로 구분(예컨데 변수 X_1의 처리수준이 세 가지인 경우 x_1, x_2, x_3로 표현함)
O: 관찰 또는 측정값 (Observation)	종속변수에 대한 측정값, 측정이 여러 차례 이루어지는 경우에 아래첨자를 써서 구분(예컨데 O_1, O_2, O_3로 표현)
E: 실험효과 (Effect)	실험변수 처리효과의 크기

1. 기본적인 설계

1) 통제집단 사후측정 설계

$$(EG): \quad (R) \quad X \quad O_1$$
$$(CG): \quad (R) \quad \quad O_2$$
$$(E) = \quad (O_2 - O_1)$$

이러한 설계는 무작위 배정에 의해서 동질적인 실험집단과 통제집단을 구성한 다음, 실험집단에는 실험변수를 처리하고 통제집단에는 실험변수를 처리하지 않는다. 두 집단 모두에 대하여 사후측정을 실시한다. 이 경우에 실험변수의 효과는 실험집단의 관찰값과 통제집단의 관찰값의 차이로 표현된다. 통계분석의 관점에서 보면 실험집단과 통제집단의 관찰값의 차이를 t-test를 통하여 검증하므로 가장 간편한 방법을 사용하는 것이다.

이러한 설계에서는 역사요인, 성숙요인, 회귀요인 등의 내적 타당성의 위협요인이 제거된다. 이 설계는 무작위로 배정된 두 집단의 사전측정값이 동일하다는 가정을 기초로 하고 있다. 그러나 실험변수의 처리전에 양 집단에 대한 관찰값이 동일한지의 여부를 점검할 수 없다는 약점을 가지고 있다. 이러한 약점에도 불구하고 현실적으로 많이 사용되는 설계의 유형이다.

2) 통제집단 사전사후측정 설계: 고전적 실험설계

$$(EG): \quad (R) \quad O_1 \quad X \quad O_2$$
$$(CG): \quad (R) \quad O_3 \quad \quad O_4$$
$$(E) = \quad (O_2 - O_4) - (O_1 - O_3)$$

이러한 설계구조는 통제집단 사후측정설계와 유사하나, 사전측정을 설계에 포함시키고 있다는 점에서 다르다. 즉 실험집단과 통제집단의 처리전의 상태가 동일한지의 여부를 점검해 볼 수 있다. 이를 고전적 설계(classical design)라고도 부르는데, 변화의 정도를 분석하기에 적합한 설계이다. 이러한 설계에서도 역사요인, 성숙요인, 회귀요인 등의 영향을 배제할 수 있다. 이러한 설계에서 실험변수의 효과는 실험처리후의 측정값의 차이($O_2 - O_4$: 실험집단과 통제집단의 측정값의 차이)에서 실험처리전 측정값의 차이($O_1 - O_3$: 실험집단과 통제집단의 측정값의 차이)를 뺀 값으로 측정된다[즉 $(E) = (O_2 - O_4) - (O_1 - O_3)$]. 통계적으로는 분산분석(ANOVA)를 통하여 측정값의 집단간 차이에 관한 통계적 유의성을 검증한다.

이러한 설계가 갖는 약점은 검사요인의 효과를 통제할 수 없다는 것이다. 즉 사전측정을 함으로써, 실험집단과 통제집단에 속한 대상들이 사전측정에 의하여 정상과는 다른 민감한 반응을 보일 수도 있고(검사요인의 효과), 또한 연구자의 의도를 파악하거나 테스트의 양식에 익숙하여 실제의 실험변수의 효과와는 다른 결과를 산출할 수도 있다[검사 또는 사전측정과 처리의 상호작용효과(interaction of testing and treatment)]. 그러므로 고전적 실험설계에서는 검사요인의 효과, 그리고 검사와 처리의 상호작용효과가 유력한 내적 타당성의 저해요인이 된다.

3) 솔로몬의 4집단실험설계(Solomon four-group design)

(EG_1):	(R)	O_1	X	O_3
(CG_1):	(R)	O_2		O_4
(EG_2):	(R)		X	O_5
(CG_2):	(R)			O_6

솔로몬에 의해 제안된 4집단설계는 가장 강력한 실험설계유형이라고 볼 수 있다.[17] 이러한 설계는 앞의 두 실험설계유형을 결합한 것으로 두 가지 설계의 장점을 모두 구비하고 있기 때문에 가장 이상적인 설계유형이다. 이 설계에서의 실험변수의 효과를 계산하는 방식은 다음과 같다.

[1] 제1실험집단(EG_1)에서 사전 사후 측정값의 차이

$(O_3 - O_1)$ = 실험변수(X)의 효과+사전측정의 효과+측정과 처리의 상호작용효과+기타 외재적 변수의 효과(역사, 성숙 등)

17) R. Solomon, An Extension of Control Group Design, *American Journal of Psychology*, LXVII, 1954.

[2] 제1통제집단(CG_1)에서 사전 사후 측정값의 차이

$(O_4 - O_2)$ = 사전측정의 효과+기타 외재적 변수의 효과(역사, 성숙 등)

제2실험집단(EG_2) 및 제2통제집단(CG_2)의 경우 사전측정(검사요인)의 효과를 배제하기 위하여 사전측정을 하지 않는다. 그 대신 사전측정치의 추정값으로 제1실험집단과 제1통제집단에서 측정된 사전측정값을 사용한다. 즉 네 집단이 무작위 배정에 의해 구성되었으므로 사전측정값이 동등하리라는 가정에 따라, 제1실험집단(EG_1) 및 제1통제집단(CG_1)의 사전측정값의 평균값 $[1/2(O_1 + O_2)]$을 사용한다.

[3] 제2실험집단(EG_2)에서 사전 사후 측정값의 차이

$\left\{O_5 - \frac{1}{2}(O_1 + O_2)\right\}$ = 실험변수(X)의 효과+기타 외재적 변수의 효과 (역사, 성숙 등)

[4] 제2통제집단(CG_2)에서 사전 사후 측정값의 차이

$\left\{O_6 - \frac{1}{2}(O_1 + O_2)\right\}$ = 기타 외재적 변수의 효과(역사, 성숙 등)

그러므로 사전측정의 효과는 사전측정을 실시한 집단, 즉 제1실험집단(EG_1)과 제1통제집단(CG_1)에 대한 사후측정값과 사전측정을 실시하지 않은 집단, 즉 제2실험집단(EG_2)과 제2통제집단(CG_2)에 대한 사후측정값을 비교하여 구할 수 있다. 한편, 측정과 처리의 상호작용효과는 사전측정과 실험처리가 동시에 실시된 집단, 즉 제1실험집단(EG_1)의 사후측정값과 사전측정을 하지 않고 실험처리만 실시한 집단, 즉 제2실험집단(EG_2)의 사후측정값을 비교하여 구할 수 있다. 통계분석의 관점에서 살펴본다면 분산분석(ANOVA)를 통하여 이들 집단들의 측정값의 차이에 대한 통계적 유의성을 검증할 수 있다.

이와 같이 솔로몬 4집단설계는 외재적 변수의 효과는 물론 사전측정의 효과와 측정과 처리의 상호작용효과 등 내적 타당성의 저해요인에 관한 가장 강력한 통제수단을 제공한다. 그러나 현실적으로 볼 때에 비용면에서나 실험 및 통제집단의 선정과 관리가 어렵기 때문에 실제 적용에는 한계가 많다.

2. 복잡한 설계

1) 요인설계

(1) 요인설계의 개념

지금까지 살펴본 실험설계에서는 실험변수 또는 독립변수가 하나인 경우를 가정하였다. 현실적으로는 실험변수 또는 독립변수가 두 가지 이상인 경우가 있을 수 있다. 요인설계(factorial design)는 실험변수 또는 독립변수가 두 개 이상일 때 적용되는 설계를 말한다. 여기에서 요인(factor)이란 독립변수 또는 실험변수를 말한다. 실험변수 또는 독립변수가 하나인 실험설계를 단일요인설계라고 부를 수 있다. 독립변수가 두 개 이상인 요인설계를 다요인설계라고 부른다. 다요인설계의 경우에는 이들 독립변수의 속성에 따라 할당행렬(quota matrix)을 만들고, 행렬상의 각 범주(category)에 따라 실험집단과 통제집단을 설정하고 개별 독립변수와 종속변수간의, 그리고 두 개 이상의 독립변수의 상호작용을 통하여 종속변수에 미치는 인과적 영향을 검증하게 된다.

예를 들어, “공무원들에게 윤리교육(X_1)과 서비스기술교육(X_2)을 실시하면, 공무원들의 고객에 대한 친절도가 향상된다.”는 가설을 검증하기로 하자. 여기에서 두 가지 교육 프로그램은 두 개의 독립변수(실험변수)에 해당한다. 따라서 가설은 요인설계를 통해서 검증되어야 한다. 이러한 요인설계가 진행되는 절차는 다음과 같다.

① 먼저 두 가지 변수의 속성을 고려하여 할당행렬을 만든다.
윤리교육프로그램(X_1)과 서비스제공프로그램(X_2)에 참여 여부에 따라 4개의 범주가 만들어지고, 각 범주에 따라 4개의 집단이 생기게 된다. 3개의 집단은 각기 다른 실험처리집단, 즉 X_1처리집단, X_2처리집단, X_1과 X_2동시처리집단이 되고, 나머지 하나의 집단은 통제집단이 된다 (<표 7-2> 참조).

② 연구대상자들을 무작위 배정을 통하여 네 집단에 배치한다.

③ 할당행렬상의 범주의 특성에 맞게 각각의 실험집단에 대해 해당하는 실험처리(실험변수, 독립변수)를 실시한다.

표 7-2 요인설계 할당행렬

		윤리교육프로그램(X_1)	
		참 여	불 참
서비스제공교육프로그램(X_2)	참여	X_1, X_2	X_2
	불참	X_1	-

④ 두 프로그램 모두에 불참하는 집단은 통제집단으로 선정한다.

⑤ 실험처리 후 사후검사를 통해 각 집단에서 종속변수의 변화를 파악하고 비교한다.

⑥ 가설을 검증한다.

이러한 요인 설계를 기호로 나타내면 다음과 같다.

(EG)	(R)	X_1	O_1
(EG)	(R)	X_2	O_2
(EG)	(R)	X_1, X_2	O_3
(CG)	(R)		O_4

요인설계에서 각 집단간의 차이는 분산분석(ANOVA)과 같은 통계적 기법을 활용하여 통계적 유의도(statistical significance)를 파악한다. 위에서 살펴 본 바와 같이 요인설계에서는 한 개 이상의 독립변수가 개별적으로 또는 두 개 이상의 독립변수가 상호작용하면서 종속변수에 미치는 영향을 파악할 수 있다. 그러므로 요인설계를 채택할 경우, 어떠한 실험변수가 더욱 효과가 있는지, 아니면 두 변수간의 상호작용 효과가 더욱 큰지를 쉽게 파악할 수 있다.

제6장에서 살펴 본 바와 같이 이러한 요인설계는 실험변수가 복수일 경우 외적 타당성을 강화하기 위한 방법으로 사용될 수 있다. 그런데 요인설계에서 고려해야 할 독립변수의 수가 다수인 경우에는 많은 범주가 생기게 되며, 그에 따라 많은 실험집단들이 만들어지게 되어 복잡하고 시간과 비용과 인력이 많이 들게 되는 단점이 있다.

(2) 주효과와 상호작용효과

요인설계는 둘 이상의 독립변수를 포함하는 가설을 검증하기 위하여 사용된다. 요인설계에서는 상이한 유형의 가설들, 즉 각 독립변수가 종속변수에 미치는 영향인 주효과(main effects)에 관한 가설과 둘 이상의 독립변수들의 조합이 종속변수에 미치는 영향인 상호작용효과(interaction effects)에 관한 가설이 검증될 수 있다.

운동 프로그램과 다이어트 프로그램 참여가 체중감소에 미치는 영향을 요인설계를 통하여 검증하고자 할 경우 ① 운동 프로그램의 주효과, ② 다이어트 프로그램의 주효과, ③ 운동 프로그램과 다이어트 프로그램의 상호작용효과 등 세 가지 유형의 효과를 살펴볼 수 있다.

여기에서 연구질문은 다음 <표 7-3>과 같이 구분될 수 있다.

제4장에서 조절변수(moderating variable)에 관하여 살펴본 바 있는데, 상호작용효과는 하나의 독립변수가 조절변수와 결합하여 종속변수에 미치는 효과를 말한다. <표 7-3>의 상호작용효과에 관한 연구질문 가운데, "운동 프로그램의 효과는 다이어트 여부에 따라 달라지는가?"에서는 운동 프로그램이 독립변수이며 다이어트 여부가 조절변수이다. 한편, "다이어트 프로그램의 효과는 운동 여부에 따라 달라지는가?"에서는 다이어트 프로그램이 독립변수이며 운동여부가 조절변수로 간주된다. 그러므로 질문의 형태에 따라 운동 프로그램과 다이어트 프로그램 가운데 무엇이 독립변수이고 무엇이 조절변수인지가 달라진다.

운동 프로그램과 다이어트 프로그램이 체중감소에 미친 효과를 파악하기

표 7-3 요인설계의 연구질문 사례

효과의 유형	연구질문
운동 프로그램의 주효과	운동 프로그램은 체중감소효과가 있는가?
다이어트 프로그램의 주효과	다이어트 프로그램은 체중감소효과가 있는가?
운동과 다이어트의 상호작용효과	운동 프로그램의 효과는 다이어트 여부에 따라 달라지는가?
	다이어트 프로그램의 효과는 운동 여부에 따라 달라지는가?

Box 7-1 상호작용효과와 조절변수

상호작용은 요인설계에서 가장 중요한 이슈이다. 예를 들어, 보자. 운전속도가 빨라지면 사고위험이 높아진다. 즉 운전속도(독립변수)는 운전사고율(종속변수)에 예측가능한 영향을 미친다. 요인설계의 용어로는 운전속도가 사고빈도에 미치는 주효과(main effect)이다. 한편 도로가 미끄러울수록 교통사고율도 높다. 그러므로 도로의 미끄러움도 사고율에 미치는 주효과가 있다. 만약 미끄러운 도로에서 과속으로 운전할 경우 이러한 두 가지 위험요인이 동시에 존재하므로 사고율은 더욱 높을 것이다. 여기에서 사고율이 두 위험요인을 단순 합산한 것보다 더욱 큰 경우 상호작용효과가 있다고 본다. 예를 들면, 시속 20km 더 빠르게 운전할 경우 사고위험은 두 배 높아지고, 미끄러운 도로에서 운전할 경우 사고위험이 세 배 높아진다고 하자. 단순 부가효과(additive effect)를 가정하면 미끄러운 도로에서 시속 20km 더 빠르게 운전할 경우 사고위험은 여섯 배 높아진다. 만약 사고위험이 스무 배 증가한다면 상호작용효과가 분명하게 나타난다. 운전속도는 운전자의 음주량, 교통량, 도로의 굴곡 등 다른 요인과도 상호작용할 수 있다. 여기에서 운전속도는 독립변수이며, 사고율은 종속변수이고, 상호작용효과를 유발하는 도로의 미끄러움, 운전자의 음주량, 교통량, 도로의 굴곡 등은 조절변수 또는 조절요인이라고 부른다.

출처: Graziano & Raulin, *Research Methods*, 4th ed., p. 263에서 수정.

위하여 요인설계를 적용하여 실험한다고 가정하자. 체중 70kg인 사람 80명을 선정하여 이들을 무작위로 네 집단으로 배정하였다. 첫 번째 실험집단은 운동 프로그램만 적용한다. 두 번째 실험집단은 다이어트 프로그램만 적용한다. 세 번째 실험집단은 운동 프로그램과 다이어트 프로그램을 동시에 적용한다. 네 번째 집단은 통제집단으로 어떤 프로그램도 적용하지 않는다. 실험은 2개월간 실시하며 운동 프로그램은 매일 1시간씩 정기적으로 운동을 하게 하였고, 다이어트 프로그램은 엄격하게 식사량을 통제하였다. 실험이 완료된 후 연구대상들의 체중을 측정하고 그 평균값을 계산하니 <표 7-4>와 같은 결과가 나타났다고 하자.

2 요인설계는 사실상 운동 프로그램의 효과와 다이어트 프로그램의 효과를 각각 파악하는 별도의 단일요인 설계를 결합한 것이지만 두 개의 독립적인 단일요인 설계보다는 훨씬 많은 정보를 얻을 수 있다. 운동 프로그램만을 대상으로 하는 단일요인설계에서 파악할 수 있는 운동 프로그램의 단순 효과

표 7-4 운동과 다이어트 프로그램의 가상적 체중감소효과

		운동 프로그램			
		참 여	비참여	주효과	평 균
다이어트 프로그램	참여	62kg	68kg	-6kg	-5kg
	비참여	66kg	70kg	-4kg	
	주효과	-4kg	-2kg		
	평균	-3kg			

운동 프로그램의 평균 주효과 계산
다이어트 프로그램 참여집단 62kg-68kg = -6kg
다이어트 프로그램 비참여집단 66kg-70kg = -4kg
운동 프로그램의 평균 주효과 [(-6kg)+(-4kg)]÷2 = -5kg
다이어트 프로그램의 평균 주효과 계산
운동 프로그램 참여집단 62kg-66kg = -4kg
운동 프로그램 비참여집단 68kg-70kg = -2kg
다이어트 프로그램의 평균 주효과 [(-4kg)+(-2kg)]÷2 = -3kg

운동 프로그램과 다이어트 프로그램의 상호작용효과 계산
운동 프로그램 참여집단과 비참여집단의 체중감소의 차이가
다이어트 프로그램 참여집단에서는 -6kg인 반면
다이어트 프로그램 비참여집단에서는 -4kg으로 차이가 있음.
따라서 상호작용효과는 그 차이인 2kg임.

(simple effect)는 다이어트 프로그램 비참여집단에서 나타난 운동 참여집단과 비참여집단의 체중감소 차이를 통하여 알 수 있는데, <표 7-4>에서는 66kg−70kg=-4kg이다. 다이어트 프로그램에 참여한 집단에 대하여 운동 참여집단과 비참여집단의 체중감소 차이는 62kg−68kg=-6kg이다. 운동 프로그램의 평균 주효과(average or overall main effects)는 다이어트 프로그램 비참여집단과 참여집단에서의 차이를 평균한 값으로 [(-6kg)+(-4kg)]÷2=-5kg이다. 한편 다이어트 프로그램의 효과에 관하여도 유사한 절차를 거쳐서 평균 주효과를 계산하면 -3kg이다.

다요인설계에서는 운동 프로그램과 다이어트 프로그램의 상호작용효과를 계산할 수 있다. 위의 사례에서 운동 프로그램 참여집단과 비참여집단의 체중감소의 차이가 다이어트 프로그램에 참여하지 않는 조건에서는 -4kg이었다.

그런데 다이어트 프로그램에 참여하는 조건에서는 그 차이가 -6kg이었다. 여기에서 다이어트 프로그램에 참여하는 조건이 충족되면 그렇지 않은 조건과 비교할 때 운동 프로그램은 -2kg의 추가적인 감소효과가 나타난 것으로 볼 수 있다. 그러므로 운동 프로그램과 다이어트 프로그램의 상호작용효과는 -2kg이다. 이러한 상호작용 효과를 조절효과(moderating effect), 조건적 효과(conditioning effect), 부수적 효과(contingency effect), 또는 결합효과(joint effect)라고 부르기도 한다.

<표 7-4>의 결과를 그래프로 나타내면 [그림 7-10]과 같다. 이 그래프에서 다이어트 참여라는 조건과 미참여라는 조건에서 모두 운동 프로그램의 체중감소효과가 있음을 알 수 있다. 그런데 두 직선의 기울기가 다르다는 것은 상호작용가 있음을 의미한다. 만약 기울기에 차이가 없고 평행하다면 상호작용효과는 없는 것이다.

<표 7-4>와 [그림 7-10]에서는 운동 프로그램과 다이어트 프로그램의 주효과 및 상호작용효과가 모두 나타나는 상황을 가정하였다. 그런데 운동과 다이어트 프로그램의 2×2 요인설계에서는 <표 7-5>에서와 같이 평균 주효과

그림 7-10 운동과 다이어트 프로그램의 가상적 체중감소효과: 운동과 다이어트 프로그램의 주효과 및 상호작용효과가 모두 있는 경우

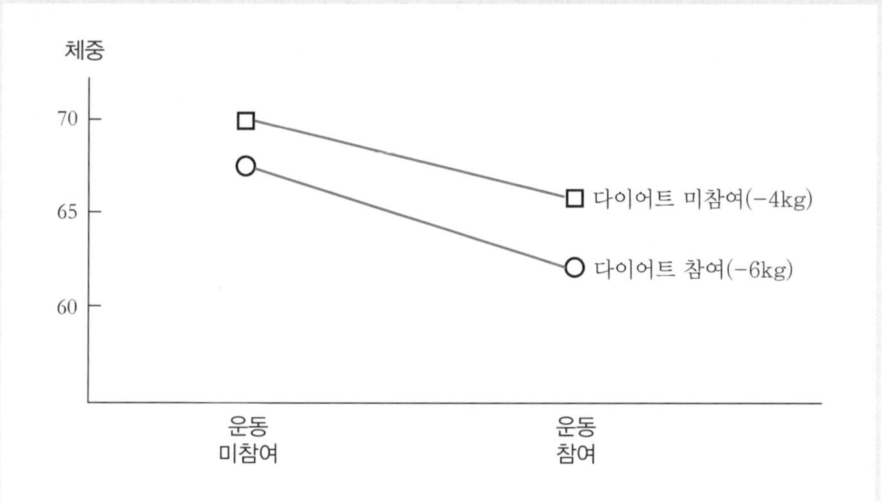

주: ( ) 안의 수치는 운동 프로그램의 단순 주효과임.
다이어트 미참여집단의 단순주효과는 -4kg, 다이어트 참여집단의 단순주효과는 -6kg임.

표 7-5 운동과 다이어트 프로그램의 2×2 요인설계 실험의 8가지 가능한 결과

	운동 프로그램 평균 주효과	다이어트 프로그램 평균 주효과	상호작용효과
1	있음	없음	없음
2	없음	있음	없음
3	있음	있음	없음
4	있음	있음	있음
5	없음	없음	있음
6	있음	없음	있음
7	없음	있음	있음
8	없음	없음	없음

및 상호작용효과에 관한 여덟 가지 다른 상황을 예상할 수 있다.

여덟 가지 가능한 결과 가운데 운동과 다이어트 프로그램의 평균 주효과는 없는 반면, 상호작용효과만 나타나는 경우에 관한 가상적인 사례가 <표 7-6>과 [그림 7-11]에 제시되었다.

<표 7-6> 및 [그림 7-11]에서 운동 프로그램과 다이어트 프로그램 모두 평균 주효과는 없다. 운동 프로그램의 평균 주효과는 다이어트 프로그램 비참여집단과 참여집단에서의 차이를 평균한 값인데 [(−3kg)+(3kg)]÷2= 0kg으로 없는 것으로 나타났다. 한편 다이어트 프로그램의 효과도 0으로 나타났다.

그런데 [그림 7-11]에서 다이어트 집단과 다이어트 미참여집단에서 운동

표 7-6 요인설계 결과: 주효과 없음, 상호작용효과 있음

		운동 프로그램			평 균
		참 여	비참여	주효과	
다이어트 프로그램	참 여	67kg	70kg	−3kg	0kg
	비참여	70kg	67kg	3kg	
	주효과	−3kg	3kg		
	평 균	0kg			

그림 7-11 요인설계 결과: 주효과 없음, 상호작용효과 있음

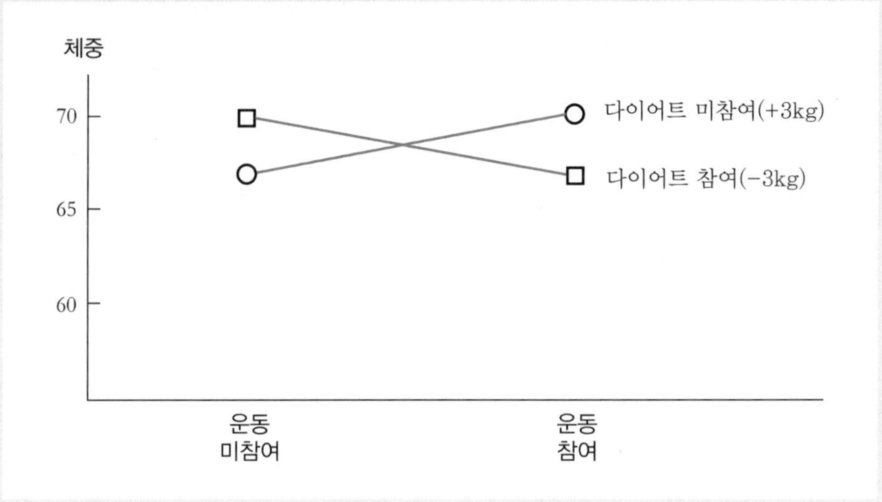

프로그램의 효과를 나타내는 두 직선은 평행이 아니라, 실제로는 상호 교차하고 있다. 즉, 운동 프로그램은 다이어트 참여집단에서는 체중감소 효과가 있다. 그러나 다이어트 미참여집단에서는 오히려 체중이 증가한 것으로 나타난 것이다. 따라서 상호작용효과는 있는 것으로 나타났다. 여기에서 운동 프로그램 참여집단의 체중감소효과는 다이어트 프로그램 참여 여부에 따라 달라지는 것이다. 즉, 다이어트 프로그램에 참여하는 조건에서는 -3kg의 체중감소를 가져왔다. 그러나 다이어트 프로그램에 참여하지 않을 경우 오히려 체중이 증가하였다.

이같이 두 프로그램의 상호작용효과가 나타난 상황을 두 가지 방법으로 기술할 수 있다. (1) 운동 프로그램은 체중감소효과가 있다. 그러나 그 효과는 다이어트 여부에 달려있다. 또는 (2) 다이어트 프로그램은 체중감소효과가 있다. 그러나 그 효과는 운동과 병행 여부에 달려있다. 여기에서 한 변수의 체중감소 효과를 다른 변수와 관련시키지 않고 말할 수는 없다.

(3) 완전요인설계(Complete Factorial Design)

지금까지는 각 실험변수에 대하여 실험처리를 받은 집단과 받지 않은 집단의 두 가지 경우만 가정하였다. 그런데 실험변수의 처리수준이 두 가지 이상

의 수준으로 세분화되는 경우가 있다. 두 요인의 효과를 분석하는 2 요인설계를 생각하여 보자. 예를 들어, 요인 X_1은 교육방법인데, 서로 다른 세 가지 교육방법 a_1, a_2, a_3가 있다고 하자. 한편 요인 X_2는 학습환경인데, 또한 서로 다른 학습환경 b_1, b_2가 있다고 가정하자. 이 경우 교육방법(X_1)과 학습환경(X_2)이라는 두 가지 요인이 독립변수이므로 2 요인설계(two factorial design)가 된다. 그런데 요인 X_1의 3가지 수준과 요인 X_2의 2가지 수준이 결합하여 총 6개의 범주에 따른 결과를 측정하는 실험설계를 실시하여야 한다. 이와 같이, 요인설계에서 두 요인을 서로 교차시켜서, 모든 가능한 조합의 범주가 실험에서 측정되는 실험설계를 완전요인설계라고 한다.

만일 요인의 수가 2개이고 두 개의 요인에 대한 수준의 수가 모두 2개인 경우의 요인설계를 2×2 요인설계라 하고, 3개의 요인이 있고, 각각의 요인이 2개의 수준을 갖는 요인설계를 2×2×2 요인설계라고 한다. 교육방법에 대한 예에서는, 세 수준의 교육방법과 두 수준의 학습환경이 있으므로, 3×2 요인설계가 된다.

(4) 불완전요인설계(Incomplete Factorial Design)

완전요인 실험설계는 각각의 요인에 대하여 모든 가능한 수준을 설정하여 실험을 진행하는 방법이기 때문에, 요인의 수가 증가하고, 각각의 요인에 있어서 수준의 수가 증가하게 되면, 실험집단의 숫자는 기하급수적으로 늘어나게 된다. 예를 들어, 세 개의 요인이 각각 3가지 수준으로 구성된 3×3×3 완전요인 실험설계는 27개의 가능한 범주가 존재한다. 이러한 실험은 비용이 많이 들고, 시간도 많이 소요되므로, 현실적으로 불가능할 수 있다. 이 경우, 모든 가능한 조합의 일부분을 적당히 선택하여, 실험집단의 수를 줄여나가는 실험설계를 구상할 수 있는데, 이러한 실험설계를 불완전 요인설계라고 부른다. 불완전 요인설계는 완전 요인설계와 대비되는 개념이며, 부분실험설계(fractional design)라고 부르기도 한다.

2) 가짜실험처리 통제집단설계

가짜실험처리(placebo) 내지 가짜약이란 실제로는 아무런 효과가 없으나 마치 실험 처치를 받는 것처럼 여겨지도록 만들어진 실험처리를 말한다. 가짜실험처리 통제집단설계(placebo control group design)는 고전적 실험설계에 가짜실험처리의 효과(placebo effect) 또는 가짜약의 효과를 측정할 수 있도록 별도의 집단을 추가로 결합하여 만든 설계의 유형이다.

가짜실험처리 통제집단을 추가하는 이유는 실험대상의 반응효과를 통제하고자 하는 것인데, 이는 연구대상이 연구자에 의하여 특별한 처리를 받고 있고, 지속적으로 측정되고 있다는 사실 자체를 인식하여 평시와는 다르게 행동함으로써 연구결과에 미치는 효과를 말한다. 이러한 반응효과를 통제하는 효과적인 방법의 하나가 가짜실험처리 통제집단(placebo control group)을 추가하는 것이다. 고전적 실험설계에 가짜실험처리 통제집단을 결합한 형태는 다음과 같다.

(EG)	R	O_1	X	O_2	(실험집단)
(CG)	R	O_3		O_4	(통제집단)
(PCG)	R	O_5	Xp	O_6	(가짜실험처리 통제집단)

(X=실험처리, Xp=가짜실험처리)

이 설계에서 사전측정값, 즉 O_1, O_2, O_3가 동등할 경우, 실험효과(E)는 $O_2 - O_4$이고, 가짜실험처리의 효과는 $O_6 - O_4$이다. 따라서 가짜실험처리의 효과 (Ep)를 제거한 순수한 실험처리의 효과는 $E - Ep = (O_2 - O_4) - (O_6 - O_3) = (O_2 - O_6)$가 된다.

3) 블록실험설계

블록실험설계(block design)는 연구대상을 종속변수와 관련하여 비슷한 특성을 가진 몇 개의 블록으로 구분한 다음, 각 블록 내에서 독립변수 또는 실험변수가 종속변수에 미치는 영향을 파악하고자 하는 실험설계를 말한다.[18] 이 경우 하나의 블록 내에 속하는 연구대상은 어느 정도 유사한 특성을 가져야 한다. 예를 들어, 영어단어 기억능력을 향상시키기 위한 세 가지 교육방법의 효과를 분석하는 연구를 생각해 보자. 여기에서 연구자는 지능지수(IQ)에

---

18) Kirk, *Experimental Design: Procedures for the Behavioral Sciences,* 2nd ed., Belmont, CA: Wadsworth, 1982, pp. 223-292.; 이군희, 「사회과학연구방법론」, 법문사, 2001.

따라 교육방법의 효과는 다르게 나타날 것이라고 생각하고 있다. 그러므로 학생들을 우수한 지능지수를 가진 블록, 보통의 지능지수를 가진 블록, 낮은 지능지수를 가진 블록 등 세 블록으로 구분하여 교육방법이 학습효과에 미치는 영향을 파악하는 실험을 설계할 수 있을 것이다. 이때 지능지수를 연구대상들을 구분하는 블록변수(blocking variable)라고 부른다.

비슷한 지능지수를 가진 학생들로 구성된 각각의 블록 내에서 다시 무작위 배정으로 세 개의 집단을 구성한 다음, 세 가지 교육방법을 각각 할당하여 진행되는 실험설계를 무작위 배정 블록실험설계(randomized block design)라고 부른다. 무작위 배정 블록실험설계를 사용하는 주목적은 교육방법의 효과가 지능지수에 따라 다르게 나타날 것이라는 연구자의 추측 때문이다.

이러한 무작위 배정 블록실험설계가 진행되는 절차는 다음과 같다.

① 블록변수에 대한 사전측정을 통하여 연구대상을 몇 개의 블록으로 구분한다. 위의 사례에서는 지능지수의 정도에 따라 세 개의 블록으로 구분한다.
② 각 블록 내의 연구대상자들을 무작위 배정을 통하여 각 실험집단에 배치한다. 위의 사례에서는 학습방법의 유형을 세 가지로 구분하였으므로 각 블록별로 세 집단이 구성된다. 세 개의 블록에 각각 세 개의 집단이 구성되므로 모두 합하여 9개의 실험집단이 구성된다.
③ 각각의 블록에서 구성된 실험집단에 대하여 해당하는 실험처리(실험변수, 독립변수)의 유형에 따라 실험을 실시한다.
④ 실험처리 후 사후검사를 통해 각 집단에서 종속변수를 측정하여 비교한다.

블록변수를 선정하는 기준은 무엇인가? 블록을 구성하는 데 있어서 하나의 블록 내의 연구대상들은 종속변수의 사전측정 값이 가능한 한 유사하도록 구성하여야 한다. 하나의 블록 내에서 연구대상의 동질성(homogeneity)은 다음과 같은 몇 가지 방법에 의하여 확보될 수 있다. ① 일란성 쌍둥이와 같이 유전적 성질이 동질적인 경우, ② 시험성적 또는 유관변수의 측정결과를 토대로 동질성을 확보하는 경우, ③ 연구대상들이 서로 선택하게 하여 동질성을 확보하는 경우 등이 있다.

이러한 무작위 배정에 따른 블록실험설계를 기호로 표현하면 다음과 같다.

블록1: 지능지수가 높은 그룹	(EG_1)	(R)	x_1	O_1
	(EG_2)	(R)	x_2	O_2
	(EG_3)	(R)	x_3	O_3
블록2: 지능지수가 보통인 그룹	(EG_4)	(R)	x_1	O_4
	(EG_5)	(R)	x_2	O_5
	(EG_6)	(R)	x_3	O_6
블록 3: 지능지수가 낮은 그룹	(EG_7)	(R)	x_1	O_7
	(EG_8)	(R)	x_2	O_8
	(EG_9)	(R)	x_3	O_9

주: 여기에서 x_1=학습방법 1, x_2=학습방법 2, x_3=학습방법 3을 나타냄.

블록변수를 도입할 경우에도 분산분석(ANOVA)을 통하여 독립변수 또는 실험변수의 영향을 검증하는 자료의 계산절차에는 큰 변화가 없다.[19] 그러나 결과를 해석하는 데 있어서는 보다 세심한 주의가 필요하다.

3. 사회실험과 그 사례

1) 사회실험의 개념

사회실험(social experiment) 또는 현지실험(field experiment)은 자연과학 분야에서 행하는 전통적인 실험실내 실험에서 사용되는 절차에 기초를 두고 있다.[20] 이러한 사회실험은 아직 검증되지 않은 정책 프로그램에 대규모 투자를 하기 전에 그 결과를 미리 평가해 봄으로써 사회문제에 대한 해결방안을 검증하는 하나의 방법으로 창도되고 있다.[21] 사회실험은 신중하게 선정된

19) 구체적인 사항은 Kirk, *op. cit.,* pp. 243-267 참조.

20) Donald T. Campbell & J. S. Stanley, *Experimental and Quasi-experimental Designs for Research,* Chicago, IL: Rand McNally, 1966 참조.

21) W. N. Dunn, *Public Policy Analysis,* 6th ed., 남궁근 외 공역, 「정책분석론」

소규모의 집단에서 정책대안들의 차이점을 의도적으로 극대화하여 실행한 다음 그 효과를 평가하고자 한다.

사회실험은 미국에서 1930년대 뉴딜시대 이후 공공정책의 집행결과를 평가하는 방법으로 창도되어 왔다. 제2차 세계대전 이후 사회실험은 공공보건, 보충교육, 복지, 형사치안, 약품 및 알코올 중독, 인구억제, 영양, 고속도로 안전, 주택 등 많은 공공정책 분야에서 수행되어 왔다.[22)]

2) 뉴저지-펜실베니아 주 등급별 근로유인실험 사례

가장 잘 알려진 사회실험 중의 하나는 미국에서 사회복지 제도의 개혁을 둘러싼 논쟁에 답하기 위해 경제기회청(Office of Economic Opportunity)이 주도하였던 뉴저지-펜실베니아 주의 등급별 근로유인실험(New Jersey-Pennsylvania Graduated Work Incentive Experiment)이다.[23)] 이 실험의 목적은 저소득층에 대한 소득 보장(income maintenance)과 마이너스 소득세(negative income tax) 제공이 저소득층 근로자들의 근로 의욕에 미치는 영향을 검증하는 것이었다.[24)]

실험 당시 기존 복지제도는 비용이 과다하게 소요되고 가난한 사람들이 빈곤에서 탈출하려는 의욕을 낮춘다고 생각되었던 까닭에 불만이 매우 높았다. 복지수혜자가 일하여 얻은 소득에는 무거운 세금이 부과되어 복지수혜자가 일하고자 하는 유인이 거의 없다는 것이다.[25)]

(제6판), 법문사, 2018, pp. 353-359 참조.

22) Carl A. Bennet and Arthur A. Lumsdaine, eds., *Evaluation and Experiment*, NY: Academic Press, 1975; G. W. Fairweather & L. G. Tornatzky, *Experimental Methods for Social Policy Research,* Pergamon Press, 1977 참조. 남궁근 외 공역, 「정책분석론」, 제6판, p. 355에서 재인용.

23) 이 실험은 1967년에 시작되어 1973년에 결과가 나오기까지 6년 6개월이 소요되었다. 이 실험에 관한 구체적 내용은 David K. Kershaw, A Negative Income Tax Experiment, in David Nachmias (ed.), *The Practice of Policy Evaluation,* NY: St. Martin's Press, 1980, pp. 27-41 참조. 그리고 이를 간결하게 요약한 국내 문헌으로는 노화준, 「정책평가론」(제2전정판), 법문사, 1991, pp. 251-257 참조.

24) '소득보장'이란 정부가 빈곤선 이하의 가구에 지급하는 일정 액수의 생계비를 말한다. '마이너스 소득세'(negative income tax)란 정부의 생계비를 받는 사람이 추가 소득을 올렸을 경우 기존의 생계비 지급액 중 추가소득을 고려하여 일부를 삭감하고 지급하는 보조금을 말한다.

25) Johnson & Reynolds with Mycoff, *Political Science Research Methods,*

1965년에 마이너스 소득세(negative income tax)가 제안되었는데 이는 모든 가정에 최소한의 비과세 수당을 제공하고, 가난한 사람이 일하여 얻은 소득의 상당부분도 수혜자가 사용하도록 하여 근로의욕을 유지시키자는 것이다.[26] 마이너스 소득세의 비판자들은 최저소득보장이 사람들의 근로의욕을 저하시킨다고 주장하였다. 그 밖에도 관리상의 문제를 포함한 여러 가지 비판이 제기되었다. 이러한 불확실성 때문에 정책당국에서는 자연적인 상황에서 실제 수혜자들을 대상으로 최저소득보장제도의 효과를 검증하기 위하여 사회실험을 계획한 것이다.

이 실험설계에는 두 가지의 실험요인이 포함되었다. 하나는 빈곤선에 대한 백분비로 표현된 소득보장수준이다. 이 수준은 다른 소득이 없을 경우에 가족이 받게 될 지원액의 액수를 말한다. 다른 하나는 근로소득에 부과하는 마이너스 소득세율이다.

이 실험에는 뉴저지 주의 3개 도시와 펜실베니아 주의 한 도시 저소득 가구 중 15~58세의 건강한 남자 가구주를 대상으로 무작위로 표본추출한 1,357 가구가 참여하였다. 표본으로 추출된 대상 중에서 일부 가구에는 다양한 조합의 '소득보장'과 '마이너스 소득세' 보조금을 제공한 반면 일부 가구에는 아무런 혜택도 제공하지 않았다(<표 7-7> 참조).

실험 대상은 <표 7-7>에서 '소득보장액수'와 '마이너스 소득세율'의 등급을 조합하여 'X' 표로 표기된 8개의 집단과 통제집단에 무작위로 배정하였다.

표 7-7 등급별 근로유인실험에 사용된 정책처리의 내용

소득보장 (빈곤선 대비 %)	마이너스 소득세율(%)		
	30%	50%	70%
50%	X	X	
75%	X	X	X
100%		X	X
125%		X	

자료: 'X'가 있는 셀(cell)은 실험대상이 배정된 것을 나타냄.

6th ed., CQ Press, 2008. p. 143.

26) 마이너스 소득세는 우리나라에 근로장려세제라는 명칭으로 2009년에 도입되었다.

이 실험에서는 두 개의 실험적 요소, 즉 소득보장과 마이너스 소득세가 고려되었다. 소득보장은 4개의 수준(빈곤선 대비 50%, 75%, 100%, 125%)이 고려되었고, 마이너스 소득세율은 3개의 수준(30%, 50%, 70%)이 고려되었다. 그러므로 이 실험설계는 4×3 요인설계에 해당된다. 그러나 가능한 12개의 범주에 모두 실험대상을 배정하지 않고 8개의 범주에만 실험대상을 배정하였으므로 불완전요인설계(incomplete factorial design)에 해당된다.

이 실험에는 약 3,400만 달러의 예산이 투입되었는데 그 1/3이 실험대상의 소득보장과 마이너스 소득세에 따른 보조금으로 지급되었다. 사회복지제도의 개혁을 반대했던 사람들은 소득보장으로 인하여 저소득 가구의 근로의욕이 줄어들 것이라고 예상했었다. 그런데 동 실험결과 이러한 예상은 빗나가고 말았다. 즉 실험 전후의 소득변화를 통하여 본 결과 실험집단(일정 소득보장)과 통제집단(소득보장 없음)간에는 고용행태에 있어서 유의미한 차이를 보이지 않았다. 실제로 실험집단의 소득이 통제집단의 소득에 비하여 약간 증가했을 뿐이었다. 이같이 사회실험은 어떤 정책대안(예, 소득보장)이 어떤 결과를 가져올 것인가를 정확하게 알려주는 잠재력을 갖고 있다.

실험적 절차가 내적 타당성의 저해 요인을 제거하는 절차이기는 하지만 사회실험에서도 내적 타당성의 문제가 완전히 해결되는 것은 아니다. 앞에서 예를 든 근로유인실험의 경우 특히 검사요인(testing)과 상실요인(mortality)이 내적 타당성의 저해요인으로 작용하였다. 먼저 실험대상이 되어 검사를 받는다는 사실이 실험집단과 통제집단의 구성원들에게 민감한 자극을 주어 실험의 목적과 기대하는 바에 변화를 가져올 수 있다. 이 경우 실험결과는 소득보장정책이라는 정책대안 그 자체의 결과가 아니라 참여자들의 정책대안에 대한 능동적 반응의 결과일 수도 있다는 것이다. 또한 상실요인이 문제가 되는데 근로유인실험에서는 실험이 미처 끝나기 전에 파탄한 가정이 많았다.

이러한 사회실험은 외적 타당성의 측면에서는 매우 취약하다. 외적 타당성이란 실험이 행해진 특정상황 이외의 다른 상황에도 실험에서 나타난 인과관계의 추론을 일반화시킬 수 있느냐 하는 것이다. 이는 사회실험이 수행된 상황이 다른 곳에 비하여 비정형적이거나 대표성이 부족한 경우에 문제가 된다. 예를 들어, 뉴저지와 펜실베니아에서의 상황이 샌프란시스코, 시애틀, 앵커리지 등 미국의 다른 지역이나 한국 등 다른 나라의 상황과 다르다면 그 결과를 그대로 일반화시키는 데에는 문제가 있다는 것이다.

사회실험은 공무원과 고객간의 상호작용의 형태 및 그들의 태도 및 가치관의 변화 등을 포함한 정책과정을 평가하는 데에는 만족스럽지 못한 결과를 가져오는 경우가 많다. 대다수 중요한 정책과 프로그램은 매우 복잡한 경우가 많은데 사회실험을 위해서는 정책과정을 단순화시켜야 한다. 예를 들어, 사회실험은 이해 관련자들간에 심한 갈등을 유발하는 광범위한 목표를 가진 프로그램이나 인력, 자원, 장비 등의 동일한 투입을 서로 다른 집단들이 서로 다른 방법으로 사용하고자 인식하는 맥락에는 적절하지 못하다. 이러한 사회실험의 단점을 보완하는 방법으로는 참여관찰과 작업일지 또는 일기의 사용에서부터 정책 델파이, 집단 토론 등에 이르기까지의 질적 방법들이 사용되고 있다.

3) 무작위 대조실험의 사례

[Box 7-2]에 무작위대조실험의 사례로 2019년 노벨경제학상 수상자인 아비지트 배너지와 에스테르 뒤플로가 인도 우다이푸르에서 실시한 무작위 대조실험 사례가 제시되었다. 이 사례에서 연구팀은 뿌리 깊은 미신 때문에 신생아 예방접종을 꺼리는 부모들의 예방접종 참여를 유도하기 위하여 '콩 2파운드와 쟁반세트'라는 선물제공이 효과가 있는지 파악하고자 하였다. 연구팀은 무작위로 마을을 선정한 뒤 이들을 세 개의 그룹으로 나누었다. 첫 번째 그룹에는 변화를 주지 않았고, 두 번째 그룹에서는 간호사들이 예방접종을 독려하도록 하였다. 세 번째 그룹에서는 아이들에게 예방접종을 시킬 경우, 콩 2파운드(구매력 환산 1.83달러)를 주고, 필수 예방접종 다섯 가지를 모두 받으면 스테인리스 쟁반세트를 주도록 하였다. 6개월 뒤 접종률을 확인한 결과, 변화를 주지 않은 그룹에서는 6%, 간호사들이 독려한 그룹에서는 17%, 콩과 쟁반을 나누어준 그룹에서는 무려 38%가 접종을 완료하였다. 콩과 쟁반을 제공하여 기본접종률을 6%에서 38%로 끌어올린 것이다.

최근 전 세계적으로 증거기반정책(evidence-based policy)이 강조되는데, 이에 부합되는 증거를 정책결정자에게 제공할 수 있도록 한국에서도 무작위 대조실험(randomized controlled trail: RCT), 정책랩(policy lab), 리빙랩(living lab) 등을 활용한 현지실험 연구가 늘어나야 할 것이다.[27]

---

27) 정책설계에 필요한 증거를 확보하기 위하여 2000년대 초반부터 여러 나라에서 다양

Box 7-2 '콩 제공과 예방접종' 무작위 대조실험

무작위 대조실험(randomized control trial, RCT)은 의학을 포함한 임상 실험에서 새로운 처리(또는 치료방법)의 효과를 검증할 때 사용하는 과학적(종종 의학적) 실험의 일종이다. 그 절차는 피실험자를 두 개 이상의 집단에 무작위로 배정하고 이들을 각각 다르게 처리한 다음 측정된 반응을 비교하여 이루어진다. 한 집단(실험 집단)은 '개입' 또는 '치료'가 이루어지는 반면, 다른 집단(통제집단 또는 대조군이라고 부름)은 '위약'(placebo) 또는 '개입 없음'과 같은 대체적 처리를 받는다. 실험 개입(또는 치료)의 효과를 측정하기 위하여 실험설계의 조건 하에서 집단들이 모니터링되며, 개입의 효과는 통제집단 또는 대조군과 비교하여 평가된다. 둘 이상의 처리집단 또는 통제집단이 있을 수 있다.

2019년 노벨경제학상 수상자인 아비지트 배너지와 에스테르 뒤플로가 15년간 40여개 개발도상국가의 빈곤현장을 누비며 실시한 수많은 무작위 대조실험 가운데 가장 대표적인 실험은 인도 우다이푸르에서 실시한 '콩 제공과 예방접종' 실험이다. 그 지역에서는 정부와 원조기구가 예방접종의 효과를 적극적으로 알리고 무료로 예방접종을 해 준다고 해도 접종률은 형편없이 낮았다. 부모들이 아이를 보건소에 데려오지 않았기 때문이다. 이 지역에는 "아이가 한 살 전에 밖에 나가면 악마의 눈길을 받아 죽는다."는 뿌리 깊은 미신이 있었다. 많은 전문가들이 이 미신에 대한 주민의 생각을 바꾸지 않을 경우, 어떤 방법도 소용이 없을 거라고 믿었다.

이런 상황에서 배너지 · 뒤플로 부부는 어떻게 하면 아이들을 보건소에 오게 할 수 있는지 객관적으로 알아내기 위해 현장에 연구팀을 구성하였다. 연구팀은 무작위로 마을을 선정한 뒤 이들을 세 개의 그룹으로 나누었다. 첫 번째 그룹에는 변화를 주지 않았고, 두 번째 그룹에서는 간호사들이 예방접종을 독려하도록 하였다. 세 번째 그룹에서는 아이들에게 예방접종을 시킬 경우, 콩 2파운드(구매력 환산 1.83달러)를 주고, 필수 예방접종 다섯 가지를 모두 받으면 스테인리스 쟁반세트를 주도록 하였다. 6개월 뒤 접종률을 확인

한 형태의 실험실인 '정책랩'과 '리빙랩'을 운영해 왔다. 정부랩이라고도 불리는 정책랩은 정부부처 내부에 설치된 '정책실험을 위한 조직'인데, 대표적인 사례가 영국의 Policy Lab, 덴마크의 Mind Lab, 핀란드의 Sitra Lab 등이다. '리빙랩'은 살아있는 실험실, 일상생활 실험실, 마을 실험실 등으로 불리며, 사용자인 주민이 직접 나서 자신들의 문제를 해결해 나가는 '주민 참여형 실험공간'이다. 해외에서는 일찌감치 리빙랩 프로젝트를 활성화해 지역 문제를 해결하는데 활용하여 왔다. 예를 들면, 노르웨이, 덴마크, 스웨덴과 아이슬란드 등 북유럽 국가들은 2010년부터 에너지 절약을 주제로 리빙랩 프로젝트를 공동으로 진행하여 주민들은 전기 사용 비용을 절감했고, 참여 기업들도 부가서비스를 판매하고 부대비용을 줄이는 효과를 얻었다. 남궁근, '이데올로기에 휘둘리지 않는 정책이어야,' 국민일보, 여의도포럼, 2019.12.19.

한 결과, 변화를 주지 않은 그룹에서는 6%, 간호사들이 독려한 그룹에서는 17%, 콩과 쟁반을 나누어준 그룹에서는 무려 38%가 접종을 완료하였다. 콩과 쟁반을 제공하여 기본접종률을 6%에서 38%로 끌어올린 것이다.

예방접종을 받는 조건으로 콩을 지급하는 것과 같이 적은 인센티브로 행동을 미루는 것보다 당장 행동할 이유를 부여하는 방식은 '넛지'(사람들의 옆구리를 슬쩍 찌르는 방식)이다. 그 관건은 상황에 맞는 넛지를 고안하는 것이다.

배너지 · 뒤플로 지음, 이순희 옮김, 「가난한 사람이 더 합리적이다」(원제: *Poor Economics*), 생각연구소, 2012에서 재구성.

제3절 준실험설계

준실험설계(quasi-experimental design)는 무작위 배정에 의하여 실험집단과 통제집단의 동등화를 꾀할 수 없을 때 사용하는 설계방법이다. 즉, 무작위 배정에 의한 방법 대신에 다른 방법을 통하여 실험집단과 유사한 비교집단을 구성하려고 노력하는 설계를 의미한다. 진실험설계에서는 연구자가 사전에 계획하여 실험집단과 통제집단을 무작위적으로 배정할 수 있기 때문에 미래지향적(prospective)인 성격이 강하다. 반면에 준실험설계는 연구자가 과거에 발생한 실험처리의 효과를 추정하기 위한 연구가 많기 때문에, 과거지향적(retrospective)인 경우가 많다.[28)]

이러한 준실험설계에는 여러 가지 유형이 있는데 인과적 추론이 비교적 가능한 준실험설계와 인과적 추론이 어려운 준실험설계로 구분된다.

28) 정책이 집행된 후에 이루어지는 정책평가는 기본적으로 회고적이며 따라서 실험설계보다는 준실험설계에 의하여 평가가 이루어지는 경우가 대부분이다. L. I. Langbein, *Discovering Whether Programs Work*, Glenview, IL: Scott, Foresman and Company, 1980, p. 87; 노화준, 전게서, pp. 284-285 참조.

1. 인과적 추론이 비교적 가능한 준실험설계

인과적 추론이 비교적 가능한 준실험설계로 많이 사용되는 대표적인 유형인 ① 비동질적 통제집단설계, ② 단절시계열설계, ③ 통제시계열설계, 그리고 ④ 회귀불연속설계에 관하여 살펴보기로 한다.

1) 비동질적 통제집단설계

(1) 비동질적 통제집단설계의 개념과 논리

비동질적 통제집단설계(non-equivalent control group design)는 기본적으로 고전적인 실험설계와 유사한 모형이나 실험집단과 통제집단이 무작위 배정을 통한 동질화가 이루어지지 않았다는 점에서 내적 타당성을 저해하는 외재적 변수의 영향을 모두 통제하거나 배제하기가 어렵다. 그러나 짝짓기 등의 방법을 통하여 가능한 범위 내에서 실험집단과 유사한 비교집단을 구성하려고 노력하는 설계방법이다. 비동질적 통제집단설계의 대표적인 방식은 다음과 같다.

$$(EG): \quad O_1 \ X \ O_3$$
$$(NG): \quad (M) \ O_2 \quad O_4$$
$$(E) = (O_3 - O_1) - (O_4 - O_2)$$

자연적 상황에서 이루어지는 현지연구에서 연구자는 이미 존재하는 집단을 활용하는 것 이외에는 다른 방법이 없는 경우가 많다. Campbell & Stanley는 실험집단과 통제집단에 연구대상을 무작위적으로 배정하지 못할 경우에도 관련된 변수의 값이 실험집단과 유사한 기존집단을 활용하는 비동질적 통제집단설계가 잘 활용될 수 있다고 보았다.[29] 그런데 비동질적 통제집단(비교집단)에는 두 가지 문제가 있을 수 있다.[30] ① 그 집단의 종속변수의 값이 연구 시작 이전부터 실험집단과 다를 수 있다. ② 실험집단과 비교집단 사이에는 무작위적 배정이 이루어졌다면 통제될 수 있는 다른 변수들의 값에서 차이가 있

29) Campbell & Stanley, *op. cit.*
30) Graziano & Raulin, *Research Methods*, 4th ed., p. 294.

을 수 있다. 첫 번째 쟁점을 처리하는 기본적인 방법은 실험처리 이전과 이후에 실험집단과 비교집단에서 종속변수의 값을 측정하는 것이다. 각각의 집단에서 실험 이전과 실험 이후의 종속변수 측정값의 차이를 계산한다. 각 집단의 차이점수(difference score)는 각 집단이 실험처리의 결과로 얼마나 변화되었는지를 나타낸다. 사전측정은 연구 시작 이전에 두 집단이 종속변수의 값에서 얼마나 유사한지를 측정할 수 있게 한다. 두 집단이 유사할수록 그 설계가 실험에 가까워진다고 볼 수 있다.

두 집단이 종속변수 이외에도 선발요인과 같이 혼란을 가져오는 다른 변수들에서도 차이가 존재할 수 있다는 문제를 해결하려면 각각의 잠재적인 혼란변수를 짝짓기를 통하여 배제하여야 한다. 비교집단에서는 사전측정값과 사후측정값이 동일하지만 실험집단에서는 예측된 방향으로 상당한 변화가 있었을 때 인과성이 존재하는 것으로 추론된다. Cook & Campbell은 비동질적 통제집단설계가 많은 잠재적 혼란의 원천을 통제할 수 있지만 일부 혼란변수가 통제되지 않을 수 있으므로 해석에 유의하여야 한다고 보았다.[31]

[그림 7-12]에 비동질적 통제집단설계의 여섯 가지 가능한 결과가 제시되었다. [그림 7-12] (a)와 (b)는 연구시작 이전에 실험집단과 통제집단의 종속변수 측정값이 같다. 물론 두 집단이 다른 중요한 변수에서는 차이가 있을 가능성이 있으므로, 이 경우에는 선발(selection)에 따른 혼란변수의 영향을 배제하는 것이 주요 쟁점이다. [그림 7-12] (c)에서 (f)까지는 사전측정에서 종속변수의 값이 다르다. 여기에서 인과적 추론이 타당하려면 선발에 따른 혼란변수의 영향도 배제하여야 하며, 사전측정의 종속변수값의 차이에서 나타날 수 있는 평균으로의 회귀(regression)효과도 배제하여야 한다.

[그림 7-12] (a)에서 실험집단과 비교집단 모두 사전측정보다 사후측정값이 증가하였다. 두 집단이 연구시작 이전에 사전측정값이 같았으며, 연구시작 이후 동일한 변화가 있었다. 그러므로 독립변수의 효과는 없는 것으로 볼 수 있다. [그림 7-12] (b)에서 두 집단이 연구시작 이전에 사전측정값이 같았다. 실험집단에는 사전측정값과 사후측정값에 상당한 변화가 있었던 반면 비교집단은 변화가 없었다. 그러므로 독립변수의 효과가 있는 것으로 보인다.

[그림 7-12] (c)는 어느 집단에서도 사전측정과 사후측정 값에 변화가 없

31) 이하 Cook & Campbell, *Quasi-Experimentation*, 1979, 제3장 참조.

그림 7-12 비동질적 통제집단설계의 여섯 가지 가능한 결과

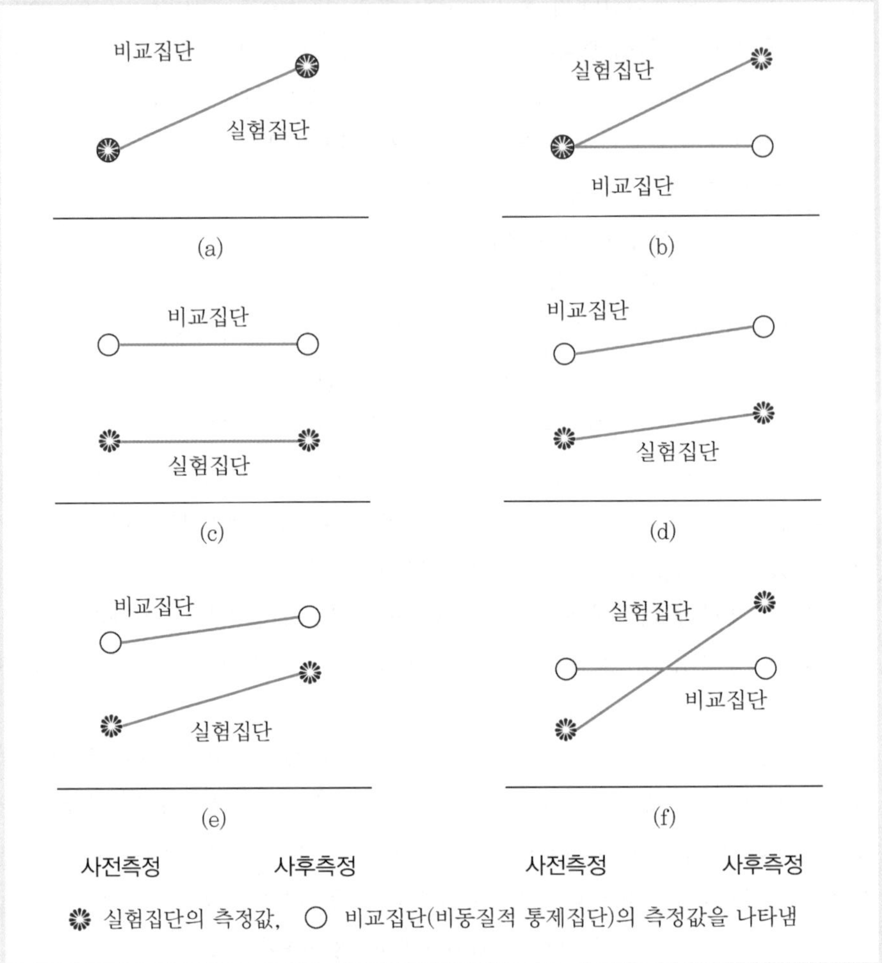

출처: Graziano & Raulin, *Research Methods*, 4th ed., p. 295, Figure 13-1.

었다. 실험처리가 종속변수에 영향을 미치지 못했다는 점이 분명하다. [그림 7-12] (d)는 두 집단 모두 사전측정과 사후측정 값에 유사한 변화가 있었다. 이러한 결과에 대하여 예측한 것과 같이 사전측정과 사후측정 값의 차이가 있지만, 두 집단에서 모두 차이가 나타났기 때문에, 그 차이가 독립변수 때문에 나타났다고 결론을 내릴 수 없다. 그 점수 차이는 두 집단 모두에 성숙요인 또는 역사적 사건이 공동으로 작용하였기 때문에 나타났을 가능성이 더 높다.

[그림 7-12] (e)는 비교집단에서는 약간의 차이가 나타났지만 실험집단에서는 상당한 차이가 나타났음을 보여준다. 이러한 결과에 대하여 실험집단에서 사전측정과 사후측정 값의 차이가 독립변수 때문에 나타났다고 어느 정도 확신을 가지고 말할 수 있지만, 여전히 평균으로의 회귀효과 등 잠재적 혼란요인이 있을 수 있으므로 그러한 확신에는 제약이 있다. [그림 7-12] (f)에서는 비교집단에서는 변화가 없지만, 실험집단에서는 예측한 방향으로 비교집단의 사전측정값 수준 이상으로 상당한 변화가 있었다. 이 결과는 인과적 추론에서 상당한 확신을 가질 수 있도록 한다. 성숙효과는 배제된 것으로 볼 수 있는데, 그 이유는 비교집단에서는 변화가 없기 때문이다. 만약 성숙효과가 있었다면, 그 효과는 두 집단에서 동시에 나타났어야 한다. 평균으로의 회귀효과도 통제된 것으로 보아야 하는데, 실험집단의 사후측정값이 비교집단의 사전측정값보다 더 크기 때문이다. 이러한 결과를 보면 준실험설계라 할지라도 상당한 확신을 가지고 인과적 추론이 가능하다.

비동질적 통제집단설계 유형은 다시 측정의 성격 및 횟수, 집단구분, 실험변수의 특성에 따라서 여러 가지로 구분될 수 있다. 이러한 설계에서 사전측정이 배제된 경우도 있을 수 있다. 이러한 설계방법을 사용하여 공무원 해외연수프로그램의 효과를 연구한 사례를 들어보기로 하자.[32]

고위공무원의 해외연수프로그램이 연수에 참여한 공무원의 가치지향, 해외연수국에 대한 태도, 직무만족도, 승진 등에 미친 효과를 분석하기 위하여 연구자는 고위공무원을 두 집단, 즉 연수참가자 집단과 비참가자 집단으로 나누었다. 17개의 연수대상부처에서 연수에 참석한 공무원 200명과 연수에 참여하지 않은 공무원 200명을 선정하여 설문조사를 실시하였다. 여기에서 연수에 참여한 공무원 200명과 표본의 유사성을 유지하기 위하여 직급, 연령 등의 변수에서 유사한 집단이 되도록 연수에 참여하지 않은 공무원을 선정하였다. 이 경우에는 사전측정은 이루어지지 않았지만 짝짓기에 의해서 실험집단과 통제집단의 동등화를 꾀한 비동질적 통제집단 설계의 범주에 해당된다.

한편 비동질적 통제집단설계에서 사전측정 또는 사후측정을 2회 이상 수행할 수 있다. [Box 7-3]에 예시된 연구사례는 한 차례의 사전측정 이후 일곱

32) 장현식, 한국고위공무원의 해외연수효과평가, 정책분석평가학회 동계 워크샵 발표논문. 1992.2.15.

번의 사후측정이 이루어진 사례라고 볼 수 있다. 그러나 이 사례에서도 짝짓기에 활용되지 않은 변수는 통제되지 않았다고 보아야 한다.

Box 7-3 짝짓기를 통한 비동질적 통제집단의 구성과 연구사례: 물리학 분야 BK21사업이 참여교원의 연구실적에 미친 영향

BK21사업은 7년의 장기간 동안 예산을 투입한 사업이었다. 과학기술분야의 대형 BK21 사업단은 14개 학문분야에서 선정되었다. 연구자는 BK21사업 참여교원의 연구성과가 비참여 교원과 비교하여 얼마나 증가하였는지 파악하고자 하였다. 연구자는 물리학 분야의 사례를 연구하였다. 물리학 분야에서 1단계 BK21사업단에 선정된 대학교는 3개교이며, 사업에 참여한 교원은 1999년 9월 기준 총 68명이었다. 연구대상기간은 1단계 BK21사업이 시행되기 이전인 1998년부터 1단계사업이 완료된 2005년까지의 8년간이다. 연구자는 전국 4년제 물리학과 대학교원으로서 연구대상기간 동안 연구실적 등 자료 입수가 가능한 916명을 모집단으로 설정하였다. 이 가운데, 사업단 참여교원은 60명이며, 비참여교원 856명이었다.

연구자는 참여교원 60명과 유사한 특성을 가진 비교집단을 구성하기 위하여 856명의 비참여 교원가운데 60명을 1대 1 짝짓기방법으로 선정하였다. BK21사업 참여교원은 사업시작 이전에 연구성과가 우수한 교원이었으므로, 사업 이후에도 연구성과는 당연히 우수한 소위 '선발요인의 효과(selection effect)가 발생할 수 있다. 이를 통제하려면 사업이전 연구실적 등 연구자의 연구성과에 영향을 미치는 변수들의 값이 최대한 참여집단과 유사한 짝짓기 비교집단을 구성하여야 한다. 짝짓기에 사용한 변수는 1998년 SCI급 논문수 및 피인용지수(Impact Factor)값, 대학 명성, 연령 등 네 개 변수였다. 짝짓

그림 BK21사업 참여교원과 비교집단 평균논문수 증가

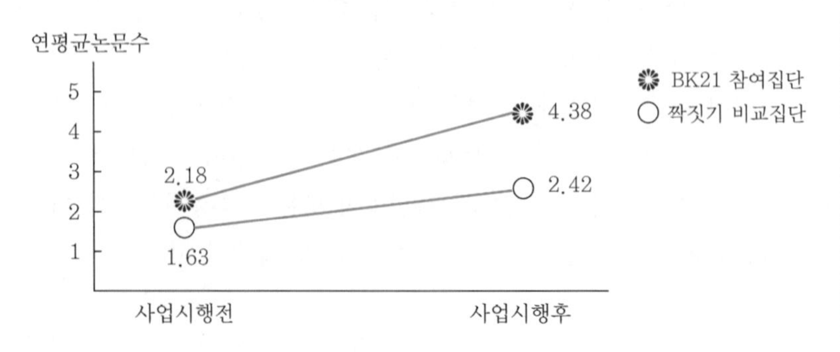

기에는 STATA라는 통계패키지 프로그램에서 경향점수짝짓기(propensity score matching)의 논리를 적용하는 psmatch2 명령어를 적용하였다. 이와 같이 구성한 비교집단과 BK21 사업 참여집단의 논문수를 비교한 결과 사업 시행 이전인 1998년 두 집단의 평균 논문수의 차이는 0.55편이었고(참여집단 2.18편, 비참여집단 1.63편), 그 차이가 통계적 유의성이 없었다.

BK21 참여집단의 연평균 논문수는 사업이전과 비교하여 2.20편 증가하였다.

한편 짝짓기 비교집단의 연평균논문수는 0.79편 증가하였다. 그러므로 BK21사업에 따른 연평균 논문수 증가는 2.20편과 0.79편의 차이인 1.41편이라고 볼 수 있다. 따라서 연구자는 BK21사업이 참여교원의 연구실적 증가에 기여한 것으로 결론을 내렸다.

출처: 최인엽 · 남궁근, 정부의 연구기반 구축사업이 참여교원의 연구성과에 미친 영향—1단계 BK21사업 물리학 분야의 사례, 2010.

(2) 이중차이분석(DID)과 연구사례

비동질적 통제집단설계에서 자료분석 방법의 하나로 이중차이(Difference in difference, DID)분석이 활용된다. 이 방법은 정책처리를 받은 실험집단의 정책처리 이전과 이후의 측정값의 차이(difference)와 정책처리를 받지 않은 비교집단의 이전과 이후의 측정값의 차이(difference)를 비교하여 정책처리의 효과를 파악하는 분석방법이다([Box 7-4] 참조). 여기에서 비교집단은 성향점수 매칭 방법을 활용하여 실험집단과 유사한 특성을 갖는 집단일 수도 있고 그렇지 않을 수도 있다.

Box 7-4 이중차이(Difference in Difference, DiD)분석

정책처리를 받은 실험집단의 정책처리 이전과 이후의 측정값의 차이(difference)와 정책처리를 받지 않은 비교집단의 이전과 이후의 측정값의 차이(difference)를 비교하여 정책처리의 효과를 파악하는 분석방법이다.

그림은 DiD분석방법을 도표로 설명한다. 처리집단은 프로그램에 참여하고, 비교집단은 참여하지 않는다. 처리집단의 전후 결과변수는 A(처리전), B(처리후)이며 비교집단에서 C는 프로그램 시행전, D는 프로그램 시행 후를 나타낸다. 여기에서 처리집단에서의 개입 전후 결과의 차이(B-A)와 비교집단의 개입 전후의 차이(D-C)를 확인할 수 있다. 위의 그림에서 DiD의 효과는 다음과 같이 표현된다.

그림 이중차이분석의 도표형 표현

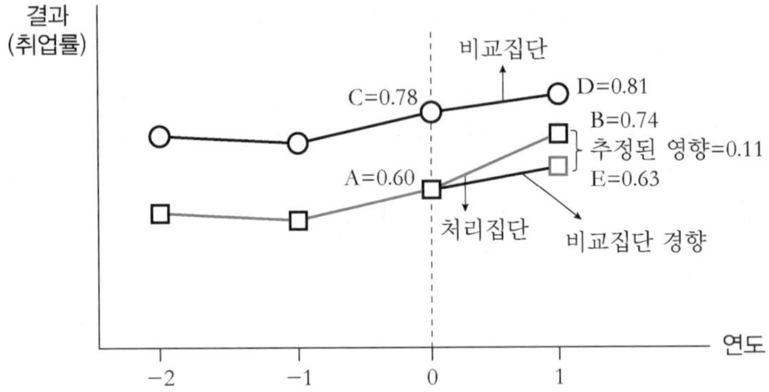

DiD 효과 = (B-A)-(D-C) = (0.74-0.60) - (0.81-0.78) = 0.11 또는
DiD 효과 = (B-D)-(A-C) = (0.74-0.81) - (0.60-0.78) = 0.11

표 이중차이분석의 박스형 표현

	전	후	차이
처리집단	A(0.60)	B(0.74)	B-A(0.14)
비교집단	C(0.78)	D(0.81)	D-C(0.03)
차 이	A-C(-0.18)	B-D(-0.07)	DD=(B-A)-(D-C)=(0.14-0.03)=0.11

이를 표로 나타낼 수 있다. 첫째 행에서 처리집단의 개입 전(A)과 후(B)의 차이는 일차 차이(B-A)이다. 둘째 행에서 비교집단의 개입 전후 차이는 (D-C)이다. 그러므로 이중차이(double difference)는 (B-A)-(D-C)의 결과이다.

출처: 이석민, R과 STATA를 활용한 평가방법론, 법문사, 2018, pp. 140-142.

행정학 분야에서 각종 패널자료를 토대로 이중차이분석을 적용한 논문이 상당수 발표되었다. 예를 들어, 공공임대주택 거주자들의 정신건강 변화를 파악하기 위해 한국복지패널 자료를 활용한 연구에서는 성향점수매칭과 이중차이·삼중차이 분석을 실시하여 공공임대주택 단기 거주집단은 비거주집단에 비해 정신건강에 긍정적 영향을 받았으나, 장기 거주집단에서는 오히려 부정적 영향을 받은 것으로 밝혀졌다.[33] 이중차이분석은 그밖에도 무상보육정책 실시의 효과분석,[34] 신포괄수가제도가 공공의료기관의 효율성에 미치는 영향 분석,[35] 근로장려세제 효과분석,[36] 노인일자리사업의 효과분석,[37] 고교다양화 정책이 학교효과성에 미친 영향분석,[38] 대형마트 의무휴업제 시행의 영향분석,[39] 기초연금이 고령자의 소득에 미치는 영향분석,[40] 사회서비스 부적정 이용에 대한 감사 효과분석[41] 등에도 적용되었다.

2) 단절시계열설계

(1) 단절시계열설계의 개념

단절시계열설계(interrupted time-series design)란 여러 시점에서 관찰되는 자료를 통하여 실험변수의 효과를 추정하기 위한 방법이다. 단절시계열설계는 각 시점에서 관찰된 단위가 정의될 수 있고, 계량적인 관찰이 가능하

---

33) 한수정 · 전희정, 공공임대주택 거주에 따른 정신건강 변화에 관한 연구: 성향점수매칭 및 이중 · 삼중차이 분석을 중심으로, 「한국정책학회보」, 27:4, 2018, pp. 67-102.

34) 이채정, 무상보육정책의 영유아 연령별 자녀양육비용 경감효과 분석, 「한국정책학회보」, 27:2, 2018, pp. 109-132.

35) 김건도 · 박정훈, 신포괄수가제도가 공공의료기관의 효율성에 미치는 영향, 「행정논총」, 56:4, 2018, pp. 33-57.

36) 홍민철 · 문상호 · 이명석. 근로장려세제 효과 분석: 경제활동참여, 근로시간 및 개인별 빈곤을 중심으로, 「정책분석평가학회보」, 26: 2, 2016, pp. 1-27.; 이대웅 · 권기헌 · 문상호, 근로장려세제(EITC)의 정책효과에 관한 연구: 성향점수 매칭(PSM) 이중 · 삼중차이 분석을 중심으로, 「한국정책학회보」, 24: 2, 2015, pp. 27-56.

37) 강소랑, 노인일자리사업의 사회 · 경제적 효과 연구, 「정책분석평가학회보」, 26:1, 2016, pp. 109-138.; 이석민, 노인 일자리사업이 노인가구의 소득과 소비에 미치는 영향: 계량경제학 · 통계적 정책평가방법 접근, 「한국정책학회보」, 21:4, 2012, pp. 259-284.

38) 최용환 · 김강배, 고교다양화정책이 학교효과성에 미치는 영향에 대한 이중차이분석: 학생의 학업성취도와 핵심역량을 중심으로, 「정책분석평가학회보」, 27:1, 2017, pp. 55-79.

39) 정수용, 이중차이분석을 통해 본 대형마트 의무휴업제 시행의 영향평가: 서울시 전통시장 내 마트형점포 매출액 변화를 중심으로, 「한국정책학회보」, 24:2, 2015, pp. 433-459.

40) 이정화 · 문상호, 기초연금이 고령자의 소득에 미치는 영향: 성향점수매칭(PSM) 이중차이(DID)를 활용한 분석, 「한국정책학회보」, 23:3, 2014, pp. 411-440.

41) 박춘복 · 김종호 · 정광호, 사회서비스 부적정 이용에 대한 감사 효과분석: 사회서비스 바우처 사업을 중심으로, 「한국정책학회보」, 23:3, 2014, pp. 161-198.

며, 이러한 관찰이 실험변수를 처리하기 전과 후의 여러 시점에 걸쳐 가능할 때에 적용할 수 있는 방법이다. 단절시계열설계의 기본논리는 다음과 같이 표현될 수 있다.

$$O_1 \quad O_2 \quad O_3 \quad O_4 \quad X \quad O_5 \quad O_6 \quad O_7 \quad O_8$$

여기에서 O_1 O_2 O_3 등은 여러 시점에서 하나의 단위에 대한 관찰값이다. 이 설계에서 특히 유의하여야 할 것은 처리(X) 이후의 기간과 처리 이전의 기간에 관찰값에 영향을 미치는 역사적 사건들이 발생하였는지 확인하여야 한다는 점이다. 그렇지 않은 경우에는 관찰값의 변화가 과연 X라는 처리결과인지 알기가 어렵다.

단절시계열분석은 지방자치단체와 같은 특정 기관이나 영세민과 같은 특정 대상집단 전체에 영향을 미치는 정책행위의 효과를 평가하기 위한 설계방법으로 적절하다. 이 경우 정책행위는 특정 지역이나 특정 대상집단 내의 사람들에 국한되기 때문에 다른 지역과 정책결과를 비교한다거나 또는 다른 범주에 속하는 집단과 정책결과를 비교할 기회가 제한된다. 이러한 상황하에서 유일한 비교 기준은 전년도 결과의 기록뿐이다.

단절시계열설계는 특정 정책개입의 효과를 평가하기 위해서 고속도로 사고 사망률, 의료보호 수혜자 수, 직업훈련원생의 취업률, 의료사고 사망률 등의 정책결과를 측정할 수 있는 매우 강력한 도구이다.[42]

[그림 7-13]에서 알 수 있듯이 어떤 정책개입은 정책결과에 진정한 영향을 미치는 반면 그렇지 못한 정책개입도 있을 수 있다. 그림에서 개입 (a)와 (b)는 개입 후 측정된 정책결과의 값에 실제적으로 유의미한 증가를 가져왔으므로 정책개입이 실제로 효과가 있음을 알 수 있다. 그러나 개입 (b)는 결과가 영속적이지 못하다는 것을 보여준다. 결과가 다섯 번째 기간 이후 감소하기 시작하기 때문이다.

---

42) 이하의 논의는 Campbell, Reform as Experiments, pp. 75-81; Donald T. Campbell & H. Lawrence Ross, The Connecticut Crackdown on Speeding: Time-series Data in Quasi-Experimental Analysis, *Law and Society Review,* 3:1, 1968, pp. 33-53 참조. 남궁근 외 공역, 「정책분석론」(제6판), 2018, pp. 392-398에서 재인용.

그림 7-13 효과의 유·무를 나타내는 단절적 시계열

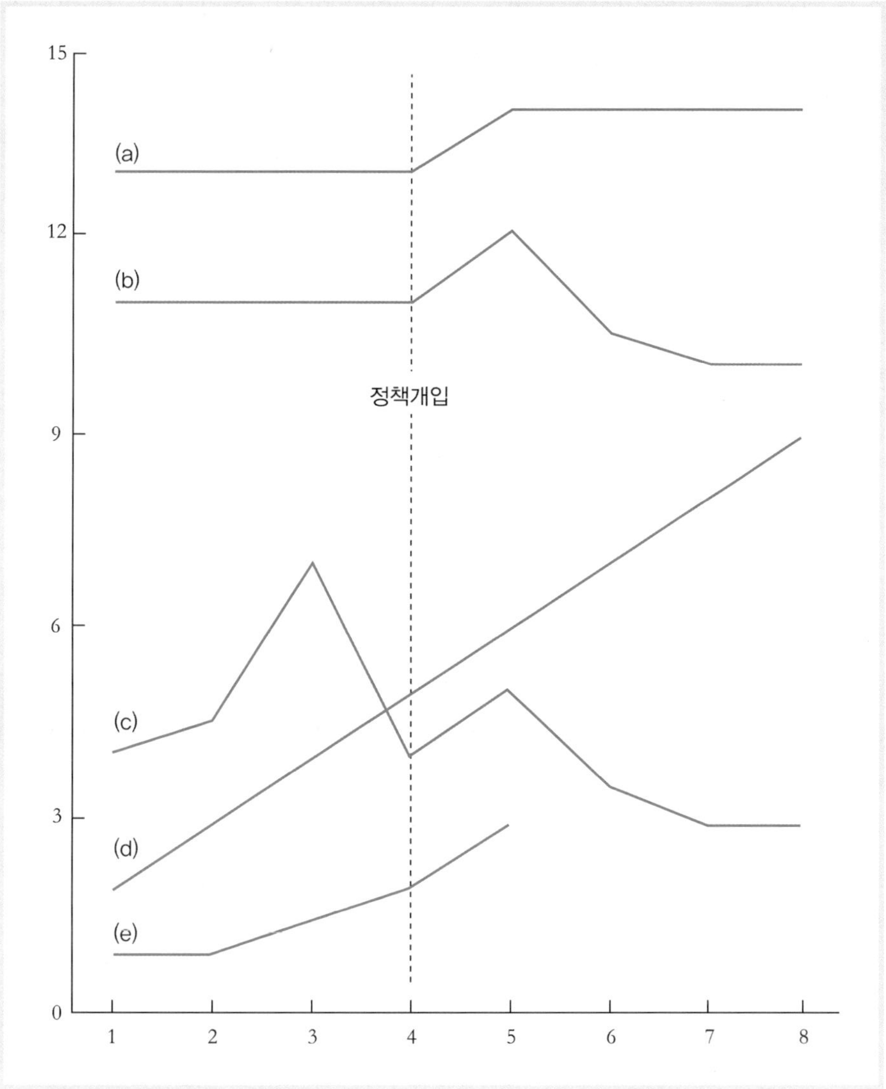

출처: D. T. Campbell & J. C. Stanley, *Experimental and Quasi-experimental Designs for Research,* 1963, p. 38, Fig 3.; Dunn, *Public Policy Analysis,* 6th ed., p. 295, Figure 6.8에서 재인용.

개입 (c) 역시 영속성이 부족하지만 이는 개입 이전에 측정된 정책결과의 극대치에 비해 또한 낮음을 알 수 있다. 이것은 개입 이후의 증가가 아마도

시계열 상의 평균값으로 '회귀'하려는 데에 있었음을 가리킨다. 즉 네 번째 시점과 다섯 번째 시점 사이의 증가는 정책개입이 없이도 어디에서든 일어날 수 있음을 의미한다. 개입 (d)에서는 측정된 결과변수값의 변화율에 아무런 변동이 없으므로 개입효과가 없었음을 보여준다. 끝으로 개입 (e)에서는 개입 이전에 이미 증가 추세가 있었으므로 개입 이후 측정된 정책결과에는 미량의 증가만이 있음을 나타낸다. 이렇게 미약한 효과를 가지고 개입 이후 네 번째와 다섯 번째 시점 사이에 있어서 증가를 가져왔다고 결론을 내리기에는 불충분하다. 만약 다섯 번째 시점 이후 후속자료가 이용 가능하다면, 개입 이후 증가의 영속성이 부족하든지 아니면 개입 이전과 같은 증가율로 증가한 것으로 나타날 것이다. 그러나 [그림 7-13]에 나타난 자료만 가지고는 어느 것인지 알 수 없다.

(2) 단절시계열설계의 사례

단절시계열분석을 분명하게 알기 위해 다음과 같은 구체적 실례를 들어보자. 1956년 미국 코네티컷 주지사는 1955년도의 교통사고 사망자 수가 많음을 알고 주의 속도제한법 위반자에 대해 강력한 단속을 실시하였다. 단속실시 전 1955년도의 사망자 수는 324명이었는데 단속실시 후인 1956년 말에는 284명이었다. 따라서 주지사는 차량속도에 대한 단속결과를 다음과 같이 해석하였다. 즉 "1956년에 40명의 생명을 구함으로써 1955년도 대비 교통사고 희생자 수를 12.3% 줄인 점으로 보아 이 프로그램은 분명히 가치 있는 프로그램이었다고 말할 수 있다." 그러나 이러한 주장이 타당한지는 더욱 면밀하게 검토하여야 한다.

단절시계열분석을 사용하여 코네티컷 주 차량 속도 단속의 결과를 평가하기 위해서는 다음과 같은 단계를 거치게 된다([그림 7-14] 참조).

① 정책집행 전후의 다년간에 걸친 교통사고사망자 수치를 구하여 그래프에 표시한다. [그림 7-14]에는 1951년부터 1959년까지의 시계열 자료가 표시되었다.

② 정책이 집행된 연도, 즉 1956년도의 초에 시계열을 중단시키는 수직선을 그린다. 따라서 단절적 시계열이라고 부른다.

그림 7-14 1956년 차량속도단속 전·후의 코네티컷 주 교통사고 사망자수

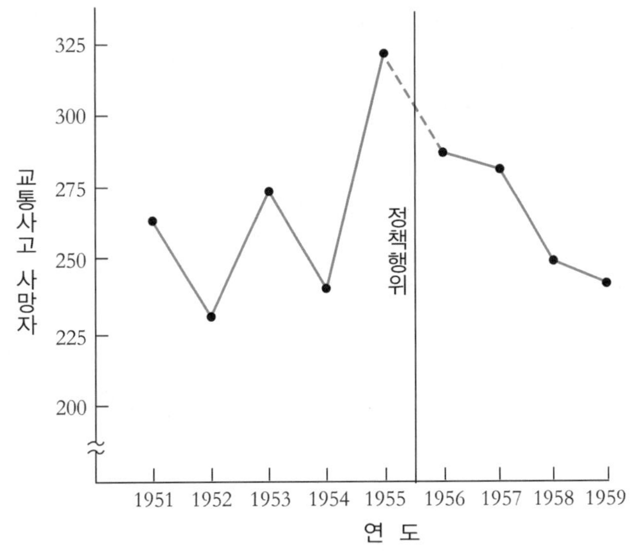

출처: D. T. Campbell, Reforms as Experiments, *American Psychologist,* 24:4, 1969.; Dunn, *Public Policy Analysis,* 6th ed., p. 297, Figure 6.10에서 재인용.

단절시계열분석의 주된 장점은 정책결과에 대한 인과적 추론의 타당성을 위협하는 다양한 요인들을 체계적으로 고려할 수 있다는 점이다. [그림 7-14]에 표시된 자료를 고려하여 내적 타당성을 위협하는 몇 가지 요인들을 검토해 보자.

① 성숙요인(maturation): 집단의 구성원(본 사례의 경우 운전자)에게 발생한 변화가 정책 행위와는 별도로 정책 결과에 대하여 영향을 끼칠 수 있다. 예를 들어, 코네티컷 주의 교통사고 사망률은 운전자들의 교육 프로그램이나 공공안전 캠페인 등 증가하는 사회학습의 결과로 수년 동안에 걸쳐 감소되어 왔을지도 모른다. 단순히 정책집행 전후인 1955년과 1956년의 자료만 가지고는 단일정책의 가능한 독립적 효과를 알아낼 수는 없다. 반면에 단절시계열 그래프 [그림 7-14]에 따르면 정책집행 이전에는 교통사고 사망자 수가 장기간 지속적인 감소 추세를 보이

고 있지는 않기 때문에 성숙요인의 효과는 어느 정도 제거되었다고 볼 수 있다.

② 역사요인(history): 정책집행 이후에 도로 구조의 개선이나 기상조건의 변화와 같은 사건발생으로 인하여 교통사고 사망자 수의 감소에 기여할 수도 있다. 여기에서는 이와 같은 요인에 관한 자료가 없기 때문에 제거되었다고 보기 어렵다.

③ 회귀요인(regression): 만일 1955년도 교통사고 사망자 수가 하나의 극단적인 값을 나타낸다면 1956년도 교통사고 사망자 수의 감소는 평균이나 또는 시계열의 일반적인 추세로 회귀하려는 극단값의 경향을 단순히 반영한 것에 불과할 수도 있다. 사실 1955년도 사망자의 수는 시계열상에서 가장 극단적인 값이다. 이러한 이유로 1955~1956년 사이에 감소된 사망자 수의 일부는 회귀요인에 기인한 것이라고 볼 수 있다. "정책결정자들은 문제가 매우 심각하거나 극단상황에 처해 있을 때 행동을 취하려는 경향이 있다."는 한 가지 이유를 보더라도 회귀 요인은 정책 효과에 대한 주장의 타당성을 위협하는 중요한 요인이 된다.

(3) 단절시계열설계의 국내연구사례

우리나라에서도 단절시계열설계를 적용하여 정책의 효과를 분석한 연구사례가 나타나고 있다. 예를 들면, 단절시계열설계는 전자감시제도의 성범죄예방효과 분석,[43] 국회입법지원처 신설의 정책효과 분석,[44] 시군통합의 효과 분석,[45] 보육지원 정책의 고용효과 분석,[46] 토지거래허가제의 정책효과 분석,[47] 자동차세 세율인하와 주행세 제도도입 효과의 분석,[48] 지방세지출예산제도의

43) 조일형 · 권기헌, 간여시계열에 의한 성범죄 예방 정책의 효과분석: 전자감시제도의 성범죄 일반예방효과를 중심으로, 「한국행정연구」, 20:1, 2011, pp. 225-253.

44) 서인석 · 조현석 · 권기헌, 단절시계열을 활용한 국회입법지원제도의 정책효과분석: 동형화(isomorphism)이론의 제도수용과 안정화 관점을 중심으로, 「한국사회와 행정연구」, 24:1, 2013, pp. 245-269.

45) 유재원 · 손화정, 시군통합의 효과에 대한 경험적 분석: 단절적 시계열모형(ARIMA)의 적용, 「한국행정학보」, 43:4, 2009, pp. 285-306.

46) 윤미례 · 김태일, 준실험설계에 의한 보육지원 정책의 고용효과 분석, 「한국행정학보」, 51:1, 2017, pp. 205-231.

47) 정광호 · 김원수, 토지거래허가제의 정책효과에 관한 연구: 천안 · 아산지역을 중심으로, 「한국행정학보」, 39:1, 2005, pp. 287-308.

효과 분석[49]에 적용되었다.

[Box 7-5]의 연구사례(장덕희, 2011)에서는 '자동차세 세율인하'(1998년)와 '주행세 제도 도입'(2000년)이라는 세제변화가 자치단체의 세입규모와 자치단체 간 세입격차에 미친 영향을 단절시계열분석을 적용하여 분석하였다. 이 연구에서 자동차세 세율 인하와 주행세 제도의 도입은 그 부가적 효과로 시의 경우 자치단체 간 세입규모의 격차감소 효과를 발생시켰음이 확인되었다.

Box 7-5 단절시계열설계 적용사례(1): 자동차세 세율인하와 주행세 제도도입이 세입규모와 세입격차에 미친 영향

장덕희(2011)는 지방세목 중 '자동차세 세율인하'와 '주행세 제도도입'이라는 세제변화가 자치단체의 세입규모와 자치단체 간 세입격차에 미친 영향을 1987년~2008년 사이의 시·군의 지방세 패널데이터를 이용한 단절시계열분석을 통하여 살펴보았다.

그림 자동차세+주행세의 연도별 변화

(단위: 백만원, %)

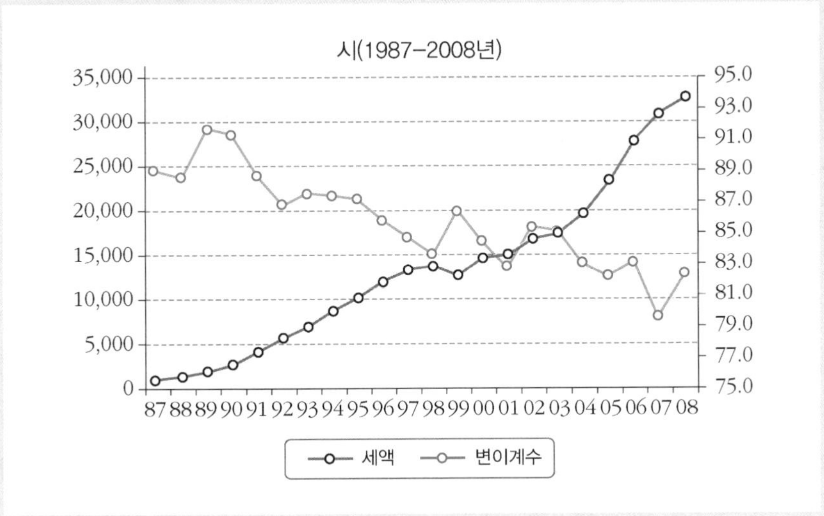

출처: 장덕희, 2011, p. 320, [그림 6]에서 시 자치단체에 해당하는 부분임.

48) 장덕희, '자동차세 세율인하'와 '주행세 제도 도입'이 세입규모와 자치단체 간 세입격차에 미친 영향 분석, 「한국정책학회보」, 20:1, 2011, pp. 303-331.

49) 엄태호·윤성일, 지방세지출예산제도 도입이 지방세 비과세·감면에 미친 영향에 대한 평가, 「한국정책분석평가학회보」, 24:3, 2014, pp. 163-187.

위 그림에서 시 자치단체의 평균세입액의 연도별 변화를 살펴보면 자동차 세율 인하결정(1998년)과 주행세 도입(2000년) 사이에 해당하는 1999년의 평균세입규모는 감소하였다. 그러나 승합차에 대한 세율인상으로 인해 자동차세가 급격하게 증가하기 시작한 2005년 이후의 시점에서는 상대적으로 평균세입액의 증가율이 높았다.

한편 연도별 세액의 자치단체 간 불균형 정도의 확인을 위해 추가적으로 변이계수를 계산하여 같이 제시하였다. 시 자치단체의 변이계수는 시간이 변화함에 따라서 지속적으로 감소하고 있었다. 즉, 자동차세 세율 인하와 주행세 제도의 도입은 그 부가적 효과로 시의 경우 자치단체 간 세입규모의 격차감소 효과를 발생시켰음이 확인되었다.

출처: 장덕희, "자동차세 세율인하'와 '주행세 제도 도입'이 세입규모와 지치단체간 세입격차에 미친 분석", 한국정책학회보, 20:1, 2011, pp. 303-331.

3) 통제-시계열설계

(1) 통제-시계열설계의 개념

통제-시계열설계(control-series design)는 단절적 시계열 설계에 하나 또는 그 이상의 통제 집단을 부가한 것이다. 통제-시계열분석의 논리는 단절적 시계열분석의 논리와 똑같다. 다만 정책행위에 노출되지 않았던 집단(들)도 통제-시계열(control-series)로 그래프에 부가되어 비교된다는 점이 다르다. 통제-시계열설계를 복수시계열설계(multiple time-series)라고 부르기도 하는데 그 기본논리는 다음과 같이 표현된다.

$$\begin{array}{ccccccccc} O_1 & O_2 & O_3 & O_4 & X & O_5 & O_6 & O_7 & O_8 \\ O_9 & O_{10} & O_{11} & O_{12} & & O_{13} & O_{14} & O_{15} & O_{16} \end{array}$$

(2) 통제-시계열설계의 사례

[그림 7-15]는 코네티컷 주의 원래 자료와 함께 다른 주의 교통사고 사망자에 관한 통제시계열 자료를 나타낸 것이다. 통제-시계열분석을 통해 정책행위가 정책결과에 미친 영향에 대한 주장의 타당성을 좀더 면밀히 조사해 볼 수 있다. 예를 들어, 통제-시계열 자료는 역사요인(갑작스런 기상 조건의 변화)과 성숙요인(운전자들이 습득한 안전 운행 습관)에 근거한 경쟁적 주장을 부분적으로 인정할 수 있게 한다.

[그림 7-15]에서 코네티컷 주와 통제된 다른 주에서 1951~1955년 사이의

그림 7-15 코네티컷 주와 통제된 다른 주의 교통사고 사망률

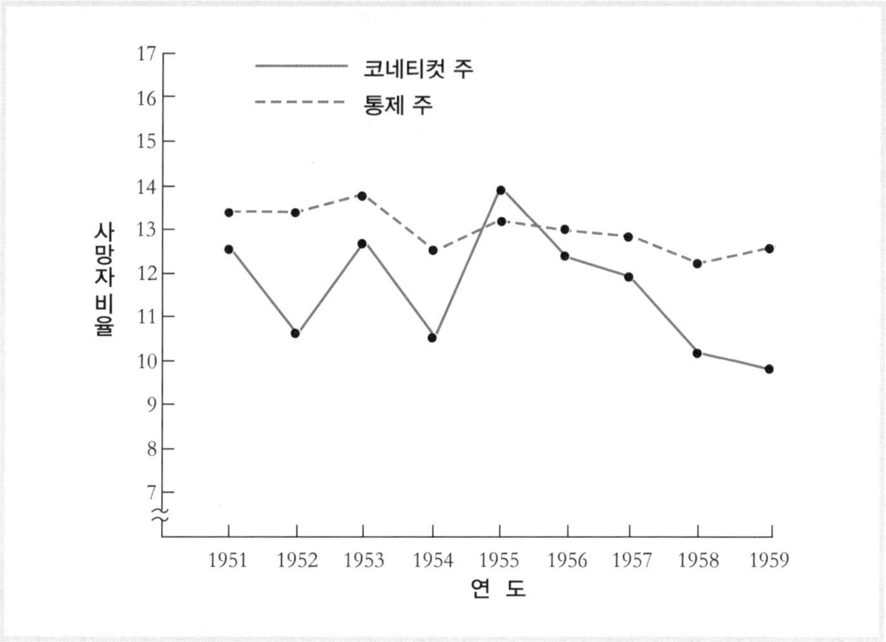

주: 사망률은 주 인구에서 10만명당 사망자를 나타내는 인구에 기초한 측정이다.
출처: D. T. Campbell, Reforms as Experiments, *American Psychologist*, 24:4, 1969.; Dunn, *Public Policy Analysis*, 6th ed., p. 298, Figure 6.11에서 재인용.

교통사고 사망자 수는 유사한 증가와 감소의 추세를 보이고 있다. 그러나 1955년 이후에는 코네티컷 주의 교통사고 사망자 수가 통제된 다른 주의 사망자 수보다도 더 급속히 감소하고 있다는 것도 분명히 나타났다. 이와 같이 통제-시계열 그래프를 통하여 정책의 성공을 주장하는 주지사를 보다 결정적으로 지지할 수 있을 뿐만 아니라 이 경우 개연성 있는 경쟁적 해석도 제거할 수 있게 된다. 통제-시계열분석은 정책 영향을 평가할 수 있는 보다 확고한 근거를 제공해 주는 효과를 가지고 있다.

통제시계열설계의 다른 사례를 들어보기로 하자. [Box 7-2]에서 소개한 물리학 분야 BK21사업이 참여교원의 연구실적에 미친 영향에 관한 연구결과를 살펴보겠다.[50] [그림 7-16]에 1단계 BK21사업 이전인 1998년과 사업기간

50) 최인엽 · 남궁근, 정부의 연구기반 구축사업이 참여교원의 연구성과에 미친 영향 — 1단계 BK21사업 물리학 분야의 사례, 2010에서 재구성.

그림 7-16 물리학 분야 BK21 참여집단, 전체 교원의 연차별 평균 논문수 변화('98~'05)

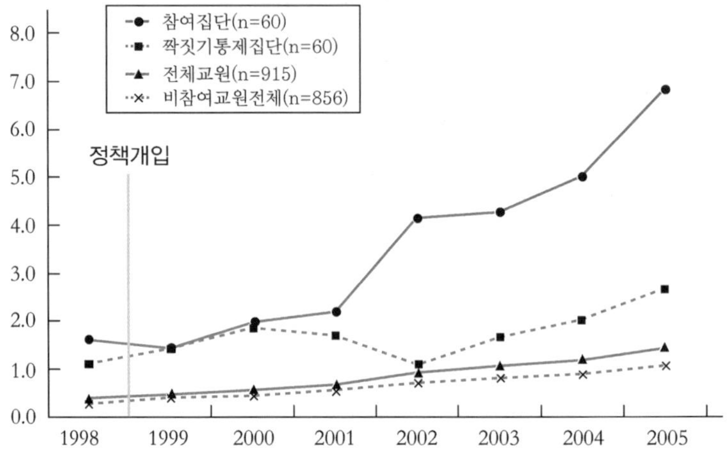

인 1999~2005년 동안 BK21 참여집단(n=60), 짝짓기통제집단(n=60), 비참여 교원 전체(n=856), 그리고 전체교원(n=916)의 연차별 평균 논문 수가 그래프로 제시되었다. 여기에서 정책개입이전의 시계열은 1998년 1년에 불과하지만 정책개입 이후에는 7년간 시계열자료가 포함되었다. 여기에서 참여집단의 시계열 자료는 실험집단에 관한 자료이며, 짝짓기통제집단, 비참여 교원 전체, 그리고 전체교원에 관한 시계열자료는 통제시계열 자료로 간주할 수 있다.

[그림 7-16]을 살펴보면, 참여집단의 SCI급 평균 논문수는 짝짓기 통제집단, 비참여집단 및 전체교원의 SCI급 평균 논문수와 비교할 때 급격하게 증가하였다. 짝짓기 통제집단에서도 시간이 경과함에 따라 평균 논문수가 증가하지만, 그 증가속도는 참여집단보다는 훨씬 완만하였다. 특히, 사업 4차년도인 2002년부터 참여집단 교원의 SCI급 논문수가 급격하게 상승하고 짝짓기 통제집단과의 격차가 확대된 것은 BK21사업 효과가 사업 4년차부터 본격적으로 나타난 것으로 해석할 수 있다. 또한 1차 BK21사업의 종료시점인 2005년도에 참여교원의 전년대비 평균 논문편수도 크게 증가하였다. 이 그림에서 BK21사업이 참여교원의 논문수 증가에 크게 기여했음을 분명하게 확인할 수 있다.

4) 회귀-불연속설계(Regression Discontinuity Design)

(1) 회귀-불연속설계의 개념

회귀-불연속설계는 실험집단과 통제집단에 실험대상을 배정할 때 분명하게 알려진 자격기준(eligibility criterion)을 적용하는 방법이다. 회귀-불연속설계의 개념과 평가의 논리를 이해하기 위하여 흔히 인용되는 예를 들어, 설명하기로 한다.

성적이 우수한 학생에게 장학금을 지급하고 이 장학금 지급이 학생들의 성적을 향상시키는 데 도움을 주었는지를 판단하기 위한 연구를 생각해 보자. 학생들이 장학금을 받기 위해서는 학교성적이 일정한 기준에 도달되어야 하고, 일정기준 이상의 학생들은 1년 동안 일정한 액수의 장학금을 지급받게 된다. 이러한 장학금을 지급받은 학생이 지급받지 않은 학생에 비하여 성적이 상승하였는지를 판단하는 방법이 [그림 7-17]에 제시되어 있다.

그림 7-17 회귀-불연속 설계의 사례(장학금 지급이 성적에 미치는 영향)

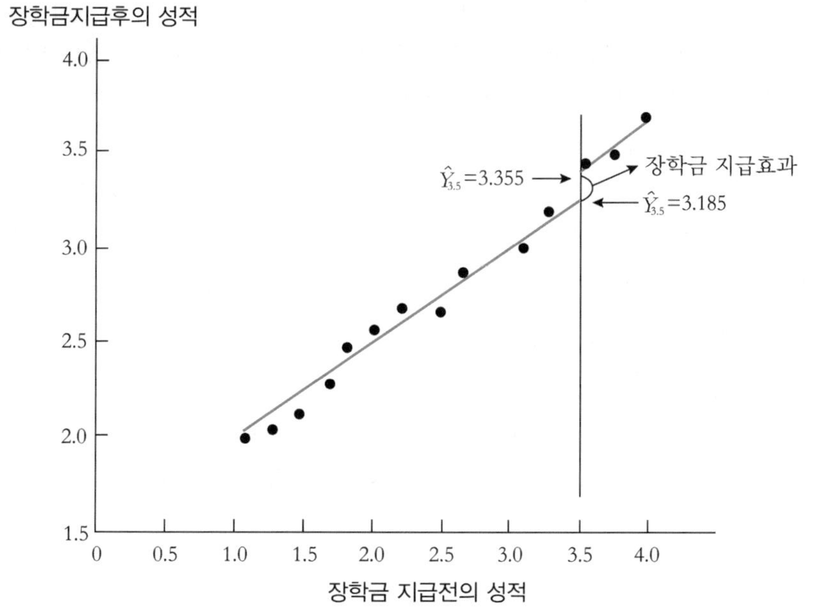

출처: Cook & Campbell, *Quasi-Experimentation*, 1979, p. 139, Figure 3.11.

[그림 7-17]의 X축에는 장학금을 받기 전의 성적을 나타내고, Y축에는 장학금 지급후의 성적을 나타낸다. 이때 장학금은 장학금 지급전 성적이 평균 3.5 이상인 학생에게 지급하는 것으로 가정하였다. 이때 평점 3.5가 장학금을 지급받는지 받지 않는지를 구분하는 구분점(cutting point)이 된다. 즉 평점 3.5점 이상이면 실험집단에 포함되고, 이 점수 이하의 학생은 비교집단에 포함되므로 어떤 학생이 어느 그룹에 배정되는가를 구분해 주는 분기점이 된다. 1년 후에 장학금을 지급받은 학생과 받지 않은 학생의 성적에 대하여 각각 회귀분석을 한 결과가 [그림 7-17]과 같이 나타난다면, 장학금 지급의 효과는 두 회귀직선의 불연속(regression discontinuity)의 크기, 즉 3.355－3.185＝0.170과 같이 나타낼 수 있다.[51)]

이같이 회귀-불연속설계는 정책처리를 한 집단과 하지 않은 집단 등 두 개 이상의 집단들에 취한 정책행위의 결과 추정치들을 계산하고 이를 비교하는 데 사용된다. 이러한 분석은 투입자원이 희소하여 오직 대상집단의 일부에게만 희소 자원이 공급될 수밖에 없는 경우에 정책효과의 파악을 위한 연구에 적합하다.

이러한 유형의 정책에는 "사회 개선을 위한 자원의 공급이 부족하기 때문에 모든 개인에게 혜택이 돌아갈 수는 없다."는 의미가 내포되어 있다.[52)] 아울러 무작위 배정을 하게 되면 가장 빈곤한(또는 가장 받을 만한 자격이 있는) 일부 사람들이 배제되는 경우가 발생하기 때문에 무작위 배정 또한 정치적 실현가능성이 적고 도덕적 정당성을 갖지 못할 가능성이 높다. 예컨대 직업훈련은 가장 빈곤한 사람들을 위해 마련된 것이기 때문에 직업훈련을 위한 한정된 자원을 미숙련근로자 표본에 무작위로 배정할 수는 없다. 장학금은 받을 만한 자격이 있는 가장 성적이 좋은 학생에게 주어야 하기 때문에 한정된 수의 장학금을 신청자들의 표본 중에서 무작위로 배정해 줄 수는 없다. 무작위 배정을 통한 인력훈련대상자 선발이나 장학금 지급은 대상 집단을 대표하는 구성원들의 행태에 미치는 영향을 알아보는 데에는 도움이 될 수도 있다. 그러나 이는 필요성이나 실적 등의 원칙을 위반하기 때문에 정치적으로 그리고 도덕

51) 이러한 사례에 관한 더 자세한 설명은 Cook & Campbell, *Quasi-Experimentation,* 1979, pp. 139-141 참조.

52) 이하 남궁근 외 공역, 「정책분석론」, 제6판, pp. 402-411을 중심으로 설명하였음.

적으로 받아들일 수 없는 경우가 있다.

(2) 회귀-불연속설계와 동점분리실험

회귀-불연속설계의 장점은 전체 대상 집단이 특정 프로그램의 수용범위보다 커서 그 중에서 가장 빈곤하거나 또는 가장 받을 만한 자격이 있는 일부 구성원들에게만 희소 자원을 제공했을 경우의 효과를 평가할 수 있다는 점이다. 가령 받을 만한 자격이 있는 사람들(예, 입학시험의 고득점자들)은 많은데 그 중 일부에게만 희소자원(예, 장학금)을 주어야 하는 상황을 가정해 보자. 입학정책의 목적 중의 하나는 장래에 성공할 수 있는 사람을 선발하는 것이다(여기서 '성공'이란 장래 벌어들일 수 있는 소득으로 정의하기로 하자).

이 경우 가장 받을 만한 자격이 있는 신청자들에게만 장학금을 지원했다면 이는 실적주의 원칙을 충족시킨 것이다. 그러나 이런 학생들은 장학금을 못 받더라도 장래 성공할 가능성이 높다. 이러한 상황하에서 장래의 성공이 장학금을 받은 결과인지 또는 신청자들의 가정환경이나 사회적 지위 등 다른 요인들에 의한 결과인지를 판단하기가 매우 어렵다. 장학금은 장래의 성공에 영향을 미치는가?

이러한 질문에 답하기 위한 한 가지 방법은 능력이나 빈곤 수준에서 동일한(또는 '동점'인) 소수의 사람들에게 희소한 자원을 무작위로 할당하는 실험(동점-분리 실험이라 부름)을 실시하는 것이다. 동점-분리 실험을 이해하기 가장 쉬운 예로 가령 다섯 명의 학생이 입학시험에서 모두 100점을 맞았다고 하자. 여기서 문제는 받을 만한 자격이 있는 그들 다섯 명 중 두 명에게만 장학금을 주어야 한다는 점이다. 다섯 명의 학생 모두가 동등한 자격을 가지고 있기 때문에 동일 조건 즉, 동점을 분리시키기 위한 어떤 절차가 사용되어야 한다.

이 중 한 가지 절차가 무작위 배정이다. 이와 똑같은 논리가 회귀-불연속 분석을 이용한 준실험에도 적용된다. 동점-분리 실험에서는 희소 자원을 받을 사람과 받지 못할 사람들을 구분할 실적이나 빈곤(예, 입학시험성적이나 가족 소득으로 결정)에 따른 좁은 대역(band)을 설정해야 한다. 예를 들어, 입학시험에서 90점에서 95점 사이에 실력에 따른 좁은 대역을 설정했다고 생각해 보자. 89점 이하의 사람은 장학금을 받지 못하고 96점 이상의 사람은 장학금을 받는다. 그러나 90점과 95점 사이 즉, 실력에 따른 좁은 대역에 속하는 사

그림 7-18 동점-분리실험

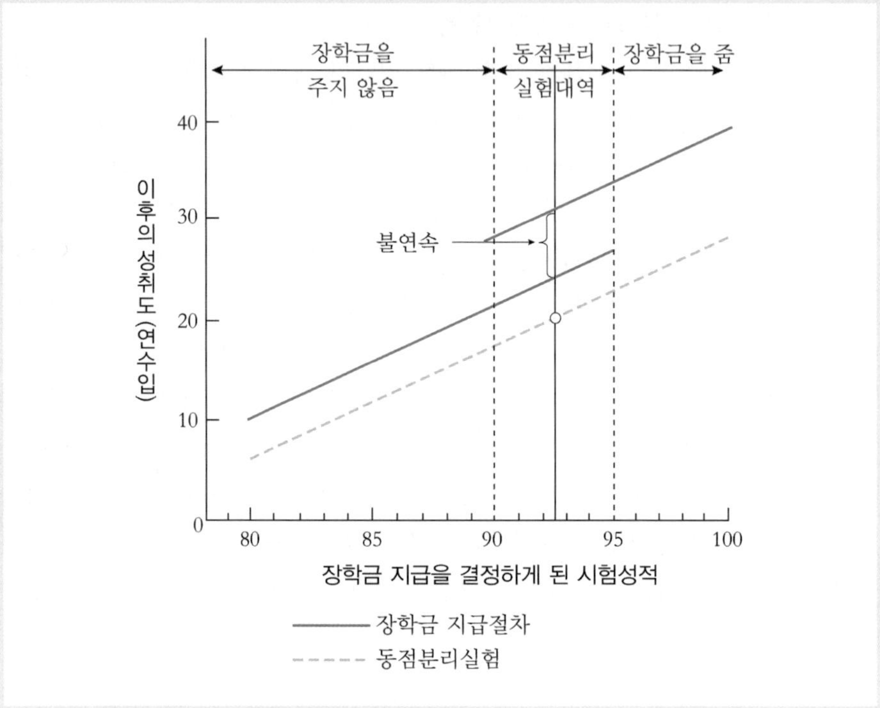

출처: D. T. Campbell, Reforms as Experiments, *American Psychologist,* 24:4, 1969.; Dunn, *Public Policy Analysis,* 6th ed., p. 304, Figure 6.13에서 재인용.

람들은 무작위로 두 집단으로 나뉘어 한 집단은 장학금을 받고 나머지 다른 집단은 장학금을 못 받는다. 단, 이러한 무작위 절차는 가치 있는 자원을 받을 만하거나 빈곤한 사람들이 너무 많아서 한정된 자원으로는 모두 수용할 수 없는 상황하에서만 정당화될 수 있음에 유의해야 한다.

이러한 동점-분리 장치가 없다면 최고 점수를 받은 학생들만 선택하지 않을 수 없을 것이다. 이러한 조건하에서는 [그림 7-18]의 점선이 보여주듯이 입학시험 점수가 장래 인생에 있어서의 성공과 매우 강한 정의 상관관계가 있는 것으로 생각할지도 모른다. 그러나 능력에 따른 좁은 대역(즉 90~95점 사이)에서 무작위로 사람들을 선정하여 일부는 장학금을 주고 일부는 장학금을 주지 않음으로써, 장래의 성공에 장학금이 가정환경이나 사회적 지위 등 다른 요인보다도 더 많은 영향을 미치게 되는지 여부를 알 수 있다. 만일 입학시험

점수가 이러한 증폭효과를 가져왔다면 이것은 장학금을 받은 사람들과 받지 않은 사람들을 분리시키는 불연속 실선의 형태로 표시될 것이다([그림 7-18]).

회귀-불연속분석의 적용을 나타내는 가상적인 또 다른 하나의 예를 들어 보자. 환경보호를 위한 규제정책이 여러 도시의 대기오염수준을 줄이는 데 미치는 영향을 점검하고자 한다고 가정하자.53) 즉 대기오염규제활동이 규제활동을 전혀 하지 않는 것에 비하여 대기오염을 줄일 수 있는지 여부를 알고자 하는 것이다. 공해수준이 중간 정도인 도시에서부터 심각한 도시에 이르기까지 20개의 도시들을 규제의 실험대상으로 선정하였다고 가정한다. 공해심각도 지

표 7-8 실험집단과 통제집단의 시행전후 가상적 공해심각도 점수

실험-통제집단 / 구 분	도 시	시행전 공해 심각도	시행후 공해심각도	비 고
실험집단	1	97	93	
	2	95	91	
	3	92	87	
	4	90	87	
	5	89	84	
	6	87	82	
	7	86	83	
'동점-분리' 집단	8*	85	82	실험집단
	9	85	88	통제집단
	10*	84	80	실험집단
	11	83	84	통제집단
	12	82	86	통제집단
	13*	81	78	실험집단
통제집단	14	80	78	
	15	79	75	
	16	78	77	
	17	76	75	
	18	74	73	
	19	71	71	
	20	67	60	

출처: 가상자료. Dunn, *Public Policy Analysis,* 6th ed., pp. 305-309에서 재구성.

53) 이 사례는 Dunn, *Public Policy Analysis*, 6th ed., pp. 304-310의 자료를 요약한 것이다.

수(최고치=100)에 따른 각 도시들의 분포가 <표 7-8>에 나타나 있다. 여기에서 공해심각도가 86 이상인 도시는 모두 규제실험의 실시대상이다.

한편 공해심각도가 80 이하인 도시는 모두 통제집단으로 실험대상에서 제외하였다. 공해심각도가 81에서 85 사이의 구간 내에 있는 여섯 개의 도시를 규제실험을 위한 '동점-분리' 집단으로 구분하였다. 이 중 세 개의 도시를 무작위로 선정하여 규제프로그램을 실시하고 나머지 세 개의 도시에는 실시하지 않았다. 20개 도시 전체(실험집단과 통제집단에 각각 10개씩)의 대기오염수준을 규제실험이 실시되기 한해 전과 한해 후에 점검하였는데 그 가상적인 결과가 <표 7-8>에 제시되었다.

규제실험실시 이전의 공해수준이 같거나 또는 유사한 도시들인 동점-분리 집단에서 규제실험 실시 이후 공해심각도 지수를 비교하면 규제프로그램이 미치는 효과가 어느 정도인지를 알아볼 수 있다. 그 수치를 그래프의 형태로 표

그림 7-19 가상적 실험도시와 통제도시의 회귀-불연속분석 결과에 대한 그래프표시

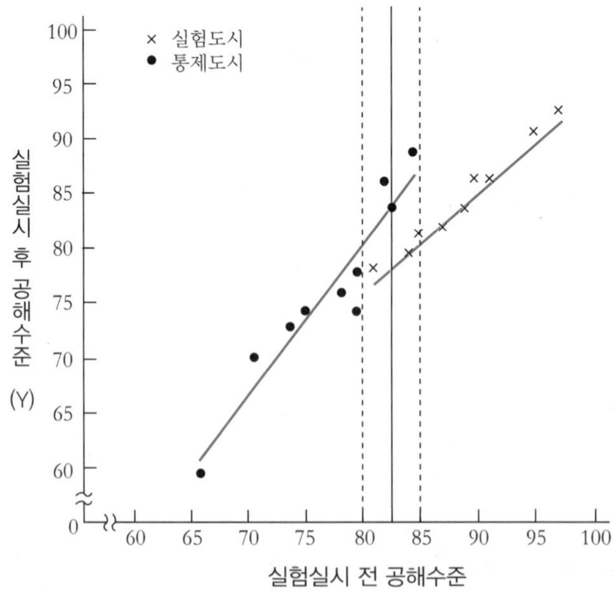

출처: Dunn, *Public Policy Analysis*, 6th ed., p. 310, Figure 6.14.

시하면 보다 쉽게 이해할 수 있게 된다. [그림 7-19]를 살펴보면 두 집단 사이의 부분 불연속이 매우 명확히 나타나 있다. 따라서 규제의 효과가 있는 것으로 판단할 수 있다. 그런데 실제로 이러한 회귀-불연속 분석이 유효하려면 보다 많은 사례가 필요하다.

2. 인과적 추론이 어려운 준실험설계

다음과 같은 조사설계는 준실험설계이지만 기본적으로 인과적 추론이 어려운 설계에 해당된다.[54] 이러한 설계를 원시실험설계(pre-experimental design)라고 부르기도 하는데, 실험설계의 조건을 제대로 갖추지 못하고 있다는 것이다. 즉, 연구대상에 실험처리를 하지만 연구대상을 실험집단과 비교집단에 무작위적으로 배정할 수 없거나 비교집단이 아예 없으며, 실험적 통제(experimental control)를 대체할 수 있는 통계적 통제(statistical control) 방법도 사용하기 어려운 경우이다. 이러한 설계에서도 실험처리가 이루어지고 사후측정을 통하여 그 효과를 측정한다는 점에서 실험의 성격을 어느 정도 가지고 있지만, 외재적 변수의 영향을 배제하기 어렵기 때문에 인과관계를 검증하는 데 한계가 있다. 그러므로 전문적인 학술적 연구에서는 잘 사용되지 않지만 현실적으로 광고 목적 등으로 많이 활용되고 있는 실정이므로 주의하여야 한다.

1) 단일집단 사후측정설계

단일집단 사후측정설계(One Group Posttest Only Design)는 1회의 사례연구(one-shot case study)라고도 부른다. 광고를 본 후 광고효과를 측정하거나, 주민전산망이 완성된 후에 주민전산망의 효과를 측정하는 예를 찾아볼 수 있다. 인과적 추론의 타당성을 거의 보장할 수 없는 설계방식이다. 즉 성숙요인, 역사요인, 선발요인, 상실요인 등의 효과를 배제할 수 없는 설계방법이다.

$$(EG) \quad X \quad O_1$$
$$(E) = (O_1)$$

54) Cook & Campbell, *op. cit.,* chapter 6 참조.

그림 7-20 인과적 추론이 어려운 준실험설계의 사례

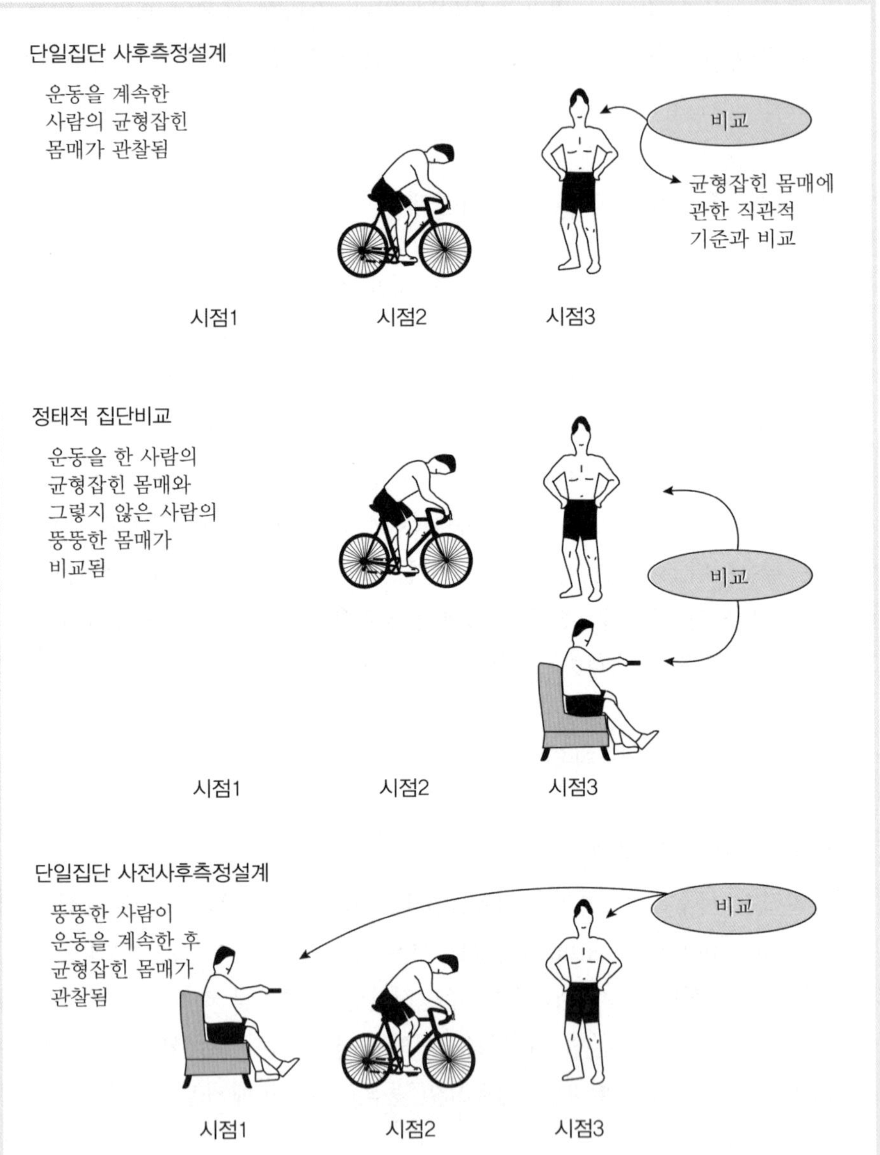

출처: Earl Babbie, *The Practice of Social Research*, 9th ed., 2001, p. 225, Figure 8-3.

[그림 7-20]에 인과적 추론이 어려운 단일집단 사후측정설계 등 준실험설

계를 알기 쉽게 제시하였다. 이 그림에서 연구문제는 "운동을 통하여 체중을 줄일 수 있는가?"이다. [그림 7-20] (a)의 단일집단 사후측정설계는 일상생활에서 흔히 사용되는 상식적인 논리적 추론의 형태를 반영하고 있다. "운동을 통하여 체중을 줄일 수 있겠는가"라고 질문했을 때 상당기간 운동을 했던 몇 사람을 생각하고 그 사람들이 날씬하므로, 그 명제가 입증되었다고 주장하는 것이다. 그러나 이러한 추론에는 문제가 있을 수 있다. 그 사람들은 운동하기 전부터 날씬한 사람이었을 수 있다. 아니면, 적게 먹거나, 병에 걸렸거나 등 다른 이유 때문에 날씬해 졌을 수 있다.

그림에 나와 있는 관찰결과만 가지고는 이와 같은 다른 가능성을 배제시킬 수 없다. 나아가서 그림 속의 사람들이 날씬하다고 판단하는 것은 어떤 사람이 날씬하고 어떤 사람이 과체중인지에 관한 우리의 직관적인 생각에 의존한다. 전반적으로 볼 때 이러한 설계는 운동과 체중감소의 관계를 검증하는 증거로 하기에는 너무 취약하다.

2) 비동질적집단 사후측정설계

비동질적집단 사후측정설계(The Posttest Only Design With Nonequivalent Group)는 실험집단의 사후측정값을, 무작위 배정이 안 되었기 때문에 동질성이 확보되지 못한 비교집단과 비교하는 방법으로 정태적 집단비교(static group comparison)방법이라고도 부르기도 한다. 이러한 설계에서는 무엇보다도 선발요인과 상실요인이 내적 타당성의 위협요인으로 작용한다.

$$(EG):\quad X \quad O_1$$
$$(NG):\quad \quad O_2$$
$$(E) = (O_2 - O_1)$$

[그림 7-20] (b)에 예시된 정태적 집단비교는 운동을 한 사람과 그렇지 않은 사람을 비교한다. 이 경우에는 무엇이 날씬하고 무엇이 과체중인지에 대한 정의의 문제를 어느 정도 해소시킬 수 있다. 그러나 이러한 설계에서는 운동을 한 사람이 시작하기 전부터 날씬했을 가능성을 배제할 수 없으며, 운동 프로그램을 시작한 사람들 가운데 체중감소에 성공할 가능성이 적은 사람들이 무더기로 중도 탈락할 수 있다.

3) 단일집단 사전사후측정설계

단일집단 사전사후측정설계(The One Group Pretest-Posttest Design) 이 설계는 실험집단에서 종속변수를 실험처리(정책개입) 이전에 측정한 측정값을 정책개입 이후의 사후측적값과 비교하여 실험변수의 효과를 측정하고자 한다. 예를 들면, 광고 이전과 광고 이후에 광고의 효과를 조사하여 그 차이 $(O_2 - O_1)$를 가지고 광고효과를 측정하는 방법이다. 역사요인, 성숙요인, 검사요인, 측정수단요인 등의 효과를 배제하기 어렵다.

$$(EG) \quad O_1 \quad X \quad O_2$$
$$(E) = (O_2 - O_1)$$

[그림 7-20] (c)에 예시된 바와 같이 단일집단 사전사후측정설계에서는 운동을 통하여 체중이 감소했다는 보다 나은 증거를 얻을 수 있다. 구체적으로 운동 이후 날씬한 사람이 그 이전부터 날씬했을 가능성은 배제할 수 있다. 그러나 여전히 다른 이유가 아니라 바로 운동 때문에 그 사람이 날씬해졌다는 것을 보증할 수는 없다. 즉, 운동과 병행하여 다이어트를 하거나, 아니면 병에 걸렸거나 등 다른 이유 때문에 날씬해 졌을 수 있다. 또한 연구대상이 자신의 체중에 대한 사전측정값과 관련자료를 본 후 충격을 받아 식사량을 크게 줄였기 때문일 수도 있다.

4) 준실험설계에서 내적 타당성 위협요인 요약

이상에서 일곱 가지 유형의 대표적인 준실험설계를 살펴 보았다. 이들 중 세 가지는 인과적 추론이 어려운 준실험설계이며, 네 가지는 인과적 추론이 비교적 가능한 준실험설계라고 지적한 바 있다. 그런데 이러한 설계유형에 따라 작용할 가능성이 높은 내적 타당성의 위협요인은 각각 다르다. <표 7-9>에 각각의 설계유형에서 작용할 수 있는 내적 타당성의 저해요인을 요약하여 제시하였다.

<표 7-9>에서 알 수 있는 바와 같이 단일집단 사후측정설계, 비동질적 집단 사후측정설계, 단일집단 사전사후측정설계 등 세 가지 유형의 설계는 여러 가지 유형의 내적 타당성의 위협요인이 작용하기 때문에 인과적 추론이 어려운 설계로 분류된다. 한편 비동질적 통제집단설계, 회귀불연속설계, 단절적

시계열 설계 등에서도 각각 몇 가지 유형의 내적 타당성 위협요인이 작용하지만 인과적 추론은 어느 정도 가능하다. 그러나 통제시계열설계에서는 대부분의 위협요인이 통제된다.

표 7-9 준실험설계의 유형에 따른 내적 타당성과 저해요인

	내적 타당성의 저해요인							
	성숙 요인	역사 요인	선발 요인	상실 요인	회귀 요인	검사 요인	측정 수단 요인	성숙, 선발 등과의 상호작용
A. 인과적 추론이 어려운 준실험설계								
단일집단 사후측정설계 X O	−	−	−	−				
비동질적집단 사후측정설계 X O O	?	+	−	−	+	+	+	−
단일집단 사전사후측정설계 O X O	−	−	+	+	?	−	−	−
B. 인과적 추론이 가능한 준실험설계								
비동질적 통제집단설계 O X O O O	+	+	+	+	?	+	+	−
단절적 시계열설계 O O O X O O O	+	−	+	+	+	+	?	+
통제시계열설계 O O O X O O O O O O O O O	+	+	+	+	+	+	+	+
회귀불연속설계	+	+	+	?	+	+	?	+

주: 이 표에서 −는 결정적 약점이 있음을, +는 해당요인이 통제될 수 있음을, 물음표(?)는 의심스럽다는 것을 나타내며, 빈칸은 해당사항이 없음을 나타냄.

출처: D. T. Campbell & J. C. Stanley, *Experimental and Quasi-Experimental Designs for Research*, 1966, p. 8, p. 40 및 p. 56에서 발췌.

Campbell과 Stanley는 통제시계설계를 복수시계열설계(multiple time-series)라고 부른다.

제 4 절 비실험설계

비실험설계(non-experimental design)는 인과적 추론의 세 가지 조건을 모두 갖추지 못한 설계, 즉 진실험 또는 준실험적 설계를 제외한 인과관계의 추론방법을 말한다. 인과적 추론을 위한 비실험적 방법에는 통계적 통제(statistical control)에 의한 방법, 인과모형에 의한 방법 등이 포함된다.[55]

비실험설계는 어떠한 이유에서이든 연구대상을 무작위 배정이나 짝짓기 방법에 의해 실험집단과 통제집단으로 구분하기 어렵고, 또한 단절적 시계열설계와 같은 시계열자료를 구하기 어려워 진실험설계 또는 준실험설계를 채택하기도 어려운 경우에 원인과 결과간의 관계를 추론하기 위해서 사용된다. 즉, 비실험적 조사설계는 실험변수의 조작이나 외재적 변수의 인과적 영향을 배제시킬 수 있는 통제의 장점을 기대할 수 없는 상태에서, 자연적인 상황에서 발생하는 공동변화(concomitances)와 그 순서(sequences)의 관찰에 기초를 두고 인과적 과정을 추론하는 것이다. Cook & Campbell은 이를 수동적 관찰(passive observation)을 통하여 원인을 추론하는 방법이라고 부르고 있다.[56]

1. 통계적 통제

통계적 통제에 의한 방법은 결과변수에 영향을 미친다고 생각되는 제3변수들을 식별하여 통계분석의 모형에 포함시키는 것이다.

예를 들어, 회귀분석을 통하여 결과변수(Y)에 영향을 미친다고 추정된 원인변수(X)의 영향의 크기를 검증할 때 다음과 같은 회귀방정식을 가지고 그 효과를 추정할 수 있다.

---

55) 노화준, 「정책평가론」, pp. 330-373 참조.
56) Cook & Campbell, *op. cit.,* chapter 7.

$$Y = a + bX \qquad (7.1)$$

방정식 (7.1)에서 회귀계수 b는 X가 한 단위 증가할 때 Y의 증가를 나타낸다. 그런데 추정된 원인변수(X) 이외에 Y에 영향을 미친다고 생각되는 제3의 변수들(Z_1, Z_2, Z_3)이 있다고 하자. 이때 이들 통제변수의 영향을 통제한 후에 X의 효과는 다음과 같은 다중회귀방정식에서 b_1의 값으로 나타난다.

$$Y = a + b_1X + c_1Z_1 + c_2Z_2 + c_3Z_3 \qquad (7.2)$$

식 (7.2)에서 부분회귀계수 b_1의 값은 제3의 변수 즉 통제변수인 Z_1, Z_2, Z_3의 영향을 통제한 후에 X가 미치는 영향의 크기를 나타낸다.[57] 그러나 이와 같은 다중회귀분석을 사용했다고 해서 반드시 인과관계의 가능성을 추론했다고 볼 수는 없다는 점에 유의하여야 한다. 여기에서 인과적 추론의 조건을 다시 살펴보기로 하자.

인과관계 추론의 세 조건은 ① 변수 X와 Y가 공동변화(covariation)한다는 사실을 입증하고, ② 현상 발생의 시간적 선후관계(time-order)를 분명하게 밝혀야 하고, ③ 허위관계(spurious relation)의 가능성을 배제시킬 수 있어야 한다. 그런데 회귀분석은 통계적으로 공동변화를 확인할 수 있을 뿐이며, 허위관계의 가능성이 있는 변수(Z_1, Z_2, Z_3)를 통제변수로 포함시켰다고 하더라도, X와 Y의 시간적 선후관계는 입증할 수 없다. 따라서 X와 Y의 시간적 선후관계에 대한 설득력 있는 논리가 제시되어야 한다.

Cook & Campbell은 예측(prediction)을 위한 통계분석과 인과적 추론(causal inference)을 위한 통계분석은 그 목적과 사용방법에서 상당히 차이가 있다고 지적한다.[58] 즉 상관적 증거(correlational evidence)를 기초로 하여 인과적 추론을 목적으로 하는 분석과 예측을 목적으로 하는 분석은 분명히 구분되어야 한다. 순수한 예측목적을 위해서는 예측변수(predictor)가 단순히 징후(symptom)인지 아니면 진정한 원인(cause)인지가 문제되지 않는다.

예를 들면, 연구자의 목표가 어떤 사람이 고등학교를 마칠 수 있을지를 예측하는 것이라고 하자. 그와 같은 경우에는 영세민 대상 무료유아원 프로그램

57) 그 효과의 해석에 관한 더 구체적 논의는 제13장 다변량분석의 논리 참고.
58) Cook & Campbell, *op. cit.,* pp. 296-297.

(Head Start Program)에 다녔는지 여부를 부정적 예측변수(negative predictor)로 사용하여 예측방정식에 포함시킬 수 있다. 사실상 영세민 자녀가 무료유아원 프로그램에 다닌 경우에는 그렇지 않은 경우보다 고등학교를 마칠 확률은 높아진다. 그러나 무료유아원에 다녔다는 것은 그 학생이 사회 경제적 여건이 지극히 불리한 위치에 놓여 있다는 사실을 반증하기 때문에, 무료유아원에 다닌 학생은 그렇지 않은 학생에 비하여 고등학교를 마칠 가능성이 적어진다. 이와 유사하게 심리치료(psycho-therapy)는 우울증 환자가 자살할 확률을 감소시켜 주겠지만, 자살의 가능성을 예측하는 것이 목적이라면 심리치료를 받은 횟수가 많을수록 그 가능성이 높아진다고 보는 것이 옳을 것이다.

이와 같이 예측을 주목적으로 하는 경우와 인과적 설명을 주목적으로 하는 경우는 분석기법이나 논리가 상당히 달라진다. 일찍이 Blalock도 '예측'과 '인과적 추론'의 논리를 엄격하게 구분하였다.59)

회귀분석의 문헌에서도 예측을 위한 회귀분석과 인과적 추론을 목적으로 하는 구조적 회귀분석(structural regression)을 분명하게 구분하는 것이 관례였다. 예측이 목적인 경우에는 진정한 인과적 경로(causal path)의 식별이나 징후(symptoms)와 원인의 구분이 전혀 문제가 되지 않는다. 그러나 인과적 추론을 위해서는 이러한 구분이 매우 중요하다. 이러한 구분이 제대로 이루어지지 않을 경우에 앞의 예에서 무료유아원 프로그램이나 심리치료가 유해하다는 결론을 내리는 경우와 같이 부분회귀계수값의 부호가 '+'에서 '-'로 뒤바뀌는 등 근본적으로 잘못된 결론을 내릴 수 있다. 따라서 관찰된 자료를 토대로 인과적 추론을 하는 것과 예측을 하는 것은 아주 중요한 차이가 있으며 여러 가지 구체적 방법론적 함의를 가지고 있다.

2. 인과모형에 의한 추론

1) 인과경로모형의 의의

인과경로모형은 여러 변수들간에 원인과 결과의 관계가 복잡하게 작용할 것으로 생각되는 경우에 인과적 모델링(modeling)에 의해서 인과모형을 작성

---

59) H. M. Blalock, Jr., *Causal Inferences in Non-experimental Research*, Chapel-Hill, NC: The University of North Carolina Press, 1961.

하고, 경로분석(path analysis)을 통하여 변수들간의 인과관계의 경로에 관한 가설을 검증하는 방법이다.

인과경로모형의 작성절차는 본서 제4장 제3절에서 살펴본 개념적 준거틀의 작성과정과 유사하며, 다음과 같은 세 단계로 구분된다. 첫째, 연구문제와 관련된 변수를 선정하고, 둘째 변수들간의 관계를 규정한 다음, 셋째 이들간의 관계에서 변수의 위치를 결정하고 모형을 작성하여 도표형태나 기호로 표현한다.

경로분석을 통하여 인과모형을 검증하기 위해서는 분석에 포함된 변수들간의 인과적 흐름의 순서(causal order)가 알려져 있어야 하며 이들 변수들간의 관계가 인과적 폐쇄성(causal closure)을 지닌다는 가정이 필요하다.[60)]

분석대상이 되는 변수들간의 관계는 인과적 흐름이 일방적인 비대칭적인 관계, 서로 영향을 주고받는 상호인과적(reciprocal) 관계, 그리고 원인과 결과를 분간하기 어려운 대칭적 관계(symmetrical relations)로 구분된다. 이러한 관계 중에서 모형에 포함된 변수간의 인과관계의 흐름은 어느 경우에 해당되는지를 분명하게 밝혀야 한다. 또한 경로모형에 포함된 변수들은 외생변수(exogeneous variable, 또는 독립변수)와 내생변수(endogeneous variables, 또는 종속변수)로 구분되는데, 각 내생변수의 분산 중 외생변수에 의하여 설명되지 않은 부분은 잔여변수(residual variable)에 의하여 설명되는 것으로 가정한다. 이러한 잔여변수에 의한 영향의 경로도 모형에 포함되며 이를 잔여경로(residual path)라고 부른다.

2) 인과경로모형의 사례

이해를 돕기 위하여 경로모형의 사례를 살펴보기로 하자. [그림 7-21]은 투표행태와 그 결정요인에 관한 경로도식이다.[61)]

이 경로도식에서는 투표행태(X_4)가 정당일체감(party identification: X_1), 후보자에 대한 평가(X_2), 그리고 선거운동의 쟁점에 대한 인식(X_3)에 의하여

---

60) D. R. Heise, Problems in Path Analysis and Causal Inference, in E. F. Borgatta & G. W. Bohrnstedt (ed.), *Sociological Methodology,* San Francisco, CA: Jossey-Bass, 1969; D. A. Kenny, *Correlation and Causality,* NY: John Wiley, 1979; 김두섭, 「사회과학을 위한 회귀분석」, 법문사, 1993, 제9장 참조.

61) 이하의 설명은 Nachmias & Nachmias, *op. cit.,* pp. 456-459를 주로 참고하였다.

그림 7-21 경로모형의 사례

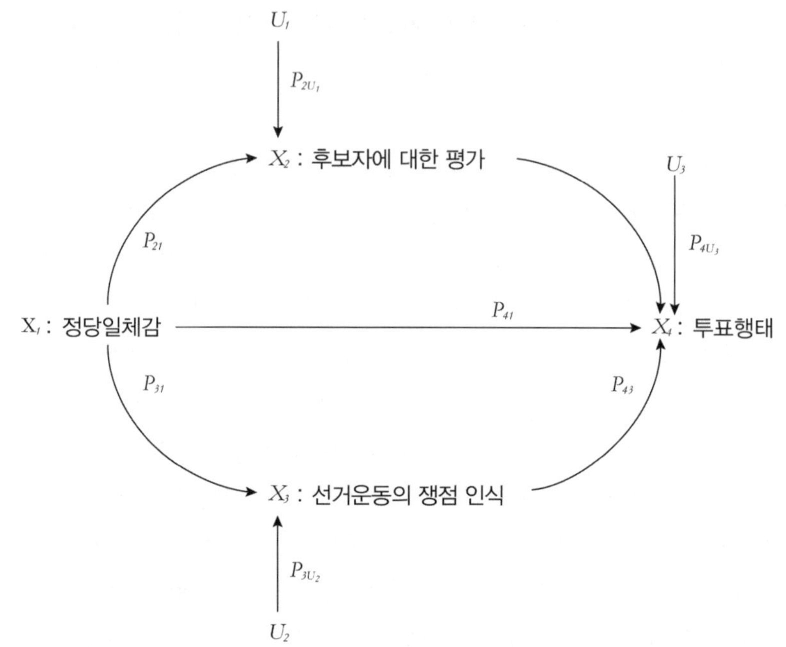

직접영향을 받으며, 또한 후보자에 대한 평가와 선거운동 쟁점에 대한 인식도 정당일체감에 의하여 직접영향을 받는 것으로 가정하고 있다. 더 나아가서 정당일체감은 후보자에 대한 평가와 선거운동쟁점에 대한 인식에 영향을 미침으로써 투표행태에 간접적으로 영향을 미치는 것으로 가정되었다. 그림에서 변수 U_1, U_2, U_3는 잔여변수를 나타낸다. 경로분석에서 직접적인 영향을 나타내는 경로계수(path coefficients)는 Pij의 형태로 표현되는데 아래첨자 i는 종속변수를 나타내고 j는 독립변수를 나타낸다. 그러므로 [그림 7-21]에서 P_{21}은 변수 X_1로부터 X_2로의 경로계수, P_{42}는 변수 X_2로부터 아래첨자 i는 종속변수를 나타내고 j는 독립변수를 나타낸다. 그러므로 [그림 7-21]에서 P_{21}은 변수 X_1로부터 X_2로의 경로계수, P_{42}는 변수 X_2로부터 X_4로의 경로계수를 나타낸다. 마찬가지로 잔여변수에 영향을 나타내는 경로계수 P_{2U_1}은 잔여변수 U_1으로부터 X_2에 미치는 영향을 나타내는 경로계수를 의미한다.

3) 경로계수의 값과 인과적 영향의 계산

경로분석에서 경로계수의 값은 일련의 회귀분석을 실시하여 계산하는데, 먼저 경로모형에 포함된 종속변수와 같은 수의 회귀방정식을 작성한다. [그림 7-21] 경로모형의 경로계수 값을 구하기 위해서는 다음과 같은 세 개의 회귀방정식이 필요하다.

$$X_2 = P_{21}X_1 + P_{2U_1}U_1$$
$$X_3 = P_{31}X_1 + P_{3U_2}U_2$$
$$X_4 = P_{41}X_1 + P_{42}X_2 + P_{43}X_3 + P_{4U_3}U_3$$

각 회귀방정식은 종속변수를 향한 화살표 수만큼 항(terms)을 포함하고 있다. 그러므로 X_4를 종속변수로 하는 회귀방정식에는 X_4에 영향을 미치는 것으로 가정된 4개의 요인, 즉 X_1, X_2, X_3, U_3이 독립변수에 포함되었다. 각 방정식의 회귀계수를 추정하기 위해서는 각 방정식에 대하여 회귀분석을 실시하면 된다. P_{21}을 구하려면 X_2를 종속변수로 X_1을 독립변수로 하는 회귀분석, P_{31}을 구하려면 X_3을 종속변수로 X_1을 독립변수로 하는 회귀분석, 그리고 P_{41}, P_{42}, P_{43}을 구하려면 X_4를 종속변수로 X_1, X_2, X_3을 독립변수로 하는 회귀분석을 각각 실시하여야 한다. 각 경로의 계수값은 각 회귀방정식에서 추정된 표준화된 회귀계수(beta, β)의 값으로 다음과 같다.

$$P_{21} = \beta_{21} \quad P_{42} = \beta_{42}$$
$$P_{31} = \beta_{31} \quad P_{43} = \beta_{43}$$
$$P_{41} = \beta_{41}$$

한편 잔여경로의 계수값(P_{2U1}, P_{3U3}, P_{4U4})은 각 종속변수에서 설명되지 않은 분산의 제곱근이다. [그림 7-21]의 모형에서 P_{2U_1}, P_{3U_3}, P_{4U_4}값은 각각 다음과 같이 구해진다.

$$P_{2U_1} = \sqrt{1 - R^2{}_{2.1}}$$
$$P_{3U_3} = \sqrt{1 - R^2{}_{3.1}}$$
$$P_{4U_4} = \sqrt{1 - R^2{}_{4.123}}$$

이러한 경로계수의 값은 각 변수의 직접영향(direct effects)의 크기를 나타낸다. 그러므로 P_{21}은 변수 X_1이 X_2에 미치는 직접영향, P_{31}은 변수 X_1이 X_3에 미치는 직접영향, P_{41}은 변수 X_1이 X_4에 미치는 직접영향의 값을 나타낸다. 또한 그림에서 변수 X_1은 X_2와 X_3를 통하여 X_4에 간접적으로 영향을 미치는 것으로 가정되는데 이러한 간접영향을 어떻게 계산하는지를 알아보자. 간접영향을 추정하기 위해서는 두 변수를 연결하는 매개변수를 통하는 경로계수값을 곱해주면 된다. 그러므로 변수 X_1이 X_2를 통하여 X_4에 미친 영향은 P_{21}과 P_{42}를 곱한 값($P_{21} \times P_{42}$)이고, X_1이 X_3를 통하여 X_4에 미친 영향은 P_{31}과 P_{43}를 곱한 값($P_{31} \times P_{43}$)이다. 그러므로 변수 X_1이 X_4에 미친 인과적 영향의 크기는 직접영향과 간접영향을 합한 것으로 <표 7-10>에서와 같이 요약된다.

표 7-10 경로분석에서의 인과적 영향의 구분과 계산

인과적 영향의 구분	경로	영향의 크기
직접영향	$X_1 \rightarrow X_4$	P_{41}
간접영향	$X_1 \rightarrow X_2 \rightarrow X_4$	$P_{21} \times P_{42}$
	$X_1 \rightarrow X_3 \rightarrow X_4$	$P_{31} \times P_{43}$
인과적 영향의 총계=직접영향+간접영향=$P_{41} + (P_{21} \times P_{42} + P_{31} \times P_{43})$		

경로분석을 적용한 사례 중의 하나가 Tompkins의 미국 주정부의 복지지출 모형이다.62)

기존 문헌을 검토하여 Tompkins는 산업화(X_1), 소득(X_2), 인종구성(X_3), 정당간경쟁(X_4), 투표율(X_5), 복지지출(X_6) 등 6개 변수를 포함하는 경로모형을 구성하였다. 일방향적인 인과관계를 가정할 때, [그림 7-22]에 제시된 것처럼 6개의 변수를 연결하는 15개의 경로를 설정할 수 있다. 각 경로계수와 잔여경로의 계수가 [그림 7-22]에 제시되어 있다.

62) Gary L. Tompkins, A Causal Model of State Welfare Expenditures, *Journal of Politics,* 37, 1975.

그림 7-22 미국 주정부의 복지비지출에 관한 초기의 경로모형

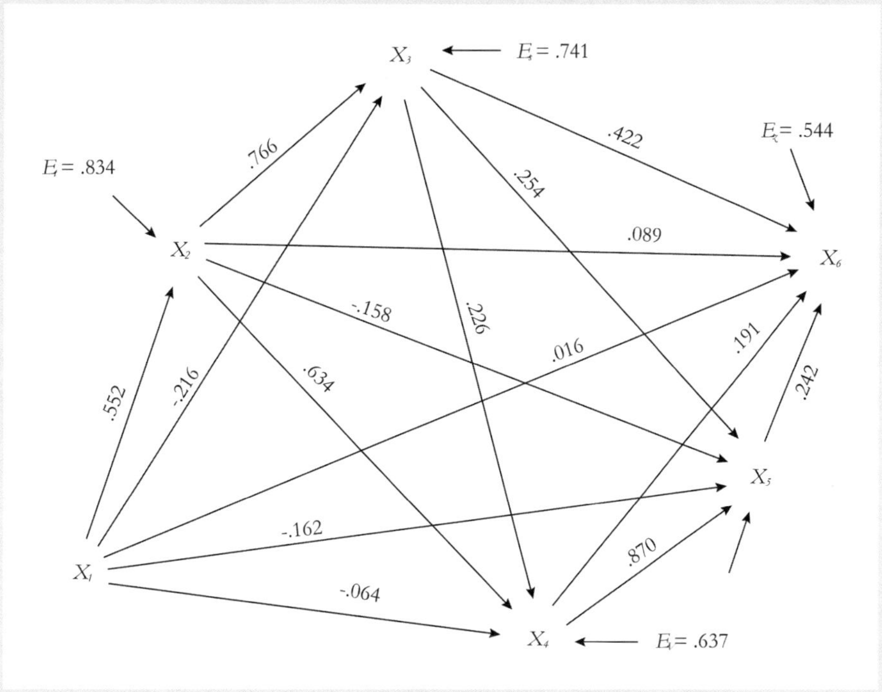

출처: Gary L. Tompkins, A Causal Model of State Welfare Expenditures, *Journal of Politics*, 37, 1975, p. 406, Fig.3.

[그림 7-22]에서 제시된 경로모형이 경험적인 현실을 정확하게 반영하고 있다고 볼 수 있으나, Tompkins는 영향력의 크기가 작은 경로(절대값이 .200보다 작은 경로계수)를 제외시켜서 좀 더 간명한 모형을 개발한 다음, 추정치를 다시 계산하였다.

이러한 절차를 거쳐서 영향력의 크기가 작은 여섯 개의 경로를 제외시킨 다음, [그림 7-23]과 같이 간결하면서도 설명력 있는 모형을 제시하였다.

[그림 7-23]에서 여러 변수가 복지비지출에 미치는 영향을 계산할 수 있게 된다. 예를 들어, 인종구성(X_3)은 복지비지출에 강력한 직접적 영향을 미치면서(P_{63}=.499), 정당간 경쟁을 통하여 상당한 간접적인 영향을 미치고 있다($P_{64} \times P_{43}$=.243×.423=.102). 한편 소득(X_2)은 복지비지출에 직접적인 영향은 미치지 않는다. 그러나 소득은 인종구성(X_3)과 정당간 경쟁(X_4)을 통하

그림 7-23 미국주정부의 복지비지출에 관한 수정된 경로모형

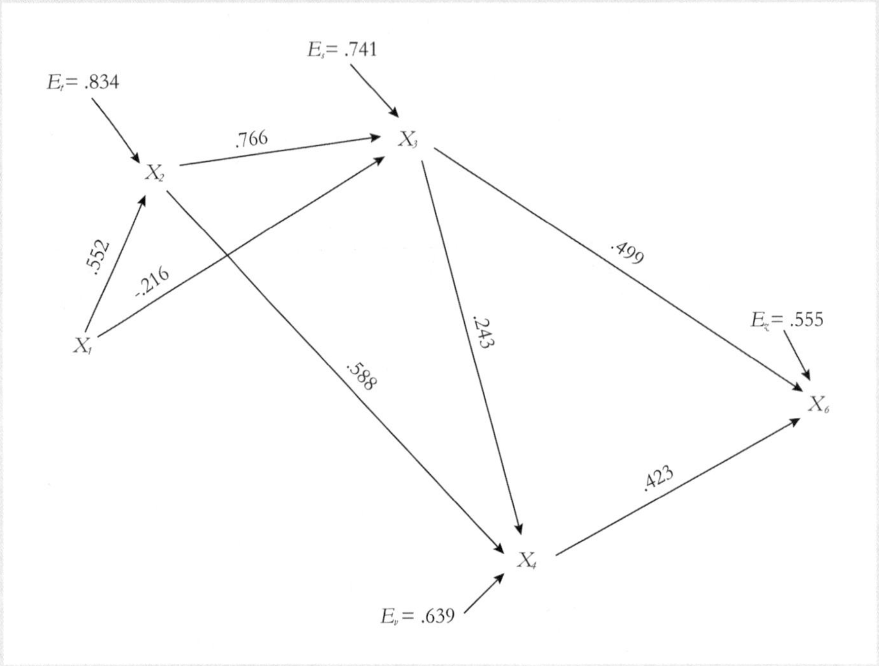

출처: Gary L.Tompkins, A Causal Model of State Welfare Expenditures, *Journal of Politics*, 37, 1975, p. 409, Fig.5.

여 강력한 간접적 영향을 미치고 있다$(P_{63} \times P_{32})+P_{64}\times[P_{42}+(P_{43}\times P_{32})]=$ $(.499\times.766)+.423\ [.588+(.243\times.766)]=.710$).

이상 Tompkins의 사례에서 살펴본 바와 같이 경로모형을 검증하는 과정에서 처음에 설정한 경로모형을 구성하는 각 방정식에 대한 회귀분석을 통하여 경로계수를 구한 다음, 이를 평가하여 무의미한 경로는 배제하고 새로운 모형으로 회귀분석을 다시 실시하여 그 결과를 제시하게 된다.[63)]

통계적 관점에서 보면 경로분석은 일련의 회귀분석을 실시하여 그 회귀계수의 크기를 구하는 것에서 출발하므로, 경로분석 결과가 반드시 인과적 추론의 조건을 충족시켰다고 볼 수는 없다. 인과경로모형에 의하여 인과관계를 추

63) 경로분석의 여러 가지 사례에 대하여 설명하고 있는 국내문헌으로는 김광웅, 「사회과학 연구방법론」, 박영사, 1989, pp. 481-489; 홍두승, 「사회조사분석」, 다산출판사, 1987, pp. 236-247; 김두섭, 전게서, 제9장; 오택섭, 「사회과학데이터분석법」, 나남, 1991 참조.

론할 수 있는가의 여부는 작성된 인과모형의 타당성에 달려 있다고 볼 수 있다. 다음 15장에서 살펴보게 될 공분산구조분석은 이러한 경로모형과 경로모형에 포함된 각 변수의 측정모형을 결합한 분석모형을 설정하고 그 인과적 경로의 타당성을 검증하기 위한 모형이다.

복습과제

01 인과관계가 존재한다고 판단하려면 독립변수와 종속변수 사이의 시간적 선후관계를 규명하고, 공동변화를 확인하여야 하며, 그 관계가 비허위적이라는 점을 밝혀야 한다. 다음과 같은 실험설계의 구성요소는 인과적 추론의 조건 가운데 어느 것과 관련되는가?

a. 실험집단과 비교집단, 그리고 실험전후 측정값을 비교한다.
b. 연구자가 실험변수를 조작한다.
c. 실험집단과 통제집단에 연구대상을 무작위로 배정한다.

02 연구가 시작되기 이전에 실험에서 비교되는 집단이 동등한 것이 중요한 이유는 무엇인가?

03 연구대상을 무작위 배정을 해야 하는 이유는?

04 무작위 배정과 무작위 표본추출은 무엇이 다른가? 하나의 연구에서 동시에 활용할 수 있는가?

05 짝짓기와 무작위 배정의 차이점은 무엇인가?

06 Mill의 차이법과 일치법 가운데 고전적 실험설계의 원리와 더 가까운 것은 무엇인가?

07 고전적 실험설계의 기본원리는 무엇인가? 사례를 들어 설명하시오.

08 Solomon 4집단설계에서 검사요인, 즉 사전측정의 효과는 어떻게 파악되는가?

09 단일요인설계와 비교할 때 다요인설계가 더욱 복잡한데, 어떠한 점에서 더 복잡한가?

10 요인설계에서 주효과와 상호작용효과는 무엇인가?

11 요인설계에서 주효과는 없지만, 상호작용효과만 있을 수 있는가? 사례를 들어 설명하시오.

12 상호작용효과를 독립변수, 조절변수, 종속변수의 관계에서 설명하시오.

13 가짜실험처리 통제집단설계에서 가짜실험처리 또는 가짜약효과(placebo effect)는 무엇인가?

14 준실험적 설계는 어떠한 상황에서 사용하는가? 예를 들어, 설명하시오.

15 자연적 상황에서 이루어지는 비동질적 통제집단설계 또는 이중차이분석의 특징을 (1) 사례를 들어 제시하고, (2) 타당성의 주요 위협요인을 지적하고, (3) 조사설계에서 도출할 수 있는 결론의 한계를 기술하시오.

16 무작위 대조실험의 사례를 찾아보시오.

17 단절시계열설계 또는 통제시계열설계를 사용할 수 있는 경우의 (1) 사례를 제시하고, (2) 타당성의 주요 위협요인을 지적하고, (3) 조사설계에서 도출할 수 있는 결론의 한계를 기술하시오.

18 회귀-불연속설계와 동점-분리 실험을 사용할 수 있는 경우의 (1) 사례를 제시하고, (2) 타당성의 주요 위협요인을 지적하고, (3) 조사설계에서 도출할 수 있는 결론의 한계를 기술하시오.

19 최근 발생한 지진, 태풍 등 자연재해를 생각해 보자. 그 재해를 자연적 실험이라고 간주할 때 연구하고자 하는 연구문제를 제시한 후, 그 연구를

어떻게 진행할지 간략하게 제시하시오.

20 대학에서 형편이 어려운 10명의 학생들에 대하여 장학금 지급 이후 학업 성과를 가지고 장학금의 효과를 조사한다고 생각해보자(이 문제는 Dunn, *Public Policy Analysis,* 6th ed., pp. 313-314 문제 10번과 11번을 수정함).

응시자에 비하여 수혜자의 수가 적기 때문에 장학금은 성적에 따라 지급되어야 한다. 형편이 어려운 모든 학생들에게 장학금을 지급하는 것은 불가능하며, 무작위로 장학금을 받을 학생들을 선정하는 것도 실적의 원칙에 위배되기 때문에 정치적으로 실현가능성이 없다. 이러한 상황에서 10명의 학생들에게 장학금을 할당하는 규칙은 다음과 같다. 92~100점 사이의 상위 5명 학생에게는 자동적으로 장학금이 지급된다. 그리고 86~91점 사이의 학생들 10명 가운데 무작위로 추출한 5명에게 나머지 장학금이 지급된다.

한 해가 지난 후 장학금을 받은 10명의 학생과 장학금을 받지 못한 10명의 학생들의 평균 학점에 대한 정보를 입수했다고 하자. 20명 학생 전원의 대학 입학성적도 물론 가지고 있다. 그렇다면 장학금 지급이 수혜학생의 성적향상을 가져왔는지 확인하고자 한다.

장학금을 받은 집단		장학금을 받지 못한 집단	
입학성적	평점	입학성적	평점
99	3.5	88	3.2
97	3.9	89	3.2
94	3.4	90	3.3
92	3.0	86	3.0
92	3.3	91	3.5
86	3.1	85	3.1
90	3.3	81	3.0
89	3.2	79	2.8
88	3.2	84	3.0
91	3.4	80	2.6

a. 장학금을 받은 집단과 받지 못한 집단의 입학성적과 평균학점을 나타내주는 회귀-불연속 그래프를 그려라. 실험집단(×)과 통제집단(○)에 대한 자료점을 표시하기 위하여 ×와 ○를 이용하시오.

b. SPSS 등 통계패키지를 사용하여 각 집단에 대하여 실적(입학성적)과 그에 따른 학업성과(평균학점)간의 관계를 기술할 회귀방정식을 구하시오.
c. (a)와 (b)의 정보를 토대로 "장학금 수혜학생의 성적이 향상되었는지?"에 관한 대답과 아울러 정당한 근거를 제시하시오.
d. 위의 표에서 장학금을 받지 않은 (통제)집단의 각 학생 평균점수에서 0.5를 빼라. 실험집단(×)과 통제집단(○)에 대한 자료점을 표시하기 위하여 ×와 ○를 이용하여 회귀-불연속 그래프를 다시 그려 보시오.
e. 통제집단의 실적(입학성적)과 그에 따른 학업성과(평균학점)간의 관계를 기술할 회귀방정식을 다시 구하라. 통제집단의 Y축 절편이 변하는가? 그렇다면 그 이유는?
f. 통제집단의 회귀선의 기울기가 변하는가? 그렇다면 그 이유는?
g. 통제집단의 r^2 값과 r 값이 변하는가? 그렇다면 그 이유는?
h. 회귀-불연속 분석의 특별한 장점은 무엇인가?

21 고전적 실험설계와 인과적 추론이 어려운 원시실험설계(pre-experimental designs)의 차이는?

22 원시실험설계를 통하여 인과적 추론이 어려운 이유는?

23 통계적 통제설계에서 도입하는 통제변수와 비동질적 통제집단설계에서 짝짓기를 위하여 사용되는 변수의 공통점은?

24 인과경로모형에서 직접영향과 간접영향은 어떻게 계산하는가?

08 CHAPTER
기술적 연구의 조사설계
Research Designs for Description

장머리에

본장에서는 현상을 정확하게 기술하는 것을 주목적으로 하는 기술적 조사를 위한 설계를 살펴보기로 한다. 기술적 연구에는 여러 가지 유형의 연구가 포함되는데 제1절에서는 이러한 기술적 조사연구의 개념과 유형을 살펴본다. 제2절에서는 횡단적 조사설계에 관하여 살펴보고, 제3절에서는 내용분석의 설계, 제4절에서는 빅데이터 분석, 제5절에서는 사회연결망 분석, 그리고 6절에서는 미래예측설계를 살펴보기로 한다.

제1절 기술적 조사연구의 개념 및 유형

1. 기술적 조사연구의 개념과 특징

기술적 조사연구는 현상을 정확하게 기술(description)하는 것을 주목적으로 한다. 기술적 조사연구는 설명적 조사연구에 비해 상대적으로 단순한데 그 이유는 변수를 측정하여 사회현상 또는 행태를 기술하면 되기 때문이다. 가장 단순한 형태의 기술은 괴롭힘을 당하는 아이들의 숫자를 파악하는 것과 같이 특정 현상이나 행태에 관한 변수를 측정하는 것이다. 보다 정교한 형태의 기술은 하나의 변수와 다른 변수가 어떻게 관련되었는지 살펴보는 것이다. 예를 들면, 괴롭히는 아이들과 괴롭힘을 당하는 아이들의 성격, 교우관계, 가족관계, 가정환경 등을 조사할 수 있다. 여기에서 괴롭히는 아이들과 괴롭힘을 당하는 아이들의 성격, 교우관계, 가족관계, 가정환경 등에 어떠한 차이가 있는지에 관한 가설을 설정할 수도 있다.

질문의 시제가 과거·현재·미래이건 문제되지 않으므로 현재뿐 아니라 과거 및 미래의 일정시점에 있어서의 상황에 관한 정확한 기술을 위한 연구가 모두 포함된다.

기술적 조사연구에서 가장 중요하게 고려해야 할 사항은 자료의 정확성(accuracy)이다. 정확한 자료를 수집하려면 오류를 극소화하고 수집된 증거의 신뢰성(reliability)을 극대화할 수 있는 조사설계가 필요하다.[1] 조사설계의 핵심적인 과제는 타당하고 신뢰도가 높은 측정도구를 사용하여야 하고, 모집단을 대표할 수 있는 표본을 추출하여 조사하는 것이다.[2] 대체로 정책대안 마련을 위한 정책분석적 연구에서는 정확한 실태를 파악하는 것이 전제가 되어야 하므로 행정학 및 정책학 연구에서 기술적 조사연구의 비중은 매우 높다. 기술적 조사에서 연구자는 관찰해야 할 변수가 무엇인지를 알고 있어야 하며 이를 토대로 수집하여야 할 자료가 어떤 것인지도 정확하게 규정할 수 있어야 한다.

2. 기술적 조사연구의 유형

일반적으로 기술적 연구에는 다음과 같은 여러 가지 유형의 연구들이 포함된다.[3]

---

1) C. Selltiz et al., *Research Methods in Social Relations,* NY: Holt, Rinehart & Winston, 1976.

2) 기술적 조사연구를 설계하는 데 있어서는 본서 제10장에서 살펴보는 측정도구의 구성과 그 타당성 및 신뢰성에 관한 내용과 본서 제11장에서 다루고 있는 표본추출에 관한 내용을 이해하여야 한다.

3) Selltiz et. al., *op. cit.*

(1) 지역사회 구성원과 지역사회의 특징에 관한 연구: 전자에는 지역사회 구성원의 연령분포, 육체적 및 정신적 건강상태, 교육정도 등에 관한 연구 등이 있고, 후자에는 지역사회가 보유하고 있는 각종 시설 및 그 활용상태, 예컨대 양로원 및 고아원, 도서관이나 체육관의 수 및 활용정도 등에 관한 연구 등이 있다.

(2) 특정의 행태 또는 태도를 보이는 사람들의 비율에 관한 연구: 예를 들면, 인구억제정책의 도구로서 낙태를 찬성하는 사람의 비율은? 핵전쟁이 일어날 것으로 믿는 사람의 비율은? 사형제도가 폐지되어야 한다고 믿는 사람의 비율은? 등을 생각할 수 있다.

(3) 미래 일정시점에서 구체적인 상황을 예측하기 위한 연구: 예를 들면, 얼마나 많은 사람이 특정후보에 투표할 것인가? 일정기간 동안 신 모델의 자동차가 어느 정도 팔릴 것인가? 등이다.

(4) 어떤 변수들간에 상관관계가 있는지를 알고자 하거나 검증하기 위한 연구: 예를 들면, 카톨릭 교도가 신교도보다 야당 지지도가 높은가? 독서시간이 많은 사람이 극장에도 자주 가는가? 일반적으로 여자아이들이 남자아이들보다 말을 빨리 배우는가? 이러한 연구에서의 가설은 두 변수간의 관계에 관한 것이기는 하지만, 한 변수가 다른 변수의 발생에 영향을 끼친다고 생각하는 인과적 가설은 아니다. 인과적 가설을 검증하기 위해서는 설명적 조사설계가 필요한데 이미 제7장에서 살펴보았다.

기술적 조사연구에 포함되는 연구의 범위는 실로 다양하기 때문에, 이들을 일목요연하게 분류하기가 어렵다. 여기에서는 몇몇 학자들의 분류를 살펴보기로 한다.

1) Isaac과 Michael의 분류

Isaac과 Michael은 기술적 조사연구를 넓게 정의하여 경험적 연구설계 중에서 실험설계를 제외한 모든 연구를 포함하는 것으로 정의한다.[4] 이어서 기술적 조사연구를 다음과 같은 다섯 가지로 분류한다.

---

4) Stephen Isaac & William B. Michael, *Handbook in Research and Evaluation*, San Diego, CA: EdITS Publishers, 1978, pp. 13-16.

① 기술적 연구(descriptive study): 좁은 의미의 기술적 조사설계를 말하는 것으로 어떤 상황이나 관심분야에 대하여 사실대로 정확하게 체계적으로 기술하는 연구를 말한다.
② 변화연구(developmental study): 시간의 흐름에 따른 성장 및 변화의 패턴이나 단계(sequences)를 조사하기 위한 연구를 말한다.
③ 사례 또는 현지연구(case or field study): 개인, 집단, 기관 또는 지역사회 등 어떤 사회적 단위의 배경, 현황, 그리고 이들 사회적 단위와 환경과의 상호관계를 심층적으로 탐구하기 위한 연구를 의미한다.
④ 상관적 연구(correlational study): 상관계수에 기초하여 어떤 요인의 변량(variations)이 다른 하나 이상의 요인의 변량에 상응하는 정도를 조사하기 위한 연구를 말한다.
⑤ 인과적 비교연구(causal comparative study): 현재 상태를 관찰한 다음 가능한 원인-결과의 관계를 조사하기 위해서 과거로 소급해서 탐색하는 연구를 말한다. 그러나 이러한 유형은 설명적 조사연구에 해당되는 것으로 보아야 한다.

2) Lang과 Heiss의 분류

Lang과 Heiss[5]는 기술적인 연구를 현재의 상태(what is)를 기술하고 해석하는 연구로 정의한다. 그 구체적 유형으로 다음과 같은 다섯 가지를 들고 있는데 내용분석을 추가하는 것 외에는 Isaac과 Michael의 분류와 유사하다.

① 현황 서베이(status survey)
② 인과적-비교연구(causal comparative study)
③ 상관적 연구(correlational studies)
④ 사례연구(case studies)
⑤ 내용분석(content analysis)

5) G. Lang & G. D. Heiss, *A Practical Guide to Research Methods*, University Press of America, 1984, pp. 81-88.

3) O'Sullivan과 Rassel의 분류

행정실무자와 행정연구자를 대상으로 교과서를 집필한 O'Sullivan과 Rassel[6]은 기술적 조사연구의 유형을 설계방법에 따라서 횡단적 설계(cross-sectional design), 시계열 설계(time-series design), 그리고 사례연구설계(case study design) 등으로 구분하고 있다.

4) 본서의 분류

본서에서는 기술적 조사연구를 그 설계방식에 따라서 횡단적 설계와 미래예측설계, 내용분석 설계로 구분한 후, 다음 단계에서 내용에 따라 구분하는 방식을 취하기로 한다.[7] 제3장에서 살펴 본 바와 같이 조사설계(research design)란 연구자가 연구문제에 대한 해답을 얻는 데 필요한 경험적 증거를 수집하기 위해 사용하는 조사연구의 계획을 말한다. 조사설계에서는 연구대상, 주요 변수의 개념화 및 조작적 정의, 자료수집 및 분석방법을 제시하여야 한다. 그런데 횡단적 설계와 시계열설계는 설계방식에 상당한 차이가 있으므로 구분하여 살펴보겠다. 횡단적 설계는 단일변수의 정확한 기술이 주목적인 현황 서베이 설계와 둘 이상의 변수간의 관련성을 파악하기 위한 상관적 연구설계로 구분한다. 이어서 횡단적 설계의 특수한 형태로 볼 수 있는 내용분석의 설계, 빅데이터 분석, 사회연결망 분석을 살펴보겠다. 미래예측 설계에서는 다시 양적방법의 설계와 질적 방법의 설계에 관하여 살펴보기로 한다.

---

6) O'Sullivan & Rassel, *op. cit.,* pp. 19-33.

7) 본서 제2판에서 기술적 조사설계의 일부로 다루었던 사례연구는 제9장 질적 연구의 조사설계로 옮겨서 살펴보기로 한다. 그 이유는 사례연구가 질적 연구방법으로서의 특성이 강할 뿐 아니라 설명적인 연구목적으로 사용되는 경우도 종종 볼 수 있기 때문이다. 한편 내용분석을 기술적 조사설계의 하나로 추가하였다.

제 2 절 횡단적 조사설계

1. 횡단적 설계의 개념과 단계

1) 횡단적 설계의 개념

횡단적 설계(cross-sectional design)란 일정시점을 기준으로 모든 관련 변수에 대한 자료를 수집하는 설계방법이다. 횡단적 설계에서는 수집된 자료가 일정 시점에서 한 집단 또는 사례들의 특징을 나타낸다. 횡단적 설계의 특징을 단적으로 나타내기 위하여 이를 관심분야 현상에 대한 물리적인 횡단면이나 순간포착사진으로 비유하기도 한다.[8)]

이러한 비유는 횡단적설계의 정태적, 시간제약적 성격을 잘 나타내고 있다. 이 설계는 일정한 시점에서 포착한 사실을 묘사하기 때문에 다른 시점에서는 상황이 크게 달라질 수도 있다는 가능성을 배제할 수 없다.

횡단적 설계는 연구대상이 ① 지리적으로 넓게 분포되었고, ② 연구대상의 수가 많으며, ③ 많은 변수에 관한 자료를 수집하여야 할 필요성이 큰 경우에 적절한 설계방법이다. 이 중 어느 한 가지 조건이라도 만족되면 횡단적 설계를 사용할 수 있다.

2) 횡단적 조사의 단계

횡단적 조사가 이루어지는 단계는 대체로 다음과 같다.

(1) 개념적 준거틀 구성

연구자가 횡단적 조사설계를 선택하기로 결정했다면 연구의 개념적 준거틀을 구성하여야 한다(제4장 제3절 참조). 개념적 준거틀의 기능의 하나가 연구범위를 한정하는 기능이므로, 그 과정에서 조사범위가 정해진다.

---

8) O'Sullivan & Rassal, *op. cit.,* p. 22.

(2) 변수들의 개념적 정의와 조작적 정의

연구에 포함된 변수들의 개념적 정의와 조작적 정의를 통하여 어떻게 측정할 것인지를 결정한다(본서 제10장 및 12장 참조).

(3) 자료수집

자료수집의 대상과 자료수집방법을 결정한다. 횡단적 조사설계의 특징은 동일시점에서 모든 변수에 대한 자료를 수집한다는 것이다. 횡단적인 조사설계의 자료수집방법으로 서베이(survey) 및 이에 준하는 기법이 사용된다. 서베이 조사는 표본으로 추출된 개인 또는 조직의 대표가 설문서에 응답하는 자료수집방법으로 횡단적 조사설계를 적용한 대표적인 연구방법이다. 서베이 조사에서는 구조화된 설문서를 자료수집방법으로 사용하며, 다수의 응답자를 표본으로 추출하여 조사한 다음, 응답결과를 통계분석방법을 적용하여 분석한다.[9]

서베이에 준하는 자료수집방법이란 연구자가 여러 가지 자료원에서 횡단적인 통계자료, 즉 2차 자료를 수집하는 경우이다. 예를 들면, 교통사고 사망률과 관계되는 요인들에 관한 자료수집을 위하여 연구자는 각 지방에서의 교통사고 사망자수, 도로상황, 교통밀도, 여러 가지 교통범죄자의 수 및 벌금액 등의 자료를 수집할 수 있다. 지방자치단체의 예산지출수준과 관련된 요인을 검토하기 위하여 각 지역의 소득수준, 투표율, 산업화, 도시화 정도를 측정하는 등의 자료를 수집할 수 있다.

횡단적 조사연구가 설명적 조사연구에 비하여 조사연구의 복잡성이나 난이도가 떨어지는 것은 아니다. 두 방법 모두 조사대상이 전국에 분포된 경우에는 대표성 있는 표본의 선택이 항상 중요한 과제로 등장한다. 그리고 측정하고자 하는 현상에 대한 개념정의, 조작화, 측정도구의 작성 등 여러 가지 문제가 만족스럽게 해결되어야 하고, 조사과정에서 오차를 줄여야 하는 문제 등도 설명적 조사연구와 유사하다.

(4) 자료분석 및 해석

자료가 수집된 후에 연구자는 변수에 대한 분석 및 변수들간의 관계를 검토하기 위하여 통계적인 분석방법을 사용한다. 횡단적인 설계는 다시 횡단적

9) 본서 제12장 참조.

인 자료를 가지고 단일변수에 대해 정확하게 기술하는 것이 주목적인 현황 서베이와 둘 이상의 변수간의 관련성을 파악하기 위한 상관적 연구로 구분된다. 현황 서베이의 경우에는 단일변량분석(univariate analysis), 상관적 조사의 경우는 다변량분석(multivariate analysis)을 통하여 그 결과가 제시된다. 전자는 하나의 속성 또는 변수의 분포를 기술하는 것이고, 후자는 둘 또는 그 이상의 속성 또는 변수들간의 동시적인 분포를 기술하는 것이다.

2. 횡단적 조사의 유형

1) 현황 서베이

현황 서베이(status survey)는 어떤 사건과 관련된 상태나 상황을 정확하게 파악하여 기술하는 것을 주목적으로 한다. 현황 서베이에서 전형적으로 제기되는 질문은 다음과 같다. 즉, "…은 얼마나 많은가?" "…은 얼마나 효과적인가?" "…은 얼마나 능률적인가?" "…은 어느 정도 적절한가?" 등이다. 여론조사, 시장조사, 지역사회 서베이, 조직에서의 직무분석(job analysis) 등이 여기에 포함된다.

현황 서베이에서 자료수집방법은 개인이나 조직의 대표에게 질문서를 보내거나 면접을 통해 자료를 수집하는 서베이나, 각종 통계연감에서 자료를 수집하는 2차 자료 수집방법으로 이루어진다. 예를 들어, 지방자치단체에 재직 중인 상위직 공무원들의 경력배경을 살펴보기 위한 서베이를 생각해 보자. 먼저 성, 연령, 전문교육 등 경력배경을 측정하기 위하여 적절한 측정도구를 개발한다. 다음 단계에서는 지방자치단체의 상위직 공무원들에게 질문서를 보내서 이에 답변하게 한다.[10] 이어서 각 변수의 측정자료에 대한 통계적 분석이 이루어진다. 분석결과 상위직 공무원들 중 여성의 비율, 평균연령, 그리고 행정대학원과 같은 직업교육을 받은 사람의 비율 등을 정확하게 파악할 수 있다. 또한 대도시에서 일하는 공무원과 중소도시에서 일하는 공무원의 교육수준을 비교할 수도 있다.

언론기관에서는 현안 쟁점이 있을 때마다 그에 대한 여론조사를 실시하고 있다. 이 경우에 면접자가 응답자에게 현안 쟁점에 대한 의견과 태도에 관하

10) 서베이 조사의 질문지 구성과 자료수집방법에 관하여는 이 책 제12장을 참조할 것.

여 질문한다. 그 결과를 분석하여 신문, 잡지, 또는 텔레비전방송국에서는 여러 가지 범주에 속하는 응답자의 비율을 보도한다. 즉 “특정 의견에 대하여 얼마나 많은 사람들이 동의하는지”, 그리고 “특정 유행에 얼마나 많은 사람들이 따르는지”, “그러한 응답이 인구통계학적 변수에 따라서 얼마나 차이가 나는지”를 보여주기도 한다.

우리나라에서 매 5년마다 실시되는 인구주택총조사 등 각종의 센서스도 횡단적 연구의 한 예이다. 이러한 센서스는 또한 주기적으로 실시된다는 장점을 가지고 있다. 센서스를 토대로 여러 가지 후속적인 연구 및 대응책 마련이 가능하다. 예를 들면, 특정 지역의 연령별 인구분포 자료를 토대로 각종의 서비스에 관한 수요 추정이 가능하다. 어떤 지역에서 취학연령에 도달한 인구수를 파악하게 되면 교육당국자는 매년 학교에 입학하게 될 학생에 대한 대책을 세울 수 있다. 노인인구의 수와 거주지역을 파악하게 되면 각종의 노인복지 서비스의 수요에 대비할 수 있다.

그러나 이러한 현황 서베이의 결과는 그것을 접한 사람들이 잘못 해석할 위험성도 있다. 즉 연구자가 특정 현상에 관하여 기술하고 해석한 현황 서베이 결과를 접한 사람들이 이를 잘못 해석하여 연구자의 의견표명으로 받아들이는 경우도 있다. 예를 들면, 어떤 연구자가 어떤 가공식품에 특정한 화학물질이 포함되었다는 사실을 발견하여 이러한 관찰결과를 발표하였다고 하자. 이 경우에 연구자는 그 가공식품에 대하여 ‘좋다’ 또는 ‘나쁘다’라는 의견을 진술한 것은 아니다. 그런데 그 가공식품의 생산자가 그 품목을 계속하여 생산하면서 이를 합리화하는 방법으로 연구자를 비난했다고 한다면 이것은 잘못된 대응방법이다. 올바른 대응방법은 생산자가 새로운 연구를 통하여 그 화학물질이 인체에 유해하지 않다는 점을 강조하는 것이다. 이러한 예에서 볼 수 있듯이 현황 서베이에 대한 인식이 부족할 때 그 결과를 가지고 사회적 혼란이 유발될 소지도 있다.

2) 상관적 연구

상관적 연구(correlational studies)란 어떤 변수와 다른 변수간의 관련성을 파악하기 위한 연구를 말한다. 흔히 「…의 관련요인(correlates)의 연구」라는 제목의 연구가 이에 해당된다. 상관적 연구에서는 둘 또는 그 이상의 변수들 사이의 관계(또는 연관성)를 상관계수의 계산을 통하여 확인한다. 이러한 연구는 인과관계(causality)의 검증을 위한 인과적 연구(또는 설명적 연구)와 엄격하게 구분된다.[11)]

그러나 통계기법의 관점에서 본다면 상관분석은 둘 이상의 변수간의 관계의 연관성에 관한 분석으로서, 회귀분석에서와 같은 선형통계모형을 사용한다. 따라서 기술적 연구와 인과적 연구를 구분하는 본질적인 기준은 사용되는 통계방법의 차이가 아니라, 제6장에서 살펴본 인과적 추론의 조건을 갖추고 있는지의 여부가 된다.

Box 8-1 상관관계와 인과관계

수업시간에 학생들을 면밀하게 관찰해 보니 성적이 좋은 학생들은 자신감이 있었고, 성적이 나쁜 학생들은 자신감이 없는 것으로 보였다. 이러한 관찰을 토대로 담당교수는 "성적(A)이 자신감(B)의 원인이다."라고 결론을 내렸다. 이러한 교수의 결론에는 어떠한 문제가 있는가? 이러한 결론이 도출된 과정은 다음과 같은 형태로 표현될 수 있다.

1. 성적(A)은 자신감(B)과 상관관계가 있다.
2. 그러므로 성적(A)은 자신감(B)의 원인이다.

이러한 형태의 논리적 추론에서는 두 요인 사이에 상관관계만 있을 뿐인데 성급하게 인과관계가 있다고 결론을 내린 것이다. 실제로 성적(A)과 자신감(B) 사이에는 다음과 같은 다섯 가지 가능성이 존재한다.

① 성적(A)이 자신감(B)의 원인일 수 있다. 즉, 성적이 좋기 때문에 자신감이 생길 수 있다.

② 자신감(B)이 성적(A)의 원인일 수 있다. 즉, 자신감이 있는 학생의 성적이 좋을 수 있다.

③ 위의 두 관계가 모두 타당할 수 있다. 즉, 성적(A)이 좋기 때문에 자신감(B)이 생길 수 있고, 동시에 자신감(B) 때문에 성적(A)이 좋아질 수 있다. 이를 상호인과적 관계라고 부른다.

④ 관찰된 성적(A)과 자신감(B)의 관계는 우연의 일치일 수 있다. 즉 두 가지 현상이 직접 관계가 없는데 우연히 동시에 일어날 수 있다. 이 경우 전교학생을 관찰하는 것과 같이 보다 큰 규모의 학생을 대상으로 자료를 수집하면 우연의 일치가 일어날 가능성은 적어진다.

---

11) T. D. Cook & D. T. Campbell, *Quasi-Experimentation,* 1979, p. 295 이하 참조. 인과적 연구의 설계에 대하여는 이 책 6장 및 7장을 참고할 것.

⑤ 알려지지 않은 제3의 요인인 만족감(C)이 실제로는 성적(A)과 자신감(B)의 원인이 될 수 있다. 즉, 학교생활에 만족하는 학생일수록, 성적(A)도 좋아지고 자신감(B)도 커질 수 있다. 이 경우 만족감(C)이 허위변수이며, 성적(A)과 자신감(B)의 관계는 허위관계가 된다.

이를 그림으로 표현하면 다음과 같다.

① 성적(A)이 자신감(B)의 원인

성적(A) ──→ 자신감(B)

② 자신감(B)이 성적(A)의 원인

자신감(B) ──→ 성적(A)

③ 성적(A)과 자신감(B)의 상호인과적 관계

성적(A) ⇄ 자신감(B)

④ 우연의 일치

성적(A) -------- 자신감(B)

⑤ 성적(A)과 자신감(B)의 허위관계

만족감(C) → 성적(A)
만족감(C) → 자신감(B)

그러므로 성적(A)과 자신감(B) 사이에 상관관계가 있다는 사실만을 토대로 원인과 결과의 관계가 존재한다거나 그 방향에 관하여 결론을 내릴 수 없다. 성적(A)과 자신감(B)의 관계가 통계적 유의성이 있다는 점이 밝혀진 경우에도 실제로 인과관계가 존재하는지 확인하려면 제6장에서 살펴본 인과적 추론의 다른 조건들을 충족시켜야 한다. 즉 시간적 선후관계를 규명하고, 제3변수가 영향을 미칠 가능성을 배제할 수 있어야 한다.

출처: Earl Babbie, *The Practice of Social Research*, 9th ed., 2001, pp. 78-79를 재구성.

상관적 연구로는 변수간의 인과적 관계를 증명할 수 없다. 연구자가 독립변수의 발생을 통제하거나 조작할 수 없으므로 대립적인 설명(rival explanation)의 가능성을 배제할 수 없기 때문이다. 그럼에도 불구하고 횡단적 조사연구에서 밝혀진 관계를 기초로 하여 차후에 실험실 실험(laboratory experiment)이나 현지실험(field experiment)에서 인과적 설명을 위한 연구를 진행할 수 있다. 예를 들면, 여러 사람들로부터 건강상태, 식사, 그리고 환경적 변수들간의 관계에 관한 횡단적 자료가 수집되어, 연구자가 암, 심장마비의 발생과 건강상태, 식사, 그리고 환경적 변수들간의 관계에 관하여 조사했다고 하자. 이러한 조사를 토대로 암이나 심장마비의 발생과 강한 관련을 가진 변수가 확인되면 차후에 더욱 상세한 실험적 연구를 통하여 암이나 심장마비의 원인을 밝히는 조사연구가 이루어질 수 있을 것이다.

횡단적 설계에서 밝혀진 연구결과를 가지고 인과적 추론의 근거로 활용하는 것이 어렵다는 것을 나타내는 사례를 살펴보기로 한다.[12] 횡단적 설계를 통하여 여성호르몬(에스트로겐)의 효과에 관하여 연구한 결과 상충되는 결론이 내려진 경우이다. 한 연구에서는 보스톤 교외에 살고 있는 폐경기 이후의 여성 1,234명을 조사하였다. 연구자는 여성호르몬을 흉부통증, 심장마비, 그리고 심장마비로 인한 사망과 관련시켜 조사하였다. 그들은 여성호르몬 사용자들이 보통 사람보다 심장마비에 걸릴 확률이 2배나 높다는 사실을 발견하였다. 그런데 같은 기간 동안에 다른 연구자들은 폐경기 이후의 간호원 121,964명에 대한 서베이를 실시하였다. 이 연구에서는 여성호르몬을 심장마비 그리고 심장마비로 인한 사망과 관련시켰다. 그들은 여성호르몬의 사용자들이 심장마비를 일으킬 확률이 보통사람의 1/3에 불과하다는 것을 발견하였다.

위의 두 연구는 설계상의 차이로 서로 다른 연구결과를 초래하였다. 두 연구의 표본집단은 서로 달랐다. 앞의 연구에서는 보스톤 근교에 거주하는 여성이었고, 뒤의 연구에서는 미국 전역에 거주하는 간호원을 대상으로 하였다. 한 연구에서는 자료수집을 위하여 우편면접조사를 사용하였고, 다른 연구에서는 개인적 면접과 신체검사에 의존하였다. 한 연구에서는 4년간의 자료를 사용하였고, 다른 연구에서는 8년간에 걸친 자료를 사용하였다. 두 연구 모두 이론적으로 기각할 수 없는 근거를 가지고 있었다. 생화학적인 이론에 따르면 에스트로겐이 콜레스테롤 수준을 낮추므로, 심장질환의 발생가능성을 감소시킨다는 모형을 생각할 수 있다. 또 다른 생화학적 연구이론은 에스트로겐이 혈전(blood clotting)을 증가시키고, 심장질환의 발생가능성을 높일 수 있다는 것이다.

상이한 연구결과가 나온 앞의 두 연구는 횡단적 설계를 가지고 인과관계를 검증하기 위해서는 좀 더 정교하게 통제된 연구를 실시해야 한다는 점을 잘

---

12) 이 부분은 J. C. Bailar II, When Research Results are in Conflict, *New England Journal of Medicine*, 24, 1985, pp. 1080-1181의 내용에 관한 O'Sullivan & Rassal, *op. cit.*, p. 24를 소개한 것임.

보여주고 있다. 또한 통계적 관련성만으로 인과관계 추론의 증거로 삼기에는 불충분하며, 인과적 추론을 위해서는 실험적 연구가 행해져야 한다는 사실을 잘 지적해 주고 있다.

제3절 내용분석의 설계

1. 내용분석의 의미

내용분석(content analysis)의 기본적인 아이디어는 신문기사 또는 TV 프로그램 등 하나의 커뮤니케이션에 담긴 총체적인 내용(예를 들면, 모든 단어 또는 모든 시각적 이미지)을 연구의 관심과 관련된 특징을 나타내는 몇 개의 범주로 축소하는 것이다.[13] 그러므로 내용분석은 커뮤니케이션에 담긴 상징적 내용을 분석하는 일련의 방법을 말한다. 기술적 역사연구나 문학비평에서도 이러한 목적의 분석방법을 활용하고 있기는 하지만, 사회과학분야에서 개발하여 온 내용분석방법은 계량화를 전제로 하고 있다. 즉 사회과학 분야의 분석기법으로서 내용분석은 누구든지 동일한 방법을 사용하면 같은 결과를 가져올 수 있다는 의미의 객관적 분석방법으로 그 결과를 가능하면 통계적으로 처리하려는 기법을 말한다. 그러므로 내용분석은 텍스트를 대상으로 질적 분석을 통하여 해석을 시도하는 해석학적 접근방법과는 대조된다. 그런데 내용분석에서 다루고 있는 자료의 성격상 인과관계 분석보다는 단일변수의 기술통계나 상관관계 분석이 주로 이루어진다. 한편 신문기사와 인터넷에서 수집한 자료의 내용을 분석하여 유권자 또는 소비자 선호의 추세(trends)를 파악할 수도 있다. 그러므로 본서에서는 내용분석을 기술적 조사설계의 하나로 다루

13) Singleton & Straits, *Approaches to Social Research*, p. 383. 내용분석에 관하여는 T. L. Berelson, *Content Analysis*. NY: Hafner, 1952; Klaus, Krippendorff, *Content Analysis: An Introduction to Its Methodology*, London: Sage, 1980; Robert Philip, Weber, *Basic Content Analysis*, London: Sage, 1985; 그리고 주재현, 내용분석 방법의 수행절차 및 적용 연구사례 분석, 2001년 정책분석평가학회 하계 학술발표대회 발표논문, 2001년 9월 8일, 세종대학교 충무관 참조.

고자 한다.

체계적인 내용분석은 미국에서 정치선전을 위해 내용분석이 사용된 제1, 2차 세계대전을 계기로 하여 이루어졌다. 1930년대 이후에는 매스 커뮤니케이션 분야의 내용분석에 한정되지 않고 여러 분야에 걸쳐 범학문적으로 확대 적용되었다. 따라서 사회, 인류, 정치, 역사, 교육, 심리, 언어, 민속학 분야는 물론 심지어 음악과 미술 분야에까지 적용되기에 이르렀다. 또한 내용분석은 일반적인 문헌은 물론 심층인터뷰 내용, 개방형 설문에 대한 답변 등 문자화할 수 있는 모든 형태의 자료로 그 적용범위가 확대되었으며, 나아가 영화・텔레비전 프로그램・만화・사진 등 문자화되지 않은 형태의 자료에도 그 적용이 확대되었다.[14] 최근에는 트위터, 페이스북 등 소셜미디어에 표출된 자료도 내용분석의 대상이 되고 있다. 디지털 환경에서 생성되는 빅데이터에 관한 분석은 별도로 살펴 보기로 하겠다.

2. 내용분석의 절차와 방법

연구방법의 하나로서 내용분석의 절차는 제3장에 제시된 과학적 조사연구의 절차와 유사하다. 내용분석은 분석의 대상이 문서기록을 포함하는 커뮤니케이션의 내용이라는 특징이 있을 뿐 절차상으로는 일반적인 조사연구의 절차에 따른다. 내용분석을 수행하는 절차는 (1) 연구문제의 형성, (2) 모집단 규정과 표본추출, (3) 내용의 분류범주 설정, (4) 분석단위선정, (5) 집계방법 결정, (6) 코더간 신뢰도 점검, (7) 분석결과의 해석 등 일곱 단계로 정리할 수 있다.

1) 연구문제의 형성

일반적으로 연구문제를 형성하는 절차는 제4장에서 살펴 본 바 있다. 내용분석방법을 사용하려면 다른 자료수집 및 분석방법보다는 내용분석이 더욱 적합한 것으로 정당화될 수 있는 연구주제를 선정하여야 한다.

---

14) 주재현, 전게논문.

2) 모집단 규정과 표본추출

연구문제가 정해지면 연구문제의 해결에 도움이 되고, 적합한 원천이 될 수 있는 자료의 종류와 범위를 확정하여야 한다. 즉 서베이 리서치에서 모집단을 규정하는 것과 같은 원리가 적용되는 것이다. 예를 들면, 책, 논문, 신문, TV 또는 라디오 프로그램 등 분석할 대상이 되는 커뮤니케이션 매체에 대하여 시간(time), 범위(extent), 내용(content)이라는 측면에서 명확하게 모집단을 규정하여야 한다. 내용분석에서 많이 시도되는 신문기사 분석의 경우, 모집단을 규정한다는 것은 대상이 되는 신문의 종류와 몇 년부터 몇 년까지 등 대상기간을 구체적으로 정하는 것이다. 대통령의 연설문이 분석대상인 경우, 분석을 위한 모집단은 분석대상으로 정한 대통령의 모든 연설문이 될 것이다. 주재현은 "권위주의 체제하 한국 국가엘리트들이 경제 및 사회정책을 추진한 근본 동기가 그들의 정치적·지적 신념이 아니라 정치적 이익 -즉 정치권력의 유지- 이었다는 주장의 타당성을 검토하기 위한" 연구방법으로 박정희 정부와 전두환 정부의 문헌자료 조사와 함께 박정희·전두환 두 대통령의 연설문에 대한 내용분석을 시도하였다.[15] 그 연구에 있어서 대통령 연설문의 내용분석을 위한 모집단은 박정희·전두환 두 대통령이 공식적으로 행한 모든 연설이다.

내용분석에 사용될 자료는 일반적으로 그 양이 방대하므로 일정한 형태의 표본추출이 불가피한 경우가 많다. 내용분석에서 사용되는 표본추출에서도 표본추출에 관한 모든 원칙들이 그대로 적용된다(본서 제12장 참조). 일반적인 표본조사에서 표본추출단위가 개인, 집단, 지역, 계층 등으로 구분되는 것과 같이 내용분석에서 표본추출단위에는 전체 문서(text), 문단, 문장, 행, 또는 단어 등 여러 가지로 구분될 수 있다. 표본추출단위는 연구문제의 특성에 따라 달라지지만, 문서가 지니고 있는 의미상의 일관성을 유지할 수 있기 때문에 전체 문서를 단위로 하는 것이 바람직하다. 만약 전체 문서를 표본추출의 대상으로 할 수 없는 경우라면, 문장보다는 문단을 대상으로 하는 것이 바람직하다. 주재현의 연구에서는 내용분석을 위한 모집단으로 대통령비서실이 발간한 대통령 연설문집을 모집단 프레임으로 사용하였다. 주재현의 연구에서는 두 대통령이 행한 다양한 연설 중 각 년도의 시정연설을 의도적으로 표본으로

15) 주재현, 권위주의 체제하 한국 국가엘리트의 정책추진 동기와 학습효과에 관한 연구. 「한국정책학회보」, 7:2, 1998, pp. 289-310.

선정하였다.[16] 시정연설이 매년 이루어지고, 다루는 대상이 포괄적이기 때문에 내용분석의 대상으로 적합한 표본으로 판단하였다는 것이다.

신문기사의 내용을 분석하려고 할 경우, 대상 매체와 대상기간이 모집단으로 규정된 후에는 시간단위로 매주 1회씩 등을 표본으로 추출할 수 있을 것이고, 그 안에서 다시 필요한 면, 또는 기사를 분석대상 표본으로 선정할 수 있다. 그러므로 층화표본추출, 집락표본 추출을 포함하는 다단계 표본추출이 이루어지기도 한다.

3) 내용의 분류범주 설정

내용의 분류범주를 어떻게 설정하느냐가 연구의 질을 좌우한다고 해도 좋을 정도로 범주설정은 중요하다.[17] 여기에서의 커뮤니케이션 내용의 분류범주는 계량적 연구에서 변수에 해당된다. 내용분석의 범주 설정에 있어서도 분류범주가 모든 분류대상을 총망라하여야 하고, 분류범주간에는 상호배타적이어야 하며, 그 범주들이 연구문제의 성격을 실질적으로 적절하게 반영할 수 있어야 하고, 분류체계가 일관성을 가져야 한다는 일반원칙이 적용되어야 한다.[18]

내용분석에 사용될 수 있는 범주들의 유형은 네 가지로 분류된다.[19]

첫째 유형은 주제 범주인데 내용분석에서 가장 많이 사용되며, 문헌의 내용과 성격을 분석하기 위해 사용된다. 둘째 유형은 방향 범주로서 사람의 태도, 가치 등을 연구할 때 사용되는 범주이다. 셋째 유형인 가치 범주는 메시지에 나타난 가치관, 목적 등을 분석하기 위해 사용된다. 넷째 유형은 목적과 수단 범주는 메시지가 전제하고 있는 목적과 이 목적추구를 위한 수단에 관한 것을 분석하기 위한 범주이다.

---

16) 이 방법은 판단표본추출(judgement sampling) 또는 목적표본추출(purposive sampling)이라 불린다. 본서 제12장 참조.
17) 김경동 · 이온죽, 「사회조사연구방법」, pp. 324.
18) 본서 제10장 명목수준의 측정에서 측정대상의 분류범주 설정원칙을 참고할 것.
19) 주재현, 내용분석방법의 수행절차 및 적용 연구사례분석, 정책분석평가학회 2001 하계학술대회발표 논문, 2001년 9월 8일, 세종대학교 충무관.

4) 분석단위 선정

분석단위는 코딩 또는 기록을 위한 단위를 말한다. 이 분석단위는 개별 단어, 상징, 인물, 문장, 문단, 전체 문서 등 다양하게 설정될 수 있다. 일반적으로, 작은 분석단위가 큰 단위보다 높은 신뢰도를 확보할 수 있다. 또한 작은 분석단위가 부호화 작업을 수행하기가 용이하다. 그러므로 내용분석에서 가장 널리 사용되고 있는 분석단위는 개별 단어이다. 그러나 개별 단어와 같은 작은 분석단위를 사용할 경우 메시지의 의미를 충분히 끌어내지 못할 수 있으며, 또 그 수가 너무 많아 연구자가 적절히 관리하기 힘들게 될 수 있다.

이러한 약점을 고려하여, 이른바 맥락단위, 즉 글자의 행, 문장, 문단, 페이지, 전체 문서를 분석단위로 설정할 수 있다([그림 8-1] 참조). 또는 작은 분석단위와 보다 큰 단위를 동시에 분석단위로 설정하여 복수의 분석단위들을 적용하여 얻은 결과를 비교하는 것도 하나의 방안일 수 있다. 그런데 분석단위가 클수록 그 내용을 판단하여 코딩하는 사람의 주관적 해석이 중요하게 된다. 이는 코딩과정의 신뢰도를 점검하여야 하는 문제와 연결된다.

그림 8-1 내용분석의 분석단위 예시

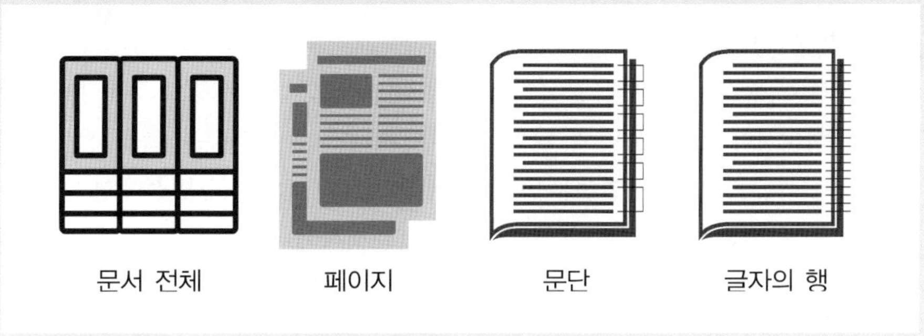

출처: E. Babbie, *The Practice of Social Research,* 9th ed., p. 307, Figure 11-1.

5) 집계방법 결정

코딩 또는 기록을 위한 분석단위를 설정한 다음에는 내용분석의 자료를 계량화하는 방법, 즉 집계방법을 결정하여야 한다. 내용분석에 있어서 가장 기본적으로 사용되어왔던 방법은 다음 네 가지이다.

(1) 공간-시간 측정

공간 측정(space measures)은 초창기에 신문의 내용분석 연구에서 주로 사용되었던 방법으로 특정 기사가 신문지면상에서 차지하는 비율이나 기사제목의 크기 등을 측정하여 그 중요성의 정도를 판단하는 방법이다. 시간측정(time measures)은 방송매체의 분석에서 특정 주제나 현상이 방송 또는 방영되는 시간의 비율을 측정하는 것을 들 수 있다.

그런데 어떤 내용이 차지하는 비율이 높다거나 장시간 방송하는 것이 반드시 그 상대적 비중과 강조도가 크다는 결론을 내릴 수 있는 것은 아니다. 일반적으로 인쇄매체는 그것이 나타나는 위치(예: 1면 톱), 방송에서는 시간대를 중요한 부가적 척도로 사용할 수 있다.[20]

(2) 속성의 출현 여부

분석단위가 되는 자료에서 연구자가 찾고자 하는 현상의 특정 속성을 나타내는 내용의 유무 또는 출현(appearance) 여부만 따져서 출현하는 분석단위의 수를 센다. 예를 들면, 만화나 소설의 경우, 분석단위 내에 특정 인물의 등장여부를 기록하는 것이나, 주인공의 성별을 기록하는 것, 또는 종교가 줄거리의 중요한 배경을 형성하는지의 여부에 대한 기록 등을 들 수 있다.

(3) 빈도 측정

빈도(frequency)는 내용분석에서 가장 일반적으로 사용되는 집계방법이다. 이는 분석대상에 있어 특정의 단어나 범주가 나타나는 횟수를 측정하는 것이다. 예를 들어, 정치인의 연설문을 분석할 경우, 그 정치인의 연설에서 '부(富)'라는 범주에 속하는 낱말들의 등장 횟수를 측정하거나, 나아가 그 횟수가 전체 낱말 수에서 차지하는 비중을 계산하는 경우 등을 들 수 있다.

(4) 강도 측정

강도(intensity)는 메시지가 지향하는 방향에 있어서의 크기 또는 중요성의 정도를 말한다. 이는 주로 태도나 가치가 연구의 대상이 되는 경우에 사용된다. 예를 들면, 정치인의 연설을 분석할 경우, 그 연설에서 '부'라는 주제가 얼마나 중요했는지 정도를 묻는 것이다. 강도를 측정하는 데 사용되는 척도 또는 지수를 구성하는 방법은 제10장에서 살펴보게 된다.

---

20) 김경동·이온죽, 전게서, p. 329.

6) 코더간 신뢰도 점검

분류범주, 분석단위, 집계방법이 정해지면 해당문헌을 분석하여 코딩작업이 이루어 질 수 있다. 수십 권의 책 또는 수천시간의 텔레비전 프로그램 등 분석하여야 할 내용이 많을 경우, 연구자는 연구보조원들에게 코딩작업을 시킬 수 있다. 그런데 연구보조원들을 코더로 활용할 경우 먼저 이들에게 연구의 목적을 이해시키고, 코딩지침을 작성하여 숙지시켜야 한다. 코딩지침에는 주요 변수들을 고려하여 마련한 분류범주, 분석단위, 집계방법 등이 포함되어야 한다. 코더들이 예제를 통하여 미리 실습해 봄으로써 본격적인 문헌분석에 앞서 내용분석방법을 숙지할 수 있도록 한다. 한편 코딩지침이나 코딩표를 최종 확정하고 표본으로 추출된 문서를 대상으로 코딩을 실시하기에 앞서 코더들의 코딩결과에 대한 신뢰도를 검증할 필요성이 있다.

신뢰도는 측정도구를 적용한 후 측정결과가 일관성 있게 나타나는지의 정도를 말하는 것으로 본서 제11장에서 살펴보게 된다. 그런데 내용분석에서 연구보조원들을 코더로 활용할 경우, 특별히 코더간 신뢰도(Intercoder Reliability)의 문제를 점검하여야 한다.[21)]

코더들 개개인의 반복적인 측정은 물론 코더들의 측정결과를 비교해야할 필요성이 제기되게 되는데 후자를 코더간 신뢰도라 부른다. 코더간 신뢰도는 둘 이상의 코더들이 같은 내용을 동일범주를 사용하여 집계하도록 한 다음, 두 코더의 집계결과 사이의 일치도를 측정하는 방법으로 계산한다. 코더간 신뢰도계수는 다음 공식에 의하여 측정한다.[22)]

$$CR = \frac{2M}{N_1 + N_2}$$

여기에서, CR: 코더간 신뢰도 계수
N_1, N_2는 코더 1과 코더 2가 각각 코딩한 항목수
M은 두 사람 코더의 의견이 일치한 항목수

이러한 신뢰도 점검은 표본으로 추출된 문서에 대한 본격적인 코딩을 행하기에 앞서 시도하는 것이 바람직하다. 그리고 이 과정에서 코딩지침이나 코딩표의 수정이 있을 수 있다. 즉, 신뢰도가 낮게 나올 경우, 받아들일 수 있을만

21) Neuman, *Social Research Methods,* p. 296.
22) 김경동・이온죽, 전게서 p. 331.

한 신뢰도가 나올 때까지 코딩지침의 수정을 반복할 필요가 있다.[23] 그런데 최근에는 컴퓨터를 활용한 내용분석 프로그램이 개발되어 이를 활용할 경우 코더간 신뢰도의 문제를 해결할 수 있다.

7) 분석결과의 해석

신뢰도점검을 거친 후 코딩을 완료하면, 연구자는 자신의 연구목적에 맞는 분석을 시도하게 된다. 이 경우 내용분석에 관련된 변수들을 대상으로 한 기술통계 및 추리통계적인 분석을 수행할 수 있다. 분석이 종료되면, 분석결과를 해석하는 작업을 수행하여야 한다. 이 단계에서 원래 제기되었던 연구문제에 대한 답을 제공하여야 하며 내용분석 결과가 연구자의 주장에 대한 근거로서 제시되게 된다. 내용분석의 분석결과를 해석하는 과정에서는 다른 연구방법에 있어서와 마찬가지로 객관성과 공정성을 유지하여야 한다.[24]

제 4 절 빅데이터 분석

1. 빅데이터의 개념과 특징

1) 빅데이터의 개념

빅데이터란 디지털 환경에서 생성되는 데이터로 그 규모가 방대하고, 생성주기도 짧으며, 수치 데이터, 문자와 영상 데이터를 포함하는 대규모 데이터를 말한다. PC와 인터넷, 모바일 기기 이용이 보편화되면서 사람들이 남긴 데이터가 급속도로 증가하고 있다.[25] 사용자가 직접 제작하는 UCC를 비롯한 동영상 콘텐츠, 휴대전화와 SNS(Social Network Service)에서 생성되는 문자 등은 데이터의 증가 속도뿐 아니라, 형태와 질에서도 과거와 다른 양상을 보

---

23) 신뢰도 점검의 자세한 방법에 대해서는, Krippendorff, *op. cit.,* 제12장; 이지훈, 전게서, pp. 490-493 참조.

24) 본서 제14장 학술연구보고서의 구조 중 분석결과 및 해석 부문 참조.

25) 정용찬, 「빅데이터」, 커뮤니케이션북스, 2013.

인다. 특히 블로그나 SNS에서 유통되는 텍스트 정보는 그 내용분석을 통해 작성한 사람의 성향뿐 아니라, 소통 상대방과의 연결 관계까지도 분석할 수 있다. 빅데이터의 분석을 토대로 과거에는 불가능했던 일이 가능하게 되었다. 예를 들면, 구글은 2009년 독감과 관련된 검색어 빈도를 분석해 독감 환자 수와 유행 지역을 예측하는 독감 동향 서비스를 개발하였다(google.org/flutrends). 이 서비스는 미국 질병관리본부(CDC)보다 신속하게 예측할 수 있었던 것으로 밝혀졌다([Box 8-2] 참조).

Box 8-2 구글의 2009년 신종 플루 확산 지역과 추세 예측

2009년 신종 플루 H1N1 바이러스가 발견되었다. 전 세계 공중 보건당국은 끔찍한 세계적 유행병이 급속도로 확산되는 것이 아닌지 두려워하였다. 보건당국이 확산속도를 늦추려면 바이러스의 확산 지역부터 파악하여야 했다.

미국 질병관리본부는 의사들에게 신종 플루사례가 발생하면 당국에 신고해 달라고 요청했다. 그런데 과거의 전개 양상을 돌이켜 보면, 항상 1~2 주 이후에나 유행병을 제대로 파악하게 되었다. 사람들은 며칠씩 앓고 난 뒤에야 의사를 찾아갔고, 이 정보가 질병관리본부까지 전달되는 데도 시간이 걸렸기 때문이다.

구글은 2003년과 2008년 사이 계절 독감의 확산과 관련해 미국인들이 가장 많이 입력한 5,000만개의 검색어와 질병관리본부의 데이터를 비교했다. 사람들이 인터넷에서 검색한 내용을 바탕으로 독감 바이러스에 감염된 사람들을 식별할 수 있으리라고 생각했던 것이다. 구글은 방대한 데이터와 데이터 처리 능력, 통계적 노하우를 가지고 있었다.

구글의 시스템으로 특정 검색어의 빈도수와 여러 지역의 장기간에 걸친 독감 확산 사이의 상관관계를 찾기로 하였다. 구글은 질병관리본부의 2007-08년 실제 독감 환자 기록과 대조했을 때 예측력이 있는 검색어를 찾기 위하여 4억 5,000만개의 수학적 모델을 검토하였다. 구글은 어느 수학모델 내에서 함께 조합하여 사용하면 예측력 면에서 97%의 상관성을 가지는 검색어 45개를 찾아냈다. 구글은 이 검색어들을 사용하여 독감이 어디로 퍼져 가는지 질병관리본부보다 1~2주 앞서 실시간에 가깝게 알려줄 수 있었다.

2009년 H1N1 위기를 계기로, 시간차가 발생하는 정부의 공식통계보다 구글의 빅데이터 분석이 더 유용하다는 사실이 밝혀졌다.

출처: Mayer-Schönberger & Cukier, *Big Data,* 2013, 1장에서 요약.

2) 빅데이터 특징

가트너(Gartner)는, 빅데이터를 ① 데이터의 규모가 크고, ② 형태가 다양하며, ③ 변화의 속도가 빠르다는 세 가지 특징을 가진 데이터라고 정의한다. 즉 빅데이터는 양(volume), 다양성(variety), 그리고 속도(velocity)의 측면에서 뚜렷하게 구분되는 특징을 가지고 있다.[26)]

첫째, 빅데이터는 데이터의 규모가 크다. 빅 데이터의 가장 기본적인 특징은 단순 저장되는 물리적 데이터의 규모가 클 뿐 아니라, 이를 분석, 처리하는데 어려움이 따를 만큼 네트워크 데이터가 급속하게 증가한다는 것이다.

둘째, 빅데이터는 그 형태가 매우 다양하다. 정형화 또는 구조화된 데이터는 기업의 재무 데이터처럼 비교적 형태가 잘 정리된 데이터를 말한다. 비정형 또는 구조화되지 않은 데이터는 SNS에 게재된 글, 뉴스 또는 커뮤니티 사이트의 게시물, 유튜브의 동영상, 팟캐스트, 음악, 사진 등과 같이 크기와 내용이 달라서 통일된 구조로 정리하기 어려운 데이터이다. 빅데이터는 정형 데이터뿐 아니라 각종 비정형 데이터를 포함하고 있는데, 비정형 데이터의 비중이 증가하고 있다.

셋째, 빅데이터는 데이터가 생성되는 속도(velocity)가 매우 빠르다. 가정용 PC와 유무선 공유기에 연결된 네트워크 장비는 물론 LTE(Long Term Evolution)라 불리는 초고속 무선 네트워크가 엄청난 속도로 데이터를 전송한다. 이에 따라 데이터의 생산, 유통, 소비 주기가 빨라지고 있다.

최근에는 빅데이터의 특징을 양(volume), 다양성(variety), 그리고 속도(velocity)의 3V 이외에도 정확성(veracity)과 가치(value)를 포함한 5V, 또는 타당성(validity), 휘발성(volatility)까지 포함한 7V라고 보기도 한다. 정확성(veracity)은 분석에 사용되는 데이터의 신뢰성과 타당성을 의미하며, 가치(value)는 데이터 분석이 지향하는 함축된 가치의 발견을 의미한다. 이외에도 타당성(validity)은 정확성과 유사한 개념으로 분석에 적합한 데이터의 사용을 의미하며, 휘발성(volatility)이란 장기적 관점에서 데이터의 유용성을 고려해야 한다는 것을 의미한다.

---

26) 정용찬, 전게서; 황승구 외, 「빅데이터 플랫폼 전략」, 전자신문사. 2013.

2. 빅데이터 분석의 의의와 특징

빅데이터 분석은 앞에서 살펴본 내용분석의 일반적 절차를 적용하여 빅데이터에 내재한 가치를 효과적으로 파악하고자 하는 분석방법이다. <표 8-1>에 전통적 데이터 분석과 비교한 빅데이터 분석의 특징이 제시되었다.

첫째, 분석대상 데이터가 다르다. 전통적 데이터 분석은 연구대상으로 규정된 모집단으로부터 표본으로 추출된 소규모 데이터를 분석하는 데 비해 빅데이터 분석에서는 모집단 전체를 대상으로 분석한다.

둘째, 데이터 특성이 다르다. 전통적 데이터는 통계청에서 수집·정리하여 공표한 통계자료와 같이 목적에 따라 정제된 데이터이므로 데이터만으로도 기본정보의 파악이 가능하다. 반면에 빅데이터는 정제되지 않은 상태로 사용자에게 제공되기 때문에 수집한 데이터에는 상당한 불순물(noise)이 포함되어 있다. 그러므로 빅데이터는 정제하기 이전 상태의 데이터 그 자체만으로는 기본정보 파악이 불가능하다.

표 8-1 빅데이터 분석의 특징

구분	전통적 데이터 분석	빅데이터 분석
분석 데이터	- 모집단에서 표본추출	- 모집단 전체
데이터 특성	- 목적에 따라 정제된 데이터 - 데이터만으로 기본정보 파악 가능	- 상당한 불순물 포함 - 데이터만으로 기본정보 파악 불가
데이터 형식	- 구조화/정형화 - 고정적 데이터 - 수치로 객관화시킨 형태	- 비구조화/비정형화 - 실시간 생성 및 확장 가능 - 역동성, 데이터 간 상호의존성 - 숫자, 동영상 등 다양한 형태
데이터 분석	- 계량모형기반 전통적 분석기법 - 통계적 분석	- 텍스트 분석 또는 마이닝 - 자연어 처리 - 소셜 네트워크 분석 - 감정분석 또는 오피니언 마이닝 분석의 시각화

출처: 김선영, 증거기반 정책에서의 빅데이터에 관한 연구, p. 72. <표 1>을 토대로 재구성.

셋째, 데이터 형식이 다르다. 전통적 데이터는 대체로 구조화된 데이터(structured data)이다. 이는 지정된 행과 열로 데이터의 속성이 정해져 있는 스프레드시트 데이터와 같이 형식과 구조가 정형화된 상태이며, 대체로 수치로 제공된다. 이와 대조적으로 빅데이터는 그림이나 영상, 문서처럼 형태와 구조가 서로 다른 구조화되지 않은 데이터(unstructured data)이다. 빅데이터에는 이메일, 트위터, 페이스북, 블로그처럼 모바일 기기와 온라인에서 생성되는 데이터가 포함되며, 실시간 생성되고 확장된다.

넷째, 분석방법에도 차이가 있다. 전통적 데이터는 계량모형 기반의 전통적 분석기법을 적용할 수 있으며, 통계적 분석이 가능하다. 그러나 빅데이터는 수집된 데이터의 정제(filtering)가 선행되어야 한다. 빅데이터는 유형이 불규칙하고 의미를 파악하기 모호하므로 정제작업을 통해 불순물을 제거하지 않으면 기존의 컴퓨터 처리방식을 적용하기 어렵다. 그러므로 반드시 전처리(pre-processing) 과정을 거쳐 정제된 후에야 분석이 가능하다. 자연어 처리를 통하여 불순물을 정제하고 의미를 추출하는 과정을 텍스트 분석 또는 텍스트 마이닝이라고 부른다. 이를 토대로 토픽모델링, 동시출현 단어분석, 텍스트 네트워크 분석, 또는 감정분석 등이 이루어진다. 텍스트 마이닝을 비롯한 빅데이터 분석을 위한 분석 프로그램으로 R이나 파이썬(Python)을 주로 사용한다.[27]

빅데이터 분석의 결과물은 수치, 키워드, 그래프 구조로 제시된다. 특히 데이터 분석 결과의 시각화는 독자들이 쉽게 이해할 수 있도록 일목요연하게 제시하는 매우 중요한 절차이자 기술이다.

3. 빅데이터 텍스트 분석

1) 텍스트 마이닝의 의의

일반적으로 마이닝이란 데이터로부터 통계적인 의미가 있는 개념이나 특성을 추출하고 이것들 간의 패턴이나 추세 등 고품질의 정보를 끌어내는 과정이다. 데이터 마이닝(data mining)은 넓은 의미에서 정형 데이터와 비정형 데이터를 포함하는 마이닝을 말하며, 텍스트 마이닝(text mining)은 텍스트 위주의 비정형 데이터를 이용한 마이닝을 의미한다. 텍스트 마이닝은 텍스트 분

27) 빅데이터 분석에 관하여 조언해 주신 서울과기대 성욱준 교수에게 감사드린다.

석의 핵심이다. 텍스트 마이닝의 분석대상인 비정형 데이터는 형태가 일정하지 않고 다루기 힘든 비정형 데이터이므로 인간의 언어를 컴퓨터가 인식해 처리하는 자연어 처리(natural language processing, NLP) 과정을 거쳐야 한다. 자연어 처리기술을 활용하여 반정형/비정형 텍스트 데이터를 정형화하고 그 특징을 추출한다.

텍스트 마이닝은 데이터 수집 및 저장, 자연어 처리를 통한 텍스트 마이닝과 의미 추출 등의 순서로 진행한다. 수집・저장・관리되는 데이터를 대상으로 형태소 분석 등을 거친 후 텍스트 마이닝을 통해 의미를 추출한다. 자연어를 분류할 때, 형태소는 단어를 구분할 수 있는 최소한의 단위이다. 텍스트 마이닝에서는 일반적으로 텍스트 범주화(text categorization), 텍스트 클러스터링, 클러스터의 특징 파악을 기반으로 개념이나 특성을 추출하고 이들 사이의 관계를 파악한다.

2) 토픽 모델링

토픽 모델링(Topic Modeling)은 수집된 문헌 전체에서 일정한 패턴을 발견해 내는 알고리즘 기반 텍스트 마이닝의 한 형태다.[28] 연구자가 수집한 구조화되지 않은 방대한 문헌에서 주제를 찾아내기 위한 알고리즘으로, 맥락과 관련된 단서들을 이용해 유사한 의미를 가진 단어들을 클러스터링하는 방식으로 주제를 추론한다. 이러한 특징 때문에 토픽 모델링은 문헌들을 연구자료로 활용하는 다양한 분야에서 연구의 분석도구로 사용되어 왔다.

토픽 모델링은 뉴스, 블로그, 웹페이지, 기사, 책 등의 형태로 저장된 방대한 분량의 텍스트로부터 숨겨져 있는 주제 구조를 발견하기 위한 통계적 알고리즘으로서 데이터에 내재된 특징적 패턴이나 데이터 정의 간의 상호 관련성을 확률적으로 모델링하고 패턴을 찾을 수 있다.

토픽 모델링은 다양한 분야에서 활용될 수 있다. 예를 들어, 1980년대부터 현재까지 한국 행정학 분야의 논문 초록에서 주제를 추출한 후에 시기별로 상승패턴을 보이는 주제와 하강패턴이 나타나는 주제를 파악할 수 있다. 또한 과거 권위주의 시대의 신문 텍스트에서 주제를 추출하고 시간의 흐름에 따라 주제들이 어떻게 변화해 왔는지 분석할 수 있다. 한편 토픽 모델링을 활용하

28) 송민, 「텍스트 마이닝」, 청람, 2017. 제 7장 '토픽 모델링' 참조.

여 트윗과 페이스북으로 대표되는 소셜 네트워킹 서비스(SNS)에서 일반 대중들의 관심사를 파악할 수 있다. 토픽 모델링은 다음에 살펴볼 텍스트 네트워크 분석 또는 감성분석 결과와 결합하여 사용할 수 있다. [Box 8-3]에 토픽모델링 기법을 활용한 부산시 민원 빅데이터 분석사례를 소개하였다.

Box 8-3 LDA 토픽모델링 기법을 활용한 부산시 민원 빅데이터 분석사례

연구자는 빅데이터를 활용하여 도시 내에서 발생하고 있는 지역문제로 인하여 부산시민들이 제기한 민원의 특성을 파악하고자 하였다. 연구자는 LDA 토픽모델링 기법을 활용하여 전자민원의 동향분석에 관한 연구를 실시하였다. 2015-2017년 제기된 9,625건의 부산시 전자민원을 대상으로 토픽모델링 기법을 적용하여 20개의 민원토픽을 추출하였다. 도출된 민원토픽을 통해 핵심 민원을 파악하고, 분기별 비중 추이 분석을 통하여 4개의 Hot 민원(버스정차, 택시기사, 칭찬, 민원처리)과 4개의 Cold 민원(cctv설치, 버스노선, 공원주차장, 축제 불만)을 도출하였다. Hot 민원은 시계열 자료분석에서 비중이 높아지고 있는 토픽이며, Cold 민원은 비중이 낮아지고 있는 토픽이다. 연구자들은 이 연구가 민원동향을 파악하기 위해 빅데이터 분석 방법을 제시하였고, 후속 연구를 유발하였다는 학문적 기여도가 있다고 보았다. 또한 민원분석을 위해 사용한 텍스트마이닝 기법은 빅데이터 처리가 필요한 다른 행정업무에도 활용될 수 있다.

출처: Park, Ju-Seop & Lee, Sae-Mi, Big Data Analysis of Busan Civil Affairs Using the LDA Topic Modeling Technique, Informatization Policy 27:2, 2020, pp. 66-83.

3) 공출현 단어와 텍스트 네트워크 분석

(1) 공출현 단어와 텍스트 네크워크 분석의 의의

공출현(co-occurrence)이란 두 단어가 같은 문맥에서 함께 나타나는 현상을 포괄하는 용어이다. 공출현 단어분석이란 두 개의 단어가 주어진 문헌의 분석단위 안에서 함께 출현하는 횟수를 기반으로 단어의 연관성 및 문헌집단의 특성을 파악하는데 사용된다.[29] 공출현 단어를 추출하려면 먼저 대상 단어

29) 송민, 「텍스트 마이닝」, 청람, 2017, 제6장 '동시출현 단어분석' 참조.

를 선정하여야 한다. 대상 단어와 공출현 단어를 선정하는데 전체문헌에서 선정할지, 각 문장에서 선정할지 결정하여야 한다. 대상단어와 공출현 단어가 동일한 문맥 안에서 연결되어야 서로 밀접한 의미관계를 갖는 단어로 여겨질 수 있다.

텍스트 네트워트 분석(text network analysis)은 텍스트 내에서 단어(개념)들이 어떻게 배치되고 관계를 맺고 있는지 살펴보기 위하여 단어(개념)들의 연결 패턴을 분석한다. 텍스트 네트워크 분석에서 노드(node)는 네트워크를 구성하는 단어이다. 연결선(line)은 노드 사이의 관계를 나타내는 선이며, 그 두께는 두 연결단어의 공출현 빈도수를 나타낸다. 한편 연결선의 화살표 방향은 두 연결단어의 노출 순서를 뜻한다. 텍스트 네트워크 분석과 시간의 흐름에 따른 추이분석(trend analysis)을 결합시킬 경우 시기별로 달라지는 네트워크의 특징을 비교할 수 있다.[30)]

(2) 텍스트 네트워크 분석의 사례

김경동 · 이시영 · 고길곤(2020)은 2010년 1월 1일부터 2018년 12월 31일까지 고용 및 실업 관련 중앙지, 지방지 언론기사와 국회 회의록을 수집하여, 논의의 장과 시간의 흐름에 따라 고용정책 의제와 프레임이 어떤 차이를 보이는지를 토픽 모델링(topic modeling) 방법과 네트워크 분석(network analysis) 방법을 통해 종합적으로 살펴보았다.[31)]

연구자들의 분석결과 고용정책 분야에서 '대내환경', '고용정책', '청년고용', '대외환경', '고용갈등', '고용동향'의 6개 의제가 나타났으며, 논의의 장과 시간의 흐름에 따라 의제의 중요도와 프레임의 구조는 큰 차이를 보였다.[32)] 예를

30) 정서화, 텍스트 네트워크 기법을 통한 정책문제의 구조화 방안, 「KIPA 조사포럼」, vol. 23, 한국행정연구원, 2017.

31) 김경동 · 이시영 · 고길곤, 텍스트 마이닝을 활용한 고용정책 프레임 연구: 언론기사 및 국회회의록의 비교 · 분석을 중심으로, 「한국사회와 행정연구」, 30:4, 2020, pp. 135-163.

32) 텍스트 네트워크에서 커뮤니티는 맥락적 군집(contextual cluster)을 이루는 개념들의 집합이다. 따라서 커뮤니티 구조란 노드 간 관계가 내부적으로 밀집되어 있지만 외부적으로 구별되는 하위집단(커뮤니티)의 구조를 의미한다. 커뮤니티 구조를 통해 주요 노드(단어)를 중심으로 의미연결망이 어떻게 형성되어 있는지를 파악할 수 있고, 이러한 연결구조는 일종의 프레임으로 이해할 수 있다. 연구자들은 모듈성을 극대화하는 커뮤니티를 프레임으로, 커뮤니티의 구성 내용의 변화를 프레임의 변화로 보고 분석을 진행하였다. 김경동 · 이시영 · 고길곤, 전게논문, p. 144.

들면, 고용갈등' 의제에서는 2015년을 기점으로 대통령의 역할을 강조하는 정치적 프레임이 나타나기 시작하였는데, 이를 시간의 흐름에 따라 프레임의 구조적 차이가 발생한 것으로 보았다. [그림 8-2]는 연구자들이 2014년 이전과

그림 8-2 2014 이전과 2015년 이후 고용갈등 의제의 프레임 구조 비교

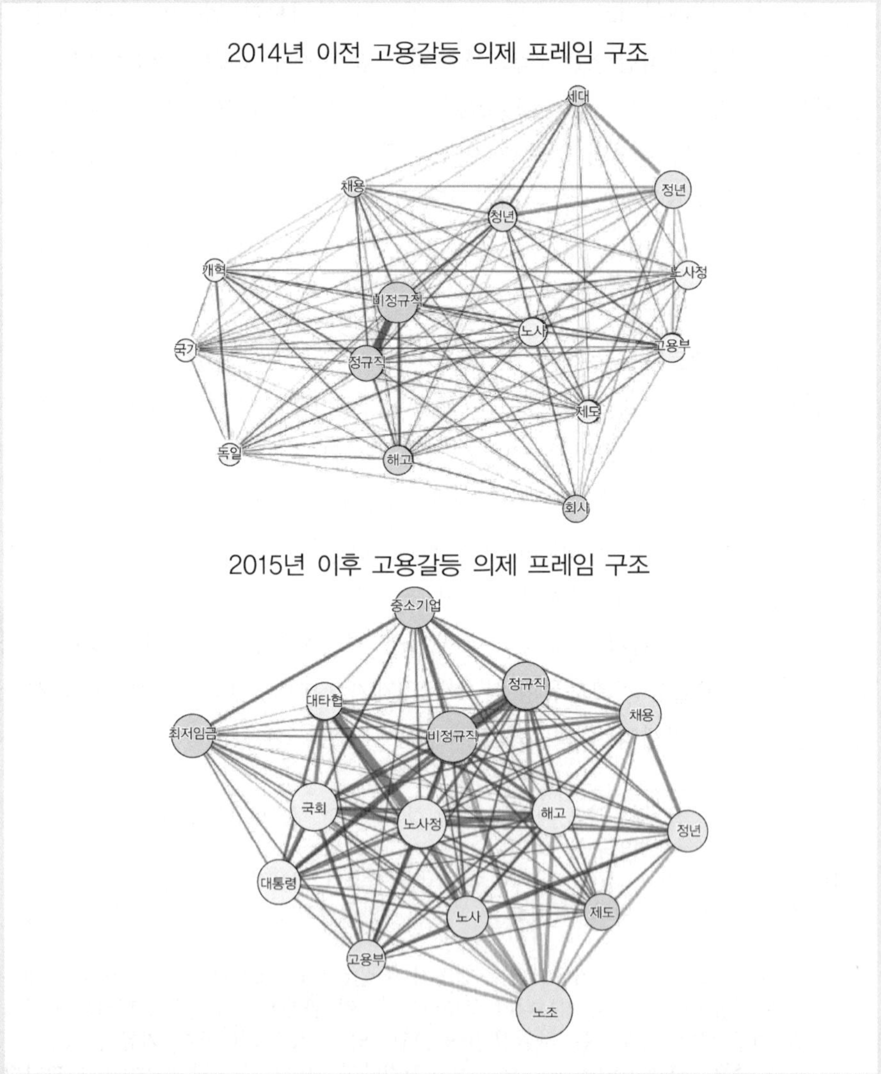

출처: 김경동·이시영·고길곤, 텍스트 마이닝을 활용한 고용정책 프레임 연구: 언론기사 및 국회회의록의 비교·분석을 중심으로, 「한국사회와 행정연구」, 30:4, 2020, p. 150, <그림 4> 및 <그림 5>.

2015년 이후의 '고용갈등' 토픽의 키워드를 Louvain Algorithm을 이용하여 분석한 결과이다. 연구자들은 두 네트워크 그림에서 커뮤니티를 구성하는 키워드에 차이가 발생하였고, 2015년 이후 '대타협', '대통령', '국회', '최저임금', '중소기업' 등이 새롭게 등장하였다고 밝혔다. 즉, 2015년 이후 네트워크의 변화는 '고용갈등' 의제에 노사정 대타협의 주요 행위자인 대통령과 국회의 역할을 강조하는 정치적 프레임이 추가된 것으로 보았다. 갈등의 양상 프레임에도 과거 정규직과 비정규직의 갈등, 노사의 해고를 둘러싼 갈등만이 존재하다가 대기업과 중소기업 갈등, 최저임금의 인상 등의 요소가 추가되는 변화가 있었음을 알 수 있다. 연구자들은 프레임에 추가된 요소들이 박근혜 정부에서 도입한 고용정책의 주요 내용인 것을 고려하면, 고용정책의 변화로 인하여 2015년을 전후하여 '고용갈등' 의제에서 나타나는 프레임이 크게 변모한 것으로 해석하였다.

4) 빅데이터 감정분석

(1) 감정분석의 의미

감정분석(sentiment analysis)이란 텍스트 내에서 특정 사안, 인물, 이슈, 이벤트에 대한 문서작성자의 의견, 평가, 태도, 감정 등을 분석하는 것을 의미한다.[33] 이를 일반적으로 오피니언 마이닝(opinion mining)이라고 부르며, 문서를 작성한 사람의 감정을 추출하는 기술을 적용한다. 즉, 문장을 분석할 때, 문장에서 주관적인 감정(sentiment)을 나타내는 정보를 찾아내어 긍정, 부정, 중립의 성향을 분석할 수 있다. 문장 분석에서는 사실과 의견을 구분해 의견을 뽑아내어 긍정과 부정으로 나누고 그 강도를 측정한다. 감정분석의 대상이 텍스트이므로 텍스트 마이닝에서 활용하는 자연어 처리(NLP) 방법을 활용한다.

(2) 감정분석을 통한 메르스 사태 연구사례

행정학 분야에서는 감정분석을 특정 사안에 관한 여론변화의 추세 또는 정책문제 또는 정책대응에 관한 국민의 반응을 분석하는데 활용할 수 있다. 예를 들어, 최미정 · 은재호(2018)는 한국 사회의 대표적인 보건 · 의료 재난사례

33) '감정분석'을 '감성분석'이라고 부르기도 한다. 남길임 · 조은경, 「한국어 텍스트 감성분석」, 커뮤니케이션북스, 2017. pp. 10-11 참조.

인 2015년 중동호흡기증후군(Middle-East Respiratory Syndrome, MERS, 이하 메르스)에 관한 국민들의 감정을 분석하였다.[34] 연구자는 '메르스'에 대한 의견과 '정부의 메르스 대응'에 대한 의견을 수집했다. 2015년 5월부터 2016년 4월까지 12개월간 790,567건의 데이터를 수집하였으며, 이 중 언론 207,232건(26.2%)과 소셜미디어 583,335건(73.8%)을 수집했다. 매체 특성에 따라 감정 표현 강도의 차이는 있었으나, 의견에서 드러나는 감정의 경향성은 유사해 자료를 통합해 분석했다.

연구자는 빅데이터 감정분석 도구인 TIBUZZ SEI 1.0을 이용했다. TIBUZZ SEI 1.0은 개개인의 심리 상태를 파악하는 것보다 정서와 감정 변화의 큰 흐름을 파악하기 위해 개발된 분석 도구로서, 빅데이터 상의 언어를 형태소에 따라 감정단어로 분류하고 감정단어 사전을 기초로 각 감정단어에 상세 감정값을 부여하는 알고리즘에 기초한다. 이 연구의 분석결과는 다음 두 가지로 요약된다.

첫째, 시계열 분석에 따르면 부정 정서와 불신이 더 심각했던 대상은 메르스 자체가 아니라 메르스에 대한 정부의 대응 방식이었다. 메르스 자체에 대한 공포는 발생 18일 이후부터 잦아 들기 시작해 30일 이후 중립적 감정을 회복했으나, 정부의 메르스 대응에 대한 감정은 70일이 지나도록 공포, 불만, 슬픔 같은 부정 정서에 사로잡혀 있었다는 사실이 이를 증명한다.

둘째, 정부에 대한 부정 감정은 메르스의 객관적 위험성 정도와 비례하지 않고 정보 공개의 투명성 정도에 반비례했다. 정부는 메르스 감염자를 진료한 병원 명단을 공개하면 부정적 반응에 따른 큰 혼란이 일어날 것이라고 예측했지만, 감염자 진료 병원 한 곳을 공개하자 불만정서가 감소했고, 전체 병원 명단을 공개하자 공포와 불만 정서가 감소한 반면 만족 정서는 급격히 높아졌다.

34) 최미정 · 은재호, 위험소통과 정부신뢰: 빅데이터 감정분석을 통한 메르스 사례분석, 「한국정책학회보」, 27:1, 2018, pp. 33-60.

제 5 절 사회연결망 분석

1. 사회연결망 분석의 개념과 특징

1) 사회연결망의 개념

일반적으로 네트워크는 "사람, 대상, 또는 사건을 연계해주는 구체적인 관계유형"으로 정의된다. 구체적으로 표현하면 네트워크는 선과 점으로 구성된 집합, 즉 그래프의 특수한 행태로서 "행위자 또는 노드(node: 사람, 물건, 사건 등)와 그 관계를 나타내 주는 연결선(line) 그리고 관계의 정도를 나타내는 수치 패러미터로 구성된 간결한 표현방법"이라고 할 수 있다. 네트워크에서는 사람, 집단, 물건, 사건, 단어 등 다양한 실체(entity)가 노드가 될 수 있다. 앞에서 살펴본 빅데이터 텍스트 네트워크 분석에서는 단어 또는 개념이 노드이다. 사회연결망란 일반적으로 노드가 행위자, 즉 개인 또는 집단인 네트워크를 말한다.

가장 보편적인 사회연결망은 소규모 사회조직, 즉 학급, 사무실, 갱단, 사교클럽, 학교, 마을 그리고 인위적으로 구성한 실험집단 등이며, 여기에서 행위자는 사회조직의 구성원이다. 한편 지역사회내 조직간 네트워크, 국민경제에서 기업간 네트워크, 중앙정부에서 부처간 네트워크, 세계체제에서 국가간의 네트워크 등에서는 행위자가 집합 단위인 조직이다.

2) 사회연결망 분석의 의의

네트워크 분석은 "행위자와 그들의 관계, 즉 개인간, 조직간, 국가간 등 행위자들 간의 관계 그 자체에 관심을 가지고, 그러한 관계로 구성된 전체체제를 효율적으로 기술하고 요약하는 분석방법"이다. 필요한 경우 다이어그램을 사용하는 등 다양한 상황에 대하여 융통성과 적응 가능성이 크다. 네트워크 분석은 "전체체제 내에서 행위자들의 사회적 지위를 연결하는 관계를 강조함으로써 전체사회의 구조와 그 구성요소를 체계적으로 설명하는 강력한 도구"

이다.[35] 사회연결망 분석에서는 주로 행위자가 구성원 또는 조직인 사회적 관계의 구조를 대상으로 연구한다.[36] 이는 텍스트 네트워크 분석에서 노드가 단어 또는 개념인 것과 대조된다. 사회연결망 분석과 텍스트 네트워크 분석에서는 네트워크의 구성요소인 노드가 각각 행위자와 단어(개념)로 다를 뿐이며, 노드 사이의 관계구조와 그 특징은 유사하다.

사회적 관계의 구조는 개별 행위자 차원에서는 나타나지 않는 생성적 사회현상을 파악하는 중심개념이다. 네트워크 분석기법은 전체 사회구조를 개관할 수 있고 그러한 전체적 구조 내에서 개별적인 요소를 이해할 수 있으므로 사회현상의 연구자들에게 보급되고 있다. 이러한 분석기법이 속성적 접근방법을 완전히 대신하지는 않는다고 하더라도, 보완할 수 있는 도구로 사용된다. 사회연결망 분석을 위한 전용 프로그램으로 UCINET, NetMiner, Pajek 등이 있으며, R이나 Python을 사용하여 분석할 수 있다.

3) 사회현상 분석의 두 가지 접근방법: 속성과 관계

사회현상의 여러 측면을 속성이라는 관점과 관계라는 관점에서 접근할 수 있다. 사회현상 연구에서 두 가지 방법이 서로 구분되는 별개의 접근방법이지만 양립할 수 없는 것은 아니며, 상호보완적으로 사용될 수 있다.

속성은 사람, 대상 또는 사건 등 어떤 관찰단위에 속하는 본질적 특성을 말하며, 다른 단위와의 관계 또는 구체적 맥락과 구분되는 관찰단위의 특성이다. 예를 들어, 서베이, 실험, 인터뷰를 통하여 수집되는 데이터 항목은 관찰단

---

35) 네트워크 분석(network analysis)에 관하여는 다음 문헌을 참고할 것. David Knoke & James H. Kuklinski, *Network Analysis*, 2nd ed., Beverly Hills: Sage Publications, 1983; Ronald S. Burt, *Toward a Structural Theory of Action: Network Models of Social Structure, Perception and Action,* NY: Academy Press, 1982; Peter V. Marsden & Nan Lin (eds.), *Social Structure and Network*, Beverly Hills: Sage, 1982; Barry Wellman & S. D. Berkowipz, *Social Structures: A Network Approach,* Cambridge: Cambridge University Press, 1988; Ronald S. Burt & Michael J. Minor, *Applied Network Analysis: A Methodological Introduction,* Beverly Hills: Sage, 1983; S. P. Borgatti, M. G. Everett & J. C. Johnson, *Analyzing Social Networks,* Thousand Oaks, CA: Sage, 2013; 김용학, 「사회연결망 분석」, 박영사, 2016; 곽기영, 「소셜네트워크 분석」, 제2판, 청람, 2019.

36) 사회연결망 분석을 소셜네트워크 분석이라고 표기하기도 한다.

위인 응답자 개인의 속성, 즉 변수(variable)로 간주된다. 관찰단위의 속성이 변수의 값으로 측정되고 변수간의 관계는 통계적으로 분석된다. 한편 사람, 대상, 그리고 사건 등은 관계를 통하여 연결된다. 관계는 고립된 어느 한쪽의 본질적 성격이 아니라 관찰단위간의 연결 또는 연계에서 발생하는 생성적 속성이다. 관계의 사례로는 학생들간의 우정의 강도, 가족 구성원간의 혈연적 채무, 조직간의 경제적 교환관계 등을 들 수 있다. 네트워크 분석(network analysis)은 이러한 관계 데이터의 분석에 적합한 방법이다. 네트워크 분석에서는 행위자의 속성이 아니라 행위자간 관계가 측정되고 분석된다.

속성은 행위자가 관련된 다양한 맥락에서도 지속성을 가진다. 예를 들면, 어떤 사람의 연령, 성, 소득 등은 가정, 직장, 또는 교회에서 변화하지 않는다. 반면에 관계는 구체적인 맥락에서 관련 요소들의 상호작용에서 행위자가 떠나면 변경되거나 사라지게 된다. 예를 들면, 학생과 교수와의 관계는 학교라는 환경 밖에서는 존재하지 않는다.

2. 사회연결망의 분석수준과 관점

1) 사회연결망의 분석수준

사회연결망 분석은 네트워크 수준(network level), 행위자 수준(actor level), 그리고 관계 수준(relation level) 등 세 가지 수준에서 분석이 이루어질 수 있다.[37)]

첫째, 네트워크 수준에서는 네트워크 전체가 하나의 분석대상이 된다. 네트워크 수준의 분석은 네트워크 전체가 하나의 분석대상이므로 분석대상의 숫자는 하나이다. 네트워크 구조의 형태는 어떤 행위자가 다른 행위자와 전혀 연결되지 않은 고립구조에서부터 모든 행위자가 다른 다른 행위자와 직접적으로 연계된 포화구조까지 매우 다양하다. 네트워크 수준에서는 “상이한 구조는 왜 형성되는가?” “잘 연결된 네트워크일수록 혁신이 빨라지는가?”와 같은 연구문제를 생각할 수 있다.

둘째, 행위자 수준에서는 네트워크를 구성하는 개별 행위자가 분석의 대상이다. 네트워크 내의 행위자 수가 n이면 분석대상은 n개이다. 각 행위자에 대

37) Borgatti, Everett & Johnson, *Ibid.*; 곽기영, 전게서, pp. 9-10.

하여 다른 행위자와의 연계 숫자, 그 중요성 및 연계의 성격을 중심으로 분석할 수 있다. 여러 가지 측면에서 행위자 수준의 분석은 전형적인 속성중심적 연구와 매우 유사하다. 행위자 수준에서는 "공직내 네트워크에서 중심적 위치에 있는 공직자가 업무성과가 높은가?"와 같은 연구문제를 생각할 수 있다.

셋째, 관계 수준에서는 행위자 사이의 관계가 분석대상이며 두 행위자 사이의 관계를 분석할 경우, 분석대상은 네트워크 행위자 쌍의 개수인 n^2이 된다. 두 행위자 간 관계에서 기본적인 문제는 직접 결속이 두 행위자 사이에 존재하는지 또는 다른 행위자들을 경유한 간접적 연결이 존재하는지에 관한 것이다. 관계 수준에서는 "행위자 사이의 직·간접 접촉 빈도가 높으면 전염병에 감염될 확률이 높은가?"와 같은 연구문제를 생각할 수 있다.

2) 사회연결망 분석의 관점

사회연결망 분석의 관점은 사회과학 분야에서 전통적으로 사용되어 온 개별적·변수중심적 접근방법(individualistic, variable centered approach)과는 구분된다.[38] 사회과학에서는 일반적으로 사회적 행위자는 다른 행위자의 행동과는 독립적으로 의사를 결정하고 행동한다고 가정한다. 이러한 전제하에 전통적 접근방법에서는 행위자의 행동을 설명하는데 주로 행위자의 속성만을 고려하고, 행위자들이 연결되어 있는 더 넓은 범위의 상호작용 환경에 관하여는 소홀히 하는 경향이 있다. 이와는 대조적으로 사회연결망 분석에서는 사회적 행위자들이 다른 행위자들과 연결된 소셜시스템을 구성하고 시스템 내에서 다른 행위자의 행동에 영향을 미치는 것으로 가정한다. 그러므로 사회연결망 분석의 구조적·관계적 접근방법(structural, relational approach)은 사회적 행위자들 관계의 구조적 형태와 내용을 파악하고 이를 측정하여, 이러한 관계로부터 도출되는 가설을 검증하고자 한다. 이러한 특징 때문에 사회연결망 분석은 기존의 개별적·변수중심적 접근방법과는 차별화된다.

사회연결망 분석의 목적은 네트워크의 구조적 관계를 정확하게 표현하고 측정하여, 그러한 구조적 관계가 왜 발생하는지, 그 결과는 어떠한지를 설명하는 것이다. 사회연결망 분석은 구조적 관계와 그 관계의 영향에 관하여 다음

---

38) 이하 D. Knoke & S. Yang, *Social Network Analysis,* Thousand Oaks, CA: Sage, 2008; 곽기영, 전게서, pp. 14-16에서 재인용.

과 같은 전제를 기반으로 한다.

첫째, 구조적 관계는 행위자의 행동을 이해하는데 연령, 성별, 태도, 가치관 등과 같은 개인적인 속성보다 중요한 역할을 할 수도 있다.

둘째, 사회연결망은 행위자들 사이의 관계에 의하여 형성되는 다양한 구조적 메커니즘을 통하여 개인의 지각, 신념, 행동에 영향을 미칠 수 있다. 직접 접촉이나 강한 상호작용은 행위자에게 풍부한 정보를 제공하고, 주변 상황을 더 잘 이해할 수 있도록 하며, 다른 행위자에게 영향을 미치거나 다른 행위자에게 영향을 받을 가능성을 높혀 준다.

셋째, 구조적 관계는 역동적 과정(dynamic process)으로 간주된다. 사회연결망은 정적인 구조가 아니며 네트워크를 구성하는 사회적 단위(예: 사람, 그룹, 조직)간의 상호작용을 통하여 계속 변화하므로 역동적이다.

3. 사회연결망에서의 중심성과 영향력

1) 중심성의 개념

사회연결망 분석의 관점에서 보면 네트워크 내에서 행위자가 차지하는 위치는 행위자에게 기회를 제공하거나 제약이 된다.[39] 다른 행위자보다 기회가 더 많고, 제약이 적은 행위자는 그렇지 않은 행위자보다 더 유리한 구조적 위치에 있다. 행위자가 유리한 위치에 있다는 것은 더 강한 영향력을 행사할 수 있다는 것을 의미한다. 사회연결망 분석에서는 네트워크 내에서 행위자가 행사하는 영향력의 크기를 판단할 수 있는 위치를 '중심성'(centrality)이라는 개념으로 파악한다. 중심성의 개념은 "네트워크 내에서 영향력이 있는 행위자는 누구인가?"를 네트워크 내에서 행위자가 차지하는 위치의 관점에서 측정하고자 한다. 행위자의 중심성은 연결중심성, 근접중심성, 매개중심성의 세 유형으로 구분된다.[40]

39) 곽기영, 전게서 p. 184.

40) 네트워크 내에서 세 가지 유형의 중심성과 표준화 중심성을 측정하는 수식과 이에 관한 설명은 곽기영, 상게서, 제5장 '중심성과 파워' 참조.

2) 연결중심성

(1) 연결중심성의 개념

어떠한 행위자가 영향력이 있다고 할 때 보통 많은 연결선을 가지고 있는 행위자를 말한다. 연결중심성(degree centrality)의 개념은 직접 연결선을 많이 보유한 행위자가 영향력이 있다고 본다. 직접 연결선을 많이 보유한 행위자가 연결중심성(degree centrality)이 높고 다른 행위자들로부터 인기, 관심, 주목, 필요, 요구 등을 주거나 받고 있다고 보는 것이다. 연결선이 행위자에게 들어오는지, 나가는지에 따라 내향과 외향의 방향성이 있다. 내향적인 연결중심성의 경우 권력이나 인기, 외향적인 연결중심성의 경우 활동성으로 해석할 수 있다.[41)]

(2) 연결중심성의 측정

행위자의 연결중심성은 행위자가 다른 행위자와 맺고 있는 직접 연결관계의 개수를 합산하여 구한다. 행위자가 g명이며 내향과 외향의 방향을 가정하지 않은 네트워크에서 행위자 i의 연결중심성을 측정하는 수식은 (8-1)과 같다.

$$C_D(N_i) = \sum_{j=1}^{g} x_{ij}, \quad i \neq j \tag{8-1}$$

여기에서, $C_D(N_i)$: 행위자 i의 연결중심성
g: 행위자의 수
$\sum_{g}^{j=1} x_{ij}$: 행위자 i가 $(g-1)$개의 다른 행위자와 같은 연결관계의 개수, $x_{ij}=0$ 또는 1

그런데 수식 (8-1)에 따른 행위자 연결중심성은 네트워크의 크기에 영향을 받는다. 즉, 규모가 큰 네트워크에 속한 행위자는 작은 네트워크에 속한 행위자와 비교하여 더 많은 행위자와 연결될 가능성이 커지기 때문에, 네트워크 규모가 크면 최대 가능한 연결중심성의 값도 크다. 서로 다른 네트워크에 속한 행위자간 연결중심성의 값을 비교하려면 네트워크의 크기가 연결중심성에 미치는 영향을 제거하여야 한다. 수식 (8-2)는 표준화한 행위자 연결중심성을

41) 김용학, 전게서; 김용희, 소셜네트워크분석(social network analysis)기법의 이해와 적용, 「KIPA조사포럼」, vol. 34(2020. 9), p. 60.

측정하는 수식이다.

$$C'_D(N_i) = \frac{C_D(N_i)}{g-1} \tag{8-2}$$

여기에서, $C'_D(N_i)$: 행위자 i의 표준화 행위자 연결중심성
$C_D(N_i)$: 행위자 i의 행위자 연결중심성
g: 행위자의 개수

행위자 i의 표준화된 행위자 연결중심성은 행위자 i의 연결중심성 값을 가능한 연결관계의 최대값인 $(g-1)$로 나누어 구한다. 이는 행위자 i와 직접 연결관계를 갖는 행위자의 비율을 나타낸다. 표준화된 연결중심성은 0(연결관계가 없는 고립노드)에서 1(네트워크 내의 모든 행위자와 연결관계를 갖는 경우) 사이의 값을 가지며, 그 값이 1에 가까울수록 행위자가 네트워크에서 영향력이 큰 것으로 본다.

16명의 행위자로 구성된 가상의 네트워크에서 행위자별로 행위자 연결중심성, 표준화 연결중심성의 값을 측정한 결과가 [그림 8-3] 하단에 예시되었다.

행위자 A, B, C는 모두 이웃한 행위자와 다섯 개 씩 직접 연결관계를 가지고 있어 행위자 연결중심성이 가장 높다. 행위자의 수로 표준화한 표준화 행위자 연결중심성의 값도 이들 세 행위자가 가장 크므로, 가장 중심적이다.

그림 8-3 가상의 16 행위자 네트워크에서의 행위자 연결중심성 측정

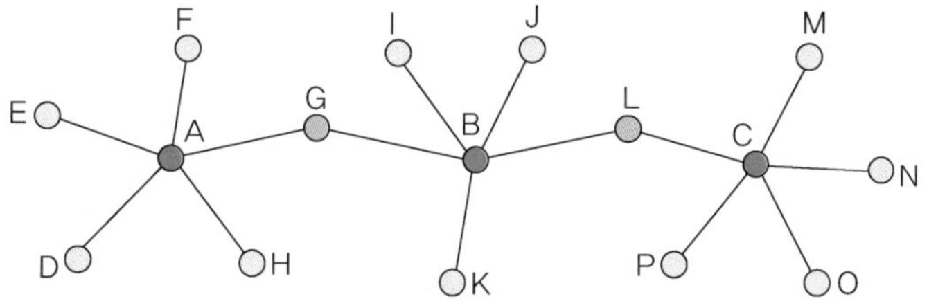

행위자	A, B, C	G, L	나머지
연결중심성	5	2	1
표준화 연결중심성	0.33(5/15)	0.13(2/5)	0.07(1/15)

출처: 곽기영, 「소셜네트워크 분석」, p. 189. [그림 5-3].

3) 근접중심성

(1) 근접중심성의 개념

근접중심성(closeness centrality)은 연결중심성과는 달리 네트워크 내에서 직접 연결뿐 아니라 간접적 연결까지 고려하여 전체 네트워크 내에서 하나의 행위자와 다른 모든 행위자들 사이의 거리를 반영한다. 근접중심성의 개념은 모든 행위자들과 연결된 경로거리의 합이 작은 행위자가 근접중심성이 높은 것으로 판단한다. 근접중심성이 높은 행위자는 네트워크 내의 모든 행위자에게 쉽게 도달할 수 있기 때문에 네트워트 내에서 협상과 조정 역할을 수행할 수 있으며, 이를 통해 영향력을 행사할 수 있다.[42] 근접중심성이 높은 행위자는 다른 모든 행위자들과 연결되는 경로가 짧기 때문에 정보나 자원을 가장 빠르게 전달할 수 있으며, 왜곡의 가능성을 최소화할 수 있다. 근접중심성이 높은 행위자는 네트워크 어딘가에 존재하는 정보, 자원, 전염병 등을 빨리 접할 기회도 동시에 갖는다. 그러므로 루머나 악플, 전염병도 빨리 전달할 수 있는 양면성을 지니고 있다.

(2) 근접중심성의 측정

사회연결망 내에서 행위자의 근접중심성은 한 행위자가 다른 행위자들과 얼마나 가까이 있는지 측정한다. '근접'이란 한 행위자가 다른 행위자들과 직접 또는 간접으로 얼마나 빨리 연결될 수 있는지 나타낸다. g명의 행위자가 있을 때 행위자 i의 근접중심성은 행위자 i와 나머지 $(g-1)$ 행위자 간 최단 경로거리의 합의 역수로 정의된다. 이를 수식으로 표현하면 (8-3)과 같다.

$$C_C(N_i) = \frac{1}{\left[\Sigma_{j=1}^{g} d(N_i, N_j)\right]}, \ i \neq j \tag{8-3}$$

여기에서, $C_C(N_i)$: 행위자 i의 행위자 근접중심성

$\sum_{j=1}^{g} d(N_i, N_j)$: 행위자 i와 행위자 j간의 최단경로 거리의 합

g: 행위자의 개수

연결중심성과 마찬가지로 근접중심성도 네트워크의 크기에 영향을 받는다.

42) 곽기영, 전게서, p. 191.

즉, 규모가 큰 네트워크에서는 행위자 사이 거리의 합은 상대적으로 커지게 되므로, 행위자 근접중심성의 값이 낮아지게 된다. 수식 (8-4)는 네트워크의 크기가 근접중심성에 미치는 영향을 제거하기 위하여 표준화한 행위자 근접중심성을 측정하는 수식이다. 수식 (8-4)에서 표준화된 행위자 근접중심성은 행위자 중심성의 값에 행위자 수인 g에서 1을 뺀 값$(g-1)$을 곱한 것이다.

$$C'_C(N_i) = (g-1)(C - C(N_i)) \tag{8-4}$$

여기에서, $C'_C(N_i)$: 행위자 i의 표준화 행위자 근접중심성
$C_C(N_i)$: 행위자 i의 행위자 근접중심성
g: 행위자의 개수

앞에서 살펴본 16명의 행위자로 구성된 가상의 네트워크에서 행위자별로 행위자 근접중심성, 표준화 근접중심성의 값을 측정한 결과가 [그림 8-4] 하단에 예시되었다. 연결중심성의 값이 같았던 행위자 A, B, C는 근접중심성의 관점에서는 중심성의 정도가 차이가 있었다. 행위자 B는 16명의 행위자 가운데 가장 큰 표준화된 행위자 근접중심성의 값(0.455)을 가지고 있다. 네트워크를 전체적으로 보면, 중앙에 위치한 행위자 B가 좌우에 위치한 행위자 A 및 C와 비교하여 중심적인 위치에 있다. 연결중심성의 관점에서는 행위자 G와

그림 8-4 가상의 16 행위자 네트워크에서의 행위자 근접중심성 측정

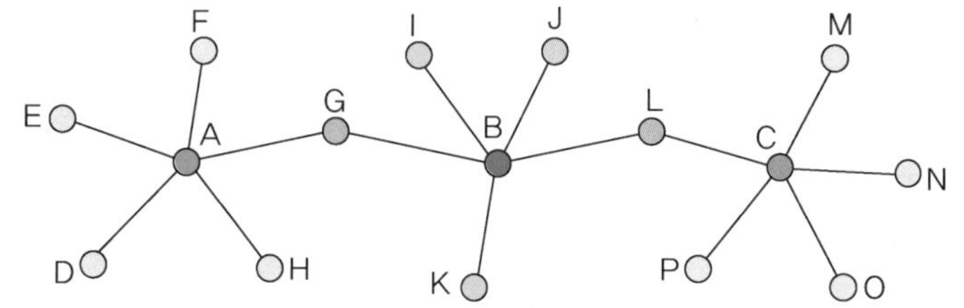

행위자	B	G,L	A,C	I,J,K	나머지
근접중심성	0.0303(1/33)	0.0270(1/37)	0.0233(1/43)	0.0213(1/47)	0.0175(1/57)
표준화 근접중심성	0.455(15/33)	0.4050(15/37)	0.3490(15/43)	0.3190(15/47)	0.263(15/57)

출처: 곽기영, 소셜네트워크 분석, p.195. [그림 5-6]

행위자 L보다 더 높은 중심성을 보였던 행위자 A와 C의 근접중심성의 측정값은 오히려 낮았다(G, L 0.405 대 A, C 0.349).

4) 매개중심성

(1) 매개중심성의 개념

매개중심성(betweenness centrality)은 직접 연결되어 있지 않은 행위자들 사이의 관계를 중개하는 정도를 나타낸다. 행위자의 매개중심성은 전체 네트워크 내에 행위자가 어디에 위치하고 있는지가 중요한 요소로 고려된다. 매개중심성은 행위자가 사회연결망 내에서 행위자와 행위자의 사이의 최단 경로에 위치하는 정도(즉, 회수)로 측정한다. 행위자와 행위자 사이를 최단 경로로 연결하는 위치에 있는 행위자일수록 매개중심성 값은 높아진다. 이는 다리 역할을 하는 중개자를 찾을 때 유용하게 사용된다.

(2) 매개중심성의 측정

행위자의 매개중심성을 측정하는 수식은 (8-5)와 같다.

$$C_B(N_i) = \sum_{j<k} \frac{g_{jk}(N_i)}{g_{jk}}, \quad i \neq j \neq k \tag{8-5}$$

여기에서, $C_B(N_i)$: 행위자 i의 행위자 근접중심성
g_{jk}: 행위자 j와 k간의 최단경로의 개수
$g_{jk}(N_i)$: 두 행위자 j와 k 간의 최단경로 가운데 행위자 i를 포함하고 있는 경우의 개수

수식 (8-5)에 따르면 행위자 i의 매개중심성은 네트워크내 행위자의 모든 직접관계 간의 최단경로에 행위자 i가 포함되어 있는 경로의 비율을 나타낸다. 행위자 i가 나머지 $(g-1)$명 행위자가 만들어 내는 모든 직접관계 간의 최단경로상의 어디에도 포함되지 않을 경우 행위자 i의 행위자 매개중심성의 값은 0이 된다.

한편 표준화 매개중심성의 값은 행위자 매개중심성의 값에 이론상 행위자 매개중심성 최대값인 $[(g-1)\times(g-2)]/2$로 나눈 것으로 수식 (8-6)과 같이 구할 수 있다.

$$C'_B(N_i) = \frac{C_B(N_i) \times 2}{(g-1)(g-2)} \tag{8-6}$$

여기에서, $C'_B(N_i)$: 행위자 i의 표준화 행위자 매개중심성
$C_B(N_i)$: 행위자 i의 행위자 매개중심성
g: 행위자의 개수

앞서 살펴본 16명의 행위자로 구성된 가상의 네트워크에서 행위자 별로 행위자 매개중심성과 표준화 매개중심성의 값을 측정한 결과가 [그림 8-5] 하단에 제시되었다. 행위자 B는 자기 자신을 제외한 15명의 행위자들 간에 만들어지는 75개의 최단경로상에 위치하여 매개중심성 측정값이 가장 크다. 근접중심성의 값이 가장 컸던 행위자 B가 매개중심성에서도 가장 중심적인 행위자로 나타났다. 여기에서 행위자 A와 C는 근접중심성의 측정값에서는 행위자 G와 L에 비하여 중심성이 낮았으나, 매개중심성의 측정값에서는 동일하였다.

그림 8-5 가상의 16 행위자 네트워크에서의 행위자 매개중심성 측정

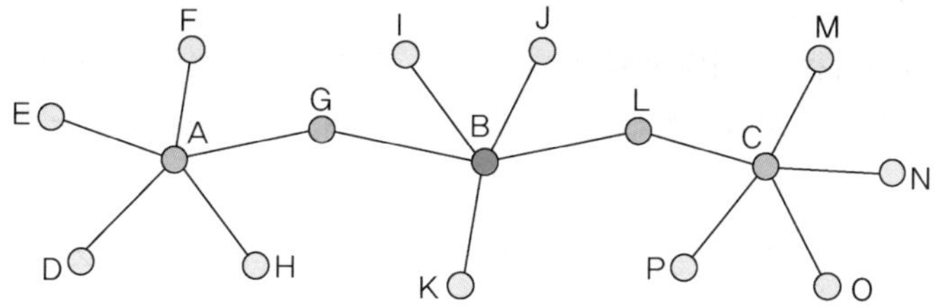

행위자	B	A,C,G,L	나머지
매개중심성	75	50	0
표준화 매개중심성	0.714(75/[(16-1)/(16-2)/2])	0.476(50/[(16-1)/(16-2)/2])	0

출처: 곽기영, 「소셜네트워크 분석」, p. 200, [그림 5-8].

중심성에 관한 연구에 따르면 매개중심성은 네트워크 내에서 중요한 행위자, 즉 리더나 영향력이 큰 구성원을 가장 잘 포착하는 것으로 알려져 있다.[43]

---

43) C. Prell, *Social Network Analysis: History, Theory, and Methodology*, Thousand Oaks, CA: Sage, 2012; 곽기영, 전게서, p. 203에서 재인용.

네트워크 내에서 행위자들 간의 매개중심성 정도의 차이가 다른 중심성 지표보다 상대적으로 큰 경향이 있는데, 이는 매개중심성 지표가 한 네트워크 내에서 중심적 행위자와 그렇지 않은 행위자를 보다 명확하게 구분한다는 것을 의미한다.

4. 사회연결망 분석방법의 적용

행정현상의 연구에서 사회연결망 분석은 다양한 영역에 적용될 수 있다. 예를 들면, 정책영역별로 정책과정에 영향력을 미치는 행위자를 확인하고, 그 네트워크 구조의 특징을 규명할 수 있다. 사회연결망 분석방법을 적용하여 특정영역의 정책네트워크가 폐쇄적인 구조인지, 아니면 개방적인 구조인지 확인할 수 있다.

대면접촉을 통해 전파가 진행되는 코로나19와 같은 감염병의 집단감염을 예방하려면 확진자의 감염경로를 파악하여 대책을 수립하여야 한다. 연결중심성이 큰 행위자는 자신 주변으로 감염병을 확산시킬 수 있다. 한편 매개중심성이 높은 행위자는 다른 지역 또는 집단에 확산시킬 수 있다.[44] 그러므로 예방대책을 마련하는데 지역사회 전체적으로 행위자 간 접촉 빈도를 낮추는 것은 물론 감염병을 확산시킬 위험성이 큰 행위자, 즉 중심성이 높은 행위자에게 특별히 유의하여야 한다.

사회연결망 분석은 학술지간 공유저자 분석을 통하여 학술지 네트워크 분석에도 적용될 수 있다([Box 8-4] 참조).

Box 8-4 행정학관련 학술지 네트워크 분석

연구자는 한국의 행정학 연구자들이 어떠한 학술지에 논문을 게재하는가에 대한 분석을 통해 한국 행정학 학술 공동체의 구조와 특성을 파악하고자 하였다. 이를 위해 2002-2016년까지 67종에 달하는 행정학 관련 학술지들의 저자 분석을 통해 학술지간 공유저자(shared author)의 분포를 확인하였으며, 행정학 학술지 네트워크를 구조화하였다. 실증분석 결과, 일반 행정과 정책 분야를 중심으로 상당히 긴밀한 행정학 학술 네트워크가 단일 차원에서

44) 김용희, 전게논문.

구성되고 있으나, 지방행정이나 경찰행정, 사회복지행정 등 영역별로 차별화된 하위 컴퍼넌트도 일부 확인되었다(아래 [그림] 참조).

그림 공유저자 비율 5% 이상의 학술지 네트워크

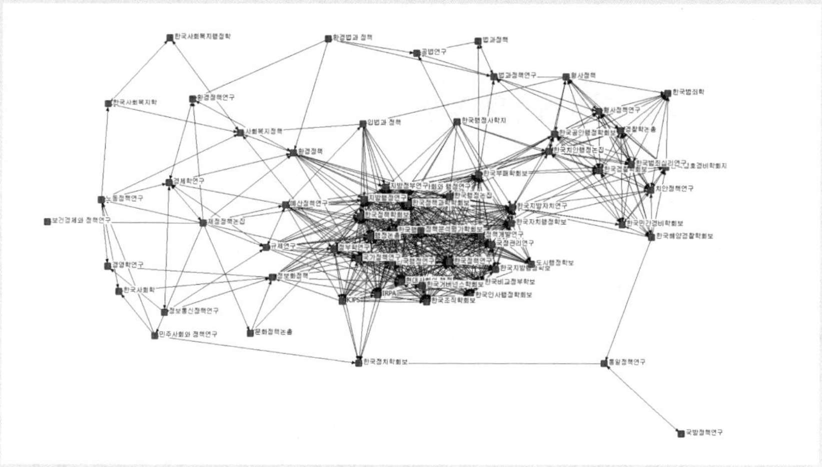

출처: 이민호. 2017. p. 287 <그림 3>.

표 주요 학술지의 네트워크 중심성 비교(공유저자 비율 5% 이상)

		연결중심성			근접중심성			매개 중심성
		out (A)	in (B)	ratio (B/A)	out (A)	in (B)	ratio (B/A)	
1	한국행정학보	0.1314	0.2459	1.8705	0.4000	0.4748	1.1871	7.0271
2	한국정책학회보	0.1153	0.1993	1.7279	0.3976	0.4615	1.1608	2.5057
3	한국사회와 행정연구	0.1243	0.1824	1.4678	0.3860	0.4714	1.2214	1.2781
4	지방정부연구	0.0999	0.1752	1.7545	0.3976	0.4853	1.2206	8.2757
5	한국행정연구	0.1506	0.1720	1.1423	0.4258	0.4490	1.0544	3.6860
	평균(n=67)	0.0561	0.0561	1.0741	0.3329	0.3410	1.0531	2.1724
	표준편차(n=67)	0.0465	0.0607	1.0625	0.0796	0.0975	0.3003	2.6588

출처: 이민호. 2017. p. 293 <표 3>의 일부.

개별 학술지의 네트워크 중심성을 비교할 때 일부 핵심 학술지에 대한 높은 집중도를 확인할 수 있었으며, 이러한 네트워크 중심성이 상당 부분 학술지의 인용등급에 영향을 받는 것으로 파악된다(위 <표> 참조).

출처: 이민호. 행정학 관련 학술지 네트워크 분석. 「한국행정학보」, 51:2, 2017, pp. 271-313.

제 6 절 미래예측 설계

1. 미래의 유형과 미래예측의 방법

1) 미래의 유형

미래예측에서는 다음과 같은 세 가지 형태의 미래를 그리게 된다. 즉 잠재적 미래와 개연적 미래 및 규범적 미래가 그것이다([그림 8-6] 참조). 잠재적 미래란 대안적 미래라고도 하는데, 실제로 나타나는 사회상태와 구별하여 나타날 수도 있는 미래의 사회상태를 뜻한다. 미래상태는 그것이 실제로 나타날 때까지는 결코 알 수가 없으므로 수많은 잠재적 미래가 있을 수 있다. 예를 들면, 2030년에 우리나라의 인구가 4,000만에서 6,000만 명의 범위 내에 있을 것이라면 그 범위가 잠재적 미래라고 볼 수 있다.

개연적 미래는 정책결정자가 사건들의 진로를 바꾸려고 개입하지 않으면 자연이나 사회의 인과관계에 관한 가정들에 기초하여 발생하게 되리라고 믿어지는 미래상태이다. 예를 들면, 현재의 인구 증가추세가 계속되고, 인구정책에

그림 8-6 사회 미래의 세 가지 유형: 잠재적, 개연적, 규범적 미래

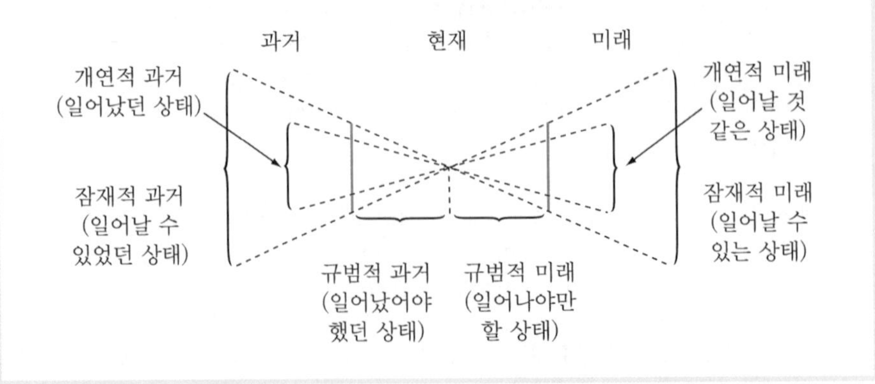

출처: Dunn, *Public Policy Analysis,* 6th ed., p. 124, Figure 4.2.

큰 변화가 없을 경우에 2030년의 우리나라 인구가 5,200만 명이 된다면 이것이 개연적인 미래예측의 사례가 된다.

이와 대조적으로 규범적 미래는 잠재적 미래와 개연적 미래 중에서 정책결정자 집단이 그렇게 되는 것이 바람직하다고 생각하는 미래를 말한다. 규범적 미래를 구체화하는 것은 정책을 통하여 달성하고자 하는 미래상태, 즉 정책목적과 목표를 구체화하는 것을 의미한다. 그런데 규범적인 미래 상태는 잠재적 미래의 범위 내에서 설정되어야 한다. 예를 들면, 2030년의 우리나라 인구가 3,500만 명이나 7,000만 명이 되는 것이 바람직하다고 하더라도 잠재적 미래의 범위 밖에 있어서 달성하기가 어렵다.

그런데 고용, 주택, 교통 등 여러 가지 여건을 종합적으로 검토할 때 2030년에 바람직한 미래상태라고 생각되는 우리나라 인구가 5,500만 명이라고 하자. 이때 바람직한 미래상태는 앞서 살펴본 개연적인 미래상태인 인구 5,200만 명과 비교할 때 300만 명이라는 차이가 있다. 그러므로 인구증가를 유도할 수 있는 여러 가지 정책대안을 검토한 다음, 그와 같은 정책대안들을 집행 또는 실행할 경우에 나타나는 미래 상태를 미리 예상해 볼 필요가 있다. 이러한 과정을 정책대안의 결과예측이라고 부른다. 이러한 정책대안의 결과예측은 합리적·분석적 정책결정과정에서 가장 어려운 단계이지만 연구자가 능력과 시간이 부족한 정책결정자에게 도움을 줄 수 있는 가장 중요한 단계이다.

2) 미래예측의 방법

행정 및 정책연구에서 활용되는 미래예측의 방법은 매우 다양하며 국내외 학자들간에 이러한 예측방법을 분류하는 기준이 통일되어 있지 않다. 미래예측기법은 크게 양적 방법과 질적 방법으로 분류할 수 있다.[45] 양적 방법은 시계열자료에 대한 계량적 분석을 토대로 하고, 질적인 방법은 주로 전문가의 주관적 판단에 의존하는 방법을 취한다.

---

45) Brian W. Hogwood & Lewin A. Gunn, *Policy Analysis for the Real World,* Oxford University Press, 1989, p. 128.

2. 양적 방법에 의한 미래예측

1) 양적 방법과 시계열설계

시계열자료에 대한 계량적 분석을 토대로 하는 양적 방법은 다시 단일변수에 관한 시계열 자료를 토대로 한 추세연장기법과 변수간 관련성 분석을 통한 미래상태의 예측기법으로 구분된다.

(1) 단일변수의 미래상태에 대한 예측

행정 및 정책연구에서는 개연적 미래, 즉 특별한 정책수단을 활용하지 않을 경우에 발생가능성이 가장 높은 미래상태를 예측하는 경우가 단일변수에 대한 미래예측에 해당된다.

(2) 변수간의 관련성 분석을 통한 미래상태의 예측

특정한 정책수단을 도입할 경우에 발생할 정책목표의 미래상태를 예측하는 경우에는 정책수단(독립변수)과 정책목표(종속변수)와의 관련성 분석이 선행되어야 한다. 이 경우에는 정책수단과 정책목표를 연결하는 인과모형을 작성하고 이를 검증해야 한다. 즉, 몇 가지 이론적 가정을 토대로 모형을 작성하고, 모형에 포함된 변수에 관하여 자료를 수집한 다음, 그 자료를 분석하여 미래를 예측한다. 역사적인 상황이 다시 반복될 것이라는 가정 아래 행해지는 추세연장의 방법과는 달리 모형작성기법에서는 여러 이론들 속에 포함되어 있는 각종의 인과관계에 관한 가정을 근거로 예측이 이루어진다. 따라서 엄격한 의미에서 이러한 예측방법은 기술적 조사설계보다는 제7장에서 살펴본 설명적 조사설계를 활용하는 것이므로, 여기에서는 설명을 생략하기로 한다.

(3) 시계열설계와 미래예측

시계열설계(time-series design)는 일정한 시간간격을 두고 수집한 자료를 분석하는 조사설계이다. 횡단적 설계가 일정시점에서 자료를 수집하는 데 비하여 시계열설계는 일정한 기간에 걸쳐서 자료를 수집하기 때문에 종단적 설계(longitudinal design)라고 부르기도 한다. 국가 또는 지역사회의 경제 및 사회적 특징에 관하여 주기적으로 수집·보도되는 시계열자료로서 우리가 흔히 접할 수 있는 것들이 상당히 많다. 매년 발표되는 소비자 물가지수, 실업률, 범죄율, 사망률, 출생률 등이 시계열자료의 사례들이다. 시계열자료의 분석은 연구자나 행정실무자가 ① 시간을 두고 변화를 기술하거나, ② 추세를 추적하거나, ③ 미래의 추세를 예측하고자 하는 경우에 사용된다.[46)]

그런데 시계열 자료분석의 목적은 보통 과거에 발생하였거나 미래의 일정 시점에서 발생가능한 상태를 정확하게 기술하기 위한 것이므로 기술적 조사설계에 포함시키는 것이 보통이다. 행정 및 정책연구에서는 과거의 사건에 대한 정확한 기술도 중요하지만, 이를 토대로 미래에 발생할 사건에 대하여 정확하게 예측하는 것이 더욱 중요한 것으로 여겨지고 있다.

미래예측(forecasting)이란 기존의 정보를 토대로 미래의 사회상태에 관한 사실적 정보를 산출하는 절차를 말한다.[47)] 사건의 발생순서에 따라 미래결과를 예측하기 위해서는 어떤 현상의 발생원인에 관한 충분한 이해나 설명이 없어도 가능하다.[48)] 다시 말하면, 설명을 위해서는 어떤 사건이 왜 발생하는가를 보여주어야 하지만, 미래예측을 위해서는 어떤 사건이 미래의 일정시점에서 틀림없이 발생할 것이라는 것을 추론할 수 있으면 되는 것이다.

어떤 경우이든 예측을 통하여 정확성이 높은 정보를 얻으면 정책결정자는 그 정보를 토대로 환경에 능동적으로 대처하여 미래를 바람직한 방향으로 변화시켜 갈 수 있고, 공해나 환경오염 등 부정적인 결과에 대처할 수 있는 대안을 마련할 수 있다. 행정의 주요과제 중의 하나가 다가올 미래를 이해하고 그것을 바람직한 방향으로 통제하는 것이라고 할 때, 미래에 대한 정확한 예측 없이는 올바른 정책결정이 불가능하다. 그러므로 행정 및 정책 연구에서의 예측은 미래에 발생할 가능성이 있는 사회상태 중에서 정책수단을 통하여 특별히 통제하고자 하는 부분에 대하여 이루어지게 된다.[49)]

---

46) O'Sullivan & Rassel, *op. cit.,* p. 26.

47) W. N. Dunn, *Public Policy Analysis,* 6th ed., 2018; Brian W. Hogwood & Lewin A. Gunn, Policy *Analysis for the Real World,* Oxford University Press, 1984, pp. 133-144; 노화준, 「정책분석론」, 박영사, 1989, pp. 177-203; 정정길, 「정책학원론」, 대명출판사, 1989, pp. 307-331.

48) 제2장에서 살펴본 것처럼 예측이라는 용어는 두 가지 의미가 있는데, 하나는 개념적으로 이미 알려진 사실이나 법칙으로부터 미지의 사건을 연역하는 것이고, 다른 하나는 사건의 발생순서에 따라 일어나는 미래의 결과를 진술하는 것이다.

49) Dunn, *op. cit.*

2) 시계열자료 추세연장기법의 의의

추세연장기법(extrapolation)은 과거 및 현재에 대한 역사적 자료를 토대로 미래의 사회적 변화를 투사(projection)할 수 있게 해주는 절차들을 말한다. 추세연장의 기법은 대개 시계열 자료분석의 형태를 취하게 되는데, 이를 통하여 미래에 있어서의 변화량이나 변화율을 측정할 수 있다. 추세연장의 기법들은 경제성장, 인구증가, 생활수준, 행정기관의 업무량 등을 투사하는 데 사용되고 있다. 추세연장의 기법들은 다음과 같은 세 가지 기본가정을 전제로 하고 있다.

3) 추세연장법의 기본가정

① 지속성(persistence): 과거에 관측된 어떠한 경향이 미래에도 똑같이 계속될 것이라는 가정이다. 예컨대 산업이 고도화됨에 따라 에너지 소비량이 계속 증가하여 왔다면 앞으로도 계속 증가할 것이라고 가정한다.

② 규칙성(regularity): 과거에 관찰된 어떤 경향이 미래에 있어서도 똑같은 규칙성을 가지고 나타나게 될 것이라는 가정이다. 과거에 전쟁과 경기침체가 20년 내지 30년의 주기를 가지고 발생했다면 이러한 주기는 미래에도 똑같은 진폭으로 되풀이될 것이라고 본다.

③ 자료의 신뢰성과 타당성: 어떤 경향에 대한 측정이 신뢰할 수 있고(즉, 상대적으로 정밀하고 내적으로 일관되고), 타당한(즉, 측정하려고 의도한 것을 제대로 측정한) 것으로 가정한다.

이러한 세 가지 전제조건이 충족될 때, 추세연장방법을 통하여 동태적인 사회변화를 파악할 수 있고, 잠재적인 미래의 사회상태를 이해할 수 있다. 시계열자료를 이용한 대표적인 추세연장의 기법은 전통적 시계열분석, 최소자승 경향추정, 비선형 시계열분석 등이다.

4) 전통적인 시계열분석

전통적으로 시계열자료는 계속적 경향(secular trend), 계절적 변동(seaso-nal variation), 순환적 파동(cyclical fluctuations), 불규칙변화(irregular move-ments) 등 네 가지 요소를 가지고 있는 것으로 간주된다.

그림 8-7 지속적 경향: 시카고 시의 1000명당 체포자수(1940~1970년)

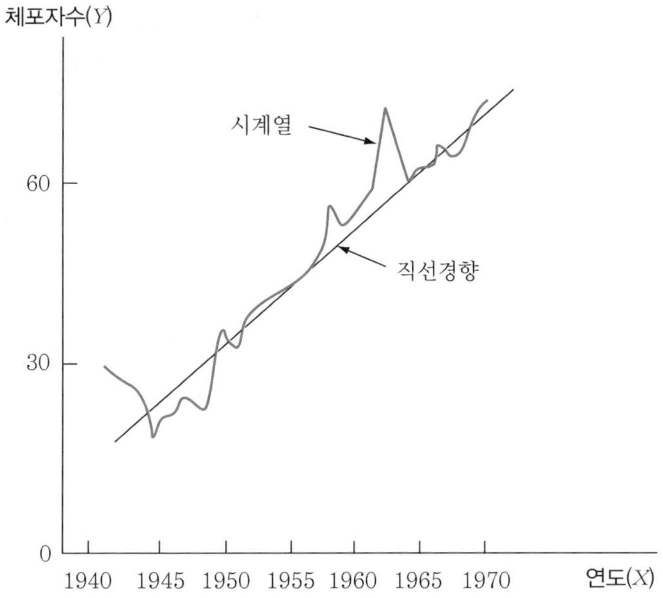

출처: Ted R. Gurr, The Comparative Analysis of Public Order, in *The Politics of Crime and Conflict*, Ted R. Gurr, Peter N. Grabosky, and Richard C. Hula (eds.), Beverly Hills, CA: Sage Publications, 1977, p. 647. 여기에서는 Dunn, *Public Policy Analysis*, 6th ed., 2018, p. 130, Figure 4.6에서 재인용.

계속적 경향은 시계열자료의 장기적인 성장 또는 감퇴경향을 말한다. [그림 8-7]은 30년간 시카고 시에서 1,000명당 범죄수의 증가가 지속적 경향임을 보여주고 있다. 관례상 시계열변수는 Y축에, 연도를 X축에 나타낸다. 어떤 경우(예: 사망자수)에는 장기간 감소현상을 보여주는 직선형 경향도 있으며, 또 다른 경우(예: 석유소비량)에는 곡선형 경향(*curvilinear trend*), 즉 시계열 수치가 아래로 볼록하거나 위로 볼록한 모양을 갖는 경향일 때도 있다.

계절적 변동은, 계절이라는 말이 뜻하는 바와 같이, 1년 혹은 그보다 짧은 기간 동안에 주기적으로 반복해서 나타나는 시계열상의 변동이다. 계절적 변동의 가장 좋은 예는 기후조건이나 휴가철의 변화에 따라 생산량이나 판매량이 증감하는 현상이다. 사회복지, 보건, 공공소비재 등을 담당하는 기관의 업무량도 기후조건이나 휴가의 결과로 계절변동을 종종 나타낸다. 예를 들면, 난

방연료의 소비가 겨울에는 증가하고 3월에는 감소하기 시작한다.

순환적 파동도 주기적이지만 주기가 예상할 수 없을 정도로 수년간에 걸쳐 길어질 수 있다. 새로운 순환적 파동이 미지의 요인들의 결과일 수 있기 때문에, 그 과정은 때때로 설명하기가 어렵다. 순환적 파동에 대한 해석은 불규칙 변화가 일어났을 경우에는 더욱 더 어렵게 된다.

불규칙 변화는 전혀 예측할 수 없는 변동으로 어떤 규칙적인 유형을 따르고 있지 않을 경우이다. 이러한 불규칙 변화는 많은 요인의 복합작용으로 일어나게 된다.

시계열자료를 분석하여 계속적 경향, 계절적 변동, 순환적 파동의 요소를 찾아내기 위하여 자기회귀누적이동평균(ARIMA)모형 또는 박스-젠킨스(Box-Jenkins)분석기법을 사용하는데, 이는 고급통계기법에 속한다.[50)]

5) 최소자승경향추정

직선적인 경향에 따라 미래추세를 예측하는 방법들 중에서 가장 정확한 방법이 바로 최소자승경향추정(least square trend estimation)이다. 이는 현재까지의 경험적인 자료에 대한 통계분석을 바탕으로 미래상태를 예측하는 것이다.

최소자승경향추정법을 사용한 회귀직선에는 두 가지 중요한 특성이 있다.

① 시계열자료로 나타나고 있는 관측된 값과 회귀직선상 값의 차의 합은 항상 0이다. 즉, 회귀직선상의 값 Y_t에서 시계열적으로 관측된 값 Y를 뺀 값(편차)의 총합은 0이다. 어떤 연도에 있어서 그 관측치가 회귀선 아래에 있게 되는 경우 편차($Y-Y_t$)는 항상 (−)값을 가지며, 이와는 반대로 그 관측치가 회귀선보다 윗쪽에 있는 경우에는 편차($Y-Y_t$)는 항상 (+)값을 가진다. 이러한 (+)값과 (−)값은 서로 상쇄되어 $\Sigma(Y-Y_t)=0$이 된다.

② 각각의 편차를 제곱하여 총합을 구할 때 그 값이 최소가 되도록 회귀직선의 절편과 기울기가 정해져야 한다. 다시 말하면, 최소자승 회귀직선

50) Cook & Campbell, *Quasi-Experimentation,* Chapter 7 등 보다 전문적인 서적을 참고할 것.

이 시계열적으로 관측된 자료들을 통과하는 직선을 긋는 가장 능률적인 방법임을 뜻한다. '최소자승'이란 그 기법이 회귀선(경향성)으로부터 떨어져 있는 시계열상의 관측치들의 편차를 제곱한 값을 최소화할 수 있다는 뜻이다.

이 두 가지 특성에 대한 설명이 [그림 8-8]에 나타나 있다.

[그림 8-8]에서 볼 수 있듯이 최소자승경향추정방법은 시계열변수를 종속변수, 시간을 독립변수로 하는 회귀방정식을 구하여, 이 방정식을 통하여 미래 일정시점에서의 시계열 값을 예측한다. 최소자승경향추정에서 회귀방정식은 다음과 같은 형태를 취한다.

그림 8-8 최소자승회귀직선의 두 가지 특성

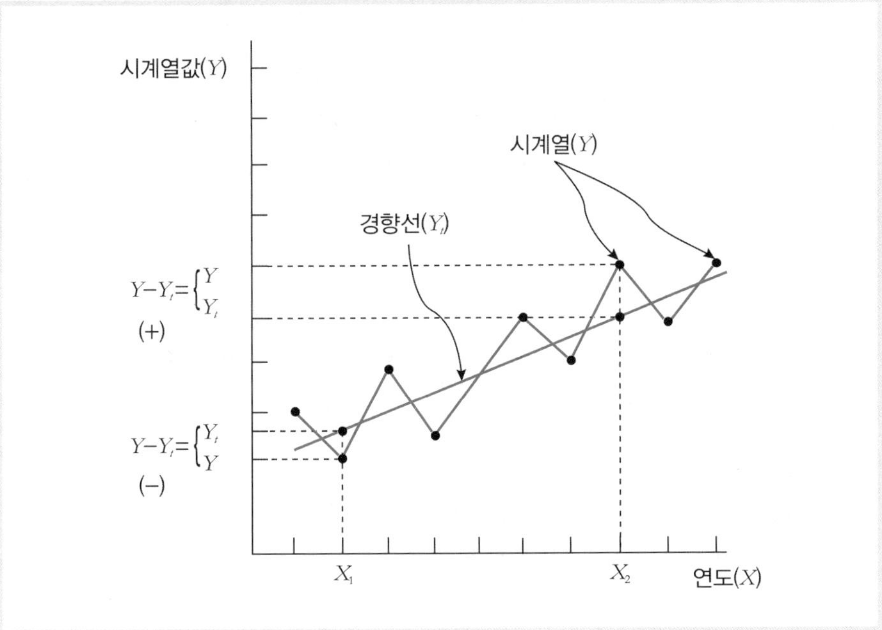

주: ① $\Sigma(Y-Yt)=0$ ② $\Sigma(Y-Yt)^2=$최소값
출처: W. N. Dunn, *Public Policy Analysis*, 6th ed., 2018, p. 132, Figure 4.8.

$$Y_t = a + bX$$

여기에서, Y_t: 주어진 시점에 있어서의 추정된 경향값(trend value)

a: X=0일 때의 Y_t의 값

b: 경향선(trend line)의 기울기로서 단위기간당 Y_t의 변화량(증가 또는 감소량)을 나타냄

X: 어떤 시점을 나타내는 수치(기준시점으로부터의 거리를 나타냄)

일단 a, b의 값이 구해지면 주어진 시점(연도 또는 달)에 있어서의 Y값을 추정할 수 있으며, 이러한 방정식을 이용하여 미래 일정시점에서의 값을 예측할 수 있다.

최소자승법은 정확성이 높기는 하지만 나름대로의 제약성을 가지고 있다. 첫째, 시계열 값이 경향선을 따라 꾸준히 증가하거나, 꾸준히 감소하는 선형이어야 한다. 관찰된 시계열상의 값이 비선형일 때에는 적용하기가 어렵고 다른 방법을 적용하여야 한다. 둘째, 과거의 일반적 경향이 앞으로도 계속될 것이라는 설득력 있는 근거가 있어야 한다. 셋째, 시계열이 보여주는 유형이 규칙적이어야 한다. 다시 말하면 주기적인 파동이나 갑작스러운 불연속 등이 없어야 한다.

6) 비선형 시계열

비선형 시계열(nonlinear time series)은 [그림 8-9]와 같이 다섯 개의 유형으로 나누어 볼 수 있다.

(1) 진 동

진동(oscillations)은 시계열이 선형성을 잃고 있긴 하지만 일정한 범위내에서만 그런 현상을 보이는 경우를 말한다([그림 8-9](a) 참조). 진동 현상을 보이는 예로는 실업의 계절적 변동, 어떤 행정기관 업무량의 월별변동, 대기오염 수준의 일일변동 등이 있다.

(2) 순 환

순환(cycles)은 시간적으로 수년 또는 그 이상에 걸쳐서 나타나는 비선형 파동이다([그림 8-9](b) 참조). 순환은 쉽게 예측할 수 없으나 보통 지속성과

규칙성을 가지고 나타난다. 예를 들면, 경기순환 또는 정보나 문명의 생명주기 등을 들 수 있다.

(3) 성장곡선

성장곡선(growth curve)은 수년 또는 수십년 동안의 기간을 단위로 하여

그림 8-9 비선형 시계열의 종류

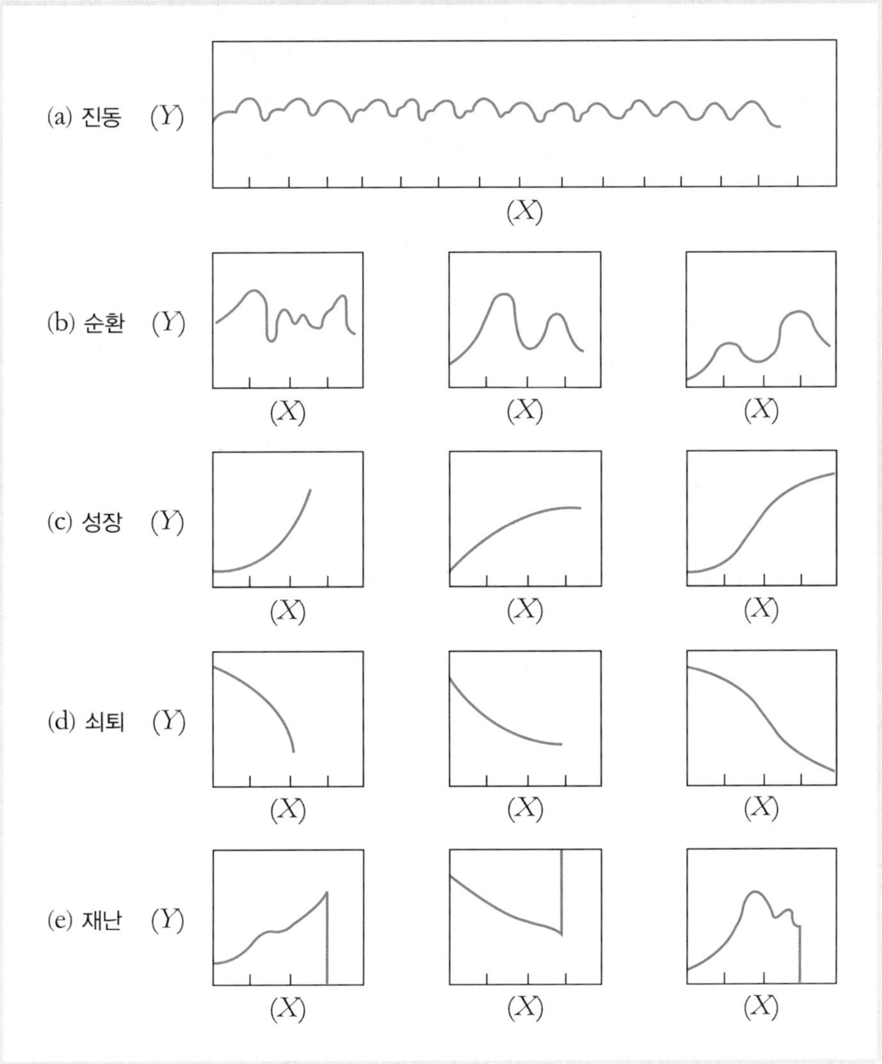

출처: W. N. Dunn, *Public Policy Analysis,* 6th ed., 2018, p. 157, Figure 4.15.

선형으로부터 이탈하는 경우인데 이는 시계열에서 성장률이 가속적으로 증가하거나 성장률이 둔화되는 경우에 나타난다([그림 8-9](c) 참조). 또 이 두 현상이 겹쳐서 나타날 수 있는데 이는 S자형(sigmoid) 곡선형태를 나타낸다. 생물학적 유기체에 대한 연구로부터 발전된 성장곡선은 산업성장률이나 도시화율, 인구증가율, 정부기능의 증가율을 예측하는 데 사용된다.

(4) 쇠퇴곡선

쇠퇴곡선(decline curve)은 성장곡선과는 반대되는 경우로, 그 감소율이 가속적으로 증가하거나 감소하는 경우이다([그림 8-9](d) 참조). 그 감소율의 증가 또는 감소에 따라서 곡선의 형태가 달라진다. 쇠퇴곡선은 문명의 쇠퇴나 어떤 사회의 몰락과정 등의 동태적 과정을 나타내는 데 사용된다.

(5) 재 난

재난(catastrophes)은 시계열곡선이 갑작스럽게 심한 불연속성을 보이는 경우이다([그림 8-9](e) 참조). 이러한 현상은 전쟁기간 동안에 정부정책의 갑작스러운 전환이나 경제위기로 인한 증권시장의 갑작스런 몰락 등에서 찾아볼 수 있다.

[그림 8-9]의 (c), (d)에 나타나 있는 성장곡선이나 쇠퇴곡선은 직선적 경향으로 표현될 수 없다. 그렇다고 순환적 진동형태를 나타내는 것도 아니다. 이러한 경향을 흔히 지수적 성장(exponential growth) 또는 지수적 감퇴(exponential decline)라고 한다. 즉, 시계열적으로 관측된 값의 증가 또는 감소에서 그 변화율이 누진적인 경우이다. 시계열자료가 성장(또는 감소)경향을 나타내는지 찾아내는 기법은 직선적 경향을 추정하는 데 사용했던 방법보다 훨씬 복잡하다. 시계열변수(Y)를 곡선형으로 전환시키는 방법 중에는 제곱근($\sqrt{Y_t}$)이 쓰이는 수도 있으며, 상용대수 logY가 쓰이기도 한다. 이러한 기법들에 대해서 상세히 설명하지 않겠으나 그 논리를 정확히 알아두는 것은 미래예측을 위하여 상당히 중요하다.[51]

---

51) 좀더 자세한 내용은 남궁근 외 공역, 정책분석론 제6판, 법문사, 2018, pp. 191-196 참조.

3. 질적 방법에 의한 미래예측

미래예측을 위한 질적인 방법은 관계자와 전문가의 주관적 판단에 의존하는 방법을 취한다.[52] 이러한 방법 중에서 브레인스토밍과 델파이 기법, 그리고 정책델파이 기법에 관하여 살펴보기로 한다.[53]

1) 브레인스토밍

브레인스토밍은 원래 Osborn이 창안한 것으로 문제해결방안을 고안하는 과정에서 창의성을 향상시키기 위한 수단으로 고안되었다. 브레인스토밍은 정책대안의 개발 및 창출 그리고 정책목표 및 정책대안의 결과에 관한 미래를 예측하는 방법으로 사용된다.

브레인스토밍은 집단적 토의를 통하여 미래를 예측한다. 그러므로 첫 단계에서 연구문제와 관련된 상황에 관하여 특별한 지식이 있는 사람을 선발하여야 한다. 여기에는 관련분야의 전문가뿐만 아니라 독창성이 있는 사람, 그리고 정책으로부터 직접 영향을 받게 되는 관련자를 포함시키는 것이 바람직하다. 이러한 집단은 보통 5명에서 12명의 소규모로 구성된다.

브레인스토밍 활동은 집단토론의 초점을 분명하게 하기 위하여 몇 가지 장치를 도입하면 상대적으로 잘 조직화할 수 있다. 예를 들면, 의욕적인 전문가들로 팀을 구성하여 수년 동안 자주 만날 수 있는 연속적 세미나를 도입하는 방법이 있다. 이러한 장치를 도입하면 전통적인 위원회와 같은 제한적 분위기를 피할 수 있다. 또 다른 방법으로는 가상적 미래사건에 대한 윤곽인 '시나리오'를 구성하여 활용하는 것이다. 시나리오 작성은 미래상황의 특정 측면을 기

52) 앞에서 살펴 본 추세연장방법이 귀납적 논리에 기초하고 있는 데 반하여, 주관적 판단은 역류적 논리(retroductive logic)에 기초하고 있다. 역류적 논리란 미래의 일정 상황에 대하여 예측한 다음, 이러한 예측을 뒷받침할 수 있는 근거와 가정을 찾아나가는 추론과정을 말한다. 남궁근 외 공역, 정책분석론, 제4판, 법문사, 2008, p. 224.

53) 미래예측을 위한 질적 방법에 관한 것은 Dunn, *op. cit.*; Hogwood & Gunn, *op. cit.*, pp. 135-140 참조. Dunn은 델파이, 정책델파이, 그리고 교차영향분석 방법을 들고 있으며, Hogwood & Gunn은 판단적 예측기법으로 델파이, 브레인스토밍, 교차영향행렬, 시나리오작성 방법을 들고 있다. 여기에서는 남궁근 외 공역(W. N. Dunn 저), 전게서, pp. 223-231의 내용을 중심으로 요약하였다.

술하기 위하여 상상력을 건설적으로 사용하는 방법이다.

2) 델파이 기법

델파이 기법은 1948년 미국 랜드연구소의 연구진에 의하여 개발되어 공공부문이나 민간부문의 예측활동에 이용되어 왔다. 원래 이 기법은 군사전략문제에 적용되었지만 점차 다른 분야의 예측에도 확대하여 적용되고 있다. 현재 이 기법은 교육, 기술, 판매, 수송, 대중매체, 의료, 정보처리, 연구개발, 우주탐사, 주택, 예산편성, 생활수준 향상 등의 분야에 적용되고 있다.[54)]

델파이 기법은 위원회나 전문가 토론, 또는 다른 형태의 집단토론에서 나타나는 여러 가지 왜곡된 의사전달의 원천을 제거하기 위하여 고안되었다. 즉 소수인사에 의하여 토론과정이 지배되는 현상, 동료집단의 견해에 따라야 한다는 압력, 개성 차이와 참여자들 사이의 갈등, 권위있는 지위에 있는 사람들의 의견에 공공연하게 반대하는 데 따르는 어려움 등 여러 가지 문제를 피하기 위해 설계되었다. 이러한 문제점들을 해결하기 위해서 델파이기법의 적용에서는 다음과 같은 다섯 가지 기본원칙이 강조된다.

① 익명성: 전문가와 참여자들은 익명성이 엄격하게 보장된 개인으로서 답변한다.

② 반복: 개개인의 판단은 집계하여 몇 회에 걸쳐 참가한 모든 전문가들에게 다시 알려주고, 이렇게 함으로써 사회학습의 기회를 제공하고 이전의 판단을 수정할 수 있도록 한다.

③ 통제된 환류: 질문지에 대한 응답을 요약수치로 나타내어 종합된 판단을 전문가와 참여자들에게 전달한다.

④ 응답의 통계처리: 개인들의 응답을 요약하여 최빈수, 중위수 또는 평균 등 중앙경향값, 사분편차 등 산포도, 막대그림표, 도수다각형 등 도수분포의 형태로 제시된다.[55)]

⑤ 전문가 합의: 예외는 있지만 이 기법의 주요목표는 전문가들 사이의 합의가 도출될 수 있는 조건을 마련하여 합의된 의견을 찾아내는 것이다.

---

54) 구체적 설명은 Harold Sackman, *Delphi Critique, Lexington,* MA: D.C. Heath and Company, 1975.

55) 이러한 통계치에 관한 것은 본서 제13장 참조.

3) 정책델파이기법

정책델파이는 델파이 기법의 한계점을 건설적으로 극복하여 정책문제의 복잡성에 맞는 새로운 절차를 만들어 내려는 시도로서 창안되었다. 정책델파이는 반복과 통제된 환류라는 전통적 델파이의 두 가지 원칙에 기초를 두고 있지만 다음과 같은 몇 가지 새로운 원칙을 추가하고 있다.

(1) 정책델파이의 특징

① 선택적 익명성

정책델파이의 참가자들은 예측의 초기단계에만 익명으로 응답한다. 정책대안들에 대한 주장들이 표면화된 이후에는 참가자들로 하여금 공개적으로 토론을 벌이게 하는 것이다.

② 식견있는 다수의 창도

참가자들을 선발하는 과정은 '전문성' 자체보다 이해관계와 식견이라는 기준에 바탕을 둔다. 따라서 델파이 집단을 구성할 때 연구자는 특정상황에서 가능한 식견있는 창도자 집단을 대표할 수 있도록 노력하여야 한다.

③ 양극화된 통계처리

개인의 판단을 집약할 때, 불일치와 갈등을 의도적으로 부각시키는 수치가 사용된다. 중위수, 범위, 표준편차 등 전통적인 측정치가 사용될 수도 있지만, 정책델파이에서는 개인간 또는 집단간의 차이를 나타내는 여러 가지 수치를 보충하여 사용한다.

④ 구성된 갈등

참여자간의 갈등이 정책이슈에 내재된 정상적인 모습이라는 가정에 입각하여, 대안과 결과를 창조적으로 탐색하는 데 있어서 의견상의 차이를 이용하려는 시도가 이루어진다. 또한 대립되는 입장에 내재된 가정과 논증을 표면화시키고 명백하게 하기 위하여 노력한다. 따라서 정책델파이의 결과는 특정한 제한이 없다. 즉 합의가 이루어질 수도 있고 갈등이 계속될 수도 있다는 뜻이다.

정책델파이는 사안의 내용과 이 기법을 사용하는 사람의 솜씨나 재주에 따라 여러 가지 다양한 방법으로 수행될 수 있다. 정책델파이는 하나의 중요한 연구 활동이므로 본서에서 다루고 있는 표본추출, 질문서 설계, 신뢰도와 타당도, 자료의 분석과 해석 등 조사방법의 일반적 절차에 따라야 한다. 여기에서는 정책델파이의 일반적인 절차를 소개하기로 한다.[56]

(2) 정책델파이의 일반적 절차

① 1단계: 이슈의 구체화

첫번째 단계에서 연구자는 정책델파이의 참여자들이 검토하여야 할 구체적 이슈를 결정하여야 한다. 이 단계에서 중요한 것은 연구자가 이슈를 어느 정도까지 제시하고 참여자들이 어느 정도까지 구체화하는가라는 것이다. 만약 연구자가 그 이슈영역에 정통하다면 델파이가 진행되기 이전에 이슈목록을 작성할 수 있을 것이다. 이들 이슈는 첫 번째 질문지에 포함될 수도 있고, 응답자들이 자유롭게 보태거나 뺄 수도 있어야 한다.

② 2단계: 참여자 선정

이 단계에서 이슈영역의 주요 관련자들이 선정되어야 한다. 여러 입장을 대변하는 참여자 집단을 선발하기 위해서는 분명한 표본추출절차를 이용하여야 한다. 표본추출방법으로는 누적표본추출(snowball sampling)방법이 적합한 방법이다.[57] 이 방법은 연구자가 우선 해당 이슈영역에서 영향력이 있다고 알려진 한 사람의 참여자를 찾아내고 그 사람에게 자신의 입장에 가장 가깝게 동의하는 사람과 가장 반대하는 사람을 각각 하나씩 선정하도록 요청한다. 같은 방법으로 이 두 사람에게 각각 두 사람씩 선정하도록 요청하고 이러한 과정을 반복한다. 참여자들의 지위, 영향력, 공적 권한, 소속된 집단 등에서 참여자의 구성이 가능한 다양하도록 하여야 한다. 이슈의 성격에 따라 다르지만 표본의 크기는 10~30명 정도가 보통이다. 이슈가 복잡해질수록 참여자들은 더욱 이질적이 되고 표본의 크기는 다방면의 참여자들이 대표가 될 수 있도록 더욱 커져야 한다.

③ 3단계: 질문지 설계

정책델파이는 몇 차례에 걸쳐 진행되기 때문에 연구자는 첫 번째 질문지에 어떤 항목들이 포함되어야 하고 그 다음 질문지에는 어떠한 항목이 포함되어야 하는지를 결정하여야 한다. 그러나 두 번째 질문지는 첫 번째 질문지의 결과가 분석된 후에야 개발될 수 있고, 세 번째 질문지는 두 번째 질문지의 결

56) Murray Turoff, The Design of a Policy Delphi, *Technological Forecasting and Social Change,* 2:2, 1970, pp. 149-71; Harold D. Linstone & Murray Turoff, eds., *The Delphi Method: Techniques and Applications,* NY: Addison-Wesley, 1975. 여기에서는 Dunn, *op.cit.,* p. 166에서 재인용.

57) 누적표본추출에 관한 것은 본서 제12장 참조.

과를 기다려야 한다. 이러한 이유 때문에 첫 번째 질문지는 개방식 질문으로 구성되어 구조화되지 않는 것이 보통이다.

첫 번째 질문지에는 다음과 같은 질문들이 포함된다. 즉 ① 응답자로 하여금 특정사건의 발생확률을 주관적으로 추산할 것을 요구하는 예측문항, ② 응답자가 이슈들의 우선순위를 매기도록 하는 이슈문항, ③ 어떤 목표를 추구하는 것이 어느 정도 바람직한지 또는 실현가능성이 있는지에 대한 판단을 권유하는 목표문항, ④ 응답자로 하여금 목표나 세부목표를 달성하는 데 공헌할 수 있는 행동대안을 식별케 하는 대안문항 등이 포함된다.

표 8-2 정책델파이 질문지에 사용된 항목의 유형과 척도의 사례

항목 유형	항 목	척 도	
예 측	국립정신의료원의 최근 추산에 따르면 따르면 1,000명당 마리화나 사용자 수가 1990년에는 1980년의 두 배가 된다고 한다. 당신은 이 추산이 얼마나 믿을 만하다고 생각하는가?	확실히 믿을 만하다 믿을 만하다 믿기 어렵다 믿을 수 없다 모르겠다	1 [ ] 2 [ ] 3 [ ] 4 [ ] 5 [ ]
이 슈	마리화나의 개인적 사용을 금지하는 법을 제정[해야 한다, 하지 말아야 한다]. 하나만 ○표 하라. 이 이슈는 다른 것보다 상대적으로 얼마나 중요한가?	매우 중요 중요 약간 중요 중요치 않음 모르겠다	1 [ ] 2 [ ] 3 [ ] 4 [ ] 5 [ ]
목 표	국가정책의 목표는 약물의 이용과 남용 사이의 차이를 공중에게 일깨워주는 데 있다. 이러한 목표가 얼마나 바람직한가?	매우 바람직 바람직 바람직하지 않음 전혀 바람직하지 않음 모르겠다	1 [ ] 2 [ ] 3 [ ] 4 [ ] 5 [ ]
대 안	마약남용에 대한 교육 프로그램이 일반 국민들 중 잠재적 사용자를 감소시키는 데 도움이 된다고 제안되었다. 이 정책대안은 얼마나 실현가능한가?	확실히 실현가능 아마도 실현가능 아마도 실현불가능 확실히 실현불가능 모르겠다	1 [ ] 2 [ ] 3 [ ] 4 [ ] 5 [ ]

출처: Dunn, *Public Policy Analysis*, 6th ed., p. 169, Table 4.8.

이러한 네 가지 유형의 문항에 대한 응답을 얻어낼 수 있는 여러 가지 척도가 있다. 예컨데 예측문항에는 확실성의 정도를 묻는 척도, 이슈문항에서는 중요성의 정도를 묻는 척도, 목표문항에서는 소망성의 정도 또는 실현가능성의 정도를 묻는 척도, 대안문항에는 이들 척도의 조합을 사용하는 것이다. <표 8-2>는 정책델파이 질문지에 사용된 항목과 척도를 예시하고 있다.[58]

<표 8-2>의 척도 열에서 '모르겠다'라는 응답은 허용하고 있으나 중립적인 응답(예: '보통이다' 혹은 '그저 그렇다' 등)은 허용하지 않는다. 이렇게 중립적인 응답을 제한하는 이유는 정책델파이의 중요한 목적의 하나가 갈등과 불일치를 유도하는 것이기 때문이다. 질문지 구성에서 한 가지 중요한 것은 창도자 표본을 대상으로 사전조사(pretest)를 실시하여 응답의 신뢰성을 높이는 일이다.

④ 4단계: 1차 응답결과의 분석

1차 질문지가 회수되면 연구자는 예측, 이슈, 목표, 대안 등에 관한 최초의 입장을 판단한다. 다양한 참가자들 사이에 상반된 평가가 있을 수 있기 때문에 응답자들의 집중화 경향을 설명하고 산포도나 양극화 경향을 나타내는 요약된 수치를 이용한다. 두번째 질문지에 이러한 수치를 요약한 첫 번째 결과를 담아 참가자들에게 알리는 수단으로 사용할 수 있다.

⑤ 5단계: 후속질문지개발

대부분의 정책델파이는 3~5회에 걸쳐 진행된다. 따라서 2차, 3차, 4차, 5차 질문지를 개발하여야 한다. 이전 회의 결과가 그 다음 회의 기초로 이용된다. 정책델파이의 가장 중요한 측면이 이러한 반복과정에 있다. 그 이유는 참여자들이 바로 전회의 결과를 살펴 볼 수 있는 기회를 갖게 되고, 그들이 내린 각각의 판단에 대해 분명한 이유, 가정, 논증을 제시할 수 있는 기회를 제공하기 때문이다. 마지막 질문지가 완결되면 모든 참여자들로 하여금 예측, 이슈, 목표, 대안 등에 대한 그들의 최종 입장을 진술할 기회를 주고, 또 그들의 입장이 어떤 이유에서 다른 사람들의 입장과 다른지를 살펴보고 평가할 수 있는 기회를 주며, 또한 그들의 입장을 재평가하고 바꿀 수 있는 기회를 제공한다.

---

58) 척도구성에 관한 일반적 사항은 본서 제10장 제5절, 그리고 질문서 구성에 관한 사항은 본서 제12장 제1절을 참고할 것.

⑥ **6단계: 회의소집**

정책델파이에서 마지막 과업의 하나는 참여자들은 한 장소에 모아 그들의 다양한 입장을 뒷받침하는 이유, 가정, 논증들에 관하여 면 대 면(face to face) 토론을 하는 것이다. 모든 참여자들이 그들의 입장과 다른 사람들의 입장을 살필 수 있는 기회를 가진 후이기 때문에, 이 면 대 면 토의는 보통의 위원회 형태에서는 구축하기 어려운 신뢰의 분위기를 조성할 수 있다. 이러한 토론에서 참여자들은 자기 입장을 열렬히 주장할 수 있고 즉각적인 환류를 받을 수 있는 조건이 마련될 수 있다.

⑦ **7단계: 최종보고서 작성**

응답자들이 합의점에 도달할 것이라는 보장은 없으므로, 이슈, 목표, 대안 그리고 그 결과에 대한 창조적인 아이디어가 가장 중요한 정책델파이의 산물이 된다. 따라서 최종결과의 보고서는 가능한 다양한 이슈들과 대안들을 검토하고 상반된 입장과 이를 뒷받침하는 논증들이 충분히 나타나도록 처리한다. 그 다음 이 보고서는 정책델파이의 결과를 토대로 결정을 내리는 정책결정자들에게 전달된다.

복습과제

01 기술적 조사연구에서 가장 중요하게 고려해야 할 사항은 무엇인가?

02 횡단적 조사의 단계를 간략하게 설명하시오.

03 서베이 조사에서 대표성 있는 표본추출이 중요한 이유는 무엇인가?

04 현황 서베이에서 전형적으로 제기되는 질문의 예를 제시하시오.

05 상관적 연구에서 인과관계를 증명하지 못하는 이유는 무엇인가?

06 자동차 사고, 수질(water quality), 의약품 남용, 편부모가정, 공무원 인

력훈련 가운데 하나의 주제를 선택하라. 이러한 주제에 관하여 횡단적 설계에 적합한 연구질문을 각각 제시하시오.

07 내용분석의 절차와 방법을 간략히 서술하시오.

08 내용분석에서 코더간 신뢰도란 무엇이며, 그 점검이 필요한 이유는?

09 빅데이터 분석의 사례를 찾아 보시오.

10 사회연결망 분석의 사례를 찾아보시오.

11 미래예측에서 그리게 되는 미래의 유형은?

12 지난 30년 동안 한강 유역의 수질에 관한 자료를 수집하였다. 시계열설계를 통하여 그 자료를 분석할 수 있는가? 연구자는 어떠한 경향 또는 변동에 관심을 가져야 하는가?

13 다음 <표 8-2> 자료는 A시에서 지난 20년 동안 가상적 대기오염수준을 기록한 것이다.

a. 그 경향을 알 수 있도록 Y축에는 대기오염수준, X축에는 연도를 나타내는 그래프를 그려라.
b. 이 자료에서 나타난 변동에 관하여 간단히 논하시오.
c. SPSS 프로그램 등 통계패키지 프로그램을 활용하여 최소자승 경향추정 회귀직선의 절편과 기울기를 구하시오.
d. (c)의 경향이 계속된다면 2013년도 오염수준은 어느 정도일 것으로 예측되는가?

표 8-2 A시의 연도별 가상 대기오염수준

연도	오염수준	연도	오염수준	연도	오염수준	연도	오염수준
1991	4.35	1996	4.30	2001	4.15	2006	3.80
1992	4.20	1997	3.90	2002	4.13	2007	3.80
1993	4.30	1998	3.90	2003	4.12	2008	3.79
1994	4.35	1999	4.00	2004	4.10	2009	3.70
1995	4.35	2000	4.00	2005	3.90	2010	3.45

14 B 시의 취업담당부서 과장이 실업률의 계절적 변동을 파악하여, 실업률로 측정된 업무량이 가장 적은 달을 선택하여 직원들의 휴가 또는 학회참석을 유도하고자 한다. 월별 실업률에 관한 자료는 다음 <표 8-3>과 같다.

a. 이 자료를 그래프로 나타내시오.

b. 이 자료에 어떠한 경향이 나타났는지 논하시오.

c. 어느 달을 선택하여 직원들의 휴가와 학회참석을 계획하겠는가?

표 8-3 B시의 월별 실업률

	1월	2월	3월	4월	5월	6월	7월	8월	9월	10월	11월	12월
2007년	6.4	6.3	6.4	5.4	6.7	6.4	6.5	6.7	8.1	6.8	5.5	5.0
2008년	7.7	7.1	8.6	7.9	7.3	7.7	7.5	7.8	8.2	7.9	7.5	7.3
2009년	10.4	9.5	8.9	8.4	8.7	8.8	8.2	8.2	8.1	9.2	9.5	9.5
2010년	7.4	6.1	5.4	5.7	6.1	6.6	6.2	6.2	6.2	8.6	7.5	7.5

15 브레인스토밍의 일반적인 절차는?

16 정책델파이 참여자 선정에 적합한 표본추출방법은 무엇이며, 그 이유는?

17 정책델파이 설문문항에서 중립적인 응답을 제한하는 이유는?

09 CHAPTER
질적 연구의 조사설계
Research Designs for Qualitative Research

장머리에

이 장에서는 질적 연구의 조사설계를 다루고 있다. 제1절에서는 질적 연구의 개념과 목적을 고찰한다. 제2절에서 다양한 질적 연구방법을 개관한 다음, 제3절부터 제6절까지는 주요 질적 연구방법의 설계에 관하여 살펴보겠다. 제3절 근거이론의 설계, 제4절 문화기술적 연구의 설계, 제5절 현상학적 연구의 설계, 제6절 행위연구의 설계, 제7절에서는 사례연구의 설계에 관하여 고찰하겠다. 마지막으로 제8절에서는 질적 연구와 양적 연구의 설계를 결합한 혼합방법의 설계를 소개하겠다.

제1절 질적 연구의 개념과 목적

1. 질적 연구의 개념

다양한 전통과 학문분야의 연구자들이 수행해온 질적 연구란 사회현상에 관한 자료를 수집하기 위하여 사용되는 일련의 비통계적인 탐구기법과 과정을 의미한다. 즉 연구자가 연구문제에 관하여 수집한 단어, 상징, 그림, 기록, 인

공물 등의 질적 자료를 활용하여 단순히 사건과 현상을 기술하는데 그치는 것이 아니라, 이를 이해하고, 주관적으로 해석하며, 비판적으로 분석하는 연구를 말한다.

질적 연구의 구체적 정의는 다양하지만 핵심적인 특징에 관하여는 어느 정도 의견이 일치되고 있다. 즉, 연구대상인 사람들이 생각하는 의미의 관점에서 사회현상을 해석하고, 인위적인 상황보다는 자연적 상황에서 자료를 수집하며, 이론의 검증보다는 이론의 생성을 선호한다는 것이다.[1]

2. 대두 배경

질적 연구는 구성주의적 또는 자연주의적 접근,[2] 해석적 접근, 후기실증주의 또는 포스트모던의 관점[3] 등 다양한 명칭으로 불리며 19세기 후반 딜타이, 웨버 등의 학자에 의하여 주도된 실증주의에 대한 반대운동으로부터 출발하였다. 이와는 대조적으로 양적 연구는 콩트, 밀, 듀르크하임, 뉴턴과 로크 등에 의하여 확립된 전통적, 실증적, 실험적 또는 경험주의적 패러다임을 계승하고 있다.[4]

질적 연구방법이 본격적으로 활용된 것은 사회인류학자들이 주도한 산업화 이전 사회의 지역주민에 관한 현지관찰연구와 시카고학파 사회학자들이 중심이 된 도시지역 주민연구에서 찾을 수 있다. 특히 21세기 초반 시카고학파의 도시지역 갱이나 밑바닥 주민들에 관한 심층연구가 질적 연구의 성장에 크게

---

1) 모든 학자들이 여기에 동의하는 것은 아니지만 이러한 입장은 1994년에 *Handbook of Qualitative Research*를 편집한 Denzin & Lincoln의 견해이기도 하다. Denzin & Lincoln, *Handbook of Qualitative Research,* 1994; Allan Bryman & Robert G. Burgess, Qualitative Research Methodology – A Review, p. x, in Bryman & Burgess (eds.), *Qualitative Research,* Vol. I. Thousand Oaks, CA: Sage, 1999 참조.

2) Y. S. Lincoln & E. G. Guba, *Naturalistic Inquiry,* Beverly Hills, CA: Sage, 1985.

3) R. A. Quantz, On Critical Ethnography (with some postmodern considerations), In M. D. LeCompte, W. L. Millroy & J. Preissle (eds.), *The Handbook of Qualitative Research in Education,* NY: Academic Press, 1992, pp. 447-505.

4) John W. Creswell, *Research Design: Qualitative & Quantitative Approaches,* Thousand Oaks, CA: Sage, 1994, p. 4.

기여하였다. 제2차 대전 이후 사회 서베이 방법이 크게 유행함에 따라 질적 연구방법의 활용은 급격하게 감소되었다. 그러나 1960년대 이후 질적 연구가 다시 각광을 받게 되었다. Bryman과 Burgess는 다음과 같은 이유 때문에 1960년대에 상황이 변화한 것으로 보았다.5)

첫째, 계량적 연구의 성과에 대한 의문이 제기되었다. 특히 계량적 연구가 사회 세계에 관한 권위적 설명을 제시할 수 있다는 환상이 약화되었다. 이러한 의문은 자연과학의 특성, 특히 그 특징으로 여겨진 실증주의적 가정을 채택한 많은 계량적 연구의 과장된 주장과 밀접하게 관련된다.

둘째, 사회적 현실을 어떻게 연구해야 하는지에 관한 대안적인 인식론의 관점이 성장하였다. 이러한 대안은 자연과학에서 제시한 것과는 다른 기초에서 사회에 관한 연구를 진행할 수 있는 전망을 제시하였다. 이러한 맥락에서 현상학적인 아이디어를 포함한 해석적 접근방법 및 비판적 접근방법에 대한 관심과 활용이 증가하였다.

셋째, 사회학 분야에서 상징적 상호작용론을 주장한 Blumer 등과 같은 학자들이 계량적 연구 산물에 대하여 단호하게 공격한 것이 영향을 미쳤다. 이러한 비판을 통하여 사회 서베이와 같은 조사방법의 한계에 관심을 가지게 되었고, 구성되고 전달되는 영역인 '사회적 의미'(social meaning)는 계량적 연구방법으로는 적절하게 포착할 수 없다는 데 주목하게 되었다.

넷째, Glaser & Strauss의 근거이론과 같은 질적 연구의 주요 방법론 교재가 나오면서, 질적 연구의 과정과 자료분석을 위한 실행가능한 방법론적 틀이 제공되었다.

3. 질적 연구의 목적

대다수의 질적 연구자들은 사회현상의 연구에 자연과학적 접근방법을 적용하는 것에 반대한다. 그러한 연구는 자연과학의 원칙이 보편적인 적용성을 가진다는 실증주의 관점에 지나치게 집착한다는 것이다.

질적 연구방법은 실증주의 철학보다는 해석적 접근방법과 비판적 접근방법에 뿌리를 두고 있기 때문에 추구하는 목적이 상당히 다르다. 질적 연구의 목

---

5) Bryman & Burgess, *op. cit.,* p. xi.

적은 기술, 설명, 해석, 비판을 동시에 추구하되 연구방법 또는 구체적 연구 프로젝트에 따라 강조점이 달라진다고 보아야 할 것이다. 질적 연구에서의 기술과 설명은 양적연구가 지향하는 목적과 동일하지만 설명보다는 기술에 중점을 두고 있다. 그런데 질적 연구의 경우에도 설명을 목적으로 하는 연구는 현상을 설명하고 미래의 행태를 예측할 수 있는 이론을 구축하고자 한다는 점에서 양적 연구와 유사하다.[6] 한편 인간의 사건과 행위를 인과적 이론으로 설명되기 어렵다고 보는 해석적 입장에서는 질적 연구를 통하여 역사적인 맥락에서 사건과 조직을 이해하고 해석하고자 한다. 또한 비판적 사회과학의 접근방법에서는 질적 연구를 통하여 사람들이 사회상황 및 자신들의 신념과 행위를 변화시키는 것을 도와주고자 한다.

제 2 절 질적 연구의 방법 개관

질적 연구방법은 몇 가지 상이한 전통에서 유래하고 있으며 다양한 방법을 포함한다.[7] 질적 연구방법의 유형분류는 학문분야에 따라, 그리고 학자에 따라 달라진다. 예를 들어, Tesch는 구체적인 질적 연구방법으로 20여 가지 유형을 제시하고 있다.[8] 한편 Lancy는 질적 연구방법을 인류학적 관점, 사회학

6) Jay D. White, *Taking Language Seriously: The Narrative Foundations of Public Administrative Research,* Washington, DC: Georgetown University Press, 1999, pp. 44-45.

7) 질적 연구방법에 관한 문헌으로는 김두섭 역, 「질적 연구방법론」(원저: Jennifer Mason, *Qualitative Researching,* London: Sage, 1996), 나남출판, 1999, p. 18; C. Marshall & G. B. Rossman, *Designing Qualitative Research,* 2nd ed., Thousand Oaks, CA: Sage, 1995; M. D. LeCompte, W. L. Millroy & J. Preissle (eds.), *The Handbook of Qualitative Research in Education,* San Diego, CA: Academic Press; C. Cassell & G. Simon (eds.), *Qualitative Methods in Organizational Research: A Practical Guide,* Thousand Oaks, CA: Sage, 1994; N. K. Denzin & Y. S. Lincoln (eds.), *Handbook of Qualitative Research,* Thousand Oaks, CA: Sage, 1994; J. W. Creswell, *Qualitative Inquiry & Research Design,* 2nd ed., Sage, 2007.

8) R. Tesch, *Qualitative Research: Analysis types and software tools,* NY: Falmer, 1990.

적 관점, 생물학적 관점, 사례연구, 개인적 이야기(personal account), 인지적 연구 및 역사적 연구로 분류한다.[9)]

<표 9-1>에 학문분야별로 대표적인 학자들의 질적 연구방법의 유형분류를 소개하였다. 이들 학자들이 공통적으로 열거한 접근방법은 근거이론(grounded

표 9-1 대표적 학자의 질적 연구방법 분류

학문분야 / 연구방법	Strauss & Corbin 사회학, 간호학	Moustakas 심리학	Denzin & Lincoln 사회과학	Creswell 교육심리학	McNabb 행정학
근거이론 (grounded theory)	○	○	○	○	○
문화기술적연구 (ethnography)	○	○	○	○	○
현상학 (phenomenology)	○	○	○	○	○
사례연구 (case study)			○	○	○
해석학 연구 (hermeneutics)		○			○
행위연구 (action research)					○
기 타	민속방법론(ethnomethodology), 이야기 분석(narrative analysis), 임상연구(clinical research), 역사적 연구(historical research), 생활사(life history), 전기(biographical), 대화분석(conversational analysis) 등				

출처: A. Strauss & J. Corbin, *Basics of qualitative research: Grounded theory procedures and techniques*, Sage. 1990; C. Moustakas, *Phenomenological research methods*. Sage. 1994; N. K. Denzin & Y. S. Lincoln, *The Handbook of Qualitative Research*, Sage. 1994; Creswell, *Qualitative Inquiry & Research Design*, 2nd ed., Sage, 2007; McNabb, *Research Methods in Public Administration and Nonprofit Management*, M. E. Sharpe, 2002, Part 5.

9) D. F. Lancey, *Qualitative Research in Education: An Introduction to the Major Traditions*, NY: Longman, 1993.

theory), 문화기술적 연구(ethnography), 현상학(phenomenology) 등 세 가지이다. 그 밖에도 사례연구(case studies), 행위연구(action research), 해석학(hermeneutics) 등의 접근방법이 제시되었다. 여기에서는 위의 여섯 가지 접근방법에 관하여 살펴보기로 하겠다.

<표 9-2>에 여섯 가지 질적 연구방법의 학문분야의 전통, 연구의 초점, 연구질문의 유형, 연구대상, 자료수집방법, 자료분석전략, 보고서에 포함될 주요내용이 요약되어 있다. 접근방법에 따라 학문분야의 전통과 연구의 초점, 그

표 9-2 주요 질적 접근방법의 특징비교

	근거이론	문화기술적 방법	현상학	해석학	행위연구	사례연구
1. 학문의 전통						
	사회학, 사회심리학	인류학	철학	성서연구, 문헌분석	사회심리학, 교육학	심리학, 행정학
2. 연구초점						
	현장 자료근거 이론개발	문화공유집단기술·해석	경험의 핵심 이해	텍스트의 의미 해석	인간·조직 행태변화 유도	사례 심층기술과 분석
3. 연구질문의 유형						
	'과정' 관련 질문: 변수들간의 관계에 어떤 이론이 작용하는가?	'문화' 관련 질문: 집단의 가치는? 수용가능한 행태와 불가한 행태는?	'의미' 관련 질문: 개인적 경험의 의미는? 집단구성원의 현상 대처방법은?	'해석' 관련 질문: 텍스트가 의미하는 것은 무엇인가?	'비판적' 질문: 집단구성원 해방방법은? 변화저해요소는?	'설명적' 질문: 집단의 특징은 무엇인가?
4. 주요 연구대상						
	다수가 포함된 과정·행위, 상호작용	동일 문화를 공유한 집단	경험을 공유한 소수의 개인	주요문헌, 서적 등 텍스트	집단과 조직	사건, 프로그램, 활동 등 사례
5. 전형적 자료수집 방법						
	20~60명 정도 대인면접, 일기, 참여관찰	참여관찰과 면접, 현지자료수집	개인적 경험의 이야기, 토론녹화, 심층면접	내용분석, 이야기 및 담론분석	담론분석 개입연구	관찰, 대인면접, 상징물 등 다양한 자료원

6. 자료분석전략					
개방형 코딩, 주축코딩, 선택코딩을 통한 자료분석	문화공유집단의 기술을 통한 자료분석: 집단의 주제분석	주요진술, 원문과 구조 기술, '핵심' 기술 자료분석	해석적 순환관계	변화저해요소와 변화 전략에 관한 자료분석	사례의 기술과 함께 교차사례 자료의 분석
7. 보고서 작성					
자료에 근거한 이론생성	문화공유집단의 생활방식 기술	경험의 '핵심' 기술	텍스트의 의미 해석	변화전략 및 실행방법 제시	사례(들)의 상세한 분석

출처: McNabb, *Research Methods in Public Administration and Nonprofit Management*, 2002, p. 227, Figure, 17.; Creswell, *Qualitative Inquiry and Research Design*, 2nd ed., 2007, pp. 78-79를 토대로 필자가 보완함.

리고 연구질문의 유형이 상당히 다르다는 점을 알 수 있다. 접근방법에 따라 연구대상 또한 개인, 집단, 텍스트, 사례 등 상당히 달라진다.

질적 연구방법의 공통적인 특징은 자료수집방법과 자료분석방법에서 나타난다. 질적 연구방법에서는 양적 연구방법과는 달리 심층면접, 참여관찰, 생활사 등과 관련된 각종 문서,10) 시청각 자료(사진, 비디오 테이프, 예술품, 컴퓨터 소프트웨어, 필름) 등의 자료수집방법을 주로 사용한다.11) 자료분석방법에서도 통계적 방법을 위주로 하는 양적 방법과는 대조적으로 자료를 바탕으로 핵심 내용을 기술하고, 주관적으로 해석하며, 비판적인 분석결과를 제시하고자 한다.

아래에서 근거이론적 연구방법, 문화기술적 연구방법, 현상학적 연구방법, 행위연구, 사례연구에 관하여 각각 살펴보겠다. 한편 해석학에 관하여는 여기에서 간단하게 소개하겠다.

해석학은 중요문헌과 서적, 서면 등으로 전달된 의미를 해석하고자 한다.12) 전문적 연구방법의 하나인 해석학은 성서의 본문 분석을 행했던 성서학자들에

---

10) Ken Plummer (ed.), *Documents of Life,* London: George Allen & Unwin, 1983.
11) 이에 대한 상세한 기술은 Creswell, *op. cit.,* pp. 149-153. 그리고 자료수집 방법은 본서 12장 참조.
12) 안영섭, 「사회과학방법론 총설」, 법문사, 1996, pp. 138-139.

의해 개척되었으며, 그 이후 법규, 고전문학작품 등과 같이 문헌류에 부여된 의미들을 보다 잘 이해하기 위해서 자료에 대한 해석학적 접근이 시도되었다. 최근 사회과학 연구자들은 해석학의 응용영역을 확대하여 세속적인 문헌을 해석하려고 시도한다. 행정학 분야에서는 행정과 관련된 집단 또는 기관이 생산한 문서를 통하여 행정행태와 같은 사회현상을 탐구하는 접근방법으로 사용되고 있다. 해석적 연구에서 사용되는 주요분석기법은 소위 '해석적 순환관계' (hermeneutic circle)라고 부르는 절차이다. 이 방법은 텍스트 및 대화의 일부를 전체와 연결시키고, 다시 부분으로 되돌아가는 방법을 묘사하고 있다. 문서 전체를 해석할 때까지 이같은 순환적 방법으로 분석이 진행된다. 더 나아가서 모든 해석은 이전의 해석 및 이해와 연계되며, 모든 사항이 해석에 포함되어야 한다. 그러므로 기존 텍스트를 분석하는 질적 방법인 해석학적 접근방법은 양적인 접근방법인 내용분석(context analysis)과는 분명하게 대비된다고 하겠다.[13)]

해석학 분야에서는 문헌에 해석자의 해석과는 무관한 의미가 들어 있다고 생각하는 객관주의자들과 적극적인 해석이 이해하는 데 핵심이라고 보는 학자들간에 논쟁이 계속되고 있다. 후자의 입장에서 보면 이해란 객관적인 현상에 해석자의 시각이 결합된 것이다.

국회 전자도서관에서 '해석학'을 주제로 검색한 결과 학위논문 934편, 등재(후보)학술지 논문 2,250편이 검색되었다.[14)] 학문분야로는 신학이 압도적으로 많고, 철학분야가 뒤를 이어가고 있다. 행정 분야에서는 해석학 논문이 매우 적은 편이다.[15)]

---

13) 내용분석방법은 제8장 기술적 조사설계 참조.

14) www.nanet.go.kr 2020년 11월 13일 접근.

15) 강신택, 한국 행정학의 연구논리에 관한 성찰, 「사회과학연구논총」, 32:1, 2006, pp. 53-79; 김영재, 대학 등록금 정책 변천에 관한 소고: 해석학적 접근을 중심으로, 「한국행정사학회지」, 36, 2015, pp. 19-50; 이광모, 행정상 개념적 패러독스의 변증법적 접근 연구, 「한국사회와 행정연구」, 14:2, 2003, pp. 23-45.

제3절 근거이론연구의 설계

1. 근거이론의 개념과 특징

근거이론(grounded theory)은 자료에 근거를 둔 접근방법으로서 연구자가 다단계의 자료수집을 통하여 세련된 정보 범주를 설정하고 이론을 도출하려고 시도한다.[16] 근거이론은 실증적 연구방법론의 "미리 설정한 이론적 가설을 검증하기 위해서 연구해야 한다."는 제약에 대한 반작용으로 제안되었다. 따라서 근거이론적 연구의 목표는 사전에 설정된 이론을 검증하는 것이 아니라 수집된 자료로부터 이론을 개발하는 것이다. 사회학과 사회심리학에 뿌리를 두고 있는 이 방법은 오늘날 사회과학 분야에서 가장 널리 활용되는 질적 연구 방법론의 하나로, 최근에는 행정학 분야에서도 활용되고 있다.[17]

근거이론의 주요 질문은 '과정'(process)에 관련된 질문이며 변수간의 관계에 어떠한 이론이 함축되어 있는지에 관심을 가진다. 자료수집방법으로는 대인면접, 일기, 참여관찰의 방법을 활용한다. 통찰력과 아이디어는 자료를 심층적으로 분석한 후에야 적용되는데, 자료분석 과정에서 연구자는 자료에서 공통점과 차이점을 발견하려고 노력한다. 연구가 종료된 후에는 자료에 근거를 둔 이론이 제시된다.

---

16) 근거이론을 국내에서는 토대이론으로 번역하기도 한다. 자료를 기초로 한다는 점에서 토대이론으로 번역하는 것도 무방할 것이다. Barney G. Glaser & A. L. Strauss, *The Discovery of Grounded Theory: Strategies for Qualitative Research,* Aldine, 1967; A. Strauss & J. Corbin, *Basics of Qualitative Research: Grounded Theory Procedures and Techniques,* Sage, 1990; A. Strauss & J. Corbin, (eds.) *Grounded Theory in Practice,* Sage, 1997.

17) McNabb, *op. cit.,* p. 302.

2. 근거이론 연구의 절차

사회상황에서 수집한 자료로부터 이론을 개발하려면 상당히 엄격한 단계와 과정을 거쳐야 한다. 이 방법은 1967년 Glaser와 Strauss가 공동으로 개발하

그림 9-1 근거이론 연구의 절차

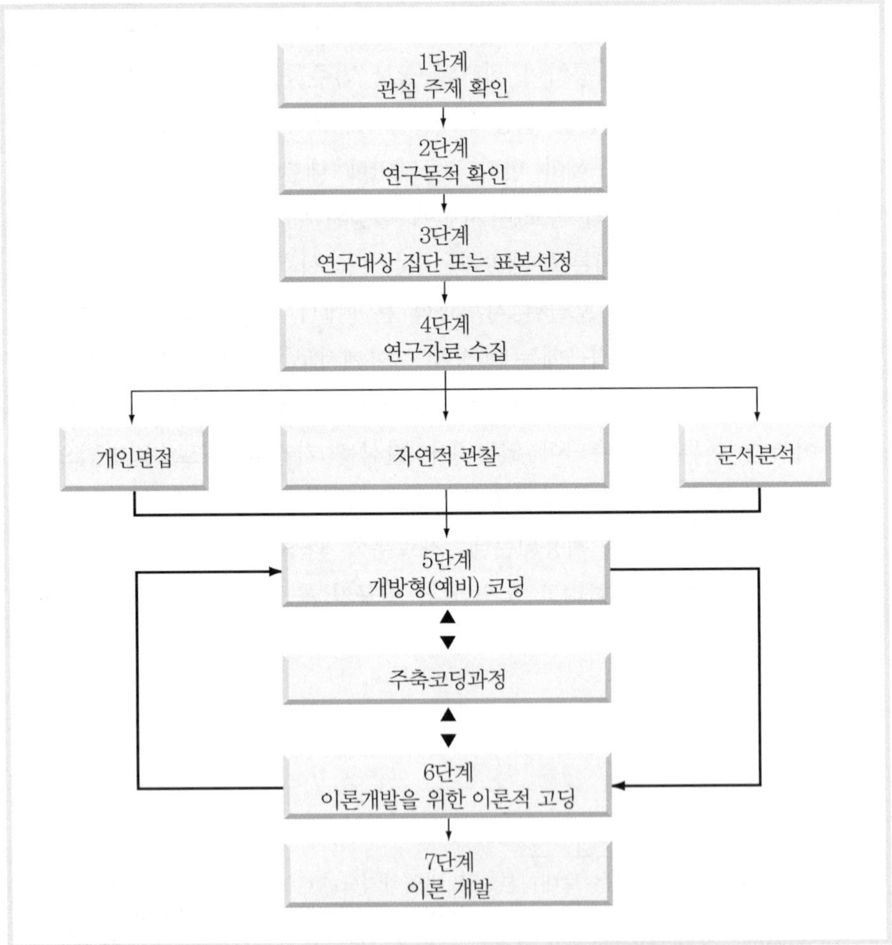

출처: McNabb, *Research Methods in Public Administration and Nonprofit Management*, 2002, p. 307.

였는데, 여기에서는 Strauss & Corbin이 제시한 절차에 따라 살펴보겠다.[18] 그들은 [그림 9-1]과 같이 일곱 가지 주요단계를 제시했는데 이에 관해서 살펴보기로 한다.[19]

1) 관심주제 확인

연구자의 관심분야, 경력, 그리고 행정관행에서 연구주제를 찾을 수 있다. 연구자는 자신의 경험, 주요인사와의 면접, 그리고 기존 문헌의 분석을 기초로 연구주제를 선정한다. 연구자가 연구주제로 선정한 현상의 진행과정을 설명할 수 있는 기존이론을 찾을 수 없을 경우에 근거이론을 적합한 설계로 활용할 수 있다. 근거이론 연구에서는 미리 설정된 가설을 가지고 연구주제를 선택하지 않고, 연구과정에서 수집한 자료로부터 가설이 도출되어야 한다.

2) 연구목적 결정과 연구질문 형성

Glaser와 Strauss는 근거이론의 다섯 가지 목적을 제시하였는데, ① 초기증거의 정확성 평가, ② 경험에 기초한 일반론의 확립, ③ 개념의 확인, ④ 기존이론의 검증, 그리고 ⑤ 새로운 이론의 형성이다. 이러한 목적 중에서 새로운 이론의 형성이 근거이론 연구의 가장 중요한 목적이다. 연구자의 주요목표는 수집된 자료로부터 새로운 이론을 체계적으로 형성하는 것이다. 이러한 과정을 거쳐서 두 가지 유형의 이론, 즉 실질적 이론(substantive theory)과 공식적 이론(formal theory)을 도출할 수 있다.[20]

실질적 이론은 사회현상의 구체적 영역에 관한 이론을 말한다. 행정 및 정책관련분야에서는 경찰 및 소방관서와 지역사회의 관계, 공무원 교육훈련, 쓰레기 처리, 도로건설, 도시계획 등에 관한 이론이 해당된다. 한편 공식적 이론

---

18) 1967년 최초 출판 이후, Glaser와 Strauss는 근거이론 연구를 어떻게 진행할 것인가에 관하여 견해차이가 발생하였기 때문에, Glaserian 패러다임과 Straussian 패러다임으로 분화되었다. Strauss는 상당히 엄격한 절차와 틀에 따라 연구를 진행하는 것을 선호하는 반면, Glaser는 연구자의 창의력을 강조하여 보다 신축적인 절차를 중시한다.

19) Juliet M. Corbin & Anselm Strauss, *Basics of Qualitative Research: Techniques and Procedures for Developing Grounded Theory,* 3rd ed., 2008, Sage. 초판(1990)과 제2판(1998)에서는 제일저자가 Anselm Strauss이었음.

20) 실질이론과 공식이론에 관한 것은, Glaser & Strauss, *op. cit.,* pp. 32-35 참조.

은 다양한 영역에 적용될 수 있는 일반화되고 추상화된 이론을 말한다. 행정 및 정책관련 분야에서는 민주적 과정에서의 시민참여, 관리현장에서의 권력과 영향력, 보상체계 등에 관한 이론이 포함된다.[21] 이러한 두 가지 유형의 이론은 모두 일상생활의 '사소한 작업가설'과 '모든 분야를 포괄'하는 거대이론의 사이에 위치한 중범위 영역의 이론이라고 볼 수 있다.

이러한 두 가지 유형의 이론을 적합한 것으로 수용하려면 반드시 자료에 그 근거가 있어야 한다. 실질적 이론은 이미 확립된 공식적 이론에서 나온 몇 가지 아이디어를 단순히 응용하여 도출할 수 없다. 또한 실질적 이론에서 출발하여 자료에 근거한 새로운 공식적 이론을 형성하거나 기존 이론을 재구성할 수 있다.

연구자가 연구대상인 참여자에게 묻는 연구질문은 개인들이 연구상황의 과정을 어떻게 경험했는지 이해하고, 그 과정의 단계를 확인하는 데 초점을 맞춘다. 즉 그 과정은 무엇인가? 그것이 어떻게 전개되었는가? 등이다. 일단 이러한 쟁점들을 탐색한 이후 연구자는 참여자에게 주축코딩단계에서 활용할 수 있는 보다 구체적인 질문들을 준비한다. 예를 들면, 무엇이 그 과정에서 핵심적이었나?(핵심현상); 무엇이 그 현상이 발생하도록 영향을 미쳤거나 원인이 되었나?(원인적 조건); 그 과정에서 어떠한 전략이 사용되었나?(전략); 어떤 결과가 발생하였나?(결과) 등이다.

3) 연구대상 집단 선택

근거이론 연구자들이 직면하고 있는 주요한 쟁점 중의 하나가 "연구에 필요한 자료를 어디에서 수집하여야 하는지"이다. 연구자는 연구의 중심개념을 설명해 주는 정보를 누가 제공할 수 있는지 알아야 한다. Strauss와 Corbin은 이것을 이론적 표본추출(theoretical sampling)의 문제라고 불렀다. 이론적 표본추출은 연구주제에 관한 상당량의 정보를 제공할 수 있는 대상을 선택하는 과정이라고 정의할 수 있다. 그러므로 연구자는 무작위 표본추출보다도 이론의 정교화에 도움을 줄 수 있는 사례들을 확보하는 데 더 큰 관심을 가져

---

21) Glaser & Strauss는 실질이론의 사례로 환자 간호, 인종 관계, 전문직업교육, 청소년 비행, 연구조직에 관한 이론을 제시한다. 한편 공식이론의 사례로는 낙인, 일탈행동, 공식조직, 사회화, 권위 및 영향력, 보상체계, 또는 사회적 이동성 등을 들고 있다. Glaser & Strauss, *ibid.,* p. 32.

야 한다. 일반적으로 20명 내지 30명 또는 50명 내지 60명의 심층면접 대상이 필요하다.

표본추출과정은 한 차례에 끝나는 것이 아니며, 연구가 진행되면서 더욱 중요성이 커진다. 연구진행과정에서 형성되는 이론을 뒷받침하기 위해 새로운 표본을 추가로 선정해야 하기 때문에 더 구체적인 표본추출이 필요하다. 대강의 범주가 설정되면 그 이후 표본추출은 이미 형성된 범주를 개발하고 공고화하며 풍부하게 하는 데 초점을 맞추어야 한다.

4) 연구자료 수집

근거이론의 설계에서 자료수집방법에 관한 제약은 없다. 대부분의 연구자들은 심층면접을 주된 방법으로 사용하고 자연적 관찰, 이야기, 기록 또는 인공적 생성물의 분석방법을 보조적으로 활용한다. 심층면접의 경우 연구참여자들의 동의를 얻어 면접자료를 녹음한 후 녹취록을 작성한다. 여기에서 핵심은 모형을 개발하는 데 충분한 자료를 수집하는 것이다. 근거이론적 방법의 뚜렷한 특징 중 하나는 자료수집, 코딩, 그리고 해석 단계가 별개로 진행되는 게 아니라 동시에 진행된다는 것이다. 하나의 단계, 예컨대 코딩단계가 다른 단계들을 선도하며 진행과정에서 그 순서는 달라져 해석단계가 다른 단계들을 선도할 수도 있다. 이러한 과정은 조사가 시작될 때부터 끝까지 상호 교차적으로 진행되어야 한다.

5) 자료의 개방형 코딩

개방형 코딩은 자료분석의 첫 단계이며 그 궁극적인 목적은 범주를 발견하고 설정하는 것이다. 개방형 코딩에서는 데이터를 자유롭게 자연적인 범주들로 구분한다. 초기에는 연구자가 필요한 만큼 많은 범주를 만든다. 연구자는 모든 개방형 범주를 포함할 수 있는 2차 수준(second level)의 범주를 개발하고, 모든 개방형 범주가 2차 수준의 범주에 적합한지 검토한다. 자료분석을 진행하면서 새로운 자료를 범주와 대비하여 검증함으로써 연구자는 범주를 종합하고, 단순화시키고, 축소하여 핵심개념으로 정립해 나간다.

이러한 과정에서 Strauss & Corbin이 주장하는 주축 코딩(axial coding)을 거치거나, 또는 직접 다음 단계인 이론적 코딩 단계로 나아간다. 여기에서

그림 9-2 주축코딩 패러다임의 여섯 가지 범주

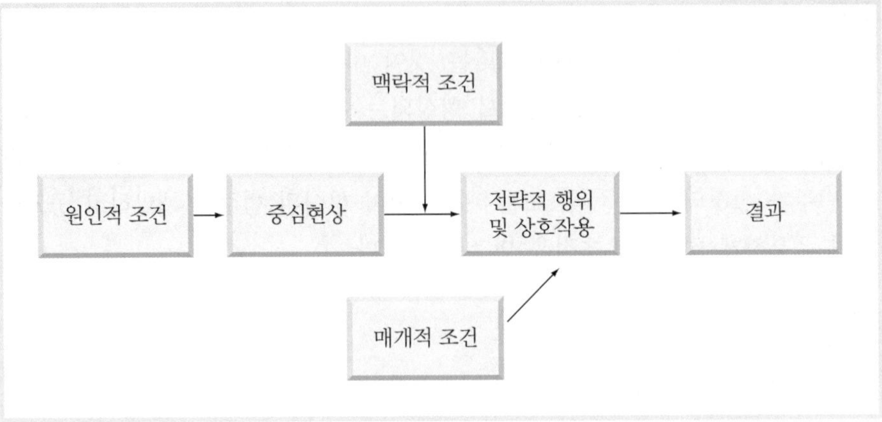

출처: Strauss & Corbin, *Basics of Qualitative Research*, 1990, pp. 99-107을 토대로 필자가 재구성.

주축 코딩이란 연구자가 자료분석 과정에서 주요범주들간의 상호연관성을 찾는 절차를 말한다. Starauss & Corbin은 주축코딩과 이론적 코딩단계에서 사용되는 개념들을 [그림 9-2]와 같이 여섯 가지 범주로 구분할 것을 제안하였다.[22)]

---

22) [그림 9-2]는 Strauss & Corbin, *Basics of Qualitative Research*, 1990. pp. 99-107의 패러다임 모델에 제시된 여섯 가지 요소들과 이들 요소간의 관계를 토대로 필자가 재구성한 것이다. 많은 국내외 연구자들이 Strauss & Corbin이 초판에서 제시한 여섯 가지 요소와 이들 사이의 관계에 관한 [그림 9-2]의 모형을 토대로 경험적 연구를 진행하여 왔다. 그러나 1996년 Strauss 사후 1998년 출간된 제2판에서는 패러다임의 기본요소로 조건(conditions), 행위 및 상호작용(actions/ interactions), 그리고 결과(consequences)의 세 가지를 제시한다(Strauss & Corbin, 제2판, p. 128 참조). 한편 조건을 원인적 조건, 맥락적 조건, 그리고 매개적 조건으로 구분하지만 연구자가 그러한 구분보다는 이들이 어떻게 복잡하게 얽혀서 현상, 행위 및 상호작용, 그리고 결과를 가져오게 되는지에 관심을 가져야 한다고 보았다(제2판, pp. 131-132 참조). 한편 2008년 출판된 제3판에서도 패러다임의 세 가지 기본요소로 조건(conditions), 행위/상호작용(action/interactions) 및 감정(emotions), 그리고 결과(consequences)의 세 가지라고 보았다(Corbin & Strauss, 제3판, p. 89 참조). 더 나아가서 조건과 결과를 매트릭스(Conditional/Consequential Matrix)라는 관점에서 신축적으로 고려해야 한다고 주장한다(Corbin & Strauss, 제3판, pp. 91-95 참조). 그러므로 연구자들은 [그림 9-2]의 여섯 가지 범주 모형에 지나치게 집착하지 말아야 할 것이다. Glaser와 Charmaz는 이러한 공식적인 절차를 사용하는 것에 반대하는 입장이다. B. G. Glaser, *The Grounded Theory Perspective: Conceptualization Contrasted with Description,* Mill Valley, CA: Sociology

그 이유는 근거이론의 절차에 따라 수집한 자료들의 범주를 연구자들이 개념화하는 것이 매우 어렵기 때문이다.

주축코딩 단계에서는 개방형 코딩을 통하여 구성한 개념들을 인과적으로 연계될 수 있도록 범주화하여 배열한다. [그림 9-2]에서 중심현상(phenomenon)이란 연구의 중심이 되는 주제로 "여기서 무엇이 진행되고 있는가?"에 대한 답변을 말한다. 즉, 상호작용하는 관계 속에서 실제로 진행되고 있는 가장 중요한 현상을 뜻한다. 패러다임 구성 요소 가운데 '조건'은 현상과 관련된 상황, 쟁점, 문제를 만들어내는 일단의 사건이나 변수를 의미한다. 그러한 조건은 원인적 조건, 맥락적 조건, 매개적 조건으로 구분된다. 원인적 조건은 중심 현상을 일으키거나 발전시키는 사건이나 변수들이다. 맥락적 조건(contextual conditions)은 중심현상이 발생하는 시점과 상황에 교차하여 중심현상 또는 전략(행위와 상호작용)에 영향을 미치는 조건이다. 실제로 맥락적 조건(배경변수)과 원인적 조건(원인변수)은 구분이 어렵고 연구자의 선택에 따라 달라질 수 있다. 한편 매개적 조건(intervening conditions)은 행위와 상호작용을 조장하거나 강요하도록 작용하는 조건을 말한다. 즉 행위자의 행위 또는 상호작용을 방해하거나 촉진하는 조건이다. 행위자들은 이런 조건들과 중심현상에 직면하게 되면 이를 해결하고 다루기 위한 전략적 행동을 취하는데 패러다임 모형에서는 이를 행위(action) 및 상호작용(interaction)이라고 부른다. 즉, 전략적 행위 또는 상호작용은 행위자들이 상황, 문제, 쟁점을 다루는 방식을 말한다. 마지막으로 결과(consequences)는 이러한 행위 및 상호작용에 의해 나타나는 산물을 말한다.

한편 Strauss & Corbin이 연구자들을 위하여 제안한 여섯 가지 범주를 지나치게 융통성 없이 받아들일 경우에 오히려 연구에 어려움이 발생할 수도 있다. 초기에 Strauss와 공동으로 근거이론을 공동으로 제안한 Glaser는 이러한 범주의 사용에 비판적인 입장이며, Chamaz는 보다 신축적인 범주의 활용을 선호한다.[23)]

Press, 2001, 제13장, 그리고 Kathy Charmaz, *Constructing Grounded Theory: A Practical Guide Through Qualitative Analysis,* Sage, 2006, 제1장 및 제3장 참조.

23) B. G. Glaser, *Basics of Grounded Theory Analysis.* Mill Valley, CA: Sociology Press, 1992; K. Charmaz, *Ibid.,* Glaser는 여섯가지 범주 사용에 비

6) 자료의 이론적 코딩

이론적 또는 선택적 코딩은 자료의 최종적인 구조를 확정하고 개념적 범주들을 중요성에 따라 순위를 매기는 과정이다. 2차 수준의 코딩과정에서와 마찬가지로 연구자는 소수의 핵심 범주(overarching categories)를 제시해야 한다. 이 단계에서 연구자는 무엇이 가장 강력하고 중요한 범주인지 추정하고 수집한 자료 중 이러한 범주에 적합한 자료를 골라낸다. 연구자는 그 과정을 반복하여 그 다음으로 중요한 범주와 그에 적합한 자료를 선별한다. 이러한 과정은 모든 자료가 범주화될 때까지 계속한다. 그러면 연구자는 현상에 관한 이론을 개발할 준비가 된 것이다.

모든 이론의 기본적인 목적은 설명 또는 예측을 위한 것이다. 이 과정에서 연구자는 개별적인 사건, 또는 사례를 넘어서 광범위하게 적용될 수 있는 이론을 개발한다.

7) 새로운 이론의 개발

자료를 근거로 하여 새로운 실질적 이론(substantive theory)을 형성하는 것이 마지막 단계이다. 실제로 앞의 모든 단계에서 연구자는 연구현상에 관련된 아이디어, 결론, 명제, 이론적인 설명 등을 기록한 이론적 메모(theoretical memo)를 작성해야 한다. 이러한 메모는 연구자가 결론을 요약하고 이론 또는 일련의 가설을 개발할 수 있는 근거가 된다.

근거이론은 다음과 같은 특징을 갖추어야 한다. 첫째, 이론이 연구주제 및 학문분야와 부합되는 것이어야 한다. 둘째, 그 이론은 연구 상황의 참여자들이 이해할 수 있어야 하며, 그들에게 유용해야 한다. 셋째, 이론은 연구대상 영역의 상당 부분을 설명할 수 있을만큼 복잡한 것이어야 한다.

이와 같이 실질적 이론이 개발되면 연구의 목적인 달성되었으므로 연구가 여기에서 종료될 수 있다. 한편 이러한 이론을 차후 계량적 자료를 수집하여 경험적 검증을 거쳐 모집단에 일반화될 수 있는지 확인할 수 있다(다음 절의 혼합방법의 설계 참조).

판적이며, 연구자의 창의성을 더욱 강조한다. 이러한 차이 때문에 Strauss 패러다임과 Glazer 패러다임이 분화되었다.

3. 근거이론의 적용사례

근거이론을 적용한 연구들이 국내외에서 증가하고 있다. 우리나라의 경우에도 국회전자도서관에서 '근거이론'을 주제어로 검색한 결과 학위논문 1,258편, 등재(후보)학술지 논문 1,872편이 검색되었다.[24] 학문분야로는 심리학, 간호학, 교육학 등이 주류를 이루고 있다.

행정학 분야에서도 왜 시민이 정책결정과정에 반감을 가지고 있는지 그 원인을 탐색하고 정책결정에서 시민참여의 강화방안에 관한 연구[25] 등 근거이론을 적용한 연구가 증가하고 있다. 국내 행정학 분야에서도 댐건설을 둘러싼 사회갈등, 공무원의 체면, 장관리더십, 세종시 이전 기관 공무원이 경험하는 행정비효율성, 정책 목표와 공무원 인식 간의 차이, 고위공무원의 정치적 중립성에 대한 이해, 한국 고도성장기의 경제개발계획과 행정 등을 근거이론의 관점에서 심층적으로 이해하고자 시도한 논문들이 최근 발표되었다.[26]

[Box 9-1]에 일선경찰관이 느끼는 인권박탈감이 초래되는 과정을 근거이론적 관점에서 연구한 사례가 소개되었다.

근거이론의 방법론을 활용한 연구는 장기간 연구에 노력이 많이 들고 시간이 많이 소요된다. 그러므로 근거이론에 의한 연구프로젝트를 시작하기 전에 연구자는 관심영역에 상당한 지식을 지녀야 하고 그 주제에 관한 의미있는 개

---

24) www.nanet.go.kr 2020년 11월 9일 접근

25) C. S. King, K. M. Feltey & B. O. Susel, The Question of Participation: Toward Authentic Public Participation in Public Administration, *PAR* 58:4, 1998, pp. 317-326.

26) 예를 들면, 최흥석・홍성만・주경일, 사회적 갈등의 근거이론적 이해: 댐건설을 중심으로, 「한국행정학보」, 37:4, 2003, pp. 169-192.; 유민봉・심형인, 공무원의 체면에 대한 심층적 이해: 근거이론(grounded theory)을 적용하여, 「한국행정학보」, 45:1, 2011, pp. 199-225; 김경은, 한국의 장관은 정치가인가 행정가인가: 장관 리더십에 대한 근거이론 적용, 「한국행정학보」, 49:3, 2015, pp. 391-425; 허준영・권민영・조원혁, 세종시 이전 기관 공무원이 경험하는 행정비효율성에 관한 연구: 근거이론의 적용, 「한국행정학보」, 49:3, 2015, pp. 127-159.; 성시경, 정책 목표와 공무원 인식 간의 차이에 관한 연구: 지방자치단체 재정지원 일자리사업 담당 공무원의 인식에 관한 근거이론 분석, 「한국행정연구」, 22:2, 2013, pp. 1-34; 김다니・임도빈, 고위공무원의 정치적 중립에 관한 이해: 근거이론을 이용하여, 「한국행정학보」, 53:1, 2019, pp. 95-123.; 차세영, 계획, 기획, 그리고 행정조직: 한국 고도성장기 행정에 대한 비판적 근거이론 해석, 「한국행정학보」, 52:4, 2018, pp. 467-500.

Box 9-1 일선경찰관의 인권박탈감에 대한 근거이론 적용사례

일선경찰관들이 조직 내부와 현장에서 겪는 인권경험과 인권에 대한 인식의 형성과정을 근거이론을 적용하여 연구하였다. 자료는 경찰인재개발원 교육생 142명을 대상으로 5~6명씩 초점집단면접(FGI)방식으로 수집하였다.

일선경찰관들의 진술문을 대상으로 개방코딩을 시행한 결과 총 103개의 개념과 28개의 하위범주, 10개의 상위범주가 도출되었다. 저자들은 10개의 상위범주를 패러다임 모형에 따라 정리하여 중심현상을 '차별받는다는 인식'과 '인권침해 경험'으로 설정하였고, 중심현상의 원인이 되는 인과적 조건을 '성과를 강조하는 문화'와 '경직된 조직 문화'로 보았다. 한편 중심현상을 유지·강화시키는 맥락적 조건으로 '광범위한 기대'와 '불분명한 업무 경계'를 지적하였고, '불합리한 지시' 가 중재적 조건으로 작용한다고 보았다. 이런 상황으로 인해 일선경찰관들은 스트레스와 자괴감을 느끼면서도 눈치 보고 인내하며 버티는 전략을 주로 취하고 있었으며, 이러한 맥락들은 결국 일선경찰관으로 하여금 "나는 인권이 없는 사람이다."라는 인권박탈감을 느끼게 하는 결과로 나타났다.

그림 일선경찰공무원 인권박탈감의 핵심범주 모형

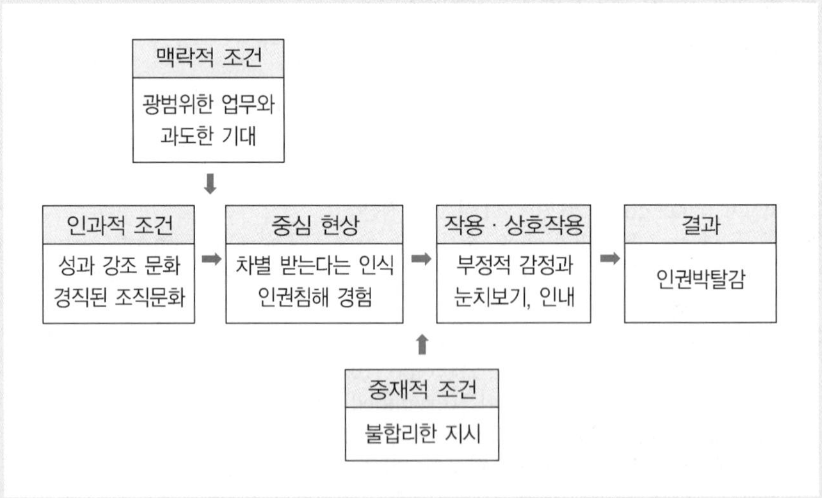

이 연구에서는 계량중심적 성과지표의 개선, 인권교육방법의 재검토, 심리적 차원의 지원강화, 절차적 정의의 공고화를 정책대안으로 제시하였다.

출처: 장재성·정지수. 일선경찰관의 인권박탈감에 관한 연구: 근거이론의 적용, 2020.

념을 형성할 수 있는 능력을 갖추어야 한다. 그러므로 연구자가 실질적인 자원을 연구에 투입할 수 있어야 한다.

제 4 절 문화기술적 연구의 설계

1. 문화기술적 연구방법의 의미와 특징

문화기술적 연구방법은 인류학자들이 개발하였는데, 그 목적은 상이한 문화에서 사회구성원들이 사회현상에 대처하는 방법을 어떻게 개발하고 채택하고 있는지를 연구하는 것이다. 문화기술적 연구방법은 사회집단의 총체적인 문화(holistic culture), 즉 집단구성원들의 행위, 신념, 가치, 그리고 그러한 것들을 구성하는 문화적 요소들을 종합적으로 기술하여 이해하고자 한다. 문화기술적 방법에서는 인간의 행위는 맥락적 정향(contextual orientation)이 있다고 본다.[27)]

즉 인간의 행위는 사회문화적 환경의 맥락에서 형성되며 모든 인간사는 문화와 분리될 수 없다는 의미이다. 즉 상황의 맥락이 일상적인 가치체계를 형성하고 개인의 인지적 성향을 형성한다는 것이다. 이러한 일상적인 가치체계가 사람들의 일상적인 삶의 방식을 무의식적으로 지속시키기도 하고 인도하기도 한다고 본다. 문화기술적 연구는 사회문화적 맥락에서 인간의 행위나 그들의 가치체계, 혹은 문화의 터전 위에 형성된 일상적인 삶의 방식을 이해하려고 한다.

문화기술적 연구자는 인간사를 수량화하기보다는 인간 행위의 사회문화적 유형을 추출하려 하며, 문화적 활동 및 사건을 행위자의 입장에서 이해하려고 한다. 즉 행위자들이 어떻게 실체를 규정하는가, 즉 그들이 활동하는 상황을 규정하고 현상을 분류하며, 활동이 일어나는 조건을 그들 입장에서 이해하려는 것이다.

---

27) 영어로 ethnography는 민족 또는 사회집단의 문화를 그래프처럼 묘사한다는 의미를 가지고 있다.

문화기술적 연구는 연구가설을 설정하고 연구를 진행하는 절차에서 양적 연구방법과 구별된다. 양적인 연구가 자료수집 이전에 미리 가설을 설정하고 이에 따라 자료를 수집·분석하는 순차적 연구절차를 취하는 반면, 문화기술적 연구는 자료를 수집하면서 연구가설을 명확하게 하고 이에 따라 연구전략을 수시로 수정하는 전형적인 질적 연구방법의 특징을 가지고 있다.

2. 문화기술적 연구의 절차

문화기술적 연구는 현지조사(fieldwork)를 통하여 자료를 수집한다. 전형적인 문화기술적 연구의 절차는 12단계로 구분할 수 있는데, ① 연구문제의 정의, ② 연구목적의 설정, ③ 사전준비, ④ 자료수집 기획, ⑤ 집단에 진입(gain entry into the group), ⑥ 현지상황에 몰입(immersed in the setting), ⑦ 현장기록(take field notes), ⑧ 현장기록분석, ⑨ 비공식 분석 및 해석, ⑩ 중요한 구성개념의 개발, ⑪ 이론적 개념들의 형성, ⑫ 연구결과 보고 및 이론 제시로 이루어진다.[28]

그런데 이러한 절차는 연구목적 규정 및 사전준비, 자료수집, 그리고 자료분석 및 해석단계로 구분될 수 있다.

1) 연구목적 설정 및 사전준비

위에서 제시한 12단계 중 처음 두 단계인 연구문제의 정의와 연구목적의 설정단계는 거의 대부분의 연구방법에 공통적으로 적용되는 단계이다. 그런데 문화기술적 연구에서는 현장에서 자료를 수집하여야 하므로, 반드시 그 사전준비와 자료수집의 기획단계가 필요하다.

문화기술적 연구자들은 연구대상인 집단의 일상적 활동에 흡수·동화되어, 그 상황을 될 수 있는 한 상세하기 기술하고(소위 두터운 기술-thick description-로 불림), 그들이 보고 들은 것을 해석하고 설명할 수 있는 이론적 아이디어를 얻어야 한다. 그러므로 현지조사의 대상과 장소를 선정하기 위한 사전준비가 철저하게 이루어져야 한다. 이 단계에서는 현장에 접촉을 시도하여 본격적인 관찰을 위한 사전정지 작업을 하고 연구현장에서 연구자의 역할을 정하여야

28) McNabb, *op. cit.*, p. 330.

한다.

2) 자료수집

문화기술적 방법에서 사용하는 주된 자료수집방법은 참여관찰(participant observation)이다. 문화기술적 연구자들은 때때로 장기간 연구대상 집단과 함께 생활하고, 일하며, 놀기도 한다. 그들의 목적은 그 집단에 위협적인 존재나 침입자가 아닌 것으로 받아들여져 현장에서 일어나는 사건이나 관계가 마치 관찰자가 참여하지 않은 것과 같은 자연적인 상황에서 나타나도록 하는 것이다. 이러한 과정을 '집단에 진입'(gaining entry)이라 부르는데 연구프로젝트를 성공적으로 수행하기 위해서는 이 과정이 필수적이다. 즉 집단의 내부에 받아들여지지 않으면 연구자는 국외자일 뿐이며, 원하는 상황을 제대로 관찰할 수 없다.

사회집단과 같이 생활하는 과정, 즉 현지조사의 과정에서 개인의 행태에 대한 관찰과 기술이 이루어진다. 연구과정은 신축적이며 현지상황에서 마주치는 생생한 현실에 대응하여 전후맥락에 따라 진전된다. 참여관찰 과정에서 연구장소에 무엇이 있고 무슨 일이 일어나는가를 관찰한다. 관찰한 내용은 가감없이 구체적으로 있는 그대로를 기술하여 기록으로 남긴다.

3) 자료분석 및 해석

각각의 관찰이 끝날 때마다 수집된 자료를 분석하여 해석한다. 여기서 분석한다는 것은 현장기록을 바탕으로 어떤 패턴을 찾는 것을 의미한다. 또한 분석은 문화적 주제를 찾는 작업이며 자료에 입각하여 가설을 구성하는 과정이다. 문화기술적 연구자는 또한 관찰 결과를 토대로 왜 그러한 행태가 나타나는지 해석하게 된다.

3. 문화기술적 연구방법의 적용사례

행정연구에서 문화기술적 방법은 널리 사용될 수 있는 질적 연구방법의 하나이다. 이 방법은 문화 또는 하위문화에 기초를 두고 있는 행태에 관한 자료수집을 위한 귀중한 도구이다. 행정학에서의 문화기술적 방법은 조직의 문화와 조직분위기를 진단하기 위하여 사용된다. 이러한 연구를 통하여 공공부문의 행정실무를 개선할 수 있다는 것이다. 그러나 행정분야의 연구에서는 장기간 현지에서 함께 생활했던 전통적인 참여관찰의 방법은 가능하지도 않고, 그 비용과 대비할 때 바람직하지도 않다고 생각된다. 그 대신 현지조사에서는 현장에 있으면서 관찰하고, 질문하고, 보고 들은 것을 기록하는 것이 가장 중요한 요소라고 여겨지고 있다. 원래 문화기술적 방법은 연구자가 오랜 기간 자연적 상황에서 외부와 접촉이 없었던 문화집단에 대하여 주로 참여관찰을 통하여 연구하는 방법이다. 그러므로 문화기술적 연구자가 수년 동안 연구대상과 함께 생활하고 일하는 것은 흔한 일이었다. 그러나 오늘날 사회과학 분야에서 활용되는 문화기술적 연구는 전통적인 방법과는 상당히 달라져 장기간 참여관찰보다는 단기간의 현지조사 방법으로 대체되고 있다.

국회전자도서관에서 '문화기술적 연구'를 주제어로 검색한 결과 학위논문 372편, 등재(후보)학술지 논문 258편이 검색되었다.[29] 학문분야로는 교육학(유 · 초 · 중등교육) 분야가 압도적으로 많으며, 간호학 및 체육학 분야에서도 문화기술적 연구방법이 사용되고 있다.

외국의 행정연구에서는 도시빈민의 연구, 공공조직의 문화와 분위기 등의 연구에 문화기술적 연구방법이 활용되고 있는데,[30] 우리나라의 행정학 분야에서는 문화기술적 연구방법을 활용한 연구는 교육행정학 분야를 제외한다면 매우 적은 편이다.

[Box 9-2] 대학생의 점심식사 방식과 점심식사에 부여하는 의미에 관한 문화기술적 연구사례가 제시되었다.

Box 9-2 문화기술적 연구사례
대학생의 점심식사 방식과 점심식사에 부여하는 의미

이 연구에서는 30여개 대학에서의 점심식사에 대한 참여관찰과 60여명의 대학생 대상 심층면담, 그리고 2회의 소규모 서술형 설문조사와 1회의 200명 대상 본 설문조사 및 한 대학에서의 추가설문조사 등 다양한 방법을 사용하여 서울, 경기 지역 대학생들의 학교에서의 점심식사 방식과 이들에게

29) www.nanet.go.kr 2020년 11월 9일 접근.
30) McNabb, *op. cit.,* pp. 333-343.

점심식사는 어떤 의미를 갖는지 살펴보고자 하였다.

대학생들은 학교에서 보통 점심식사를 거르는 경우가 31.5%나 되는데, 가장 큰 이유는 수업 및 다른 이유로 점심 먹을 시간이 없다는 것과 학교에는 먹고 싶은 메뉴가 없다는 것이다. 많은 학생들은 시간과 돈의 절약이 필요해서 '때우는' 점심을 먹고 있었으며, 남학생보다는 여학생이, 그리고 학년이 올라갈수록 '때우는' 점심을 먹는 비율은 증가하는 것으로 나타났다. 학교에서의 점심식사에 대해 학생들은 삶의 행복/즐거움/오아시스(29.7%), 힘/에너지/삶의 원동력(28.1%), 쉬는 시간/여유(22.7%), 소통시간(15.2%) 등의 긍정적인 의미부여를 하는 경우가 가장 많았으나, '배를 채우는 것/살기 위해 먹는 것'(12.5%)과 같이 특별한 의미부여를 하지 않거나, '스트레스/번거로움'(7.0%) 같이 부정적인 의미를 부여하는 경우도 상당히 많았다.

출처: 이용숙·이수현, 대학생의 점심식사방식과 점심식사에 부여하는 의미, 2016.

제5절 현상학적 연구의 설계

1. 현상학적 연구의 개념

현상학적 연구는 연구대상이 되는 사람들의 하나의 현상(phenomenon)에 관한 생생한 경험을 검토하여 공통된 의미(common meaning)를 기술하고자 한다. 여기에서 현상이란 실증주의적 관점의 객관적인 존재가 아니라 사람이 실제로 경험한 현상을 말한다. 현상학적 접근방법의 탐구 영역은 인간의 경험이며, 현상학의 기본 목적은 하나의 현상에 관한 개별적인 경험들로부터 '보편적 경험구조' 또는 '경험의 본질'(essence)을 찾는 것이다. 이를 위해 연구자들은 연구대상인 사람들의 '경험대상'인 현상을 확인한다. 경험대상은 환자의 희망, 생활, 간호자 또는 가족의 돌봄, 갈등관계, 노인의 손자녀 양육, 학생의 학습경험, 갈등관계, 공무원의 혁신, 설득 등 다양한 영역에서 찾을 수 있다. 연구자는 그 현상을 경험한 사람들로부터 자료를 수집하고, 각자 경험한 것의 본질에 관한 종합적인 서술(composite description)로 발전시킨다. 이 서술은 그들이 무엇을 경험했는지, 어떻게 경험했는지로 구성된다.[31] 현상학자는 모

31) C. Moustakas, 1994. *Phenomenological Research Methods*, Thousand

든 참여자가 어떤 현상을 경험할 때 공통점이 무엇인지 기술하는 데 초점을 맞춘다(예: 슬픔이 보편적으로 경험되었음).

'생생한 경험'에 대한 이해는 후설, 하이데거, 사르트르와 메를로 퐁티, 슈츠 등의 업적에 기반을 둔 철학으로서 현상학의 특징이 되고 있다. 현상학이 연구에 적용될 때 초점은 가급적 생활의 경험에 충실한 언어를 통하여 인간적 경험의 의미들을 기술하고 밝혀내는 것이다.[32] 현상학적 연구에서는 연구대상인 사람들의 의식의 밑바닥에 깔려있는 구조들에 대해 그들의 경험을 어떻게 기술하고 있느냐를 파헤치려고 한다.

2. 현상학적 연구의 절차

지오르지(Adedeo Giorgi), 무스타카스(Clark Moustakas), 반 매넌(Max van Manen) 등의 학자들이 제시한 현상학적 연구의 절차는 대체로 다음과 같다.[33]

① 연구대상 현상의 파악: 연구자는 관심을 가지고 연구할 대상인 현상을 파악한다. 사람들이 경험하는 현상의 예로는 불면증, 소외감, 슬픔, 분노와 같은 정서적 상태와 직업의식, 윤리와 같은 사회적 구성개념도 포함된다. Moustakas(1994)는 현상의 사례로 학습 경험, 아버지로서의 시작, 자전거 타기 등을 예시한다.

② 현상학의 철학적 가정 구체화: 여기에서 연구자는 객관적 실재와 개인 경험의 결합에 관하여 기술할 수 있다. 참여자들이 현상을 어떻게 보는지 완전하게 기술하려면 연구자는 가능한 한 참여자들과 자신의 경험을 분리, 소위 '괄호치기'(bracketing)하여야 한다. 즉, 연구자는 자료수집과정에서 자신의 가치관이나 편견에서 벗어나기 위하여 선입견을 보류하여야 한다는 것이다.

③ 자료수집: 연구자는 그 현상을 경험한 5~15명의 개인을 대상으로 심층 인터뷰 등을 통하여 자료를 수집한다. 현상학적 연구자들은 자료의 원천으로

Oaks, CA: Sage.; J. W. Creswell & C. N. Poth. 2018. *Qualitative Inquiry & Research Design,* 4th ed., Thousand Oaks, CA: Sage, pp. 75-82.

32) 앙리 르페브르, 아그네스 헬러, 알프레드 슈츠, 미드와 고프만 등 일상생활을 연구한 현상학자들의 이론에 관하여는, 강수택, 「일상생활의 패러다임」, 민음사, 1998 참조.

33) 여기에서는 Cresswell & Poth, *op. cit.* pp. 78-80을 참조하였다.

그림 9-3 현상학적 자료분석절차

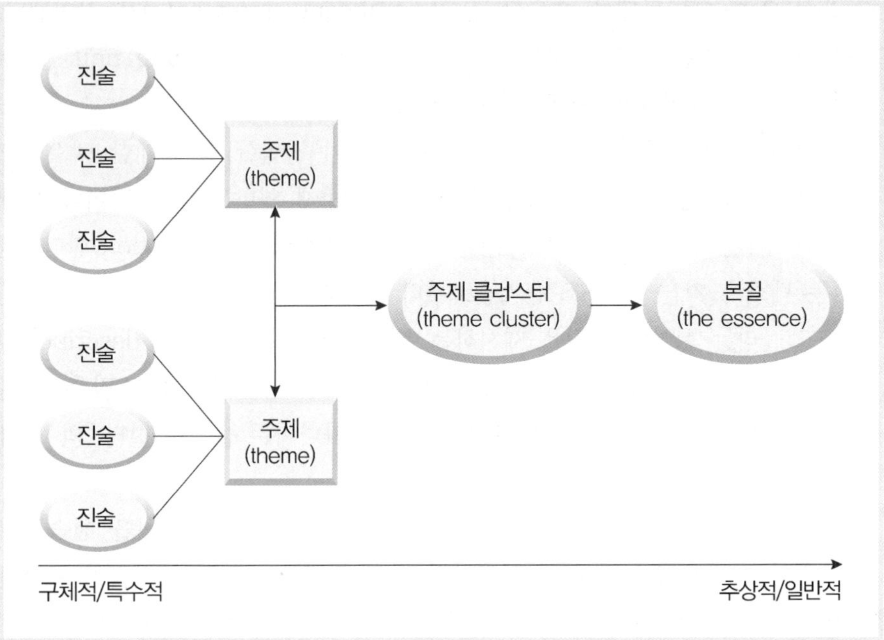

출처: 권향원, 현상학과 사회과학연구, 「한국정책학회보」, 25:1, 2016, [그림 3].

인터뷰와 대화법을 주로 사용한다. 참여자들에게 그 현상에 관하여 무엇을 경험하였는가? 그 현상을 경험하는 데 어떤 맥락 또는 상황이 영향을 미쳤는가? 라는 두 가지 범주의 질문을 제시한다. 별도의 개방형 질문도 가능하지만, 특히 이 두 가지 질문에 대한 답변 자료가 궁극적으로 참여자들의 공통 경험에 대한 이해를 제공할 수 있다. 인터뷰 이외에도 다른 형태의 자료, 즉 관찰, 저널, 시, 음악, 그리고 기타 예술 형식의 자료도 수집할 수 있다. 또한 대화녹음, 공식적으로 작성된 답변서, 드라마, 영화, 시, 소설과 같은 간접 경험에 대한 기술도 포함된다. 자료수집 과정에서 비디오 및 오디오 테이프를 활용하여 자료를 보관한다. 연구자들이 갖추어야 할 중요한 기법은 듣기, 관찰, 연구대상과의 공감대 형성 등이다. 이러한 방법으로 기초적 관찰결과를 기록하고 자료들은 하나의 공적인 서류로 축소, 재구성하고 분석한다.

④ 자료분석: 일반적인 자료분석절차는 [그림 9-3]에 제시된 바와 같이 주제분석(thematic analysis)이라고 부르기도 한다.[34] 연구자는 수집된 자료를

검토하여 참여자들이 이 현상을 어떻게 경험했는지 이해할 수 있는 진술, 문장 또는 인용구를 토대로 중요한 진술(significant statements)을 찾아낸다. 다음으로 연구자는 이러한 중요한 진술로부터 의미단위(meaning unit)를 추출하여 이들을 주제(theme)로 발전시킨다.

중요한 문장과 주제들을 사용하여 참여자들이 경험한 것에 대한 텍스트를 기술하는 한편, 참여자들이 현상을 경험하는 방법에 영향을 준 맥락이나 상황에 대한 기술, 즉 구조적 상황에 관하여 서술(structural description)한다. 연구자는 텍스트 기술 및 구조적 기술로부터 본질적이고 불변적인 구조(또는 본질)라고 불리는 현상의 본질을 제시하는 복합적 서술(composite description)을 작성한다. 여기에서는 주로 참여자들의 공통적인 경험에 초점을 맞춘다. 예를 들어, “사랑하는 대상이 강아지, 잉꼬, 또는 자녀이든 슬픔은 같다.”와 같이 모든 경험의 근본적인 구조를 찾아낸다.

⑤ 보고서 작성: 보고서의 일반적인 구조는 독자에게 그 현상을 친숙하게 하기 위한 소개와 경우에 따라 연구자의 경험에 대한 개인적인 진술이 포함될 수 있다. 이어서 현상학의 사용에 대한 근거를 제공하기 위한 연구 절차, 자료수집과 분석에 대한 철학적 가정과 세부사항, 그 현상이 어떻게 중요한 진술로 경험되었는지 보고한다. 그리고 그 현상의 본질에 대한 복합적인 설명으로 결론을 내린다.

3. 현상학적 연구의 적용사례

국회전자도서관에서 ‘현상학’을 주제어로 검색한 결과 학위논문 1,785편, 등재(후보)학술지 논문 3,475편이 검색되었다.[35] 학문분야로는 철학, 사회복지학, 상담학 등이 주류를 이루고 있다. 행정학 분야에서도 최근에 현상학적 접근방법을 적용한 논문이 증가하는 추세이다.[36] 행정학 분야에서는 현상학적

34) 권향원, 현상학과 사회과학연구, 「한국정책학회보」, 25:1, 2016, p. 375.

35) www.nanet.go.kr 2020년 11월 13일 접근.

36) 행정학 분야에서 현상학 접근방법에 관한 논문으로는 권향원, 현상학과 사회과학연구: 정책연구에의 질적방법론 적용을 중심으로, 「한국정책학회보」, 25:1, 2016. pp. 355-394; 이광석, 행정과 생활세계의 충돌과 조화에 관한 연구: 의식의 흐름 방법을 적용한 밀양 송전탑 사태의 분석, 「한국행정학보」, 48:3, 2014, pp. 147-174; 김선명, 행정학 연구방법론으로서 현상학의 재발견: 체험연구를 중심으로, 「현대사회

접근방법을 공직자들이 사건, 일, 상징 등에 부여하는 '의미'를 찾기 위하여 사용되고 있는데, 가장 기저에 있는 관심사는 개인의 생활사(life history)에 관한 것이다. 연구자들이 일상생활에서의 공직자들의 개인적인 행태, 때로는 사회적으로는 정도를 벗어난 행태를 연구하기 위하여 토론 자료와 이야기체의

Box 9-3 행정분야 현상학적 연구사례

이 글은 밀양의 송전탑 사건을 갈등관리 쪽으로 보는 것이 아니라 행정과 생활세계의 충돌이라는 관점에서 의식의 흐름 방법을 적용하여 분석하였다. 현재 100여명 부상, 2명의 사망에 밀양사태는 시작 전에는 평온과 화목으로 언어화할 수 있던 인간관계가 지금은 상호간에 불신과 불화로 특징짓는다. 이들의 인간 내면의 의식구조를 정리된 이성의 경지인 언어표현의 단계와, 정돈된 언어로 표현할 수 없는 혼돈의 경지인 언어표현 이전의 단계로 나누고 당사자가 기술한 것[녹취자료]을 기초로 언어표현 이전의 의식의 흐름을 탐구하였다. 의식의 흐름을 여기에 투영하면 무의식이 어떤 계기로 의식으로 튀어나오는 것이라 할 수 있고(무의식의 의식화), 그 무의식이란 행정이 생활세계와 인간가치를 홀대해 왔는데 내부식민지화를 통해 주민이 의식화하였으며, 그 의식은 내부식민지화의 수단으로 행정이 제공한 것인, 상대적으로 기대에 미치지 못하는 경제적 가치와 벗어난 권력행사임을 깨달은 것이다. 주민의식의 통시적 흐름을 살펴보면 무지와 정부신뢰, 분노와 거부, 타협, 수용이라는 과정을 거친다. 이에 상응하여 정책 당국의 의식의 흐름도 추적해 보았다. 이 글에서의 논의는 개인의 가치가 중화됨을 당연시 하는 것으로부터 탈피하여야 한다는 명제를 받아들여 체계에만 눈길을 돌리는 기존의 연구동향에 대한 비판임을 의미한다.

출처: 이광석, 행정과 생활세계의 충돌과 조화에 관한 연구: 의식의 흐름 방법을 적용한 밀양 송전탑 사태의 분석, 2014, 저자 요약을 옮김.

와 행정」, 23:2, 2013, pp. 147-165; 사공영호, 제도와 마음: 현상학 및 언어·심리철학적 접근, 「행정논총」, 50:1, 2012, pp. 207-241; 한세억, 한국 정보화경험의 현상학적 분석, 「행정논총」, 49:3, 2011, pp. 121-147; 남지원, 기존 행정학자들의 새로운 학문체계의 담론에 관한 연구: 행정언어연구회 회원들의 현상학적 모멘트를 중심으로, 「한국행정학보」, 44:1, 2010, pp. 1-23; 김선명, 정부혁신의 인식 비평과 성찰성: 공공부문 BSC 도입 사례를 중심으로, 「현대사회와 행정」, 18:2, 2008, pp. 25-53; 김선명, 공공부문 혁신의 접근방법에 관한 인식론적 비평: 현상학적 접근방법을 중심으로, 「한국행정학보」, 39:4, 2005, pp. 1-18; 소영진, 행정학에 있어서 현상학적 방법의 가능성 탐색, 「한국행정학보」, 38:4, 2004, pp. 1-20; 윤견수, 약자의 설득전략: 어느 하위직 지방공무원의 개혁활동에 대한 현상학적 보고서, 「한국행정학보」, 35:1, 2001, pp. 143-160.

기록을 사용한다. [Box 9-3]에 "밀양 송전탑 사태에 관한 연구논문"을 행정학 분야의 현상학적 연구사례로 제시하였다.

제6절 행위연구의 설계

1. 행위연구의 개념

1) 행위연구의 의미와 발전

행위연구(action research)는 사회집단을 연구과정에 참여시켜서 집단구성원이 스스로 변화할 수 있도록 연구와 함께 행위의 변화를 유도하는 연구방법이다. 행위연구는 사회문제를 보다 잘 이해하고 협동적인 노력을 통하여 집단구성원들의 진정한 변화와 개선을 유도하는 데 초점을 맞추는 귀납적이고 실제적인 연구형태의 하나이다.[37] 영어의 'action research'를 우리나라에서는 행위연구, 액션 리서치, 실행연구, 실천연구, 현장연구, 행동연구 등 다양한 용어로 사용한다.[38] 행위연구는 연구자의 도움을 받아 연구대상인 집단 구성원이 스스로 개선방안을 찾고 이를 실천에 옮길 수 있도록 한다는 점에서 '실행연구' 또는 '실천연구'와 상호교환적으로 사용할 수 있다.

행위연구라는 용어는 1948년 Kurt Lewin이 사회집단의 실제적인 문제를 해결하는 접근방법을 묘사하기 위해 처음으로 사용하였다.[39] Lewin은 사회집단의 변화과정에 사회과학 분야의 연구자와 고객의 협동적인 노력이 포함되어야 한다고 인식하였다. 그는 이 연구방법이 순수과학 또는 순수 이론적 접근방법과 대비되는 응용연구라고 보았다. Lewin의 주도하에 이루어진 연구의 중요한 결론 중 하나는 집단구성원들이 스스로 결정하고 태도와 행동을 변화

---

37) McNabb, *op. cit.,* p. 346.

38) 'action research'를 교육학 및 간호학에서는 실행연구, 사회학에서는 실천연구, 사회복지학에서는 현장연구라고 쓰기도 한다. 일반적으로 action은 행위로 번역하며 behavior는 행태로 번역한다. 여기에서 action research를 behavioral research와 혼동을 피하기 위해 행위연구라고 표기하겠다.

39) Kurt Lewin, *Resolving Social Conflicts,* NY: Harper Collins, 1948.

시키도록 할 때 일을 더욱 잘한다는 것이다.40) 초창기 행위연구 발전에 기여한 John Dewey의 일차적인 관심은 교육의 역할이었다. 그는 교육과정을 개선하여 민주주의를 교육하고 민주적인 참여에 기여하고자 하였다. 그는 교육과 학습에 실질적인 지침이 될 수 있는 이론개발에 관심이 있었다. White는 모든 행위이론의 출발점은 사회 상황에 대한 평가이며, 이를 토대로 행위자들이 다른 관점에서 상황을 이해할 수 있도록 하고, 그들이 처한 상황을 변화시켜야 하는지 여부에 대한 가치판단을 할 수 있도록 해야 한다고 보았다.41)

2) 행위연구와 비판이론

행위연구는 철학적으로 프랑크푸르트 학파의 비판이론과 밀접하게 관련되어 있다. 양자 모두 연구자들이 사회조직에 개입하여 사람들 또는 고객이 좀 더 나은 생활을 할 수 있도록 하고, 집단 내에서 직무를 보다 잘 수행할 수 있도록 도와주고자 한다. 그러므로 행위연구는 연구자의 객관성과 가치중립성을 강조하는 실증주의적인 관점과는 상당히 다른 관점에서 출발한다(제2장 제1절 참조).

3) 행위연구와 액션 러닝

액션 러닝(action learning) 또는 실천학습은 '행동'(doing)을 통해 '배운다'(learning)는 원리에 기초를 두는 학습기법으로서, 소수의 인원으로 구성된 학습자집단이 조직이 직면하는 현실적인 문제들을 해결해가는 과정에서 이루어지는 학습을 의미한다.42) 촉진자(facilitator)로 지칭되는 외부전문가가 개입하지만 액션러닝은 전문가가 제시한 해결방안보다는 성인학습자들의 경험과 상호작용에 중점을 두는 학습기법이다. 참여자들이 다른 참여자들과 공동의 노력을 투입함으로써 문제해결을 위한 아이디어 구상, 해결방안의 탐색, 더 나아가 해결방안의 실천까지 전 과정에서 학습의 주체가 될 때 액션러닝의 효과성을 극대화할 수 있다고 본다. 액션 러닝의 기본원리는 행위연구, 특히 참여

---

40) Alfred J. Marrow, *The Practical Theorist: The Life and Work of Kurt Lewin,* NY: Teachers College Press, 1977, pp. 130-131; McNabb, *op. cit.,* p. 346에서 재인용.

41) White, *op. cit.,* p. 142.

42) 두산백과. 2020년 11월 11일 검색.

형 행위연구(participatory action research)와 매우 밀접하게 관련된다. 그런데 액션 러닝의 초점이 공무원의 교육훈련과 같이 성인의 학습(learning)에 초점을 둔 반면, 행위연구는 질적인 연구방법의 하나로 그 초점이 연구에 있다는 점에서 강조점이 다르다.[43)]

2. 행위연구의 유형

오늘날 학자들이 활용하는 행위연구에는 최소한 다섯 가지 모형이 있다.[44)] 이 다섯 가지는 전통적 행위연구, 참여형 행위연구(participatory action research), 권한부여 연구(empowerment research), 여성학적 연구(feminist research), 행위과학(action science) 연구인데 이들에 관해서 간단하게 살펴보겠다.

1) 전통적 행위연구

전통적인 행위연구는 Lewin의 주도로 1940년대에 개발되었으며 가장 널리 사용되는 유형이다. 전통적인 행위연구의 주된 목적은 사회제도가 제대로 기능을 수행할 수 있도록 변화하는 것을 도와주는 한편, 이론과 지식의 축적에도 기여하는 것이다. Lewin은 연구자가 두 가지 종류의 지식에 관심을 가져야 한다고 보았는데, 그것은 (1) 인간과 조직행태에 관한 일반법칙, (2) 변화시키고자 하는 제도 또는 시스템에 관한 구체적인 정보이다. 전통적인 행위연구는 "연구에 관련된 모든 개인이 잘 알고 참여하는 비공식적, 질적, 형성적, 주관적, 해석적, 자기성찰적, 그리고 실험적인 탐구모형"으로 볼 수 있다. 이 모형에서는 연구대상이 연구과정에 참여하는 것이 중요한 특징이다.

---

43) 국가공무원인재개발원의 공무원 교육훈련 가운데 신임관리자과정의 교육훈련을 통시적으로 분석한 논문에 따르면 액션 러닝은 역량기반학습과 함께 노무현 정부 시기에 도입되었다. 유정호 · 정기덕 · 김민정 · 조민효, 한국 공무원 교육훈련의 통시적 분석: 신임관리자과정을 중심으로, 「한국사회와 행정연구」, 28:3, 2017, pp. 113-149.

44) Stephen A. Small, Action-Oriented Research: Models and Methods, *Journal of Marriage and the Family,* 57:4, 1995, pp. 941-956; McNabb, *op. cit.*, pp. 347-352.

2) 참여형 행위연구

참여형 행위연구의 주된 목적은 사회의 근본적이고 해방적인 변화에 영향을 미치는 것인데, 참여형 행위연구는 비판이론의 출현에 힘입은 바가 크다. 참여형 연구는 아프리카, 아시아, 그리고 라틴 아메리카를 포함한 제3세계의 억압된 사회의 사회운동에서 발전되었다. 참여형 연구는 또한 북미에서도 강한 토대를 가지고 있다. 참여형 연구모형을 사용하는 연구자는 교육을 통해서 사회구성원들이 직무를 보다 효과적으로 수행하는 방법을 알게 되면 그들 스스로 변화를 초래할 것이라고 믿는다. 그러므로 지역사회 구성원들이 연구의 적극적인 참여자가 되어 행동으로 실천하도록 만드는 것이다. 그러므로 연구의 전반적인 설계, 자료수집 및 분석, 그리고 연구결과의 궁극적인 배포 단계에 이르기까지 참여자가 연구의 주된 책임을 맡을 것이 기대된다. 시간이 지나면서 연구자는 연구과정을 주도하기보다는 참여자의 주도에 따를 수 있도록 뒤로 후퇴하여야 한다.

3) 권한부여 행위연구

권한부여 연구에서는 인구통계학적 특성이나 육체적 또는 정서적인 문제점 때문에 다수에 의하여 소외된 개인이나 집단에 관심을 갖는다. 행정 분야에서 권한부여 연구는 정신보건, 시민참여, 지역사회 서비스 프로그램 등의 쟁점과 관련된 연구에 실제로 많이 사용되고 있다. 권한부여 연구는 연구자가 사회, 조직, 또는 지역사회에서 침묵하거나 소외된 '국외자'(outsiders) 집단과 상황을 확인하는 데에서 시작한다. 연구자가 국외자들에게 쟁점을 이해할 수 있게 도와주어서 자신들에게 영향을 미치는 결정에 스스로 발언권을 가지고 영향력을 행사할 수 있도록 한다. 이러한 연구는 연구대상인 사람들에게 권한을 부여할 수 있도록 설계된다. 연구자는 집단구성원들과 협력하여 현재까지 인식하지 못한 집단의 강점과 자원을 확인한다. 집단구성원들이 권한을 부여받게 되면 그들에게 영향을 미치는 내부적 그리고 외부적인 힘을 통제할 수 있게 된다.

연구과정에서는 연구대상이 되는 집단구성원들의 선천적 능력과 기술을 발휘할 수 있도록 하는데 초점을 맞춘다. 권한부여 연구는 집단구성원의 약점보다는 그들의 강점을 전면에 내세우며 그러한 강점이 구성원들에게 이익이 되는 방향으로 작용할 수 있는 지침을 제공한다.

4) 여성학적 행위연구

사회변화를 추구한다는 점에서 여성학적 행위연구는 다른 유형의 행위연구와 같다. 여성학적 연구의 초점은 남성중심적 세계관에 도전하고 남성과 여성의 사회적, 정치적, 경제적 평등을 주장함으로써 여성학적인 의제를 촉진하는 것을 초점으로 한다. 여성학적인 연구는 여성의 해방과 사회변화를 추구하며 여성의 생활을 향상시킬 것을 목적으로 한다. 여성학적인 연구관점에 대하여는 본서 제2장에서 살펴본 바 있다.

5) 행위과학 연구

행위과학 연구(action science)는 행정조직에 관한 행위연구의 모형으로 Argyris와 동료들이 발전시켰다.[45] 이 모형에서는 조직에 대한 진단(diagnosis)을 조직의 변화를 유도하기 위한 개입(intervention)과 분리시킨다. 연구자가 주도하는 문제의 진단 이후 참여자가 주도하는 개입(변화)이 뒤따른다. 행위과학은 개입방법(intervention method)이라 부르기도 하는데, 사람들이 그들의 행위의 지침이 되는 근본적인 신념을 재검토함으로써 대인관계 및 조직의 효과성을 개선할 수 있다는 것을 기본전제로 하고 있다.

3. 행위연구의 절차

행위연구의 절차는 여섯 가지 단계로 구분되며, 이들을 세 가지의 국면으로 분류할 수 있다.[46]

첫 번째 기획국면(planning phase)은 구체적으로 세 단계를 포함하는데

---

45) Chris Argyris, Robert Putnam, and D. M. Smith, *Action Science,* Jossey Bass, 1985; Chris Argyris & Donald A. Schön, *Theory in Practice: Increasing Professional Effectiveness*, Jossey-Bass, 1992; Chris Argyris & Donald A. Schön, *Organizational Learning: A Theory of Action Perspective*, Addison-Wesley, 1978; Chris Argyris, *Knowledge for Action*, Jossey-Bass, 1993; Chris Argyris, *Over-coming Organizational Defences: Facilitating Organizational Learning*, Allyn & Bacon, 1990.

46) McNabb, *op. cit.,* pp. 360-362.

이들은 ① 문제의 확인 및 이해, ② 문제와 개입프로그램의 규정, 그리고 ③ 성과 측정방법의 개발이다. 두 번째인 행위국면(action phase)은 하나의 단계, 즉 ④ 행위계획의 집행을 포함한다. 세 번째인 성찰국면(reflection phase)은 ⑤ 평가 단계와 ⑥ 집단과 조직 변화의 성찰 단계를 포함한다.

1) 기획국면

첫 번째 국면에는 다음과 같은 세 가지 주요한 예비단계가 포함된다.

(1) 문제의 확인 및 이해

문제의 확인 및 이해 단계에서 연구자는 집단구성원들이 문제와 그 문제의 원인을 어떻게 생각하고 있는지 알아내기 위하여 초점면접을 실시한다. 이러한 협력적인 연구과정에서 문제에 대한 연구자의 인식보다는 구성원의 인식이 더욱 중요하다. 정보수집단계에서 연구자는 구성원 그리고 다른 연구자와 함께 브레인스토밍을 실시하기도 하며, 기존에 발간된 전문서적을 탐색하고, 집단을 관찰하기도 한다. 연구자와 집단구성원은 공동으로 그 문제가 연구를 진행할 만큼 중요한 것인지 결정하여야 한다.

(2) 문제와 개입프로그램의 규정

프로젝트의 기획 단계에서 가장 중요한 것은 문제를 어떻게 처리할 것인가를 결정하는 것이다. 문제해결을 위한 개입프로그램을 결정하는 데 있어서 연구대상이 동의하도록 해야 하며, 실행과정에서 집단구성원이 어떻게 참여할지 합의하여야 한다. 이에 따라 집단구성원들은 변화를 수용할 준비를 갖추게 된다.

(3) 성과 측정방법의 개발

무엇이 개선되었는지 알기 위해서 연구자는 변화의 정도를 측정하는 기준이 되는 벤치마크를 개발하여야 한다. 벤치마크란 현재의 상태에 대한 분명하고 종합적인 묘사이다. 이 단계에서는 평가단계에서 무엇을 측정할 것인가를 구체적으로 제시한다. 무엇을 측정할 것인가와 더불어 언제 측정할 것인가를 결정하는 것도 필요하다. 개입실험을 얼마나 계속한 후 측정할 것인가? 이 문제에 대해서는 사전에 정해진 답은 없고, 문제의 심각성과 참여자의 개입의 정도에 따라 측정시점은 달라질 수 있다.

2) 행위국면: 행위계획의 집행

두 번째 국면의 집행단계는 변화를 위한 행위를 실행하는 단계이다. 집행은 연구자가 아니라 집단구성원의 과제이다. 연구자는 준거기준의 역할을 담당하며, 만약 질문이 있을 경우 방법론적으로 조언하는 것이지 행위의 지도자로서의 역할을 하는 것은 아니다. 행위연구는 참여적인 연구이다. 이 단계에서 연구자의 또 다른 중요한 역할은 집단을 최초에 계획한 대로 움직이도록 하는 것이다. 만약에 계획 자체가 적절한 개입 또는 변화가 아닌 것으로 판명된다면 그 집단의 목표를 충족시킬 수 없다. 이 경우 처음부터 계획을 다시 세워서 시작하도록 해야 한다. 연구자는 개입의 집행상황, 언제 어떠한 형태의 변화가 있었는지에 대한 기록을 꼼꼼하게 유지하여야 한다.

3) 성찰국면

세 번째 국면인 행위연구 프로젝트의 성찰 국면에는 마지막 두 단계가 포함된다.

(1) 결과의 평가

결과의 평가단계는 행위의 집행단계보다 더 오래 걸릴 수 있다. 행위국면이 시작되기 이전과 집행과정의 모든 자료를 수집하여야 한다. 연구자는 집단구성원과 밀접하게 협조하면서 수집된 자료가 문제 및 개입에 관해서 무엇을 나타내는지 평가해야 한다. 이 단계에서는 세 번째 단계인 성과 측정방법의 개발단계에서 사전에 합의한 성공기준이 충족되었는지, 가시적인 성과는 있었는지 결정하게 된다. 만약 문제가 해결되었다면 그 프로젝트는 종료된다. 그렇지 않으면 그 과정을 되풀이한다. 행위연구의 과정은 바람직한 변화가 받아들여지고 제대로 작동할 때까지 계속된다.

(2) 조직과 집단변화의 성찰

마지막 단계는 성찰 단계인데, 여기에서는 무엇이 발생했고 무엇이 발생하지 않았는지에 관한 생각을 포함한 프로젝트 전반에 대하여 심층적인 해석을 시도한다. 주된 질문은 그 프로젝트가 의도했던 결과를 가져왔는가? 실제 변화는 발생한 것인가? 행위연구를 다시 한번 시작해야 하는 것은 아닌가? 등이다. 이 단계에서는 모든 것을 종합하여 최종보고서를 작성하여야 한다. 보고서는 완벽해야 하며 모든 사람들이 이해할 수 있는 형태로 작성되어야 하고, 집단 및 조직의 변화에 대한 이론적인 지식, 그리고 행위연구 과정 일반에 관한 지식에 보탬이 되어야 한다.

4. 행위연구의 적용사례

행정연구자들은 행위연구가 중하위직 직원들과 고객 또는 시민참여를 중시한다는 점에 관심을 가져 왔다. 오늘날 전세계적으로 신공공관리론(New Public Management)과 대비되는 참여형 거버넌스가 강조되고 있는데, 그 핵심은 개혁대안의 형성 및 집행에 있어서 중하위직 공직자와 시민참여가 중요하다는 것이다.[47] 그런데 우리나라에서 행위연구의 관점은 학자들이 주도하기보다는 컨설팅 회사들이 자문하는 방식으로 진행되고 있다. 이에 따라 행정학자들이 주도하는 행위연구로 학술지에 게재된 논문은 매우 드물다. 행위연구와 논리가 유사한 '액션 러닝'에 관한 연구도 행정학 분야 학술지에는 많지 않은 실정이다. 반면 행위연구는 사회심리학, 사회복지학, 교육학에서 널리 활용된다. 특히 유아교육 및 초중등교육 분야에서 '실행연구'라는 명칭으로 상당수의 논문이 발표되고 있다. 또한 교육학 분야에서 '액션 러닝'에 관한 연구도 활발하게 진행되고 있다.

제 7 절 사례연구의 설계

1. 사례연구의 개념과 특징

1) 사례연구의 개념

사례연구에서는 연구자가 개인, 프로그램, 사건, 과정, 제도 또는 사회집단 등 하나의 실체나 현상을 전체적으로 연구하는데, 주로 설명적(explanatory)

---

47) B. Guy Peters, *The Future of Governing*, 2nd rev. ed., University Press of Kansas, 2001 참조.

질문을 제기하여, 사건, 제도, 과정 등의 원인과 결과를 찾고자 한다.

사례연구에 관한 몇 가지 대표적인 정의를 살펴보자. Goode & Hatt에 따르면 사례연구란 연구하려는 사회적 대상의 독특한 성격을 밝히기 위해 관계자료를 조직화하는 연구방법으로 개인, 가족, 사회집단, 사회적 관계와 과정, 또는 문화 등 특정 사회적 단위를 하나의 전체(as a whole)로 파악하는 연구방법이라고 보고 있다.[48] Lofland는 사례연구는 사람, 사건, 조직과정 등을 실제 상황 속에서 연구하는 것이며 그 과정은 '발견의 과정'(a process of discovery)을 포함한다고 본다.[49] Orum 등은 사례연구를 하나의 사회적 현상에 관하여 질적인 연구방법을 사용한 심층적, 다차원적 연구로 정의하며, 이러한 사례연구가 서베이와 실험으로 대표되는 계량적 방법을 사용한 연구와는 다르다는 점을 강조한다.[50] Yin은 사례연구를 실험, 서베이, 기존자료분석, 역사적 방법과 구분되는 연구전략의 하나로 파악한다.[51] 그는 사례연구를 (1) 연구대상인 현상과 맥락 사이의 경계가 분명하게 구분되지 않은 가운데, (2) 동시대의 현상을 실생활의 맥락(real-life context)에서, (3) 다양한 원천에서 나오는 증거를 사용하여 연구하는 경험적 연구라고 정의를 내리고 있다.

Swanborn은 사례연구를 사례의 집중적 연구(intensive research)로 보며, 서베이와 같은 외연적 연구(extensive research)와 대비시킨다. Swanborn은 사례연구가 사회현상에 관한 연구로서 다음과 같은 성격을 가진다고 보았다.[52] ① 개인, 조직, 집단, 지역사회, 국가 등 그 사회현상이 존재하는 하나 또는 복수 체제의 경계 내의 현상에 관하여, ② 그 사례의 자연적 맥락에서, ③ 그 현상을 일정기간 동안 모니터하거나, 그 현상의 발생 이후 전개과정에

48) W. J. Goode & P. K. Hatt, *Methods in Social Research,* Singapore: McGraw Hill International ed., 1981.

49) John Lofland, *Analyzing Social Settings: A Guide to Qualitative Observation and Analysis*, Belmont, CA: Wadsworth, 1971.

50) Anthony M. Orum, Joe R. Feagin & Gideon Sjoberg, Introduction: The Nature of the Case Study, p. 2, in Joe R. Feagin, Anthony M. Orum & Gideon Sjoberg (eds.), *A Case for the Case Study,* The University of North Carolina Press, 1991.

51) Robert K. Yin, *Case Study Research: Design and Methods,* 4th ed., Sage, 2009; Robert K. Yin, *Applications of Case Study Research,* Sage, 1993, p. 3.

52) Peter Swanborn, *Case Study Research: What, Why, and How.* Thousand Oaks, CA: Sage, 2010, p. 13.

관하여 일정 기간 동안 자료를 수집하며, ④ 과정추적(process-tracing)에 초점을 맞추어야 하는데, 이는 그 과정에 참여하는 사람들 사이, 그리고 사람들의 가치, 기대, 의견, 인식, 자원, 논쟁, 결정, 상호 관계와 행태 사이에 펼쳐지는 사회적 과정의 기술과 설명, 또는 사회제도들 내부 또는 사회제도들 사이에서 나타나는 과정의 기술과 설명에 초점을 맞추는 것을 말하며, ⑤ 연구자가 초기의 광범위한 연구주제에 따라 자료를 수집하면서 보다 정교한 연구질문을 형성하는 등 개방적인 연구과정을 거치며, ⑥ 기존자료, 정보원에 대한 면접, 참여관찰 등 다양한 자료원을 활용하고, ⑦ 연구 마지막 단계에서는 연구자가 연구대상과 이해관계자의 주관적인 관점과 연구의 예비적 결론에 관하여도 토론할 수 있는 연구방법이라고 본 것이다.

위에서 살펴본 몇 가지 사례연구의 정의를 요약한다면 사례연구는 소수의 사례를 자연적인 맥락에서 하나의 전체로서 파악하기 위하여 다양한 자료원을 활용하여 심층적·종합적으로 분석하는 연구방법이라고 볼 수 있다.

2) 사례의 의미

가장 일반적으로 사용하면 사례는 '분석단위'(unit of analysis)와 유사한 의미로 사용된다(분석단위에 관하여는 이 책 제3장 제2절 참조).[53] 사례를 설명을 위한 단위와 유사한 의미로 사용하면 그 유형은 개인, 집단, 조직, 파트너쉽 등 보다 구체적인 단위와 지역사회, 관계, 정책 또는 결정, 프로젝트 등 보다 추상적인 단위로 구분할 수 있다.[54]

3) 사례연구의 특징

사례연구는 소수의 사례를 대상으로 심층적·종합적으로 연구한다는 점에서 다수의 사례를 분석대상으로 하는 계량적 연구와 구분된다. 제8장에서 살펴본 횡단면적 조사설계는 다수 사례의 분석을 위한 설계이다. 사례연구는 실험적 연구, 서베이분석, 기존자료분석, 역사적 방법 등과 구분되는 연구방법으로서 연구방법 측면에서 다음과 같은 특징을 가지고 있다.

---

53) 본서에서는 자료수집 및 분석을 위한 단위인 분석단위와 설명을 위한 단위인 설명단위를 구분하였는데, 이러한 구분에 따를 경우 사례는 설명단위를 의미한다.

54) Yin, *Case Study Research,* 4th ed., pp. 29-33 참조.

(1) 소수사례의 연구

사례연구의 분석대상이 되는 사례의 수는 하나 또는 소수로 제한된다. 이러한 특징은 다수 사례를 대상으로 모든 사례를 심층적으로 분석하는 것은 실질적으로 불가능하다는 인식에 기초를 두고 있다. 개별사례를 하나의 독립된 실체로서 취급하여 이들을 하나 하나 이해하는 데에는 많은 시간과 노력이 필요하다. 다수 사례의 연구에서 모든 사례에 정통하는 것은 매우 많은 비용이 소요될 뿐 아니라, 이들 사례 사이에 존재하는 유사점과 차이점을 분석하는 것도 매우 어렵다. 특히 유사점과 차이점이 하나의 형상(configurations)으로 이해될 때는 더욱 그러하다. 사례의 수가 증가할수록 비교하여야 할 대상은 기하급수적으로 증가한다[비교하여야 할 대상=N×(N−1)/2]. 그러므로 사례의 수가 증가할수록 연구자는 자료의 복잡성을 감소시키기 위한 보다 강력한 기법을 활용하여야 한다. 그러므로 다수의 사례가 분석되어야 하는 연구에서는 사례연구보다는 변수와 이들간의 상관관계를 기초로 하는 계량적 연구방법을 사용하는 경향이 있다.

(2) 심층적 · 집중적 연구전략의 채택

사례연구는 분석대상이 되는 사례에 대한 심층적(in-depth), 다차원적(multifaceted), 집중적(intensive) 연구전략을 추구한다는 특성을 가지고 있다. 사례연구자는 하나 또는 소수의 관찰 사례를 상세하고 종합적인 방식으로 연구함으로써 정확한 답변을 찾으려 한다. 사례연구자는 연구결과의 정확성과 완전성을 그 사례가 갖는 여러 가지 측면과 관련시켜서 증명하고자 한다. 반면에 다수 사례를 분석대상으로 하는 계량적 연구자들은 외연적(extensive)인 연구전략을 채택한다.[55] 즉, 이들은 매우 직접적이고 관찰 가능한 방식으로 일반성을 증명함으로써 연구 결과를 정당화시키려 한다.

(3) 질적 방법의 활용

연구방법을 질적 방법과 양적 방법으로 구분할 때 사례연구에서는 주로 질적 방법을 채택한다. 반면에 다수 사례를 분석대상으로 하는 연구에서는 주로 양적 연구방법을 활용한다. 그러나 사례연구에서 양적 분석방법을 활용하는 경우도 있다. 예를 들면, 시계열분석과 같은 양적인 방법을 개별 국가에 대한

---

55) Swanborn, *op. cit.*

지식을 넓히기 위해 사용할 수 있고, 다수 국가에 대한 독립적인 시계열분석을 통하여 획득한 지식을 활용함으로써 이들 국가에 대한 사례 비교분석을 수행할 수도 있다. 그러나 대체적으로 사례연구는 질적 방법을 압도적으로 많이 사용한다.

4) 사례지향적 연구와 변수지향적 연구의 비교

Ragin은 경험적 조사연구의 방법을 소수사례에 대한 심층적 분석을 추구하는 사례지향적 연구(case-oriented method)와 다수사례를 대상으로 변수들간의 계량적 관계의 분석을 추구하는 변수지향적 연구(variable-oriented method)로 구분한다.[56]

이 두 가지 방법은 사례에 대한 관점, 인과관계에 대한 이해, 설명을 보는 입장, 연구의 목적이라는 측면에서 뚜렷하게 대비되고 있다. <표 9-3>에는 두 가지 연구방법을 이념형으로서의 방법론적 전략이라는 측면에서 비교하고 있다.

실제로 대부분 연구자들은 그들의 연구과정에서 이러한 두 전략의 일부 측면들을 혼합하고 있다. 왜냐하면 훌륭한 연구는 두 전략간의 균형을 적절하게 맞추어야 하기 때문이다.[57]

---

56) Ragin은 다음과 같은 여러 편의 저서와 논문에서 이러한 구분과 관련된 일관된 주장과 사례를 제시하고 있다. Charles C. Ragin, *The Comparative Method: Moving Beyond Qualitative and Quantitative Strategies*, University of California Press, 1987.; New Directions in Comparative Research, in M. Kohn (ed.), *Cross-National Research in Sociology*, 1989, pp. 57-76.; The Logic of the Comparative Method and the Algebra of Logic, *Journal of Quantitative Anthropology* 1:2, 1989, pp. 373-398; Introduction: The Problem of Balancing Discourse on Cases and Variables in Comparative Social Science, in C. C. Ragin (ed.), *Issues and Alternatives in Comparative Social Research*, 1991, pp. 1-8.; 그리고 Introduction to Qualitative Comparative Analysis, in T. Janoski & A. M. Hicks (eds.), *The Comparative Political Economy of the Welfare State*, Cambridge University Press, 1994, pp. 299-319 참조.

57) Charles Ragin, Introduction: The Problem of Balancing Discourse on Cases and Variables in Comparative Social Sciences, in Ragin (ed.), *Issues and Alternatives in Comparative Social Research*, pp. 1-8.

표 9-3 사례지향적 연구와 변수지향적 연구의 대비

사례지향적 연구	변수지향적 연구
1. 사례에 대한 관점	
독특한 실체 소수의 사례 집중적-종합적 검토	변수들의 관찰단위 다수의 사례 변량의 외연적 분석
2. 인과관계에 대한 이해	
다원적 · 결합적 인과관계 역사적 또는 발생론적 인과관계 시간적 순서를 직접 검토 불변의 관계	일률적 인과관계 구조적 인과관계 정적 분석/시간적 순서의 추론 확률적 관계
3. 설명을 보는 관점	
종합적 설명 해석적 설명 역사적으로 구체적	근본적으로 분석적 간명한 설명 보편적, 법칙적
4. 연구의 목표	
사례에 관한 지식 유형화된 다양성의 이해 이론의 사용/적용/진척	이론적으로 관련된 지식 변량의 설명 이론의 검증/판결

출처: Charles C. Ragin, Introduction to Qualitative Comparative Analysis, in Thomas Janoski & Alexander M. Hicks (eds.), *The Comparative Political Economy of the Welfare State*, Cambridge: Cambridge University Press, 1994, p. 320.

(1) 사례에 대한 관점

이들 두 연구방법은 사례를 어떻게 이해하는가라는 점에서 매우 대조적이다. 사례연구에서 사례는 그 중요성 때문에 선정된 독특한 실체이며, 이들은 집중적이고 맥락과 관련되어 연구된다. 변수지향적 연구에서 사례는 단순히 관찰의 단위, 즉 변수의 측정이 이루어지는 단순한 장소일 뿐이다. 개별사례는 일반적인 이론적 과정을 대변한다는 점에서 신뢰성이 떨어지는 것으로 생각되므로, 그러한 단위의 수가 많을수록 좋은 것으로 이해된다.

(2) 인과관계에 대한 이해

인과관계를 보는 관점도 극적으로 대조된다. 사례연구에서 원인은 사례와 그 역사의 맥락에서 고찰된다. 시간적 순서가 매우 중요시되며, 특정의 역사적 결과(예: 민주적 제도)는 모든 사례에서 같은 방법으로 출현한다는 점에서 예외가 인정되지 않는다. 이러한 방법에서 제시되는 일반적 주장은 인과적으로 동등한 조건들의 몇 가지 결합 중에서 어느 하나에 해당될 경우에는 유사한 결과가 초래된다는 형식을 취한다.58)

변수지향적 연구에서는 인과관계가 구조적인 관점에서 이해된다. 즉 여러 사례들에 걸쳐서 측정된 변수들간의 상관관계는 인과적 과정이 작용한다는 신호가 된다. 개별사례는 이론적 과정을 불완전하게 대변하는 것으로 이해되기 때문에, 변수들간의 관계는 확률적이고 오차가 포함되었을 것으로 기대된다. 그러므로 개별사례가 이론적으로 구체화된 인과적 모형에 부합하는 정도는 상당히 다르다. 이와 같이 불완전한 적합도를 기대하기 때문에, 계량적 연구의 경향은 가능한 한 다수의 사례에 부합되는 하나의 인과적 모형을 구성하려 하며 이러한 모형으로부터의 일탈을 오차로 이해한다.

(3) 설명을 보는 관점

사례지향적 연구와 변수지향적 연구에서 제시하는 설명의 유형도 매우 다르다. 사례지향적 연구에서의 설명은 구체적 사례에서 특정의 결과가 나타나기 위해서 여러 가지 조건들이 어떻게 역사적·구체적으로 결합되는지에 관한 해석적 근거(interpretative accounts)를 제시한다. 사례연구는 인과적 조건들은 모두 포함시키는 방식으로 이루어진다. 즉 하나의 조건이 증거로서 가치가 있으면 설명에 포함시킨다. 예를 들면, Moore의 연구에서 부르주아 계급의 힘이 민주적 제도라는 결과와 매우 밀접한 관련을 가지고 있음이 분명하여 깔끔한 단일변수에 의한 인과적 설명이 가능함에도 불구하고, 그는 자신이 분석한 8개 국가의 차이점에 대한 설명에서 농민과 대규모 토지 소유자 등 다른 인과적 요인들을 논의하고 있다.59)

이와는 대조적으로 변수지향적 연구에서의 설명은 절약과 간명성을 추구한다. 종속(결과)변수의 변량을 설명한다는 점에서 독립(원인)변수들은 서로 경

---

58) 다원적 결합적 인과관계(multiple conjunctional causation)에 관한 더욱 구체적인 논의는 Ragin, *The Comparative Method*, pp. 42-49를 참조할 것.

59) Barrington Moore, Jr., *Social Origins of Dictatorship and Democracy: Lord and Peasant in the Making of the Modern World*, Boston, MA: Beacon, 1966.

쟁한다. 보통 독립적으로 가장 큰 비율의 종속변수 변량을 설명하는 원인변수가 승리한다. 계량적 연구의 이러한 특징은 인과적 진술에 있어서 사회적 단위의 일반적 속성들에 우선순위를 두도록 한다. 예를 들면, Reuschemeyer의 연구에서는 경제발전이라는 일반적 속성으로써 민주적 정치제도의 발달을 설명하고 있다.60)

(4) 연구의 목표

이들 두 연구방법은 연구의 목표에 있어서도 매우 대조된다. 사례지향적 연구의 목적은 그 사례에 대한 지식을 발전시키고, 이러한 지식을 사용하여 이론적인 이해를 진척시키는 것이다. 앞에서 지적한 바와 같이 사례는 독특한 실체로 간주되며 검토와 설명을 위해서 의도적으로 선택된다. 이와는 대조적으로 변수지향적 연구의 목적은 일반적인 이론적 명제를 검증하고, 일반적 사회현상에 관한 경쟁적인 설명이론들 가운데에서 무엇이 관찰 가능한 변이를 가장 잘 설명하는가를 판단하는 것이다.61)

2. 사례연구의 유형

1) 연구목적을 기준으로 한 분류: 탐색적 연구, 기술적 연구, 설명적 연구

본서에서는 편의상 사례연구를 질적 조사설계의 일부로 다루고 있으나, 사례연구는 기술뿐 아니라 탐색 또는 설명 등 사회과학연구의 다른 목적을 달성하기 위해서 사용될 수 있다. 이러한 관점에서 Yin은 사례연구를 연구목적에 따라 구분하여 탐색적 연구, 기술적 연구, 설명적 연구로 구분한다.62)

---

60) Dietrich Reuschemeyer, Different Methods-Contradictory Results?, Research on Development and Democracy, in Charles C. Ragin (ed.), *Issues and Alternatives in Comparative Social Research*, pp. 9-38.

61) Ragin은 사례지향적 연구와 변수지향적 연구의 이러한 구분을 토대로 이러한 두 가지 방법을 결합시킨 부울대수 접근방법을 제시하고 있다.

62) 정책학의 분야에서 설명을 목적으로 하는 전형적 사례연구로는 널리 알려진 Graham Allison의 저서 *Essence of Decision Making: Explaining the Cuban Missile Crisis*, 1971를 들 수 있다. 그리고 연구목적에 관한 것은 본서 제2장 참조.

2) 용도에 따른 분류: 연구사례와 교육용 사례

사례연구는 다양한 용도로 사용되는데, 이를 크게 두 가지로 구분하면 연구방법으로서의 사례연구(research case study)와 교육목적으로 사용되는 교육용 사례(pedagogical case)로 구분된다.[63]

연구방법으로서의 사례연구는 사회현상에 대한 심층적·다측면적 분석을 위하여 사용하는 방법으로서 여기에서 논의의 초점이 되고 있는 방법이다. 반면 교육목적으로 사용되는 경우 사례연구는 의사, 변호사, 행정실무자, 경영자, 사회사업가 등과 같이 구체적인 문제를 직접 분석하고 그 해결책을 제시하는 전문가들에 대한 능력개발이나 교육훈련 등의 목적을 위하여 사용된다. 이러한 사례분석은 실무에서 다루는 것과 유사한 사례들을 강의실이나 교육장에서 미리 논의해 봄으로써 다양한 실제문제에 대한 분석이나 처리경험을 쌓도록 해 준다. 행정학과 정책학 분야에서도 학생들이 사례교육을 통하여 정책결정자와 정책집행자들이 처한 현실적 상황을 분석하고 토론하여 그 대응과정의 타당성과 대안적 해결방안을 제시해 볼 수 있도록 하고 있다.[64] 사례교육에서는 이미 개발된 사례를 통한 교육이 이루어질 뿐 아니라 교육과정에서 학생들이 스스로 사례를 개발할 수 있도록 지침이 주어지기도 한다.[65]

3) 이론화의 정도에 따른 분류

Lijphart는 이론화의 정도에 따라 사례연구를 무이론적 사례연구, 해석적 사례연구, 가설창출적 사례연구, 이론논박적 사례연구, 이론확증적 사례연구, 일탈사례연구 등 여섯 가지 유형으로 구분하고 있다.[66] 이러한 유형들은 각각 이념형을 나타내며 하나의 특정한 연구는 이러한 분류기준 중 하나 이상의 범주에 포함될 수도 있다.

---

63) 박병식, "사례조사의 과학적 방법론 연구," 한국의 관료론: 방법과 실제, 「김해동교수 정년퇴임기념논문집」, 서울대학교 행정대학원 기념논문간행위원회, 1994, pp. 66-67.

64) 행정학 분야에서 이미 행정과 정책사례집이 출간된 바 있으며, 기획단계에 있는 사례집도 있다. 서울대학교 행정대학원 편, 「한국의 정책사례집」, 법문사, 1989; 서울대학교 행정대학원 편, 「한국의 행정사례집」, 법문사, 1980; 이달곤 외, 「정책사례연구」, 대영문화사, 2006.

65) 송하중, 행정 및 정책사례, KIPI연구보고 95-13, 한국행정연구원, 1996.

66) A. Lijphart, Compartive Politics and the Comparative Methods, *APSR*, 65:3, 1971.

(1) 무이론적 사례 연구

무이론적 사례연구(atheoretical case studies)는 전적으로 기술적이며, 이론적인 진공상태에서 이루어진다. 즉 이러한 사례연구는 이미 정립된 혹은 가정된 일반 명제에 의거하여 이루어지는 것이 아니며, 또한 일반적 가설을 설정하기 위한 목적을 지니고 있지도 않다. 따라서 이러한 유형의 사례연구는 직접적인 이론적 가치를 가지고 있지는 않다. 그러나 순수한 기술적 연구는 기본적인 자료 및 정보의 수집 작업으로서 큰 효용성을 가지고 있으며, 그럼으로써 이론 정립에 간접적으로 공헌할 수 있다. Lijphart는 무이론적 사례분석은 이념형으로서만 존재하며 실제로는 존재하지 않을 것으로 보고 있다. 왜냐하면 단일사례를 대상으로 하는 모든 연구는 애매하지만 적어도 몇 가지 이론적 관점과 아울러 다른 사례에 관한 어느 정도의 기초 지식을 토대로 수행되며, 또한 보다 광범위한 적용성을 지니는 몇 가지 가정 또는 결론을 도출할 수 있기 때문이다.

(2) 해석적 사례연구

해석적 사례연구(interpretative case studies)는 일반 이론의 확립보다는 사례 자체에 관한 관심을 충족시키기 위하여 채택된다는 점에서 무이론적 사례분석과 유사하다. 그러나 해석적 사례분석은 이미 확립된 이론적 명제들에 기초하여 진행된다는 점에서 무이론적 사례연구와는 크게 다르다. 즉 이미 도출된 일반이론들이 그 자체의 개선을 목적으로 하는 것이 아니라, 특정한 사례의 내용을 보다 체계적으로 규명하기 위하여 적용되는 것이며, 따라서 응용과학적 연구라고 볼 수 있다. 그리고 분석목적이 경험적 일반이론을 구축하는 데 있지 않기 때문에 이론적 가치는 별로 없다고 보아야 하겠지만, 경험이론의 목적은 바로 이러한 개별 사례연구를 가능하도록 하는 데 있다는 점을 간과하지 말아야 한다. 예를 들면, 정치발전 이론의 명제를 이용하여 레바논의 사회경제적 발전과 정치발전간의 괴리를 분석한 연구 등을 들 수 있다.

(3) 가설창출적 사례연구

가설창출적 사례연구(hypothesis-generating case studies)는 다소 애매한 잠정적 가설에서 출발하여 보다 분명한 가설을 정립한 후, 이를 다수의 사례에 적용하여 검증하는 형식의 연구를 말한다. 이러한 유형의 사례분석의 목적은 기존이론이 존재하지 않은 분야에서 새로운 일반 이론을 구축하는 데 있다. 그러므로 이론적 가치가 매우 크다고 할 수 있다. 이러한 분석유형은 특히 선정된 사례가 Naroll이 지칭한 것처럼 연구대상이 되고 있는 특정변수들이 정형적으로 나타나는 일종의 결정적 실험(crucial experiment)의 계기를 제공할 경우에 그 유용성이 더욱 크다.

(4) 이론확증적 사례연구

이론확증적 사례연구(theory-confirming case studies)는 이미 정립된 일반 이론의 범위 내에서 개별사례를 분석하는 것이다. 이 경우 개별사례에 관한 사전지식은 일반이론에 포함되는 몇 개의 변수들에 국한된다. 이러한 유형의 사례연구에서는 일반이론이 검증되는데, 분석을 통하여 일반이론이 강화되거나 또는 약화된다. 그러나 검증하고자 하는 일반이론이 다수의 사례에 기초하고 있는 경우에는 하나의 사례가 추가된다고 하여 그 이론이 훨씬 강화되는 것은 아니다.

(5) 이론논박적 사례연구

이론논박적 사례연구(theory-infirming case studies)는 이론확증적 사례연구와는 대조적으로 기존의 일반이론을 논박하기 위한 연구를 말한다. 그러나 하나의 사례에서 이론이 적용되기 어렵다고 해서 기존이론이 전적으로 부정되는 것은 아니다. 이론확증적 연구와 이론논박적 사례연구에서 사례가 포함하고 있는 특정 변수의 분석결과 기존의 명제와 크게 다를 경우에는 그 연구의 가치가 높은 것으로 평가되며, 이 경우 사례연구는 기존의 이론에 대한 결정적 실험 또는 검증이 될 수 있다.

(6) 일탈사례연구

일탈사례연구(deviant case studies)는 이미 정립된 일반이론으로부터 벗어나는 것으로 밝혀진 사례에 관한 연구를 지칭하며, 왜 특정사례가 일탈현상을 나타내는지를 규명하기 위하여 수행된다. 다시 말하면, 기존의 연구에서는 고려하지 않았던 유력한 변수를 찾아내거나, 일부 또는 모든 변수들을 다른 관점에서 정의한 다음 연구를 수행하게 된다. 그러므로 일탈사례연구는 매우 큰 이론적 의미를 지닌다. 즉 이러한 연구에서는 원래의 명제를 약화시킬 수도 있지만, 다른 한편으로는 보다 강력한 수정된 명제를 제시할 수 있기 때문이다. 이때 개선된 명제들이 지니는 타당성은 후속적인 비교분석작업을 통하여 확인되어야 한다.

Lijphart는 이론적 발전의 맥락에서 여섯 가지 유형의 사례분석 중 가설창출적 사례 분석과 일탈사례분석에 큰 가치를 부여하고 있다. 즉 가설창출적 사례분석은 새로운 가설을 정립하는 데 기여하는 반면에 일탈사례분석은 기존의 가설을 개선하고 세련화하는 것이다. 이론검증적 사례분석, 이론논박적 사례분석, 그리고 일탈사례분석은 암묵적인 비교분석이라고 할 수 있다. 이들은 비교적 많은 숫자의 사례에서 선별된 사례에 초점을 맞추어, 그러한 사례가 도출된 모집단의 이론적, 실증적 범주에서 이를 분석하는 형식을 취한다. 따라서 사례로 선정된 일탈사례는 실험집단에 해당되며, 나머지 사례들은 통제집단의 역할을 담당하게 된다. Lijphart는 비교분석방법이 통계분석방법이나 실험에 가까워질수록 그 분석능력이 신장되는 것과 마찬가지로 사례분석 역시 일탈사례분석의 유형을 취함으로써 비교분석방법에 근접한 분석능력을 갖추게 된다고 본다.

3. 사례연구설계의 요소와 절차

사례연구도 경험적 연구의 하나인 만큼 연구설계의 구성요소도 경험적 조사연구의 일반적 구성요소와 유사하다. 사례연구 수행의 절차는 구체적인 사례연구의 성격과 유형에 따라 달라지지만 여기에서는 Yin의 견해에 따라 사례연구의 구성요소 또는 사례연구의 일반적 절차를 살펴보기로 한다.[67]

1) 연구문제의 명시

사례연구에서도 다른 형태의 연구에서와 같이 연구문제(study questions)를 분명하게 제시하여야 한다. 사례연구에서 해결하여야 할 문제는 '어떻게'와 '왜'라는 질문의 형태로 제시되는 것이 일반적이다. 연구문제의 규정을 통하여 연구의 목적, 범위, 연구대상이 되는 사례, 필요한 자료의 종류 등 연구설계의 기본적 토대가 마련된다.

---

67) Yin, *Case Study Research*, 4th ed., 2009, pp. 27-40.

2) 연구명제의 제시

사례연구 수행의 지침이 되는 연구명제(study propositions), 이론적 근거 또는 가설을 제시한다. 사례연구에서 명제 또는 이론적 근거가 반드시 필요한 것은 아니다. 새로운 사실의 발견을 위한 탐색적 연구나 기술을 목적으로 하는 사례연구에서는 이론적 근거가 되는 명제가 없어도 연구를 진행할 수 있다. 그러나 이론의 확인 및 검증 또는 논박을 위한 연구에서는 일정한 이론적 근거 또는 명제가 반드시 필요하다.

사례연구의 이론적 근거인 명제는 사례분석의 주요방향, 즉 중요한 변수, 필요한 자료의 종류와 자료분석을 위한 지침을 제공하며 또한 연구결과의 해석 및 일반화의 근거가 된다. 이러한 명제가 없이는 연구자가 자료수집과정에서 조사 불가능한 자료를 수집하기 위해서 많은 자원과 시간을 낭비하게 된다. 따라서 사례연구의 설계에서 지침이 되는 명제들이 구체화될수록 사례연구의 자료수집은 더욱 실행가능한 영역에서 이루어지게 된다.

3) 분석단위의 선택

사례를 연구하는 데 있어서 하나의 전체로서 사례를 자료수집 및 자료분석의 단위로 설정할 것인지, 아니면 사례를 구성하는 하위단위를 자료분석의 단위로 설정할지를 결정하여야 한다.[68] Yin은 사례를 그 구성적 특징에 따라 사례 전체를 하나의 단위로 취급하여 자료수집 및 분석이 이루어지는 전체적 접근방법(holistic approach)과, 사례의 하위단위를 세분화하여, 그 하위단위를 분석단위로 자료수집 및 분석을 진행하는 방법을 임베디드 접근방법(embedded approach)을 구분한다.[69] 대다수의 사례연구자들은 설명의 단위인 사례의 정의뿐 아니라 자료수집 및 분석단위를 정의하는 데 많은 혼란을 겪게 된다. 이러한 혼란을 감소하는 방법은 기존연구를 참고하고 동료 연구자들과 토론하는 것이다.

---

68) Yin은 사례와 분석단위를 구분한다. 본서 제3장 제2절의 논의와 연결하면 사례는 설명의 단위이고, 분석단위는 자료의 수집과 분석이 이루어지는 단위이다.

69) 그러므로 전체적 접근방법은 설명단위인 사례와 자료수집 및 분석의 단위인 분석단위가 일치하는 경우이며, 임베디드 접근은 설명단위인 사례와 분석단위가 일치하지 않는 경우이다.

4) 자료와 명제의 연결

다음 단계는 수집한 자료를 이론적 명제에 연결(linking data to proposition)시키는 단계이다. 이 단계에서 수집된 자료가 설정된 연구목적이나 가정에 연관되는지를 검증한다. 자료와 명제를 연결하는 방법으로 Yin은 ① Campbell이 제시한 '패턴 결합'(pattern-matching) 방법, ② 설명구성(explanation building), ③ 시계열 분석, ④ 논리모형(logic model), ⑤ 교차사례종합(cross-case synthesis) 등 다섯 가지 기법을 제시하였다.[70]

(1) 패턴 결합 방법

Yin은 패턴매칭의 논리를 사례연구분석에서 가장 바람직한 기법으로 본다. 패턴매칭 방법에서는 동일한 사례로부터 얻은 여러 가지 단편적인 정보를 토대로 일정한 이론적 전제와 관련되는지를 검토한다.[71] 만약 사례연구가 설명적인 연구일 경우, 그 패턴은 종속변수 또는 독립변수나 양자 모두에 관련될 수 있다.[72] 예를 들면, Campbell은 미국 코네티컷 주에서 55마일속도제한법의 통과 이후 교통사고 사망자수가 감소하였는지를 연구하는 사례를 제시하고 있다.[73] 이 경우 속도제한법의 효과가 있다고 볼 수 있는 '효과 패턴'(Effects Pattern), 효과가 없다고 볼 수 있는 '무효과 패턴'(No Effects Pattern)을 선험적으로 제시한 다음, 이를 실제의 자료와 연결시키고 있다([그림 9-4] 참조).

[그림 9-4]에서 효과패턴은 속도제한법 통과 이후 사망자수가 대폭 감소하였음을 가상한 패턴이며, 무효과 패턴은 사망자수가 감소하였다고 볼 수 없음을 가상한 패턴이다. 한편 실제 관찰된 시계열자료에 따르면 연도별로 파동은 있으나 효과 패턴과 무효과 패턴이라는 상반된 두 가지 패턴과 실제자료를 결합시킬 때 무효과 패턴과 더욱 잘 결합되기 때문에 Campbell은 효과가 없다고 결론을 내리고 있다.

---

70) Yin, *op. cit.,* p. 34 및 pp. 136-160.

71) Donald T. Campbell, Degree of Freedom and the Case Study, *Comparative Political Studies*, 8, 1975, pp. 178-193.

72) 구체적인 내용은 Yin, *op. cit.*, pp. 136-141.

73) Donald T. Campbell, Reforms as Experiments, *American Psychologist*, 24, 1969, pp. 409-429.

그림 9-4 패턴결합의 사례

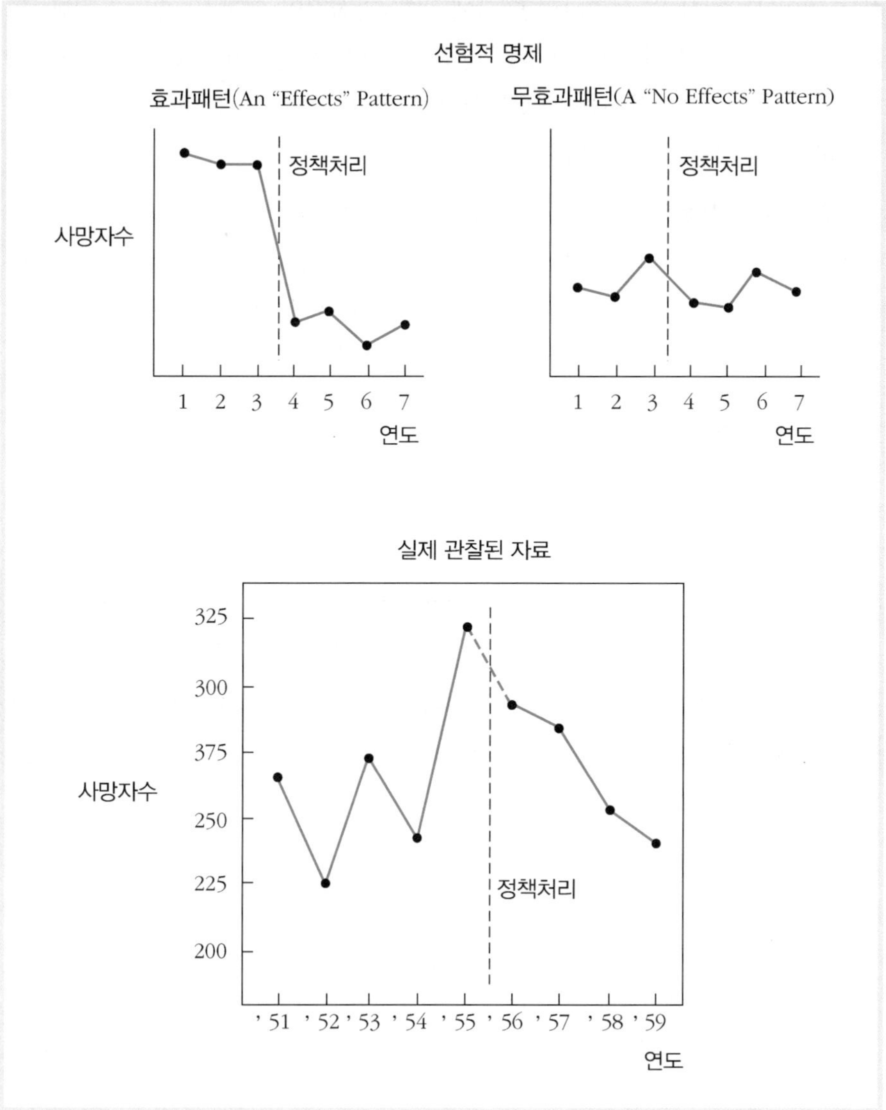

(2) 설명구성

분석적 기법으로서 설명구성(explanation building)은 패턴결합의 특수한 사례인데, Yin은 그 절차가 매우 어렵기 때문에 별도로 분리하였다.[74] 즉, 사

74) Yin, *op. cit.,* pp. 141-144.

례연구결과 수집된 자료를 그 사례에 관한 하나의 설명모형을 구성하여 분석하는 것이다. '현상'을 설명하려면 그에 관한 가설적인 인과적 연계의 집합, 또는 어떤 일이 '어떻게' 그리고 '왜' 발생했는지가 명시되어야 한다. 그런데 대다수의 기존사례연구에서는 설명모형이 이야기 형태로 제시되었는데, Yin은 설명모형에 이론적으로 의미가 있는 명제가 반영되어야 한다고 본다.

(3) 시계열 분석

사례연구의 분석적 기법으로서 시계열 분석은 실험 또는 준실험적 연구에서 행해지는 시계열 자료분석과 직접적으로 관련된다.[75] 여기에는 단순시계열, 복잡한 시계열, 연대기 분석, 시계열의 종합적 상황 파악 등이 포함된다.

(4) 논리모형

논리모형은 최근 사례평가연구에서 그 유용성이 큰 기법으로 대두하였다.[76] 평가연구에서 '프로그램 논리모형'이란 프로그램의 진행과정을 순서에 따라 배열하여 정리한 것으로 자원의 투입으로부터 활동을 거쳐 산출 및 결과(단기, 중기, 장기)로 연결된다.[77] 사례분석기법으로서의 논리모형에서는 상당기간 동안 발생한 복잡한 사건의 연쇄관계를 배열한다. 여기에서 경험적으로 관찰된 사건을 이론적으로 예측된 사건과 매치시킨다. 그런데 Yin은 논리모형이 패턴결합의 특수사례이기는 하지만 순차적인 단계가 중시되기 때문에 별도로 분리하였다.

(5) 교차사례 종합

앞의 네 가지 기법은 단일사례연구나 복수사례연구에 모두 적용되지만 교차사례종합은 최소 두 사례 이상 복수사례연구일 경우에만 적용된다.[78] 이 기법은 이미 이루어진 개별적 사례연구와 비교하거나 아니면 하나의 연구에서 둘 이상의 사례를 연구할 때 모두 적용될 수 있다. 어느 상황이건 개별사례연구는 분리된 사례로 간주된다. 이 방법에서 그 기법은 연구종합 또는 메타연구와 유사하다(메타연구는 이 책 제5장 제3절 참조). 만약 개별적 사례연구가 다수일 경우, 연구종합에 일반적으로 적용되는 계량분석기법도 적용될 수 있다.

---

75) *Ibid*, pp. 144-149.
76) *Ibid*, pp. 149-156.
77) 남궁근, 「정책학」, 제4판, 법문사, 2021, pp. 713-725 참조.
78) Yin, *op. cit.,* pp. 156-160.

5) 연구결과의 해석기준

사례연구에서는 연구의 발견결과를 구체적으로 해석하기 위한 기준이 분명하지 않다. 이와 대조적으로 통계분석에서는 해석을 위한 명시적인 기준이 존재한다. 예를 들면, 관례적으로 사회과학분야에서는 유의확률(p)값이 .05 이하일 경우 관찰된 차이가 '통계적으로 의미있음'을 증명한 것으로 간주된다. 그러나 대다수의 사례연구는 통계에 의존하지 않으므로, 다른 관점에서 그러한 기준을 생각하여야 한다. 그런데 Campbell의 패턴 결합방법에 있어서도 실제 자료와 사전에 이론적으로 설정된 패턴이 얼마나 근접할 때 결합된다는 결론을 내릴 수 있을지 판단기준이 모호하다. 이러한 문제를 극복하기 위해서 최소한 두 가지의 대립적 명제들을 설정하여 비교한 연후에 해석을 내려야 한다. 즉, 자신의 연구결과에 관한 대립적 설명요인들을 사전에 파악하고 활용하는 것이 중요하다. 대립적 설명요인은 자료수집이 완료되기 이전에 파악하여 사례연구의 설계에 포함시켜야 한다.

4. 사례조사설계의 유형

Yin은 사례연구를 위한 조사설계의 기본형을 네 가지로 구분하고 있다.[79] 유형 구분의 기준은 두 가지인데 첫째는 사례의 수가 기준이며, 둘째는 사례에 관한 자료수집 및 자료분석의 단위가 기준이다.

1) 사례의 수를 기준으로 한 분류: 단일사례설계와 복수사례설계

동일 연구에 포함되는 사례의 수에 따라 단일사례설계와 복수사례설계가 구분된다. 단일사례설계는 하나의 사례만을 대상으로 집중적으로 이루어지는 연구를 말한다. 단일사례연구는 하나의 사례가 나타내는 형상(configuration)에 초점을 맞추어 연구한다. 사례를 형상으로 파악한다는 것은 사례의 특징들을 변수들로 분리하여 파악하는 것이 아니라 전체적인 관점에서 파악하는 것이다. 즉 어떤 나라가 다당제도를 가지고 있을 경우, 그 이유를 종족적 다양성이라는 변수를 가지고 설명하는 통계적 방법이 아니라, 종족적 다양성과 종교적 다양성, 투표제도 등 여러 가지 조건이 결합하여 나타나는 것으로 파악하

---

79) Yin, *op. cit.,* pp. 46-60.

는 것이다.

하나의 사례만을 대상으로 연구하는 경우에도 묵시적 비교의 대상으로서 이론적 이념형을 설정하는 경우가 많다. 예를 들어, 외국의 사례를 연구하는 경우에는 묵시적으로 자국을 비교 대상으로 설정하게 된다. Yin은 단일사례연구에서 사례 선정의 정당성이 인정되는 경우로 첫째, 잘 공식화된 이론을 검증하는데 있어서 중요한 사례(critical case)일 경우, 둘째 희귀하기 때문에 자료로 보존할 의미가 있는 극단적이거나 독특한 사례(extreme or unique case)일 경우, 셋째, 대표적(representative)이거나 전형적인 사례로서 일상적인 상황의 환경과 조건을 파악하기 위하여 필요한 경우, 넷째, 연구자가 이전에는 과학적 조사절차로써 접근할 수 없는 현시적 사례(revelatory case)로서 그 현상을 관찰하고 분석할 수 있는 특별한 기회가 주어질 경우, 다섯째, 하나의 사례를 둘 이상의 시점에서 연구할 수 있는 종단적인 사례일 경우를 들고 있다.[80] 그러나 Yin은 단일사례연구는 약점이 많기 때문에 가능하면 복수사례연구가 이루어져야 한다고 보았다.

복수사례설계(multiple case design)는 하나의 연구에서 둘 이상의 사례를 동시에 분석에 포함하는 사례연구를 말한다. 복수사례설계는 비교사례설계(comparative case design), 교차사례설계(cross-case design) 등 다른 이름으로 부르기도 한다. Yin은 복수사례설계에서 사례들은 표본추출의 논리가 아니라 복제의 논리에 따라 선정되어야 한다고 본다. 즉, 유사한 결과가 나타날 것으로 예측되는 사례(실질적 복제), 또는 정반대의 결과가 나타날 것으로 예측되는 사례(이론적 복제)를 연구자가 의도적으로 신중하게 선정하여야 하며, 표본추출의 논리에 따라 무작위적으로 추출하여서는 안된다는 것이다.[81] 표본추출의 논리는 사전에 정의된 모집단의 일부를 표본으로 무작위로 추출한 다음, 그 표본에 대하여 자료를 수집하고, 자료분석결과를 통계적 확률의 논리에 따라 일반화한다. 반면에 복제연구의 논리는 연구대상이 되는 사례를 연구의 지침이 되는 이론 또는 연구목적에 비추어 의도적으로 선정하고 분석결과를 이론에 비추어 일반화한다.

---

80) *Ibid*, pp. 47-51.
81) *Ibid.*, pp. 53-58.

2) 자료수집단위를 기준으로 한 분류: 전체적 설계와 임베디드 설계

두 번째 기준은 실제 자료수집 및 분석이 이루어지는 단위가 사례 전체에 관한 것인가, 아니면 사례를 구성하는 복수의 하위단위에 관한 것인가?이다. 사례를 분석하는 과정에서 사례 전체에 관한 자료수집과 분석이 이루어질 경우에는 전체적 설계(holistic design)이라고 부른다. 그러나 사례를 구성하는 하위단위에 관한 자료수집과 분석이 중심이 될 경우에는 임베디드 설계(embedded design)라고 부른다. 예를 들면, 행정기관과 같은 하나의 조직에 관한 사례연구에서, 그 기관에서 제공한 행정서비스의 성과나 그 기관의 종사자들에 관한 분석이 이루어질 수 있다. 평가연구에서 사례가 프로그램일 경우 정부예산 지원이 이루어지는 다수의 프로젝트들이 하위단위로서 분석될 수 있다. 이러한 하위단위들이 표본추출을 통하여 선정될 수도 있다. 이같이 사례의 하위단위들에 대한 자료수집과 분석이 이루어지는 설계가 임베디드 설계이다. 반면에 사례연구에서 조직 또는 프로그램의 전반적인 성격을 검토할 경우, 전체적 설계가 사용된다.

예를 들면, Lipset, Trow와 Coleman의 저서 *Union Democracy*(1956)는 임베디드 설계를 채택한 대표적인 단일사례연구이다.82) 이 사례연구는 국제인쇄공노동조합(International Typographical Union)의 내부 정치에 관한 것으로 몇 가지 분석단위가 포함되었다. 주된 분석단위는 전체로서의 조직이며, 최소의 분석단위는 회원 개인이었고, 몇 가지 중간 단위들도 중요하였다. 각 분석수준별로 역사적 분석 및 서베이 조사를 포함하는 상이한 자료분석기법이 사용되었다.

3) 사례조사설계의 기본유형

이러한 분류기준에 따라 사례연구 설계의 유형을 도표화하면 다음 [그림 9-5]와 같이 네 가지 유형으로 나누어지는데, 각 유형의 특징은 다음과 같다.

(1) 단일사례 전체적 설계

첫 번째 유형인 단일사례 전체적 설계(single case holistic design)는 하나의 사례를 전체적인 자료단위로 분석하는 방법이다. 이 유형은 단일실험과

82) Seymour Martin Lipset, Martin Trow & James Coleman, *Union Democracy*, NY: Free Press, 1956. 여기에서는 Yin, *op. cit.*, pp. 50-51에서 재인용.

그림 9-5 사례연구 설계의 기본유형

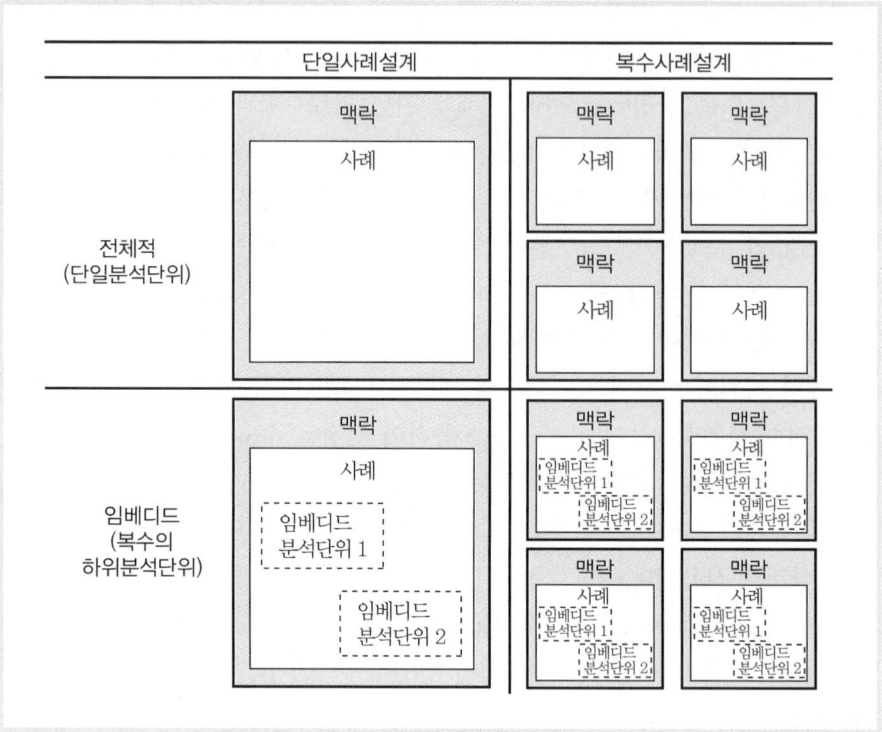

출처: Robert K. Yin, *Case Study Research: Design and Methods*, 4th ed., 2009, p. 46, Figure 2-4.

유사하며, 사례연구에서 그 사례의 전체적 성격을 연구할 때, 해당 사례의 논리적 하위단위가 구체화될 수 없을 때, 또는 사례연구에 내재된 적절한 이론이 총체적 성격을 띠고 있을 때 사용된다. 이러한 유형의 사례연구는 보통 탐색적 수단이나 예비적 사례연구로서 사용되는 경우가 많다.

(2) 단일사례 임베디드 설계

두 번째 유형인 단일사례 임베디드 설계(single case embedded design)는 하나의 사례에 대하여 이를 구성하는 하위단위를 자료단위로 분석하는 방법이다. 이 유형은 환자(사례)에 대한 다각적 진단을 통하여 질병의 발생원인을 규명하는 것과 유사한 방법이다. 이러한 유형의 사례연구는 첫 번째 유형에서와 같이 하나의 사례를 연구하면서 사례의 다양하고 개별적인 성질을 연구할 때, 그 사례의 논리적 하위단위를 통해 전체적 성격을 규명할 때, 사례연구에 내재된 이론이 부분적인 이론들로 구성될 때 사용된다. 이러한 유형의 사례연구는 기술적 연구나 원인분석을 위해서 사용된다.

(3) 복수사례 전체적 설계

세 번째 유형인 복수사례 전체적 설계(multiple case holistic design)는 복수의 사례를 대상으로 전체적 자료단위로 분석하는 방법이다. 이 유형의 사례연구는 유사한 조건하에서의 반복실험과 유사하다. 이러한 유형의 사례연구는 첫 번째 유형에서와 마찬가지로 전체적 성격을 연구하면서 하나의 사례만으로는 그 현상을 타당성 있게 규명해 낼 수 없거나, 반복조사를 통해 관심의 대상이 되는 현상의 다양한 상황과의 관계를 파악하려 할 경우, 그리고 복제(replication)의 논리에 따라 일반화된 이론을 제시할 필요가 있을 때 사용된다. 이러한 유형의 조사는 조사의 신뢰성과 타당성을 보다 높이기 위해 적합한 방법이다.

(4) 복수사례 임베디드 설계

네 번째 유형인 복수사례 임베디드 설계(multiple case embedded design)는 복수의 사례를 대상으로 사례를 구성하는 하위단위를 자료단위로 분석하는 방법이다. 이 유형의 사례연구는 유사한 조건하에서의 심층적 세부실험을 하는 경우와 유사하다. 이 유형을 적용하기에는 어려움이 많으나 조사내용의 과학화와 일반화를 위해 사용된다. 이러한 유형의 사례연구는 세 번째 유형에서와 같이 다수의 사례를 대상으로 연구를 수행하여야 할 경우, 그리고 두 번째 유형에서처럼 하위단위를 가지고 분석할 필요가 있을 때 적용된다. 이 유형의 사례연구는 기술적 연구나 인과관계 규명과 같은 일반화의 수준이 높은 조사를 수행할 때 사용된다.

설명의 대상이 되는 사례가 복수의 국가나 지역사회 등 집계화된 단위이고, 실제로 자료수집과 분석이 이루어지는 단위는 그보다 하위단위인 개인, 집단, 정부기관 등일 경우에 이러한 설계가 활용될 수 있다. 비교사례연구(comparative case study) 또는 교차사례연구(cross-case study)에서는 이러한 설계방법을 채택하는 경우가 많다.

4) 사례연구설계의 선택에 관한 조언

Yin은 위의 네 가지 유형의 사례연구설계 가운데 어느 것을 선택할지에 관하여 다음 세 가지를 조언하고 있다.[83]

첫째, 단일사례설계인가 다수사례설계인가? Yin은 모든 사례연구설계가 성공적일 수 있지만, 선택이 가능하다면 복수사례설계가 단일사례설계보다 선호된다고 본다. 두 사례에 국한될 경우에도 단일사례설계보다 타당하고 신뢰할 수 있는 연구결과를 도출하는데 훨씬 유리하다.

둘째, 폐쇄적 설계인가, 신축적 설계인가? 자료수집과정에서 새로운 정보 또는 발견을 반영하여 사례연구를 수정할 수 있어야 좋은 연구결과가 나올 수 있다.

셋째, 혼합방법설계: 사례연구를 다른 연구와 혼합하는 방안은? 연구자들이 혼합방법(mixed methods) 연구, 즉 질적 연구와 양적 연구의 기법, 방법, 접근방법, 개념 또는 언어를 하나의 연구에서 혼합하거나 종합하는 연구에 더욱 많은 관심을 가지게 되었다. 사례연구의 경우에도 가능하면 혼합방법설계를 활용하는 것이 바람직하다. 예를 들면, 사례연구와 서베이를 [그림 9-6]과 같이 결합하여 혼합방법을 사용할 수 있다.

혼합방법연구는 하나의 방법을 활용하는 연구에 비교하여 실행에 옮기기가 훨씬 어렵다. 그러나 혼합방법연구는 사례연구에만 의존하는 것보다 광범위하고 복잡한 연구문제를 다룰 수 있다.

그림 9-6 사례연구와 서베이의 혼합방법

서베이 내에서 사례연구	사례연구에서의 서베이
학교에 관한 서베이 ↓ 하나 이상 학교의 사례연구	교육청에 관한 사례연구 ↓ 교육청 관내 학교의 서베이

출처: Robert K. Yin, *Case Study Research: Design and Methods*, 4th ed., 2009, p. 63, Figure 2-6.

---

83) Yin, *op. cit.,* pp. 60-64.

5. 행정연구에서 사례연구의 적용

사례연구는 행정학 분야에서 오랫동안 널리 활용되어 왔던 연구방법이다. 행정학 분야에서 사례연구는 1948년 하버드 대학에서 행정사례 개발을 목적으로 한 위원회를 구성한 이후 활성화되었다. Philip Selznick의 TVA와 민중(TVA and Grassroots, 1949), Michael Lipsky의 일선관료제(Street-Level Bureaucracy, 1980)는 비교적 일찍 출간된 행정학 분야의 고전적인 사례연구이다. Allison의 1962년 쿠바미사일 위기에 사례연구 또한 널리 알려진 사례연구이다.[84] Allison은 그 위기에 대응하기 위한 소련정부와 미국정부의 정책결정을 설명하기 위하여 (a) 합리적 행위자 모형, (b) 조직과정모형, (c) 정부정치모형이라는 세 가지 대립적 이론들을 제시하고 비교하였다. 이 연구는 대표적인 설명적 단일사례연구로 알려져 있다. 미국행정학보에는 지난 40년 동안 매 호마다 최소한 한 편의 사례연구 논문이 게재되었다.[85]

국회전자도서관에서 '사례연구'를 주제어로 검색한 결과 학위논문 24,213편, 등재(후보)학술지 논문 23,226편이 검색되었다.[86] 학문분야로는 사회과학 전 분야에서 골고루 활용되고 있다.

우리나라 행정학에서도 사례연구가 널리 활용되고 있다. 2001년부터 2007년까지 한국행정학보에 게재된 일반논문 415편 가운데 실증적 사례연구 논문은 약 25%인 102편이었다.[87] 그러므로 실제 기존 연구의 상당부분이 실증적 입장에서 이루어진 사례연구방법에 의존하고 있다. 행정학 분야에서 사례연구가 널리 활용되고 있는 이유는 무엇보다 연구방법으로서 신축성이 크기 때문이다. 한국에서도 중앙정부와 지방정부의 공직자, 정책결정사례에 대한 사례연구가 상당히 축적되어 있으며, 정부혁신의 모범사례 또는 실패사례 등 벤치마크가 필요하므로 앞으로도 사례연구는 계속될 것으로 전망된다.

---

84) Allison, *op. cit.*

85) Samuel Yeager, Classic Methods in Public Administration Research. in *Handbook of Public Administration,* (ed.), J. Rabin, W. B. Hildreth, & C. J. Miller, NY: Marcel Dekker, 1989, pp. 683-793.

86) www.nanet.go.kr 2020년 11월 13일 접근

87) 김승현, 행정학분야의 실증적 사례연구에 관한 분석과 평가, 「정부학연구」, 14:4, 2008, pp. 293-321.

제 8 절 질적 연구와 양적 연구의 혼합방법 설계

1. 혼합방법의 사용이유

질적 연구방법과 양적 연구방법의 차이가 단순한 연구방법의 차이가 아니라 상이한 패러다임에 따른 차이라고 본다면, 하나의 연구에서 두 방법을 상호보완적으로 활용하기는 어렵다. 그러나 Gary King 등의 입장을 받아들여 양자의 차이가 주로 연구방법의 차이라고 본다면 두 방법은 상호 보완할 수

표 9-4 질적 연구와 양적 연구의 장점과 단점

질적 연구	
장점	단점
- 소수 사람들에 대한 상세한 관점 제공 - 참여자의 목소리 파악 - 참여자의 경험을 맥락 속에서 이해할 수 있도록 함 - 연구자의 견해가 아닌 참여자의 견해에 기반을 둔 연구 - 사람들이 스토리를 즐김에 호소	- 일반화의 제약 - 소프트한 데이터만 제공(숫자와 같은 하드 데이터를 제공하지 못함) - 소수의 사람들만 연구 - 매우 주관적 - 참여자에 의존하므로 연구자의 전문지식 사용을 최소화

양적 연구	
장점	단점
- 다수 사람들에 관한 결론을 내림 - 데이터를 효율적으로 분석 - 데이터 내의 연관관계 조사 - 가능한 원인과 결과를 검토 - 바이어스 통제 - 사람들의 숫자 선호에 호소	- 비인간적이고 무미건조함 - 참여자의 언어를 기록하지 않음 - 참여자의 맥락에 관한 이해 부족 - 대체로 연구자가 주도

출처: Creswell, *A Concise Introduction to Mixed Methods Research,* Thousand Oaks, CA: Sage, 2015, p. 5.

있다.[88]

<표 9-4>에 제시된 바와 같이 질적 방법과 양적 방법은 각각 장점과 단점을 가지고 있으므로, 하나의 현상을 이해하고 설명하기 위하여 두 가지 방법을 각각 상호보완적으로 적용할 수 있다.

연구결과가 하나 이상의 방법에 의하여 입증되었을 때 그 연구결과를 더욱 신뢰할 수 있다는 점은 널리 받아들여지고 있다. 이러한 주장은 일찍이 양적 연구방법에서 측정의 다원화와 관련하여 제기되었다.[89] 최근에는 이를 확장하여 연구과정의 다양한 국면을 포함시키게 되었다. 양적 연구와 질적 연구가 동일한 현상 또는 문제를 서로 다른 방법으로 파악하고자 하는 시도라고 본다면, 이들을 각각 적용한 연구결과를 결합시킴으로서 연구결론의 타당성을 크게 제고시킬 수 있다는 것이다.

다음과 같은 경우에 혼합방법을 사용할 수 있다. 첫째, 사회현상의 구조와 과정을 종합적으로 이해하고자 할 경우이다. 대체로 양적 연구는 사회현상의 특징인 구조를 밝혀주는 데 적합하며, 질적 연구는 과정을 밝힐 수 있는 데 적합하다. 그러므로 양적 연구를 통하여 구조적 요소를, 질적 연구를 통하여 과정을 밝힐 수 있다는 점에서 역할분담이 이루어질 수 있다. 둘째, 질적 연구가 양적 연구를 위한 준비 작업으로 행하여지는 경우가 있다. 이러한 경우에는 질적 연구를 추리의 바탕 또는 양적 연구에 의하여 검증되어야 하는 가설의 바탕으로 본다. 셋째, 양적 연구가 선행되어 질적 연구의 자료수집의 보조수단으로 활용되는 경우가 있을 수 있다.

이러한 이유 때문에 하나의 연구를 수행하는 과정에서 양적 방법과 질적 방법을 혼합(mixing)하려는 시도가 이루어지고 있다. 그 전제는 연구자들이 이러한 두 가지 방법에 모두 숙달하여야 한다는 것이다. 이러한 연구에 필요한 지침을 제공하는 접근방법은 혼합방법론(mixed methodology), 혼합방법연구(mixed methods research), 방법론적 종합(methodological triangulation) 등 다양한 명칭으로 불리고 있다.[90] 또한 2006년부터 *Journal of Mixed*

---

88) 질적 연구와 양적 연구의 통합 가능성에 관련된 상세한 검토는 김병섭, 「편견과 오류 줄이기: 조사연구의 논리와 기법」, 법문사, 2008, 11장 참조.

89) Campbell, D. T. & D. W. Fiske, Convergent and discriminant validation by the multitrait-multimethod matrix, *Psychological Bulletin,* 56, 1959, pp. 81-105.

*Methods Research*가 발간되기 시작하여 이러한 연구가 많아지고 있다.

2. 혼합방법의 설계유형

Creswell은 혼합방법의 기본 설계유형을 통합적 설계(convergent design), 설명적 순차 설계(explanatory sequential design), 탐색적 순차 설계(exploratory sequential design)의 세 가지로 구분한 다음, 몇 가지 변형을 제시하였다.[91]

1) 통합적 설계

통합적 설계는 연구문제를 보다 잘 이해하기 위하여 동일한 주제에 대하여 양적 자료와 질적 자료를 독립적으로 수집하여 분석한 결과를 종합하여 상호보완적으로 활용하는 설계이다.[92] [그림 9-7]에 통합적 설계의 다이어그램이 제시되었는데, 그 절차는 다음과 같다.

① 양적 자료와 질적 자료를 독립적으로 수집하여 분석한다.

② 두 가지 데이터베이스를 종합한다. 결과가 집계된 후, 논의(discussion) 부분에서 두 데이터베이스로부터 이끌어낸 해석 또는 추론을 종합한다. 예를 들면, 계량적 분석 결과를 먼저 보고하고 뒤이어 질적 결과를 보고한 후에 후속 논의에서 두 데이터베이스에서 나온 결과를 비교할 수 있다. 또 다른 방법은 데이터 변환(transformation)인데 하나의 데이터베이스를 다른 형태로 전환하여 비교가 쉽도록 하는 방법이다. 예를 들면, 질적 분석으로부터 다양한 주제가 나온 숫자를 집계하여 양적 데이터베이스에 새로운 변수를 추가할 수

---

90) 대표적인 문헌으로는 Tashakkori & Teddlie, *Handbook of Mixed Methods in Social and Behavioral Research*, Thousand Oaks, CA: Sage, 2003; John W. Creswell & Vicki L. Piano Clark, *Designing and Conducting Mixed Methods Research*, Thousand Oaks, CA: Sage, 2007 참조. 그리고 2006년에는 혼합방법(mixed methods)을 다각도에서 검토한 글들을 Alan Bryman이 편집한 4권의 서적이 출간되었다. Alan Bryman, *Mixed Methods, I, II, III, IV*, Thousand Oaks, CA: Sage, 2006 참조.

91) 세 가지 유형 내에서도 다양한 변형이 있을 수 있으며, 그에 관한 구체적 내용과 연구사례에 관하여는 Creswell & Clark, *op. cit.,* 제4장; 그리고 John W. Creswell, *A Concise Intrduction to Mixed Methods Research*, Sage, 2015 참조.

92) Creswell, *op. cit.,* 2015, pp. 36-37.

그림 9-7 통합적 설계

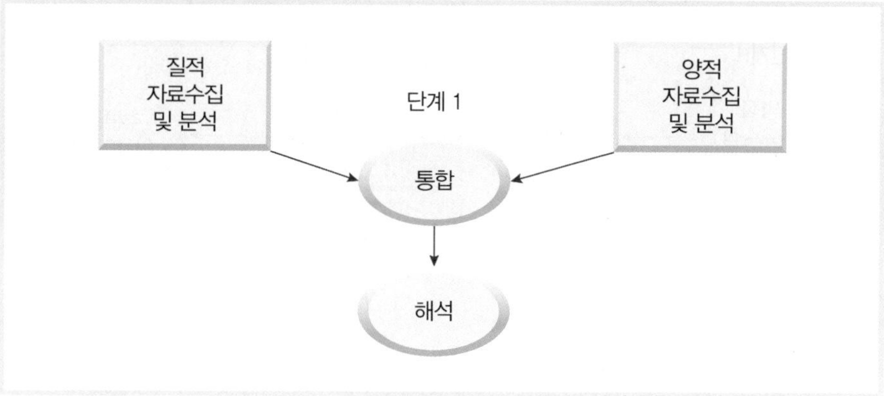

출처: Creswell, *A Concise Introduction to Mixed Methods Research,* 2015, p. 37, Figure 4-1.

있다. 마지막으로 질적 분석과 양적 분석의 결과를 하나의 그래프 또는 도표에 병렬적으로 배치할 수 있다.

③ 양적 분석결과가 질적 분석결과에 의하여 어느 정도 확증되는지(또는 그 반대의 경우에도 마찬가지로) 검토한다. 만약 서로 다르다면 왜 이러한 차이가 발생하는지(예를 들면, 데이터 비교를 촉진할 만한 타당한 양적 측정도구의 부재 또는 유사한 질문이 없었음) 설명한다.

이 방법은 연구자가 계량적인 통계분석 결과를 질적인 연구결과와 직접 비교하고 대조하고자 할 경우, 또는 계량적 연구결과를 질적 연구로 검증하거나 확장하고자 할 경우에 사용된다. Creswell은 이 설계에서는 양적 데이터와 질적 데이터가 동시에 수집되므로 단일 단계 설계(single phase design)라고 부른다.[93)]

2) 설명적 순차 설계

이 설계는 연구문제에 관한 첫째 단계의 양적 연구결과를 설명하기 위하여 두 번째 단계에서 질적 연구를 토대로 심층적으로 설명하고자 한다.[94)] 이 설계는 연구자가 양적 연구에서 나온 의미있는 결과(또는 의미없는 결과), 일탈

93) *Ibid,* p. 37.
94) *Ibid,* p. 37-39.

그림 9-8 설명적 순차 설계

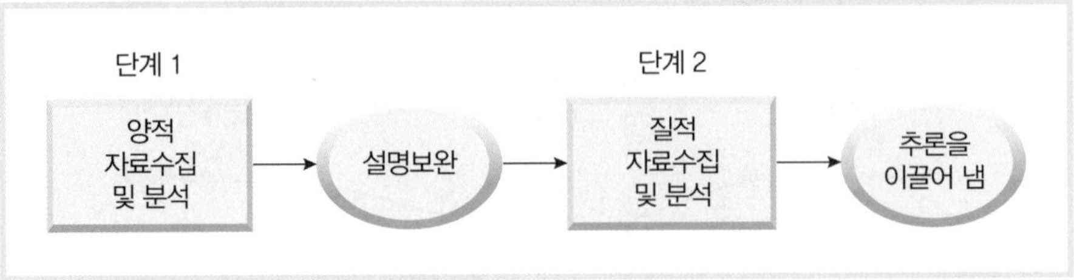

출처: Creswell, *A Concise Introduction to Mixed Methods Research,* 2015, p. 39, Figure 4-2.

적 결과, 또는 놀라운 결과를 설명하기 위하여 질적인 자료가 필요한 연구에 적합하다. 계량적 연구에서 통계적 유의성, 신뢰구간, 효과의 크기가 밝혀지고, 연구의 대체적인 결과가 제공된다. 그러나 그러한 결과를 얻었을 경우에도, 어떻게 그러한 결과가 나오게 되었는지 모를 수 있다. 그러므로 후속되는 질적 연구 단계에서 양적 연구결과를 설명하는데 도움이 될 수 있다. 따라서 이 설계를 설명적 순차설계라고 부른다. [그림 9-8]의 다이어그램에 제시된 이 설계에 따른 연구절차는 다음과 같다.

① 양적 자료를 수집하여 분석한다.

② 양적 분석의 결과를 토대로 (a) 두 번째 질적 연구 단계에서 더 탐색하여야 할 결과가 무엇인지, 그리고 (b) 질적 연구 단계에서 연구 참여자에게 어떤 질문을 던질지 검토한다.

③ 두 번째 단계에서 양적 연구결과의 설명을 돕기 위하여 질적 자료 수집 및 분석을 실시한다.

④ 양적 연구결과를 설명하기 위하여 질적 연구결과가 어떻게 도움이 되는지 추론을 이끌어낸다.

Box 9-4 설명적 순차연구 적용 사례

학위논문 작성에서 설명적 순차설계를 채택한 연구가 증가하는 추세이다. 이러한 연구는 연구질문에 대하여 계량적인 설문조사를 적용한 연구결과를 토대로 초점집단면접(FGI) 또는 심층면접을 통한 질적 연구를 추가적으로 활용하여 양적 연구결과를 보완하는 추론 형태를 취하고 있다.

예를 들어, Tune은 박사학위논문에서 비영리조직의 경영자, 즉 최고경영자(CEO) 또는 상임이사(Executive Director)가 비영리조직을 이끌어 가는데 정부 영역, 민간 영역, 그리고 비영리 영역에서 쌓은 경험이 어떠한 영향을 미치는지, 각 영역에서의 조직운영경험이 현재 근무하고 있는 조직의 재정성과에 어떠한 영향을 미치는지를 설명적 순차설계를 통하여 연구하였다.[95]

첫 번째 단계에서 2012년 당시 캘리포니아 소재 188개 비영리조직의 경영진을 대상으로, 경영자들의 과거 근무 영역에서의 업무경험 및 근속연수와 현재 비영리 조직 운영에 과거 경험이 미치는 영향 등에 관한 질문이 포함된 설문조사를 실시하였다. 또한 해당 비영리 조직의 4개 년도의 재무성과데이터를 분석하였다. 두 번째 단계로 이러한 양적 자료의 분석을 통해 얻은 연구결과에 대한 설명을 돕기 위하여, 설문조사 참여자 가운데 다양한 영역의 근무경험을 가진 8명의 경영진을 대상으로 후속 인터뷰를 실시하였다.

양적자료 분석결과, 응답자 가운데 61%가 현 조직에 오기 전 비영리조직에서 일한 경험을 가지고 있으며, 대다수의 응답자가 세 가지 영역에서의 업무경험이 현재 조직운영에 도움이 된다고 응답하였고, 특히 비영리조직에서의 업무경험이 매우 긍정적 영향을 미친 것으로 밝혀졌다. 긍정적 영향을 미친 구체적 이유를 파악하기 위하여 실시한 후속 질적 연구에서 그 이유가 과거 비영리조직의 예산결정 과정 또는 위원회 모임 참여 등을 통하여 현 조직의 경영진으로 필요한 지식 또는 경험들을 쌓을 수 있었기 때문인 것으로 밝혀졌다. 한편 이익 및 가치창출에 관련된 민간영역과 비영리조직의 접근방법의 차이를 고려할 때, 민간영역의 경험이 비영리조직 운영에 크게 도움이 되지 않을 수 있다는 의견도 제시되었다.

출처: Tune, D. R. *Who Leads Nonprofit Organizations and What Does it Matter? A Mixed Methods Study of the Impact of Different Sector Experience on Nonprofit Leadership,* Ph.D dissertation, University of San Diego, 2016을 요약하였음.

이 설계의 장점은 두 단계의 설계가 서로에 의존적이므로, 뚜렷한 차이를 보이면서도 쉽게 받아들여지는 설계라는 것이다. 이러한 장점 때문에 이 설계는 혼합설계의 초보 연구자와 대학원생들이 사용하며, 그리고 양적연구의 배경을 가진 연구자들이 즐겨 사용한다.

3) 탐색적 순차 설계

이 설계는 첫 번째 단계의 질적 자료수집과 분석 결과를 토대로, 두 번째

95) 저자에게 이 문헌을 소개한 서울과기대 김태희 교수에게 감사드린다.

그림 9-9 탐색적 순차 설계

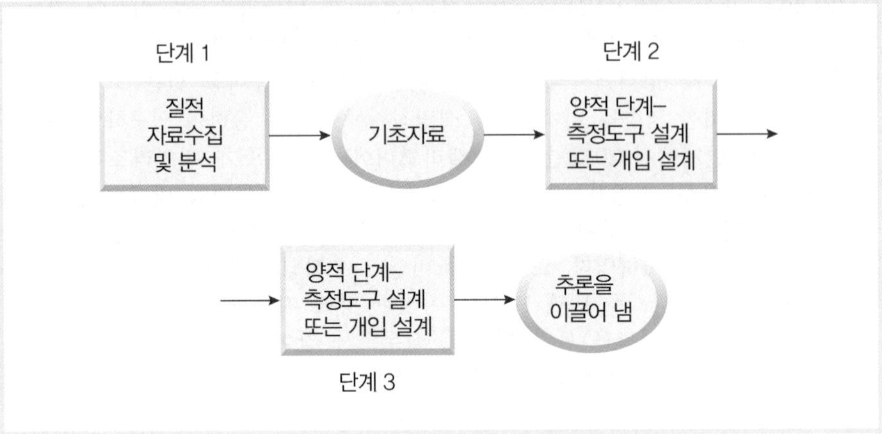

출처: Creswell, *A Concise Introduction to Mixed Methods Research*, 2015, p. 41, Figure 4-3.

단계에서 측정도구와 개입방법을 개발하여, 세 번째 단계에서 양적 방법을 사용하는 것이다. 이 설계는 여러 가지 이유 때문에 탐색이 필요한 경우, 즉, 측정수단 또는 도구가 없는 경우, 주요 변수를 알 수 없는 경우, 또는 주도적인 이론이나 개념틀이 없는 경우에 활용된다. 이 설계는 질적 방법으로 시작하기 때문에 연구자가 현상을 탐색하거나, 측정도구를 개발하여 검증하거나, 계량적 연구를 수행하기 전에 주요 변수를 확인하는 데 적합하다. [그림 9-9] 다이어그램이 제시된 이 설계에 따른 연구절차는 다음과 같다.

① 질적 자료를 수집하여 분석한다.

② 질적 연구결과(예: 주제)를 검토하여 그 정보를 토대로 계량적 연구의 구성요소, 즉 새로운 측정지표, 새로운 측정도구, 또는 새로운 개입활동을 설계한다. 여기에서 아이디어는 계량적 연구의 새로운 구성요소는 이미 존재하는 기존의 요소들(예: 기존의 측정도구)과 비교할 때, 연구 참여자의 실제 경험에 근거를 두고 있으므로 향상될 것이라는 것이다.

③ 새로운 계량적 요소들을 사용하여 검증한다. 이는 새로운 측정결과를 기존의 계량적 데이터베이스에 추가하는 것을 말한다. 이는 새로운 측정도구의 타당성과 신뢰성을 검증하는 것을 의미할 수도 있고, 새로운 요소가 실험적 상황에서 사전측정 또는 사후측정에 사용되는 것을 의미할 수 있다.

④ 마지막 세 번째 단계에서 새로운 요소들(측정지표, 측정도구, 또는 개입활동)이 어떻게 기존의 변수들을 개선하였는지 보고하고, 새롭고 보다 맥락에 부합되는 도구를 제공하거나, 개입에 도움이 되는 활동들을 추가하여 개입의 작동가능성을 제고할 수 있도록 한다. 또한 첫 번째 단계의 질적 자료가 소수의 표본에서 수집되었으므로, 세 번째 단계의 양적 연구에서 새로운 계량적 요소의 검증을 토대로 초기의 질적 연구결과가 보다 대규모 표본에 일반화될 수 있을지 통찰력을 제공할 수 있다.

이 설계는 초기 질적 단계, 두 번째 양적 단계, 세 번째 양적 단계를 포함하는 3단계 설계이다. 세 단계 설계이므로 세 가지 기본설계 가운데 가장 어렵다. 설명적 순차설계와 마찬가지로 이 설계도 상당한 시간이 소요되지만, 다른 두 설계보다 훨씬 더 많은 시간을 필요로 한다.

Creswell은 이 설계가 저개발국에 관한 연구에 도움이 될 수 있다고 본다.[96] 그 이유는 서구 선진국을 대상으로 한 연구에서 사용된 측정도구들은 저개발국에는 적용가능성이 현저히 낮으므로 첫 번째 단계의 질적 연구에서 어떠한 측정도구가 적합할지 탐색할 필요가 있다는 것이다. 또한 이 설계는 질적 연구에서 시작하므로 질적 연구에 익숙한 연구자들이 쉽게 사용할 수 있는 설계이다.

복습과제

01 1960년대 질적 연구방법이 대두하게 된 배경은?

02 질적 연구방법에서 공통적으로 활용하는 자료수집방법은 무엇인가?

03 근거이론의 연구절차를 간단하게 설명하시오.

04 Strauss & Corbin이 *Basics of Qualitative Analysis* 초판에서 주축

96) *Ibid.,* p. 41.

코딩과 이론적 코딩단계에서 사용되는 개념들을 구분하고자 제시한 패러다임 모형의 여섯 가지 범주는 무엇인가? Strauss 사후 출간된 제2판 및 제3판에서 이에 관한 입장이 어떻게 변화되었는가? 근거이론을 공동으로 개발한 Glaser 및 Charmaz는 왜 이러한 범주사용에 비판적인가?

05 국회도서관, 한국학술정보(KISS) 또는 DBPIA의 주제어 검색을 통하여 근거이론이 적용된 논문 한편을 찾아서 그 내용을 요약하시오.

06 문화기술적 연구방법의 특징은?

07 행정현상 연구에서 문화기술적 방법이 적용될 수 있는 분야는?

08 행정현상 연구에서 현상학적 연구방법이 적용될 수 있는 분야는?

09 국회도서관, 한국학술정보(KISS) 또는 DBPIA의 주제어 검색을 통하여 문화기술적 연구방법이 적용된 논문 한편을 찾아서 그 내용을 요약하시오.

10 비판이론과 행위연구의 관계는?

11 행위이론의 특징은?

12 여성학적 행위연구가 지향하는 목적은?

13 조직진단을 통하여 조직변화를 유도하기 위한 행위연구의 절차를 간략하게 제시하시오.

14 사례연구의 개념과 특징을 요약하시오.

15 사례지향적 연구와 변수지향적 연구에서 인과관계를 보는 관점은 어떻게 다른가?

16 Lijphart가 이론적 발전의 맥락에서 여섯 가지 유형의 사례분석 중 가설창출적 사례 분석과 일탈사례분석에 큰 가치를 부여하고 있는 이유는?

17 사례연구의 절차를 간단하게 요약하시오.

18 사례연구에서 자료와 명제의 연결단계에서 사용되는 기법은?

19 Yin은 어떠한 경우에 단일사례연구가 정당화될 수 있는 것으로 보았는가?

20 사례연구에서 전체적 설계(holistic design)과 임베디드 설계(embedded desgin)의 차이점은?

21 복수사례설계 또는 비교사례설계에서 사례선택의 기준은?

22 국회도서관, 한국학술정보(KISS) 또는 DBPIA의 주제어 검색을 통하여 사례연구방법이 적용된 논문 한편을 찾아서 그 내용을 요약하시오.

23 양적 연구와 질적 연구의 혼합방법(mixed methods)이 활용될 수 있는 경우는?

24 혼합방법의 설계유형을 간략하게 요약하시오.

10 CHAPTER
개념과 측정도구
Concept and Measuring Instruments

장머리에

본장에서는 개념의 정의와 측정도구와 관련된 문제를 다루게 된다. 제1절은 서론으로 추상적 세계와 경험적 세계를 연결하는 개념과 측정의 이론을 개괄적으로 살펴본다. 제2절에서는 개념, 구성개념, 개념적 정의의 의미를 살펴본다. 제3절에서는 변수의 조작화의 의미와 변수의 유형을 살펴보고, 제4절에서는 측정의 수준과 척도에 관하여 살펴보기로 한다. 제5절에서는 척도구성 방법을 살펴본 다음 문항분석과 요인분석 등 척도분석의 방법과 지수작성방법을 고찰한다. 제6절에서는 측정의 타당성과 신뢰성의 관계를 측정오차와 관련시켜서 살펴본다. 이어서 제7절에서는 타당성의 개념을 살펴본 다음, 내용타당성, 기준타당성, 그리고 구성개념 타당성의 의미와 평가방법을 살펴보기로 한다. 제8절에서는 신뢰성의 개념 및 차원과 추정방법, 그리고 제고방안을 고찰한다.

제1절 서 론

기술적 조사설계와 설명적 조사설계 중에서 어떤 유형을 채택하는 경우에도 연구에 사용되는 추상적 개념을 정의하여 이를 경험적 세계에서 측정이 가능하도록 하여야 한다. 본장에서 살펴볼 개념, 조작적 정의 및 측정은 추상적·이론적 세계와 경험적·사실적 세계를 연결하는 기능을 수행한다.

사회과학 분야의 경험적 연구에서 가장 근본적이고 어려운 문제 중의 하나가 이론적·추상적 세계에 위치한 이론적 개념을 현실적·경험적 세계에서의 측정으로 연결하는 문제이다. Blalock은 연역적으로 설정된 이론은 그 자체로는 결코 검증될 수 없으며, 연구가설을 검증하기 위해서는 보조이론(auxiliary theory)이 필요하다고 지적하였다.[1)] 보조이론이란 이론적 세계와 현실적 세계의 관계, 더 엄밀하게 말하자면 관찰할 수 없는(측정이 불가능한) 추상적 개념과 관찰할 수 있는(측정이 가능한) 측정지표(변수) 간의 관계에 대한 이론을 의미한다. 보조이론은 관념적 상관관계(epistemic correlation), 일치의 법칙(rule of correspondence) 등으로 불리기도 한다. 사회과학의 경험적 연구에서 개념과 측정지표를 연결하는 보조이론은 개념과 개념을 연결하는 실질이론(substantive theory)과 같은 정도의 중요성을 갖는다. [그림 10-1]은 하나의 이론을 경험적으로 검증하는 과정을 도식적으로 나타내고 있는데, 그 과정에서 이론적 개념, 변수, 측정지표, 그리고 경험적 자료와의 관계는 다음과 같다.

① 경험적 세계에서 측정이 가능하도록 이론에 포함된 개념 A 또는 B를 변수 X 또는 Y로 정의한다.
② 각 변수에 대한 조작적 정의를 구체화하여 측정도구(지표)를 구성한다. 예를 들어, 변수 X를 측정할 수 있는 5개 항목(x_1, x_2, x_3, x_4, x_5)으로 구성된 설문항목을 구성하는 것이 이에 해당한다.
③ 측정도구를 경험적 세계의 연구대상에 적용하여 자료를 수집한다.
④ 경험적 자료를 분석하여 측정도구(측정지표)의 타당도와 신뢰도를 분석한다.
⑤ 경험적 측정자료들간의 관계를 통하여 X와 Y의 경험적 관계를 분석한다.
⑥ X와 Y의 경험적 관계에 대한 분석을 토대로 A와 B의 이론적 관계를 추론한다.

이러한 과정에서는 이론적 세계와 경험적 세계 사이에서 두 가지의 추론이

1) H. M. Blalock, The Measurement Problem: A Gap Between the Languages of Theory and Research, in H. M. Blalock & A. B. Blalock (eds.), *Methodology in Social Research,* NY: McGraw-Hill, 1968; H. M. Blalock Jr., Auxiliary Measurement Theories Revisited, pp. 33-48 in J. J. Hox & J. de Jong-Gierveld (eds.), *Operationalization and Research Strategy,* Amsterdam: Swets & Zeitlinger, 1990.

그림 10-1 이론적 개념, 변수, 측정지표, 경험적 자료간의 관계

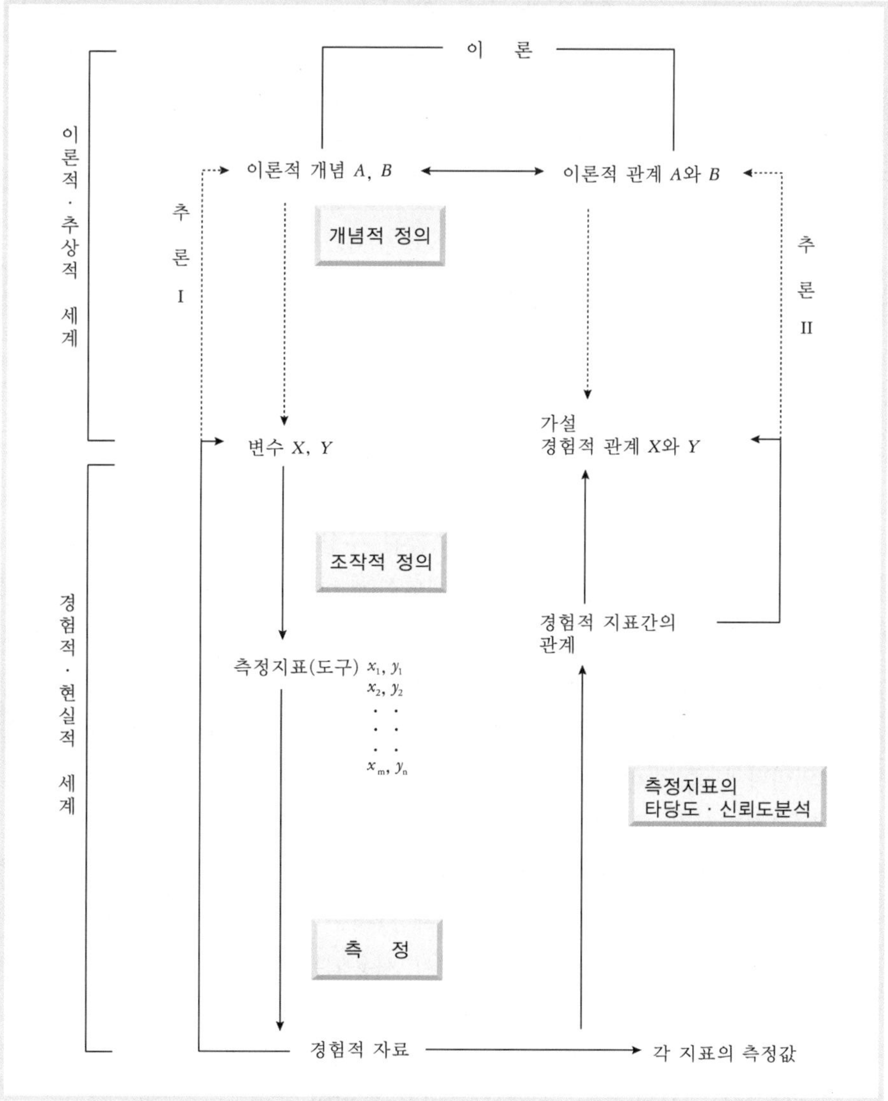

주: 실선의 화살표는 직접적 추론과정을 나타내며, 점선의 화살표는 이론적 세계와 경험적 세계 사이의 간접적 추론과정을 나타낸다.

출처: Richard A. Zeller & Edward G. Carmines, *Measurement in the Social Sciences*, 1980, p. 5; Allen Rubin & Earl Babbie, *Research Methods for Social Work*, 1989, pp. 108-109 등을 참고하여 필자가 재구성.

필요한 것을 알 수 있다. 하나(추론 Ⅰ)는 이론적 개념과 측정된 경험적 자료를 연결하는 관계에 대한 추론이며, 다른 하나(추론 Ⅱ)는 이론적으로 구체화된 관계와 경험적으로 산출된 관계에 대한 것이다. 연구자는 이러한 두 가지의 유형의 추론에 필요한 근거를 경험적인 세계에서의 측정을 통하여 얻게 된다.[2)]

이하에서는 개념, 변수, 측정의 문제에 관련된 쟁점을 검토해 보기로 한다.

제 2 절 개념, 구성개념 및 개념적 정의

1. 개념 및 구성개념

연구문제가 선정되면 연구문제에 포함된 추상적인 개념(concept)을 구체화하여야 하는데, 이와 같은 과정을 개념화(conceptualization)라고 부른다. 개념화 과정을 통하여 개념의 명칭과 의미가 규정된다. 학자들의 개념에 대한 정의를 살펴보기로 한다. Selltiz 등은 개념을 "관찰된 사건들에 대한 추상적인 표현 또는 여러 가지 사실의 간략한 표현(shorthand representation)"으로 정의한다.[3)] 즉 관심의 대상이 되는 경험세계에서의 사물, 사건 및 현상의 속성을 추상화시킨 표현이라는 것이다. 한편 Kerlinger는 개념을 '구체적인 것으로부터 일반화시켜서 형성한 추상관념'으로 정의한다.[4)] 예를 들어, '무게'는 하나의 개념으로, 이는 다소 무겁거나 가벼운 다수의 사물에 대한 관찰결과를 나타낸다. 그러나 사회과학연구에서 사용되는 개념은 '무게', '높이', '길이'와 같은 개념보다 훨씬 더 추상적이다. 즉 '정치적 태도', '역할', '직무만족', '조직몰입' 등은 몸무게나 키 등과 마찬가지로 관찰된 인간행동의 속성을 나타내는 개념이기는 하지만 그 추상성의 정도가 훨씬 높다.

'정치적 태도', '역할', '직무만족' 등과 같이 추상화의 정도가 높은 개념은

---

2) Richard A. Zeller & Edward G. Carmines, *Measurement in the Social Sciences,* Cambridge: Cambridge University Press, 1980, p. 6.

3) Selltiz et al., *Research Methods in Social Relations,* 3rd ed., 1976, p. 70.

4) F. N. Kerlinger, *Foundations of Behavioral Research,* 3rd ed., pp. 26-27.

그 개념이 나타내고자 하는 경험적 현상과 연결하는 것이 쉽지 않다. 따라서 이러한 개념들은 추상성의 정도가 좀더 낮은 개념들로부터 구성되었다는 의미에서 구성개념(construct)이라고 부른다.[5] 그러므로 구성개념은 사회과학의 연구에서 사용되는 추상성이 높은 개념을 말한다. Kerlinger는 구성개념을 연구자가 특별히 과학적 연구목적을 위하여 의도적으로 개발하였거나 채택한 개념이라고 정의한다.[6] 연구자들은 구성개념을 다음과 같은 두 가지 방식으로 사용할 수 있다. 첫째, 구성개념은 이론적 체계 내에서 다른 구성개념과 여러 가지 방법으로 관련되어 있다. 예를 들어, 업무만족이 업무성과의 함수라고 할 때에, 업무만족이라는 구성개념은 업무성과라는 구성개념과 관련하여 의미를 가진다. 둘째, 구성개념은 관찰과 측정의 가능성을 염두에 두고 정의된 개념이다. 즉 앞으로 살펴볼 조작적 정의에서 구체화되겠지만 일단 관찰과 측정을 고려하여 연구자가 정의한 개념인 것이다.

2. 개념적 정의

개념에 의미를 부여하는 작업을 개념의 정의(definition)라고 하는데, 개념은 다음과 같은 두 가지 방식으로 정의할 수 있다. 첫째는 개념적 정의(conceptual definition)인데, 이는 하나의 개념을 정의하기 위하여 다른 개념들을 사용하는 것이다. 둘째는 조작적 정의(operational definition)인데 이는 연구자가 측정하거나 또는 실험변수를 조작할 수 있도록 개념을 정의하는 것이다.

개념적 정의는 통상 사전에서 찾아볼 수 있는 방법이므로 이를 사전적 정의(辭典的 定義)라고 부르기도 한다. 개념을 언어로 표현한 것을 용어(terms)라고 하므로, 개념과 용어의 뜻을 기술(description)하는 것이 개념적 정의이다. 예를 들면, '무게는 물체의 중량', '불안은 주관화된 공포'를 의미한다는 표현은 한 개념을 다른 개념 또는 용어를 통하여 기술한 것이다. Kerlinger는 이러한 개념적 정의를 뒤에서 설명할 조작적 정의와 구분하여 구성요소적 정의(constitutive definition)라고 부른다.

---

5) Selltiz et al., *op. cit.*, p. 70; Kidder, *Research Methods in Social Relations*, 4th ed., 1981, p. 12.
6) Kerlinger, *op. cit.*, p. 27.

행정현상 및 정책현상에 관한 경험적 연구를 진행하려면 연구자는 중요한 개념에 대해서는 반드시 개념적 정의를 내려야 한다. 이 경우에도 될 수 있으면 행정학 용어사전이나 전문 학술지 등 관련분야에서 그간 사용되어온 개념 정의를 참고할 필요가 있다. 예를 들면, 정치적 폭력을 '정치적 역할을 담당하고 있는 기관이나 개인에 대한 공격적인 행동'이라고 정의하거나, '정치적인 목적을 달성하기 위한 무력의 사용'이라고 정의할 수 있으며, 지능을 '추상적 사고능력'으로 정의하거나, '문제해결능력'이라고 정의할 수 있다.[7] 정치적 폭력이나 지능의 사례에서 볼 수 있는 바와 같이 하나의 개념에 대한 복수의 개념정의가 가능하며, 따라서 개념정의를 분명하게 하지 않으면 연구자가 개념을 어떤 의미로 사용하는지 분명하지 않기 때문에 의사소통이 어려워진다. 그러므로 사회과학의 연구에서 개념은 의사소통이 원활하게 이루어질 수 있도록 구성되어야 한다. 개념적 정의에서 그 구성요소가 분명하고 한정적으로 규정되어야 연구자들 사이의 의사소통과정에서 혼란을 방지할 수 있다.[8]

제3절 변수와 조작적 정의

1. 변　수

변수는 측정가능한 개념을 말한다. 개념은 관심대상의 속성을 추상화하여 이론세계에서 의미를 부여한 것이므로 그 자체를 직접 측정할 수는 없다. 변수는 관심대상의 속성을 나타낸다는 의미에서는 개념과 같으나 경험적 세계의 속성을 나타낸다는 점에서 개념과 구분된다([그림 10-1] 참조). 학자들은 변수를 다음과 같이 정의한다. Phillips는 '두 가지 이상의 값이나 정도를 나타내는 개념',[9] Kerlinger는 '숫자(numerals)나 값(values)이 부여된 일종의

7) 김해동, 「조사방법론」, 법문사, 1991, p. 53.
8) William J. Goode & Paul K. Hatt, *Methods in Social Research*, Singapore: McGraw-Hill Book Co., 1981, p. 43.
9) Bernard S. Phillips, *Social Research; Strategy and Tactics*, 2nd ed., NY: Macmillan, 1971.

기호(symbol)',[10] Nachmias와 Nachmias는 '둘 또는 그 이상의 값을 갖는 경험적 속성'[11]이라고 정의하고 있다.

결국 변수란 '관심을 가지고 있는 대상의 경험적 속성'(empirical property)을 나타내면서, 그 속성에 계량적인 '수치를 부여할 수 있는 개념' 또는 '경험적으로 측정가능한 개념'이라고 정의할 수 있다.

2. 조작적 정의

조작적 정의는 추상적 구성개념이나 변수를 측정하는 데 필요한 활동이나 조작을 상세하게 기술함으로써 그것에 의미를 부여하는 방법이다.[12] 다시 말해서, 조작적 정의는 개념을 측정하거나 실험변수를 조작할 때 연구자의 활동을 구체적으로 명시한 지침이다. 일반적으로 조작적 정의는 측정을 위한 조작적 정의와 실험을 위한 조작적 정의로 구분된다.

측정을 위한 조작적 정의는 변수를 어떻게 측정할 것인가를 기술한다. 예를 들면, "대입수험생의 성적은 수학능력시험 점수와 내신등급의 합으로 측정한다."고 정의하는 것과 같다. 실험을 위한 조작적 정의는 실험설계에서 연구자가 실험변수를 조작하는 세부내용을 기술하는 것이다. 실험적 조사설계를 채택할 때에는 실험변수의 조작을 위한 조작적 정의가 중요하겠으나, 일반적으로 행정현상이나 정책현상을 연구할 때에는 연구자가 사회실험을 실시할 기회는 극히 드물기 때문에, 보통 측정을 위한 조작적 정의라는 맥락에서 조작적 정의를 이해하게 된다. 앞의 [그림 10-1]에서 살펴본 바와 같이 조작적 정의를 통하여 구성개념 또는 변수를 측정하기 위한 측정도구나 측정지표를 마련하게 된다. 극단적인 예이긴 하지만 지능을 조작적으로 정의할 때에 "지능이란 스탠포드-비네 지능검사에서 나온 점수와 같다고 하자", 또는 "이 연구에서 지능의 의미는 스탠포드-비네 지능검사에서의 점수로 나타낸다"는 것이 조작적 정의에 해당된다.

이상에서 살펴본 바와 같이 개념적 정의에 의하여 용어로서의 추상적 개념

10) Kerlinger, *op. cit.*, p. 27.

11) Nachmias & Nachmias, *Research Methods in the Social Sciences,* 1986, p. 58.

12) Kerlinger, *op. cit.,* pp. 28-32; Goode & Hatt, *op. cit.,* pp. 53-54.

의 의미는 분명해지고, 조작적 정의를 통하여 그러한 개념을 경험세계에서 직접 측정할 수 있게 된다. 조작적 정의는 추상적 개념을 관찰가능한 형태로 표현해 놓은 것이다. 따라서 경험적 조사연구를 위해서 조작적 정의가 꼭 필요하다. 그러나 어떠한 조작적 정의도 변수의 모든 측면을 다 표현할 수는 없다. 하나의 조작적 정의가 변수의 모든 측면을 측정할 수는 없기 때문에 극단적인 조작주의가 비판을 받고 있다. 그러므로 다원적 조작주의(multiple operationalism)가 필요하다는 주장이 설득력 있게 제시되고 있다.[13] 즉, 다원적 조작주의는 하나의 개념 또는 구성개념을 측정하는 데 여러 가지의 조작적 정의를 통하여 측정하여야 좀 더 정확하게 측정할 수 있으며, 경험적 조사연구에서도 그와 같은 다양한 조작적 정의를 활용하는 것이 바람직하다는 주장이다.

3. 개념적 정의와 조작적 정의의 사례

경험적 연구에서 변수의 조작적 정의는 앞에서 살펴 본 개념적 정의를 토대로 이루어 져야 한다. 여기에서는 기존의 경험적 연구에서 사용된 개념적 정의와 조작적 정의의 사례를 살펴보기로 하겠다.

1) 의회신뢰와 정치적 효능감

(1) 개념적 정의

'의회에 대한 신뢰'와 '정치적 효능감'의 관계를 검증하는 연구에서 '의회신뢰' 및 '정치적 효능감'에 대한 개념적 정의를 살펴보자.[14] '의회신뢰'는 기능적 신뢰와 규범적 신뢰의 두 가지 차원으로 구분된다. 의회에 대한 기능적 신뢰를 개념적으로 정의하면 "구체적 정책산출에 대한 경험을 토대로 나타난 의회의 실질적 기능에 대한 지지 또는 만족"이며, 규범적 신뢰는 "의회의 존재에 대한 광범위한 수용이나 의회제도의 필요성에 대한 인식으로 나타나는 상징

13) Thomas Cook, Prostpositivist Critical Multiplism, pp. 21-62, in R. Lance Shotland & Melvin M. Mark (eds.), *Social Science and Social Policy,* Beverly Hills, CA: Sage, 1985.

14) 남궁근 외, 의회신뢰의 차원 및 영향요인에 관한 연구, 「한국정치학회보」, 25:1, 1992. 이 연구에서 경험적 분석을 위한 자료는 전국의 시, 군, 구 단위로 설립되어 있는 지역신문의 기자 및 임원들을 대상으로 우편설문조사를 통하여 수집되었다.

적·규범적 차원의 지지 또는 수용"으로 정의되었다. 이러한 두 가지 차원의 의회신뢰의 정도에 영향을 미칠 것으로 생각되는 변수로는 정치적 효능감 이외에도 국회의원과의 접촉정도, 정당선호의 성향, 국회의원의 자질에 관한 인식, 지역구 의원의 성과, 생활만족도와 국회의 기여도 등이 고려되었다. 여기에서 '정치적 효능감'에 대한 개념적 정의는 "개인의 정치적 행위가 정치과정에 영향을 미칠 수 있다는 느낌, 즉 개인의 정치적 자신감 내지 정치에 영향을 미칠 수 있다는 느낌"을 의미하는 것으로 정의되었다.

(2) 조작적 정의

경험적 연구를 수행하기 위해서는 두 가지 차원의 의회신뢰와 정치적 효능감의 정도를 측정하는 데 필요한 조작적 정의가 필요하다. 이 경우 자료는 시민의 태도에 관한 조사를 통하여 수집될 수 밖에 없다. 그러므로 조작적 정의는 설문조사에서 응답자인 시민의 태도를 묻는 문항을 설계되며, 각각의 문항에 대하여 '찬성'과 '반대'의 정도를 5점 척도상에서 묻는 다음과 같은 문항으로 조작화되었다.[15]

(가) 의회에 대한 기능적 신뢰

① 역대 국회의 활동을 회고해 보면 국회가 해야할 일을 제대로 했다고 생각한다.

② 현 국회의 활동을 지켜보면서 국회가 해야할 일을 제대로 하고 있다고 생각한다.

(나) 의회에 대한 규범적 신뢰

① 헌법을 개정하여 국회의 권한을 축소하더라도 별로 문제될 것이 없다.

② 우리나라에 국회가 꼭 필요하다고 생각하지 않는다.

③ 국회에서 정부가 하는 일을 지나치게 따지고 문제삼는 것은 국민생활에 별로 도움이 되지 않는다고 생각한다.

(다) 정치적 효능감[16]

① 내가 투표를 하건 안하건 결과에는 큰 차이가 없을 것이다.

---

15) 본서 제10장 제5절 측정도구와 척도구성 참조.

16) 한국행정연구원의 2019년 사회통합실태조사에서는 조사표 21번 질문에서 정치적 효능감을 네 가지 문항으로 측정한다. 즉 (1) 나와 같은 사람들은 정부가 하는 일에 어떠한 영향도 미칠 수 없다. (2) 정부는 나와 같은 사람들의 생각이나 의견에 관심이 없다. (3) 나는 우리나라가 직면하고 있는 중요한 정치 현안에 대해서 잘 알고 있다. (4) 대부분의 사람들이 정치 현안과 정부가 하는 일에 대하여 나보다 더 잘 알고 있다.

② 정치란 원래 하는 사람이 따로 있기 때문에 내가 아예 관여하지 않는 것이 좋다.
③ 누가 국회의원이 되건 어느 정당이 정권을 담당하건 국회활동은 다 마찬가지다.
④ 국회의원들은 나같은 사람이 무엇을 생각하는가 상관하지 않는다.
⑤ 국회의 활동은 너무 복잡해서 나같은 사람은 이해하기 힘들다.
⑥ 나는 다른 사람에 대하여 정치적 영향력이 별로 없다.

2) 정치적 민주주의

(1) 개념적 정의

정치적 민주주의가 어떻게 개념적으로 정의되는지 살펴보자. 정치적 민주주의 또는 정치적 민주화는 분석단위가 국가 또는 공동체라는 점에서 앞에서 살펴본 정치적 효능감의 분석단위가 개인인 경우와는 다르다. Downs는 민주주의를 다수결에 의하여 결정되는 주기적인 선거를 시행하는 정치체제라고 정의한다.[17] 한편 Key와 Lockard 등으로 대표되는 참여-경쟁 주장자들은 정치적 민주주의를 "시민의 '정치참여'를 보장하고 정치체제 내에서 자유로운 '경쟁'이 이루어지는 체제"로 개념화하고 있다. 이들은 '참여'와 '경쟁'이라는 두 가지 차원을 정치적 민주주의를 구성하는 핵심요소로 보고 있다. 여기에서 알 수 있는 것은 민주주의가 복합개념 또는 우산개념으로서 몇 가지 하위차원을 포함하고 있으며, 이러한 하위차원 중에서 무엇을 강조하는 가는 관점에 따라서 다를 수 있다는 것이다.

(2) 조작적 정의

정치적 민주주의의 조작적 정의를 살펴보자. 특정시점에서 특정국가(또는 주정부, 지방자치단체 등 특정 지역사회)에서 정치적 민주주의의 수준을 측정할 수 있는 지표를 선택하는 문제는 정치적 민주주의를 어떻게 개념적으로 정의하느냐에 따라 달라진다. 앞에서 정치적 민주주의에 관한 몇 가지 정의를 소개하였는데, 이들 중 어떠한 정의를 채택하느냐에 따라 조작적 정의가 달라지는 것이다.

예를 들어, 정치적 민주주의의 핵심을 "시민의 정치참여를 보장하고 정치

17) Anthony Downs, *An Economic Theory of Democracy,* NY: Harper & Brothers, 1957.

체제 내에서 자유로운 경쟁이 이루어지는 체제"라는 개념정의에 따른다면 참여와 경쟁의 두 가지 차원을 측정할 수 있는 지표를 선정하여야 할 것이다. 정치참여의 수준을 측정하는 지표로는 일정기간 동안 치루어진 선거의 수, 선거에 참여할 수 있는 성인인구 비율, 직접투표에 의하여 선출된 의원의 비율, 실제 선거의 투표율 등을 고려할 수 있고, 경쟁의 정도를 측정하는 지표로는 야당의 의석수와 득표율, 일정기간 중 정권교체의 유무, 의원의 선출방식, 행정수반의 선출방식, 군부의 영향력의 정도 등을 들 수 있다.

그런데 이러한 자료는 기존 통계자료를 사용하게 되므로 측정지표를 확정하려면 자료의 이용가능성을 검토하여야 한다. 예를 들어, 한국 등 특정 국가를 대상으로 하는 시계열 연구에는 연구대상이 되는 전기간에 걸쳐서 선정된 지표에 관한 자료를 입수할 수 있는지가 검토되어야 하며, 횡단면적 연구에서는 표본에 포함된 모든 국가들에 대하여 자료를 입수할 수 있는지를 검토하여야 한다.18)

4. 변수의 종류

변수란 연구대상의 경험적 속성(empirical property)을 나타내면서, 계량적인 수치를 부여할 수 있는 개념이라고 보았다. 한편 제3장에서 우리는 가설을 변수간의 관계에 대한 진술이라고 설명한 바 있다. 여기에서는 경험적 조사연구에서 사용되는 변수의 유형에 대하여 간략하게 설명하기로 한다.

1) 독립변수와 종속변수

인과적 조사연구에서 독립변수란 종속변수(dependent variable)의 원인으로 추정된 변수이다. 즉, 독립변수는 원인변수이고 종속변수는 그 결과변수를 말한다. "X이면(if X), Y이다(then Y)."라고 할 때 독립변수 X와 종속변수 Y는 조건부 결합을 하게 된다. 실험적 조사설계에서의 독립변수는 연구자에 의해서 조작되는 실험변수를 말한다. 예를 들어, 여러가지 교수법의 효과를 연구한다고 하면, 교수법이 독립변수이고 그 효과가 종속변수이다. 여기에서 실

---

18) 구체적인 내용은 노화준·남궁근 공편, 「공공정책의 결정요인 분석」, 법문사, 1993에 수록된 논문들을 참고할 것.

험변수의 조작이란 연구자가 여러 가지의 교수법을 자신이 실험하고자 하는 방법으로 적용할 수 있다는 것을 뜻한다. 비실험적 조사연구에서의 독립변수는 논리상 종속변수에 영향을 미쳤으리라고 추정되는 변수이다.

종속변수는 설명되는 변수(explained variable)이고, 독립변수는 종속변수의 변화를 설명하는 변수(explanatory variable)이다. 예측이라는 관점에서 본다면, 종속변수는 예측되는 변수(predicted variable)이고 독립변수는 예측을 하게 하는 변수(predictor variable)이다.

2) 독립-종속변수간 관계에 영향을 미치는 변수

독립변수(X)와 종속변수(Y)와의 관계에 개입하면서 그 관계에 영향을 미칠 수 있는 제3의 변수인 매개변수(intervening variable), 조절변수(moderating variable), 외재적 변수(extraneous variable), 통제변수(control variable), 선행변수(antecedent variable), 구성변수(component variable), 억제변수(suppressor variable), 왜곡변수(distorter variable)에 관하여 제4장 제3절 개념적 준거틀에서 이미 살펴보았다.

3) 범주변수와 연속변수

이러한 구분은 변수를 측정하는 척도의 유형에 따른 것이다. 즉, 범주변수(categorical variable)란 명목척도와 서열척도로 측정된 측정값을 갖는 변수를 말하며, 엄격한 의미에서 가감승제가 불가능하기 때문에 비계량변수(non-metric variable)라고 부른다. 범주변수 중 다중회귀분석에 사용하기 위하여 1과 0의 값을 부여한 변수를 특별히 가변수(dummy variable)라고 부른다.

연속변수(continuous variable)는 등간척도나 비율척도로 측정된 값을 갖는 변수를 말하며 계량변수(metric variable)라고 부른다. 범주변수와 연속변수의 구분은 특히 제13장에서 살펴보게 될 통계분석기법과 관련하여 매우 큰 의미를 갖는다.

4) 잠재변수(latent variable)와 측정변수(measured variable)

앞에서 관찰할 수 없는 개념(또는 구성개념)과 관찰이 가능한 변수간에는 뚜렷한 차이가 있다는 점을 지적한 바 있다. 즉 개념(또는 구성개념)은 관찰할 수 없으며, 변수로서 조작적으로 정의되어야만 관찰할 수 있다. 본서 13장에서 살펴볼 공변량구조분석에서 사용되는 잠재변수라는 용어는 관찰된 변수의 기초가 되는 것으로 추정할 수는 있지만, 관찰되지 않는 '실체'를 의미한다. 즉 추상적인 개념이 바로 잠재변수(latent variable)라고 볼 수 있으며, 이를 측정하기 위하여 조작화된 변수가 바로 측정변수이며 이를 잠재변수에 대하여 명시변수(manifest variable)라고 부르기도 한다. 구체적인 내용은 제13장에서 살펴보기로 한다.

제 4 절 변수의 측정

1. 측정의 개념

측정이란 개념 또는 변수를 현실세계에서 관찰가능한 자료와 연결시켜 주는 과정이다. 측정하고자 하는 연구대상의 속성을 나타내는 개념을 좀더 관찰가능한 형태 또는 측정가능한 형태로 정의하는 작업을 조작화라고 하였는데,

그림 10-2 측정의 개념

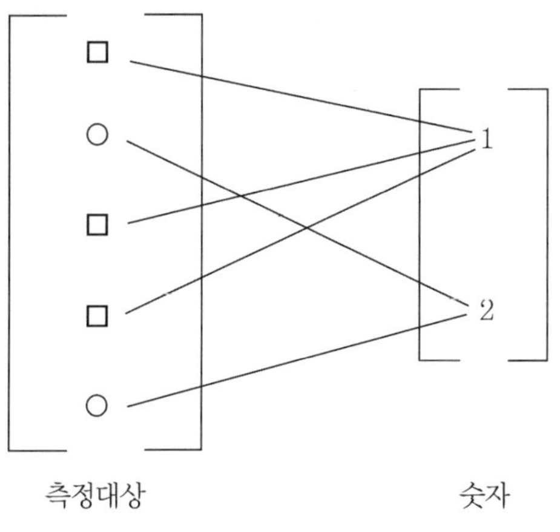

이러한 조작화과정도 넓은 의미에서 볼 때 측정과정의 일부라고 할 수 있다. 측정의 결과는 결국 숫자의 형태로 나타난다. 이러한 맥락에서 Kerlinger는 측정을 "일정한 기준에 따라 대상 또는 사건에 수치를 부여하는 과정"으로,[19] Stevens는 "대상, 사건, 또는 사람들의 속성(attribute)에 일정한 규칙(rules)에 따라 수치를 부여하는 과정"으로 정의한다.[20] 즉, 측정의 본질은 [그림 10-2]에 나타난 바와 같이 측정대상의 세계를 수치의 세계와 대응시키는 것이다.

측정을 연구단위의 속성에 대한 양적 기술(quantitative description)이라고 한다면, 질적 기술(qualitative description)과는 어떠한 관계에 있는가? 연구대상의 속성에 대한 질적 기술은, 예를 들면, 어떤 조직이 '효율적이다', '관료적이다' 등으로 기술하는 것이다.[21] 여기에서도 효율성이 '높은' 집단, 관료적 성격이 '강한' 조직 등과 같이 속성의 정도나 수준같은 것을 지적할 수 있다. 그런데 어떤 집단의 효율성이 높다고 할 때에 얼마나 높은지를 계량화시켜서 파악하려고 한다면, 효율성의 정도에 대한 측정이 이루어질 수 있다.

따라서 측정이란 질적 속성을 양적 속성으로 전환하는 작업이기도 하다. 분류(classification)는 질적 속성에 대한 가장 낮은 수준의 계량화 작업인데, 이는 측정대상을 속성에 따라서 범주별로 분류하는 것이다. 예를 들어, 몇 개의 집단을 효율성이 높은 집단과 낮은 집단으로 분류하여 높은 집단에는 1, 낮은 집단에는 2라는 수치를 부여했다면, 이는 가장 단순한 계량화 작업인 분류에 해당된다.

측정은 측정대상자나 대상물 자체를 측정하는 것이 아니라 측정대상이 지니고 있는 속성에 수치를 부여하는 것이다. 예를 들어, 어떤 사람의 신장과 몸무게를 측정할 때, 그 사람의 키와 몸무게라는 속성에 수치를 부여하는 것이다. 그런데 측정하고자 하는 속성인 키와 몸무게를 측정하기 위해서는 자와 저울이 필요하다. 여기에서 자와 저울은 측정을 위한 도구인데, 좋은 측정도구가 있어야 정확한 측정이 가능하다. 좋은 측정도구가 갖추어야 할 기준을 두 가지로 생각할 수 있다. 첫째는 그 측정도구가 측정하고자 하는 측정대상의

19) Kerlinger, *op. cit.,* p. 392.
20) S. S. Stevens, On the theory of scales of measurement, *Science,* 103, 1946, pp. 677-380.
21) 김경동 · 이온죽, 「사회조사방법론」, 박영사, 1989, pp. 336-337.

속성을 정확하게 반영하여야 한다는 것이다. 이를 측정도구의 타당성(validity)이라고 한다. 둘째로 측정도구는 동일한 상황에서 뿐 아니라 서로 다른 상황에서도 동일한 관측대상을 측정하면 그 측정값이 같아야 한다. 이를 측정도구의 신뢰성(reliability)이라고 한다. 측정의 타당성과 신뢰성은 제7절과 제8절에서 각각 살펴보기로 하겠다.

2. 측정의 수준과 척도

측정이란 설명하고자 하는 연구대상의 속성을 나타내는 개념에 측정도구를 적용하여 수치를 부여하는 작업이다. 측정대상의 속성에 수치를 부여할 때에는 일정한 규칙에 따르게 된다. 대상에 수치를 부여하는 규칙이 바로 그 측정의 수준과 측정에서 사용되는 척도의 성격을 규정해 준다. 측정의 수준에 따라서 측정결과로 나타나는 숫자의 체계가 가지는 의미가 상당히 달라지는데, 일반적으로 측정의 수준, 그리고 이에 상응하는 척도의 유형은 네 가지로 구분된다. 즉 명목수준의 측정과 명목 척도, 서열수준의 측정과 서열척도, 등간수준의 측정과 등간척도, 비례수준의 측정과 비율척도 등이다.[22]

1) 명목수준의 측정(nominal level measurement)과 명목척도

명목수준의 측정은 측정대상의 속성을 분류하거나 확인할 목적으로 수치를 부여하는 것을 말한다. 이러한 수준의 측정을 명목수준의 측정, 이러한 수준의 측정을 수행하는 측정도구를 명목척도(nominal scale), 그리고 이러한 명목척도에 의해 측정되는 변수를 명목변수(nominal variable)라고 부른다.

---

22) 김광웅, 『사회과학연구방법론』, 박영사, 1989, pp. 192-195; 김해동, 전게서, pp. 287- 294; Nachmias & Nachmias, *op. cit.*, pp. 161-166; Rubin & Babbie, *op. cit.*, pp. 125-130; T. L. Baker, *Doing Social Research*, 1988, pp. 126-134; Deborah L. Bandalos, *Measurement Theory and Applications for the Social Sciences*, NY.: The Guilford Press, 2018, pp. 6-8; Lawrence S. Meyers, Glenn Gamst & A.J. Guarino, *Applied Multivariate Research: Design and Interpretation*. 3rd ed. Sage, 2017, pp. 11-14. Meyers 등은 네 가지 수준의 척도에 총화반응척도(summated responses scales)을 추가하였는데, 이는 뒤에서 살펴볼 서스톤척도, 보가더스척도, 거트만척도, 리커트척도와 같이 복수의 문항에 대한 응답값을 합산하는 경우를 말한다. 이는 일반적으로 총화평정척도(summated rating scale)라고 부르며, 등간척도로 간주한다.

이러한 측정은 측정대상을 단순히 분류하거나 범주화할 목적으로 측정대상의 속성에 부호나 수치를 부여한다. 예를 들면, 연구대상집단을 성에 따라 남자와 여자로 분류하고, 분류된 범주에 남자는 1, 여자는 2라는 수치를 부여하는 것을 말한다. 이러한 분류의 예는 무수하게 많다. 직업분류, 출신대학분류, 공무원소속부서 분류, 해외파견 희망국가 분류, 공무원시험에서 선택과목 분류 등이 있다. 오늘날 행정업무처리에 컴퓨터의 도입이 급격하게 증가하면서 이러한 분류작업을 통한 수치부여, 즉 명목적 측정을 통하여 행정능률이 크게 향상되었다. 행정 및 정책현상의 연구에서 흔히 사용하는 명목적 측정의 예로서는 남녀의 성별, 종교, 지지정당, 거주지(대도시, 중소도시, 농촌) 등이 있다.

명목측정은 측정대상의 단순한 분류작업(classification)에 불과하지만 분류과정에서는 다음과 같은 원칙이 지켜져야 한다.

첫째, 분류범주는 모든 대상을 총망라(exhaustive)하여야 한다. 즉, 모든 분류대상이 전부 포함될 수 있도록 범주를 정하여야 한다. 예를 들면, 거주지를 분류할 때에 대도시와 중소도시만을 범주화하여 농촌에 거주하는 사람이 분류되지 못하는 경우는 없어야 한다.

둘째, 분류범주는 상호배타적(mutually exclusive)이어야 한다. 즉 하나의 대상이 두 개 이상의 범주에 속하지 않도록 분류범주를 설정하여야 한다. 상호배타성은 분절성(disjointness)이라고 부르기도 한다.[23] 예를 들어, 우리나라의 모든 가구를 소득수준에 따라 빈곤선 이하의 가구와 이상의 가구로 분류할 경우 어느 가구도 빈곤선 이상이나 이하 중 하나의 범주에 속해야 하며 두 범주 모두에 속할 수 없다는 것이다.

셋째, 분류의 범주는 실질적 적절성(substantive relevance)을 가져야 한다. 즉, 분류의 기준이 연구자의 목적이나 연구문제의 성격에 따라 개발되어야 한다는 것이다. 이 규칙은 이론상 매우 단순하지만 범주의 구분이 연구문제의 '현실'과 가능한 한 가깝게 일치하여야 한다는 것을 강조하는 것이다.

넷째, 분류체계는 일관성(consistency)을 가져야 한다. 즉 각 범주는 하나의 분류원리에 입각하여 구성되어야 한다. 이러한 규칙을 위반하면 중복되는 범주가 발생하는데 이를 중복분할의 오류라고 부른다. 예를 들어, 가구를 빈곤선 이상인가 아닌가, 그리고 정부의 복지지출을 받고 있는가 안 받고 있는가

23) 남궁근 외 공역, 「정책분석론」(제6판), 법문사, 2018, pp. 131-132 참조.

에 따라 네 가지 범주로 분류한다면 중복분할의 오류를 범하게 된다. 그 이유는 많은 가구가 두 개의 범주에 동시에 속할 수 있기 때문이다. 실제로 이 규칙은 총망라성과 상호배타성 규칙을 연장한 것이다.

2) 서열수준의 측정(ordinal level measurement)과 서열척도

서열수준의 측정이란 측정대상을 그 속성에 따라서 서열이나 순위(rank order)를 매길 수 있도록 수치를 부여하는 것을 말한다. 측정대상을 분류한 다음, 각 범주간에 서열 또는 대소관계의 구분이 가능한 측정을 말한다. A카테고리에 속하면 B카테고리에 속하는 것보다 크다, 높다, 멀다, 친절하다, 정직하다 등의 관계를 나타내는 측정인 것이다. 이러한 관계는 흔히 >, < 등의 기호로 나타낸다.

서열수준의 측정에서 척도에 점수나 수치를 부여할 때에 큰 쪽, 우세한 쪽에 큰 숫자를 부여할 수도 있고, 그 반대의 순서에 따를 수도 있다. 그 이유는 수치 자체가 어떤 절대적인 수나 양, 또는 크기같은 것을 나타내지 않고 단순한 순서의 뜻밖에 없기 때문이다. 즉 서열척도에서의 수치는 명목척도의 분류능력에다 분류된 범주간의 서열을 나타낸다는 의미를 가진다. 그러나 분류된 범주간의 거리나 간격에 관하여는 정보를 제공할 수 없다. 그러므로 명목척도나 서열척도에 의하여 측정된 변수를 비계량변수(non-metric variable)라고 한다.

사회과학 조사연구에서 사용되는 척도나 변수에는 이러한 서열측정의 수준에 해당하는 것이 많다. 특히 태도를 측정하기 위하여 서열척도를 자주 쓰게 된다. 예를 들어, 정치적 효능감을 측정하기 위하여 "나같은 평범한 사람도 정부의 결정과정에 영향을 미칠 수 있다." 등 6개 문항으로 구성된 설문항목을 사용하였다고 하자. 이러한 문항에 대하여 '전적으로 찬성', '찬성', '그저 그렇다', '반대', '전적으로 반대' 등으로 태도의 방향과 정도를 나타내는 응답지를 주고, 거기에 각각 1, 2, 3, 4, 5의 수치를 부여할 수 있다. 그러나 그 순서를 5, 4, 3, 2, 1로 해도 무방하다. 이 사례에서 총 6개의 문항이 사용되었으므로 각 응답자들의 정치적 효능감이라는 속성을 측정하기 위하여 6×1=6에서 6×5=30까지의 범위에서 종합점수를 가질 수 있다. 이러한 종합점수로 서열을 매길 수 있으며, 그 순서 또는 방향은 일관성만 있다면 문제되지 않는다.

3) 등간격수준의 측정(interval level measurement)과 등간척도

등간격수준의 측정은 측정대상을 속성에 따라서 서열화하는 것은 물론, 서열간의 간격이 동일(equal interval)하도록 수치를 부여하는 것을 말한다. 이 경우에는 하나가 다른 것보다 크다, 작다는 것뿐 아니다. 그 둘 사이가 얼마만한 단위로 차이가 나는지를 알 수 있다. 등간격수준의 측정이 이루어질 수 있으려면 측정단위(unit)가 있어야 한다. 그리고 이와 같은 단위는 일정정도를 나타내고, 그 정도는 불변(constant)이며, 공통적인 표준으로 공인되거나 될 수 있는 것이어야 한다. 자연현상을 측정하기 위하여 공인된 단위는 시간, 거리, 무게, 온도 등 상당수에 이른다. 특히 온도는 등간격수준의 측정을 나타내는 사례로 흔히 인용된다. 예를 들어, 최고기온이 어제는 26℃, 오늘 28℃였다고 하자. 이때 우리는 어제와 오늘의 최고기온의 차이는 2℃라고 할 수 있다. 이러한 등간척도에 의한 설명에서 20℃와 30℃의 차이는 40℃와 50℃의 차이와 같다. 그러나 40℃는 20℃보다 2배 덥다고 말할 수는 없다.

사회과학적 조사연구의 태도측정 분야에서는 등간격측정수준의 척도로서 공인된 척도는 거의 없다. 전문가들 사이에서 공인된 것과 유사한 성격을 갖는 척도에는 지능지수(IQ)와 같은 것이 있을 뿐이다. 그러나 다음에 살펴 보게 될 리커트가 개발한 총화평정척도는 등간척도로 간주되어 다변량 통계분석에 사용된다.

4) 비례수준의 측정(ratio level measurement)과 비율척도

비례수준의 측정은 측정대상의 속성에 절대적인 영(absolute zero), 또는 자연적인 영(natural zero)을 가진 척도를 가지고 수치를 부여하는 것을 말한다. 비율척도는 등간척도의 성격을 다 가지면서 거기에 절대적인 영이 존재하기 때문에 더하기 빼기뿐 아니라 곱셈과 나눗셈도 의미있게 할 수 있다. 예를 들면, 월소득이 200만원인 사람은 월소득이 100만원인 사람보다 소득이 2배가 많다고 할 수 있다. 그러나 등간척도로 측정되는 온도의 경우에는 사정이 달라진다. 예를 들면, 40℃는 20℃의 2배라고 말할 수 없는데, 이를 화씨로 환산한 104°F와 68°F 관계를 생각하면 쉽게 이해할 수 있다. 등간척도와 비율척도의 이러한 차이는 절대적인 영이 존재하느냐에 달려 있다.

[그림 10-3]에 측정수준별 측정사례가 제시되었다.

그림 10-3 측정수준별 측정사례

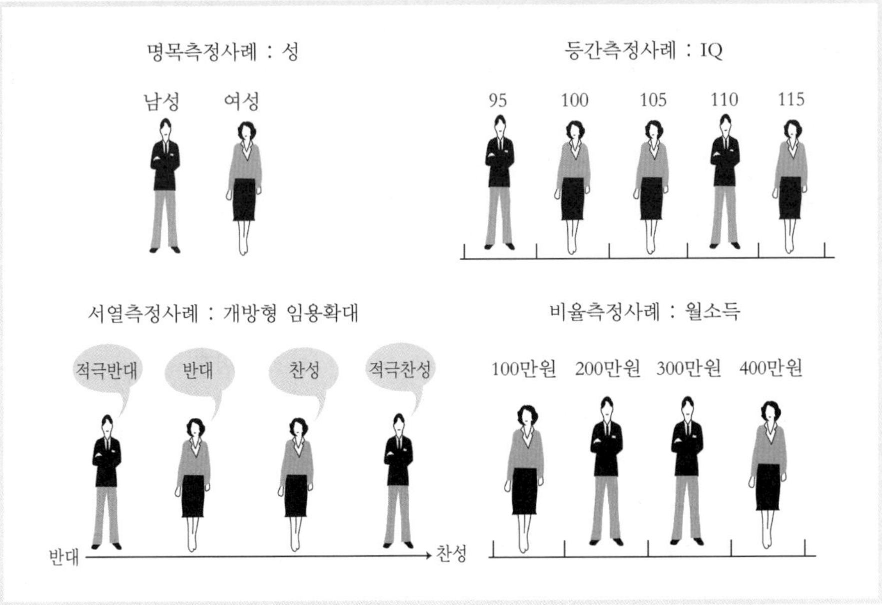

출처: Earl Babbie, *The Practice of Social Research*, 9th ed., 2001, p. 137.

이상에서 살펴본 각 측정수준의 특징을 요약하면 <표 10-1>과 같다.

<표 10-1>에서 네 가지의 척도는 일종의 연속선상에서 점차 수준이 높아진다는 것을 알 수 있다. 명목척도는 속성이 같은 것끼리 단순히 분류만 하는 기능을 수행할 뿐이다. 이러한 명목척도의 기능은 서열척도에서는 이미 전제되어 있으며, 그 외에도 측정대상의 속성에 따른 범주 간에 크고 작음 같은 것을 비교할 수 있다. 등간척도에서는 분류된 범주간의 서열적 차이뿐 아니라, 그 차이의 크기를 나타내는 간격이 표준화된 단위로 규정될 수 있다. 비율척도는 이러한 성격을 다 내포하면서 절대적인 영(zero)의 값이 있기 때문에 가감승제의 모든 산술적 조작이 가능하다.

수집된 조사자료를 분석할 때 각 척도의 특징을 염두에 두고 자료의 측정수준에 합당한 통계적 방법을 사용하여야 한다. 예를 들어, 자료는 명목척도와 같은 낮은 수준의 척도수준에서 측정되었는데, 서열척도나 등간척도에 합당한 통계분석방법을 쓴다면 논리적으로 오류를 범하게 되고, 반대로 자료는 보다 정교한 수준에서 측정되었는데 분석방법은 더 낮은 수준의 것을 쓴다면, 유용

표 10-1 측정수준의 특징

측정수준	범주의 특성			
	상호배타성 · 포괄성	서열비교	표준측정단위	자연적 0의 존재
명목척도	O			
서열척도	O	O		
등간척도	O	O	O	
비율척도	O	O	O	O

출처: 홍두승, 「사회조사분석」, 제2판, 다산출판사, 1992, p. 117.

한 정보를 많이 잃어버리게 된다. 따라서 어떠한 분석방법을 쓸 것인가는 자료수집과정에서 미리 구상하는 것이 좋다.

제 5 절 측정도구와 척도의 구성

1. 측정도구 및 척도의 의미 및 필요성

측정이란 연구대상이 지니는 속성(attributes)의 크기를 나타내기 위하여 연구대상에 일정한 수치를 부여하는 것이라고 정의한 바 있다. 여기에서 측정대상에 일정한 수치를 부여하기 위한 규칙을 담고 있는 것이 측정도구이며, 몸무게를 재기 위한 저울이나 키를 재기 위한 자가 바로 측정도구의 사례라는 점을 지적한 바 있다. 그런데 사회과학 분야의 경험적 조사연구에서 '정치적 효능감', '직무만족', '역할갈등', '정치적 민주주의' 등의 개념은 단일문항(지표)으로 구성된 간단한 측정도구로는 측정하기 어렵다. 단일문항(지표)으로 구성된 측정도구는 신뢰도, 단일차원성 여부, 측정도구의 오류 등의 문제를 가지고 있기 때문에 복합적 측정도구인 척도를 사용하게 된다. 척도란 논리적으로 또는 경험적으로 서로 연관되어 있는 여러 개의 문항 또는 지표들로 이루어진 복합적 측정도구를 가리키는데, 사회과학에서 이러한 척도를 사용하는 데에는 다음과 같은 몇 가지 이유가 있다.[24]

첫째, 척도는 하나의 문항이나 지표로는 제대로 측정하기 어려운 복합적인 개념들을 측정할 수 있다.

둘째, 척도는 여러 개의 지표(또는 문항)를 하나의 점수로 나타냄으로써 자료의 복잡성을 덜어줄 수 있다. 예를 들어, 정치적 소외라는 개념을 변수화하여, 그 정도를 측정하고, 다른 변수와의 상관성을 분석한다고 하자. 복합개념인 정치적 소외를 측정하기 위해서 사용한 다수의 개별문항(지표)을 전부 사용하여 어떤 가설을 검증하자면, 분석이 번거롭기 그지 없을 것이다. 따라서 개별문항들을 일정한 기준에 따라 묶어서 하나 또는 몇 개의 값을 가지고 정치적 소외감을 측정하게 되면 자료의 복잡성이 크게 감소된다.

셋째, 두 번째 특징과 관련하여 척도의 단일차원성을 검증해 볼 수 있다. 여러 개의 문항(지표)을 가지고 어떤 속성을 측정할 때에, 이들 문항들이 하나의 차원을 이루는 척도를 형성하는지를 검증할 수 있다. 하나의 척도는 단일차원성(uni-dimensionality)을 전제로 구성하는데, 복수의 측정지표를 사용하여 단일차원성 여부를 분석할 수 있다.

넷째, 복수의 지표로 구성된 척도를 사용하게 되면 단일문항(지표)을 사용하는 경우보다 측정의 오류를 줄일 수 있고, 다음 제10장에서 살펴보게 될 측정의 타당성과 신뢰도를 높일 수 있다.

2. 척도구성의 기본전제

사회과학 연구에서도 경험적인 연구결과가 축적됨에 따라 상당수의 표준화된 척도가 개발되어 사용되고 있다.[25] 그러나 연구자가 측정하고자 하는 연구대상의 속성에 대하여 표준화된 척도가 없다면 연구자는 연구대상 및 연구목적에 맞는 척도를 개발하여야 한다. 그런데 연구자는 여러 개의 문항으로 구성된 복합적인 측정도구, 즉 척도를 개발하는 데에는 다음과 같은 기본전제가 있다는 것을 이해하여야 한다.[26]

---

24) 홍두승, 전게서, p. 136; 김경동·이온죽, 전게서, pp. 368-370.

25) 기존의 연구에서 사용된 척도들을 수집해 놓은 문헌으로는 D. C. Miller & N. J. Salkind (eds), *Handbook of Research Design and Social Measurement,* 6th ed., CA: Sage, 2002.

26) 이관우, 「조사분석방법론」, 형설출판사, 1990, pp. 285-292 참조.

첫째, 이론적으로 어느 한 측정대상에는 측정하고자 하는 속성을 나타내는 무한한 수의 항목 또는 문항(infinite items)이 존재한다. 이 무한한 숫자의 문항의 집단을 측정대상에 대한 내용의 모집단 또는 문항의 모집단(universe of items)이라고 한다. 연구자는 측정도구의 개발에 앞서 문항모집단의 성격과 범위 등을 분명하게 규정하고, 문항의 모집단에 속하는 다수의 문항을 개발하여야 한다.

둘째, 측정대상은 그 항목 및 문항의 모집단으로부터 추출된 일정수의 항목 또는 문항표본에 입각하여 측정되는 것이다. 그러므로 문항의 모집단으로부터 추출된 문항표본이 문항모집단을 대표하는 것인지, 또 문항수는 몇개로 할 것인지를 규정하여야 한다. 척도구성 문항의 대표성 및 타당성을 검토하기 위해서는 문항분석(item analysis) 또는 요인분석(factor analysis)과 같은 척도분석이 필요하다. 이러한 문제들은 다음 제7절과 제8절에서 살펴보게 될 측정도구(척도)의 타당성과 신뢰성과 관련된 문제이다.

셋째, 하나의 척도는 단일차원의 연속체(uni-dimensional continuum)를 전제로 한다. 여기에서 단일차원이라는 말은 척도를 구성하는 문항(또는 지표)은 공통적인 속성을 나타내야 한다는 것이며, 이러한 전제하에서만 여러 문항에 대한 측정값을 요약하여 하나의 척도상에서 나타낼 수 있다. 물론 하나의 개념이 여러 차원을 내포하는 다차원적 개념(multi-dimensional concept)인 경우도 있다. 예를 들면, Smith, Kendall 및 Hulin 등에 의해 고안된 '직무만족도'라는 개념의 측정도구는[27] 업무자체에 대한 만족도(18개 문항), 보수에 대한 만족도(9개 문항), 승진에 대한 만족도(9개 문항), 상관의 통솔에 관한 만족도(18개 문항), 그리고 동료에 대한 만족도(18개 문항) 등 5개의 차원을 포함하는 다차원척도이다.

다차원적 개념의 또 다른 사례로 Perry가 제안한 공공봉사동기(PSM: public service motivation)를 들 수 있다. 공공봉사동기(PSM)를 Perry & Wise는 "공공기관이나 조직에서 우선적으로 혹은 고유하게 나타나는 동기(motives)에 부응하려는 개인의 정향"으로 정의하였다. 공공봉사동기(PSM)에 대한 개념 정의는 학자들에 따라 약간씩 차이가 있지만, 공익(公益)에 대한 헌

---

27) P. C. Smith, L. M., Kendall & C. L. Hulin, *The Measurement of Satisfaction in Work and Retirement,* Chicago, IL: Rand-McNally, 1969.

신, 타인에 대한 봉사, 그리고 자기희생과 같은 특징들이 공공봉사동기(PSM)의 기초라고 볼 수 있다. Perry는 공공봉사동기의 개념이 합리적(rational), 규범적(norm-based), 그리고 정서적(affective)인 동기로 구성되어 있다고 보았다. 이후 Perry는 공공봉사동기(PSM)를 측정하고자 4가지 차원으로 구성된 24개 문항의 척도를 개발하였다.[28] 합리적 동기는 공공정책결정에 대한 호감도(APM: attraction to public policy making) 차원을 통하여, 규범적 동기는 공익몰입(commitment to public interest) 차원을 통하여, 정서적 동기는 동정심(compassion) 차원을 통하여 평가하고, 이러한 동기의 저변을 형성하는 자기희생(self-sacrifice) 차원을 추가하였다. 이처럼 4가지 차원으로 구성된 공공봉사동기(PSM) 개념은 여러 국내외 연구자들의 중요한 연구주제로 인식되어, 이에 대한 수많은 실증연구가 이루어졌다.

한편 Kim & Vandenabeele는 공공봉사동기(PSM)는 공공참여에 대한 호감도, 공공가치에 대한 몰입, 동정심, 자기희생의 4가지 차원으로 측정되어야 바람직하다고 주장한다.[29]

'직무만족도'나 '공공봉사동기'와 같은 복합적인 개념을 측정하기 위해서 각 차원별로 척도를 구성하여야 한다.

하나의 차원을 연속체(continuum)로 가정한다는 것은 척도를 무한히 연속되는 하나의 선으로 간주하는 것이다([그림 10-4] 참조). 이러한 연속체의 양극은 상반되는 의미를 나타낸다. 연속체의 한 끝이 양적으로 많은 것을 나타내면, 다른 쪽 끝은 적은 것을 나타내고 있으며, 질적으로 한쪽 끝이 좋은 것을 나타내면, 다른 쪽 끝은 나쁜 것을 나타낸다.

그림 10-4 척도구성에서 연속체의 가정

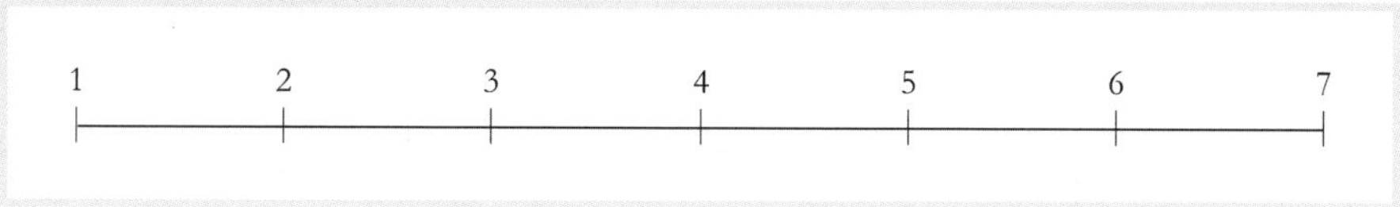

28) J. L. Perry, Measuring Public Service Motivation: An Assessment of Construct Reliability and Validity, *JPART,* 6:1, 1996, pp. 5-22.
29) Sangmook Kim & Wouter Vandenabeele, A Strategy for Building Public Service Motivation Research Internationally, *Public Administration Review,* 70:5, 2010.

이러한 연속선은 무한히 많은 카테고리로 나눌 수 있는 것인데, 그 카테고리의 수는 조사자가 대상의 성격과 목적에 따라 임의로 세분할 수 있다. 각 카테고리에 배분된 수치의 크기는 연구자가 측정대상의 속성과 측정목적에 따라서 부여한다. 각 카테고리에 부여되는 숫자의 의미에 따라 척도는 명목적 성격, 서열적 성격, 등간적 성격 또는 비율적 성격을 갖게 된다.

3. 척도구성의 방법

기존연구에서 사용된 표준화된 척도가 있으면 그 척도를 사용하는 것이 바람직하다. 그런데 기존연구에서 타당성과 신뢰성이 검증된 측정도구(척도)를 찾을 수 없는 경우에는 연구자가 측정도구(척도)를 구성하여 사용하여야 한다. 이러한 척도구성의 기술과 방법은 주로 태도의 측정에 관련되어 개발되어 왔다. 비교적 초기에 개발되어 자주 사용된 척도구성방법으로는 서스톤척도법(Thurstone Scale), 보가더스척도법(Bogardus Scale), 거트만척도법(Guttman Scale), 리커트척도법(Likert Scale), 어의차별척도법(Semantic Differential Scale) 등이 있다.[30)]

1) 서스톤척도법

서스톤이 제시한 척도구성기법은 유사등간기법(method of equal appearing intervals), 1:1 비교법(method of paired comparison), 그리고 순차적 등간비법(successive intervals) 등 세 가지가 있다.[31)] 가장 많이 소개되는 유사등간기법의 일반적 절차를 살펴보기로 한다.

첫째, 연구자가 연구하고자 하는 태도와 관련된 100개 이상의 문장을 만든다.

둘째, 다수의 평가자들(50~100명)로 하여금 이들 문장들을 11개 정도의 범주로 분류하게 한다. 이때 11개의 범주는 대체로 가장 우호적인 것부터 가

---

30) 이러한 척도의 구성방법과 절차에 관하여는 국내외의 조사방법론 문헌에서 비교적 상세하게 언급하고 있다. 예를 들면, 김해동, 전게서, pp. 411-468; 김경동・이온죽, 전게서, pp. 368-392; 이관우, 전게서, pp. 296-312; Goode & Hatt, *op. cit.,* pp. 261-295 참조.

31) Selltiz et al., *op. cit.,* p. 414.

장 비우호적인 것에 이르는 척도이다.

셋째, 연구자는 척도상의 각 점수를 대표할 수 있는 문장을 몇 개씩 선정하여 척도를 구성한다. 이때 각 문항에 대한 평가에서 평가자들간에 이견이 큰 문항은 제외시킨다.

이러한 척도의 구성방법에서는 다수의 평가자로 하여금 문항 사이의 간격이 거의 동일하도록 조정하기 때문에 유사등간기법이라고 부른다. 그러나 이 척도는 문항평가를 위하여 많은 시간과 노력이 투입되기 때문에 거의 사용되지 않고 있다. 한편 서스톤의 1 대 1 비교법은 수백 개의 문장을 한꺼번에 순위범주로 나누는 것이 아니라 두 개씩 짝을 지어 문항의 순서를 정하는 절차를 밟는다. 그러므로 유사등간기법보다 더욱 까다롭다.[32] <표 10-2>에 서스톤척도의 작성사례가 제시되었다.

표 10-2 서스톤척도의 작성사례

측정한 변수: 사형제도에 대한 의견

1단계: 개인적인 경험, 대중적이거나 전문적인 저술, 다른 사람들의 의견 등을 바탕으로 사형에 대한 문장을 100개 정도 만든다.

문장 예:

1. 나는 사형이 잔인하고 불필요한 벌이라고 생각한다.
2. 사형을 없앤다면 흉악 범죄가 더 많아질 것이다.
3. 나는 사형을 극도로 흉악한 범죄에만 적용해야 한다고 믿는다.
4. 나는 사람들이 사형을 겁내서 살인을 저지르지 않는다고는 생각하지 않는다.
5. 나는 비록 정신이상자라 하여도 살인을 저질렀을 경우에 사형을 면제받아서는 안 된다고 생각한다.
6. 나는 성경이 사형을 정당화하고 있다고 생각한다.
7. 사형제도 자체는 문제가 되지 않지만, 전기의자를 사용하여 목숨을 끊는 방법은 잔인하다고 믿는다.

2단계: 각 문항을 하나 씩 한 장의 카드나 종이에 적어서 100 문장을 100세트 준비한다.

3단계: 평가자 100명을 선정한다. 각각의 평가자에게 문항 한 세트를 주고, 1=매우 우호적 11=매우 비우호적까지 11개의 범주로 분류하도록 지시한다.

32) 김경동 · 이온죽, 전게서, pp. 377-378.

4단계: 평가자들이 각각의 문항을 11개 중 하나의 범주에 분류한다(예를 들면, 평가자 #1은 1번 문항을 2번 파일에, 평가자 #2는 같은 문항을 1번 파일에, 평가자 #3은 2번 파일에, 평가자 #4는 3번 파일에 등등).

5단계: 평가자들의 파일을 모아서 그 결과에 대한 표를 만든다. 다음 표를 참조하라.

각 문장의 등급에 대한 평가자의 수

	비우호적				중립적			우호적				
문장	1	2	3	4	5	6	7	8	9	10	11	합계
1	23	60	12	5	0	0	0	0	0	0	0	100
2	0	0	0	0	2	12	18	41	19	8	0	100
3	2	8	7	13	31	19	12	6	2	0	0	100
4	9	11	62	10	4	4	0	0	0	0	0	100

6단계: 각 문장별로 평가자들의 분류결과를 토대로 평균 등급과 동의 정도를 계산한다. 예를 들면, 1번 문항의 평균은 2 정도이며, 동의 정도가 크다. 3번 문항의 평균은 5에 가깝지만 동의 정도가 낮다.

7단계: 사형에 대한 의견 척도에 포함될 문항 20개를 고른다. 평가자들이 동의한 문항(하나 또는 그 옆의 파일에 있는 것)을 선택하고, 우호적에서부터 중립적, 비우호적까지 전 범위의 의견이 골고루 분포를 보일 수 있도록 문항들을 고른다.

8단계: 20개의 문항으로 이루어진 질문서를 마련하여 연구대상에게 그 문항에 동의하는지 아닌지를 묻는다.

출처: Neuman, *Social Research Methods,* 4th ed., p. 187, Box. 7.8.

2) 보가더스척도법(Borgadus Scaling)

보가더스척도는 인종, 사회계급과 같은 여러 가지 형태의 사회집단에 대한 사회적 거리(social distance)를 측정하기 위한 척도이다. 이 척도는 하나의 집단이 다른 대상 또는 다른 집단(outgroup)에 대하여 얼마나 거리감을 느끼는지 측정할 때 사용한다. 이 척도는 1920년대에 Emory M. Borgadus가 서로 다른 인종집단의 구성원들이 다른 집단에 대하여 어느 정도 우호적인지 측정하기 위하여 개발하였다.[33)]

이 척도의 논리는 간단하다. 응답자들은 순서가 매겨진 일련의 진술에 응

33) E. S. Bogardus, A Social Distance Scale, *Sociology and Social Research,* XVII, 1928, pp. 265-271.

답하는데, 가장 위협적이거나 가장 거리가 먼 진술을 한 쪽 끝에 배치하며, 가장 덜 위협적이거나 사회적으로 가장 친밀한 진술을 다른 끝에 배치한다. 이 척도의 논리에 따르면 접촉을 거부하거나 사회적으로 거리가 있는 문항에 대하여 불편한 느낌을 가진 사람은 사회적으로 가까운 거리의 문항을 거부한다는 것이다.

연구자들이 이 척도를 구성하는 방법은 다음과 같다. 먼저 일련의 진술을 개발한다. 예를 들어, "X라는 집단에 소속한 사람을 ① 우리나라의 방문객으로 받아들인다. ② 이웃으로 동네에 받아들인다. ③ 같은 직장동료로 받아들인다. ④ 개인적인 친구로 사귄다. ⑤ 형제 또는 자매와 결혼하여 가족구성원으로 받아들인다."라는 진술을 제시한다. 이러한 질문은 아무렇게나 배열된 것이 아니라 특정집단의 구성원에 대하여 방문객으로 받아들이는 것에서부터 결혼을 통하여 가족구성원으로 받아들이기까지 사회적 거리의 연속성에 따라 배열되어 있다. 다음 단계로 응답자들에게 이러한 접촉을 받아들일지 또는 이러한 진술에 대하여 불편한 느낌은 없는지에 대하여 질문한다. 예를 들어, 문항 ③ "같은 직장동료로 받아들인다."를 거부한 응답자는 ④나 ⑤의 문항을 받아들이기 어려울 것이다. 이 척도에서 미리 정해진 문항 수는 없으나 보통 5개에서 9개 정도를 사용한다.[34)]

사회적 거리척도의 측정값은 독립변수로 사용할 수 있으며, 또한 종속변수로 사용할 수 있다. 예를 들면, 연구자가 하나의 집단으로부터의 사회적 거리는 어떤 특성을 가진 사람들에게서 크다고 가정할 수 있다. 예를 들어, "우리나라 사람들의 외국인 노동자에 대한 사회적 거리감은 학력이 낮을수록 크다."는 가설을 생각할 수 있다. 이 경우 외국인 노동자에 대한 사회적 거리감은 종속변수이며, 학력은 독립변수가 된다.

<표 10-3>에 나타난 가상적인 결과는 신입생들이 B국가에서 온 학생들보다 A국가에서 온 학생들에게 사회적 거리감을 더 느낀다는 것을 보여준다. 거의 모든 학생들은 외국인 학생이 방문자, 학생등록, 같은 과목을 수강하는 것을 편안하게 생각하였다. 대인접촉이 증가하면서 거리감은 커지고 있는데, 특히 수업과는 관련이 없는 사생활 환경이나 활동에 관련되면 거리감이 더욱

34) Neuman, W. L., *Social Research Methods: Qualitative and Quantitative Approaches,* 4th ed., Allyn & Bacon, 2000, p. 188.

표 10-3 보가더스 사회적 거리척도의 작성사례

연구자는 대학신입생이 교환학생으로 입학한 외국인 학생에 대하여 얼마나 사회적 거리감을 느끼는지 파악하고자 한다. 연구자는 다음과 같은 문항을 가지고 신입생에 대하여 인터뷰를 준비하였다.
(A 국가)에서 온 교환학생에 대하여 다음 질문에 당신이 개인적으로 편안하다고 생각하는지 첫 반응을 '예' 또는 '아니오'로 대답하세요.

_______ 우리 대학에 일주일 간 방문자로 받아들임
_______ 우리 대학에 전일제 학생으로 등록하는 것을 받아들임
_______ 당신이 선택한 몇 과목을 함께 수강하도록 함
_______ 수업시간에 옆 자리에 앉고, 시험준비를 같이 하도록 함
_______ 기숙사의 옆 방에서 생활하도록 함
_______ 동성일 경우 기숙사의 같은 방에서 룸메이트로 생활함
_______ 이성일 경우 데이트 상대가 됨

가상적인 결과

편안하다고 응답한 신입생의 비율		
	A 국가	B 국가
방문자	100%	100%
학생등록	98%	100%
같은 과목수강	95%	98%
같이 공부함	82%	88%
같은 기숙사	71%	83%
룸메이트	50%	76%
데이트 상대	42%	64%

출처: Neuman, *Social Research Methods*, 4th ed., p. 188 Box. 7.9.

커진다.

보가더스 척도는 적용범위가 넓다는 이점이 있으나, 척도 자체가 세련된 것은 아니기 때문에 예비적 연구나 단시일 내에 연구결과가 요구되는 경우에만 한정적으로 사용된다.35)

35) 박용치, 「현대사회과학방법론」, 고려원, 1989, pp. 606-607.

3) 거트만척도법

거트만척도는 보가더스척도를 체계적으로 발전시킨 것으로 척도를 구성하는 과정에서 문항들의 단일차원성이 경험적으로 검증되도록 설계된 척도이다. 거트만은 만약 척도를 구성하는 문항들이 동일한 태도 차원을 구성하는 것이라면, 이 문항들을 그 태도의 잠재적인 차원을 나타내는 연속체가 될 수 있도록 배치할 수 있다고 가정한다.[36] 이와 같이 구성된 거트만척도는 단일차원적(uni-dimensional)이고 누적적(cumulative)이다. 여기에서 누적적이라는 것은 "강한 태도를 나타내는 문장에 긍정적인 견해를 표명한 사람은 약한 태도를 나타내는 문항에 대해서도 긍정적(또는 그 반대의 순서도 가능)이라는 논리를 적용하여 구성문항을 배열한다."는 것을 뜻한다.

지역주민의 외국인에 대한 태도를 측정하기 위하여 거트만척도를 구성하여 사용하는 가상적인 사례를 살펴보기로 하자. 만약 자신의 자녀가 외국인과 결혼하는 것을 허락하는 사람은, 외국인이 자신과 같은 사교클럽에 가입하는 것을 반대하지도 않을 것이다. 같은 논리로 그 사람은 외국인이 자신의 이웃에 거주하는 것을 반대하지 않을 것이다. 이러한 3개 문항을 가지고 척도를 구성하여 4명의 응답자에게 적용한 가상적인 사례가 <표 10-4>에 제시되어 있다.

<표 10-4>의 척도는 단일차원적이며 동시에 누적적이다. 즉 문항이 하나의 잠재적인 차원에 일차원적으로 배열되었다. 그리고 모든 응답자들이 그와 같이 배열된 척도구성문항에 대하여 동의(+ 응답)하기 전에 반대(- 응답)하지 않았으므로, 그 응답은 누적적이다. 그러므로 어떤 응답자가 마지막으로 동의한 문항을 알면, 그 응답자의 다른 문항에 대한 응답을 예측할 수 있는 것이다.

그러나 사실상 <표 10-4>에서와 같은 완벽한 척도를 구성하기는 어렵다. 즉 응답자의 응답에 불일치가 발생하게 되는 것이다. 그러므로 연구자가 거트만척도의 절차에 따라서 만든 척도가 완벽한 거트만척도 형태(perfect scalable pattern)와 일치하는 정도, 즉 단일차원성과 누적성의 가정에 얼마나 부합되느냐를 검증하는 방법이 필요하다. 거트만척도에서는 재생계수(CR: coefficient of reproducibility)를 통하여 그 정도를 판단한다. 재생계수는 다음과 같은 공식에 따라 산출된다.

---

36) Nachmias & Nachmias, *op. cit.,* pp. 475-483.

표 10-4 가상적인 완벽한 거트만척도

척도구성 응답자	문항 1 이웃에 거주를 허용한다.	문항 2 같은 사교클럽에 가입을 허용한다.	문항 3 자녀와 결혼을 허용한다.	총 점
A	+(1)	+(1)	+(1)	3
B	+(1)	+(1)	-(0)	2
C	+(1)	-(0)	-(0)	1
D	-(0)	-(0)	-(0)	0

* +는 문항의 진술에 동의, -는 동의하지 않는 것을 나타냄.
출처: Nachmias & Nachmias, *Research Methods in the Social Sciences*, 3rd ed., 1987, p. 476.

$$재생계수(CR) = 1 - \frac{응답의\ 오차수}{문항수 \times 응답자수}$$

재생계수가 1일 경우에는 이상적인 거트만척도에 접근하여 완벽한 척도구성가능성(scalability)을 갖는다. 그러나 보통의 경우에도 재생계수가 최소한 .90은 되어야 바람직한 거트만척도인 것으로 알려져 있다. 물론 재생계수가 높은 것이 척도구성 가능성에 대한 충분한 기준이 되는 것은 아니다. 그 외 일반적으로 다른 유형의 척도구성에서도 요구되는 기준인 ① 오차형태, ② 척도에서 문항의 수, ③ 각 문항에 있어서 카테고리의 수, ④ 한계분포의 정도(range of marginal distribution) 등도 고려하는 것이 필요하다.37)

이상에서 살펴본 거트만척도를 구성하는 절차를 요약하면 다음과 같다.

① 척도구성항목을 선정한다.
② 응답자의 응답을 스캘로그램 용지에 기입한다.
③ 재생계수를 계산한다.
④ 구성항목을 조정하여 척도를 구성한다.

두 번째와 세 번째 단계는 스캘로그램 분석(scalogram analysis)이라고

37) L. Guttman, The Basis for Scalogram Analysis, 1949, pp. 78-80; S. Stouffer et al. (eds.), *Measurement and Prediction Studies in Social Psychology in World War I*, Vol. 4, The Bobbs-Merrill Reprint Series in the Social Sciences, S-413; 이관우, 전게서, pp. 307-311에서 재인용.

부른다. 거트만척도는 단일차원의 변수에 대한 문항의 모집단으로부터 문항을 추출하여, 그 척도 내에 문항을 일정한 순서로 배열하여, 응답자들의 응답이 그 순서에 따라서 일관성 있게 나와야 한다. 그런데 실제 척도구성항목에 대한 응답자의 응답이 순위에 따라 완벽한 일관성을 나타내기란 거의 불가능하다. 그러므로 응답자들의 응답을 토대로 연구자가 작성한 거트만 스타일의 척도가 이상적인 거트만척도의 취지에 어느 정도 접근하고 있는지를 검토함으로써, 척도의 신뢰도를 검증하는 방법이 스캘로그램 분석이다. 스캘로그램 분석에서는 재생계수(coefficient of reproducibility)를 통하여 척도의 신뢰도를 판단하는데, 그 계산과정에서 컴퓨터의 도움을 받을 수 있다.[38]

Clogg와 Sawyer는 거트만척도를 사용하여 미국시민들이 어떠한 조건하에서 낙태를 허용하는지(예를 들면, 산모의 건강이 위협받을 때, 강간으로 인한 임신 등)를 연구하였다. 그들은 84.2%의 응답이 척도구성가능한 패턴을 보이고 있음을 발견하였다. 한편 McIver와 Carmines는 미국에서 1975년 소비자보호원(Consumer Protection Agency)을 신설할 때 기명투표(roll call vote)를 조사하였다. 그들은 12개의 실질적 수정조항에 대한 투표결과를 검토하였는데 상원의원들의 투표의 92%가 거트만척도의 패턴을 나타냈다는 것을 발견하였다.[39]

4) 리커트척도법

여러 가지 척도구성기법 중에서 가장 실용성이 높고 많이 사용되는 방법이 리커트가 개발한 총화평정법(summated rating)에 의한 척도구성방법이다. 이 방법은 가장 널리 사용되고 있고, 우리나라에서 수행된 행정학 및 정책학 분야의 연구에서도 대부분 리커트척도의 구성절차에 따라서 척도를 구성하고 있다. 리커트척도는 어떤 집단이 어떤 쟁점에 대하여 갖는 태도를 측정하기 위하여 구성되는 척도인데 그 구성절차를 간단히 소개하기로 한다.

첫째, 측정하고자 하는 쟁점 또는 태도에 긍정-부정, 호의적-비호의적, 찬성-반대의 방향이 뚜렷한 문항(진술, 문장)을 대략 20개 정도를 만든다.

둘째, 각 문항에 대하여 그 쟁점이나 평가대상의 성격에 따라서 찬반태도,

38) 통계분석 패키지인 SPSS프로그램의 신뢰도분석에서 거트만척도 구성에 필요한 척도분석을 수행하는 분석프로그램(sub-program)을 수용하고 있다.

39) Neuman, *op. cit.,* p. 191에서 재인용.

호의적-비호의적, 인정-불인정, 개연성 여부 등의 정도를 나타내는 응답범주를 만든다. 예를 들어, '적극찬성', '찬성', '중립', '반대', '적극반대' 등의 다섯 가지 범주로 응답 범주를 구분한다. 실제 연구목적에 따라서는 3개 범주로 구성하거나 7개 범주를 구분할 수도 있다.

셋째, 주어진 문항들의 내용과 관련하여 대표성 있는 응답을 할 수 있을 것으로 보이는 응답자들의 표본(약 500명 정도)으로부터 이들 문항에 대한 응답을 받아낸다.

넷째, 각 문항에 대한 응답자의 반응을 점수로 환산한다. 응답범주에 대한 평점은 가장 우호적인 것에서부터 가장 비우호적인 것에 이르는 순서로 높은 점수에서 낮은 점수의 순서로 매긴다. 그 반대의 방향도 무방하다. 가령 5개의 범주가 있으면 점수는 1점에서 5점, 또는 5점에서 1점의 순서로 부여한다.

다섯째, 각 응답자의 응답의 총점을 구한다. 총점은 각 문항에 대한 응답의 평점을 모두 합한 수치이다. 1점에서 5점까지의 평점을 가진 20개 문항이면 최저 20점, 최고 100점이 될 것이다.

여섯째, 문항분석(item analysis)을 통하여 문항끼리의 내적일관성(internal consistency) 또는 각 문항에 대한 응답과 총점과의 일관성을 판단한다(다음의 척도분석의 방법 중 문항분석방법을 볼 것).

일곱째, 문항분석결과 일관성이 낮은 문항을 버리고, 응답자들의 태도를 잘 차별화시키는 문항들, 즉 식별능력(discriminative power)이 있는 문항만을 선택한다. 문항에 대한 응답자들의 응답에 편차가 없는 경우에는 문항 자체가 좋지 않다는 것을 의미하므로 제외시켜야 한다. 6개의 문항은 되어야 척도를 구성할 수 있다는 것이 일반적인 기준이다. 그러나 2개 이상의 문항을 가지고 척도를 구성하는 경우도 있다. <표 10-5>에 리커트척도를 사용하여 지수를 구성한 사례가 제시되었다.

이러한 절차를 거쳐 구성한 리커트척도를 총화평정척도라고 부르는 것은 문항분석 또는 신뢰도분석을 거친 후, 식별능력이 확인된 각 문항에 대한 응답 값을 합산하여 척도값으로 사용하기 때문이다. 합산한 값을 그대로 사용할 수도 있고, 이를 문항 수로 나눈 값을 사용하기도 한다. 사회과학분야의 연구에서 개별문항에 대한 응답값은 서열척도이지만 그 값들을 합산한 총화평정척도는 등간척도로 여겨지고 있으므로, 자료의 다변량분석에서 주의가 필요하다.

표 10-5 리커트척도를 사용하여 지수를 구성한 사례

A. 여성에 대한 기회평등 지수(Index of Equal Opportunity for Women)

문 항	적극 동의	약간 동의	약간 반대	적극 반대	의견 없음
1. 여성은 남성에 비하여 최상위직에 오를 수 있는 교육을 받을 기회가 제한되어 있다.					
2. 자격을 갖춘 많은 여성이 좋은 직업을 갖지 못한다. 비슷한 기술을 가진 남성들은 문제가 적다.					
3. 우리 사회는 여성을 차별한다.					

점수부여: 모든 문항에 대하여
적극 동의=1, 약간 동의=2, 의견없음=3, 약간 반대=4, 적극 반대=5

척도에서 가능한 최고점수=15점 응답자는 여성들에게 기회가 평등하다고 느낌
척도에서 가능한 최저점수=3점 응답자는 여성들에게 기회가 불평등하다고 느낌

B. 자기존중지수(Self-Esteem Index)

문 항	동의	동의안함	잘 모름
1. 대체로 나는 내 자신에 만족한다.			
2. 때로는 내가 전혀 쓸모없다고 느낀다.			
3. 때로는 다른 사람이 내 의견을 심각하게 생각하지 않는다고 느낀다.			

점수부여:
1번과 3번 문항: 동의안함=1, 잘모름=2, 동의 =3
2번 문항: 동의안함=3, 잘모름=2, 동의 =1

지수에서 가능한 최고점수=9점 자기존중의식이 높음
지수에서 가능한 최저점수=3점 자기존중의식이 낮음

C. 공공기관에 대한 고객만족도 지수(Client Satisfaction Index)

문 항	동의	동의안함	잘 모름
1. 이 기관의 직원들은 항상 나에게 관심을 가지고 대한다.			
2. 이 기관의 서비스를 받기 위하여 20분 이상 기다린 적이 없다.			
3. 이 기관의 직원들은 나에게 다음에 다시 방문하라고 말하곤 한다.			
4. 이 기관에서 제공하는 서비스가 나에게는 만족스럽지 않다.			

점수부여:
1번과 2번 문항: 동의안함=1, 잘모름=2, 동의=3
3번과 4번 문항: 동의안함=3, 잘모름=2, 동의=1
지수에서 가능한 최고점수=12점 만족도가 높음
지수에서 가능한 최저점수=3점 만족도가 낮음

출처: Neuman, *Social Research Methods*, 4th ed., p. 184 Box. 7.7.

5) 어의차별척도법

어의차별척도(Semantic Differential Scale)는 1950년대에 사람들이 개념, 대상 또는 다른 사람에 대하여 어떻게 느끼는지를 간접적으로 측정하기 위하여 Osgood, Suci & Tannenbaum에 의하여 개발되었다.[40] 어의차별척도는 어떤 대상이 개인에게 주는 의미를 측정하는 방법으로 개발되었지만 실제로는 여러 응답자들이 동일한 대상을 어떻게 평가하는지를 측정하는 일종의 태도척도(attitude scale)라고 볼 수 있다.[41] 이 척도기법에서는 형용사를 사용하여 측정대상에 대한 주관적 느낌을 측정한다. 사람들은 말하거나 글을 쓰면서 특정 대상을 평가할 때 형용사를 사용하여 의사소통을 하게 된다. 대부분의 형용사는 반대말을 가지고 있으므로(예, 밝음/어두움, 단단함/부드러움, 느림/빠름), 양극단의 반대되는 형용사를 사용하여 등급을 정하거나 척도로 사용한다.

이러한 형용사의 쌍에는 좋음-나쁨, 아름다움-추함, 깨끗함-더러움 등과 같은 평가적(evaluative) 형용사, 강함-약함, 큼-작음, 무거움-가벼움 등과 같은 잠재력(potency)을 나타내는 형용사, 빠름-느림, 예리함-둔함, 적극적-소극적 등과 같이 활동(activity)을 나타내는 형용사 등이 있다. 이같이 평가, 잠재력, 활동을 나타내는 형용사 쌍 중에서 평가를 나타내는 형용사가 가장 중요한 것으로 여겨지고 있다.

연구자가 어의차별척도를 사용하려면 자신의 연구문제에 포함된 개념을 측정할 수 있는 형용사의 쌍들을 선정하여야 한다. <표 10-6>에 국민들이 결혼 및 이혼에 대하여 갖는 느낌을 측정하려는 형용사의 쌍이 9개 제시되었다. 어

40) C. E. Osgood, G. J. Suci & P. H. Tannenbaum, *The Measurement of Meaning,* Urbana, Ill: University of Illinois Press, 1957.
41) 김경동·이온죽, 전게서, 1989, p. 387.

표 10-6 어의차별척도의 사례

다음에 제시된 각 쌍의 형용사를 읽고 당신이 첫 번째 인상에 따른 느낌과 가장 가까운 곳에 표시하세요. 이 문항에는 옳은 답과 틀린 답이 없습니다.

당신은 이혼에 대하여 어떤 느낌을 갖습니까?

좋음	___	___	___	___	___	___	___	___	나쁨
깊음	___	___	___	___	___	___	___	___	얕음
약함	___	___	___	___	___	___	___	___	강함
공정함	___	___	___	___	___	___	___	___	불공정함
조용함	___	___	___	___	___	___	___	___	시끄러움
현대적임	___	___	___	___	___	___	___	___	전통적임
단순함	___	___	___	___	___	___	___	___	복잡함
빠름	___	___	___	___	___	___	___	___	느림
더러움	___	___	___	___	___	___	___	___	깨끗함

당신은 결혼에 대하여 어떤 느낌을 갖습니까?

좋음	___	___	___	___	___	___	___	___	나쁨
깊음	___	___	___	___	___	___	___	___	얕음
약함	___	___	___	___	___	___	___	___	강함
공정함	___	___	___	___	___	___	___	___	불공정함
조용함	___	___	___	___	___	___	___	___	시끄러움
현대적임	___	___	___	___	___	___	___	___	전통적임
단순함	___	___	___	___	___	___	___	___	복잡함
빠름	___	___	___	___	___	___	___	___	느림
더러움	___	___	___	___	___	___	___	___	깨끗함

출처: Neuman, W.L. *Social Research Methods*, 4th ed., p. 190 Box. 7.10.

의차별척도의 사례에서 볼 수 있듯이 응답자는 각 문항에 대하여 본인의 생각과 가장 가까운 느낌에 해당하는 위치에 표시하도록 한다. 각 문항에 대하여 3점, 5점, 7점, 9점 척도를 사용할 수 있다. 그런데 Osgood은 7점 척도의 형태가 가장 효과적이라고 보고 있다.

4. 척도분석의 방법

척도분석(scale analysis)은 복수의 문항(지표)으로 구성된 척도, 예를 들면, 거트만척도, 리커트형척도, 어의차별척도 등의 적합성을 검증하는 분석방법이다. 척도분석의 방법으로 많이 사용되는 것은 문항분석, 요인분석, 스캘로그램분석(scalogram analysis) 등이 있다. 스캘로그램분석은 거트만척도 구성방법에서만 사용하며, 그 절차를 대강 소개하였으므로 여기에서는 생략하기로 한다.

1) 문항분석

앞서 척도구성의 기본전제의 하나로 척도는 무한정한 문항의 모집단으로부터 추출된 일정수의 항목 또는 문항표본으로 구성된다고 말한 바 있다. 문항분석(item analysis)은 척도를 구성하는 문항끼리의 내적일관성(internal consistency), 그리고 각 문항과 전체 척도와의 관계를 평가하여 척도의 정확성을 평가한다.

문항분석에서는 문항의 모집단에서 추출한 표본문항들에 대한 응답자의 응답값이 모집단의 참값들과 상관관계가 크다면 그 문항표본은 좋은 표본이며, 따라서 척도는 대표성을 갖는 것으로 판단한다. 만약 척도를 구성하는 문항들이 단일차원이며 하나의 구성개념으로부터 도출된 것이라면 그 항목들에 대한 응답은 높은 상관관계를 가져야 한다. 반대로 그 값들의 상관관계가 낮다면, 이는 그 문항들이 그 구성개념의 영역으로부터 도출된 단일차원의 척도가 아니라는 사실을 나타내는 것이다. 따라서 그러한 문항으로 구성된 척도는 바람직한 척도가 아니라고 판단할 수 있다.

문항분석에서는 척도를 구성하는 항목들간의 연관관계 및 내적일관성을 평가하는 지표로서 크론바하의 값을 사용한다. 크론바하의 α값은 다음의 식으로 계산한다.

$$\alpha = \frac{k}{k-1}\left(\frac{\Sigma\sigma_i^2}{\sigma_y^2}\right)$$

여기에서, α: 크론바하의 알파값
k: 측정항목수
$\Sigma\sigma_i^2$: 각 항목의 분산
σ_y^2: 측정항목 모두를 더한 총화척도의 분산

크론바하의 σ값은 전체적으로 척도의 질을 평가하는 계수로 사용되는데,

α값이 낮다는 것은 항목의 표본들이 측정하고자 하는 개념을 제대로 반영하고 있지 못함을 나타내며, 반대로 α값이 높다는 것은 k항목으로 구성된 척도가 측정하고자 하는 개념의 모집단을 잘 반영하고 있다는 것을 나타내고 있다.[42] 문항분석의 결과 값이 낮다면 연구자는 각 측정문항과 전체 값과의 상관계수를 계산하여, 항목 대 전체의 상관계수가 아주 작은 항목들을 제거시켜야 한다. 문항분석의 구체적 사례는 다음 절에서 소개될 내적일관성 분석에 의한 신뢰도 분석에서 살펴보겠다.

2) 요인분석

문항분석만 가지고는 구성개념이 단일차원인지 다차원인지 파악하기 어렵다. 예를 들어, 다차원적 개념인 소외(alienation)를 측정하기 위한 설문문항의 차원을 검증하기는 어려운 것이다. 소외라는 개념은 무력감(powerlessness), 무의미감(meaninglessness), 무규범성(normlessness), 고립감(isolation) 등 다차원적으로 개념화된다. 이러한 다차원적인 개념을 측정하는 설문문항들의 측정결과가 예상대로 다차원적인 척도인지를 요인분석(factor analysis)을 통하여 검증할 수 있다.[43] 요인분석은 다수의 상호관련된 변수(문항)들을 보다 제한된 수의 차원(dimensions)이나 공통요인(common factors)으로 분류하는 통계분석기법이다. 요인분석은 다차원적 척도를 구성하는 데 유용하게 사용된다. 요인분석의 구체적 사례는 다음 절에서 살펴볼 타당성의 평가방법에서 소개하겠다.

---

42) 다음 절에서 살펴볼 신뢰도분석방법 중 내적일관성의 방법을 참조할 것. 값이 어느 정도일 때에 만족할 만한 값인가는 조사의 목적에 따라 달라진다. 기초연구의 단계에서는 0.6 이상이면 충분하다고 한다. 그러나 이러한 측정값을 토대로 중요한 결정을 내리고자 할 경우에는 0.9 정도의 신뢰도를 확보하여야 한다.

43) Zeller와 Carmines는 소외감의 4개 차원을 측정하는 문항들, 즉 무의미감(meaningless) 9개 문항, 무력감(powerlessness) 10개 문항, 무규범성(normlessness) 8개 문항, 사회적 고립감(social isolation) 9개 문항 등 총 36개 문항으로 구성된 척도의 다차원성을 확인하기 위하여 336명의 기혼여성을 대상으로 조사한 설문조사자료를 분석하여, 그 4차원을 실증적으로 밝히고 있다. Zeller & Carmines, *op. cit.*, 제2장 참조.

5. 지수의 의미와 작성방법

1) 지수의 의미

우리의 일상생활에서도 여러 가지 지수(index)들이 쓰이고 있다. 예를 들면, 소비자물가지수, 주가지수, 주요범죄지수 등이 그러한 지수들이다. 학술적으로도 사회경제적 지위(socio-economic status, SES), 관료적 조직의 공식화의 정도, 결혼생활에 대한 적응의 정도, 집단간 상호작용의 강도, 지역사회에서 사회적 활동의 수준, 양성평등의 정도 등을 측정하고자 하는 수많은 지수들이 쓰이고 있다.

지수는 여러 항목들을 결합하여 하나의 수치점수(numerical score)로 나타낸 것이다. 물가지수(price index)는 대표적인 몇 가지 품목들의 가격을 합산하여 전반적인 물가수준의 변동을 하나의 값으로 나타낸다. 주가지수는 여러 가지 품목의 주식시세를 합산하여 주식시장의 상황을 하나의 지수 값으로 나타낸다. 사회경제적 지위지수는 개인 또는 가족단위의 사회계층적 위치를 나타내는 측정치이며, 직업, 학력, 가계소득을 나타내는 지표를 합산한 복합지수의 값으로 나타낸다.[44] 학생들의 성적평점(grade point average)도 일종의 지수이다. 성적평점은 학생들이 여러 과목에서 나타낸 학업성취도를 합산하여 하나의 수치로 나타낸 것이다.

2) 지수와 척도

지수와 척도는 다른 것인가? 일반적으로 학자들은 지수와 척도를 상호교환적으로 사용하고 있다.[45] 척도란 연구자가 하나의 구성개념의 강도, 방향, 수준, 또는 잠재력을 포착하기 위하여 사용하는 측정도구이다. 척도는 응답자의 반응 또는 관찰결과를 하나의 연속선상에 배치한다. 하나의 척도는 하나의

---

44) Duncan의 사회경제적 지위지수는 미국 시카고의 국립여론조사소(NORC)가 개발한 직업의 위신등급(prestige ratings) 점수(X1)와 학력(X2), 및 소득(X3)에 각각 가중치를 부여하고 서로의 상관관계 계수 등을 사용하여 그 타당도를 확인한 사회경제적 지위지수이다. 미국 인구국에서 개발한 사회경제적 지위 지수도 직업, 학력, 가계소득 등의 지표를 사용한 복합한 지수인데, 가중치를 주는 방식이 다르다.

45) Neuman, *op. cit.,* p. 176.

지표(indicator) 또는 문항(item)을 사용할 수 있고, 또한 여러 개의 지표 또는 문항을 사용할 수 있다. 대부분의 척도는 등간수준에서 측정이 이루어진다.

지수는 연구자가 하나의 구성개념에 대하여 복수의 지표를 합산하거나 조합하여 하나의 점수(single score)로 전환한 것이다. 지수는 등간수준에서 측정이 이루어지기도 하지만 비율수준에서 측정이 이루어지는 경우도 많다. 이 같이 지수와 척도는 개념상으로는 구분되지만 현실적으로는 상호교환적으로 사용된다. 그러나 앞에서 살펴 본 바와 같이 서스톤척도, 보가더스척도, 거트만척도, 리커트척도, 어의차별척도 등 척도구성의 방법은 사람들의 주관적인 태도를 측정하는 방법으로 발전되어 왔다. 반면에 지수는 주관적인 태도뿐 아니라 물가지수, 주가지수 등과 같이 객관적인 현상도 측정하는 것으로 그 적용범위가 더욱 넓다고 하겠다. 최근에는 중앙부처와 지방자치단체별로 행정서비스에 대한 주민만족도 조사, 규제순응도 조사 등과 같은 조사가 많아지고 있는데, 이러한 조사는 지수작성절차에 따른 지수구성을 전제로 한다.

3) 지수작성시 고려사항

현실적으로 수많은 지수들이 개발되어 사용되고 있다. 물가지수, 주가지수 등 지수들은 개발되어 사용하면서 경험적으로 타당성이 입증된 것이기도 하다. 그러므로 연구자는 새로운 지수를 만들기 전에 이미 개발되어 사용 중에 있는 지수가 있는지 살펴보아야 한다. 여기에서는 새로운 지수를 작성하는데 있어서 고려하여야 할 주요사항인 항목선정, 가중치 부여방법, 그리고 지표항목의 표준화에 관하여 살펴보기로 한다.

(1) 항목의 선정

지수를 작성하는 데 포함될 항목을 결정하는 것이 가장 중요하다.[46] 항목결정에서 연구자는 다음 사항을 고려하여야 한다. 첫째, 연구자가 측정하고자 하는 차원을 나타내는 항목, 즉 올바른 항목을 선정하여야 한다. 둘째, 측정하고자 하는 차원의 모든 측면을 나타냄과 더불어 신뢰도를 확인할 수 있도록 충분한 수의 항목을 선정하여야 한다.

예를 들어, 연구자가 대학의 질을 평가하는 지수를 작성하는데 관심이 있

46) O'Sullivan & Rassal, *Research Methods for Public Administrators,* 1989, pp. 252-253.

다고 하자. 연구자는 이론적인 정의를 검토한 후 양질의 교육을 제공하는 대학은 다음과 같은 여섯 가지 특징을 가지고 있다고 보았다. ① 교수 일인당 학생수가 적다. ② 교수진의 학력이 높다. ③ 도서관의 장서가 많다. ④ 중도 퇴학하는 학생수가 적다. ⑤ 상급학위과정 진학생 수가 많다. ⑥ 교수진의 저술 및 논문의 수가 많다. 연구자는 이러한 항목들이 과연 대학의 질을 평가하는 올바른 항목인지, 그리고 모든 항목들이 포함되었는지 검토하여야 한다. 이 과정은 다음 장에서 살펴 볼 측정지표의 내용타당성 검토절차에 해당한다. 항목 선정의 적정성은 관련분야의 문헌과 전문가의 검토를 거쳐서 확인되어야 한다.

대학의 질에 관한 지수 초안을 검토한 다른 연구자가 교육의 질(teaching quality)이 매우 중요한 차원임에도 불구하고 빠트렸다고 생각하여 추가할 것을 건의하였다고 하자. 그러면 위의 6개 항목에 교육의 질이라는 차원을 추가할 수 있다. 그런데 여기에서 교육의 질을 평가하기 위한 하위지수(subindex)를 다시 만들 수도 있다. 예를 들면, 교육의 질 지수는 다음과 같은 여덟 가지 항목으로 구성할 수 있다. ① 학급의 평균규모, ② 수업시간 중 토론의 비중, ③ 강의 과목의 수, ④ 수업시간 이외 교수면담시간, ⑤ 독서과제의 양, ⑥ 과제가 학업에 도움이 되는 정도, ⑦ 교수의 개별 학생 인지도, ⑧ 학생의 강의평가 등급. 이러한 교육의 질 지수는 독립적으로 사용할 수도 있으며, 대학의 질을 평가하는 지수와 결합하여 사용할 수 있다.

(2) 가중치 부여

지수작성에서 이슈의 하나가 항목들에 가중치를 부여할 지에 관한 것이다. 특별한 언급이 없는 경우에 지수는 가중치를 부여하지 않는 것으로 간주한다. 즉, 다른 가중치를 부여할 뚜렷한 이론적 근거가 없다면 동일한 가중치를 주어야 한다는 것이다. 이 경우에는 모든 항목의 측정값을 단순 합산하는 절차를 거치게 된다.

가중치를 부여한 지수에서는 연구자가 일부 항목에 더 높은 가치와 가중치를 부여한다. 가중치를 부여하는 기준은 이론적인 가정과 정의를 기준으로 하는 방법과 요인분석과 같은 통계적 기법을 사용하는 방법으로 구분된다. 이론적 관점에서 가중치를 부여할 경우, 자료수집 이전에 가중치를 결정할 수 있지만, 요인분석과 같은 통계분석기법을 사용할 경우에는 자료수집이 이루어진 후에야 가중치가 결정된다(앞에서 살펴 본 척도분석방법 참조).

표 10-7 대학의 질을 평가하는 지수작성 사례

대학의 질을 평가하는 지수는 다음과 같은 6개 항목을 기초로 한다.	좌측의 항목을 기호로 나타내면 Q = 전반적 대학의 질 지수
1. 교수 일인당 학생수(-)	R = 교수 일인당 학생수(-)
2. 박사학위를 가진 교수의 비율	F = 박사학위를 가진 교수의 비율
3. 학생 1인당 장서 수	B = 학생 1인당 장서 수
4. 신입생 중 중도탈락자 비율(-)	D = 신입생 중 중도탈락자 비율(-)
5. 상급학위과정 진학생 비율	A = 상급학위과정 진학생 비율
6. 교수 일인당 저술 및 논문의 수	P = 교수 일인당 저술 및 논문의 수

가중치가 없는 경우: $(-1)R+(1)F+(1)B+(-1)D+(1)A+(1)P=Q$

가중치가 있는 경우: $(-2)R+(2)F+(1)B+(-3)D+(1)A+(3)P=Q$

서울명문 A 대학

가중치가 없는 경우: $(-1)13+(1)80+(1)334+(-1)14+(1)28+(1)4=419$

가중치가 있는 경우: $(-2)13+(2)80+(1)334+(-3)14+(1)28+(3)4=466$

지방거점 B 대학

가중치가 없는 경우: $(-1)20+(1)82+(1)365+(-1)25+(1)15+(1)2=419$

가중치가 있는 경우: $(-2)20+(2)82+(1)365+(-3)25+(1)15+(3)2=435$

서울소재 C 대학

가중치가 없는 경우: $(-1)38+(1)95+(1)380+(-1)48+(1)24+(1)6=419$

가중치가 있는 경우: $(-2)38+(2)95+(1)380+(-3)48+(1)24+(3)6=392$

출처: Neuman, *Social Research Methods*, 4th ed., p. 178.

예를 들면, 앞의 대학의 질을 평가하는 지수에서 연구자는 이론적인 관점에서 '교수일인당 학생수', '박사학위를 가진 교수의 비율'이라는 두 항목이 중요하다고 보아 '학생 일인당 장서 수', '상급학위과정 진학생 비율'보다 2배의 가중치를 부여할 수 있다. 마찬가지로 '신입생 중 중도탈락자 비율'과 '교수 일인당 저술 및 논문의 수'라는 항목은 '학생 일인당 장서 수', '상급학위과정 진학생 비율'보다 3배 정도 더욱 중요하다고 보아 3배의 가중치를 부여할 수 있다. 이러한 가중치는 수식으로 표현하면 간결하다. 앞의 사례에서 '교수일인당 학생수'와 '신입생 중 중도탈락자 비율'에는 -부호가 부여되어야 하는데 그 값이 클수록 대학의 질이 낮아지기 때문이다.

자료를 수집한 다음에는 지수값을 계산할 수 있다. 그런데 가중치를 부여한 지수값과 부여하지 않은 지수값이 상당히 달라질 수 있다. <표 10-7>에 제시된 대학의 질을 평가한 사례에서 가중치를 부여하지 않은 경우, 모든 대학의 지수값이 같았지만 가중치를 부여한 결과는 상당히 달라졌다. 그러나 현실적으로 이와 같이 큰 차이가 나타나는 것은 드물다.

(3) 지수구성 항목의 표준화

범죄율, 인구증가율, 실업률 등과 같은 지수(index)와 지표(indicator)의 측정값은 비율(rate)로 표현된다. 비율은 어떤 항목의 값을 표준화함으로써 비교가 가능하도록 한다. 하나의 지수에 포함된 지표들은 지수에 포함되기 이전에 표준화되어야 하는 경우가 많다. 만약 표준화를 시키지 않으면 중요성이 적은 측정값이 단순히 척도와 범위가 다르다는 이유 때문에 중요한 지표보다 최종 지수값에 더 큰 영향을 미치는 경우가 있다.

예를 들면, 도시지역의 어려움을 측정하기 위하여 실업률, 부양율, 교육수준, 소득수준, 그리고 빈곤율과 같은 지표를 사용했다고 하자. 이러한 지표값들을 표준화시키지 않고 합산할 경우에는 퍼센트로 측정된 지표와 소득수준과 같이 그렇지 않은 지표에서 지표 값들의 차이가 나타난다. 나아가서 퍼센트로 측정된 지표의 경우에도 실업률은 중요한 지표임에도 불구하고 도시간에 편차가 적은 반면, 부양율은 도시간에 편차가 크다. 이러한 지표들의 값을 표준화시키지 않고 합산할 경우 만족할만한 지수를 구성했다고 보기 어렵다.

표준화(standardization)는 기초(base)를 선택하고 원 자료를 기초로 나누는 절차를 거친다. 예를 들어, 같은 해에 A시에서 10명의 살인범죄가 발생하였고 B시에서 30명의 살인범죄가 발생하였다고 하자. 두 시에서 살인범죄를 비교하려면 원자료의 살인범죄 숫자를 시의 인구로 나누어 표준화시켜야 한다. 만약 두 시의 인구가 동일하다면 B시가 더욱 위험하다. 그러나 만약 A시의 인구가 10만명이고 B시의 인구가 60만명이라면, 인구 10만명당 살인범죄의 수는 A시는 10명인 데 비하여 B시는 5명으로 적다. 표준화를 통하여 상이한 단위를 공통기초로 비교할 수 있다. 표준화과정에서 가장 중요한 문제는 어떠한 기초를 사용할 것인가라는 것이다. 위의 범죄 발생 사례에서 시의 규모를 측정하는 방법을 어떻게 결정할 것인가? 그 선택이 항상 분명한 것을 아니며 구성개념의 이론적 정의에 따라 달라진다.

표 10-8 도시의 어려움을 측정하는 지수의 항목과 정의

항목과 정의
1. 실업률: 근로자 중 실업자의 비율
2. 부양율: 18세 이하 또는 64세 이상 인구비율
3. 교육수준: 25세 이상 인구 중 고졸이하 학력자 비율
4. 소득수준: 주민일인당 소득
5. 빈곤율: 빈곤선 이하 가족의 비율

출처: O'Sullivan & Rassel, *Research Methods for Public Administrators*, p. 266.

표준화의 방법으로는 각 지표 값들을 표준점수로 환산하여 사용하는 방법(제14장 참조)도 있지만, 연구자가 특별히 고안한 절차를 통하여 표준화시키는 방법이 있다. 여기에서는 O'Sullivan과 Rassal이 도시의 어려움을 측정하고자 만든 지수를 표준화시킨 예를 들어, 살펴보기로 한다.[47)]

도시의 어려움을 측정하는 지수 항목은 실업률, 부양율, 교육수준, 소득수준, 빈곤율 등 다섯 가지이며, 각각의 정의가 <표 10-8>에 소개되었다. 그런데 전국의 도시들을 대상으로 자료를 수집한 결과 각 변수에 대한 측정 값의 범위가 매우 큰 것으로 나타났다. 또한 소득수준 변수는 다른 변수와는 달리 백분비로 측정되지 않았다. 이들을 표준화시키기 위하여, 모든 변수의 측정값들을 다음과 같은 방법으로 전환시킨 값을 구하였다. 각 변수에 대하여 최저값에 0의 값을 부여하고, 최대값에는 100의 값을 부여한다. 그 중간에 있는 도시의 측정값은 다음과 같은 공식에 의하여 산출한다.

$$x = \frac{(y - ya)}{(yb - ya)} \times 100$$

여기에서, x =각 도시에 대한 표준화된 지표의 값
y =구체적 항목에 대한 각 도시의 원래 측정된 값
ya =구체적 항목에 대하여 최저값
yb =구체적 항목에 대하여 최대값

47) O'Sullivan & Rassal, *op. cit.*, pp. 266-267. 수리적 기법의 가중치부여방법에 관하여는, 김태일, 수리적 기법에 의한 평가모형체계의 가중치 부여방식에 관한 논의, 「한국행정학보」, 33:4, 1999, pp. 243-258.

그러므로 각 지표에 대하여 최대값은 100, 최소값은 0의 값을 갖게 되고, 중간에 있는 도시들은 0에서 100사이의 값을 갖게 된다. 이러한 절차를 통하여 5개의 지표를 각각 표준화한 다음 이들을 합산하여 지수값으로 사용한다. 그 과정에서 특정 지표에 가중치를 부여할 수도 있다.

제 6 절 측정과 측정오차

1. 측정오차의 개념

앞에서 측정이란 연구대상의 속성에 측정도구를 적용하여 수치를 부여하는 것이라고 정의하였다. 그러나 측정하고자 하는 속성 또는 실제값(reality)을 항상 정확하게 측정할 수 있는 것은 아니기 때문에 측정오차(measurement error)의 문제가 발생한다. 측정오차는 측정대상이 갖는 참값(true scores)과 측정도구를 적용하여 측정한 결과 얻어진 측정값 사이의 불일치의 정도 또는 그 차이를 의미한다.[48] 이상적으로 어떤 대상의 속성에 대한 측정결과는 가능한 한 그 대상이 갖고 있는 일체의 속성을 동일구조적(isomorphic)으로 나타낼 수 있어야 한다. 그러나 측정대상이 갖는 내용과 측정의 결과는 항상 일정한 차이가 있기 마련이다. 예를 들면, 사람의 신장이나 몸무게와 같은 관찰가능한 속성을 측정하는 경우에도 측정도구(저울과 자)가 갖는 한계로 인하여 실제값을 완벽하게 측정하기가 어렵다. 이와 마찬가지로 사회과학의 연구에 사용되는 추상적인 개념 또는 구성개념을 측정할 때에도, 연구자가 고안한 측정도구를 적용하여 측정하고자 하는 개념의 속성을 나타내는 참값과 일치하는 측정값을 얻는 것은 거의 불가능하다.

48) 김광웅, 전게서, pp. 174-175.

2. 측정오차의 종류: 체계적 오차와 무작위 오차

측정오차에는 체계적 오차(systematic error)와 무작위 오차(random error)가 있다. 체계적 오차란 측정대상에 대하여 어떠한 영향이 체계적으로 미침으로써, 그 오차가 항상 일정한 방향으로 나타나는 경향, 즉 모든 측정대상에 대하여 측정결과가 실제값보다 높게 나오거나 또는 낮게 나오는 경향을 말한다. 무작위 오차는 측정과정에서 우연히, 일시적 사정에 의해서 나타나는 오차를 말한다. 체계적 오차는 일정방향으로 편향되어 있는 데 비하여, 무작위 오차는 그 방향이 일정하지 않다. 이러한 측정의 오차를 간단한 식으로 나타내면 식 (10.1)과 같다.

$$X_m = X_t + X_s + X_r \qquad (10.1)$$

여기에서, X_m: 측정도구를 적용하여 구한 측정값
X_t: 참값(true value)
X_s: 체계적 오차(systematic error)
X_r: 무작위 오차(random error)

어떤 측정도구를 적용하여 측정한 측정값이 측정대상의 속성을 완벽하게 반영하고 있으면, 즉 측정오차($X_s + X_r$)가 작다면 그 측정도구는 타당성이 높다고 말한다. 그런데 실제에 있어서는 체계적 오차나 무작위 오차로 인해 $X_m = X_t$의 관계가 성립하기 어렵다. 한편 어떤 측정대상의 동일한 속성을 동일한 측정도구를 가지고 여러 번 측정했을 때 그 측정값들이 서로 동일하다면, 그 측정도구는 신뢰성이 높은 측정도구이다. 그러나 측정과정에서 무작위 오차(random error 또는 chance error)가 발생한다면 첫 번째 측정값과 반복하여 측정한 값에 차이가 발생한다. 만약 이러한 무작위 오차, 즉 X_r=0인 경우에는 그 측정도구는 신뢰성이 매우 높다.

여기에서 측정의 타당성과 신뢰성의 관계를 살펴보자. 어떤 측정도구가 타당하다면 그 측정도구는 신뢰성이 높다. 그러나 어떤 측정도구가 신뢰성이 높다고 하더라도 그 측정도구가 반드시 타당한 도구라고는 할 수 없다. 왜냐하면 무작위 오차가 없을 경우에도($X_r = 0$), 체계적 오차는 있을 수 있기 때문

그림 10-5 타당성과 신뢰성의 비유

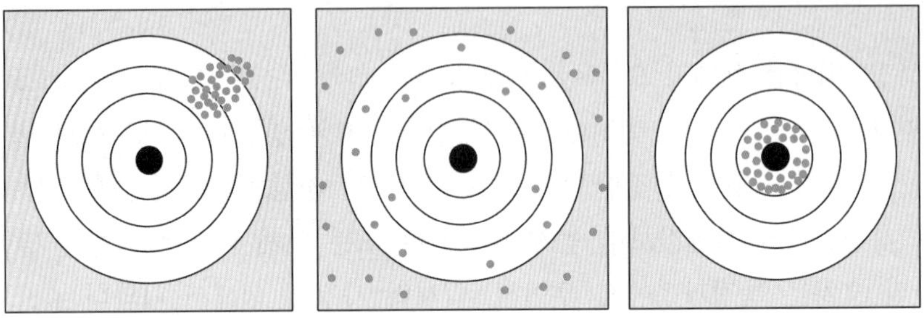

(a) 신뢰성은 높으나 타당성이 낮은 경우

(b) 신뢰성과 타당성이 모두 낮은 경우

(c) 신뢰성과 타당성이 모두 높은 경우

출처: Rubin & Babbie, *Research Methods for Social Work*, 1989, p. 152.

이다($X_m = X_t + X_s$). 그러므로 신뢰성은 타당성의 필요조건이기는 하지만 충분조건은 될 수 없다. 이러한 타당도와 신뢰도의 관계는 [그림 10-5]에서 쉽게 알 수 있다. 측정의 정확도를 여러 번의 사격결과, 표적의 중심에 맞추는 것으로 생각하자. 신뢰도가 높다는 것은 반복측정시에 그 결과에 일관성이 있어야 한다는 의미이므로, 사격결과 탄흔이 좁은 범위에 집중된 경우에 신뢰도가 높다고 할 수 있다([그림 10-5]의 (a)와 (c) 참조). [그림 10-5]의 (a)와 같이 표적의 중심부에서 멀리 떨어져 있는 경우에도 일정부위에 집중되었으면 그 신뢰성은 높다. 한편 타당성이란 사격결과 탄흔이 표적 중심부의 주위에 모여 있는지의 정도로 평가된다. 따라서 (a)와 (b)는 타당성이 낮은 측정결과이고 (c)는 타당성이 높다. (b)에서 신뢰성이 낮다는 것은 무작위 오차가 크다는 것을 나타낸다. 한편 (a)와 같이 무작위 오차가 작은 경우(즉 신뢰성이 높은 경우)에도 체계적인 오차가 큰 경우에는 타당성은 낮다. 요약하면 어떤 측정도구를 적용하여 얻은 측정값은 참값과 오차로 구성되는데, 오차는 다시 체계적 오차와 무작위 오차로 구분된다. 그런데 무작위 오차는 측정의 신뢰성과 관련되며, 무작위 오차가 작은 경우에도 체계적 오차가 타당성에 영향을 미친다. 이하에서 측정의 타당성과 신뢰성을 살펴보기로 한다.

제7절 측정의 타당성

1. 타당성의 개념

사회현상의 연구에서 측정의 타당성이란 측정하고자 하는 것을 얼마나 실제에 가깝게 측정하고 있는가 하는 정도를 나타낸다. 그러므로 측정의 타당성은 제6장에서 살펴본 조사설계의 타당성보다는 훨씬 좁은 개념이다.[49] 앞에서 살펴본 것처럼 사회현상의 연구에서는 추상적 개념을 측정하기 위해 측정지표나 측정문항을 개발하여 사용하고 있다. 정확한 측정결과를 얻기 위해서는 측정지표들이 측정하고자 하는 개념을 얼마나 정확하게 측정할 수 있는지, 그 타당성이 평가되어야 한다. 타당성은 측정도구가 측정하고자 하는 개념이나 속성을 얼마나 정확히 반영하느냐의 정도를 나타내므로 결국 측정개념에 대한 개념적 정의와 조작적 정의의 타당성을 의미한다고 할 수 있다. 구체적으로 타당성은 ① 내용타당성(content validity) 또는 논리적 타당성(logical validity), ② 기준타당성(criterion-related validity) 또는 경험적 타당성(empirical validity), ③ 구성개념 타당성(construct validity)의 세 종류로 구분된다.[50]

경험적 조사연구를 진행하는 연구자는 이러한 타당성에 대한 일반적 정의에 비추어, 자신의 연구에서 사용하는 주요개념들을 측정하는 측정도구의 타당성을 평가하여야 한다. 타당성의 평가과정을 타당화(validation)라고 부르기도 한다. 이하에서는 세 가지 유형의 타당성의 의미와 그 평가방법을 살펴보기로 한다.

---

49) 제6장에서는 조사설계의 타당성을 내적타당성, 외적타당성, 통계적 결론의 타당성, 구성개념의 타당성으로 구분하여 살펴보았다. 여기에서 살펴보는 측정의 타당성은 구성개념의 타당성에 해당한다.

50) Kerlinger, *op. cit.,* chapter 27.

2. 내용타당성과 평가방법

1) 내용타당성의 의미

내용타당성(content validity)은 측정도구에 포함된 내용, 즉 측정도구를 구성하는 측정지표(문항)가 측정하고자 하는 내용을 대표하고 있는가를 나타낸다. 척도구성의 전제에서 측정하고자 하는 속성을 나타내는 무한한 수의 지표 또는 문항으로 구성된 내용의 모집단(또는 문항의 모집단)이 있다고 하였다. 내용타당성이란 측정도구에 포함된 지표(또는 문항)가 내용의 모집단(또는 문항의 모집단)을 대표하고 있는지의 정도를 나타내는 측정도구의 대표성(representativeness) 또는 표본문항 추출의 적절성(sampling adequacy)을 의미한다. 그러므로 내용타당성을 논리적 타당성이라고도 부른다.

2) 평가방법

예를 들어, 어느 행정학 교수가 행정학 객관식 시험문제의 출제의뢰를 받고 시험문제를 작성하였다고 하자. 그 교수는 자신이 작성한 시험문제가 타당성이 있는지를 확인하기 위하여 동료교수들에게 시험문제의 내용을 평가해 줄 것을 부탁하였다. 이때 그 교수는 동료교수들에게 시험문제의 내용타당성의 검토를 부탁한 것이다. 그러나 행정학 객관식 시험문제의 모집단은 이론적으로만 존재할 뿐 실제에는 존재하지 않는다. 그러므로 문항의 모집단에서 무작위 표본추출을 통하여 대표성 있는 시험문제를 구성하는 것은 불가능하다.

이와 같이 측정문항의 무작위추출이 불가능하다면, 어떠한 방법으로 내용적으로 타당한 측정문항을 구성할 수 있을까? 내용타당성의 평가는 기본적으로 전문가의 판단(judgement)에 의존하게 된다. 행정학 교수가 스스로 시험문제의 대표성을 검토했다면 자기-타당성평가(self-validated) 과정을 거친 것이다. 이 경우에도 문항의 모집단을 신중하게 규정하고 그러한 문항의 모집단을 표본이 대표할 수 있는가를 점검하여야 한다. 동료교수에게 자문을 구한 것은 다른 전문가의 의견을 청취하여 내용타당도를 검토한 것이다. 그밖에도 내용타당성 평가방법으로 측정대상과 관련된 기존지식이나 이론 등을 판단기준으로 사용하는 방법, 패널토의, 워크숍 등을 통하여 관계전문가들의 의견을 활용하는 방법들이 제시되고 있다. 이와 같이 측정지표의 내용타당성은 본질적으로 검증이 어렵고, 연구자나 전문가들의 주관적인 판단에 크게 의존한다.

이같이 내용타당성은 전문가의 주관적 질적 판단에 의존하므로 평가하는 것이 사실상 어렵다. 행정학 분야에서 추상적 개념에 대한 실증연구에서 측정오차의 문제를 검토한 결과, 내용타당성에 대한 고려가 부족한 경우가 많아 크게 경시되고 있다고 지적되었다.[51)]

3. 기준타당성과 평가방법

1) 기준타당성의 의미

기준타당성(criterion-related validity)은 하나의 측정도구를 사용하여 측정한 결과를 다른 기준을 적용하여 측정한 결과와 비교하여 나타난 관련성의 정도를 의미한다. 즉, 이미 타당성이 있다고 알려진 다른 기준(criterion)과 비교한 측정도구의 타당성을 말한다. 기준타당성은 이미 타당성이 경험적으로 입증된 기준과 관련시켜서 타당성을 검토하기 때문에 경험적 타당성(empirical validity)이라고 부르기도 한다. 예를 들어, 대학에 입학한 신입생들을 대상으로 실시하는 적성검사의 타당성을 평가한다고 하자. 만약 적성검사의 성적과 졸업성적과의 상관관계가 높다고 한다면, 즉 적성검사성적이 우수한 학생이 졸업시 졸업성적이 높고, 적성검사성적이 낮은 학생이 졸업성적이 나빴다면, 적성검사는 졸업성적이라는 기준(criterion)에 비추어 볼 때 타당성이 높다. 한편 공무원채용시험의 타당성을 평가하기 위하여 채용시험 합격자의 시험성적을 채용후 일정기간이 경과한 다음 근무성적과 비교하였다면, 근무성적이 채용시험의 타당성을 평가하는 기준이 된다. 만약 채용시험성적과 근무성적의 상관관계가 높으면 채용시험의 기준타당성은 높다.

이상의 예에서 볼 수 있는 바와 같이 기준타당성은 측정도구가 어떤 기준(criterion)변수의 값을 얼마나 정확하게 예측(prediction)할 수 있는가를 평가하는 것이다. 평가의 기준변수가 미래의 시점에 관한 것이면 예측적 타당성(predictive validity)이라고 부르고, 현재 상태를 나타내는 것일 경우에는 이

---

51) 김태일, 행정학분야의 추상적 개념에 대한 실증연구에서 측정오차의 문제, 「한국행정학보」, 37:1, 2003, pp. 257-258.

를 동시적 타당성(concurrent validity)이라고 부른다. 즉 기준변수의 시점에 따라 예측적 타당성과 동시적 타당성으로 구분된다.

2) 평가방법

측정도구의 기준타당성을 평가하기 위해서는 그 측정도구를 적용하여 얻은 측정값과 기준변수를 적용하여 얻은 측정값에 대한 상관분석을 실시하여야 한다. 상관분석결과 상관계수값이 크면 기준타당도가 높다. 어떤 측정도구의 기준타당도를 평가하는 과정이 [그림 10-6]에 제시되었다. 하나의 변수 (V)가 어떤 측정도구(I)에 의하여 측정되었는데, 연구자가 그 측정도구의 예측적 타당성을 평가하기를 원한다고 하자. 그 예측적 타당성을 평가하기 위하여 타당성이 인정된 어떤 기준(C)이 사용된다. I를 적용한 측정값과 C를 적용한 측정값 간의 상관관계를 구한다. 이때 I와 C 간의 상관계수 r_{IC}를 타당도계수(validity coefficient)라고 부른다. 기준변수(criterion variables)가 다수인 경우에는 회귀분석이 사용된다.

그러나 기준타당성을 평가하는 것은 현실적으로 어려운 일이다. 그 이유는 첫째, 측정도구의 기준타당성을 측정할 수 있는 좋은 기준을 마련하기가 어려우며, 둘째로는 기준으로 사용하는 속성을 정의하기가 어렵고, 측정에 소요되는 비용이 과다하기 때문이다. 그러므로 행정학분야의 기존논문들에서 측정의 타당성을 어떻게 다루었는지 검토한 결과 기준타당성에 관하여 언급한 논문은 없었으며, 사실상 기준타당성은 타당성을 평가하는 방법으로 이론적으

그림 10-6 기준타당성의 분석

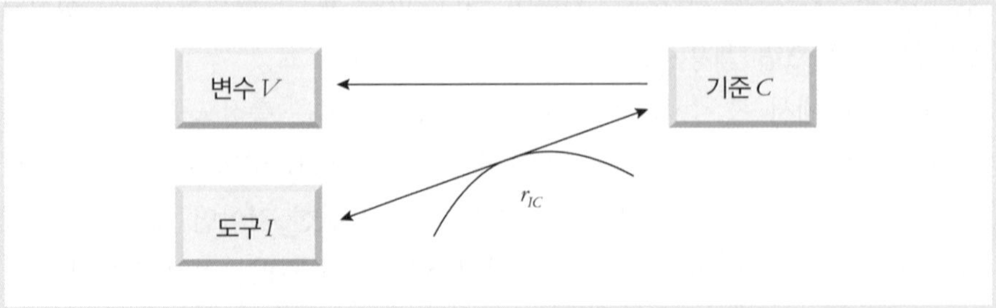

출처: Nachmias & Nachmias, *Research Methods in the Social Sciences*, 3rd ed., 1987, p. 169.

로는 수긍할 수 있는 방법이지만 실제의 연구에서는 적용하기 어려운 방법이다.[52]

4. 구성개념 타당성

1) 구성개념 타당성의 개념

구성개념 타당성(construct validity)은 오늘날 사회과학 분야의 측정이론에서 중요시되고 있는 유형의 타당성이다. 사회과학 연구에서 사용하는 추상화의 정도가 높은 개념을 구성개념이라고 부르는데, 그것은 연구자가 연구목적에 따라 내리는 개념적 정의에 의하여 의미가 규정된다. 구성개념 타당성이란 연구자가 측정하고자 하는 추상적인 개념이 실제로 측정도구에 의하여 제대로 측정되었는지의 정도를 나타낸다. 1950년대 이전까지만 하여도 측정의 타당성 문제는 내용타당성과 기준타당성이 중시되었으나, 오늘날 측정이론에서는 구성개념 타당성이 매우 중시되고 있으며, 이를 검증하기 위한 방법도 크게 발전하고 있다.[53]

구성개념 타당성은 연구에 사용된 이론적 구성개념(theoretical construct)과 이를 측정하는 측정도구 또는 측정수단들간의 일치의 정도를 나타낸다. 구성개념의 측정에 있어서 타당성이 확보되려면 측정도구들의 수렴 타당성(convergent validity)과 판별 타당성(discriminant validity)이 높아야 한다.[54]

(1) 수렴 타당성

수렴 타당성은 같은 개념을 상이한 측정방법으로 측정했을 때 그 측정값 사이의 상관관계의 정도를 나타낸다. 같은 개념을 측정하는 여러 측정지표들 간에 상관관계가 높으면 그러한 측정지표는 타당성이 높고, 그렇지 못할 경우에는 타당성이 낮다.[55] 수렴 타당성은 같은 개념을 측정하는 경우에는 상이한

52) 김태일, 전게논문, p. 256.

53) Kerlinger, *op. cit.,* pp. 420-427; Nachmias & Nachmias, *op. cit.,* pp. 170-172; 채서일, 사회과학조사방법론, 법문사, 1990, pp. 260-261.

54) 수렴 타당성(convergent validity)을 집중타당성, 판별 타당성(discriminant validity)을 차별적 타당성으로 번역하여 쓰기도 한다. 이 책에서는 제5판까지 차별적 타당성이라는 용어를 사용하였다.

측정방법을 사용하더라도 그 측정값들은 하나의 차원으로 수렴하여야 한다는 원리에 기초하고 있다. 예를 들어, 어떤 대학원에서 수학능력이 우수한 학생을 선발하기 위하여 주관식 시험이라는 측정도구를 사용하는 것과 병행하여 주제를 정하여 학생들간에 상호 토론을 시켜 따로 점수를 부여했다고 하자. 이때 지원자들이 주관식 시험에서 얻은 점수와 상호 토론에서 얻은 점수간 상관관계가 높은 경우에 두 측정도구(주관식 시험과 상호토론)는 지원자의 수학능력이라는 개념을 측정하는 수렴 타당성이 높다고 할 수 있다. 하나의 이론적 구성개념을 측정하려는 복수의 측정방법에 의한 측정결과들의 상관관계가 높을 때 수렴 타당성이 높다.

(2) 판별 타당성

판별 타당성이란 서로 다른 이론적 구성개념을 나타내는 측정지표들간의 관계를 나타내는 개념인데, 상이한 구성개념을 측정하는 측정지표들간의 상관관계가 낮을 경우에 판별 타당성이 높다고 할 수 있다. 예를 들어, 보수주의와 진보주의가 서로 다른 차원의 개념이라면 보수주의를 측정하는 측정지표와 진보주의를 측정하는 측정지표들 사이에는 상관관계가 낮아야 한다. 만약, 보수주의와 진보주의가 같은 개념이라면, 즉 진보주의와 보수주의가 하나의 차원에서 상반되는 태도라고 볼 수 있다면, 보수주의와 진보주의를 측정하는 측정문항간의 상관관계가 높아야 (즉 높은 마이너스의 상관관계가 나타나야) 할 것이다. 보수주의와 진보주의가 서로 차원을 달리한다고 보는 견해가 이원성 이론(duality theory)이며, 같은 차원의 양극이라고 보는 관점이 양극성 이론(bipolarity theory)이다.[56]

2) 다속성·다측정방법 행렬 분석에 의한 구성개념 타당성 평가

측정지표의 수렴 타당성과 판별 타당성을 평가하기 위해 개발된 방법이 바로 Campbell & Fiske가 제안한 다속성·다측정방법 행렬(multitrait-multimethod

---

55) 앞에서 살펴본 척도구성의 일반원리에 의하면 어떤 하나의 개념을 측정하는 설문문항들이 진정으로 그 개념을 측정하는 것이라면 이들 간의 상관관계가 높아야 한다.

56) Kerlinger는 이러한 두 가지의 견해에 대하여 LISREL의 확인적 요인분석(confirmatory factor analysis) 방법을 통한 검증을 시도하여, 두 개념이 서로 다른 차원에 속한다는 이원성 이론이 타당하다고 결론을 내리고 있다. Kerlinger, *op. cit.*, pp. 597-604 참조.

matrix)을 분석하는 방법이다.[57] 이들에 의하면 구성개념의 타당성이 높으려면 동일한 속성(구성개념)을 측정하기 위하여 상이한 유형의 측정도구를 사용할 때에도 이들 측정값간의 상관관계가 높아야 하고, 상이한 속성을 측정하기 위하여 유사한 형태의 측정도구를 사용했다 하더라도 그 측정값간의 상관관계는 낮아야 한다는 것이다. 즉 측정도구의 수렴 타당성과 판별 타당성을 동시에 평가하는 방법이다.

다속성·다측정방법 행렬에서 수렴 타당성과 판별 타당성을 입증하기 위해서는 다음과 같은 조건이 충족되어야 한다.[58]

① 상이한 방법으로 같은 속성을 측정한 결과간의 상관계수 값이 높아야 한다.
② 상이한 방법으로 같은 속성을 측정한 결과간의 상관계수는 상이한 방법으로 다른 속성을 측정한 결과간의 상관계수보다 높아야 한다.
③ 상이한 방법으로 같은 속성을 측정한 결과간의 상관계수는 동일한 방법으로 다른 속성을 측정한 결과간의 상관계수보다 높아야 한다.
④ 동일한 방법으로 같은 속성을 측정했건 상이한 방법으로 같은 속성을 측정했건 그 결과간의 상관계수의 크기가 유사하여야 한다.

이러한 방법을 적용하여 타당성을 검증하기 위해서는 최소한 두 가지의 개념을 두 가지의 상이한 측정방법을 이용하여 측정한 결과가 있어야 한다. 예를 들어, 정치학에서 사용되는 진보주의(Liberalism)와 보수주의(Conservatism)라는 두 가지 개념을 측정하기 위하여, 두 가지 측정방법을 사용하여 측정한 측정값들의 상관계수 행렬을 살펴보기로 하자(<표 10-9> 참조).[59] 첫 번째 측정방법은 25개의 진보주의에 대한 지시물(referents)과 25개의 보수주의에 대한 지시물(예를 들어, 사유재산, 종교, 시민권 등)을 태도측정에 사용한 것이다. 두 번째 측정방법은 진보주의를 측정하는 13개의 문항과 보수주의에 대한 13개의 측정문항을 포함한 일반적인 태도진술문을 가지고 태도를 측정하는 방

57) D. Campbell & Fiske, Convergent Validity by the Multitrait-Multimethod Matrix, *Psychological Bulletin,* 1959, pp. 81-105.
58) 김인호, 「경영학연구방법론」, 창지사, 1992, p. 255.
59) <표 10-9>의 상관관계 행렬은 Kerlinger가 New York, Texas, North Carolina 대학의 227명의 학생들을 대상으로 실시한 조사결과 얻어진 측정값들의 상관계수들이다. F. N. Kerlinger, The Structure and Content of Social Attitude Referents: A Preliminary Study, *Educational and Psychological Measurement,* 32, pp. 613-630; Kerlinger, *op. cit.,* p. 424.

표 10-9 다속성·다측정방법 상관계수 행렬의 사례: 보수주의와 진보주의

		측정방법 I		측정방법 II	
		진보주의(L_1)	보수주의(C_1)	진보주의(L_2)	보수주의(C_2)
측정방법 I	진보주의(L_1)	(.85)			
	보수주의(C_1)	-.07	(.88)		
측정방법 II	진보주의(L_2)	.53	-.15	(.81)	
	보수주의(C_2)	-.37	.54	-.09	(.82)

주: 측정방법 I은 지시물(referents)에 의한 측정방법, 측정방법 II는 진술문항에 의한 측정방법을 의미함. ( ) 안의 수치는 내적 일관성 분석에 의해 산출된 신뢰계수 α값을 나타냄.
출처: F.N. Kerlinger, *Foundations of Behavioral Research*, 3rd ed., p. 424.

법이다. 이러한 두 가지 측정방법을 가지고 진보주의와 보수주의에 대한 개념을 측정한 결과가 <표 10-9>에 제시되었다. 표에서 대각선상 ( ) 안의 수치, 즉 .85, .88, .81, .82는 4개의 척도, 즉 진보주의(L_1), 보수주의(C_1), 진보주의(L_2), 보수주의(C_2)를 구성하는 문항들에 대한 내적 일관성 분석의 결과 산출된 신뢰계수 α값을 나타낸다. 이 예에서는 α값이 모두 .81 이상이므로 네 가지 척도가 모두 내적일관성이 높다.

<표 10-9>에서 수렴 타당성에 대하여 살펴보자, 동일한 개념인 진보주의에 대한 태도를 지시물에 의하여 측정한 결과(L_1)와 진술문항에 의하여 측정한 결과(L_2)간의 상관계수는 .53이고, 보수주의에 대하여 상이한 방법을 적용하여 측정한 결과 (C_1과 C_2)간의 상관계수는 .54로서 모두 상당히 높기 때문에 측정도구의 수렴 타당성이 있는 것으로 판단된다. 한편 판별 타당성을 살펴보기로 하자. 이 사례에서 보수주의와 진보주의의 측정도구간에는 상관관계가 낮아야 한다. 여기에는 동일방법으로 상이한 개념을 측정한 것($L_1 - C_1$, $L_2 - C_2$)과 상이한 방법으로 상이한 개념을 측정한 것($L_1 - C_2, L_2 - C_1$)의 두 가지 유형이 있다. L_1과 C_1의 상관계수는 -.07, L_2와 C_2의 상관계수는 -.09이다. 측정방법 I과 측정방법 II의 교차상관계수, 즉 L_1과 C_2의 상관계수는 -.37이고 L_2와 C_1의 상관계수는 -.15이다. 판별 타당성이 인정되기 위해서는 L의 측정도구와 C의 측정도구간의 상관계수가 0에 가깝거나 통계적으로 의미가 없어야 한다. 이 사례에서는 L_1과 C_2의 상관계수가 -.37로 상당히 높은

것을 제외하면 판별 타당성이 인정된다고 볼 수 있다.

이와 같이 다속성·다측정방법에서는 측정도구의 수렴 타당성과 판별 타당성이 동시에 평가된다. 이러한 방법을 실제 사용하려면 서로 다른 개념을 측정하기 위한 상이한 측정도구를 개발하여야 한다. 그러나 현실적으로 이러한 조건을 충족시키는 개념과 측정도구를 찾기가 어렵고, 또 측정대상자들에게 두 측정도구를 모두 적용한 측정이 이루어져야 하므로 연구자의 부담도 가중된다는 난점이 있다.

3) 요인분석에 의한 구성개념 타당성 평가

(1) 요인분석의 의의

요인분석(factor analysis)의 기본원리는 항목들간의 상관관계가 높은 것끼리 묶어 공통요인을 추출하는 것이다. 요인분석은 구성개념의 수렴 타당성과 판별 타당성을 평가하는 방법으로 사용된다.60) 구성개념의 측정항목들이 타당한 것인지 평가하므로 그 항목들로 구성된 척도를 분석하는 방법이기도 하다. 요인분석에서는 잠재변수(latent variable)와 측정변수(measured variable)의 구분이 매우 중요하다. 추상적인 구성개념(construct)을 잠재변수라고 부르며 직접 측정되거나 관찰되지 않고, 측정변수에 의하여 간접적으로 측정된다고 본다. 측정변수 또는 관찰변수(observed variable)는 잠재변수를 측정하는 변수이며, 설문지의 측정항목 등을 말한다.

요인분석에서는 상이한 구성개념에 대하여 각각 측정지표(문항)를 구성한 다음, 그 측정값을 사용하여 요인분석을 실시한 후, 그 결과로 나온 요인들이 원래 의도한 구성개념을 대표하는지를 평가한다. 하나의 요인으로 묶여진 측정항목들은 동일한 개념을 측정하는 것으로 간주되어 수렴 타당성이 있는 것으로 판단한다. 그런데 원래 의도했던 것과는 다른 구성개념을 나타내는 요인에 요인부하값이 큰 측정지표(문항)는 다른 개념을 측정하는 지표로 볼 수 있어 그 타당성을 인정할 수 없다. 한편 원래 다른 개념을 측정하는 것으로 생각되었던 지표들이 서로 다른 요인으로 묶였을 경우 판별 타당성이 높은 것으로 평가된다. 요인분석 방법은 다속성·다측정방법 행렬분석보다 현실적으로

---

60) Kerlinger, *op. cit.*, p. 427.

적용하기가 훨씬 용이하므로 경험적 조사연구에서 광범위하게 사용되어 왔다.

(2) 탐색적 요인분석과 확인적 요인분석

일반적으로 요인분석은 앞에서 설명한 탐색적 요인분석(exploratory factor analysis, EFA)을 말한다. 최근 기존의 탐색적 요인분석과는 별도로 확인적 요인분석(confirmatory factor analysis, CFA) 방법이 측정도구의 수렴 타당도와 판별 타당도를 검증하는 도구로 등장하고 있다. 행정학 분야의 기존논문들에서 구성개념 타당성의 검토방법을 비판적으로 고찰한 결과, 탐색적 요인분석이 지나치게 오·남용되고 있다는 점이 지적되고 있으며, 이론적 구성개념과 측정 결과의 일치 여부를 검증하기 위해서는 확인적 요인분석을 적용하는 것이 바람직하다는 견해도 제시되었다.[61] 확인적 요인분석은 제13장에서 살펴볼 구조방정식모형(Structure Equation Modeling)의 전 단계에 해당되며, 그 분석을 가능하게 하는 LISREL과 AMOS 프로그램 등이 보급되어 많이 사용되고 있다.[62]

확인적 요인분석(CFA)은 요인모형의 지침이 될 수 있는 확실한 이론 및 선행연구가 존재하는 상황에서 사용할 수 있다. 연구자가 확인적 요인모형을 사용하려면 예상되는 요인의 숫자와 이를 측정하는 변수(문항)를 모두 지정할 수 있어야 한다. 또한 사용가능한 소프트웨어 측면에서 탐색적 요인분석(EFA)과 확인적 요인분석(CFA) 사이에는 실질적인 차이가 있다. 탐색적 요인분석(EFA)은 SPSS 또는 SAS와 같은 표준 통계 소프트웨어 패키지를 사용하여 수행할 수 있다. 반면 확인적 요인분석(CFA)은 구조방정식 모델링(SEM) 방법으로 전문화된 LISREL과 AMOS와 같은 소프트웨어가 필요하다.

(3) 요인분석에 사용될 직무만족과 공직만족도에 관한 문항과 자료

여기에서는 요인분석의 사례로 한국행정연구원의 2019년 공직생활 실태조사에서 공무원의 직무만족과 공직만족에 관한 설문조사 결과를 자료로 활용하겠다.[63] 공직생활 실태조사에서는 직무만족의 정도를 측정하는 3개 문항과 공

61) 김태일, 전게논문, pp. 259-230.

62) 구조방정식모형에 대하여는 본서 13장 참조. 구조방정식모형의 전 단계인 확인적 요인분석에 대하여는 Kerlinger, *op. cit.*, chapter 35; Meyers, Gamst & Guarino, *op. cit.*, Chapter 11A와 11B; *op. cit.*, 12장 및 13장 참조.

63) 한국행정연구원의 2019년 공직생활 실태조사에서는 중앙부처 공무원 2,072명, 광역단체 공무원 2,039명을 포함하여 4,111명을 대상으로 자료를 수집하였다.

표 10-10 직무만족과 공직만족의 측정문항

35. 귀하께서는 직무만족과 관련한 다음 각 항목에 대해 어떻게 생각하십니까?

항 목	전혀 그렇지 않다	그렇지 않다	보통 이다	그렇다	매우 그렇다
① 나는 담당업무에 흥미가 있다	①	②	③	④	⑤
② 나는 열정적으로 업무를 수행한다	①	②	③	④	⑤
③ 나는 업무를 수행하면서 성취감(보람)을 느낀다	①	②	③	④	⑤

36. 귀하께서는 공직만족도와 관련한 다음 각 항목에 대해 어떻게 생각하십니까?

항 목	전혀 그렇지 않다	그렇지 않다	보통 이다	그렇다	매우 그렇다
① 공무원은 사회적으로 높은 평가를 받고 있다	①	②	③	④	⑤
② 나는 공직의 안정성에 대해 만족한다	①	②	③	④	⑤
③ 나는 공직의 장래성에 대해 만족한다	①	②	③	④	⑤
④ 나는 공무원 신분으로 근무하는 것에 대해 만족한다	①	②	③	④	⑤

출처: 2019 공직생활 실태조사 조사표 35, 36번 질문.

직만족을 측정하는 4개 문항의 질문이 포함되었다. 이들 문항은 리커트형 척도의 구성절차에 따라 5점 척도(① 전혀 그렇지 않다－⑤ 매우 그렇다)로 구성하였는데, 그 질문내용은 <표 10-10>과 같다.

이 조사에서는 직무만족과 공직만족이 서로 다른 차원의 개념이라는 가정하에 측정 문항을 구성하였다. 이들 문항에 대한 중앙부처와 지방자치단체에서 근무하는 4,111명 공무원의 응답을 토대로 직무만족과 공직만족이 서로 다른 차원의 개념인지 그 타당성을 검토해 보고자 한다. 탐색적 요인분석을 통하여 이를 살펴본 후, 확인적 분석을 통하여 다시 살펴보기로 한다.

(4) 직무만족과 공직만족에 관한 탐색적 요인분석

① SPSS 탐색적 요인분석의 실행

IBM SPSS 프로그램 버전 25를 사용하여 탐색적 요인분석의 실행 절차를 소개하겠다. SPSS 프로그램의 분석(A) 메뉴에서 차원감소(D)의 세부 메뉴 가운데 요인분석(F)을 선택한다([그림 10-7] a. 참조). 위와 같은 절차를 거치면 [그림 10-7] b와 같은 '요인분석' 대화상자가 나타난다. 여기에서 요인분석을 실행하고자 하는 모든 변수를 선택한 후, 기술통계(D), 요인추출(E), 요인회전(T), 요인점수(S), 옵션의 대화상자에서 필요한 항목을 선택한다. '요인추출' 대화상자에서 척도분석의 경우에는 일반적으로 주축요인추출을 선택한다. '요인회전' 대화상자에서는 일반적으로 베리맥스 회전방법을 사용한다. '요인점수' 대화상자에서 요인점수를 변수로 저장하거나, 요인점수 계수를 출력할 수 있다. 선택이 끝난 후 요인분석 대화상자에서 '확인'을 클릭하면 요인분석이 실행된다.

그림 10-7 SPSS 요인분석 실행절차

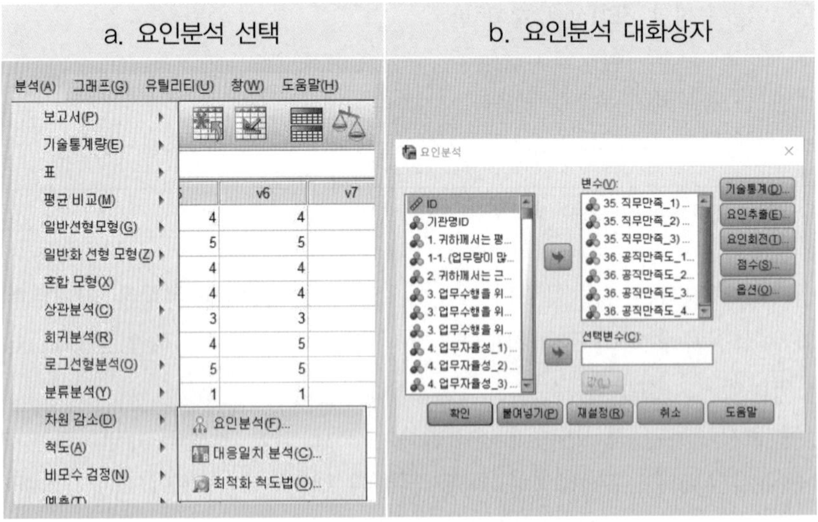

② **요인분석 결과 및 해석**

요인분석에서 요인(factor)은 잠재변수(latent variable)이며 그 자체가 측정되는 것이 아니고 그것을 구성하는 일단의 변수 또는 문항들로 나타나는 것으로 정의된다. 요인은 여러 변수 또는 문항간의 상관계수행렬을 분석하여 변수들간의 공동변화(common variation)의 정도에 따라서 추출된다.

<표 10-11>에 7개 문항에 대한 요인분석의 결과를 제시하였다. 분석결과, 일반적으로 사용되는 고유값(Eigenvalue) 기준 1 이상인 2개 요인이 추출되었다. 하나의 변수(문항)와 요인 사이의 상관관계는 요인부하값(factor loading) 또는 요인계수(factor coefficient)로 표현된다. 요인부하값은 상관계수와 유사하며 0에서부터 1 사이의 값을 갖는다. 각 문항의 두 요인에 대한 요인부하값으로 판단해 볼 때, <표 10-11>에서 음영으로 표시된 것처럼 문항 1, 2, 3은 요인 II에 상대적인 요인부하값이 높고, 문항 4, 5, 6, 7은 상대적으로 요인 I에 요인부하값이 높다. 원래 문항 1, 2, 3은 직무만족을 측정하기 위한 문항이고, 문항 4, 5, 6, 7은 공직만족도를 나타내는 문항들이었으므로, 요인 I을 '공직만

표 10-11 직무만족과 공직만족도 문항의 탐색적 요인분석 결과

베리맥스 회전된 성분행렬(요인부하값)			공통성 (communality)
	요인		
	I	II	
1. 직무만족① 담당업무 흥미	.182	.889	.823
2. 직무만족② 열정적 업무수행	.160	.894	.825
3. 직무만족③ 업무수행 성취감(보람)	.211	.888	.833
4. 공직만족① 공무원 사회적 평가	.730	.143	.553
5. 공직만족② 공직 안정성 만족	.849	.095	.729
6. 공직만족③ 공직 장래성 만족	.850	.186	.757
7. 공직만족④ 공무원 신분 만족	.811	.278	.737
전체변량에 대한 백분율	52.75	22.31	
누적백분율	52.75	75.06	

추출 방법: 주성분 분석. 회전 방법: 카이저 정규화가 있는 베리멕스.
출처: SPSS 요인분석 출력물 일부 재구성.

족' 요인이라고 명명하고 요인 II를 '직무만족'을 나타내는 요인으로 명명할 수 있다. 추출된 두 요인과 요인부하값을 기준으로 판단할 때 직무만족과 공직만족이 다른 차원이라는 가설이 경험적으로 뒷받침되었다고 본다.

한편 공통성(communality)은 분석결과 추출된 모든 요인에 의하여 설명되는 개별 문항(변수)의 분산이며, 해당 문항의 모든 요인부하값을 제곱하여 합한 값이다. 즉, 개별 문항의 중요도 또는 모든 요인들의 개별문항에 대한 설명력이다. 공통성이 0.4 이하이면 중요도가 낮으므로 분석대상에서 제외시키는 것이 좋다. <표 10-11>에서 공직만족 ①번 문항의 공통성이 .553이며, 나머지 문항은 .7 이상이므로 모두 기준을 충족한다.

요인의 전체 변량(분산)에 대한 백분율은 요인이 문항의 부하값에 의하여 설명되는 정도를 나타낸다. 백분율이 높은 요인(factor)이 문항들에 대한 대표성이 높다. <표 10-11>에서 요인 I은 모든 문항 전체 변량(분산)의 52.75%, 요인 II는 22.31%를 설명하며, 두 요인이 합하여 75.06%를 설명한다.

③ 복합척도의 구성

경험적인 자료에 대한 요인분석을 통하여 직무만족과 공직만족이 서로 다른 차원의 개념이라는 것이 뒷받침되었다. 그러므로 직무만족과 공직만족의 개념에 대하여 각각 복합척도(composite index)를 구성하여야 한다. 일반적으로 요인분석에서 두 개 이상의 요인이 추출된 경우, 각 요인별로 신뢰도분석 절차를 거친 후에 요인별로 복합척도(composite index)를 구성한다. 대체로 요인별로 해당문항에 대한 응답값을 합산하거나 이를 문항수로 나눈 값을 척도값으로 사용한다. 공직만족도 4개 문항에 관한 신뢰도분석 결과는 다음 절의 신뢰도 분석에서 살펴보겠다.

(5) 직무만족과 공직만족에 관한 확인적 요인분석

① 확인적 요인분석의 특징

확인적 요인분석은 이론적 논의를 토대로 구성개념인 잠재변수와 이를 구성하는 측정문항을 확인한 상태에서 진행된다. 그러므로 확인적 요인분석을 진행하려면 잠재변수인 요인과 잠재변수를 측정하기 위한 측정항목을 사전에 확정하여야 한다. 여기에서는 직무만족과 공직만족은 각각 다른 요인(잠재변수)이며, [그림 10-8]에서 보듯이 직무만족은 3개 문항, 공직만족은 4개 문항으로 각각 측정되는 것으로 가정한다. 이어서 잠재변수인 직무만족과 공직만족 사이에는 상관관계가 존재한다고 가정하는 측정모형(measurement model)을 설정한 다음 확인적 요인분석을 진행한다.

그림 10-8 직무만족과 공직만족의 SPSS AMOS 확인적 요인분석 모형

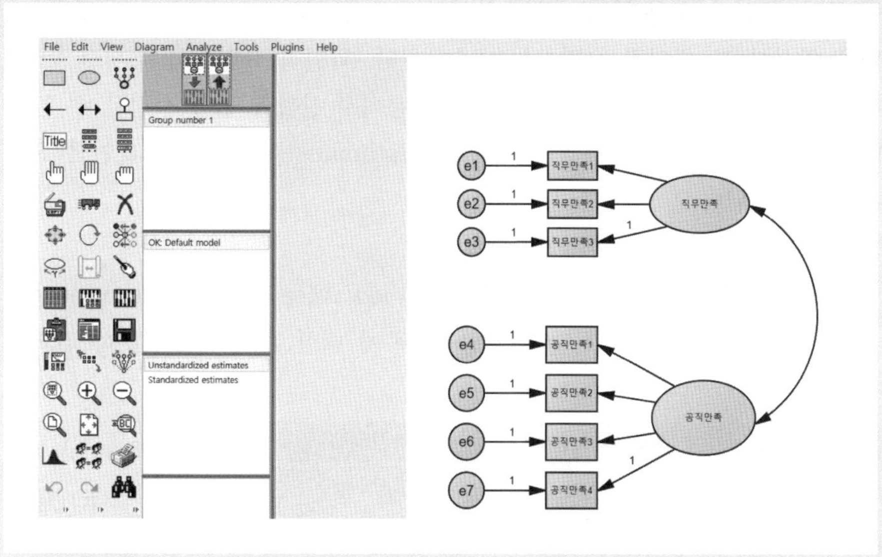

② AMOS 프로그램 확인적 요인분석의 절차

확인적 요인분석에 사용한 프로그램은 SPSS AMOS25 이다. AMOS는 구조방정식모형(Structural Equation Modeling: SEM)을 구현하기 위한 여러 프로그램의 하나이다. AMOS는 기본적으로 그래픽(AMOS graphics)을 제공하므로 아이콘을 활용하여 모형을 작성한다.[64] SPSS AMOS 프로그램 메뉴 중 File 메뉴의 Data file을 선택하여 분석할 파일을 불러온다. 이후 Diagram에서 Draw indicator variable을 선택하여 잠재변수와 관측변수를 그린 후, View 메뉴의 List Dataset을 선택하여 관측변수의 위치에 적절한 변수를 입력한다. 잠재변수의 척도값을 설정하기 위하여 측정문항 가운데 하나를 기준변수(reference variable)로 지정하여 요인계수를 1.0으로 고정시킨다. [그림 10-8]에서 직무만족은 3번 문항, 공직만족은 4번 문항을 기준변수

64) AMOS 모형 작성과 실행결과 정리에 도움을 준 서울과기대 성욱준 교수와 IT정책대학원 박사과정 재학생 서라벌 군에게 고마움을 표한다.

로 지정하였다. 한편 각 측정문항별로 측정오차항을 설정한다. 화살표(→)의 형태로 살펴보면 잠재변수가 관측변수에 영향을 미치며, 설명하지 못하는 부분을 측정오차가 설명하는 것으로 가정한다. 이후 Diagram의 Draw covariance를 활용하여 잠재변수, 즉 직무만족과 공직만족 사이에 상관관계를 표시(↔)하여 준다. 확인적 요인분석을 위해 완성된 그림은 위의 [그림 10-8]과 같다. 그림을 완성한 후 확인적 요인분석을 수행한다. 확인적 요인분석 수행전 View 메뉴의 Analysis Properties를 선택하여 분석시 산출할 값을 선정할 수 있다. 마지막으로 Analyze 메뉴의 Calculate Estimates를 선택하면 확인적 요인분석이 수행된다.

③ 확인적 요인분석의 결과 및 해석

확인적 요인분석의 결과는 AMOS의 View 메뉴의 Text output을 선택하여 확인할 수 있다. 직무만족과 공직만족에 대한 확인적 요인분석 결과를

표 10-12 직무만족과 공직만족도 문항의 확인적 요인분석 결과

구분				비표준화 회귀계수	S.E.	C.R.	P	표준화 회귀계수 ^{n}	AVE	구성개념 신뢰도
직무만족	직무만족	→	직무만족①	0.950	0.014	66.130	***	0.850	0.809	0.927
	직무만족	→	직무만족②	0.900	0.014	65.775	***	0.846		
	직무만족	→	직무만족③	1.000	-	-		0.875		
공직만족	공직만족	→	공직만족①	0.913	0.022	40.807	***	0.631	0.652	0.881
	공직만족	→	공직만족②	0.962	0.018	52.746	***	0.787		
	공직만족	→	공직만족③	1.127	0.021	54.926	***	0.821		
	공직만족	→	공직만족④	1.000	-	-		0.818		

^{n} 표준화된 회귀계수값이 바로 요인부하값이다.
*** p<.001 ** p<.01 * p<.05

정리하면 <표 10-12>와 같다. 확인적 요인분석은 구성개념의 수렴 타당성(집중 타당성)과 판별 타당성을 명시적으로 평가하는 방법이므로, 구성개념 타당성의 평가방법을 살펴보기로 하겠다.

가) 수렴 타당성의 검증

수렴 타당성은 '집중 타당성'이라고도 하며, 잠재변수를 측정하는 항목들의 일치성의 정도를 나타낸다. 만약 측정항목들이 구성개념을 일관성있게 측정하였다면 항목들간의 상관관계가 높을 것이고, 이럴 경우 수렴 타당성이 있다고 본다. 수렴 타당성을 검증하는 대표적인 방법은 잠재변수와 측정문항 사이의 요인부하값이다.[65] 측정문항의 요인부하값(표준화된 회귀계수값)이 최소 .5 이상이어야 하고, .7 이상이 바람직하다. <표 10-12>에서 모든 문항의 요인부하값이 최소 기준을 충족한다.

그 밖에도 각 요인별 평균추출분산(Average Variance Extracted, AVE)과 구성개념 신뢰도(construct reliability, CR)가 추가적인 기준으로 사용된다. 평균추출분산(AVE)을 수렴 타당성의 기준으로 사용하는 이유는 잠재변수에 의해 설명된 측정문항의 분산이 측정오차보다 큰 경우에만 수렴 타당성이 확보된 것으로 볼 수 있다는 것이다. 평균추출분산(AVE)은 다음과 같이 계산된다.

$$\text{평균추추출분산(AVE)} = \frac{(\Sigma\text{표준화된 요인부하값}^2)}{(\Sigma\text{표준화된 요인부하값}^2)+(\Sigma\text{측정오차})}$$

수렴 타당성이 인정되려면 요인별 평균추출분산(AVE)이 .5 이상이어야 하는데, <표 10-12>에서 AVE는 직무만족 .809, 공직만족 .652로 기준을 충족한다. 한편 구성개념 신뢰도는 .7 이상이 바람직한데 직무만족은 .927, 공직만족은 .881로 매우 만족할 만한 수준이다. 위의 세 가지 검증기준에 비추어 볼 때 직무만족과 공직만족의 모든 측정항목들이 수렴 타당성이 있다는 결론을 내릴 수 있다.

---

65) 이하 측정모형의 타당도 검증기준에 관하여는 심준섭, 「구조방정식모형: 이해와 활용」, 법문사, 2013, 110-120 참조.

나) 판별 타당성의 검증

판별 타당성은 서로 다른 잠재변수들 간의 차별성을 나타내는 정도이다. 잠재변수간 상관관계가 낮을 경우 판별 타당성이 있으며, 상관관계가 지나치게 높다면 판별 타당성이 없다. 판별 타당성의 검증방법으로 가장 많이 쓰이는 기준은 잠재변수간 상관계수의 제곱(Φ^2)과 평균추출분산(AVE)의 값을 비교하는 것이다. 만약 상관계수의 제곱(Φ^2)값이 평균추출분산(AVE) 값보다 클 경우 판별 타당성이 없고, 작다면 판별 타당성이 있는 것으로 본다. 이 분석에서 직무만족과 공직만족의 상관계수(Φ)는 .481이었다. 상관계수의 제곱(Φ^2)은 $(.481)^2 = .231$인데, 이는 직무만족의 AVE값 .809, 공직만족의 AVE값 .652보다 작으므로 판별 타당성이 있는 것으로 나타났다.

다) 요 약

이상에서 살펴본 확인적 요인분석의 결과를 구성개념의 타당성 평가의 관점에서 요약하면 직무만족과 공직만족은 판별 타당성의 주요 평가기준인 상관계수 제곱(Φ^2)값과 평균추출분산(AVE) 값의 비교에서 판별 타당성이 검증된 서로 다른 차원의 구성개념이다. 한편 직무만족과 공직만족을 측정하는 문항들은 수렴 타당성의 평가기준인 요인부하값, 평균추출분산(AVE), 그리고 구성개념 신뢰도에서 모두 기준을 충족하여 수렴 타당성이 있는 것으로 평가되었다.

③ 탐색적 요인분석 결과와 비교

직무만족과 공직만족의 측정문항에 대하여 탐색적 요인분석과 확인적 요인분석을 실시한 결과를 간단히 비교하기로 한다. 이 사례에서 직무만족과 공직만족의 측정 문항들은 탐색적 요인분석과 확인적 요인분석의 결과 모두 수렴 타당성과 판별 타당성을 갖춘 것으로 판단되었다.

그런데 이 사례에서 알 수 있듯이 탐색적 요인분석과 확인적 요인분석은 분석의 전제와 진행방식이 매우 다르다. 탐색적 요인분석이 다수의 측정문항(변수)들로부터 소수의 요인을 추출하는 분석인 반면, 확인적 요인분석은 사전에 설정된 잠재변수와 측정문항의 관계를 파악하기 위한 분석이다. 탐색적 요인분석에서는 연구자가 사전에 요인과 측정 문항의 관계에 관하여 구체적으로 지정하지는 않는다. 모든 문항이 모든 요인과 연결되어 있다는 가정하에 진행하며, 분석결과 요인부하량이 높은 변수들은 같은 요인으로 묶이고, 낮은 변수들은 다른 요인으로 묶이게 되며, 어느 요인에도 묶이지 않는 변수는 제거된다. 한편 확인적 요인분석에서는 연구자가 각 요인별로 측정 문항들을 미리 지정하여야 한다. 이는 연구자가 분석되는 측정문항을 뒷받침하는 이론에 관한 확고한 이해가 있어야 한다는 의미이다. 또한 사용가능한 소프트웨어 측면에서 탐색적 요인분석(EFA)과 확인적 요인분석(CFA) 사이에는 실질적인 차이가 있다.

그러나 실제로 탐색적 요인분석(EFA)과 확인적 요인분석(CFA)의 이분법이 항상 명확한 것은 아니다. 대부분의 연구에서 사용되는 개념과 측정 문항의 관계는 탐색과 확인의 연속선상의 어딘가에 해당한다.[66] 그러므로 연구자는 문항들의 기초가 되는 요인의 구조를 평가하기 위해 탐색적 요인분석 또는 확인적 요인분석 가운데 하나를 선택할 수 있다. 보다 일반적으로 말하면, 탐색적 요인분석(EFA)를 확인적인 방식으로 사용하거나 확인적 요인분석(CFA)을 탐색적인 방식으로 사용하는 것도 가능하다.

확인적 요인분석(CFA)은 탐색적 요인분석(EFA)에 비하여 제약이 훨씬 많으므로 대다수 전문가는 연구자가 관심을 가진 구성개념 또는 척도의 구조에 관한 기존 연구가 적은 상황에서는 탐색적 요인분석을 사용하라고 권고한다.[67] 여기에서 사례로 활용한 직무만족과 공직만족을 측정하는 문항들의 경우 탐색적 요인분석에서 두 요인이 추출되었고, 측정문항들이 요인부하값을 기준으로 비교적 뚜렷하게 구분되었다. 그런데 항상 이같이 뚜렷한 결과가 나오는 것은 아니며, 추출된 요인의 숫자가 예상과 다르거나 일부 문항의 요인부하값이 지나치게 낮아 이를 제외해야 할 경우가 많다. 그러므로 구성개념의 수렴 타당성과 판별 타당성을 검증하기 위한 확인적 요인분석은 예비적으로 탐색적 요인분석을 몇 차례 실시하여 요인들과 해당 측정 문항들을 확정한 후 진행하는 것이 바람직하다.

5. 측정의 타당성 유형 요약

이상에서 고찰한 유형별 타당성의 개념을 요약하면 <표 10-13>과 같다.

---

66) 이하 Bandalos, *op. cit.,* pp. 302-303 참조.
67) *Ibid.*

표 10-13 측정의 타당성의 유형 요약

유형	정의	타당화방법	다른 명칭
내용타당성 (content validity)	측정지표(문항)가 지표의 모집단을 대표하고 있는 정도	전문가 검토	·액면 타당성 (face validity) ·논리적 타당성
기준타당성 (criterion-related validity) ·예측적 타당성 (predictive validity) ·동시적 타당성 (concurrent validity)	어떤 개념의 측정지표와 이미 타당성이 검증된 다른 기준과 상관성의 정도 ·기준의 측정시점이 미래인 경우 ·기준의 측정시점이 현재인 경우	상관분석 회귀분석 인과모형	·이해 타당성 (nomological validity) ·경험적 타당성
구성개념 타당성 (construct validity) ·수렴 타당성 ·판별 타당성	추상적 개념과 측정지표간의 일치정도 ·동일개념에 대한 상이한 측정방법에 의한 측정값의 상관성의 정도 ·다른 개념에 대한 동일 또는 다른 측정방법에 의한 측정값의 차별화 정도	다속성-다방법행렬 분석 요인분석	·집중 타당성 ·차별적 타당성

[그림 10-9]는 유형별 타당성의 개념과 타당화 방법을 그림으로 나타낸 것이다.

그림 10-9 유형별 타당성의 의미 및 타당화 방법

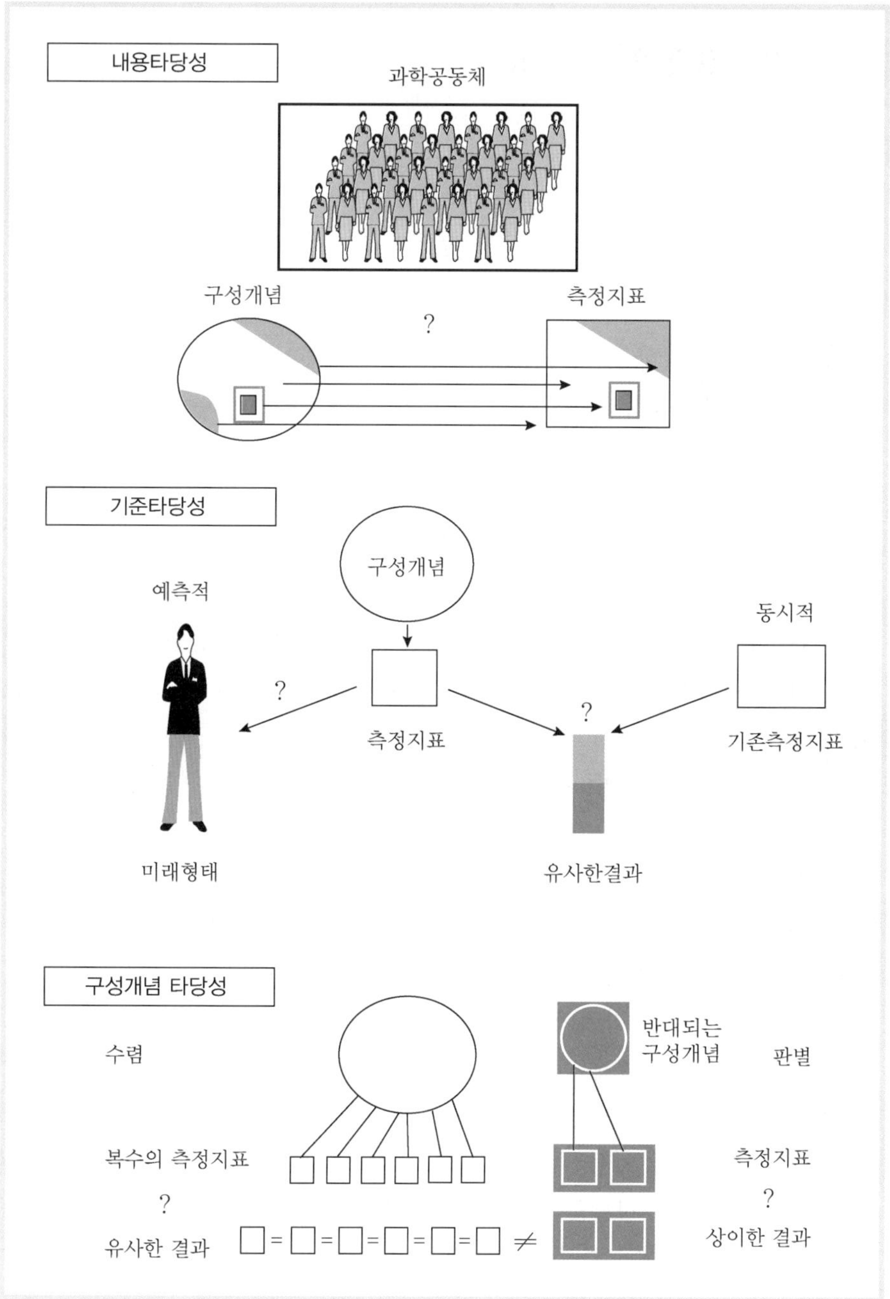

출처: Neuman, *Social Research Methods*, 4th ed., 2000, p. 169 Figure 7.3.

제 8 절 측정의 신뢰성

1. 신뢰성의 개념과 차원

1) 개 념

측정도구가 타당한 것이라면, 즉 측정하고자 하는 개념을 실제에 가깝게 측정할 수 있으면 측정도구의 신뢰도는 큰 문제가 되지 않는다. 그러나 사회과학의 조사연구에서 사용되는 추상적인 개념을 측정하는 측정도구의 타당성을 평가하기는 매우 어렵다. 따라서 측정의 정확성을 논할 때에 측정도구의 신뢰도를 따지게 된다. 측정의 신뢰성이란 동일한 대상(현상)에 대하여 같거나 유사한(비교가능한) 측정도구를 사용하여 반복측정할 경우에 동일하거나 비슷한 결과를 얻을 수 있는 정도를 말한다. 측정을 반복할 때 동일한 측정결과를 가져온다면 측정결과를 예측할 수 있고, 따라서 안정성이 높다고 할 수 있다.[68)]

이러한 맥락에서 Selltiz는 측정의 신뢰성을 측정하고자 하는 현상을 일관성있게 측정하는 능력을 의미하는 것으로 정의한다.[69)] 즉, 동일한 측정개념(또는 현상)에 대해 측정을 반복했을 때 동일한 측정값을 얻을 확률을 말한다. 신뢰도가 낮을 경우 측정과정이 불규칙적이고, 불안정하고, 일관성이 없는 결과가 나타난다. 신뢰도가 높을 경우 측정과정 또는 측정수단 그 자체의 특성 때문에 하나의 지표에 의하여 산출되는 숫자로 나타난 결과의 변화가 거의 없다. 예를 들어, 목욕탕 저울에 몸무게를 재는 경우를 생각해 보자. 저울에 올라갔다 내려오기를 여러 차례 반복해 보기로 한다. 음식을 먹거나, 음료수를 마시거나, 옷을 걸치거나 등을 하지 않는다는 전제하에서 매번 몸무게가 똑같은 것으로 나타나면, 그 저울은 만족할만한 척도라고 할 수 있다. 신뢰도가 낮은 척도라면 실제 몸무게는 변함이 없음에도 불구하고, 매번 다른 것으로 나타날

68) 김광웅, 전게서, p. 177.
69) C. Selltiz et al., *op. cit.,* p. 182.

것이다.

2) 신뢰도의 차원

측정의 신뢰도는 "동일한 대상(현상)에 대하여 같거나 유사한(비교가능한) 측정도구를 사용하여 반복측정할 경우에 동일하거나 비슷한 결과를 얻을 수 있는 정도"라고 종합적으로 정의되는데 구체적으로 살펴 보면 몇가지 차원으로 구분할 수 있다. 차원의 구분은 학자에 따라 다르지만,70) 여기에서는 안정성, 동등성, 코더간, 모집단 대표성 신뢰도로 구분하여 살펴보기로 하겠다.

(1) 안정성 신뢰도(stability reliability)

측정도구의 안정성이란 시간의 경과에 관계없이 안정적인 결과가 나타나는가에 관한 것이다. 여기에서 질문은 "그 측정도구가 상이한 시점에서 적용되어도 똑같은 결과가 나타나는가?"라는 것이다. 위에서 살펴본 몸무게를 측정하는 저울은 이러한 유형의 신뢰도에 관한 것이다. 측정지표가 안정성이 있다면, 매 번 측정할 때마다 동일한 결과를 얻을 수 있다. 측정도구의 안정성은 하나의 측정도구를 동일집단에 대하여 두 번 적용하는 재검사법을 사용하여 검사할 수 있다. 그러므로 안정성 신뢰도는 재검사 신뢰도(test-retest reliability)라고 부르기도 한다. 재검사법을 변형한 것이 대안양식법이다.

(2) 동등성 신뢰도(equivalence reliability)

측정도구의 동등성은 연구자가 복수의 측정지표를 사용하고자 할 때, 즉 설문조사에서 하나의 구성개념을 복수의 문항으로 측정하는 것과 같이 구성개념의 조작화에서 복수의 측정도구를 사용할 때 적용된다. 이 경우의 질문은 "척도를 적용할 때 상이한 지표들 사이에 일관성이 있는 결과가 나타나는가?"라는 것이다. 몇 가지 상이한 지표들이 동일한 구성개념을 측정한다면, 신뢰성

70) 예를 들면, Baker는 측정도구의 안정성(stability)과 동등성(equivalence)을 특히 강조한다. Graziano & Raulin은 평정자간 신뢰도(inter-rater reliability), 재검사 신뢰도(test-restet reliability), 내적일관성 신뢰도(internal consistency reliability)로 구분하는 한편 Neuman은 안정성 신뢰도, 동등성 신뢰도, 대표성 신뢰도로 구분한다. O'Sullivan & Rassal은 안정성(stability), 동등성(equivalence), 그리고 내적일관성(internal consistency)으로 구분한다. Baker, *Doing Social Research,* pp. 124-125; Graziano & Raulin, *Research Methods,* 4th ed., pp. 84-85; Neuman, *op. cit.,* pp. 165-167; O'Sullivan & Rassel, *Research Methods for Public Administrators,* pp. 83-84.

이 높은 도구는 모든 지표에 대하여 동일한 결과가 나타나야 한다. 연구자들은 시험문제나 길이가 긴 설문지의 동등성을 반분법(spilt-half method)으로 검사한다. 반분법을 발전시킨 것이 내적일관성 분석방법이며, 따라서 동등성 신뢰도를 내적일관성 신뢰도(internal consistency reliability)라고 부르기도 한다.

(3) 코더간 신뢰도(Inter-coder reliability)

이는 동등성의 특수한 형태인데, 동일한 정보에 대하여 복수의 관찰자, 평정자 또는 코더를 활용할 때 제기된다. 어떤 의미에서는 관찰을 담당하는 보조원들은 각각 지표에 해당된다. 복수의 관찰자, 평정자 또는 코더들이 서로 동의한다면 측정값은 신뢰할 수 있다. 코더간 신뢰도는 내용분석을 활용한 연구에서 일반적으로 보고되는 신뢰도이지만 복수의 관찰자와 평정자가 개입되는 연구에는 모두 적용될 수 있다. 코더간 신뢰도는 복수의 코더가 똑같은 대상을 측정하도록 한 다음, 그 결과를 비교한다.[71] 그러므로 코더간 신뢰도를 평정자간 신뢰도(inter-rater reliability)라고 부르기도 한다.

[그림 10-10]의 코더간 신뢰도의 사례에서 평정자는 두 명(#1과 #2)이며, 평정대상은 다섯명이다. 수평선은 각 평정자가 평정대상을 평가한 순위를 나타낸다. 코더간 신뢰도가 완벽한 경우는 각 평정자가 독립적으로 평정대상에 순위를 매긴 결과가 완벽하게 일치한다. 그림에서 보는 바와 같이 두 평정자

그림 10-10 코더간 신뢰도의 사례

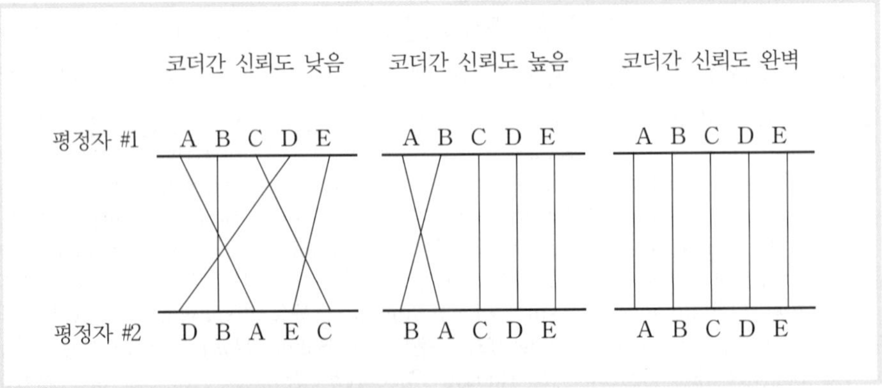

71) 제8장 3절 내용분석 참조.

사이에 불일치의 정도가 클수록 코더간 신뢰도는 낮아진다.

(4) 모집단 대표성 신뢰도(representative reliability)

측정도구의 모집단 대표성이란 여러 하위모집단 또는 하위집단들에 적용될 때 문제가 된다. 이 경우의 질문은 "그 측정지표가 상이한 집단에 적용될 때 동일한 응답을 얻을 수 있는가?"라는 것이다. 하나의 구성개념에 대한 측정지표를 상이한 하위모집단, 예컨대 상이한 계급, 인종, 성, 연령집단 등에 적용했을 때 동일한 결과가 나올 경우, 그 측정지표는 대표성 신뢰도(representative reliability)가 높다. 예를 들어, 사람의 연령에 대하여 질문하였다. 그런데 20대 연령집단은 자신들의 진짜 나이보다 높게 응답하였고, 50대 연령집단은 낮게 응답하였다면 그 측정지표는 대표성 신뢰도가 낮다. 대표성 신뢰도를 갖추려면 그 측정지표는 모든 연령집단에 있어서 정확한 정보를 제공할 수 있어야 한다.

하위모집단 분석(subpopulation analysis)을 통하여 이같은 유형의 신뢰도가 있는지 조사할 수 있다. 이러한 분석에서는 연구자가 하위모집단에 관한 사전지식을 활용하여 동일한 측정지표를 상이한 하위모집단 또는 하위집단에 적용한 결과를 비교한다. 예를 들어, 응답자의 교육수준에 관한 질문항목에 대

표 10-14 신뢰성의 차원 요약

차원	정의	추정방법	다른 명칭
안정성 신뢰도	측정도구를 동일대상에게 상이한 시점에서 적용할 때 유사한 결과가 나타나는 정도	재검사법 복수양식법	재검사신뢰도
동등성 신뢰도	상이한 지표들 사이에 일관성이 있는 결과가 나타나는 정도	반분법, 내적일관성 분석	내적일관성 신뢰도
코더간 신뢰도	복수의 코더가 같은 정보를 측정할 때 그 결과가 일치하는 정도	코더간 신뢰도 분석	평정자간 신뢰도, 동등성 신뢰도의 특수형태
모집단대표성 신뢰도	측정지표를 상이한 하위집단에 적용할 때 동일한 결과가 나오는 정도	하위모집단 분석	

한 대표성 신뢰도를 조사하기 위하여 그 질문이 남성과 여성들 사이에 동일한 결과가 나왔는지 하위모집단분석을 실시할 수 있을 것이다. 남성과 여성에게 질문한 다음, 학교기록 등 객관적인 정보를 따로 수집하여 그 질문에 대한 응답이 남성과 여성들에서 동일한지 점검할 수 있다. 남성과 여성에서 동일한 오차율이 나왔다면 그 항목은 대표성 신뢰도를 가지고 있다.

<표 10-14>에 이상에서 살펴 본 신뢰성의 차원에 관한 논의가 요약되어 있다.

3) 신뢰성의 평가이론

신뢰성을 측정오차와 관련하여 정의하면 신뢰도는 측정도구가 갖는 측정오차의 크기에 반비례한다. 즉 동일대상을 반복하여 측정할 때에 측정도구의 측정오차가 클수록 측정도구의 신뢰도는 떨어진다. 즉, 실제 측정값을 참성분(true component)과 오차성분(error component)으로 구분할 때 참성분의 비중이 클수록 측정의 신뢰도는 높다. 이러한 맥락에서 통계적으로 신뢰도는 일정한 조사대상에 측정도구를 적용하여 측정된 값(점수)의 총분산(variance) 중에서 참값(점수)의 변량의 비(ratio)로 정의된다. 이러한 관계를 대수적으로 표현해 보자.[72] 조사대상에 속한 각 개인에 대한 측정값은 다음과 같은 식으로 나타낼 수 있다.

$$x_i = t_i + e_i \qquad (10.2)$$

여기에서, x_i =대상 i의 측정값
t_i =대상 i의 참값
e_i =측정시 대상 i에 일어난 오차

그 평균값을 계산하면

$$x = t + e \qquad (10.3)$$

여기에서, x =측정결과의 평균
t =참값의 평균

72) Kerlinger, *op. cit.,* pp. 407-409; Nachmias & Nachmias, *op. cit.,* pp. 172-173.

e = 오차의 평균

그 분산값을 계산하면

$$\sigma_x^2 = \sigma_t^2 + \sigma_e^2 \tag{10.4}$$

여기에서, σ_x^2 = 측정값의 분산

σ_t^2 = 참값의 분산

σ_e^2 = 오차의 분산

신뢰도는 측정결과의 총분산에 대한 참값의 변량의 비율이므로

$$\text{신뢰도} = \frac{\sigma_t^2}{\sigma_x^2} = \frac{\sigma_x^2 - \sigma_e^2}{\sigma_x^2} \tag{10.5}$$

공식 (10.5)를 바탕으로 할 때, 어떤 측정도구의 오차가 커서 $\sigma_x^2 = \sigma_e^2$이라면 신뢰도는 0이라는 값을 가질 것이고, 전혀 오차가 없다면 $\sigma_e^2=0$이므로 신뢰도는 1의 값을 가진다. 따라서 신뢰도는 그 값이 0에서 1의 범위를 갖는다는 것을 알 수 있다. 그러나 실제 조사에서는 참값(true score)이 얼마인지 알 수 있는 방법은 없으므로, 그 값은 측정값에서 오차의 정도를 통하여 추정하지 않으면 안 된다. 이어서 신뢰도의 추정방법을 살펴보기로 하자.

4) 신뢰성과 타당성의 관계

앞에서 살펴 본 바와 같이 신뢰도는 타당성의 필요조건이며 타당성보다는 갖추기 쉽다. 어떤 측정도구가 타당하다면 그 측정도구는 신뢰성이 높다. 그러나 어떤 측정도구가 신뢰성이 높다고 하더라도 그 측정도구가 반드시 타당한 도구라고는 할 수 없다. 즉 하나의 측정도구로 여러 번 측정하여 동일한 결과가 나올 수 있지만, 그 결과가 반드시 그 구성개념의 정의와 일치한다고 볼 수는 없다는 것이다([그림 10-5] 참조).

일반적으로 타당성과 신뢰성은 보완적인 개념이지만 특수한 상황에서는 서로 충돌할 수 있다. 경우에 따라서는 타당도가 증가함에 따라 신뢰도가 낮아지기도 하며, 그 반대의 경우도 있다. 이러한 경우는 구성개념이 매우 추상적인 것으로 쉽게 관찰할 수 있도록 정의하기 어려울 때 발생한다. 측정도구가

매우 정확하고 관찰가능할 때 신뢰도가 높아질 수 있다. 그러므로 매우 추상적인 개념의 핵심적 요소와 이를 구체적으로 측정하는 방법 간에는 긴장관계가 존재할 수 있다. 예를 들면, '소외'와 같은 개념은 매우 추상적이며, 주관적 판단이 강한 구성개념이다. 이러한 개념에 대하여 아주 정확한 설문서의 질문문항을 개발하면 반복측정시 신뢰할 수 있는 측정값을 얻을 수는 있지만 그 개념의 주관적인 측면에서의 핵심요소를 놓칠 수도 있다. 한편 전문적 관찰자가 반구조화된 면접지침을 가지고 직접관찰을 통하여 자료를 수집하면 타당도가 높은 결과를 얻을 수 있지만, 신뢰도는 낮아질 수 있다. 그러므로 측정의 타당성과 신뢰성의 문제는 다음 장에서 살펴볼 자료수집방법과의 관련시켜서 고찰되어야 한다.

2. 신뢰도의 추정방법

1) 재검사법(test-retest method)

재검사법은 신뢰도의 개념을 직접 적용하는 방법, 즉 동일측정도구를 동일상황에서 동일대상에게 서로 다른 시간에 측정한 측정결과를 비교하는 방법이다. 재측정기간으로는 보통 2주 정도의 간격을 갖는 것이 좋다고 한다. 동일대상에 대하여 관찰이나 측정을 두 번 이상 실시하고, 그 결과로 얻은 측정값(점수)이 얼마나 상관도가 높은가를 따져서 신뢰도를 계산하는 방법인데, 측정도구가 시간을 두고 어느 정도의 안정성(stability)을 갖는가를 나타내는 지표로 해석된다. 이때 자료수집방법이 면접·질문서·실험 등인 경우에는 두 번이면 족하고 직접관찰이면 두 번 이상 반복하는 것이 좋다.[73] 이때 검사-재검사결과의 상관계수가 신뢰도의 추정치가 된다. 수학적으로는,

$$r_{xx'} = \frac{S_t^2}{S_x^2}$$

여기에서, x = 처음 측정값
x' = 두번째 측정값
$r_{xx'}$ = x와 x'의 상관관계

73) 김경동·이온죽, 전게서, p. 412.

S_t^2 = 참성분 점수의 추정된 변량값

S_x^2 = 측정한 점수의 계산된 변량값

여기에서 x와 x'의 상관관계를 나타내는 $r_{xx'}$가 신뢰도의 추정값으로 사용된다. 이러한 재검사법을 통하여 신뢰도를 추정하는 경우에는 검사와 재검사의 기간 동안에 측정의 타당성을 저해하는 요인, 즉 검사요인의 효과(처음의 측정이 재검사 점수에 영향을 미치는 효과), 또는 성숙요인의 효과(측정간격이 길 때에 조사대상집단의 특성변화에 따른 효과), 또는 역사요인의 효과(측정기간중 발생한 사건의 영향) 등이 작용할 수 있다. 이러한 문제점을 가지고 있기 때문에 이 방법을 신뢰도 추정의 유일한 수단으로 사용하는 것은 곤란하며, 다음에 살펴볼 내적일관성(internal consistency) 분석방법을 보완하여 사용해야 한다.

2) 복수양식법(multiple forms techniques)

앞서 살펴본 재검사법은 같은 대상에 같은 측정수단을 시간적 간격을 가지고 두번 이상 반복 적용하는 것이었는데, 시간적 간격 때문에 성숙요인 또는 역사요인의 효과가 발생할 수도 있다는 문제점이 지적되었다. 시간적 간격을 극복하는 방법으로 유사한 형태의 두 개 이상의 측정도구를 사용하여 동일한 표본에 적용한 결과를 비교하여 신뢰도를 측정하는 방법이 복수양식법(multiple forms techniques)이다. 이 방법을 평행양식법(parallel forms techniques) 또는 대안양식법(alternative forms techniques)이라고 부르기도 한다.

복수양식법의 기본논리는 어떤 측정도구에 포함된 항목이나 문항들이 그 측정대상이 되는 모집단의 한 표본에 불과하다는 것이다. 여기에서는 두 가지 또는 그 이상의 측정도구를 통하여 얻은 측정값을 서로 비교하여 그 상관관계를 가지고 신뢰도를 추정한다. 그러나 둘 이상의 측정도구의 등가성(equivalence)을 확보하는 것, 즉 동등한 측정도구를 개발하는 것이 힘들다. 그러므로 추정된 신뢰도가 낮은 경우에 실제 신뢰도가 낮은 것인지, 아니면 등가성이 확보되지 않았기 때문인지가 애매해진다. 그리고 두 가지 측정도구가 유사해지면 검사요인의 효과가 나타날 가능성도 있다.

3) 반분법(split-half method)

신뢰도를 추정하기 위하여 재검사법이나 복수양식법을 이용하는 경우에는 시간적 간격과 등가성의 확보가 문제가 된다. 반분법은 측정도구를 임의로 반으로 나누어서 각각을 독립된 척도로 보고 이들의 측정결과를 비교하는 방법을 말한다.

반분법을 이용하기 위해서는 그 전제조건으로 첫째, 측정도구가 같은 개념을 측정한다는 점이 명백하여야 한다. 즉 측정도구의 동질성(homogeneity)이 확보되어야 한다.[74] 둘째, 양분된 측정도구의 문항, 또는 항목의 수는 그 자체가 각각 완전한 척도를 이룰 수 있을 만큼 충분하여야 한다.

이러한 전제조건이 충족된 측정도구를 측정대상에 적용하여 측정값을 구한 다음, 문항들을 짝수 문항과 홀수 문항으로 구분하여 그 측정결과를 비교하여 상관관계를 계산함으로써 신뢰도를 추정한다. 여기에서 두 부분으로 나누어진 항목들간의 상관계수는 전체 항목에 대한 신뢰도 계수라기보다는 반쪽 부분의 신뢰도 계수이므로 이에 대한 적절한 통계적 수정이 필요한데, 보통 스피어만-브라운(Spearman-Brown)공식을 사용한다.[75]

$$r_{xx'} = \frac{2r_{oe}}{1+r_{oe}} \tag{10.6}$$

여기에서, $r_{xx'}$=전체 측정도구의 신뢰도
r_{oe}=반분법에 의하여 나누어진 짝수문항과 홀수문항의 측정값들간의 상관계수

반분법이 가지는 문제점은 항목들을 나누는 방식에 따라서 신뢰도 계수의 추정치가 달라진다는 것이다. 즉 짝수 문항과 홀수 문항으로 구분하는 것이 일반적인 관례이지만 반드시 짝수와 홀수로 구분해야 하는 근거는 없다. 만약 다른 방식으로 문항을 구분하는 경우에는 신뢰도 계수의 추정값이 달라질 수 있다.

---

74) Selltiz et al., *op. cit.,* p. 190.
75) Nachmias & Nachmias, *op. cit.,* p. 175.

4) 내적일관성 분석(internal consistency analysis)

(1) 내적일관성 분석의 개념

반분법이 지니는 문제점이 단일의 신뢰도 계수를 계산할 수 없다는 데 착안하여 가능한 모든 반분신뢰도를 구한 다음 그 평균값을 신뢰도로 추정하는 내적일관성 분석방법을 Kuder와 Richardson이 개발하였다. 그 후에 Cronbach가 이에 대한 수학적인 설명을 시도하여 오늘날에는 그 계수를 크론바하의 α값이라고 표시한다.76) 이 방법은 동일한 개념을 측정하는 항목인 경우에 그 측정결과에 일관성이 있어야 한다는 논리에 따라 일관성이 없는 항목, 즉 신뢰성을 저해하는 항목을 찾아서 배제시킨다. 이 방법은 반분법에서는 얻을 수 없었던 유일한 신뢰도 계수를 얻을 수 있으므로, 측정도구의 신뢰도를 평가하기 위해서 현실적으로 가장 많이 사용하는 방법이다.

이 방법의 기본적인 형태는 측정문항을 둘로 나누어 이들 측정문항들간의 상관관계를 계산하되, 모든 가능한 2 분할방법을 사용하여 상관관계를 계산하고 그 평균값을 측정도구의 신뢰도 값으로 사용하는 방식이다. 크론바하가 제시한 α값의 계산방식은 다음과 같다.

$$\alpha = \frac{k}{k-1}\left(1 - \frac{\Sigma\sigma_i^2}{\sigma_y^2}\right)$$

여기에서, α = 크론바하의 알파값
k = 측정항목수
σ_y^2 = 측정항목 모두를 더한 총화척도의 분산
σ_i^2 = 각 항목의 분산

(2) 내적일관성 신뢰도의 기준

내적일관성 신뢰도의 값이 어느 정도일 때에 만족할 만한 값인가는 조사의 목적에 따라 달라진다. 또한 학자에 따라서 기준이 다르다. 가장 널리 인용되는 Nunnaaly(1978)는 다음과 같은 지침을 제안하였다.77) 즉, 척도개발 초기

---

76) L. J. Cronbach, Coefficient Alpha and the Internal Structure of Tests, *Psychometrika*, 16, 1951, pp. 297-334; Carmines & Zeller, *op. cit.,* pp. 56-59.

77) J. C. Nunnally, *Psychometric Theory,* 2nd ed., NY.: McGraw-Hill, 1978;

단계에는 .70, 기초연구의 척도로는 .80, 그리고 측정값을 토대로 중요한 결정을 내리고자 할 경우에는 .90 정도의 신뢰도를 확보하여야 한다는 것이다. 한편 탐색적 연구에서는 최저기준이 .60로 낮아질 수 있고, 매우 중요한 결정에는 .95 이상이어야 된다는 견해도 있다. 입학생 선발, 졸업시험과 같이 학업성취도에 관한 중요한 결정이나 환자의 치료 행위 또는 면허 및 인증을 위한 테스트에는 .95 이상의 신뢰도가 확보되어야 한다고 본다. 학생, 고객, 환자 등에 관하여 중요한 결정을 내려야 할 경우 오차가 최소화되어야 하기 때문이다.[78]

(3) 공직가치 측정문항에 대한 내적일관성 분석의 사례

① 공직가치 측정문항

SPSS 프로그램의 신뢰도분석을 사용한 내적일관성 분석 사례와 그 결과를 해석하는 방법을 검토하기로 한다. 예제는 한국행정연구원의 2019년 공직생활 실태조사 가운데 공무원이 공직가치에 관한 인식을 측정하기 위하여 8개 문항으로 구성된 척도에 대한 신뢰도 분석이다.[79] 공직가치 측정에 사용한 8개 문항은 리커트형 척도의 구성절차에 따라 5점 척도(① 전혀 그렇지 않다－⑤ 매우 그렇다)로 구성하였는데, 그 질문내용은 다음과 같다.

문항 33. 귀하께서는 공직가치와 관련한 다음 각 항목에 대해 어떻게 생각하십니까?

① 나는 시민들의 다양한 의견을 이해하고, 갈등을 해결하기 위해 적극적으로 노력한다.
② 나는 내 업무의 판단기준을 이해관계자들에게 설득하고 설명한다.
③ 나는 언제나 개인적 가치보다 공직 의무를 중시하며 업무를 수행한다.
④ 나는 어떠한 경우에라도 공무원 윤리 가치와 규범을 준수한다.
⑤ 나는 민원인이나 동료들의 의견을 항상 존중한다.
⑥ 나는 어려움에 직면한 사람들을 보면 도우려고 한다.
⑦ 나는 업무수행 원칙에 따라 업무를 수행한다.
⑧ 나는 조직과 정책의 목표가 달성되는 것이 가장 중요하다고 생각한다.

② SPSS 신뢰도 분석의 실행

IBM SPSS 버전 25 프로그램을 사용하여 공직가치에 관한 인식을 측정

Bandalos, *op. cit.,* p. 184에서 재인용.

78) Bandalos, *op. cit.*

79) 한국행정연구원, 2019년 공직생활 실태조사 보고서 참조. 2020.

그림 10-11 SPSS 신뢰도 분석절차

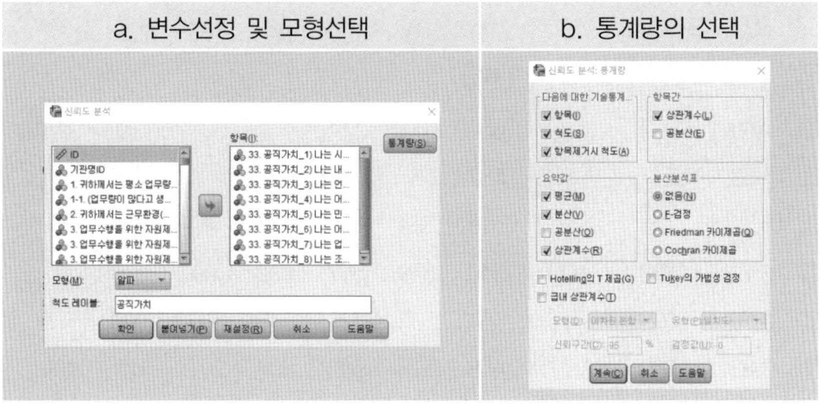

하는 8개 문항에 관한 신뢰도 분석의 절차를 살펴보자. 8개 문항은 q①, q② 등과 같이 표기하겠다.

SPSS 프로그램의 분석(A) 메뉴에서 척도(A)를 선택하고, 세부 메뉴에서 신뢰도분석(R)을 선택한다. 변수선정 및 모형선택에서 공직가치에 관한 8개 문항(q①부터 q⑧까지)을 지정하고 척도설명에 '공직가치'라는 척도 이름을 써 준 다음, 알파모형(초기화면에 알파로 지정되어 있음)을 선택한다([그림 10-11] a 참조). 알파모형은 크론바흐 알파모형을 말하며, 이는 내적일관성(internal consistency) 모형으로 항목간 상관관계의 평균을 기준으로 한다. 그 밖에도 해당 척도를 두 부분으로 분리하고 부분간 상관관계를 검사하는 반분계수 모형, 또는 Guttman 모형을 선택할 수 있다. 다음 단계에서는 '통계량' 가운데 필요한 통계를 선택하면 되는데, 항목, 척도, 항목제거시 척도에 대한 기술통계량, 항목내 상관관계, 평균, 분산, 상관관계의 요약값 등을 선택할 수 있다([그림 10-11] b 참조). 적절한 항목을 선택한 다음, 계속하여 확인을 선택하면 신뢰도 분석이 실행되어 필요한 통계를 구할 수 있다.

③ 각 문항에 대한 응답의 기술통계 및 상관계수

신뢰도분석의 기초자료로서 SPSS 프로그램 출력결과 먼저 각 문항에 대한 응답의 평균값과 표준편차를 살펴보자(<표 10-15> a.와 c. 참조). 척도를

표 10-15 문항별 평균, 표준편차, 상관계수, 요약 항목 통계량

a. 항목 기술통계량

	평균	표준편차
q①	3.50	.698
q②	3.60	.673
q③	3.53	.747
q④	3.72	.723
q⑤	3.72	.693
q⑥	3.70	.679
q⑦	3.82	.669
q⑧	3.50	.743

b. 항목간 상관행렬

	q①	q②	q③	q④	q⑤	q⑥	q⑦	q⑧
q①	1.000							
q②	.654	1.000						
q③	.587	.567	1.000					
q④	.516	.554	.612	1.000				
q⑤	.540	.559	.567	.602	1.000			
q⑥	.554	.533	.521	.549	.597	1.000		
q⑦	.458	.518	.502	.607	.571	.549	1.000	
q⑧	.469	.467	.534	.507	.504	.471	.495	1.000

c. 요약 항목 통계량

	평균	최소값	최대값	범위	최대값 / 최소값	분산
항목 평균	3.637	3.500	3.816	.316	1.090	.014
항목 분산	.495	.448	.559	.111	1.247	.002
항목간 상관관계	.542	.458	.654	.196	1.427	.002

출처: SPSS 신뢰도 분석 출력물 일부 재구성.

구성하는 문항에 대한 응답은 중간카테고리에 응답자가 많고 좌우대칭인 정규분포곡선을 그리고 있는 것이 바람직하다. 그리고 응답자의 응답에 편차가 없는 문항은 식별능력이 없으므로 제외시켜야 한다. 각 문항에 대한 응답의 평균값은 5점척도 상에서 최대 3.82, 최소 3.50, 평균 3.676이다. 표준편차는 최대 .747, 최소 .669이다. 표준편차 및 분산의 크기와 더불어 여기에 나타내지는 않았지만 각 문항에 대한 응답의 빈도분포를 살펴본 결과 모든 문항이 응답자들에 대한 차별력을 가지는 것으로 볼 수 있었다.

문항간 상관관계를 살펴보기로 하자. <표 10-15> b.의 상관계수행렬식에서 상관계수가 가장 큰 것은 .654(q①과 q②의 관계), 가장 작은 것은 .458(q①과 q⑦의 관계)이며, <표 10-15> c.의 요약 항목통계량에서 총 28개의 상관계수값의 평균은 .542라는 것을 알 수 있다.

④ 크론바하 알파값 및 문항의 배제가능성 검토

<표 10-16> a. 신뢰도 통계량에 제시된 바와 같이 응답자의 응답을 토대로 8개 문항으로 구성된 척도의 신뢰도계수를 산출한 결과 크론바하의 알파값은 .904로 계산되었다. 즉 일관성이 매우 높은 척도를 구성할 수 있는 것으로 판명되었다.

이어서 <표 10-16> b.에 개별문항과 이들로 구성된 척도(총계)와의 관계에 대한 통계가 제시되고 있다. 어떤 문항을 제외하고 계산한 척도값의 평균,

표 10-16 공직가치에 관한 신뢰도 분석 결과

a. 신뢰도 통계량

Cronbach의 알파	표준화된 항목의 Cronbach의 알파	항목 수
.904	.904	8

b. 항목-총계(척도) 통계량

	항목이 삭제된 경우 척도 평균	항목이 삭제된 경우 척도 분산	수정된 항목-전체 상관계수	제곱 다중 상관계수	항목이 삭제된 경우 Cronbach 알파
q①	25.59	14.751	.692	.533	.892
q②	25.49	14.832	.707	.536	.891
q③	25.56	14.335	.717	.529	.890
q④	25.37	14.433	.727	.549	.889
q⑤	25.37	14.622	.726	.535	.889
q⑥	25.39	14.874	.691	.490	.892
q⑦	25.28	14.997	.676	.486	.893
q⑧	25.59	14.822	.626	.398	.898

c. 척도 통계량

평균	분산	표준편차	항목 수
29.09	18.951	4.353	8

척도값의 분산, 상관계수 값의 평균 및 그 제곱, 그리고 크론바하의 α값의 순서로 통계치를 계산하여 제시하고 있다. 여기에서 가장 주목하여야 할 것은 마지막 열에 제시된 그 문항을 제외시킬 경우의 크론바하 α값의 크기이다. 만약 어떤 문항을 제외하고 계산한 α값의 크기가 그 문항을 포함시킬 때의 α값의 크기보다 큰 경우에는 그 문항을 제외시켜야 한다. 그러나 이 사례에서는 어떤 문항을 제외시키더라도 8개 문항으로 구성된 척도의 α값 .904보다 α값의 크기가 작다. 가장 일관성이 낮은 것으로 평가된 8번째 문항(q⑧)의 경우에도 그 문항을 제외시키면 α값이 .898이 되어 .904보다 약간 낮아진다. 일반적으로 상관관계가 낮은 항목들로 구성된 경우에도 척도의 구성항목이 증가할수록 α값의 크기는 높아진다.

이들 8개 문항에 대한 응답을 합산한 값을 척도값으로 사용할 때, 각 문항이 1점에서 5점까지의 값을 가지며, 총 8개 문항이므로 이를 합산한 척도값은 8점에서 40점까지의 값을 가질 수 있다. <표 10-16> c.에 제시된 척도에 대한 통계치에서는 이러한 척도에 대한 응답자의 응답의 평균은 29.09, 분산은 18.951, 표준편차는 4.353이며, 총 8개 항목로 구성되었음을 나타내고 있다. 척도값은 개별문항에 대한 응답을 합산한 값을 총화평정척도로 사용할 수 있다. 한편 후속되는 다변량분석에 사용하기 위해서는 합산한 값을 문항수로 나눈 값을 사용하는 등 구성문항 수가 각각 다른 척도의 척도값을 표준화시키는 절차를 밟기도 한다.

(4) 공직만족도 측정문항의 신뢰도 분석결과

앞의 요인분석의 사례에서 직무만족과 공직만족은 서로 다른 요인으로 추출되어 차원이 다른 것으로 확인된 바 있다. 그 후속조치로 공직만족도를 측정하는 4개 문항을 대상으로 신뢰도 분석을 실시하였다. <표 10-17>에 제시된 분석결과, 4개 문항으로 구성된 척도의 표준화된 Cronbach 알파값이 .848으로 높은 편이다. 그런데 <표 10-17> b.에 제시된 항목-총계(척도) 통계량에 따르면 첫 번째 문항 "① 공무원의 사회적 평가" 항목이 삭제될 경우 Cronbach 알파값이 .852로 오히려 높아지므로, 첫 번째 문항을 제외한 이후 공직만족도의 복합척도를 구성하는 것이 바람직하다.

표 10-17 직무만족 4개 문항의 신뢰도 분석 결과

a. 신뢰도 통계량

Cronbach의 알파	표준화된 항목의 Cronbach의 알파	항목 수
.844	.848	4

b. 항목-총계(척도) 통계량

	항목이 삭제된 경우 척도 평균	항목이 삭제된 경우 척도 분산	수정된 항목-전체 상관계수	제곱 다중 상관 계수	항목이 삭제된 경우 Cronbach 알파
① 공무원의 사회적 평가	10.08	5.055	.577	.342	.852
② 공직 안정성 만족	9.48	5.219	.699	.521	.794
③ 공직 장래성 만족	9.87	4.756	.744	.561	.772
④ 공무원 신분 만족	9.46	5.186	.717	.549	.788

(5) 신뢰도 분석 결과의 정리

공직가치와 공직만족도에 관한 신뢰도 분석사례와 같이 신뢰도 분석 절차를 마치면 많은 분량의 분석결과를 얻을 수 있다. 그 결과를 논문에 수록하려면 간명하게 요약하여 수록하여야 한다. <표 10-18>에 신뢰도 분석 결과를 간략하게 정리하는 방법과 그 해석이 예시되었다.

<표 10-18>의 '구분'란에는 신뢰도 분석을 하고자 하는 문항들의 '개념명(요인명)'을 기입하고, '문항수'란에는 설문지에서 질문한 '한 개념에 대한 문항의 수'를 기입하며, '설문문항' 란에는 설문지에 나타난 각 문항들의 설문번호를 기입한다. '신뢰계수(α)'란에는 '신뢰도 분석 결과'의 alpha값을 그대로 기

표 10-18 신뢰도 분석 결과 정리방법 예시

구 분	문항수	설문문항	신뢰계수(α)
적극성	6	설문Ⅰ. 1-6	.713
사교성	5	설문Ⅰ. 7-11	.688
독창성	5	설문Ⅰ. 12-16	.498

입한다. <표 10-18>에 나타난 결과는 대체로 다음과 같이 해석할 수 있다. 크론바하 알파계수를 살펴보면, 적극성은 .713, 사교성은 .688으로서 그런대로 만족할 만한 수준이다. 그러나 독창성의 신뢰계수(α)는 .498으로서 0.7보다 작기 때문에 그대로 사용하는 데 문제가 있다. 이 경우에는 개별 문항제거시 척도값을 살펴보는 등 별도의 조치가 필요하다.

3. 신뢰도의 제고방안

1) 신뢰도의 가치

신뢰도를 확보하는 것이 측정에서 가장 중요한 측면은 아니더라도 매우 중요한 것만은 틀림없다. 각 변수의 측정에서 측정오차가 큰 경우 그러한 측정도구로 측정된 변수들간의 관계에 대한 통계는 신뢰하기가 어렵다. 만약 두 변수간의 상관관계가 낮게 나타났다고 하자. 이 경우에 두 변수간에는 실제로 관계가 없는 것인가 아니면 종속변수와 독립변수의 측정오차 때문인가를 알 수 없다. 측정의 신뢰도가 높다고 해서 좋은 연구결과가 보장되는 것은 아니지만, 신뢰도가 낮은 경우에는 좋은 연구결과를 기대할 수 없다. 그러므로 측정의 신뢰도는 연구결과의 가치와 해석에 대한 필요조건일 뿐 충분조건은 되지 않는다.[80]

2) 측정의 신뢰도 제고방안

경험적 조사연구에서는 측정의 신뢰도를 확보하는 것이 필요조건이므로 신뢰도를 높이는 여러 가지 방안을 모색하여야 한다. 신뢰도를 증진시키는 원리는 극대극소통제원리(maxminicon principle)인데, 앞의 식 (10.4) 및 (10.5)에서 개인차 분산을 극대화시키고 오차분산을 극소화시키는 것이다.[81] 즉 측정오차의 발생가능성을 통제하여 오차를 줄이는 것이다. 측정의 신뢰도를 제고시킬 수 있는 구체적 방안으로는 다음과 같은 것들이 있다.[82]

첫째, 측정도구를 구성하는 문항을 분명하게 작성한다. 각 문항의 내용이

80) Kerlinger, *op. cit.,* p. 415.
81) *Ibid.*
82) 김광웅, 전게서, p. 182; 김해동, 전게서, pp. 330-331; Kerlinger, *op. cit.,* p. 415; Selltiz et al., *op. cit.,* pp. 179-184 참조.

애매하면 조사대상마다 다르게 해석할 수 있기 때문에 측정오차가 커진다. 그러므로 모든 조사대상자가 같은 의미로 해석할 수 있도록 내용을 명확하게 작성하여야 한다.

둘째, 측정항목수를 늘린다. 문항간 상관관계가 유사할 경우에 항목의 수를 늘리면 측정도구의 신뢰도는 높아진다. 그 이유는 측정문항이 많아지면 측정값들의 평균치가 측정하고자 하는 속성의 실제값에 가까워지기 때문이다. 이러한 방법은 측정도구의 신뢰도가 바람직한 수준보다 낮을 때 사용된다. 측정항목의 수와 바람직한 수준의 신뢰도는 다음과 같은 식으로 나타낼 수 있다.

$$k = \frac{r_1(1-r_0)}{r_0(1-r_1)}$$

여기에서, k = 필요한 측정항목수
r_1 = 원하는 신뢰도
r_0 = 현재의 신뢰도(문항간 상관관계의 평균값)

이러한 공식을 적용하여 만약 연구자가 바라는 신뢰수준이 .80이고 문항간의 상관관계값의 평균이 .40이라고 하면, 필요한 측정항목수 k=.80×(1−.40)/.40×(1−.80)=.48/.08=6개가 된다.

셋째, 측정도구를 적용하는 과정, 즉 자료수집과정에서 측정의 일관성을 보장할 수 있도록 한다. 면접이나 설문지를 사용할 때 측정자들이 일관성 있게 측정할 수 있도록 지시사항을 작성하고, 이를 준수할 수 있도록 측정상황을 통제한다. 면접자가 일관성을 지키지 못하면 동일한 문항에 대한 응답자의 반응이 달라져 측정오차가 발생한다.

넷째, 측정지표에 대하여 사전검사(pre-test) 또는 측정지표 초안에 대한 예비조사(pilot study)를 사용하면 신뢰도를 제고할 수 있다. 측정지표에 대한 초안을 만든 다음 가설검증 상황의 최종안을 만들기 전에 시험해 볼 경우 시간과 노력이 투입되겠지만 신뢰도는 크게 높일 수 있다.

이상에서 살펴본 것이 신뢰도가 높은 측정도구를 구성하기 위하여 취할 수 있는 방안들이다. 연구자는 측정도구를 구성하기 이전에 기존의 연구문헌에서 신뢰도가 보고된 측정도구를 탐색해 보아야 한다. 기존의 연구에서 신뢰도가 검증된 측정도구를 찾을 수 있으면 이러한 도구를 사용하는 것이 바람직하다.

또한 연구자도 연구결과와 함께 자신이 사용한 측정도구의 신뢰도 수준도 같이 보고하여야 한다.

복습과제

01 개념적 정의와 조작적 정의의 공통점과 차이점은 무엇인가?

02 구성개념(construct)을 예를 들어, 설명하시오.

03 행정학 및 정책학 분야에서 사용되는 개념들 가운데 하나를 선택하여 개념적 정의를 찾아보시오.

04 행정학 및 정책학 분야에서 사용되는 개념들 가운데 하나를 선택하여 조작적 정의를 찾아보시오.

05 다원적 조작주의(multiple operationalism)란 무엇인가?

06 다음 문장이 개념적 정의를 표현하고 있는지, 조작적(operational) 정의인지 제시하시오.

① 공동생산은 도시 서비스 전달체계에 자발적이며 활동적인 시민참여로 이루어진다.

② 치안서비스의 형평성은 응답자들이 생각하기에 도시의 나머지 지역보다 그들의 이웃에서 범죄가 덜 발생하는지 혹은 똑같은지, 더 발생하는지에 대해 어떻게 생각하고 있는지 물어보면 알 수 있다.

③ 자치단체장이 행정적으로 강력하다면 각 부서 장의 절반 이상은 그들에게 가장 영향을 미치는 인물이 단체장이라고 말할 것이다.

④ 가정의료보호(Home Health Care)는 질병에 대비한 치료적 그리고 예방적 서비스의 배치라고 정의된다.

⑤ 학교 반달리즘(school vandalism)은 부서지고 깨진 창문의 비율로 정의된다.

07 다음 변수 가운데 다섯 개를 골라 개념적 정의와 조작적 정의를 내려 보시오.
프로그램 지출, 교육기회의 균등
인사이동, 국가안보
보건의료서비스, 삶의 질
시정서비스만족도, 에너지 소비
소득분배, 공해
민관파트너십, 정책순응

08 다음 변수에서 측정의 수준은 무엇인가?
a. 참여자의 연소득
b. 참여자의 종교
c. 경주가 끝난 후 경기자의 순위

09 IQ가 140인 사람이 IQ 70인 사람보다 두 배 지능이 높은가? 그 이유는?

10 명목척도, 서열척도, 등간척도, 비율척도의 특징을 간략하게 요약하시오.

11 응답자의 종교를 묻는 질문의 응답범주를 나열하라. 범주의 숫자는 6개가 넘지 않도록 하시오. 자신이 개발한 응답범주가 총망라적이고, 상호배타적인지 확인해 보시오.

12 다음 변수들의 응답범주가 총망라적이고, 상호배타적인지 지적하시오. 만약 문제가 있으면 범주를 변경하거나 추가하여 총망라성과 배타성의 기준을 충족하도록 하시오.
a. 월소득: (가) 50만원~79만원 (나) 80만원~199만원
(다) 200만원~399만원 (라) 400만원~599만원
(마) 600만원 이상
b. 연 령: (가) 18세 미만 (나) 18~30세 (다) 30세 이상

13 왜 연구자는 하나의 개념을 측정하기 위하여 복합적인 측정도구인 척도를 구성하는가?

14 지표와 척도 또는 지수는 어떻게 다른가?

15 복합적인 측정도구인 척도구성에서 단일차원성(uni-dimensionality)이 중요한 이유는?

16 거트만척도의 구성절차를 예를 들어, 설명하시오.

17 리커트척도의 구성절차를 예를 들어, 설명하시오.

18 어의차별척도와 리커트척도의 공통점과 차이점은?

19 문항분석이 필요한 이유는?

20 지수작성에서 가중치부여방법은?

21 지수작성시 지수항목의 표준화는 왜 필요한가?

22 자신의 관심분야에서 하나의 지수를 선정하여 지수작성절차에 따라 지수를 작성해 보시오.

23 측정의 체계적 오차와 무작위 오차 가운데 신뢰도에 영향을 미치는 오차와 타당도에 영향을 미치는 오차는?

24 내용타당성은 왜 가장 기본적인 타당성의 유형인가?

25 내용타당성의 평가방법이 주관적이라고 생각되는 이유는?

26 어떠한 경우에 기준타당성이 활용될 수 있는가?

27 기준타당성과 구성개념 타당성의 차이가 무엇인지 설명하시오.

28 구성개념 타당성의 검증방법을 간략하게 설명하시오.

29 구성개념 타당성의 검증방법으로 요인분석의 장점은 무엇인가?

30 신뢰성의 개념과 차원을 간략하게 설명하시오.

31 코더간 신뢰도란 무엇인가?

32 신뢰도 추정방법에서 재검사법의 문제점은?

33 반분법의 논리와 내적일관성 분석의 논리는 어떠한 관계인가?

34 신뢰도 추정방법으로 내적일관성 분석이 가장 일반적으로 사용되는 이유는?

35 다음 문장에서 지칭하는 신뢰성의 유형(안정성, 반분법, 내적일관성, 코더간) 또는 타당성의 유형(내용, 기준, 구성개념 타당성)이 무엇인지 제시하시오.

a. 다지선택형 시험의 홀수 문항과 짝수문항의 성적간 상관관계가 높았다.

b. 어떤 연구결과에 의하면 수능시험성적과 평균평점으로 측정한 대학교 학업성적 사이에는 보통 정도의 상관관계가 있었다.

c. 어떤 연구자가 개발한 사랑 척도(love scale)의 점수는 결혼 확률과 밀접하게 연관된다.

d. 학기말 시험문제는 학기 중에 학습한 내용을 대표하고 있다.

e. 그 척도는 동일집단에 두 번에 걸쳐 적용되었다. 두 번째 적용에서 얻은 점수는 첫 번째 적용에서 얻은 점수와 거의 동일하였다(상관계수=.97).

36 한국행정연구원의 공직생활실태조사, 사회통합실태조사와 같은 기존자료 가운데 관심을 가진 질문을 선택하여 SPSS 신뢰도 분석절차를 사용하여 신뢰도 분석을 실시해 보시오.

37 한국행정연구원의 공직생활실태조사, 사회통합실태조사와 같은 기존자료 가운데 관심을 가진 질문을 선택하여 SPSS 요인분석 절차를 사용하여 요인분석을 실시해 보시오.

38 측정의 신뢰도를 제고하는 방안을 간략하게 설명하시오.

39 측정의 신뢰도와 타당성은 어떠한 관계인가?

11 CHAPTER
표본추출의 논리
Logic of Sampling

장머리에

본장에서는 표본추출에 관련된 문제를 살펴본다. 제1절에서는 표본추출의 의미와 표본조사를 하게 되는 이유를 살펴본다. 제2절에서는 표본추출의 기초개념을 살펴보고, 제3절에서는 여러 가지 확률표본추출과 비확률표본추출방법을 살펴보게 된다. 제4절에서는 표본추출분포에 관한 이론을 살펴보고, 제5절에서는 표본크기의 결정에 관하여 살펴보기로 한다.

제 1 절 표본추출의 의의

1. 표본추출의 의의

측정도구가 구성되었으면, 이를 연구대상에 적용하여 연구문제에 관련된 자료를 수집할 수 있다. 자료수집과정에서 연구대상에 포함된 사람이나 집단 전부를 대상으로 자료를 수집할 것인가, 또는 그 일부 표본(sample)만을 대상으로 자료를 수집할 것인가를 결정하여야 한다. 연구대상 전체로부터 선택된 일부가 표본이며, 그러한 표본을 선택하는 과정을 표본추출(sampling)이라고 부른다. 일부 표본만을 대상으로 자료를 수집하는 경우에도, 수집한 자료의 처리결과는 모집단을 대상으로 일반화될 수 있어야 한다. 연구결과의 일반화는 연구목적이 기술적인 것이든, 설명적인 것이든 중요한 과제이다. 따라서 표본을 대상으로 자료를 수집하는 경우에는 표본의 특성을 바탕으로 모집단의 특성을 추정할 수 있어야 한다. 그러므로 표본의 특성이 전체 모집단의 특성을 대표할 수 있는지 여부, 즉 표본의 대표성이 표본추출에서 핵심적인 쟁점이다. 표본의 대표성문제, 모집단에 대한 일반화 가능성의 문제는 제6장에서 살펴본 조사설계의 외적 타당성 문제의 핵심이기도 하다.

2. 표본조사의 이점

사회과학 분야의 조사연구에서 전수조사보다 표본조사를 실시하는 이유는 표본조사가 다음과 같은 이점이 있기 때문이다.[1]

첫째, 표본조사는 비용과 시간을 절약할 수 있다. 조사연구에 소요되는 비용을 절약할 수 있을 뿐 아니라, 신속한 정보가 필요한 경우에 자료수집, 집계 및 분석과정을 신속하게 처리하여 시간을 절약할 수 있다는 것은 아주 큰 장점이 된다.

둘째, 표본조사를 통하여 전수조사보다 더 정확한 자료를 얻을 수 있다. 사회조사의 정확도에 영향을 미치는 오차는 표본추출오차와 비표본추출오차로 구분된다. 표본추출오차는 표본의 특성치에서 모집단의 특성치를 추정하는 과정에서 발생하는 오차이므로 표본조사에서만 발생한다. 그러나 표본조사의 비표본추출오차는 전수조사보다 적다. 그 이유는 표본조사에서 조사과정을 보다 잘 통제할 수 있어 비표본추출오차를 줄일 수 있기 때문이다. 전수조사의 경우에는 조사자, 조사대상, 그리고 자료의 양이 많기 때문에 조사과정과 집계과정에서 발생하는 비표본추출오차가 크다. 표본조사의 경우는 소수의 숙련된 조사자를 통하여 자료를 수집할 수 있으므로 비표본추출오차를 상대적으로 더 많이 줄일 수 있다. 또한 전수조사의 경우 표본조사보다 길어짐으로써 그 기

---

1) 김경동 · 이온죽, 「사회조사연구방법」, 박영사, 1989, pp. 120-121; 노화준, 「행정계량분석」, 법문사, 1990, pp. 174-176.

간 동안 조사대상이 되는 사회현상에 변화가 일어날 수 있어서 정확도가 떨어질 수 있다.

셋째, 파괴적인 조사에 적용할 수 있다. 행정조사연구에서는 조사 후에 조사대상을 사용할 수 없게 파괴하는 경우가 있다. 예를 들어, 통조림의 위생상태를 점검하기 위한 조사에서는 조사대상이 되는 통조림을 조사 후에 파괴하고 만다. 이러한 경우에는 표본조사가 불가피하다.

넷째, 다량의 정보를 확보할 수 있다. 표본조사는 전수조사에 비하여 그 비용이 저렴하고 시간이 훨씬 절약되기 때문에 더 많은 조사항목을 포함시킬 수 있고, 이에 따라 표본조사에서는 전수조사보다 더 많은 정보를 얻을 수 있다.

이러한 이유 때문에 전수조사를 통한 불필요한 경제적 비용과 시간의 낭비를 막고, 연구목적과 관련된 자료를 신속하게 수집할 수 있는 표본조사가 널

Box 11-1 1936년 미국대통령 선거예측조사

George Gallup은 1935년 여론조사기관을 설립하여 매주 정치적 이슈와 소비자 이슈에 관한 여론조사를 실시하였다. Gallup의 회사는 이윤을 추구하는 회사였으므로, 비용과 시간에 매우 민감하게 대응하였다. Gallup은 당시로는 매우 적은 숫자인 1,500명에서 3,000명 정도의 응답자를 표본으로 추출하는 방법을 개발하였는데 여기에는 연령, 성, 거주지역 별로 표본을 할당하는 방법이 포함되었다.

1936년 Franklin D. Roosevelt와 Alfred Landon 사이의 미국 대통령 선거에서 Gallup은 Roosevelt의 승리를 예측하였고, 당시 영향력 있는 주간잡지인 *Literary Digest*는 1,000만 명의 전화가입자, 자동차 소유자 명부, 잡지 정기구독자 등을 대상으로 우편조사를 실시하고 약 240만 명 응답을 분석한 결과 Landon이 57 대 43%로 대승할 것으로 예측하였다. 결과는 Roosevelt가 61%의 득표를 얻어 승리하였다. *Literary Digest*가 실패한 이유는 1,000만명의 우편 조사대상이 지나치게 부유한 계층에 편중되어 표본의 대표성에 문제가 있었고, Roosevelt 지지자들의 무응답 비율이 상대적으로 높아 소위 '무응답 편의'(nonresponse bias)가 발생했기 때문이다. 그 이후 과학적 방법으로 추출된 소규모 표본이 서베이 조사에서 널리 활용되었다.

출처: Louis M. Rea & Richard A. Parker, *Designing and Conducting Survey Research: A Comprehensive Guide,* 2nd ed., San Francisco, CA: Jossey-Bass, 1997, p. 5. 그리고 Singleton, Jr. Royce A. & Bruce C. Straits, *Approaches to Social Research,* 3rd ed., Oxford: Oxford University Press, 1999, p. 137을 기초로 재구성함.

리 사용되고 있다([Box 11-1] 참조).

제2절 표본추출의 기초개념

경험적 조사연구의 설계에서 표본추출에 관한 문제는 표본설계(sampling design)라는 부분에 속하게 되며, 이 단계에서 모집단 및 표본추출 프레임 작성, 표본의 크기, 표본추출방법이 결정되고 이에 따른 표본추출이 이루어지게 된다. 이하에서는 표본설계에 관한 기초개념을 살펴보기로 한다.2)

1. 모 집 단

모집단(population)이란 연구의 대상이 되는 집단으로서, 연구자가 전수조사를 통하여 직접 자료를 수집하거나 표본조사에 의한 통계적 추정에 의하여 자료를 얻으려 하는 대상집단을 말한다. 즉 연구자가 궁극적으로 연구결과를 일반화시키려는 대상을 말한다. 모집단은 실제 연구를 위해 표본을 추출해야 할 구성요소의 집합이다. 그러므로 모집단은 실제 연구의 목적에 부합될 수 있도록 가능한 한 완전하고도 정밀하게 규정되어야 한다. 모집단은 ① 시간(time), ② 범위(extent), ③ 내용(content)이라는 측면에서 명확하게 규정되어야 한다.3)

예를 들어, 우리나라 대통령선거에서 투표결과를 예측하기 위하여 표본을 추출하려 한다면, 모집단은 구체적으로 ① 대통령 선거일 현재 시점(시간)에서, ② 대한민국의 국민(범위)으로, ③ 만 18세 이상의 사람(내용)으로 규정하여야 한다. 이와 같이 모집단은 시간과 범위가 분명하여야 한다. 시간과 공간에 구애됨이 없이 '한국사람', '한국의 유권자' 등 가설적인 집합을 모집단과 구별하여 전체대상(universe)이라고 부른다.

---

2) 김경동・이온죽, 상게서, pp. 122-125; Nachmias & Nachmias, *Research Methods in the Social Sciences,* 1987, pp. 180-184; Rubin & Babbie, *Research Methods for Social Work,* 1989, pp. 197-199 등을 참조.

3) Nachmias & Nachmias, *op. cit.,* p. 181.

2. 구성요소와 표본추출단위

구성요소(element)란 모집단을 구성하고 있는 개별단위를 말하며, 이러한 구성요소에 관한 정보가 표본조사에서 분석의 기초가 된다. 그러므로 모집단은 구성요소들의 총집합 내지 전수가 되는 셈이다. 한편 표본추출단위(sampling unit)는 표본추출의 각 단계에서 표본으로 추출되는 단위이다.

1단계 단순표본추출에서는 표본추출단위와 구성요소가 일치하지만, 다단계 표본추출과정에서는 표본추출의 각 단계마다 표본추출단위가 선정되고, 마지막 단계에서 추출단위와 구성요소가 일치된다. 우리나라의 유권자를 표본으로 추출할 때에, 먼저 행정구역(특별시·광역시 및 도, 시·군·구, 동·읍·면)을 단위로 몇 개를 추출하고, 이어서 구역 내의 가구 중에서 몇 개를 추출하고, 최종적으로 가구내의 유권자를 추출한다면 행정구역, 가구, 유권자는 각각 표본추출단위가 되며 유권자는 모집단의 구성요소가 된다.

3. 표본추출 프레임

표본추출이 이루어지기 위해서는 모집단의 구성요소 또는 표본추출 단계별로 표본추출단위가 수록된 목록이 필요하다. 이러한 목록을 표본추출 프레임(sampling frame)이라고 부른다. 이상적인 표본추출 프레임은 표본추출단위를 모두 포함하면서 이중으로 포함되는 단위가 없어야 한다. 다단계 추출의 경우에는 단계마다 알맞는 표본추출 프레임이 설정되어야 한다. 어떠한 원천으로부터 얻어지든 표본추출 프레임이 갖추어야 할 가장 중요한 요소는 모집단을 잘 대표하여야 한다는 것이다.

실제로는 모집단과 표본추출 프레임이 완벽하게 일치하지 않는 경우가 많은데, 이 때문에 발생하는 오차를 표본추출 프레임오차라 한다. 그러므로 연구자는 표본추출에 들어가기 전에 표본추출 프레임에 문제가 없는지를 면밀하게 검토하여야 한다. Leslie Kish는 표본추출 프레임에서 나타나는 전형적인 문제의 유형을 (1) 일부의 표본추출 단위가 목록에서 빠져서 표본추출 프레임이 불완전한 경우, (2) 원하는 구성요소 목록(element list)은 구할 수 없고 그

대신 이들을 포함하는 집락 목록(cluster list)만 이용가능한 경우, (3) 모집단의 범위에서 벗어나는 다른 요소가 표본추출 프레임에 포함되어 있는 경우 등을 들고 있다.[4)]

예를 들어, 어떤 연구자가 유권자를 표본으로 추출하기 위하여 전화번호부를 표본추출 프레임으로 사용하는 경우를 생각해 보자. (1) 전화를 보유하고 있지 않는 유권자는 표본추출 프레임에서 누락되어 있다. (2) 전화는 각 유권자별로 가입된 것이 아니라 가구별로 가입하기 때문에 전화번호부는 사실상 구성요소 목록이 아니라 집락 목록에 해당한다. (3) 전화번호부에는 연령이 미달되는 사람과 회사 등 모집단의 구성요소가 아닌 단위가 수록되어 있다. 따라서 전화번호부는 유권자를 표본으로 뽑기 위한 좋은 표본추출 프레임이라고 볼 수 없다. 그러므로 연구자는 선거관리위원회의 투표인명부와 같이 모집단과 일치하는 표본추출 프레임을 구하여 사용하여야 한다.

실제 경험적 조사연구를 수행하는 연구자들에게는 새로운 목록의 작성 자체가 표본추출이나 자료수집보다 더 어렵거나 번거로울 경우가 많다. 그러므로 정부기관이나 사회단체에서 이미 가지고 있는 목록들을 표본추출 프레임으로 활용하는 경우가 많다. 기존의 목록을 사용하는 경우에도 다음과 같은 한계를 가지고 있다는 점에 유의하여야 한다.[5)]

첫째, 목록이 있어도 대외비로 보여주지 않으려 할 수 있다. 둘째, 목록 자체가 불완전하므로 모집단과 불일치도가 큰 경우가 있다. 셋째, 이동상황이 불완전하게 기록됨으로써 목록이나 목록의 기초가 되는 문서 자체가 미흡할 경우가 있다. 그러므로 연구자가 기존의 목록을 사용할 때에는 이를 사전에 잘 검토하여 필요한 수정을 가한 뒤에 표본추출에 사용하도록 유의하여야 할 것이다.

4. 표본추출비율

표본추출비율(sampling fraction)은 모집단의 크기에 대한 표본 크기의

4) Leslie Kish, *Survey Sampling,* NY: Wiley, 1965, section 2.7.; Nachmias & Nachmias, *op. cit.,* p. 183에서 재인용.

5) 김경동・이온죽, 전게서, pp. 146-147.

비율을 말한다. 중앙정부 공무원에 대한 여론조사에서 전체 공무원수가 20만 명인데 이중 2,000명의 공무원을 표본으로 추출하여 조사하였다면 표본추출비율(p)=표본크기(n)/모집단 크기(N)=2,000/200,000=1/100이 된다. 상황에 따라서는 모집단을 구성하는 하위집단별로 표본의 비율을 달리하여 적용하는 경우가 있는데 이를 가중표본추출(weighted sampling)이라고 부른다. 예를 들어, 공교육의 정상화방안에 관한 의견을 구하기 위하여 교사와 학생들을 대상으로 조사를 실시한다고 하자. 이 경우 교사와 학생을 추출할 때 각 집단의 모집단 크기를 고려하여 표본을 추출한다면 교사에 비하여 학생의 표본이 20배 이상이 되어야 한다. 이 같은 경우 모집단의 크기를 표본추출비율의 기준으로 삼는다면 이는 학생 위주의 조사가 될 수밖에 없다. 그러므로 교사의 의견을 학생의 의견만큼 중요하게 간주하고 견해 표명의 기회를 부여하기 위해서는 교사와 학생의 표본을 같은 수만큼 추출할 수 있어야 한다.[6] 이 경우 두 집단에서의 표본추출비율을 달라진다.

5. 표본추출오차와 비표본추출오차

표본자료에서 표본의 특성에 대한 통계량(statistics), 즉 표본의 산술평균, 표준편차, 비율 등이 계산된다. 그런데 연구자들의 관심은 이러한 표본의 특성으로부터 모집단의 특성값, 즉 모수(parameters)를 추정하고자 하는 것이다. 그런데 표본의 통계량과 모집단의 모수는 정확하게 일치하지 않는다. 여기에서 표본조사의 통계량과 모집단의 모수와의 차이를 표본추출오차라고 부른다. 표본추출오차의 크기는 표본의 크기가 증가함에 따라 감소하는데, 그 크기는 표본크기의 제곱근에 반비례한다. 한편 비표본추출오차는 조사의 실시과정 및 조사결과의 분석과정에서 발생하는 오차로 표본조사나 전수조사에서 모두 발생할 수 있는 오차이다. 그런데 비표본추출오차는 표본수가 증가함에 따라 증가할 수 있다. 전수조사의 경우 표본추출오차는 없으나 비표본추출오차는 상당히 클 수 있다.

6) 김현철, 「표본의 추출과 분석」, 교육과학사, 2000. p. 8.

6. 표본조사에서의 추론

연구자는 표본을 추출한 후 표본으로부터 얻은 정보를 토대로 모집단에 대하여 추론하고자 한다. 통계학의 추리통계학분야는 표본자료를 토대로 모집단을 정확하게 추론하는 데 관심을 가진다. 연구자는 표본의 분석단위에서 직접 변수들을 관찰하며, 이때 표본은 모집단을 대표하는 것으로 간주된다. 그런데 연구자는 표본 그 자체에 관심이 있는 것이 아니라 모집단에 대하여 추론하고자 한다. 그러므로 [그림 11-1] (a)의 '표본추출의 논리에 관한 모형'에 나타난 바와 같이 연구자가 직접 표본으로부터 관찰하는 것과 진짜 관심을 가지고 있는 모집단의 특성 사이에는 격차가 있을 수 있다.[7] 한편 제10장에서 살펴 본 바와 같이 '측정의 논리'에 따르면 추상적 구성개념과 구체적인 측정지표 사이에도 격차가 있을 수 있다. 여기에서는 구체적이고, 관찰가능한 자료를 추상적인 구성개념의 근사값(approximations)으로 본다. 연구자는 이러한 근사값을 사용하여 실제로 관심을 가지고 있는 구성개념과 인과적 법칙을 평가한다. [그림 11-1] (b) '측정의 논리에 관한 모형'에 이러한 관계가 요약되어 있다.[8]

연구자는 [그림 11-1] (c)에 제시된 바와 같이 표본에서 직접 관찰한 구성개념의 측정값과 그 경험적 관계를 통하여 표본추출의 논리와 측정의 논리를 결합한다. 연구자는 표본에서 경험적으로 관찰할 수 있는 것으로부터 모집단에서의 추상적인 구성개념과 법칙을 추론하고 일반화한다. 표본추출의 논리와 측정의 논리를 유추한 데서 알 수 있는 것처럼 타당성과 표본추출의 오차는 유사한 기능을 수행하는데, 그것은 바로 실제로 관찰되는 것과 논의되는 것과의 관계이다. 측정에서 연구자는 구성개념에 대한 타당성이 높은 측정지표, 즉 추상적인 구성개념을 정확하게 대표할 수 있는 구체적 측정지표를 찾고자 한다. 표본추출에서는 표본추출오차가 적은 표본, 즉 관찰되지 않고 추상적인 모집단을 정확하게 대표할 수 있는 구체적인 사례들로 이루어진 표본을 찾고자 한다. 타당한 측정지표는 그것이 나타내고자 하는 구성개념으로부터 편차가 적다. 마찬가지로 표본추출오차가 적은 표본은 모집단의 모수로부터 편차가

7) Neuman, *Social Research Methods,* 2000, pp. 217-219.
8) 구체적인 관계는 제10장 [그림 10-1] 이론적 개념, 변수, 측정지표, 경험적 자료간의 관계 참조.

적은 통계량을 구할 수 있도록 한다.

그림 11-1 표본추출의 논리와 측정의 논리에 관한 모형

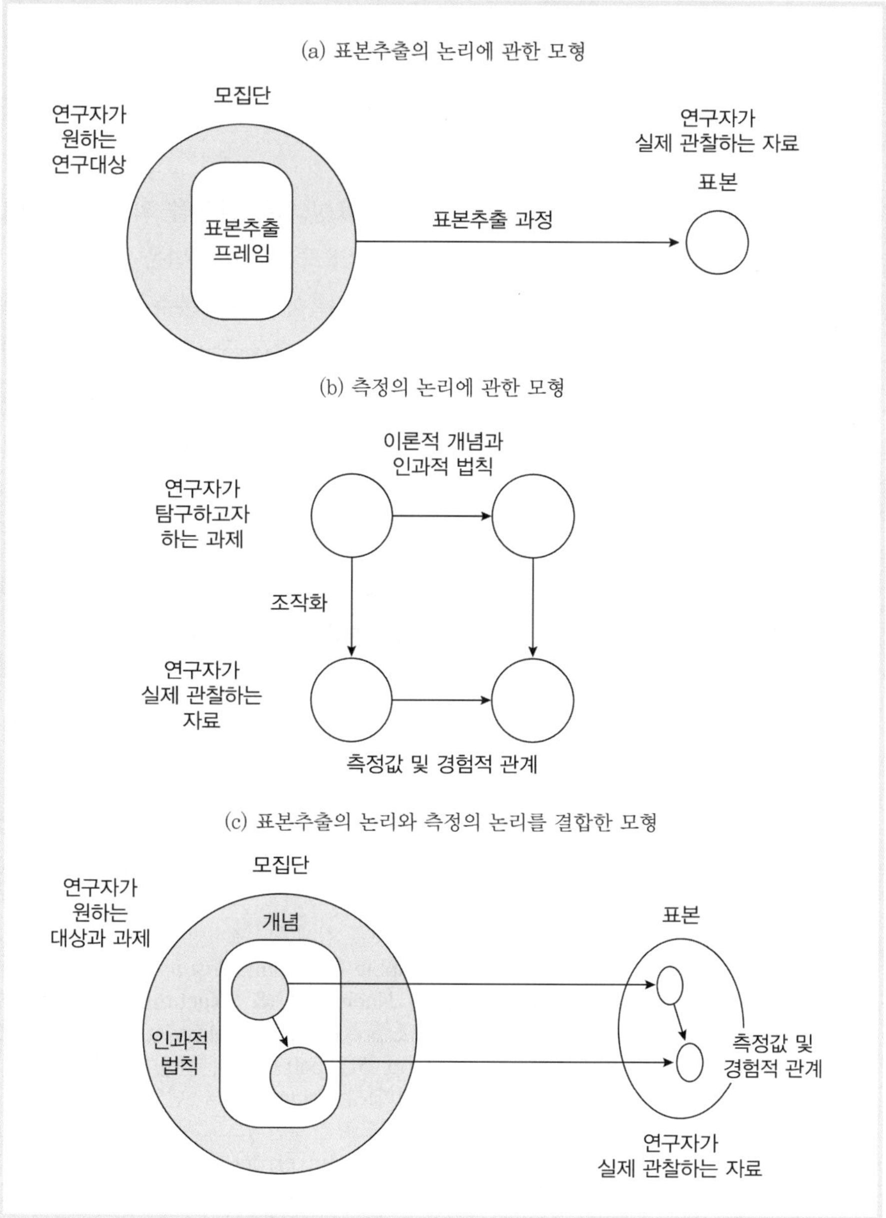

출처: Neuman, *Social Research Methods*, 4th ed., p. 218 Figure 8.4.

제3절 표본추출의 설계

1. 표본추출설계의 의의

표본추출의 설계에서 가장 중요한 문제는 대표성 있는 표본을 확보하는 것이다. 실제로 연구자들이 사용하는 여러 가지 유형의 표본추출 방법은 표본의 대표성에서 상당한 편차를 나타낸다. 오늘날 표본추출이론에서는 표본추출의 설계유형을 크게 두 범주로 나누고 있는데, 하나는 확률표본추출(probability sampling)이고 다른 하나는 비확률표본추출(nonprobability sampling)이다.[9] 확률표본추출법은 표본추출 프레임 내에 있는 단위들이 표본으로 추출될 확률이 알려져 있고 무작위적으로 추출되는 방법을 말하며, 비확률표본추출법은 이러한 특성을 갖지 않은 경우이다. 확률표본추출법을 사용하려면 표본을 추출하기 전에 표본추출단위가 표본으로 추출될 확률을 밝혀줄 수 있는 정보를 가지고 있어야 한다. 통계적인 관점에서 보면 확률표본추출의 경우에만 표본오차, 즉 표본에서 얻어낸 통계량의 정도(precision)[10]에 대한 통계적인 평가가 가능하다. 확률표본추출에서는 추출단위를 무작위적으로 선택하므로 표본추출에서 조사자의 주관을 배제할 수 있어서, 보다 객관적인 표본추출이 이루어진다는 장점이 있다. 그러나 확률표본추출방법은 비확률표본추출방법에 비하여 더 많은 시간과 비용을 필요로 한다. 이러한 시행상의 어려움 때문에 비확률표본추

9) 앞으로 설명하게 될 표본추출의 유형에 관한 것은 김해동, 「조사방법론」, pp. 262-80; 김경동·이온죽, 전게서, pp. 128-141; Babbie & Rubin, *Research Methods for Social Work,* 1989, pp. 212-233; Nachmias & Nachmias, *Research Methods in the Social Sciences,* 1987, pp. 184-203; Selltiz et al., *Research Methods in Social Relations,* 1976, pp. 517-540 등의 문헌을 참조할 것.

10) 정도(精度)는 precision의 번역어이고 정확도는 accuracy의 번역어이다. 정확도(accuracy)는 관측값과 관측대상간의 근접정도로서 일반적으로 무작위 오차(random error)와 바이어스에 기인한 계통오차(systematic error)를 합한 것을 나타낸다. 반면에 정도(precision)는 무작위 오차에만 관련된 것으로 반복측정에 얼마나 재현성이 있는가를 나타낸다. 한국통계학회 편, 「통계용어사전」, 자유아카데미, 1991, p. 231.

출방법을 선택하게 되는 경우도 많다.

2. 확률표본추출의 방법

확률표본추출이란 각 표본추출단위가 표본에 포함될 확률이 사전에 알려져 있는 방법을 말한다. 확률표본추출의 방법에는 단순무작위추출, 계통추출, 층화추출, 집락추출 등의 네 가지 기본형과 몇 가지 변형들이 있다.

1) 단순무작위 표본추출

단순무작위 표본추출법(simple random sampling: SRS)은 가장 기본적인 유형의 확률표본추출방법이다. 여기에서는 모집단을 구성하는 각 구성요소가 표본으로 뽑힐 확률이 동등하고, 영(zero)이 아니라는 원칙이 적용된다. 모집단의 크기가 N이고 표본의 크기가 n일 때, 각 구성요소가 표본에 뽑힐 확률은 n/N이다. 이 경우에도 복원표본추출(sampling with replacement)과 비복원표본추출(sampling without replacement)의 두 가지 방법이 있다. 복원법이란 한번 표본으로 뽑힌 요소를 다시 모집단으로 되돌려 보내서 원상으로 복원시켜 놓고 다시 추출하는 방식이고, 비복원법은 한번 뽑히면 다시 모집단으로 돌려 보내지 않는 방법이다. 앞의 경우에는 한 번 뽑혔던 것이 다시 추출될 수도 있다. 이론적으로 복원법이 더 원칙에 충실하다.

실제로 단순무작위추출은 다음과 같은 과정을 거쳐서 진행된다.

① 모집단 및 표본추출 프레임을 작성한다.
② 각 구성요소에 고유번호를 부여한다.
③ 표본의 크기를 결정한다.
④ 무작위적 방법으로 규정된 표본의 수만큼 표본추출단위(구성요소)를 선정한다. 이때 난수표, 제비뽑기, 컴퓨터를 이용한 난수의 추출방법 등을 사용할 수 있다.

이 방법이 고전적 표본추출방법이기는 하지만 실제에 있어서는 표본추출의 프레임을 작성하기가 어렵고, 작성할 수 있는 경우라도 비용, 노력과 대비한 정도(precision)라는 면에서 다른 무작위 추출방법보다 우월하다고 할 수 없기 때문에 실제로는 자주 쓰이지는 않는다.

그림 11-2 난수표를 사용한 무작위표본추출 사례

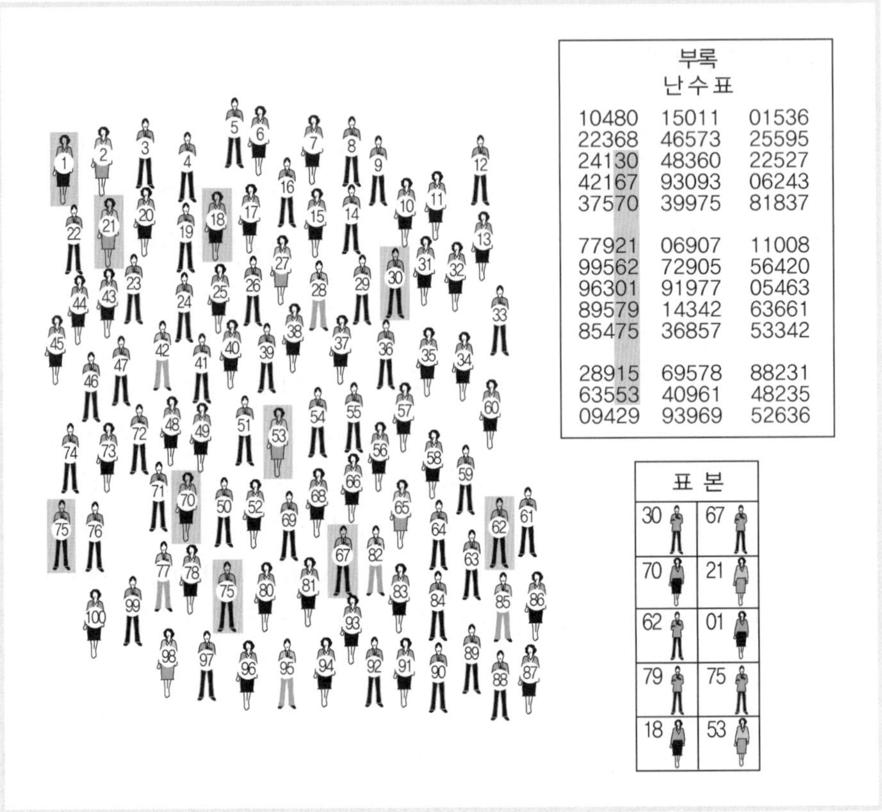

출처: Earl Babbie, *The Practice of Social Research*, 9th ed., 2001, p. 200, Figure 7-10.

[그림 11-2]에 난수표를 이용한 무작위 표본추출의 사례가 제시되었다. 여기에서 보듯이 먼저 100명으로 구성된 모집단 및 표본추출프레임을 작성하고 각 구성요소에 고유번호가 부여되어야 한다. 이어서 10명의 표본을 추출하기로 결정하고, 난수표를 사용하여 10명의 표본구성요소의 번호를 선정하였다. 이러한 번호에 해당하는 구성요소가 표본으로 선정된 것이다.

최근 여론조사와 시장조사를 목적으로 주민들을 대상으로 하는 무작위 전화걸기(Random-Digit Dialing, RDD) 방법이 많이 활용되고 있다. 무작위 전화걸기란 일반주민들을 전화로 면접하는 연구프로젝트에서 사용되는 특수한 전화인터뷰 방법이다. 이 방법은 전화번호부를 표본추출 프레임으로 사용하지 않기 때문에 전통적으로 사용되어온 전화번호부를 사용하는 전화면접법과는 다르다. RDD를 사용할 경우 컴퓨터가 전화번호를 무작위로 선정하기 때문에 전화번호부를 사용할 경우에 나타날 수 있는 표본추출 프레임 오차 문제는 해결된다. RDD에서 모집단은 전화번호 자체이며 전화를 가진 사람이 아니다.

RDD의 사용방법은 다음과 같다. 일반 전화번호는 지역번호(세 자리)-국번호(세 자리)-네 자리 끝번호로 구성된다. RDD에서는 연구자가 사용중인 지역번호와 국번호를 찾아서 컴퓨터에 지정하면, 나머지 네 자리 끝 번호를 무작위로 추출한다. 휴대전화번호의 경우에도 유사한 절차를 거쳐서 무작위로 추출한다. 그러므로 RDD는 단순무작위표본추출의 논리에 따라 표본을 추출한다.

우리나라의 경우에도 여론조사기관에서 전국규모의 조사를 실시할 때 RDD를 사용하며, 유선전화와 휴대전화 RDD를 병행하는데 그 비율은 기관에 따라 다른 것으로 알려져 있다.[11)]

2) 계통적 표본추출

계통적 표본추출(systematic sampling)은 모집단을 구성하고 있는 구성요소들이 자연적인 순서 또는 일정한 질서에 따라 배열된 목록에서 매 k번째의 구성요소를 추출하여 형성한 표본을 말한다. 모집단을 구성하는 구성요소의 목록을 이용할 수 있는 경우, 연구자들은 사용이 편리하기 때문에 보통 무작위추출보다는 계통적 표본추출을 사용한다. 만약 목록에 포함된 구성요소가 10,000개이고 이 중에서 1,000개의 표본을 뽑는다면 그 목록에서 매 10번째 단위를 선택한다. 이 방법을 사용하는 데 있어서 연구자의 편견을 줄이기 위해서 첫번째 요소는 반드시 무작위적으로 선정하여야 한다. 그러므로 앞의 사례에서는 연구자가 1과 10 사이의 숫자를 무작위적으로 선정하는 데에서 시작한다. 선정된 번호를 가진 구성요소를 포함하여, 그 이후에 매 10번째 구성요

---

11) 한국갤럽이 매주 발표하는 여론조사에서는 휴대전화와 유선전화의 RDD 혼합조사 설계 방식으로 전국 만 19세 이상 남녀 1,000명 정도를 조사한다. 한국갤럽 여론조사는 휴대전화 RDD를 표본추출의 기본틀로 하면서, 휴대전화만으로는 접근하기 어려운 여성, 고연령대 일부는 유선 집전화 RDD로 보완하며 그 반영비율은 평균 15% 내외이다. 2016년 11월 셋째 주 정례조사의 경우 1,007명이 조사되었고 그 가운데 무선(휴대)전화면접 86%, 유선전화면접 14%이다. 무선전화응답율은 26.3%, 유선전화응답율은 14.9%이며, 전체 응답율은 23.8%였다. 중앙선거여론조사 공정심의위원회 홈페이지(www.nesdc.go.kr) 2016. 11. 22. 접속.

소를 표본으로 선정한다. 이 방법을 무작위출발 계통적 표본추출이라고 부르기도 한다.[12)]

이러한 방법에서는 '표본추출간격'과 '표본추출비'라는 개념을 사용한다. 가령 모집단 10,000명(N) 중 표본크기 1,000명(n)을 뽑는다면, 표본추출간격 I =N/n 즉 I=10,000/1,000=10이다. 즉, 매 10번째 요소를 추출한다는 뜻이다. 이때 표본추출비 r=n/N, 즉 r=1/10로서 이는 모집단 구성요소들 중 표본에 뽑힌 요소의 비를 말한다. 이들의 관계는 I=N/n=1/r과 같다.

[그림 11-3]에 계통적 표본추출의 사례가 예시되었다. 먼저 100명으로 구성된 모집단 및 표본추출프레임을 작성하고 각 구성요소에 고유번호가 부여되어야 한다. 이어서 10명의 표본을 추출하기로 결정하였다. 실제 표본추출에서

그림 11-3 무작위출발 계통적 표본추출의 사례

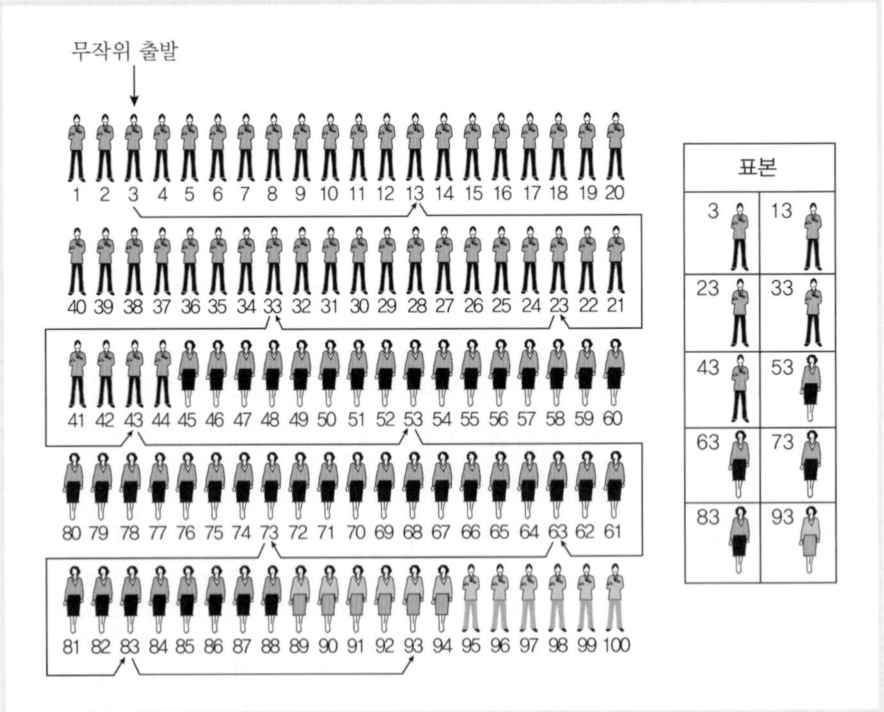

출처: Earl Babbie, *The Practice of Social Research*, 9th ed., 2001, p. 202, Figure 7-11.

12) Rubin & Babbie, *op. cit.*, p. 213.

는 1부터 10까지 구성요소 가운데 무작위로 3번이 선택되었다면 나머지 9개의 표본은 13번, 23번 …… 93번까지 매 10명마다 한 사람씩 선정하는 것이다.

계통적 표본추출은 실질적으로 단순무작위 추출과 유사하다. 만약 모집단의 구성요소들을 목록화할 때 이미 확률화 또는 무작위화가 이루어졌다면 계통적 추출법은 곧 단순무작위 표본추출과 같다고 주장할 수 있다. 이 방법을 비판하는 입장에서는 이를 유사무작위 추출법(pseudo random selection)이라고 평가하기도 한다. 그 이유는 일단 표본의 첫번째 구성요소가 추출되면 다른 모든 요소가 그것에 통계적으로 종속되기 때문에, 무작위 추출의 확률원칙에서 더욱 중요한 각 요소간의 독립성이 보장되지 않는다는 것이다. 그러나 단순무작위 추출과 계통적 표본추출간의 논쟁은 사용하기에 좀더 간편하고, 결과면에서는 실질적으로 동일하다는 이유로 계통적 표본추출이 선호되는 방향으로 결말이 나고 있다.[13)]

계통적 표본추출에서 유의해야 할 위험성은 목록자체가 일정한 주기성(periodicity)을 가질 경우에 사용하는 것은 바람직하지 않다는 점이다. 실제로 2차대전시 군인을 대상으로 한 연구에서 전 부대원의 명부를 가지고 매 10번째 장병을 추출했더니 모두 하사가 추출된 경우가 있었다. 명부 자체가 10명 단위의 분대순으로 작성되었고, 분대장인 하사가 제일 처음에 기재되었으므로 하사만 표본으로 뽑혔던 것이다. 그러므로 어떤 목록에서 계통적 표본추출을 실시할 경우에 목록의 성격을 잘 검토하여 필요한 조치를 취하여야 한다.

3) 층화표본추출

층화표본추출(stratified sampling)은 모집단을 일정한 기준에 따라 2개 이상의 동질적인 계층(strata)으로 구분하고, 각 계층별로 단순무작위 추출방법을 적용하는 방법이다. 층화추출방법의 기본 아이디어는 모집단에 대한 기존지식을 활용하여 "모집단을 몇 개의 소집단으로 구분하되, 각 소집단 내의 구성요소들이 전체로서 모집단의 구성요소들보다 더욱 동질적이 될 수 있도록 구분한다"는 것이다.[14)] 만약 동질적인 집단에 대하여 무작위추출이 이루어져

13) *Ibid.*, p. 214.

14) Morris H. Hansen, Willia N. Hurwitz & William G. Mandow, *Sampling Survey Methods and Theory*, NY: Wiley, 1953, p. 40; Nachmias & Nachmias, *op. cit.*, p. 189에서 재인용.

서 그 결과가 종합되면 전체적으로 표본추출오차를 줄일 수 있고, 표본의 대표성은 높아진다. 확률표본추출 이론에 의하면 표본의 크기와 표본추출 오차는 반비례한다. 그리고 이질적인 표본보다는 동질성이 큰 표본에서 표본추출 오차가 줄어든다. 층화표본추출은 바로 이 이론에 기초하고 있어서 전체적으로 가능한 표본추출오차는 줄여 주면서 대표성의 정도를 강화시켜 줄 수 있게 된다.

예를 들어, 1,000명의 공무원 중에서 100명의 표본을 뽑기로 했는데, 700명은 6급 이하, 200명은 5급, 100명은 4급 이상인 경우를 생각해 보자. 만약 무작위 표본추출의 방법으로 100명의 표본을 선정했다면 정확하게 6급 이하 70명, 5급 20명, 4급 이상 10명의 표본이 선택되기는 어려울 것이다. 한편 6급 이하 70명, 5급 20명, 4급 이상 10명을 층화추출방법에 의해서 뽑았다면 이러한 표본의 대표성은 더욱 크다고 볼 수 있다. 여기에서 층화가 무작위 선택의 원칙을 위배하지 않는다는 것이 강조되어야 하는데, 그 이유는 무작위추출이 후속적으로 이루어지기 때문이다.

<표 11-1>에는 종합병원근무자를 대상으로 층화추출을 통하여 표본을 추출하는 경우와 단순무작위 표본추출방법으로 통하여 표본을 추출할 경우, 그 가상적 결과를 예시하였다. <표 11-1>에 제시된 바와 같이 종합병원 근무자 총수는 520명이지만 행정직, 의사, 인턴, 간호사, 간호보조원, 의료기사, 잡역부, 사무원, 건물관리원, 청소원 등 11가지의 이질적 직종의 직원들이 근무한다. 만약 이들을 층화하지 않고 단순무작위추출에 의하여 100명을 표본으로 추출할 경우, 결과적으로 과다대표되는 직종과 과소대표되는 직종이 있게 된다. <표 11-1>의 모집단대비 오차의 수를 살펴보면 의사와 건물관리원은 각각 과소대표된 반면 의료기사와 간호사는 과다대표되어 있음을 알 수 있다. 그러므로 모집단이 이같이 이질적인 집단으로 구성되었을 경우 층화추출방법을 선택하는 것이 대표성을 제고하는 데 훨씬 유리하다.

층화표본추출 방법은 모집단에서 각 계층이 차지하는 크기에 비례하여 표본크기를 정하는 비례층화 표본추출(proportionate stratified sampling)과 표본추출비를 계층마다 다르게 부여하는 비비례층화 표본추출방법(disproportionate stratified sampling)으로 구분된다.

비례층화추출법은 각 층으로부터 각 층의 모집단크기에 비례하여 표본을

표 11-1 단순무작위추출과 층화추출의 비교사례: 병원 근무자의 경우

직위	모 집 단		단순무작위	층화추출	모집단대비
	N	%	n	n	오차
행정직	15	2.88	1	3	-2
의사	25	4.81	2	5	-3
인턴	25	4.81	6	5	+1
간호사	100	19.23	22	19	+3
간호보조원	100	19.23	21	19	+2
의료기사	75	14.42	9	14	+5
잡역부	50	9.62	8	10	-2
사무원	75	14.42	5	14	+1
건물관리원	30	5.77	3	6	-3
청소원	25	4.81	3	5	-2
합계	520	100.0	100	100	100

출처: Neuman, *Social Research Methods*, 4th ed., p. 209.

추출하는 방법이며, 비비례층화 추출법은 비례하지 않는 층화추출법이다. 예를 들면, 공무원을 대상으로 성희롱 예방대책에 관하여 조사하는 경우를 생각해 보자. 중앙정부 공무원 20만명 중 남성공무원은 15만명이고 여성공무원은 5만명이라고 가정한다면, 비례층화 표본추출방법은 표본을 모집단의 성별구성비에 따라 남성공무원에서 75%를 추출하고, 여성공무원에서 25%를 추출하는 방법이며, 비비례층화추출법은 표본의 비율이 이와 일치하지 않는 방법이다. 여성공무원의 의견을 남성공무원의 의견과 동등하게 중시하여 표본의 크기를 남성 50%, 여성 50%로 정한다면 표본추출비율은 층에 따라 달라지게 된다.

이같이 비비례층화 추출방법은 모집단에 대한 추가적인 정보가 있을 경우, 조사의 정도(precision)를 높이기 위하여 모집단과 비례하지 않는 비율의 표본을 추출하는 방법이다.[15] 비비례층화 추출의 경우에는 결과를 분석하여 보고할 때에는 표본으로부터 얻은 결과를 각 층의 크기에 비례하는 가중치를 주어서 모집단의 특성값을 추정하여야 한다. 이러한 이유로 비비례층화추출법에 의하여 추출된 표본을 가중표본(weighted sample)이라고 부른다. 대체로 모집단이 큰 층에서 적은 비율을 적용하여 표본을 추출하고, 모집단이 작은 층

15) 김현철, 전게서, p. 50.

에서 높은 비율을 적용하여 표본을 추출한다.

4) 집락표본추출법

집락표본추출(cluster sampling)은 모집단을 여러 가지 이질적인 구성요소를 포함하는 여러 개의 집락 또는 집단으로 구분한 다음, 구분된 집락(또는 집단)을 표본추출단위로 하여 이들 집락들 중에서 무작위적으로 몇개의 집락을 표본으로 추출한 다음, 이들 표본으로 추출된 집락에 대하여 그 구성단위를 전수조사하는 방법이다. 집락은 주로 지리적 구획과 같이 자연스럽게 나뉘었거나 행정적으로 혹은 조직체제상 구분된 단위들을 의미한다. 가령 특별시・광역시・도, 시・군・구, 읍・면・동 등의 행정구역, 또는 학군・병원・도시 안의 블럭이나 센서스 구역 같은 것들이 집락의 사례이다.

집락표본추출방법은 모집단을 몇 개의 하위집단으로 나누고 이들 가운데에서 표본단위를 추출한다는 점에서 층화추출과 상당히 유사한 것처럼 보인다. 층화표본추출도 모집단을 몇 개의 계층으로 구분하긴 하지만 표본추출 대상은 그 계층이 아니라 각 구성요소이다. 반면에 집락표본추출에서는 집락이 표본추출단위가 된다. 그리고 층화표본추출에서는 각 계층의 구성요소들은 동질적이고, 계층과 계층 간에는 이질적인 경우에 적용하는 것이 바람직한 데 비하여, 집락표본추출의 경우에는 각 집락이 모집단의 구성요소를 대표할 수 있는 이질적인 요소로 구성되고, 집락과 집락들 사이에는 거의 차이가 없는 경우에 적용된다.

예를 들어, 어떤 사회조사기관에서 1,000명의 유권자를 표본으로 추출하여 국민들의 투표행태를 예측하려 한다고 가정하자. 1,000명의 표본을 단순무작위 표본추출방법으로 추출하기 위하여는 전국의 유권자 명부를 작성하고 이로부터 표본이 무작위적으로 추출되어야 한다. 그러나 사회조사기관에서 유권자 명부를 작성하는 것은 거의 불가능하다. 만일 선거관리위원회에서 그 명부를 구한다 하더라도 단순무작위 표본추출에 의하여 1,000명의 유권자를 추출한다면 표본에 뽑힌 구성요소들이 전국적으로 흩어져 있어서 조사비용과 시간이 많이 소모되므로 비능률적인 조사가 될 것이다. 이때 집락표본추출방법을 적용하면 비용, 시간, 그리고 작업의 질 면에서 능률적일 뿐만 아니라 무작위 표본추출과 거의 같은 정확성을 갖는 조사를 실시할 수 있다. 따라서 모집단의 구성요소가 전국적으로 고르게 분포된 경우에는 표본의 대표성과 정확성을 약간 희생하더라도 조사편의와 능률면에서 이 방법을 쓰게 된다.

그런데 실제 표본추출단계에서는 대개 다단계 집락표본추출법(multistage cluster sampling)을 쓰게 된다. 예를 들면, 앞의 1,000명의 유권자를 표본으로 뽑는 경우에 1단계로 특별시·광역시·도를 표본추출 단위로 하여 이들 가운데서 몇 개를 무작위로 추출한다. 이어서 2단계에서는 1단계에서 선택된 특별시·광역시·도에서 몇 개씩의 시·군·구를 무작위적 방법에 의하여 선택

표 11-2 다단계 집락표출의 사례

목 표: M시에서 240명의 무작위 표본을 추출함
(이하 * 표시는 무작위로 추출되었다는 의미임)

1단계: 20개 동으로 이루어진 M시에서 6개의 동을 무작위로 추출함
1 2 3* 4 5 6 7* 8 9 10* 11 12 13 14 15* 16 17 18* 19 20

2단계: 각 동에는 대략 25개의 통이 있으며, 각 동에서 4개의 통을 무작위로 추출함
1 2 3 4* 5 6 7 8 9 10* 11 12 13* 14 15 16 17 18* 19 20
21 22 23 24 25

3단계: 각 통의 가구 중에서 무작위로 추출함
예를 들어, 3동의 4통은 단독주택과 아파트에 거주하는 45가구로 구성되었는데,
이 45개의 가구 중에서 10개의 가구를 무작위로 추출함
1 2 3* 4 5 6 7 8 9* 10* 11 12 13 14 15 16 17* 18 19* 20*
21 22 23 24 25 26 27* 28 29 30 31* 32* 33 34 35* 36 37 38 39 40
41 42 43 44 45

4단계: 각 가구에서 한 사람의 응답자를 무작위로 선정함

요 약: 한 사람을 가구당 무작위로 선정
10가구를 45가구 중 선정
4개 통을 25개의 통 중에서 선택
6개 동을 20개 중에서 무작위로 선정
1×10×4×6=240명의 표본

출처: Neuman, *Social Research Methods*, 4th ed., p. 210.

한다. 다음 3단계에서는 표본으로 선택된 시・군・구에서 읍・면・동 등의 행정구역을 무작위적으로 추출한다. 그리고 4단계에서는 이들 읍・면・동에서 면의 리나 동의 통을 추출한다. 최종적으로 선정된 리 또는 통에 거주하는 유권자들의 명부를 보고 이들에 대하여 전수조사를 실시하거나 이들 중에서 일부를 무작위적으로 선택한다. 이 과정에서는 4단계를 거쳐서 표본추출이 이루어졌으므로 4단계 집락표본추출법이라고 부른다. 한편 집락표본추출과정에서 한두 번 층화표본추출을 가미하는 다단계 층화집락표본추출법(multistage stratified-cluster sampling)을 사용하는 경우도 있다.

<표 11-2>에 M시에서 240명의 무작위표본을 추출하기 위하여 1단계 동단위 추출, 2단계 통단위 추출, 3단계 가구단위 추출, 4단계 개인 추출 등 4단계 집락표본추출의 사례를 제시하였다.

<표 11-2>의 마지막 단계에서와 같이 집락표본추출에서 가구 또는 이와 유사한 단위(가족 또는 기숙사의 방 등)를 추출하였을 때 연구자가 누구를 선택할 것인가의 문제가 제기된다. 전화를 받거나, 방문을 열어주거나, 편지를 받는 첫 번째 사람을 선택할 경우 바이어스가 나타날 가능성이 높다. 첫 번째 사람은 무작위로 선정될 수 있다는 확신이 있을 경우에만 사용되어야 하는데, 그럴 가능성은 거의 없다. 주중에 근무 중인 사람은 집에 없을 가능성이 높다. 주말에는 가구 중 한 사람(예: 남편)이 주로 전화를 받을 가능성이 높다. 연구자는 가구내 표본추출을 통하여 가구내의 개인들이 무작위적으로 표본에 포함될 수 있도록 하여야 한다.

연구자가 가구 내에서 무작위적으로 표본을 추출하는 몇 가지 방법이 있다.[16] 가장 일반적인 방법은 가구의 규모와 인원구성이 알려진 경우 누구를 선택할 것인지(예를 들면, 최연장 남자, 최연소 여자 등)를 구체화한 선정표(selection table)를 사용하는 것이다. <표 11-3>에 선정표가 예시되었다. 이러한 절차를 사용하면 최초의 응답자나 가장 우호적인 사람을 선정함으로써 발생할지 모르는 바이어스를 줄일 수 있다.

---

16) Robert M. Groves & Robert L. Kahn, *Survey by Telephone: A National Comparison with Personal Interviews,* NY Academic Press, 1979.

표 11-3 선정표 예시(20세 이상 성인만 계산함)

가구구성		선정대상	가구구성		선정대상
남	여		남	여	
1	0	남	2	2	남 연장자
2	0	남 최연장자	2	3	여 연소자
3	0	남 최연소자	3	2	남 차연장자
4+	0	남 차연장자	3	3	여 차연장자
0	1	여	3	4	여 3연장자
0	2	여 최연소자	4	3	남 차연장자
0	3	여 차연장자	4	4	남 3연장자
0	4+	여 최연장자	4	5+	여 최연소
1	1	여	5+	4	남 차연장자
1	2	여 연장자	5+	5+	여 4연장자
1	3	여 차연장자			
2	1	남 연소자			
3	1	남 차연장자			

주: + = 같거나 많음.
출처: Neuman, *Social Research Methods*, 4th ed., 2000, p. 212, Table 8.4.

표 11-4 선정표를 활용한 가구내 표본추출의 사례

추출된 가구내에서 개인을 선택하는 방법. 가구번호는 앞에서 선정된 가구임.			
가구 번호	가구주	성인(20세 이상)	선정된 응답자
3	문홍열	남 1, 여 1	여
9	곽영숙	여 2	여 연소자
10	송운학	남 1, 여 2	여 연장자
17	손명구	남 2, 여 1	남 연소자
19	김난주	여 2	여 연소자
20	송인택	남 1, 여 3	여 차연장자
27	김진영	남 2, 여 2	남 연장자
31	박성덕	남 1, 여 1	여
32	변동식	남 1	남
35	최인엽	남 1, 여 2	여 연장자

선정표를 활용하여 가구내 성인 중 한 사람을 표본으로 추출한 사례가 <표 11-4>에 제시되었다.

표 11-5 확률표본추출방법 요약

방법	특징	장점	단점
단순무작위 추출	모든 사례를 포함하는 표본추출 프레임을 작성한 후, 무작위과정을 거쳐 표본을 추출	고전적인 표본추출방법	결과적으로 소집단별 표본 구성비율이 모집단의 구성비율과 달라질 수 있음
계통적 표본추출	표본추출 프레임을 작성한 후, 표본추출간격 1/k를 계산, 첫 단위는 무작위로 추출하고 매 k번째 구성단위를 추출	단순무작위 추출과 비교하여 간편함	유사무작위 추출이라고 비판되며, 목록에 주기성이 있는지 확인하여야 함
층화표본추출	모집단을 뚜렷한 특징을 가진 소집단별로 표본추출 프레임을 작성, 각 소집단별로 표본을 무작위로 추출한 다음, 이들을 합산	표본추출오차가 무작위추출보다 적으므로 대표성이 강화됨	모집단의 층화가 가능하여야 하며, 시간이 많이 소요됨
집락표본추출	각 행정적 또는 조직체계상 자연스럽게 구분된 집락에 대한 표본추출 프레임 작성, 집락에 대하여 무작위로 추출, 다단계추출에서는 이 과정을 되풀이함	자연적으로 형성된 집락을 사용하므로 간편함	단순무작위 추출보다 표본추출오차가 큼

이상에서 네 가지 주요한 확률표본추출방법에 관하여 살펴보았다. 그 특징과 장·단점이 <표 11-5>에 요약되었다.

3. 비확률표본추출의 방법

이론적인 원칙에서 볼 때 확률표본추출이 대표성의 확보와 오차의 추정가능성이라는 기준에서 이상적인 것만은 틀림없다. 그러나 실제 연구조사의 상황에서는 확률표본추출이 불가능하거나 비현실적인 때가 많다. 특히 어떤 이유에서든지 표본추출 프레임이 없는 경우에는 확률적인 표본추출은 불가능하게 된다. 그리고 프레임을 구할 수 있을 경우에도 확률원칙에 충실하면 할수록 비용과 시간, 인력이 더 많이 소요된다. 이러한 여러 가지 이유를 현실적으로 감안할 때 비확률표본의 설계를 사용하는 경우가 많다.

비확률표본추출의 대표적인 방법에는 편의표본추출(convenience sampling), 판단표본추출(judgement sampling), 할당표본추출(quota sampling), 누적표본추출(snowball sampling), 이론적 표본추출(theoretical sampling) 등이 있다.

1) 편의표본추출

연구자가 쉽게 이용가능한 대상들을 표본으로 선택하는 방법이다. 이것은 모든 표본추출방법 중에서 가장 비용이 적게 들고 시간을 절약할 수 있는 방법이다.17) 예를 들어, TV방송국의 시사토론 프로그램에서 표본을 선택할 때 거리에 지나가는 사람을 아무나 잡고 질문하는 경우나 자기의 의견을 전화로 제시하는 자원자를 선정하는 경우를 들 수 있다. 이 방법은 매우 경제적이긴

그림 11-4 편의표본추출의 사례

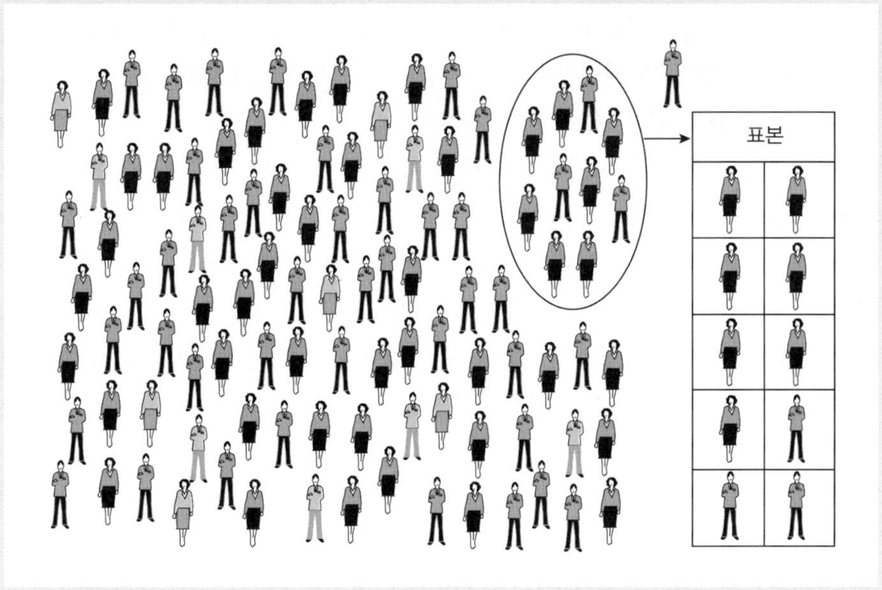

출처: Earl Babbie, *The Practice of Social Research*, 9th ed., 2001, p. 184, Figure 7-2.

17) 편의표본추출은 convenience sampling을 뜻하는데, 이를 임의표본추출(accidental sampling)이라고 부르기도 한다.

하지만 접근이 용이한 조사대상만을 표본으로 선정하게 되어 표본이 편중되기 쉽다. 따라서 편의표본으로부터 얻어낸 정보를 가지고 특정 모집단에 관한 모수를 추정하여 일반화하기는 어렵다. 표본의 크기를 확대한다고 하여도 표본의 모집단 대표성에 관한 문제를 해결할 수는 없다.

[그림 11-4]에 편의 표본추출의 사례가 예시되었다. [그림 11-4]에서 보듯이 편의표본추출에서는 표본추출 프레임을 작성하지 않으며 구성요소에 고유번호를 부여하지 않는다. 연구자의 편의에 따라 표본을 선정하기 때문에 대표성이 보장될 수 없다. 그러므로 편의표본추출은 기술적인 조사연구나 설명적인 조사연구에서 자료수집방법으로는 부적당하며, 아이디어나 가설을 추출하기 위한 탐색적 조사연구나 설문지의 사전조사에 주로 이용된다.

2) 판단표본추출

모집단의 구성요소들 가운데 표본에 포함되어야 할 요소를 선정하는 데 있어서 연구자의 주관적 판단(judgement)이 중요한 기준이 되는 표본추출방법이다. 이 방법은 연구자가 연구목적 달성에 도움이 될 수 있는 구성요소를 의도적으로 추출한다는 뜻에서 목적표본추출(purposive sampling)이라고 부르기도 한다. 이 방법은 연구자가 모집단 및 그 구성요소에 대한 풍부한 사전지식을 가지고 있을 때에 유용하게 사용된다.

예를 들어, 어떤 국회의원이 다음에 실시될 선거결과를 예측하기 위해서 자신의 선거구 유권자의 태도조사를 실시하는 경우를 생각해 보자. 이때 그 국회의원이 자신의 선거구 내의 여러 지역 중 과거의 경험을 기초로 다가오는 선거의 결과를 가장 잘 대표할 것이라고 판단되는 지역(동·읍·면 또는 투표구)을 선정하여, 이 지역 내의 유권자를 모두 조사하는 방법이다. 이 방법의 기본가정은 선정된 지역이 그 선거구의 유권자를 대표한다는 것인데 이러한 가정의 타당성 여부가 이 방법의 성패를 좌우한다.

한편 이와 같이 표본의 대표성을 고려하는 대표적 목적추출(representative purposive sampling)과 더불어 연구자의 판단으로 ① 어떤 변수에서 극단적인 값을 갖는 사례들만을 추출하거나 과잉추출하는 극단적 사례표본과, ② 비교적 빈도가 낮은 사례들만 특별히 고르는 희귀요소표본이 있는데 이들을 동질적 목적표본추출방법이라고 부른다.[18] 이러한 방법은 질적인 연구방법 가운데 하나인 사례연구에서 많이 활용된다.

3) 할당표본추출

할당표본추출은 판단표본추출의 변형인데 추출된 표본이 모집단의 특성을 잘 대표할 수 있도록 미리 모집단의 특성을 나타내는 하위집단별로 표본수를 배정한 다음 표본을 추출하는 방법이다. 할당표본추출의 과정을 보다 구체적으로 살펴보면 다음과 같다.

첫째, 모집단의 제 속성 특히 주요 속성을 대표할 수 있는 일정수의 범주를 결정한다. 연구자는 모집단에 대한 사전지식을 기초로 하여 모집단을 일정수의 범주로 분류하는데, 연령, 성, 교육수준, 직업, 지리적 조건 등 연구문제와 관계가 깊은 기준을 선택한다.[19)]

둘째, 각 범주를 대표하는 표본의 수, 즉 할당량(quota)을 결정하여 할당표를 작성한다.

셋째, 각 범주마다 할당된 수의 표본을 추출한다. 마지막 표본의 추출단계에서는 조사원의 임의적 판단에 따라서 표본을 선택하며, 이때 조사원은 할당표에 따라서 각 범주의 구성비율만 유지하면 된다. 마지막 단계에서 조사원의 판단에 따라 표본단위가 선택되므로 이 방법은 비무작위 표본추출방법에 포함되는 것이다. 이러한 할당표본추출은 기본적으로는 층화추출방법과 상당히 유사하다. 그러나 현지조사원의 주관적 판단이나 현지의 상황적 조건이 개입할 여지가 있으므로 대표성이라는 측면에서 층화추출방법보다 문제점이 많다. 그러나 조사의 편의나 현실적인 이유 때문에 사회과학의 조사연구에서 상당히 많이 사용되는 방법이기도 하다.

예를 들어, 자신이 다니고 있는 대학의 학생들이 계절학기제의 확대를 원하고 있는지 알아보고자 한다. 그런데 이에 대한 의견은 사회과학대학 학생들과 공과대학 학생들 사이에 차이가 있을 것으로 생각되며, 또한 학년별로, 남녀 학생별로 차이가 있을 것으로 생각되었다. 할당표를 작성하려면 먼저 대학당국에서 ① 각 대학별, ② 학년별, ③ 남녀별 학생 비율을 조사하여야 한다.

---

18) 김경동 · 이온죽, 전게서, p. 138.
19) 이관우, 「조사분석방법론」, 형설출판사, 1990, p. 263; Nachmias & Nachmias, *op. cit.*, p. 186.

표 11-6 할당표의 사례: 대학생의 할당표본 매트릭스

	공과대학생 (65%: n=65)		사회과학대학생 (35%: n= 35)		
학년	여학생	남학생	여학생	남학생	소계
1학년 30%	7.8(8)	11.7(12)	4.2(4)	6.3(6)	30
2학년 20%	5.2(5)	7.8(8)	2.8(3)	4.2(4)	20
3학년 25%	6.5(7)	9.75(10)*	3.5(4)	5.25(5)	25
4학년 25%	6.5(6)*	9.75(9)	3.5(3)*	5.25(6)*	25
소계 100%	26	39	14	21	100

주: 괄호 안의 숫자는 반올림한 것으로 실제 표본을 추출하고자 하는 숫자임.
* 표시의 숫자는 열과 행의 합을 맞추기 위하여 조정한 것임.

조사결과 공과대학생은 65%, 사회과학대 학생은 35%로 나타났다. 한편 신입생은 30%, 2학년 학생은 20%, 3학년 학생은 25%, 4학년 학생은 25% 이었다. 또한 여학생은 40%, 남학생은 60% 이었다. 이제 목표로 하는 표본의 수를 100명으로 정하였다면 각 범주별로 어떻게 표본을 할당하여야 하는가? <표 11-6>과 같은 할당표를 만들면 하위집단별로 필요한 표본수를 정할 수 있다. 일단 하위집단별로 할당의 규모가 정해지면 조사원들이 각 하위집단별로 필요한 수의 조사대상을 채우면 된다.

4) 누적표본추출

누적표본추출은 첫 단계에서 연구자가 임의로 선정한 제한된 표본에 해당하는 사람으로부터 추천을 받아 다른 표본을 선정하는 과정을 되풀이하여 마치 눈덩이를 굴리듯이 표본을 누적해 가는 방법이다. 이 방법은 연구자가 모집단의 구성원을 전부 파악하고 있지 못할 때, 즉 표본추출 프레임이 없을 때 적합한 표본추출방법이다.

이 방법은 소기업이나 산업체와 같은 소규모 사회조직을 연구하는 데 특히 도움이 된다. 이 방법을 사용하면 근로자협회 같은 단체들의 비공식집단 구조와 공식조직구조에 관한 많은 정보들을 얻을 수 있다. 또한 이 방법은 여러 종류의 전문직업인들간에 정보확산과정을 추적하는 데 유용하다. 행정학 분야에서는 지역사회의 권력관계와 의사결정의 패턴, 정책이해당사자(policy stakeholders)

등의 구조와 행태를 연구하는 데 유용하게 사용될 수 있다.[20] 그러나 이 방법은 기본적으로 확률통계적 방법을 사용할 수 없으며, 오히려 계량적 연구보다는 질적인 조사연구에 더욱 적절한 표본추출방법이다.[21]

5) 이론적 표본추출

이론적 표본추출은 대표적인 질적 연구방법 가운데 하나인 근거이론에서 활용하는 표본추출방법이다. 이론적 표본추출은 연구주제에 관한 상당량의 정보를 제공할 수 있는 대상을 선택하는 과정이라고 정의할 수 있다. 연구자는 무작위 표본추출보다도 이론의 정교화에 도움을 줄 수 있는 사례들을 확보하

표 11-7 비확률 표본추출방법 요약

표본추출 방법	특징	장점	단점
편의표본추출	연구자가 쉽게 이용가능한 사례를 표본으로 선택	비용과 시간절약	표본의 대표성이 없음
판단표본추출	연구자의 사전지식을 토대로 특정의 기준에 적합한 사례를 표본으로 선택	연구자의 사전지식 활용할 수 있음	사전지식의 타당성에 의존함
할당표본추출	모집단을 사전에 설정된 범주별로 할당한 다음, 편의표본추출방법을 사용	범주에 대한 정의와 구성비율에 관한 자료가 정확하면 대표성이 있음	범주와 구성비율에 대한 최근자료가 필요함
누적표본추출	소수의 사례를 표본으로 선정한 다음, 그 사람으로부터 추천받아 다른 표본을 선정하는 과정을 되풀이 함	표본추출 프레임이 없을 경우에도 사용할 수 있음	추천의 바이어스 가능성 때문에 표본의 대표성을 보장하기 어려움
이론적 표본추출	연구주제에 관한 상당량의 정보를 제공할 수 있는 대상을 선택함	연구의 중심개념을 설명해 주는 정보를 제공할 수 있는 표본을 선택할 수 있음	연구자의 통찰력과 연구주제에 전적으로 의존함

20) 박용치, 『현대사회과학방법론』, 고려원, 1989, pp. 410-411; Baker, *op. cit.,* p. 159.
21) Rubin & Babbie, *op. cit.,* p. 232.

는 데 더 큰 관심을 가진다. 즉, 연구자가 연구의 중심개념을 설명해 주는 정보를 제공할 수 있는지 표본을 선택하는 것이다. 일반적으로 20명 내지 60명의 심층면접 대상이 선정되는데, 일시에 선정되는 것이 아니라 연구가 진행되면서 표본이 추가될 수 있다.

<표 11-7>에 다섯 가지의 주요 비확률표본추출방법의 특징, 장점과 단점을 요약하여 제시하였다.

제 4 절 표본추출분포에 관한 이론

1. 표본추출분포의 의미

일단 하나의 표본이 추출되면 그 표본에 대한 조사를 통하여 자료가 수집된다. 표본자료에서 표본의 특성에 관한 통계량, 즉 표본의 산술평균, 표준편차, 비율 등이 계산된다. 앞서 지적했듯이 연구자들의 관심은 이러한 표본의 특성으로부터 이를 통해 모집단의 특성을 알고자 하는 것이다. 그런데 확률표본추출방법을 사용하여 표본을 추출하였다고 하더라도, 그 표본의 통계량(statistics)과 모집단의 모수(parameters)는 정확하게 일치하지 않는다. 이와 같은 표본조사의 통계량과 모집단의 모수와의 차이를 표본추출오차(sampling error)라고 부른다. 표본추출오차를 정확하게 이해하기 위해서는 먼저 표본추출분포(sampling distribution)에 관하여 알 필요가 있다.

모집단에서 추출된 표본으로부터 계산된 통계량, 예를 들어, 산술평균, 표준편차, 비율 등은 항상 동일한 것이 아니라 모집단으로부터 어떤 표본단위들이 선택되느냐에 따라 달라진다. 그런데 모집단의 크기가 N이고, 이로부터 무작위표본추출방법으로 표본의 크기가 n인 표본의 추출을 무한정 되풀이한다면, 표본의 통계량(표본평균, 표본표준편차, 표본비율 등)은 일정한 확률을 가지고 변하는 일종의 확률변수(random variable)가 된다. 표본통계량의 이러한 확률분포를 표본추출분포라고 한다.[22] 여러 가지 표본추출분포 중 가장 대

22) Morris Hamburg, *Statistical Analysis for Decision Making*, 3rd ed., 1983,

표적인 분포가 표본평균의 분포와 비율의 분포이므로 이에 대하여 살펴보기로 하겠다.

2. 표본평균의 표본추출분포

1) 표본평균의 표본추출분포의 의미

표본평균(sample mean)의 표본추출분포란 크기가 N인 모집단으로부터 크기가 n인 표본의 추출을 무한정 되풀이했을 때, 표본으로부터 계산된 평균($\overline{X}$)값들의 분포를 말한다. 예를 들어, N=5이고, 월소득이 각각 50만원, 65만원, 40만원, 70만원, 60만원으로 월평균소득(μ로 표기)이 57만원인 모집단에서 n=2인 표본을 추출하여 모집단 평균(μ)을 추정한다고 하자. 만약 월소득이 50만원과 40만원인 사람이 표본으로 선정되었다면, 이때 표본평균($\overline{X}$)은 45만원이다. 그런데 모집단 평균이 57만원이라고 하는 사실을 이미 알고 있기 때문에 45만원이라는 추정치는 부정확한 것임을 알 수 있다. 만약 월평균소득이 65만원인 사람과 70만원인 사람이 선정되었다면 표본평균은 67만 5천원으로 이 역시 모집단 평균의 부정확한 추정치에 불과하다. <표 11-8>에 표본의 크기 n=2로 가능한 10가지 표본과 각각의 표본으로부터 계산된 μ의 추정치($\overline{X}$)가 제시되어 있다. 이러한 표본 중 어떤 것도 모집단 평균 μ의 정확한 추정치가 되지 못한다는 것을 알 수 있다.

2) 표본평균의 평균

표본평균($\overline{X}$)의 평균은 평균을 구하는 일반적 절차에 따라서 구할 수 있다.[23] <표 11-8>에서 구한 표본평균 $\overline{X}$의 평균 $\mu_{\overline{X}}$는 57만원으로 이미 앞에서 구한 모집단의 평균 μ=57만원과 일치함을 알 수 있다. 이 사실은 무작위표본추출에 의한 표본평균들의 평균 $\mu_{\overline{X}}$는 모집단이 유한모집단이건 무한모집단이건 관계없이 항상 모집단 평균 μ와 같다는 중요한 통계적 공리를 설명해 주고 있다.[24] 실제로 제한된 수의 표본을 추출했을 때의 표본

p. 181.

23) 제13장 참조.

24) 노화준, 전게서, p. 189.

표 11-8 모집단 평균의 추정

(단위: 만원)

n=2인 가능한 표본	$\overline{X}$(μ추정값)	n=2인 가능한 표본	$\overline{X}$(μ추정값)
50,65	57.5	50,40	45.0
50,70	60.0	50,60	55.0
65,40	52.5	65,70	67.5
65,60	62.5	40,70	55.0
40,60	50.0	70,60	65.0
		모집단 평균	57.0

추출분포를 경험적 표본추출분포라고 부르고, 일정한 크기의 모든 가능한 표본의 추출을 무한히 되풀이했다고 가정했을 때에, 그 결과로 나타나는 분포를 이론적 표본추출분포라고 부르는데, 통계적 추론은 이 이론적 분포를 토대로 이루어진다.[25)]

표본추출을 무한정 되풀이했을 때 기대되는 표본평균의 기대값(expected value of $\overline{X}$)을 E($\overline{X}$)로 표기한다. 그 표본평균들의 평균($\mu_{\overline{X}}$), 또는 기대값(expected value of $\overline{X}$)과 모집단의 평균(μ)은 모두 같다. 따라서

$$\mu_{\overline{X}} = E(\overline{X}) = \mu \qquad (11.1)$$

식 (11.1)에서 $\mu_{\overline{X}}$는 항상 모집단의 평균과 같기 때문에 $\mu_{\overline{X}}$를 μ의 불편추정량(unbiased estimator)이라고 부른다. 여기에서 불편성(unbiasedness)이란 모든 가능한 표본을 추출할 때에, 표본추출에 의하여 일어나는 오차들이 서로 상쇄됨으로써 편의(bias)가 없어지게 된다는 것을 나타내는 것이다.[26)]

3) 표준오차: 표본평균의 표준편차

표본평균의 표준편차(standard deviation)도 표준편차를 계산하는 일반적 절차에 따라서 계산된다.[27)] 표본평균 $\overline{X}$의 표준편차를 표준오차(standard

25) Hamburg, *op. cit.,* p. 204.
26) 노화준, 전게서, p. 190.
27) 본서 제13장 참조.

error)라고 부르며 $\sigma_{\overline{X}}$로 표기한다. $\overline{X}$의 표준오차 $\sigma_{\overline{X}}$는 $\overline{X}$의 표본추출분포에 있어서 모든 가능한 표본평균의 변이의 정도를 나타내는 척도이다. 통계이론에서 무한모집단인 경우에 모집단의 표준편차 σ와 $\sigma_{\overline{X}}$ 사이에는 다음과 같은 관계가 성립하고 있음을 밝혀주고 있다.

$$\sigma_{\overline{X}} = \frac{\sigma}{\sqrt{n}} \tag{11.2}$$

한편 유한모집단에서 비복원추출하는 경우에는 유한모집단조정계수를 포함하여, 그 관계는 다음 식 (11.3)과 같이 조정된다.

$$\sigma_{\overline{X}} = \frac{\sigma}{\sqrt{n}}\sqrt{\frac{N-n}{N-1}} \tag{11.3}$$

그러나 실제의 경험적 연구에서는 모집단의 표준편차 σ를 알 수 없기 때문에 공식 (11.2)와 (11.3)을 사용하여 $\sigma_{\overline{X}}$를 계산할 수 없다. 따라서 그 대안으로 무작위로 추출한 표본의 산포도가 모집단의 산포도를 그대로 반영하고 있는 것으로 간주하고 표본의 표준편차(s) 값을 모집단의 표준편차(σ) 값으로 대신 사용하여 $\sigma_{\overline{X}}$값을 추정한다. $\sigma_{\overline{X}}$값을 추정하기 위하여 (11.2)와 (11.3)은 다음의 식 (11.4)와 (11.5)와 같이 변형되어 사용한다.

$$\sigma_{\overline{X}} = \frac{s}{\sqrt{n}} \tag{11.4}$$

한편 유한모집단의 경우에는 유한모집단조정계수를 포함하여 그 관계는 다음 식 (11.5)와 같이 조정된다.

$$\sigma_{\overline{X}} = \frac{s}{\sqrt{n-1}}\sqrt{\frac{N-n}{N-1}} \tag{11.5}$$

4) 표본의 크기와 중심극한정리

통계이론에서는 모집단에서 추출한 표본들의 표본평균의 분포에 대하여 다음과 같은 중요한 사실을 밝혀냄으로써 여러 가지 통계적 추론과 통계적 가설 검증의 기초를 제공하고 있다.[28]

첫째, 모집단이 정규분포를 이루고 있을 때에, $\overline{X}$의 표본추출분포는 표본의 크기에 관계없이 정확하게 정규분포를 이룬다.

둘째, 모집단이 정규분포를 이루고 있지 않을 경우에도 표본의 크기가 크면 표본평균의 분포는 근사적으로 정규분포를 이룬다. 통계이론에서는 이를 중심극한정리(central limit theorem)라고 부르며, 그 내용은 "표본이 추출되는 모집단이 어떤 형태를 이루고 있건 관계없이 무작위로 추출되는 표본의 수 n이 증가되어감에 따라 표본평균 $\overline{X}$의 분포는 평균이 $\mu_{\overline{X}}$, 표준편차가 $\sigma_{\overline{X}}$인 정규분포에 접근해 간다"는 것이다. 이러한 중심극한정리는 모집단이 무한모집단이건 유한모집단이건 관계없이 모든 종류의 모집단에 적용된다.

5) 모집단 평균의 추정과 신뢰구간

앞에서 모집단의 평균(μ)은 그 모집단으로부터 추출될 수 있는 모든 표본평균의 평균($\mu_{\overline{X}}$)과 같다는 점, 그리고 이러한 표본평균들의 표준편차, 즉 표준오차($\sigma_{\overline{X}}$)를 추정할 수 있다는 점, 그리고 중심극한정리에 의하여 표본의 크기가 클 경우 표본평균의 분포가 정규분포이거나 이에 근접하게 된다는 점을 알 수 있었다.

실제의 경험적 조사연구에서는 표본을 여러 번 추출하는 것이 아니라, 단 한번 표본을 추출하여 그 평균($\overline{X}$)과 표준편차(s)를 계산하게 된다. 이때 구체적인 표본의 평균($\overline{X}$)이 원래의 모집단 평균(μ)과 일치하는 경우는 드물다. 그러므로 표본 평균값을 토대로 모집단의 평균을 추정할 때, 추정값의 신뢰정도를 다음과 같은 형태의 신뢰구간을 설정하여 나타내는 것이 바람직하다.

$$\mu = \overline{X} \pm \text{표본추출오차}$$

여기에서 가장 핵심적인 문제는 표본추출오차(sampling error)를 어느 정도 허용할 것인가에 관한 것이다. 그러기 위해서 먼저 결정해야 할 것은 신뢰구간(confidence interval)인데, 신뢰구간이란 우리가 추정한 구간이 옳다는 데 대한 신뢰의 정도를 나타내는 구간이다. 일반적으로 95%, 99% 등의 신뢰수준에서 신뢰구간을 선택하고 있다. 여기에서 95%의 신뢰수준이라는 것은

28) 노화준, 전게서, pp. 191-192; Hamburg, *op. cit.*, p. 203.

표본을 무한히 많이 추출할 경우에 모집단 평균이 신뢰구간내에 포함될 확률이 95%, 포함되지 않을 확률은 5%라는 것이다.

일반적으로 무작위추출방법으로 표본이 추출되었고, 그 표본수가 큰 경우에 모집단의 평균에 대한 신뢰구간은 다음과 같이 주어진다.

$$\overline{X} - Z_{s_{\overline{X}}} \leq \mu \leq \overline{X} + Z_{s_{\overline{X}}} \qquad (11.6)$$

그리고 신뢰구간의 한계값은 다음과 같이 주어진다.

$$\mu = \overline{X} \pm Z_{s_{\overline{X}}} \qquad (11.7)$$

위의 식 (11.6)과 (11.7)에서 Z는 신뢰수준에 따라서 값이 결정되며, 정규분포로부터 그 값을 얻을 수 있다([그림 11-5] 참조). 예를 들어, 신뢰수준이 95%로 정해지면 $Z=1.96$, 신뢰수준이 99%로 정해지면 $Z=2.58$, 그리고 99.7%인 경우에 $Z=3$의 값을 사용하여야 한다. 여기에서 $S_{\overline{X}}$는 표본평균의 표준편차 $\sigma_{\overline{X}}$의 점 추정량인 $\widehat{\sigma_{\overline{X}}}$를 말하며 표본의 표준편차(s)로부터 추정되며 그 추정을 위한 공식은 (11.4)와 (11.5)에 제시되어 있다.

한편 표본이 정규분포를 따르는 모집단에서 단순무작위추출 방법으로 추출

그림 11-5 정규분포곡선: 평균에서 특정 표준오차(SE)거리까지에 포함되는 백분비

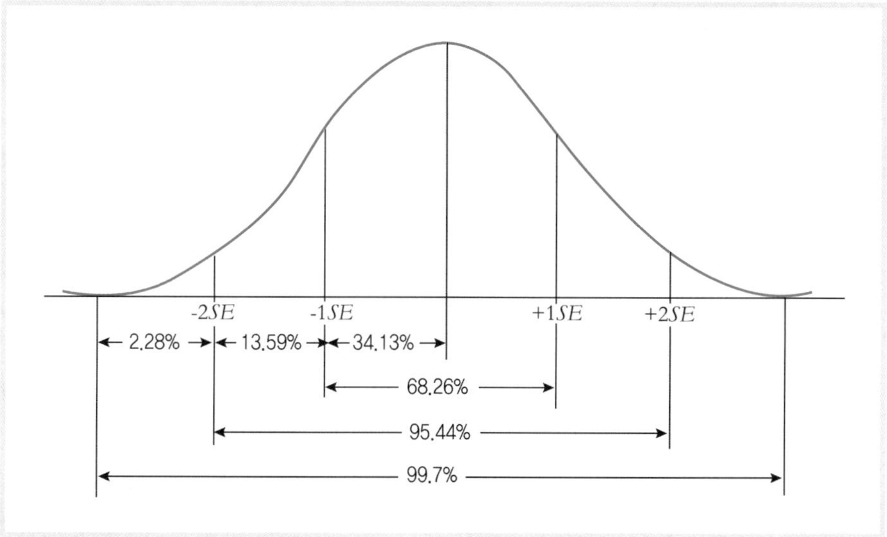

되는 경우에도 표본의 크기가 소규모(n<30)인 경우에는 정규분포표가 아니라 t 분포표를 사용하여야 한다.[29)]

3. 표본비율의 표본추출분포

정부의 특정정책에 찬성하는 사람의 비율이나, 선거에서 특정정당의 후보를 지지하는 유권자의 비율 등과 같이 표본의 비율(sample proportion)을 통하여 모집단의 비율을 추정할 필요성이 있는 경우가 있다.

표본비율의 표본추출분포란 모집단으로부터 크기가 일정한 표본을 추출할 때 가능한 모든 표본들을 추출하여 각 표본에서 얻은 비율의 확률분포를 의미한다. 여기에서 표본추출분포는 이항분포를 이룬다. 만일 각 실험의 결과가 '성공' 또는 '실패'로 나타나고, X를 각각의 확률적 실험에서 '성공' 또는 '실패'를 나타내는 n번의 독립적 실험에서 성공한 횟수를 나타낸다고 할 때, 표본의 성공비율 $\overline{P}$에 대하여, 이들간의 관계는 다음 식 (11.8)과 같다.

$$\overline{P} = \frac{X}{n} \tag{11.8}$$

식 (11.8)에서 성공비율 $\overline{P}$는 산술평균의 형태를 띠고 있으므로, 표본수 n이 충분히 크다면 여기에 중심극한정리를 적용할 수 있다. 즉 표본비율의 표본추출분포도 앞에서 살펴본 표본평균의 표본추출분포와 같은 특성을 가지고 있다.

첫째, 표본비율의 평균($\mu_{\overline{P}}$)은 표본이 추출된 모집단이 유한모집단이건 무한모집단이건 관계없이 항상 모집단의 비율(P)과 동일하다.

둘째, 표본비율의 표준편차(비율의 표준오차)는 다음과 같이 주어진다.

$$\sigma_{\overline{P}} = \sqrt{\frac{P(1-\overline{P})}{n}} \tag{11.9}$$

한편 유한모집단의 경우에는 유한조정계수를 포함하여, 그 관계는 다음 식 (11.10)과 같이 조정된다.

---

29) 노화준, 전게서, pp. 219-225 참조.

$$\sigma_{\overline{P}} = \sqrt{\frac{P(1-\overline{P})}{n}}\sqrt{\frac{N-n}{N-1}} \tag{11.10}$$

이러한 식에서 통계량 $\overline{P}$의 표준편차 $\sigma_{\overline{P}}$도 통계량 $\overline{X}$의 표준편차와 마찬가지로 $1/\sqrt{n}$의 함수이다. 따라서, 통계량 $\overline{P}$도 표본의 크기가 증가함에 따라서 모집단비율 P에 가까워진다.

제 5 절 표본추출오차와 표본크기의 결정

1. 표본추출오차와 비표본추출오차

앞에서 살펴본 것처럼 표본조사의 경우에 표본추출의 원칙에 충실하게 표본을 추출하는 경우에도 추출된 표본의 통계량과 모집단의 모수 사이에는 차이가 발생한다. 이와 같이 표본추출과정에서 발생하는 추출된 표본의 통계량과 모집단의 모수간의 오차를 표본추출오차(sampling error)라고 부른다. 한편 표본추출과 무관하게 나타날 수 있는 오차를 비표본추출오차(nonsampling error)라고 부른다. 비표본추출오차는 면접이나 질문지 사용시의 응답오차 등 조사과정에서 발생하는 측정오차를 의미한다.[30)]

경험적 조사연구의 총오차는 표본추출오차와 비표본추출오차로 구성되며, 이러한 두 오차의 크기는 독립적이므로 연구자는 두 가지 유형의 오차를 동시에 통제하지 않으면 총오차를 줄이기 어렵다. 만약에 응답오차나 면접의 오차 등 비표본추출오차가 크다면 표본추출오차를 줄이기 위해 표본수를 늘려도 효과가 없다. 이같이 비표본추출오차를 극소화한다는 전제에서 표본추출오차에 대하여 살펴보기로 하겠다.

30) Hubert M. Blalock, Jr., *Social Statistics*, revised 2nd ed., Singapore: McGraw-Hill, 1988, p. 573.

2. 표본크기와 신뢰수준에 따른 표본추출오차의 크기

앞서 살펴본 것처럼 모집단의 평균에 대한 표본추출오차와 모집단의 비율에 대한 표본추출오차는 그 정의방식이 다르므로 구분하여 살펴보아야 한다.

표본추출오차를 d라고 할 때, 모집단 평균의 표본추출오차는 다음 식 (11.11)과 같이 나타낼 수 있다.

$$d = Z_{s_{\overline{X}}} = Z\frac{s}{\sqrt{n}} \tag{11.11}$$

식 (11.11)에서 오차의 크기 d는 신뢰수준(Z)과 표본평균의 표준오차($s_{\overline{X}}$)에 비례한다는 것을 알 수 있다. 즉, 신뢰수준이 높을수록, 표본평균의 표준오차가 클수록 표본추출오차는 커진다. 그런데 표본평균의 표준오차는 표본크기의 제곱근에 반비례하고 표본의 표준편차(s)에 비례한다.

한편 표본비율의 표본추출오차의 크기는 다음 식 (11.12)와 같이 나타낼 수 있다.

$$d = Z\sigma_{\bar{p}} = Z\sqrt{\frac{P(1-\overline{P})}{n}} \tag{11.12}$$

식 (11.12)에서는 (11.11)에서의 $s_{\overline{X}}$ 대신에 표본비율의 표준편차(비율의 표준오차)인 $\sigma_{\bar{p}}$를 사용한다는 것 외에는 동일하다. 여기에서 P는 모집단에서의 성공비율을 나타내는데 P=.50일 때 P(1-$\overline{\text{P}}$)값이 최대가 되며 그 값은 0.25이다. 식 (11.11)과 식(11.12)의 표본추출오차는 표본을 무작위적으로 추출할 때에 이론적으로 계산할 수 있는 표본추출오차를 말한다. 식(11.11)과 (11.12)에서 표본추출오차는 표본의 크기(n)와 신뢰수준(Z)의 크기에 따라서 달라지는 것을 알 수 있었다. 즉 표본의 크기가 클수록 표본오차는 감소하지만 비례적으로 감소하는 것이 아니라 제곱근에 비례한다.

<표 11-9>에 제시된 표본의 크기와 표본비율의 표본추출오차와의 관계에서 이러한 사실을 알 수 있다. <표 11-9>에 표본의 크기에 따라 백분비로 표현한 이항분포의 표본추출오차(95% 신뢰수준)를 제시하였다. 예를 들

표 11-9 표본의 크기에 따른 표본비율의 표본추출오차

(95% 신뢰수준)

표본크기	표본비율(백분비로 표현한 이항분포)				
	50/50	60/40	70/30	80/20	90/10
100	10	9.8	9.2	8	6
200	7.1	6.9	6.5	5.7	4.2
300	5.8	5.7	5.3	4.6	3.5
400	5	4.9	4.6	4	3
500	4.5	4.4	4.1	3.6	2.7
600	4.1	4	3.7	3.3	2.4
700	4.8	3.7	3.5	3	2.3
800	3.5	3.5	3.2	2.8	2.1
900	3.3	3.3	3.1	2.7	2
1000	3.2	3.1	2.9	2.5	1.9
1100	3	3	2.8	2.4	1.8
1200	2.9	2.8	2.6	2.3	1.7
1300	2.8	2.7	2.5	2.2	1.7
1400	2.7	2.6	2.4	2.1	1.6
1500	2.6	2.5	2.4	2.1	1.5
1600	2.5	2.4	2.3	2	1.5
1700	2.4	2.4	2.2	1.9	1.5
1800	2.4	2.3	2.2	1.9	1.4
1900	2.3	2.2	2.1	1.8	1.4
2000	2.2	2.2	2	1.8	1.3

* 표본의 크기와 백분비로 표현한 각 이항분포의 교차점에 나타난 수치가 95% 신뢰수준에서 (±)퍼센트 포인트로 표현된 표본추출오차이다.

면 어떤 여론조사에서 표본의 크기가 500명이고, 찬성과 반대의 비율의 60:40이었다면 표본추출오차는 ±4.4이다. 그러므로 이 경우 95% 신뢰수준에서 오차의 한계는 ±4.4%포인트이며 찬성률의 신뢰구간은 55.6%에서 64.4%까지가 된다. 그런데 표본의 크기를 2배인 1,000명으로 늘리면 같은 95% 신뢰수준에서 표본추출오차는 ±3.1이고, 찬성률의 신뢰구간은 56.9%에서 63.1%가 된다. 다시 2배인 2,000명으로 표본크기를 늘릴 경우에 표본추출오차는 ±2.2이므로, 찬성률의 신뢰구간은 57.8%에서 62.2%가 된다. 그러므로 표본의 크기가 클수록 표본추출오차는 감소하지만, 표본의 크기의 제곱근에 반비례하여

감소한다는 것을 알 수 있다.

그러나 신뢰수준이 높을수록 표본추출오차는 커진다. 예를 들어, 표본크기가 500명이고 신뢰수준이 95%이면, $\overline{P}=.60$, 즉 찬성률 60%인 경우 표본추출오차는 ±4.4%포인트이지만, 신뢰수준을 99.7%로 늘리면 표본추출오차는 ±6.6% 포인트로 커진다.

한편 같은 표본의 크기와 신뢰수준에서도 표본추출방법에 따라서 표본추출오차는 달라진다. 표본의 크기가 같다고 했을 때, 층화표본추출에서 단순무작위추출보다 표본추출오차는 작아지는데, 그 이유는 층화표본추출에서는 표본의 구성요소를 비교적 동질적인 각 계층별로 분리하고 이러한 계층내에서 표본을 추출하기 때문이다. 반면에 집락표본추출에서는 표본의 크기가 같을 때 단순무작위 표본추출에서 보다 표본추출오차가 커지게 된다.[31]

3. 적정표본크기의 결정

표본을 추출할 때, 표본의 크기를 어느 정도로 하는 것이 적정한지를 결정하여야 한다. 표본의 크기를 결정할 때에 고려하여야 할 사항으로는 크게 모집단의 성격, 연구의 목적, 시간과 비용 등으로 구분할 수 있다.[32]

1) 모집단의 성격

(1) 모집단의 규모

자료의 정확성을 유지하려면 모집단의 규모가 작을수록 표본비율을 커야 한다. 1,000명 이하의 소규모 모집단에서는 표본비율이 약 30% 정도, 즉 표본규모가 300명 정도가 되어야 높은 정확도(accuracy)의 자료를 얻을 수 있다. 반면 약 10,000명 정도의 모집단인 경우에는 동등한 수준의 정확도를 확보하기 위하여 10% 정도, 즉 1,000명 정도의 표본이 필요하다. 모집단이 1천만명이 넘을 경우에는 0.025% 정도, 즉 2,500명 정도의 표본으로 동일한 정확도를 확보할 수 있다. 그런데 모집단의 규모가 커질 경우 표본비율은 큰 의미가 없다.

---

31) 홍두승, 사회조사분석, 다산출판사, 1987, p. 74.
32) 김해동, 전게서, p. 262; 김경동 · 이온죽, 전게서, pp. 147-149; 김호정, 전게서, pp. 157-160.

즉 모집단이 1천만명인 경우나 2억명인 경우나 2,500명 정도면 정확도는 거의 같다.[33] 미국의 경우 여론조사를 할 때에 표본크기가 대체로 2천명 내외이며, 우리나라의 성인을 대상으로 한 각종 여론조사에서 표본의 크기는 1,500명 정도이다.

(2) 모집단의 이질성 여부

모집단의 구성요소가 이질적인 경우에는 동질적인 경우에 비하여 그만큼 표본의 크기를 늘려야 한다. 극단적으로 모집단의 구성요소가 완전히 동질적이라면 하나의 사례로 전체 모집단을 대표할 수도 있다. 이질적인 모집단이라도 만일 특정 속성(변수)에 따라 층화(strata)하여 표본을 추출할 수 있으면, 표본의 크기를 줄이면서 대표성을 확보할 수 있다. 층화표본추출을 하게 되면, 표본추출오차는 각 층에서의 표본 크기에 따라 좌우되며, 전체 표본의 크기와는 관련되지 않는다. 다만 각 층의 모집단의 크기가 너무 달라서 비비례표본추출을 해야 할 필요가 있을 때에는 가중치를 부여해야 한다.

2) 연구의 목적과 방법

(1) 표본추출의 방법

확률표본 추출을 하는 경우에만 표본추출오차를 계산할 수 있음은 이미 지적한 바 있다. 확률표본추출의 경우에도 무작위추출방법보다는 층화표본추출이나 다단계 표본추출방법을 사용하게 되면 표본의 크기를 줄이면서 필요한 신뢰수준을 유지할 수 있다.

(2) 통계분석의 기법

연구자가 표본으로부터 수집한 자료를 분석하는 기법에 따라서 표본크기가 달라진다. 통계분석의 관점에서는 표본수가 최저 30사례는 되어야 한다고 본다. 그 이유는 모집단이 정규분포를 이루고 있지 않은 경우 중심극한정리에 따라서 표본평균을 통한 모집단의 추정이 가능하려면 표본수가 커야 하는데, 이때의 기준이 n=30이기 때문이다. n이 30 이하인 경우에는 t검증을 하여야 한다. 한편 t검증을 하기 위해서는 모집단의 분포가 정규분포에 가까워야 한다.

---

33) Neuman, *op. cit.,* p. 217.

(3) 동시에 분석해야 할 변수 및 범주의 수

동시에 분석하여야 할 변수의 종류와 수, 그리고 각 변수를 분석할 때 몇 개의 범주로 나누어 분석할지에 따라서도 표본의 크기는 달라진다.[34)]

예를 들어, 종교와 계층이라는 두 개의 변수를 쓰면서, 각 변수에는 4개의 범주를 설정한다면, 이 두 변수를 가지고 교차표(contingency table)를 작성하면 4×4 table로 총 16개의 칸(cell)이 생긴다. 각 칸마다 최소 10명의 사례가 필요하다고 말하는 학자도 있다. 만약 χ^2 테스트를 실시하는 경우에, 그 테스트의 의미가 있기 위해서는 각 칸에 기대빈도가 최소한 5개의 사례가 필요하다. 그러므로 이 경우에는 표본의 크기는 최소 80명이 되어야 한다.

(4) 요구되는 신뢰도의 정도

표본의 크기는 표본의 통계치를 가지고 모집단의 모수치를 추정할 때에 바라는 신뢰수준의 정도에 영향을 준다. 앞서 살펴보았듯이 이러한 신뢰도는 원칙적으로 확률표본추출에서만 적용이 가능한 개념이다. 앞의 식 (11.6)을 참고하기 바란다. 대체로 사회과학의 조사연구에서는 95% 신뢰수준을 기준으로 하고 있으며 표준오차의 단위로는 ±1.96임을 이미 지적한 바 있다.

(5) 허용오차의 크기

앞의 식 (11.12)와 (11.13)에서 허용되는 표본추출오차의 크기에 따라서 표본크기는 달라진다. 일반적으로 사회조사기관에서 사용하는 표본추출오차의 한계는 ±4.00% 정도이지만 정부에서 정기적으로 실시하여 정책에 반영하는 표본조사에서는 이보다 훨씬 적은 표본추출오차를 요구하는 경우가 있다. 특히 국민을 대상으로 특정 정책에 대한 찬반을 묻는 여론조사나, 특정후보의 지지여부를 예측하는 경우에는 대부분 오차의 허용범위가 작다.

3) 시간과 비용

현실적으로 경험적 조사를 실시하는 데에는 시간과 비용이 소요된다. 조사에 소요되는 비용이 표본의 크기에 정비례하는 것은 아니지만, 일반적으로 표본의 크기가 증가하면 자료수집 및 처리에 투입되는 비용과 시간이 증가한다.

---

34) Floyd J. Fowler, *Survey Research Methods*, Applied Social Research Methods Series, vol. 1, Beverly Hills, CA: Sage, 1984, pp. 40-43.

또한 조사원훈련, 자료수집, 처리 및 분석과정에서 비표본오차(nonsampling error)가 증가할 가능성이 커진다.

결론적으로 표본의 크기를 결정하는 데 있어서는 모집단의 성격과 연구의 목적이라는 학문적 기준과 시간 및 비용이라는 현실적 기준을 조화시켜야 한다.

복습과제

01 사회과학 조사연구에서 전수조사보다 표본조사를 실시하는 이유는?

02 표본추출 프레임 오차는 무엇이며, 어느 경우에 발생하는가?

03 표본추출오차는 무엇인가?

04 비표본추출오차란 무엇인가?

05 표본조사에서 얻은 자료를 모집단에 추론하는 과정은?

06 표본추출설계에서 표본의 대표성이 가장 중요한 고려요소인 이유는 무엇인가?

07 확률표본추출과 비확률표본추출의 차이점을 간략하게 설명하시오.

08 무작위 전화걸기(Random-digit Dialing)와 전화번호부를 사용한 표본추출방법의 차이점은?

09 무작위 표본추출과 계통적 표본추출의 공통점과 차이점은?

10 기초자치단체 관내 공공기관 하나를 선택하여 그 기관 종사자를 표본조사하기로 하였다. 조사대상을 구체적으로 지정한 다음, 층화표본추출을

위한 표본추출 설계를 제시하시오.

11 집락표본추출을 사용하는 주된 이유는?

12 자신이 거주하는 기초자치단체의 주민 500명을 대상으로 지역축제의 필요성에 관한 조사를 실시하고자 한다. 다단계 집락표본추출방법으로 표본을 선정하기로 하고 표본추출 설계를 간략하게 제시하시오.

13 다단계 집락표본추출시 선정된 최종가구 내에서 한 사람의 응답자를 무작위로 선정하는 과정에서 선정표(selection table)를 사용하는 이유는?

14 표본의 크기가 동일하다면 단순무작위 표본추출, 층화표본추출, 집락표본추출에서 표본추출오차는 어떻게 달라지는가?

15 대학의 학생들이 매주 평균적으로 몇 시간 공부하는지 확인하기 위하여 서베이를 하고자 한다. 대학 당국으로부터 현재 등록한 모든 학생의 명단을 확보하였고, 그 명단으로부터 표본을 추출하기로 하였다.

a. 서베이의 모집단은?

b. 표본추출 프레임은 무엇인가?

c. 단순무작위표본추출을 하고자 할 경우 어떻게 할 것인가?

d. 학교당국이 제공한 명단에 학생의 전공학과가 표기되었다고 가정하자. 그럴 경우 전공학과를 기준으로 층화표본추출이 가능하다. 전공학과별로 층화표본추출할 경우 장점은 무엇인가?

e. 집락표본추출을 할 수 있는가? 집락표본추출의 이점은?

f. 단순무작위추출, 층화표본추출, 집락표본추출 가운데 가장 적합한 설계는 무엇인가? 그 이유는?

16 편의표본추출과 판단표본추출의 차이점을 사례를 들어 설명하시오.

17 자신이 재학 중인 대학의 재학생 또는 소속 기관의 구성원을 대상으로 할당표본추출을 하고자 한다. 200명의 표본을 추출하기로 하고 할당표를 구성하시오.

18 누적표본추출의 사용이 정당화되는 경우는?

19 근거이론적 연구에서 이론적 표본추출을 선호하는 이유는?

20 표본평균의 평균과 모집단의 평균은 항상 같은가? 그 이유는?

21 표본평균으로부터 모집단 평균 추정시 신뢰구간을 설정하는 이유는?

22 여론조사에서 표본의 크기와 표본추출오차의 관계는?

23 95% 신뢰수준에서 오차의 한계를 ±3.0% 이내로 제한하기 위하여 필요한 최소표본수는?(단, 찬성/반대가 50:50으로 박빙인 경우를 기준으로 할 것)

24 적정표본크기를 결정하는데 고려해야할 요소는?

25 동시에 분석해야 할 변수 및 범주의 숫자가 필요한 표본의 크기에 미치는 영향은?

12 CHAPTER
자료수집방법
Methods of Data Collection

장머리에

연구문제를 해결하기 위해서는 분석에 필요한 자료를 수집하여야 한다. 제1절에서는 이러한 자료의 종류와 수집방법을 개관해 보고, 제2절에서는 서베이조사방법과 질문서, 3절에서는 관찰방법, 4절에서는 면접방법, 그리고 제5절에서는 2차 자료의 수집방법을 살펴보기로 한다.

제1절 자료의 종류와 수집방법

1. 자료의 종류

연구자가 필요로 하는 자료는 1차 자료와 2차 자료로 구분되는데, 3차 자료를 따로 분류하기도 한다.

1) 1차 자료

1차 자료(primary data)는 연구자가 현재 수행중인 조사연구의 목적을 달성하기 위하여 직접 수집하는 자료를 말한다. 1차 자료를 수집하는 경우에 연구자는 사전준비를 철저히 하여야 한다. 즉 조사설계를 통하여, 표본추출방법 및 자료수집대상을 정하고, 측정하여야 할 개념과 척도를 구성한 다음 면접, 질문서,[1] 관찰 등 자료수집방법을 결정하여 1차 자료의 수집에 들어가게 된다. 그러나 1차 자료의 수집에는 비용, 인력, 시간이 많이 소요되므로 1차 자료를 수집하기 전에 연구목적에 적합한 2차 자료가 존재하는지의 여부와 사용가능한지의 여부를 확인하고 연구목적에 부합되는 2차 자료가 없을 경우에 한하여 1차 자료를 수집하는 것이 바람직하다.

2) 2차 자료

2차 자료(secondary data)란 연구자의 연구목적과는 다른 목적을 위하여 수집된 자료를 말한다. 즉, 연구자가 자신이 수행중인 연구문제를 해결하기 위해 다른 목적으로 이미 수집된 자료를 재분석(re-analysis)할 때, 그 자료를 2차 자료라고 부른다. 2차 자료는 기존자료(available materials)라고 부르기도 하는데, 그 유형은 다른 연구자가 학술연구를 위하여 수집한 자료에서부터 기업체, 정부기관, 각종 조사기관의 간행물에 이르기까지 다양하다. 이러한 자료는 원래 자료생산자가 그들의 필요에 의하여 생산한 자료라는 점에서 연구자가 자신의 연구목적을 위해서 수집한 1차 자료와 구분된다.

2차 자료는 1차 자료에 비해 수집비용이 저렴하며 공공기관에서 정기적으로 발간되는 자료들을 이용하면 시계열자료의 수집이 가능하다. 행정학 및 정책학의 연구에서는 분석단위가 지방정부나 국가와 같이 집계단위인 경우가 많고, 이들 단위의 속성에 관한 시계열자료가 필요한 경우도 있기 때문에 2차 자료에의 의존도가 상당히 높다. 그러나 2차 자료는 연구자가 수행하는 연구에서 설계하는 것과 분석단위가 다른 경우, 그리고 조작적 정의가 다른 경우에 사용하기가 어렵다는 문제가 있다.

---

1) 질문서(questionnaire)는 설문지, 질문지, 조사표 등 여러 가지 용어로 불린다. 본서에서는 질문서로 통일하여 사용하겠다. 행정학 분야에서 설문조사에 관한 것은, 김태일·서주현, 행정학 분야에서 설문조사를 이용한 연구의 방법론적 문제점 분석, 「한국행정학보」, 32:3, 1998, pp. 199-215.

이러한 단점에도 불구하고 기초조사단계에서 적절히 사용하면 자료수집에 소요되는 시간과 노력을 절감할 수 있으므로 가능한 범위 내에서 2차 자료를 최대한 활용하고 부족한 자료는 1차 자료를 수집하여 사용하는 것이 조사연구의 효율을 위하여 바람직하다.[2)]

3) 3차 자료

제5장에서 살펴본 것처럼 동일한 연구문제에 관하여 방대하게 축적된 경험적인 연구논문들을 기반으로 하여 그 논문들을 대상으로 분석하는 연구를 메타분석(meta analysis)이라고 부른다. Glass는 메타분석을 수행하기 위한 기초자료, 즉 다수의 개별적인 연구들을 1차 자료 및 2차 자료와 구분하여 3차 자료라고 부르고 있다. 최근에는 동일분야, 또는 주제에 관한 경험적 연구문헌의 양이 크게 증가함에 따라 메타분석연구가 증가하고 있다.

2. 자료수집방법의 분류

자료수집방법은 자료의 유형에 따라 1차 자료 수집방법, 2차 자료 수집방법, 그리고 3차 자료 수집방법으로 구분된다. 1차 자료 수집방법은 다시 연구자가 연구대상과의 언어적 의사소통(communication)을 통하여 질문에 대한 응답의 형식으로 자료를 수집하는 의사소통방법과, 직접적인 의사소통을 통하지 않고 연구자가 연구대상자를 관찰하면서 자료를 수집하는 관찰방법(observation method)으로 구분할 수 있다. [Box 12-1]에 소개한 바와 같이 관찰방법에 의하여 수집한 자료는 연구대상이 자신에 관한 자료를 수집한다는 사실을 인식하지 못한 상황에서 수집되므로 비개입측정 자료(unobstrusive measures) 또는 비반응적 자료(non-reactive measures)의 일종이다.

연구대상과 의사소통방법은 다시 설문지를 통하여 자료를 얻는 질문서법과, 직접 응답자에게 질문하여 자료를 얻는 면접법으로 구분된다.

---

2) 채서일, 사회과학조사방법론, 법문사, 1990, p. 302.

Box 12-1 비개입측정 자료의 개념과 유형

1. 비개입측정 자료의 개념

연구자가 연구대상을 관찰하면서 자료를 수집할 경우 연구자 또는 관찰자의 존재가 연구대상에게 알려지지 않은 가운데 자료를 수집할 수 있다. 비개입측정 자료(unobstrusive measures) 또는 비간섭측정 자료란 이같이 연구대상이 자신에 관한 자료를 수집한다는 사실을 인식하지 못한 상황에서 수집한 자료를 말한다.[3] 비개입측정은 비반응적 측정(non-reactive measures)이라고 부르기도 한다. 이와 대조적으로 연구자가 연구대상과 면접을 통하여 자료를 수집하거나 질문지에 직접 응답하도록 할 경우 연구대상인 사람이 자신의 행동이 관찰되고 있다는 사실을 인식한 상태에서 자료를 수집한다. 제7장 실험설계에서 살펴본 바와 같이 연구대상이 연구에 참여하고 있다는 사실을 의식하는 것만으로도 반응성(reactivity)을 보일 수 있다. 비개입측정은 연구대상의 반응성을 배제할 수 있는 방법이므로 연구참여자들의 자연스러운 행동을 측정할 가능성이 높아진다. 비개입측정 또는 비반응적 측정의 핵심은 연구 대상자들이 연구대상임을 알지 못한 상태에서 사회적 행동이나 행동에 대한 증거를 '자연스럽게' 남긴다는 것이다.[4] 연구자는 연구 대상자들을 방해하지 않고 증거를 토대로 행동이나 태도를 추론할 수 있다.

2. 비개입측정 자료의 유형

비개입측정은 연구자의 상상력에 따라 자유롭고 다양하게 이루어질 수 있다. 도시 인류학자들은 쓰레기 더미의 내용물을 조사하여 생활 스타일을 연구할 수 있다. 예를 들어, 빈 술병은 알코올 소비량을 나타내는데, 쓰레기를 기준으로 조사한 결과 거주자들이 주류 소비량을 40%나 과소 신고하는 것으로 나타났다고 한다.[5] 연구자들은 자동차가 수리될 때 라디오가 어느 방송국에 맞춰져 있는지 확인함으로써 운전자들의 청취 습관을 연구할 수 있다.

비개입측정 자료에는 1차 자료에 해당하는 관찰자료뿐만 아니라, 다음에 살펴볼 공문서와 공식기록, 내용분석자료, 민간부문 문서, 대중매체, 사회과학 분야 수집자료 등 여러 가지 유형의 2차 자료가 포함된다. 정기적으로 생산되는 공문서와 공식기록에서 많은 것을 발견할 수 있다. 예를 들어, 장기간 이루어진 결혼 기록에서 신랑과 신부의 연령을 살펴볼 경우, 특정 지역에서 신부가 연하 남성과의 결혼을 선호한다는 것을 발견할 수도 있다.

---

3) Sarah J. Tracy, *Qualitative Research Methods: Collecting Evidence, Crafting Analysis, Communicating Impact,* 2nd ed., John Wiley & Sons, 2020, pp. 135-136; Kenneth S. Bordens & Bruce B. Abbott, *Research Design and Methods: A Process Approach,* 10th ed., NY.: McGraw Hill Education, 2018, pp. 241-242.

1차 자료 수집방법 분류

- 관찰방법
- 의사소통방법
  - 면접방법
  - 질문서법

본서에서는 대표적인 1차 자료 수집방법인 서베이 조사방법과 질문서, 관찰, 면접, 그리고 2차 자료 수집방법의 순서로 살펴보기로 한다. 한편 3차 자료의 수집 및 분석방법은 제5장 기존문헌의 검토방법을 참고하기 바란다.

제 2 절 서베이 조사방법과 질문서

1. 서베이 조사방법의 의의

1) 서베이 조사방법의 의미

서베이 조사는 일반적으로 두 가지 의미로 사용된다. 좁은 의미로는 확률표본추출로 선정된 사람들을 대상으로 질문서나 구조화된 면접방법을 활용한 양적 자료수집방법을 말한다. 넓은 의미로는 그와 같은 자료수집 및 분석방법에 기초를 둔 조사설계로 현황 서베이와 상관적 연구설계를 포함하는 횡단적 조사설계의 하나이다(제8장 제2절 참조). 이같이 넓은 의미로 정의될 경우 서베이 조사를 사례조사 또는 사회실험과 대비하기도 한다.[6] 사례조사가 소수의 사례에 관한 심층연구라는 점은 이미 살펴본 바 있다. 실험설계에서는 제한된 숫자의 가설을 설정하고 비교적 소수의 연구대상을 실험집단과 통제집단으로

---

4) Neuman, *Social Research Methods,* 4th ed., 2000, p. 292.

5) *Ibid.*

6) David De Vaus, Editor's Introduction: Social Surveys – An Overview, in David De Vaus (ed.), *Social Surveys,* vol. I. Thousands Oaks, CA: Sage, 2002, p. ix.

구분한 다음 소수의 변수들(실험처리)에 관한 자료를 수집하여 가설을 검증한다(제7장 제2절 참조). 이와는 대조적으로 서베이 조사에서는 표본으로 추출된 다수의 응답자를 대상으로 동일한 질문에 대하여 응답하게 한다. 다수의 변수를 측정하며, 복수의 가설을 검증하고, 과거의 행태, 경험 또는 특징에 관한 질문으로부터 시간적 순서를 추론한다. 예를 들면, 응답자의 교육기간이나 성별은 현재의 태도보다 이전의 사실로 보는 것이다. 변수간의 연관관계는 통계적 기법을 적용하여 분석한다.[7]

전형적인 서베이 조사방법의 특징은 다음과 같이 세 가지로 요약된다.[8]

(1) 표본추출: 연구에서 관심의 대상이 되는 모집단을 대표할 수 있도록 무작위 표본추출방법을 활용하여 다수의 응답자를 선정한다.

(2) 구조화된 질문서: 구조화된 질문서를 작성한 다음, 사전에 선정된 응답자로 하여금 직접 기록하게 하거나 면접을 통하여 그 응답을 기록한다.

(3) 통계분석: 응답결과에 수치로 부호를 부여한 후 통계분석 소프트웨어의 도움을 받아 분석한다. 통계분석에서는 기술통계와 함께 상관관계를 분석하며, 경우에 따라서는 인과적 가설을 검증하기 위한 통계분석도 실시한다(제7장 제4절 비실험설계 참조).

이같이 서베이 연구조사의 핵심요소는 표본조사, 구조화된 질문서, 자료의 통계분석 등 세 가지로 요약된다. 이러한 요소 중에서 표본추출에 관하여는 본서 11장에서 살펴 본 바 있으며, 자료의 통계적 분석방법에 관한 것은 본서 13장에서 다루고 있다. 이 장에서는 서베이 연구조사의 핵심적인 요소 중 하나인 질문서의 작성과 적용방법을 살펴보기로 한다.

2) 서베이 조사의 역사

서베이 조사는 오랜 역사를 가지고 있다. 전 국민을 대상으로 재산과 가족상황을 조사한 호구조사는 삼국시대에도 실시된 것으로 알려져 있다. 현대적

---

7) Neuman, *op. cit.*, p. 250.

8) Singleton, Jr. & Straits, Bruce C. *Approaches to Social Research,* 3rd ed., Oxford: Oxford University Press, 1999, pp. 239-245; E. Babbie, *The Practice of Social Research,* 9th ed., Wadsworth, 2001, pp. 237-249; Floyd J. Fowler, Jr. *Survey Research Methods,* 4th ed., Thousands Oaks, CA: Sage, 2009, p. 4.

의미의 서베이 조사는 영국과 미국에서 산업화 이후 도시 빈곤층의 상황을 묘사한 연구에서 찾을 수 있다. 초기의 사회 서베이는 특정 지역과 지역주민들의 삶에 관한 경험적인 자료를 상세하게 담고 있으며, 사회개혁운동과 밀접한 관련을 가지고 있었다.

미국에서는 1920년대 이후 제2차 대전에 이르는 기간 동안 사회 서베이가 현대적인 계량적인 서베이 조사방법으로 발전하였는데, 네 가지 요소가 그 발전에 기여하였다.[9]

첫째, 1936년 미국 대통령선거 예측조사 이후 연구자들이 서베이 조사에 통계에 기반을 둔 표본추출기법과 정확한 측정도구를 적용하기 시작하였다(제11장 제1절 [Box 11-1] 참조).

둘째, 연구자들이 태도, 의견, 그리고 사회생활의 주관적 영역에 관한 체계적인 양적 자료를 수집할 수 있는 다수의 척도와 지수들을 만들었다.

셋째, 서베이의 유용성이 인식되어 많은 응용분야가 생겨났다. 예를 들면, 시장조사가 독립된 분야로 성장하여 소비자 행태를 연구하는데 서베이를 사용하였다. 또한 언론인들은 서베이를 통하여 여론과 라디오방송의 영향을 측정하였다. 종교단체와 자선기관들은 서베이를 통하여 수요를 조사하였다. 정부기관에서도 농업 및 사회 프로그램의 서비스를 개선하기 위하여 서베이를 사용하였다. 사회과학자들도 기초연구의 경험적 자료원으로 서베이를 사용하기 시작하였다.

넷째, 대부분의 경험적인 사회조사연구에서 '과학적 방법'을 적용하기 시작하여 사회조사가 보다 전문적이고, 객관적이며, 비정치적인 것으로 변화되었다.

이러한 이유 때문에 제2차 대전 이후 서베이 조사는 크게 증가하였다. 1960년대 미국 고등교육기관과 사회과학 분야의 비약적 팽창은 서베이 조사의 성장에도 기여하였다. 보다 많은 사람들이 서베이 조사를 공부하였고, 그 방법이 인기를 얻게 되었다. 2차 대전 이후 서베이조사의 성장에는 다음과 같은 다섯 가지 요인이 기여하였다.[10]

(1) 컴퓨터: 1960년대에 사회과학자들이 활용하게 된 컴퓨터 기술 때문에 대규모의 서베이 데이터 세트에 세련된 통계분석기법을 적용하게 되었다. 오

---

9) Neuman, *op. cit.,* p. 248.
10) *Ibid,* p. 249.

늘날 대부분의 서베이 자료를 분석하는 데 컴퓨터가 필수불가결한 도구가 되었다.

(2) 기관: 계량적 연구에 전문성과 관심을 가진 연구자가 소속된 새로운 서베이 조사기관이 미국 대학 내에 설치되었다. 1960년대 이후 대략 50 개 정도의 기관이 설립되었다.

(3) 자료저장: 1970년대에 자료보관소(data archives)가 설립되어 대규모 서베이 데이터를 저장하고 2차 자료 분석에 사용할 수 있도록 공유가 허용되었다(본장 제5절 참조). 수천 명의 응답자들로부터 수집한 수백 개의 변수에 관한 자료를 저장 및 공유할 수 있게 되어 서베이의 활용이 크게 증가되었다.

(4) 자금지원: 1960년대 후반부터 미국 연방정부가 사회과학 연구에 관한 자금지원을 크게 늘렸다.

(5) 방법론: 1970년대에 서베이의 타당성을 개선하기 위한 실질적인 연구가 이루어졌다. 오류가 발견되고 수정되면서 서베이 기법이 진보하였다. 또한 연구자들이 계량적 자료를 분석하기 위한 통계분석기법을 개발하였고, 이를 새로운 세대의 연구자들에게 교육시켰다. 1980년대에는 인지심리학 이론이 서베이 조사에 적용되기 시작하였다.

오늘날 서베이 조사는 종사하는 인력과 시장규모면에서 거대산업이 되었다. 미국의 많은 대학이 서베이 연구센터를 가지고 있다. 한편 민간부분의 서베이 조사 기관은 Gallup 등 여론조사기관, 시장조사기관, 비영리 연구기관 등으로 분화되었다.

3) 질문서의 의의

질문서란 연구자가 조사하고자 하는 조사항목을 체계적으로 배열하여 인쇄한 서류이다. 질문서의 사용방법은 사전에 작성된 질문서의 질문항목에 따라 응답자가 직접 기록하는 것을 원칙으로 한다. 그런데 관찰방법 가운데 구조화된 관찰에서는 관찰의 보조도구로 관찰표(observation schedule)를 사용하고, 표준화된 면접에서도 면접조사표(interview schedule)를 사용한다.

그러므로 좁은 의미의 질문서 방법(questionnaire method)은 사전에 인쇄된 질문서를 응답자가 직접 기입하는 방법만을 의미하며 면접이나 관찰의 보조도구로 사용하는 경우는 제외한다. 그러나 일반적으로는 사전에 작성된 질문서를 면접용으로 사용하는 경우에도 넓은 의미의 질문서 방법으로 분류한다.11) 이와 같이 넓은 의미의 질문서 사용방법을 서베이 조사방법이라 부른다.

2. 서베이 조사에서 동일방법 바이어스의 원인과 해결방안

서베이조사를 통하여 독립변수와 종속변수에 관한 자료를 수집할 때 나타날 가능성이 있는 동일방법 바이어스(common method bias)를 통제하도록 해야 한다.

1) 동일방법 바이어스의 개념

동일방법 바이어스(common method bias)는 서베이조사와 같이 독립변수와 종속변수에 관한 자료를 동일한 응답자에게 동시에 적용하여 수집할 때 발생할 수 있는 바이어스이다.12) 특히 응답자의 인식, 태도와 행태 등의 측정문항에 응답자가 스스로 기입하게 하는 자기보고방식의 측정도구(self-reported instrument)를 사용할 때 동일방법 바이어스가 나타날 가능성이 큰 것으로 알려져 있다. 이러한 바이어스는 연구모형내 변수간 관계를 왜곡시키는 제3변수, 즉 혼란변수 또는 허위변수로 작용할 수 있다(제6장 [그림 6-3] 참조). 동일방법 바이어스가 혼란변수로 작용하면 독립변수와 종속변수의 진정한 관계를 부풀리거나 축소시킬 수 있으며, 허위변수로 작용하면 진정한 관계가 없음에도 불구하고 관계가 있는 것으로 잘못된 결론을 내리게 할 수 있다. Podsacoff와 동료학자들은 이러한 바이어스가 측정도구의 타당성과 신뢰성에 심각한 문제가 되고, 따라서 연구결과가 왜곡될 수 있다고 지적한다.13) 반면에

---

11) Earl R. Babbie, *Survey Research Methods,* pp. 159-166; Nachmias & Nachmias, *op. cit.*, pp. 107-108; D. C. Miller, *Handbook of Research Design and Measurement,* 1977, pp. 73-74 등 참조.

12) 동일방법 바이어스에 관한 자료제공 등 도움을 준 김상묵 교수에게 감사드린다. 동일방법 바이어스는 동일방법편의 또는 동일방법편향으로 번역하기도 하며, 동일원천 바이어스(common source bias, CSB), 단일방법 바이어스(mono-method bias, MMB), 동일방법분산(common method variance, CMV)이라고 부르기도 한다.

13) Philip M. Podsakoff, Scott B. MacKenzie, Jeong-Yeon Lee & Nathan Podsakoff, Common Method Biases in Behaviroral Research: A Critical Review of the Literature and Recommended Remedies, *Journal of Applied Psychology,* 2003, 88:5, pp. 879-903; Philip M. Podsakoff, Scott B.

George & Pandey와 같은 학자들은 공공봉사동기, 공공부문 혁신과 같이 핵심개념들을 서베이 조사로 수집하는 행정학 분야에서도 동일방법 바이어스에 관심을 가져야 하지만 이 문제가 지나치게 과장된 측면이 있다고 보기도 한다.[14] 연구모형내 모든 변수들을 서베이 조사로 수집할 경우, 제10장에서 살펴본 개별변수 측정도구의 타당성과 신뢰성 문제뿐만 아니라 동일방법 바이어스의 가능성까지 고려하여 설문문항 전체를 검토하여 대응방안을 수립하여야 한다.

2) 동일방법 바이어스의 발생원인

서베이조사에서 동일방법 바이어스는 응답자에 의한 바이어스와 측정방법 자체에 따른 바이어스로 구분될 수 있다.[15]

(1) 응답자에 의한 바이어스

동일 응답자로부터 독립변수와 종속변수를 모두 측정할 때 바이어스가 발생할 수 있는데, 잠재적 이유는 다음과 같다.

첫째, 사회적 바람직성(social desirability)인데, 이는 응답자가 자신을 문화적 규범이나 기준과 관련되어 사회적으로 선호되는 사람으로 나타내려는 경향이다. 이러한 경향 때문에 실제 응답에서 자기기만과 의도적 왜곡이 이루어질 수 있다.

둘째, 응답자의 일관성 유지 동기(consistency motif)인데, 이는 응답자들이 유사한 질문에 대해서는 응답의 일관성을 유지하도록 정보를 구성하려는 동기이다. 이러한 바이어스는 설문항목이 모호하거나 제대로 설계되지 못했을 때 많이 발생한다.

셋째, 응답자들이 직무만족, 성과 등 조직적 현상이 서로 어떻게 연결되어

MacKenzie, & Nathan Podsakoff, Sources of Method Bias in Social Science Research and Recommendation on How to Control It, *Annual Review of Psychology,* 2012, 63, 539-569.

14) Bert George & Sanjay K. Pandey, We Know the Yin-But Where Is the Yang? Toward a Balanced Approach on Common Source Bias in Public Administration Scholarship, *Review of Public Personnel Administration,* 37:2, 2017, 245 - 270.

15) 박원우 · 김미숙 · 정상명 · 허규만, 동일방법편의의 원인과 해결방안, 「인사 · 조직연구」, 2007, 15:1, 89-122.

야 하는지에 관한 암묵적 이론(implicit theory)을 가지고 있으므로 답변에서 가상적 상관성(illusory correlation)이 나타날 수 있다.

(2) 측정방법 및 상황에 의한 바이어스

첫째, 질문 항목간의 관계에서 항목 맥락효과(item context)가 발생할 수 있다. 즉, 척도의 순서가 구성개념간의 관찰된 관계에 영향을 줄 수 있다. 예를 들어, 직무특성과 직무만족처럼 유사한 구성개념을 연달아 질문할 경우 구성개념 내부의 상관관계(intra-construct correlation)는 감소시키는 동시에 구성개념 간의 상관관계(inter-construct correlation)는 증가시키는 결과를 가져올 수 있다. 또한 서로 다른 구성개념을 측정하면서, 유사한 척도형식(리커트 척도, 어의차별 척도, 표정척도)을 사용할 경우 측정도구의 일관성 때문에 구성개념 사이의 공분산을 증가시킬 수 있다.

둘째, 설문조사의 시간적, 공간적 상황이 측정결과에 영향을 미친다. 만약 독립변수와 종속변수가 같은 시점과 장소에서 측정된다면 응답자의 단기 기억 속에서 두 변수에 대한 응답이 동시에 존재할 가능성이 커진다.

3) 동일방법 바이어스의 해결방안

(1) 연구설계 단계

첫째, 각 변수를 독립적인 응답원천으로부터 측정하는 것이 가장 확실한 방법이다. 예를 들어, 조직문화와 조직성과를 연구할 때 전자를 조직내 전문가로부터, 후자를 객관적 자료원으로부터 측정하거나, 성과의 다양한 측면을 각각 다른 평가자로부터 측정하는 것(예: 다면평가)이다.

둘째, 변수별 측정시기 또는 측정환경을 가능한 범위에서 분리함으로써 바이어스를 감소시킬 수 있다. 예를 들어, 독립변수에 관한 응답을 받은 후 2~3주일 후에 종속변수에 대한 응답을 받는 시간적 분리를 생각할 수 있다. 이 경우에는 연구자의 시간, 노력과 비용이 추가로 투입되어야 한다.

(2) 질문서작성 단계

질문서작성 단계에서는 이 장에서 기술한 유의사항에 주의를 기울인다. 예를 들어, 질문순서에서 한 항목의 내용이 다른 항목과 명확하게 관계되어 있거나, 다른 항목에 대해 함축적인 의미를 가질 때 측정항목의 순서를 상이하게 배열한다. 또한 설문항목 구성시 간결성, 명확성, 구체성, 객관성의 원칙을 지킨다. 가능하면 독립변수와 종속변수를 측정하는 척도형식을 달리하고(예: 어의차별척도법, 리커트 척도법), 5점 척도 또는 7점 척도 등 척도의 강도를 달리한다. 질문서 초안을 작성한 후에 사전검사(pre-test)를 통하여 질문서를 전반적으로 점검한다.

(3) 통계처리 단계

통계처리 단계에서 사후적으로 동일방법 바이어스를 진단, 제거하는 방안을 고려한다.

첫째, 설문지에 독립변수와 종속변수 이외에 동일방법 바이어스를 점검할 수 있는 문항(소위 마커변수)을 추가하여 통계처리단계에서 활용한다. 예를 들어, 조직에 관한 연구에서 결혼만족도와 같은 점검문항을 추가하여 이와 연구변수들과의 상관관계를 점검하고, 결혼만족을 통제한 상태에서 변수간 관계를 분석해 본다.[16)]

둘째, 사후검증방법으로 수집한 모든 변수들에 대해 Harmon의 단일요인검증(Harmon's single-factor test)을 실시해 본다. 이 검증에서 동일방법 바이어스가 심각하면 모든 변수들이 투입된 요인분석에서 고유치(eigen value)가 1인 이상인 요인이 한 개만 도출되거나 여러 요인이 도출되더라도 설명력이 하나의 요인에만 집중(예를 들면, 설명력이 총분산의 50% 이상)된다. 많은 비판에도 불구하고 서베이조사연구에서 사후검증방법으로 가장 널리 사용되는 Harmon의 단일요인검증이 동일방법 바이어스의 수준을 유효하게 포착할 수 있다고 본다.[17)]

3. 질문서의 작성

질문서를 설계하는 데 있어서 거쳐야 할 절차는 다음과 같다.[18)]

① 연구문제 및 연구목적을 점검하여 질문서를 사용할지 결정한다.

---

16) 박원우 외 전게논문, p. 114.
17) George & Pandey, *op. cit.,* p.264
18) Nachmias & Nachmias, *op. cit.*, chapter 11; Selltiz et al., *op. cit.,* chapter 9.

② 연구목적에 비추어 질문서를 설계하고, 질문의 내용을 결정한다.
③ 질문의 내용별로 질문의 형태와 질문방법을 결정한다.
④ 질문의 어구구성과 질문의 순서를 결정한다.
⑤ 질문들을 배열하여 질문서를 작성한다.
⑥ 사전검사를 거쳐서 질문서를 수정한다.
⑦ 질문들을 확정하여 질문서를 인쇄한다.

연구자가 실제로 질문서를 작성하는 단계에서는 다른 연구에서 사용된 질문서를 참고하고, 각 단계별 유의사항에 주의를 기울여야 한다.

1) 질문서의 설계와 질문항목의 유형

(1) 질문서의 설계

질문서에 포함될 질문항목을 결정하기 위하여 연구자는 측정하고자 하는 변수들, 변수들을 측정하기 위하여 사용하는 질문의 형식, 신뢰도와 구성개념의 타당성을 보장하기 위하여 필요한 질문항목의 수 등을 확인하여야 한다. 이러한 절차를 소홀히 할 경우 연구자들은 결국 사용하지 않게 되는 질문항목을 포함시키거나, 꼭 필요한 질문을 포함시키지 못한 것을 사후에 발견하는 경우가 있다.

시간과 돈을 낭비하지 않으려면 사전에 변수의 목록과 자료분석 계획을 작성하는 것이 바람직하다.[19] 그러므로 먼저 연구에 포함될 변수의 목록을 작성하고, 명목척도, 서열척도, 등간 및 비율척도 등 측정의 수준을 결정한다(본서 제10장 참조).

a. 종속변수: 측정수준 결정
b. 독립변수: 측정수준 결정
c. 통제변수: 측정수준 결정

예를 들어, 공무원에 대하여 약 2주간 컴퓨터 통계프로그램 교육(엑셀 또는 SPSS)을 실시한 후, 그 효과를 분석한다고 하자. 연구자는 교육을 받은

---

19) O'Sullivan & Rassel, *Research Methods for Public Administrators,* 1989, pp. 144-147.

응답자들이 교육내용을 직무수행에 어떻게 활용하는지, 그리고 이와 관련된 현황을 파악하기 위한 질문서를 작성하여야 한다. 이 경우 서베이에 포함시켜야 할 변수의 목록을 독립변수와 종속변수, 그리고 통제변수별로 범주화하여 작성하고, 각 변수에 대하여 명목척도, 서열척도, 등간 및 비율척도 중 측정의 수준을 결정한다. <표 12-1>에 이러한 질문내용에 포함될 변수목록의 작성 사례가 제시되었다. <표 12-1>의 우측에 제시된 질문의 유형은 필요로 하는 정보에 따라 사실, 의견 또는 태도, 행동, 지식 등으로 구분된다.

변수목록이 작성되면 자료가 수집된 이후 이들 자료를 어떻게 분석하고자 하는지 분석계획을 사전에 작성해야 하는데, 이 때 다음 사항들을 고려하여야 한다.

a. 변수가 복수의 측정지표로 구성되는 경우 신뢰도분석, 요인분석 등 척도분석과 척도 및 지수작성 계획(본서 제10장 참조)
b. 각 변수들에 대한 기술통계 분석계획(본서 제13장 참조)
c. 변수들간의 관계에 대한 다변량 통계분석 계획(본서 제13장 참조)

자료분석계획이 사전에 결정되어야 각 변수들에 대한 질문의 형식과 응답카테고리의 구성방법을 구체적으로 결정할 수 있다.

(2) 질문항목의 유형

조사에 사용되는 질문들은 객관적인 사실이나 응답자의 의견, 태도, 동기, 또는 특정한 주제에 대한 친숙도 등을 알기 위한 것이다. 정보를 수집하기 위한 수단이 되는 질문항목들은 필요로 하는 정보의 종류에 따라 다음과 같이 분류할 수 있다.[20] <표 12-1>에 제시된 질문들은 각각 다음 유형 중 하나에 해당된다.

① 사실에 관한 질문

사실에 관한 질문은 응답자로부터 응답자의 배경, 환경, 습관 등의 객관적인 정보를 얻기 위한 질문이다. 이러한 질문에는 성별, 연령, 결혼상태, 가구구성 등을 묻는 인구통계학적인 질문, 자신의 교육, 수입, 직업, 경력, 종교 등에 관한 사회경제적 질문, 부모의 학력, 직업, 소득 등을 묻는 사회경제적 배경에

---

20) 김해동, 전게서, pp. 378-381; 김경동·이온죽, 전게서, pp. 162-166; Nachmias & Nachmias, *op. cit.,* pp. 253-256; O'Sullivan & Rassel, *op. cit.,* pp. 143-148.

표 12-1 질문내용에 포함될 변수목록의 작성사례

변 수	유 형
독립변수	
1. 교육여부(Excel, SPSS, 둘 다, 아무것도 받지 않음)	사실
2. 교육내용의 이해정도(이해정도의 측정문항)	지식
3. 교육받은 연도(연도: 교육이후 경과연수)	사실
종속변수	
4. 직무수행에 미친 영향(5점 척도)	의견 또는 태도
5. 사용빈도(5점 척도)	행동
6. 사용의 유형(개방형 질문: 응답을 토대로 범주설정)	행동
7. 사용에 있어서 문제점(개방형 질문: 응답을 토대로 범주설정)	의견 또는 태도
통제변수(근무상황)	
8. 근무분야(명목척도)	사실
9. 직위(명목척도)	사실
10. 근무부서(명목척도)	사실
통제변수(인적 상황)	
11. 교육수준(교육받은 햇수: 비율척도)	사실
12. 연령(비율철도)	사실
13. 성(명목척도)	사실

출처: O'Sullivan & Rassel, *Research Methods for Public Administrators*, p. 145를 토대로 재구성.

관한 질문들이 있다. 기타 알고 싶은 어떤 사실에 대한 질문도 있을 수 있다. 즉, 특정 시에서 건축허가를 받는 데는 얼마나 오래 걸리는가? 도에서는 해마다 몇 km의 도로를 포장하고 있는가? 등이 이에 해당한다. 이러한 사실에 관한 질문항목(문항)을 설계하는 것은 비교적 쉽다. 그러나 객관적인 사실에 관한 질문이라도 묻고자 하는 질문의 의미가 명확하지 않으면 잘못된 응답결과를 얻을 수 있다. <표 12-1>에서 컴퓨터 통계프로그램 교육여부, 교육연도, 근무분야, 근무부서, 직위, 직급, 학력 등은 사실에 관한 질문이다.

② **행동에 관한 질문**

인간행동을 예측하는 근거의 하나로 응답자에게 그들이 현재 하고 있거나 과거에 한 적이 있는 행동(behavior)에 대해서 묻는 것이다. 예를 들면, 직장까지 시간이 얼마나 걸리는가? 공청회에 참석한 적이 있는가? 등이 있다. 이러한 질문들도 사실에 관한 질문의 한 가지로 볼 수 있지만, 위에서 말한 객관적인 정보와 달리 사회과학적 연구의 핵심이 되는 요소이다. 이러한 정보를 얻기 위해서는 일반적인 질문보다 구체적인 행동을 특정의 상황, 시간적 맥락에서 물어보는 것이 유리하다. <표 12-1>에서 컴퓨터 통계프로그램의 사용빈도와 사용유형은 행동에 관한 질문에 해당한다.

③ 의견이나 태도에 관한 질문

태도는 특정한 주제에 대한 개인의 성향, 편견, 이념, 두려움, 확신 등을 나타내고, 그러한 태도를 말로 표현한 것이 의견이다. 예를 들어, "우리나라의 민주화를 위해서는 공직사회의 민주화가 선행해야 한다."라는 것은 의견을 나타낸다. 그러나 민주화에 대한 사람들의 태도는 민주화에 대해 어떻게 느끼고 생각하는가 하는 좀 더 일반적인 성향을 의미한다. 따라서 어떤 대상을 인식했을 때에만 그 태도가 말이나 행동으로 표현될 수 있다. 이러한 태도는 그 내용, 방향(대상에 대한 찬성, 반대, 중립 등의 감정) 그리고 강도로 표시되며, 응답자의 일반적인 성향을 나타내 준다. 한편 의견은 태도를 나타낼 때에만 중요한 연구의 대상이 될 수 있다. 의견은 하나의 항목에 대한 찬성비율 등으로 측정되지만, 태도는 5~12개 정도의 항목으로 구성되는 태도척도에 의해 측정된다. 의견이나 태도에 관한 질문은 사실에 관한 질문보다 질문의 어구, 순서 등에 영향을 받기가 쉬우므로 그 구성이 더 힘들다. 특히 태도에는 여러 가지 측면이 있으므로 반드시 하나의 문항이 아닌 여러 문항으로 측정해야 한다. <표 12-1>에서 컴퓨터 통계프로그램의 사용이 직무수행에 미친 영향(5점 척도)과 컴퓨터 통계 프로그램 사용에 있어서 문제점(개방형 질문: 응답을 토대로 범주설정)은 의견 또는 태도에 관한 질문이다.

④ 지식에 관한 질문

응답자가 특정한 주제에 대해 가지고 있는 지식과 그 정도 또는 정보의 정확성 등을 결정하기 위해서 사용되는 질문이다. 이러한 질문들은 주어진 이슈에 대하여 알지 못하고 있는 응답자들을 걸러낼 수 있게 한다. 지식에 관한 질문은 주로 교육프로그램에서 교육 대상자들이 가르친 내용을 제대로 배웠는가를 평가하기 위해서 사용된다. 또 이 질문들을 통하여 모집단이 어떤 정책이나 이슈에 관해서 알고 있는가를 측정할 수 있다. <표 12-1>에서 컴퓨터 통계프로그램의 내용에 대한 이해 정도를 묻은 문항은 지식에 관한 질문에 해당한다.

2) 질문의 형식

질문의 내용도 중요하지만 질문의 구조와 그에 부수되는 응답 범주의 양식(format)도 고려해야 한다. 질문을 어떠한 형식으로 제시하고, 요구하는 응답의 형식을 어떻게 표현하는가에 따라 응답의 질과 내용이 달라질 수 있기 때문이다.

(1) 개방형 질문과 폐쇄형 질문

질문서의 질문은 개방형이나 폐쇄형으로 할 수 있다. 폐쇄형 질문에서는 응답자들에게 그들의 견해와 가장 비슷한 것 하나를 선택할 수 있는 한 세트의 응답범주가 제시된다. 예를 들어, 응답자들에게 '매우 좋다', '좋다', '싫다', '매우 싫다' 중에서 가장 비슷한 것을 하나 선택하도록 한다. 폐쇄형 질문에도 여러 양식이 있다. 주어진 리스트에서 하나 또는 몇 개를 선택하도록 하는 것이 가장 보편적인 경우이나, 어떤 항목에 대하여 서열이나 등급을 정하게 하기도 한다. 폐쇄형 질문은 질문하기 쉽고 답하기도 편하고 분석이 간단하다. 그러나 응답자로 하여금 주어진 항목 중에서 선택을 강요하거나 응답자는 그렇게 생각하지 않지만 어쩔 수 없이 그 중 하나를 고르게 함으로써 편의(bias)가 생길 수 있다.[21] 또한 폐쇄형 질문은 조사자가 제시하는 응답 범주가 응답자들의 응답에 영향을 미친다. 따라서 부적절하거나 부정확한 답지에 의한 응답자들의 오해를 최소한으로 줄이기 위해서 꼼꼼한 사전검사를 거쳐야 한다. 그리고 사전검사에는 항목들의 신뢰도와 타당도를 검토하는 과정도 포함시켜야 한다.[22]

개방형 질문에서는 주어진 답지가 없이 응답자가 답을 적도록 한다. 예를 들어, "당신은 정부가 가장 중점적으로 해결해야 할 문제가 무엇이라고 생각하십니까?"와 같은 질문은 여론조사를 위한 질문서에 자주 사용되는 것이다. 개방형 질문의 장점은 응답자로 하여금 미리 주어진 답을 하도록 강요하지 않는다는 점이다. 따라서 응답자들은 질문의 중요성을 이해하고, 자신의 생각을 자유롭게 표현할 수 있다. 만일 대답이 불명확한 경우에는 면접자가 그에 대

21) Nachmias & Nachmias, *op. cit.*, p. 257.
22) O'Sullivan & Rassel, *op. cit.*, pp. 152-153.

표 12-2 개방형 질문과 폐쇄형 질문의 사례

1-1. 대통령의 현재까지의 직무수행에 관한 업적을 어떻게 평가하십니까? (개방형)
1-2. 대통령의 현재까지의 직무수행에 관한 업적을 어떻게 평가하십니까? (폐쇄형)
형편없음 ( ) 평균이하 ( ) 평균정도 ( ) 평균이상 ( ) 탁월함 ( )
2-1. 대통령이 관심을 가져야 할 국내 이슈 중 가장 우선순위가 높은 것은 무엇이라고 생각하십니까? (개방형)
2-2. 다음 중 대통령이 관심을 가져야 할 국내 이슈 중 가장 우선순위가 높은 것은 무엇이라고 생각하십니까? (폐쇄형)
실업문제 ( ) 물가문제 ( ) 복지제도 개혁 ( ) 환경문제 ( )
기타 ( )

한 설명을 요구할 수 있으므로 오해를 제거하고 친밀감을 높일 수 있다. 그러나 개방형 질문은 질문하기도 힘들 뿐만 아니라 분석하기는 더욱 힘이 든다. 조사자는 다양한 대답을 분류하기 위하여 부호화하여야 하는데, 그렇게 하는 과정에서 응답자들이 제공한 정보의 세세한 부분이 유실될 수 있다.[23)]

<표 12-2>에는 똑같은 질문내용을 개방형으로 구성한 사례와 폐쇄형으로 구성한 사례가 제시되어 있다. <표 12-2>에서 미루어 짐작할 수 있듯이 응답내용의 처리절차가 상당히 달라짐은 물론 응답결과도 상당히 달라질 수 있다. 개방형 질문과 비교할 때 폐쇄형 질문에 대한 응답의 특징은 기타에 해당하는 응답이 크게 줄어든다는 점이고, 이에 따라 실업, 물가, 복지제도, 환경 등 응답카테고리가 주어진 문제에 대한 응답자의 비율이 크게 늘어난다는 것이다.

개방형 질문은 다음과 같은 이유로 사용되고 있다. ① 연구자들이 응답의 범위를 아는 데 도움이 된다. 따라서 탐색적 조사연구(exploratory research)나 의사결정의 초기단계에서 유용하다. ② 응답항목에 의하여 생길 수 있는 편의를 없앨 수 있다. ③ 응답자가 상세한 부분까지 언급할 수 있다. ④ 응답자들의 응답에서 조사자가 새로운 정보를 얻을 수 있다. 마지막으로 ⑤ 질문에 따라서는 "어느 도에 살고 있습니까?"와 같이 여러 항목 중에서 고르는 것보다 직접 쓰는 것이 쉬운 경우가 있다.

23) Nachmias & Nachmias, *op. cit.,* pp. 256-258.

(2) 해당자 부수질문

질문 중에는 일부의 응답자들에게만 관련이 있는 것들이 있다. 예를 들어, "대학에 진학하지 않는 가장 중요한 이유는 무엇입니까?"와 같은 질문은 대학에 진학하지 않을 고등학생들에게만 적용될 수 있는 것이다. 이와 같이 어떤 질문은 여자 또는 남자들에게만 관련이 있을 수 있고, 특정 직업에 종사하는 사람들에게만 관련이 있는 질문들이 있을 수 있다. 이와 같이 응답자의 일부분에만 해당되는 질문을 해당자 부수질문(contingency questions)이라 하는데 폐쇄형 질문의 특수한 형태로 볼 수 있다. 그런데 일부 응답자들의 관련성은 그 앞에서 여과질문(filter question)에 의해서 결정된다.

여과질문은 선별질문(screening question)이라고도 하는데 뒤에 있는 해당자 부수질문에 답을 해야 하는 사람들을 걸러낸다. 예를 들어, 뉴스 매체에 대한 조사에서 "당신은 정기적으로 신문을 읽습니까?"와 같은 질문이 여과질문이다. 이에 대한 해당자 부수질문은 "최근에 읽었던 것 중에서 기억나는 것은 무엇입니까?(간단히 적어 주십시오)"가 될 수 있다. 두번째 질문에 답을 할 것인가는 첫 번째 여과질문에 대한 응답에 따라 달라진다. 즉 첫 번째 질문에 '예'라고 답을 한 사람들만이 그 다음 질문과 관련이 있다. 따라서 여과질문의 응답범주는 1. 예(다음 질문에 답하시오), 2. 아니오(3번 질문으로 가시오)와 같이 주어진다.

여과질문과 해당자 부수질문의 양식에는 여러 가지가 있는데 효과적으로 구성하면 응답자들이 무엇을 답해야 하는지를 쉽게 알 수 있어 자기에게 해당되지 않는 질문에 답하거나 답해야 할 질문을 건너뛰는 것을 막을 수 있다. 한 가지 방법은 앞에서 언급한 바와 같이 여과질문의 각 응답 카테고리 옆에 다음에 답할 질문이 무엇인가를 적어 주는 것이다. 또 시각적으로 구별해 주기도 한다. 즉 화살표를 사용하여 다른 질문으로 건너 뛰거나 부수질문에 답하도록 지시하거나, 사각형으로 묶어서 모든 응답자들이 답해야 하는 일반적인 질문들과 구별하는 방법도 있다. 만일 질문서에서 조사하고자 하는 그룹이 여러 개 있고, 각각에 대하여 부수질문을 하고자 할 때는 응답자들이 대답해야 될 질문의 번호를 다음과 같이 제시하는 것이 좋다.[24)]

---

24) *Ibid.*, pp. 258-260.

예) 당신은 지금 다른 직업을 찾고 있습니까?
- 예
- 아니오
- 모르겠다 → 25번으로 가시오

전화면접과 같이 응답자를 직접 만나지 않는 경우에는 상당히 복잡한 부수질문을 사용할 수도 있으나, 우편조사나 자기기입법의 경우에는 혼동을 일으킬 수가 있다. 따라서 질문서 양식이 단순하고 지시사항이 명확하지 않은 부수질문은 제거해야 한다.[25]

3) 폐쇄형 질문에 대한 응답범주 구성

폐쇄형 질문에 있어서 응답 카테고리를 구성하는 일반적인 기법에 대하여 살펴보기로 하자.

(1) 선택형 질문

가장 일반적인 양식으로 가능한 모든 응답범주를 제시해 주고 응답자로 하여금 가장 적절한 것에 표시하게 하는 것이다. 물론 응답자들이 어떻게 표시를 해야 하는가에 관한 지침을 주어야 한다. 예를 들면, 응답자의 성별, 주거지역, 종교, 교육정도, 직급, 근무부서 등을 묻는 질문에서 가능한 응답범주를 제시한 후 응답자가 자신에게 해당하는 응답범주를 선택하도록 하는 것이다. 찬부형, 다지선다형, 체크리스트 등이 이에 속하는데, 다음에 살펴 볼 등급형(rating) 질문과 서열식(ranking) 질문은 선택형 질문의 특수한 형태라고 볼 수 있다.

(2) 등급형 질문

등급형(rating) 질문은 사회과학 분야에서 가장 흔히 사용되고 있는 질문양식의 하나로, 응답자들로 하여금 "적극적으로 찬성한다", "바람직하다", "매우 자주" 등과 같이 순서대로 나열되어 있는 한 세트의 범주들 중에서 주제에 대한 응답자의 판단의 강도를 나타낼 때 사용된다.

다음에 제시된 응답범주가 자주 사용되는 것들이다.

① 적극 찬성한다　　② 찬성한다　　③ 사정에 따라 다르다

---

25) O'Sullivan & Rassel, *op. cit.,* p. 155.

④ 반대한다 ⑤ 적극 반대한다

① 너무 적다 ② 적당하다 ③ 너무 많다

① 많다 ② 같다 ③ 적다

응답항목에 부여된 수치는 대개 응답항목의 강도를 나타내는 지표로 해석된다. 한편 어린이를 대상으로 조사하는 경우 숫자가 아니라 [그림 12-1]과 같이 그림 또는 그림과 숫자의 조합으로 찬성과 반대의 정도를 나타낼 수 있다.

응답항목들이 강도 순으로 배열되었다고는 하지만 각 항목들 간의 거리는 동일하지 않다. 등급형 질문은 제10장에서 논의한 서열수준의 측정으로 간주된다. 그리고 리커트 척도에서는 복수 문항으로 구성된 응답을 합산하여 총화평정척도(summated rating scale)를 구성한다는 점을 이미 지적한 바 있다.

등급형은 평정형이라고 부르기도 하며, 평정자가 피평정자의 근무성적을 평가하는 공무원에 대한 근무성적평정에서도 동일한 방법이 적용된다. 근무성적평정에서는 근무성적평정자 및 근무성적확인자가 대상공무원의 근무성적을 평정하는데, 근무실적(60%), 직무수행능력(30%), 직무수행태도(10%)로 구분

그림 12-1 그림과 숫자의 조합으로 표현된 응답범주

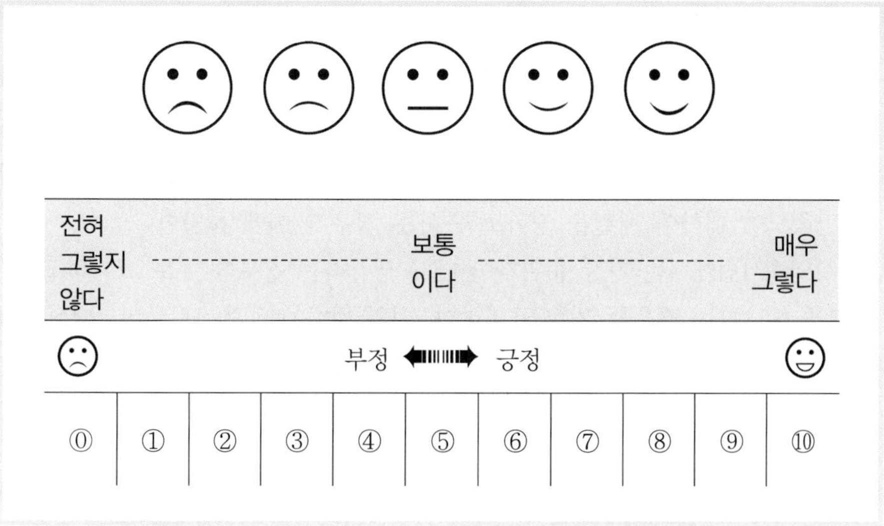

출처: C. Stangor, *Research Methods for the Behavioral Sciences,* 5th ed., Stamford: CT, Cengage Learning, 2015, p. 76 등에서 재구성.

하여 평정점을 부여한다. 근무실적은 실적의 양, 실적의 질, 적시성, 업무개선도라는 평정요소들, 직무수행능력은 정보화능력, 업무숙지도, 판단력, 기획력, 업무추진력이라는 평정요소로 구분된다. 각 평정요소별로 탁월-우수-보통-미흡-불량의 5단계로 평정하기 때문에 평정식으로 분류된다.

(3) 서열식 질문

서열식(ranking) 질문은 응답자들이 어떤 태도나 대상을 중요하다고 생각하는 정도 또는 좋아하는 정도를 유사한 태도나 대상과 비교하여 알고자 할 때 사용된다. 서열식 질문은 여러 비교대상의 상대적인 순서를 결정하는 데 유용하게 사용된다.

사회과학 분야에서는 정확한 수치를 제시할 수 없는 경우에 서열을 정함으로써 최소한 상대적인 서열에 관한 정보는 알 수 있기 때문에 서열식 질문을 많이 활용하는 편이다. 그러나 이 경우에도 서열간의 거리에 대해서는 알 수 없다는 사실을 명심해야 한다.

순위나 서열을 정하는 가장 일반적인 방법으로는 모든 비교대상을 나열한 다음 서열순서를 결정하도록 하는 서열순서법(rank-order method)이 쓰인다. 이러한 방법을 변형한 일대일 비교법(paired comparison method), 또는 고정총합법(constant sum method)을 사용하기도 한다.

① 서열순서법

가장 일반적으로 사용하는 방법으로 응답자로 하여금 특정의 기준에 따라 여러 비교대상을 동시에 고려하여 이들의 순위를 결정하도록 하는 방법이다. 예를 들면, 응답자에게 여러 행정기관을 나열한 다음 고객의 입장에서 전반적인 만족도에 대하여 서열을 정하도록 하는 경우가 이에 해당한다.

서열순서법에서는 가장 순위가 높다고 생각하는 경우를 '1'로 표기하고, 두 번째에 해당하는 경우를 '2'로 표기하며, 이와 같은 과정을 모든 비교대상에게

표 12-3 서열순서법의 질문사례

다음 6개 행정기관 중에서 고객의 관점에서 가장 만족도가 높은 기관부터 순서대로 1부터 6까지 표시하세요.

기상청 ( ) 통계청 ( ) 조달청 ( ) 관세청 ( ) 농촌진흥청 ( ) 산림청 ( )

적용하도록 한다. 그러나 비교대상이 너무 많을 경우에는 순서대로 세 가지 또는 다섯 가지 정도를 순위대로 지적하도록 하는 방법도 사용된다.

② **일대일 비교방법**

일대일 비교방법은 서열순서법을 변형한 것으로 여러 비교대상 중에서 둘씩 짝을 지어 선호하는 대상을 하나씩 선택하도록 하는 방법이다. 이 방법은 응답자들이 응답하기에 편리도록 비교대상을 재구성한 것으로 근본적인 차이는 없다. 다음 사례는 앞에서 살펴 본 6개의 행정기관에 대하여 일대일 비교방법을 적용하여 서열을 측정하는 사례이다. 이 경우 6개의 행정기관은 15개의 쌍으로 구성되어 비교될 수 있다. 일반적으로 대안이 n개 있을 경우 모두 n(n-1)/2개의 가능한 쌍이 존재하게 된다.

<표 12-4>에 소개된 일대일 비교자료 결과는 순위로 환산하여 분석에 이용할 수 있다. 그런데 이 경우 상대적 서열을 분석에 사용하기 위해서는 응답자의 선호에 있어서 이행성(transitivity)이라는 조건이 만족되어야 한다. 예를 들면, 기관 1을 기관 2보다 선호하고, 기관 2를 기관 3보다 선호한다면, 반드시 기관 1을 기관 3보다 선호하여야 한다는 것이다. 만일 이행성의 조건을 충족하여 일대일 비교자료를 순위로 변환시키고자 한다면 <표 12-4>에서와 같이 각 행에 나열된 기관을 열에 제시된 기관들과 비교하여 얻은 1의 숫자를

표 12-4 일대일 비교방법을 사용한 행정기관의 만족도 조사문항

6개의 행정기관에 대한 만족도를 비교하는 문항입니다. 각 쌍에서 왼쪽에 제시된 행정기관(행에 해당하는 행정기관)과 위쪽에 제시된 행정기관(열에 해당하는 행정기관)을 비교하여 왼쪽에 제시된 행정기관에 대한 만족도가 높은 경우에는 1로 표기해 주세요.

	기관 1	기관 2	기관 3	기관 4	기관 5	기관 6	합계
기관 1	-	1	1	0	1	0	3
기관 2	0	-	1	0	1	0	2
기관 3	0	0	-	0	0	0	0
기관 4	1	1	1	-	1	0	4
기관 5	0	0	1	0	-	0	1
기관 6	1	1	1	1	1	-	5

합산하여 순위를 정할 수 있다. 즉 합계란의 숫자가 클수록 상대적인 만족도가 높은 것으로, 기관 6이 5점으로 1위, 기관 4는 4점으로 2위로 나타난 반면, 기관 3은 0점으로 6개 기관 중 상대적인 만족도가 가장 낮다.

일대일 비교법은 두 기관이 직접 비교되고, 그 결과가 분명하기 때문에 연구대상의 수가 많지 않은 경우에는 유용하게 사용될 수 있다. 그러나 연구대상의 수가 많아지면 비교하여야 하는 대상이 기하급수적으로 늘어나기 때문에 적용이 어렵게 된다는 점과, 이행성의 조건이 만족되지 못하는 경우 계산된 결과에 바이어스가 나타날 수 있다는 문제가 있다.[26]

③ **고정총합법**

고정총합법(constant sum method)은 응답자에게 고정된 수치를 부여하고, 이 수치를 응답자가 생각하는 기준에 맞추어 비교대상에게 배정하는 방법이다(<표 12-5> 참조). 예를 들면, 응답자가 100점의 고정총합을 이용하여, 6개 행정기관의 만족도에 점수를 배정하는 방법이다. 응답자가 전혀 만족하지 않는 기관에는 0 또는 낮은 점수를 배정할 수 있으며, 만일 어떤 기관에 대하여 다른 기관에 비하여 2배 이상 만족한다면 2배 이상 높은 점수를 할당할 수 있다. 그런데 모든 기관에 배정한 점수를 합하면 100점의 고정총합이 되어야 한다. 고정총합법을 사용하여 자료를 수집한 경우 일반적으로 각 기관이 응답

표 12-5 고정총합법의 적용사례

6개의 행정기관에 대한 만족도를 비교하고자 합니다. 여러분이 생각하기에 만족도가 높은 기관에 높은 점수를 부여하는 방식으로, 총 점수가 100점이 되도록 각 기관에 점수를 배정하여 주십시오. 만족도가 낮은 기관에는 0점을 배정할 수도 있습니다.

1.	기상청	( )
2.	통계청	( )
3.	조달청	( )
4.	관세청	( )
5.	농촌진흥청	( )
6.	산림청	( )
	총합	100

26) 이군희, 「사회과학연구방법론」, 법문사, 2001, pp. 63-64.

자들로부터 얻은 총 점수를 응답자의 수로 나눈 평균점수를 비교하는 방법을 사용한다.

4) 질문의 어구구성과 표현

(1) 용어의 선택

질문은 응답자들이 이해할 수 있어야 한다. 연구자에게는 익숙한 용어를 보통 사람들이 이해하지 못하는 경우가 많다. 만일 조사대상자들이 특정분야에 관계되는 전문가들로 이루어져 있다면 그에 관한 전문적인 용어를 사용할 수 있다. 그러나 조사대상자들이 각계 각층에 산재해 있다면 질문을 구성하는 말들은 그 중에서 가장 낮은 학력의 사람들도 이해할 수 있는 수준의 말들이어야 한다. 또한 여러 가지 뜻으로 사용되는 용어는 사용하지 말아야 하며, 혹시 사용하게 되는 경우에는 어떤 뜻으로 쓸 것인가를 분명히 해 주어야 한다. 질문은 조사자가 별도의 의도를 가지고 있지 않는 한 모든 사람이 같은 뜻으로 받아들일 수 있는 말들로 구성되어야 한다.

(2) 어구구성과 표현 선택시 고려사항

질문의 어구(語句)를 구성하는 데 있어서 같은 의미의 질문이라도 표현하는 말에 따라서 응답자들의 반응이 상당히 다르게 나타날 수 있다. 그러므로 다음과 같은 어구나 표현은 가능하면 사용하지 않도록 하여야 한다.

① 편의된 질문

편의된 질문(biased questions)이란 응답자들에게 어떤 답을 하도록 유도함으로써 부정확한 정보를 얻게 만드는 질문이다. 응답문항은 모든 범위의 가능한 답을 포함하고 있어야 한다. 한 가지 오류는 등급형 질문에서 긍정적인 (또는 부정적인) 응답항목의 개수를 한편으로 치우치게 만드는 것이다. 예를 들어, '아주 좋다', '좋다', '괜찮다', '나쁘다'로 구성된 척도에서 네 개 중의 세 개가 긍정적인 대답이다. 이렇게 되면 응답자들은 긍정적인 대답을 하게 된다. 또 어떤 특정한 응답을 문항에 넣지 않으면 그것을 써넣기보다는 다른 것들 중에서 고르게 되므로 편의가 생길 수도 있다.

② 세트응답

세트응답(response set)이란 질문의 내용과 상관없이 모든 질문에 대하여 일정한 방향으로 대답하는 경향을 말한다. 이러한 현상은 일련의 질문들을 동일한 양식으로 함께 놓았을 경우에 특히 같은 주제에 관한 질문일 때 일어나기 쉽다. 예를 들어, 태도에 관한 조사에서 그에 반대하는 사람들은 한쪽 끝의 항목들이 모두 그에 반대하는 것이라고 생각하고 모두 그쪽의 항목을 고를 수도 있다. 이러한 현상을 막기 위해서는 각 질문의 질문항목에 변화를 주거나 같은 주제에 관한 질문을 한꺼번에 모아놓지 않아야 한다.

③ **유도질문**

유도질문(leading question)이란 응답자에게 연구자가 어떤 특정한 대답을 원하고 있다는 것을 보여주는 질문이다. 왜곡되지 않은 응답을 원한다면 유도질문은 사용하지 말아야 한다. 그러나 특수한 경우에는 유도질문이 연구목적에 도움이 되는 경우도 있다.

④ **위협적 질문**

때로는 응답자들이 대답하기 곤란해 하는 주제에 관해서 질문을 해야 할 필요가 있다. 이러한 질문을 위협적 질문(threatening quesion)이라 하는데 Norman Bradburn 등에 의하면 "불법적이거나 규범에 어긋나는 행동, 또는 사회적 일탈행위는 아니라 하더라도 공공연하게 말하기 힘든 행동에 관한 질문과 같이 응답자를 긴장하게 만드는 질문"을 말한다.

예를 들어, 도박, 술버릇, 마약복용, 아동학대, 성행위 등에 관한 질문들이다. 응답자들을 불쾌하게 만드는 질문들은 다음과 같은 이유에서 신중하게 다루어야 한다. 첫째, 그런 질문들은 응답대상자들에게 피해를 주는 윤리적인 문제를 일으킬 수 있다. 둘째, 응답자들이 조사에 참여하지 않으려 할 뿐 아니라 조사 자체에 대하여 부정적인 태도를 갖도록 만들 수도 있다. 셋째, 응답자들이 거짓으로 대답하도록 만든다.

어떤 문제가 위협적인가 하는 것은 개인이나 문화적인 환경에 따라 다르다. 민감한 문제에 대해서 어떤 대답을 해도 좋다고 말해주면 훨씬 좋다. 질문의 순서도 그에 영향을 미친다. 상당히 위협적인 질문은 응답자들이 의심을 갖고 협조하지 않게 되므로 처음에 묻지 말아야 한다. 마찬가지로 맨 마지막에 그러한 질문을 하게 되면 숨은 의도가 있는가를 의심하게 되므로 그것도 피해야 한다.

⑤ **겹치기 질문**

겹치기 질문(double-barreled question)은 하나의 질문에 두 가지 이상의 것을 묻는 질문이다. 예를 들면, “대학 입시 제도를 보완하고 대학별로 본고사를 치러야 한다고 생각하십니까?”와 같은 질문이다. 이런 경우 응답자가 그 중의 한 가지에만 찬성하고 다른 것에는 반대할 경우에 문제가 생긴다. 그러므로 두 가지 이상이 겹쳐진 질문은 각각을 하나로 독립시켜야 한다.

5) 질문의 배열

질문의 양식이 결정되면 질문서에 질문들을 배치하는 데 신경을 써야 한다.

(1) 질문항목의 순서

질문의 순서가 응답자의 응답 참여도에 영향을 미친다는 사실이 밝혀져 있다.[27] 그리고 질문의 순서는 응답의 신뢰도에도 영향을 미친다. 예를 들어, 응답항목의 순서가 그 항목을 선택하게 하는 데 커다란 영향을 미친다는 증거가 있다. 처음에 나타나는 항목은 채택될 확률이 높다. 또한 중요도 등에 따라 응답항목에 수치를 부여하라고 할 때에는 맨 처음에 나타나는 항목들이 더 높은 점수를 얻는 것도 밝혀졌다. 이러한 문제점은 특히 태도와 같이 응답자들에게 크게 중요하지 않은 주관적인 질문을 할 때 일어나기 쉽다.

질문서의 처음에는 응답자들이 편하게 응할 수 있는 질문들을 배치해야 한다. 그렇게 함으로써 면접에서는 면접자와 응답자 간의 친밀관계를 형성할 수 있다. 따라서 민감한 주제를 다루지 말아야 하며 대답하기 쉽고 흥미있는 질문부터 시작해야 한다. 만일 응답자의 술버릇이나 성생활에 관한 질문 등 대답하기 곤란한 질문을 처음부터 시작한다고 하면 응답을 거부하는 경우가 많을 것이다. 또한 개방형 질문은 여러 가지 생각을 하고 많은 시간이 걸리게 되어 응답자들의 응답의욕을 떨어뜨릴 수가 있으므로 나중에 하는 것이 좋다.

응답자들이 응답을 하도록 유도하기에 가장 적절한 두 가지의 일반적인 질문순서 패턴이 있는데, 깔대기형 배열(funnel sequence)과 역깔대기형 배열(inverted funnel sequence)이다.

---

27) Rubin & Babbie, *Research Methods for Social Work,* 4th ed., pp. 219-220.

(2) 깔대기형 배열

질문들이 연속적으로 앞의 질문과 관련되어 있으면서 차츰 그 범위를 좁혀 나가는 방식이다. 예를 들어, 응답자들의 정치적, 경제적, 사회적 관점이 구독하는 신문과 관련되어 있다는 사실에 흥미를 느끼고, 응답자들이 어떤 것들을 문제라고 알고 있으며, 각 문제들의 상대적인 심각성을 어떻게 느끼고, 그 주제에 관한 정보는 얼마나 가지고 있으며, 그 문제를 생각하는 데 어떤 신문의 영향을 받았는가를 알고 싶다고 하자. 다음은 깔대기형 배열의 질문이다.

① 우리나라가 당면한 문제점은 어떤 것들이라고 생각하십니까?
② 앞에서 언급한 문제점들 중에서 가장 중요한 것은 무엇이라고 생각하십니까?
③ 당신은 그 문제에 대하여 잘 알고 있습니까?
④ 당신은 XX일보를 구독하고 있습니까?

조사의 목적이 자세한 정보를 얻는 것이고, 응답자들이 충분한 동기를 가지고 있을 때 이러한 방법을 사용하면 응답자들이 자세한 부분까지 기억해 낼 수 있다. 또한 처음에 광범위한 질문을 하기 때문에 조사자의 준거틀을 강요하는 일을 피할 수 있다. 조사의 목적이 예상하지 않은 응답을 발견하기 위한 것이라면 이러한 방법으로 광범위한 질문부터 해야 한다.[28]

(3) 역깔대기형 배열

이 경우는 개별적인 구체적 질문을 먼저하고 광범위한 질문을 나중에 하는 방법이다. 만일 주제가 응답자들에게 별로 중요하지 않거나 오래되어 기억이 명확하지 않을 경우에는 대답하기 쉬운 개별적인 질문부터 시작하여 대답하기 힘든 전반적인 질문은 나중에 하는 것이 좋다. 만일 특정한 상황에 대한 전반적인 의견을 얻어내는 것이 목적이거나, 응답자는 알고 있지만 조사자가 잘 모르는 사실에 대한 것일 경우에는 전체적인 의견보다 특정한 사건에 관한 좁은 범위의 질문을 먼저 해야 한다.[29]

다음 예는 재해구조작업의 효율성에 대한 응답자들의 의견을 묻는 것이다.

---

28) Rayond L. Gorden, *Interviewing: Strategy, Techniques and Tactics,* Homewood, IL.: Dorsey, 1968; Nachmias & Nachmias, *op. cit.,* p. 265에서 재인용.
29) Gorden, *op. cit.,* pp. 268-271; Nachmias & Nachmias, *op. cit.,* p. 266에서 재인용.

그들의 판단에 영향을 주지 않기 위해서 조사자는 구체적인 질문을 먼저 하고, 마지막에 전반적인 것에 대하여 묻고 있다.

① 이번 사고의 사망자는 몇 명입니까?
② 병원에서 치료를 받아야 할 만큼 중상을 입은 사람은 몇 명이나 된다고 생각하십니까?
③ 대부분의 부상자들을 병원으로 옮기는 데는 얼마나 걸렸습니까?
④ 인공호흡이나 지혈 등의 응급처치를 하는 사람을 보셨습니까? 그렇다면 그 사람은 누구입니까?
⑤ 전반적으로 볼 때 응급처치나 구조작업이 얼마나 잘 이루어졌다고 생각하십니까?

6) 사전검사

질문내용과 질문순서를 결정한 다음에는 질문서의 초안을 작성하고, 사전검사(pre-test)를 실시하여 그 질문서를 가지고 정확한 자료를 수집할 수 있는지를 점검하여야 한다. 사전검사를 통하여 질문항목의 내용, 질문의 형식, 질문의 양식, 어구구성, 질문문항의 배열순서 등을 점검한 다음, 필요한 경우에는 수정을 거쳐서 질문서를 확정한다. 사전검사는 표본의 크기만 다를 뿐 본조사와 거의 유사한 방법으로 실시하게 된다. 그러므로 연구하고자 하는 핵심적인 문제가 무엇인지를 파악하기 위하여 개방형 질문을 위주로 구성한 설문지를 적용하는 탐색적 조사의 일종인 예비조사(pilot study)와는 구분된다.

사전검사에서 응답자의 반응을 토대로 각각의 질문에 대하여 ① 응답에 일관성이 있는지의 여부, ② 한쪽으로 치우치는 응답이 나오는지의 여부, ③ '모른다'는 응답이 많이 나오는지의 여부, ④ 응답 자체를 거부하는 경우가 많은지 등의 문제점을 파악한 다음, 필요한 경우에는 질문서를 수정한다. 사전검사에서는 이러한 문제점을 파악하여 질문서를 수정하는 것은 물론 아울러 질문서의 작성에 소요되는 조사소요시간과 조사의 용이성 등도 파악하여 본조사에 대비하여야 한다.

사전검사는 되도록이면 직접 면접조사를 통해 실시하는 것이 바람직하다.[30] 본조사에서 자기기입식으로 조사하는 경우에도 사전검사에서는 면접을 통하여 응답자의 자유롭고 자연스러운 반응과 의견을 얻어낼 수 있다는 것이다.

---

30) 김경동・이온죽, 「사회조사연구방법」, p. 199.

4. 질문서 적용방법

질문서를 사용하여 자료를 수집하는 방법은 다양하다. 앞에서 넓은 의미의 질문서법에는 면접조사법이 포함되는 것으로 정의하였다. 보통 질문서를 사용하여 자료를 수집하는 방법은 대인면접법, 전화면접법, 우편조사법, 집단조사법, 배포조사법 등으로 구분한다. 이하에서는 각 방법의 의미와 장·단점을 살펴보기로 하겠다. 컴퓨터 기술의 발달로 이들을 자료수집의 보조수단으로 활용하는 방법이 빠른 속도로 발달하고 있다.[31] 또한 질문서를 작성한 후 인터넷을 통하여 자료를 수집하는 인터넷조사법이 급속하게 보급되고 있다.

1) 대인면접법

(1) 전통적 대인면접

대인면접법은 면대면(face-to-face) 면접이라고 부르기도 하며, 면접자가 응답자를 1대 1로 만나서 면접자가 질문서에 따라 질문을 하고 응답을 기록하는 방법이다. 우편조사법이나 전화면접법 등과 비교할 때 대인면접법의 장점은 다음과 같다.

첫째, 다양한 조사내용을 비교적 긴 시간에 걸쳐서 상세하게 조사할 수 있다.

둘째, 면접자가 자료를 직접 기입하므로 응답률이 매우 높다.

셋째, 질문의 내용을 응답자가 잘 이해하지 못하는 경우에 면접자가 설명해 줄 수 있고, 응답의 내용이 분명치 않은 경우에도 면접자가 응답의 내용을 점검할 수 있어서 응답의 오류를 줄일 수 있다.

넷째, 질문서에 포함된 내용 외에도 연구에 필요한 기타 관련된 정보들을 수집할 수 있다.

이와 같은 장점에도 불구하고 대인면접은 비용과 시간이 많이 소요되며, 면접자와 응답자 사이에 친숙한 분위기(rapport)가 형성되지 않거나 상호이해가 부족한 경우에 조사 외적인 요인들 때문에 오류가 발생할 가능성이 있다.

---

31) 김기원, 「사회복지조사론」, 나눔의 집, 2001, pp. 345-347.

면접을 성공적으로 진행하기 위해서는 먼저 필요한 정보를 제공할 수 있는 응답자를 선정해야 하며, 그 응답자가 자신의 역할을 이해하고 있어야 하고, 응답자로 하여금 면접에 자발적으로 응할 수 있도록 하는 동기유발이 필요하다. 즉 면접에 필요한 여러 가지 기술적 조건이 갖추어진 상태라야만 정확한 자료를 수집할 수 있다.

(2) 컴퓨터 보조 면접조사

면접조사에서 컴퓨터를 이용함으로써 면접조사원으로 인한 오차를 줄이고 비용을 절감하려는 시도가 1980년 초부터 미국 등에서 시작하였다. 컴퓨터 이용 면접인 컴퓨터 보조 개인면접(CAPI: Computer Assisted Personal Interviewing)은 면접 프로그램이 내장된 노트북 또는 휴대용 컴퓨터를 휴대하고 면접 대상자를 방문하여 응답자들 앞에서 컴퓨터에 저장된 설문을 직접 읽고 응답하게 하는 조사를 말한다. 컴퓨터의 무게가 가벼워지면서 1990년대 초 CAPI의 보급은 급속도로 확산되었다. 우리나라는 1998년부터 경제활동 인구조사에서 노트북을 이용한 CAPI 형식의 조사방법을 시행하고 있다. CAPI 활용은 조사비용의 절감과 조사자료의 입력과정을 생략하는데서 오는 시간절약과 자료입력과정에서 발생가능한 비표본오차를 줄일 수 있는 장점이 있다.

2) 우편조사

(1) 전통적 우편조사

우편조사법(mailed questionnaire)은 응답자에게 질문서를 우편으로 발송하여 응답자로 하여금 이를 완성하여 동봉한 반송용 봉투를 이용하여 조사자에게 반송하게 하는 방법이다. 우편조사는 다음과 같은 장점을 가지고 있다.

첫째, 대인면접법에 비해 비용이 적게 든다. 특히 지리적으로 광범위하게 분포된 조사대상에 대한 조사에서 조사비용을 크게 줄일 수 있다.

둘째, 대인면접이나 전화면접 등 면접조사에서는 쉽게 접근할 수 없는 대상을 포함시킬 수 있다.

셋째, 면접자와 인간관계가 없어도 조사가 가능하므로 면접자의 개인적 특성에 따른 조사의 오차를 줄일 수 있다.

넷째, 응답자가 충분한 시간적 여유를 가지고 응답할 수 있도록 한다.

우편조사법의 단점으로는 회수율에 문제가 있고, 응답내용이 모호한 경우에 확인할 방법이 없으며, 응답자의 진위여부를 확인할 수가 없다는 점 등이 지적된다. 우편조사를 실시하는 경우에 최대의 문제점은 회수율에 관한 것이다. 외국의 경우에 우편조사의 회수율은 대략 20~40%인 것으로 알려지고 있다.[32] 회수된 질문서를 검토하여 무응답 등 자료를 제외하면 실제로 사용가능한 자료는 10~25%에 불과한데, 우리나라에서도 이와 비슷한 수준인 것으로 알려져 있다.

그러므로 학술적 조사연구에서 우편조사법을 사용하기 위해서는 질문서가

Box 12-2 우편조사 응답률을 제고하는 10가지 방법

1. 질문서를 '거주자'에게 보내지 말고 수신인 이름을 구체적으로 지정하여 특급우편으로 보낸다.
2. 사무용 서식용지를 사용하여 정성스럽게 작성한 편지를 같이 보낸다. 편지에서 응답자의 협조를 요청하고, 비밀보장을 약속하며, 서베이의 목적을 설명하고, 연구자의 이름과 전화번호를 기재한다.
3. 우편요금을 미리 지불한 반송용 봉투를 포함시킨다.
4. 질문서의 디자인은 세련되고 매력적이어야 하며, 페이지의 크기도 적당하여야 한다.
5. 질문서는 분명한 지침과 함께 전문적으로 인쇄되고 쉽게 읽을 수 있어야 한다.
6. 응답이 없는 사람들에게 후속조치로 두 통의 독촉편지를 보낸다. 첫 번째는 질문서를 발송한지 약 일주일 후에 도착하도록 하고, 두 번째는 다시 일주일 후에 보낸다. 정중하게 협조를 부탁하고 질문지를 하나 더 보내겠다고 제안한다.
7. 주요 명절에는 질문서를 보내지 않는다.
8. 뒷면에는 질문문항을 인쇄하지 않는다. 질문서에 여백을 남겨서 응답자가 일반적인 논평을 쓸 수 있도록 한다.
9. 그 지역에 위치한 정부기관, 대학, 대기업 등 정당하게 보이는 후원기관은 응답률 제고에 도움이 된다.
10. 가능하면 적은 액수의 선물을 끼워 보낸다.

출처: Neuman, *Social Research Methods,* 4th ed., 2000, p. 270.

---

32) David L. Wallace, A Case for and against Mail Questionnaire, *Public Opinion Quarterly,* 18, 1954, pp. 40-52.

특히 이해하기 쉽고 명확해야 하며, 응답자가 반송을 할 수 있도록 동기를 부여하는 것이 매우 중요하다. 독촉서신을 보내는 등 후속조처를 취하는 것이 응답률을 높이는 데 기여한다.[33] 응답자의 전화번호를 알고 있을 경우에 전화를 통하여 독촉하거나 추적조사방법으로 전화면접법을 사용하기도 한다. 우편조사의 응답률을 제고시키기 위한 방법이 [Box 12-2]에 제시되었다.

(2) 전자우편조사

전자우편조사(e-mail survey)는 설문지를 전자우편의 형태로 작성하여 다수의 사용자들에게 발송하고, 응답자들이 완성된 설문지를 다시 전자우편의 형태로 회신하는 방식이다.[34] 대부분의 전자우편 시스템에서 가능한 수신자 목록(mailing list) 기능을 활용하면 설문지를 매우 효과적으로 발송할 수 있다. 전자우편 조사의 실행과정은 일반적인 우편조사와 상당히 유사하다. 전자우편의 경우는 일반 우편에 비해 보다 신속하게 발송하고 회수할 수 있기 때문에 시간이 적게 걸린다는 장점이 있다. 통신수단으로서의 전자우편은 전화나 일반 우편과 비교해 볼 때, 메시지를 다수의 수신자에게 동시에 전달할 수 있다는 특징을 갖고 있다.

전자우편조사는 설문지 적용방법의 하나이지만 조사대상을 선정하는 과정에서 표본의 대표성이 문제로 대두될 수 있다. 즉 조사의 목적에 합당한 조사대상 모집단의 전자우편 주소를 확보한 후, 이들로부터 대표성을 갖춘 표본을 추출하는 것이 관건이 된다. 그러나 일반 국민들이 조사대상 모집단인 경우에는 전자우편(e-mail) 주소록 확보가 매우 어렵다. 그러나 행정학회 회원을 대상으로 하는 조사 또는 중앙부처의 공무원을 대상으로 하는 조사 등 특정 전문집단이 조사대상인 경우 이들 전문집단에 가입된 구성원의 전자우편 주소록을 쉽게 구할 수도 있다. 이러한 주소록을 구할 수 없을 때, 연구 주제에 관련된 게시판이나 뉴스그룹에 글을 올린 사람들의 전자우편 주소 등을 활용하여 조사대상자를 선정하는 경우가 있는데, 이는 편의표본추출(convenience sampling)과 유사하게 되어 대표성을 확보할 수 없다. 한편 다수의 사용자들

---

33) Don A. Dilman & James A. Christensen, Increasing Mail Questionnaire Response: A Four State Comparison, *American Sociological Review,* 39, 1974, pp. 744-756; 홍두승, 「사회조사분석」, 다산출판사, 1987, p. 57에서 재인용.

34) 김기원, 전게서, pp. 351-352.

에게 질문을 무차별적으로 발송하는 행위는 소위 스팸메일로 간주되어 무응답이 많아질 수 있다. 따라서 전자우편 조사는 조사의 내용이 특정적이며, 전자우편주소를 확보할 수 있는 전문집단일 경우에 한정하여 사용하는 것이 좋다.

3) 집단조사법

이 방법은 응답자가 스스로 질문서에 기록하게 하는 자기기입식의 일종으로 연구대상자를 개별적으로 만나서 조사하는 것이 아니라 응답자를 한 장소에 집단적으로 모아 놓고 질문서를 교부하여 응답자로 하여금 기재하게 하는 방식이다. 연구자가 응답자들에게 질문서의 내용을 읽어주고 대답하는 요령을 자세하게 알려주는 방식으로 진행한다. 이러한 방법은 무엇보다도 비용과 시간을 절약하고 응답자들과 동시에 직접 대화할 수 있는 기회가 있기 때문에 질문서에 대한 오해를 줄일 수 있다.

이러한 집단조사방법은 다음과 같은 몇 가지 단점을 가지고 있다. 첫째, 집단상황이 응답을 왜곡시킬 가능성이 있다. 특히 질문이 개인적인 문제이거나 비정상적인 문제이면 중립적인 응답의 가능성이 높아진다. 둘째, 응답자들에 대한 통제가 용이하지 않을 때가 있다. 셋째, 집단표본조사를 승인해 준 당국에 의해 조사결과가 이용될 것이라고 인식하여 왜곡된 응답이 나올 가능성이 있다.

4) 배포조사법

(1) 전통적 배포조사

배포조사법은 직장 또는 가정에 질문서를 전달하고, 응답자로 하여금 직접 기입하게 한 다음 나중에 질문서를 회수하는 방법으로 개인적 자기기입법(personal self-administration)이라고 부른다. 이 경우에는 응답시에 다른 사람의 개입이나 방해가 없는 상황에서 응답하도록 하는 것이 중요하다. 응답자의 응답상황은 우편조사에서의 응답상황과 유사하나, 우편조사와 비교하여 질문서의 회수율이 높다. 이 방법은 공무원 등 조사대상이 한정된 집단일 경우에 현실적으로 가장 많이 활용되는 질문서의 적용방법이다.

(2) 컴퓨터화 배포조사

전통적인 배포조사방법을 발전시킨 방법이 컴퓨화된 자기기입식 자료수집 방법(CSADC: Computerized Self-Administered Data Collection)이다. 이는 질문서를 조사대상자에게 컴퓨터 파일로 전달하면 조사대상자는 이를 자신의 PC에 설치한 후 프로그램의 지시에 따라 응답한 결과를 조사기관에 파일로 보내거나 조사대상기관의 컴퓨터에 접속하여 질문에 응답하는 것이다. 이러한 방법은 조사과정 중 조사원을 배제함으로써 비표본 오차의 발생을 최소할 수 있으며, 응답내용의 논리적인 오차를 프로그램에 의해서 검사하여 현장에서 수정하게 함으로써 자료처리시간의 단축과 비표본 오차를 줄이는 효과를 가지고 있다.

5) 전화면접법

(1) 전통적 전화면접

전화면접(telephone interview)은 면접자가 직접 응답자를 만나는 대신에 전화를 이용하여 면접을 하는 방법이다. 이 방법은 간편하고 시간과 비용을 절약할 수 있다는 점에서 여론조사나 시장조사에서 활용빈도가 커지고 있는 면접방법이다. 전화면접방법은 무작위전화걸기(RDD) 방식으로 비교적 쉽고 정확하게 표본을 추출할 수 있고, 간단히 응답자와 대화를 할 수 있으며, 조사자와 면접자가 얼굴을 맞대고 의사소통을 하지 않으므로 면접자의 외모나 차림새 등에 따른 응답자의 선입관 때문에 발생하는 응답의 오류를 배제할 수 있다.

그러나 대인면접에 비하여 전화면접은 조사내용의 분량이 제한되어 있고, 응답자를 통제할 수 있는 방법이 한정되어 있으므로 대인면접에서와 같이 많은 조사내용에 관한 자료를 수집하기 어렵다. 또한 전화응답자가 선정된 표본인지를 확인하기도 힘들다. 이러한 문제점 때문에 여론조사와 시장조사에서 널리 사용되는 것과는 달리 학술연구의 목적으로 사용빈도가 높지 않는 편이다. 그렇지만 미국 등지에서는 방문조사가 매우 어렵기 때문에 학술연구에서도 전화면접의 사용이 증가하고 있다. 앞에서 설명한 우편조사에서 추적조사의 수단으로 활용되기도 한다.

(2) 컴퓨터보조 전화면접법

최근에는 컴퓨터 기술의 발달로 컴퓨터를 전화면접의 보조수단으로 활용하는 경우가 많아지고 있다. 컴퓨터보조 전화면접(CATI: Computer Assisted Telephone Interviewing)을 학계, 정부, 그리고 시장조사 서베이 연구자들이 많이 사용하고 있다. 이 방법은 1970년대 초에 대규모 메인 프레임컴퓨터를 갖춘 조사기관에서 실시하기 시작하였다. 컴퓨터보조 전화면접은 여러 가지 변형이 있지만 대략 다음과 같은 절차로 진행된다.[35]

면접자는 전화기 헤드셋을 끼고, 컴퓨터 단말기와 비디오 스크린을 보면서 면접을 실시한다. 중앙컴퓨터는 전화번호를 무작위로 선정하여 다이얼을 돌린다. 이러한 무작위 전화번호 연결(RDD: Random-Digit Dialing)은 전화번호를 모집단으로 하는 무작위표본추출방법의 일종이다. 응답자가 전화로 응답하면 면접자는 인사말을 건네고, 첫 번째 질문부터 시작한다. 응답자가 질문에 응답하면 면접자는 이를 컴퓨터 단말기에서 입력한다. 응답내용은 컴퓨터에 즉시 저장되고 두 번째 질문이 비디오 스크린에 나타난다. 면접자는 질문을 계속하면서 응답내용을 입력한다.

이러한 방식으로 면접을 진행하기 때문에 컴퓨터보조 전화면접은 전통적인 전화면접과 대비하여 자료처리가 신속하며, 조사업무를 편리하게 통제할 수 있고, 비용을 절약할 수 있는 장점이 있다. 컴퓨터 산업기술의 발달로 컴퓨터 가격이 대폭 낮아지고 소프트웨어도 낮은 가격으로 공급되면서 연구소나 여론조사기관들에서는 CATI에 의한 조사의 비중이 커졌다. 한편 응답자의 동의를 얻어 통화내용을 녹음할 경우 더욱 생생한 자료를 얻을 수 있다.[36]

<표 12-6>에 대표적인 질문서 적용방법인 우편조사, 전화조사, 그리고 면접조사의 특징을 요약하여 제시하였다. 질문서 적용과정에서 문제가 될 수 있는 관리에 관련된 이슈(비용, 속도, 길이, 응답률), 연구자의 질문서 적용과정에 대한 통제의 가능성(추가질문, 구체적 응답자 지정, 질문순서 변경, 단일응답자 선정, 시각적 관찰 등의 가능성), 조사진행과정에서 다양한 유형의 질문 가능성(시각적 보조, 개방형 질문, 해당자 부수질문, 복잡한 질문, 민감한 질문 등), 조사과정에서 바이어스가 나타날 수 있는 원천(사회적으로 바람직하다고

---

35) Babbie, *op. cit.,* p. 265.
36) Rubin & Babbie, *op. cit.,* 2014, p. 426.

생각하는 응답가능성, 면접자의 바이어스, 응답자의 읽기능력) 등의 요소에 대하여 우편조사, 전화조사, 그리고 면접조사에서 나타날 수 있는 특징들이 제시되었다.

<표 12-6>에 제시된 바와 같이 우편조사는 비용이 가장 저렴한 반면, 속도는 가장 느리고, 길이(질문항목의 수)는 중간정도이며, 응답률은 가장 낮다. 연구자의 연구에 대한 통제가능성은 가장 낮은 편이며, 다양한 유형의 질문가능성도 가장 낮은 편이다. 응답자가 사회적으로 바람직한 답변을 한다거나 면

표 12-6 서베이 및 질문서 적용방법의 특징 비교

요소	유형		
	우편조사	전화조사	면접조사
관리에 관련된 이슈			
비용	가장 저렴	중간	가장 비쌈
속도	가장 느림	가장 빠름	중간
길이(질문항목의 수)	중간	가장 짧음	가장 많음
응답율	최저	중간	최고
연구에 대한 통제			
추가질문(probe) 가능성	없음	있음	있음
구체적 응답자 지정	불가능	가능	가능
질문순서의 변경	불가능	가능	가능
단일 응답자 선정	불가능	가능	가능
시각적 관찰	불가능	불가능	가능
다양한 유형의 질문가능성			
시각적 보조	제한적	불가능	가능
개방형 질문	제한적	제한적	가능
해당자 부수질문	제한적	가능	가능
복잡한 질문	제한적	제한적	가능
민감한 질문	일부가능	일부가능	일부가능
바이어스의 원천			
사회적 소망성	해당없음	약간 있음	가장 나쁨
면접자의 바이어스	해당없음	약간 있음	가장 나쁨
응답자의 읽기능력	필요	불필요	불필요

주: 배포조사는 우편조사와, 집단조사는 면접조사와 유사한 특징을 가지고 있다.
출처: Neuman, *Social Research Methods*, 4th ed., 2000, p. 273 Table 10.3.

접자에 따른 바이어스는 없지만 응답자의 읽기 능력이 필요하다.

전화조사는 비용과 응답률은 중간 정도인 반면, 속도는 가장 빠르고, 길이(질문항목의 수)는 가장 짧다. 한편 연구자의 연구에 대한 통제가능성은 중간 정도이며, 다양한 유형의 질문가능성도 중간정도에 해당한다. 응답자가 사회적으로 바람직한 답변을 한다거나 면접자에 따른 바이어스는 어느 정도 있지만, 응답자의 읽기 능력은 필요하지 않다.

면접조사는 비용이 가장 비싸고, 속도는 중간 정도이며, 길이(질문항목의 수)는 가장 많아도 되며, 응답률은 가장 높다. 연구자의 연구에 대한 통제가능성은 가장 높은 편이며, 다양한 유형의 질문가능성도 가장 높은 편이다. 응답자가 사회적으로 바람직한 답변을 한다거나 면접자에 따른 바이어스가 가장 크며 응답자의 읽기 능력은 필요하지 않다.

6) 인터넷 조사

인터넷은 데이터가 생산되고, 수집되고 저장되는 방식에 혁명적인 변화를 가져왔다. 인터넷 보급이 확산되면서 인터넷 조사 또는 온라인 조사가 보편화되고 있다.[37] 전적으로 이메일로 이루어지는 온라인 조사는 전자우편조사에서 이미 살펴 보았다. 대다수의 온라인 조사는 웹사이트를 활용한다. 연구자가 웹디자인 소프트웨어를 이용하여 질문서를 설계하고 잠재적인 응답자에게 질문서가 탑재된 웹 사이트를 방문하여 온라인으로 응답하도록 요청한다.[38] 한편 연구자가 이메일 주소를 확보하지 못했을 경우 웹사이트에 질문서를 탑재한 후 불특정 다수의 응답을 요청하는 경우도 있다. 인터넷조사는 대부분의 사회조사에서 응답률이 저하되고 조사대상에 대한 접근이 어려운 현실에서 기존의 조사방법을 대체할 수 있는 조사방법으로 대두되고 있다.[39]

전통적인 방법과 비교하여 인터넷조사의 이점은 다음과 같다.

첫째, 비용이 저렴하다. 연구자가 연구대상의 이메일 주소 목록을 가지고

---

37) Rubin & Babbie, *op. cit.,* pp. 427-428.

38) 서베이몽키(www.surverymonkey.com)와 같이 이용자들이 온라인 설문지를 작성하고 쉽게 조사하여 분석할 수 있는 소프트웨어를 제공하는 회사들이 등장하면서 온라인 조사가 보편화되고 있다. Frank-Nachmias, Nachmias & DeWaard, *op. cit.,* p. 204.

39) 명승환·최영훈, 인터넷 조사방법론의 가능성과 쟁점, 「한국행정학보」, 36:2, 2002, pp. 333-351.

있을 경우, 대상자들에게 링크된 웹사이트를 방문하여 설문조사에 응하도록 요청할 수 있다. 또한 응답 자료를 자동으로 입력하고 분석할 수 있도록 설계하여 자료분석 비용 및 시간을 크게 절약할 수 있다. 그러므로 인터넷 조사에서는 표본수가 많아져도 추가비용이 크게 소요되지 않는다. 인터넷 조사비용은 대략 전화조사비용의 50% 정도, 우편조사비용의 20% 정도가 소요되는 것으로 알려져 있다.

둘째, 조사소요기간이 짧다. 이같이 조사기간을 단축시킬 수 있는 것은 24시간 조사가 가능하기 때문이다. 우편조사는 4~6주일 정도가 소요되고 전화조사는 2~3주일 정도가 소요되는 것과 대비하여 인터넷 조사는 2~3일 정도로 매우 짧은 기간에 조사를 완료할 수 있다. 온라인조사의 신속성 및 비용절감효과는 조사 대상지역이 넓어질수록 커지는 경향이 있다. 예를 들어, 특정지역의 주민을 대상으로 조사하는 것 보다 전국 규모의 조사를 수행할 때, 또는 여러 국가를 대상으로 하는 글로벌 조사(global research)를 실시할 때 조사기간이 단축되고 비용이 크게 절감될 수 있다.

셋째, 응답자가 쉽게 이해할 수 있도록 그래픽, 음성 또는 동영상을 이용한 설문지 설계가 가능하여 응답률을 높일 수 있다.

넷째, 온라인 조사도구를 활용하여 응답자가 부적절한 응답을 할 경우 수정하도록 요청하거나, 질문을 건너뛸 경우 다음 질문으로 넘어가기 전에 질문을 완료하도록 요청할 수 있다.

그러나 인터넷 조사는 다음과 같은 문제점도 나타나고 있다.

첫째, 조사대상이 일반국민일 경우 모집단을 대표할 수 있는 표본추출 프레임(sampling frame)을 구할 수 없는 경우가 많다. 인터넷 이용인구는 연령별, 성별, 학력별로 일부 계층에 편향성이 있으므로 인터넷 이용자가 일반국민을 대표한다고 보기 어렵다. 그러므로 조사대상이 자발적으로 참여하도록 할 경우 자기선택의 바이어스(self-selection bias)를 범하기 쉽다.

둘째, Web 페이지를 이용한 조사에서는 조사내용이 제한된다. Web에 올려진 자료들은 기본적으로 공개를 전제로 한 것이므로 비밀스러운 내용이 있다면 다른 조사방법을 채택하여야 한다.

셋째, 조사과정이 복잡하고 장시간이 소요될 경우 조사가 어렵다. 질문과정이 15분 이상 소요될 때는 무응답과 오답 확률이 높다는 점에 유의해야 한다.

인터넷 조사는 다른 조사방법과 비교할 때, 비용과 시간절약이라는 점에서 매우 큰 이점을 가지고 있다. 그러나 모집단을 대표할 수 있는 표본의 선택이 어렵고, 조사에 비교적 장시간이 소요되는 조사에는 사용하기 어렵다.

제 3 절 관찰방법

1. 관찰방법의 의의

관찰을 넓은 의미로 해석하면 연구자가 연구대상의 행위를 계속 지켜보고 기록하는 것으로 질문서법이나 면접 등의 다른 자료수집방법에서는 물론 연구활동의 전과정에서 활용된다. 그러나 자료수집의 한 방법으로서 관찰방법(observational method)은 좁은 의미에서 "연구대상을 조작하거나 통제하지 않고 일정한 시간에 걸쳐서 연구대상의 행태를 지켜보고, 들으며 관찰한 결과를 기록"하는 방법으로 정의된다. 이러한 관찰방법은 다른 자료수집방법과 비교하여 다음과 같은 특징을 가지고 있다.

첫째, 연구대상의 행태가 발생하는 자연적인 사회적 맥락을 포착할 수 있다.

둘째, 참여자의 사회적 관계에 영향을 미치는 의미있는 사건을 포착할 수 있다.

셋째, 피관찰자의 세계관, 철학, 또는 전망의 관점에서 무엇이 현실을 구성하는지를 알 수 있다.

넷째, 한 연구에서 얻은 자료를 다른 자연적 상황의 연구에서 얻은 자료와 비교하고 대조함으로써 사회생활에서의 규칙성과 재발가능성을 확인할 수 있다.

이러한 관찰방법을 통하여 수집된 자료를 의미있게 해석하기 위해서는 수집된 자료의 부호화(coding)와 분류, 그리고 분석에 많은 노력과 시간을 투입하여야 한다. 그러므로 행정 및 정책현상의 계량적 연구에서 자료수집 방법으로 관찰방법을 사용하는 경우는 많지 않으며, 다른 자료수집방법의 보조기능으로 사용되고 있다. 그러므로 관찰방법은 계량적 연구의 자료수집방법이라기보다 질적 연구의 자료수집방법으로서 의미가 더욱 크다.

2. 관찰방법의 유형

관찰방법은 여러 가지 기준에 따라 분류되는데, 여기에서는 관찰자의 참여정도, 관찰방법의 구조화 및 체계화의 정도, 관찰자의 직접관찰 여부, 관찰상황에 대한 통제여부, 관찰도구 등에 따라 분류해 보기로 한다.[40]

1) 관찰자의 참여정도: 참여관찰과 비참여관찰

연구자와 그 대행자인 관찰자(observer)가 자신의 신분을 밝히지 않은 채 자연스럽게 관찰대상인 집단에 참여하는 경우를 참여관찰(participant observation)이라고 한다. 연구자는 연구가 시작되기 전부터 관찰대상집단의 구성원일 수 있으며, 이후에 참여할 수도 있다. 한편 비참여관찰이란 연구자가 자연상태에서 관찰대상의 행태를 관찰하지만 관찰대상과는 일정한 거리를 유지하는 방법이다. 그 중간형태로 관찰자가 참여자임을 밝히고 관찰대상과 자연스럽게 어울리면서 객관성을 유지하는 방법을 준참여관찰이라고 부른다.

참여관찰은 문화기술적 방법, 사례연구 방법, 그리고 근거이론적 접근방법과 같은 질적인 조사연구방법으로 널리 쓰이는 방법이며 다음과 같은 특징을 가지고 있다.[41] 첫째, 연구자가 연구대상의 삶과 활동에 되도록 친밀하게 참여하여 공유한다는 것이다. 그러기 위해서는 연구대상과 장기간 함께 지내야 한다. 둘째, 연구자는 연구대상의 상징의 세계에 직접 참여하여야 한다. 그러므로 언어, 예절, 일하는 버릇 등을 익혀야 하는 경우가 많다. 셋째, 연구자는 자신이 관찰하는 현상을 진행되는 사회적 상호작용의 과정에서 파악하여야 한다. 참여관찰의 연구자는 '참여자'와 '관찰자'라는 두 가지 역할을 수행하여야 하는데, 참여자로서의 역할과 관찰자로서의 역할을 구별하기 어렵고, 따라서 연구 활동에 지장을 초래할 수 있다.

---

40) Goode & Hatt, *Methods in Social Research,* 1981, ch. 10; Selltiz et al., *Research Methods in Social Relations,* 1976, chap. 8; 김해동, 전게서, pp. 346-358; 김경동·이온죽, 전게서, pp. 241-245; 박용치, 전게서, pp. 691-705.

41) 김경동·이온죽, 전게서, pp. 536-537.

2) 관찰방법의 구조화 및 체계화의 정도: 구조화관찰과 비구조화관찰

연구자가 관찰을 통하여 얻고자 하는 자료의 수집방법이 사전에 구조화되었는지에 따른 분류이다. Selltiz 등은 관찰방법을 구조화관찰(structured observation)과 비구조화관찰(relatively unstructured methods)로 구분하고 있다.[42] 구조화관찰이란 무엇을 관찰하고 기록할 것인가, 즉 관찰내용을 사전에 비교적 구체적으로 정한 다음, 체크리스트와 같은 도구를 사용하여 관찰결과를 기록하고, 자료의 계량적 분석에 대비하는 방법을 말한다. 구조화된 관찰방법은 자연상황 속에서 관찰대상의 자연적인 행동을 대상으로 관찰이 이루어지는 경우에도, 관찰내용을 구체적으로 정하고 관찰도구의 표준화를 시도한다는 의미에서 체계적 관찰(systematic observation)이라고 부르기도 한다.[43]

3) 관찰자의 직접관찰 여부: 직접관찰과 간접관찰

직접관찰은 연구자가 자신이나 대행자를 통하여 연구하고자 하는 현상이 실제로 일어난 때에 관찰한 바를 기록하여 자료로 활용하는 것이고, 간접관찰은 연구자가 과거행동의 결과로 나타난 물리적인 흔적을 관찰하는 것이다.

4) 관찰상황에 대한 통제여부: 통제관찰과 자연적 관찰

관찰상황에 대하여 관찰자가 통제할 수 있느냐 여부에 따라 통제관찰과 자연적 관찰로 분류된다. 통제관찰은 관찰자가 관찰상황을 인위적으로 통제한 상황에서 관찰이 이루어지는 것을 말한다. 통제관찰에서는 실험실이나 현지실험의 상황에서 관찰결과를 체계적으로 기록한다.[44] 반면에 자연적 관찰이란 자연적 상황에서 행동이 일어나는 시점까지 기다려서 관찰이 이루어지는 것을 말한다.

5) 관찰도구: 인간의 관찰과 기계의 관찰

문제해결에 필요한 자료의 특성이나 상황에 따라 관찰도구가 결정된다. 관찰도구가 무엇이냐에 따라 인간의 관찰과 기계의 관찰로 분류된다.[45] 인간의

---

42) Selltiz et al., *op. cit.,* pp. 269-288.

43) Louise H. Kidder, *Selltiz, Wrightman and Cook's Research Methods in Social Relations,* NY: Holt, Rinehart and Winston, 1981, p. 268.

44) Nachmias & Nachmias, *op. cit.,* p. 216.

관찰이란 사람이 직접 관찰하는 것을 말한다. 관찰에서 고도의 정확성이 요구되는 경우, 또는 인간이 하기 힘든 관찰이거나 인간이 관찰하는 것보다 비용이 덜 드는 경우에 기계를 통하여 관찰하는 것이 기계의 관찰이다. 기계를 통한 관찰도구에는 녹음기, 비디오카메라 등 여러 가지가 있다.

3. 관찰방법의 장점과 단점

관찰방법은 연구자가 연구대상의 행동을 관찰하여 연구대상의 행태에 관한 자료를 수집하게 되므로 의사소통방법 등의 다른 자료수집방법과 비교해서 다음과 같은 장점과 단점을 가지고 있다.46)

1) 관찰방법의 장점

첫째, 연구하고자 하는 행동이나 사회적 과정을 행위가 발생하는 현장에서 즉시 포착할 수 있다.

둘째, 행동으로 나타나는 것을 관찰하므로 질문서법이나 면접법에서 나타날 수 있는 응답과정에서 생길 수 있는 오차가 많이 줄어들게 된다.

셋째, 의사소통방법과는 달리 언어와 문자의 제약 때문에 측정하기 어려운 사실도 조사할 수 있다. 유아나 동물 등 표현능력이 부족한 연구대상에 대해서는 관찰이 유일한 자료수집방법이 된다.

넷째, 연구대상의 무의식적인 행동이나 응답자가 정확히 인식하고 있지 못한 문제는 관찰방법을 통해서만 측정이 가능하다.

2) 관찰방법의 단점

첫째, 관찰이 불가능한 행동이 있다. 조사대상의 사적인 행동으로서 사회적으로 밝혀지기를 원하지 않거나, 타인으로부터 관찰되기를 원하지 않는 행동들은 관찰하기가 힘들다.

둘째, 응답자가 관찰을 당하고 있다는 것을 알고 있을 경우, 평소에 하던

---

45) 채서일, 전게서, pp. 317-318.
46) 김해동, 전게서, pp. 341-342; 김경동・이온죽, 전게서, pp. 245-248; 채서일, 전게서, pp. 314-315.

행동과는 다른 행동양식을 보일 경우가 있다.

셋째, 조사대상의 행동양식들은 변할 수 있다. 태도나 신념에 비하여 행동양식은 쉽게 변할 수 있기 때문에 그 결과를 일반화하는 데 제약이 따른다.

넷째, 관찰자가 선택적으로 관찰하게 되는 경우가 있다.

다섯째, 관찰자의 시간적·공간적 한계, 그리고 지적 능력의 한계 때문에 관찰대상 전부를 동시에 관찰하기가 어렵다.

제 4 절 면접방법

1. 면접방법의 의의

면접방법(interview)이란 연구자와 응답자간의 언어적 상호작용을 통하여 필요한 자료를 수집하는 방법을 말한다. 면접은 연구자와 응답자가 면대면(face-to-face)의 상호작용을 통하여 자료를 수집한다는 점에서 다른 방법과 구분된다.47)

면접이 변수를 측정하는 주요 자료수집도구로 사용되는 경우, 보통 여러 변수를 측정하도록 복수의 항목으로 구성한 표준화된 면접조사표를 사용한다. 면접조사표에 포함된 문항은 개념의 측정도구 내지 척도를 구성하는 문항이며 단순한 정보수집을 위한 수단을 넘어선다. 그러므로 면접기술을 표준화하는 문제나 신뢰성과 타당성의 확보방법 등이 중요한 과제로 등장한다.

면접방법은 주요 자료수집방법으로 사용되는 경우 외에도, 탐색적 도구(exploratory device)로서 사용되거나, 다른 자료수집방법의 보조수단으로 사용되기도 한다. 탐색적 도구로 사용한다는 것은 연구의 초기단계에서 새로운 변수 및 변수간의 관계를 발견하여 새로운 가설을 제시하기 위하여 면접방법

47) 면접을 통한 자료수집방법은 사회적 상호작용을 거치기 때문에 그러한 상호작용에 필요한 일정한 기술을 필요로 한다. 본서에서는 면접자의 선정 및 훈련방법, 응답자의 협력을 확보하는 방법 등 구체적인 면접의 기술에 관한 것은 다루지 않기로 한다. 여기에 관한 구체적인 것은 김경동·이온죽, 전게서, pp. 215-238; 김해동, 전게서, pp. 364-376 등을 참조할 것.

을 활용하는 것을 말한다. 이 경우에는 주로 면접자가 융통성을 발휘할 수 있는 구조화되지 않고, 표준화되지 않은 면접방법을 사용한다.

면접은 다른 자료수집방법을 보완하는 방법으로 사용되기도 하는데, 관찰방법과 같은 자료수집방법의 타당성을 검토하는 방법으로, 또는 자료수집에서 예기치 않은 결과가 나왔을 때 추적조사방법 등으로 사용된다.

2. 면접방법의 종류

면접방법은 여러 가지로 분류될 수 있다. 면접이 이루어지는 상황에 따라 개인면접, 전화면접, 집단면접으로 구분된다.[48] 면접의 유형을 분류하는 가장 일반적 방법은 면접상황과 면접내용을 얼마나 구조화·체계화·표준화시켰는지에 따라 구분하는 것이다.[49]

1) 구조화 면접

구조화 면접이란 면접자가 표준화된 면접조사표 — 질문항목, 질문의 형식, 질문항목의 배열순서, 언어구사방법 등을 세심하게 규정한 면접조사표 — 를 가지고 면접의 상황에 구애되지 않고 모든 응답자에게 동일한 방법으로 면접을 수행하는 방법이다. 그러므로 면접자가 면접상황에서 자유재량의 여지가 없이, 거의 기계적으로 자료수집을 진행한다. 비구조화 면접방법과 비교하여 구조화 면접을 통해서 수집되는 자료는 신뢰도(reliability)가 높다. 표준화면접은 비표준화면접에 비하여 면접자가 질문을 달리할 가능성이 없으므로 응답자의 응답에 일관성을 유지할 수 있기 때문이다.[50]

2) 비구조화 면접

비구조화 면접은 표준화된 조사표에서 질문의 내용, 형식, 순서를 미리 정하지 않고 면접상황에 따라서 비교적 자유스럽게 면접자와 응답자의 상호작용에 따라서 자료를 수집하는 방법이다. 일반적으로 면접자가 하나의 질문을 던

48) 김경동·이온죽, 전게서, pp. 212-213.
49) Kerlinger, *op. cit.,* pp. 441-443; Kidder, *op. cit.,* pp. 187-191; 김해동, 전게서, pp. 360-364; 김경동·이온죽, 전게서, pp. 214-215.
50) 이관우, 전게서, p. 411; 김해동, 전게서, pp. 361-362.

지면 응답자는 그 질문에 따라 자신의 느낌이나 태도를 자유롭게 표현하고 이를 면접자가 기록하게 된다. 이 방법의 대표적인 예로 심층면접법(in-depth interview)이 있다.

심층면접법이란 어떤 주제에 대해 응답자가 자신의 느낌과 믿음을 자유롭게 이야기하거나 묘사하면서 조사를 진행하는 비체계적인 개인면접법이다. 질문의 순서와 내용은 면접자가 조정할 수 있어 좀 더 자유롭고 심도 깊은 질문을 할 수 있다. 이 방법은 비용과 시간이 많이 필요하며, 조사원의 면접능력과 분석능력에 따라 조사결과의 신뢰도가 달라지고 편견 등의 오류가 개입될 여지가 많은 단점이 있으나, 응답자의 폭넓은 의견이 반영되므로 문제점을 파악하거나 질문서 설계를 위한 탐색조사에 많이 사용된다.

비구조화 면접은 구조화 면접에 비하여 신뢰도는 낮으나 타당도가 높은 자료를 수집할 수 있다. 비구조화 면접에서는 응답자의 협력을 쉽게 얻을 수 있고, 면접자가 필요하다고 생각하면 반복하여 질문할 수도 있으므로 얻고자 하는 자료, 즉 타당도가 높은 자료를 수집할 수 있다.

3) 반구조화 면접

구조화된 면접과 비구조화된 면접의 중간단계에 해당되는 것으로 일정수의 중요한 질문만을 표준화하는 방법이다. 즉 주제와 내용을 표준화하되 질문순서나 질문방법 등은 면접자가 어느 정도 재량을 가지고 상황에 따라서 변경시킬 수 있는 방법이다.

이러한 면접방법의 특수한 형태로 초점집단면접(focus group interview)과 이를 변형한 임상면접(clinical interview)이 있다. 초점집단면접법은 면접자가 소수의 응답집단에게 특정의 주제에 대하여 토론을 하게 한 다음 자유스러운 토론 가운데서 필요한 정보를 찾는 방법이다.

3. 초점집단면접

1) 개 념

초점집단면접(focus group interview: FGI)은 질적 연구에서 사용되는 대표적인 자료수집방법의 하나이다. 이 방법의 주요 목적은 관심의 초점인 연구주제나 문제를 초점집단(focus group)의 자유스러운 토론과정을 통하여 발견하고 이해하는 것이다. 초점집단면접은 질적 연구의 대표적인 자료수집방법일 뿐 아니라 정부정책의 의제설정 또는 정책평가에도 빈번하게 활용된다.[51] 적은 수의 집단 하나만 가지고는 일반화될 수 있는 연구결과를 찾기 어려우므로 하나의 주제에 대하여 대개는 복수의 초점집단 면접이 이루어진다. 초점집단 면접에서는 진행자(moderator)의 역할이 매우 중요하다. 진행자는 연구주제에 대한 사전지식이 풍부하여야 하며, 의사소통기술을 익혀야 하고, 논의가 이루어지는 상황을 주도할 수 있어야 한다. 진행자를 퍼실리테이터(facilitator)라고 부르기도 한다.

2) 초점집단면접의 특징

(1) 참여자 규모

면접대상의 수가 너무 적으면 다양한 의견을 듣지 못하게 되는 반면, 너무 많은 수의 응답자로 구성되면 한 주제를 집중적으로 토의하기 어렵게 된다. 초점집단에 참여하는 면접대상은 논의할 연구주제에 대하여 관심과 경험을 가지고 있어야 한다. 초점집단의 참여자는 엄격한 표본추출절차에 의하여 선정되지는 않는다. 그러므로 참여자가 의미있는 모집단을 통계적으로 대표한다고 보기 어렵다. 참여자의 수는 일반적으로 6-8명이 적당하다.[52] 경우에 따라 최대 12명까지도 가능하다고 본다.[53]

(2) 면접 진행시간

보통 90분이 이상적이며, 어린이 또는 노년층일 경우 60-70분, 인터뷰 도중 점심 식사가 포함될 경우 이보다 길어질 수 있다.[54] 면접 진행시간이 길어지면 참여자와 연구자 모두 피로를 느낄 수 있으므로 지나치게 장시간의 면담은 회피하는 것이 좋다.

---

51) Monique Hennink, Inge Hutter, & Ajay Baily, *Qualitative Research Methods,* 2nd ed., Sage, 2020. pp. 139-142.
52) *Ibid.,* p. 138.
53) Tracy, *op. cit.,* p. 194. Babbie, *op. cit.,* p. 294.
54) *Ibid.*

(3) 면접장소

참여자가 접근하기 쉽고, 편안함을 느낄 수 있는 장소를 선택한다. 예를 들면, 연구자의 접근성이 좋은 대학 캠퍼스가 참여자의 접근성이 좋지 않을 수도 있다. 면접이 진행되는 회의실 규모와 테이블 및 의자 배치도 편안한지 확인하고, 비디오 프로젝터, 화이트보드 등도 구비하는 것이 좋다.

(4) 진행자의 역할

진행자는 초점집단의 상황을 숙지하고 참여자들을 효과적으로 관리할 수 있는 역량을 갖추고, 신뢰받을 수 있는 사람이어야 한다. 진행자는 참여자들이 자연스럽고 편안한 분위기에서 자신의 의견을 표현할 수 있도록 세심하게 주의를 기울여야 한다. 진행자가 초점집단을 관리할 수 있는 기술은 토론이 연구주제에 집중될 수 있도록 하는데 매우 중요하다.[55]

진행자의 핵심적 역할은 참여자들 사이에 자발적으로 상호토론이 이루어질

그림 12-2 초점집단 진행의 스타일

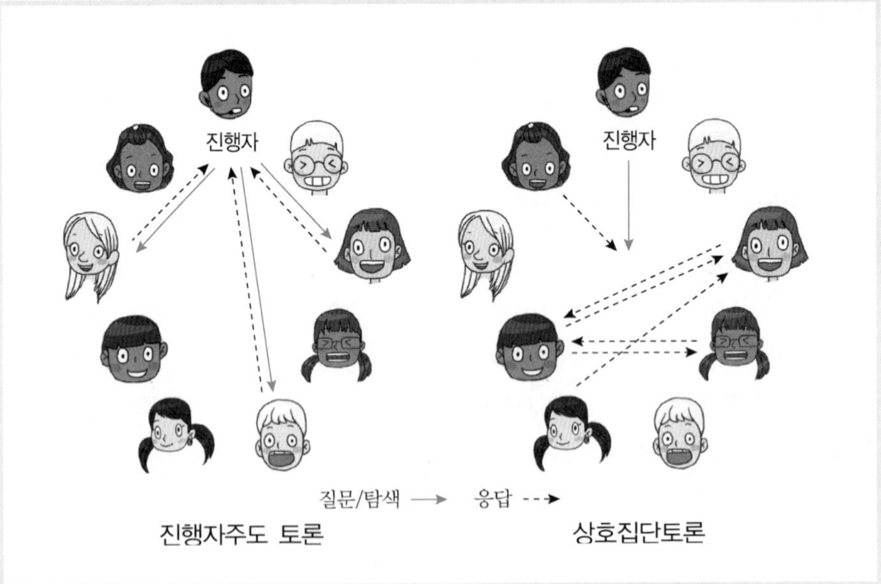

출처: Hennink, Hutter & Baily, *Qualitative Research Methods,* 2nd ed., Sage, 2020. p. 158, Figure 8.6.

55) Hennink, Hutter & Baily, *op. cit.,* p. 149.

수 있도록 촉진하는 것이다([그림 12-2] 오른쪽 참조). 초점집단의 토론이 진행자가 주도하여 개별 참여자들과 연속적으로 질의 및 응답하는 방식으로 이루어져서는 안된다. 진행자는 참여자들 사이에 집단토론이 이루어질 수 있도록 질문을 계속하고, 핵심연구주제를 중심으로 참여자들 토론이 이루어질 수 있도록 관리하여야 한다. 초점집단면접은 참여자들 사이에 자발적인 의견교환이 이루어진다는 점에서 1:1로 진행되는 심층면접과는 큰 차이가 있다.

초점집단 토론의 내용은 녹음기나 비디오로 녹화하여 토론이 끝난 후 녹취록을 작성하여 분석할 수 있도록 한다.

3) 초점집단면접의 장단점

Babbie는 초점집단면접의 장점으로 ① 사회적 환경의 실생활에서 자료를 포착할 수 있는 사회 지향적 연구방법임, ② 신축성이 있음, ③ 내용타당성이 높음, ④ 결과를 신속하게 얻을 수 있음, ⑤ 비용이 적게 든다는 점을 지적하

표 12-7 초점집단면접의 장점과 한계

장점	한계
사회적 상황 - 사회적 상호작용 포착 - 편안한 환경 활용 - 탐색적, 설명적, 평가적 연구에 유용 - 혼합방법연구에 사용 집단 환경 - 다량의 정보 생산 - 다양한 견해의 확인 - 연구자의 영향력 제한 - 참여자가 이슈 확인 - 새로운 이슈의 확인 - 이슈가 토론되고 정당화됨 - 이슈가 사회적으로 조절됨	필요한 기술 - 숙련된 진행자 필요함 - 연구자가 통제하기 어려움 - 편안한 환경이 마련되어야 함 집단 동태 - 일부 참여자가 주도하거나 또는 아예 기여하지 않음 - 사회적 압력의 영향 - 상하관계가 발생할 수 있음 - 비밀보장이 어려움 자료와 분석 - 다루어진 이슈가 적음 - 응답이 독립적이 아님 - 개인수준의 자료로는 적절하지 않음 - 자료분석에 시간과 비용이 소요됨

출처: Hennink, Hutter & Baily, *Qualitative Research Methods,* 2nd ed., Sage, 2020. p. 165.

고 있다.[56] 반면 단점으로는 ① 개인면접보다는 연구자가 통제하기 어려움, ② 수집된 자료를 분석하기 어려움, ③ 진행자가 특별한 기술을 가져야 함, ④ 여러 사람의 진단간의 차이가 문제가 될 수 있음, ⑤ 토의가 우호적인 상황에서 이루어져야 한다는 점을 들고 있다.

한편 Hennink, Hutter & Baily가 제시한 초점집단면접의 장점과 한계는 다음 <표 12-7>과 같다.

4) 비대면 집단면접

(1) 개　념

초점집단 토론은 일반적으로 대면(in person)으로 진행되지만, 기술발전으로 비대면 집단토론의 형식으로 진행될 수 있다. 전세계적으로 코로나 19 팬데믹이 발생한 이후 불가피하게 비대면 집단면접과 유사한 형태의 비대면 회의와 비대면 수업이 일상화되고 있다. 다양한 유형의 비대면 집단토론과 대면 집단토론을 비교하여 각각의 장점과 한계를 간략히 살펴보겠다.

비대면 초점집단 면접은 일반적으로 전화 또는 인터넷을 통해 수행되므로 참여자들이 실제로 직접 만나지 않는다. 전화로 진행하는 초점집단면접은 토론 중에 참가자들이 서로 볼 수 있도록 화상 회의 기술을 갖추고 있는 원격회의 시설을 사용하기도 한다. 전화 집단면접은 대면 집단면접과 거의 같은 방식으로 진행되며, 참여자들은 원격으로 토론에 참여하고 진행자가 질문을 제기하고 토론이 용이하게 진행되도록 한다. 보통 메모 작성자가 참석하여 토론을 기록할 수 있다. 집단토론은 대면과 비대면을 혼합한 하이브리드 방식으로 진행할 수 있다.

(2) 장　점

비대면 초점집단은 대면집단과 비교하여 몇 가지 장점이 있다. 비대면 상황은 연구의 지리적 범위를 크게 확장하므로, 지리적으로 분산되어 있거나, 멀리 떨어져 있거나, 이동에 어려움이 있는 연구 모집단에 특히 유용하다. 비대면 초점집단은 대면집단에 비해 참여자들에게 상대적인 익명성을 제공하며, 참여자는 자신이 위치한 장소에서 참여할 수 있기 때문에 더 편안하고 편리하

56) Babbie, *op. cit.*, p. 294.

게 생각하며, 이는 모두 집단의 참여를 제고시키는 요인이다. 비대면 초점집단 토론은 참여자 한 사람이 지배할 가능성이 적기 때문에 집단 역동성을 개선할 수 있다. 비대면집단은 참여자의 여행경비, 그리고 장소 임대 및 다과 비용을 절감할 수 있으며, 연구에 필요한 경우 추가비용 없이 신속하게 재소집할 수 있다.

(3) 한 계

비대면 초점집단은 토론을 진행하기 위해 첨단기술을 활용하기 때문에 이에 따른 심각한 한계가 있다. 비대면 초첨집단 토론은 참여자들이 첨단기술에 접근하고 이를 사용하는 방법을 숙지하여야 진행될 수 있다. 또한 토론이 인터넷 연결 끊김과 같은 기술적 오류로 인해 중단될 수 있다. 이러한 이슈 때문에 특히 자원이 빈약한 환경이나 독해력이 낮은 모집단의 경우에는 연구가 어려울 수 있다. 온라인 초점집단 토론은 참여자와의 시각적 접촉이 부족한 경우가 많아 대면집단보다 통제하는 것이 더 까다롭다. 진행자는 얼굴 표정이나 몸짓을 보지 못하므로 참여자의 관심을 파악하기 어렵고 참여자의 기여를 유도하고 참여자 간 상호작용과 토론을 촉진하는 것이 더욱 어려워진다. 결과적으로 비대면 초점집단은 대면집단보다 토론시간이 짧아질 수 있으며, 참여자들이 동시에 다른 활동을 수행할 수 있으므로 주의가 분산되고 토론에 집중하기 어려워질 가능성이 크다.

4. 심층면접

1) 개 념

심층면접(in-depth interview)은 면접자와 면접대상자가 1:1로 구체적 주제에 관한 심층 인터뷰를 통하여 자료를 수집하는 방법이다. 심층면접은 특정 주제에 대하여 면접대상자의 의도, 신념, 태도, 느낌 등을 조사한다. 심층면접은 특히 현상학적 연구방법, 근거이론적 연구방법, 그리고 문화기술적 연구방법에서 주로 사용되는 자료수집방법이다. 심층면접은 “지식산출을 위한 대화(knowledge-producing conversation)의 특수한 형태”이며 인터뷰 상황에서 면접자와 피면접자가 공동으로 지식과 의미를 생산한다.[57] 초점집단면접에

57) Hennink, Hutter & Baily, *op. cit.,* p. 116.

서와 마찬가지로 심층면접에서도 면접자의 사회적 기술과 의사소통 기술이 매우 중요하다.

2) 심층면접의 특징

(1) 진행과정

숙달된 면접자가 비구조화 면접 또는 반구조화된 면접지침을 활용하여 인터뷰를 진행하는데, 면접자와 인터뷰 대상자 사이에 친숙한 관계(rapport)가 형성되어야 하며, 개방적이고 공감하는 방식으로 질문하고, 면접대상자가 자신의 스토리를 자연스럽게 표현할 수 있도록 면접자가 동기를 부여하여야 한다.

(2) 면접 진행시간

면접자가 응답자의 숨겨진 의도를 파악하기 위하여 깊이 있는 질문과 응답이 이루어지기 때문에 소요시간은 30분에서 1시간 정도로 긴 편이다. 근거이론에 따른 연구에서는 소요시간이 개인별로 3시간 내외가 소요되어 매우 긴 편이다. 또한 수집된 자료가 부족하거나 애매모호한 내용에 대해서는 1~2회 정도의 후속조치를 통하여 보완하기도 한다.

(3) 면접자의 역할

심층면접이 진행되는 과정에서 면접자의 사회적 기술과 의사소통 기술이 매우 중요하다. 인터뷰 초기에 인터뷰 대상자와의 친밀감을 확립하고, 인터뷰 진행 중에도 친밀감을 유지하며, 추임새를 넣은 등 탐색적 질문을 활용하여 동기부여가 이루어지도록 하고, 인터뷰 대상자가 자신의 스토리를 자연스럽게 말하도록 하여야 한다.

(4) 초점집단면접과의 차이점

집단면접인 초점집단면접에서는 응답결과가 어떤 응답자로부터 나왔는지 확인할 수 없지만 1:1 심층면접을 사용하면 응답자별 차이를 파악할 수 있다. 또한 초점집단면접에서는 집단의 의견이나 분위기에 따른 압력으로 마음 놓고 자신의 의견을 표현할 수 없지만, 심층면접에서는 자유롭게 개인적인 의견을 교환할 수 있다.[58]

---

58) 이군희, 전게서. p. 172.

3) 심층면접과 전화 또는 인터넷 면접 비교

전화나 인터넷으로, 예를 들어, 스카이프 또는 카카오 페이스톡으로 면접을 실시하는 것이 일반화되고 있다. 재정적인 이유로 인해 면접자가 여행할 수 없거나, 물리적 또는 시간적 제약 때문에, 또는 주제의 민감성 때문에 참여자가 자신을 드러내고 싶어하지 않는 상황에서는 인터뷰 대상자에게 접근하기 어려운 경우가 있다.

그러나 인터뷰가 심도 있게 진행되기 위해서는 직접 인터뷰를 진행하는 것이 황금률이라고 본다. 대면 인터뷰의 가치를 과소평가해서는 안 된다.[59] 대면 면접의 중요한 이점은 사회적 상호작용을 통해 친밀감을 형성하고, 인터뷰 대상자의 이야기를 듣고, 몸짓(body language)을 관찰하고 언어와 어조의 변화를 알아차리고, 면접대상자의 맥락을 알 수 있도록 면접대상자에게 친숙한 장소에서 직접 대화하는 것이다. 전화 또는 인터넷 면접은 인터뷰 상황에 거리를 더 많이 두고 사회적 맥락과 몸짓을 관찰하는 것을 더 어렵게 만든다. 전화나 인터넷을 통해 인터뷰를 진행할 수 있지만, 그렇다고 심층(in-depth) 인터뷰라고 보기는 어렵다.

4) 심층면접의 장점과 한계

<표 12-8>에 Hennink, Hutter & Baily가 제시한 심층면접의 장점과

표 12-8 심층면접의 장점과 한계

장 점	한 계
- 경험, 생활 스토리, 감정 등에 관한 심층적, 개인적 수준의 자료 획득 - 민감한 주제에 유용 - 맥락적 정보 수집 - 사람들의 개인적 스토리와 경험에 관한 자료 수집	- 일대일 면접이므로 다른 사람의 피드백을 받을 수 없음 - 면접 대상자와 친밀감 형성, 동기유발, 경청 및 반응에 관한 숙련된 기술 필요 - 면접대상자의 스토리에 따라 면접지침의 순서를 신축성 있게 변경 - 수집된 자료의 분석 및 해석에 장시간 소요

출처: Hennink, Hutter & Baily, *Qualitative Research Methods,* 2nd ed., 2020. p. 34.

59) 이하 Hennink, Hutter & Baily, *op. cit.,* p. 133.

한계를 요약하였다.

제 5 절 2차 자료 수집방법

1. 2차 자료 수집의 의의와 특징

1) 2차 자료 수집의 의의

2차 자료란 다른 목적을 위해 이미 수집된 자료로서 연구자가 자신이 수행 중인 연구문제를 해결하기 위해 사용하는 것을 말한다. 행정 및 정책현상을 연구하는 데 있어서 연구자가 항상 1차 자료를 수집하여야 할 필요는 없다. 중앙정부의 각 부처나 지방자치단체, 그리고 각종 조사기관에서 발간하는 엄청난 양의 자료 중에서 연구자의 연구목적에 맞는 정보를 찾아서 사용하는 것이 오히려 더 바람직하다. 그러나 2차 자료를 활용하기 위해서는 그 특징을 정확하게 파악하여야 한다.

2) 2차 자료의 특징

2차 자료는 그 유형이 다양하지만, 다음과 같은 공통적인 특징을 가지고 있다.

첫째, 2차 자료는 기성자료(ready-made)이다. 따라서 연구자의 문제해결에 필요한 기존자료를 구하게 되면 1차 자료 수집, 즉 질문서의 작성 및 적용, 면접 및 관찰에 투입되는 시간, 비용, 노력을 절약할 수 있다.

둘째, 2차 자료는 기성자료이므로, 연구자가 자료의 수집 및 분류과정을 통제할 수 없는 유형의 자료이다. 따라서 연구자가 자신의 연구문제를 해결하는 데 사용하기 위해서는 2차 자료의 내용을 재구성하고 재분류하여야 한다. 많은 경우에는 몇 가지의 서로 다른 출처에서 나온 2차 자료를 재구성하여야 하는 경우도 있다. 2차 자료의 이러한 특징은 2차 자료의 활용을 제한하는 특성이기도 하다.

셋째, 2차 자료는 자료수집과정에서 시간적·공간적 제약을 받지 않는다. 1

차 자료의 수집에서는 그것이 면접, 질문서, 관찰 등 어떤 방법에 의해 수집되든지, 연구자의 특별한 공간과 시간적 맥락에 한정된다. 그러나 2차 자료를 이용할 때는 이러한 제한이 없다.

2. 2차 자료의 유형

2차 자료는 여러 가지 기준으로 분류할 수 있다.

첫째, 2차 자료는 내부자료와 외부자료로 나누어진다. 내부자료는 조사자가 종사하는 조직 내부의 자료를 의미한다. 외부자료란 타 기관에서 생성된 모든 자료를 말하는데, 그 예로서 정부부처나 국공립 및 사설연구소 또는 각 단체 등과 같은 기관 또는 조사전문회사 등에서 발간되는 각종 통계나 조사결과들, 학술지 및 각종 신문 등에 발표되는 모든 자료들이 포함된다.

둘째, 2차 자료는 그 출처에 따라서 개인적 문서나 업무서류철(business file) 등 사적으로 구할 수 있는 자료와 공공기관에서 구할 수 있는 자료로 구분된다.[60] 다른 연구자나 연구기관에서 수집한 자료를 자료보관소(data archives)에서 보관하여 널리 이용할 수 있게 하는 방법이 구미선진국에서 널리 활용되고 있다. 일종의 자료은행이라고 할 수 있는 공공자료 보관소의 예로는 정부기록보존소나 도서관, 또는 미국의 미시간 대학에 소재한 ICPSR (Inter-University Consortium for Political and Social Research)과 같은 기관을 들 수 있다.

3. 2차 자료의 원천

2차 자료 또는 기존자료의 원천은 다섯 가지 범주로 구분된다.[61] ① 공문서와 공식기록, ② 사회과학 분야 수집자료 ③ 민간부문 문서, ④ 대중매체, ⑤ 물리적, 비언어적 자료 등이다. 그러나 특정 자료가 하나의 범주에만 속하지 않을 수도 있다.

---

60) 박용치, 전게서, pp. 806-808; Allen D. Putt & J. Fred Springer, *Policy Research: Concepts, Methods and Applications,* Englewood Cliffs, NJ: Prentice-Hall, 1989, pp. 224-228.

61) Singleton, Jr. & Straits, *op. cit.,* pp. 357-366.

1) 공문서와 공식기록

기존자료를 활용하는 전형적인 연구는 과거로부터 사건과 과정의 발자취를 찾고자 하는 역사학자들에게서 찾을 수 있다. 역사학자들은 다른 어떤 증거보다도 문서로 작성된 기록(written record)에 의존하여 연구한다. 과거 문서기록의 대부분은 공적인 것이다. 각 부처와 공공기관의 정상적인 운영과정에서 생성되는 문서는 전 세계 모든 국가의 중앙정부와 지방정부에서 유지되고 관리된다. 여기에는 재판기록, 국가의 법률, 자치단체의 조례들이 포함된다. 이러한 기록들의 상당수는 정부기록보존소에 보관된다. 한편 통계청을 포함한 대부분의 정부기관은 수많은 공공통계를 생산하여 관리한다. 그 외에도 출생 및 사망자료, 주민등록, 호적, 자동차 등록 등 수많은 공공기록이 유지된다.

이들 중 가장 풍부한 자료원천은 인구통계로 출생, 사명, 결혼, 이혼 등 많은 자료를 담고 있다. Emil Durkheim은 1897년에 유명한 「자살론」을 출판하였는데, 유럽 수 개국의 사망에 관한 공식통계를 활용하여 훌륭한 연구업적을 남겼다. Durkheim은 자살률을 종교, 계절, 성별, 그리고 결혼 상태와 같은 변수와 관련하여 연구하였다. 이 자료를 토대로 그는 자살이 심인성 질병의 결과이며 기온과 관련이 있다고 하는 당시 유행했던 가설을 기각하였다. 궁극적으로 그는 사회적 통합의 결여가 자살률을 높이는 원인이라는 이론에 도달하였다. 그 이론을 사회적 유대가 강한 집단(기혼자와 사회적 통합을 강조하는 종교집단 구성원)에서 자살률이 가장 낮았고, 사회적 유대가 약한 집단(이혼자와 개인주의를 강조하는 종교 집단의 구성원)에서 가장 높았음을 보여주는 자료를 제시하여 확증하였다.

한국에서 가장 많은 통계자료를 생산하고 있는 곳은 통계청이다. 미국의 경우 통계국(US Bureau of Census)이 똑같은 역할을 하고 있다. 미국의 경우 센서스 자료 중 일부 표본을 오래전부터 연구자들이 활용할 수 있도록 공개하고 있다.[62] 우리나라 통계청에서도 센서스 자료의 표본을 연구자에게 제공하고 있다. 한편 우리나라에서도 대통령의 통치사료 등 각종 공문서는 공공기록물관리법에 따라 정부기록보존소에 보관되어 있다.[63]

---

62) 이를 Public Use Microdata Sample(PUMS)이라 부른다.

63) 우리나라는 지난 1999년 1월 공공기관의 기록물관리를 규율하고 기록유산의 안전한 보존과 공공기관 기록정보의 효율적 활용을 위하여 「공공기관의 기록물관리에 관한 법률」을 제정하였다. 이 법의 제정으로 공공기관, 즉 정부에서의 기록관리와

2) 사회과학분야 수집자료

지난 수십 년 동안 사회과학 분야에서도 수집된 자료가 상당히 축적되었다. 다양한 연구기관과 연구자들이 수집한 자료를 일정한 장소에 저장하는 것이다.64) 사회과학 분야에서 수집된 자료의 대부분은 서베이를 통하여 수집된 자료이지만 문화기술적방법을 활용하여 연구한 자료도 포함되어 있다. [Box 12-3]에 소개된 바와 같이 한국행정연구원을 포함한 국책연구원은 상당수의 조사자료를 연구자의 요청에 따라 제공한다.

Box 12-3 한국행정연구원 생산 데이터 이용

1. 사회통합실태조사(국가승인통계: 제417001호)
   ① 조사목적: 국민들이 체감하는 사회통합에 대한 인식을 파악함
   ② 조사대상: 전국 만 19세 이상 69세 이하 성인남녀 8,000명
   ③ 조사내용: 사회통합의 하위영역을 "주관적 웰빙 및 역능성(권리부여), 사회 참여, 정치 참여, 사회적 소통, 신뢰, 거버넌스, 공정성, 관용성(사회적 포용), 사회보장" 9가지로 구성하여 각 하위 개념에 대한 주관적 인식과 실태를 파악
   ④ 조사방법: 면접조사
   ⑤ 데이터 제공 가능연도: 2013~2019년
2. 공직생활실태조사(국가승인통계: 제417002호)
   ① 조사목적: 정부의 인적자원관리에 대한 공무원 인식 변화 모니터링
   ② 조사대상: 현직 중앙부처 및 광역자치단체 일반직 공무원 4,000명
   ③ 조사내용: 업무환경, 인사제도, 조직관리, 조직구성원의 동기, 태도 및 행동 등 공직생활 일반에 대한 공무원 인식조사
   ④ 조사방법: E-mail 웹조사
   ⑤ 데이터 제공 가능연도: 2012~2019년

보존이 보다 체계적이고 효율적으로 진행될 수 있는 토대가 마련되었으며, 기록과 보존이 공식적으로 행정 속으로 체화되는 계기가 되었다. 우리 과거 역사를 살펴보면 국보 제151호인 조선왕조실록 등 기록을 매우 중요시했다. 이러한 기록과 보존 자료는 행정 및 정책연구에서 매우 귀중한 2차 자료로 활용될 수 있다.

64) 미국의 경우 ICPSR(Inter-University Consortium for Political and Social Research)와 Roper Center for Public Opinion Research가 전국적 수준에서 사회과학 연구자들이 수집한 자료를 보관하는 장소로 유명하다. 한편 대부분의 대학에서는 Survey Research Center와 같은 곳에서 대학 구성원이 생산한 자료를 보관한다. 그러나 우리의 경우는 이러한 면에서 아직까지 취약한 편이다.

3. 정부부문 부패실태에 관한 연구
① 조사목적: 과거 정부와 현 정부의 부패실태 추이변화 파악
② 조사대상: 전국 기업체(5인 이상) 600명, 자영업자(5인 미만) 400명
③ 조사내용: 공직부패 관련 개인 경험과 인식, 분야별 부패에 대한 인식, 부패 발생 요인, 담당조직 및 대응 정책에 대한 견해, 행정일반에 대한 견해 등에 대한 인식조사
④ 조사방법: 기업체-FAX/E-mail/온라인 조사, 자영업자-면접조사 병행
⑤ 데이터 제공 가능연도: 2000, 2001, 2004~2019년

4. 행정에 관한 공무원과 국민 인식조사
① 조사목적: 행정에 관한 공무원과 국민의 인식 분석
② 조사대상: 중앙 및 지방공무원 1,000명, 성인남녀 1,500명
③ 조사내용: 공무원과 일반국민들이 바라보는 현재의 국가상황에 대한 인식, 국정전반의 문제해결과 관련하여 행정의 역할 등에 대한 인식, 다양한 행정제도 및 관행 등에 대한 인식조사
④ 조사방법: 공무원-E-mail 웹조사, 국민-온라인 조사
⑤ 데이터 제공 가능연도: 2004, 2007, 2010, 2013, 2016, 2019년

5. 효과적 거버넌스 운영을 위한 우리사회 신뢰수준에 관한 연구
① 조사목적: 사회구성 주체에 대한 국민신뢰 조사
② 조사대상: 전국 만 19세 이상 성인남녀 2,500명
③ 조사내용: 개인, 사회, 정부에 대한 신뢰 부문과 공공, 민간, 시민사회에 대한 협력적 거버넌스 부문에 대한 인식 및 상호관계에 대한 실증적 고찰
④ 조사방법: 온라인조사
⑤ 데이터 제공 가능연도: 2012, 2015, 2018년

6. 정부간 관계의 효과적 운영방안 연구
① 조사목적: 정부간 관계에 대한 공무원들의 인식 조사
② 조사대상: 중앙 및 지방자치단체 공무원 1,500명
③ 조사내용: 정부간 관계에 대한 종합적 인식, 정부간 관계 참여자간의 접촉 및 인식, 분야(기능적·재정적·인사적 측면)별 정부간 관계, 정부간 관여에 대한 인식, 정부간 분쟁조정제도 등에 대한 인식조사
④ 조사방법: 온라인조사, 면접조사 병행
⑤ 데이터 제공 가능연도: 2002, 2005, 2008, 2011, 2014, 2017년

출처: 「KIPA 조사포럼」 vol. 34 (2020. 09). p.69

한국행정연구원은 생산한 조사통계자료를 실증적으로 활용할 수 있는 연구기회를 제공하고 조사통계의 발전과 조사연구의 질적 향상을 도모한다는 취지

에서 한국행정학회와 공동으로 매년 KIPA-KAPA 데이터활용 논문공모전을 개최한다.[65)]

3) 민간부문 문서

민간부문 문서(private documents)는 접근이 용이하지는 않지만 연구에 필요한 자료로서의 중요성은 적지 않다. 민간부문 문서는 개인 또는 조직이 그들의 활동을 기록한 것으로 원래 연구자가 사용하는 것을 의도하여 생성된 것은 아니다. 그러나 개인의 일기와 편지 등은 오랫동안 역사학자들이 즐겨 사용하여온 자료원천이다. 기업경영자의 판매기록, 재고목록, 세금기록, 병원 환자기록, 그리고 대학의 학사기록 등도 여기에 포함된다.

4) 대중매체

신문, 잡지, 텔레비전, 라디오, 영화, 인터넷 등 대중매체는 기록된 문서, 그리고 음성 및 비언어적 기록을 생산하고 있다. 이러한 자료들의 내용을 분석함으로써, 사회과학연구자들은 다양한 쟁점들을 취급할 수 있다. 대부분의 연구자들이 언어적 자료를 취급해왔지만, 시각적 내용(visual content)도 분석할 수 있다. 예를 들면, 연구자는 신문과 잡지의 광고란에 게재된 수백 편의 사진들을 분석하여 사회에서 성(gender)의 의미를 분석할 수 있다. 최근 빅데이터 분석은 SNS와 인터넷에서 생성되는 대규모 데이터를 분석한다.

5) 물리적, 비언어적 자료

사회과학에서는 별로 사용되는 경우가 드물기는 하지만, 예술품, 의류, 가정용품 등도 풍부한 증거의 원천이 된다. 이러한 자료 가운데 동굴의 벽화 등은 과거문명을 연구하는 고고학자들에게 매우 중요한 자료이며, 역사학자들에게는 조각을 포함한 예술작품들이 매우 중요한 자료원천이 된다.

---

65) 2020년에 제4회 공모전이 개최되었다. 시상은 최우수상(통계청장상) 1편, 우수상 2편(한국행정연구원장상/한국행정학회장상), 장려상 1편에 대하여 이루어진다. 신청서는 매년 6월 30일까지 한국행정학회 사무국에 제출하며, 논문요지 및 논문은 매년 10월 31일까지 한국행정학회 사무국(www.kapa21.or.kr)에 우편 또는 이메일로 제출한다.

복습과제

01 서베이 조사의 특징을 간략하게 설명하시오.

02 1960년대 이후 사회과학 연구에서 서베이 조사방법이 급격하게 성장하는 데 기여한 요인은?

03 동일방법 바이어스의 발생원인과 해결방안을 간략하게 설명하시오.

04 질문서를 작성할 때 질문항목에 포함될 변수목록과 자료분석계획을 미리 작성해야 하는 이유는?

05 질문서에 포함될 질문항목들에는 어떠한 유형이 있는가?

06 개방형 질문과 폐쇄형 질문의 장단점은 무엇인가?

07 어떠한 경우에 개방형 질문이 사용되는가?

08 해당자 부수질문과 여과질문 또는 선별질문을 예를 들어, 설명하시오.

09 리커트 척도법에서 사용되는 등급형 질문(rating)의 응답범주의 사례를 제시하시오.

10 서열식 질문에 사용되는 구체적인 방법들인 서열순서법, 일대일 비교법, 고정총합법의 사례를 들어 간단히 설명하시오.

11 어구구성(wording)과 표현 선택에서 가능하면 회피하여야 할 질문들을 유형별로 예를 들어, 보시오.

12 질문항목의 순서는 응답률에 어떠한 영향을 미치는가?

13 질문서의 사전검사(pre-test)에서 검토하여야 할 사항은 무엇인가?

14 질문서의 사전검사(pre-test)와 예비조사(pilot study)의 차이점은?

15 질문서 적용방법으로 대인면접의 장점과 단점은?

16 컴퓨터 보조 면접조사(CAPI)에서 컴퓨터는 어떻게 보조수단으로 사용되는가?

17 우편조사에는 어떤 문제가 있는가? 응답률을 제고하는 방법은?

18 전자우편조사(e-mail survey)의 장점과 단점은?

19 전화면접법의 장점과 단점은?

20 여론조사와 시장조사에서 컴퓨터보조 전화면접이 증가하게 된 이유는?

21 우편조사, 전화조사, 면접조사의 특징을 시간과 비용, 길이(질문항목의 수), 응답률의 측면에서 비교하시오.

22 인터넷 조사의 장점과 단점은?

23 참여관찰을 활용하는 자료수집방법은 어떠한 연구설계에서 주로 사용되는가? 그 특징은?

24 심층면접은 어떠한 연구설계에서 주로 사용되는가? 그 특징은?

25 초점집단면접과 심층면접의 차이점은?

26 자신의 연구문제 해결의 주요 자료수집방법 또는 보조 자료수집방법으로 초점집단면접을 실시한다고 가정하고 면접대상과 면접질문 및 절차를 설계하여 보시오.

27 심층면접을 적용하는데 적합한 연구질문을 만들어라. 심층 면접이 왜 적용하기에 적절한 방법인가?

28 2차 자료의 주요 원천은?

29 지방자치단체 또는 국가간 비교연구 등 집계단위연구에서 주로 사용되는 2차 자료의 유형은?

30 한국행정연구원 또는 국책연구원에서 생산한 조사통계자료를 찾아본 후, 이를 활용할 수 있는 연구주제와 연구질문을 찾아보시오.

13 CHAPTER
자료분석방법
Methods of Data Analysis

장머리에

본 장에서는 조사자료에 대한 통계적 분석기법을 살펴보기로 한다. 제1절에서는 통계적 자료분석의 기초를 개관해 본다. 이어서 제2절에서는 단일변수에 관한 기술통계, 즉 중앙경향값, 산포도, 분포형태의 측정수단을 살펴보기로 한다. 제3절에서는 통계적 가설검증에 관하여 살펴본 다음, 제4절에서는 교차분석과 카이제곱 검증, 제5절에서는 상관분석, 제6절에서는 회귀분석, 제7절에서는 분산분석에 관하여 살펴보겠다. 제8절에서는 다변량 분석기법을 개괄적으로 고찰하기로 한다. 제9절에서는 소시오메트리와 연결망분석을 살펴보기로 한다.

제1절 통계적 자료분석의 기초

수집한 자료는 이를 분석하고 해석하여야 연구문제에 대한 적절한 답을 찾을 수 있다. 최근에 연구자들이 이용할 수 있는 통계기법과 응용 소프트웨어들이 많이 개발되어 있으나, 필요한 곳에 적절한 통계기법을 사용하여야만 소기의 목적을 달성할 수 있다. 따라서 연구자가 자신의 연구문제에 적절한 해답을 제공할 수 있는 통계분석기법을 선택하기 위해서 다음과 같은 점들을 고려하여야 한다.

1. 조사연구의 목적: 기술 또는 설명

본서에서는 경험적 조사연구의 유형을 기술적 조사연구와 설명적 조사연구로 구분하고 있다. 이와 같은 조사연구의 목적에 따라 다른 통계분석기법이 사용된다.

1) 기술적 통계분석기법

기술적 조사연구의 주목적은 연구대상의 속성을 정확하게 기술하는 것이므로, 그러한 속성을 나타내는 변수의 값이 어떠한 특징을 가지고 있는지를 알기 위한 통계분석이 필요하다. 기술적 통계분석기법에는 단일변수의 특성을 분석하는 기법뿐만 아니라 변수간의 연관성의 정도를 파악하기 위한 분석기법도 포함된다.

2) 설명과 가설검증 통계분석기법

인과적 설명이 주목적인 조사연구에서는 반드시 가설을 설정하여야 하는데, 이를 검증하기 위해서 가설검증 통계분석기법을 사용한다. 물론 기술적 연구에서도 가설이 설정되는 경우가 있지만 통계분석기법의 측면에서 보면 인과적 설명을 위한 가설의 검증과 기술적 연구의 가설검증 사이에는 큰 차이가 없다. 단지 연구자가 조사설계단계에서 변수간에 인과적 추론에 필요한 조건을 충족시켰느냐에 따라 달라질 뿐이다.

2. 분석해야 할 변수의 수

통계분석에서는 한번에 분석해야 할 변수의 수에 따라서 분석기법이 달라진다. 분석해야 할 변수의 수에 따라 분석기법은 일변량분석(univariate analysis), 이변량분석(bivariate analysis), 그리고 다변량분석(multivariate analysis)으로 구분된다.

3. 변수측정의 수준

제10장에서 살펴본 것처럼 변수의 측정수준에 따라 명목수준의 측정, 서열수준의 측정, 등간수준의 측정, 비율수준의 측정 등 네 가지 유형의 척도가 있다. 이들 중 명목척도와 서열척도로 측정된 변수를 비계량변수(non-metric variable)라고 부르고, 등간척도와 비율척도로 측정된 변수를 계량변수(metric variable) 또는 연속변수(continuous variable)라고 부른다.

이와 같이 경험적 조사자료에 대한 통계분석방법은 세 가지 기준에 따라 분류되며 그 내용이 <표 13-1>에 요약되어 있다. 그러므로 자료분석의 목적, 분석되는 변수의 수, 그리고 각 변수의 측정수준을 고려하여 알맞는 분석기법을 선택하여 사용하여야 한다.

표 13-1 조사자료 분석방법의 분류

분석의 목적	변수의 수	변수측정의 수준	
기술	일변량분석 이변량분석 다변량분석	비계량	명목척도(양분범주, 셋 이상 범주)
			서열척도
		계량	등간척도
			비율척도
가설검증	일변량분석 이변량분석 다변량분석	비계량	명목척도(양분범주, 셋 이상 범주)
			서열척도
		계량	등간척도
			비율척도

제2절 단일변수의 기술통계

하나의 변수에 관한 기술통계의 핵심은 변수의 측정값, 즉 자료의 특징을 요약하여 제시하는 데 있다. 예를 들어, 어떤 학교에서 재학생들의 지능이 어느 정도인가를 알고 싶어서, IQ점수를 가지고 지능을 측정하기로 하고, 각 학생(분석단위)의 IQ를 측정하기 위하여 IQ테스트를 실시하였다고 하자. 그 결과 각 학생들의 IQ값을 구할 수 있다.

표 13-2 측정의 수준에 따른 적절한 단일변수통계치

측정수준 (척도의 종류)	적절한 통계치		
	대표값	산포도	분포의 형태
명목척도	최빈수	백분비(percent), 비(ratio) 빈도분포(frequency distribution)	최빈수의 갯수
서열척도	중위수 최빈수	4분위수, 4분편차 10분위수, 10분편차 범위	
등간, 비율	평균 중위수 최빈수	표준편차 분산 사분편차 범위, 변이계수, 표준점수	비대칭도(skewness) 첨도(kurtosis)

학교관리자의 입장에서는 학생 개개인의 IQ보다는 이를 요약하여 그 학교 전체 학생의 IQ평균값이나, 학생들의 IQ점수에 얼마나 편차가 있는지 등에 관심을 가진다. 이와 같이 단일변수의 기술적 통계에서는 개별 분석단위에 대한 측정값보다는, 이들 측정값들을 요약한 수치에 관심을 갖게 된다. 일반적으로 자료의 특성을 요약하여 중앙경향값(measures of central tendency), 산포도(measures of dispersion, variability), 분포의 형태(forms of distribution) 등으로 표현한다. 그런데 변수의 측정수준에 따라 이용가능한 중앙경향값, 산

포도, 분포의 형태들을 나타내는 기술적 통계값이 달라진다. <표 13-2>는 변수의 측정수준에 따라 이용가능한 기술통계값들을 요약한 것이다.

1. 중앙경향값의 측정수단

1) 중앙경향값의 의미

자료의 중앙경향값은 자료의 일반적 크기를 대표하여 나타낼 수 있는 단일의 수치(single number)를 말하며, 흔히 평균(averages)이라고 부르는 대표값을 말한다.[1] 중앙경향값으로 사용되는 통계값은 최빈수(mode), 중위수(median), 산술평균(mean) 등이 있다. 등간척도나 비율척도에 의해 측정된 변수는 세 가지 지표 중에서 필요에 따라 골라서 사용할 수 있지만, 서열척도로 측정된 변수는 평균을 계산할 수 없고, 명목척도로 측정된 변수는 중위수와 평균을 계산할 수 없고 오직 최빈수만 사용할 수 있다.

2) 최빈수

최빈수는 빈도가 가장 큰 값, 점수, 또는 카테고리를 말한다. 최빈수는 각 카테고리의 빈도분포를 알 수 있을 때 그 빈도분포 중에서 빈도수가 가장 큰 카테고리의 이름이나 값이다. 명목척도나 서열척도에 의해 측정된 변수는 카테고리의 명칭을 의미하고, 등간척도나 비율척도로 측정된 변수의 경우에는 원자료를 재정리하여 빈도분포표를 만든 다음, 최빈수를 찾을 수 있다.[2] 명목척도로 측정된 변수는 최빈수가 자료의 중앙집중경향을 나타내는 유일한 지표이다.

3) 중위수

중위수는 서열척도 이상 수준의 척도로 측정되었을 경우 계산할 수 있다. 중위수는 수집된 자료를 크기 순으로 나열했을 때 중앙에 오는 자료값이다.

---

1) William F. Matlack, *Statistics for Public Policy and Management,* Duxbury Press, 1980, p. 34.

2) 등간척도 및 비율척도에 의해 측정된 변수의 측정값을 재정리하여 빈도분포표를 작성하는 것은 초보적인 통계작업에 속하며, 계급수, 계급구간, 계급한계 등이 결정되어야 한다. 이에 대한 설명은 기초통계학 교과서를 참고하기 바란다.

자료의 수가 홀수인 경우에는 한 가운데 오는 자료가 존재하므로 그 자료가 갖는 값이 중위수이다. 자료의 수가 짝수인 경우에는 가운데 오는 두 개 자료값의 평균을 중위수로 한다. 즉 자료의 수 n이 홀수이면 크기 순서대로 배열했을 때 $(n+1)/2$번째 항목의 값이 중위수이고, n이 짝수이면 크기의 순서대로 배열했을 때 $n/2$번째 항목의 값과 $(n+2)/2$번째 항목의 값의 평균이 중위수이다.

4) 산술평균

등간 또는 비율척도로 측정된 변수에 한하여 산술평균(arithmetic mean)을 계산할 수 있다. 산술평균은 측정값을 모두 합하여 자료의 수로 나눔으로써 구할 수 있다. 자료의 값이 x_1, x_2, …, x_n이고, 자료의 수가 n이라고 하면, 표본의 평균은 다음과 같다.

$$\overline{X} = \frac{(x_1 + x_2 + \cdots + x_n)}{n} = \frac{\Sigma x_i}{n} \tag{13.1}$$

5) 산술평균, 중위수, 최빈수의 비교

등간척도나 비율척도에 의해 측정된 변수는 산술평균, 중위수, 그리고 최빈수를 모두 계산할 수 있다. [그림 13-1] (a)에서 알 수 있듯이 좌우가 완전히 대칭인 분포에서는 평균, 중위수, 최빈수의 값이 같다. 한편 정점이 오른쪽에 있고 왼쪽으로 치우친 분포(left-skewed)에서는 평균이 중위수보다 작으며

그림 13-1 분포형태에 따른 중앙경향값 비교

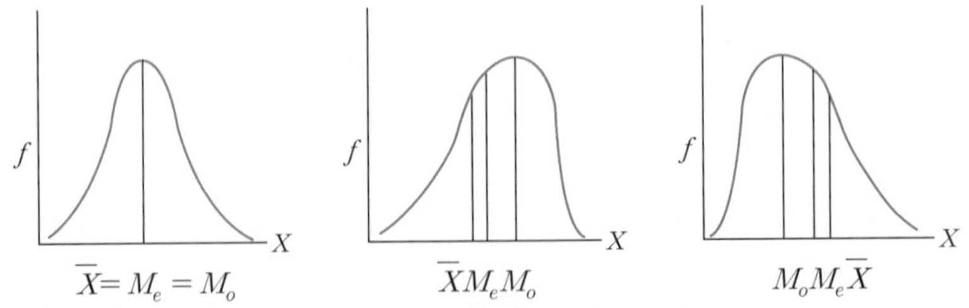

(a) 좌우대칭 분포 (b) 왼쪽꼬리 분포 (c) 오른쪽 꼬리분포

([그림 13-1] (b)), 정점이 왼쪽에 있고 오른쪽으로 치우친 분포(right-skewed)에서는 평균이 중위수보다 크다([그림 13-1] (c)). 평균, 중위수, 최빈수가 상이한 값을 가질 때에는 중위수가 항상 가운데 있다. 최빈수는 분포상의 정점(peak)의 값이며 평균은 항상 길게 치우쳐진 쪽에 위치한다. 따라서 크기순으로 최빈수(M_0)>중위수(M_e)>산술평균($\overline{X}$)인 분포와 최빈수(M_0)<중위수(M_e)<산술평균($\overline{X}$)인 분포가 있을 수 있다.

2. 산포도의 측정수단

1) 산포도의 의미

평균이 같거나 비슷하다고 해도 자료의 분포상태는 큰 차이가 있을 수 있으므로, 중앙경향값만 가지고는 자료의 분포상태를 나타낼 수 없다. 자료의 특성을 바르게 표현하려면 중앙경향값 외에도 자료들의 흩어진 정도를 나타내는 산포도도 알아야 한다. 산포의 정도를 측정하는 여러 가지 방법이 있지만, 그 공통된 성격은 산포도가 클수록 자료들이 평균에서 멀리 퍼져 있고, 작을수록 평균 주위에 모여 있다는 것이다.[3] 즉, 산포도가 작을수록 자료의 분포는 평균을 중심으로 안정적이고, 산포도가 클수록 자료들간의 차이가 심하다. 산포도를 측정하는 방법으로 범위(Range: R), 사분편차(Quartile: Q) 등도 있으나, 여기에서는 가장 많이 사용되는 표준편차, 분산, 변이계수, 그리고 표준점수에 대하여 살펴보기로 하자.

2) 표준편차

표준편차(standard deviation)는 등간척도와 비율척도로 측정된 변수값의 산포도를 측정하는 데 가장 널리 이용되고 있다. 또한 평균과 더불어 표준편차는 뒤에서 살펴볼 변이계수를 계산할 때에나, 상이한 단위로 측정된 변수값을 비교할 때 사용되는 표준점수(Z 점수)를 구하기 위해서도 필요하다. 표준편차는 산술평균에서 각 자료들의 값에 이르는 거리의 제곱을 평균하여 다시 제곱근을 구한 것으로서, 산출공식은 다음과 같다.

---

3) 김호정, 「사회과학통계분석」, 삼영사, 1993, p. 93.

$$s = \frac{\sqrt{\Sigma(x_i - \overline{X})^2}}{n-1} \tag{13.2}$$

표준편차는 평균과 각 자료들의 차이(거리)를 바탕으로 계산되지만 평균과 자료간의 차이를 단순히 합하지 않고 제곱하여 합함으로써 차이가 큰 자료에 가중치를 둔다는 점에 유의하여야 한다.

3) 분 산

분산(variance)은 단순히 표준편차의 제곱을 말하며 그 산출공식은 다음과 같다.

$$v = s^2 = \frac{\Sigma(x_i - \overline{X})^2}{n-1} \tag{13.3}$$

산포도의 지표로서 분산은 표준편차보다 이용도가 훨씬 떨어진다. 그러나 변수간의 관련성 분석이나 가설검증에서는 종속변수의 총분산 중에서 어느 정도가 독립변수에 의하여 설명된 분산(explained variance)이고, 어느 정도가 설명되지 않는 분산(unexplained variance)인가를 따지게 된다. 따라서 분산분석(analysis of variance)과 회귀분석을 포함한 이변량분석 및 다변량분석에서는 종속변수의 분산에 대한 설명이 매우 중요하다.

4) 변이계수

산포도의 측정지표로서 표준편차의 문제점은 평균이 다른 자료집단의 산포정도를 비교하는 기준이 될 수 없다는 점이다. 실제 자료의 분포상태에 변함이 없더라도 평균값이 달라지면, 표준편차값도 달라진다. 그러므로 평균값이 서로 다른 자료들의 산포정도를 정확하게 비교할 수 있으려면, 평균의 변화에 영향을 받지 않는 비교기준이 필요하다. 변이계수(coefficient of variation: CV)는 표준편차를 평균으로 나눈 값을 말하며 산포의 상대적 정도를 측정하기 위하여 사용한다. 때로는 이 값에 100을 곱한 값을 이용하기도 한다.

$$CV = \frac{s}{\overline{X}} \tag{13.4}$$

여기에서, CV=변이계수(coefficient of variation)
s=표준편차(standard deviation)
$\overline{X}$=평균(mean)

행정 및 정책연구에서 변이계수값은 상당히 유용하게 사용된다. Williamson & Fleming은 서구국가에서 정부예산 중 사회보장예산이 차지하는 비중의 변이계수가 역사적으로 크게 줄어들고 있다는 사실에서 수렴이론(convergence theory)의 증거를 찾고 있다.[4)]

5) 표준점수

표준편차, 분산, 그리고 변이계수가 전체 자료의 산포 정도를 표현하는 통계치인데 비하여, 표준점수(Z 점수)는 개별자료의 상대적인 분포위치를 나타내는 통계치이다. 표준점수로 환산할 자료값을 x_i, 평균을 $\overline{X}$, 표준편차를 s라고 할 때 표준점수 Z_i는 다음의 공식에 따라 산출된다.

$$Z_i = \frac{(x_i - \overline{X})}{s} \tag{13.5}$$

여기에서, $Z_i = i$번째 자료의 표준점수
$x_i = i$번째 자료의 측정값
$\overline{X}$=산술평균
s=표준편차

3. 분포형태의 측정수단

1) 분포형태의 의미

분포의 형태란 자료분포의 모양을 말한다. 분포의 모양은 막대그래프, 히스토그램, 꺾은선그래프, 분포곡선, 파이차트 등의 도표로 나타내면 쉽게 알 수 있다. 그러나 이와 같이 눈으로 식별하는 방법 외에 하나의 수치로 분포형태를 알려주는 통계치로는 최빈수의 갯수, 비대칭도(skewness), 첨도(kurtosis)

4) J. B. Williamson & J. J. Fleming, Convergence Theory and The Social Welfare Sector: A Cross-National Analysis, *International Journal of Comparative Sociology,* 18, 1977, pp. 242-253.

등이 있다.

2) 최빈수의 수

최빈수는 중앙경향값의 하나이면서 분포의 형태를 나타내는 지표도 된다. 최빈수의 값이 하나이면 단일최빈수분포 또는 단봉분포(unimodal distribution)이고 둘이면 양봉분포(bimodal distribution)가 된다. 어떤 쟁점을 둘러싸고 찬반 양론이 분명하게 갈릴 때에 양봉분포의 형태를 띄게 된다.[5]

3) 비대칭도(skewness: *Sk*)

비대칭도는 자료가 좌우대칭형이 아닌 경우에 자료의 비대칭의 정도를 측정할 수 있는 척도이다. 비대칭도를 왜도라고 부르기도 한다. 비대칭도를 구하는 공식은 식 (13.6)과 같다.

$$Sk = \frac{3(\overline{X} - M_e)}{s} \tag{13.6}$$

여기에서, Sk=비대칭도
$\overline{X}$=산술평균
M_e=중위수
s=표준편차

$\overline{X} = M_e$ 일 때 Sk=0이므로 자료는 좌우대칭분포가 되고, $Sk>0$일 때는 정점이 왼쪽이고 오른쪽으로 치우쳐진 분포이고, $Sk<0$일 때는 그 분포가 반대방향이다. 대표값들을 비교해 보면 이러한 관계를 잘 알 수 있다. Sk의 절대값이 클수록 한쪽으로 기울어진 정도가 크다는 것을 의미한다. 다변량분석에서는 각 변수가 정규분포의 형태를 가지고 있는 것으로 간주하고 각종 분석기법을 사용한다. 그러나 실제로 변수값이 완전한 정규분포를 이루고 있는 경우는 거의 없다. 그러나 변수값의 비대칭도가 심한 경우에는 그 변수를 다변량분석에서 제외시켜야 할 것이다. 대체로 Sk의 절대값이 1보다 큰 경우에는 정규분포를 크게 벗어난 것으로 보아야 한다.[6]

---

5) 오택섭, 「사회과학 데이터 분석법,」 나남, 1990, p. 81.
6) 김호정, 전게서, p. 106.

4) 첨 도

첨도(kurtosis)란 자료분포가 밀집하여 뾰족한지 아니면 분산되어 평퍼짐한 분포를 나타내고 있는지를 나타내는 척도이다.

4. SPSS를 활용한 기술통계분석

여기에서는 IBM SPSS 프로그램을 활용한 기술통계분석에 관하여 간단하게 살펴보기로 한다. SPSS 프로그램에서 활용하는 데이터 형태를 간략하게 소개한 후, 단일변수의 기술통계값을 산출하는 SPSS의 분석프로그램인 빈도분석과 기술통계를 살펴보기로 한다.[7]

1) SPSS 프로그램 데이터 형태

여기에서는 OECD 30개 주요 회원국가의 일인당 GDP(2018년), 남성경제활동참가율(2018년), 여성경제활동참가율(2018년), 일반정부지출 대 GDP 비중(2018), 지니계수(2017년), 무역의 대 GDP 비중(2018년), 공공사회지출 대 GDP 비중(2018), 회원국가의 대륙별 위치 등에 관한 자료를 사례로 활용하기로 하겠다. 이 자료는 OECD 회원국 통계에서 발췌한 것이다.[8]

SPSS 프로그램 데이터 편집기 화면에는 '데이터 보기'와 '변수 보기'라는 화면이 활성화되어 있다. 데이터 보기 화면에서 입력한 데이터의 형태는 [그림 13-2] SPSS데이터 보기 화면과 같다. 이같이 통계분석 프로그램에 사용될 데이터는 매트릭스 형태로 입력되는데, 행에서 자료수집단위(또는 사례)에 관한 정보를 확인할 수 있다. 일반적으로 첫 번째 열에는 자료수집단위(또는 사

---

7) 이하 IBM SPSS 프로그램 ver. 25를 사용하였다.

8) https://data.oecd.org/. 자료수집에 도움을 준 우하린 박사에게 감사드린다. 2020년 12월 기준 OECD 회원국은 총37개국이다. 분석사례에서는 이들 국가 중 회원가입기간이 비교적 길고 데이터가 다년도에 걸쳐 기록 및 관리되고 있는 30개 주요 국가만을 대상으로만 한정한다. 30개 주요 국가는 호주, 오스트리아, 벨기에, 캐나다, 체코, 덴마크, 핀란드, 프랑스, 독일, 그리스, 헝가리, 아이슬란드, 아일랜드, 이스라엘, 이탈리아, 일본, 대한민국, 룩셈부르크, 멕시코, 네델란드, 뉴질랜드, 노르웨이, 폴란드, 포르투갈, 스페인, 스웨덴, 스위스, 터키, 영국, 미국이다. 분석에서 제외된 국가는 총 7개국이다(슬로바키아, 칠레, 슬로베니아, 에스토니아, 라트비아, 리투아니아, 콜롬비아). 변수의 측정연도는 2018년도 기준이며, 2018년 기준 자료가 업데이트되지 않은 경우, 최근 자료를 사용하였다. 한편 지니계수는 2017년 기준 자료이다.

그림 13-2 OECD 30개 회원국가 2018년 주요통계 SPSS데이터 보기 화면

	국가	개인GDP	남성경제참가율	여성경제참가율	일반정부지출	지니계수	무역의존도	실업률	공공사회지출	대륙
7	핀란드	49377	63.1	55.8	53.24	.266	56.0	7.36	29.3	2
8	프랑스	46398	60.2	51.4	55.86	.292	44.9	9.02	31.1	2
9	독일	54653	66.7	55.9	44.41	.289	72.0	3.38	25.3	2
10	그리스	29535	60.0	44.3	49.00	.319	47.3	19.29	24.1	2
11	헝가리	32086	65.7	48.6	45.95	.289	151.8	3.71	18.8	2
12	아이슬란드	57746	85.2	77.9	42.35	.257	51.3	2.71	16.4	2
13	아일랜드	85345	68.5	56.0	25.13	.295	71.2	5.74	13.6	2
14	이스라엘	40255	68.2	59.7	40.33	.344	38.1	4.00	16.3	1
15	이탈리아	42909	59.3	41.1	48.25	.334	50.3	10.61	27.8	2
16	일본	41364	71.2	52.5	38.95	.339	28.0	2.44	21.9	1
17	대한민국	42240	73.7	59.7	31.15	.355	63.5	3.83	10.8	1
18	룩셈부르크	116622	63.9	55.8	41.93	.327	56.7	5.58	21.5	2
19	멕시코	20660	77.3	43.4	24.54	.327	3.9	3.30	7.2	3
20	네덜란드	57560	69.5	59.1	42.06	.285	150.1	3.83	16.2	2
21	뉴질랜드	42622	75.8	65.6	39.96	.349	40.1	4.33	19.4	4
22	노르웨이	67639	66.3	61.7	49.16	.262	48.3	3.80	24.4	2
23	폴란드	31487	64.9	48.5	41.52	.275	90.6	3.85	20.6	2
24	포르투갈	34489	64.4	54.4	43.18	.320	65.1	6.99	22.5	2
25	스페인	40611	63.7	52.5	41.64	.333	51.4	15.26	24.2	2
26	스웨덴	53747	75.2	70.6	49.87	.282	60.5	6.36	25.8	2
27	스위스	72382	74.2	62.9	50.03	.299	83.7	4.71	16.0	2
28	터키	28714	72.6	34.2	33.89	.404	50.6	10.89	12.2	1
29	영국	46918	68.3	58.0	40.98	.357	39.1	4.00	20.3	2
30	미국	62949	69.0	57.0	37.77	.390	20.8	3.90	18.2	3

"변수 보기"라는 화면에는 변수의 '이름', '유형'(숫자, 또는 문자), '너비', '소수점 이하자리', '설명' 등 변수의 성격에 관한 정보를 입력한다. 변수의 '설명'란에는 변수의 정의에 관한 내용을 간략하게 입력하는 것이 바람직하다. '측도'란에는 측정의 수준(명목, 서열, 비율)에 관한 정보를 기입하는데, 그 수준에 따라 '유형'(숫자, 또는 문자), '너비', '소수점 이하자리' 등이 달라지므로 적절한 정보가 입력되어야 한다.

례)를 확인할 수 있는 정보를 입력한다. [그림 13-2]에는 회원국가의 목록이 제시되었는데, 만약 서베이 조사자료인 경우에는 대체로 응답자들의 식별코드나 이름을 입력한다. 각 열에는 변수에 관한 정보가 포함된다. 두 번째 열은 일인당 GDP, 세 번째 열은 남성경제활동참가율 등이다. 만약 서베이 조사자료인 경우에는 각 열에 개별문항에 대한 응답자들의 응답결과가 제시될 것이다.

[그림 13-3]에는 OECD 회원국가의 주요통계에 관한 SPSS데이터 변수 보기 화면이 제시되었다. [그림 13-3]에서 명목척도로 측정된 변수인 '대륙'

그림 13-3 OECD 30개 회원국가 2018년 주요통계 SPSS 변수보기 화면

	이름	유형	너비	소수...	레이블	값	결측값	열	맞춤	측도	역할
1	국가	문자	15	0	국가	없음	없음	9	왼쪽	명목형	입력
2	개인GDP	숫자	20	0	GDPcapita	없음	없음	6	오른쪽	척도	입력
3	남성경제참가율	숫자	10	1	남성경제활동참...	없음	없음	8	오른쪽	척도	입력
4	여성경제참가율	숫자	10	1	여성경제활동참...	없음	없음	7	오른쪽	척도	입력
5	일반정부지출	숫자	10	2	일반정부지출	없음	없음	7	오른쪽	척도	입력
6	지니계수	숫자	10	3	지니계수	없음	없음	7	오른쪽	척도	입력
7	무역의존도	숫자	10	1	무역의존도	없음	없음	6	오른쪽	척도	입력
8	실업률	숫자	10	2	실업률	없음	없음	6	오른쪽	척도	입력
9	공공사회지출	숫자	10	1	공공사회지출G...	없음	없음	6	오른쪽	척도	입력
10	대륙	숫자	10	0	대륙	{1, 아시아}...	없음	6	오른쪽	명목형	입력

(설명: 국가가 위치한 대륙)의 '값'에 관한 설명에서 1=아시아, 2=유럽, 3=아메리카, 4=오세아니아와 같이 입력해 주면 통계 분석결과를 확인하기가 매우 용이하다.

2) SPSS 빈도분석

(1) 빈도분석의 의의

빈도분석은 명목척도와 서열척도로 측정된 변수값에 대하여 대표값, 산포도 그리고 분포의 형태에 관한 통계치를 제공한다. 대표값은 최빈수, 산포도는 빈도분포(절대빈도, 상대빈도, 누적빈도), 분포의 형태는 최빈수의 개수에 따라 단봉분포인지 양봉분포인지를 파악한다. 그러나 등간척도와 비율척도로 측정된 경우에도 빈도분석을 사용할 수 있으며, 분석자의 요청에 따라 대표값(평균, 중위수, 최빈수), 산포도(사분위수, 표준편차, 분산, 범위, 최소값, 최대값), 분포형태(비대칭도, 첨도)에 관한 통계치를 구할 수 있다.

(2) 빈도분석의 실행순서

아래 [그림 13-4] a와 같이 SPSS 메뉴에서 분석(A) → 기술통계량(E) → 빈도분석(F)을 선택하면 [그림 13-4] b의 '빈도분석' 대화상자가 나타난다.

대화상자에서 빈도분석을 실행하고자 하는 변수를 선택한다. [그림 13-4] b에서는 국가가 위치한 '대륙'이 선택되었다. '통계량'에서 중심경향(평균, 중위수, 최빈값, 합계), 산포도(사분위수, 표준편차, 분산, 범위 등), 분포(왜도, 첨도), 도표(막대도표, 원도표, 히스토그램)를 선택할 수 있다. 마지막으로 [그림 13-4] b '빈도분석' 대화상자에서 '확인'을 클릭하면 빈도분석이 실행된다.

그림 13-4 SPSS 빈도분석 실행절차

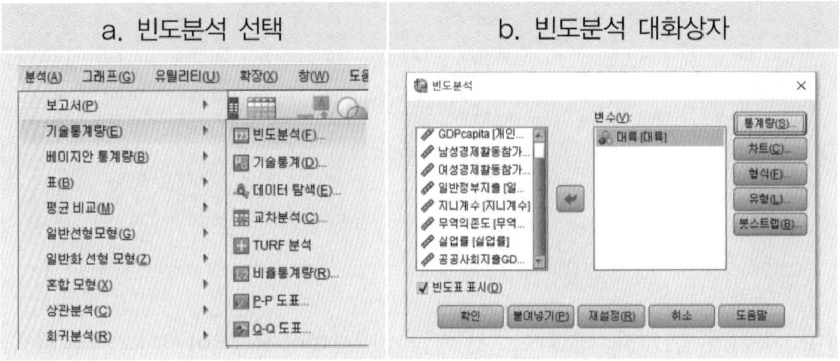

(3) 빈도분석결과

위와 같이 빈도분석 절차를 모두 마치고 나면 <표 13-3>과 같이 SPSS '빈도분석 결과'가 출력된다. 필요에 따라 이를 연구보고서나 논문에 활용할 수 있다. <표 13-3>에서 30개 OECD 주요회원국가들 가운데 압도적인 다수인 21개 국가(70.3%)가 유럽대륙에 위치하고 있으며, 아시아대륙은 4개 국가(14.3%), 아메리카 국가는 3개 국가(6.7%)이며 오세아니아 대륙에 위치한 국가는 2개국(6.7%)이다. 서베이조사 자료의 분석에서는 성별, 종교, 연령, 학력, 취미 등의 인구통계학적 변수들의 분포에 대하여 빈도분석을 실시하고 그 결과를 제시하는 경우가 많다.

표 13-3 OECD 주요 30개 국가의 대륙별 위치 SPSS 빈도분석 결과

	빈도	퍼센트	유효 퍼센트	누적 퍼센트
아시아	4	13.3	13.3	13.3
유럽	21	70.0	70.0	83.3
아메리카	3	10.0	10.0	93.3
오세아니아	2	6.7	6.7	100.0
전체	30	100.0	100.0	

3) SPSS 기술통계분석

(1) 기술통계의 의의

기술통계는 등간척도 및 비율척도에 의하여 측정된 변수의 각종 통계치를 구하기 위하여 사용한다. 기술통계에서는 분석자의 요청에 따라 대표값(평균, 중위수, 최빈수), 산포도(표준편차, 분산, 범위, 최소값, 최대값), 분포형태(왜도, 첨도)에 관한 통계치를 구할 수 있다. 그 밖에도 표준점수를 구하여 저장한 다음, 차후의 분석에 사용할 수 있다.

(2) 기술통계분석 실행절차

다음 [그림 13-5] (a)와 같이 SPSS 메뉴에서 분석(A) → 기술통계량(E) → 기술통계(D)을 선택하면 [그림 13-5] (b)의 '기술통계' 대화상자가 나타난다. 대화상자에서 기술통계를 실행하고자 하는 변수를 선택한다. [그림 13-5] (b)에서는 2018년 기준 일인당 GDP, 남성경제활동참가율, 여성성경제활동참가율, 일반정부지출, 지니계수(2017년), 무역의존도, 실업률, 공공사회지출비율을 선택하였다. 만약 (b)의 '기술통계' 대화상자 왼쪽 하단의 '표준화 값을 변수로 저장(Z)'을 선택할 경우 이들 변수에 대한 자료가 표준점수로 환산되어 새로운 변수로 데이터 파일에 저장된다.

[그림 13-5] (c) '옵션'에서 평균(M), 합계(S), 산포도(표준편차, 분산, 범

그림 13-5 SPSS 기술통계분석 실행절차

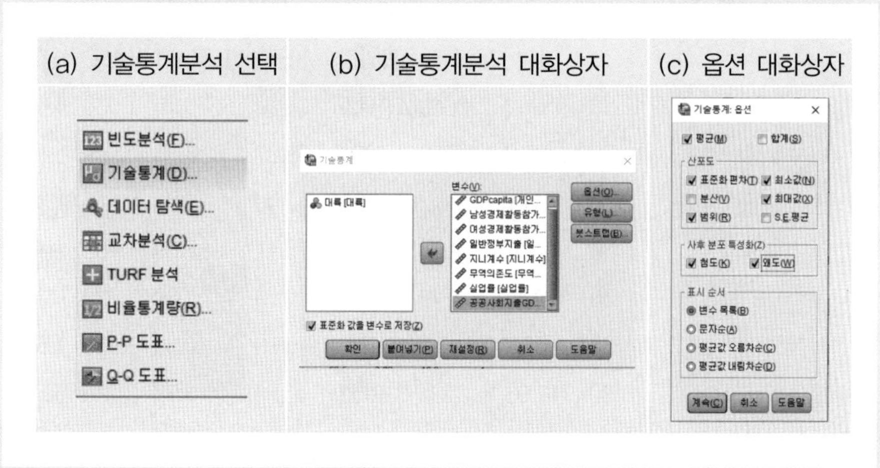

위 등), 분포(왜도, 첨도)를 선택할 수 있다. 선택을 마친 다음 마지막으로 [그림 13-5] (b) '기술통계' 대화상자에서 '확인'을 클릭하면 기술통계 분석이 실행된다.

(3) 기술통계분석결과

위와 같이 절차를 모두 마치고 나면 <표 13-4>와 같이 SPSS '기술통계 분석결과'가 출력되는데, 필요한 부분을 선별하여 이를 연구보고서나 논문에 활용할 수 있다. 일반적으로 평균과 표준편차가 대표적으로 활용된다. 한편 첨도와 왜도(비대칭도)는 다변량분석에 앞서 분포의 형태를 확인하는 용도로 활용된다. 서베이조사 자료의 분석에서는 보수, 월수입 등에 관한 자료나 리커트 척도법에 따라 구성된 설문문항의 합산값에 대하여 평균과 표준편차 등의 기술통계를 제시하게 된다.

<표 13-4>에서 2018년 기준 OECD 주요 30개 회원국가의 평균 일인당 GDP는 $50,329이며, 남성경제활동참가율은 68.27%, 여성경제활동참가율은 55.46%, 일반정부지출 대 GDP 비중은 43.11%, 지니계수로 측정된 소득분배 불균형 수치(2017년)는 .309, 무역의 대GDP 비중은 66.3%, 실업률은 5.94%, 공공사회지출 대GDP 비중은 20.7%이다. 한편 각 변수별로 범위(최대값-최소값)와 표준편차에서 산포의 정도를 확인할 수 있다. OECD 회원국가의 일인당 국민소득 등 모든 변수에서 회원국가들 사이에 상당한 편차가 있음을 알

표 13-4 OECD 30개 주요국가 8개 변수에 관한 기술통계

	N	범위	최소값	최대값	평균	표준편차	왜도	첨도
GDPcapita	30	95962	20660	116622	50329	18663.76	1.630	4.600
남성경제활동참가율	30	26.2	59.0	85.2	68.27	5.83	.699	1.106
여성경제활동참가율	30	43.7	34.2	77.9	55.46	8.61	.015	1.384
일반정부지출	30	31.32	24.54	55.86	43.11	7.69	-.708	.468
지니계수	30	.155	.249	.404	.309	.039	.522	-.239
무역의존도	30	166.2	3.9	170.1	66.3	40.62	1.432	1.573
실업률	30	17.05	2.24	19.29	5.94	3.78	2.186	5.195
공공사회지출GDP대비	30	23.8	7.2	31.1	20.7	5.87	-.226	-.381

수 있다. 예를 들면, 여성경제활동참가율의 경우 OECD 주요 30개국가의 평균은 55.46%인데 표준편차 8.61, 최소값은 터키 34.2%, 최대값은 아이슬랜드 77.9%로 범위는 43.7이므로 국가간 편차가 상당히 크다. 또한 각 변수별로 왜도와 첨도값이 산출되어 분포형태를 가늠할 수 있다.

제3절 통계적 가설검증의 의의와 절차

1. 통계적 가설검증의 의의

1) 통계적 가설검증의 의미

설명적 조사연구에서는 결과변수(종속변수, 설명되는 변수)와 원인변수(독립변수, 설명하는 변수)간의 인과관계에 대한 가설을 설정하고, 자료를 수집하여 그 진위를 검증한다. 기술적 연구에서도 연구대상의 속성, 집단간의 차이, 변수간의 관계에 대한 가설을 설정하고, 그 진위를 검증하는 경우가 있다. 연구자가 설정한 가설은 자신이 제기한 연구문제에 대한 잠정적인 해답이며, 이러한 가설이 검증과정을 거쳐서 진실이라고 받아들여지면, 그 가설은 연구문제에 대한 검증된 해답, 즉 결론이 된다.

통계적 가설검증이란 수집된 자료를 기초로 가설의 진위여부에 대하여 의사결정을 내리는 과정을 말한다. 수집된 자료가 가설의 적용대상이 되는 모집단 전체에 관한 자료라면 그 자료의 분석결과에 따른 가설의 진위 여부는 쉽게 판단할 수 있다. 그러나 수집된 자료가 모집단의 일부를 표본으로 추출하여 그 표본을 대상으로 수집한 자료일 경우에는 그 자료의 분석결과를 토대로 모집단 전체의 특성을 추리해야 한다. 이와 같이 표본자료의 분석결과를 토대로 모집단의 특성을 추론하는 것을 추리통계학적 접근방법이라고 부른다.

통계적 가설검증에서는 추리통계학, 즉 표본추출이론에 입각하여 수집된 표본자료의 분석결과를 토대로 모집단에 관하여 설정된 가설의 채택여부에 관한 의사결정을 내리게 된다. 즉 표본정보만을 가지고 모집단에 관한 가설의 채택 여부를 결정하는 과정이 통계적 가설검증의 과정이다.

표본이론적 접근, 즉 추리통계학적 접근방법에서는 표본 통계량만 가지고 가설의 채택 여부를 결정한다. 예를 들어, 두 표본집단간에 평균값이 차이가 있을 때, 그 차이가 무작위 표본추출과정에서 우연히 나타난 차이에서 비롯된 것이 아니라는 믿을 만한 근거가 있다면, 그 차이는 통계적으로 유의미한 차이라고 간주된다.

2) 표본의 통계량과 모집단의 모수

통계적 가설검증은 표본 통계량(statistics)으로부터 모집단의 모수(parameter)를 추리하는 것이므로 먼저 모집단의 모수와 표본통계량의 관계부터 살펴보기로 하자. 표본추출이론(본서 제12장 제4절 참조)에서 살펴본 바와 같이 연구자의 관심의 대상이 되고 있는 특성을 지닌 구성요소(또는 분석단위)의 집합을 모집단이라고 하며, 모집단에서 자료수집의 대상으로 채택된 일부가 표본이다.

모집단은 그 크기가 정해진 유한모집단과 무한모집단으로 구분된다. 무한모집단일 경우에는 전수조사를 통하여 모집단의 모수를 측정하는 것은 불가능하고, 유한모집단의 경우에도 여러 가지 이유 때문에, 표본조사를 실시하는 경우가 많다. 표본조사를 실시할 때에는 소정의 절차를 거쳐서 확률표본을 추출하여 자료를 수집하고, 그러한 표본에서 표본의 특성값인 통계량을 구하고, 이를 사용하여 통계적 추론과정을 거쳐서 모수를 추리하게 된다.

통계적 가설검증에서 논의되는 통계적 추론의 대상은 모집단이 하나인가, 둘인가 또는 셋 이상인가, 그리고 검증대상이 되는 변수가 하나인가 둘인가 또는 셋 이상인가에 따라서 여러 가지로 구분될 수 있다.

여기에서는 가설검증의 대상을 1) 하나의 모집단에서 한 변수의 특성값에 대한 통계량과 모수의 관계, 2) 두 모집단에서 한 변수의 특성값의 차이에 대한 통계량과 모수와의 관계, 3) 하나의 모집단에서 두 변수의 관계에 대한 통계량과 모수의 관계, 4) 기타 여러 변수간의 관계로 구분하여 살펴보기로 한다.

(1) 하나의 모집단에서 한 변수의 특성값에 대한 통계량과 모수

하나의 모집단에서 한 변수의 특성을 나타내는 모수 중에 중요한 것으로는 평균(μ), 비율(P 또는 π), 분산(σ^2), 표준편차(σ) 등이 있으며 이에 대응하는 표본의 통계량은 각각 표본평균($\overline{X}$), 표본비율($\overline{p}$), 표본분산(s^2), 표본표준편

그림 13-6 하나의 모집단에서 하나의 특성값에 대한 모수와 통계량과의 관계

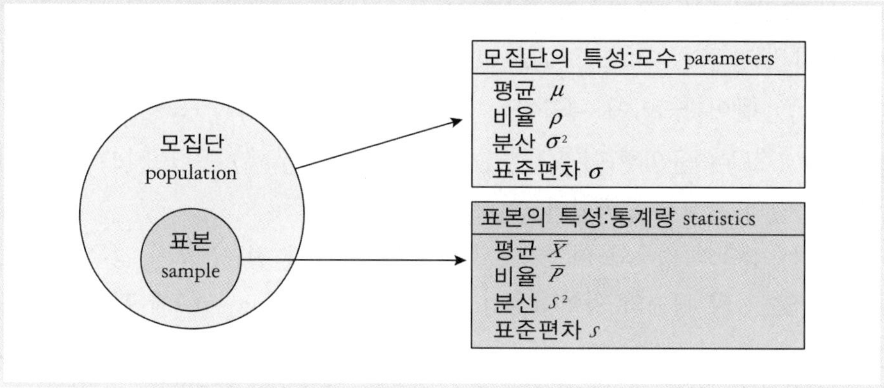

차(s) 등으로 [그림 13-6]에 이들간의 관계가 요약되어 있다. 이들 중 표본평균과 모집단평균과의 관계, 표본비율과 모집단비율간의 관계에 대한 것은 이미 표본추출이론에서 살펴보았다.

통계적 추론에서는 확률표본(random sample)을 전제로 통계적 추론이 이루어진다. 표본의 통계량으로 표현되는 모수의 추정량(estimator)[9]을 가지고 모집단의 모수를 추정하기 위하여 표준정규분포인 Z 분포라든가, t 분포, χ^2 분포, 그리고 F 분포 등의 성질을 이용한다.

표본추출이론에서 살펴본 대로 모집단이 정규분포를 이루고 있다면, 표본의 크기나 σ값을 알고 있는지와 무관하게 평균의 표본추출분포는 항상 정규분포를 이룬다. 모집단이 정규분포를 이루고 있지 않은 경우에는 표본의 크기(n)에 따라서 좌우된다. 일반적으로 $n \geq 30$이면 중심극한정리(central limit theorem)에 따라 표본추출분포는 정규분포를 이루게 되어 Z 분포를 이용할 수 있다. 그런데 표본수가 작은 경우($n<30$)에는 표본추출분포가 정규분포를 이루고 있다고 보기 어렵다. 모집단이 정규분포이고 표본수가 30 이하일 경우에는 t 분포를 이용하여야 한다. 그러나 Z 분포를 이용하여야 할 경우에 t 분포를 사용하여도 무방하며 실제 Z 분포를 이용하는 대신 t 분포를 사용하여 가설검증을 하는 경우가 많다.[10]

9) 추정량(estimator)이란 용어는 모집단의 모수에 대한 구체적인 추정값인 추정치(estimate)를 도출하는 계산방법이나 계산식을 말한다.

10) 표준정규분포와 비교한 t 분포의 특징에 관한 것은 기초통계학 교과서에 상세하게

(2) 두 모집단에서 한 변수의 특성값의 차이에 대한 통계량과 모수

두 모집단에서 한 변수의 특성값이 차이가 있는지 여부에 관한 모수로 중요한 것은 평균의 차이($\mu_x - \mu_y$), 비율의 차이($P_x - P_y$), 그리고 모분산의 비(σ_y^2 / σ_x^2) 등이다. 이에 대응하는 표본의 통계량은 각각 표본평균의 차이($\overline{X} - \overline{Y}$), 표본비율의 차이($\bar{p}_x - \bar{p}_y$), 표본분산비($s_y^2 / s_x^2$) 등이며 [그림 13-7]에 이들간의 관계가 요약되어 있다.

단일모집단의 경우와 마찬가지로 표본추출분포가 정규분포인 경우에는 X, Y 두 집단간의 평균의 차이($\mu_x - \mu_y$)와 비율의 차이($p_x - p_y$)에 관한 통계적 추론이 가능하다. 모집단이 정규분포를 이루고 있을 경우에는 두 집단간의 모분산비(σ_y^2 / σ_x^2)에 대한 통계적 추론도 가능한데, 모분산비는 표본분산비(s_y^2 / s_x^2)를 토대로 F 분포표를 이용하여 추론한다.

그림 13-7 두 모집단에서 한 변수의 특성값의 차이에 대한 모수와 통계량과의 관계

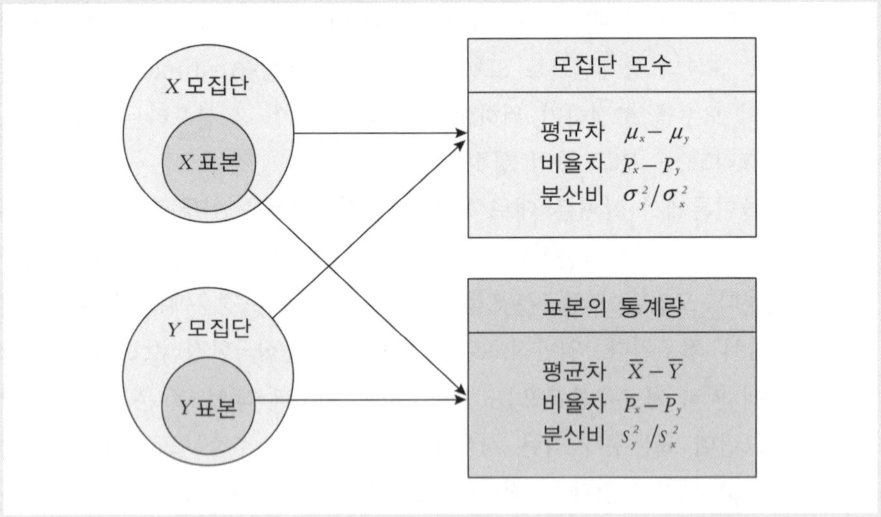

(3) 하나의 모집단에서 두 변수의 관계에 대한 통계량과 모수의 관계

하나의 모집단에서 변수 X와 Y의 관계에 관한 모수로는 공분산(COV(X, Y))과 이를 표준화한 상관계수(ρ_{xy}) 등이 있고, 이에 대응하는 표본통계량으

설명되어 있다.

표 13-5 하나의 모집단에서 두 변수간의 관계에 대한 모수와 통계량과의 관계

	모 수	통 계 량
공 분 산	$Cov(X, Y) = E(X-\mu_x)(Y-\mu_y)$	$Cov(X, Y) = \dfrac{\Sigma(x-\overline{X})(y-\overline{Y})}{n-1}$
상관계수	$\rho = \dfrac{Cov(X, Y)}{\sigma_x \cdot \sigma_y}$	$r = \dfrac{\Sigma(x-\overline{X})(y-\overline{Y})}{\sqrt{\Sigma(X-\overline{X})^2 \Sigma(Y-\overline{Y})^2}} = \dfrac{Cov(X, Y)}{s_x \cdot s_y}$
	σ_x: X 모집단의 표준편차 σ_y: Y 모집단의 표준편차	s_x: X 표본의 표준편차 s_y: Y 표본의 표준편차

로 표본공분산(COV(x, y))과 표본상관계수(r_{xy})가 있는데, 그 관계가 다음 <표 13-5>에 요약되어 있다.

표본자료에서 계산한 X와 Y간의 공분산이나 상관계수가 모집단의 공분산이나 상관계수와 일치한다고 보기 어려우므로 통계적 검증을 하게 된다. 상관계수를 예로 들면, 모집단에서의 두 변수간의 상관관계 ρ_{xy}를 파악하려면 r_{xy}을 바탕으로 ρ_{xy}를 추리하여야 한다. 이때 ρ_{xy}값이 0인지 아닌지를 검증하는 방법과 ρ_{xy}값이 일정한 값, 예를 들어, .50 이상인지 여부를 검증하는 방법이 있다.[11] 이 경우에도 기본적으로는 표본의 크기가 큰 경우에는 정규분포를 이용하고 작은 경우에는 t 분포를 이용하여야 한다.

(4) 셋 이상의 모집단, 셋 이상의 변수간의 관계에 관한 통계량과 모수

모집단이 셋 이상인 경우 한 변수 특성값의 집단간 차이, 그리고 셋 이상 변수간의 관계에 대한 표본의 통계량과 모집단의 모수와의 관계에 관한 추리 및 가설검증의 논리는 기본적으로 앞서 살펴본 세 가지의 경우와 유사하다.

2. 통계적 가설검증의 과정

통계적 가설검증의 과정은 대체로 가설의 설정, 표본자료의 수집 및 검증방법의 결정, 유의수준의 선택과 임계치의 결정, 검증통계량의 계산 및 가설의

11) 김호정, 전게서, pp. 425-430.

채택 여부에 대한 의사결정, 검증결과의 해석이라는 순서로 이루어진다.

1) 가설의 설정

가설은 어떤 문제에 대하여 아직 그 타당성이 검증되지 않은 잠정적인 진술이며, 경험적 자료에 의하여 채택될 수도 있고 기각될 수도 있다. 그런데 통계적 가설검증을 위해서는 먼저 가설이 통계적으로 검증될 수 있는 형태로 표현되어야 한다.

(1) 연구가설과 영가설

제3장에서 통계적 가설검증을 위해서는 연구가설(research hypothesis)과 영가설(null hypothesis)이 필요하다고 지적하였다. 연구가설이란 연구문제에 대한 잠정적인 해답으로 제시한 가설로 작업가설(working hypothesis)이라고 부르기도 한다. 즉 연구자가 연구문제의 해답이 입증될 때까지 제시한 잠정적인 해답을 말한다. 반면에 영가설은 귀무가설이라고 부르기도 하는데, 연구가설과 논리적으로 반대의 입장을 취하는 연구문제의 해답에 대한 진술이다. 영가설은 수집된 자료에서 나타난 차이나 관계가 진정한 것이 아니라 우연의 법칙(laws of chance)으로 생긴 것으로 진술한다. 영가설은 H_0라고 하고, 연구가설은 이에 대한 대립가설(alternative hypothesis)인데, 이를 H_1으로 표현한다.

통계적 검증결과 영가설과 대립가설 중 어느 하나를 받아들이게 되므로, 영가설과 대립가설(연구가설)은 서로 중복되어서는 안 되며 상호 배타적이어야만 한다. 전문적인 용어를 사용하면, 영가설 H_0와 대립가설 H_1은 상호배타적인 사건(mutually exclusive events)으로 그 합집합은 공통부분이 없는데, 이는 영가설과 대립가설이 동시에 채택될 수 없음을 나타낸다. 대립가설은 영가설이 채택될 수 없을 때 자동적으로 받아들여지는 가설이므로 직접 검증할 필요가 없지만, 영가설은 직접 검증을 거쳐야 되는 가설이다. 표본자료의 검증결과로 영가설이 기각되면 이와 논리적으로 대립되는 대립가설(연구가설)을 받아들이게 된다.

가설검증과정에서 영가설과 연구가설 사이의 관계를 설명할 때 흔히 사용되는 형사재판 피고인의 예를 들어보자.[12] 형사재판에서는 살인범이라는 심증이 가는 피고라도 법정에서 선고가 내려질 때까지는 무죄로 추정된다. 그리고 검사로 하여금 "피고인이 무죄이며 결백하다."는 명제를 반증해서 무죄가 아닌 것을 증명하게 한다. 검사가 여러 가지 증거자료를 제시하여 "피고인이 결백하지 않다."라는 것을 입증하면 피고는 유죄가 된다. 그러나 검사가 명백한 증거자료를 제시하지 못하면 그 피고는 무죄선고를 받게 된다. 즉 "그 피고는 무죄다."라는 영가설을 세워놓고 검사가 증거를 가지고 반증하게 되면 연구가설인 "피고는 유죄다."라고 선고를 하게 된다.

통계적 가설검증과정에서는 "차이나 관계가 있다."는 형식의 연구가설과 "차이나 관계가 없다."는 형식의 영가설을 세워 놓고 영가설이 기각되면, 논리적으로 대립되는 연구가설을 받아들이게 된다.

(2) 가설의 서술형 표현과 통계적 표현

통계적 검증과정에서는 표본자료에서 계산한 통계치를 가설과 비교하여 추론하게 되므로 서술형식의 가설을 통계적 기호의 형태로 표현하는 것이 간명하고 검증을 위해서 바람직하다. 서술형의 가설을 통계적 가설의 형태로 전환시킬 수 없을 경우에는 통계적 검증을 할 수 없다. 서술형식의 가설과 통계적 기호 형태의 가설의 예를 들면, 다음과 같다.

① 모집단의 특성에 관한 가설

가) 서술형 표현

H_0: 우리 국민의 하루 평균 독서시간은 60분이 넘지 않을 것이다.
H_1: 우리 국민의 하루 평균 독서시간은 60분이 넘을 것이다.

나) 통계적 표현

H_0: $(\mu \leq 60)$
H_1: $(\mu > 60)$

② 두 모집단의 특성값의 차이에 관한 가설

가) 서술형 표현

H_0: 남녀 공무원의 직무만족도에는 차이가 없다.

---

12) 오택섭, 전게서, p. 99.

H_1: 남녀 공무원의 직무만족도에는 차이가 있다.

나) 통계적 표현

H_0: $(\mu_m = \mu_w)$
H_1: $(\mu_m \neq \mu_w)$

③ 변수간의 관계에 대한 가설

가) 서술형 표현

H_0: 유권자의 사회경제적 지위(X_1), 정치적 효능감(X_2), 의원과의 접촉 빈도(X_3)는 의회에 대한 규범적 신뢰도(Y)와 관련이 없을 것이다.
H_0-1: 유권자의 사회경제적 지위(X_1)는 의회에 대한 규범적 신뢰도(Y)와 관련이 없을 것이다.
H_0-2: 정치적 효능감(X_2)은 의회에 대한 규범적 신뢰도(Y)와 관련이 없을 것이다.
H_0-3: 의원과의 접촉 빈도(X_3)는 의회에 대한 규범적 신뢰도(Y)와 관련이 없을 것이다.

H_1: 유권자의 사회경제적 지위(X_1), 정치적 효능감(X_2), 의원과의 접촉빈도(X_3)가 높을수록 의회에 대한 규범적 신뢰도(Y)가 높을 것이다.
H_1-1: 유권자의 사회경제적 지위(X_1)가 높을수록 의회에 대한 규범적 신뢰도(Y)가 높을 것이다.
H_1-2: 정치적 효능감(X_2)이 높을수록 의회에 대한 규범적 신뢰도(Y)가 높을 것이다.
H_1-3: 의원과의 접촉빈도(X_3)가 높을수록 의회에 대한 규범적 신뢰도(Y)가 높을 것이다.

나) 통계적 표현

H_0: $Y \neq \alpha + \beta_1 X_1 + \beta_2 X_2 + \beta_3 X_3$
$\beta_1 = 0, \ \beta_2 = 0, \ \beta_3 = 0$
H_1: $Y = \alpha + \beta_1 X_1 + \beta_2 X_2 + \beta_3 X_3$
$\beta_1 \neq 0, \ \beta_2 \neq 0, \ \beta_3 \neq 0$

변수간 관계에 대한 가설에서 독립변수의 수가 둘 이상일 경우, 회귀방정식에 관한 가설과 각 변수에 대한 가설로 구분되는 것을 알 수 있다.

2) 표본자료수집 및 검증방법의 결정

가설이 설정된 후에는 표본을 추출하여 추출된 표본을 대상으로 자료를 수집한다. 표본자료수집과 함께 검증방법을 정확하게 규정하기 위해서 표본분포의 성격을 규명할 필요가 있다. 앞에서 살펴본 것처럼 표본분포의 성격에 따라 Z 검증, t 검증, F 검증 또는 비모수검증인 χ^2 검증을 해야할 지 결정한다.

앞에서 예를 든 국민의 독서시간에 관한 가설, 즉 H_0: $\mu \leq 60$의 검증은 표본크기에 따라 Z 검증이나 t 검증을 실시하게 될 것이다. 남녀공무원의 직무만족도의 차이에 관한 가설의 검증에서도 표본의 크기에 따라 Z 검증이나 t 검증을 하여야 한다. 마지막 변수간 관계에 대한 가설의 경우에는 회귀방정식에는 F 검증, 회귀계수의 검증에는 t 검증을 실시하여야 할 것이다.

다중회귀분석에서는 표본자료에서 계산된 종속변수의 총분산(total variance) 중 회귀방정식에 포함된 독립변수군에 의하여 설명된 분산과 설명되지 않은 분산의 비율이 모집단에서도 타당한지에 관하여 F 검증을 실시한다. 한편 이와는 별도로 회귀모형에 포함된 X_1, X_2, …, X_n 등 각 변수의 회귀계수 b값이 모집단의 회귀계수 β값과 일치하는지에 관하여 검증하게 된다. 이 경우에는 표본의 크기에 따라 Z 검증이나 t 검증을 선택할 수 있지만, 표본크기에 관계없이 t 검증을 이용하는 것이 정확하므로 t 분포에 따른 t 검증을 하는 것이 관례이다.

3) 유의수준의 선택과 임계치의 결정

가설검증에서 직접 검증되는 가설은 영가설인데 표본자료를 가지고 모집단에 관한 가설의 채택여부를 결정할 때에는 항상 오류를 범할 가능성을 가지고 있으므로 통계적 가설검증에서 어느 정도까지는 이러한 오류를 허용하고 있다. 통계적 유의수준(significance level)이란 이처럼 가설검증에서 용납될 수 있는 오류의 정도, 혹은 가설의 채택 여부에 관한 결정에서 오류를 범할 확률을 말한다. 이러한 유의수준을 α라고 표기한다. 연구자는 연구의 목적이나 성격을 고려하여 유의수준을 선택하여야 하는데, 사회과학의 조사연구에서는 대체로 '5%'($\alpha=0.05$), '1%'($\alpha=0.01$), '0.1%'($\alpha=0.001$)의 유의수준을 통계적 의사결정의 기준으로 사용하고 있다.

유의수준이 선택되면 주어진 표본분포에서 영가설을 기각시킬 수 있는 영

그림 13-8 양측검증과 단측검증에서 유의수준과 임계치

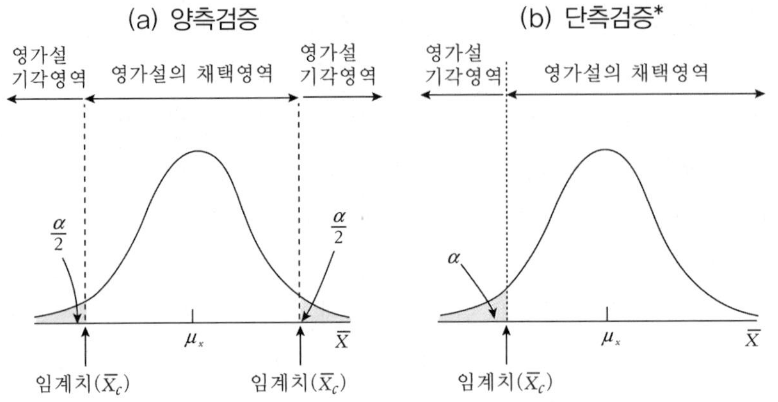

* 영가설의 기각영역은 꼬리의 반대편에도 설정 가능.

역과 기각시킬 수 없는 영역이 정해진다. 그러므로 α는 유의수준을 나타냄과 동시에, 유의수준하에서 영가설의 기각가능 영역의 크기를 나타내기도 한다. α값은 영가설의 채택영역과 기각영역을 구분하는 기준점이 되므로, 이를 임계치(critical value)라고 부르기도 한다. 유의수준, 임계치, 양측검증과 단측검증의 관계를 그림으로 표시하면 [그림 13-8]과 같다.

앞에서 예로 든 남녀공무원의 직무만족도의 차이에 관한 가설검증에서 영가설이 남녀공무원의 직무만족도의 차이가 없는 것, H_0: $\mu_m = \mu_w$, 즉 $\mu_m - \mu_w$=0으로 표현되었다면 [그림 13-8] (a)에서와 같이 양측검증을 실시하여야 한다. 한편 영가설이 남성공무원이 여성공무원보다 직무만족도가 높은 것, H_0: $\mu_m \geq \mu_w$, 즉 $\mu_m - \mu_w \geq 0$으로 표현되었으면 [그림 13-8] (b)에서와 같이 좌측 단측검증을 실시하여야 한다. 한편 남성공무원이 여성공무원보다 직무만족도가 낮은 것으로 표현되었으면 [그림 13-8]에는 나타나지 않았지만 우측 단측검증을 실시하여야 한다.

4) 검증통계량의 계산

유의수준이 선택되고 영가설의 기각영역과 채택영역이 결정되면, 이번에는 표본자료에서 가설의 검증에 사용될 통계량을 계산하여야 한다. 계산된 검증

통계량이 영가설의 채택영역에 속하는지 기각영역에 속하는지 판단하여 가설의 채택 여부를 결정한다. 이와 같이 연구자가 임의로 유의수준 α값을 정하고, 이에 의하여 임계치를 결정한 다음, 표본자료에서 검증통계량을 계산하여, 그 값을 임계값과 비교하여 영가설의 기각여부를 결정하는 접근방법을 고전적인 가설검증의 접근방법이라고 부른다.

컴퓨터 프로그램을 사용하면 α오류를 범할 정확한 확률인 유의확률값을 계산하여 제시하므로 연구자가 설정한 유의수준 α값과 유의확률값을 비교하면 쉽게 영가설의 기각여부를 결정할 수 있다. 유의확률값은 통계적 검증결과를 보고할 수 있는 한 가지 방법으로서 검증관련 p-값 또는 도달된 유의수준(attained significance level)이라고도 불린다. 이 수치는 검증통계량을 토대로 계산한 확률값으로서 영가설을 기각할 수 있는 최소한의 α값을 나타내는 통계량이다. 그러므로 미리 선정된 α값에 대하여 영가설의 기각여부를 확인하는 것보다 유의확률을 이용하면 독자들에게 가설에 대한 정보를 보다 많이 제공할 수 있는 장점이 있다.[13)]

5) 검증결과의 해석

검증통계량을 계산하여 영가설의 기각여부에 대한 결정이 내려지면 그 결과를 어떻게 해석할 것인지가 문제된다. 이 단계에서는 연구자가 설정한 연구가설의 내용(대립가설)과 관련하여 그 결과를 해석하게 된다. 영가설이 기각되었을 때에는 선택된 유의수준에서 대립가설의 내용을 그대로 인정한다고 해석하게 된다. 그러나 영가설을 기각할 수 없을 때는 해석에 있어서 주의를 요한다. 앞에서 예로 든 남녀 공무원 사이에 직무만족도에 차이가 없다는 영가설을 기각할 수 없다고 하자. 그러면, 그 해석은 다음과 같은 형식을 띠게 된다. "남성공무원과 여성공무원의 직무만족도의 차이는 통계적 유의성이 없다." "남녀공무원의 직무만족도에 차이가 있다는 연구가설은 지지할 만한 근거가 없다." 이와 같이 해석에서 주의하여야 하는 것은 다음에 설명할 가설검증의 오류와 관련된다.

---

13) 상세한 내용은 W. Mendehall et al., *Mathematical Statistics with Applications,* 3rd ed., 1987, 고석남·박창제 공역, 응용수리통계학, 진영사, 1994, pp. 356-359 참조.

6) 가설검증의 오류

통계적 가설검증에서 범할 가능성이 있는 오류에는 제1종 오류(Type I error)와 제2종 오류(Type II error)가 있다. 가설검증의 결과는 항상 영가설을 채택하거나 기각하는 두 가지 경우밖에 없으므로 가설검증의 오류도 영가설의 채택 및 기각이라는 의사결정과 관련된다. 제1종 오류는 실제로는 모집단의 특성이 영가설과 같은 것인데(즉 영가설이 참인데) 그 가설을 기각하는 경우의 오류이고 제2종 오류는 모집단의 특성이 영가설과 같지 않은데(영가설이 참이 아닌데)도 그 가설을 채택하는 경우에 있어서의 오류이다. 제1종 오류를 α오류라고 부르며 그 확률을 α, 제2종 오류를 β오류라고 부르며 그 확률을 β라고 표기한다. 또한 확률 $1-\alpha$는 신뢰수준을 나타내며, 확률 $1-\beta$는 검증력(power of test)을 나타낸다.[14)]

가설검증에서 제1종 오류와 제2종 오류를 표로 나타내면 다음 <표 13-6>와 같다. <표 13-6>에서 알 수 있듯이 실제로는 영가설이 옳을 수도 있고 그를 수도 있다. 한편 연구자는 영가설을 채택하거나 기각하거나 두 가지 중 하나밖에 결정할 수 없다. 실제로 영가설이 옳은데 이를 기각하기로 할 때에 α오류를 범하며, 실제로 영가설이 그른데 이를 채택할 때 β오류를 범하게 된다. 이러한 두 가지 오류는 모두 연구자에게 중요한 의미를 갖는데 실제 세계에서 영가설(H_0)이 옳은지 그른지를 알 수 없기 때문에 α오류와 β오류 중에서 어느 것을 중시할 것인가라는 것이 가설검증의 딜레마이다. 그런데 보통 연구자의 관심의 대상이 되는 것은 α오류이며, 이는 앞에서 살펴본 유의수준과 같은 개념이다. 그러므로 가설검증의 오류수준은 더욱 정확하게 말하면 제1종 오

표 13-6 가설검증에서 제1종 오류 및 제2종 오류와 그 확률*

영가설의 진위 의사결정	영가설(H_0)이 옳음	영가설(H_0)이 그름
영가설 채택	옳은 결정($1-\alpha$)	제2종 오류(β)
영가설 기각	제1종 오류(α)	옳은 결정($1-\beta$)
전체확률	1	1

* ( ) 안은 확률을 나타냄.

14) β오류나 검증력(power of test)에 관한 구체적인 설명은 통계학 서적을 참고하기 바란다.

류의 수준이라는 것을 알 수 있다.

α오류와 β오류의 관계를 법률적인 비유를 들어 설명하기로 한다.[15] 살인 재판에서 배심원들이 피고가 무죄라는 가설 H_0와 그가 유죄라는 가설 H_1 사이에서 결정하도록 하는 요구를 받고 있다고 하자. 무고한 사람을 유죄라고 하면 제1종 오류를 범하는 것이 되고, 죄인을 석방하면 제2종 오류를 범하는 것이 된다. 무고한 사람이 유죄가 될 확률인 α를 줄이려는 다수의 법률적 개선방안, 예를 들어, 자백을 받아내는 데 있어서 경찰의 월권행위를 제한하는 방법 등이 제시되었다. 그러나 이러한 개선방안들은 동시에 범인이 처벌을 모면케 될 확률인 β를 증가시켜 왔다. 이론적으로는 β값을 1로 올리지 않고서는 α를 0이 되게(즉, 무죄인 사람이 유죄선고를 받는 일이 절대로 없도록 함) 할 수는 없는 것이다. α와 β를 모두 줄이는 한 가지 방법은 증거를 보강하는 것인데, 통계적인 관점에서 보면 표본의 크기를 늘리는 방법이 될 것이다.

3. 변수간 연관성 분석과 가설검증

1) 연관성 분석의 의의

둘 이상의 변수간의 관계에 관한 통계분석에서는 이들의 관계에 연관성이 있는지의 여부가 통계의 핵심이 된다. 두 변수만의 연관관계를 나타내는 통계치를 단순연관(또는 상관)관계(simple association or correlation) 또는 무차연관(상관)관계(zero-order association, or zero-order correlation)라고 부른다. 한편, 통제변수를 도입하여 그 통제변수의 영향을 제거하고 변수간의 연관관계를 살펴보는 경우, 도입된 통제변수가 하나일 경우에는 1차 연관(또는 상관)관계, 통제변수가 둘일 경우에는 2차연관(또는 상관)관계, 통제변수가 n개 있을 경우에는 n차 연관(또는 상관)관계라고 부른다.

다변량분석에서 하나의 종속변수와 둘 이상의 독립변수와의 연관(또는 상관)관계를 구하는 경우에는 그 관계를 다중연관(상관)관계라고 부른다. 이와 같이 셋 이상의 변수간의 관계를 분석하는 경우에 두 변수간의 분석과 구분하여 다변량분석이라고 부른다.

---

15) 차종천 역(T. H. Wonnacott & R. J. Wonnacott 저), 「현대사회통계학」, 나남, 1993, p. 216.

2) 변수간 연관성 분석의 고려사항

두 변수간의 연관성을 검토할 때에 변수의 측정수준에 따라서 상당히 다른 통계분석기법이 사용된다. 두 변수간의 연관성을 검토하는 데 있어서 측정수준을 막론하고 다음과 같은 사항을 고려하여야 한다.[16)]

첫째, 두 변수 사이에 연관(또는 상관)관계가 있는지 여부를 판단하여야 한다. 두 변수가 공동으로 변화하면 통계적 연관성(statistical association)이 있다고 판단하고, 없는 경우에는 두 변수가 통계적으로 독립적이라고 말한다.

둘째, 두 변수간의 연관관계의 정도의 문제이다. 즉, 두 변수간의 상관관계의 강도 내지 크기가 어느 정도인지를 판단하여야 한다.

셋째, 연관관계의 방향이다. 두 변수값이 같은 방향으로 변화하는 경우에는 정 또는 양(+)의 연관관계, 반대이면 부 또는 음(-)의 연관관계라고 한다. 공무원시험성적이 우수한 사람이 근무성적도 좋은 경우에는 정(+)의 관계이고, 그 반대이면 음(-)의 관계이다.

넷째, 연관관계의 성격 또는 형태를 살펴보아야 한다. 즉, 연관관계의 유형이 선형관계인가 또는 비선형관계인가, 비선형 관계라면 어떤 유형인가를 살펴보아야 한다.

이와 같은 네 가지 사항이 두 변수 이상의 연관관계를 검토할 때의 공통적인 고려사항이 된다.

3) 변수의 측정수준에 따른 연관성분석과 가설검증방법

두 변수간의 연관성을 분석할 때에도 각 변수가 어떠한 수준에서 측정되었는가를 고려하여 적절한 통계기법과 가설검증방법을 사용하여야 한다. 두 변수의 연관성에 관한 가설을 검증하기 위한 통계기법을 두 변수의 측정수준에 따라서 분류하면 다음 <표 13-7>과 같다.

두 변수 사이의 연관성에 관한 가설을 검증하기 위한 구체적인 통계기법은 두 변수의 측정수준에 따라 달라지며 여러 가지로 분류된다. 이들 가운데 대표적으로 활용되는 방법은 다음과 같다. 두 변수가 모두 명목척도(양분범주

---

16) Herman J. Loether & Donald G. McTavish, *Descriptive and Inferential Statistics: An Introduction,* 2nd ed., Boston, MA: Allyn & Bacon, 1980, pp. 189-196.

표 13-7 두 변수의 측정수준에 따른 연관성 및 가설검증방법의 분류

제1변수(종속변수)의 측정수준	제2변수(독립변수)의 측정수준			
	양분범주	명목척도(c카테고리)	서열척도	등간 및 비율척도
양분범주	비율의 차이, χ^2, Fisher의 exact test, ϕ, Q, τ_b, λ_b			
명목척도(r카테코리)	χ^2, V, C, T, τ_b, λ_b	χ^2, V, C, T, τ_b, λ_b		
서열척도	Mann-Whitney, Smirnov	서열분산분석(ANOVA with ranks)	서열상관관계 Kendall's tau gamma, d_{yx} Spearman's ρ	
등간 및 비율척도	평균값의 차이 t-검증	분산분석(ANOVA)		상관분석 회귀분석

자료: Hubert M. Blalock, Jr., *Social Statistics*, revised 2nd ed., 1981.

포함)로 측정된 경우에는 χ^2 검증이 사용된다. 두 변수가 모두 등간척도 또는 비율척도로 측정되었을 경우, 상관분석과 회귀분석이 사용된다. 한편 종속변수는 비율 또는 등간척도로 측정되었고, 독립변수가 명목척도일 경우에는 분산분석(ANOVA)이 사용된다.

제4절부터 제7절까지 교차분석과 카이제곱 검증, 상관분석, 회귀분석, 분산분석에 관하여 살펴보기로 한다.

제 4 절 교차분석과 카이제곱 검증

1. 교차분석: 명목변수간의 연관성 분석

1) 교차표 작성

교차분석은 명목척도로 구성된 두 변수간의 관련성을 분석하기 위하여 사용한다. 명목척도로 측정된 두 변수간의 관련성을 분석하기 위해서는 먼저 교차표 또는 분할표(contingency table)를 작성한 다음, 교차표의 각 칸의 분포를 근거로 관련성을 판단하게 된다. 가상적인 예를 살펴보자. 어느 부처 소속 공무원 80명을 대상으로 공무원노조의 필요성에 관하여 질문한 결과 직급별로 <표 13-8>의 응답을 얻었다고 하자.

각 칸의 숫자는 관찰된 빈도를 나타낸다. 예를 들어, 첫 번째 행을 보면 4급 이상의 공무원 중에서 4명이 공무원노조가 필요하다고 응답하고 있다. 4급 이상 공무원 중에서 공무원노조가 필요하지 않다고 응답한 공무원은 16명이며, 따라서 4급 이상 공무원 수의 소계는 20명이다.

<표 13-8>을 보고 직급과 공무원노조에 대한 태도간의 관계를 기술하기 위하여 각 직급별로 공무원노조가 필요하다는 견해와 필요하지 않다는 견해의 비율 또는 백분비를 비교할 수 있다. <표 13-8>에서 20%(20명 중 4명)의 4

표 13-8 공무원노조에 대한 태도의 교차표(Contingency Table)

(단위: 명)

직 급	공무원노조에 대한 태도		소 계
	필요함	필요하지 않음	
4급 이상	4	16	20
5급	12	18	30
6급 이하	20	10	30
소 계	36	44	80

급 이상 공무원이 노조가 필요하다고 보고 있으며, 40%(30명 중 12명)의 5급 공무원이 노조가 필요하다고 보고 있고, 67%(30명 중 20명)의 6급 이하 공무원이 노조가 필요하다고 응답하고 있다는 것을 알 수 있다. 이와 같이 직급별로 노조에 대한 태도가 상당히 다르다는 것을 알 수 있다. 만약 두 변수간에 관련이 없다면 이러한 비율이 같거나 거의 같을 것으로 예상할 수 있을 것이다.

이러한 비율을 다른 방향에서 비교할 수도 있다. 첫 번째 열을 보면 공무원 노조가 필요하다고 응답한 36명 중에서 11%(36명 중 4명)만이 4급이상 공무원이었고, 33%가 5급 공무원(36명 중 12명), 41%(36명 중 18명)가 6급 이하 공무원이었다.

2) 가설검증: χ^2 (chi-square) 통계

이상에서 살펴본 바에 의하면 두 변수간에 관계가 있을 것으로 판단된다. 두 변수간의 관련성의 유무를 통계적으로 확인하기 위해서 χ^2통계와 이를 바탕으로 여러 가지 통계지표가 사용되고 있다.

(1) 가 설

χ^2 검증에서 가설을 다음과 같은 형태로 제시된다.

H_0: 공무원 노조에 대한 태도는 직급별로 차이가 없다(통계적 독립성의 가정)
H_1: 공무원 노조에 대한 태도는 직급별로 차이가 있다(통계적 종속성의 가정)

(2) 관찰빈도와 기대빈도

카이자승값은 두 변수간의 관계가 전혀 없을 때의 기대빈도(expected frequency)와 실제로 관찰빈도 사이에 어느 정도나 차이가 있는지를 알 수 있는 측정수단이다. 만약 공무원의 직급과 공무원 노조에 대한 태도간에 관련이 없다면 교차표 <표 13-8>의 첫 번째 행의 왼쪽 칸(upper-left cell)에 어떠한 수치가 나타날 것으로 기대할 수 있겠는가? 이러한 문제에 답하려면 전체 공무원 80명 중에 45%인 36명이 공무원노조가 필요하다고 응답했다는 사실을 상기할 필요가 있다. 만약 공무원의 노조에 대한 태도가 직급과 무관하다면, 평균적으로 20명의 4급 이상 공무원 중에서 45%인 9명이 노조가 필요하다고 응답하였을 것으로 기대할 수 있다. 따라서 첫째 행의 왼쪽 칸의 기대빈도는 9이다. 30명의 5급 공무원 중에서도 역시 45%인 13.5명의 공무원이 노조가 필요한 것으로 응답하였을 것으로 기대할 수 있다. 따라서 둘째 행 첫 번째 칸의 기대빈도는 13.5 등등으로 계산을 계속할 수 있다.

여기에서 '기대빈도'라는 개념을 이해할 필요가 있다. 교차표 상의 각 칸의 기대빈도는 변수간에 관련성이 전혀 없다는 전제하에 다음과 같은 공식에 따라서 계산된다.

$$f_e = \frac{(f_r \times f_c)}{n} \tag{13.7}$$

여기에서, f_e=기대빈도
f_r=기대빈도를 구하고자 하는 행의 빈도의 합계
f_c=기대빈도를 구하고자 하는 열의 빈도의 합계
n=교차표상의 총 빈도

공식 (13.7)을 이용하면 첫째 행 왼쪽 칸의 기대빈도는 (20×36)/80=9와 같이 계산된다. <표 13-8>의 관찰빈도를 토대로 각 칸의 기대빈도를 계산하여 ( )안에 나타냈다. 각행과 각열에서 기대빈도의 합은 관찰빈도의 합과 같다는 사실을 주목하기 바란다.

<표 13-9>를 살펴보면 관찰빈도(f_0)와 기대빈도(f_e)값 사이에는 상당한 차이가 있음을 알 수 있다. χ^2값은 이러한 차이의 정도를 하나의 수치로 나타낼 수 있는 통계값이며, 다음과 같이 정의된다.

표 13-9 14-8로부터 작성된 관찰빈도와 기대빈도의 교차표

(단위: 명)

직급	공무원노조에 대한 태도		소계
	필요함	필요하지 않음	
4급 이상	4 (9)	16 (11)	20
5급	12 (13.5)	18 (16.5)	30
6급 이하	20 (13.5)	10 (16.5)	30
소계	36	44	80

* ( ) 밖의 수치는 관찰빈도, ( ) 안의 수치는 기대빈도.

표 13-10 χ^2 값의 계산절차: 표 14-9의 직급과 공무원 노조간의 관계

칸(cell) (행, 열)	f_0	f_e	(f_0-f_e)	$(f_0-f_e)^2$	$\frac{(f_0-f_e)^2}{f_e}$
(1,1)	4	9	-5	25	2.78
(1,2)	16	11	5	25	2.27
(2,1)	12	13.5	-1.5	2.25	.17
(2,2)	18	16.5	1.5	2.25	.13
(3,1)	20	13.5	6.5	42.25	3.13
(3,2)	10	16.5	-6.5	42.25	2.56
					11.04

$$\chi^2 = \Sigma \frac{(f_0-f_e)^2}{f_e} = 11.04$$

$$\chi^2 = \Sigma \frac{(f_0-f_e)^2}{f_e} \tag{13.8}$$

여기에서, f_0=각 칸의 관찰빈도
f_e=각 칸의 기대빈도

공식 (13.8)을 이용하여 <표 13-9>의 χ^2값을 계산하는 절차가 <표 13-10>에 나타나 있다. <표 13-10>에 나타난 바와 같이 χ^2값은 11.04가 된다.

(3) 자유도와 χ^2분포

이러한 χ^2값이 유의미한지를 결정하기 위하여는 적절한 자유도(degree of freedom)에 대한 χ^2표를 살펴보아야 한다. 자유도는 교차표에서 행의 수와 열의 수에 의해 식 (13.9)에 의해서 계산된다.

$$df = (r-1)\times(c-1) \tag{13.9}$$

여기에서, df = 자유도
r = 행의 수
c = 열의 수

즉, 행의 수 r과 열의 수 c를 포함하는 모든 행렬에 대하여 자유도 $(df)=(r-1)\times(c-1)$이다. <표 13-9>의 교차표는 3개의 행(r)과 2개의 열(c)로 이루어져 있으므로 자유도는 (3-1)×(2-1)=2가 된다.

(4) 카이제곱 검증

노조설립에 대한 태도가 직급에 따라 다른가(관련성이 있는가) 아니면 아무런 차이가 없는가(독립적인가)를 판단하기 위해서는 앞에서 계산한 카이제곱 통계량과 자유도에 의하여 판정된다. 이 경우에 χ^2값은 χ^2값(2)=11.04와 같이 표현할 수 있으며, .01에서 유의미한 χ^2값이 9.21이므로 .01의 유의수준에서 차이가 있다고 말할 수 있다([부록 1] χ^2 분포표 참조). 즉, .01에서 유의미한 χ^2값이 9.21이므로 유의수준 1%에서 영가설의 채택역에 속하지 않는다. 그러므로 노조설립에 대한 태도는 직급별로 아무런 차이가 없다는 영가설이 기각된다. 따라서 노조설립에 대한 직급별로 차이가 있다는 결론을 내리게 된다.

카이제곱에 의한 가설검증에서는 교차표의 한 셀의 기대빈도가 5 이하이면 올바른 검증이 이루어지지 않으며(rule of 5), 이 경우 가설의 기각 또는 채택시 객관적인 사실을 왜곡시킬 수 있음에 주의할 필요가 있다. 이때는 코딩을 변경하여 행이나 열의 수를 줄여 기대빈도가 5 이상이 되도록 하거나 표본의 수를 증가하는 방법을 찾아야 한다.

이와 같이 χ^2값으로 두 변수간의 관련성의 유무를 판단할 수는 있다. 그런데 카이제곱값은 자유도에 따라 유의성의 정도가 달라지므로, 변수간의 관계의 정도에 대한 표준화된 지표가 필요하다. χ^2값을 토대로 이를 표준화하기 위한 지표에는 파이계수(ϕ), 분할계수(C), 크레이머의 V 등이 있는데 여기에서는 이들에 대하여 간단하게 살펴보기로 하자.

3) 파이계수(ϕ)

파이계수(ϕ)는 2×2 교차표에서만 사용되는 지표이며, 표본의 크기를 고려하여 변수간의 관련성의 크기를 측정한다. 파이계수(ϕ)의 측정공식은 다음 식 (13.10)과 같다.

$$\phi = \left| \frac{\chi^2}{n} \right| \tag{13.10}$$

여기에서, ϕ=파이계수

χ^2=카이자승값

n=표본의 크기

ϕ값은 0에서 1까지의 값을 가질 수 있으며, 등간 및 비율척도에서의 Pearson r값과 같은 의미를 가지고 있다.

4) 분할계수(Coefficient of Contingency)

분할계수는 변수의 범주수와 관계없이 널리 사용될 수 있다. 분할계수를 구하는 공식은 다음 식 (13.11)과 같다.

$$C = \sqrt{\frac{\chi^2}{\chi^2 + n}} \tag{13.11}$$

여기에서, C=분할계수

χ^2=카이자승값

n=표본의 크기

C값이 0일 경우에는 관계가 없다는 것을 나타내며, 값이 클수록 관련성의 정도가 크다. 앞서 예를 든 공무원의 직급과 노조에 대한 태도간의 관계에서 분할계수값은 다음과 같이 계산되어 0.34가 된다.

$$C = \sqrt{\frac{11.04}{11.04 + 80}} = .34$$

그런데 분할계수의 최소값은 항상 0이지만, 최대값은 행의 카테고리수(r)와 열의 카테고리수(c)에 따라 변하게 된다. 즉 c와 r의 값이 커질수록 분할계수의 최대값이 커져서 1에 접근하나, 카테고리수가 작을수록 최대값이 적어진다.[17] 즉 c와 r의 값 중 작은 값을 k라고 할 때, 분할계수의 최대값은 $\sqrt{(k-1)/k}$ 인데, 2×2 교차표에서는 최대값이 .707이 되고 3×3 교차표에서는 0.816, 4×4 교차표에서는 .866이 된다. 이러한 특성 때문에 분할계수는 5×5

17) Matlack, *op. cit.*, p. 64; 김호정, 전게서, pp. 360-361.

교차표보다 작은 경우에는 사용하지 않는 것이 좋으며, 상이한 교차표 사이의 관련성의 크기를 비교하기 위해서는 사용하지 않는 것이 좋다.

5) 크레이머의 V

앞서 살펴본 분할계수의 최대값이 일정하지 않다는 단점을 극복한 지표가 크레이머의 V(Cramer's V)값이다. 크레이머의 V값을 산출하는 공식은 다음 식 (13.12)와 같다.

$$V = \sqrt{\frac{\chi^2}{n(k-1)}} \tag{13.12}$$

여기에서, V=크레이머의 V값

χ^2=계산된 카이자승값

n=표본수

k=행 및 열의 카테고리수 중 작은 값

크레이머의 V값은 최소값이 0이고, 최대값은 행 및 열의 수에 관계없이 항상 1이다. 그리고 2×2 교차표에서는 k값이 1이므로 V값은 앞서 설명한 ϕ 값과 같다. 앞서 살펴본 공무원의 직급과 노조에 대한 태도에서 V값은 다음과 같이 계산되어 값은 .37이다.

$$V = \sqrt{\frac{\chi^2}{n(k-1)}} = \sqrt{\frac{11.04}{80(2-1)}} = .37$$

2. SPSS 교차분석의 실행

1) 교차분석 실행절차

여기에서는 한국행정연구원의 2019년 공직실태조사 자료에서 공무원의 성별(남성, 여성)로 직급(1-4급, 5급, 6-7급, 8-9급)에 차이가 있는지 교차분석을 토대로 검증하고자 하였다. 아래 [그림 13-9] (a)와 같이 SPSS 메뉴에서 분석(A) → 기술통계량(E) → 교차분석(C)을 선택하면 [그림 13-9] (b)의 '교차분석' 대화상자가 나타난다. 대화상자에서 교차분석을 실행하고자 하는 변수를 선택한다. [그림 13-9] (b)에서는 성별(남성, 여성), 직급(1-4급, 5급,

그림 13-9 SPSS 교차분석 실행절차

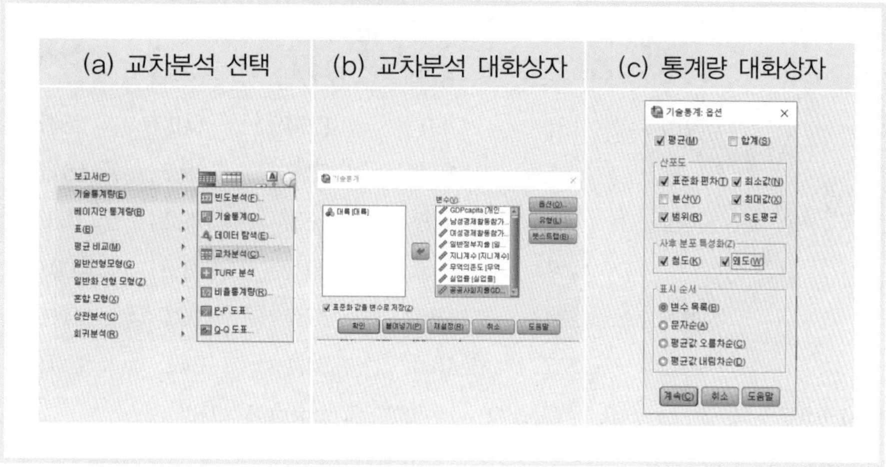

6-7급, 8-9급)을 선택하였다. [그림 13-9] (c) 교차분석 '통계량'에서 카이제곱, 분할계수, 파이 및 크레이머의 V, 람다 등을 선택할 수 있다. 선택을 마친 다음 마지막으로 [그림 13-9] (b) '교차분석' 대화상자에서 '확인'을 클릭하면 교차분석이 실행된다.

2) 교차분석 결과

위와 같이 교차분석 절차를 모두 마치고 나면 SPSS '교차분석 결과'가 출력되는데, 필요한 부분을 선별하여 이를 연구보고서나 논문에 활용할 수 있다(<표 13-11> 참조). <표 13-11>에서 조사된 전체 공무원 4,110명의 직급별 분포는 1-4급 5.5%(224명), 5급 16.0%(656명), 6-7급 54.4%(2,237명), 8-9급 24.2%(993명)이다. 그런데 여성공무원 1,563명의 직급별 분포를 살펴보면 1-4급 2.8%(43명), 5급 10.6%(165명), 6-7급 55.2%(863명), 8-9급 31.5%(492명)이다. 한편 남성공무원 2,547명의 직급별 분포는 1-4급 7.1%(181명), 5급 19.3%(491명), 6-7급 53.9%(1,374명), 8-9급 19.7%(501명)이다. 이 분석결과에서 여성공무원은 남성공무원에 비하여 1-4급과 5급의 비중이 상대적으로 적으며, 5-6급과 8-9급은 상대적으로 많다는 것을 알 수 있다. 카이제곱 검증 결과($\chi^2=136.047$, $df=3$, $p=0.000$)에 의하면 "공무원의 성별에 따라 일하는 직급에 차이가 있을 것이다"라는 연구가설은 채택된다.

표 13-11 SPSS 성별×직급 교차분석결과

			직급				전체
			1~4급	5급	6~7급	8~9급	
성별	남성	빈도	181	491	1374	501	2547
		%	7.1	19.3	53.9	19.7	100.0
	여성	빈도	43	165	863	492	1563
		%	2.8	10.6	55.2	31.5	100.0
전체		빈도	224	656	2237	993	4110
		%	5.5	16.0	54.4	24.2	100.0

χ^2=136.047 df=3 p=.000. C=.179 ϕ=.182 Cramer's V=.182

한편 분할계수 값은 .179, Pearson r값 같은 의미를 가진 파이계수(ϕ) 값과 크레이머의 V값은 .182로 나타나 약하지만 상관관계가 있음을 알 수 있다.

제 5 절 상관분석

1. 상관분석 개념

1) 변수와 척도

두 변수가 등간 또는 비율척도로 측정되었을 경우 관련성의 정도를 측정하는 대표적 방법이 상관분석방법이다. 한편 두 변수가 서열척도로 측정되었을 경우 서열상관관계를 구할 수 있다. 상관분석은 두 변수간에 선형관계가 존재한다는 가정하에서 이루어진다. 만일 선형관계가 아닌 경우에 상관분석을 실시한다면, 분석결과가 왜곡될 가능성이 있다. 선형관계의 여부를 판단하기 위해서는 측정된 자료를 이용하여 두 변수간의 관계를 도표로 표현해 보는 것이 바람직하다.

그림 13-10 산점도에 나타난 두 변수간의 관계의 유형

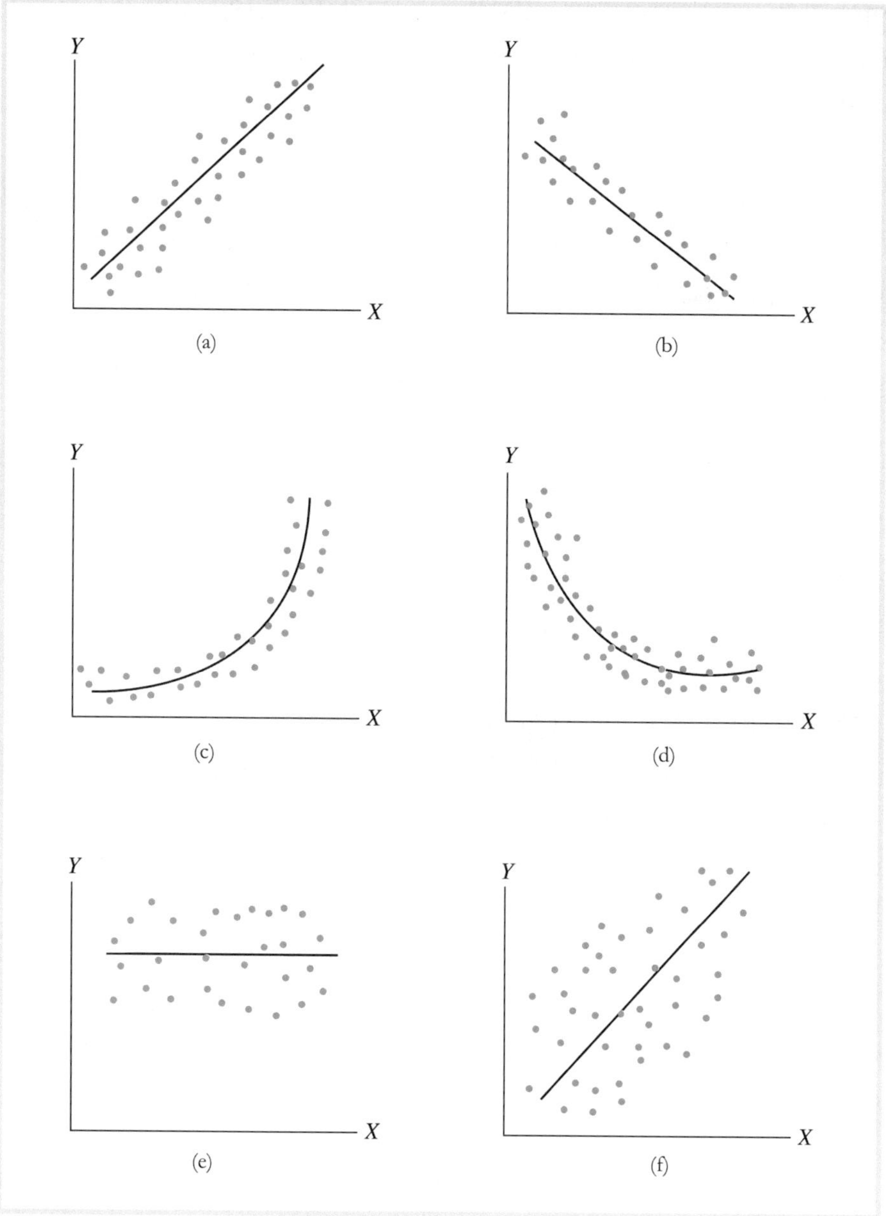

2) 산점도

두 변수간의 관계를 도표로 나타낸 것을 산점도(scatter diagram)라고 부

르는데 산점도상에 나타난 두 변수간의 관계의 유형은 [그림 13-10]과 같은 여섯 가지로 구분될 수 있다. 상관분석은 [그림 13-10]의 (a)와 (b) 그리고 (f)에서와 같이 변수 X와 Y의 관계가 선형일 경우에만 그 관계를 정확하게 분석할 수 있다.

3) 상관계수

상관분석에서 두 변수간 관련성의 정도와 방향을 수치로 간단히 표현할 수 있는데, 이를 상관계수라고 부른다. 여기에서 살펴볼 상관계수는 Pearson의 적율상관계수인데 보통 r이라는 기호로 표시된다. 두 변수 X와 Y에 대한 상관계수를 구하는 공식은 다음 식 (13.13)와 같다.[18]

$$r = \frac{\Sigma(X-\overline{X})(Y-\overline{Y})}{\sqrt{\Sigma(X-\overline{X})^2\,\Sigma(Y-\overline{Y})^2}} = \frac{\mathrm{Cov}(X,\ Y)}{\sqrt{\mathrm{VAR}(\overline{X})\,\mathrm{VAR}(\overline{Y})}} \qquad (13.13)$$

이러한 상관관계 공식에서 분모는 무엇을 나타내는지 살펴보자. 이 공식의 분모는 X와 Y 두 변수의 편차자승합계의 평방근끼리 곱한 값으로 두 변수가 최대한 가질 수 있는 편차의 크기를 나타낸다. 한편 분자는 X와 Y 두 변수가 실제로 가지는 공통편차의 크기를 나타낸다. 그러므로 r공식은 두 변수가 공통적으로 갖는 편차의 실제값과 최대값 사이의 비율을 뜻한다.

이와 같은 공식에 의하여 계산된 상관계수값의 범위는 $-1 \leq r \leq +1$이다. 즉 최소값은 -1이고, 최대값은 1이다. r의 절대값의 크기는 선형관계의 강도, 또는 정도를 나타낸다. 절대값이 1에 가까울수록 관계의 강도가 크다. 상관관계의 정도를 해석하는 데 있어서 학자들이 동의하는 기준은 없다. 그러나 대체로 r값이 .20 이하일 경우에는 거의 무시할 만한 상관관계, .20～.40인 경우에 낮은 상관관계, .40～.70인 경우에 비교적 높은 상관관계, .70～.90인 경우에는 높은 상관관계, .90 이상인 경우에 매우 높은 상관관계가 있는 것으로 해석된다.[19]

r값의 부호는 관계의 방향을 나타낸다. 부호가 (+)일 때, 두 변수의 변화

18) 식 (13.13)을 변형하여 손쉽게 상관계수를 계산하는 공식도 있으나, 요즈음에는 수작업으로 상관관계를 계산하는 경우는 거의 없기 때문에, 식 (13.13)에서 그 상관계수 계산의 원리를 아는 것이 중요하다.

19) 오택섭, 전게서, p. 237.

방향은 같다. 즉 한 변수값이 증가하면 다른 변수의 값도 증가하며, 한 변수의 값이 감소하면 다른 변수의 값도 감소하는 경향을 나타낸다. 한편 부호가 (−)일 때, 두 변수값의 변화방향이 다른 것을 알 수 있다. 전체적으로 상관계수값은 두 변수간의 공동변화의 정도와 방향을 나타내는 지표라고 할 수 있다.

4) 서열변수간 상관관계

두 변수의 값이 서열을 나타내는 경우에는 그 관계의 강도 또는 정도 뿐 아니라 관계의 방향까지 측정할 수 있다. 이러한 점에서 서열척도는 명목척도와는 다르고 등간 또는 비율척도와 유사하다.

양(+)의 관계는 한 변수에서의 높은 값이 다른 변수에서의 높은 값과 연관되어 있다는 것을 의미한다. 반면에 음(−)의 관계란 한 변수의 값이 낮을 경우 다른 변수의 값이 높은 경우를 말한다. 두 서열변수 간의 관계를 측정하기 위한 많은 수의 지표가 개발되어 있다. 여기에서는 이들 중에서 스피어만의 서열상관계수에 대하여 살펴보기로 한다.

다섯 명의 중간관리자들의 업무성과를 그들의 상관과 부하들이 각각 평가했다고 하자. 그 평가에서는 성과가 가장 높은 사람은 5, 가장 낮은 사람은 1의 순서로 등위를 매겼다. 이와 같은 가상적인 평가결과가 <표 13-12>에 제시되었다.

여기에서 중간관리자의 업무성과에 대한 상관의 평가와 부하의 평가가 일치하는 경향이 있는가? 이와 같이 두 집합의 서열들 사이의 연관성의 정도를 측정하는 방법의 하나가 스피어만의 서열상관계수이며, 다음과 같은 공식 (13.14)에 의해 계산된다.

표 13-12 중간관리자의 업무성과에 대한 상관과 부하의 평가순위

중간관리자	상관의 평가(X)	부하의 평가(Y)
A	5	4
B	4	2
C	3	5
D	2	3
E	1	1

표 13-13 스피어만의 서열상관계수 계산과정

중간관리자	상관의 평가(X)	부하의 평가(Y)	$d=X-Y$	d^2
A	5	4	1	1
B	4	2	2	4
C	3	5	-2	4
D	2	3	-1	1
E	1	1	0	0
계				10

$$r_s = 1 - \frac{6\sum d_i^2}{n(n^2-1)} \qquad (13.14)$$

여기에서, r_s=스피어만의 서열상관계수값
$d_i = i$번째 관찰값에서 두 서열간의 차이
n=표본의 수

이러한 공식에 따른 계산과정 및 그 결과가 <표 13-13>에 제시되어 있다.

$$r_s = 1 - \frac{6\sum d_i^2}{n(n^2-1)} = 1 - \frac{6(10)}{5(25-1)} = +.500$$

이 경우 r값은 .500으로 상관과 부하의 평가가 상당한 정도의 연관성을 가지고 있다는 사실을 알 수 있다.

이러한 서열상관 관계값을 계산하는 데 있어서 중요한 문제의 하나는 등위가 같은 값이 많다는 것이다. 특히 그룹지어진 데이터에서는 한 그룹에 속하는 관찰값들은 모두 등위가 같다. 이러한 문제점을 해결하기 위해서 Kendall's tau, gamma, d_{yx}와 d_{xy}, eta 등의 지표가 개발되어 있다. 이들에 관해서는 좀 더 전문적인 문헌을 참고하기 바란다.[20]

5) 상관분석의 가설

상관분석의 가설검증은 표본상관계수 r을 토대로 모집단 상관계수 ρ에 관

20) Blalock, *op. cit.,* chapter 18; 김호정, 전게서, pp. 364-375; 홍두승, 「사회조사분석」, 다산출판사, 1987, pp. 178-191.

한 가설을 검증하기 위한 것으로 다음과 같은 형태로 제시된다.

(1) 서술형 표현

H_0: 두 변수는 상관관계가 없다.

H_1: 두 변수는 상관관계가 있다.

또는 두 변수는 양의 상관관계가 있다.

두 변수는 음의 상관관계가 있다.

(2) 통계적 표현

H_0: $\rho=0$

H_1: $\rho\neq0$ (양측 검증)

또는 $\rho>0$, $\rho<0$ (단측검증)

상관분석에서는 표본에서 두 변수 사이의 상관계수 r을 바탕으로 모집단에서의 두 변수 사이의 상관관계 ρ를 추리하여야 한다. 이때 ρ값이 0인지 아닌지를 검증하는 방법과 ρ값이 양수인지, 음수인지를 검증하는 방법이 있다. 특수한 경우에는 ρ값이 일정한 값, 예를 들어, .50 이상인지 여부를 검증하는 방법도 있지만 거의 사용되지 않는다.

2. SPSS 상관분석의 실행

1) 상관분석 실행절차

아래 [그림 13-11] (a)와 같이 SPSS 메뉴에서 분석(A) → 상관분석(C) → 이변량상관계수(B)를 선택하면 [그림 13-11] (b)의 '이변량상관계수' 대화상자가 나타난다. 대화상자에서 이변량상관분석을 실행하고자 하는 변수를 선택한다. [그림 13-11] (b)에서는 OECD 30개 주요 회원국가의 일인당 GDP, 남성경제활동참가율, 여성경제활동참가율, 일반정부지출, 지니계수, 무역의존도, 공공사회지출 대GDP 비중을 선택하였다.

두 변수가 비율척도로 측정된 경우에는 Pearson상관계수를 선택하지만, 서열척도로 측정되었을 경우에는 Kendall의 타우-b 또는 Spearman 상관계수를 선택하여야 한다. 선택을 마친 다음 '확인'을 클릭하면 상관분석이 실행된다.

그림 13-11 SPSS 상관분석 실행절차

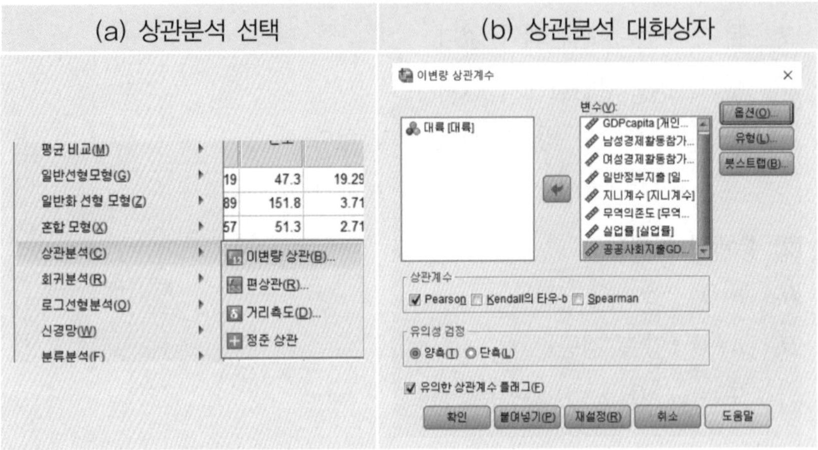

2) 상관분석 결과

위의 '이변량 상관분석 결과'를 일반적으로 논문이나 보고서에서 사용하는 '표'로 정리하면 아래 <표 13-14>와 같다. <표 13-14>는 OECD 30개 주요

표 13-14 OECD 30개 주요회원국가 8개 지표간 상관관계

	GDP capita	남성경제 활동참가율	여성경제 활동참가율	일반 정부지출	지니 계수	무역 의존도	실업률	공공사회 지출GDP 대비
GDPcapita	1							
남성참가율	-.019	1						
여성참가율	.421*	.542**	1					
일반정부지출	.079	-.464**	.154	1				
지니계수	-.178	.119	-.311	-.480**	1			
무역의존도	.032	-.252	-.072	.235	-.538**	1		
실업률	-.217	-.481**	-.449*	.232	.223	-.173	1	
공공사회지출	.105	-.662**	-.013	.812**	-.427*	.121	.306	1

*. 상관관계가 0.05 수준에서 유의함. **. 상관관계가 0.01 수준에서 유의함

회원국가에 관한 8개 지표 사이의 상관관계를 나타낸 것이다. 일인당 GDP와 통계적으로 유의미한 상관관계가 있는 변수는 여성경제활동참가율(r=.421)이다. 지니계수는 일반정부지출, 무역의존도, 공공사회지출과 유의미한 상관관계가 있었다. 상관계수는 각각 -.480, -.538, -.427이다. 지니계수로 측정된 소득불평등도가 낮을수록, 일반정부지출 비중이 높았고, 무역비중도 높았으며, 공공사회지출의 GDP 비중이 높은 것으로 나타났다.

제 6 절 회귀분석

1. 회귀분석의 개념

1) 회귀분석의 의미

상관분석에서 두 변수간의 관계는 대칭적(symmetrical)이다. 즉, 변수 X와 Y의 상관관계는 변수 Y와 X의 상관관계와 같다. 반면에, 회귀분석에서 변수간의 관계는 비대칭적인 관계를 전제로 한다. 즉 한 변수(독립변수)에 관한 정보를 알고 있을 때 다른 변수(종속변수)의 값을 예측하기 위해 회귀분석기법을 사용한다. 선형회귀분석에서도 상관분석에서와 마찬가지로 두 변수간의 관계가 선형관계라는 점을 전제로 한다. 따라서 변수 X와 Y의 관찰된 값을 토대로 회귀분석을 실시하기 전에 먼저 종속변수 Y를 세로축으로, 독립변수 X를 가로축으로 하는 산점도를 작성하여 그 관계가 선형관계인지의 여부를 확인하여야 한다. 산점도에서 변수 X와 Y의 관계가 선형관계인 것을 알 수 있을 경우에 X와 Y 사이에 회귀방정식(regression equation)을 계산한다.

산점도에서 변수들간의 관계가 선형관계라는 점을 알 수 있을 때, 주어진 자료점을 통과하면서 두 변수간의 관계를 설정해 주는 회귀직선을 구하여야 한다. 회귀직선을 결정하는 방법에는 목측법과 최소자승법 등이 있으나, 가장 일반적으로 사용되는 방법이 최소자승법이다.[21]

---

21) 노화준, 「행정계량분석」, 법문사, 1990, p. 334.

여기에서 회귀직선을 결정한다는 말의 의미는 다음과 같은 회귀방정식에서 a와 b값을 결정한다는 의미이다.

$$\hat{Y} = a + bX \tag{13.15}$$

여기에서, $\hat{Y}$=예측된 Y값
a=절편(상수)
b=직선의 기울기

위의 식 (13.15)에서 $\hat{Y}$은 Y에 대한 추정값을 의미하며, $\hat{Y}$과는 달리 관찰값 Y는 오차(e)를 포함하고 있으므로 다음과 같이 나타낼 수 있다.

$$Y = a + bX + e \tag{13.16}$$

식 (13.16)에서 실제의 관찰값 Y는 회귀방정식 (13.15)에 의해 추정된 $\hat{Y}$값과 오차(e)로 구성되어 있음을 알 수 있다.

최소자승법(method of least squares)이란 오차의 자승의 합이 가장 적도록 하는 방법으로 두 변수간의 관계를 나타내는 직선을 구하는 방법이다. 일반적으로 두 변수들의 관계를 나타내는 직선은 절편과 기울기에 의해 결정되기 때문에 최소자승법에 의해 회귀직선을 구한다는 것은 오차의 자승의 합

그림 13-12 선형회귀모형에서 a, b값의 추정과 오차

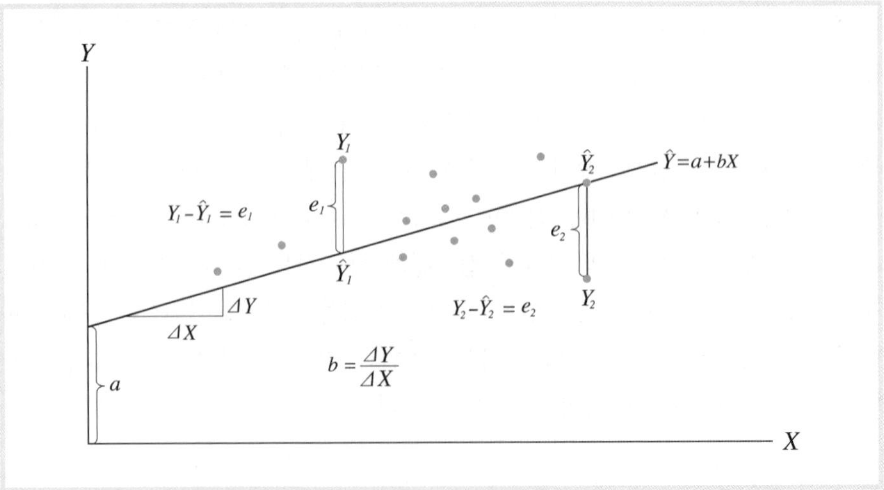

이 최소가 되도록 절편과 기울기를 구한다는 의미가 된다. 식 (13.15)와 (13.16)에서 오차 $e_i = (Y_i - \widehat{Y}_i)$이므로 최소자승법이란 e_i^2의 합계, 즉 $\Sigma(Y_i - \widehat{Y}_i)^2$을 가장 적도록 하는 방법으로 a와 b를 구하는 방법이다. 즉 [그림 13-12]에서 e_1, e_2, … 등으로 표시된 오차의 제곱의 합이 최소화될 수 있도록 a값과 b값을 추정하는 것이다.

관찰된 값을 토대로 최소자승법에서 a와 b값은 다음 공식 (13.17)과 (13.18)에 의하여 구할 수 있다.22)

$$a = \overline{Y} - b\overline{X} \tag{13.17}$$

$$b = \frac{\Sigma XY - n\overline{X}\,\overline{Y}}{\Sigma X^2 - n\overline{X}^2} \tag{13.18}$$

여기에서, $\overline{X}$, $\overline{Y}$는 각각 변수 X와 Y의 산술평균을 나타냄

회귀방정식에서 회귀계수(regression coefficient) b는 X가 한 단위 증가함에 따라서 변화하는 Y의 양을 의미한다. 이러한 회귀방정식을 이용하여 주어진 X값에 대하여 Y값을 예측할 수 있다.

한편 회귀분석에서 결정계수(coefficient of determination) R^2값은 종속변수 Y의 총분산 중에서 회귀방정식에 의해 설명된 분산(explained variance)의 비율을 나타내는 것으로 다음 식 (13.19)에 의해 표현된다.

$$R^2 = \frac{\text{Y에 있어서의 설명된 분산}}{\text{Y에 있어서의 총분산}} = \frac{\Sigma(\widehat{Y}_i - \overline{Y})^2}{\Sigma(Y_i - \overline{Y})^2} \tag{13.19}$$

예를 들면, R^2값이 .49라면 독립변수 X가 종속변수 Y의 분산 중에서 49%를 설명할 수 있다는 의미가 된다. 수학적으로 보면 R^2값은 X와 Y의 선형상관관계를 나타내는 Pearson상관계수 r의 제곱값이다. 그러므로 R^2값은 음(−)의 값을 가질 수 없으며 0에서 1사이의 값을 가진다. R^2값이 0이라는

22) 이러한 공식을 산출하는 절차에 관하여는 다음 문헌을 참조할 것. Morris Hamburg, *Statistical Analysis for Decision Making,* 3rd ed., NY: Harcourt Brace Jovanovich Publishers, 1983, pp. 365-366. 그리고 노화준, 전게서, pp. 336-337.

것은 독립변수와 종속변수의 분산이 전혀 관계가 없다는 것을 뜻하며, 1이라는 것은 독립변수가 종속변수의 분산을 완벽하게 설명할 수 있음을 의미한다. 그러나 상관계수 r값을 계산하는 데 있어서는 변수 X와 Y 사이의 관계는 대칭적이었지만 결정계수 값을 계산하는 데 있어서는 비대칭적인 관계를 전제로 한다. 즉 한 변수가 다른 변수의 독립변수 또는 원인변수라는 것을 전제로 하고 있는 것이다. 그러므로 상관분석에서처럼 X와 Y의 위치를 상호교환적으로 바꾸어서 분석할 수는 없다는 점에 유념하여야 한다.

한편 다중회귀분석(multiple regression)에서는 R^2값보다 수정된 R^2(adjusted R^2)값을 사용하는 것이 일반적이다. 수정된 R^2은 R^2을 회귀분석모형에 포함된 독립변수 또는 설명변수의 숫자에 맞추어 조정한 것이다. R^2과는 달리 수정된 R^2값은 새로 추가되는 설명변수가 모형의 설명력을 향상시킬 경우에만 증가한다. 그러므로 수정된 R^2은 항상 R^2보다 적거나 같다. 일반적으로 독립변수의 숫자가 많아질수록 수정된 R^2값은 R^2값보다 적어진다.

2) 다중회귀분석의 가설

사회과학 연구자들은 일반적으로 정부의 정책성과는 물론 행태, 태도, 감정 등 개인적인 변수들도 하나의 변수가 아니라 여러 변수에 의해 결정된다고 가정한다. 다중회귀분석을 실시하는 이유는 둘 이상의 설명변수 또는 예측 변수를 사용하면 단순 선형회귀분석보다는 세상이 어떻게 돌아가는지에 대한 더 완전한 그림을 그릴 수 있다고 믿기 때문이다.[23)]

OECD 30개 회원국가의 주요통계 가운데 지니계수로 측정된 소득불평등도를 종속변수(Y)로 하여, 이에 영향을 미치는 독립변수들로 앞의 상관분석에서 통계적으로 유의한 변수로 나타난 무역비중으로 측정된 경제세계화(X_1), 일반정부 지출규모(X_2), 공공사회지출규모(X_3) 등 세 변수를 사용하기로 한다.

(1) 서술형 표현

H_0: OECD회원국가의 무역비중으로 측정된 경제세계화(X_1), 일반정부 지출규모(X_2), 공공사회지출규모(X_3)는 지니계수로 측정된 소득불평등도(Y)와 관계가 없을 것이다.

---

23) Lawrence S. Meyers, Glenn Gamst, & A. J. Guarino, *Applied Multivariate Research: Design and Interpretation,* 3rd ed., Sage. 2017, p. 157.

H_0-1: 무역비중으로 측정된 경제세계화(X_1)는 소득불평등도(Y)와 관계가 없을 것이다.
H_0-2: 일반정부지출규모(X_2)는 소득불평등도(Y)와 관계가 없을 것이다.
H_0-3: 공공사회지출규모(X_3)는 소득불평등도(Y)와 관계가 없을 것이다.

H_1: OECD회원국가의 무역비중으로 측정된 경제세계화(X_1), 일반정부 지출규모(X_2), 공공사회지출규모(X_3)가 높을수록 지니계수로 측정된 소득불평등도(Y)는 낮을 것이다.
H_1-1: 무역비중으로 측정된 경제세계화(X_1)가 이루어질수록 소득불평등도(Y)는 낮을 것이다.
H_1-2: 일반정부지출규모(X_2)가 클수록 소득불평등도(Y)는 낮을 것이다.
H_1-3: 공공사회지출규모(X_3)가 클수록 소득불평등도(Y)는 낮을 것이다.

(2) 통계적 표현

$$H_0 : Y \neq \alpha + \beta_1 X_1 + \beta_2 X_2 + \beta_3 X_3$$
$$\beta_1 = 0,\ \beta_2 = 0,\ \beta_3 = 0$$
$$H_1 : Y = \alpha + \beta_1 X_1 + \beta_2 X_2 + \beta_3 X_3$$
$$\beta_1 \neq 0,\ \beta_2 \neq 0,\ \beta_3 \neq 0$$

변수간 관계에 대한 가설에서 독립변수의 수가 둘 이상일 경우, 회귀방정식에 관한 가설과 각 변수에 대한 가설로 구분되는 것을 알 수 있다.

첫째는 회귀방정식모형 전체의 적합성에 관한 가설로 회귀분석에 포함된 독립변수들의 조합이 종속변수에 영향을 미친다는 것이다. 회귀모형의 적합성에 관한 가설검증은 종속변수의 분산을 독립변수들의 조합이 어느 정도 설명하는지에 관한 것으로 종속변수의 분산을 분해한 분산분석표(analysis of variance table)에서 계산된 F값의 통계적 유의성을 토대로 판단한다.

둘째는 회귀방정식에 포함된 개별 독립변수가 종속변수에 영향을 미친다는 가설이다. 첫 번째 회귀방정식모형에 관한 가설검증에서 통계적 유의성이 있는 것으로 판명된 경우에도 회귀모형에 포함된 모든 독립변수가 종속변수에 영향을 미친다는 것을 의미하지 않는다. 그러므로 각 독립변수가 종속변수에 미치는 영향에 대하여 검증하여야 하는데, 이를 '회귀계수에 대한 검증'이라고 부른다. 회귀계수에 대한 검증에서는 t분포를 이용하여 t값의 유의확률(p값)

을 계산할 수 있고, p값이 유의수준(일반적으로 .05)보다 적을 때, 대립가설을 채택하게 된다. 즉 p값이 유의수준보다 적을 때 독립변수 X_i가 종속변수 Y에 영향을 미친다고 결론을 내릴 수 있다.

2. SPSS 회귀분석의 실행

1) 회귀분석의 실행절차

아래 [그림 13-13] (a)와 같이 SPSS 메뉴에서 분석(A) → 회귀분석(C) → 선형(L)을 선택하면 [그림 13-13] (b)의 '선형회귀' 대화상자가 나타난다. 대화상자의 '종속변수(D)'에서 분석하고자 하는 종속변수를 선택한다. 여기에서는 지니계수를 선택하였다. 한편 '독립변수(I)'에서는 무역의존도, 일반정부지출, 공공사회지출을 선택하였다. '방법(M)'에서 '입력', '단계 선택', '제거', '후진', '전진' 가운데 선택할 수 있는데 이 가운데 '입력' 방식을 선택하면 모든 독립변수들이 동시에 회귀분석에 투입된다. 필요한 선택을 마친 다음 '확인'을 클릭하면 회귀분석이 실행된다.

그림 13-13 SPSS 회귀분석 실행절차

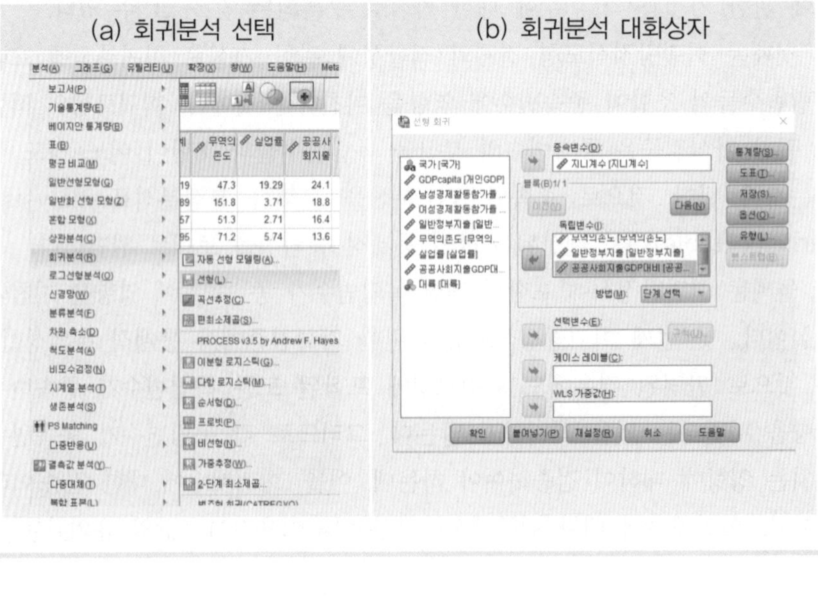

2) 회귀분석 결과

위와 같이 회귀분석 절차를 거치고 나면 '회귀분석 결과'가 출력된다. <표 13-15> a.에 모든 독립변수를 포함한 입력방식의 회귀분석 결과 가운데 일반적으로 보고서나 논문에 제시되는 정보를 제시하였다. 다중회귀분석의 결과 두 가지 형태의 회귀방정식이 생성된다. 하나는 원자료(raw data) 또는 표준화되지 않은 형태이며, 다른 하나는 표준화된 형태로 생성되는데, 이를 통하여 연구자들이 다른 측정 척도로 측정된 독립변수의 효과를 쉽게 비교할 수 있다.

원자료로 생성된 회귀방정식에서는 표준화되지 않은 회귀계수를 b로 표기하고 표준화된 방정식에서 회귀계수는 beta(β)로 표기한다. 분석결과를 살펴보면 F값으로 판단할 때 회귀방정식모형은 유의수준 .01수준에서 통계적으로 유의미하였다. 소득불평등도에 영향을 미치는 세 가지 독립변수들의 설명력을 나타내는 R^2은 .436이었고 수정된 R^2값은 .370로 낮아졌다. 그러나 수정된 R^2값을 적용할 경우에도 세 변수가 OECD 30개 주요회원국가에서 지니계수로 측정된 소득불평등도의 총분산의 37.0%를 설명하여 상당히 높은 설명력을 보여주고 있다.

표 13-15 소득불평등도에 관한 다중회귀분석 및 단계별 회귀분석 결과

독립변수	a. 모든 독립변수 포함 회귀분석				b. 단계별 회귀분석				
	b	beta	t	유의확률	b	beta	t	유의확률	R^2 변화량
무역의존도(X_1)	-.045	-.465	-3.046	.005	-.048	-.493	-3.349	.002	.289
정부지출(X_2)	-.104	-.202	-.779	.443	-	-	-	-	-
사회지출(X_3)	-.140	-.207	-.811	.424	-.249	-.368	-2.496	.019	.133
(상수)	41.3		11.872	.000	39.3		17.497	.000	
F(3, 26)			6.689	002					
R^2			.436				.422		
수정된 R^2			.370				.380		

※ 종속변수인 지니계수를 백분율(%)로 환산하여 사용함.

이어서 개별 독립변수의 영향을 살펴보자. 세 독립변수 가운데 GDP 대비 무역비중으로 측정된 경제세계화(X_1)만이 소득불평등도에 통계적으로 유의미한 영향을 미치는 것으로 나타났다. 회귀계수의 부호가 (−)이므로 경제세계화가 이루어질수록 소득불평등도는 낮아짐을 알 수 있다. 그러나 일반정부 지출규모(X_2), 공공사회지출규모(X_3)는 상관분석에서는 소득불평등도(Y)와 통계적 유의성이 있었지만 다중회귀분석에서는 통계적 유의성이 없었다.

다음으로 <표 13-15> b. 단계별(step-wise) 회귀분석 결과를 살펴보자. '방법(M)'에서 '입력', '단계 선택', '제거', '후진', '전진' 가운데 '단계 선택' 방식을 선택하면 통계적 유의수준이 높은 변수의 순으로 순차적으로 회귀모형에 투입된다. 위의 표에서 보는 바와 같이 경제세계화(X_1), 공공사회지출(X_3)의 순서로 투입되었다. 최종분석결과에서 상대적 영향력의 크기를 나타내는 지표인 beta값과 t값의 크기도 경제세계화(X_1), 공공사회지출(X_3)의 순서로 나타났다. 단계별 회귀분석에서 세 변수를 모두 투입할 때 통계적 유의성이 없었던 공공사회지출(X_3)의 통계적 유의성이 나타난 것은 일반정부 규모(X_2)가 배제되었기 때문으로 판단된다. 일반정부규모(X_2)는 단계별 회귀분석에서도 투입되지 않아 다른 변수들로 통제한 후에는 통계적 유의성이 없음이 재확인되었다. 한편 단계별로 투입된 변수들의 누적설명력을 나타내는 R^2 변화량은 1단계 .289, 2단계 .133으로 변수가 투입될 때마다 설명력이 상당히 증가하였다. 두 변수가 투입된 최종분석결과 R^2은 .422, 수정된 R^2 값은 .380(38.0%정도의 설명력)이다. 단계별 회귀분석에서 두 변수가 투입된 수정된 R^2 값 .380은 세 변수가 투입된 입력모형의 .370보다 약간 높아 간명한(parsimonious) 두 변수 모형의 설명력이 더 높았다.

3. 위계적 다중 회귀분석

1) 개 념

위계적 회귀분석(hierarchical multiple regression)에서는 모든 독립변수가 한 번에 투입되지 않고 이론적으로 설정된 단계(블록 또는 모형)별로 투입된다.[24] 그러므로 위계적 회귀분석을 순차적 분석(sequential analysis) 또는 블록투입 분석(block-entry analysis)이라고도 부른다. 위계적 회귀분석에서는 연구자가 이론이나 선행연구의 확고한 경험적 근거를 토대로 투입할 변수군을 단계별로 선택한다. 첫 번째 단계에서 투입된 변수들은 차후에 투입될 변수들에 대한 통제변수(co-variates)로 작용한다. 일반적으로 첫 단계에서는 연구의 분석모형에서 통제변수로 설정된 연령, 성별, 학력과 같은 인구통계학적 변수들을 투입하는 경우가 많다. 첫 단계 이후에는 연구자가 이론적 기준을 고려하여 투입될 독립변수들을 2단계, 또는 3단계로 구분하여 선택할 수 있다. 연구자가 이론에 근거하여 단계별 투입순서를 결정하므로 이론에 의한 단계적 회귀분석이라고도 한다. 그러므로 통계적 유의성이 큰 변수의 순서로 독립변수가 투입되는 단계별(step-wise) 회귀분석과는 큰 차이가 있다.

2) 가설의 형태

공무원의 성별, 연령, 재직기간, 직급과 같은 인구통계학적 변수를 통제한 후에 직무만족이 조직몰입에 영향을 미치는지 위계적 회귀분석을 통하여 검증하고자 할 때 가설은 다음과 같은 형태를 취한다. 검증에 사용될 자료는 2019년 공직생활 실태조사 자료이다. 직무만족은 3개 문항의 응답을 합산한 직무만족척도, 조직몰입은 4개 문항의 응답을 합산한 조직몰입척도를 사용한다.[25)]

H_0: 인구통계학적 변수(성별, 연령, 재직기간, 직급)를 통제한 후, 공무원의 직무만족은 조직몰입에 영향을 미치지 않는다.

H_1: 인구통계학적 변수(성별, 연령, 재직기간, 직급)를 통제한 후, 공무원의 직무만족은 조직몰입에 영향을 미친다.

3) SPSS 프로그램 실행과 출력결과

SPSS 통계프로그램에서 위계적 다중 회귀분석을 실행하여 검증에 필요한 통계량을 구할 수 있다. SPSS 프로그램의 분석(A) → 회귀분석(R) → 선형(L)을 선택한 다음 종속변수(D)에 조직몰입척도를 선택하고 독립변수(I)의 첫 번째 블록에 성별, 연령, 재직기간, 직급을 선택한 후, 두 번째 블록에서 직무만

---

24) Meyers, Gamst, & Guarino, *op. cit.,* 205-206.

25) 직무만족 3개 문항의 크론바하 일파값은 .896, 조직몰입 4개 문항 크론바하 알파값은 .858로 매우 높은 편이다.

족척도를 선택한다. 방법(M)에서 '입력'을 선택하여 분석을 실행한다.

위계적 회귀분석 출력결과는 다음 <표 13-16>과 같다. 두 단계에 걸쳐 도출한 회귀모형 가운데 첫째 모형은 인구통계학적 변수(성별, 연령, 재직기간, 직급)만 투입된 경우이고, 둘째 모형은 인구통계학적 변수와 직무만족이 함께

표 13-16 직무만족이 조직몰입에 미친 영향의 위계적 회귀분석결과

a. 모형 요약

모형	R	R^2	수정된 R^2	통계량 변화량				
				R^2 변화량	F 변화량	자유도1	자유도2	유의확률 F 변화량
1	.315	.099	.099	.099	113.358	4	4105	.000
2	.686	.471	.470	.371	2878.785	1	4104	.000

모형 1. 예측자: (상수), 직급, 성별, 재직기간, 연령
모형 2. 예측자: (상수), 직급, 성별, 재직기간, 연령, 직무만족척도

b. 회귀계수*

모형		비표준화 계수	표준화 계수	t	유의확률
		b	β		
1	(상수)	3.108		41.939	.000
	성별	-.206	-.142	-9.172	.000
	연령	.121	.162	6.313	.000
	재직기간	.046	.119	4.689	.000
	직급	.006	.007	.383	.702
2	(상수)	1.057		15.430	.000
	성별	-.179	-.123	-10.366	.000
	연령	.020	.027	1.361	.174
	재직기간	.052	.135	6.904	.000
	직급	.067	.075	5.612	.000
	직무만족척도	.591	.633	53.654	.000

* 종속변수: 조직몰입척도

출처: SPSS output 재구성

투입된 경우다. 각 회귀모형에 대한 결정계수 R^2, 영가설 검증 통계량인 F-통계량 및 유의확률, 그리고 각 회귀모형에 속한 개별적 회귀계수의 유의성 통계량인 t-통계량 및 유의확률에 대한 해석은 다중 회귀분석에서 내린 해석 방법과 동일하다.

<표 13-16> a. '모형 요약'에서 살펴보아야 할 사항은 모형 2의 'R^2 변화량'과 'F 변화량', 그리고 '유의확률 F 변화량'이다. 여기서 각 변화량은 첫째와 둘째 회귀모형의 차이를 나타내는데, 결국 인구통계학적 변수군(성별, 연령, 재직기간, 직급)을 통제했을 때, 공무원의 직무만족이 직무몰입에 미치는 설명력에 관한 통계량이다. 'R^2 변화량'은 첫째 회귀모형에서 독립변수군에 의해 설명된 종속변수의 분산과 둘째 회귀모형에서 독립변수군에 의해 설명된 종속변수의 분산간 차이로 이해할 수 있다. 첫째와 둘째 회귀모형의 R^2은 각각 .099와 .471이므로 변화량 차이는 .371이 된다. 즉, 인구통계학적 변수를 통제한 후에도 조직몰입에 대한 직무만족의 설명력은 37.1%이다. 'F 변화량'과 '유의확률' 역시 인구통계학적 변수군을 통제했을 때, 직무만족이 조직몰입에 미친 영향에 관한 통계량으로서 $F(1, 4104)=2878.785$, $p < .000$이므로 영가설을 기각하고 연구가설을 채택할 수 있다. 따라서 인구통계학적 변수들을 통제한 후에도, 공무원의 직무만족은 조직몰입에 통계적으로 유의미한 영향을 미친다고 결론내릴 수 있다.

4. 매개변수 효과의 회귀분석

1) 매개효과의 개념

제4장에서 변수의 종류를 살펴보면서 매개변수(intervening variable, mediator)를 독립변수와 종속변수의 사이에서 독립변수의 결과인 동시에 종속변수의 원인이 되는 변수라고 소개하였다. 매개변수를 I또는 M으로 표기한다. 매개변수(M)는 독립변수(X)가 종속변수(Y)에 영향을 미치는 통로가 되는 메커니즘으로 생각할 수 있으며, 독립변수가 어떻게(how) 종속변수(Y)에 영향을 미치는지 파악할 수 있다. [그림 13-14] (a) 개념적 모형에서 X가 Y에 영향을 미치는 경로에는 두 가지가 있다. 첫 번째 경로는 X가 M을 거치지 않고 Y로 직접 영향을 미치는 것인데 이 경로를 직접효과(direct effect)라고 한다.

그림 13-14 Hayes의 단순 매개 모형

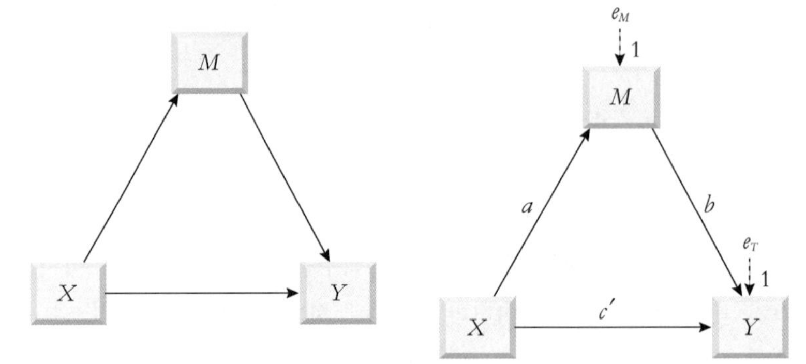

(a) 개념적 모형 (b) 통계적 모형

출처: Hayes, *Introduction to Mediation, Moderation, and Conditional Analysis: A Regression Based Approach,* 2nd ed., 2018. p. 79, p. 83.

두 번째 경로는 X가 M을 거쳐 Y에 영향을 미치는 것인데 이를 간접효과(indirect efftect)라고 부른다. 매개효과는 간접효과를 말하며 X가 M에 영향을 미치고, 다시 M이 Y에 미치는 효과이므로 M의 매개효과이다.

2) 매개효과의 검증 방법

매개효과의 검증방법에는 회귀분석을 이용하는 방법과 구조방정식(SEM)을 이용하는 방법이 있다. 구조방정식을 이용하는 방법은 다음 절을 참고하기 바란다. 회귀분석을 이용할 때 다음 순서대로 분석한다.

1. 독립변수(통제변수 포함)와 매개변수와의 관계를 나타내는 회귀계수의 통계적 유의성을 검증한다([그림 13-14] (b)에서 a값의 검증).
2. 독립변수(통제변수 포함)와 매개변수를 모두 독립변수로 간주하여 회귀분석을 실시하여 회귀계수의 통계적 유의성을 검증한다(([그림 13-14] (b)에서 c'값과 b값의 검증).

이러한 분석결과에서 직접효과는 c'값을 말한다. 한편 간접효과는 $a \times b$이다. 총효과 또는 전체효과(total effect)는 직접효과와 간접효과를 합한 값($t = c' + a \times b$)이다. 그런데 매개효과 또는 간접효과가 인정되려면 a와 b가 모두 통계적으로 유의하여야 하며, 소벨 테스트(Sobel test) 등을 통하여 검증한다. 매개변수(M)가 포함된 모형에서 독립변수가 종속변수에 미치는 직접효과(c')가 0에 가깝다면 매개효과는 완벽하다고 할 수 있으며, 이를 완벽한 매개(full mediation) 또는 완전 매개(complete mediation)라고 한다. 한편 매개변수가 포함된 모형에서 독립변수가 종속변수에 미치는 직접효과(c')가 여전히 통계적으로 유의한 값이면서 매개변수가 없는 모형에서의 독립변수 효과보다 작고, 독립변수와 매개변수의 관계(a)와 매개변수과 종속변수와의 관계(b)가 유의하다면 매개효과는 부분적이며, 이를 부분 매개(partial mediation)라고 한다.

3) 매개효과 분석모형 사례

[그림 13-15]에 공무원의 직무만족이 공공봉사동기가 조직몰입에 미치는 영향을 매개하는지 매개효과 모형을 설정하였다. 앞의 위계적 회귀분석 사례에서와 같이 성별, 연령, 재직기간, 직급과 같은 인구통계학적 변수를 통제변수로 포함한다. 분석에 사용한 자료는 2019년 공직생활 실태조사 자료이며 직무만족은 3개 문항의 응답을 합산한 직무만족척도, 조직몰입은 4개 문항의 응답을 합산한 조직몰입척도를 사용하고, 공공봉사동기를 측정한 5개 문항의 합산값을 척도로 사용한다.[26]

그림 13-15 직무만족이 공공봉사동기가 조직몰입에 미치는 매개효과 모형

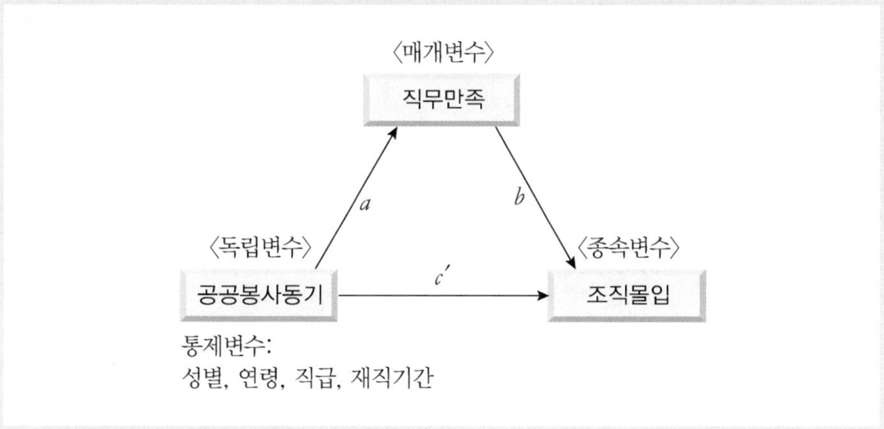

26) 공공봉사동기 5개 문항의 요인분석결과 1개 요인만이 추출되었고, 신뢰도 분석에서 크론바하 알파값은 .899로 매우 높았다.

4) SPSS 회귀분석

SPSS 프로그램 사용시에는 두 단계의 독립적인 선형회귀분석을 실시한 후, 그 결과를 취합하여 매개효과를 검증한다. 첫째, 매개변수인 직무만족을 종속변수로 하고, 독립변수인 공공봉사동기와 통제변수를 모두 투입하는 다중회귀분석을 실시한다. 이 회귀분석에서 a값은 공공봉사동기의 표준화된 회귀계수 값이다, 둘째, 조직몰입을 종속변수로 하고, 독립변수인 공공봉사동기와 매개변수인 직무만족과 함께 통제변수를 모두 투입하는 다중회귀분석을 실시한다. 이 회귀분석에서 b값은 직무만족의 표준화된 회귀계수 값이고, c'값은 공공봉사동기의 표준화된 회귀계수 값이다. 이 두 가지를 결합하면 통제변수를 통제한 후 공공봉사동기의 직접효과(c')와 간접효과($a \times b$), 총효과($c' + a \times b$) 값을 구할 수 있다.

5) Process 매크로 'model 4' 분석

SPSS와 SAS 통계패키지 프로그램에서 Hayes(2018)의 PROCESS Macro를 사용할 경우 한 번의 분석으로 앞의 두 단계 분석을 실시하여 필요한 통계량을 모두 구할 수 있다. [그림 13-16]에 단순매개모형를 분석하기 위한 PROCESS macro 'model 4' 프로그램을 소개하였다.

그림 13-16 단순매개모형 분석을 위한 PROCESS macro 'model 4' 명령문 사례

(a) SPSS 프로그램 화면 (b) PROCESS macro 'model 4' 명령문 사례

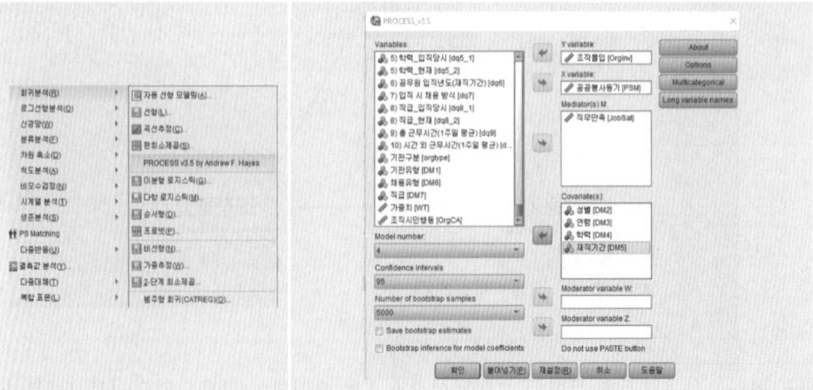

6) 매개효과 검증결과

SPSS 회귀분석 결과와 PROCESS Macro 분석결과에서 유사한 정보를 얻을 수 있다. [그림 13-17]에서는 PROCESS Macro 출력물 가운데 직접효과, 간접효과, 총효과에 관한 자료만 소개하였다.

[그림 13-17]의 검증결과에서 공공봉사동기가 조직몰입에 미치는 총효과와 직접효과, 그리고 직무만족이 매개변수로 작용하여 미치는 간접효과의 크기를 알 수 있는데, 그 효과의 크기는 각각 .5766, .3129, .2638 이며, 모두 .000 수준에서 통계적 유의성이 있었다. 그러므로 직무만족이 공공봉사동기가 조직몰입에 미치는 효과를 부분매개하는 것을 알 수 있다.

그림 13-17 직무만족이 공공봉사동기가 조직몰입에 미치는 매개효과 검증 결과

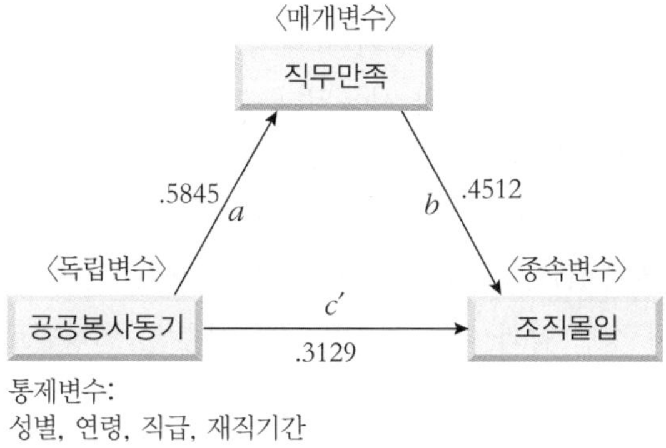

직접효과 $c' = .3129$

간접효과 $a \times b = .5845 \times .4512 = .2638$

총효과=직접효과+간접효과=.3129+.2638=.5766

여기에서 통제변수의 회귀계수는 생략함.

제 7 절 분산분석

1. 분산분석의 의미

1) 변수와 척도

분산분석(Analysis of Variance, ANOVA)은 종속변수가 등간 또는 비율척도로 측정되고, 독립변수(요인)는 둘 이상의 집단으로 구분되는 범주형 명목척도인 경우에 사용된다. 분산분석에서는 범주형 독립변수를 요인(factor)으로 표기한다. 분산분석은 일반적으로 종속변수(만족, 몰입, 소득, 몸무게, 키 등)의 값이 범주형 명목척도로 측정된 요인의 범주집단간 평균 차이가 통계적으로 유의미한지 검증하기 위하여 사용된다. 제7장에서 살펴본 설명적 연구의 조사설계 가운데, 실험설계에서의 실험집단과 통제집단의 차이, 준실험설계인 비동질적 통제집단 설계에서의 실험집단과 비교집단의 차이를 분석할 때, 그리고 이중차이분석(DID)분석에서도 분산분석이 활용된다. 그 밖에도 관심을 가진 변수의 값이 성별(남과 여), 직급별, 소득계층별, 연령별로 차이가 있는지 분석할 때 활용할 수 있다.

2) 분산분석에 적합한 연구문제

분산분석을 사용하는 것이 적합한 몇 가지 연구문제의 예를 들면, 다음과 같다.

① 수업방법(대면수업과 비대면수업)에 따라 학생들의 시험성적에 차이가 있는가?
② 소득수준(상 · 중 · 하)에 따라 주관적 웰빙 인식에 차이가 있는가?
③ 직종(관리직, 경영직, 사무직)에 따라 월보수액에 차이가 있는가?
④ 소득수준(상 · 중 · 하)과 세대(청년층, 중년층, 노년층)에 따라 주관적 웰빙 인식에 차이가 있는가?
⑤ 학생들의 성적으로 측정한 교육효과는 수업방법(대면수업과 비대면수업)과 학년에 따라 차이가 있는가?

이상에서 살펴본 다섯 가지 연구문제 가운데 첫 번째 문제는 두 집단 사이의 평균 차이에 관한 것이다. 두 집단 사이의 평균 차이 검증에는 t-검증(t-test)을 적용한다. 두 번째와 세 번째 문제는 셋 이상 집단 사이의 평균 차이를 검증하고자 하는 것이다. 독립변수가 셋 이상의 범주로 측정된 하나의 요인일 경우 일원배치 분산분석(One-Way ANOVA)을 사용한다. 한편 네 번째와 다섯째 문제는 독립변수, 즉 요인(factor)이 각각 두 가지이므로 다요인 분산분석(Factorial ANOVA)을 실시하여야 한다.

3) 분산분석 가설의 사례

남녀 공무원의 직무만족도의 차이에 관한 가설의 예를 들면, 다음과 같다.

a. 서술형 표현

H_0: 남녀 공무원의 직무만족도에는 차이가 없다.
H_1: 남녀 공무원의 직무만족도에는 차이가 있다.

b. 통계적 표현

H_0: $(\mu_m = \mu_w)$
H_1: $(\mu_m \neq \mu_w)$

가설의 설정에서 유의해야 할 점의 하나는 등호(=)가 대립가설보다는 영가설에 포함되도록 해야 한다는 점이다. 이는 영가설이 실제로 검증되므로 검증 대상이 되는 모수의 위치가 표본분포에서 분명히 파악되도록 하여야 하기 때문이다. 이상의 사례에서 영가설과 대립가설은 하나의 짝을 이루고 있다는 것을 알 수 있다. 그러나 이러한 짝은 다른 형태를 취할 수도 있다. 앞서 예를 든 남녀공무원의 직무만족도의 차이 여부에 관한 가설을 하나의 형태(형태 1)라고 할 때, 두 가지 다른 형태의 짝으로 표현될 수도 있다.

형태 2

H_0: 남성공무원이 여성공무원보다 직무만족도가 높다($\mu_m \geq \mu_w$).
H_1: 남성공무원이 여성공무원보다 직무만족도가 낮다($\mu_m < \mu_w$).

형태 3

H_0: 남성공무원이 여성공무원보다 직무만족도가 낮다($\mu_m \le \mu_w$).
H_1: 남성공무원이 여성공무원보다 직무만족도가 높다($\mu_m > \mu_w$).

이러한 가설 형태의 차이는 가설검증과정에서 단측검증(좌측검증 또는 우측검증)을 할 것인가, 또는 양측검증을 할 것인가를 선택하는 기준이 된다.

4) 분산분석의 가설검증

분산분석에서는 종속변수값의 분산(variance)이 논의의 출발점이다. 분산이란 산포도의 측정지표로 표준편차의 제곱이다. 분산분석에서는 종속변수의 총분산(total variance)을 집단간 분산(between variance)과 집단내 분산(within variance)으로 구분한다. 집단간 분산이 집단내 분산보다 상대적으로 클 경우에는 통계적으로 의미있는 차이가 있다고 보는 것이다. 그러므로 통계적 유의성을 판단하기 위하여 집단간 분산뿐 아니라 집단내 분산의 정도가 고려된다. 집단간 분산을 설명된 분산(explained variance), 집단내 분산을 설명되지 않은 분산(unexplained variance)이라 부른다. 일원배치분산분석에서 종속변수의 총분산을 분해하고, 거기에서 F 통계량을 구하는 절차가 <표 13-17>에 제시되었다.

<표 13-17>에 제시된 분산분석표에서 제곱합(sum of squares)이란 개별자료의 값(x_i)과 평균값($\overline{X}$)의 차이를 제곱한 값을 합산한 것이다($\Sigma(x_i-\overline{X})^2$). 총제곱합, 집단간 및 집단내 제곱합은 수작업으로 계산할 수 있지만 일반적으로 컴퓨터 프로그램에서 계산해 준다. 각 제곱합에는 그에 대응하는 자

표 13-17 일원배치분산분석표

변동요인	제곱합 (Sum of Squares)	자유도 (degree of freedom)	평균제곱 (Mean Square)	F값
집단간	BSS(Between SS)	집단간 자유도=k-1	BMS=BSS/k-1	BMS/WMS
집단내	WSS(Within SS)	집단내 자유도=n-k	WMS=WSS/n-k	
합계	TSS(Total SS)	총자유도 n-1		

* 여기에서 n은 표본의 수, k는 범주의 숫자를 의미함.

유도가 있다. '집단간'의 경우 자유도는 범주의 숫자(k)에서 1을 뺀 수치이며 (k-1), '집단내'의 경우 자유도는 표본의 수(n)에서 범주의 수(k)를 뺀 것이다 (n-k). 총제곱합의 경우 자유도는 (k-1)+(n-k)이므로 n-1이다. 평균제곱이란 각 제곱합을 자유도로 나눈 수치이다. 분산분석의 가설검증은 F 비율을 계산하여 검증한다. F값은 집단간 평균제곱(BMS)을 집단내 평균제곱(WMS)으로 나눈 수치이다.

2. SPSS 일원배치 분산분석(One-Way ANOVA)의 실행

1) 일원배치 분산분석의 실행절차

여기에서는 한국행정연구원의 2019년 사회통합실태조사 자료에서 응답자의 소득수준(상, 중, 하)별로 주관적 웰빙인식에 차이가 있는지 일원배치분석 분석으로 검증하고자 하였다.[27] 아래 [그림 13-18] (a)와 같이 SPSS 메뉴에서 분석(A) → 평균비교(M) → 일원배치 분산분석(O)을 선택하면 [그림 13-

그림 13-18 SPSS 일원배치 분산분석 실행절차

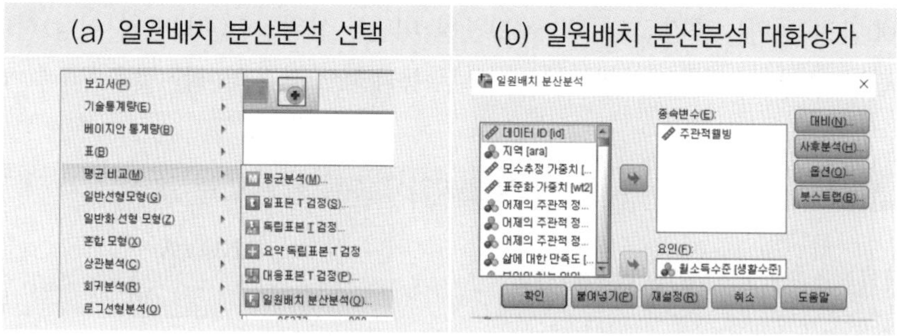

27) 사회통합실태조사자료는 한국행정연구원이 매년 8,000명의 국민들을 대상으로 실시하는 법정통계조사이다. '주관적 웰빙' 인식은 질문서의 세 문항, 즉 '어제의 주관적 정서 경험-행복감', '삶에 대한 만족도', '본인이 하는 일이 가치 있다고 생각하는 정도'에 관한 응답을 합산하여 3으로 나눈 값이며 10점 만점의 척도이다. 세 문항에 대한 신뢰도 분석에서 크론바하 알파 값은 .790으로 만족할 만한 수준이다. 한편 응답자의 월 가구 소득수준은 하(200만원 미만), 중(200만원-400만원 미만), 상(400만원 이상)으로 범주를 재구성하였다.

18] (b)의 '일원배치분산분석' 대화상자가 나타난다. 대화상자에서 종속변수로 '주관적 웰빙'을 선택하였다. 한편 요인분석(F)의 요인변수로는 '월소득수준'을 선택하였다. '사후분석'은 집단간 평균 차이의 통계적 유의성을 확인하기 위하여 사용하는데 여기에서는 가장 보수적이며 일반적으로 많이 사용하는 Scheffe 방식을 선정하였다. 필요한 선택을 마친 다음 '확인'을 클릭하면 일원배치 분산분석이 실행된다.

2) 일원배치 분석분석의 결과

<표 13-18>에 '일원배치 분산분석 결과'를 논문이나 보고서에서 사용하는 방식으로 제시하였다. <표 13-18>에서 소득수준별로 주관적 웰빙 인식 정도에 차이가 있으며, 그 차이는 유의확률 0.05 수준에서 통계적으로 유의미하였다. 즉, 소득수준이 높은 집단일수록 주관적 웰빙인식 수준은 높았다.

그런데 <표 13-18>에서는 소득수준이 중간(200-400만원 미만)인 집단과 상위(400만원 이상)인 집단 등 각 하위집단별 주관적 웰빙 인식의 차이가 통계적으로 의미가 있는지 알 수 없다. 사후분석의 다중비교를 통하여 집단간 차이의 통계적 유의성을 확인할 수 있는데, 그 결과가 <표 13-19>에 제시되었다. <표 13-19> 다중비교 결과에 나타난 바와 같이 소득수준 하위집단(200만원 미만), 중간집단(200-400만원 미만), 상위집단(400만원 이상)사이의 집단별 주관적 웰빙 인식의 차이는 모두 통계적으로 유의미한 것을 알 수 있다.

표 13-18 소득수준에 따른 주관적 웰빙인식(10점 척도)의 분산분석 결과

	N	평균
하(200만원 미만)	866	5.77
중(200-400만원 미만)	2423	6.21
상(400만원 이상)	4711	6.31
전체	8000	6.22

ANOVA

	제곱합	자유도	평균 제곱	F	유의 확률
집단-간	213.83	2	106.91	52.57	.000
집단-내	16261.09	7996	2.03		
전체	16474.92	7998			

표 13-19 Scheffe 방식에 의한 소득수준별 주관적 웰빙 인식 비교

(I) 월소득수준	(J) 월소득수준	평균차이(I-J)	유의확률
하(200만원 미만)	중(200만원-400만원 미만)	-.43845*	.000
	상(400만원 이상)	-.53994*	.000
중(200만원-400만원 미만)	하(200만원 미만)	.43845*	.000
	상(400만원 이상)	-.10148*	.017
상(400만원 이상)	하(200만원 미만)	.53994*	.000
	중(200만원-400만원 미만)	.10148*	.017

*. 평균차이는 0.05 수준에서 유의함.

3. SPSS 다요인 분산분석(Factorial ANOVA)의 실행

1) 다요인 분산분석의 실행절차

독립변수인 요인이 둘 이상이면 다요인 분산분석을 실시하여야 한다. SPSS에서는 아래 [그림 13-19] (a)와 같이 분석(A) → 일반선형모형(G) → 일변량(U)을 선택한다. [그림 13-19] (b)의 '일변량분석' 대화상자에서 '종속변수'로 '주관적 웰빙'을 선택하였다. 한편 '고정요인(F)'의 요인변수로는 '세

그림 13-19 SPSS 다요인 분산분석 실행절차

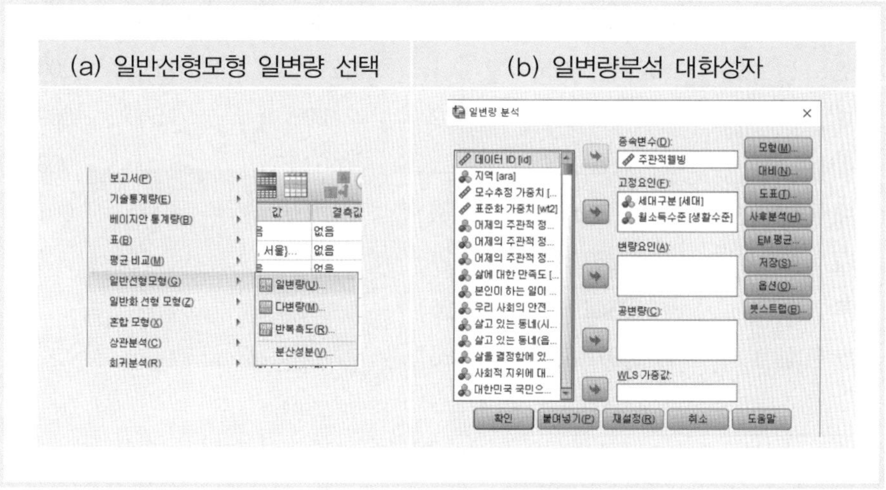

대'[28]와 '월소득수준'을 선택하였다. 일원배치 분산분석에서와 같이 다중비교를 위한 '사후분석'을 통하여 집단간 평균차이를 확인할 수 있다. 제7장 제2절 요인설계에서 살펴본 바와 같이 독립변수가 둘 이상인 요인설계에서는 상호작용효과, 또는 조절변수의 효과를 검증할 수 있다. '월소득수준'과 '세대'의 상호작용효과, 또는 조절효과를 도표로 나타내면 시각적으로 쉽게 확인할 수 있다. 대화상자의 '도표(T)'에서 필요한 선택을 할 수 있다. 필요한 선택을 마친 다음 '확인'을 클릭하면 다요인 분산분석이 실행된다.

2) 주효과 및 상호작용효과 또는 조절효과 분석결과

<표 13-20>에 분석결과를 요약하여 제시하였다. <표 13-20>에서 세대별, 소득계층 별로 주관적 웰빙인식 수준에 유의미한 차이가 있으며, 그 차이는 각각 유의확률 0.05 수준에서 통계적으로 의미가 있다. 이 경우에도 일원배치 분산분석에서와 같이 '사후분석'의 다중비교를 통하여 집단간 차이를 확인할 수 있다.

앞의 <표 13-18> 및 <표 13-19>에서 확인한 바와 같이 소득수준이 높은 집단에서 주관적 웰빙 인식이 높았다. 한편 세대별로는 중년층, 청년층, 노

표 13-20 생활수준과 세대에 따른 주관적 웰빙 인식의 다요인 분산분석결과

소스	제곱합	자유도	평균제곱	F	유의확률
수정된 모형	310.583	8	38.823	19.253	.000
절편	147271.245	1	147271.245	73036.192	.000
세대	58.638	2	29.319	14.540	.000
생활수준	106.306	2	53.153	26.360	.000
세대×생활수준	36.060	4	9.015	4.471	.001
오차	15762.313	7817	2.016		
전체	319644.333	7826			
수정된 합계	16072.896	7825			

28) 세대는 응답자의 연령을 청년층(19-29세), 중년층(30-50대), 노년층(60-69세)의 세 집단으로 범주화한 것이다.

표 13-21 월소득수준×세대 집단별 주관적 웰빙인식 평균(10점 만점)

	하 (200만원 미만)	중 (2-400만원 미만)	상 (400만원 이상)	소계
청년층(19-29세)	6.25(161)	6.22(473)	6.32(940)	6.26(1,574)
중년층(30-50대)	5.71(309)	6.28(1,500)	6.28(3,293)	6.28(5,102)
노년층(60-69세)	5.59(396)	6.04(450)	6.19(478)	5.94(1,323)
소계	5.77(866)	6.21(2423)	6.31(4,711)	6.22(8,000)

* ( ) 안은 응답자 수

년층의 순서로 주관적 웰빙 인식 수준이 높은 것으로 나타났다. 여기에 소개하지 않았지만 '사후분석'의 세대별 다중비교에서는 청년층과 중년층의 주관적 웰빙 인식 차이는 통계적 유의성이 없었고, 그 밖의 집단간 비교에서는 모두 통계적 유의성이 있는 것으로 나타났다.

한편 <표 13-20>에서 소득수준과 세대의 주 효과(main effect)와 더불어 소득수준×세대의 상호작용효과(interaction effect)도 있는 것으로 확인되며, 그 차이가 유의확률 0.05 수준에서 통계적으로 의미가 있었다. 즉 소득계층별 주관적 웰빙인식의 차이는 세대별로 다르다는 것으로, 세대가 소득계층별 주관적 웰빙인식의 차이를 조절(moderating)한다는 것이다. <표 13-21>에 소득수준과 세대별 주관적 웰빙인식 수준 평균과 해당 집단의 응답자 수가 제시되었다.

[그림 13-20]은 <표 13-21>에 제시된 소득수준과 세대별 주관적 웰빙인식 수준 평균을 그림으로 나타낸 것이다. [그림 13-20]과 <표 13-21>에서 소득수준×세대의 상호작용효과가 어떻게 나타나는지 확인할 수 있다.

[그림 13-20]을 살펴보면 월소득수준에 따른 주관적 웰빙 인식수준의 차이는 중년층(30-50대)과 노년층(60-69)에서 확연히 나타난다. 특히 소득수준이 하위수준(200만원 미만)인 중년층과 노년층의 주관적 웰빙 인식 수준은 중간수준과 상위수준과 비교하면 상대적으로 매우 낮다. 이와는 대조적으로 청년층(19-29세)의 경우에 월소득수준에 따른 주관적 웰빙 인식수준의 차이는 매우 적은 편이므로 중년층과 장년층과는 달리 소득수준에 따른 주관적 웰빙 인식수준은 크게 차이가 없다. 그러므로 '소득수준'이 '주관적 웰빙' 인식에 미

그림 13-20 주관적 웰빙수준의 월소득수준과 세대의 상호작용 효과

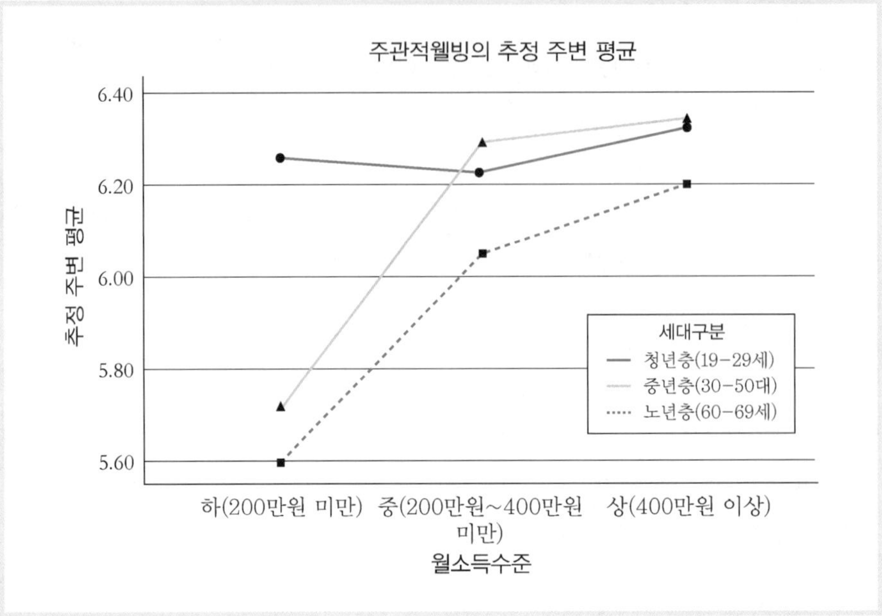

치는 영향을 '세대' 변수가 조절하는 조절효과(moderating effect) 또는 '소득수준'과 '세대'의 상호작용 효과의 통계적 유의성을 확인할 수 있다.

제 8 절 다변량분석 개관

1. 다변량통계분석기법의 분류

다변량분석 또는 다변량통계분석이란 동시에 분석해야 할 변수가 2개 이상인 통계분석기법을 총칭한다. 경우에 따라서 변수의 수가 2개인 경우를 이변량분석으로, 셋 이상 변수간의 관계를 분석하는 경우를 다변량분석으로 구분하기도 한다. 행정 및 정책연구를 포함한 사회과학 조사자료 분석에서 다변량통계분석의 중요도가 높아지고 있으며, 컴퓨터 패키지 프로그램의 보급과 함

그림 13-21 다변량 분석기법의 분류

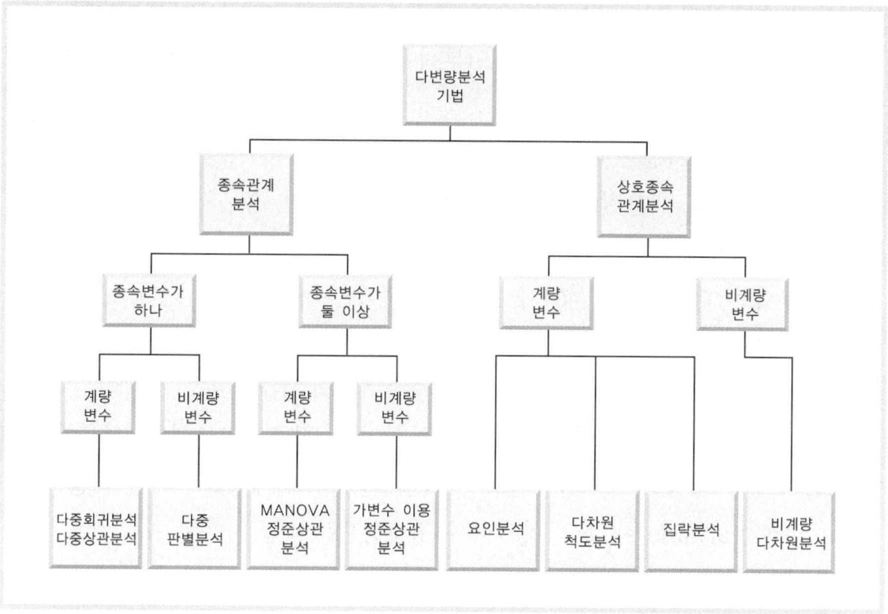

께 광범위하게 사용되고 있다. [그림 13-21]에 제시된 것과 같이 세 변수 이상의 다변량분석기법에는 다중상관분석, 다중회귀분석, 다중판별분석, 다변량분산분석, 정준상관분석, 요인분석, 집락분석, 다차원척도분석 등이 포함된다. 이들 가운데에는 앞에서 이미 살펴본 분석기법도 있지만 여기에서는 이들을 모두 간략하게 소개하겠다.

이러한 다변량분석기법은 분석대상변수간의 관계에 따라 종속변수와 독립변수와의 관계를 분석하는 기법과 변수상호간의 관계를 분석하는 기법으로 구분된다. 또한 종속변수와 독립변수의 측정수준, 즉 명목척도와 서열척도로 측정된 비계량변수인가 아니면 등간척도와 비율척도로 측정된 계량변수인가에 따라서 다시 분류된다.

다변량분석기법은 대상변수를 종속변수와 독립변수로 구분할 수 있는지에 따라 종속관계 분석기법(dependence technique)과 상호종속관계 분석기법(interdependence technique)으로 구분된다. 종속관계 분석기법은 한 변수나 변수군을 종속변수로 하고, 나머지 변수를 독립변수로 분류한 다음, 종속변수의 변화를 독립변수에 의해서 설명・예측하기 위한 분석기법이다. 다중회귀분석은 가장 대표적인 종속관계 분석기법이다. 반면에 상호종속관계 분석기법의 목적은 분석대상변수들을 독립변수와 종속변수로 구분하지 않고 변수들 상호간의 관계를 파악하는 데 있다. 요인분석은 상호종속관계 분석기법의 대표적인 예이다.

종속관계 분석기법은 (1) 종속변수의 수, (2) 변수의 측정에 사용한 척도의 형태에 따라 다시 세분된다. 먼저 종속변수가 하나인 경우와 여러 개인 경우로 분류된다. 하나의 종속변수가 등간 또는 비율척도에 의하여 측정된 계량변수인 경우에는 다중상관분석이나 다중회귀분석을 사용하여야 한다. 반면에 하나의 종속변수가 명목 또는 서열척도에 의해 측정된 비계량변수인 경우에는 다중판별분석을 사용하여야 한다. 한편 종속변수의 수가 여러 개이며, 이러한 종속변수들이 계량변수라면 다변량분산분석이나 정준상관분석을 사용하여야 한다. 종속변수의 수가 둘 이상이고 이러한 변수가 비계량변수라면 이를 가변수(dummy variable)[29]로 변형시켜서 정준상관분석을 사용할 수 있다.

상호종속관계 분석기법은 [그림 13-21]의 오른쪽에 제시되어 있다. 상호종속관계 분석기법에서는 변수들을 독립변수나 종속변수로 분류하지 않고 모든 변수들이 동시에 분석된다. 종속관계 분석기법과 마찬가지로 상호종속관계 분석기법들도 변수의 측정수준에 따라 분류된다.

일반적으로 등간·비율척도로 측정된 변수들간의 상호종속관계 분석기법에는 요인분석, 집락분석, 다차원척도분석방법이 있다. 명목·서열척도로 측정된 변수들을 대상으로 한 상호종속관계 분석기법에는 비계량다차원분석기법이 있다. 그러나 비계량변수인 경우에도 이를 가변수로 전환시키면 요인분석과 집락분석에 사용할 수 있다.

2. 다변량분석기법 개관

여기에서는 위에서 설명한 일곱 가지의 다변량분석의 기법과 목적을 간략하게 소개하기로 한다. 구체적인 설명은 다변량분석에 관한 통계학 서적 등

29) 가변수(dummy variable)란 측정대상이 특정한 속성을 가지고 있는지의 여부에 따라서 1 또는 0을 부여하여 비계량변수(non-metric variable)를 계량변수로 변형시킨 것이다.

전문서적을 참고하기 바란다.[30]

1) 다중회귀분석 및 상관분석

다중회귀분석(multiple regression) 및 다중상관분석(multiple correlation)은 하나의 종속변수와 하나 이상의 독립변수들과의 관계를 파악하기 위한 통계분석기법이다. 회귀분석이나 상관분석을 사용하기 위해서는 종속변수와 독립변수가 모두 등간척도나 비율척도로 측정되어야 하나, 독립변수가 비계량변수인 경우에는 가변수로 전환시켜서 분석에 포함시킬 수 있다. 독립변수가 둘 이상인 경우에도 앞에서 설명한 단순상관분석과 단순회귀분석의 논리가 그대로 적용된다. 다중상관분석의 주목적은 변수간의 관련성의 크기를 파악하는 것이다. 반면에 다중회귀분석의 목적은 독립변수를 가지고 종속변수의 변화를 설명하고, 독립변수의 값을 알 때에 종속변수의 값을 예측하는 것이다.

2) 다중판별분석

다중판별분석(discriminant analysis)은 종속변수가 명목척도나 서열척도로 측정된 비계량변수인 경우에 등간·비율척도로 측정된 독립변수들을 이용하여 측정된 종속변수를 분류하는 분석기법이다. 판별분석의 목적은 종속변수의 범주에 따라 이미 분류된 대상집단간의 차이를 의미있게 설명해 줄 수 있는 독립변수들을 찾아내고, 이러한 독립변수들의 선형결합으로 판별식을 구성하여, 독립변수들의 값을 알 때 하나의 대상(개인 혹은 사물)이 특정 범주나 집단에 속할 가능성을 예측하는 데 있다.

3) 다변량분산분석

분산분석(analysis of variance)은 등간·비율척도로 측정된 종속변수와 명목·서열척도로 측정된 독립변수간의 관계를 분석하는 기법이다. 다변량분산분석(multivariate ANOVA)은 분산분석(ANOVA)을 확장시킨 것으로 두 개 이상의 명목·서열척도로 측정된 독립변수와 두 개 이상의 등간·비율척도로 측정된 종속변수간의 관계를 동시에 살펴볼 때 사용하는 통계기법이다.

---

30) 예를 들면, Joseph F. Hair, Jr., *Multivariate Data Analysis,* 7th ed., NY: Prentice-Hall, 2009; Meyers, Gamst & Guarino, *op. cit.,* 참조.

4) 정준상관분석

정준상관분석(canonical correlation analysis)은 다중회귀분석의 논리적인 확장이라고 할 수 있다. 다중회귀분석은 하나의 종속변수와 하나 또는 그 이상의 독립변수들과의 관계를 파악하기 위한 통계분석기법인데, 종속변수와 독립변수가 모두 등간척도나 비율척도로 측정되어야 한다고 지적한 바 있다. 정준상관분석의 목적은 등간・비율척도로 구성된 둘 이상의 종속변수와 둘 이상의 독립변수들의 상관관계를 동시에 분석하는 것이다. 그러므로 다중회귀분석이 하나의 종속변수를 포함하는 반면, 정준상관분석은 여러 개의 종속변수들을 포함하고 있다. 그 기본원리는 두 변수군간의 상관을 극대화시키는 각 변수군(독립변수군과 종속변수군)의 선형결합을 찾아내는 것이다. 다시 말하면, 이 절차는 종속변수군과 독립변수군간의 단순상관관계를 최대로 할 수 있도록 독립변수와 종속변수들에 가중치를 계산하여 부여하는 것이다.

5) 요인분석

요인분석(factor analysis)은 여러 변수들간의 상호관련성을 분석한 다음, 이들을 보다 제한된 수의 차원들이나 공통요인들로 요약하여 사용할 수 있는 통계분석기법이다. 이 통계적 접근법은 많은 변수들에 포함된 정보를 크게 손상시키지 않고 더 적은 수의 차원(요인)으로 압축하는 방법을 찾아내고, 연구자가 사전에 알지 못했던 변수들간에 내재하고 있는 구조를 발견할 수 있게 해 주는 분석기법이다. 본서 제10장에서 살펴본 것처럼 요인분석의 방법은 척도구성의 방법, 그리고 구성개념 타당성의 평가방법으로 많이 활용되고 있다.

6) 집락분석

집락분석(cluster analysis)은 다양한 특성을 지닌 대상(개인이나 사물)을 동질적인 집단으로 분류하는 데 이용되는 기법이다. 이 기법은 대상들을 분류하기 위한 명확한 분류기준이 없거나 밝혀지지 않은 상태에서 분류를 위해서 이용된다. 집락분석에서 대상들은 그들간의 유사성, 즉 변수값이 얼마나 비슷한 값을 갖는지를 거리로 환산하여 거리가 가까운 대상들을 동일한 집단으로 분류하는 절차를 거치게 된다. 판별분석에서는 대상들이 종속변수의 분류범주에 따라 미리 몇 개의 집단으로 구분되어 있으나 집락분석에서는 집락분석의 결과에 따라 집단이 분류된다.

7) 다차원척도분석

다차원척도분석(multi-dimensional scaling)에서는 응답자의 대상들에 대한 선호나 유사성(예, 상점 또는 상품 선호도)에 관한 판단을 다차원공간에서 거리로 변형시켜서 표시한다. 만약 응답자들이 대상 A와 B를 다른 쌍들과 비교해서 가장 유사한 것으로 판단한다면, 다차원공간에서 대상 A와 B의 위치는 다른 대상간의 거리보다 더 짧은 거리로 정해지게 된다. 다차원척도분석은 일차원으로 측정할 수 없는 개념을 측정할 때 쓰이는 기법으로 응답자로 하여금 대상들간의 유사성을 평가하게 하여 응답자가 대상을 평가하는 데 내재하고 있는 평가기준을 발견하고, 각 기준에 따라 평가대상들이 갖는 측정치를 찾는 데 목적이 있다.

이상에서 간단히 개관한 각 다변량 통계분석기법들은 복잡한 수리적·통계적 구조를 가지고 있으므로 전문서적을 참고하여 공부하여야만 용도에 맞게 활용할 수 있다. SAS, SPSS, MINITAB 등 통계소프트웨어에서 이러한 다변량분석기법을 쉽게 활용할 수 있는 분석프로그램이 제공되어 있으므로 점차 그 사용이 보편화되어 가고 있다.

제 9 절 구조방정식모형

1. 구조방정식모형의 특징

1) 구조방정식 모형의 개념

구조방정식모형(structural equation modeling: SEM)이란 일단의 관찰변수들 사이의 관계를 분석하여 이보다 적은 수의 잠재변수들간의 관계구조를 설명하기 위한 분석방법이다. 구조방정식모형에서는 관찰변수들간의 관계가 변수들 사이의 공분산행렬 또는 상관관계행렬로 파악되므로 공분산구조분석

(covariance structure modeling)이라고 부르기도 한다. 잠재변수란 지능, 언어능력, 공간지각능력, 직무만족, 조직몰입, 공공봉사동기, 공직만족, 주관적 웰빙 등과 같은 추상적인 구성개념으로 직접 관찰할 수 없는 변수이다. 구조방정식모형에서는 구성개념 또는 잠재변수가 관찰변수들간 관계의 패턴 및 그들 사이의 구조를 결정한다고 가정한다. 따라서 구조방정식모형은 사실상 두 가지 구성요소, 즉 측정모형과 구조모형으로 구성되는데, 각각 널리 알려져 있는 강력한 통계기법이다.

첫 번째 구성요소인 측정모형은 확인적 요인분석모형(confirmatory factor model)인데 주로 사회학 및 심리측정에서 발달되어 온 기법이며, 두 번째 구성요소는 회귀방정식모형이며 주로 이코노메트릭스에서 발달되어 온 기법이다. 측정모형은 각 잠재변수 또는 구성개념이 관찰변수에 의하여 표현되는 정도를 구체화한 모형으로 관찰변수에 대한 측정의 속성(신뢰도와 타당도)을 기술한다. 한편 회귀방정식 모형은 잠재변수들간의 인과적 관계의 구조를 구체화한 다음 그 효과를 기술하고 설명된 분산과 설명되지 않은 분산을 구분한다. 사회과학방법론 분야의 학자들은 1960년대 후반부터 측정의 관계와 인과구조의 관계를 동시에 나타내는 모형을 구축하려고 시도하였다. 이와 같은 시도의 결실이 구조방정식모형으로 나타난 것이다.[31)]

2) 전통적 통계분석방법과의 관계

사회과학의 연구에서 회귀분석을 포함한 다변량분석의 용도는 크게 두 가지로 나누어 볼 수 있는데, 하나는 예측을 위한 것이고 다른 하나는 설명을 위한 것이다. 예측을 목적으로 다변량분석을 사용하는 경우 결과변수의 값을

---

31) P. M. Bentler & D. G. Weeks, Interrelations among Models for the Analysis of Moment Structure, *Multivariate Behavioral Research,* 14, 1979, pp. 169-186; L. R. James, S. A. Mulaik & J. M. Brett, Causal Analysis: Assumptions, Models, and Data, Beverly Hills: Sage, 1982; Karl G. Jöreskog & M. van Thillo, *LISREL: A General Computer Program for Estimating a Linear Structural Equation System Involving Multiple Indicators of Unmeasured Variables,* Princeton, NJ: Educational Testing Service, 1972; J. McArdle & R. P. McDonald, Some Algebraic Properties of the Reticular Action Model for Moment Structures, *British Journal of Mathematical and Statistical Psychology,* 37, 1984, pp. 234-254; Meyers, Gamst & Guarino, *op. cit.*

정확하게 예측하여야 한다. 예측의 정확성을 나타내는 통계치로서 결정계수 R^2을 사용하고, R^2값을 높이기 위하여 많은 예측변수를 포함시킬 수 있다. 한편 설명을 목적으로 다변량분석을 사용하는 경우 추상적 개념들간의 관련성, 관계의 방향 및 강도를 나타내는 실질적 이론(substantive theory)이 더욱 중요하다. 따라서 많은 변수를 사용하는 것보다 중요한 개념간의 관계를 간명하게 설명하는 간명성의 원칙이 중요시된다. 많은 경우 예측의 정확성이라는 측면과 설명의 간명성은 상충관계에 있다. 보통 계량경제분석이나 정책분석 등 어떤 현상에 대한 정확한 미래예측에 관심을 갖는 경우 간명성의 원칙보다는 많은 변수를 사용한 다중회귀분석 모형 등 예측의 원리에 충실한 방법론을 선호하게 된다. 그러나 설명, 또는 이론의 정립을 목적으로 하는 전통적인 사회과학 분야의 연구에서는 간명한 모형을 사용한 이론, 또는 발견을 중시한다. 이같이 목적이 예측인 경우와 인과적 설명인 경우 분석기법이나 논리가 상당히 다른 점이 있다.

구조방정식모형은 예측보다는 설명이라는 목적에 부합되도록 설계된 방법론이다. 왜냐하면 구조방정식모형의 강조점은 직접 관찰될 수 없는 추상적 개념들 사이의 관계 구조를 규명하는 문제에 중점을 두고 있으며, 따라서 종속변수값에 대한 정확한 예측은 부차적인 관심사이기 때문이다. 요인분석과 인과적 추론을 위한 다중회귀분석을 경로모형의 형태로 결합시킨 구조방정식모형은 통계분석방법론의 발달이라는 관점에서 보면 인과분석, 경로분석, 회귀분석 등의 여러 가지 분석방법들의 합류점이기도 하다.

3) 구조방정식 모형 개관

[그림 13-22]에 구조방정식모형의 일반적인 유형이 예시되었다. 이 모형은 제7장 제3절 [그림 7-21] 경로모형의 사례와 앞의 [그림 13-22]의 매개효과를 검증하는 다중회귀분석 모형과 유사한 형태의 단순한 매개 구조모형이다. 그런데 앞의 두 모형에서는 모든 변수가 측정변수이지만 여기에서는 세 변수가 모두 잠재변수라는 점에서 차이가 있다. 변수 A는 변수 C에 직접 영향을 미치면서 변수 B를 통해 변수 C에 간접적인 영향도 미치는 것으로 가정하였다. 그러므로 변수 B는 매개변수인데, 매개변수의 역할에 관하여는 이 책 제4장 제3절에서 살펴본 바 있다. [그림 13-22]에서 변수 A는 외생변수(exogenous

그림 13-22 단순한 매개 구조방정식 모형

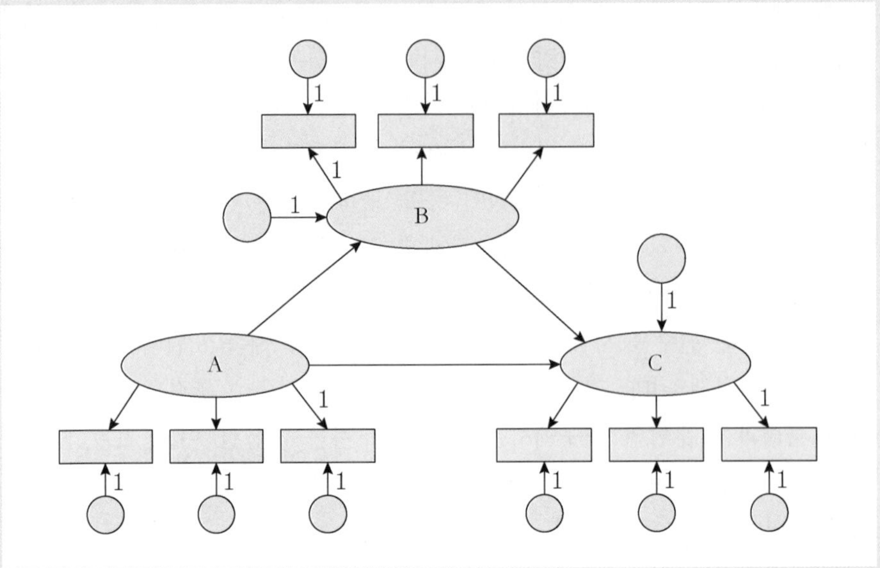

출처: Meyers, Gamst & Guarino, *Applied Multivariate Research: Design and Interpretation*. 3rd ed. Sage, 2017, p. 584, Figure 14a.1.

variable), 즉 독립변수이다. 한편 변수 B와 C는 내생변수(endogenous variable)이므로, 제7장 [그림 7-21] 경로모형의 사례에서 살펴본 바와 같이 각 내생변수의 분산 중 외생변수에 의하여 설명되지 않은 부분은 잔여변수(residual variable)에 의하여 설명되는 것으로 가정한다. [그림 13-22]의 B와 C에 이러한 잔여변수에 의한 영향이 경로모형에 포함되며 이를 잔여경로(residual path)라고 부른다. 그러므로 제7장 제3절에서 살펴본 인과경로모형의 경로계수 값과 직접영향 및 간접영향을 포함한 인과적 영향의 크기를 계산하는 방식이 모두 여기에도 적용된다.

한편 변수 A, B, C는 모두 잠재변수이므로 각각 복수의 측정변수를 통하여 측정되는 것으로 가정한다. 잠재변수와 측정변수의 관계는 제10장 제7절의 확인적 요인분석에 의한 구성개념 타당성의 검증절차에서 살펴본 내용이 모두 적용된다. 즉, 측정모형에서는 잠재변수 A, B, C가 각각 복수의 측정변수를 통하여 나타나는지 구성개념의 타당성을 검증한다. 측정모형에서는 잠재변수에 척도값를 부여할 수 있도록 하여야 한다. 보통 잠재변수의 측정변수 가운데 하나를 기준변수(reference variable)로 지정하여 요인계수를 1.0으로 고정시켜, 잠재변수를 척도화하는 데 사용한다. 연구자가 각 잠재변수의 기준변수를 선정할 때 지표의 신뢰성, 지표와 잠재변수 간 연관성의 강도, 연구자 의도를 고려하여야 한다.

[그림 13-22]에서 개관한 바와 같이 구조방정식 모형은 잠재변수들 사이의 인과관계의 구조를 파악하고 잠재변수가 관찰변수로 측정되는 측정모형이 결합된 형태이다. 구조방정식 모형에서 평가되는 가설적 모형은 경로모형과 유사하지만 측정된 변수 대신 잠재변수가 초점이 된다. 그러므로 구조방정식 모형에는 외생적 잠재변수와 내생적 잠재변수를 모두 포함하고 대부분의 경우 하나 이상의 매개 잠재변수가 포함된다.

구조방정식모형을 분석하기 위한 분석소프트웨어로는 LISREL, AMOS, Mplus 등 몇 가지 패키지 프로그램이 개발되었다. 초기에는 LISREL 프로그램이 많이 활용되었으나 최근에는 사용하기에 편리한 AMOS 프로그램이 더 널리 활용되고 있다. 이 책 제5판까지는 LISREL 중심으로 소개하였지만 여기에서는 사용하기에 편리한 AMOS 프로그램을 사용한 활용사례를 살펴보겠다.

2. AMOS 분석모형과 활용사례[32)]

1) AMOS 분석모형

구조방정식 모형 분석 소프트웨어인 AMOS(Analysis of MOment Structures)는 간단한 아이콘 클릭과 기본 설정만으로도 구조방정식 모형(structural equation modeling, SEM)을 설계하고 편집할 수 있는 도구이다. AMOS는 시각적인 방법으로 구조방정식모형을 분석하므로 사용하기에 편리한 프로그램으로, 명확한 경로도형을 이용해 모델을 표현하고 변수 간의 관계를 보여준다. 분석하고자 하는 모형을 그림으로 표현해주면, AMOS는 신속하게 계산하여 그 결과를 그림으로 보여준다([그림 13-23] 참조). AMOS는 LISREL과 같은 프로그램을 이용할 경우 많은 시간을 소모하여 생성했던 모델을 단시간에 완성할 수 있어 사용하기에 편리하다. AMOS는 행렬을 사용할 필요가 없고 복잡한 명령문을 사용하지 않아도 되며, 시각적으로 이해하기

---

32) AMOS 분석모형과 활용사례는 서울과학기술대학교 김상묵 교수가 집필하였다.

그림 13-23 AMOS 프로그램의 명령문(input)과 산출결과(output)의 예시

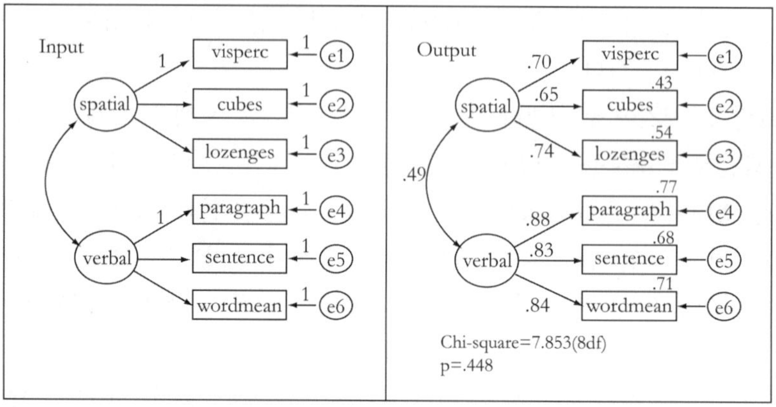

출처: James L. Arbuckle, *AMOS 18 User's Guide*. Crawfordville, FL: AMOS Development Corporation, 2009, p. 1.

용이하다는 장점이 있다.

AMOS 분석모형의 가장 큰 장점은 사용자 중심의 그래픽 결과 산출기능이 우수하다는 점이다. 연구자가 연구모형을 그려 놓고 프로그램을 실행하면 결과물이 산출된다([그림 13-23] 참조). 즉, 시각적인 경로도형으로 쉽게 모형을 설계할 수 있다. 도구상자에는 경로도를 그리는 데 사용되는 도구들이 있는데, 이것은 사용하기 쉽고 분석자의 초기 모형을 그리거나 다시 수정하는 데 사용된다. 변수를 나타내는 직사각형과 타원을 그린 다음, 변수들의 관계를 나타내는 화살표로 연결시키고, 대화상자를 통해 계수 제약조건을 설정한 후, 아이콘 버튼 클릭 한번만으로 구조방정식모형의 분석을 실행시킬 수 있다. 계수추정치는 경로도형에 바로 출력시킬 수 있으며, 경로도형상의 변수들을 이동시키고 관계를 재설정하면 모형을 쉽게 재편집할 수 있다. 동일한 분석방법을 사용하는 경우, 분석 결과는 AMOS나 LISREL이나 차이가 없다.

다음 [그림 13-24]는 AMOS를 사용하여 분석한 사례에 대하여 화면을 캡처한 그림과 표이다. 조직의 팀워크에 영향을 미치는 요인들을 분석하고자 공정성, 의사소통, 참여를 독립변수로 설정한다고 하자. 각 변수에 대하여 3개씩 설문문항을 만들어 조직구성원들을 대상으로 설문조사를 실시하여, 215명

으로부터 회수된 설문응답 결과를 구조방정식모형을 통해 분석하고자 한다. 먼저 [그림 13-24] (a)에서와 같이 분석하고자 하는 변수들간의 관계를 경로도형으로 표현하고, 분석을 실시하면 [그림 13-24] (b)에서와 같이 분석 결과가 생성된다. 아울러 [그림 13-24] (c), (d)에서와 같이 화면을 통해 분석결과

그림 13-24 AMOS를 사용한 분석 사례

a. 경로도형의 설정:
3개의 독립변수와 1개 종속변수

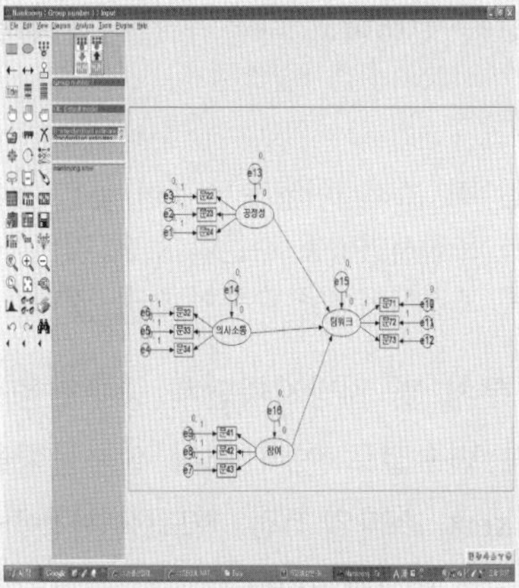

b. 분석결과 계수추정치

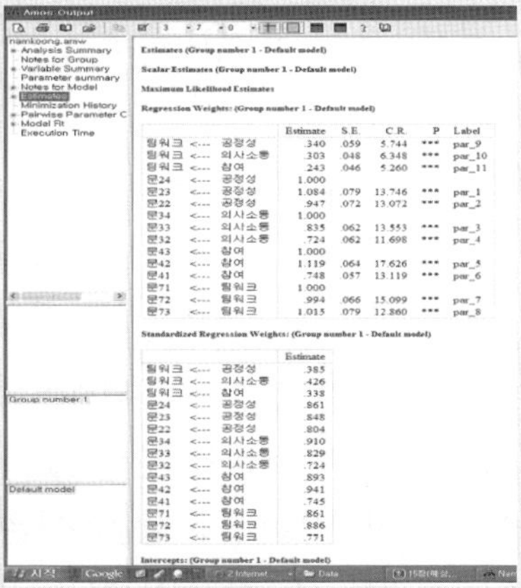

Estimates (Group number 1 - Default model)

Scalar Estimates (Group number 1 - Default model)

Maximum Likelihood Estimates

Regression Weights: (Group number 1 - Default model)

			Estimate	S.E.	C.R.	P	Label
팀워크	<---	공정성	.340	.059	5.744	***	par_9
팀워크	<---	의사소통	.303	.048	6.348	***	par_10
팀워크	<---	참여	.243	.046	5.260	***	par_11
문24	<---	공정성	1.000				
문23	<---	공정성	1.084	.079	13.746	***	par_1
문22	<---	공정성	.947	.072	13.072	***	par_2
문34	<---	의사소통	1.000				
문33	<---	의사소통	.835	.062	13.553	***	par_3
문32	<---	의사소통	.724	.062	11.698	***	par_4
문43	<---	참여	1.000				
문42	<---	참여	1.119	.064	17.626	***	par_5
문41	<---	참여	.748	.057	13.119	***	par_6
문71	<---	팀워크	1.000				
문72	<---	팀워크	.994	.066	15.099	***	par_7
문73	<---	팀워크	1.015	.079	12.860	***	par_8

Standardized Regression Weights: (Group number 1 - Default model)

			Estimate
팀워크	<---	공정성	.385
팀워크	<---	의사소통	.426
팀워크	<---	참여	.338
문24	<---	공정성	.861
문23	<---	공정성	.848
문22	<---	공정성	.804
문34	<---	의사소통	.910
문33	<---	의사소통	.829
문32	<---	의사소통	.724
문43	<---	참여	.893
문42	<---	참여	.941
문41	<---	참여	.745
문71	<---	팀워크	.861
문72	<---	팀워크	.886
문73	<---	팀워크	.771

Intercepts: (Group number 1 - Default model)

c. 분석결과를 보여주는
경로도형(비표준화계수)

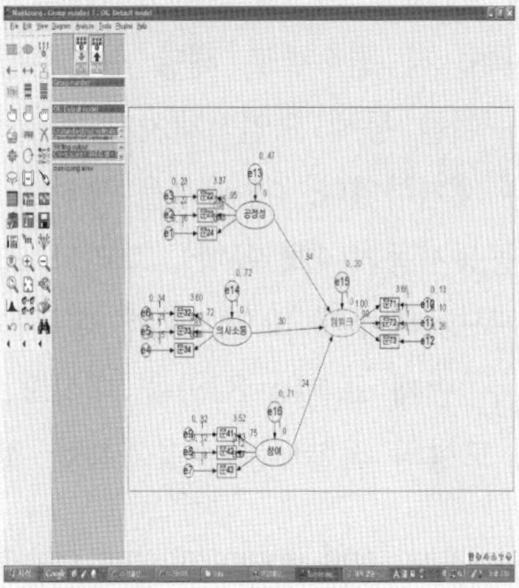

d. 분석결과를 보여주는
경로도형(표준화계수)

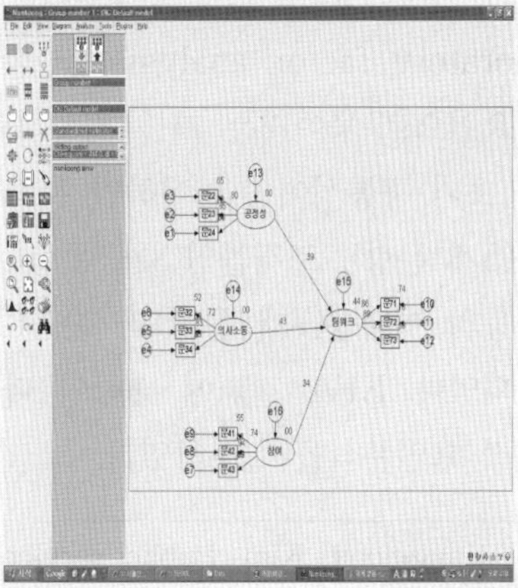

를 시각적으로 보여준다. [그림 13-24] (c)는 경로의 비표준화계수를, (d)는 표준화계수를 보여주고 있다.

2) 행정학분야 활용사례

Kim은 AMOS 5.0 프로그램을 이용하여 우리나라 공무원의 공공봉사동기와 조직시민행동간의 관계를 분석하였다.[33] 조직시민행동은 공식적인 보상체계에 의하여 직접적으로 또는 명시적으로 인정되지는 않지만 조직이 효과적으로 기능하는 데 도움이 되는 자발적인 행동을 의미하며, 이타성과 일반화된 순응으로 구분하여 측정할 수 있다. 분석하고자 하는 독립변수로는 공공봉사동기, 직무만족 및 조직몰입(정서적 몰입)을 선택하고 다음과 같은 가설을 설정하였다.

① 공무원의 공공봉사동기 수준이 높을수록 조직시민행동 수준이 높을 것이다.
② 공무원의 직무만족 수준이 높을수록 조직시민행동 수준이 높을 것이다.
③ 공무원의 조직몰입 수준이 높을수록 조직시민행동 수준이 높을 것이다.

이러한 가설을 검증하기 위하여 중앙부처 및 지방자치단체 공무원을 대상으로 한 설문조사 결과를 분석하였다. 각 변수별로 여러 개의 설문문항을 개발하여 조사하였으며, 각 설문문항은 Likert 스타일 5점 척도를 사용하였다. 이 조사 결과를 구조방정식모형을 적용하여 분석하였다.

먼저 전체 1,584명의 데이터를 두 집단의 무작위표본으로 분리하여, 교차검증을 실시하였다. 첫 번째 표본(n=764)을 대상으로 탐색적 요인분석(EFA: exploratory factor analysis)을 실시하여, 각 변수별로 해당 설문문항들이 단일요인으로 묶여지는 지를 검증하였다. 이를 통해 요인적재치가 현저히 낮거나 초기 공통성이 0.3 이하인 문항들은 제거하였다. 이 과정을 통하여 직무만족(5개 문항), 조직몰입(3개 문항), 공공봉사동기(4개 문항), 그리고 조직시민행동의 이타성(7개 문항)과 순응(2개 문항)의 5개 요인, 21개 설문문항이 도출되었다. EFA 결과에 대하여 다시 두 번째 표본(n=820)을 대상으로 한 확인적 요인분석을 실시하였다. 그 결과, 모형의 적합도는 수용가능한 것으로

---

33) Sangmook, Kim, Public service motivation and organizational citizenship behavior in Korea, *International Journal of Manpower,* 27:8, 2006, pp. 722-740.

나타났다.

가설 검증을 위하여 다음과 같은 절차를 통해 분석을 실시하였다. 먼저 전체 표본을 대상으로 관측변수(설문문항)와 잠재변수(요인)간의 관계를 정의하는 측정모형(CFA 모형)에 대한 모형 적합도를 평가한다. 둘째, 잠재변수간의 관계(독립변수와 종속변수간의 관계)를 정의한 구조모형(structure model)에 대한 모형 적합도를 평가한다. 그리고 각 독립변수와 종속변수간의 개별적 관계를 검증하여, 가설의 채택여부를 평가한다.

첫째, 전체 표본을 대상으로 CFA를 실시하여, 측정모형의 적합도를 분석하였다(χ^2(df=179)=1002.7, $p<.001$; GFI=0.941; RMSEA=0.054). 그 결과 측정모형의 적합도는 수용가능한 것으로 나타났다.

둘째, 독립변수인 직무만족, 조직몰입, 공공봉사동기가 종속변수인 조직시민행동에 미치는 영향을 분석하고자 구조모형에 대한 분석을 실시하였다. 그

그림 13-25 AMOS 활용사례: 공공봉사동기와 조직시민행동의 관계에 대한 분석결과(표준화 계수)

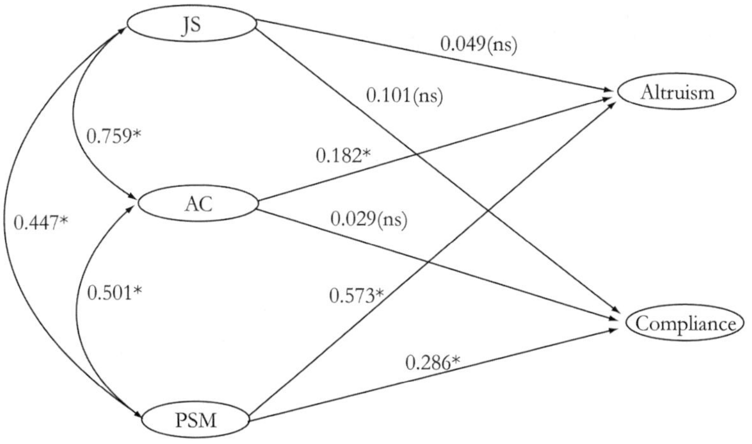

Note: JS=job satisfaction, AC=affective commitment, PSM=public service motivation. Correlation estimates and standardized path estimates are shown. *p<0.001. Non-significant path loadings are indicated with (ns)

출처: Sangmook. Kim, Public service motivation and organizational citizenship behavior in Korea. *International Journal of Manpower*, 27:8, 2006, p. 735.

결과, 구조모형의 적합도(χ^2(df=180)=1043.3, p<.001; GFI=0.939; RMSEA =0.055)도 수용가능하고, 3개 독립변수는 조직시민행동 중 이타성에 대하여 50.6%의 설명력을, 그리고 순응에 대하여 13.1%의 설명력을 갖는 것으로 나타났다.

셋째, 독립변수와 종속변수간의 개별적인 관계에 대하여 분석하였다. 그 결과, 공공봉사동기는 이타성(β=0.573)과 순응(β=0.286) 모두와 긍정적인 관계가 있으며, 조직몰입은 이타성(β=0.182)과 긍정적인 관계가 있는 것으로 분석되었으며, 나머지 관계는 통계적으로 유의미하지 않은 것으로 나타났다. 따라서 설정한 3가지 가설 가운데 첫 번째 가설은 채택가능하고, 세 번째 가설은 부분적으로 채택가능하지만, 두 번째 가설은 받아들이기 어렵다고 볼 수 있다. 구조방정식모형을 활용한 통계분석 결과를 통해 볼 때, 세 가지 독립변수가운데 공공봉사동기가 공무원의 조직시민행동에 대하여 미치는 영향력이 다른 독립변수인 직무만족이나 조직몰입에 비하여 상대적으로 크다고 해석할 수 있다. 구조모형에 대한 분석 결과를 축약한 경로도형으로 표현하면 [그림 13-25]와 같다.

3. 구조방정식모형의 활용분야와 한계

1) 활용분야

그러면 어떤 경우에 구조방정식모형을 활용하여야 하는가? 구조방정식모형은 1970년대 중반부터 사용되기 시작하여 비교적 짧은 기간에도 수많은 분야에서 진가를 발휘하고 있다. 구조방정식모형의 최대 강점은 잠재변수 상호간의 영향과 관찰변수에 미치는 잠재변수의 영향을 평가할 수 있다는 점이다. 그러므로 구조방정식모형은 이론과 경험적인 연구를 연결시키기 위하여 복잡하고 연쇄적인 추론이 사용되는 복잡한 구조의 이론적 모형을 분석하고 연구하는 데 적합하다. 몇 가지 조건과 제한점을 가지고 있으나, 구조방정식모형은 사회현상에 대한 대안적 설명 중에서 어느 것이 더욱 적절한 설명인지를 검증할 수 있는 강력한 도구이다. 우리나라에서도 행정학, 경영학, 사회학 분야에서 구조방정식 모형을 활용한 상당수의 논문이 나오고 있다.

LISREL 또는 AMOS를 사용한 구조방정식모형이 적절하게 사용될 수 있는 또 하나의 경우는 다른 분석을 통하여 나온 복잡한 결과를 재검토하는 것이다. 특히 Jöreskog와 그 동료들은 심리학, 사회학 및 정치학 분야의 수많은 연구자료를 재분석하였다. 조직이론 분야에서 논란이 되고 있는 업무성과와 직무만족의 관계에 관한 재분석도 재미있는 사례가 된다.[34] 즉 업무성과와 직무만족간의 높은 상관관계가 허위관계인가, 업무성과가 직무만족에 영향을 미치는가, 아니면 그 반대인가, 또는 상호영향관계인가를 밝혀보기 위하여, 여러가지 모형을 검증하여 비교한 결과 최종적으로 업무성과가 직무만족에 영향을 미치는 것이 경험적 자료에 부합되는 모형임이 확인되었다.

2) 한 계

구조방정식모형은 반복적이거나 평범한 통계분석과 계산에 활용되어서는 안된다. 만일 다중회귀분석, 판별분석, 또는 분산분석(ANOVA) 등과 같은 비교적 간단한 절차를 이용하여 연구문제를 해결할 수 있다면 LISREL 또는 AMOS를 사용하는 것은 의미가 크지 않다.[35] 즉 구조방정식모형은 일반적 통계치의 통계적 유의도 검증에는 부적합하다. 구조방정식모형의 문제를 해결하기 위해서는 상당한 분량의 예비분석이 선행되어야 한다. 따라서 구조방정식모형은 복잡한 가설에 대한 결정적인 검증이 필요한 연구의 최종단계에서 사용되어야 한다.

복습과제

01 중앙경향값을 나타낼 수 있는 최빈수(mode), 중위수(median), 산술평균(mean)은 각각 어느 경우에 사용할 수 있는가?

02 표준편차와 분산이 사용되는 경우는?

---

34) Jöreskog & Sörbom, *op. cit.*, pp. 184-187.
35) Kerlinger, *op. cit.*, pp. 614-616.

03 변이계수가 사용되는 이유는?

04 대학당국에서 수능성적을 입시에 반영할 때 과목별 변형표준점수를 사용하기도 하는데, 그 이유는 무엇인가?

05 최빈수가 두 개인 양봉분포(bimodal distribution)가 발생하는 경우는?

06 국가통계포털사이트인 KOSIS(http://kosis.kr/nsp/index/index.jsp)에서 국제・국내통계 또는 지역통계 가운데 자신이 원하는 데이터를 수집하시오. 분석단위는 국가, 지역(시・도 또는 구・시・군) 가운데 선택하되 데이터 파일에는 교차분석, 상관분석, 회귀분석, 분산분석에 관한 실습을 할 수 있도록 명목척도와 비율척도로 측정된 변수를 충분히 포함시키시오. 수집한 자료를 토대로 SPSS 프로그램에서 본문 [그림 13-2]와 같은 데이터 보기화면과 [그림 13-3]과 같은 변수보기 화면을 만들어보시오.

07 6번 문제의 데이터를 활용하여 본문 [그림 13-4]를 참조하여 SPSS 빈도분석을 실행하고, 그 결과를 요약하시오.

08 6번 문제의 데이터를 활용하여 본문 [그림 13-5]를 참조하여 SPSS 기술통계분석을 실행하고, 그 결과를 요약하시오.

09 통계적 가설검증의 절차를 간략하게 요약하시오.

10 가설검증의 오류를 간단하게 설명하시오.

11 가설검증에서 유의수준, 그리고 유의확률값(probe-value)이란 무엇인가?

12 변수간 연관성 분석에서 고려하여야 할 사항은?

13 6번 문제의 데이터를 활용하여 본문 [그림 13-9]를 참조하여 SPSS 교차분석을 실행하고, 그 결과를 요약하시오. 그 결과에서 χ^2값이 통계적 유의성이 있는가?

14 피어슨 상관계수 r 값이 가질 수 있는 범위는?

15 스피어만 상관계수는 어느 경우에 사용하는가?

16 6번 문제의 데이터를 활용하여 본문 [그림 13-11]을 참조하여 SPSS 상관분석을 실행하고, 그 결과를 요약하시오.

17 회귀분석에서 최소자승법(method of least squares)이란?

18 R^2와 수정된 R^2(adjusted R^2)는 어떻게 다른가?

19 회귀분석의 가설에는 어떠한 유형이 있는가?

20 회귀계수와 상관계수는 어떻게 다른가?

21 교육받은 햇수로 측정한 응답자의 교육수준(Y)을 종속변수로 두고 아버지의 교육수준(X)을 독립변수로 회귀분석을 실시하여 다음과 같은 회귀방정식이 도출되었다.

Y = 9.39 + .342X

a. 아버지의 교육받은 햇수가 일년 증가하면 응답자의 교육수준은 어떻게 달라지는가?

b. 만약 어떤 응답자의 아버지가 16년 교육을 받았다면 응답자의 교육수준은 어느 정도라고 예측되는가?

22 6번 문제의 데이터를 활용하여 본문 [그림 13-13]을 참조하여 SPSS 회귀분석을 실행하고, 그 결과를 요약하시오.

23 위계적 다중회귀분석을 실시해 본 후, 그 결과를 요약하시오.

24 매개변수 효과의 회귀분석을 실시해 본 후, 그 결과를 요약하시오.

25 분산분석에서 총분산, 집단간 분산과 집단내 분산은 무엇을 의미하는가?

26 6번 문제의 데이터를 활용하여 본문 [그림 13-18]을 참조하여 SPSS 일원배치분산분석을 실행하고, 그 결과를 요약하시오.

27 분산분석에서 집단평균의 다중비교가 필요한 이유는 무엇인가?

28 다요인 분산분석을 실시하였더니 다음과 같은 결과가 나왔다. 이 결과를 해석하시오.

분산분석표

소스	자유도	제곱합	평균 제곱합	F	유의확률
A	3	121.1	40.5	1.39	n.s
B	1	93.7	93.7	3.21	<.05
A×B	3	96.2	96.2	3.29	<.05
집단내	72	2102.4	29.2		
총계	79	2606.2			

집단평균 매트릭스

	B_1	B_2
A_1	12.1	13.4
A_2	9.5	15.7
A_3	7.5	17.5
A_4	5.9	18.9

29 6번 문제의 데이터를 활용하여 본문 [그림 13-19]를 참조하여 SPSS 다요인 분산분석을 실행하고, 그 결과를 요약하시오.

30 다요인 분산분석에서 상호작용효과 또는 조절효과를 어떻게 확인할 수 있는가?

31 구조방정식모형 또는 공분산구조분석이 회귀분석이나 요인분석과 구분되는 특징이 무엇인지 설명하시오.

32 AMOS 프로그램을 활용하여 학업성취도를 종속변수로, 이에 영향을 미친다고 생각되는 요인들을 독립변수로 하는 경로도형(path diagram)을 그려보시오.

14 CHAPTER
연구보고서 작성과 연구진실성
Research Report Writing and Research Integrity

장머리에

과학적 연구의 결과는 문서형태의 연구보고서로 작성되며, 작성된 보고서는 이를 필요로 하는 사람들에게 전달되어 활용된다. 제1절에서는 연구보고서의 목적과 구조를 양적 연구와 질적 연구로 구분하여 살펴보기로 한다. 제2절에서는 연구보고서 작성과정에서 연구자가 유의하여야 하는 연구진실성에 관하여 살펴보겠다.

제1절 연구보고서의 구조

1. 연구보고서의 목적

연구보고서의 목적은 연구문제, 그 문제를 해결하기 위해서 사용된 방법, 연구결과, 그 결과로부터 도출된 결론을 독자(연구자가 의도한 대상집단 또는 준거집단)에게 알리는 데 있다.[1] 연구자는 독자에게 연구의 중요성을 설득시

1) F. N. Kerlinger, *Foundations of Behavioral Research,* 3rd ed., 1986, p. 645.

키려고 노력하기보다는 연구의 정당성과 보고된 결과 및 결론의 타당성에 관한 것을 독자 스스로가 판단할 수 있도록 보고서를 작성하여야 한다. 그러므로 연구자는 독자들이 판단할 수 있도록 연구방법, 연구결과, 그리고 연구자의 결론을 객관적이고 분명하게 표현하려고 노력하여야 한다.

일반적으로 학술연구의 결과는 학술세미나 발표논문, 전문학술지나 대학 및 연구기관의 기관지에 게재되는 논문, 학술연구보고서 또는 단행본 연구서적 등의 형태로 작성된다.

2. 양적 연구보고서의 구조

학술적인 연구보고서의 형식 또는 구조는 구체적인 연구주제에 따라, 그리고 연구결과를 작성하는 매체의 유형에 따라 상당히 달라질 수 있다. 여러 가지 매체 중 학술세미나 발표논문, 전문학술지 또는 연구기관의 기관지에 게재할 논문은 분량이나 양식에 제약을 받는 경우가 많다. 석사 및 박사학위논문, 연구보고서, 그리고 단행본 연구서적으로 출간할 경우에는 분량의 제약이 없는 편으로 연구자의 의도에 따라 많은 정보를 포함할 수 있다.

실증주의적 관점의 양적 연구방법을 사용한 연구를 중심으로 볼 때 학문공동체에서 대체적으로 지켜지는 표준적인 구조는 앞부분, 본문, 뒷부분으로 구분할 수 있다.[2)]

1) 앞 부문

본문에 들어가기 전의 앞부분에 포함되는 내용으로는 ① 학술논문 또는 서적의 제목, ② 연구자의 이름, 소속 및 직위, ③ 서문(preface), ④ 내용목차, 표목차, 그림목차 등을 포함한 목차, ⑤ 요약문(Abstract, Synopsis, 또는

---

2) 학술논문의 표준적인 구조에 관한 것은 Audrey J. Roth, *The Research Paper: Process, Form, and Content,* 5th ed., Wadworth Publishing Co., Inc., 1986; James D. Lester, *Writing Research Papers,* 4th ed., Glenview, Illinois: Scott, Foresman and Company, 1986; Kate L. Turabian, *A Manual for Writers of Research papers, Theses, and Dissertations" chicago style for students and researchers,* 7th ed., Chicago: University of Chicago Press, 2007; Singleton, Jr & Straits, *Approaches to Social Research,* 5th ed., Oxford Press, 2009, 제17장 Writing Research Reports 참조.

Executive Summary) 등이 있다. 분량에 비교적 제한이 없는 석·박사학위 논문, 연구보고서, 그리고 단행본 연구서적 등에서는 대체로 이러한 내용을 모두 포함하고 있다. 반면에 분량에 제약이 있는 학술논문의 경우에는 서문, 목차를 생략하는 경우가 많다.

2) 본 문

본문의 구조는 크게 연구문제, 연구방법론, 분석결과 및 해석, 결론에 관한 부분 등의 네 부분으로 구성된다.3)

(1) 연구문제에 관한 부분

넓은 의미의 연구문제에 관한 부분은 연구문제 및 연구목적, 연구의 정책적·이론적 중요성, 기존문헌검토, 개념적 준거틀·가설·개념정의 등의 내용을 포함한다. 학위논문이나 연구서적의 경우에는 이 부분을 몇 개의 장(chapters)으로 구분하여 비교적 상세하게 기술할 수 있지만 지면제약이 큰 학술논문의 경우에는 간략하게 기술하게 된다. 연구문제에 관한 부분에서 다루어야 할 내용에 관한 것은 제3장에서 연구계획서를 설명하면서 소개한 바 있다. 연구문제에 관한 부분에 포함되어야 할 내용은 연구계획서에서나 연구를 마무리한 후에 작성하는 연구보고서에서나 크게 다를 것이 없다.

(2) 연구방법론에 관한 부분

연구방법론에 관하여도 연구계획서에 포함된 내용과 연구보고서에 포함될 내용에 기본적으로는 큰 차이가 없다. 연구방법론(methodology)에서는 연구

---

3) 학자에 따라서 본문의 구조를 다르게 구분하기도 한다. Kerlinger는 문제(problem), 방법론-자료수집(methodolgoy-data collection), 결과·해석·결론(results, interpretation, and conclusions)의 세 부분으로, Kidder는 서론(introduction), 방법(method), 결론(results), 논의(discussion) 등 네 부분으로 구분한다. 한편 Baker는 좀 더 구체적으로 연구문제의 서술, 문제의 배경, 연구의 설계, 자료수집방법, 자료분석, 논의, 요약 및 결론 등 일곱 부분으로 구분한다. 한편 김경동·이온죽은 서론, 연구방법 또는 접근법, 연구결과, 요약 및 결론(또는 토론) 등의 네 부분으로 구분한다. F. N. Kerlinger, *op. cit.,* pp. 646-649; Therese L. Baker, *Doing Social Research,* McGraw-Hill, 1988, pp. 425-430; Louise H. Kidder, *Selltiz, Wrightman & Cook's Research Methods in Social Reation,* Holt, Rinehart & Winton, 1981, pp. 347-359; 김경동·이온죽, 사회조사연구방법, 박영사, 1989, pp. 604-625.

문제를 해결하는 데 사용한 자료수집 및 분석방법을 구체적으로 기술하여야 한다. 양적 연구에서 연구방법론에 관한 부분을 기술할 때에는 복제가능성이라는 기준을 만족시킬 수 있도록 세심하게 배려하여야 한다. 즉 다른 연구자가 그 연구를 재생하고, 자료를 재분석해 볼 수 있도록 해야 하며, 연구방법과 자료수집의 정확성에 관하여 이론의 여지가 없도록 연구보고서를 작성해야 한다.

① 조사설계 또는 접근방법에서는 연구문제의 해결 또는 가설검증을 위해서 사용한 조사설계 또는 접근방법에 관하여 기술한다. 실험설계를 채택할 경우에는 실험변수의 조작, 통제방법 등을 설명하고, 비실험설계인 경우에는 통계적 통제 등 제3변수의 통제방법과 관련시켜서 연구의 접근방법을 기술한다.

② 자료수집방법에 관한 내용, 즉 질문서법, 면접법, 또는 2차 자료 등 자료수집의 절차에 관한 것을 기술한다.

③ 표본을 대상으로 연구가 이루어졌을 경우에는 표본추출에 관한 내용, 즉 연구의 대상 모집단, 표본, 표본추출방법, 표본추출방법의 사용이유 등에 관한 내용을 밝힌다.

④ 변수의 측정방법을 충분히 설명하여야 한다. 변수를 측정하는 데 복수의 측정문항(지표)을 사용한 경우에는 측정도구의 신뢰성과 타당성에 관한 증거를 제시하여야 한다. 요인분석 또는 문항분석 등 신뢰도와 타당도 분석결과를 충분히 설명하다 보면 변수의 측정에 관한 내용의 기술이 길어지는 경우도 있다.

⑤ 자료의 통계적 분석방법은 연구방법론 부분에서 다루어지기도 하고, 때로는 분석결과나 해석에 관한 부분에서 다루어지기도 한다. 지면제약의 문제가 없다면 분석방법에 관한 개괄적인 내용을 방법론 부분에서 설명하는 것이 바람직하다. 여기에서는 회귀분석, 분산분석 등 분석방법을 개괄적으로 설명한 다음, 그와 같은 분석방법을 왜 사용하는지에 관한 근거를 제시해야 한다.

(3) 분석결과 및 해석

자료분석의 결과 및 해석, 그리고 결론 부분은 논리적으로 하나의 구성단위이지만, 석·박사학위논문, 연구보고서나 연구서적 등 분량에 제약이 없을 경우에는 몇 개의 장(chapters)으로 구분되기도 한다. 여기에서는 자료의 분석결과 및 해석, 그리고 결론 부분을 구분하여 살펴보기로 한다.

자료분석결과 및 해석에 관한 부분은 연구보고서의 핵심부분이다. 이 부분을 기술하는 데 있어서 주안점은 수집된 자료가 가설을 입증하는지의 여부에 관한 것이다. 연구방법론과 자료수집방법은 가설검증의 원자료를 얻기 위해 사용된 도구이다. 연구방법론과 자료분석방법은 연구문제해결과 가설검증을 위해서 사용된다는 점을 명심할 필요가 있다. 그러므로 연구자는 분석결과 및 해석부분에서 연구결과가 가설에 어떻게, 얼마나 관련되는지를 가능한 한 정확하고 충분하게 기술해야 한다. 연구보고서의 분석결과와 해석부분을 작성하기 이전에 연구자는 자료를 정리하고 요약해야 하며, 자료가 가설을 지지하는지의 여부에 관한 대답도 보고서를 작성하기 전에 분명하게 해결하여야 한다.

자료분석 및 그 결과를 해석하는 데 있어서 따라야 할 일반원칙은 '숲에서 시작하여 나무로'라는 원칙이다.[4] 즉, 전체를 포괄하는 가장 핵심적인 결과부터 제시한 다음 지엽적인 것을 제시한다. 연구결과를 제시하는 각 절에서도 기본적인 결과를 먼저 진술한 다음, 필요한 경우에는 더욱 정교한 내용을 제시하거나 조건부 진술을 한다. 분석결과를 제시할 때에 대체로 다음과 같은 순서를 따르는 것이 좋다.

① 연구에서 다루고 있는 개념적 문제를 다시 한번 상기시킨다. 예를 들면, "첫 번째 연구문제인 직무만족과 조직몰입의 관계에 관하여 살펴보기로 하자." 와 같은 문장으로 시작한다.

② 개념을 측정하기 위해서 실제로 사용한 조작적 정의를 상기시킨다. 예를 들면, "직무만족은 15항목의 문항으로 측정하였다." 등과 같이 실제의 측정 방법 및 과정을 제시한다.

③ 자료분석결과에 기초하여 연구문제에 대한 대답을 간결하게 기술한다. 예를 들면, "연구가설이 수용되었다." 또는 "직무만족과 조직몰입은 상관관계가 높은 것으로 나타났다." 등과 같이 기술한다.

④ 이어서 통계적 유의수준 등의 수치를 제시한다. 집단간의 비교나 변수간의 관계에 관한 자료분석 결과를 문장으로 먼저 표현한 다음, 통계적 유의수준을 제시하여야 한다. 통계적 유의성은 연구문제와 관련하여 충분하게 해석되지 못하면 의미가 없다.

⑤ 중요한 연구결과는 관련 자료를 수록한 도표, 그림 등과 함께 제시한다. 이 경우에 적용되는 일반적인 규칙은 독자들로 하여금 본문이나 도표(또는 그

4) 김경동 · 이온죽, 상게서, pp. 607-608; Kidder, *op. cit.,* pp. 355-56.

림) 중 어느 하나만을 보고도 주요 연구결과를 파악할 수 있게 제시하는 것이다. 그러므로 도표나 그림의 제목은 길더라도 그 내용을 충분히 전달할 수 있도록 분명하고 완전하게 제시하여야 한다. 한편 도표나 그림의 내용을 설명하는 본문에서도 도표의 수치를 자세하게 언급하여야 한다. 읽는 사람이 도표에서 정보를 찾아보도록 해서는 안 된다.

⑥ 자료분석 결과를 해석하여 제시한다. 분석결과를 해석하는 데 있어서 객관성과 공정성을 유지하여야 한다. 자신의 견해와 상반되더라도 연구문제와 관련된 증거는 있는 그대로 제시하여야 한다.

⑦ 연구결과를 간략하게 요약한다.

연구보고서의 분석결과 및 해석부분은 이상에서 살펴본 순서에 따라 작성한다. 연구에서 다루고 있는 연구문제(또는 가설)가 둘 이상인 경우에는 각 연구문제(또는 가설)별로 위에서 살펴본 순서에 따라 기술한다.

(4) 결론 및 논의

자료분석의 결과를 제시한 다음에는 그 결과에 대한 논의(discussion) 부분을 기술한다. 앞에서 지적한 것처럼 결론 및 논의는 자료분석의 결과 및 해석과 함께 하나의 논리적 단위를 구성하므로, 학술논문에서 장·절을 따로 구분하지 않는 경우도 있다. 결론 및 논의부분에서는 연구결과를 간결하게 요약한 다음, 연구결과가 시사하는 이론적·정책적·방법론적인 함의를 논의하게 된다. 끝으로 연구의 한계와 앞으로의 연구방향을 제시한다.

① 요약에서는 연구문제, 연구방법론, 그리고 자료분석의 결과를 공정한 관점에서 핵심적인 것만 요약한다.

② 이론적·정책적·방법론적 함의(implications)에서는 연구결과가 그 분야의 기존의 이론체계와 지식체계에 대하여 가지는 의의, 정책적·실천적 목적을 위해서 활용할 수 있는 연구결과, 그리고 방법론적인 시사점 등을 기술한다.

③ 연구의 취약점과 한계점, 그리고 앞으로의 연구방향을 제시한다. 모든 과학적 연구는 나름대로 취약점과 한계를 가지고 있으므로, 취약점과 한계를 정확하게 제시하여 연구의 가치와 자료에서 유추한 결론의 타당성을 독자가 판단할 수 있도록 해야 한다. 사회과학 분야의 경험적 연구에서는 표본추출,

자료수집, 분석방법 등 연구의 전반적인 절차에서 취약점이 나타날 수 있다. 연구의 강점과 약점을 알 수 있어야 독자들이 연구결과의 타당성을 판단할 수 있으므로, 연구자는 자신의 연구가 가지는 약점, 한계, 개선해야 할 점 등에 대하여 솔직하게 언급해야 한다. 그렇게 함으로써 앞으로 동일분야를 연구하는 연구자들에게 큰 도움이 될 것이다.

3) 끝 부분

연구보고서의 말미에는 참고문헌 및 각주, 그리고 부록 등을 포함한다. 학술저작이나 연구보고서에는 본문에서 인용된 참고문헌과 각주를 반드시 포함시키는 것이 원칙이며, 그 형식은 각 학술지나 기관에서 정한 규칙에 따라야 한다. 부록에는 보고서의 본문에 수록하기 어려운 기초자료, 질문서, 통계표 등을 수록한다.

3. 질적 연구보고서의 구조

질적 방법을 사용한 연구의 경우에는 연구 주제와 자료수집 방법을 포함한 연구의 구체적 방법에 따라 구조가 달라질 수 있지만 대체로 [표 14-1]의 구조를 따를 수 있다.5)

1) 연구요약

대부분의 학술적 보고서에서는 본문에 선행하여 연구의 요약이 필요하다. 연구요약(abstract)이 전형적인 형태인데, 대략 150-200 단어 분량으로 논문의 내용과 중요성을 기술한다. 요약은 연구목표, 방법, 결과, 함의에 관한 핵심 포인트를 종합한 것이다. 요약은 전자 데이터베이스에서 검색할 수 있는데 독자들은 종종 요약에 근거하여 전문(full text)을 볼 것인지 결정하므로, 요약에 포함될 가장 두드러진 결과를 신중하게 고려할 필요가 있다. 질적 연구가 사용되었음을 명확히 밝혀 그 결과를 올바르게 해석할 수 있도록 하여야 한다.

5) 이하 Hennink, Hutter & Baily, *Qualitative Research Methods,* 2nd ed., Sage, 2020. pp. 295-314를 요약하여 소개한 것임.

표 14-1 질적 연구보고서의 구조

요약	연구목표, 방법, 결과, 함의에 관하여 간략하게 요약한다.
배경	연구의 이슈, 학술적 문헌에서 연구의 위치, 연구에 관련된 이론을 확인한 후, 연구의 개념적 틀을 소개하고 연구의 목적과 연구의 중요성이 드러나도록 한다.
방법	연구가 어떻게 진행되었는지, 자료수집 및 분석의 과정과 절차를 구체적으로 소개하고, 연구과정이 과학적으로 엄격하게 진행되었다는 점도 반영한다.
결과	연구에서 나온 증거를 활용하여 연구목표에 비추어 연구에서 발견한 사항을 분명하고 설득력 있는 방식으로 제안한다.
논의	넓은 맥락에서 연구 결과가 무엇을 의미하는지 해석하고, 연구의 함의와 제안을 확인한다.
결론	연구의 목표와 주요 발견사항 및 그 중요성, 그리고 연구에서 나올 메시지를 간략하게 요약한다.
감사의 글	연구를 지원한 개인과 기관이면서 보고서의 저자가 아닌 사람과 기관을 확인하여 이들에게 감사 표시를 한다.
참고문헌	보고서에서 언급된 자료소스을 나열한다.

출처: Hennink, Hutter & Baily, *Qualitative Research Methods,* 2nd ed. Sage, 2020. p. 295 Table 13.1.

2) 배경 부분

배경 부분(background section)에서는 연구 문제를 강조하고, 학술적 문헌에서 자신의 연구가 차지하는 위치를 밝히고, 연구와 관련된 이론을 확인한 후, 연구의 개념적 틀을 소개하고 연구의 목적과 중요성이 드러나도록 한다. 배경 부분을 작성하는 한 가지 접근방법은 넓은 범위에서 좁은 범위로 이동하는 것이다. 먼저 연구주제의 광범위한 맥락을 제시하는 것에서 시작하여 후속되는 각 단락에서 구체적인 사항에 초점을 맞추어 기술한 후에 연구의 목표를 제시한다.

3) 방법 부분

방법 부분(method section)은 모든 학술적 보고서에서 매우 중요한 부분이다. 방법 부분의 기본 목적은 연구가 어떻게 수행되었는지를 서술하는 것이다. 기본적으로 자료수집 단계에서 수행한 모든 작업을 기술한다. 방법 부문에서 자신의 연구가 해석적 패러다임 하에서 수행되었다는 것을 분명하게 전달하는 것이 중요하다. 성찰, 포화, 목적 표본추출, 코더간 합의 등과 같이 해석적 패러다임과 관련된 용어를 사용하여야 한다. 예를 들어, 이러한 개념을 연구에 어떻게 적용했는지 기술한다. 자신의 연구과정에서 반복 과정을 어떻게 거쳤는지, 성찰적 요소를 어떻게 활용하였는지, 연구목적에 따른 참여자 선정이 어떻게 작동했는지, 표본의 포화정도를 어떻게 결정했는지 등을 기술한다. 적절한 용어를 사용하고 개념을 어떻게 적용했는지 기술하는 것은 자신의 연구를 해석적 패러다임 내에 자리잡을 수 있도록 하고 독자들이 그러한 맥락에서 연구를 볼 수 있도록 한다.

4) 결과 부분

결과 부분(result section)의 목적은 연구질문이나 연구목표에 대응하여 연구 결과를 제시하는 것이다. 결과를 제시하는 것과 해석하는 것을 구별하는 것이 중요하다. 이를 위한 한 가지 방법은 결과 및 논의 부분에 각각 결과를 배치하는 것이다. 질적 연구는 일반적으로 연구 과정 전반에 걸쳐 동시에 분석과 해석을 진행하기 때문에, 자신의 연구결과는 이미 어느 정도 해석되어 있다. 이러한 유형의 해석이 의미있는 연구 결과를 도출하고 제시된 결과의 맥락과 뉘앙스를 이해하는 데 필요하지만, 연구 결과의 의미, 그 결과의 함의 또는 다른 경험적 연구의 결과와의 비교에 대한 추가 해석은 나중에 기술할 논의 부분의 초점이다. 따라서 결과 부분에서 연구 결과를 제시하고 논의 부분에서는 더 넓은 의미에서 그 결과를 설명하는 데 초점을 맞추는 것이 좋다. 또한 제시된 결과는 방법 부분에 기술된 대로 자료를 수집하고 분석하는 데 사용한 방법의 논리적 결과여야 한다. 과학적 엄격함을 입증하기 위해 사용한 방법과 생성된 결과 유형 사이에 명확한 일관성이 있어야 한다.

5) 논의 부분

논의 부분(discussion section)은 연구 결과가 의미하는 바를 해석하고 그 결과에 대한 함의를 논의하는 부분이다. 질적 연구에서 논의 부문을 작성하는 것은 여러 측면에서 다른 유형의 연구와 유사하다. 논의 부분의 형태는 연구결과의 성격과 해당 저널의 요구 사항에 따라 결정된다. 논의 부문을 작성하기 위한 단일 전략은 없다. 여기에서는 논의 부분의 공통 요소를 살펴보기로 한다.

일반적으로 논의 부분을 연구의 목적과 방법론적 접근방법에 관한 짧은 단락으로 시작하여 독자들에게 연구목적을 다시 한번 알려준다. 그런 다음 한두 문장으로 결과를 간결하게 진술하여 구체적인 세부 사항보다는 주요 결과를 강조한다. 연구 결과에서 새로운 것, 차별되는 것, 또는 중요한 것을 강조한다. 새로운 이슈, 새로운 연구설계, 주제에 대한 질적 접근의 첫 번째 사용 또는 연구 결과가 연구된 현상에 새로운 통찰력을 제공하는 방법 등에 초점을 맞출 수 있다. 자신의 연구가 그 주제에 대한 지식의 체계에 무엇을 추가할 수 있는지 확인하는 것이 논문의 출간 여부를 결정하는 중요한 기준이다.

논의의 대부분은 자신의 연구 결과가 학술적 문헌의 더 넓은 맥락에서 무엇을 의미하는지에 대한 해석이 포함될 것이다. 자신의 연구 결과가 유사한 연구의 결과를 어떻게 뒷받침하는지 설명하고, 그것들이 어떻게 다른지 확인하고, 그 이유를 설명하려고 노력해야 한다. 논의 부분에서는 결과 부분에서 기술한 세부사항을 반복하지 말고 결과의 의미를 더 넓은 맥락에서 해석해야 한다.

논의 부분에서 또는 별도로 연구의 한계를 기술하는 것이 유용하다. 그렇게 하는 것이 연구의 질을 떨어뜨리는 것이 아니라, 연구의 한계 내에서 연구 결과가 이해되도록 함으로써 그 타당성을 더욱 보강할 것이다. 주요 초점은 연구의 방법론적 한계 또는 갑작스러운 장마와 같이 연구 과정에 영향을 미친 예상치 못한 현장에서의 과제를 강조하는 것이다.

6) 결론 부분

결론에서는 연구의 목표, 주요 발견사항과 그 중요성, 그리고 연구에서 나올 메시지를 간략하게 요약한다.

[Box 14-1]에 질적 연구방법을 채택한 연구보고서 작성시에 참고할 수 있는 추가적인 고려사항이 제시되었다.

Box 14-1 질적 연구 보고서 작성시 추가 고려사항

양적 연구와 비교할 때 질적 연구보고서 작성은 더욱 어렵다. 그럼에도 불구하고 연구과정과 그 과정을 통하여 수집된 자료를 분명하게 전달한다는 목적은 동일하다. 양적 연구 결과는 가설과 증거를 논리적으로 엄격하고 간결한 스타일로 제시한다. 반면에 질적 연구의 보고서는 다음과 같은 이유 때문에 표준적인 구조를 따르기 어렵고, 분량도 많아진다.

첫째, 질적 연구의 데이터는 압축하기 어렵다. 데이터가 문자, 그림, 문장의 형태이며, 다수의 인용문과 사례를 포함하기 때문이다.

둘째, 질적 연구자는 사실적 증거와 분석적 해석결과를 제시할 뿐 아니라 독자들의 이해와 주관적 공감의식을 불러내고자 노력한다. 연구자는 독자들이 그 상황을 더욱 잘 이해하고, 감정을 느낄 수 있도록 구체적 상황에 관하여 기술하고, 그 사회적 배경이 되는 주관적인 세계관과 의미체계를 전달하고자 한다.

셋째, 질적 연구자는 자료수집, 분석범주 설정, 증거의 조직화 방법의 측면에서 표준화가 덜 이루어진 기법을 사용한다. 연구자가 적용한 기법은 개별 연구자 또는 특정 상황에만 독특한 것일 수도 있으므로, 연구자는 왜 그 기법을 사용했는지 해명하고자 한다.

넷째, 질적 연구의 공통적인 목적은 새로운 상황을 탐구하거나 새로운 이론을 구성하는 것이다. 새로운 개념을 개발하고 이들 사이의 관계를 검토하게 되면, 연구보고서 분량이 늘어난다. 이론은 증거로부터 나오므로, 연구자가 증거를 어떻게 해석했는지 입증하려고 상세하게 기술할 수 있다.

다섯째, 질적 연구자는 다양한 문학적인 글쓰기 방식을 채택할 수 있으며, 그에 따라 분량이 늘어날 수 있다. 연구자는 스토리를 말하는데 문학적인 장치를 활용할 수 있는 재량을 가지고 있다.

출처: Neuman, *Social Research Methods,* 4th ed., 2000, p. 473; Rubin & Babbie, *Research Methods for Social Work,* 8th ed., 2014, p. 639에서 재구성함.

제 2 절 연구보고서 작성과 연구진실성

1. 연구진실성과 연구부정행위의 개념

일반적으로 진실성(integrity) 또는 정직성은 전문가 집단이 추구하여야 하는 중요한 가치로 논의되어 왔다. 의사와 변호사 등 전문가집단은 윤리강령을 채택하고 있다. 그 강령은 전문직종의 윤리기준을 공식화한 것으로 문제가 발생할 경우에는 판단의 지침이 된다.[6] 사회과학 분야에서는 학회별로 윤리강령을 채택하고 있다. 윤리강령은 연구에서 적절한 행위와 부적절한 행위가 무엇인지 규정하고 있다. 미국의 사회과학 분야에서는 1960년대와 1970년대에 윤리강령을 채택하기 시작하였다.[7] 인간을 대상으로 하는 연구윤리 규정으로 가장 먼저 체계화된 것이 미국심리학회(APA)의 윤리강령이다.[8] 그 강령에 따르면 연구의 진실성이란 연구에서의 정확성, 정직성, 진실성을 의미한다. 연구부정행위란 연구 진실성과 상반되는 개념이다. 일반적으로 "연구부정행위라 함은 연구의 제안, 연구의 수행, 연구결과의 보고 및 발표 등에서 행하여진 주요부정행위와 부적절행위를 포함한다."[9] 좀 더 포괄적인 의미로 연구부정행위는 연구자가 연구자로서 지켜야 할 과학적, 사회적 책임을 지키기 못한 경우이다.

우리나라의 경우 본격적으로 연구부정행위가 문제된 것은 2000년대 중반에 발생한 소위 '줄기세포논문 조작사건' 때문이었다. 이 사건을 계기로 연구부정행위에 대한 법적인 문제와 교육에 대한 문제를 다시 생각하게 하는 계기가 되었다. 정부차원에서 2007년 2월 연구윤리 확보를 위한 지침(과학기술부 훈령 제73호)을 제정하였고, 각 학회와 대학 등 연구기관이 각자 특성에 맞는 연구윤리 관련규정이나 지침을 제정하였으며, 이를 판정할 수 있는 윤리위원회 또는 연구진실성위원회를 설치하였다. 예를 들면, 한국행정학회는 우리나라 사회과학분야에서는 매우 이른 시점에서 '한국행정학회 윤리헌장'과 '표절규정'을 제정하였다. 한국철학회는 2008년 '연구윤리시행세칙'을 제정하였고, 한국심리학회는 2009년 '연구진실성 심사운영세칙'을 제정하였으며, 한국사회학회도 '윤리규정'을 제정하였다. 한편 서울대학교를 비롯한 많은 대학에서 연구윤리에 관한 규정과 연구진실성위원회를 설치하고 있다.[10]

---

6) Neuman, *Social Research Methods,* 4th ed., p. 101.
7) *Ibid.*
8) 최희경, 전게논문 3쪽에서 재인용.
9) 한국심리학회 연구진실성 심사운영세칙 제2조. 연구부정행위에 대한 정의 참조.
10) 서울대학교의 경우 「서울대학교 연구지침」에서 연구윤리 문제를 다루고 있다. 서울대학교 연구지침은 제1부 「연구일반지침」, 제2부 「연구윤리지침」으로 되어 있다. 2008. 6. 26 서울대 보도자료 참조. 서울대학교는 연구윤리와 책임에 관한 지침을

2. 연구부정행위의 유형

위에서 살펴본 정부의 지침, 여러 학회와 대학의 연구진실성에 관련된 규정에서 연구부정행위의 유형과 기준을 설정하고 있다.[11] 일반적으로 이러한 기준은 전문학술지에 게재하는 논문작성의 경우에 가장 엄격하게 적용된다. 한편, 학술대회 발표논문이나 저서, 대중서, 교양잡지 등에 쉽게 풀어 쓸 경우에는 그러한 기준이 완화되어 적용될 수 있다.

교육부가 2015년 개정한 지침에 따르면 "연구부정행위는 연구개발 과제의 제안, 수행, 결과보고 및 발표 등에서 이루어진 위조, 변조, 표절, 부당한 저자표시, 부당한 중복게재, 연구부정행위에 대한 조사방해 행위, 그 밖에 각 학문분야에서 통상적으로 용인되는 범위를 심각하게 벗어나는 행위를 말한다".[12] 이 가운데 중복게재는 이전에는 연구부정행위가 아닌 연구부적절행위로 분류되었으나, 2015년 지침 개정에서 '부당한 중복게재'를 연구부정행위에 포함시켰다. 이 책의 연구부정행위 유형에 관한 검토에서 용어의 정의는 교육부 훈령에 따르고, 경제·인문사회 분야에서 일어나기 쉬운 연구부정행위 사례를 경제·인문사회연구회가 2016년 펴낸 '국책연구기관 연구윤리 평가규정 및 사례'를 중심으로 살펴보기로 한다.[13]

1) 위 조

'위조'(fabrication)는 존재하지 않는 연구 원자료 또는 연구자료, 연구결과

규정하고 2008년 6월 24일 전 교수에게 배포하였다. 이번 지침은 000 전 교수의 논문 데이터 조작 사태로 서울대가 전세계에 스캔들을 낸 것을 의식하여, 유사한 사태를 원천봉쇄하고 연구 윤리를 지키는 대학으로서 서울대의 명예를 회복하겠다는 취지에서 만들어졌다고 한다.
http://www.snu.ac.kr/withsnu/with0101_view.jsp?idx=128894, 2010. 4. 20 접근.

11) 정부 차원의 연구윤리 지침은 2007년 2월 제정된 이후 몇 차례의 개정을 거쳤으며, 현행 지침은 2015년 11월 개정된 교육부 훈령 제153호이다. 교육부·연구재단, 「연구윤리 확보를 위한 지침 해설서」, 진한엠앤비, 2016, p. 2.
12) 교육부, 연구윤리 확보를 위한 지침 제12조, 전게서, p. 56.
13) 이하의 내용은 다음 문헌을 중심으로 정리하였다. 교육부·한국연구재단, 전게서; 경제·인문사회연구회, 국책연구기관 연구윤리 평가규정 및 사례, 2016.

등을 허위로 만들거나 기록 또는 보고하는 행위이다. 경제・인문사회 분야에서는 인터뷰, 설문조사, 실험 및 관찰 등에서 실제 데이터가 산출되지 않았지만, 마치 데이터가 실제로 존재하는 것처럼 허위로 그 결과를 제시하거나, 실험 등에서 얻은 자료의 통계학적 유효성을 추가하기 위하여 허구의 자료를 추가하거나, 연구계획서에 합치된다는 것을 보여주기 위하여 연구기록을 허위로 삽입하는 경우가 해당된다.[14)]

2) 변 조

'변조'(falsification)는 연구 재료・장비・과정 등을 인위적으로 조작하거나 연구 원자료 또는 연구자료를 임의로 변형・삭제함으로써 연구내용 또는 결과를 왜곡하는 행위를 말한다. 경제・인문사회연구에서는 다음의 경우에는 변조에 해당하는 것으로 본다.[15)] (1) 연구자료를 의도적으로 실제와 다르게 변경하는 경우, (2) 연구자료의 통계분석결과 분명하지 않은 것을 고의 또는 중대한 과실로 그릇되게 설명하는 경우, (3) 통계학적 근거없이 연구자료들을 선택적으로 생략, 삭제, 은폐하는 경우, (4) 연구자료를 과장, 축소 또는 변형함으로써 왜곡된 연구결과를 도출하는 경우.

'위조'는 애초부터 존재하지 않았던 각종 데이터를 마치 있는 것처럼 허위로 만들어 내는 행위이고, '변조'는 실제로 얻었거나 사용된 각종 데이터를 연구자가 연구성과로 그럴듯하게 또는 보다 설득력 있게 보여주기 위해 인위적으로 조작(변경)하는 행위를 말한다.[16)]

3) 표 절

'표절'(plagiarism)은 일반적 지식이 아닌 타인의 독창적 아이디어 또는 창작물을 적절한 출처표시 없이 활용함으로써, 제3자에게 자신의 창작물인 것처럼 인식하게 하는 행위이다.[17)]

---

14) 경제인문사회연구회, 전게서. p. 31.
15) 경제인문사회연구회 연구보고서 연구윤리 평가규정 제8조.
16) 교육부・한국연구재단, 전게서, p. 59.
17) 교육부 지침에 따르면 가. 타인의 연구내용 전부 또는 일부를 출처를 표시하지 않고 그대로 활용하는 경우, 나. 타인의 저작물의 단어・문장구조를 일부 변형하여 사용하면서 출처표시를 하지 않는 경우, 다. 타인의 독창적인 생각 등을 활용하면서 출처를 표시하지 않은 경우, 라. 타인의 저작물을 번역하여 활용하면서 출처를 표시하

일반적으로 논문이나 보고서를 쓸 때 타인의 저작물이나 아이디어를 활용할 수 있지만, 이때 반드시 출처를 명확하게 밝혀야 한다. 만일 타인의 저작물 속에 있는 아이디어나 표현을 활용하면서도 적절하게 출처를 밝히지 않고 마치 자신의 것처럼 사용할 때 표절이 된다.[18)]

(1) 출처를 표기하지 않은 사례

표절 사례 중에서 출처를 표기하지 않는 대표적인 사례는 다음과 같다.

첫째, 타인의 저작물에 있는 독창적인 아이디어나 사고 구조(생각의 프레임)를 출처를 밝히지 않고 자신의 것처럼 활용하는 경우이다.

둘째, 일반 지식이 아닌 타인의 독창적인 개념(용어), 어휘(구), 문장, 단락, 표, 그림, 사진, 데이터 등을 출처를 밝히지 않고 활용하는 경우이다.

셋째, 타인이 쓴 글을 그대로 쓰지 않고 저자가 '말바꿔쓰기'(paraphrasing) 또는 '요약'(summarizing)했지만 출처표기를 하지 않은 경우이다. 연구자는 타인의 문장을 요약 또는 재배치하거나 용어를 변경할 경우에도 출처표기를 해야 한다.

넷째, 타인이 쓴 외국어 논문이나 저서의 일부 또는 상당부분을 번영하여 쓰거나 '요약' 또는 '말바꿔쓰기'를 하면서 출처를 표기하지 않은 경우이다.

다섯째, 자신의 저작물에 타인(1인 또는 다수)의 저작물에서 가져온 단어를 첨삭, 동의어 대체 등 발췌나 조합을 사용하였지만 출처 표기를 하지 않음으로써 타인의 연구 결과가 마치 자신의 연구결과인 것처럼 활용하는 경우나 출처표기를 어느 일부분에만 하는 경우이다.

(2) 부적절한 출처표기 사례

출처표기를 했지만 부적절하거나 통상 통용되는 적절한 관행을 벗어난 경우는 다음과 같다.

첫째, 재인용 표기를 해야 함에도 직접 원문을 본 것처럼 1차 문헌에 대한 출처를 표기한 경우이다. 이는 곧 '2차 문헌 표절'에 해당된다. 이는 이론적 배경이나 선행 연구를 소개(검토)할 때 흔하게 발생하고 있다. 2차 문헌 표절은 두 사람이 동일한 1차 문헌을 '요약'하거나 '말바꿔쓰기'로 출처를 표기할 때 표

지 않은 경우이다.

18) 이하 인문사회연구회, 전게서를 요약하였음.

현하는 용어나 글의 순서가 동일하기가 쉽지 않다는 점을 활용하여 확인한다.

둘째, 출처 표기를 제대로 했음에도 불구하고 인용되는 양 또는 질이 정당한 범위를 넘어 피인용물과 인용물이 주종의 관계에 있는 경우이다. 출처표기를 했다고 해도 그 인용의 양이 적절한 범위를 벗어나는 것은 표절에 해당된다.

셋째, 인용한 타인의 저작물 상당 부분을 '참조'했다고 표기했지만, 실제로는 그대로 가져다 쓴 경우이다. 여기서 '참조'는 타인의 저작물을 직접 인용하는 것이 아니라 자신의 표현방식으로 고쳐 쓴 것을 말하는데, 원저자의 것을 직접 인용하면서도 '참조'했다고 말함으로써 참조한 부분이 원저자의 것이 아닌 글쓴이의 것으로 오해하도록 속인 것으로 간주된다.

4) 부당한 저자표시

'부당한 저자표시'는 연구내용 또는 결과에 대하여 공헌 또는 기여를 한 사람에게 정당한 이유 없이 저자 자격을 부여하지 않거나, 공헌 또는 기여를 하지 않은 사람에게 감사의 표시 또는 예우 등을 이유로 저자자격을 부여하는 행위이다. 교육부 지침에 따르면 가) 연구내용 또는 결과에 대한 공헌 또는 기여가 없음에도 저자 자격을 부여하는 행위, 나) 연구내용 또는 결과에 대한 공헌 또는 기여가 있음에도 저자 자격을 부여하지 않은 경우, 다) 지도학생의 논문을 학술지 등에 지도교수의 단독 명의로 게재・발표하는 경우이다.

학위논문을 토대로 학술지 논문에 게재할 때 지도교수가 공동저자의 자격을 가지는 것으로 본다. 그러나 지도교수가 지도학생의 학위논문을 학술지에 단독 명의로 게재 또는 발표하거나, 지도학생을 배제한 채 다른 사람을 공동연구자로 게재 또는 발표하는 것은 명백한 연구부정행위에 해당된다.[19)]

2019년에 일부 연구자들이 미성년자(만 19세 이하인 자) 또는 가족(배우자, 자녀 등 4촌 이내)의 특수관계인을 연구에 참여시키거나, 공동으로 논문을 발표하는 사례가 밝혀지면서 커다란 사회문제로 등장하였다. 이에 한국연구재단 등에서는 미성년자 및 가족과 관련한 연구논문 저자표시에 대하여 연구기관과 연구자에게 [Box 14-2]와 같이 권고하였다.[20)]

---

19) 교육부・한국연구재단, 전게서. p. 68.
20) 연구논문의 부당한 저자 표시예방을 위한 권고사항(개정판), 한국연구재단, 전국대학교 산학협력단장・연구처장 협의회. 2020.4.10. 개정.

Box 14-2 특수관계인 연구논문 부당한 저자표시 예방을 위한 권고

1. 개요

연구자가 미성년자(만 19세 이하인 자) 또는 가족(배우자, 자녀 등 4촌 이내) (이하 '특수관계인'이라 함)을 연구에 참여시키거나, 이들과 공동으로 논문을 발표하고자 할 때 유의할 사항

2. 연구자가 지켜야 할 사항

○ 특수관계인을 연구에 참여시키거나 이들과 공동으로 논문을 발표하고자 할 때 다음 사항을 준수하여 연구부정 논란을 사전에 차단해야 함.
- 연구 시작 전: 특수관계인의 연구 참여 계획을 소속기관 및 공동연구자들에게 공개해야 함.
- 연구 수행 중: 특수관계인이 해당 연구과제에 참여하여 얻은 정보와 데이터, 노하우 등을 체계적으로 연구노트에 기록하고 보관하도록 조치하여야 함

○ 특수관계인과의 공동 연구 및 논문 공저와 관련하여 연구자는 일반적으로 지켜야 할 연구윤리 규범을 준수해야 함.

3. 대학 등 연구기관이 지켜야 할 사항

○ 소속 연구자가 특수관계인을 연구과제에 참여시키거나 이들과 공동으로 논문을 발표하는 것과 관련하여 아래 사항을 포함한 자체 지침(또는 기준)을 마련하고 시행하며, 이를 체계적으로 관리해야 함.
- 연구 시작 전: 특수관계인의 연구 참여 계획을 확인하여야 함.
  ※ 주요 확인 사항(예시): 특수관계인의 활동계획, 이해상충 문제, 연구실 안전 등
- 연구 수행 중: 특수관계인이 연구 참여를 통해 작성한 연구노트, 연구실 출입기록 등을 소속 연구자가 점검하고 관리하도록 안내하여야 함.
- 공저논문 관리: 소속 연구자와 특수관계인 간의 공저 논문들에 대한 서지사항과 논문 원문의 데이터베이스를 구축하고 정기적으로 모니터링하여야 함.

출처: 「연구논문의 부당한 저자 표시예방을 위한 권고사항」(개정판), 한국연구재단, 전국대학교 산학협력단장·연구처장 협의회. 2020.4.10. 개정.

5) 부당한 중복게재

'부당한 중복게재'는 연구자가 자신의 이전 연구결과와 동일 또는 실질적으로 유사한 저작물을 출처표시 없이 게재한 후, 연구비를 수령하거나 별도의

연구업적으로 인정받는 경우 등 부당한 이익을 얻는 행위를 말한다. 중복게재는 이중게재 또는 자기표절이라고 부르기도 한다.

연구자는 자신의 이전 저작물을 후속 저작물에서 활용할 때에는 반드시 출처를 명확하게 밝혀야 한다. 부당한 중복게재 또는 이중게재의 경우에도 판단기준이 문제될 수 있다. 교육부 지침에 따르면 연구부정행위로서 부당한 중복게재에 해당하지 않는 경우는 다음 [Box 14-3]과 같다.

Box 14-3 허용되는 중복게재의 사례

① 학술대회에서 발표하였던 원고를 수정하여 학술지에 게재하면서 학술대회에서 발표한 사실을 밝힌 경우
② 자신의 학위논문의 일부 또는 전부를 학술지 또는 저서에 게재하면서 출처를 명확히 밝힌 경우
③ 기존에 연구·발표한 자신의 연구결과를 수합하여 인용·출처표시를 명확히 하고 학위논문으로 작성하는 경우
④ 이전 게재·출판된 논문 또는 저서의 내용 전부 또는 일부를 교양서, 대중잡지 등 비학술용 출판물에 쉽게 풀어 써서 게재·출판하는 경우
⑤ 자신의 연구결과 보고서에 있는 내용을 활용하여 전문학술지 논문으로 게재·출판하면서 출처를 명확히 밝힌 경우
⑥ 자신이나 타인의 연구논문 등을 취합하여 출처를 명확히 밝히고 저서 등으로 출판하는 경우
⑦ 동일한 논문이나 저서의 전부 또는 일부를 동일 또는 다른 언어로 게재·출판하면서 해당 학술지의 편집자 또는 저작권자의 허락을 받고, 이 사실을 재게재한 논문이나 저서에 명확하게 밝힌 경우
⑧ 학술지에 짧은 논문(letter, brief communication 등)을 게재한 후 이를 긴 논문으로 바꾸거나, 연구데이터, 해석 또는 자세한 연구수행과정의 정보 등을 추가할 때, 관련 내용에 대해 적절하게 출처표시를 하여 게재·출판한 경우
⑨ 이미 게재·출판된 논문 및 저서의 전부 또는 일부가 저자의 승인 하에 다른 편저자에 의해 선택, 편집되어 출처를 표시한 후 선집(anthology)의 형태로 출판되거나 학술지의 특집호에 게재되는 경우
⑩ 기존에 발표한 자신의 연구논문을 학교 교내 학술지에 게재하면서 재게재한 사실을 명확히 밝힌 경우, 단, 교내학술지 자체 규정이 있는 경우 이를 우선으로 적용한다.

출처: 교육부·한국연구재단, 「연구윤리 확보를 위한 지침해설서」, 2016, p. 74.

3. 연구부정행위에 대한 조사방해 행위

'연구부정행위에 대한 조사방해 행위'는 본인 또는 타인의 부정행위에 대한 조사를 고의로 방해하거나 제보자에게 위해를 가하는 행위를 말한다.

연구부정행위의 여섯 가지 유형에 관하여 살펴보았다. 연구부정행위에 관한 검증 문제가 제기된 경우 그 판정 주체가 누구인지에 관하여 논란이 있을 수 있다. 교육부 지침에 따르면 연구부정행위에 대한 검증은 연구부정행위 발생 시 연구기관 자체 검증원칙에 따르게 되어 있다.[21] 그런데 해당 논문 또는 저서가 표절 또는 이중게재라는 의혹이 제기된 경우, 이에 대한 판정은 학회 등 학계 전문가들의 판단도 중요한 기준이 된다.[22]

연구자는 연구논문 또는 연구보고서 작성과정에서 연구윤리 기준을 지키고 있는지 세심하게 주의를 기울여 연구부정행위를 범하지 않도록 하여야 할 것이다.

복습과제

01 양적 연구논문 또는 보고서의 구조를 간략하게 기술하시오.

02 질적 연구논문 또는 보고서의 구조를 간략하게 기술하시오.

03 한국행정학회, 한국정책학회 등 학회 홈페이지에 접속하여 논문작성의 지침을 찾아보시오.

04 연구부정행위의 유형을 간략하게 소개하시오.

05 표절 및 이중게재와 관련하여 연구자가 특히 유의하여야 할 점은 무엇인

21) 교육부 연구윤리 확보를 위한 지침 제16조.
22) 서울대학교 연구지침 참조.

가?

06 한국행정학회 등 학회 홈페이지에서 윤리헌장 또는 표절규정 등을 찾아 보시오.

부 록

1. χ^2 분포표

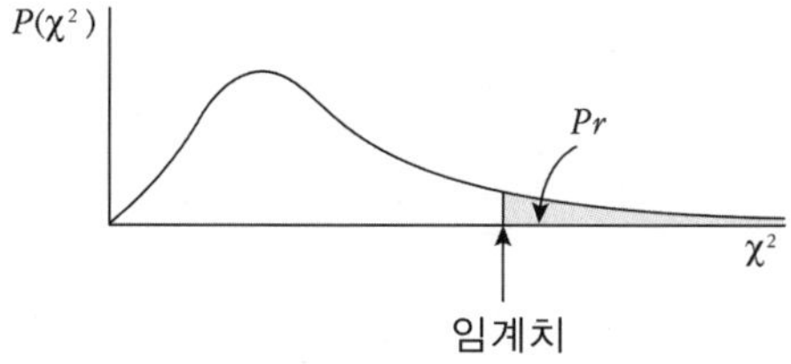

Pr / d.f.	.250	.100	0.05	0.025	0.01	.005	.001
1	1.32	2.71	3.84	5.02	6.63	7.88	10.8
2	2.77	4.61	5.99	7.38	9.21	10.56	13.8
3	4.11	6.25	7.81	9.35	11.3	12.8	16.3
4	5.39	7.78	9.49	11.1	13.3	14.9	18.5
5	6.63	9.24	11.1	12.8	15.1	16.7	20.5
6	7.84	10.6	1.26	14.4	16.8	18.5	22.5
7	9.04	12.0	14.1	16.0	18.5	20.3	24.3
8	10.2	13.4	15.5	17.5	20.1	22.0	26.1
9	11.4	14.7	16.9	19.0	21.7	23.6	27.9
10	12.5	16.0	18.3	20.5	23.2	25.2	29.6
11	13.7	17.3	19.7	21.9	24.7	26.8	31.3
12	14.8	18.5	21.0	23.3	26.2	28.3	32.9
13	16.0	19.8	22.4	24.7	27.7	29.8	34.5
14	17.1	21.1	23.7	26.1	29.1	31.3	36.1
15	18.2	22.3	25.0	27.5	30.6	32.8	37.7
16	19.4	23.5	26.3	28.8	32.0	34.3	39.3
17	20.5	24.8	27.6	30.2	33.4	35.7	40.8
18	21.6	26.0	28.9	31.5	34.8	37.2	42.3
19	22.7	27.2	30.1	32.9	36.2	38.6	32.8
20	23.8	28.4	31.4	34.2	37.6	40.0	45.3
21	24.9	29.6	32.7	35.5	38.9	41.4	46.8
22	26.0	30.8	33.9	36.8	40.3	42.8	48.3
23	27.1	32.0	35.2	38.1	41.6	44.2	49.7
24	28.2	33.2	36.4	39.4	32.0	45.6	51.2
25	29.3	34.4	37.7	40.6	44.3	46.9	52.6
26	30.4	35.6	38.9	41.9	45.6	48.3	54.1
27	31.5	36.7	40.1	43.2	47.0	49.6	55.5
28	32.6	37.9	41.3	44.5	48.3	51.0	56.9
29	33.7	39.1	42.6	45.7	49.6	52.3	58.3
30	34.8	40.3	43.8	47.0	50.9	53.7	59.7
40	45.6	51.8	55.8	59.3	63.7	66.8	73.4
50	56.3	63.2	67.5	71.4	76.2	79.5	86.7
60	67.0	74.4	79.1	83.3	88.4	92.0	99.6
70	77.6	85.5	90.5	95.0	100	104	112
80	88.1	96.6	102	107	112	116	125
90	98.6	108	113	118	124	128	137
100	109	118	124	130	136	140	149

2. 정규분포표

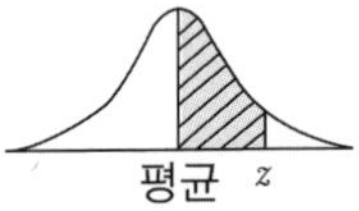

z	.00	.01	.02	.03	.04	.05	.06	.07	.08	.09
0.0	.0000	.0040	.0080	.0120	0.160	0.199	0.239	0.279	.0319	0.359
0.1	.0398	.0438	.0478	.0517	0.557	.0596	0.636	.0675	.0714	.0753
0.2	.0793	.0832	.0871	0.910	.0948	.0987	.1026	.1064	.1103	.1141
0.3	.1179	.1217	.1255	.1293	.1331	.1368	.1406	.1443	.1480	.1517
0.4	.1554	.1591	.1628	.1664	.1700	.1736	.1772	.1808	.1844	.1879
0.5	.1915	.1950	.1985	.0219	.2054	.2088	.2123	.2157	.2190	.2224
0.6	.2257	.2291	.2324	.2357	.2389	.2422	.2454	.2486	.2518	.2549
0.7	.2580	.2612	.2642	.2673	.2704	.2734	.2764	.2794	.2823	.2852
0.8	.2881	.2910	.2939	.2967	.2995	.3023	.3051	.3078	.3106	.3133
0.9	.3159	.3186	.3212	.3238	.3264	.3289	.3315	.3340	.3365	.3389
1.0	.3413	.3483	.3461	.3485	.3508	.3531	.3554	.3577	.3599	.3621
1.1	.3643	.3665	.3686	.3708	.3729	.3749	.3770	.3790	.3810	.3830
1.2	.3849	.3869	.3888	.3907	.3925	.3944	.3962	.3980	.3997	.4015
1.3	.4032	.4049	.4066	.4082	.4099	.4115	.4131	.4147	.4162	.417
1.4	.4192	.4207	.4222	.4236	.4251	.4265	.4279	.4292	.4306	.4319
1.5	.4332	.4345	.4357	.4370	.4382	.4394	.4406	.4418	.4429	.4441
1.6	.4452	.4463	.4474	.4484	.4495	.4505	.4515	.4525	.4535	.4545
1.7	.4554	.4564	.4573	.4582	.4591	.4599	.4608	.4616	.4625	.4633
1.8	.4641	.4649	.4656	.4664	.4671	.4678	.4686	.4693	.4699	.4706
1.9	.4713	.4719	.4726	.4732	.4738	.4744	.4750	.4756	.4761	.4767
2.0	.4772	.4778	.4788	.4788	.4793	.4798	.4803	.4808	.4812	.4817
2.1	.4821	.4826	.4834	.4834	.4838	.4842	.4846	.4850	.4854	.4857
2.2	.4861	.4864	.4871	.4871	.4875	.4878	.4881	.4884	.4887	.4890
2.3	.4893	.4896	.4901	.4901	.4904	.4906	.4909	.4911	.4913	.4916
2.4	.4918	.4920	.4925	.4925	.4927	.4929	.4931	.4932	.4934	.4936
2.5	.4938	.4940	.4943	.4943	.4945	.4946	/948	.4949	.4951	.4952
2.6	.4953	.4944	.4957	.4957	.4949	.4960	.4961	.4962	.4963	.4964
2.7	.4965	.4966	.4968	.4968	.4969	.4970	.4971	.4972	.4973	.4974
2.8	.4974	.4976	.4977	.4977	.4977	.4978	.4979	.4979	.4980	.4981
2.9	.4981	.4982	.4983	.4983	.4984	.4984	.4985	.4985	.4986	.4986
3.0	.49865	.4987	.4987	.4988	.4988	.4989	.4989	.4990	.4990	.4990
4.0	.4999683									

3. t 분포표

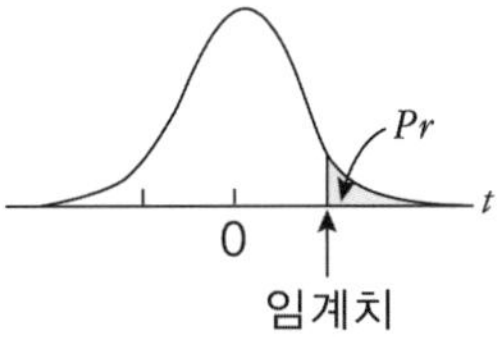

Pr / d.f.	.25	.10	0.05	0.025	0.01	.005	.0025	.0010	0.005
1	1.000	3.078	6.314	12.706	31.821	63.637	127.32	318.31	636.62
2	.816	1.886	2.920	4.303	6.965	9.925	14.089	22.326	31.598
3	.765	1.638	2.353	3.182	4.541	5.841	7.453	10.213	12.924
4	.741	1.533	2.132	2.776	3.747	4.604	5.598	7.173	8.610
5	.727	1.476	2.015	2.571	3.365	4.032	4.773	5.893	6.869
6	.718	1.440	1.943	2.447	3.143	3.707	4.4317	5.208	5.959
7	.711	1.415	1.895	2.365	2.998	3.499	4.020	4.785	5.408
8	.706	1.397	1.860	2.306	2.896	3.355	3.833	4.501	5.041
9	.703	1.383	1.833	2.262	2.281	3.250	3.690	4.297	4.781
10	.700	1.372	1.812	2.228	2.764	3.169	3.581	4.144	4.537
11	.697	1.363	1.796	2.201	2.718	3.106	3.497	4.025	4.437
12	.695	1.356	1.782	2.179	2.681	3.055	3.428	3.930	4.318
13	.694	1.350	1.771	2.160	2.650	3.012	3.372	3.852	4.221
14	.692	1.345	1.761	2.145	2.624	2.977	3.326	3.787	4.140
15	.691	1.341	1.753	2.131	2.602	2.947	3.286	3.733	4.073
16	.690	1.337	1.746	2.120	2.583	2.921	3.252	3.686	4.015
17	.689	1.333	1.740	2.110	2.567	2.898	3.222	3.646	3.965
18	.688	1.330	1.734	2.101	2.552	2.878	3.197	3.610	3.922
19	.688	1.328	1.729	2.093	2.539	2.861	3.174	3.579	3.883
20	.687	1.325	1.725	2.086	2.528	2.845	3.153	3.552	3.850
21	.686	1.323	1.721	2.080	2.518	2.831	3.135	3.257	3.189
22	.686	1.321	1.717	2.074	2.508	2.819	3.199	3.505	3.792
23	.685	1.319	1.714	2.069	2.500	2.807	3.014	3.485	3.767
24	.684	1.318	1.711	2.064	2.492	2.797	3.091	3.467	3.745
25	.684	1.316	1.708	2.060	2.485	2.787	3.078	3.450	3.725
26	.684	1.315	1.706	2.056	2.479	2.779	3.067	3.435	3.707
27	.684	1.314	1.073	2.052	2.473	2.771	3.057	3.421	3.690
28	.683	1.313	1.701	2.048	2.467	2.763	3.047	3.408	3.674
29	.683	1.311	1.699	2.045	2.462	2.756	3.038	3.396	3.659
30	.683	1.310	1.697	2.042	.457	2.750	3.030	3.385	3.646
40	.681	1.303	1.684	2.021	2.423	2.704	2.971	3.307	3.551
60	.679	1.296	1.671	2.000	2.390	2.660	2.915	3.232	3.460
120	.677	1.289	1.658	1.980	2.358	2.617	2.860	3.160	3.373
∞	.674	1.282	1.645	1.960	2.326	2.576	2.807	3.090	3.291

4. 난수표

5616	1613	4820	8519	3458	0930	0215	0626	7115	4083
4245	3003	4264	1374	0180	7963	5429	2875	3683	2158
6436	2358	5116	9186	9612	3071	4479	5155	4799	1389
2835	9434	5734	8270	1097	9655	4775	9293	8255	8815
3522	5539	0220	4672	1701	2551	7408	6215	4012	6094
6126	9027	0893	9637	8688	4529	6962	7205	5786	8714
4748	4084	8138	8235	0979	9074	9672	7229	7171	5272
0376	8202	9424	0607	2583	6334	0564	8889	3565	3364
1764	7311	4305	8364	4679	6015	6942	3841	2867	9011
6707	2560	2358	1136	4363	5222	7091	6040	9280	2128
7759	8132	7014	9671	0907	4365	2966	5910	2972	2586
9337	2138	5151	7977	5395	6542	5546	6634	7451	6092
4597	8152	1840	7703	1583	7986	7609	3129	7724	8969
8972	6684	8956	8313	9016	3452	6671	6228	7485	0301
8127	4289	8570	6066	8370	0489	8081	7026	2851	6241
4450	0314	9153	0473	8286	1559	2013	0643	1255	9672
5421	7220	1205	4110	8595	9372	4755	3502	2422	0698
4449	9789	2517	7092	3965	3731	9376	1963	0140	2548
8264	3505	9030	9832	8697	8447	5940	9043	1048	2700
6561	9032	8735	9941	4045	9978	5623	3371	8939	2545
4939	0958	1909	1641	4978	5386	6665	2422	6415	2620
3110	5821	6586	4364	6763	6520	7305	3166	0889	7824
6828	9253	0386	1540	3406	3648	6492	5849	7289	4784
8455	0289	5865	8974	0576	1038	9374	9512	4466	8436
8918	8550	5506	4265	8692	0245	3076	8721	9937	7047
2239	1402	9290	2459	5035	7900	8800	2599	2392	7820
9159	4126	1169	6897	0903	5570	5036	0559	6480	7689
0759	1282	7315	5813	6744	5205	3136	5214	4103	4482
1385	4188	1144	0991	5297	3811	1134	6963	2533	9658
3292	7093	8917	3679	0679	7942	8996	5625	5199	1587
1007	7387	8070	4753	5541	7575	4887	7932	9178	2149
1296	9160	0808	1284	8736	1820	1110	4495	4839	9625
1753	6178	9373	4472	2020	3152	2442	5285	0136	5036
3802	3529	9186	1238	5755	8786	0878	4831	8936	5431
8331	7565	2823	2638	6704	2313	1670	9018	8116	9590
5895	6233	2607	9478	7712	4932	3494	5244	3947	5107
0573	1885	3216	9008	5618	3702	1284	3781	2040	8404
0504	3725	3453	5925	9728	4267	7957	4331	2154	6798
0109	4756	6526	8134	8860	0665	7928	2081	0456	6205
0104	8814	1967	1735	8145	5283	4759	1270	3430	2275
2333	3141	7365	9788	9203	7792	1060	2310	0840	6346
6328	3974	3318	6771	5912	2994	2159	5565	6622	9688
6636	1001	0123	3150	0964	6274	1758	7443	6388	4356
7892	1827	0649	0930	8674	8608	8542	9643	0798	0296
0888	3593	6679	0848	0373	7358	2951	3103	5926	7256
2472	2787	9642	5822	1953	6255	8235	9201	4798	5302
4097	1197	0642	8592	5285	8603	6083	6052	3729	7072
1608	5114	9387	1388	5757	1668	9424	6497	8673	9396
7825	0962	4193	8303	8974	9515	3660	5792	2738	6264
8489	1111	4036	6791	3377	4527	3976	8461	4892	4982
3529	2173	2164	5906	3689	0067	3781	4787	9561	1352
6514	4002	2825	3219	5678	8543	8455	6085	5438	1344
2296	6386	5360	3494	4807	9773	8459	3065	9466	7703
6734	4715	8751	6053	0330	0606	3176	9043	5049	2806
9799	5615	8418	2702	5001	0305	1741	7066	6050	6438
3919	5259	2242	8098	1406	6988	3779	8412	7854	2115
1775	1717	2892	7271	1408	0112	1788	2588	4071	0090
7679	8333	1477	4002	3454	7155	7680	9516	4871	6762
8586	2562	0480	8433	4290	4776	5165	6966	6170	6424
4335	8327	4762	3288	1831	8466	0690	3405	7924	7326

3581	9988	0954	5714	4287	8218	4959	4124	5584	6129
3176	3694	8148	9320	4902	0297	1471	4525	4237	8138
7322	6975	9082	6718	1346	3803	5963	6753	7953	6914
9528	0793	0221	4236	1059	3254	0152	1238	6302	1949
0460	3624	1174	3839	6179	8192	1881	3410	7271	6749
4954	3375	0977	0001	4623	2834	0613	6112	0280	6470
8964	7497	8408	2507	3694	8974	2766	6287	7106	9509
8264	8099	5862	8876	0933	3331	7504	4731	8010	4918
4220	1259	0755	9256	6514	2567	9672	6841	6714	9643
0235	6765	3601	9695	4592	5786	0000	9220	2786	0790
9296	2682	9632	2445	4920	0229	9203	9629	5272	5119
1929	6458	2347	2579	4692	9763	9326	0614	5908	6000
4493	1483	8558	8634	2041	4524	4126	4284	5785	3350
2918	7292	6330	9983	8588	3970	4908	1896	6817	8165
1585	4681	4025	7934	2160	1103	3574	9200	4320	5770
1565	8922	8293	6712	4969	5435	0173	9432	0416	6832
7509	8464	1540	2366	4225	8355	3345	9224	2905	7021
2763	8179	6753	9850	3582	2830	0341	6032	2791	6114
3717	8972	1715	6091	9263	7341	7262	3589	0021	7446
1580	6054	7222	3352	3083	2357	7428	0899	8141	5667
8820	1149	7113	3014	2647	9373	4002	5945	3678	8200
2710	0310	5747	7460	3961	3758	0722	4621	5433	2184
7334	6932	3974	2515	0873	2049	9114	9342	9290	9440
4111	6859	3569	2265	2002	6786	4833	7653	0752	4762
9542	4157	8475	6098	7724	1564	2834	2164	2227	6775
6026	4825	4453	3555	4422	8742	3299	1001	2007	3816
2211	0446	8130	1057	6257	2956	8783	4560	7922	6361
5540	9082	7060	3110	3754	9507	0112	1802	5072	6427
0055	9214	5891	1379	0636	6983	5016	4260	1567	0330
4859	9124	3977	5863	4503	6710	0020	3253	2861	2296
7355	8424	9305	7501	3068	1618	0481	7094	9749	0308
2753	5541	1275	6704	9243	5994	7965	8654	4372	7802
4756	1493	4239	6441	6442	2712	6142	9423	1119	6739
6481	6514	4186	1049	1619	0799	7377	4015	6406	6720
3846	5747	1631	3464	2516	3000	4884	8763	1977	9544
2720	9770	2684	1446	5171	2881	7982	0966	7046	5187
5015	1367	1947	3996	4579	5475	1830	2689	8107	7885
8748	0630	1028	1687	0253	9638	6727	6946	8780	9680
7839	3243	4509	3354	3239	0489	5758	9002	0558	0895
0998	7925	3885	6915	5147	6767	2567	8500	7067	0520
4273	0593	8608	8384	3825	3218	2486	8052	0978	4816
6900	0200	3295	2900	5489	7840	1132	7926	5628	0707
8002	7787	6309	7764	3112	8121	8120	3796	5777	9009
4262	3943	2414	5484	2048	6867	9222	9639	5065	4950
3140	7814	4651	3566	6322	3713	8552	4665	4228	4390
0947	8985	4619	0776	4444	2346	8426	4811	4080	9515
2076	0384	8415	2890	3646	5464	7175	1715	4621	1884
9507	4203	7660	9595	0007	4990	3827	1841	1919	3477
8216	6720	3649	6819	5810	9745	4017	1579	5438	4586
1708	0983	1766	4038	7499	1265	3746	9020	9056	7406
1551	4848	5180	3905	2559	9238	4185	7661	2104	9825
9448	8833	8859	3855	3123	8479	8733	3991	9197	7242
5875	7441	7055	4427	9600	5731	8139	1589	3898	7043
7291	3019	4550	4100	7851	7142	5277	3882	2330	5530
3736	8087	7266	5223	7090	3930	4999	6280	4756	9422
7254	3528	5149	1684	7657	5256	1637	7549	7321	9479
7137	5296	3345	8244	5084	1581	5684	8394	2035	6267
1913	8631	2184	3253	7258	9687	0197	1420	3584	8457
6325	9080	6775	6065	3999	8119	6770	1674	7801	1295
5847	2006	7822	7609	4579	3966	5786	9828	1725	2883
0890	9056	2153	2016	6885	3182	6890	9402	6719	5390
2766	1448	1435	7570	5465	1161	5632	6902	5849	7483
2399	4460	4192	3206	1005	8391	5632	5511	6383	8401
4437	0558	1900	0907	3435	8534	6836	9531	5224	7872
0036	7104	3094	8144	3545	0338	3513	7380	6641	5813
5338	5466	8882	0959	2978	7856	3775	4525	2868	1759
0519	2981	8373	2972	0468	4492	0256	1595	3133	8211
9499	8730	8072	1320	7606	8293	0456	2464	1982	5766
8633	3487	6950	9625	8644	9140	5362	6385	2364	8329
5443	1363	5364	4576	8409	0369	9887	5537	4173	9142

3638	0012	1376	9085	1690	8660	6916	9258	6151	7673
9708	4396	6054	9441	9181	2017	7119	4252	6678	6991
7239	3368	5413	1074	6216	3914	9134	1254	2039	5356
1350	0894	9241	9173	7882	9663	5537	3571	7271	1776
5095	1356	4917	6919	2790	0418	0567	2071	8315	0565
0886	4578	5949	2078	4774	6080	5063	2110	9719	3503
8370	3821	2181	9575	7713	9132	3874	5852	0977	6397
2833	2304	1418	8331	3053	0951	5028	7909	7133	2157
8213	0453	9516	3698	4312	0046	1086	0660	8757	5809
8623	1359	4491	5228	8673	6901	4077	8434	9795	5673
5052	4796	5738	9096	8578	7467	9102	7679	9129	3476
7324	3322	9098	5295	6990	7810	5661	2611	1384	5968
6088	8144	5322	1424	0379	8744	6613	8639	2905	2367
4088	2043	9800	9553	0726	1441	3164	6521	7167	8825
6088	2047	1024	3342	0487	4582	3119	7710	8853	0600
2728	6160	2301	6277	7025	8204	2262	2303	1793	9114
3415	7196	9619	7260	8519	2929	1861	1838	7967	2013
8893	7917	2759	5037	8850	8430	6083	4394	8123	7392
2709	6773	8172	8412	9433	5907	3848	5008	2151	1422
6080	9533	4366	3838	4117	1715	6782	6420	5142	9641
7094	7883	1200	1063	6922	4194	9949	0459	0836	0036
5586	7127	8642	5223	6396	4545	5239	2376	1088	2607
4417	5949	6801	0117	2229	6179	4514	5058	6072	1533
1372	4392	1462	5823	5664	8191	9087	6250	7071	5466
1610	9111	9254	6266	7191	5592	7014	7537	8250	9917
7700	9352	7746	2423	0944	0261	3593	0784	8552	6522
3505	7278	8988	2556	0548	9360	7430	0974	1592	5061
7466	1704	6143	6226	8385	6763	7397	6643	0150	0904
5668	5994	5360	0118	2188	9872	8095	7717	2726	1752
4205	2257	6756	9773	1858	2583	8632	0124	9013	0107
9517	8240	6214	3327	2471	3578	8365	4999	1134	3176
1019	8819	9123	5290	7826	8174	7364	3281	6934	2336
0505	0234	7335	0668	7263	0368	2595	4618	7008	2255
0197	3695	4630	5047	8287	9929	3707	2874	5181	5962
9106	1167	9227	9237	8314	4117	5088	7589	9546	2658
7931	0192	4072	3721	8815	1122	1490	1362	5515	1891
3341	8795	4332	5390	4550	6434	1111	7308	8996	0266
9599	6458	4162	1656	9120	4293	1063	5487	7880	8839
3138	4004	4435	5325	7054	1122	7008	2616	8725	9712
0026	3977	9267	3476	7596	6479	4564	7322	3907	9183
2850	8962	0163	1925	9414	5704	7156	0732	6295	1444
2131	1762	0983	7039	7734	4696	7305	9188	8075	7708
8727	0125	3783	8397	4926	9989	6596	8522	6090	6593
2155	6829	1622	7996	2726	6157	9095	5940	3521	0581
4047	6985	7778	1858	4022	9958	5922	1662	3524	6449
2964	2661	3527	7610	2526	8518	0337	2747	9036	0857
5612	9017	7986	9314	9366	5951	5353	6971	0320	3684
1444	8150	2040	8152	1896	9282	5506	9379	7333	7157
1251	0966	4710	0695	3261	3493	4865	8061	5557	9267
0018	0669	5103	6548	7085	9766	2244	5481	3306	6141
6979	5010	7290	2919	3468	1040	9603	2784	0981	4298
2289	0535	8144	3828	5087	5785	5052	2387	3181	5954
1016	7763	3034	5758	7681	7315	1189	8793	4784	1978
7251	6008	1234	3446	7341	2436	9279	4312	7577	7799
8823	6149	4117	1983	1781	6800	6491	0258	0102	6029
6323	5392	2353	8445	7179	7611	9888	9413	1792	8831
8763	6459	0740	4940	3642	5538	4335	8984	3911	7779
1627	4424	9597	9731	5525	1352	9891	4497	7779	1980
0115	9248	7644	9467	4662	2939	3534	1230	8072	5079
5533	6785	4414	5969	5557	1823	4393	3797	8271	4300
4323	9047	9246	7566	4063	3114	7455	1065	5842	3923
2459	0593	0892	7835	4258	7261	3599	9674	6746	6134
6592	3459	8970	4002	2391	8054	4879	2150	2834	2951
1406	6524	4128	9357	4196	6021	0650	4027	0942	5946
6936	6079	2544	0530	2042	0049	4029	6243	4017	1634

참고문헌

[국내문헌]

1. 저서 및 역서

강수택,「일상생활의 패러다임」, 민음사, 1998.
강신택 (역),「행정학의 언어」, 박영사, 1999.
강신택,「행정학의 논리」, 박영사, 2002.
_____,「사회과학연구의 논리」(개정판), 박영사, 2000.
경제 · 인문사회연구회,「국책연구기관 연구윤리 평가규정 및 사례」, 2016.
고석남 · 박창제 (공역),「응용수리통계학」, 진영사, 1994.
곽기영,「소셜네트워크 분석」, 제2판, 청람, 2019.
곽영직,「알기 쉬운 과학이야기」, 사민서각, 1990.
교육부 · 연구재단,「연구윤리 확보를 위한 지침 해설서」, 진한엠앤비, 2016.
김경동,「현대의 사회학」(신정판), 박영사, 1997.
김경동 · 이온죽,「사회조사연구방법」, 박영사, 1989.
김광웅 (편저),「사회과학방법론」, 박영사, 1984.
김광웅,「방법론강의」, 박영사, 1996.
_____,「사회과학연구방법론」, 박영사, 1989.
김기원,「사회복지조사론」, 나눔의 집, 2001.
김두섭,「사회과학을 위한 회귀분석」, 법문사, 1993.
김렬,「연구조사방법론」, 서울: 박영사, 2005.
김명수,「공공정책평가론」(전정판), 박영사, 2000.
김병섭,「편견과 오류 줄이기: 조사연구의 논리와 기법」, 법문사, 2008.
김병진,「현대사회과학 조사방법론」, 삼영사, 1991.
김용학,「사회연결망 분석」, 박영사. 2016.
김웅진,「비교정치연구의 논리」, 전예원, 1992.
김해동,「조사방법론」, 법문사, 1991.
김현철,「표본의 추출과 분석」, 교육과학사, 2000.
김호정,「사회과학통계분석」, 제3판, 삼영사, 2005.
남궁근,「정책학」, 제4판, 법문사, 2021.
_____,「비교정책연구: 방법, 이론, 적용」(증보판), 법문사, 1999.
남궁근 · 이희선 · 김선호 · 김지원 (공역),「정책분석론」, 제6판, 법문사, 2018.
남길임 · 조은경,「한국어 텍스트 감성분석」, 커뮤니케이션북스, 2017.
노화준,「정책분석론」, 박영사, 2001.
_____,「정책평가론」(제3전정판), 법문사, 2001.
_____,「행정계량분석」, 법문사, 1990.
노화준 · 남궁근 (공편),「공공정책의 결정요인분석」, 법문사, 1993.

노화준·남궁근, 「통일정책관련 정책지표」, 국토통일원, 1992.
박동서, 「한국행정론」(제5전정판), 법문사, 2001.
박무익 역, 「갤럽의 여론조사」, 한국갤럽조사연구소, 1989.
박용치, 「현대사회과학방법론」, 고려원, 1989.
박재창 (편), 「정부와 여성참여」, 법문사, 2000.
서울대학교 행정대학원 편, 「한국의 정책사례집」, 법문사, 1989.
_____, 「한국의 행정사례집」, 법문사, 1980.
송민, 「텍스트 마이닝」, 청람, 2017.
심준섭, 「구조방정식모형: 이해와 활용」, 법문사, 2013.
안영섭, 「사회과학방법론총설」, 법문사, 1996.
오석홍, 「인사행정론」(신정판), 박영사, 1993.
_____, 「조직이론」(전정판), 박영사, 1990.
오성삼, 「메타분석의 이론과 실제」, 건국대학교 출판부, 2002.
오택섭, 「사회과학데이타분석법」, I & II, 나남, 2003.
유훈, 「정책학원론」, 제3정판, 법문사, 2002.
윤용택 (역), 「과학철학입문」, 서광사, 1993.
이관우, 「조사분석방법론」, 형설출판사, 1990.
이군희, 「사회과학연구방법론」, 법문사, 2001.
이달곤 외, 「정책사례연구」, 대영문화사, 2006.
이만갑, 「사회조사방법론」, 진명출판사, 1972.
이석민, 「R과 STATA를 활용한 평가방법론」, 법문사, 2018.
이순묵, 「공분산구조분석」, 성원사, 1990.
이순희 옮김, 「가난한 사람이 더 합리적이다」, (원제: 바네르지·뒤플로 지음, *Poor Economics*), 생각연구소, 2012.
이지훈, 「사회과학의 메타분석방법론」, 충북대학교 출판부, 1993.
_____, 외 (공역), 「사회과학연구의 기초」, 대영문화사, 1988.
이해영, 「사회과학연구방법론」, 학현사. 1999.
장상호, 「행동과학의 연구논리」, 교육출판사, 1978.
정용찬, 「빅데이터」, 커뮤니케이션북스, 2013.
정정길, 「정책학원론」(개정판), 대명출판사, 1997.
차종천 (역), 「현대사회통계학」, 나남, 1993.
채서일, 「사회과학 조사방법론」, 제2판, 학현사, 2001.
홍두승, 「사회조사분석」, 제3판, 다산출판사, 2000.
황승구 외, 「빅데이터 플랫폼 전략」, 전자신문사. 2013.

2. 논 문

강소랑, 노인일자리사업의 사회·경제적 효과 연구, 「정책분석평가학회보」, 26:1, 2016, pp. 109-138.
강신택, 한국 행정학의 연구논리에 관한 성찰, 「사회과학연구논총」, 32:1, 2006. pp. 53-79.
권인석, 심리적 변수에 의한 정당선호의 예측, 「한국정치학회보」, 25:2, 1992, 295-318.
권향원, 현상학과 사회과학연구: 정책연구에의 질적방법론 적용을 중심으로, 「한국정책학회보」, 25:1, 2016. pp. 355-394.
김건도·박정훈, 신포괄수가제도가 공공의료기관의 효율성에 미치는 영향, 「행정논총」,

56:4, 2018, pp. 33-57.
김경동·이시영·고길곤, 텍스트 마이닝을 활용한 고용정책 프레임 연구: 언론기사 및 국회회의록의 비교·분석을 중심으로, 「한국사회와 행정연구」, 30:4, 2020, pp. 135-163.
김경은, 한국의 장관은 정치가인가 행정가인가: 장관 리더십에 대한 근거이론 적용, 「한국행정학보」, 49:3, 2015, pp. 391-425.
김다니·임도빈, 고위공무원의 정치적 중립에 관한 이해: 근거이론을 이용하여. 「한국행정학보」, 53:1, 2019, pp. 95-123.
김선명, 행정학 연구방법론으로서 현상학의 재발견: 체험연구를 중심으로, 「현대사회와 행정」, 23:2, 2013, pp. 147-165.
_____, 정부혁신의 인식 비평과 성찰성: 공공부문 BSC 도입 사례를 중심으로, 「현대사회와 행정」, 18:2, 2008, pp. 25-53.
_____, 공공부문 혁신의 접근방법에 관한 인식론적 비평: 현상학적 접근방법을 중심으로, 「한국행정학보」, 39:4, 2005, pp. 1-18.
김선영, 증거기반 정책에서의 빅데이터에 관한 연구, 「한국정책학회보」, 29:1, 2020, pp. 69-90.
김승현, 행정학분야의 실증적 사례연구에 관한 분석과 평가, 「정부학연구」, 14:4, 2008. pp. 293-321.
김영재, 대학 등록금 정책 변천에 관한 소고: 해석학적 접근을 중심으로, 「한국행정사학회지」, 36, 2015, pp. 19-50.
김용희, 소셜네트워크분석(social network analysis)기법의 이해와 적용, 「KIPA조사포럼」, 한국행정연구원, vol. 34, 2020.
김재훈, 행정연구결과의 활용에 관한 실증연구, 「한국행정학보」, 42:4, 2008. pp. 35-67.
김태일, 행정학분야의 추상적 개념에 대한 실증연구에서 측정오차의 문제, 「한국행정학보」, 37:1, 2003. pp. 257-258.
_____, 수리적 기법에 의한 평가모형체계의 가중치 부여방식에 관한 논의, 「한국행정학보」, 33:4, 1999. pp. 243-258.
_____·서주현, 행정학 분야에서 설문조사를 이용한 연구의 방법론적 문제점 분석, 「한국행정학보」, 32:3, 1998. pp. 199-215.
김항규, 제4장 과학적 방법 활용의 타당성 평가기준에 관한 연구, 「한국의 관료론: 방법과 실제, 김해동 교수 정년퇴임기념논문집」, 서울대학교 행정대학원 기념논문집간행위원회, 1994.
김호정, 실증주의, 한국행정학회 편, 「한국행정학 60년, 1956-2016: 제2권 접근방법과 패러다임」, 파주: 법문사, 2017.
_____, 「직무특성이 관료행태에 미치는 영향」, 부산대학교 대학원 행정학 박사논문, 1988.
남궁근, 우리나라 의료보험제도의 의료서비스 이용에 있어서의 분배적 효과에 관한 연구, 「성곡논총」, 제22집, 1991, 999-1033.
_____, 의료보험제도의 분배적 효과에 관한 경험적 연구, 「정책분석평가학회보」, 1:1, 1991. pp. 99-119.
_____, 정책지표개발의 이론과 방법론, 정책분석평가학회 하계학술대회발표 논문, 2001년 9월 8일, 세종대학교 충무관.
_____, 정책형성에서 사회과학적 지식의 활용방안, 「한국행정연구」(한국행정연구원), 1:2, 1992, pp. 152-170.

_____ · 이시원 · 배병룡 · 김영기, 의회신뢰의 차원 및 영향요인에 관한 연구, 「한국정치학회보」, 25:2, 1991, pp. 189-206.

남지원, 기존 행정학자들의 새로운 학문체계의 담론에 관한 연구: 행정언어연구회 회원들의 현상학적 모멘트를 중심으로, 「한국행정학보」, 44:1, 2010, pp. 1-23.

명승환 · 최영훈, 인터넷 조사방법론의 가능성과 쟁점, 「한국행정학보」, 36:2, 2002, pp. 333-351.

박병식, 사례조사의 과학적 방법론 연구, 「한국의 관료론: 방법과 실제, 김해동교수 정년퇴임기념논문집」, 서울대학교 행정대학원 기념논문간행위원회, 1994.

박원우 · 김미숙 · 정상명 · 허규만, 동일방법편의의 원인과 해결방안, 「인사 · 조직연구」, 15:1, 2007, pp. 89-122.

박재흥, 기성세대의 생애사와 세대차이 인지에 관한 연구: 질적 접근, 「한국사회학」, 33, 1999.

_____, 신세대의 일상적 의식과 하위문화에 관한 질적 연구, 「한국사회학」, 29, 1995.

박찬욱, 유권자의 선거관심도, 후보인지능력과 투표참여의사: 제14대 총선전 조사결과를 중심으로, 「한국정치학회보」, 26:3, 1993, pp. 153-174.

박춘복 · 김종호 · 정광호, 사회서비스 부적정 이용에 대한 감사 효과분석: 사회서비스 바우처 사업을 중심으로, 「한국정책학회보」, 23:3, 2014, pp. 161-198.

백종섭, 공무원 단체활동의 영향요인에 관한 연구: 공무원의 의식을 중심으로, 「한국행정학보」, 26:2, 1992, pp. 389-403.

사공영호, 제도와 마음: 현상학 및 언어 · 심리철학적 접근, 「행정논총」, 50:1, 2012, pp. 207-241.

서인석 · 조현석 · 권기헌, 단절시계열을 활용한 국회입법지원제도의 정책효과분석: 동형화(isomorphism)이론의 제도수용과 안정화 관점을 중심으로, 「한국사회와 행정연구」, 24:1, 2013, pp. 245-269.

성시경, 정책 목표와 공무원 인식 간의 차이에 관한 연구: 지방자치단체 재정지원 일자리사업 담당 공무원의 인식에 관한 근거이론 분석, 「한국행정연구」, 22:2, 2013, pp. 1-34.

소영진, 행정학에 있어서 현상학적 방법의 가능성 탐색, 「한국행정학보」, 38:4, 2004, pp. 1-20.

송근원, 정책분석 및 평가에 대한 접근방법의 변천: 실증주의에 대한 대안의 탐색, 「한국정책분석평가학회보」, 1:1, 1991, pp. 1-18.

송하중, 행정 및 정책사례, 「KIPA 연구보고 95-13」, 한국행정연구원, 1996.

송희준, 공공난제 해결을 위한 행정학지식의 활용방향, 「한국행정학보」, 42:4, 2008. pp. 69-93.

엄태호 · 윤성일, 지방세지출예산제도 도입이 지방세 비과세 · 감면에 미친 영향에 대한 평가, 「한국정책분석평가학회보」, 24:3, pp. 163-187.

오철호, 공공정책론, 한국행정학회 편, 「한국행정학 60년, 1956-2016: 제2권 접근방법과 패러다임」, 파주: 법문사, 2017.

_____, 행정학 연구결과 활용의 이론적 논의, 「한국행정학보」, 42: 4, 2008, pp. 7-33.

원숙연, 포스트모더니즘 조직연구: 인식론적 정향과 대안으로서 가능성, 「한국행정학보」, 36: 4, 2002. pp. 1-18.

_____, 젠더-정책레짐(gender-policy regimes): 의미와 쟁점, 2002년 한국행정학회 동계학술대회 발표논문.

유민봉 · 심형인, 공무원의 체면에 대한 심층적 이해: 근거이론(grounded theory)을 적용하여, 「한국행정학보」, 45: 1, 2011, pp. 199-225.
유재원 · 손화정, 시군통합의 효과에 대한 경험적 분석: 단절적 시계열모형(ARIMA)의 적용, 「한국행정학보」, 43:4, 2009, pp. 285-306.
윤견수, 약자의 설득전략: 어느 하위직 지방공무원의 개혁활동에 대한 현상학적 보고서, 「한국행정학보」, 35:1, 2001, pp. 143-160.
윤미례 · 김태일, 준실험설계에 의한 보육지원 정책의 고용효과 분석, 「한국행정학보」, 51:1, 2017, pp. 205-231.
이가종 · 김도훈 · 배득종, 행정학분야 학술정보체계를 위한 기초연구, 「한국행정학보」, 25: 1, 1991.
이광모, 행정상 개념적 패러독스의 변증법적 접근 연구, 「한국사회와 행정연구」, 14:2, 2003. pp. 23-45.
이광석, 행정과 생활세계의 충돌과 조화에 관한 연구: 의식의 흐름 방법을 적용한 밀양 송전탑 사태의 분석, 「한국행정학보」, 48: 3, 2014, pp. 147-174.
이광석 · 권기석, 주관주의, 한국행정학회 편, 「한국행정학 60년, 1956-2016: 제2권 접근방법과 패러다임」, 파주: 법문사, 2017.
이대웅 · 권기헌 · 문상호, 근로장려세제(EITC)의 정책효과에 관한 연구: 성향점수 매칭(PSM) 이중 · 삼중차이 분석을 중심으로, 「한국정책학회보」, 24:2, 2015, pp. 27-56.
이민호, 행정학 관련 학술지 네트워크 분석, 「한국행정학보」, 2017, 51:2, pp. 271-313.
이석민, 노인 일자리사업이 노인가구의 소득과 소비에 미치는 영향: 계량경제학 · 통계적 정책평가방법 접근, 「한국정책학회보」, 21:4, 2012, pp. 259-284.
이석원, 미국 공적부조개혁의 성공적 수단: 메타회귀분석접근, 「한국행정학보」, 36: 4, 2002. pp. 205-225.
이승종 · 김흥식, 지방자치와 지방정부의 정책방향: 복지서비스 기능을 중심으로, 「한국행정학보」, 26: 2, 1992.
이시원, 「정부신뢰의 영향요인에 관한 연구」, 서울대학교 대학원 행정학 박사논문, 1993.
이영희, 지방자치제와 재정수요의 영향평가 및 예측, 「한국행정학보」, 26:2, 1992.
이용숙 · 이수현, 대학생의 점심식사방식과 점심식사에 부여하는 의미, 「비교문화연구」, 22:2, 2016, pp. 329-390.
이인재, 자기표절의 쟁점, 「윤리연구」, 73호. 2009, pp. 1-19.
이정화 · 문상호, 기초연금이 고령자의 소득에 미치는 영향: 성향점수매칭(PSM) 이중차이(DID)를 활용한 분석, 「한국정책학회보」, 23:3, 2014, pp. 411-440.
이채정, 무상보육정책의 영유아 연령별 자녀양육비용 경감효과 분석, 「한국정책학회보」, 27:2, 2018, pp. 109-132.
임미영 · 한인숙, 한국 국민연금의 성불평등구조: 가입과 급여의 적격성을 중심으로, 「한국행정학보」, 36:4, 2002, pp. 167-185.
장덕희, '자동차세 세율인하'와 '주행세 제도 도입'이 세입규모와 자치단체 간 세입격차에 미친 영향 분석, 「한국정책학회보」. 20:1, 2011, pp. 303-331.
장재성 · 정지수. 일선경찰관의 인권박탈감에 관한 연구: 근거이론의 적용, 「한국행정학보」, 54:3, 2020, pp. 31-58.
정광호 · 김원수, 토지거래허가제의 정책효과에 관한 연구: 천안 · 아산지역을 중심으로, 「한국행정학보」, 39:1, 2005, pp. 287-308.
정서화, 텍스트 네트워크 기법을 통한 정책문제의 구조화 방안, 「KIPA 조사포럼」, 한국행정연구원, vol. 23, 2017.
정수용, 이중차이분석을 통해 본 대형마트 의무휴업제 시행의 영향평가: 서울시 전통시장

내 마트형점포 매출액 변화를 중심으로, 「한국정책학회보」, 24:2, 2015, pp. 433-459.
정진민, 한국선거에서의 세대요인, 「한국정치학회보」, 26:1, 1992, pp. 145-167.
조일형 · 권기헌, 간여시계열에 의한 성범죄 예방 정책의 효과분석: 전자감시제도의 성범죄 일반예방효과를 중심으로, 「한국행정연구」, 20:1, 2011, pp. 225-253.
주재현, 권위주의 체제하 한국 국가엘리트의 정책추진 동기와 학습효과에 관한 연구, 「한국정책학회보」, 7:2, 1998, pp. 289-310.
_____, 내용분석 방법의 수행절차 및 적용 연구사례 분석, 2001년 정책분석평가학회 하계 학술발표대회 발표논문, 2001년 9월 8일, 세종대학교 충무관.
차세영, 계획, 기획, 그리고 행정조직: 한국 고도성장기 행정에 대한 비판적 근거이론 해석, 「한국행정학보」, 52:4, 2018, pp. 467-500.
최미정 · 은재호, 위험소통과 정부신뢰: 빅데이터 감정분석을 통한 메르스 사례분석, 「한국정책학회보」, 27:1, 2018, pp. 33-60.
최용환 · 김강배, 고교다양화정책이 학교효과성에 미치는 영향에 대한 이중차이분석: 학생의 학업성취도와 핵심역량을 중심으로, 「정책분석평가학회보」, 27:1, 2017, pp. 55-79.
최윤정 · 문상호 · 신충식, 교육 양극화 해소를 위한 정부의 역할: 워킹맘의 공교육체계 인식에 대한 근거이론적 접근, 한국행정학회 2009 하계학술대회 발표논문.
최인엽 · 남궁근, 정부의 연구기반 구축사업이 참여교원의 연구성과에 미친 영향- 1단계 BK21사업 물리학 분야의 사례. 「한국정책과학학회보」, 14:3, 2010, pp. 1-28.
최창현, 조직구조, 권위주의에 대한 태도, 직무만족도와 조직몰입도의 관계에 대한 경로분석적 연구, 「한국행정학보」, 25:2, 1991, pp. 515-531.
최흥석 · 홍성만 · 주경일, 사회적 갈등의 근거이론적 이해: 댐건설을 중심으로, 「한국행정학보」, 37:4, 2003, pp. 169-192.
최희경, 연구정직성과 정보원 비밀보호의 양립방안 모색, 「한국행정학보」, 40: 3, 2006. pp. 1-25.
한세억, 한국 정보화경험의 현상학적 분석, 「행정논총」, 49:3, 2011, pp. 121-147.
한수정 · 전희정, 공공임대주택 거주에 따른 정신건강 변화에 관한 연구: 성향점수매칭 및 이중 · 삼중차이 분석을 중심으로, 「한국정책학회보」, 27:4, 2018, pp. 67-102.
한인숙, 포스트모더니즘, 복지정책, 그리고 여성, 2000년 한국행정학회 추계학술대회 발표논문.
허준영 · 권민영 · 조원혁, 세종시 이전 기관 공무원이 경험하는 행정비효율성에 관한 연구: 근거이론의 적용, 「한국행정학보」, 49:3, 2015, pp. 127-159.
홍민철 · 문상호 · 이명석. 근로장려세제 효과 분석: 경제활동참여, 근로시간 및 개인별 빈곤을 중심으로, 「정책분석평가학회보」, 26:2, 2016, pp. 1-27.

[외국문헌]

1. Books

Allison, G. T., *Essence of Decision Making: Explaining the Cuban Missile Crisis*, Boston, MA: Little, Brown, and Company, 1971.
Arbuckle, J. L., *AMOS 18 User's Guide*. Crawfordville, FL: Amos Development Corporation, 2009.

Argyris, C., *Knowledge for Action*, San Fransico, CA: Jossey-Bass, 1993.
_____ & D. A. Schön, *Theory in Practice: Increasing Professional Effectiveness*, San Fransico, CA: Jossey-Bass, 1992.
_____ & D. A. Schön, *Organizational Learning: A Theory of Action Perspective*, Reading, MA: Addison-Wesley, 1978.
_____, R. Putnam & D. M. Smith, *Action Science*. San Fransico, CA: Jossey Bass, 1985.
Babbie, E. R., *The Practice of Social Research*, 12th ed., Belmont, CA: Wadsworth, 2009. (4th ed., 2001).
_____, *Survey Research Methods*, Belmont, CA: Wadsworth, 1973.
Baker, T. L., *Doing Social Research*, 3rd ed., NY: McGraw Hill, 1999.
Bandalos, D. L. *Measurement Theory and Applications for the Social Sciences*, NY: The Guilford Press, 2018.
Bauer, R. A. (ed.), *Social Indicators*, Cambridge: MIT Press, 1966.
Belenky, M. F. et. al., *Women's Way of Knowing: The Development of Self, Voice and Mind*, NY: Basic Books, 1986.
Bennet, C. A. & A. A. Lumsdaine (eds.), *Evaluation and Experiment*, NY: Academic Press, 1975.
Berelson, T. L., *Content Analysis*, NY: Hafner, 1952.
Black, J. A. & D. J. Champion, *Methods and Issues in Social Research*, NY: John Wiley & Sons, 1976.
Blalock, Jr., H. M., *Social Statistics*, revised 2nd ed., Singapore: McGraw Hill International Editions, 1988.
_____, *Causal Inferences in Nonexperimental Research*, Chapel Hill, NC: The University of North Carolina Press, 1961.
_____ & A. B. Blalock (eds.), *Methodology in Social Research*, NY: McGraw Hill, 1968.
Borcherding, T. E. (ed.), *Budget and Bureaucrats: The Sources of Government Growth*, Chapel Hill, NC: Duke, 1977.
Bordens, K. S. & B. B. Abbott, *Research Design and Methods: A Process Approach*, 10th ed., NY: McGraw Hill, 2018.
Borenstein, M., L. V. Hedges, J. P. T. Higgins & H. R. Rothstein, *Introduction to Meta-Analysis*, NY: John Wiley & Sons, 2009.
Borgatti, S. P., M. G. Everett & J. C. Johnson, *Analyzing Social Networks*, Thousand Oaks, CA: Sage, 2013.
Brittan, S., *The Economic Consequences of Democracy*, NY: Holmes and Meier, 1979.
Bryman, A., *Mixed Methods, I, II, III, IV*. Thousand Oaks, CA: Sage, 2006.
Buchnan, J. & R. Wagner, *Democracy in Deficit*, NY: Academic Press, 1977.
Burt, R. S., *Toward a Structural Theory of Action: Network Models of Social Structure*, Perception and Action, NY: Academy Press, 1982.
_____. & M. J. Minor, *Applied Network Analysis: a Methodological Introduction*, Beverly Hills, CA: Sage, 1983.
Callahan, D. & B. Jennings (eds.), *Ethics, The Social Sciences, and Policy*

Analysis, NY: Plenum Press, 1983.
Campbell, D. T. & J. C. Stanley, *Experimental and Quasi-Experimental Designs for Research*, Boston, MA: Houghton Mifflin Company, 1966.
Caplan, N., A. Morrison & R. J. Stambaugh, *The Use of Social Science Knowledge in Policy Decisions*, Ann Arbor, MI: Institute for Social Research, University of Michigan, 1975.
Carmines, E. G. & R. A. Zeller, *Measurement in the Social Sciences: The Link Between Theory and Data*, Cambridge, MA: Cambridge University Press, 1980.
_____, *Reliability and Validity Assessment*, Beverly Hills, CA: Sage, 1979.
Carnap, R., *An Introduction to the Philosophy of Science*, NY: Basic Books, Inc., 1966.
Charmaz, K. *Constructing Grounded Theory*, Thousand Oaks, CA: 2006.
Christensen, L. B., *Experimental Methodology*, 4th ed., Boston, MA: Allyn & Bacon, 1988.
Cohen, M. & E. Nagel, *An Introduction to Logic and Scientific Methods*, NY: Harcourt, 1934.
Coleman, J. S., E. Campbell, C. Hobson, J. Partland, A. Mood, F. Weinfeld & R. York, *Equality of Educational Opportunity*, Washington, DC: U.S. Office of Education, 1966.
Collier, R. B. & D. Collier, *Shaping the Political Arena: Critical Junctures, the Labor Movement, and Regime Dynamics in Latin America*, Princeton, NJ: Princeton University Press, 1991.
Cook, T. D. & D. T. Campbell, *Quasi-Experimentation*, Boston, MA: Houghton Mifflin, 1979.
Cooper, H. M., *Research Synthesis and Meta-Analysis: A Step-by-Step Approach*, 4th ed., Thousand Oaks, CA: Sage, 2010.
_____, L. Hedges & J. C. Valentine (eds.), *The Handbook of Research Synthesis and Meta-Analysis*, 2nd ed., Thousand Oaks, CA: Sage, 2009.
Corbin, J. M. & A. Strauss, *Basics of Qualitative Research: Techniques and Procedures for Developing Grounded Theory*, 3rd ed., Thousand Oaks, CA: Sage, 2008.
Creswell, J. W. & C. N. Poth, *Qualitative Inquiry & Research Design: Choosing Among Five Approaches*, 4th ed., Thousand Oaks, CA: Sage, 2018.
Creswell, J. W., *Qualitative Inquiry & Research Design*, 2nd ed., Thousand Oaks, CA: Sage, 2007.
_____, *Research Design: Qualitative, Quantitative and Mixed Approaches*, 2nd ed., Thousand Oaks, CA: Sage, 2002.
_____, & V. L. P. Clark, *Designing and Conducting Mixed Methods Research*, Thousand Oaks, CA: Sage, 2007.
_____, John W., *A Concise Introduction to Mixed Methods Research*, Thousand Oaks, CA: Sage. 2015.
Cribb, A., *Values and Comparative Politics*, Aldershot, England: Avebury, 1991.
De Vaus, D. (ed.), *Social Surveys*, Vol. I. Thousands Oaks, CA: Sage, 2002.

Denhart, R. B., *Theories of Public Bureaucracy,* Monterey, CA: Brooks/ Cole, 1984.

Denzin, N. K. & Y. S. Lincoln, *The Handbook of Qualitative Research,* Thousand Oaks, CA: Sage, 1994.

Dooley, D. *Social Research Methods,* 4th ed., NJ: Prentice-Hall, 2001.

Dubin, R., *Theory Building* (revised ed.), NY: The Free Press, 1978.

Dunn, W. N., *Public Policy Analysis: An Integrated Approach,* 6th ed., NY: Routledge, 2018. (1st ed., 1981, 5th ed., 2012).

_____, (ed.), *Policy Analysis: Perspectives, Concepts, and Methods,* Greenwich, CT: JAI Press, 1986.

Etzioni, A. & F. Dubow (eds.), *Comparative Perspectives: Theories and Methods,* Boston, MA: Little, Brown, 1970.

Farmer, D. J., *The Language of Public Administration: Bureaucracy, Modernity and Postmodernity,* Univ. of Alabama Press, 1995.

Fay, B., *Critical Social Science: Liberation and its Limit,* Ithaca, NY: Cornell University press, 1987.

Feagin, J. R., A. M. Orum & G. Sjoberg (eds.), *A Case for the Case Study,* Chapel Hill, NC: The University of North Carolina Press, 1991.

Fetterman, D. M. (eds.), *Qualitative Approaches to Evaluation in Education,* NY: Praeger, 1988.

Fitchen, J. M., *Endangered Spaces, Enduring Places: Change, Identity and Survival in Rural America,* Boulder, CO: Westview, 1991.

Fowler, Jr., F. J., *Survey Research Methods,* 4th ed., Thousands Oaks, CA: Sage, 2009. (1st ed., 1984).

Frankfort-Nachmias, C., D. Nachmias & J. DeWaard, *Research Methods in the Social Sciences,* 8th ed., NY, NY: Worth Publishers, 2015.

Frederickson, N., O. Jenson & A. Beaton, *Organizational Climates and Administrative Performance*, Princeton, NJ: Educational Testing Service, 1968.

Geertz, C., *The Interpretation of Culture*, NY: Basic Books, 1973.

Girden, E. R. *Evaluation Research Articles: From Start to Finish,* 2nd ed., Thousands Oak, CA: Sage, 2001.

Glaser, B. G., *The Grounded Theory Perspective: Conceptualization Contrasted with Description,* Mill Valley, CA: Sociology Press, 2001.

_____, *Basics of Grounded Theory Analysis,* Mill Valley, CA: Sociology Press, 1992.

_____ & A. L. Strauss, *The Discovery of Grounded Theory: Strategies for Qualitative Research,* Chicago, IL: Aldine, 1967.

_____, B. McGaw & M.L. Smith, *Meta-Analysis of Social Research,* Beverly Hills, CA: Sage, 1981.

Goode, W. J. & P. K. Hatt, *Methods in Social Research,* Singapore: McGraw Hill International Editions, 1981.

Gravetter, F. J., & L. B. Forzano, *Research Methods for the Behavioral Sciences,* 5th ed., Stamford, CT: Cengage Learning, 2016.

Graziano, A. M., & M. L. Raulin, *Research Methods: A Process of Inquiry,* 8th

ed., Pearson, 2012. (4th ed., 2000, 7th ed., 2009).
Hair, Jr., J., W. Black, B. Babin & R. Anderson, *Multivariate Data Analysis: A Global Perspective*, 7th ed., Pearson, 2009.
Hamburg, M., *Statistical Analysis for Decision Making*, 6th ed., Thompson Learning, 1996.
Hansen, M. H., W. N. Horowitz & W. G. Meadow, *Sampling Survey Methods and Theory*, NY: Wiley, 1953.
Harmon, M., *Action Theory for Public Administration*, NY: Longman, 1981.
Hayes, Andrew F., *Introduction to Mediation, Moderation and Conditional Analysis,* 2nd ed., NY: The Guilford Press, 2018.
Hedges, L.V. & I. Olkin, *Statistical Methods for Meta-Analysis*, Orlando, FL: Academic Press, 1985.
Heidenheimer, A. J., H. Heclo & C. T. Adams, *Comparative Public Policy: The Politics of Social Choice in Europe and America*, 3rd ed., NY: St. Martins Press, 1993.
Hempel, C. G., *Aspects of Scientific Explanation*, NY: The Free Press, 1965.
_____, *Philosophy of Natural Science*, Englewood Cliff, NJ: Prentice Hall, 1966.
Henderson, D. K., *Interpretation and Explanation in the Human Sciences*, NY: State University of NY Press, 1993.
Hennink, M., I. Hutter, & A. Baily, *Qualitative Research Methods*, 2nd ed., Thousand Oaks, CA: Sage, 2020.
Henry, N., Public *Administration & Public Affairs*, 5th ed., Englewood Cliffs, NJ: Prentice Hall, 1992.
Hirsh, E. D., *Validity and Interpretation*, New Haven, CT: Yale University Press, 1967.
Hogwood, B. N. & L. A. Gunn, *Policy Analysis for the Real World*, Oxford University Press, 1984.
Hunter, J. E. & F. L. Schmidt. *Methods of Meta-Analysis: Correcting Error and Bias in Research Findings*. 2nd ed., Sage, 2004.
Imbeau, L. M. & R. D. Nckinlay (eds.), *Comparing Government Activity*, NY: St. Martin's Press, 1996.
Isaac, S. & W. B. Michael, *Handbook in Research and Evaluation*, 3rd ed., San Diego, CA: EdITS Publishers, 1995.
James, L. R., S. A. Mulaik & J. M. Brett, *Causal Analysis: Assumptions, Models and Data*, Beverly Hills, CA: Sage, 1982.
Janoski, T., & A. M. Hicks (eds.), *The Comparative Political Economy of the Welfare State*, Cambridge. MA: Cambridge University Press, 1994.
Johnson, G., *Research Methods for Public Administrators*, Westport, CT: Quorum Books, 2002.
Johnson, J. B. & H. T. Reynolds with J. D. Mycoff, *Political Science Research Methods*, 6th ed., Washington, DC: CQ Press. 2008.
Jöreskog, K. G. & D. Sörbom, *LISREL 8: USER'S REFERENCE GUIDE*, Chicago, IL: Scientific Software, 1996.
Jöreskog, K. G. & M. van Thillo, *LISREL: A General Computer Program for*

Estimating a Linear Structural Equation System Involving Multiple Indicators of Unmeasured Variables, Princeton, NJ: Educational Testing Service, 1972.

Katzer, J., K. H. Cook & W. W. Crouch, *Evaluating Information: A Guide for Users of Social Science Research*, Reading, MA: Addison Wesley, 1978.

Kemedy, J. G., *A Philosopher Looks at Science*, NY: Nostrand, 1959.

Kenny, D. A., *Correlation and Causality*, NY: John Wiley, 1979.

Kerlinger, F. N., & H. B. Lee, *Foundations of Behavioral Research*, 4th ed., NY: Harcourt, 1999.

Kidder, L. H., *Selltiz, Wrightman and Cook's Research Methods in Social Relations*, NY: Holt, Rinehart and Winston, 1981.

King, G., R. O. Keohane & S. Verba, *Designing Social Inquiry: Scientific Inference in Qualitative Research*, Princeton, NJ: Princeton University Press, 1994.

Kish, L., *Survey Sampling*, NY: Wiley, 1995.

Knoke, D. & S. Yang, *Social Network Analysis,* Thousand Oaks, CA: Sage, 2008.

Kohn, M. (eds.), *Cross National Research in Sociology*, Newbury Park, CA: Sage, 1989.

Krippendorff, K., *Content Analysis: An Introduction to Its Methodology*, 2nd ed., Sage, 2004. (1st ed., 1980).

_____ & Mary Angela Bock, *Content Analysis Reader*, Sage, 2009.

Kuhn, T., *The Structure of Scientific Revolution*, Chicago, IL: The University of Chicago Press, 1970.

Lakatos, I. & A. Musgrave (eds.), *Criticism and the Growth of Knowledge*, London: Cambridge University Press, 1970.

Lancey, D. F., *Qualitative Research in Education: An Introduction to the Major Traditions*, NY: Longman, 1993.

Lang, G. & G. D. Heiss, *A Practical Guide to Research Methods*, 6th ed., Rowman & Littlefield, 1997.

Langbein, L. I., *Discovering Whether Programs Work: A Guide to Statistical Methods for Program Evaluation*, Glenview, IL: Scott, Foresman, 1980.

Leavy, P., *Research Design,* NY: The Guilford Press, 2017.

LeCompte, M. D., W. L. Millroy & J. Preissle (eds.), *The Handbook of Qualitative Research in Education*, NY: Academic Press, 1992.

Lester, J. D., *Writing Research Papers*, 4th ed., Glenview, IL: Scott, Foresman and Company, 1986.

Lewin, K., *Field Theory in Social Science*, NY: Harper, 1951.

_____, *Resolving Social Conflicts*, NY: Harper Collins, 1948.

Light, R. J. & D. B. Pillemer, *Summing Up: The Science of Reviewing Research*, Boston, MA: Harvard University Press, 1984.

Lincoln, Y. S. & E. G. Guba, *Naturalistic Inquiry*, Beverly Hills, CA: Sage, 1985.

Lipset, S. M., M. Trow & J. Coleman, *Union Democracy*, NY: Free Press, 1956.

Lipsey, M. W. & D. B. Wilson. *Practical Meta-Analysis,* Sage, 2001.

Littell, J. H., J. Corcoran, & V. Pillai, *Systematic Reviews and Meta- Analysis,*

Oxford University Press, 2008.
Loether, H. J. & D. G. McTavish, *Descriptive and Inferential Statistics: An Introduction*, 2nd ed., Boston, MA: Allyn & Bacon, 1980.
Lofland, J., *Analyzing Social Settings: A Guide to Qualitative Observation and Analysis*, Belmont, CA: Wadsworth, 1971.
Long, J. S., *Covariance Structure Models: An Introduction to LISREL*, Beverly Hills, CA: Sage, 1984.
_____, *Confirmatory Factor Analysis*, Beverly Hills, CA: Sage, 1983.
MacRae, Jr., D., *Policy Indicators*, Chapel Hill, NC: The University of North Carolina Press, 1985.
Marrow, A. J., *The Practical Theorist: The Life and Work of Kurt Lewin*, NY: Teachers College Press, 1977.
Marsden, P. V. & N. Lin (eds.), *Social Structure and Network*, Beverly Hills, CA: Sage, 1982.
Matlack, W. F., *Statistics for Public Policy and Management*, Belmont, CA: Duxbery Press, 1980.
Mayer, R. R. & E. Greenwood, *Design of Social Policy Research*, NJ: Prentice-Hall, 1980.
Mayer-Schönberger, Viktor & K. Cutier, *Big Data,* London: John Murray, 2013.
McCool, D. C., *Public Policy Theories, Models, and Concepts: An Anthology*, Englewood Cliffs, NJ: Prentice Hall, 1995.
McCracken, G., *The Long Interview*, Newbury Park, CA: Sage, 1988.
McNabb, D. E. *Research Methods in Public and Nonprofit Management: Quantitative and Qualitative Approaches*, 2nd ed. Armonk, NY: M.E. Sharp, 2008. (1st ed., 2002).
Merritt, R. & S. Rokkan (eds.), *Comparing Nations*, New Haven, CT: Yale University Press, 1966.
Merton, R. K., *Social Theory and Social Structure*, 1968 enlarged ed., NY: Free Press, 1968.
_____, *Social Theory and Social Structure*, rev. ed., NY: Free Press, 1957.
Meyers, Lawrence S. Glenn Gamst & A.J. Guarino, *Applied Multivariate Research: Design and Interpretation,* 3rd ed., Thousand Oaks, CA: Sage, 2017.
Mill, J. S., *System of Logic Ratiocinative and Inductive: Being a Connected View of the Principles of Evidence and the Methods of Scientific Investigation*, 8th ed., London: Longmans, Green and Co., 1834/1911.
Miller, D. C. & N. J. Salkind (eds.), *Handbook of Research Design and Social Measurement*, 6th ed., Sage, 2002.
Mitchell, M. L., & J. M., Jolley, *Research Design Explained,* 8th ed., Belmont, CA: Wadsworth/Cengage, 2013. (4th ed., 2001).
Monette, D. R., T.J. Sullivan, & C.L. DeJong, *Applied Social Research: Tool for the Human Services*, 4th ed., Harcourt Brace, 1998
Monroe, A. D., *Essentials of Political Research*, Boulder, CO: Westview, 2000.
Moore, Jr., B., *Social Origins of Dictatorship and Democracy: Lord and Peasant*

in the Making of the Modern World, Boston, MA: Beacon, 1966.
Moustakas, C., *Phenomenological Research Methods*, Sage, 1994.
Nachmias, D. & C. Nachmias, *Research Methods in the Social Sciences*, 6th ed., NY: St. Martin's Press, 1999.
Nachmias, D. (ed.), *The Practice of Policy Evaluation*, NY: St. Martin's Press, 1980.
Namkoong, K., *A Cross National Study on Public Health Program and Policy Development: Comparative Analysis of Alternative Perspectives*, (Ph. D. dissertation), University of Pittsburgh, 1989.
Neuman, W. L., *Social Research Methods: Qualitative and Quantitative Approaches*, 7th ed., Pearson, 2011. (1st ed., 1991, 4th ed., 2000, 6th ed., 2005).
O'Sullivan, E., G. R. Rassel, M. Berner, *Research Methods for Public Administrators*, 5th ed., Longman, 2008. (first ed., O'Sullivan & Rassel, 1989).
Osgood, C. E., G. J. Suci & P. H. Tannenbaum, *The Measurement of Meaning*, Urbana, IL: University of Illinois Press, 1957.
Ostrom, V., *The Intellectual Crisis in American Public Administration*, rev. ed., AL: University of Alabama Press, 1974.
Paris, D. C. & J. F. Reynolds, *The Logic of Policy Inquiry*, NY: Longman, 1983.
Patton, M. Q., *Qualitative Evaluation Methods*, Beverly Hills, CA: Sage, 1980.
Peters, B. G., *The Future of Governing*, 2nd rev. ed., University Press of Kansas, 2001.
Phillips, B. S., *Social Research: Strategy and Tactics*, 2nd ed., NY: Macmillan, 1971.
Pierson, C., *Beyond the Welfare State? the New Political Economy of Welfare*, Blackwell Publishers, 1991.
Plummer, K. (ed.), *Documents of Life*, London: George Allen & Unwin, 1983.
Popper, K., T*he Logic of Scientific Discovery*, NY: Basic Books, 1959.
Posvac, E. J. & R. G. Carey, *Program Evaluation: Methods and Case Studies*, 4th ed., Englewood Cliffs, NJ: Prentice Hall, 1991.
Prell, C., Social *Network Analysis: History, Theory, and Methodology,* Thousand Oaks, CA: Sage, 2012.
Privitera, G. J., *Research Methods for the Behavioral Sciences,* Thousand Oaks, CA: Sage, 2014.
Przeworski, A. & H. Teune, *The Logic of Comparative Social Inquiry*, NY: Wiley, 1970.
Putt, A. D. & J. F. Springer, *Policy Research: Concepts, Methods and Applications*, Englewood Cliffs, NJ: Prentice Hall, 1989.
Ragin, C. C, *The Comparative Method: Moving Beyond Qualitative and Quantitative Strategies*, Berkeley CA: University of California Press, 1987.
_____ (ed.), *Issues and Alternatives in Comparative Social Research*, Leiden: E. J. Brill, 1991.
Rea, L. M. & R. A. Parker, *Designing and Conducting Survey Research: A Comprehensive Guide*, 2nd ed., San Francisco, CA: Jossey-Bass, 1997.

Rein, M., *Social Science and Public Policy*, NY: Penguin Books, 1976.
Rosenberg, M., *The Logic of Survey Analysis*, NY: Basic Books, 1968.
Rosenthal, R. *Experimenter Effects in Behavioral Research*, NY: Irvington, 1976.
_____, & Jacobson, L. *Pygmalion in the Classroom*, NY: Holt, Rinehart & Winston, 1968.
Roth, A. J., *The Research Paper: Process, Form, and Content*, 5th ed., Wadsworth, 1986.
Rubin, Allen & Earl R. Babbie, *Research Methods for Social Work*, 8th ed., Belmont, CA: Brooks/Cole, Wadworth, 2014. (4th ed., 2001).
Rudner, R. S., *Philosophy of Social Science*, Englewood Cliffs, NJ: Prentice Hall, 1966.
Sayer, A., *Method in Social Science: A Realist Approach*, 2nd ed., NY: Routledge, 1992.
Schön, D., *Reflexive Practitioner*, NY: Basic Books, 1983.
Schuman, H. & S. Presser, *Questions and Answers in Attitude Surveys*, Orlando: Academic Press, 1981.
Selltiz, C., L.S. Wrightman & S. W. Cook, *Research Methods in Social Relation*, 3rd ed., NY: Holt, Rinehart and Winston, 1976.
Singleton, Jr., R. A. & B. C. Straits, *Approaches to Social Research*, 5th ed., Oxford: Oxford University Press. 2009. (3rd ed., 1998).
Smelser, N. J., *Comparative Methods in the Social Sciences*, Englewood Cliffs, NJ: Prentice Hall, 1976.
Smith, P. C., L. M. Kendall & C. L. Hulin, *The Measurement of Satisfaction in Work and Retirement*, Chicago, IL: Rand McNally, 1969.
Stangor, Charles, *Research Methods for the Behavioral Sciences*, 5th ed., Stamford, CT: Cengage Learning, 2015.
Strauss, A. & J. Corbin, (eds.) *Grounded Theory in Practice*, Thousand Oaks, CA: Sage, 1997.
Strauss, A. & J. Corbin, *Basics of Qualitative Research: Grounded Theory Procedures and Techniques*, Sage, 1990.
Suchman, E. A., *Evaluation Research*, NY: Russel Sage Foundation, 1967.
Swanborn, P., *Case Study Research: What, Why, and How*, Thousand Oaks, CA: Sage, 2010.
Tashakkori, A. & C. Teddlie, *Handbook of Mixed Methods in Social and Behavioral Research*, Thousand Oaks, CA: Sage, 2003.
Tesch, R., *Qualitative Research: Analysis Types and Software Tools*, NY: Falmer, 1990.
Tracy, S. J., *Qualitative Research Methods: Collecting Evidence, Crafting Analysis, Communicating Impact*, 2nd ed., NY: John Wiley & Sons, 2020.
Tullock, G., *The Politics of Bureaucracy*, Washington, DC: Public Affairs Press, 1965.
Tune, D. R., *Who Leads Nonprofit Organizations and What Does it Matter? A Mixed Methods Study of the Impact of Different Sector Experience on Nonprofit Leadership*, Ph.D dissertation, University of San Diego, 2016.

Turabian, K. L., *A Manual for Writers of Research papers, Theses, and Dissertations chicago style for students and researchers*, 7th ed., Chicago, IL: University of Chicago Press, 2007.

Wallace, W. L., *Logic of Science in Sociology*, Chicago, IL: Aldine Atherton, 1971.

Webb, K., *An Introduction to Problems in the Philosophy of Social Sciences*, London and NY: Pinter, 1995.

Weber, M., *Economy and Society: An Outline of Interpretive Sociology*, edited by G. Roth & C. Wittich, Berkeley, CA: University of California Press, 1980.

_____, *The Methodology of the Social Sciences*, E. Shils & H. A. Finch trans. and eds., NY: The Free Press, 1966.

Weber, R. P., *Basic Content Analysis*, London: Sage, 1985.

Weiss, C. H., *Evaluation Research*, Englewood Cliffs, NJ: Prentice Hall Inc., 1972.

_____, & M. J. Bucuvalas, *Social Science Research and Decision Making*, NY: Columbia University Press, 1980.

Wellman, B. & S. D. Berkowipz, *Social Structures: A Network Approach*, Cambridge, MA: Cambridge University Press, 1988.

White, J. D., *Taking Language Seriously: The Narrative Foundations of Public Administrative Research*, Washington, DC: Georgetown University Press, 1999.

Winch, P., *The Idea of Social Science and its Relation to Philosophy*, London: Routledge & Kegan Paul, 1958.

Wolf, F. M., *Meta Analysis: Quantitative Methods for Research Synthesis, Sage University Paper Series*, Beverly Hills, CA: Sage, 1986.

Yin, R. K., *Case Study Research: Design and Methods*, 4th ed., Beverly Hills, CA: Sage, 2009.

_____, *Applications of Case Study Research*, Sage, 1993.

Zeller, R. A. & E. G. Carmines, *Measurement in the Social Sciences*, Cambridge University Press, 1980.

2. Articles and Book Chapters

Aguado, N. A., Teaching Research Methods: Learning by Doing, *Journal of Public Affairs Education*, 15, 2009, pp. 251-260.

Allardt, E., Implications of within nation variations and regional imbalances for cross national research, in R. Merritt & S. Rokkan (eds.), *Comparing Nations*, New Haven, CT: Yale University Press, 1966.

Bachman, J. & P. O'Malley, Self Esteem in Young Man: A Longitudinal Analysis of the Impact of Educational and Occupational Attainment, *Journal of Personality and Social Psychology*, 35:6, 1977.

Bauer, R. A., Definition and Anticipation of Impact: The Nature of the Task, Chapter 1 in R. A. Bauer (ed.), *Social Indicators*. Cambridge, MA: MIT Press, 1966.

Bentler, P. M. & D. G. Weeks, Interrelations among Models for the Analysis of Moment Structure, *Multivariate Behavioral Research*, vol. 14:2, 1979, pp. 169-186.

Blalock, H. M., Auxiliary Measurement Theories Revisited in J. J. Hox & J. de Jong Gierveld (eds.), *Operationalization and Research Strategy*, Amsterdam: Swets & Zeitlinger, 1990.

______, The Measurement Problem: A Gap Between the Languages of Theory and Research, in H. M. Blalock & A. B. Blalock (eds.), *Methodology in Social Research*, NY: McGraw Hill, 1968.

Bock, R. D. & R. E. Bargmann, Analysis of Covariance Structures, *Psychometrika*, 31, 1966, pp. 507 - 534.

Bogardus, E. S. A Social Distance Scale, *Sociology and Social Research*, XVII, 1928. pp. 265-271.

Bollen, K., Political Democracy and the Timing of Development, *American Sociological Review*, 44:4, 1979, pp. 572-587.

Campbell, D. T., Degrees of Freedom and the Case Study, *Comparative Political Studies*, 8:2, 1975, pp. 178-193.

_____, Reforms as Experiments, *American Psychologist*, 24:4, 1969, pp. 409-429.

_____ & D. W. Fiske, Convergent Validity by the Multitrait multimethod Matrix, *Psychological Bulletin*, 56:2, 1959, pp. 81 - 105.

_____ & H. L. Ross, The Connecticut Crackdown on Speeding: Time series Data in Quasi Experimental Analysis, *Law and Society Review*, 3:1, 1968, pp. 33-53.

Campbell, J, C., M. A. Baskin, F. R. Baumgartner & N. I. Halpern, Afterward on Policy Communities: A Framework for Comparative Research, *Governance*, 2:1, 1989, pp. 86-94.

Caplan, N., Social Research and Public Policy at The National Level, in D. B. P. Kallen et al. (eds.), *Social Science Research and Public Policy Making*, Netherlands: NFER Nelson, 1982.

Carmines, E. G. & J. P. McIver, Analyzing Models with Unobserved Variables: Analysis of Covariance Structures, in W. G. Bohrnstedt & E. F. Borgatta (eds.), *Social Measurement: Current Issues*, Beverly Hills: Sage, 1981.

Carton, B. & M. Harmon, Action Theory in Practice: Toward Theory Without Conspiracy, *PAR*, 41:5, 1981, pp. 535-541.

Chapman, D. A. & B. Lickel, Climate Change and Disasters: How framing affects justifications for giving or withholding aid to disaster victims, *Social Psychological and Personality Science*, 7, 2016, pp. 13-20.

Cook, T. D., Postpositive Critical Multiplism, in R. L. Shortland & M. M. Mark (eds.), *Social Science and Social Policy*, Beverly Hills, CA: Sage, 1985.

Correa H. & K. Namkoong, Determinants and Effects of Health Policy, *Journal of Policy Modeling*, 14:1, 1992, pp. 41-63.

Cronbach, L. J., Coefficient Alpha and the Internal Structure of Test, *Psychometrika*, 16:3, 1951. pp. 297-334.

Cutright, P., National Political Development: Measurement and Analysis, *American Sociological Review*, 27, 1963, pp. 29-41.

De Vaus, D., Editor's Introduction: Social Surveys - An Overview, in David De Vaus (ed.), *Social Surveys*, Vol. I. Thousands Oaks, CA: Sage, 2002.

Denzin, N. K. & Y. S. Lincoln, Introduction: The discipline and practice of qualitative research, in N. K. Denzin & Y. S. Lincoln (eds.) *The Landscape of Qualitative Research,* 3rd revised ed., Thousand Oaks, CA.: Sage, 2008, pp. 1-44.

Desantis, V. S., J. J. Glass & C. Newell, City Manager, Job Satisfaction, and Community Problem Perceptions, *PAR*, 52:5, 1992.

Dillman, D. A. & J. A. Christensen, Increasing Mail Questionnaire Response: A Four State Comparision, *American Sociological Review,* 39, 1974.

Dunn, W. N., B. Holzner & G. Zaltman, Knowledge Utilization, in *Inter-national Encyclopedia of Education,* London: Pergamon Press, 1985.

Earley, M. A., A Synthesis of the Literature on research methods education, *Teaching in Higher Education,* 19:3, 2014, pp. 242-253.

Elster, J. Marxism, Functionalism, and Game Theory: The Case for Methodological Individualism, *Theory and Society,* 11:4, 1982, pp. 32-50.

Firestone, W. A., Meaning in Method: The Rhetoric of Quantitative and Qualitative Research, *Educational Researcher,* 16:7, 1987, pp. 16-21.

George, B. & S. K. Pandey, We Know the Yin-But Where Is the Yang? Toward a Balanced Approach on Common Source Bias in Public Administration Scholarship, *Review of Public Personnel Administration,* 37:2, 2017, pp. 245 - 270.

Glass, G. V., Primary, Secondary and Meta Analysis of Research, *Educational Researcher,* 5:10, 1976, pp. 3-8.

Gross, B. M. 1966. The State of the Nation: Social System Accounting, Chapter 3 in R. A. Bauer (ed.), *Social Indicators,* Cambridge, MA: MIT Press.

Guba, E. G. & Y. Lincoln, Do Inquiry Paradigms imply inquiry Methodologies? in D. M. Fetterman (ed.), *Qualitative Approaches to Evaluation in Education,* NY: Praeger, 1988.

Gurr, Ted R., The Comparative Analysis of Public Order, in Ted R. Gurr, Peter N. Grabosky, and Richard C. Hula (eds.), *The Politics of Crime and Conflict,* Beverly Hills, CA: Sage, 1977.

Heise, D. R., Problems in Path Analysis and Causal Inferences, in E. F. Borgatta & G. W. Bohrnstedt (eds.), *Sociological Methodology,* San Francisco: Jossey Bass, 1969.

Henry, G. T. & K. C. Dickey, Implementing Performance Monitoring: A Research and Development Approach, *PAR*, 53:3, 1993, pp. 203-212.

Hopkins, T. & I. Wallerstein, The Comparative Study of National Societies, in A. Etzioni & F. Dubow (eds.), *Comparative Perspectives: Theories and Methods,* Boston, MA: Little, Brown, 1970.

Houston, D. J., & S. M. Delevan, Public Administration Research: An Assessment of Journal Publications, *PAR*, 50:6, 1990, pp. 674-681.

Huberty, C. J., Problem with Stepwise Method: Better Alternatives, in B. Thompson (ed.), *Advances in Social Science Methodology,* vol. 1, Greenwich, Connecticut: JAI Press Inc., 1989.

Imbeau, L. M., Introduction: The Comparative Observation of Government Activity, in L. M. Imbeau & R. D. Nckinlay (eds.), *Comparing Government Activity*, NY: St Martin's Press, 1996.

Jennings, B., Interpretive Social Sciences and Policy Analysis, in D. Callahan & B. Jennings (eds.), *Ethics, The Social Sciences, and Policy Analysis*, NY: Plenum Press, 1983.

Kerlinger, F. N., The Structure and Content of Social Attitude Referents: A Preliminary Study, *Educational and Psychological Measurement*, 32:3, 1972, pp. 613-630.

Kershaw, D. K., A Negative Income Tax Experiment, in David Nachmias (ed.), *The Practice of Policy Evaluation*, NY: St. Martin's Press, 1980.

Kilburn, D., M. Nind & R. Wiles, Learning as Researchers and Teachers: The Development of Pedagogical Culture for Social Science Research Methods?, *British Journal of Educational Studies,* 62:2, 2014, pp. 191-207.

Kim, Sangmook, Public service motivation and organizational citizenship behavior in Korea, *International Journal of Manpower*, 27: 8, 2006, pp. 722-740.

Kim, S. & W. Vandenabeele, A Strategy for Building Public Service Motivation Research Internationally, *PAR*, 70:5, 2010, pp. 701-709.

King, C. S., K. M. Feltey, & B. O. Susel. The Question of Participation: Toward Authentic Public Participation in Public Administration, *PAR*, 58:4, 1998. pp. 317-326.

Knorr, K. D., Policy Makers Use of Social Science Knowledge in Weiss (ed.), *Using Social Research in Public Policy Making*, MA: Lexingon Books, 1977.

Lakatos, I. Falsification and the Methodology of Scientific Research Programs. in I. Lakatos & A. Musgrave (eds.), *Criticism and the Growth of Knowledge*, London: Cambridge University Press, 1970.

Lazarsfeld, P.F., Evidence and Inference in Social Research, *Daedalus*, 7, Fall, 1958.

Lijphart, A., Comparative Politics and the Comparative Methods, The *American Political Science Review*, 65:3, 1971, pp. 682-693.

MacRae, Jr., D., Democratic Information System, in W. N. Dunn (ed.), *Policy Analysis: Perspectives, Concepts, and Methods*, Greenwich, Connecticut: JAI Press, 1986, pp. 131-163.

McArdle, J. & R. P. McDonald, Some Algebraic Properties of the Reticular Action Model for Moment Structures, *British Journal of Mathematical and Statistical Psychology*, 37:2, 1984, pp. 234-251

Meier, K., Representative Bureaucracy: An Empirical Analysis, *American Political Science Review*, 69:2, 1975, pp. 526-542.

Nordhaus, W., Political Business Cycle, *Review of Economic Studies*, 42:2, 1975, pp. 169-190.

Orne, M. T., On the social psychology of psychological experiment: with particular reference to demand characteristics and their implications, *American Psychologist*, 17:11, 1962, pp.776-783.

Orum, A. M., J. R. Feagin, & G. Sjoberg, Introduction: The Nature of the Case Study, in J. R. Feagin, A. M. Orum, & G. Sjoberg (eds.), *A Case for the*

Case Study, Chapel Hill, NC: The University of North Carolina Press, 1991.

Pal, L. A., Consulting Critics: A New Role for Academic Policy Analysts, *Policy Sciences*, 18:4, 1985, pp. 357-369.

Park, Ju-Seop & Lee, Sae-Mi, Big Data Analysis of Busan Civil Affairs Using the LDA Topic Modeling Technique, *Informatization Policy*, 27:2, 2020, pp. 66-83.

Penrose, L. S. & R. Penrose, Impossible Objects: A Special Type of Visual, *The British Journal of Psychology*, 49, 1958. pp. 31-33.

Perry, J. L., Measuring Public Service Motivation: An Assessment of Construct Reliability and Validity, *JPART*, 6: 1, 1996. pp. 5-22.

______, & L. R. Wise, The Motivational Bases of Public Service, *PAR*, 50: 3, 1990. pp. 367-373.

Podsakoff, P. M., S. B. MacKenzie, & N. Podsakoff, Sources of Method Bias in Social Science Research and Recommendation on How to Control It, *Annual Review of Psychology*, 63, 2012, pp. 539-69.

Podsakoff, P. M., S. B. MacKenzie, J. Lee & N. Podsakoff, Common Method Biases in Behaviroral Research: A Critical Review of the Literature and Recommended Remedies, *Journal of Applied Psychology*, 88:5, 2003, pp. 879-903.

Porter, L. W. & E. E. Lawler, III, The Effect of Performance on Job Satisfaction, *Industrial Relations*, 7:1, 1967, pp. 20-28.

Quantz, R.A., On Critical Ethnography (with some postmodern considerations), in M. D. LeCompte, W. L. Millroy & J. Preissle (eds.), *The Handbook of Qualitative Research in Education*, NY: Academic Press, 1992.

Ragin, C. C., Introduction to Qualitative Comparative Analysis, in T. Janoski & A. M. Hicks (eds.), *The Comparative Political Economy of the Welfare State*, Cambridge, MA: Cambridge University Press, 1994.

______, Introduction: Cases of What is a Case?, in Charles C. Ragin & H. S. Becker(eds.), *What is a Case?: Exploring the Foundations of Social Inquiry*, Cambridge, MA: Cambridge University Press, 1992.

______, New Directions in Comparative Research, in M. Kohn (ed.), *Cross National Research in Sociology*, Newbery Park, CA: Sage, 1989.

______, The Logic of the Comparative Method and the Algebra of Logic, *Journal of Quantitative Anthropology*, 1:4, 1989, pp. 373-398.

Rainey, H. G. & P. Steinbauer, Galloping Elephants: Developing Elements of a Theory of Effective Government Organizations, *Journal of Public Administration Research and Theory*, 9:1, 1999. pp. 1-32.

Reuschemeyer, D., Different Methods, Contradictory Results? Research on Development and Democracy, in C. C. Ragin (ed.), *Issues and Alternatives in Comparative Social Research*, Leiden: E. J. Brill, 1991.

Rich, R. F., Knowledge Synthesis and Problem Solving, in Ward & Reed (eds.), *Knowledge Structure and Use*, PA: Temple University Press, 1983.

Robinson, W. S., Ecological Correlations and the Behavior of Individuals, *American Sociological Review*, 15, June 1950.

Schachter, S., N. Ellerston, D. McBride & D. Gregory, An Experimental Study of Cohesiveness and Productivity, *Human Relations*, 4:3, 1951, pp. 229-238.

Scheuch, E., Cross National Comparisons using Aggregate Data: Some Substantive and Methodological Problems, in R. Merritt & S. Rokkan (eds.), *Comparing Nations*, New Haven, CT: Yale University Press, 1966.

Schuessler, K. F., Prediction, in *International Encyclopedia of the Social Sciences*, vol. 12, NY: Macmillan, 1968.

Simon, H. A., Causation, in *International Encyclopedia of the Social Sciences*, Vol. 2, NY: Macmillan, 1968.

Small, S. A., Action-Oriented Research: Models and Methods, *Journal of Marriage and the Family*, 57:4, 1995, pp. 941-956.

Stevens, S. S., On the theory of scales of measurement, *Science,* 102, 1946, pp. 677-680.

Sundquist, J., Research Brokerage: The Weak Link, in Lynn, Jr. (ed.), *Knowledge and Policy*, Washington, DC: National Academy of Science, 1978.

Tompkins, G. L., A Causal Model of State Welfare Expenditures, *Journal of Politics*, 37:2, May 1975, pp. 392-416.

Turner, J. H., In defence of positivism, *Sociological Theory*, 3, 1985. pp. 24-30.

Vandenabeele, W., S. Scheepers & A. Hondeghem, Public Service Motivation in an International Comparative Perspective: The UK and Germany. *Public Policy and Administration*, 21:1, 2006. pp. 13-31.

Wallace, D. L., A Case for and against Mail Questionnaire, *Public Opinion Quarterly*, 18:1, 1954, pp. 40-52.

Williamson, J. B. & J. J. Fleming, Convergence Theory and The Social Welfare Sector: A Cross-National Analysis, *International Journal of Comparative Sociology*, 18, 1977, pp. 242-253.

Weiss, C. W., Research for Policy's Sake: The Enlightenment Function of Social Research, *Policy Analysis*, 3:4, 1977, pp. 531-545.

White, J. D., On the Growth of Knowledge in Public Administration, *PAR*, 46:1, 1986, pp. 15-24.

사항색인

ㄴ

ㄷ

ㅂ

ㅅ

ㅈ

ㅎ

인명색인

ㅎ

A

B

C

저자약력

[학력 및 약력]
서울대학교 정치학과 졸업
서울대학교 행정대학원 졸업(행정학석사)
미국 University of Pittsburgh(행정학박사)
미국 UC Berkeley IGS, LG연암재단 해외연구교수
벨기에 KU Leuven, Visiting Professor
서울대학교 행정대학원 객원교수
경제기획원 사무관(제19회 행정고시 합격)
육군 3사관학교 교관
경상대학교 교수, 중앙도서관장
서울과학기술대학교 교수, IT정책대학원장, 총장
한국지방행정연구원 석좌연구위원
현 서울과학기술대학교 명예석좌교수

[주요 저서 및 역서]
Public Administration and Policy in Korea (co-ed.), Routledge, 2017.
Korean Public Administration and KAPA (ed.), KAPA, 2009.
민주화이후 국정운영, 법문사, 2022.
정책학, 제4판, 법문사, 2021.
정책분석론, 제6판(공역), 법문사, 2018.
유럽연합의 대학개혁(공저), 법문사, 2014.
볼로냐협약의 집행성과(공저), 법문사, 2014.
스칸디나비아 국가의 거버넌스와 개혁(공저), 한울, 2006.
전자정부를 통한 부패통제: 이론과 사례(공저), 한울, 2002.
시민과 정부개혁(공편), 한울, 2002.
고위공무원 개방형 임용제도(공저), 나남, 2000.
비교정책연구(증보판), 법문사, 1999.
공공정책의 결정요인분석(공저), 법문사, 1993.
정책집행론(공역), 법문사, 1985.
신행정론(공역), 박영사, 1983.

[수　상]
한국행정학회 제6회 학술상-저술부문(저서: 비교정책연구), 1999.
미국행정대학원연합회(NASPAA) 우수박사논문상, 1989.

[주요 학회활동]
한국행정학회 편집위원장(2000), 연구위원장(2002), 회장(2008)
한국정책학회 정보통신분과학회장(1998-99), 학술상위원장(2006)
한국정책분석평가학회 섭외위원장(1991-92), 편집위원장(1999)

[주요 정부자문활동]
정부업무평가위원회 민간위원장(국무총리와 공동)
행정정보공유추진위원회 민간위원장(국무총리와 공동)
대통령 직속 규제개혁위원, 정부혁신지방분권위원
교육부 대학설립심사위원장 등 역임

행정조사방법론 [제 6 판]

1994년 3월 20일 초판 1쇄발행
1997년 3월 28일 초판 7쇄발행
1998년 3월 10일 제2판 1쇄발행
2002년 1월 30일 제2판 8쇄발행
2003년 9월 15일 제3판 1쇄발행
2010년 1월 20일 제3판 12쇄발행
2010년 8월 30일 제4판 1쇄발행
2016년 1월 5일 제4판 9쇄발행
2017년 2월 25일 제5판 1쇄발행
2019년 6월 10일 제5판 4쇄발행
2021년 2월 15일 제6판 1쇄발행
2024년 7월 20일 제6판 3쇄발행

저 자 남 궁 근
발 행 인 배 효 선
발행처 도서출판 法 文 社
주 소 (10881) 경기도 파주시 회동길 37-29
등 록 1957년 12월 12일/제2-76호(윤)
전 화 (031)955-6500~6 FAX (031)955-6525
E-mail (영업) bms@bobmunsa.co.kr
(편집) edit66@bobmunsa.co.kr
홈페이지 http://www.bobmunsa.co.kr
조 판 (주) 성 지 이 디 피

정가 35,000원 ISBN 978-89-18-91175-5